TH. JACOB VON ANDREAE

Devolution und Bundesstaat
Ein britisch-deutscher Verfassungsvergleich

Schriften zum öffentlichen, europäischen und internationalen Recht
Band 17

Professor Dr. Eibe Riedel
Universität Mannheim

# Devolution und Bundesstaat

Ein britisch-deutscher Verfassungsvergleich

von

Th. Jacob von Andreae

RICHARD BOORBERG VERLAG
Stuttgart · München · Hannover · Berlin · Weimar · Dresden

*Bibliografische Information der Deutschen Bibliothek*

Die Deutsche Bibliothek verzeichnet diese Publikation in der Deutschen Nationalbibliografie; detaillierte bibliografische Daten sind im Internet über **http://dnb.ddb.de** abrufbar.

ISBN 3-415-03602-2

© Richard Boorberg Verlag GmbH & Co KG, 2005
**www.boorberg.de**

*Satz:* Joachim Groos, Hohenahr · www.joachim-groos.de
*Druck und Verarbeitung:* Kessler Verlagsdruckerei, Bobingen

# Vorwort

Die vorliegende Arbeit wurde im Wintersemester 2004/05 von der Fakultät für Rechtswissenschaft der Universität Mannheim als Dissertation angenommen. Politische Entwicklungen, Literatur und Rechtsprechung konnten bis September 2004 berücksichtigt werden.

Von Herzen danke ich meinem Doktorvater und verehrten akademischen Lehrer, Herrn Professor Dr. Eibe Riedel, für die seit Beginn meiner Studienzeit in Deutschland erfahrene Förderung sowie für die Anregung und durchgehende Unterstützung dieser Arbeit. Dank seines hohen Verständnisses vom Lehrer-Schüler-Verhältnis wurde mir über viele Jahre wertvollste Betreuung zuteil; ich wurde fachlich inspiriert und menschlich bereichert. Die Mitarbeit an seinem Lehrstuhl in Mannheim brachte mir eine prägende Begegnung mit der juristischen Wissenschaft in einem freundschaftlich verbundenen Kreis. Ich danke meinem Doktorvater auch für die Aufnahme der Arbeit in die Schriftenreihe zum öffentlichen, europäischen und internationalen Recht.

Meinen aufrichtigen Dank sage ich ferner Herrn Professor Dr. Wolf-Rüdiger Schenke für die Erstellung des Zweitgutachtens sowie der Universität Mannheim und dem Land Baden-Württemberg, welche die Arbeit durch die Gewährung eines Promotionsstipendiums großzügig gefördert haben. Die Deutsch-Britische Juristenvereinigung e. V. hat die Veröffentlichung dieser Schrift mit einem Druckkostenzuschuß unterstützt, für den ich ihr verbunden bin.

Für wertvolle Anregungen, hilfreiche Kritik und unersetzbare Unterstützung danke ich schließlich meinen ehemaligen Kollegen an der Universität Mannheim Professor Dr. Uwe Kischel, Dr. Sebastian Graf von Kielmansegg, Daniel Beck, Valérie Thyes, Fabian Böhm, Carsten Ulbricht und Benjamin von Bodungen.

Gewidmet ist diese Arbeit dem Gedenken an meinen allzu früh verstorbenen Onkel Wilhelm A. Kewenig.

Bonn, im April 2005                                         *Th. Jacob von Andreae*

## Inhaltsübersicht

*Vorwort* . . . . . . . . . . . . . . . . . . . . . . . . . . . . . . . . 5
*Inhaltsübersicht* . . . . . . . . . . . . . . . . . . . . . . . . . . . 7
*Inhaltsverzeichnis* . . . . . . . . . . . . . . . . . . . . . . . . . . 11
*Abkürzungsverzeichnis* . . . . . . . . . . . . . . . . . . . . . . . 19

### Teil 1:
### Einführung und Grundlagen

**Kapitel 1: Deutsche Bundesstaatlichkeit und britische Devolution –
Zwei europäische Regionalisierungsmodelle** . . . . . . . . . 23

**Kapitel 2: Deutsches und britisches Verfassungsverständnis** . . . . . . 28

§ 1 **Deutschland und das Vereinigte Königreich als „Verfassungsstaaten"** . . . . . . . . . . . . . . . . . . . . . . . . . . . . 30
  A. Der Mythos vom verfassungslosen Staat . . . . . . . . . . . . . . 30
  B. Die Entzauberung des Mythos . . . . . . . . . . . . . . . . . . . 34
  C. Die Verfassungsnormengefüge Deutschlands und des Vereinigten Königreichs . . . . . . . . . . . . . . . . . . . . . . . . . . . . 41

§ 2 **Strukturelemente der deutschen und britischen Verfassungsordnungen** . . . . . . . . . . . . . . . . . . . . . . . . . . . 64
  A. Demokratie und Volkssouveränität . . . . . . . . . . . . . . . . 64
  B. Verfassungs- und Parlamentssuprematie: Starrer Gegensatz oder flexibles Konzeptverständnis? . . . . . . . . . . . . . . . . . . 76
  C. Rechtsstaatlichkeit, Grundrechtsbindung und Gewaltenteilung . . 147
  D. Zusammenschau der Strukturelemente der deutschen und britischen Verfassungsordnungen . . . . . . . . . . . . . . . . . 168

### Teil 2:
### Regionale Dezentralisierung in Deutschland und dem Vereinigten Königreich im Vergleich

**Kapitel 3: Deutsche und britische Regionalisierung in historischer Perspektive und ihr traditionelles verfassungsrechtliches Verständnis** . . . . . . . . . . . . . . . . . . . . . . . . . 169

§ 1 **Die historische Entwicklung der Regionalisierung in Deutschland und dem Vereinigten Königreich** . . . . . . . . . . . . . . 170
  A. Die historische Entwicklung Deutschlands vom Staatenbund zum Bundesstaat . . . . . . . . . . . . . . . . . . . . . . . . . . . . 170
  B. Die historische Entwicklung des Vereinigten Königreichs zum Unionsstaat und seiner Regionalisierung . . . . . . . . . . . . . 181

C. Entwicklungslinien der regionalen Zentralisierung und Dezentralisierung in Deutschland und dem Vereinigten Königreich ..... 205

§ 2 **Deutsche und britische Regionalisierung nach traditionellem Verfassungsverständnis** ............................. 207

**Kapitel 4: Das Kontinuum der Regionalisierungsformen** ........ 215

§ 1 **Bundesstaat und Einheitsstaat: Die Überwindung überkommener Kategorien** ................................. 215
A. Versuche einer verfassungsdogmatischen Trennung zwischen Bundesstaat und Einheitsstaat .................... 216
B. Das Fehlen einer klaren verfassungsdogmatischen Trennung zwischen Bundesstaat und Einheitsstaat .............. 225
C. Der notwendige Ausgangspunkt der verfassungsvergleichenden Untersuchung ............................. 227

§ 2 **Das Kontinuum der Regionalisierungsformen und seine Konkretisierung** ................................. 230

§ 3 **Das Kontinuum der Regionalisierungsformen als Bezugsrahmen verfassungspolitischer Zielvorstellungen** ................ 233
A. Wahrung ethnischer und landsmannschaftlicher Diversität ..... 235
B. Förderung der Subsidiarität und Integration des Bürgers ...... 236
C. Stärkung der Demokratie ......................... 237
D. Verstärkung der Gewaltenteilung .................... 237
E. Stärkung des Freiheitsschutzes des Bürgers .............. 238
F. Ermöglichung eines innovationsfreudigen Politikwettbewerbs zur Förderung des Gesamtwohls ....................... 239

**Kapitel 5: Kompetenzverteilung und Systemverflechtung deutscher Bundesstaatlichkeit und britischer Devolution im Vergleich** 241

§ 1 **Kompetenzverteilung zwischen Gesamtstaat und seinen Gliedern** . 241
A. Funktionenübergreifende Überlegungen zur vertikalen Kompetenzverteilung in Deutschland und dem Vereinigten Königreich . . 242
B. Die Verteilung von Legislativkompetenzen zwischen Gesamtstaat und Gliedern ............................... 251
C. Die Verteilung von Exekutivkompetenzen zwischen Gesamtstaat und Gliedern ............................... 319
D. Die Verteilung von Judikativkompetenzen zwischen Gesamtstaat und Gliedern ............................... 341
E. Die Auswärtige Gewalt im regionalisierten Staatswesen ...... 350
F. Die Finanzordnung im regionalisierten Staatswesen ......... 364

§ 2 **Systemverflechtung im regionalisierten Staatswesen** ........ 385
A. Mechanismen der unilateralen Einflußnahme zwischen dem Zentralstaat und seinen Gliedern .................... 387

B. Mechanismen der bi- und multilateralen Kooperation zwischen
   dem Zentralstaat und seinen Gliedern . . . . . . . . . . . . . . . .  414
C. Systematische Verortung Deutschlands und des Vereinigten Königreichs auf dem Kontinuum der Systemverflechtung im regionalisierten Staatswesen . . . . . . . . . . . . . . . . . . . . . . . . . . . .  436

**Kapitel 6: Konstitutionelle Absicherung deutscher Bundesstaatlichkeit
und britischer Devolution im Vergleich** . . . . . . . . . . . .  443

**§ 1 Normen, Akteure und Objekte konstitutioneller Absicherung** . . .  444

**§ 2 Konstitutionelle Absicherung deutscher Bundesstaatlichkeit** . . . .  447
A. Bundesstaatlichkeit und Verfassungssuprematie . . . . . . . . . . .  447
B. Verfassungsrechtliche Absicherung der Bundesstaatlichkeit . . . .  449
C. Konstitutionelle Absicherung der Bundesstaatlichkeit nach
   materiellem Verständnis: Verfassungssuprematie als Schaf im
   Wolfspelz . . . . . . . . . . . . . . . . . . . . . . . . . . . . . . . . . . .  470

**§ 3 Konstitutionelle Absicherung der britischen Devolution** . . . . . .  485
A. Devolution und Parlamentssuprematie . . . . . . . . . . . . . . . . .  485
B. Rechtliche Absicherung der Devolution . . . . . . . . . . . . . . .  489
C. Konstitutionelle Absicherung der Devolution nach materiellem
   Verständnis: Alte und neue Mechanismen der Verfassungsbindung  504

**§ 4 Systematische Verortung Deutschlands und des Vereinigten König-
reichs auf dem Kontinuum der konstitutionellen Absicherung
der regionalen Dezentralisierung** . . . . . . . . . . . . . . . . . . .  540

# Teil 3:
## Ergebnisse und Bewertung

**Kapitel 7: Verfassungsdogmatische, -vergleichende und -politische
Würdigung deutscher Bundesstaatlichkeit und britischer
Devolution** . . . . . . . . . . . . . . . . . . . . . . . . . . . . . . . .  547

**§ 1 Das Kontinuum der Regionalisierungsformen im Lichte des
Verfassungsvergleichs** . . . . . . . . . . . . . . . . . . . . . . . . . .  548

**§ 2 Deutschland und das Vereinigte Königreich auf dem Kontinuum
der Regionalisierungsformen** . . . . . . . . . . . . . . . . . . . . .  555

**§ 3 Bundesstaatlichkeit und Devolution im Spiegel verfassungs-
politischer Ziele** . . . . . . . . . . . . . . . . . . . . . . . . . . . . .  561
A. Wahrung regionaler Diversität . . . . . . . . . . . . . . . . . . . . .  566
B. Förderung der Orts- und Sachnähe staatlicher Entscheidungen
   und der Integration des Bürgers . . . . . . . . . . . . . . . . . . . .  571
C. Stärkung der Demokratie . . . . . . . . . . . . . . . . . . . . . . . .  576
D. Verstärkung der Gewaltenteilung . . . . . . . . . . . . . . . . . . .  588

Inhaltsübersicht

E. Stärkung des Freiheitsschutzes des Bürgers . . . . . . . . . . . . 598
F. Ermöglichung eines innovationsfreudigen Politikwettbewerbs
   zur Förderung des Gesamtwohls . . . . . . . . . . . . . . . . . . . . 604
G. Verfassungspolitische Zusammenschau . . . . . . . . . . . . . . . . 614

**§ 4 Verfassungsvergleichende Impulse für die deutsche und die
britische Reformdebatte** . . . . . . . . . . . . . . . . . . . . . . . . 614
A. Verfassungsvergleichende Impulse für die Reform des deutschen
   Bundesstaates . . . . . . . . . . . . . . . . . . . . . . . . . . . . . . . 615
B. Verfassungsvergleichende Impulse für die Reform der britischen
   Devolutionsordnung . . . . . . . . . . . . . . . . . . . . . . . . . . . 625

**Kapitel 8: Bundesstaatlichkeit und Devolution als Verfassungsstruktur-
            elemente** . . . . . . . . . . . . . . . . . . . . . . . . . . . . . . 629

*Summary* . . . . . . . . . . . . . . . . . . . . . . . . . . . . . . . . . . . . 637
*Literaturverzeichnis* . . . . . . . . . . . . . . . . . . . . . . . . . . . . . 643

# Inhaltsverzeichnis

*Vorwort* . . . . . . . . . . . . . . . . . . . . . . . . . . . . . . . . . . 5
*Inhaltsübersicht* . . . . . . . . . . . . . . . . . . . . . . . . . . . . . 7
*Inhaltsverzeichnis* . . . . . . . . . . . . . . . . . . . . . . . . . . . . 11
*Abkürzungsverzeichnis* . . . . . . . . . . . . . . . . . . . . . . . . . 19

## Teil 1:
### Einführung und Grundlagen

**Kapitel 1: Deutsche Bundesstaatlichkeit und britische Devolution – Zwei europäische Regionalisierungsmodelle** . . . . . . . . . 23

**Kapitel 2: Deutsches und britisches Verfassungsverständnis** . . . . . . 28

**§ 1 Deutschland und das Vereinigte Königreich als „Verfassungsstaaten"** . . . . . . . . . . . . . . . . . . . . . . . . . . . . . 30
  A. Der Mythos vom verfassungslosen Staat . . . . . . . . . . . . . 30
  B. Die Entzauberung des Mythos . . . . . . . . . . . . . . . . . . 34
  C. Die Verfassungsnormengefüge Deutschlands und des Vereinigten Königreichs . . . . . . . . . . . . . . . . . . . . . . . . . . . . 41
    I. Das Normengefüge der deutschen Verfassungsordnung . . . . 41
      1. Das Grundgesetz als formelles Verfassungsgesetz . . . . . . 42
      2. Ungeschriebenes formelles Verfassungsrecht . . . . . . . . 45
      3. Rein materielles Verfassungsrecht . . . . . . . . . . . . . 48
    II. Das Normengefüge der britischen Verfassungsordnung . . . . 50
      1. Gesetzliches Verfassungsrecht . . . . . . . . . . . . . . . 50
      2. Richterliches Verfassungsrecht . . . . . . . . . . . . . . . 52
      3. Verfassungskonventionalregeln . . . . . . . . . . . . . . . 55
      4. Gewohnheitsregeln . . . . . . . . . . . . . . . . . . . . . 60
      5. Lehrmeinungen . . . . . . . . . . . . . . . . . . . . . . . 61
    III. Zusammenschau der Verfassungsnormengefüge . . . . . . . . 61

**§ 2 Strukturelemente der deutschen und britischen Verfassungsordnungen** . . . . . . . . . . . . . . . . . . . . . . . . . . . . . . . . 64
  A. Demokratie und Volkssouveränität . . . . . . . . . . . . . . . 64
    I. Demokratie im parlamentarischen Regierungssystem . . . . . 64
    II. Volkssouveränität . . . . . . . . . . . . . . . . . . . . . . . 68
  B. Verfassungs- und Parlamentssuprematie: Starrer Gegensatz oder flexibles Konzeptverständnis? . . . . . . . . . . . . . . . . . . 76
    I. Traditioneller Gegensatz . . . . . . . . . . . . . . . . . . . 76
      1. Ideengeschichtliche Berührungspunkte . . . . . . . . . . . 77
      2. Deutsche Verfassungssuprematie . . . . . . . . . . . . . . 79
      3. Britische Parlamentssuprematie . . . . . . . . . . . . . . . 82

		4. Der traditionelle Gegensatz in der Zusammenschau: Die Unterscheidung zwischen rigiden und flexiblen Verfassungen ................................. 89
	II. Flexibles Konzeptverständnis: Verfassungs- und Parlamentssuprematie auf dem Kontinuum der Verfassungsbindungen .. 91
		1. Deutsche Verfassungssuprematie nach materiellem Verständnis ................................. 93
			(a) Das Grundgesetz als Rahmenordnung .......... 93
			(b) Die formelle Verfassungsänderung ............ 97
			(c) Der informelle Verfassungswandel ............ 100
			(d) Zwischenbewertung ..................... 102
		2. Britische Parlamentssuprematie nach materiellem Verständnis ................................. 102
			(a) Außer-rechtliche Bindungen des britischen Gesetzgebers 102
			(b) Rechtliche Bindungen des britischen Gesetzgebers ... 106
				(i) Selbstbindung des britischen Gesetzgebers .... 107
				(ii) Bindung des britischen Gesetzgebers durch das Common Law ..................... 113
				(iii) Bindung des britischen Gesetzgebers durch das Recht der Europäischen Gemeinschaften .... 136
				(iv) Bindung des britischen Gesetzgebers durch den Human Rights Act 1998 .............. 143
			(c) Zwischenbewertung ..................... 145
		3. Zusammenschau der Verfassungs- und Parlamentssuprematie nach materiellem Verständnis ............... 146
C. Rechtsstaatlichkeit, Grundrechtsbindung und Gewaltenteilung .. 147
	I. Verfassungsstaatlichkeit ....................... 148
	II. Grundrechtsbindung ......................... 150
	III. Rechtsbindung ............................ 151
	IV. Rechtsschutz ............................. 155
	V. Gewaltenteilung ........................... 159
D. Zusammenschau der Strukturelemente der deutschen und britischen Verfassungsordnungen ........................ 168

# Teil 2:
# Regionale Dezentralisierung in Deutschland und dem Vereinigten Königreich im Vergleich

**Kapitel 3: Deutsche und britische Regionalisierung in historischer Perspektive und ihr traditionelles verfassungsrechtliches Verständnis** ............................. 169

§ 1 Die historische Entwicklung der Regionalisierung in Deutschland und dem Vereinigten Königreich ................. 170

A. Die historische Entwicklung Deutschlands vom Staatenbund zum
Bundesstaat .................................. 170
   I. Die föderale Tradition bis 1949 ................. 170
   II. Deutsche Bundesstaatlichkeit unter der Geltung des Grundgesetzes ................................... 174
      1. Die Entstehungsgeschichte des Grundgesetzes und seines Bundesstaatsprinzips ....................... 174
      2. Die Entwicklungsgeschichte des Grundgesetzes und seines Bundesstaatsprinzips: Separativer, unitarischer, kooperativer und reföderalisierter Bundesstaat ............ 176
B. Die historische Entwicklung des Vereinigten Königreichs zum Unionsstaat und seiner Regionalisierung ................. 181
   I. Die Herstellung staatlicher Einheit als Vereinigtes Königreich von Großbritannien und Nordirland ............... 181
      1. Wales ................................. 182
      2. Schottland ............................. 183
      3. Irland ................................ 185
   II. Das Vereinigte Königreich als Unionsstaat bis 1997 ....... 187
      1. Einheitsstaat oder Unionsstaat? ................ 187
      2. Zeichen des Unionsstaates auf regionaler Ebene ...... 189
         (a) Nordirland: Die Stormont-Ära von 1920 bis 1972 .... 189
         (b) Schottland und Wales: Die gescheiterten Devolutionspläne der Jahre 1978/79 .................... 191
      3. Zeichen des Unionsstaates auf zentralstaatlicher Ebene .. 193
   III. Die Devolutionsreformen der Jahre 1997 – 1999 ........ 195
      1. Devolution an Schottland, Wales und Nordirland: Vorgeschichte und Umsetzung ................... 196
      2. Devolution als Teil einer weitreichenden Verfassungsreform ................................. 201
C. Entwicklungslinien der regionalen Zentralisierung und Dezentralisierung in Deutschland und dem Vereinigten Königreich ...... 205

**§ 2 Deutsche und britische Regionalisierung nach traditionellem Verfassungsverständnis** ............................... 207

**Kapitel 4: Das Kontinuum der Regionalisierungsformen** ........ 215

**§ 1 Bundesstaat und Einheitsstaat: Die Überwindung überkommener Kategorien** ................................... 215
A. Versuche einer verfassungsdogmatischen Trennung zwischen Bundesstaat und Einheitsstaat .................... 216
B. Das Fehlen einer klaren verfassungsdogmatischen Trennung zwischen Bundesstaat und Einheitsstaat ............... 225
C. Der notwendige Ausgangspunkt der verfassungsvergleichenden Untersuchung .............................. 227

§ 2 Das Kontinuum der Regionalisierungsformen und seine Konkretisierung ................................... 230
§ 3 Das Kontinuum der Regionalisierungsformen als Bezugsrahmen verfassungspolitischer Zielvorstellungen ............... 233
  A. Wahrung ethnischer und landsmannschaftlicher Diversität ..... 235
  B. Förderung der Subsidiarität und Integration des Bürgers ...... 236
  C. Stärkung der Demokratie ........................ 237
  D. Verstärkung der Gewaltenteilung ................... 237
  E. Stärkung des Freiheitsschutzes des Bürgers ............. 238
  F. Ermöglichung eines innovationsfreudigen Politikwettbewerbs zur Förderung des Gesamtwohls ...................... 239

**Kapitel 5: Kompetenzverteilung und Systemverflechtung deutscher Bundesstaatlichkeit und britischer Devolution im Vergleich** 241
§ 1 Kompetenzverteilung zwischen Gesamtstaat und seinen Gliedern . 241
  A. Funktionenübergreifende Überlegungen zur vertikalen Kompetenzverteilung in Deutschland und dem Vereinigten Königreich .... 242
    I. Ziele und Mechanismen der vertikalen Kompetenzverteilung im regionalisierten Staatsgefüge ................. 242
    II. Verfassungsrechtliche Ausgangspunkte der vertikalen Kompetenzverteilung in Deutschland und dem Vereinigten Königreich ................................ 245
  B. Die Verteilung von Legislativkompetenzen zwischen Gesamtstaat und Gliedern .............................. 251
    I. Legislativorgane in der regionalisierten Staatsorganisation .. 251
    II. Die symmetrische Verteilung von Legislativkompetenzen in Deutschland ............................ 258
    III. Die asymmetrische Verteilung von Legislativkompetenzen im Vereinigten Königreich ...................... 275
      1. Schottland und Nordirland: Ausschließliche und „echte" konkurrierende Gesetzgebungskompetenzen ......... 275
      2. Wales: Kompetenzen der sekundären Gesetzgebung .... 293
      3. England: Westminster als kombinierte Zentral- und Regionallegislative ............................ 305
    IV. Systematische Verortung Deutschlands und des Vereinigten Königreichs auf dem Kontinuum der Legislativkompetenzaufteilung ............................. 315
  C. Die Verteilung von Exekutivkompetenzen zwischen Gesamtstaat und Gliedern .............................. 319
    I. Exekutivorgane in der regionalisierten Staatsorganisation ... 320

    II. Das regionalisierte Verwaltungssystem in Deutschland ..... 321
    III. Das regionalisierte Verwaltungssystem des Vereinigten Königreichs ................................. 328
        1. Schottland ............................. 328
        2. Nordirland ............................. 333
        3. Wales ................................. 336
        4. England und der „Civil Service" ................ 338
    IV. Systematische Verortung Deutschlands und des Vereinigten Königreichs auf dem Kontinuum der Exekutivkompetenzaufteilung ................................. 339

D. Die Verteilung von Judikativkompetenzen zwischen Gesamtstaat und Gliedern ................................. 341
    I. Die regionalisierte Rechtsprechung in Deutschland ....... 341
    II. Die regionalisierte Rechtsprechung im Vereinigten Königreich 344
    III. Systematische Verortung Deutschlands und des Vereinigten Königreichs auf dem Kontinuum der Judikativkompetenzaufteilung ................................. 349

E. Die Auswärtige Gewalt im regionalisierten Staatswesen ...... 350
    I. Die Zuständigkeitsverteilung im Bereich der auswärtigen Angelegenheiten in Deutschland ................ 351
    II. Die Zuständigkeitsverteilung im Bereich der auswärtigen Angelegenheiten im Vereinigten Königreich .......... 356
    III. Systematische Verortung Deutschlands und des Vereinigten Königreichs auf dem Kontinuum der Kompetenzverteilung im Bereich der auswärtigen Angelegenheiten .......... 361

F. Die Finanzordnung im regionalisierten Staatswesen ......... 364
    I. Die regionalisierte Finanzordnung in Deutschland ....... 365
    II. Die regionalisierte Finanzordnung im Vereinigten Königreich . 373
    III. Systematische Verortung Deutschlands und des Vereinigten Königreichs auf dem Kontinuum der finanziellen Autonomie . 381

§ 2 Systemverflechtung im regionalisierten Staatswesen ........ 385
A. Mechanismen der unilateralen Einflußnahme zwischen dem Zentralstaat und seinen Gliedern ....................... 387
    I. Unilaterale Einwirkungen des Zentralstaates auf die Regionen 387
        1. Mechanismen zentralstaatlicher Einwirkung in Deutschland 387
        2. Mechanismen zentralstaatlicher Einwirkung im Vereinigten Königreich ............................. 391
    II. Unilaterale Einwirkungen der Regionen auf den Zentralstaat . 397
        1. Mechanismen regionaler Einwirkung in Deutschland .... 398
        2. Mechanismen regionaler Einwirkung im Vereinigten Königreich ............................. 404
B. Mechanismen der bi- und multilateralen Kooperation zwischen dem Zentralstaat und seinen Gliedern ................ 414

15

## Inhaltsverzeichnis

    I. Das Instrumentarium kooperativer Koordination in Deutschland . . . . . . . . . . . . . . . . . . . . . . . . . . . . . . . . . . . 416
    II. Das Instrumentarium kooperativer Koordination im Vereinigten Königreich . . . . . . . . . . . . . . . . . . . . . . 424
C. Systematische Verortung Deutschlands und des Vereinigten Königreichs auf dem Kontinuum der Systemverflechtung im regionalisierten Staatswesen . . . . . . . . . . . . . . . . . . . . . . . . . . . . 436

**Kapitel 6: Konstitutionelle Absicherung deutscher Bundesstaatlichkeit und britischer Devolution im Vergleich** . . . . . . . . . . . . 443
**§ 1 Normen, Akteure und Objekte konstitutioneller Absicherung** . . . 444
**§ 2 Konstitutionelle Absicherung deutscher Bundesstaatlichkeit** . . . . 447
A. Bundesstaatlichkeit und Verfassungssuprematie . . . . . . . . . . . 447
B. Verfassungsrechtliche Absicherung der Bundesstaatlichkeit . . . . 449
    I. Materielle verfassungsrechtliche Absicherung der Bundesstaatlichkeit . . . . . . . . . . . . . . . . . . . . . . . . . . . . . . . . . . 449
        1. Einfache verfassungsrechtliche Absicherung . . . . . . . . . 450
        2. Qualifizierte verfassungsrechtliche Absicherung durch die Ewigkeitsgarantie des Art. 79 Abs. 3 GG . . . . . . . . . . . 457
    II. Prozessuale verfassungsrechtliche Absicherung der Bundesstaatlichkeit . . . . . . . . . . . . . . . . . . . . . . . . . . . . . . . . . . 462
C. Konstitutionelle Absicherung der Bundesstaatlichkeit nach materiellem Verständnis: Verfassungssuprematie als Schaf im Wolfspelz 470
    I. Das Grundgesetz als Rahmenordnung . . . . . . . . . . . . . . 471
    II. Die formelle Verfassungsänderung . . . . . . . . . . . . . . . . 478
    III. Der informelle Verfassungswandel . . . . . . . . . . . . . . . . 481
    IV. Zwischenbewertung . . . . . . . . . . . . . . . . . . . . . . . . . 485
**§ 3 Konstitutionelle Absicherung der britischen Devolution** . . . . . . 485
A. Devolution und Parlamentssuprematie . . . . . . . . . . . . . . . . 485
B. Rechtliche Absicherung der Devolution . . . . . . . . . . . . . . . 489
    I. Materielle, gesetzliche Absicherung der Devolution . . . . . 490
    II. Prozessuale, gerichtliche Absicherung der Devolution . . . . 495
C. Konstitutionelle Absicherung der Devolution nach materiellem Verständnis: Alte und neue Mechanismen der Verfassungsbindung 504
    I. Alte Mechanismen der Verfassungsbindung: Die außer-rechtliche Absicherung der Devolution . . . . . . . . . . . . . . . . . 507
    II. Neue Mechanismen der Verfassungsbindung: Die rechtliche Absicherung der Devolution gegenüber dem britischen Gesetzgeber . . . . . . . . . . . . . . . . . . . . . . . . . . . . . . . 518
        1. Die devolutionsbezogene Modifikation der Parlamentssuprematie . . . . . . . . . . . . . . . . . . . . . . . . . . . . . . 519

2. Die Common Law-Verfassung und das Devolutionsprinzip . 532
§ 4 **Systematische Verortung Deutschlands und des Vereinigten Königreichs auf dem Kontinuum der konstitutionellen Absicherung der regionalen Dezentralisierung** . . . . . . . . . . . . . . . . . . 540

# Teil 3:
# Ergebnisse und Bewertung

**Kapitel 7: Verfassungsdogmatische, -vergleichende und -politische Würdigung deutscher Bundesstaatlichkeit und britischer Devolution** . . . . . . . . . . . . . . . . . . . . . . . . . . . 547

§ 1 **Das Kontinuum der Regionalisierungsformen im Lichte des Verfassungsvergleichs** . . . . . . . . . . . . . . . . . . . . . . . 548

§ 2 **Deutschland und das Vereinigte Königreich auf dem Kontinuum der Regionalisierungsformen** . . . . . . . . . . . . . . . . . . 555

§ 3 **Bundesstaatlichkeit und Devolution im Spiegel verfassungspolitischer Ziele** . . . . . . . . . . . . . . . . . . . . . . . . . . . 561

A. Wahrung regionaler Diversität . . . . . . . . . . . . . . . . . 566

B. Förderung der Orts- und Sachnähe staatlicher Entscheidungen und der Integration des Bürgers . . . . . . . . . . . . . . . . . 571

C. Stärkung der Demokratie . . . . . . . . . . . . . . . . . . . 576

D. Verstärkung der Gewaltenteilung . . . . . . . . . . . . . . 588

E. Stärkung des Freiheitsschutzes des Bürgers . . . . . . . . . . 598

F. Ermöglichung eines innovationsfreudigen Politikwettbewerbs zur Förderung des Gesamtwohls . . . . . . . . . . . . . . . . 604

G. Verfassungspolitische Zusammenschau . . . . . . . . . . . . 614

§ 4 **Verfassungsvergleichende Impulse für die deutsche und die britische Reformdebatte** . . . . . . . . . . . . . . . . . . . . . 614

A. Verfassungsvergleichende Impulse für die Reform des deutschen Bundesstaates . . . . . . . . . . . . . . . . . . . . . . . . . 615

B. Verfassungsvergleichende Impulse für die Reform der britischen Devolutionsordnung . . . . . . . . . . . . . . . . . . . . . . 625

**Kapitel 8: Bundesstaatlichkeit und Devolution als Verfassungsstrukturelemente** . . . . . . . . . . . . . . . . . . . . . . . . . . . 629

*Summary* . . . . . . . . . . . . . . . . . . . . . . . . . . . . . . . 637
*Literaturverzeichnis* . . . . . . . . . . . . . . . . . . . . . . . . . 643

# Abkürzungsverzeichnis

| | | | |
|---|---|---|---|
| a.A. | anderer Ansicht | CLJ | Cambridge Law Journal |
| a.F. | alte Fassung | | |
| Abs. | Absatz | CLP | Current Legal Problems |
| AC | Appeal Cases (Report) | | |
| | | Cmnd. | Command Paper |
| AD | Appellate Division (Report) | Co. | Company |
| | | Coke Rep. | Coke Reports |
| AdminLR | Administrative Law Reports | dass. | dasselbe |
| | | ders. | derselbe |
| AJP | Aktuelle Juristische Praxis | dies. | dieselbe(n) |
| | | Diss. | Dissertation |
| ALJ | Australian Law Journal | DLR | Dominion Law Reports |
| AllER | All England Reports | DÖV | Die Öffentliche Verwaltung |
| Anglo-AmLR | Anglo-American Law Review | Drs. | Drucksache |
| | | DV | Die Verwaltung |
| Anm. | Anmerkung | DVBl. | Deutsches Verwaltungsblatt |
| AöR | Archiv des öffentlichen Rechts | | |
| | | EdinLR | Edinburgh Law Review |
| Art. | Artikel | | |
| AusLJ | Australian Law Journal | EHRLR | European Human Rights Law Review |
| BayVBl. | Bayrische Verwaltungsblätter | EHRR | European Human Rights Reports |
| BayVerfGH | Bayrischer Verfassungsgerichtshof | ELRev | European Law Review |
| Bd. | Band | EPL | European Public Law |
| BGBl. | Bundesgesetzblatt | | |
| BVerfG | Bundesverfassungsgericht | EuGHE | Entscheidungen des Europäischen Gerichtshofs |
| BVerfGE | Entscheidungen des Bundesverfassungsgerichts | EuGRZ | Europäische Grundrechtezeitschrift |
| BVerfGG | Gesetz über das Bundesverfassungsgericht | | |
| | | EuR | Europarecht |
| | | EWCA Civ | Court of Appeal, Civil Division (England & Wales) (Report) |
| BVerwGE | Entscheidungen des Bundesverwaltungsgerichts | | |
| bzw. | beziehungsweise | f. (ff.) | folgende Seite(n) |
| CambrianLR | Cambrian Law Review | FLR | Family Law Reports |
| Ch | Chancery (Report) | Fn. | Fußnote(n) |

| | | | |
|---|---|---|---|
| GG | Grundgesetz | Ltd. | Limited |
| HM | Her Majesty | M.R. | Master of the Rolls |
| HMSO | Her Majesty's Stationary Office | m.w.N. | mit weiteren Nachweisen |
| Hrsg. | Herausgeber | | |
| hrsgg. | herausgegeben | MLR | Modern Law Review |
| Hs. | Halbsatz | | |
| HStR | Handbuch des Staatsrechts | n.F. | neue Fassung |
| | | NewEurLRev | New Europe Law Review |
| i.V.m. | in Verbindung mit | | |
| ICLQ | International and Comparative Law Quarterly | NHS | National Health Service |
| | | NILQ | Northern Ireland Legal Quarterly |
| IRA | Irish Republican Army | NJW | Neue Juristische Wochenschrift |
| J. | Justice | | |
| JA | Juristische Arbeitsblätter | No. | Number |
| | | Nr. | Nummer |
| JLS | Journal of Law and Society | NWVBL | Nordrhein-Westfälische Verwaltungsblätter |
| JOP | Journal of Politics | | |
| JöR NF | Jahrbuch des öffentlichen Rechts der Gegenwart, Neue Folge | NYULRev | New York University Law Review |
| | | OJLS | Oxford Journal of Legal Studies |
| Jura | Juristische Ausbildung | para(s). | paragraph(s) |
| | | ParlAff | Parliamentary Affairs (A Journal of Comparative Politics) |
| JurRev | Juridical Review | | |
| JuS | Juristische Schulung | | |
| JZ | Juristen Zeitung | PD | Law Reports Probate |
| KB | King's Bench (Report) | | |
| | | PL | Public Law |
| KCLJ | King's College Law Journal | PolitQ | Political Quarterly |
| | | PolStud | Political Studies |
| L.J. | Lord Justice | PolVjschr. | Politische Vierteljahresschrift |
| L.C. | Lord Chancellor | | |
| LGR | Local Government Reports | Q.C. | Queen's Counsel |
| | | QB | Queen's Bench (Report) |
| LivLRev | Liverpool Law Review | | |
| LQR | Law Quarterly Review | R. | Rex beziehungsweise Regina |
| | | RDA | Regional Development Agency |
| LR CP | Law Reports Common Pleas | | |
| | | Red. | Redaktion |
| LS | Legal Studies | RegStud | Regional Studies |

| | | | |
|---|---|---|---|
| RGZ | Entscheidungen des Reichsgerichts in Zivilsachen | TulLRev | Tulane Law Review |
| Rs. | Rechtssache | u.a. | unter anderem |
| Rspr. | Rechtsprechung | U.S. | United States |
| Rz. | Randziffer(n) | UKHL | House of Lords (United Kingdom) (Report) |
| SA | South Africa (Report) | UVF | Ulster Volunteer Force |
| SC | Court of Session Cases, Scotland | v. | versus |
| SCC | Scottish Constitutional Convention | V.C. | Vice Chancellor |
| | | Verf. | Verfasser |
| sec. | section(s) | VerwArch | Verwaltungsarchiv |
| SI | Statutory Instrument | vgl. | vergleiche |
| | | WLR | Weekly Law Reports |
| SLPQ | Scottish Law and Practice Quarterly | WRV | Weimarer Reichsverfassung |
| SLR | Statute Law Review | YBEL | Yearbook of European Law |
| SLT | Scottish Law Times | | |
| SNP | Scottish National Party | ZaöRV | Zeitschrift für ausländisches öffentliches Recht und Völkerrecht |
| Sp. | Spalte | | |
| StGB | Strafgesetzbuch | | |
| StTr | Howell's State Trials | ZfP | Zeitschrift für Politik |
| Suffolk Transnat'l L Rev | Suffolk Transnational Law Review | ZG | Zeitschrift für Gesetzgebung |
| Temple Int'l & Comp L J | Temple International and Comparative Law Journal | ZÖR | Zeitschrift für öffentliches Recht |
| | | ZParl | Zeitschrift für Parlamentsfragen |
| TLR | Times Law Reports | | |

Teil 1:
## Einführung und Grundlagen

## Kapitel 1:
## Deutsche Bundesstaatlichkeit und britische Devolution – Zwei europäische Regionalisierungsmodelle

Unter den Mitgliedern der Europäischen Union verstehen sich mit der Bundesrepublik Deutschland und der Republik Österreich traditionell zwei Staaten als ausgeprägte Bundesstaaten. Während der europäische Integrationsprozeß eine schrittweise Übertragung staatlicher Hoheitsrechte auf die supranationale Ebene der Europäischen Gemeinschaften fordert, kann in vielen europäischen Staaten über die letzten Jahrzehnte eine gewissermaßen entgegengesetzte Entwicklung der Dezentralisierung staatlicher Kompetenzen beobachtet werden.[1] So hat sich das Königreich Belgien nach eigenem Verständnis von einem Einheit- zu einem Föderalstaat gewandelt,[2] und wurden teilweise beträchtliche Dezentralisierungsverfahren etwa in Frankreich[3], Italien[4],

---

1 Vgl. *Dammeyer, Manfred*, Föderalismus und die Rolle der Regionen in Europa, in: Bundesrat (Hrsg.), 50 Jahre Herrenchiemseer Verfassungskonvent: „Zur Struktur des deutschen Föderalismus", Bonn 1999, S. 133, 134 ff.; *Hopkins, John*, Regional government in the EU, in: Tindale, Stephen (Hrsg.), The State and the Nations – The Politics of Devolution, London 1996, S. 13, 13 ff.; *Streinz, Rudolf*, Europarecht, 6. Auflage, Heidelberg 2003, Rz. 149; *Schweitzer, Michael/Fixson, Oliver*, Subsidiarität und Regionalismus in der Europäischen Gemeinschaft, Jura 1992, S. 579, 584; *Di Fabio, Udo*, Föderalismus und Regionalismus in Europa – Bericht über den Verfassungskongreß vom 14. bis 16. September 1989 in Bonn, DVBl. 1989, S. 1238, 1238 ff.; *Stern, Klaus*, Das Staatsrecht der Bundesrepublik Deutschland, Band I (Grundbegriffe und Grundlagen des Staatsrechts, Strukturprinzipien der Verfassung), 2. Auflage, München 1984, S. 649 m. w. N.
2 Zur Föderalisierung Belgiens vgl. *Heinemann, Tobias*, Der Regionalismus zwischen innerstaatlicher Entwicklung und europäischer Einigung – Eine rechtsvergleichende Untersuchung, Berlin 2001, S. 41 ff.; *Mörsdorf, Roland*, Das belgische Bundesstaatsmodell im Vergleich zum deutschen Bundesstaat des Grundgesetzes, Frankfurt a.M. (u. a.) 1996, insbesondere S. 1, 56 ff.; *Alen, André*, Belgien: Ein zweigliedriger und zentrifugaler Föderalismus, Brüssel 1990; *Suetens, Louis Paul*, Föderalismus und Regionalismus in Europa – Landesbericht Belgien, in: Ossenbühl, Fritz (Hrsg.), Föderalismus und Regionalismus in Europa, Baden-Baden 1990, S. 263 – 306.
3 Vgl. *Heinemann*, Regionalismus, S. 125 ff.; *Constantinescu, Vlad*, Föderalismus und Regionalismus in Europa – Landesbericht Frankreich, in: Ossenbühl, Fritz (Hrsg.), Föderalismus und Regionalismus in Europa, Baden-Baden 1990, S. 199 – 237.
4 Vgl. *Leyland, Peter/Frosini, Justin O./Bologna, Chiara*, Regional government reform in Italy: assessing the prospects of devolution, PL 2002, S. 242 – 251; *Heinemann*, Regionalismus, S. 100 ff.; *Woelk, Jens/Palermo, Francesco*, Italien auf dem Weg zum Bundesstaat? – Ein Überblick über den Reformprozeß, in: Vereinigung für den Gedankenaustausch zwischen Deutschen und Italienischen Juristen e. V. (Hrsg.), Gesellschaftsrecht, Klauselkontrolle, ZPO-Reform, Strafrecht – Jahrbuch für italienisches Recht, Heidelberg 1998,

Teil 1: Einführung und Grundlagen

Portugal⁵ und Spanien⁶ durchgeführt. Auch das traditionell einheitsstaatlich gedeutete Vereinigte Königreich von Großbritannien und Nordirland wurde von diesem europäischen Dezentralisierungstrend erfaßt. Im Jahre 1998 erließ das britische⁷ Parlament den Scotland Act 1998, den Northern Ireland Act 1998 sowie den Government of Wales Act 1998, durch welche in den drei Randterritorien des Vereinigten Königreichs – Schottland, Nordirland und Wales – Regierungsstrukturen mit direkt gewählten Volksvertretungen geschaffen und mit – indessen unterschiedlich umfänglichen – hoheitlichen Kompetenzen ausgestattet wurden. Mit dem Regional Development Agencies Act 1998 und dem Greater London Authority Act 1999 erfolgten zudem erste Dezentralisierungsschritte für England.

Während auch der europäische Einigungsprozeß seine subnationale Dimension zunehmend erkennt und institutionell berücksichtigt,⁸ weisen somit heute sowohl die Bundesrepublik Deutschland als auch das Vereinigte Königreich von Großbritannien und Nordirland in ihrer internen Staatsorganisation eine territoriale Gliederung staatlicher Herrschaftsstrukturen auf, in der staatliche Funktionen nicht nur auf der zentralstaatlichen und der kommunalen Ebene sondern auch auf einer räumlich zwischen diesen anzusiedelnde Ebene ausgeübt werden. Diese „räumlich zwischen kommunalem Mikro- und staatlichem Makro-Bereich verortete, politisch-administrative Meso-Ebene"⁹ soll hier mit dem bedeutungsreichen Begriff der ‚Region' umschrieben werden.¹⁰ Entsprechend soll unter ‚Regionalisierung' oder ‚re-

---

    S. 185 – 204; *Onida, Valerio*, Föderalismus und Regionalismus in Europa – Landesbericht Italien, in: Ossenbühl, Fritz (Hrsg.), Föderalismus und Regionalismus in Europa, Baden-Baden 1990, S. 239 – 261.
5  Vgl. *Poiares Maduro, Miguel*, The Allocation of Tasks and Regimes of Public Finance Responsibilities Between the Federal and Other Levels of Government – The Portuguese Case – Country Report, Portugal, in: Riedel, Eibe (Hrsg.), Aufgabenverteilung und Finanzregimes im Verhältnis zwischen dem Zentralstaat und seinen Untereinheiten, Baden-Baden 2001, S. 51 – 64.
6  Vgl. *Lópes Guerra, Luis*, Politische Dezentralisierung in Spanien: Föderalismus oder asymmetrischer Regionalismus?, in: Traut, Johannes Ch. (Hrsg.), Verfassung und Föderalismus Rußlands im internationalen Vergleich, Baden-Baden 1995, S. 77 – 91; *Heinemann*, Regionalismus, S. 75 ff.; *Montoro Chiner, Maria Jesús*, Föderalismus und Regionalismus in Europa – Landesbericht Spanien, in: Ossenbühl, Fritz (Hrsg.), Föderalismus und Regionalismus in Europa, Baden-Baden 1990, S. 167 – 198.
7  Zwar gehört Nordirland nach geographischer Betrachtung nicht zu den britischen Inseln, das Adjektiv „britisch" wird jedoch hier und im Folgenden allgemein für das Vereinigte Königreich von Großbritannien und Nordirland verwendet.
8  Vgl. *Heinemann*, Regionalismus, S. 281 ff., 343 ff.; *Evans, Andrew*, Regional Dimensions to European Governance, ICLQ 52 (2003), S. 21, 21 ff.; *Hackel, Volker M.*, Subnationale Strukturen in einem supranationalen Europa, in: Graf Vitzthum, Wolfgang (Hrsg.), Europäischer Föderalismus – Supranationaler, subnationaler und multiethnischer Föderalismus in Europa, Berlin 2000, S. 57, 71 ff.; *Streinz*, Europarecht, Rz. 149 ff. m. w. N.
9  *Beck, Joachim*, Netzwerke in der transnationalen Regionalpolitik – Rahmenbedingungen, Funktionsweise, Folgen, Baden-Baden 1997, S. 45.
10 Zu unterschiedlichen Begriffsverständnissen der ‚Region' und des ‚Regionalismus' – auch im europäischen Kontext – vgl. statt vieler *Esterbauer, Fried*, Grundzüge der Formen und Funktionen regionaler Gliederung in politischen Systemen, in: ders. (Hrsg.),

gionale Dezentralisierung'[11] der Prozeß und Zustand der staatsorganisatorischen Gliederung unter Einbeziehung dieser territorialen Meso-Ebene verstanden werden. In der deutschen Verfassungsordnung erfolgt die regionale Gliederung der Regierungsstruktur durch die grundgesetzliche Fundamentalentscheidung für den Bundesstaat und seine verfassungsrechtliche Konkretisierung. Die britische Verfassungslehre belegt die regionale Dezentralisierung des Vereinigten Königreichs dagegen mit dem weiten Begriff der ‚Devolution‘, der allgemein als unscharfe Sammelbezeichnung für verschiedene Formen der widerrufbaren Delegation von Regierungsgewalt an eine subnationale Ebene geführt wird.[12] Von dieser weiten Begriffsbestimmung soll dabei sowohl die territoriale Dekonzentration von Funktionen innerhalb der zentralstaatlichen britischen Exekutive ohne die Kreation regionaler Staatsorgane als ‚administrative Devolution‘ erfaßt sein[13] als auch die weiterführenden Dezentralisierungsmodelle der ‚exekutiven Devolution‘, bei der zentralstaatliche Exekutivfunktionen auf regionale Regierungsstrukturen mit direkt gewählten Volksvertretungen übertragen werden, und der ‚legislativen Devolution‘, durch die solchen regionalen Regierungsstrukturen auch legislative Zuständigkeiten in bestimmten Sachmaterien überantwortet werden, welche sonst das zentralstaatliche Parlament wahrnimmt.[14]

---

Regionalismus: Phänomen – Planungsmittel – Herausforderung für Europa. Eine Einführung, Wien 1979, S. 43, 43 ff.; *Wiedmann, Thomas*, Idee und Gestalt der Regionen in Europa: Rechtsvergleichende Untersuchung zum Unitarismus und Föderalismus, unter besonderer Berücksichtigung des Vereinigten Königreichs, Frankreichs, Spaniens und Deutschlands, Baden-Baden 1996, S. 23 ff. m. w. N.; *Kotzur, Markus*, Föderalisierung, Regionalisierung und Kommunalisierung als Strukturprinzipien des europäischen Verfassungsraums, JöR NF 50 (2002), S. 257, 268 f.; *Malanczuk, Peter*, Region und unitarische Struktur in Großbritannien, Berlin (u. a.) 1984, S. 1, 7 ff.

11  Dezentralisierung soll hier nicht bedeuten, daß notwendigerweise eine im gesamten Staatsgebiet einheitliche Regionalisierung erfolgt. Vielmehr soll auch die asymmetrische Dezentralisierung begrifflich erfaßt sein. Für eine abweichende Begriffsbestimmung vgl. *Schwab, Andreas*, Devolution – Die asymmetrische Staatsordnung des Vereinigten Königreichs, Baden-Baden 2002, S. 39.

12  Besonders einflußreich war bis heute die Definition des Begriffs ‚Devolution‘ als „delegation of central government powers without the relinquishment of sovereignty" durch die *Royal Commission on the Constitution*, Band I: Report (Kilbrandon Report), Cmnd. 5460, HMSO, London 1973, S. 165. Zum Begriff der ‚Devolution‘ vgl. auch *Hood Phillips, Owen/Jackson, Paul/Leopold, Patricia*, Constitutional and Administrative Law, 8. Auflage, London 2001, Rz. 5–002; *Turpin, Colin*, British Government and the Constitution – Text, Cases and Materials, 5. Auflage, London/Edinburgh 2002, S. 263; *Bogdanor, Vernon*, Devolution in the United Kingdom, Oxford 1999 (updated and reissued 2001), S. 2 f.; *Malanczuk, Peter*, Devolution in Großbritannien, ZaöRV 41 (1981), S. 103, 105 f.; *ders.*, Region und unitarische Struktur, S. 104 ff.; *Grote, Rainer*, Regionalautonomie für Schottland und Wales – das Vereinigte Königreich auf dem Weg zu einem föderalen Staat, ZaöRV 58 (1998), S. 109, 110 f.; *Schwab*, Devolution, S. 20, der jedoch irrigerweise nicht zwischen exekutiver und administrativer Devolution unterscheidet.

13  *Munro, Colin R.*, Studies in Constitutional Law, 2. Auflage, London (u. a.) 1999, S. 34; *Turpin*, British Government, S. 263; *Malanczuk*, Region und unitarische Struktur, S. 105 f.

14  *Bogdanor*, Devolution in the UK, S. 2 f.; *Munro*, Constitutional Law, S. 33 f.; *Turpin*, British Government, S. 263; *Grote*, Regionalautonomie für Schottland und Wales, S. 110 f.

Eine verfassungsvergleichende Untersuchung deutscher Bundesstaatlichkeit und britischer Devolution als zwei europäischen Modellen der regionalen Dezentralisierung kann im Kontext der gegenläufigen Strömungen supranationaler Integration und subnationaler Dezentralisierung das gegenseitige Verständnis sowohl verschiedener Regionalisierungsstrukturen im besonderen als auch unterschiedlicher Verfassungsordnungen im allgemeinen fördern, den verfassungsrechtlichen und verfassungspolitischen Diskurs in Deutschland und dem Vereinigten Königreich wechselseitig bereichern und schließlich zur Herausarbeitung gemeineuropäischer Verfassungsstrukturelemente[15] beitragen, welche den zukünftigen konstitutionellen Integrationsprozeß in Europa nachhaltig prägen müssen. Dafür bedarf es nicht nur der Gegenüberstellung, Analyse und Bewertung deutscher Bundesstaatlichkeit und britischer Devolution, sondern auch eines Verständnisses ihrer jeweiligen Stellung und Bedeutung in den beiden gesamtstaatlichen Verfassungsordnungen. Bundesstaatlichkeit und Devolution werden als grundlegende Strukturelemente der deutschen und britischen Regierungssysteme betrachtet. Die Bezeichnung als konstitutionelles Strukturelement – oder auch Strukturmerkmal – soll dabei vor allem die für eine rechtsvergleichende Analyse erforderliche begriffliche Offenheit wahren. Sie entscheidet sich nicht vorschnell für einen bestimmten Bedeutungsrahmen wie den des ‚Verfassungsprinzips' oder des ‚Verfassungsstrukturprinzips' deutscher Prägung[16] und vermeidet insbesondere die rechtstheoretischen Konnotationen des Begriffs ‚Prinzip'[17].

---

15 Vgl. dazu *Müller-Graff, Peter-Christian/Riedel, Eibe H.*, Gemeinsames Verfassungsrecht in der Europäischen Union – Einführung, in: dies. (Hrsg.), Gemeinsames Verfassungsrecht in der Europäischen Union, Baden-Baden 1998, S. 9, 9 ff.; *Riedel, Eibe H.*, Der gemeineuropäische Bestand von Verfassungsprinzipien zur Begründung von Hoheitsgewalt – Legitimation und Souveränität, in: Müller-Graff, Peter-Christian/Riedel, Eibe (Hrsg.), Gemeinsames Verfassungsrecht in der Europäischen Union, Baden-Baden 1998, S. 77 – 97; *Lorz, R. Alexander*, Der gemeineuropäische Bestand von Verfassungsprinzipien zur Begrenzung der Ausübung von Hoheitsgewalt – Gewaltenteilung, Föderalismus, Rechtsbindung –, in: Müller-Graff, Peter-Christian/Riedel, Eibe (Hrsg.), Gemeinsames Verfassungsrecht in der Europäischen Union, Baden-Baden 1998, S. 99 – 121; *Häberle, Peter*, Gemeineuropäisches Verfassungsrecht, EuGRZ 1991, S. 261 – 274; *ders.*, Gemeineuropäisches Verfassungsrecht – Hauptbericht, in: Bieber, Roland/Widmer, Pierre (Hrsg.), L'espace constitutionnel européen – Der europäische Verfassungsraum – The European constitutional area, Zürich 1995, S. 361 – 398. Für den Bereich der regionalen Dezentralisierung vgl. insbesondere *Häberle, Peter*, Der Regionalismus als werdendes Strukturprinzip des Verfassungsstaates und als europarechtspolitische Maxime, AöR 118 (1993), S. 1 – 44; *Kotzur*, Föderalisierung, Regionalisierung und Kommunalisierung, S. 257 ff.; *Lorz*, Der gemeineuropäische Bestand von Verfassungsprinzipien, S. 114 ff.
16 Rechtsvergleichend zum Begriff des Verfassungsprinzips *Riedel*, Der gemeineuropäische Bestand von Verfassungsprinzipien, S. 80 ff.; *Kotzur*, Föderalisierung, Regionalisierung und Kommunalisierung, S. 259.
17 Vgl. dazu statt vieler *Sommermann, Karl-Peter*, Staatsziele und Staatszielbestimmungen, Tübingen 1997, S. 359 ff. m. w. N.; *Hain, Karl-E.*, Art. 79 GG, in: von Mangoldt, Hermann/Klein, Friedrich/Starck, Christian (Hrsg.), Das Bonner Grundgesetz: Kommentar, Band III (Art. 79 bis 146), 4. Auflage, München 2001, Rz. 45 ff. m. w. N.; *Riedel*, Der gemeineuropäische Bestand von Verfassungsprinzipien, S. 80.

Zudem läßt sie offen, ob diese konstitutionellen Normenbündel institutionell-organisatorische oder materielle Gehalte aufweisen, ob sie – mit anderen Worten – den Staat organisatorisch formieren oder bestimmte Inhalte staatlichen Handelns festschreiben,[18] auch wenn die deutsche Verfassungsdogmatik teilweise diese Trennung als Unterscheidung zwischen Staatsstrukturprinzipien und Staatszielbestimmungen vollzogen hat.[19] Als konstitutionelle Strukturelemente – oder Strukturmerkmale – sollen daher im Folgenden alle diejenigen Normen oder Normbündel der Verfassungsordnung verstanden werden, die grundlegende Leitlinien der Staatsgestaltung, Staatsform und Staatsorganisation aufstellen oder fundamentale Direktiven für die Ausübung der Staatsgewalt festlegen.[20] Dabei soll der Wortbestandteil ‚Struktur' nicht andeuten, daß es sich hierbei um rein institutionell-organisatorische Grundsätze einer Verfassung handele,[21] sondern sprachlich erkennbar machen, daß diese Normen und Normenbündel grundlegende Bausteine eines normativen Verfassungsgefüges darstellen, welche die übrige Verfassungsordnung formell und materiell strukturieren und prägen.

---

18  So bezweifelt *Stern*, Staatsrecht I, S. 551 f., die Möglichkeit der Trennung formaler und materieller Verfassungsstrukturprinzipien und spricht ihnen „ebenso einen institutionell-organisatorischen wie einen eine bestimmte materiale Ordnung verbürgenden Gehalt" zu.
19  Vgl. *Merten, Detlef*, Über Staatsziele, DÖV 1996, S. 368, 369 f.; *Sommermann*, Staatsziele, S. 372 f.; *Kaufmann, Marcel*, Integrierte Staatlichkeit als Staatsstrukturprinzip, JZ 1999, S. 814, 815. A. A. *Badura, Peter*, Arten der Verfassungsrechtssätze, in: Isensee, Josef/Kirchhof, Paul (Hrsg.), Handbuch des Staatsrechts der Bundesrepublik Deutschland, Band VII, Heidelberg 1992, § 159, Rz. 9, 35 ff., und *Stern*, Staatsrecht I, S. 551 f., welche keine klare Trennung zwischen Strukturprinzipien und Zielbestimmungen vornehmen wollen oder eine solche sogar bewußt ablehnen.
20  Diese Definition ist an *Baduras* Beschreibung von ‚Verfassungsgrundsätzen' angelehnt: *Badura*, Arten der Verfassungsrechtssätze, Rz. 35. Der Begriff des ‚Verfassungsgrundsatzes' wird hier aufgrund seiner sprachlichen Nähe zu dem des ‚Verfassungsprinzips' und der dadurch hervorgerufenen Assoziationen vermieden.
21  In diesem Sinne aber *Reimer, Franz*, Verfassungsprinzipien – Ein Normtyp des Grundgesetzes, Berlin 2001, S. 62 f.

## Kapitel 2:
## Deutsches und britisches Verfassungsverständnis

Regionale Dezentralisierung staatlicher Gewalt ist nur ein mögliches Strukturelement staatlicher Grundordnung. Nicht jedes Regierungssystem kennt diese Gliederung von Staatsgewalt, jedoch muß die regionale Dezentralisierung, dort wo sie verwirklicht wird, im Kontext mit anderen grundlegenden Strukturmerkmalen der Staatsordnung sowie vor dem Hintergrund allgemeiner Charakteristika des jeweiligen Verfassungssystems verstanden werden.

Die regionale Dezentralisierung und die weiteren Strukturmerkmale teilen zunächst ein gemeinsames, jedem nationalen Regierungssystem eigentümliches verfassungsrechtliches und -dogmatisches Umfeld, das sich stets durch besondere normative und methodische Eigenheiten auszeichnet; sie nutzen ein gemeinsames konstitutionelles Instrumentarium. Diesem Verfassungskontext kommt entscheidende Bedeutung für die Ausprägung und Wirkung nicht nur der Regionalisierungsstrukturen, sondern aller grundlegenden Strukturmerkmale eines Regierungssystems zu. Gleichzeitig bilden andere Staatsstrukturelemente nicht nur den verfassungsrechtlichen, sondern auch den politischen und verfassungskulturellen Zusammenhang, in dem regionale Dezentralisierung verstanden und bewertet werden muß. In jeder Verfassungsordnung besteht eine dichte Verzahnung grundlegender Strukturelemente.[1] So verstärken sie sich oftmals gegenseitig, während sie sich andererorts eher gegenseitig konterkarieren.[2] Verfassungsrecht und Verfassungspraxis müssen daher stets einen angemessenen Ausgleich zwischen verschiedenen Grundmerkmalen eines Regierungssystems finden und bewahren.[3] Jede Form der regionalen Aufgliederung staatlicher Gewalt existiert somit nicht in einem staatsorganisatorischen Vakuum. Sie wird entscheidend geprägt durch ihr verfassungsrechtliches, -dogmatisches und -politisches Umfeld. Ihre Untersuchung kann daher nur vor dem Hintergrund des Verständnisses sowohl des nationalen Verfassungsinstrumentariums als auch der jeweils maßgeblichen weiteren Strukturmerkmale des Regierungssystems erfolgen.

---

1 Vgl. zum gegenseitigen Verhältnis von Verfassungsprinzipien in der deutschen Verfassungsordnung *Böckenförde, Ernst-Wolfgang*, Demokratie als Verfassungsprinzip, in: Isensee, Josef/Kirchhof, Paul (Hrsg.), Handbuch des Staatsrechts der Bundesrepublik Deutschland, Band II, 3. Auflage, Heidelberg 2004, § 24, Rz. 81 ff. Vgl. auch *Eichenberger, Kurt*, Vom Umgang mit Strukturprinzipien des Verfassungsstaates, in: Burmeister, Joachim (Hrsg.), Verfassungsstaatlichkeit – Festschrift für Klaus Stern zum 65. Geburtstag, München 1997, S. 457, 459 f.
2 Vgl. *Klein, Hans H.*, Der Bundesrat im Regierungssystem der Bundesrepublik Deutschland, ZG 17 (2002), S. 297, 305.
3 Dies andeutend auch *Rädler, Peter*, Verfassungsgestaltung durch Staatspraxis – Ein Vergleich des deutschen und britischen Rechts, ZaöRV 58 (1998), S. 611, 628, der Verfassungsprinzipien des deutschen Grundgesetzes im Verhältnis zueinander als „Optimierungsgebote" beschreibt.

Nach herkömmlichem Verständnis der deutschen und der britischen Regierungssysteme könnten diese verfassungsrechtlichen und -dogmatischen Kontexte der Regionalisierungsformen kaum unterschiedlicher sein.[4] Derartige Bedenken reichen von dem Verweis auf grundlegende Differenzen zwischen den beiden Regierungssystemen bezüglich der Form und der juristischen Qualität von Verfassungsnormen über die Behauptung, das Vereinigte Königreich besitze im Unterschied zu Deutschland überhaupt keine Verfassung im eigentlichen Sinne dieses Begriffs,[5] bis hin zu der Überzeugung, anders als die Bundesrepublik kenne das britische Regierungssystem entweder keinerlei normativ gestaltenden Verfassungsstrukturelemente oder als solches nur die Parlamentssuprematie[6], welche an die Stelle einer nichtexistenten Verfassung trete.[7]

Diesem traditionellen Verständnis von der deutschen und der britischen Verfassungsordnung und dem Verhältnis dieser beiden Regierungssysteme zueinander ist zu widersprechen. Es beruht auf einer verkürzten Sicht sowohl der britischen als auch der deutschen Staatsordnung und bedarf als notwendiger Hintergrund eines Vergleichs der Regionalisierungsformen dieser beiden Staaten der Korrektur. Trotz bestehender Unterschiede in staatsorganisatorischer Struktur, Verfassungstradition und konstitutionell-normativem Grundgefüge zeigen die Vergleichsobjekte, das Vereinigte Königreich von Großbritannien und Nordirland und die Bundesrepublik Deutschland, nach einer funktionell rechtsvergleichenden Betrachtung ihrer Verfassungsordnungen mehr Ähnlichkeiten als die traditionelle Auffassung vermuten läßt.

---

4 *Jeffery, Charlie*, Verfassungspolitik im Vergleich: Britische Devolution und deutscher Föderalismus, in: Glaeßner, Gert-Joachim/Reutter, Werner/Jeffery, Charlie (Hrsg.), Verfassungspolitik und Verfassungswandel: Deutschland und Großbritannien im Vergleich, Wiesbaden 2001, S. 125, 126, bezeichnet Deutschland und das Vereinigte Königreich als „diametral entgegengesetzte Verfassungsordnungen".
5 Vgl. etwa *Grimm, Dieter*, Ursprung und Wandel der Verfassung, in: Isensee, Josef/Kirchhof, Paul (Hrsg.), Handbuch des Staatsrechts der Bundesrepublik Deutschland, Band I, 3. Auflage, Heidelberg 2003, § 1, Rz. 10, 28.
6 Gewöhnlich wird von der Parlamentssouveränität (,Parliamentary Sovereignty') gesprochen. Da der Begriff der Souveränität allerdings vielfach begrifflich überladen ist, wird hier und im Folgenden derjenige der Suprematie vorgezogen. Anders ausdrücklich etwa *Strotman, Katrin*, Die Souveränität des britischen Parlaments – unter der Einwirkung des Gemeinschaftsrechts und der Europäischen Menschenrechtskonvention, Osnabrück 1999, S. 54 f.; *Langheid, Theo*, Souveränität und Verfassungsstaat – ,The Sovereignty of Parliament', Diss., Köln 1984, S. 76 ff. Siehe eingehend zur Parlamentssuprematie infra Kapitel 2 § 2 B. I. 3.
7 Vgl. etwa *Contiades, Ion*, Verfassungsgesetzliche Staatsstrukturbestimmungen, Stuttgart (u. a.) 1967, S. 13: „In britischen Verfassungsgesetzen ... findet sich keinerlei Ansatz für eine Staatsstrukturbestimmung".

# § 1 Deutschland und das Vereinigte Königreich als ‚Verfassungsstaaten'

## A. Der Mythos vom verfassungslosen Staat

Ausgangspunkt des traditionellen Verständnisses der deutschen und der britischen Verfassungsordnung bildet zumeist die Feststellung, daß, während die Bundesrepublik Deutschland eine kodifizierte Verfassung in der Gestalt des Bonner Grundgesetzes vorweisen könne, die Konstitution des Vereinigten Königreichs von Großbritannien und Nordirland auf einem ‚ungeschriebenen' Normengefüge basiere. Diese ‚These von der Ungeschriebenheit' der britischen Staatsordnung wird zumeist lediglich postuliert und für selbstverständlich erachtet.[8] Impliziert wird dabei aber zugleich, daß die britische Verfassung mangels Dokumentation in Reichweite und Inhalt unbestimmbar bleibe und daß zwischen dieser und den kodifizierten Verfassungen anderer Regierungssysteme eine dogmatische und qualitativ unüberbrückbare Andersartigkeit bestünde.

Die ‚These von der Ungeschriebenheit' der britischen Verfassungsordnung kann jedoch noch einen entscheidenden Schritt weiter getragen werden. Versteht man nämlich mit einer gängigen Ansicht in der Literatur eine Verfassung im Sinne eines formalen Verfassungsverständnisses als „die in einem Verfassungsgesetz (,Verfassungsurkunde') zusammengefaßten grundlegenden Rechtsvorschriften über die Organisation und die Ausübung der Staatsgewalt, die Staatsaufgaben und die Grundrechte"[9], so führt das formale Argument über die Ungeschriebenheit bereits unweigerlich zu dem wertenden Schluß, daß das Vereinigte Königreich keine Verfassung aufweise. Das Bonner Grundgesetz stelle demgegenüber aufgrund seiner Schriftlichkeit für die Bundes-

---

8 Vgl. etwa *Vorländer, Hans*, Die Verfassung – Idee und Geschichte, München 1999, S. 34; *Bullinger, Martin*, Fragen der Auslegung einer Verfassung, JZ 2004, S. 209, 210; *Lerz, R. Alexander*, Der gemeineuropäische Bestand von Verfassungsprinzipien zur Begrenzung der Ausübung von Hoheitsgewalt – Gewaltenteilung, Föderalismus, Rechtsbindung –, in: Müller-Graff, Peter-Christian/Riedel, Eibe (Hrsg.), Gemeinsames Verfassungsrecht in der Europäischen Union, Baden-Baden 1998, S. 99, 103; *Heun, Werner*, Allocation of Tasks and Regimes of Public Finance Responsibilities Between the Federal and Other Levels of Government – General Report, in: Riedel, Eibe (Hrsg.), Aufgabenverteilung und Finanzregimes im Verhältnis zwischen Zentralstaat und seinen Untereinheiten, Baden-Baden 2001, S. 17, 22.
9 *Badura, Peter*, Arten der Verfassungsrechtssätze, in: Isensee, Josef/Kirchhof, Paul (Hrsg.), Handbuch des Staatsrechts der Bundesrepublik Deutschland, Band VII, Heidelberg 1992, § 159, Rz. 1; *ders.*, Staatsrecht – Systematische Erläuterung des Grundgesetzes für die Bundesrepublik Deutschland, 3. Auflage, München 2003, Rz. A 7. Ähnlich auf das Vorliegen einer Verfassungsurkunde abstellend auch der formelle Verfassungsbegriff bei *Maunz, Theodor/Zippelius, Reinhold*, Deutsches Staatsrecht, 30. Auflage, München 1998, S. 31; *Grimm*, Ursprung und Wandel der Verfassung, Rz. 1 ff. Vgl. auch *Wheare, Kenneth C.*, Modern Constitutions, Neudruck der 2. Auflage, London (u. a.) 1971, S. 2.

republik Deutschland eine Verfassung dar. Diese enthalte ein kodifiziertes Regelwerk, das die grundlegenden Normen über Staatsorganisation, -aufgaben und Grundrechte festschreibe. Die Kluft zwischen den beiden Vergleichsobjekten weitet sich.

Dem formalen Argument über den Mangel an Dokumentation der britischen Verfassungsordnung wird üblicherweise ein Hinweis auf das britische Verfassungsdogma der Omnipotenz des britischen Parlaments, der sogenannten Parlamentssuprematie, hinzugefügt.[10] Nach diesem, vor allem von dem Verfassungsrechtler *Albert V. Dicey* geprägten Dogma genießt das britische Parlament – oder genauer die ‚Crown in Parliament' als Zusammenschau des Unterhauses, des Oberhauses und des Monarchen[11] – eine in rechtlicher Hinsicht gänzlich uneingeschränkte Gesetzgebungsbefugnis. Diese positive Seite der Suprematiemedaille wird durch eine negative Seite ergänzt und komplettiert: Kein Gericht oder andere Institution ist befugt, die Gültigkeit eines Parlamentsgesetzes in Zweifel zu ziehen.[12] Das traditionelle britische Verfassungsverständnis kennt somit keinen Unterschied zwischen Verfassungsgesetzen und einfachen Gesetzen; alle unterliegen unabhängig von Inhalt oder Formulierung gleichermaßen der Veränderungsmacht des jeweils amtierenden Parlaments und keiner weiteren Verfassungsgerichtsbarkeit.[13] Über dem durch einfache Mehrheiten in Unter- und Oberhaus beschlossenen und mit dem ‚Royal Assent' des Monarchen versehenen Gesetz wölbt sich hier kein höherrangiges, bindendes Normengefüge, das wie das Grundgesetz eine für Bürger und Hoheitsträger verbindliche Organisations- und Werteordnung schafft. Dieses britische Verfassungsdogma der Parlamentssuprematie, welches *Dicey* den „very keystone of constitutional law" nannte,[14] steht im Widerspruch zu einem im staatsrechtlichen Schrifttum weit verbreiteten formellen Verfassungsbegriff, der das auf die Existenz einer Verfassungsurkunde abstellende formale Verständnis normativ fortführt: Nach dieser Meinungsgruppe, die im einzelnen differenzierte Schwerpunktsetzung aufweist, bilden nur solche Normen

---

10 Im Schrifttum wird häufig der Mangel an Verfassungskodifikation und die Doktrin der Parlamentssuprematie als gleichbedeutend oder voneinander abhängig dargestellt, vgl. beispielsweise *Barendt, Eric*, An Introduction to Constitutional Law, Oxford 1998, S. 105. In Wahrheit sind diese beiden Merkmale der britischen Verfassungsordnung nicht notwendig verknüpft, sondern klar trennbar. So auch *Tomkins, Adam*, Of Constitutional Spectres. Review of Eric Barendt: *An Introduction to Constitutional Law*, PL 1999, S. 525, 537.
11 Vgl. *Adonis, Andrew*, Parliament Today, 2. Auflage, Manchester/New York 1993, S. 3 f.; *Judge, David*, The Parliamentary State, London (u. a.) 1993, S. 3.
12 *Dicey* beschreibt die Parlamentssuprematie mit den Worten: „Parliament ... has ... the right to make or un-make any law whatever; and, further, ... no person or body is recognised by the law of England as having a right to override or set aside the legislation of Parliament", *Dicey, Albert V.*, Introduction to the Study of the Constitution (mit einer Einführung von E. S. C. Wade), Neudruck der 10. Auflage, London (u. a.) 1967, S. 39 f.
13 Vgl. *Bogdanor, Vernon*, Politics and the Constitution – Essays on British Government, Aldershot (u. a.) 1996, S. 5 f.
14 *Dicey*, Introduction, S. 71.

Regeln der Verfassung (im formellen Sinne), die gegenüber einfachem Gesetzesrecht dadurch privilegiert sind, daß ihre Aufhebung oder Änderung nur durch besondere Verfahren möglich sind und daß ihnen Vorrang vor der übrigen Rechtsordnung eingeräumt wird.[15] Nur so wird die Bindung und Kontrolle aller staatlichen Gewalten möglich. Vor diesem definitorischen Hintergrund führt der Grundsatz der Parlamentssuprematie und die durch sie bedingte Unmöglichkeit einer erhöhten Bestandskraft oder eines Geltungsvorrangs grundlegender Normen des Regierungssystems zu dem Schluß, daß das Vereinigte Königreich – zumindest im formellen Begriffssinne – keine Verfassung besitzt.[16] Als einzige Norm des formellen Verfassungsrechts käme nach dieser Ansicht der Grundsatz der Parlamentssuprematie selbst in Frage.[17] Jedoch vermag die Omnipotenz der Crown in Parliament allein weder die Zusammensetzung und Verfahren dieses kombinierten Organs noch die übrigen Strukturen und Prozesse der britischen Staatsordnung aufzuhellen. Der Gedanke, daß sich die Verfassung des Vereinigten Königreichs sinnvollerweise auf die Kurzformel „Whatever the Queen in Parliament enacts is law" reduzieren ließe,[18] ist bereits mit der Frage „Was genau ist die Queen in Parliament?" und mit dem Hinweis auf das als Rechtsquelle einhellig anerkannte Common Law abzulehnen. Es bleibt daher bei dem Befund, daß nach einem formellen Verfassungsbegriff das Vereinigte Königreich – abgesehen von dem unzureichend aussagekräftigen Hinweis auf die Parlamentssuprematie selbst – keine Verfassung erkennen läßt. Diese zunächst lediglich definitorische Fest-

---

15 Vgl. *Jellinek, Georg*, Allgemeine Staatslehre, 3. Auflage, Berlin 1914, S. 532 ff.; *Stern, Klaus*, Das Staatsrecht der Bundesrepublik Deutschland, Band I (Grundbegriffe und Grundlagen des Staatsrechts, Strukturprinzipien der Verfassung), 2. Auflage, München 1984, S. 72 ff.; *Grimm*, Ursprung und Wandel der Verfassung, Rz. 26 ff.; *Katz, Alfred*, Staatsrecht – Grundkurs im öffentlichen Recht, 15. Auflage, Heidelberg 2002, Rz. 19; *Krüger, Herbert*, Subkonstitutionelle Verfassungen, DÖV 1976, S. 613, 613 f.; *Wolff, Heinrich A.*, Ungeschriebenes Verfassungsrecht unter dem Grundgesetz, Tübingen 2000, S. 268 ff. Aus dem britischen Schrifttum ähnlich *Jennings, Ivor*, The Law and the Constitution, 5. Auflage, London 1959, S. 76.
16 So auch die wohl überzeugendste Interpretation der berühmten Passage von *Alexis de Tocqueville* in De la démocratie en Amérique, Band I, 8. Auflage, Paris 1981, S. 101: „En Angleterre, on reconnaît au parlement le droit de modifier la constitution. En Angleterre, la constitution peut donc changer sans cesse, ou plutôt elle n'existe point." Vgl. *Munro, Colin R.*, What is a Constitution?, PL 1983, S. 563, 563; *Koch, Michael H. W.*, Zur Einführung eines Grundrechtskatalogs im Vereinigten Königreich von Großbritannien und Nordirland, Berlin 1991, S. 27; *Grimm*, Ursprung und Wandel der Verfassung, Rz. 28; *Weber, Helmut*, Wer hütet die Verfassung?, in: Glaeßner, Gert-Joachim/Reutter, Werner/Jeffery, Charlie (Hrsg.), Verfassungspolitik und Verfassungswandel: Deutschland und Großbritannien im Vergleich, Wiesbaden 2001, S. 89, 89.
17 Vgl. *Koch*, Grundrechtskatalog, S. 33 f.
18 Vgl. *Hart, Herbert L. A.*, The Concept of Law, 2. Auflage, Oxford 1994, S. 148, 100 ff. Diese Argumentation zeigt die verbreitete Rezeption positivistischer Rechtsphilosophien in der britischen Verfassungstheorie des 20. Jahrhunderts. So wird die Parlamentssuprematie häufig als ‚Grundnorm' im Sinne *Kelsens* (*Kelsen, Hans*, Reine Rechtslehre, 2. Auflage, Wien 1960, S. 228) oder als ‚Rule of Recognition' im Sinne *Harts* (*Hart*, The Concept of Law, S. 97 ff.) verstanden. Vgl. *Koch*, Grundrechtskatalog, S. 33 f. Fn. 38 m. w. N.

stellung wird zu einem substantiellen Hindernis für jede verfassungsvergleichende Untersuchung, wenn der formelle Verfassungsbegriff als einzig valider Parameter der Verfassungsanalyse verstanden wird.[19]

Dieses Ergebnis eines ‚verfassungslosen' Königreichs wird jedoch nicht immer nur durch den konzentrierten Blick auf das Dogma der Parlamentssuprematie erreicht. Ebenso geläufig ist die These, daß die Staatsordnung des Vereinigten Königreichs deshalb keine Verfassung im eigentlichen Sinne dieses Begriffs darstelle, da sie primär auf Gewohnheiten und Konventionen beruhe, die entweder außer-rechtlich und nicht justitiabel seien oder sogar eines normativen Charakters entbehren.[20] In diesem Sinne wird der britischen Verfassung zum Teil nur der Status von ‚Verfassungssoziologie' zuerkannt: Es handele sich lediglich um eine schlichte Beschreibung von mit Hoheitsgewalt betrauten Institutionen und ihren Funktionsweisen.[21] Eine Verfassung benötige dagegen eine klar normative – oder sogar rechtliche[22] – Dimension, um ihrer einheits- und ordnungsstiftenden Funktion gerecht zu werden. Sie muß Staatsgewalt konstituieren und zugleich binden, wie das deutsche Grundgesetz in den Art. 20 Abs. 3 und 1 Abs. 3 GG deutlich macht. Das Vereinigte Königreich besitzt danach lediglich eine ‚Verfaßtheit' im Unterschied zu einer Verfassung.[23] Diese Kritik kann, soweit sie auf den außer-rechtlichen Charakter

---

19 So beispielsweise *Ridley, F. F.*, There Is No British Constitution: A Dangerous Case of the Emperor's Clothes, ParlAff 41 (1988), S. 340, 350 ff. Differenzierend *Grimm*, Ursprung und Wandel der Verfassung, Rz. 57.
20 Vgl. *Ridley*, There Is No British Constitution, S. 354 ff. So auch *Kastari, Paavo*, Über die Normativität und den hierarchischen Vorrang der Verfassungen, in: Bracher, Karl-Dieter/Dawson, Christoph/Geiger, Willi/Smend, Rudolf (Hrsg.), Die moderne Demokratie und ihr Recht, Festschrift für Gerhard Leibholz, Band II (Staats- und Verfassungsrecht), Tübingen 1966, S. 49, 54 f., der die Meinung vertritt, daß „dem Hauptteil der Verfassung Englands die eigentliche rechtliche Normativität fehlt". Ähnlich des weiteren *Rädler, Peter*, Verfassungsgestaltung durch Staatspraxis – Ein Vergleich des deutschen und britischen Rechts, ZaöRV 58 (1998), S. 611, 625: „In der britischen Rechtsordnung kann der Begriff der Verfassung entweder auf das Parlaments- und Richterrecht beschränkt bleiben und damit eine deutliche Diskrepanz gegenüber der Verfassungswirklichkeit in Kauf nehmen oder die Staatspraxis einbeziehen und *damit seine normative Kraft verlieren*. Verfassung und Verfassungswirklichkeit fallen dann zusammen." (Hervorhebung durch den Verf.).
21 So charakterisiert *John Griffith* die britische Verfassungsordnung mit den Worten „the constitution is no more and no less than what happens"; *Griffith, John A. G.*, The Political Constitution, MLR 42 (1979), S. 1, 19. Vgl. auch *Riedel*, Der gemeineuropäische Bestand von Verfassungsprinzipien, S. 81; *Sedley, Stephen*, The Sound of Silence: Constitutional Law without a Constitution, LQR 110 (1994), S. 270, 270; *Bogdanor, Vernon*, Politics and the Constitution – Essays on British Government, Aldershot 1996, S. 3 ff. Zum Zusammenfallen von Verfassungsrecht und Verfassungswirklichkeit in der britischen Staatsordnung siehe auch *Johnson, Nevil*, In Search of the Constitution: Reflections on State and Society in Britain, Oxford (u. a.) 1977, S. 31 f.
22 Vgl. den rein rechtlichen Verfassungsbegriff bei *Grimm*, Ursprung und Wandel der Verfassung, Rz. 1 ff.
23 *Riedel*, Der gemeineuropäische Bestand von Verfassungsprinzipien, S. 82.

der Verfassungskonventionalregeln[24] des Vereinigten Königreichs abstellt, als Teil des formellen Verfassungsbegriffs verstanden werden, der eine rechtliche Grundordnung über den Staatsorganen und der übrigen Rechtsordnung verlangt; soweit sie jedoch die Existenz einer präskriptiven Ordnung des britischen Regierungssystems verneint, erweitert sie die Bedenken gegenüber der britischen Staatsordnung um eine substantielle Komponente. Diese Negierung der Existenz einer normativen – also nicht rein deskriptiven – britischen Staatsordnung stellt einen weiteren – vielleicht den schwersten – Angriff auf die ‚Verfassungsstaatlichkeit' des Vereinigten Königreichs dar.[25]

Verfassungstheoretische Überlegungen lassen somit eine unüberwindbar scheinende Kluft zwischen Deutschland und dem Vereinigten Königreich erkennbar werden. Während das Grundgesetz eine alle deutsche Staatsgewalt konstituierende und gleichsam rechtlich bindende Verfassungsurkunde darstellt, zeichnet sich die Staatsordnung des Vereinigten Königreichs nicht nur durch die Abwesenheit eines geschriebenen Verfassungstextes und die Ungebundenheit eines allmächtigen Parlaments aus, sondern es steht sogar ihr ordnender Charakter deshalb in Frage, weil entscheidende Versatzstücke des britischen Regierungssystems normativer Verbindlichkeit entbehren könnten.

## B. Die Entzauberung des Mythos

Trotz der vielfältigen, teilweise auch überaus bedeutsamen Unterschiede zwischen den Verfassungsordnungen des Vereinigten Königreichs von Großbritannien und Nordirland und der Bundesrepublik Deutschland ist die Annahme einer unüberbrückbaren konstitutionellen Kluft zwischen diesen beiden Vergleichsstaaten aus verschiedenen Gründen abzulehnen.

In formaler Hinsicht muß zunächst die ‚These von der Ungeschriebenheit' der britischen Verfassungsordnung hinterfragt und die ihr entsprechende ‚These von der Geschriebenheit' der deutschen Grundordnung mit einer einschränkenden Bemerkung versehen werden. Zunächst darf erstere nur in dem Sinne verstanden werden, daß das Vereinigte Königreich tatsächlich keinen abschließend kodifizierten Verfassungstext besitzt.[26] Geschrieben ist jedoch

---

24 Im deutschen Schrifttum ist die angemessene Übersetzung des Begriffs ‚constitutional conventions' umstritten. Der von *Meyn* geprägte Begriff der ‚Verfassungskonventionalregeln' erscheint deshalb treffend, weil er sowohl die Verfassungsrelevanz dieser Handlungsmaximen betont als auch die Gleichsetzung mit dem deutschen Begriff der Konvention vermeidet. Vgl. *Meyn, Karl-Ulrich*, Die Verfassungskonventionalregeln im Verfassungssystem Großbritanniens, Göttingen 1975, S. 2 f.
25 So insbesondere *Ridley*, There Is No British Constitution, S. 340 ff.
26 So auch *Meyn*, Verfassungskonventionalregeln, S. 11; *Barendt*, Constitutional Law, S. 32 f.

ein großer Teil der britischen Verfassungsordnung.[27] So regeln eine Reihe von Parlamentsgesetzen grundlegende Aspekte der Staatsorganisation und des Verhältnisses von Staat und Bürger. Des weiteren ist das Richterrecht des Common Law eine unbestrittene Rechtsquelle, welches in unzähligen Urteilen auch fundamentale Fragen der Staatsordnung regelt. Ungeschrieben sind im Wesentlichen die Verfassungskonventionalregeln und ein Restbestand an Gewohnheitsnormen, aber dieser Umstand sollte nicht darüber hinwegtäuschen, daß sich trotz des Fehlens einer einheitlich kodifizierten Verfassungsurkunde der überwiegende Bestand britischer Verfassungsnormen in Schriftform niedergeschlagen hat.[28] Die schlichte ‚These von der Ungeschriebenheit' entpuppt sich daher in entscheidender Hinsicht als unzulässige Übertragung eines kontinentalen formalen Rechtsverständnisses, das sich primär gesetzesorientiert ausrichtet und insbesondere das Common Law als wichtige britische Rechtsquelle nicht einzubeziehen vermag.

Auch die korrespondierende Aussage über die Geschriebenheit der deutschen Verfassungsordnung bedarf bei genauerem Hinsehen vorsichtiger Einschränkungen. Zwar stellt das Grundgesetz als abschließend kodifiziertes Normengefüge mit durch Art. 79 Abs. 1 GG vermittelter erhöhter Bestandskraft eine geschriebene Grundordnung der Bundesrepublik Deutschland bereit; jedoch ist weithin anerkannt, daß auch dieser Text – wie jede Kodifikation – niemals als gänzlich abschließend verstanden werden kann.[29] Auch die deutsche Verfassungsordnung kennt Normen des ungeschriebenen Verfassungsrechts, auch wenn Reichweite und Inhalt dieses Begriffs bis heute umstritten bleiben.[30] Herrschend anerkannt sind jedoch eine Reihe ‚verschwiegener' – oder ‚stillschweigend mitgesetzter' – Verfassungsnormen,[31] zu denen üblicherweise etwa die ungeschriebenen Gesetzgebungszuständigkeiten des Bundes[32] gezählt werden: die Bundeskompetenz kraft Sachzusammenhangs, die Annexkompetenz und die Bundeskompetenz kraft Natur der Sache. Als „verschwiegene" Verfassungsnormen gelten aber auch beispielsweise der Grundsatz der Gesetzmäßigkeit der Verwaltung und das Prinzip des Ver-

---

27　Im Einzelnen zu den geschriebenen und ungeschriebenen Quellen der britischen Verfassungsordnung siehe infra Kapitel 2 § 1 C. II.
28　Zur Möglichkeit der Adoption einer kodifizierten Verfassung im Vereinigten Königreich vgl. *Brazier, Rodney*, How Near Is a Written Constitution?, NILQ 52 (2001), S. 1 – 19. Zum Entwurf „The Constitution of the United Kingdom", veröffentlicht 1991 durch das Institute for Public Policy Research vgl. *Starck, Christian*, Eine Verfassung für das Vereinigte Königreich, AöR 119 (1994), S. 627 – 641.
29　Im Einzelnen zu den Quellen der deutschen Verfassungsordnung siehe infra Kapitel 2 § 1 C. I.
30　Vgl. allgemein dazu *Wolff*, Ungeschriebenes Verfassungsrecht; *Stern*, Staatsrecht I, S. 109 ff.
31　Vgl. dazu *Badura*, Arten der Verfassungsrechtssätze, Rz. 4; *Wolff*, Ungeschriebenes Verfassungsrecht, S. 196 ff.
32　Vgl. dazu im Einzelnen *Bullinger, Martin*, Ungeschriebene Kompetenzen im Bundesstaat, AöR 96 (1971), S. 237, 237 ff.; *Ehlers, Dirk*, „Ungeschriebene Kompetenzen", Jura 2000, S. 323, 323 ff.; *Maurer, Hartmut*, Staatsrecht I – Grundlagen Verfassungsorgane Staatsfunktionen, 3. Auflage, München 2003, § 10, Rz. 27 ff.

trauensschutzes.[33] Darüber hinaus hat in der deutschen Staatsordnung das Gewohnheitsrecht als Verfassungsrechtsquelle – bei aller Umstrittenheit der Einzelheiten und stets in den engen Grenzen des geschriebenen Verfassungsrechts – überwiegend Akzeptanz gefunden.[34] Diese Gedanken zeigen, daß auch ein kodifizierter Verfassungstext wie das Grundgesetz in seiner Geschriebenheit keinen Anspruch auf Vollkommenheit stellt. Die deutsche Staatsordnung gleicht jedoch die Unvollkommenheit des Grundgesetzes durch eine umfassend gestaltete Verfassungsgerichtsbarkeit aus, die aufgrund ihrer verfassungsrechtlichen Letztentscheidungskompetenz die ungeschriebenen Normen des Verfassungsrechts feststellen und konkretisieren kann.[35] Im Sinne des nach dem britischen Vorbild geformten, erweiterten Geschriebenheitsbegriff kann auch die Rechtsprechung des Bundesverfassungsgerichts bezüglich ungeschriebener Verfassungsnormen als geschriebenes Verfassungsrecht erfaßt werden.

Der Hinweis auf die geschriebenen Teile der britischen und die ungeschriebenen Elemente der deutschen Staatsordnung kann und soll jedoch nicht alle Unterschiede zwischen diesen Verfassungsgefügen einebnen: Das deutsche Grundgesetz bildet im Wesentlichen den Bestand des Verfassungsrechts der Bundesrepublik. Dagegen machen der britische Mangel an annähernd abschließender Kodifikation aller verfassungsrelevanten Normen und das gänzliche Fehlen einer ordnenden Systematik sowohl zwischen den verschiedenen Normquellen als auch innerhalb derselben die Suche nach und die Bestimmung von Verfassungsnormen im Vereinigten Königreich nicht nur zu sehr schwierigen, sondern auch zu stark subjektiven Unterfangen. Das Normengefüge der britischen Staatsordnung besteht nicht aus einem festen Satz geschriebener Regeln, sondern es ist – anders als in Deutschland – in einem gewissen Rahmen der Einschätzung eines jeden Beobachters dieser Grundordnung überlassen, aus einer Fülle von Normen verschiedener Quellen diejenigen Regeln als ‚Verfassungsnormen' herauszufiltern, die er für konstitutionell grundlegend oder verfassungsrelevant hält. Dies ändert jedoch wiederum nichts an der Feststellung, daß eine einfache Unterscheidung der

---

33 *Badura*, Arten der Verfassungsrechtssätze, Rz. 4. Vgl. auch die Zusammenstellung weiterer ungeschriebener Verfassungsnormen bei *Wolff*, Ungeschriebenes Verfassungsrecht, S. 3.
34 Vgl. dazu BVerfGE 34, 216, 230; *Bryde, Brun-Otto*, Verfassungsentwicklung – Stabilität und Dynamik im Verfassungsrecht der Bundesrepublik Deutschland, Baden-Baden 1982, S. 431 ff., insbesondere S. 446 ff.; *ders.*, Art. 79 GG, in: von Münch, Ingo/Kunig, Philip (Hrsg.), Grundgesetz-Kommentar, Band 3 (Art. 70 bis Art. 146), 5. Auflage, München 2003, Rz. 11a; *Wolff*, Ungeschriebenes Verfassungsrecht, S. 427 ff.; *Badura, Peter*, Verfassungsänderung, Verfassungswandel, Verfassungsgewohnheitsrecht, in: Isensee, Josef/Kirchhof, Paul (Hrsg.), Handbuch des Staatsrechts der Bundesrepublik Deutschland, Band VII, Heidelberg 1992, § 160, Rz. 10. Gegen die Zulässigkeit der Entstehung von Verfassungsgewohnheitsrecht vor allem *Tomuschat, Christian*, Verfassungsgewohnheitsrecht? – Eine Untersuchung zum Staatsrecht der Bundesrepublik Deutschland, Heidelberg 1972, insbesondere S. 88 ff.
35 Zu den ungeschriebenen Bundeskompetenzen siehe etwa BVerfGE 3, 407, 421 (Sachzusammenhang); 8, 143, 149 f. (Annexkompetenz) 11, 89, 96 ff. (Natur der Sache).

deutschen und der britischen Verfassungsordnung anhand ihrer Geschriebenheit nur von sehr begrenztem Nutzen bleiben muß. In diesem Sinne ist denn auch das rein formale Verfassungsverständnis, welches lediglich auf das Vorliegen einer Verfassungsurkunde abstellt und bereits deshalb der Staatsordnung des Vereinigten Königreichs den Charakter einer Verfassung absprechen will, abzulehnen. Es bleibt allzu formalistisch und versperrt dabei den Blick auf die substantiellen Eigenarten unterschiedlicher Verfassungsgefüge.

Schwerer wiegt dagegen der Einwand des formellen Verfassungsbegriffs gegenüber der britischen Staatsordnung, der ein nur in einem besonderen Verfahren abänderbares und vorrangiges Normengefüge über dem einfachen Gesetzesrecht verlangt, damit eine Bindung und Kontrolle der durch die Verfassung konstituierten Staatsorgane erreicht werden kann. Eine Verfassung bedarf danach notwendigerweise des Vorrangs vor anderen Rechtsquellen der staatlichen Ordnung;[36] mit anderen Worten, eine Verfassung verlangt, um diesem Namen gerecht zu werden, Verfassungssupremnatie. Die britische Staatsordnung kennt dagegen nur die Suprematie des Parlaments. Hier steht nicht – wie in Deutschland – ein Normensystem, sondern eine Institution, die Crown in Parliament, an der Spitze des Regierungssystems. Verfassung bedeutet nach einem formellen Verständnis jedoch normative Gebundenheit der Staatsorgane, einschließlich der Legislative. Ohne an dieser Stelle bereits das Verhältnis zwischen den Gegensätzen Verfassungssupremnatie und Parlamentssupremnatie hinterfragen oder entschärfen zu können,[37] sind dem formellen Verfassungsbegriff, der nur für den einen Pol dieser Spannungsbeziehung die Bezeichnung ‚Verfassung' offen hält, grundsätzliche Bedenken entgegenzubringen.

Obgleich die Bedeutung des Vorrangs der Verfassung vor der übrigen Rechtsordnung für das deutsche Verfassungsverständnis keinesfalls unterschätzt werden darf, verengt der formelle Verfassungsbegriff ohne Not die verfassungstheoretische Sicht. Dieser Umstand wirkt sich insbesondere für die Rechtsvergleichung nachteilig aus, welche zugleich auch Vorverständnisse für die allgemeine Staatslehre liefern soll.[38] Rechtsvergleichung muß zunächst eine den Vergleichsobjekten gemeinsame Fragestellung als Ausgangspunkt ihrer Untersuchungen formulieren. Diese sollte, um sich aus den Fängen der Begriffsjurisprudenz zu befreien, einen außer-rechtlichen Anknüpfungspunkt wählen, also nicht eine konkrete Rechtsnorm oder ein Normbündel als Gegenstand der Betrachtung postulieren,[39] sondern ein konkretes Sachproblem umreißen, das sich gleichermaßen und vergleichbar in den verschiedenen Rechtsordnungen stellt. Die gemeinsame außer-juristische Problemstellung

---

36 Zu dieser Deutung des Konstitutionalismus eingehend *Grimm*, Ursprung und Wandel der Verfassung, Rz. 26 ff.
37 Siehe hierzu infra Kapitel 2 § 2 B.
38 Vgl. *Doehring, Karl*, Allgemeine Staatslehre, 2. Auflage, Heidelberg 2000, Rz. 14.
39 So aber ausdrücklich *van Laer, Coen J. P.*, The Applicability of Comparative Concepts, EJCL 2.2 (1998) Rz. 3 (erhältlich unter http://law.kub.nl/ejcl/22/art22–1.html), unter Ablehnung der funktionellen Methode der Rechtsvergleichung.

ist die Basis der Vergleichbarkeit der Objekte und damit der Rechtsvergleichung selbst. Der Grund hierfür liegt in der Erkenntnis, daß das Recht und jede Rechtsnorm „Mittel der sozialen Organisation und Steuerung" darstellen,[40] also stets eine außer-rechtliche Problemlage als ihren Ausgangspunkt haben müssen, um der vorgegebenen Funktion gerecht zu werden. Insofern ist ein rein sprachlich-begrifflicher Ansatz der Rechtsvergleichung bereits aus grundsätzlich-methodischen Erwägungen abzulehnen und einer betont funktionellen Vorgehensweise der Vorzug zu geben.[41] Dies muß auch für die Verfassungsvergleichung gelten.[42] Die konstitutionelle Rechtsvergleichung muß insbesondere zum Ziel haben, sprachlich, kulturell und historisch geprägte Etikettierungen und Systemverortungen zu überwinden und nationale juristische Lösungsansätze für konkrete gemeinsame Sachprobleme zueinander in Bezug zu setzen. Ein derartiger Zusammenhang über die Grenzen der einzelstaatlichen Rechtsordnung hinweg ist nur über die praktische Funktion einer Norm oder eines Normenbündels, mithin auf dem Wege einer funktionellen Betrachtungsweise möglich.

Entsprechend diesen methodischen Notwendigkeiten der Rechtsvergleichung muß der formelle Verfassungsbegriff als Ausgangspunkt einer rechtsvergleichenden Analyse abgelehnt werden. Er bleibt einem bestimmten, insbesondere im französischen und amerikanischen Konstitutionalismus verwurzelten Verfassungsverständnis[43] verhaftet, das die Verfassung als Konstituierung, Legitimation und zugleich Limitierung staatlicher Macht erkennt,[44] wobei diese Elemente denklogisch erst durch eine Neukonstitution

---

40 *Rheinstein, Max*, Einführung in die Rechtsvergleichung (bearbeitet von Reimer von Borries und Hans-Eckart Niethammer), 2. Auflage, München 1987, S. 25 f.
41 *Zweigert, Konrad/Kötz, Hein*, Einführung in die Rechtsvergleichung auf dem Gebiete des Privatrechts, 3. Auflage, Tübingen 1996, S. 33 ff., insbesondere die Formulierung auf S. 45: „Wenn das Recht funktional als Regelung sozialer Sachverhalte gesehen wird, sind Rechtsprobleme in jedem Land von der gleichen Art.". Vgl. auch *Häberle, Peter*, Gemeineuropäisches Verfassungsrecht, EuGRZ 1991, S. 261, 271; *Ebert, Kurt H.*, Rechtsvergleichung – Einführung in die Grundlagen, Bern 1978, S. 26 ff., 154 ff.; *Esser, Josef*, Grundsatz und Norm in richterlicher Fortbildung des Privatrechts, 4. Auflage, Tübingen 1990, S. 346 ff.; *Rösler, Hannes*, Rechtsvergleichung als Erkenntnisinstrument in Wissenschaft, Praxis und Ausbildung, Teil II, JuS 1999, S. 1186, 1186 f.; *Brand, Oliver*, Grundfragen der Rechtsvergleichung – Ein Leitfaden für die Wahlfachprüfung, JuS 2003, S. 1082, 1086. Ausdrücklich ablehnend gegenüber der funktionellen Methode der Rechtsvergleichung aber *van Laer*, Comparative Concepts, Rz. 3.2.
42 *Münch, Fritz*, Einführung in die Verfassungsvergleichung, ZaöRV 33 (1973), S. 126, 139 ff.
43 Vgl. *Grimm*, Ursprung und Wandel der Verfassung, Rz. 1 ff.; *Vorländer*, Verfassung, S. 39 ff.; *Wahl, Rainer*, Der Vorrang der Verfassung, Der Staat 20 (1981), S. 485, 488 ff.; *Hoffmann-Riem, Wolfgang*, Das Ringen um die verfassungsgerichtliche Normenkontrolle in den USA und Europa, JZ 2003, S. 269, 271; *Stourzh, Gerald*, Naturrechtslehre, leges fundamentales und die Anfänge des Vorrangs der Verfassung, in: Starck, Christian (Hrsg.), Rangordnung der Gesetze, Göttingen 1995, S. 13–28.
44 Vgl. *Vorländer*, Verfassung, S. 17 ff. Siehe dazu auch *Böckenförde, Ernst-Wolfgang*, Geschichtliche Entwicklung und Bedeutungswandel der Verfassung, JA 1984, S. 325, 329 f., der allerdings in der Begründung und Begrenzung der Staatsgewalt und damit auch in der Idee des Vorrangs der Verfassung die notwendigen Grundelemente des

des Staatswesens – etwa nach einer Revolution – ermöglicht werden. Aus diesem Entwicklungszusammenhang erklärt sich die starke Betonung der Verfassungssuprematie. Dagegen vermag es der formelle Verfassungsbegriff nicht, das primär historisch-evolutionäre Verfassungsverständnis aufzugreifen, welches der britischen Verfassungsordnung zugrunde liegt: Institutionen, Verfahren und Normen haben sich nach traditioneller Diktion ohne monumentale Neukonstitution organisch auf einem historischen Kontinuum herausgebildet,[45] so daß die absolute Staatsgewalt des Monarchen niemals in neuer Form konstituiert, legitimiert und limitiert wurde. Der formelle Verfassungsbegriff kann daher aufgrund seines historisch und kulturell geprägten, juristischen Ansatzes nicht als Grundlage der Verfassungsvergleichung dienen. Er muß einem funktionsorientierten, materiellen Verfassungsbegriff weichen, der einen außer-rechtlichen Bezugspunkt wählt.

In einem derartig materiellen Sinne läßt sich die Verfassung als „Gesamtheit der grundlegenden rechtlichen Regeln, nach denen Menschen als staatliche Gemeinschaft zusammenleben"[46], als „rechtliche Grundordnung des Gemeinwesens"[47] oder als „Gesamtheit der grundlegenden Rechtssätze über die staatliche Willensbildung, Organisation und Funktionsweise der obersten Staatsorgane sowie die Stellung des einzelnen im Gemeinwesen und dessen Grundprinzipien"[48] beschreiben. Sie „ordnet die Organisation und das Verfahren politischer Einheitsbildung und staatlichen Wirkens. Sie schafft Grundlagen und normiert Grundzüge rechtlicher Gesamtordnung."[49] Verfassungen sind „codes of norms which aspire to regulate the allocation of power, functions, and duties among the various agencies and officers of government, and to define the relationships between these and the public".[50] Schwierigkeiten allerdings bereitet ein solch materieller Verfassungsbegriff vor allem deshalb, weil unklar bleibt, welche Normen und Regeln als grundlegend für eine staatliche Gemeinschaft anzusehen sind.[51] Jedoch bietet dieser Ansatz neben der funktionellen Anknüpfung einen weiteren, wichtigen Vorzug: Er zeigt eine

---

„Verfassungsstaates *im materiellen Sinn*" (auf S. 330, Hervorhebung durch den Verf.) beschreibt.
45 Vgl. *Vorländer*, Verfassung, S. 16; *Grimm*, Ursprung und Wandel der Verfassung, Rz. 10.
46 *Zippelius, Reinhold*, Allgemeine Staatslehre, 14. Auflage, München 2003, S. 55.
47 *Hesse, Konrad*, Grundzüge des Verfassungsrechts der Bundesrepublik Deutschland, Neudruck der 20. Auflage, Heidelberg 1999, Rz. 17; *ders.*, Verfassung und Verfassungsrecht, in: Benda, Ernst/Maihofer, Werner/Vogel, Hans-Jochen (Hrsg.), Handbuch des Verfassungsrechts der Bundesrepublik Deutschland, 2. Auflage, Berlin/New York 1994, § 1, Rz. 10ff. Dieser Verfassungsbegriff steht aufgrund seiner Normbezogenheit im Widerspruch zur von *C. Schmitt* vertretenen Unterscheidung zwischen Verfassung und Verfassungsgesetz, vgl. *Schmitt, Carl*, Verfassungslehre, 5. Auflage, Berlin 1970, S. 21. Vgl. dazu für den vorliegenden Zusammenhang *Koch*, Grundrechtskatalog, S. 25 ff.
48 *Bryde*, Verfassungsentwicklung, S. 60.
49 *Hesse*, Grundzüge des Verfassungsrechts, Rz. 17. Ähnlich auch *Jellinek, Georg*, Allgemeine Staatslehre, 3. Auflage, Berlin 1914, S. 505.
50 *Finer, S. E./Bogdanor, Vernon/Rudden, Bernard*, Comparing Constitutions, 3. Auflage, Oxford 1998, S. 1.
51 Vgl. *Bryde*, Verfassungsentwicklung, S. 60 f.

grundsätzliche Offenheit in seinem Normativitätsverständnis. Zwar verlangt auch der materielle Verfassungsbegriff ein Regelungsgefüge, das – je nach Definition – rechtliche Qualität aufweisen muß; jedoch ermöglicht die Abkehr von einem strengen Fokus auf den geschriebenen Verfassungstext die Erweiterung des normativen Blickwinkels und die Einbeziehung grundlegender einfachgesetzlicher und nicht-rechtlicher Regelungen einer Staatsordnung.[52] Durch die Hervorhebung der elementaren Funktion einer Verfassung ist der Blick frei auf die gesamte Normenvielfalt einer Staatsordnung.[53] Diese bewußte Ausweitung des Normenverständnisses erweist sich insbesondere dort, wo – wie im Vereinigten Königreich – entscheidende Regelungszusammenhänge durch außer-rechtliche Normen besetzt sind, als notwendiger Ausgangspunkt einer funktionsorientierten verfassungsvergleichenden Analyse. Jedoch kann sich diese Erweiterung des Blickwinkels auch für eine Staatsordnung wie die der Bundesrepublik als vorteilhaft erweisen: Hier zeigt der Umfang des einfachgesetzlichen Staatsrechts[54] und die Existenz nur innenrechtlich verbindlicher Geschäftsordnungen der obersten Bundesorgane, daß eine abschließende Ordnung des bundesrepublikanischen Staatsgefüges durch formelles Verfassungsrecht weder intendiert noch erforderlich ist.

Wird der Begriff der Verfassung in diesem materiellen Sinne als das Gefüge derjenigen Normen verstanden, welche die Zusammensetzung und Kompetenzen der Staatsorgane sowie ihr Verhältnis zueinander und die Grundlagen ihrer Beziehung zu den Bürgern regeln,[55] so wird deutlich, daß sowohl die Bundesrepublik Deutschland als auch das Vereinigte Königreich von Großbritannien und Nordirland ‚Verfassungsstaaten' darstellen.[56] Während das Grundgesetz dem interessierten Beobachter einen leichten Überblick über diese Grundzüge der deutschen Staatsordnung vergönnt, führt im Vereinigten Königreich erst eine Zusammenschau unzähliger Gesetze, Gerichtsentscheidungen, Verfassungskonventionen und Gewohnheiten zu

---

52 Diese normative Offenheit zeigt insbesondere der Verfassungsbegriff *Georg Jellineks*, Allgemeine Staatslehre, S. 505: „Jeder dauernde Verband bedarf der Ordnung, der gemäß sein Wille gebildet und vollzogen, sein Bereich abgegrenzt, die Stellung seiner Mitglieder in ihm und zu ihm geregelt wird. Eine derartige Ordnung heißt eine Verfassung. Notwendig hat daher jeder Staat eine Verfassung ... Die Regel aber bildet bei Kulturvölkern eine rechtlich anerkannte, aus Rechtssätzen bestehende Ordnung. Die Verfassung umfaßt demnach in der Regel die Rechtssätze, welche die obersten Organe des Staates bezeichnen, die Art ihrer Schöpfung, ihr gegenseitiges Verhältnis und ihren Wirkungskreis festsetzen, ferner die grundsätzliche Stellung des Einzelnen zur Staatsgewalt".
53 In diesem Sinne auch *Grey, Thomas C.*, Constitutionalism: An Analytical Framework, in: Pennock, J. Roland/Chapman, John W. (Hrsg.), Constitutionalism, New York 1979, S. 189, 191 ff. Vgl. auch *Strebel, Helmut*, Vergleichung und vergleichende Methode im öffentlichen Recht, ZaöRV 24 (1964), S. 405, 409 ff.
54 Vgl. die Zusammenstellung bei *Maurer*, Staatsrecht I, § 1, Rz. 39 f.
55 In der Diskussion über die ‚Verfassung' der Europäischen Union hat sich teilweise ein ähnlich funktionell-materieller Verfassungsbegriff durchgesetzt, vgl. dazu *Harden, Ian*, The Constitution of the European Union, PL 1994, S. 609, 611; *Walker, Neil*, European Constitutionalism and European Integration, PL 1996, S. 266, 270.
56 In diesem Sinne auch *Münch*, Einführung in die Verfassungsvergleichung, S. 141.

diesem Ergebnis. Der Hinweis auf gesetzliche und richterrechtliche Normen innerhalb dieses Verfassungsgefüges muß zugleich ausreichen, um den verbleibenden Einwand zu entkräften, die britische Staatsordnung entbehre der erforderlichen Normativität.[57] Diese Erkenntnis soll nicht die bestehenden Unterschiede zwischen den beiden Staatsordnungen verschleiern, sondern – im Gegenteil – gerade den Weg zu einem gewinnbringenden komparativen Verständnis eröffnen.

## C. Die Verfassungsnormengefüge Deutschlands und des Vereinigten Königreichs

Jede Form der territorialen Dezentralisierung staatlicher Gewalt und sämtliche andere grundlegende Strukturelemente einer Staatsordnung bedienen sich eines bestimmten, systemtypischen normativen Instrumentariums. Dieses besteht aus den verschiedenen Quellen und Charakteristika unterschiedlicher Verfassungsnormen sowie deren Verhältnis zueinander[58] und erklärt die regelnde Wirkung einer Verfassungsordnung.

### I. Das Normengefüge der deutschen Verfassungsordnung

Für die Bundesrepublik Deutschland besitzt die Unterscheidung zwischen dem formellen und dem materiellen Verfassungsbegriff noch eine beschränkte Bedeutung, wobei es sich wohl um eine irreführende Terminologie handelt. Richtiger wäre die gelegentlich anzutreffende Bezeichnung des formellen und materiellen ‚Verfassungsrechts'. Letzteres wird von der herrschenden Verfassungslehre mit dem Begriff des ‚Staatsrechts' gleichgesetzt,[59] geht grundsätzlich über das formelle Verfassungsrecht hinaus[60] und erfaßt die

---

57 So auch *Barendt, Eric*, Is there a United Kingdom Constitution?, OJLS 1997, S. 137, 140.
58 Das Recht der Europäischen Gemeinschaft, das grundsätzlich Vorrang vor den nationalen Rechtsordnungen – einschließlich nationalen Verfassungsbestimmungen – genießt, wird aus der folgenden Betrachtung ausgespart. Deutschland und das Vereinigte Königreich haben aufgrund ihrer unterschiedlichen Verfassungsstrukturen sehr verschiedenartige Schwierigkeiten mit der Verwirklichung des gemeinschaftsrechtlichen Vorrangs gezeigt. Vgl. den hervorragenden Überblick bei *Craig, Paul P./de Búrca, Gráinne*, EU Law – Text, Cases, and Materials, 3. Auflage, Oxford 2003, S. 289 ff. (Deutschland), 301 ff. (Vereinigtes Königreich).
59 *Katz*, Staatsrecht, Rz. 98; *Stern*, Staatsrecht I, S. 10 f.
60 Gelegentlich wird darauf hingewiesen, daß in Deutschland nicht alle Normen des formellen Verfassungsrechts auch solche des materiellen Verfassungsrechts darstellen, vgl. beispielsweise Art. 26 Abs. 2, 34, 48 Abs. 3 Satz 2, 138 GG.

Gesamtheit der geschriebenen und ungeschriebenen Rechtsnormen über Grundlagen, Organisation und Tätigkeit des Staates sowie über die Stellung der Bürger im Staat.[61]

## 1. Das Grundgesetz als formelles Verfassungsgesetz

Im Zentrum der deutschen Staatsordnung steht das Grundgesetz.[62] Es regelt in Abschnitt I die Grundrechte der Bürger, enthält in den Abschnitten II bis VI institutionelle sowie in den Abschnitten VII bis Xa funktionelle Vorschriften und trifft in Abschnitt XI Übergangs- und Schlußbestimmungen. Das Grundgesetz ist Gesetz, hebt sich jedoch von der übrigen Rechtsordnung ab. Seine herausgehobene Stellung äußert sich vor allem in zwei verwandten Aspekten.[63]

Das Grundgesetz besitzt zum einen im Verhältnis zur übrigen Rechtsordnung einen besonderen Rang in der Form einer erhöhten Gesetzeskraft, da es Vorrang genießt vor allen anderen Rechtsnormen. Es bindet gemäß den Art. 20 Abs. 3 und Art. 1 Abs. 3 GG alle Organe des deutschen Staates, einschließlich des Gesetzgebers, und kann daher als formelles Verfassungsrecht bezeichnet werden. Jeder innerstaatliche Rechtsakt, der dem Grundgesetz widerspricht, ist somit nichtig oder zumindest kassierbar. Besondere Bedeutung kommt dabei der Tatsache zu, daß das Grundgesetz durchgängig positives, verbindliches Recht enthält.[64] Nach deutschem Staatsverständnis ist dieser Vorrang einer umfassend verpflichtenden Verfassung Voraussetzung und Bedingung für die Erfüllung der Verfassungsfunktion als Grundordnung des Gemeinwesens.

Zum anderen ist das Grundgesetz gegenüber der übrigen Rechtsordnung mit einer verstärkten Bestandsfestigkeit ausgestattet. Da es sich um ein Gesetz handelt, ist es der Änderungsbefugnis des Gesetzgebers als ‚pouvoir constitué' unterworfen.[65] Diese bleibt jedoch in dreierlei Hinsicht gebunden: Nach Art. 79 Abs. 1 Satz 1 GG ist die Änderung des Grundgesetzes nur durch eine ausdrückliche Wortlautmodifikation zulässig. Zudem bedarf sie gemäß Art. 79 Abs. 2 GG – anders als der Erlaß einfachen Gesetzesrechts – einer qualifizierten Mehrheit von zwei Dritteln der Mitglieder des Bundestages und der Stimmen des Bundesrates. Neben diesen formellen und prozeduralen Beschränkungen unterliegt der verfassungsändernde Gesetzgeber schließlich auch materiellen Bindungen: Gemäß Art. 79 Abs. 3 GG ist es ihm nicht gestattet, „die Gliederung des Bundes in Länder, die grundsätzliche Mitwirkung der

---

61 *Katz*, Staatsrecht, Rz. 98.
62 Außer Betracht bleiben zunächst die Verfassungen und die Gesetzgebung der deutschen Bundesländer.
63 Vgl. *Stern*, Staatsrecht I, S. 105 f.; *Badura*, Verfassungsänderung, Rz. 3 ff.
64 Vgl. *Wahl, Rainer*, Elemente der Verfassungsstaatlichkeit, JuS 2001, S. 1041, 1043.
65 Allgemein zur Verfassungsänderung vgl. *Badura*, Verfassungsänderung, Rz. 13 ff.; *Bryde*, Verfassungsentwicklung, S. 356 ff.

Länder bei der Gesetzgebung oder die in den Artikeln 1 und 20 niedergelegten Grundsätze" zu berühren. Das durch die beiden ersten Voraussetzungen im Verhältnis zum einfachen Gesetzesrecht in seinem Bestand gefestigte Verfassungsrecht erhält durch die dritte, materielle Beschränkung eine interne Normenhierarchie.[66] Das Grundgesetz besitzt somit Elemente, die als absolut und ewig garantiert sind und daher über dem verfassungsändernden Gesetzgeber stehen. Für die supranationale Integration im Rahmen der Europäischen Union wird der unverbrüchliche Schutz dieses Kernbestands der Verfassungsordnung in Art. 23 Abs. 1 Satz 3 GG deklaratorisch fortgeschrieben.[67] Die Spannung, die sich daraus vor dem Hintergrund des sozialen und technischen Wandels ergeben, hat das Bundesverfassungsgericht dadurch zu mildern versucht, daß es ein ‚Berühren' der für unantastbar erklärten Grundsätze grundsätzlich nur dann bejaht, wenn eine „prinzipielle Preisgabe" durch Verfassungsänderung vorliegt, nicht aber „wenn ihnen im allgemeinen Rechnung getragen wird und sie nur für eine Sonderlage entsprechend deren Eigenart aus evident sachlichen Gründen modifiziert werden".[68] In späteren Judikaten zur Ewigkeitsklausel des Art. 79 Abs. 3 GG bestätigte das Gericht die Zulässigkeit ‚systemimmanenter Modifikationen' der geschützten Grundsätze „aus sachgerechten Gründen", wiederholte jedoch nicht seine im Schrifttum auf heftige Kritik[69] gestoßene Auffassung, daß nur ihre „prinzipielle Preisgabe" verboten sei.[70] Trotz 51-maliger Änderung des Grundgesetzes bis Ende des

---

66  BVerfGE 3, 225, 231; *Stern*, Staatsrecht I, S. 113 ff.; *Lücke, Jörg*, Art. 79 GG, in: Sachs, Michael (Hrsg.), Grundgesetz Kommentar, 3. Auflage, München 2003, Rz. 22; *Pieroth, Bodo*, Art. 79 GG, in: Jarass, Hans D./Pieroth, Bodo (Hrsg.), Grundgesetz für die Bundesrepublik Deutschland, 6. Auflage, München 2002, Rz. 5; *Dreier, Horst*, Art. 79 III GG, in: ders. (Hrsg.), Grundgesetz Kommentar, Band II (Art. 20 bis 82), Tübingen 1998, Rz. 11; *Starck, Christian*, Rangordnung der Gesetze: Einführung, in: ders. (Hrsg.), Rangordnung der Gesetze, Göttingen 1995, S. 9, 11. A. A. *Müller, Friedrich*, Die Einheit der Verfassung – Elemente einer Verfassungstheorie III, Berlin 1979, S. 132. Differenzierend *Hain, Karl-E.*, Art. 79 GG, in: von Mangoldt, Hermann/Klein, Friedrich/Starck, Christian (Hrsg.), Das Bonner Grundgesetz: Kommentar, Band III (Art. 79 bis 146), 4. Auflage, München 2001, Rz. 31, insbesondere Fn. 43 mit Text.
67  Vgl. *Pernice, Ingolf*, Art. 23 GG, in: Dreier, Rz. 93 f.
68  BVerfGE 30, 1, 24 f.
69  Für Kritik an der restriktiven Auslegung des Art. 79 Abs. 3 GG durch das Bundesverfassungsgericht vgl. statt vieler *Pieroth*, Art. 79 GG, in: Jarass/Pieroth, Rz. 6 f.; *Lücke*, Art. 79 GG, in: Sachs, Rz. 24, der eine ‚Berührung' der in Art. 79 Abs. 3 GG niedergelegten Elemente bereits unterhalb der Schwelle der ‚prinzipiellen Preisgabe' bejaht. Vgl. auch *Bryde*, Art. 79 GG, in: von Münch/Kunig, Rz. 28; *ders.*, Verfassungsentwicklung, S. 239 ff.; *Dreier*, Art. 79 III GG, in: Dreier, Rz. 15.
70  BVerfGE 84, 90, 121; 94, 49, 103. Vgl. dazu *Bryde*, in: von Münch/Kunig, Rz. 28, der hierin eine restriktive Tendenz in der verfassungsgerichtlichen Auslegung des Art. 79 Abs. 3 GG sieht. Dagegen versteht *Ossenbühl, Fritz*, Bundesverfassungsgericht und Gesetzgebung, in: Badura, Peter/Dreier, Horst (Hrsg.), Festschrift 50 Jahre Bundesverfassungsgericht, Band I (Verfassungsgerichtsbarkeit, Verfassungsprozeß), Tübingen 2001, S. 33, 49, die späteren Judikate des Bundesverfassungsgerichts zu Art. 79 Abs. 3 als konsequente Fortführung der älteren Rechtsprechung.

Jahres 2002 ist die Ewigkeitsgarantie des Art. 79 Abs. 3 GG jedoch bisher nicht praktisch in Erscheinung getreten.[71]

Inhaltlich läßt sich innerhalb der Normen des Grundgesetzes jedoch eine weitere Differenzierung vornehmen, die für das deutsche Verfassungsverständnis eminente Folgen zeitigt.[72] So lassen sich auf der einen Seite vergleichsweise eindeutige und konkrete, aber thematisch sehr begrenzte Regelungen erkennen,[73] auf der anderen Seite enthält der Verfassungstext eine Reihe von Normen höheren Abstraktionsgrades, die als konstitutionelle Leitsätze, Prinzipien oder Bekenntnisse verstanden werden können.[74] Die Begriffe der Verfassungsregel und des Verfassungsprinzips spiegeln diese Unterscheidung wider, dürfen jedoch zugleich nicht als ausschließliche Kategorien aufgefaßt werden, da eine Reihe grundgesetzlicher Normen Elemente beider Gruppen verbindet.[75] Dort wo konkrete Verfassungsregeln Lücken des Normengefüges entstehen lassen, können diese durch die Anwendung von Verfassungsprinzipien geschlossen werden. Die hierfür erforderliche Konkretisierung allgemeiner Verfassungsprinzipien obliegt allen Staatsorganen,[76] unterliegt jedoch auch der Letztentscheidungsbefugnis des Bundesverfassungsgerichts. Abstrakte Verfassungsprinzipien, wie etwa die Gebote der Rechtsstaatlichkeit, der Demokratie, der Bundesstaatlichkeit, der republikanischen Ordnung und der Sozialstaatlichkeit, werden insbesondere durch die Verfassungsrechtsprechung zu funktionsfähigem Verfassungsrecht.[77] Der Bedeutungsumfang dieser konstitutionellen Leitsätze legt es zunächst nahe, der deutschen Staatsordnung eine „Geschlossenheit der Verfassung durch Verfassungsprinzipien" zu bescheinigen.[78] Diese Geschlossenheit darf jedoch nicht im Sinne einer wahrhaft umfassenden normativen Durchdringung des deutschen Staatsrechts verstanden werden.[79] Das Grundgesetz bleibt ein bewußt lückenhaftes und offenes Verfassungsnormengefüge.[80] Seine Lückenhaftigkeit[81] zeigt sich, wenn das Grundgesetz bestimmte Aspekte der Staats-

---

71 *Kirchhof, Paul*, Die Identität der Verfassung in ihren unabänderlichen Inhalten, in: Isensee, Josef/Kirchhof, Paul (Hrsg.), Handbuch des Staatsrechts der Bundesrepublik Deutschland, Band II, 3. Auflage, Heidelberg 2004, § 21, Rz. 44; Ossenbühl, Bundesverfassungsgericht und Gesetzgebung, S. 49; *Badura*, Staatsrecht, Rz. F 66.
72 Vgl. dazu *Gusy, Christoph*, Die Offenheit des Grundgesetzes, JöR NF 33 (1984), S. 105, 105; *Rädler*, Verfassungsgestaltung durch Staatspraxis, S. 627 f.
73 Siehe etwa Art. 39, 51, 54, 62 GG.
74 Siehe etwa Art. 20 Abs. 1, 28 Abs. 1 GG.
75 Siehe etwa Art. 38, 50, 65 GG.
76 Das Bundesverfassungsgericht besitzt kein Auslegungsmonopol gegenüber den anderen Staatsorganen. Vgl. BVerfGE 2, 124, 131; 62, 1, Leitsatz 4b); *Sturm, Gerd*, Art. 93 GG, in: Sachs, Rz. 4.
77 Dagegen qualifiziert *Hain*, Art. 79 GG, in: von Mangoldt/Klein/Starck, Rz. 46, die Bundesstaatlichkeit nicht als Verfassungsprinzip, sondern als unvollständige Regel, die im Prinzip der Gewaltenteilung wurzelt.
78 *Rädler*, Verfassungsgestaltung durch Staatspraxis, S. 629.
79 *Stern*, Staatsrecht I, S. 83.
80 *Gusy*, Die Offenheit des Grundgesetzes, S. 106, 120 ff.
81 Den Begriff der ‚Lücke' dagegen auf planwidrige Unvollständigkeit reduzierend, welche das Grundgesetz nicht aufweist, *Isensee, Josef*, Vorbehalt der Verfassung – Das Grund-

ordnung und unzählige soziale Konflikte bereits tatbestandlich nicht erfaßt und damit ungeregelt läßt; seine Offenheit wird erkennbar, wenn trotz ihrer tatbestandlicher Einschlägigkeit grundgesetzliche Vorschriften aufgrund ihrer sprachlichen und inhaltlichen Unbestimmtheit keine eindeutigen Rechtsfolgen vorgeben.[82]

## 2. Ungeschriebenes formelles Verfassungsrecht

In diesem Sinne erhebt das Grundgesetz auch nicht den Anspruch, das formelle Verfassungsrecht abschließend zu kodifizieren. Zwar bleiben Zulässigkeit und Umfang ungeschriebenen Verfassungsrechts[83] weiterhin umstritten; überwiegend wird jedoch davon ausgegangen, daß die deutsche Staatsordnung auch ungeschriebene Normen im Range formellen Verfassungsrechts kennt, die in nicht unerheblichem Maße die Verfassungswirklichkeit prägen.[84] Besonders kontrovers ist dabei nicht die Gruppe ‚verschwiegener' oder ‚stillschweigend mitgesetzter' Verfassungsnormen, sondern die heutzutage zwar grundsätzlich anerkannte, aber für weitgehend unbedeutend gehaltene Verfassungsnormenquelle des Gewohnheitsrechts.[85] Zur Wahrung der Geschlossenheit der Verfassung finden diese außer-grundgesetzlichen Verfassungsnormen nach beinahe allgemeiner Ansicht ihren Geltungsgrund wiederum im Verfassungsgesetz selbst.[86] Die Lückenhaftigkeit und Offenheit des Verfassungstextes rechtfertigen die Erscheinung der ungeschriebenen Verfassungsnormen, denen wiederum die geschriebene Verfassung Grenzen zieht. Das ungeschrie-

---

gesetz als abschließende und als offene Norm, in: Isensee, Josef/Lecheler, Helmut (Hrsg.), Freiheit und Eigentum, Festschrift für Walter Leisner, Berlin 1999, S. 359, 398.
82 Vgl. *Bryde*, Verfassungsentwicklung, S. 89 ff.; *Stern*, Staatsrecht I, S. 83 f.; *Hesse*, Grundzüge des Verfassungsrechts, Rz. 19 ff.
83 Die Klassifizierung als ‚ungeschriebenes' Verfassungsrecht entstammt dem deutschen verfassungsrechtlichen Sprachgebrauch. Erkennt man – wie oben vertreten – auch solchen Normen, die nur in der Rechtsprechung der Gerichte schriftlichen Niederschlag gefunden haben, dennoch einen ‚geschriebenen' Charakter zu, so handelt es sich bei diesen ‚ungeschriebenen' Normen des deutschen Verfassungsrechts mehrheitlich ebenfalls um geschriebene Rechtssätze.
84 Vgl. dazu *Badura*, Arten der Verfassungsrechtssätze, Rz. 4.
85 Für die grundsätzliche Zulässigkeit von Verfassungsgewohnheitsrecht, teilweise seine Bedeutung jedoch stark relativierend *Bachof, Otto*, Verfassungswidrige Verfassungsnormen?, Tübingen 1951, S. 44; *Bayer, Hermann-Wilfried*, Die Bundestreue, Tübingen 1961, S. 31 ff.; *Krüger*, Subkonstitutionelle Verfassungen, S. 613; *Pieroth*, Art. 79 GG, in: Jarass/Pieroth, Rz. 3; *Bryde*, Verfassungsentwicklung, S. 431 ff.; *Wolff*, Ungeschriebenes Verfassungsrecht, S. 428 ff.; *Maurer*, Staatsrecht I, § 1, Rz. 45. Dagegen *Tomuschat*, Verfassungsgewohnheitsrecht?, insbesondere S. 88 ff.; *Bleckmann, Albert*, Staatsrecht I – Staatsorganisationsrecht (Grundlagen, Staatszielbestimmungen und Staatsorganisationsrecht des Bundes), Köln (u. a.) 1993, Rz. 42. Beispiele für Verfassungsgewohnheitsrecht bei *Rädler, Peter*, Verfassungsgestaltung durch Staatspraxis – Ein Vergleich des deutschen und britischen Rechts, ZaöRV 58 (1998), S. 611, 627. Vgl. allgemein zur Zulässigkeit von Verfassungsgewohnheitsrecht insbesondere *Wolff*, Ungeschriebenes Verfassungsrecht, S. 428 ff. Fn. 12, 16.
86 *Badura*, Verfassungsänderung, Rz. 9.

bene Verfassungsrecht kann daher nur als Entfaltung, Vervollständigung oder Fortbildung der kodifizierten Verfassung existieren.[87] Auf diese Weise werden das Ideal der geschlossenen Verfassung und die vorzufindende Lückenhaftigkeit und Offenheit des Verfassungstexts miteinander versöhnt.[88]

Die dogmatische Verankerung ungeschriebener Normen im Verfassungstext zeigt sich besonders deutlich, wo ungeschriebenes Verfassungsrecht in das Grundgesetz ‚hineingelesen' wird, so etwa wenn die Grundsätze der Gesetzmäßigkeit der Verwaltung und des Vertrauensschutzes als ‚verschwiegene' Verfassungsnormen tituliert[89] oder ungeschriebene Gesetzgebungskompetenzen des Bundes als „implied powers" oder „mitgeschriebene" Zuständigkeiten verstanden werden.[90] Die Unzulässigkeit ungeschriebener Verfassungsnormen *contra constitutionem* ist grundsätzlich als notwendige Folgerung aus der Regelung des Art. 79 GG zu werten, gleichzeitig jedoch kritisch zu begleiten: Die Unvollkommenheit des Verfassungstextes in vielen Bereichen führt dazu, daß der Entwicklung ungeschriebener Verfassungsnormen keine klaren sprachlichen Grenzen gesetzt sind.[91] Auch das Ideal der geschlossenen Verfassung und die dadurch bedingte absolute Verankerung ungeschriebener Normen im Verfassungstext sind behutsam zu hinterfragen und wohl zu recht im Sinne einer ‚umfassenden Regelungstendenz' des Grundgesetzes aufzulösen.[92] Sie lassen sonst die Identifizierung ungeschriebener Verfassungsregeln gänzlich in der Interpretation und Konkretisierung geschriebener Normen – vor allem durch das Bundesverfassungsgericht – aufgehen.[93] Auch wenn zwischen der Normkonkretisierung, der Identifikation ‚stillschweigend mitgesetzter' Normen und der Anerkennung konkreten Verfassungsgewohnheitsrechts in der Praxis ein fließender Übergang bestehen mag,[94] erscheint ihre Gleichsetzung vor allem deshalb nicht hilfreich, weil

---

87 BVerfGE 2, 380, 403; 11, 78, 87; 45, 1, 33; *Hesse*, Grundzüge des Verfassungsrechts, Rz. 34.
88 Da es sich bei Gewohnheitsrecht im strengen Sinne um eine von Rechtsüberzeugung getragenen Übung, also um eine Normquelle außerhalb der Verfassung selbst handele, stellt das Verfassungsgewohnheitsrecht nach *Badura* lediglich eine theoretische Rechtsquelle dar, *Badura*, Verfassungsänderung, Rz. 10. Jedoch scheint die „theoretische" Anerkennung des Gewohnheitsrechts als Rechtsquelle bereits die Geschlossenheit der Verfassung aufzugeben.
89 *Badura*, Arten der Verfassungsrechtssätze, Rz. 4.
90 *Hesse*, Grundzüge des Verfassungsrechts, Rz. 236; *Stern*, Staatsrecht I, S. 684; *Ehlers*, „Ungeschriebene Kompetenzen", S. 323 f.; *von Mutius, Albert*, „Ungeschriebene Gesetzgebungskompetenzen des Bundes, Jura 1986, S. 498, 499.
91 *Bryde*, Verfassungsentwicklung, S. 267 ff.
92 So *Stern*, Staatsrecht I, S. 111.
93 So läßt *Häberle* das Institut des Gewohnheitsrecht gänzlich in der Verfassungsinterpretation aufgehen, *Häberle, Peter*, Verfassungstheorie als Naturrecht, AöR 99 (1974), 437, 443. Ähnlich sieht *Esser* keinen prinzipiellen Unterschied zwischen Interpretation und Lückenfüllung; *Esser*, Grundsatz und Norm, S. 255. Kritisch dazu *Bryde*, Verfassungsentwicklung, S. 21; *Tomuschat*, Verfassungsgewohnheitsrecht?, S. 66 ff.
94 *Stern*, Staatsrecht I, S. 110 f., plädiert für eine möglichst klare Trennung zwischen ungeschriebenen Verfassungsnormen und der Interpretation und Konkretisierung geschriebenen Verfassungsrechts.

## Kapitel 2: Deutsches und britisches Verfassungsverständnis

sich insbesondere normkonkretisierendes Richterrecht und Verfassungsgewohnheitsrecht nach Entstehungsart und Bindungswirkung erheblich unterscheiden.[95] Der nach herrschender Ansicht in Art. 20 Abs. 1 GG wurzelnde, ungeschriebene Verfassungsgrundsatz der Bundestreue[96], welcher Verständigung und Rücksichtnahme im Verhältnis zwischen Bund und Ländern vorschreibt, zeigt beispielhaft die Nähe zwischen Verfassungsinterpretation und der Anerkennung ungeschriebener Verfassungsnormen im Wirkungsfeld von Verfassungsprinzipien. Im Bereich des Bundesstaatsprinzips wird zudem auch die Relativität der grundgesetzlichen Wortlautgrenze deutlich: Bei ungeschriebenen Bundeskompetenzen handelt es sich zunächst einmal um Regelungen, die der Grundwertung der Art. 30 und 70 GG zuwiderlaufen,[97] auch wenn gute verfassungsrechtliche Argumente für ihre Anerkennung vorgebracht werden und sie in der Praxis kein für die Länder bedrohliches Ausmaß annehmen.[98]

Vorrang und erhöhte Bestandskraft der Verfassung werden in der deutschen Staatsordnung prozessual verwirklicht und verstärkt durch eine umfassend ausgestaltete Verfassungsgerichtsbarkeit,[99] der insbesondere auch die Befugnis zur verbindlichen Nichtigkeitserklärung einfacher Gesetze zusteht. Auch aufgrund dieser starken Stellung der judikativen Gewalt stellt die Existenz ungeschriebenen Verfassungsrechts keine Bedrohung für die Grundlagen der deutschen Verfassungsordnung dar. Ungeschriebene Verfassungsnormen nehmen zumindest nach ihrer Bestätigung durch das Bundesverfassungs-

---

95 Vgl. *Wolff*, Ungeschriebenes Verfassungsrecht, S. 431 ff.
96 BVerfGE 1, 299, 315; 12, 205, 254 ff.; 34, 9, 20 f.; 43, 291, 348; 45, 400, 421; *Bayer*, Die Bundestreue, S. 40 ff. m. w. N.; *Stern*, Staatsrecht I, S. 699 f.; *Herzog, Roman*, Art. 20 GG VI. (Die Verfassungsentscheidung für den Bundesstaat), in: Maunz, Theodor/Dürig, Günter (Hrsg.), Grundgesetz Kommentar, Band II (Art. 12 – 20), Loseblattsammlung, München, Stand: Februar 2003, Rz. 63. A. A. *Bauer, Hartmut*, Die Bundestreue – Zugleich ein Beitrag zur Dogmatik des Bundesstaatsrechts und zur Rechtsverhältnislehre, Tübingen 1992, S. 234 ff., der die Bundestreue aus dem Grundsatz von Treu und Glauben ableitet; kritisch dazu *Isensee, Josef*, Der Bundesstaat – Bestand und Entwicklung, in: Badura, Peter/Dreier, Horst (Hrsg.), Festschrift 50 Jahre Bundesverfassungsgericht, Band II (Klärung und Fortbildung des Verfassungsrechts), Tübingen 2001, S. 719, 731, Fn. 53. Vgl. zu den unterschiedlichen dogmatischen Herleitungen der Bundestreue auch *Wolff*, Ungeschriebenes Verfassungsrecht, S. 253 f.
97 Mangels Anknüpfung an bestehende Kompetenztitel gilt dies zumindest für die Bundeskompetenz kraft Natur der Sache, vgl. *Wolff*, Ungeschriebenes Verfassungsrecht, S. 365 ff. *Degenhart, Christoph*, Art. 70 GG, in: Sachs, Rz. 23, vertritt daher für diesen Fall eine Ableitung aus „allgemeinen Verfassungsgrundsätzen bundesstaatlicher Provinienz", während *Maurer*, Staatsrecht I, § 10, Rz. 31, alle ungeschriebenen Bundeskompetenzen direkt aus dem Bundesstaatsprinzip des Art. 20 Abs. 1 GG herleiten will. Hier zeigt sich somit zugleich auch wieder die Nähe der Identifizierung ungeschriebenen Verfassungsrechts zur interpretatorischen Konkretisierung von Verfassungsprinzipien.
98 Vgl. *Hendler, Reinhard*, Unitarisierungstendenzen im Bereich der Gesetzgebung, ZG 2 (1987), S. 210, 219 ff.
99 *Wahl, Rainer*, Der Vorrang der Verfassung und die Selbstständigkeit des Gesetzesrechts, NVwZ 1984, S. 401, 401 f.; *ders.*, Vorrang der Verfassung, S. 485 ff.; *Wolff*, Ungeschriebenes Verfassungsrecht, S. 280.

gericht wie Bestimmungen des Grundgesetzes am Vorrang und der privilegierten Bestandskraft formellen Verfassungsrechts teil.[100]

## 3. Rein materielles Verfassungsrecht

Die so beschriebene Normenhierarchie und -vielfalt innerhalb des deutschen Verfassungsrechts, in der ungeschriebene Elemente ihre Grenzen in geschriebenen Verfassungsnormen finden, welche wiederum nicht gegen die durch die Ewigkeitsklausel des Art. 79 Abs. 3 GG garantierten Grundstrukturen verstoßen dürfen, erfaßt jedoch nicht das gesamte bundesrepublikanische Verfassungsrecht, wenn man diesem Begriff eine materielle Bedeutung zuerkennt.[101] So findet sich zunächst eine große Anzahl einfachgesetzlicher Regelungen mit materiell verfassungsrechtlichem Inhalt. Dies gilt insbesondere für den Bereich des Wahlrechts zum Bundestag, das der Bundesgesetzgeber im Bundeswahlgesetz normiert hat, wobei vor allem auf seine Fundamentalentscheidung für ein personalisiertes Verhältniswahlrecht hinzuweisen ist.[102] Auch das Bundesverfassungsgerichtsgesetz enthält wichtige materiell verfassungsrechtliche Grundentscheidungen. Schließlich sei für das Gebiet des einfachgesetzlichen materiellen Verfassungsrechts, welches nur zum Teil auf grundgesetzlichen Regelungsaufträgen basiert, exemplarisch auf das Parteiengesetz, das Gesetz über die Wahl des Bundespräsidenten durch die Bundesversammlung, das Abgeordnetengesetz sowie das Staatsangehörigkeitsgesetz verwiesen.

Des weiteren erlaubt die normative Offenheit des materiellen Verfassungsbegriffs die Einbeziehung innen- und außer-rechtlicher Normen der deutschen Verfassungsordnung. So entfalten die Geschäftordnungen der obersten Bundesorgane zentrale Regelungswirkungen für die Staatsorganisation, indem sie die interne Meinungs- und Willensbildung strukturieren.[103] Sie stehen jedoch nach herrschender Ansicht im Rang unter dem Verfassungs- und Gesetzesrecht und binden nur die Einrichtungen und die Mitglieder der sie erlassenden Organe.[104] Verstöße gegen die Geschäftsordnungen der Bundesorgane sind, wenn nicht gleichzeitig eine Verletzung von Verfassungsnormen vorliegt, gerichtlich nicht sanktionierbar.[105] Auch umfaßt gerade das

---

100 Vgl. *Wolff*, Ungeschriebenes Verfassungsrecht, S. 290 ff.; *Bryde*, Verfassungsentwicklung, S. 446 ff.
101 Vgl. dazu *Stern*, Staatsrecht I, S. 107 f. m. w. N.; *Sachs, Michael*, Einführung, in: Sachs, Rz. 9; *Bryde*, Verfassungsentwicklung, S. 75 ff.
102 Vgl. *Bryde*, Verfassungsentwicklung, S. 76 f.
103 Vgl. *Maurer*, Staatsrecht I, § 1, Rz. 42; § 13, Rz. 87 ff.
104 BVerfGE 1, 144, 148 f.; 29, 221, 234. Vgl. *Pietzker, Jost*, Schichten des Parlamentsrechts: Verfassung, Gesetz und Geschäftsordnung, in: Schneider, Hans-Peter/Zeh, Wolfgang (Hrsg.), Parlamentsrecht und Parlamentspraxis in der Bundesrepublik Deutschland, Berlin/New York 1989, § 10, Rz. 38 ff.; *Pieroth*, Art. 40 GG, in: Jarass/Pieroth, Rz. 7 ff.
105 *Pietzker, Jost*, Schichten des Parlamentsrechts, Rz. 44 ff.; *Schlaich, Klaus/Korioth, Stefan*, Das Bundesverfassungsgericht – Stellung, Verfahren, Entscheidungen, 6. Auflage, München 2004, Rz. 93.

## Kapitel 2: Deutsches und britisches Verfassungsverständnis

interne Regelungssystem des Bundestages eine Reihe nur innen-rechtlich verbindlicher Gewohnheitsrechtsnormen.[106] Zudem läßt sich auch eine Gruppe von Handlungsmaximen feststellen, die lediglich von den beteiligten Akteuren als verbindlich empfunden und daher befolgt werden, also auf Konsens, Reziprozität und Sanktionierung durch die öffentliche Meinung beruhen.[107] So wird es als bindende Regel angesehen, daß der Bundestagspräsident aus den Reihen der stärksten, ein Stellvertreter aus den der zweitstärksten Bundestagsfraktion gewählt wird, obgleich der die Wahl des Präsidiums regelnde § 2 der Geschäftsordnung des Bundestages dies so nicht vorschreibt. Ähnlichen Normen unterliegen andere Wahlen in den parlamentarischen Gremien. Vergleichbar ist auch die allgemein angenommene Zulässigkeit von Zwischenrufen im Bundestag trotz der Regelung des § 27 Abs. 1 Satz 1 der Geschäftsordnung des Bundestages. Manche dieser Normen werden gelegentlich bereits als parlamentarisches Gewohnheitsrecht klassifiziert, andere wiederum als parlamentarische Bräuche oder Übungen angesehen;[108] die Materie entzieht sich einer klaren Grenzziehung. Jedoch scheint unterhalb der Ebene des Gewohnheitsrechts die Beschreibung als ‚Verfassungskonventionalregeln' in Anlehnung an die britische Verfassungslehre inhaltlich treffend. Es ist darauf hingewiesen worden, daß – ähnlich den Konventionalregeln der britischen Verfassung – diese Normen weder Lücken des geltenden Rechts schließen, da solche nicht existieren, noch bestehende Regelungen beseitigen. Statt dessen ändern sie diese materiell, indem sie bei der Ausführung der Rechtsnormen eine bestimmte Handlungsweise vorgeben.[109] Da die vorgeschriebene Rechtsform durch die betreffende Übung stets eingehalten wird, handelt es sich nicht um Regeln, die geeignet sein können, Rechtsnormen zu derogieren, und ihre Einhaltung kann auch nicht gerichtlich durchgesetzt werden. Ihre Beschreibung als nicht-justitiable Rechtsnormen erscheint daher zumindest irreführend.[110] Die normative Offenheit des materiellen Verfassungsbegriffs erlaubt es, sie als Verfassungskonventionalregeln zu begreifen, auch wenn damit eine neue, eigenständige Kategorie materieller Verfassungsnormen eröffnet wird.[111]

Die Annahme eines materiell bestimmten, funktionsorientierten Verfassungsbegriffs und die dadurch bedingte Erweiterung des normativen Blickwinkels ermöglichen somit die Einbeziehung der gesamten Normenvielfalt der deutschen Verfassungsordnung. Diese erweist sich als weitaus facettenrei-

---

106 Vgl. *Schulze-Fielitz, Helmuth*, Parlamentsbrauch, Gewohnheitsrecht, Observanz, in: Schneider, Hans-Peter/Zeh, Wolfgang (Hrsg.), Parlamentsrecht und Parlamentspraxis in der Bundesrepublik Deutschland, Berlin/New York 1989, § 11, Rz. 6 ff.; *Stern*, Staatsrecht I, S. 1030.
107 *Bryde*, Verfassungsentwicklung, S. 440.
108 *Schulze-Fielitz*, Parlamentsbrauch, Rz. 6 ff.
109 *Bryde*, Verfassungsentwicklung, S. 434 f.
110 So aber *Bryde*, Verfassungsentwicklung, S. 440.
111 *Maurer*, Staatsrecht I, § 13, Rz. 96, 100, bezeichnet diese Normen als Parlamentsbräuche. Die Bezeichnung macht jedoch nicht deutlich genug, daß die beteiligten Akteure die Regeln als verbindlich ansehen.

cher als die schlichte Dichotomie zwischen dem einfachen Recht und dem Verfassungsrecht vermuten läßt.

## II. Das Normengefüge der britischen Verfassungsordnung

Die Verfassung des Vereinigten Königreichs zeichnet sich – wie dargestellt – durch das Fehlen einer kodifizierten Verfassungsurkunde aus, welche sich aufgrund ihrer erhöhten Bestandskraft oder ihres Vorrangs vor der übrigen Rechtsordnung als formelles Verfassungsrecht klassifizieren ließe.[112] Die materiell verstandene britische Verfassung speist sich statt dessen aus einer Reihe anerkannter Normquellen teilweise geschriebener, teilweise ungeschriebener Natur. Als Quellen des Verfassungsnormengefüges kennt die britische Staatsordnung das Gesetzesrecht, das Richterrecht des Common Law, die Verfassungskonventionalregeln und die Gewohnheitsnormen. Als subsidiäre Hilfsquelle wird darüber hinaus auch auf die Lehrmeinungen zurückgegriffen.

### 1. Gesetzliches Verfassungsrecht

Von erheblicher und in den letzten Jahren zusätzlich verstärkter Bedeutung für die britische Staatsordnung ist das parlamentarische Gesetzesrecht. Als Ausfluß des Prinzips der Parlamentssuprematie stellt es nach traditioneller Lehre die höchste Form des Rechts im Vereinigten Königreich dar. So läßt sich eine große Anzahl britischer Gesetze identifizieren, die materiell verfassungsrechtliche Inhalte enthalten.

Aus der mittelalterlichen und neuzeitlichen Geschichte des Vereinigten Königreichs weisen Verfassungsbezüge auf insbesondere die Magna Charta Libertatum von 1215, welche die Befugnisse der Krone gegenüber den Geistlichen Fürsten, Adeligen und Bürgern von London sowie anderen Städten zum Gegenstand hatte, die Petition of Right von 1628, in der das Parlament die Machtausübung des Monarchen in einer Reihe von Befugnissen zu binden suchte, die vor willkürlicher Verhaftung schützende Habeas Corpus Akte von

---

112 Derartige Strukturen sind jedoch auch der britischen Verfassungsgeschichte nicht völlig fremd. So bildete das Instrument of Government von 1653 unter dem *Lord Protector Oliver Cromwell* eine frühe Form einer formellen Verfassungsurkunde. Jedoch überlebte diese Ordnung nicht die Wirren nach *Cromwells* Tod, die schließlich 1660 zur Restauration der Stuarts unter *Charles II.* führte. Vgl. *Loewenstein, Karl*, Staatsrecht und Staatspraxis von Großbritannien, Band I (Parlament – Regierung – Parteien), Berlin (u. a.) 1967, S. 12 ff.

1679[113] und den Bill of Rights aus dem Jahre 1689, der das neue Verhältnis zwischen Krone und Parlament nach der Glorreichen Revolution von 1688 und der Thronbesteigung durch *William of Orange* und *Mary* festschrieb und durch die Übertragung aller gesetzlichen Gewalt vom Monarchen auf das Parlament als Grundstein der modernen Parlamentssuprematie angesehen werden kann.[114] In der Folge der bedeutenden Veränderungen des späten 17. Jahrhunderts enthalten Verfassungssubstanz vor allem der Act of Settlement von 1700 zur Regelung der protestantischen Thronfolge und der richterlichen Unabhängigkeit sowie die englischen Acts of Union zur Herstellung der Union mit Schottland im Jahre 1707 und zur Vereinigung mit Irland im Jahre 1800. Aus der jüngeren Verfassungsgeschichte sind zunächst hervorzuheben die Parliament Acts von 1911 und 1949, welche die Mitwirkungsposition des House of Lords an der Gesetzgebung von einem absoluten Veto- auf ein Verzögerungsrecht reduzierte, die Statute of Westminster aus dem Jahre 1931 zur Neuregelung des Verhältnisses zwischen dem Königreich und seinen Dominien und der European Communities Act von 1972, mit dem das Vereinigte Königreich innerstaatlich seinen Beitritt zu den Europäischen Gemeinschaften vollzog. Die im Jahre 1997 an die Regierungsmacht gewählte Labour-Regierung unter Premierminister *Tony Blair* hatte bereits in ihrem Wahlprogramm für den Fall der Regierungsübernahme weitreichende Reformen der britischen Staatsordnung angekündigt. Zur Umsetzung ihres umfangreichen Reformprojekts dienten wiederum Parlamentsgesetze. Dazu gehören neben dem Human Rights Act 1998 zur nationalrechtlichen Inkorporation der Europäischen Menschenrechtskonvention von 1950, dem Freedom of Information Act 2000 und dem die umfassende Umgestaltung des Oberhauses einleitenden House of Lords Act 1999 vor allem auch die Devolutionsgesetze des Jahres 1998 zur Schaffung und kompetenziellen Ausstattung von regionalen Regierungsstrukturen in Schottland (Scotland Act 1998), Nordirland (Northern Ireland Act 1998) und Wales (Government of Wales Act 1998).

Große Teile des britischen Verfassungsrechts sind somit als einfaches Gesetzesrecht kodifiziert und binden die vollziehende Gewalt, die Rechtsprechung und die Bürger gleichermaßen. Die Schwächen dieses Normenbestandes bestehen in einem gravierenden Mangel an Systematik und hinreichender Geschlossenheit sowie vor allem in seiner nach herkömmlicher Auffassung unbeschränkten Abänderbarkeit durch das Parlament selbst.[115] Da es nach traditionellem britischem Verfassungsverständnis aufgrund der uneingeschränkten Parlamentssuprematie keinen rechtlichen Unterschied zwischen ‚verfassungsrechtlichen‘ und ‚schlichten‘ Parlamentsgesetzen geben kann,[116]

---

113 Ausführlich zur Habeas Corpus Akte vgl. *Riedel, Eibe H.*, Die Habeas Corpus-Akte: Dreihundert Jahre Tradition und Praxis einer britischen Freiheitsgarantie, EuGRZ 1980, S. 191–200; *Koch*, Grundrechtskatalog, S. 36.
114 Vgl. *Bradley, Anthony W./Ewing, Keith D.*, Constitutional and Administrative Law, 13. Auflage, Harlow 2002, S. 14.
115 Vgl. *Bradley/Ewing*, Constitutional and Administrative Law, S. 13.
116 Zu neueren Entwicklungen siehe infra Kapitel 2 § 2 B. II. 2. (b) (ii).

bleibt die Auswahl der verfassungsrelevanten Parlamentsakte somit entsprechend dem materiellen Verfassungsbegriff in gewisser Hinsicht subjektiv befangen, nach orthodoxer Diktion sogar rechtlich irrelevant.[117]

## 2. Richterliches Verfassungsrecht

Trotz der Abwesenheit einer eigenständigen Verfassungsgerichtsbarkeit kommt – wie in vielen Bereichen des englischen Zivilrechts – auch im britischen Verfassungsrecht dem Common Law als Rechtsquelle eine große Bedeutung zu. Das Common Law entstammt der Spruchpraxis der ordentlichen Gerichte, zeichnet sich durch die ‚stare decisis'-Regel aus, nach der rangniedrigere Gerichte durch die Entscheidungen höherer Instanzen gebunden werden, und zeitigt einen durchgehend dynamischen Entwicklungsprozeß. Die Regeln des Common Law sind durch die umfassende Bindung der Gerichte an Parlamentsgesetze nach traditionellem Verständnis dem gesetzlichen Verfassungsrecht untergeordnet, so daß seine judikative Fortschreibung stets unter dem Vorbehalt parlamentarischer Kodifikation und Modifikation steht. Institutionell spiegelt sich diese Bindung in dem Fehlen einer eigenständigen Verfassungsgerichtsbarkeit im Vereinigten Königreich wider. Jedoch bleibt das Common Law in doppelter Hinsicht eine zentrale Rechtsquelle der britischen Verfassung: Zum einen hat ihm der Mangel an gesetzlicher Kodifikation bedeutender Bereiche der Verfassungsordnung ein beträchtliches Eigenleben belassen. Zum anderen obliegen den Gerichten die Auslegung und Anwendung der Parlamentsgesetze im Einklang mit den hergebrachten Grundsätzen des Common Law, so daß trotz traditioneller Subordination der Gerichte unter die Crown in Parliament die Gesetze nach ihrer Verabschiedung durch das Parlament und der Erteilung des Royal Assent gewissermaßen in den Händen der auslegenden Richter liegen.

In bezug auf den ersten Aspekt verdient unter den verschiedenen Bereichen verfassungsrelevanten Richterrechts vor allem die Anerkennung der königlichen Prärogativrechte – der sogenannten ‚Royal Prerogative' – durch das Common Law besondere Aufmerksamkeit. Der Begriff der königlichen Prärogative beschreibt den Restbestand derjenigen exekutiven Befugnisse ohne parlamentarische Ermächtigung, die ursprünglich dem Monarchen

---

117  So schreibt *Dicey*, Introduction, S. 88: „[F]undamental or so-called constitutional laws are under our constitution changed by the same body and in the same manner as other laws, namely, by Parliament acting in its ordinary legislative character". Beim Erlaß eines ‚verfassungsrelevanten' Gesetzes entspricht es jedoch einer parlamentarischen Übung, die Phase der detaillierten Beratung derartiger Gesetzesvorschläge nach ihrer zweiten Lesung nicht – wie üblich – in „standing committees" (speziell für jedes Gesetzesvorhaben geschaffene parlamentarische Ausschüsse) abzuhalten, sondern „on the floor of the House", also im House of Commons selbst. Diese Übung ist jedoch nicht ganz einheitlich und bewirkt nach orthodoxer Lehre keine veränderte Bindungskraft des betreffenden Gesetzes. Vgl. *Bradley/Ewing*, Constitutional and Administrative Law, S. 187 f.

zustanden, diesem auch weiterhin zumindest nominell zustehen, die jedoch im wesentlichen später praktisch auf die vom Parlament gewählte und kontrollierte Regierung übergegangen sind. Die königliche Prärogative kann daher auch als diejenigen Rechte und Attribute der Krone definiert werden, die dieser im Unterschied zu Privatpersonen zukommen und die ihre Quelle nicht im Gesetzesrecht haben.[118] Obgleich die königliche Prärogative rechtlich betrachtet die außer-gesetzlichen Befugnisse des Monarchen darstellt, verschieben Verfassungskonventionalregeln die Machtbalance im britischen Regierungssystem zugunsten der demokratisch legitimierten Regierung. Sieht man von der mittlerweile äußerst kleinen Gruppe an Prärogativrechten ab, die dem Monarchen noch tatsächlich persönlich zustehen,[119] so wird die königliche Prärogative heute entweder durch den Monarchen auf Weisung der Regierung oder direkt durch die Regierung im Namen der Krone ausgeübt. Die rechtlich zutreffende Beschreibung als Restbestand königlicher Vorrechte wird jedoch der realen Bedeutung der Prärogative nicht gerecht. So umfaßt sie unter anderem neben der Einberufung und Auflösung des Parlaments, der Ernennung von Ministern und der Erteilung des Royal Assent für Parlamentsgesetze, insbesondere auch die Außenpolitik, die Befehlsgewalt über die Streitkräfte sowie das Recht der Begnadigung.[120] Streng genommen entstammt die königliche Prärogative nicht dem Richterrecht, sondern den Gewohnheitsnormen. Sie wird jedoch heute allgemein dem Common Law zugeordnet, da sie dort ihre rechtliche Anerkennung findet.[121]

Im Bereich der Auslegung und Anwendung von Parlamentsgesetzen kommt verfassungsrechtliche Relevanz insbesondere denjenigen Entscheidungen der Gerichte zu, welche Gesetze mit Handlungsermächtigungen für die vollziehende Gewalt zum Gegenstand haben. Hierbei kann zwischen Ermächtigungen zum Erlaß von Sekundärgesetzgebung, sogenannter ‚delegated' oder ‚secondary legislation',[122] und solchen zum einzelfallbezogenen Han-

---

118 *Bradley/Ewing*, Constitutional and Administrative Law, S. 247; *de Smith, Stanley/Brazier, Rodney*, Constitutional and Administrative Law, 8. Auflage, London 1998, S. 23. Diese Definition folgt im wesentlichen der Auffassung *William Blackstones* in seinen *Commentaries of the Laws of England* (1765 – 1769) und ist von *Dicey* kritisiert und um diejenigen Befugnisse erweitert worden, die der Krone wie jeder Privatperson zustehen, aber nicht aus dem Parlamentsrecht erwachsen. Vgl. dazu *Munro, Colin R.*, Studies in Constitutional Law, 2. Auflage, London (u. a.) 1999, S. 258 f.; *Barnett, Hilaire*, Constitutional & Administrative Law, 4. Auflage, London/Sydney 2002, S. 135 f.

119 Persönliche Prärogativrechte des Monarchen betreffen unter anderem die Befugnis des Monarchen, bestimmte königliche Ehren zu verleihen – wie etwa den ‚Order of Merit' – und die Freiheit des Monarchen von der Jurisdiktion der Gerichte. Vgl. *Barnett*, Constitutional & Administrative Law, S. 143; *Hood Phillips, Owen/Jackson, Paul/Leopold, Patricia*, Constitutional and Administrative Law, 8. Auflage, London 2001, Rz. 15–009.

120 Vgl. *Hood Phillips/Jackson/Leopold*, Constitutional and Administrative Law, Rz. 15–012 ff.; *Barnett*, Constitutional & Administrative Law, S. 144 ff.; *Bradley/Ewing*, Constitutional and Administrative Law, S. 248 ff.

121 Vgl. statt vieler *Hood Phillips/Jackson/Leopold*, Constitutional and Administrative Law, Rz. 2–009.

122 Eingehend zu britischer Sekundärgesetzgebung und seiner parlamentarischen und judikativen Kontrolle vgl. *Bradley/Ewing*, Constitutional and Administrative Law, S. 648 ff.;

deln der Exekutive unterschieden werden. In beiden Bereichen sehen sich die Gerichte als Wächter der Grenzen parlamentarischer Ermächtigung berufen und haben ein umfangreiches Fallrecht zur Interpretation derartiger Gesetze entwickelt. Da heutzutage der Großteil exekutiven Handelns auf gesetzlicher Grundlage stattfindet, ist dieser traditionell auf der sogenannten ‚Ultra Vires'-Doktrin[123] aufbauende Teil der gerichtlichen Verwaltungskontrolle, der ‚Judicial Review', zu einem wichtigen Element der Gewaltenbalance zwischen rechtsprechender und vollziehender Gewalt erstarkt. Zu diesem Bereich des gesetzesinterpretatorischen Common Law gehört auch die neue Überwachungstätigkeit der Gerichte unter dem Human Rights Act 1998, die gemäß sec. 6 dieses Gesetzes die Kassation von grundrechtswidrigem Verwaltungshandeln ermöglicht. Traditionellerweise orientieren sich britische Gerichte bei der Auslegung von Parlamentsgesetzen relativ streng am Gesetzeswortlaut, während historische, systematische und teleologische Auslegungsmethoden eine vergleichsweise nachgeordnete Rolle spielen. In jüngerer Zeit ist es jedoch zu einer erheblichen Erweiterung des Auslegungskanons gekommen und die Gerichte bedienen sich seit der Entscheidung des House of Lords im Fall *Pepper v. Hart* (1992)[124] insbesondere auch der Dokumentation von Parlamentsdebatten in *Hansard*, um durch Feststellung der Entstehungsgeschichte und der Intentionen des Gesetzgebers Unklarheiten des Gesetzeswortlauts auszuräumen.[125]

Die gerichtliche Kontrolle der Exekutive in Gestalt der Judicial Review zeigt jedoch auch die Schwierigkeit der Verortung einer klaren Trennungslinie zwischen eigenständigem und gesetzesinterpretatorischem Common Law. Dieser vor allem seit der Mitte des 20. Jahrhunderts entwickelte Korpus des britischen Verwaltungsrechts befindet sich dogmatisch an der umstrittenen Schnittstelle zwischen dem unberührten Eigenleben des Common Law und der Auslegung und Anwendung von Parlamentsgesetzen durch die ordentlichen Gerichte. Wichtige prozessuale und materielle Grundsätze der Judicial Review entstammen dem unabhängigen Common Law. So lassen sich beispielsweise die Entwicklung der klageartenähnlichen Gerichtsverfahren oder -befehle der ‚prerogative orders'[126], die auf die Entscheidung des House of

---

*Hood Phillips/Jackson/Leopold*, Constitutional and Administrative Law, Rz. 29–001 ff.; *Craig, Paul P.*, Administrative Law, 5. Auflage, London 2003, S. 367 ff.

123 Grundgedanke der ‚Ultra Vires'-Doktrin ist die Überwachung des gesetzlichen Handlungsrahmens (der ‚Vires') der Exekutive durch die Gerichte. Unwirksam sind danach solche Handlungen der vollziehenden Gewalt, die sich außerhalb dieses durch Auslegung der Ermächtigungsgrundlage zu ermittelnden Rahmens befinden.
124 *Pepper v. Hart* [1993] AC 593. Vgl. auch *R. v. Secretary of State for the Environment, ex parte Spath Holme Ltd.* [2001] 2 AC 349.
125 Vgl. allgemein zur Auslegung von Gesetzen durch die britischen Gerichte *Vogenauer, Stefan*, Die Auslegung von Gesetzen in England und auf dem Kontinent, Tübingen 2000, S. 665 ff.
126 Vgl. dazu ausführlich *Riedel, Eibe H.*, Kontrolle der Verwaltung im englischen Rechtssystem, Berlin 1976, S. 22 ff.; *Hood Phillips/Jackson/Leopold*, Constitutional and Administrative Law, Rz. 32–001 ff.

Lords im Fall *Anisminic* (1969)[127] zurückgehende gerichtliche Kontrolle der Ausübung der königlichen Prärogative und die Ausbildung verwaltungsverfahrensrechtlicher Grundsätze in Gestalt von ‚natural justice'[128] dogmatisch entweder nur gekünstelt oder sogar überhaupt nicht im parlamentarischen Gesetzesrecht verankern. Inwieweit dadurch der ‚Ultra Vires'-Doktrin als traditionellem dogmatischem Fundament der Judicial Review unter dem Verfassungsdogma der Parlamentssuprematie der notwendige Boden entzogen wird, bildet den Gegenstand einer intensiven Auseinandersetzung in der britischen Verwaltungsrechtslehre.[129] Ohne Zweifel hat jedoch das Common Law vor allem durch die Anerkennung verfassungsrechtlicher Kompetenzen unterschiedlicher Staatsorgane und durch seine beständige Tendenz, immer größere Bereiche exekutiven Handelns mit immer weitergehender Kontrollintensität ihrer Judicial Review zu unterwerfen, einen erheblichen Beitrag zum heutigen Erscheinungsbild der Verfassungsordnung des Vereinigten Königreichs geleistet.

## 3. Verfassungskonventionalregeln

Die Gesamtheit des Gesetze- und Richterrechts kann die Staatsordnung des Vereinigten Königreichs jedoch nicht erschöpfend erklären. Zum einen entbehren weite Teile des britischen Regierungssystems einer Normierung durch Regelungen aus diesen Rechtsquellen; zum anderen führen Gesetze und Common Law vielfach zur Allokation von konstitutionellen Kompetenzen und Rechten, die nicht der wahren Machtverteilung des britischen Staatsaufbaus entsprechen.[130] So steht beispielsweise die Ausübung der königlichen Prärogative nach dem Common Law der Krone, also dem Monarchen, zu. Tatsächlich wird sie jedoch – sieht man von dem zu vernachlässigenden Bereich der per-

---

127 *Anisminic Ltd. V. Foreign Compensation Commission* [1969] 2 AC 147.
128 Vgl. dazu ausführlich *Riedel*, Kontrolle der Verwaltung, S. 106 ff.; *Craig*, Administrative Law, S. 407 ff., 457 ff.
129 Für die ‚Ultra Vires'-Doktrin in teilweise modifizierter Gestalt vgl. insbesondere *Forsyth, Christopher*, Of Fig Leaves and Fairy Tales: The Ultra Vires Doctrine, the Sovereignty of Parliament and Judicial Review, CLJ 55 (1996), S. 122 – 140; *ders.*, Heat and Light: A Plea for Reconciliation, in: ders. (Hrsg.), Judicial Review and the Constitution, Oxford/Portland (OR) 2000, S. 393 – 409; *Forsyth, Christopher/Elliott, Mark*, The Legitimacy of Judicial Review, PL 2003, S. 286 – 307; *Elliott, Mark*, The Ultra Vires Doctrine in a Constitutional Setting: Still the Central Principle of Administrative Law, CLJ 58 (1999), S. 129 – 158; *ders.*, The Demise of Parliamentary Sovereignty? The Implications for Justifying Judicial Review, LQR 115 (1999), S. 119 – 137. Für eine gänzlich unabhängige Rolle des Common Law in der Judicial Review dagegen vgl. vor allem *Craig, Paul P.*, Ultra Vires and the Foundations of Judicial Review, CLJ 57 (1998), S. 63 – 90; *ders.*, Competing Models of Judicial Review, PL 1999, S. 428 – 447; *Craig, Paul P./Bamforth, Nicholas*, Constitutional Analysis, Constitutional Principle and Judicial Review, PL 2001, S. 763 – 780; *Oliver, Dawn*, Is the *Ultra Vires* Rule the Basis of Judicial Review?, PL 1987, S. 543 – 569; *Joseph, Philip A.*, The Demise of *Ultra Vires* – Judicial Review in the New Zealand Courts, Public Law 2001, S. 354 – 376.
130 Vgl. *Bradley/Ewing*, Constitutional and Administrative Law, S. 22.

sönlichen Prärogativattribute der Krone ab – direkt von der Regierung oder zumindest auf deren Weisung oder in deren Auftrag wahrgenommen. Diese und manch andere substantielle Machtverschiebung beruhen auf Konventionalregeln der britischen Verfassung.

*Dicey* beschrieb diese Gruppe von Verfassungsnormen als „conventions, understandings, habits or practices which, though they may regulate the conduct of several members of the sovereign power ... are not in reality laws at all since they are not enforced by the courts"[131]. Andere Verfassungskommentatoren haben sie als „non-legal rules of constitutional behaviour"[132] bezeichnet oder als „rules of constitutional behaviour which are considered to be binding by and upon those who operate the constitution but which are not enforced by the law courts"[133]. Obgleich Verfassungskonventionalregeln gelegentlich als rein deskriptive Aussagen über das Verhalten von Verfassungssubjekten qualifiziert werden,[134] handelt es sich nach ganz vorherrschendem Verständnis um Normen zur Regelung verfassungsrelevanten Verhaltens politischer Akteure, die vom betroffenen Personenkreis als bindend angesehen werden, deren Befolgung vor den Gerichten jedoch grundsätzlich nicht durchgesetzt werden kann.[135] In deutlicher Ablehnung eines verfehlten Verständnisses der Verfassungskonventionalregeln als reinen Deskriptionen verbreiteter Handlungsmuster britischer Staatsorgane schrieb einer der prominentesten britischen Verfassungslehrer: Die Verfassungskonventionalregeln „not only are followed but they have to be followed".[136] Der Befolgungsdruck hinsichtlich der Verfassungskonventionalregeln entsteht dabei nicht durch gerichtliche Kontrollkompetenzen, sondern wird allgemein der politischen Arena zugerechnet. Trotz dieses Umstandes haben sich diese Handlungsmaximen zum Großteil als vergleichsweise stabile Strukturnormen der britischen Verfassung erwiesen, da ihr Bruch oftmals erhebliche politische Schwierigkeiten und öffentlichen Tadel, der sprachlich die Form des Vorwurfs ‚verfassungswidrigen Verhaltens' findet,[137] nach sich zieht.[138] Im Rahmen der umfassenden literarischen Auseinandersetzung über die Natur britischer Verfassungskonventionalregeln hat sich jedoch auch eine weitere Erklärung für die Beständigkeit

---

131 *Dicey*, Introduction, S. 24.
132 *Marshall, Geoffrey*, Constitutional Conventions, Oxford 1986, S. 3.
133 *Marshall, Geoffrey/Moodie, Graeme C.*, Some Problems of the Constitution, 5. Auflage, London 1971, S. 22 f.
134 Vgl. *Mackintosh, John P.*, The British Cabinet, 3. Auflage, London 1977, S. 13, der die Verfassungskonventionalregel lediglich als „a generally accepted political practice, usually with a record of successful applications or precedents" definiert. Kritisch zum Normcharakter auch *Brazier, Rodney*, Constitutional Practice – The Foundations of British Government, 3. Auflage, Oxford 1999, S. 3.
135 *Hood Phillips/Jackson/Leopold*, Constitutional and Administrative Law, Rz. 7–001; *Barnett*, Constitutional & Administrative Law, S. 26 ff.; *Bradley/Ewing*, Constitutional and Administrative Law, S. 19 f.; *Turpin, Colin*, British Government and the Constitution – Text, Cases and Materials, 5. Auflage, London/Edinburgh 2002, S. 112 f.
136 *Jennings, Ivor*, Cabinet Government, 3. Auflage, Cambridge 1969, S. 2.
137 Vgl. *Bradley/Ewing*, Constitutional and Administrative Law, S. 24 f.
138 *Jennings*, Law and Constitution, S. 134.

dieser Normen durchgesetzt. So wird ein Großteil der Konventionalregeln als normativer Ausdruck vorherrschender Verfassungswerte verstanden, ihnen also ein materiell legitimierendes Element zugesprochen, das ihren Bestand und ihre Befolgung begünstigt.[139]

Beispiele belegen eindrucksvoll die Bedeutung der Konventionalregeln für die britische Verfassungsordnung.[140] So erteilt der Monarch den Royal Assent auf Weisung seiner Minister; diese müssen einem der Häuser des Parlaments angehören und werden ihrerseits vom Monarchen auf Rat des Premierministers hin ernannt und entlassen. Der Monarch hat nach einer Parlamentswahl denjenigen zum Premierminister zu ernennen, der eine Mehrheit im House of Commons hinter sich zu versammeln verspricht. Das Amt des Premierministers selbst und die Konzeption einer Kabinettsregierung beruhen gänzlich auf Verfassungskonventionalregeln.[141] Von besonderer Signifikanz ist auch die Konventionalregel der Ministerverantwortlichkeit, der ‚ministerial responsibility‘, nach der jeder einzelne Minister und das Kabinett als Kollektiv gegenüber dem Parlament für Mißstände in einzelnen Ministerien und in der Regierung allgemein verantwortlich sind.[142]

Verfassungskonventionalregeln basieren auf dem Konsens zwischen den politischen Akteuren und ihrer Akzeptanz durch diese Subjekte der britischen Verfassung, sind jedoch gleichzeitig – entgegen der Ansicht *Diceys*[143] – von bloßen ‚habits‘, ‚understandings‘ und ‚practices‘ des Verfassungslebens zu unterscheiden, welche keinen vergleichbaren Verpflichtungsgrad zu erreichen vermögen.[144] Trotz der beinahe einhelligen Anerkennung der Verfassungskonventionalregeln als handlungsleitende Normen der britischen Verfassungsordnung bleiben die Einzelheiten ihrer Normqualität fraglich. Allgemein wird davon ausgegangen, daß sie sich einer gerichtlichen Durchsetzung entziehen, gleichzeitig jedoch die Rechtsprechung als Interpretationsmaßstäbe erheblich beeinflussen können,[145] mithin als konstitutionelle Normen eine gerichtliche

---

139 Vgl. die Äußerungen des Supreme Court of Canada in *Reference Re Amendment of the Constitution of Canada* [1982] 125 DLR (3. Serie) 1, 84; *Bradley/Ewing*, Constitutional and Administrative Law, S. 24.
140 Für weitere Beispiele vgl. *Bradley/Ewing*, Constitutional and Administrative Law, S. 20 ff.
141 Vgl. *Ashton, Christina/Finch, Valerie*, Constitutional Law in Scotland, Edinburgh 2000, Rz. 3.26.
142 Zur Ministerverantwortlichkeit vgl. *Bradley/Ewing*, Constitutional and Administrative Law, S. 103 ff.; *Loveland, Ian*, Constitutional Law, Administrative Law and Human Rights – A Critical Introduction, 3. Auflage, London (u. a.) 2003, S. 264 ff. 277 ff., 282 ff.; *Barnett*, Constitutional & Administrative Law, S. 341 ff.
143 Siehe supra Fn. 131 mit Text.
144 Vgl. *Barnett*, Constitutional & Administrative Law, S. 28 f.
145 So wurde die Verfassungskonventionalregel der kollektiven Ministerverantwortlichkeit beispielsweise in *Attorney-General v. Jonathan Cape Ltd.* [1976] QB 752 zur Auslegung einer Vertraulichkeitsregel herangezogen. Für weitere Beispiele vgl. *de Smith/Brazier*, Constitutional and Administrative Law, S. 29 ff.; *Rädler*, Verfassungsgestaltung durch Staatspraxis, S. 620 ff.

Teil 1: Einführung und Grundlagen

Anerkennung finden können.[146] Es bleibt dabei umstritten, ob es sich bei Verfassungskonventionalregeln dennoch um Rechtsnormen handelt.[147] Vorherrschend wird *Dicey* gefolgt,[148] der sie entsprechend seiner durch die Rechtsphilosophie *John Austin*s geprägten positivistischen Grundüberzeugung mit dem Hinweis auf den Mangel gerichtlicher Durchsetzbarkeit aus dem Bereich des Verfassungsrechts ausklammerte.[149] Aufgrund ihrer – nach herrschender Ansicht – außer-rechtlichen Natur wird zudem überwiegend angenommen, daß Verfassungskonventionalregeln den Parlamentsgesetzen und dem Common Law im Rang nachgeordnet sind.[150] Insbesondere können sie durch Parlamentsgesetze modifiziert werden. Jedoch vermag die Terminologie von Über- und Nachordnung das wahre Verhältnis der verschiedenartigen Normen der britischen Verfassungsordnung weder erschöpfend noch zutreffend zu erklären. So zeigt bereits die auf Verfassungskonventionalregeln beruhende Umverteilung der Zuständigkeiten zwischen Monarch und Regierung

---

146  *Hood Phillips/Jackson/Leopold*, Constitutional and Administrative Law, Rz. 7–005 f.; *Bradley/Ewing*, Constitutional and Administrative Law, S. 28 f.; *Munro*, Studies in Constitutional Law, S. 66 ff. Die Frage, ob bereits die gerichtliche ‚Anerkennung' einer Norm für ihre Qualifizierung als Rechtsnorm ausreicht oder ob dafür die Möglichkeit ihrer gerichtlicher ‚Durchsetzung' erforderlich ist, gilt traditionell als eine der zentralen Streitfragen in der akademischen Auseinandersetzung über die britischen Verfassungskonventionalregeln. Als Ausgangspunkt dieser Debatte kann die vielfach bestrittene und heute als überwunden geltende Äußerung *Dicey*s, Introduction, S. 417, ausgemacht werden, daß die Existenz von Verfassungskonventionalregeln von den Gerichten nicht einmal ‚anerkannt' wird.

147  Nach *Jennings*, Law and Constitution, S. 117 ff., kann zwischen Rechtsnormen und Konventionalregeln keine Unterscheidung „of substance or nature" getroffen werden. Die Unterscheidung anhand der gerichtlichen Durchsetzung scheide aus, da einerseits der Gedanke der Rechtsdurchsetzung gegen das Parlament und die Regierung ohnehin der britischen Rechtsordnung fremd sei und andererseits die Gerichte sehr wohl Verfassungskonventionalregeln in ihrer Rechtssprechung zur Kenntnis nähmen. Vereint in ihrer verpflichtenden Normativität sei daher eine Trennung von Recht und Konventionalregeln nicht möglich. Ihm folgend *Mitchell, J. D. B.*, Constitutional Law, 2. Auflage, Edinburgh 1968, S. 34 ff. Kritisch zur Unterscheidung zwischen Recht und Verfassungskonventionalregeln auch *Doe, Norman*, Non-Legal Rules and the Courts: Enforceability, LivLRev 9 (1987), S. 173, 186 ff. Zu beachten sei jedoch, daß auch *Dicey*s Kritiker dadurch nicht etwa einer vollkommenen Gleichheit des Wesens oder der Wirkungsweise von Recht und Konventionalregeln das Wort reden; vgl. etwa *Jennings*, Law and Constitution, S. 133.

148  *de Smith/Brazier*, Constitutional and Administrative Law, S. 28; *Hood Phillips/Jackson/Leopold*, Constitutional and Administrative Law, Rz. 7–001; *Barnett*, Constitutional & Administrative Law, S. 30; *Marshall/Moodie*, Problems, S. 26; *Munro*, Studies in Constitutional Law, S. 71 f. Vgl. zu dieser Streitfrage auch *Munro, Colin R.*, Laws and Conventions Distinguished, LQR 91 (1975), S. 218 – 235; *Meyn*, Verfassungskonventionalregeln, S. 19 ff., 203 ff. Im deutschen Schrifttum ist auch die Klassifizierung von Verfassungskonventionalregeln als „Verfassungsgewohnheitsrecht eigener Art" vertreten worden, *Schulte-Noelle, Henning*, Die Konventionen der britischen Verfassung unter besonderer Berücksichtigung ihrer Bedeutung für das System der parlamentarischen Kabinettsregierung, Diss., Köln 1970, S. 136; dagegen *Meyn*, Verfassungskonventionalregeln, S. 5.

149  Siehe supra Fn. 131 mit Text.

150  Statt vieler vgl. *Mitchell*, Constitutional Law, S. 29.

im Hinblick auf die königliche Prärogative,[151] daß diese – nach herrschender Ansicht außer-rechtlichen – Normen im Verhältnis zum eigentlichen Verfassungsrecht zu einer materiell derogierenden Wirkung imstande sind. Ähnliches läßt sich auch in bezug auf das Gesetzesrecht nachweisen.[152] Verfassungskonventionalregeln nehmen somit eine wichtige eigenständige Position in der normativen Ordnung der britischen Verfassung ein und entziehen sich gleichsam einem schlicht hierarchischen Verständnis des staatsorganisatorischen Regelungsgefüges.

Die Entstehung und Veränderung von Verfassungskonventionalregeln basiert sowohl auf dem tatsächlichen Verhalten der beteiligten Organe und Personen, das jedoch anders als bei konstitutionellem Gewohnheitsrecht keine langandauernde Übung darstellen muß,[153] als auch auf dem Verbindlichkeitsbewußtsein dieser Verfassungsakteure.[154] Eine langjährige Übung gilt jedoch als starker Indikator für die Existenz einer derartigen Verfassungsnorm.[155] Teilweise ist für die Entstehung einer Verfassungskonventionalregel darüber hinaus auch noch ein überzeugender konstitutioneller Grund für ihre Verbindlichkeit als Ausdruck eines anerkannten Verfassungswertes gefordert worden,[156] eine Voraussetzung, die sich jedoch nicht allgemein durchgesetzt hat.[157]

Die Verankerung von Verfassungskonventionalregeln in der Selbstbindung der Verfassungsorgane[158] machen sie zu flexiblen Bausteinen einer über Jahrhunderte evolvierten und weiterhin dynamischen Verfassungsordnung. Gleichzeitig zeigt eine Reihe von Verfassungskonventionalregeln trotz ihrer außer-rechtlichen Natur eine überaus robuste Bestandskraft und erhält damit wichtige Grundzüge des britischen Regierungssystems.[159] Die Stärke der Bin-

---

151  Vgl. *Jennings*, Law and Constitution, S. 87: „there was by constitutional convention a transference of the Royal Prerogative to the Cabinet", wobei anzumerken ist, daß nach Common Law die Prärogativrechte weiterhin bei der Krone verbleiben.
152  Vgl. *Meyn*, Verfassungskonventionalregeln, S. 187 f.
153  Ohne den Hintergrund einer langjährigen Übung kann eine Verfassungskonventionalregel auch durch Vereinbarung zwischen Verfassungssubjekten oder durch einseitige Erklärung derselben entstehen, vgl. *de Smith/Brazier*, Constitutional and Administrative Law, S. 42; *Hood Phillips/Jackson/Leopold*, Constitutional and Administrative Law, Rz. 7–010; *Rädler*, Verfassungsgestaltung durch Staatspraxis, S. 615.
154  *Barnett*, Constitutional & Administrative Law, S. 31; *Barendt*, Constitutional Law, S. 43 f.; *Meyn, Karl-Ulrich*, Die „Constitutional Conventions" in der britischen Verfassungsordnung – Zugleich ein Beitrag zum Dreiparteiensystem und Europareferendum, JöR NF 25 (1976), S. 133, 150 ff.; *ders.*, Verfassungskonventionalregeln, S. 95 ff.
155  *Hood Phillips/Jackson/Leopold*, Constitutional and Administrative Law, Rz. 7–010.
156  Vgl. *Jennings*, Law and Constitution, S. 136: „the creation of a convention must be due to the reason of the thing because it accords with the prevailing political philosophy". Dem folgend *Marshall/Moodie*, Problems, S. 41.
157  Kritisch gegenüber dem zusätzlichen Kriterium, jedoch insgesamt einen ähnlichen Ansatz wählend *Jaconelli, Joseph*, The nature of constitutional conventions, LS 19 (1999), S. 24, 28 f.
158  Sehr kritisch hierzu *Ridley, F. F.*, There Is No British Constitution, S. 358 f.
159  Vgl. *Mullen, Thomas J.*, The constitutionalisation of the legal order, in: International Congress of Comparative Law, Bristol 1998 (Hrsg.), UK law for the millennium, London 1998, S. 532, 539 f.

dungskraft von Verfassungskonventionalregeln läßt sich auch in der jüngsten Verfassungsgeschichte des Vereinigten Königreichs eindrucksvoll nachweisen: So blieb – wie von der sogenannten ‚Salisbury Convention'[160] verlangt – trotz einer großen konservativen Mehrheit erbitterter Widerstand im Oberhaus gegen den einschneidenden House of Lords Act 1999 aus.[161] Die Verbindung aus Stabilität und Flexibilität garantiert den Verfassungskonventionalregeln eine zentrale Position im konstitutionellen Normquellenkanon des Vereinigten Königreichs. Wie am Beispiel der umverteilten Ausübung der königlichen Prärogative oder der Ministerverantwortlichkeit ersehen werden kann, haben Verfassungskonventionalregeln vielfach die bedeutende Funktion, eine normative Brücke zwischen der rein rechtlichen Zuordnung traditioneller Rechte und Kompetenzen und den Notwendigkeiten und der Praxis einer modernen parlamentarischen Demokratie zu schlagen.[162] Nach britischem Verfassungsverständnis hat ihre außer-rechtliche Normativität die Erfüllung dieser Funktion nicht nur nicht behindert, sondern geradezu ermöglicht. Ihre mangelnde Justitiabilität zeigt dabei vor allem das Vertrauen der Briten in die Stärke politisch-demokratischer Kontrollmechanismen, aber auch in die natürliche Kohärenz des Verfassungsgefüges.

## 4. Gewohnheitsregeln

Neben Verfassungskonventionalregeln, die im wesentlichen das Verhältnis zwischen den Verfassungsorganen Krone, Parlament und Kabinett zum Gegenstand haben, kennt die britische Verfassungsordnung eine weitere Normenquelle jenseits des Gesetzes- und Richterrechts. Die Regeln, die dieser Quelle entstammen, können als ‚Gewohnheitsregeln' bezeichnet werden.[163]

---

160 Die Salisbury Convention besteht mit ihrem heutigen Gehalt seit 1945 und besagt, daß das Oberhaus in seiner zweiten und dritten Lesung nicht solche Gesetzesvorlagen zu Fall bringen oder in ihren Grundzügen modifizieren soll, die Teile des Wahlprogramms der amtierenden Regierung darstellten; vgl. *Hood Phillips/Jackson/Leopold*, Constitutional and Administrative Law, Rz. 9–024; *Helms, Ludger*, Der parlamentarische Gesetzgebungsprozeß in Großbritannien, Der Staat 40 (2001), S. 405, 416.
161 Vgl. *Brazier, Rodney*, Defending the Hereditaries: The Salisbury Convention, PL 1999, S. 371, 371 ff.; *ders.*, How Near Is a Written Constitution?, NILQ 52 (2001), S. 1, 1.
162 *Elliott, Mark*, Parliamentary sovereignty and the new constitutional order: legislative freedom, political reality and convention, LS 22 (2002), S. 340, 357; *Marshall, Geoffrey*, Constitutional Conventions, Oxford 1986, S. 18; *Turpin*, British Government, S. 128 f. Siehe auch die Äußerungen des Supreme Court of Canada in *Reference Re Amendment of the Constitution of Canada* [1982] 125 DLR (3. Serie) 1, 84: „main purpose of constitutional conventions is to ensure that the legal framework of the constitution will be operated in accordance with the prevailing constitutional values or principles of the period".
163 Die pauschale Bezeichnung als ‚Gewohnheitsrecht' geht dagegen wohl zu weit, obgleich manche Gewohnheitsnormen rechtlichen Charakter aufweisen. So aber *Strotmann, Katrin*, Die Souveränität des britischen Parlaments – unter der Einwirkung des Gemeinschaftsrechts und der Europäischen Menschenrechtskonvention, Osnabrück 1999, S. 43.

und entziehen sich ebenfalls einer eindeutigen Klassifizierung, wie die gebräuchliche Beschreibung als ‚law and custom of Parliament' deutlich macht. Die Gewohnheitsnormen regeln insbesondere die Verfahrensweise und die interne Rechtssetzung des Parlaments sowie die parlamentarischen Immunitäten und Privilegien.[164] Auch wenn sich der Restbestand an Gewohnheitsregeln teilweise zu Gewohnheitsrecht verfestigt haben mag, obliegt ihre Anwendung oder Durchsetzung nach allgemeiner Ansicht nicht den Gerichten.[165]

*5. Lehrmeinungen*

Ein gewisser materieller Quellenwert wird auch den Lehrmeinungen zur Verfassungsordnung des Vereinigten Königreichs zugesprochen.[166] Dieser entsteht jedoch nicht durch ihre Einordnung als formale Normenquelle, sondern durch die Überzeugungskraft einer detaillierten Darstellung des normativen Gefüges der britischen Staatsordnung.[167]

## III. Zusammenschau der Verfassungsnormengefüge

Die normativen Instrumentarien der deutschen und britischen Verfassungsordnungen weisen neben einer Reihe teilweise sehr bedeutsamer Unterschiede auch eine gewisse Anzahl wichtiger Gemeinsamkeiten auf. Die Adoption eines materiellen Verfassungsbegriffs eröffnet dabei in beiden Staatsordnungen den Blick auf eine Vielfalt unterschiedlichster Verfassungsnormen.

So enthalten beide Grundordnungen in wesentlichen Bereichen rechtliche Normen, die durch die rechtsprechende Gewalt durchgesetzt werden können. Während sich diese in Deutschland primär aus dem Grundgesetz und einer Ansammlung einfacher Gesetze ergeben, finden sich im Vereinigten Königreich rechtliche Normen der Verfassung vor allem im parlamentarischen Gesetzesrecht und im richterlichen Common Law. Beide Verfassungsordnungen kennen darüber hinaus Normen, deren Einhaltung einer gerichtlichen Überprüfung entzogen ist. In der Bundesrepublik ist in diesem Zusammenhang insbesondere auf die mangelnde Justitiabilität der Geschäftsordnungen

---

164 Vgl. *de Smith/Brazier*, Constitutional and Administrative Law, S. 24 f.; *Hood Phillips/Jackson/Leopold*, Constitutional and Administrative Law, Rz. 2–009.
165 Statt vieler *Hood Phillips/Jackson/Leopold*, Constitutional and Administrative Law, Rz. 2–009; *Bradley/Ewing*, Constitutional and Administrative Law, S. 29.
166 Vgl. *Bradley/Ewing*, Constitutional and Administrative Law, S. 30 f.; *Hood Phillips/Jackson/Leopold*, Constitutional and Administrative Law, Rz. 2–010.
167 *de Smith/Brazier*, Constitutional and Administrative Law, S. 26 f.

der Bundesorgane, des parlamentarischen Gewohnheitsrechts und der internen Parlamentsbräuche hinzuweisen, unabhängig davon, ob man in diesem Bereich die Existenz von Verfassungskonventionalregeln anerkennt. Im Vereinigten Königreich entziehen sich mit den Verfassungskonventionalregeln und den Gewohnheitsregeln weite Teile der Verfassungsordnung der gerichtlichen Kontrolle. Die Vergleichsstaaten bedienen sich zudem beide des Mittels der gesetzlichen Kodifikation von Verfassungsnormen, ohne dabei einen Anspruch vollständiger Geschlossenheit zu erheben. Das Vereinigte Königreich bleibt dabei weit von jeder Form der erschöpfenden Kodifikation seiner Verfassungsordnung entfernt, hat jedoch insbesondere in den letzten Jahren in bisher ungekanntem Umfang verfassungsrelevante Gesetze erlassen. Das deutsche Grundgesetz erstrebt vor allem durch die Festlegung vollverbindlicher Verfassungsprinzipien eine umfassende Kodifikation der Verfassungsordnung. Jedoch erweist sich bei genauerem Hinsehen auch das grundgesetzliche deutsche Verfassungsrecht nicht als vollkommen geschlossen, weshalb die Existenz und Zulässigkeit ungeschriebenen Verfassungsrechts grundsätzlich anzuerkennen ist.

Die in beiden Verfassungsordnungen bestehende Vielfalt von Verfassungsregeln kann und darf jedoch nicht über wesentliche Unterschiede zwischen den normativen Grundinstrumentarien hinwegtäuschen. Diese ergeben sich vor allem aus der relativen Bedeutung unterschiedlicher Normquellen und aus der Gesamtschau der aus diesen Quellen erwachsenden Normenhierarchie.

Deutschland und das Vereinigte Königreich erkennen den verschiedenen Normquellen ihrer Verfassungsordnungen sehr unterschiedliche praktische Bedeutungen zu. In der bundesrepublikanischen Staatsordnung kommt dem Grundgesetz die zentrale Rolle als normative Grundlage des Staatswesens zu, das – geschützt durch eine umfassend ausgestaltete Verfassungsgerichtsbarkeit – die Struktur- und Werteordnung der Bundesrepublik weitgehend festschreibt. Ungeschriebenes Verfassungsrecht nimmt spätestens durch die Rechtsprechung des Bundesverfassungsgerichts an dieser Stellung innerhalb der Rechtsordnung teil. Einfachgesetzliche, innen- und außer-rechtliche Verfassungsnormen spielen demgegenüber eine untergeordnete Rolle. Im Vereinigten Königreich nehmen dagegen neben den Normquellen des Gesetzes- und des Richterrechts die Verfassungskonventionalregeln als außer-rechtliche und grundsätzlich nicht-justitiable Verfassungsnormen einen bedeutenden Platz im normativen Grundgefüge der Staatsordnung ein. Sie modifizieren die rechtliche Ordnung in vielfältiger Weise. Ihre Verpflichtungskraft beruht im wesentlichen auf der Selbstbindung der Verfassungsakteure und auf der politischen Kontrolle durch das Parlament und das dahinterstehende Wählervolk.[168]

---

168 *Kaiser* bezeichnet die „Selbstbindung der Handlungsbevollmächtigten an Verfassungskonventionen und Grundsätze der Rechtsstaatlichkeit sowie – jedenfalls im Zeitalter der Massendemokratisierung – die Rückbindung an das Wahlvolk" als „sozusagen funktionale Äquivalente für verfassungsrechtlich kodifizierte Normen"; die Selbstbindung leitet er aus der Mandatstheorie her. Vgl. *Kaiser, André*, Europäisierung oder

nicht jedoch auf einer Kontrolle durch die Gerichte. Die relative Bedeutung der Normquellen der britischen Verfassungsordnung zeigt somit das im Vereinigten Königreich traditionell starke Vertrauen in die Demokratie nicht nur als legitimierende Grundlage, sondern auch als wirksame Kontrolle verfassungsmäßigen Handelns der Regierenden. Damit korrespondiert die allgemeine Zurückhaltung und Vorsicht gegenüber der Kontrolle demokratisch legitimierten Regierungshandelns durch eine vom Wählerwillen unabhängige Gerichtsbarkeit. Trotz dieser im Verhältnis zu Deutschland unterschiedlichen Gewichtung rechtlicher und außer-rechtlicher Normquellen erscheint es nicht gerechtfertigt, diesem Gesetz, Common Law und Konventionalregeln verbindenden britischen Verfassungsverständnis die für eine staatliche Grundordnung erforderliche Normativität abzusprechen.[169] Dies erscheint nur aus einer sehr deutschen Sicht erklärbar, welche stärker als das britische Verständnis die Verbindung von Recht, Justitiabilität und Normativität betont. Jedoch zeigt auch die Existenz nicht-justitiabler Normquellen der deutschen Verfassungsordnung den begrenzten Nutzen dieser Sichtweise.

Der Blick auf die Verfassung als Teil der Normenhierarchie der Gesamtrechtsordnung offenbart einen weiteren wichtigen Unterschied zwischen dem deutschen und dem britischen Verfassungssystem. In Deutschland besitzt das Grundgesetz gegenüber allen übrigen Rechtsnormen Vorrang und weist zudem eine interne Normenhierarchie aufgrund der Ewigkeitsklausel des Art. 79 Abs. 3 GG auf. Demgegenüber sieht die britische Verfassungsordnung im einfachen Parlamentsgesetz seine ranghöchste Rechtsquelle. Weder unterscheidet das orthodoxe britische Verfassungsverständnis verschiedene Gesetze nach Inhalt oder Rang, noch beinhaltet es die Bindung des Parlaments an ein höheres Normengefüge innerhalb der Gesamtrechtsordnung. Der bedeutendste Unterschied zwischen Deutschland und dem Vereinigten Königreich in bezug auf ihre Verfassungsnormengefüge betrifft somit den Apex ihrer Verfassungsordnungen: Während die Bundesrepublik das Grundgesetz mit Vorrangprivileg und erhöhter Bestandskraft an die Spitze aller staatlicher Hierarchie stellt, kommt diese herausragende Position in der britischen Rechtsordnung unterschiedslos dem vom Parlament erlassenen einfachen Gesetz zu. Das ungebundene Parlament nimmt somit nach traditioneller Lesart den Platz einer formellen Verfassung ein. Fraglich ist daher, ob der sich aus dieser Gegenüberstellung der Verfassungsnormengefüge ergebende, traditionelle Gegensatz zwischen deutscher Verfassungs- und britischer Parlamentssuprematie eine angemessene Analyse der beiden Verfassungsordnungen und ihres Verhältnisses zueinander darstellt.

---

Modernisierung? Demokratietheoretische Grundlagen der britischen Verfassungsreformdebatte, in: Haberl, Othmar N./Korenke, Tobias (Hrsg.), Politische Deutungskulturen, Festschrift für Karl Rohe, Baden-Baden 1999, S. 540, 543 f.

169 Die Übertragung eines deutschen Normativitätsverständnisses schleicht sich schnell in die Beurteilungen der britischen Verfassung ein, vgl. beispielsweise die Äußerung von *Rädler, Peter*, Verfassungsgestaltung durch Staatspraxis, S. 625, daß bei Einbeziehung der Konventionalregeln („Staatspraxis") die britische Verfassungsordnung ihre „normative Kraft" verliere.

## § 2 Strukturelemente der deutschen und britischen Verfassungsordnungen

Der verfassungsdogmatische Grundlogos für die Suprematie der Verfassung oder des Parlaments steht in einem untrennbaren Zusammenhang mit den tragenden Strukturelementen einer Verfassungsordnung. Es besteht eine Wechselwirkung: Zwar steht dieser zunächst über den konkreten Ausgestaltungen demokratischer, rechtsstaatlicher, gewaltenteilender oder dezentralisierender Merkmale in einer Staatsordnung; diese Strukturelemente bedienen sich gewissermaßen des normativen Kontextes der Verfassungs- oder Parlamentssuprematie. Gleichzeitig bilden sie jedoch auch den Begründungszusammenhang dieser Grundentscheidung; Verfassungs- und Parlamentssuprematien sind zugleich Ausdruck eines Bekenntnisses zu verschiedenen Strukturelementen einer Verfassungsordnung und ihres Verhältnisses zueinander. Diese Wechselwirkung führt dazu, daß sich ein vertieftes Verständnis sowohl der zunächst gegensätzlichen Grundsätze der Verfassungs- und der Parlamentssuprematie als auch der tragenden Strukturelemente einer Staatsordnung nur im gemeinsamen Kontext erlangen läßt.

### A. Demokratie und Volkssouveränität

### I. Demokratie im parlamentarischen Regierungssystem

Die Verfassung der Bundesrepublik Deutschland und die des Vereinigten Königreichs von Großbritannien und Nordirland zeigen bezüglich ihrer tragenden Strukturelemente zunächst große Ähnlichkeiten: Beide haben die Volksherrschaft zur Grundlage ihres staatlichen Herrschaftssystems gemacht, und in beiden hat man sich für eine Ausgestaltung des demokratischen Prinzips in der Form eines grundsätzlich repräsentativen, parlamentarischen Regierungssystems entschieden, in dem das Parlament durch das Volk, die Exekutive wiederum durch das Parlament gewählt wird.[170]

---

[170] Das parlamentarische Regierungssystem ist gegenüber der Präsidialdemokratie, wie sie beispielsweise in den Vereinigten Staaten von Amerika verwirklicht ist, abzugrenzen. Vgl. allgemein zum parlamentarischen Regierungssystem *Badura, Peter*, Die parlamentarische Demokratie, in: Isensee, Josef/Kirchhof, Paul (Hrsg.), Handbuch des Staatsrechts der Bundesrepublik Deutschland, Band II, 3. Auflage, Heidelberg 2004, § 25, Rz. 1 ff.; *Zippelius*, Allgemeine Staatslehre, S. 429 ff.; *Stern*, Staatsrecht I, S. 955 ff.; *Gusy, Christoph*, Das parlamentarische Regierungssystem und der Bundesrat – Entwicklungsstand und Reformbedarf, DVBl. 1998, S. 917, 918.

Als Konkretisierung der Verfassungscharakterisierung der Bundesrepublik Deutschland als „demokratischer" Bundesstaat in Art. 20 Abs. 1 GG identifiziert Art. 20 Abs. 2 Satz 1 GG das Volk als die Quelle aller Staatsgewalt: „Alle Staatsgewalt geht vom Volke aus". Daß es sich hierbei um keine Zuständigkeitsregelung, sondern um ein Legitimations- und Verantwortlichkeitsprinzip handelt,[171] erklärt Art. 20 Abs. 2 Satz 2 GG, indem er bestimmt, daß das Volk diese demokratische Funktion in Wahlen und Abstimmungen wahrnimmt, im übrigen die Staatsgewalt aber durch besondere Organe der Gesetzgebung, der vollziehenden Gewalt und der Rechtsprechung ausgeübt wird. Daher bedarf jede Ausübung von Staatsgewalt der direkten oder indirekten Legitimation durch das Volk.[172] Der deutsche Bundestag, dessen Abgeordnete gemäß Art. 38 Abs. 1 GG in allgemeiner, freier, gleicher und geheimer Wahl vom Volk bestellt werden, an Aufträge und Weisungen jedoch nicht gebunden sind, nimmt dabei gemäß den Art. 76 ff. GG die Stellung des primären Rechtssetzungsorgan des Bundes ein und wählt gemäß Art. 63 GG den Bundeskanzler als Kopf der Bundesregierung. Die Exekutive ist aufgrund der Möglichkeit ihrer Abwahl im Wege des konstruktiven Mißtrauensvotums gemäß Art. 67 GG von der Unterstützung durch eine Mehrheit im demokratisch legitimierten Bundestag abhängig. Damit bedarf die Regierung sowohl in positiver als auch in negativer Hinsicht des Vertrauens der deutschen Volksvertretung; die Verfassungsordnung des Grundgesetzes folgt damit dem Leitbild des parlamentarischen Regierungssystems.[173] Als Vertretungsorgan der Länder wird auch der Bundesrat an der zentralstaatlichen Willensbildung in einer ganzen Reihe von hoheitlichen Funktionen beteiligt; dieser ist ein primär föderativ legitimiertes, nach vorherrschender Verfassungsdeutung jedoch zumindest sekundär auch demokratisch fundiertes Bundesorgan.[174] Die Herr-

---

171 *Grawert, Rolf*, Staatsvolk und Staatsangehörigkeit, in: Isensee, Josef/Kirchhof, Paul (Hrsg.), Handbuch des Staatsrechts der Bundesrepublik Deutschland, Band II, 3. Auflage, Heidelberg 2004, § 16, Rz. 30.
172 Vgl. BVerfGE 47, 253, 275; *Böckenförde*, Demokratie als Verfassungsprinzip, Rz. 10 ff.; *Maurer*, Staatsrecht I, § 7, Rz. 21 ff.
173 *Gusy*, Parlamentarisches Regierungssystem und Bundesrat, S. 918, 919 ff.
174 *Stern*, Staatsrecht I, S. 740; *Eicher, Hermann*, Der Machtverlust der Landesparlamente – Historischer Rückblick, Bestandsaufnahme, Reformansätze, Berlin 1988, S. 62. Zur demokratischen Legitimation des Bundesrates vgl. *Herzog, Roman*, Stellung des Bundesrates im demokratischen Bundesstaat, in: Isensee, Josef/Kirchhof, Paul (Hrsg.), Handbuch des Staatsrechts der Bundesrepublik Deutschland, Band II, 2. Auflage, Heidelberg 1998, § 44, Rz. 25 f.; *Stern*, Staatsrecht I, S. 737; *Isensee, Josef*, Idee und Gestalt des Föderalismus im Grundgesetz, in: Isensee, Josef/Kirchhof, Paul (Hrsg.), Handbuch des Staatsrechts der Bundesrepublik Deutschland, Band IV, 2. Auflage, Heidelberg 1999, § 98, Rz. 257; *Klein*, Der Bundesrat im Regierungssystem, S. 306 f.; *Maurer*, Staatsrecht I, § 16, Rz. 12. Besonders kritisch gegenüber der demokratischen Legitimation des Bundesrates *Böckenförde, Ernst-Wolfgang*, Sozialer Bundesstaat und parlamentarische Demokratie, in: Jekewitz, Jürgen/Melzer, Michael/Zeh, Wolfgang (Hrsg.), Politik als gelebte Verfassung – Aktuelle Probleme des modernen Verfassungsstaates, Festschrift für Friedrich Schäfer, Opladen 1980, S. 182, 190; *Möllers, Christoph*, Der parlamentarische Bundesstaat – Das vergessene Spannungsverhältnis von Par-

schaft des Volkes gewinnt somit in der Praxis als Herrschaft der Mehrheit ihre funktionsfähige Gestalt.[175] Dem in Art. 20 Abs. 2 GG durch den Begriff „Abstimmungen" angedeuteten unmittelbar demokratischen Element der deutschen Verfassungsordnung kommt gegenüber dieser mittelbar repräsentativen Grundstruktur eine vergleichsweise geringe Bedeutung zu. Lediglich die Art. 29, 118, 118a GG sehen für die Frage der Länderneugliederung die direkte Beteiligung des Volkes an der staatlichen Willensbildung durch Volksbegehren und -entscheid vor. Das grundgesetzliche Demokratieprinzip etabliert somit in erster Linie eine von der Mehrheit des Volkes anvertraute, verantwortliche, zeitlich und sachlich begrenzte politische Herrschaft des Parlaments und der Regierung.[176] Die Herrschaftspositionen des primären Rechtsetzungsorgans und der Regierung entstammen dabei auf Bundesebene demselben zentralen demokratischen Legitimationsakt in Gestalt der Bundestagswahl.[177]

Das staatsorganisatorische Leitprinzip des Vereinigten Königreichs bildet das Dogma der Parlamentssuprematie, welches der Crown in Parliament als Zusammenschau von Unterhaus, Oberhaus und Monarch die Stellung legislativer Allmacht an der Spitze der britischen Verfassungsordnung sichert. Auf der Grundlage des Representation of the People Act 1983 garantieren auch im Vereinigten Königreich allgemeine, freie, gleiche und geheime Wahlen des in dieser Trias dominanten House of Commons die demokratische Rückkoppelung der Legislative an den Willen des Volkes.[178] Der Monarch ernennt als Teil der königlichen Prärogative denjenigen zum Premierminister als Regierungsoberhaupt, der nach einer Parlamentswahl eine Mehrheit der Abgeordneten im Unterhaus hinter sich versammelt, in der Regel den Vorsitzenden der siegreichen Partei.[179] Die erhebliche Beschneidung der legislativen Kompetenzen des nicht demokratisch legitimierten House of Lords durch die Parliament Acts 1911 und 1949[180] und durch die als Salisbury Convention bekannte Verfassungskonventionalregel legislativer Zurückhaltung des Oberhauses[181] sowie der ebenfalls auf Verfassungskonventionalregeln beruhende

---

lament, Demokratie und Bundesstaat, in: Aulehner, Josef (Hrsg.), Föderalismus – Auflösung oder Zukunft der Staatlichkeit?, Stuttgart (u. a.) 1997, S. 81, 102 f.
175 *Maunz/Zippelius*, Deutsches Staatsrecht, S. 67.
176 *Hesse*, Grundzüge des Verfassungsrechts, Rz. 134.
177 *Stern*, Staatsrecht I, S. 606 f.; *Dreier, Horst*, Das Demokratieprinzip des Grundgesetzes, Jura 1997, S. 249, 253.
178 Zum britischen Wahrecht vgl. *Bradley/Ewing*, Constitutional and Administrative Law, S. 147 ff.; *Hood Phillips/Jackson/Leopold*, Constitutional and Administrative Law, Rz. 10–025 ff. Insbesondere zu Reformbestrebungen im Wahlrecht vgl. *Oliver, Dawn*, Constitutional Reform in the UK, Oxford 2003, S. 131 ff.; *Forman, F. Nigel*, Constitutional Change in the United Kingdom, London 2002, S. 301 ff.
179 Statt vieler *Barnett*, Constitutional & Administrative Law, S. 155 f.
180 Der House of Lords Act 1999 beseitigt zudem die durch adelige Abstammung erlangten Mitgliedschaftsrechte. Dies ist jedoch nur der erste Schritt einer umfassenden Reform der Zusammensetzung und Funktionen des Oberhauses, deren endgültiger Zuschnitt noch nicht feststeht.
181 Siehe supra Fn. 161 f. mit Text.

materielle Transfer von Entscheidungsrechten der erblichen Krone auf die parlamentarisch verantwortliche Regierung führen dazu, daß trotz fortbestehender undemokratischer Elemente auch das Vereinigte Königreich eine repräsentative, parlamentarische Demokratie darstellt, ja geradezu als das Modell oder Mutterland dieser Staatsform in der Neuzeit gilt.[182] Das der britischen Verfassungsordnung keinesfalls fremde Institut der Volksabstimmung, des Referendums,[183] führt nach traditionellem Verständnis nicht zu einer Verwässerung des betont mittelbaren britischen Demokratieverständnisses. Derartigen Referenda war zumindest in der Vergangenheit nach allgemeiner Meinung nur beratender Charakter eigen.[184]

Sowohl Deutschland als auch das Vereinigte Königreich haben sich somit für die Ausformung ihres Staatswesens als repräsentativer, parlamentarischer Demokratie entschieden.[185] Gemeinsamkeiten zwischen den Vergleichsobjekten lassen sich jedoch auch in den teilweise problematischen Auswirkungen dieser Grundentscheidung weiterverfolgen. So hat die Entwicklung einer modernen Parteiendemokratie in beiden Staatsordnungen zu einer Machtverschiebung zugunsten der Regierungen und zu Lasten der Parlamente geführt. Diese ‚Exekutivlastigkeit' ist zwar in der Grundkonstruktion einer auf parlamentarischen Mehrheiten basierenden Regierungsbildung angelegt, jedoch führt ihre Verstärkung zu einer entsprechenden Schwächung der parlamentarischen Kontrollmechanismen gegenüber der Regierung. Während die deutsche Regierungsform teilweise als ‚Kanzlerdemokratie' bezeichnet wird,[186] macht im Vereinigten Königreich das Wort vom ‚elective dictatorship' die Runde.[187] Auslöser dieser Entwicklung sind neben dem in beiden Regierungssystemen verhältnismäßig strengen Fraktionszwang, dem die Parlamentsabgeordneten unterliegen,[188] vor allem auch die überlegenen per-

---

182 Vgl. *Zippelius*, Allgemeine Staatslehre, S. 430 ff.
183 Allgemein zur Bedeutung von Volksabstimmungen im Vereinigten Königreich vgl. *King, Anthony*, Does the United Kingdom Still Have a Constitution?, The Hamlyn Lectures, London 2001, S. 55 ff.; *Forman*, Constitutional Change, S. 313 ff.; *Jung, Otmar*, Direkte Demokratie in Deutschland und Großbritannien, in: Glaeßner, Gert-Joachim/Reutter, Werner/Jeffery, Charlie (Hrsg.), Verfassungspolitik und Verfassungswandel: Deutschland und Großbritannien im Vergleich, Wiesbaden 2001, S. 143, 157 ff.
184 Vgl. *Bradley/Ewing*, Constitutional and Administrative Law, S. 75 f.; *Turpin*, British Government, S. 548 ff.; *Barnett*, Constitutional & Administrative Law, S. 222; *Munro*, Studies in Constitutional Law, S. 91.
185 *Finer/Bogdanor/Rudden*, Comparing Constitutions, S. 81; *Lorz*, Der gemeineuropäische Bestand von Verfassungsprinzipien, S. 106 f.; *Badura*, Staatsrecht, Rz. D 11.
186 Vgl. *Stern*, Staatsrecht I, S. 591, 1011 ff. Zur Schwächung des ursprünglichen Antagonismus zwischen Parlament und Regierung vgl. *Ossenbühl, Fritz*, Aktuelle Probleme der Gewaltenteilung, DÖV 1980, S. 545, 546 f.
187 *Hailsham, Lord of St Marylebone*, Elective Dictatorship, The Richard Dimbleby Lecture, The Times vom 15.10.1976, S. 4; *ders.*, The Dilemma of Democracy, London 1987, insbesondere S. 125 ff. Vgl. auch *Scarman, Leslie*, English Law – The New Dimension, The Hamlyn Lectures, London 1974, S. 74: „Today ... it is Parliament's sovereign power, more often than not exercised at the will of an executive sustained by an impregnable majority, that has brought about the modern imbalance in the legal system."
188 Vgl. *Helms*, Der parlamentarische Gesetzgebungsprozeß in Großbritannien, S. 408.

sonellen und finanziellen Ressourcen der Ministerialbürokratien, welche in beiden Staatsordnungen dazu führen, daß politische Lenkung und ausführende Gesetzesvorschläge überwiegend aus dem Regierungslager stammen.[189] Im Vereinigten Königreich wird diese Übermacht der Regierung zusätzlich dadurch verstärkt, daß der Regierung materiell die Ausübung der königlichen Prärogative zusteht und – als besonderes Züchtigungsmittel gegenüber untreuen Parlamentariern – der Premierminister die Auflösung des Parlaments und die Durchführung von Neuwahlen jederzeit vor Ablauf der regulär fünf-jährigen Legislaturperiode erwirken kann.[190] Auch führt das britische Mehrheitswahlrecht – anders als das zumeist Mehrparteienregierungen hervorbringende deutsche personalisierte Verhältniswahlrecht – in der Regel zu absoluten Majoritäten einer Partei im Unterhaus, so daß die Regierungspolitik nicht durch erforderliche Konsensfindung in Koalitionen verwässert wird.

Deutschland und das Vereinigte Königreich teilen demnach nicht nur die Entscheidung für ein parlamentarisches Regierungssystem mit einem direkt demokratisch legitimierten Legislativorgan, einer parlamentarisch abgestützten Regierung und der grundsätzlichen Unterordnung unmittelbar demokratischer Partizipation des Wahlvolkes an der staatlichen Willensbildung, sondern auch die daraus folgende, staatsorganisatorisch bedeutsame Problemlage der Trennung und gegenseitigen Kontrolle von Legislative und Exekutive.

## II. Volkssouveränität

Tragendes Fundament des Demokratieprinzips ist der Gedanke der Volkssouveränität. Die Staatsorganisation soll ihre Legitimationsgrundlage nicht in dynastischer Legitimität, nicht in der Idee des Staates als göttlicher Stiftung, nicht in bloßer Tradition oder Herkommen, nicht im Gedanken einer Staatsräson, sondern im Willen des Volks finden.[191] Dabei ist nicht die Ausübung staatlicher Herrschaft durch das Volk erforderlich, sie muß nur durch dieses gerechtfertigt sein[192] und darf nicht lediglich in seinem Interesse erfolgen.[193] Der Gedanke der Volkssouveränität unterfällt dabei in zwei Aspekte: Zum einen ist das Volk Träger der verfassungsgebenden Gewalt, des ‚pouvoir constituant', so daß die Begründung der verfaßten Staatsorganisation auf den Willen des Volkes zurückführbar sein muß.[194] In dieser Funktion bleibt das Volk aber auch nach der ‚Verfassung' im eigentlichen Wortsinne souverän, also ori-

---

189 *Lorz*, Der gemeineuropäische Bestand von Verfassungsprinzipien, S. 110.
190 Vgl. dazu *Bradley/Ewing*, Constitutional and Administrative Law, S. 240 ff.
191 Vgl. *Dreier*, Demokratieprinzip, S. 250.
192 *Stern*, Staatsrecht I, S. 593.
193 *Böckenförde*, Demokratie als Verfassungsprinzip, Rz. 5.
194 *Böckenförde*, Demokratie als Verfassungsprinzip, Rz. 5 ff.

ginärer Entscheidungsträger über die staatliche Ordnung.[195] Sowohl die fortdauernde normative Kraft der verfaßten Ordnung als auch ihr Umsturz durch eine erneute Ausübung des ‚pouvoir constituant' finden ihre legitimierende Grundlage im Willen des souveränen Volkes. Zum anderen – und hier geht die Volkssouveränität im Demokratieprinzip auf – verlangt der Gedanke der Souveränität des Volkes die fortdauernde Legitimation verfaßter staatlicher Herrschaft im Willen der Regierten. Das Volk ist danach nicht nur Ursprung und letzter Träger politischer Herrschaftsorganisation, sondern es übt die Herrschaftsgewalt in der verfaßten Ordnung aktuell aus;[196] es ist somit zugleich Inhaber des ‚pouvoir constitué'. In dieser Forderung an das Regierungssystem liegt die im Demokratieprinzip verwirklichte Notwendigkeit der Rückkoppelung staatlicher Gewalt an den Willen des Volkes. Erforderlich ist stets eine ungebrochene Legitimationskette von unten nach oben, vom Volk zur Ausübung staatlicher Macht durch die Regierenden.

Trotz der allgemeinen Akzeptanz der Volkssouveränität als staatstheoretischer Leitgedanke in Deutschland und dem Vereinigten Königreich und trotz der Zentralität des demokratischen Prinzips in diesen Regierungssystemen zeigen beide Verfassungsordnungen ein ambivalentes Verhältnis zur umfassenden Souveränität des Volkes.

Beiden Staatsordnungen bereitet die Feststellung der Verfassungsgebung durch das Volk als Träger des ‚pouvoir constituant' Schwierigkeiten. Dies mag in der britischen Verfassungsordnung, die in ihren wesentlichen Grundzügen aus den konstitutionellen Wirren des 17. Jahrhunderts hervorgegangen ist und sich seitdem evolutiv statt revolutionär fortentwickelt hat, nicht überraschen. Gelegentlich werden daher – gewissermaßen hilfsweise – die allgemeinen Wahlen zum Unterhaus als plebiszitäre Bestätigung der gesamten Verfassungsordnung herangezogen,[197] jedoch bestätigen diese eher die Rolle des Volkes im verfaßten Gemeinwesen als die Verfassung selbst.[198] Ein konstitutiver Akt der verfassungsgebenden Gewalt durch das Volk kann im Vereinigten Königreich somit nicht ausfindig gemacht werden. Allgemein tritt im britischen Schrifttum daher in Anlehnung an den Rechtspositivisten *Herbert Hart* die stillschweigende Anerkennung der gegebenen Staatsordnung an die Stelle der Verfassungsgebung durch das Volk. *Hart* hatte die Geltung einer Rechtsordnung an die intern verspürte und extern zu beobachtende Akzeptanz der höchsten Norm des Rechtssystems, der ‚Rule of Recognition', als einem außer-rechtlichen Faktum geknüpft,[199] und so übergehen die Nachfolger dieser Lehre das Fehlen eines verfassungsgebenden Akts des Volkes:

---

195 Zu den staatsphilosophischen Wurzeln der Volkssouveränität in der Verfassungsgebung vgl. *Riedel*, Der gemeineuropäische Bestand von Verfassungsprinzipien, S. 85 f.
196 *Böckenförde*, Demokratie als Verfassungsprinzip, Rz. 8.
197 *Bradley, Anthony W.*, The Sovereignty of Parliament – in Perpetuity?, in: Jowell, Jeffrey/Oliver, Dawn (Hrsg.), The Changing Constitution – 3. Auflage, Oxford 1994, S. 79, 79.
198 So auch *Riedel*, Der gemeineuropäische Bestand von Verfassungsprinzipien, S. 88 f.
199 *Hart*, The Concept of Law, S. 100 ff.

> „... the legal distribution of public power consists ultimately in a dynamic settlement, acceptable to the people, between the different arms of government"[200].

Obwohl die staatliche Ordnung der Bundesrepublik Deutschland einem konkreten Entstehungsakt in Gestalt der Verabschiedung des Grundgesetzes durch den Parlamentarischen Rat am 8. Mai 1949, seiner Genehmigung durch die Alliierten sowie seiner Annahme durch die Landtage entspringt,[201] bereitet doch die Zuordnung ihrer Begründung zu einem verfassungsgebenden Akt der Volkssouveränität erhebliche Schwierigkeiten. Zwar proklamiert die Präambel des Grundgesetzes, daß „sich das Deutsche Volk kraft seiner verfassungsgebenden Gewalt dieses Grundgesetz gegeben" hat, jedoch kann der lediglich indirekt gewählte Parlamentarische Rat nicht als Repräsentant des Volkes verstanden werden.[202] Nach vorherrschender Ansicht stellt auch die in Art. 144 Abs. 1 GG vorgeschriebene und am 18., 20. und 21. Mai 1949 erfolgte Zustimmung der Landtage[203] aufgrund der Bindung der regionalen Volksvertretungen an die bestehenden Landesverfassungen keinen solchen Akt der Volkssouveränität dar.[204] Daher wird – ähnlich den diesbezüglichen Bemühungen in der Verfassungslehre des Vereinigten Königreichs – versucht, den im Zustand staatlicher Verfaßtheit abgehaltenen Wahlen zur parlamentarischen Volksvertretung und der allgemeinen Akzeptanz der Verfassungsordnung über die Jahre ihrer Geltung die legitimierende Wirkung eines Akts der Verfassungsgebung durch das Volk als Träger des ‚pouvoir constituant' beizumessen.[205] Die dogmatische Stringenz dieser Hilfsargumentation ist für beide Verfassungsordnungen schwach, ihre praktische Bedeutung für beide Staaten jedoch gleichermaßen stark.

Der zweite Aspekt der Volkssouveränität, die Rolle des Volkes als ‚pouvior constitué', erlebt auf den ersten Blick eine parallele Ausgestaltung in Deutschland und dem Vereinigten Königreich: Beide Verfassungsordnungen verlangen die Rückkoppelung der Ausübung staatlicher Herrschaft an den Willen des Volkes; das demokratische Prinzip ist in beiden Staaten in der Gestalt eines repräsentativen, parlamentarischen Regierungssystems verwirklicht. Bei genauerem Hinsehen ergeben sich jedoch auch markante Unterschiede.

---

200  *Laws, John*, Law and Democracy, PL 1995, S. 72, 81.
201  Vgl. dazu *Mußgnug, Reinhard*, Zustandekommen des Grundgesetzes und Entstehen der Bundesrepublik Deutschland, in: Isensee, Josef/Kirchhof, Paul (Hrsg.), Handbuch des Staatsrechts der Bundesrepublik Deutschland, Band I, 3. Auflage, Heidelberg 2003, § 8, Rz. 76 ff.
202  *Mußgnug*, Zustandekommen des GG, Rz. 97.
203  Nur der bayrische Landtag lehnte am 20. Mai 1949 das Grundgesetz nach 17stündiger Sitzung ab, allerdings in dem Wissen, daß dieses Votum das Inkrafttreten der neuen Verfassung nicht gefährden würde.
204  *Mußgnug*, Zustandekommen des GG, Rz. 99.
205  *Mußgnug*, Zustandekommen des GG, Rz. 100 ff.; *Stern, Klaus*, Das Grundgesetz im europäischen Verfassungsvergleich, Berlin/New York 2000, S. 11; *Huber, Peter M.*, Präambel, in: Sachs, Rz. 17.

Das Grundgesetz bezeichnet zwar in Art. 20 Abs. 2 Satz 1 GG das Volk als Quelle aller Staatsgewalt, schränkt jedoch ihre Ausübung durch das Volk sogleich auf Wahlen und Abstimmungen ein, wobei letzterer Variante eine untergeordnete Rolle zugedacht wird. Das Volk wird als verfaßte Gewalt domestiziert und die Ausübung seiner Souveränität wird durch die Verfassung reglementiert. Unter der Geltung des Grundgesetzes kann es daher keine Souveränität im Sinne *Jean Bodin*s als allmächtige Letztentscheidungsbefugnis, also keine ‚suprema potestas', geben.[206] Sie beruht auf der zentralen Allmacht eines Monarchen und auf dem Gegensatz zwischen Herrscher und Beherrschten. An deren Stelle sind die gewaltenteilenden Strukturen der grundgesetzlichen Staatsorganisation und die Einheit von Regierenden und Regierten getreten. Souverän ist das Volk daher nur noch als – dennoch streng erforderliche – Legitimationsquelle staatlichen Handelns. Ausgeübt wird diese Herrschaftsposition allerdings nur in der vom Grundgesetz vorgesehenen Form, nämlich durch Wahlen und Abstimmungen. Die Volkssouveränität in ihrem ursprünglichen Sinne als ungebundene Herrschaftsgewalt wurde somit durch die verfaßte Ordnung abgelöst. Das Grundgesetz als höchstrangiges Normengefüge regelt die Befugnisse der im Staat beteiligten Akteure, die des Staatsvolkes ebenso wie die der Verfassungsorgane. Erst eine fiktive Gesamtschau der Verfassungsordnung und ihrer Träger kann zu einer Souveränität, verstanden als unbeschränkte Allmacht, zurückführen. Da es jedoch gerade der Sinn der verfaßten Ordnung ist, diese Fusion der Gewalten zu verhindern, wächst der Verfassung selbst die Rolle der höchsten Autorität zu.[207] Zwar bestätigt auch das Grundgesetz in Art. 146 GG die Existenz einer außerhalb seiner Ordnung stehenden, ungebundenen Volkssouveränität, jedoch weicht diese innerhalb des grundgesetzlich verfaßten Gemeinwesens der Suprematie der Verfassung, die wiederum die demokratische Rückkopplung staatlichen Handelns an den Volkswillen anordnet. Die Bezeichnung dieses Zusammenhangs als Souveränität verschleiert unter der Geltung des Grundgesetzes daher die wahre Suprematie der Verfassung selbst.

Die Rolle der Volkssouveränität in der Verfassungsordnung des Vereinigten Königreichs muß demgegenüber mit Blick auf das die britische Verfassung dominierende Prinzip der Parlamentssuprematie bewertet werden. Zunächst erscheint die herausgehobene Stellung einer unmittelbar demokratisch legitimierten, allmächtigen Volksvertretung als idealtypische Verkörperung des Gedankens der Volkssouveränität. Jedoch vernachlässigt diese Betrachtungsweise die spezifischen Eigenheiten des britischen Verfassungssystems:[208] Zunächst kommt die Parlamentssuprematie nicht dem direkt ge-

---

206 Vgl. *Kriele, Martin*, Einführung in die Staatslehre – Die geschichtlichen Legitimitätsgrundlagen des demokratischen Verfassungsstaates, 5. Auflage, Opladen 1994, S. 126; *Doehring*, Allgemeine Staatslehre, Rz. 259 ff.
207 Vgl. *Böckenförde*, Geschichtliche Entwicklung, S. 328.
208 Vgl. *Judge*, The Parliamentary State, S. 6 ff.; *Abromeit, Heidrun*, Volkssouveränität, Parlamentssouveränität, Verfassungssouveränität: Drei Realmodelle der Legitimität staatlichen Handelns, PolVjschr. 36 (1995), S. 49 – 66.

wählten Unterhaus zu, sondern der Crown in Parliament, also einer zusammengesetzten Trias aus Unterhaus, Oberhaus und Monarch. Zwar kann dieser Einwand mit dem Hinweis auf die zentrale Vormachtstellung des House of Commons gegenüber den anderen zwei Institutionen weitgehend entkräftet werden; jedoch weist die Suprematie der Crown in Parliament zugleich den Weg zu einem besseren Verständnis des Verhältnisses zwischen Parlamentssuprematie und Volkssouveränität. Die Suprematie der Crown in Parliament ist nach orthodoxer Auffassung nicht Ausdruck einer außerhalb dieser Institutionen liegenden Herrschaftsbefugnis des Volkes, sondern gesamtheitliche Konstruktion einer innerlich balancierten Machtverteilung zwischen Krone, Lords und Commons. Die Crown in Parliament regiert seit den Zeiten der Tudors,[209] mithin lange bevor die Idee der Volkssouveränität im britischen Verfassungsdenken zutage trat. Erst die Verlagerung des politischen Schwergewichts auf das eigentliche Parlament im Rahmen der Glorreichen Revolution von 1688 und das über die Jahrhunderte stetig erweiterte Wahlrecht zum Unterhaus bis hin zur Einführung einer wahrhaft allgemeinen Wahl im Jahre 1928[210] haben den Weg für eine materielle Verschmelzung der Parlamentssuprematie mit dem demokratischen Herrschaftsanspruch des Volkes geebnet. Trotz ihrer historisch andersartigen Herkunft kann und muß heute die Suprematie des Parlaments als Ausdruck des demokratischen Prinzips der Volksherrschaft angesehen werden,[211] weshalb auch mögliche Beschränkungen der Parlamentssuprematie heute häufig als undemokratisch kritisiert werden. Die Verortung der rechtlichen Allmacht bei der Crown in Parliament ist davon jedoch nach traditioneller Diktion unberührt geblieben. So geht das orthodoxe Verständnis der Parlamentssuprematie im Anschluß an *Dicey* davon aus, daß die Crown in Parliament rechtlich betrachtet gänzlich ungebunden – und damit souverän – ist und lediglich faktisch der politischen Souveränität des Volkes unterliegt.[212] *Karl Loewenstein* formuliert diese Trennung wie folgt:

> „*Rein rechtlich betrachtet ist das Volk aus der Parlamentssouveränität völlig ausgeklammert, eine rechtliche Verbindung von Volks- und Parlamentssouveränität wird demnach überhaupt nicht anerkannt.*"[213]

---

209 Die Formel des ‚King in Parliament' wurde erstmalig 1534 im Dispensation Act benutzt.
210 Vgl. dazu *Bradley/Ewing*, Constitutional and Administrative Law, S. 147 ff.
211 *Goldsworthy, Jeffrey*, The Sovereignty of Parliament – History and Philosophy, Oxford 1999, S. 228; *Jenkins, David*, Both Ends against the Middle: European Integration, Devolution, and the Sites of Sovereignty in the United Kingdom, Temple Int'l & Comp L J 16 (2002), S. 1, 4; *Irvine, Lord of Lairg*, Sovereignty in Comparative Perspective – Constitutionalism in Britain and America, NYULRev 76 (2001), S. 1, 12 ff.
212 Vgl. *Dicey*, Introduction, S. 76; *Loveland*, Constitutional Law, S. 49 f.
213 *Loewenstein*, Staatsrecht I, S. 66.

Und *Vernon Bogdanor* pointiert dieses Verfassungsverständnis mit den Worten:

"... *the constitution knows nothing of the people*..."[214].

Der Unterscheidung zwischen rechtlicher Suprematie des Parlaments und politischer Souveränität des Volkes wird dabei eine erhebliche Bedeutung beigemessen, wie die berühmten Ausführungen *Lord Reid*s im Fall *Madzimbamuto* aus dem Jahre 1969 zeigen:

> "*It is often said that it would be unconstitutional for the United Kingdom Parliament to do certain things, meaning that the moral, political and other reasons against doing them are so strong that most people would regard it as highly improper if Parliament did these things. But that does not mean it is beyond the power of Parliament to do such things. If Parliament chose to do any of them, the courts could not hold the Act of Parliament invalid.*"[215]

Die rechtliche Suprematie der Crown in Parliament trifft somit eine Aussage über das Verhältnis zwischen dem Parlament und den Gerichten. Sie ist alleiniger Maßstab der richterlichen Rechtsfindung, während die politische Souveränität des Volkes aus diesem Verhältnis ausgeblendet bleibt. Dennoch war auch *Dicey* der Ansicht, daß sich das Parlament aufgrund des periodisch wiederkehrenden Wahlakts grundsätzlich dem Willen des politisch souveränen Volkes beuge – es besteht insofern ein materieller Ableitungszusammenhang zwischen der politischen Souveränität des Volkes und der rechtlichen Suprematie des Parlaments.[216] *Dicey* schränkte jedoch unmittelbar ein – „But this is a political, not a legal fact"[217] – und zeichnete das bis heute einflußreiche Bild einer ‚self-correcting democracy'[218], in der die politische Volkssouveränität die rechtlich ungebundene Parlamentssuprematie im Wege des demokratischen Prozesses bändigt.[219]

---

214 *Bogdanor, Vernon*, Power and the People – A Guide to Constitutional Reform, London 1997, S. 120.
215 *Lord* Reid in *Madzimbamuto v. Lardner-Burke* [1969] 1 AC 645, 723.
216 Vgl. *Kaiser*, Europäisierung oder Modernisierung?, S. 543.
217 *Dicey*, Introduction, S. 73.
218 Vgl. *Craig, Paul P.*, Public Law and Democracy in the United Kingdom and the United States of America, Oxford 1990, S. 12 ff.; *Walker, Neil*, Beyond the Unitary Conception of the United Kingdom Constitution, PL 2000, S. 384, 392.
219 Für eine besonders kritische Auseinandersetzung mit der traditionellen Trennung rechtlicher und politischer Souveränität vgl. *Allan, Trevor R. S.*, Law, Liberty, and Justice – The Legal Foundations of British Constitutionalism, Oxford 1993, S. 282 ff. Vgl. dazu auch *Strotman*, Souveränität, S. 57 f. In seinem Spätwerk gab *Dicey* die strikte Trennung zwischen der rechtlichen Suprematie des Parlaments und der rein politischen Souveränität des Volkes auf; dieser späte, vor allem politisch motivierte Sinneswandel konnte das orthodoxe Verständnis der britischen Verfassungsordnung jedoch nicht mehr nachhaltig beeinflussen; vgl. *Weill, Rivka*, Dicey Was Not Diceyan, CLJ 62 (2003), S. 474, 486 ff.

Die Volkssouveränität nimmt somit in der Verfassungsordnung des Vereinigten Königreichs eine durchaus komplexe Position ein. Zum einen bildet sie das legitimatorische Fundament der veränderten Machtverteilung innerhalb der Crown in Parliament und den bis heute andauernden Entwicklungen und Reformen dieser institutionellen Struktur; sie bildet das einende verfassungspolitische Band etwa für die verschiedenen Novellierungen des Wahlrechts zum Unterhaus, die Parliament Acts von 1911 und 1949, den House of Lords Act 1999 sowie die unzähligen Verfassungskonventionalregeln zur Schaffung eines parlamentarischen Regierungssystems. Zum anderen bleibt das Volk in rechtlicher Hinsicht – abgesehen vom Akt der Unterhauswahl, welcher dem Volk als Elektorat auch eine gewisse rechtlich verbürgte Souveränität zuteilt[220] – aus der zentralen Machtkonstellation der britischen Verfassung ausgeklammert; die Volkssouveränität tritt verfassungsrechtlich nicht in Erscheinung. Britische Verfassungsjuristen haben somit die Volkssouveränität aus ihrer rein rechtlichen Analyse der Verfassungsordnung in das Reich der Politik und der Politikwissenschaft verbannt.[221] Statt des Volkes übernahm das Parlament die vormals unbeschränkte Allmacht des Monarchen „whole, undiluted and undamaged".[222] Auch das Aufkommen von Volksabstimmungen in der jüngeren britischen Verfassungsgeschichte hat an dieser Situation nichts geändert; nach ganz vorherrschender Ansicht entfalten diese institutionalisierten Meinungsäußerungen des Volkes lediglich politische Bindungswirkung.[223] Zwar bleibt die Frage umstritten, ob sich das Parlament selbst eine rechtliche Verpflichtung zur legislativen Befolgung derartiger plebiszitärer Voten auferlegen könnte; die herrschende Ablehnung einer rechtlichen Verbindlichkeit für das Parlament wahrt indessen die innere dogmatische Stringenz des traditionellen britischen Verfassungsverständnisses.

Trotz weitreichender verfassungskultureller Unterschiede weisen Deutschland und das Vereinigte Königreich in ihrer konstitutionellen Verwirklichung des Prinzips der Volkssouveränität somit aufschlußreiche Parallelen auf. Beide Staaten zeigen konstruktive Schwierigkeiten in der Rückbindung ihrer Verfassungsordnungen an das Volk als verfassungsgebende Legitimationsquelle, und beide bändigen die Souveränität des Volkes in der verfaßten Staatsordnung im Rahmen eines repräsentativen, parlamentarischen Regierungssystems. In diesem ist das Volk primär zur Bestellung seiner Vertreter im Parlament berufen, während sowohl in Deutschland als auch im Vereinigten Königreich plebiszitären Elementen eine entweder untergeordnete oder sogar nur beratende Funktion zugestanden wird. Diese Gemeinsamkeit in der grundsätzlichen Subordination der Volkssouveränität unter die ver-

---

220 Für diese Einschränkung der Trennung von rechtlicher und politischer Souveränität insbesondere *Marshall/Moodie*, Problems, S. 17f.
221 *Harlow, Carol*, Power from the People? Representation and Constitutional Theory, in: McAuslan, Patrick/McEldowney, John F. (Hrsg.), Law, Legitimacy and the Constitution, London 1985, S. 62, 62f.
222 *Mount, Ferdinand*, The British Constitution Now, London (u. a.) 1992, S. 20.
223 Siehe supra Fn. 183f. mit Text.

faßte Staatsordnung bei gleichzeitiger Anerkennung ihrer zentralen Legitimationsfunktion betrifft jedoch nicht nur das reguläre Verhältnis zwischen dem Volk auf der einen Seite und den im Rahmen der Verfassungsordnung legislativ, exekutiv und judikativ handelnden Staatsorganen auf der anderen, sondern erfaßt vor allem auch den zentralen Bereich der formellen Änderung der Verfassung selbst. Obschon zwischen der deutschen Verfassungsänderung nach Art. 79 Abs. 1 und 2 GG mit ihrem Erfordernis von Zweidrittelmehrheiten in Bundestag und Bundesrat und der britischen Verfassungsänderung durch einfaches Gesetz der Crown in Parliament[224] wichtige verfassungsrechtliche Unterschiede bestehen, eint die beiden Staatsordnungen immerhin die Grundentscheidung für die Organe der einfachen Gesetzgebung als Träger auch der verfassungsändernden Gewalt, der ‚pouvoir constituant constitué'. Anders als in vielen anderen modernen Demokratien bleibt das Volk somit auch bei der formellen Verfassungsänderung ausgeschlossen.[225] Beiden Verfassungsordnungen ist ein besonderes Verfassungsänderungsprocedere mit einem notwendigen Appell an das Volk fremd. Das Grundgesetz konzipiert die Verfassungsänderung „als eine Erscheinungsweise der Gesetzgebung"[226] und hebt die verfassungsändernde Gewalt von der gesetzgebenden Gewalt lediglich durch besondere Mehrheitsanforderungen ab, wodurch die „Erkenntnis von der Besonderheit der verfassungsändernden Gewalt gegenüber der gesetzgebenden Gewalt"[227] überwiegend verloren geht.[228] Im Vereinigten Königreich geht erstere – rein rechtlich betrachtet – sogar gänzlich in letzterer auf. Deutschland und das Vereinigte Königreich teilen somit die Entscheidung für ein repräsentatives, parlamentarisches Regierungssystem auch in bezug auf den Prozeß der formellen Verfassungsänderung; das souveräne Volk erscheint dagegen nicht als eigenständiger Akteur bei der Ausübung der ‚pouvior constituant constitué'.[229]

Der verfassungsjuristische Unterschied zwischen der rechtlichen Anerkennung der Stellung des Volkes in der deutschen Verfassungsordnung gemäß Art. 20 Abs. 2 GG und der Verlagerung der Volkssouveränität in den Bereich der rein politischen Legitimationsverknüpfung im Vereinigten Königreich tritt hinter diesen funktionellen Gemeinsamkeiten in den Hintergrund. Dennoch bleiben die zutagegetretenen Divergenzen Ausdruck eines tief verwurzelten Unterschieds im grundsätzlichen Verfassungsverständnis dieser Staaten. Wäh-

---

224 Vgl. *Bradley, Anthony W.*, The Sovereignty of Parliament – Form or Substance?, in: Jowell, Jeffrey/Oliver, Dawn (Hrsg.), The Changing Constitution, 5. Auflage, Oxford 2004, S. 26, 39 f.
225 Vgl. für einen instruktiven Überblick *Bryde*, Verfassungsentwicklung, S. 45 ff.
226 *Badura*, Verfassungsänderung, Rz. 3.
227 *Stern*, Staatsrecht I, S. 157.
228 *Dreier, Horst*, Grenzen demokratischer Freiheit im Verfassungsstaat, JZ 1994, S. 741, 745 f.
229 In Deutschland unterliegt die Verfassungsänderung zudem den materiellen Schranken des Art. 79 Abs. 3 GG, welcher dadurch „die Verbannung des Volkes in das einmal errichtete Gehäuse der Verfassung" bewirkt, *Dreier*, Grenzen demokratischer Freiheit, S. 748.

rend in Deutschland mit dem Grundgesetz eine prinzipielle Verrechtlichung der Staatsorganisation erreicht worden ist, überläßt das britische Verfassungsverständnis weiterhin entscheidende Bereiche der Staatsorganisation der rein politischen Sphäre. Letztere Sichtweise darf dabei nicht als Herabstufung demokratischen Gedankenguts mißverstanden werden. Im Gegenteil – sie ist Ausdruck eines besonders festen Vertrauens in die Richtigkeit und die Bestandskraft der in großen Teilen auf einer langen konstitutionellen Tradition beruhenden Verfassungsordnung und ihrer demokratischen Grundausrichtung.

In beiden Verfassungsordnungen findet das Prinzip der Volkssouveränität jedoch seine Grenze in der verfassungsrechtlichen Suprematie einer anderen Einheit: In Deutschland endet die Macht des Volkes dort, wo die Verfassung beginnt; das Grundgesetz genießt Vorrang und formt die Allmacht des Volkes zu einer verfassungsimmanenten Größe. Wo aber in Deutschland die Verfassung höchste Autorität beansprucht, kommt diese Stellung nach traditioneller Diktion im Vereinigten Königreich dem Parlament zu; erst in der Crown in Parliament wird der politischen Souveränität des Volkes rechtlicher Ausdruck verliehen. Verfassungs- und Parlamentssuprematie stellen somit auch unter dem Aspekt der Souveränität des Volkes das entscheidende verfassungsdogmatische Begriffspaar einer Gegenüberstellung der deutschen und britischen Verfassungsordnungen dar.

## B. Verfassungs- und Parlamentssuprematie: Starrer Gegensatz oder flexibles Konzeptverständnis?

### I. Traditioneller Gegensatz

Der bedeutendste verfassungsrechtliche Unterschied zwischen Deutschland und dem Vereinigten Königreich erhält konkrete Gestalt in dem Gegensatz zwischen der Suprematie des Grundgesetzes in der deutschen Verfassungsordnung und der Suprematie des Parlaments im britischen Regierungssystem.[230] Obgleich beide Verfassungsordnungen ein repräsentatives, parlamentarisches Regierungssystem etablieren und somit Demokratie und Volksherrschaft zu Grundpfeilern der Staatsorganisation erheben, prägt dieser verfassungsjuristi-

---

[230] *Wahl*, Elemente der Verfassungsstaatlichkeit, S. 1043, formuliert diesen Unterschied wie folgt: „Art. 1 III GG enthält eine ausdrückliche und klare Absage an das Prinzip der Parlamentssouveränität." Vgl. zu diesem Gegensatz auch *Limbach, Jutta*, The Concept of Supremacy of the Constitution, MLR 64 (2000), S. 1, 1 ff.; *dies.*, Vorrang der Verfassung oder Souveränität des Parlaments?, Theodor-Heuss-Gedächtnis-Vorlesung, Stuttgart 2001, S. 9 ff.; *Schwab, Andreas*, Devolution – Die asymmetrische Staatsordnung des Vereinigten Königreichs, Baden-Baden 2002, S. 24.

sche Unterschied entscheidend die Ausgestaltung dieser und aller anderen grundlegenden konstitutionellen Strukturelemente.

## 1. Ideengeschichtliche Berührungspunkte

Die Bezeichnung des Gegensatzes zwischen der Suprematie der Verfassung und der des Parlaments als ‚traditionell' darf zunächst nicht dahingehend mißverstanden werden, daß Deutschland und das Vereinigte Königreich seit jeher ein diesbezüglicher dogmatischer Graben trenne. Historisch betrachtet ist dies gerade nicht der Fall, wie zwei kurze ideengeschichtliche Hinweise belegen können.

Die dogmenhistorischen Wurzeln des Prinzips vom Vorrang der Verfassung liegen in den Lehren des Naturrechts, das als ‚norma superior' für die Herrscher beim Erlaß von Gesetzen verpflichtend sein sollte, wobei sich im Laufe der Jahrhunderte ein Wandel von der theologischen zur philosophischen Begründung vollzog.[231] Rechtliche Gestalt erlangte die Suprematie eines Normengefüges im Range über dem Gesetzgeber jedoch nach allgemeiner Ansicht zum ersten Mal in dem berühmten englischen Urteil des damaligen Chief Justice *Sir Edward Coke* in dem *College of Physician's Case*[232] aus dem Jahre 1610, in dem er den Vorrang des Common Law vor dem Gesetzesrecht mit den folgenden Worten statuierte:

> *„And it appears in our book that in many cases the common law will controul acts of parliament and sometimes adjudge them to be utterly void: for when an act of parliament is against common right or reason, or repugnant or impossible to be performed, the common law will controul it and adjudge such act to be void."*[233]

Da die gesetzliche Ermächtigung für die Verurteilung *Dr. Bonham*s zu einer Geldstrafe gegen die Common Law-Regel ‚nemo iudex in causa sua debet esse' verstieß, urteilte *Sir Edward Coke* auf der Basis dieses normativen Hierarchieverständnisses zugunsten des klagenden Arztes.[234] Obgleich sich die britische Verfassungsentwicklung ab der Mitte des 17. Jahrhunderts von diesem rechtsdogmatischen Meilenstein abzuwenden begann und die Allianz zwi-

---

231 *Starck, Christian*, Vorrang der Verfassung und Verfassungsgerichtsbarkeit, in: Starck, Christian/Weber, Albrecht (Hrsg.), Verfassungsgerichtsbarkeit in Westeuropa, Band I, Baden-Baden 1986, S. 11, 15 f. Vgl. dazu ausführlich *Stourzh*, Naturrechtslehre, S. 13 – 28.
232 Besser bekannt als *Dr. Bonham's Case* 8 Coke Rep. [1610] 107 a.
233 8 Coke Rep. 107 a, 118 a.
234 Vgl. zu dieser Entscheidung *Allott, Philip*, The Courts and Parliament: Who Whom?, CLJ 38 (1979), S. 79, 82 ff.; *Koch*, Grundrechtskatalog, S. 55 f. Für eine einschränkende Auslegung des Urteils als Beispiel der Ausübung richterlicher Interpretationsmacht gegenüber Parlamentsgesetzen aber insbesondere *Gough, J. W.*, Fundamental Law in English Constitutional History, Oxford 1961, S. 31 ff., und *Thorne, S. E.*, Dr. Bonham's Case, LQR 54 (1938), S. 543, 543 ff.

schen den Gerichten und dem Parlament gegen die Krone in der Glorreichen Revolution in der Folgezeit langsam die Suprematie des Parlaments über die Regeln des Common Law hervorbrachte,[235] zeigt doch der *College of Physician's Case*, daß die Grundidee der Bindung des Gesetzgebers an ein höherrangiges Normengefüge dem britischen Verfassungsdenken keineswegs fremd war.[236]

Wendet man den Blick auf die deutsche Verfassungsgeschichte, so fällt auf, daß die Suprematie der Verfassung erst unter dem Grundgesetz von 1949 zum unumstrittenen Leitdogma des deutschen Verfassungsrechts avancierte.[237] Die Preußische Verfassungsurkunde von 1850 und die *Bismarck*sche Reichsverfassung von 1871 zeigten trotz leicht qualifizierter Verfahren der Verfassungsänderung keinen klaren Vorrang der Verfassung vor dem einfachen Recht. Dogmatisch wurde diese Konstruktion durch den Glauben an die Notwendigkeit der Existenz eines einzigen souveränen Staatswillens abgestützt, der keinem höheren Normengefüge unterworfen war.[238] Indem einfache Gesetzgebung und Verfassungsgebung oder -modifizierung als gleichrangiger Ausdruck des souveränen Staatswillens verstanden wurden, akzeptierte die herrschende Lehre die stillschweigende Verfassungsdurchbrechung.[239] Noch unter der Weimarer Reichsverfassung von 1919 war der Vorrang der Verfassung umstritten,[240] und *Gerhard Anschütz* stellte als Vertreter der älteren Lehre hierzu fest: „Die Verfassung steht nicht über der Legislative, sondern zur Disposition derselben."[241] Zwar schrieb Art. 76 WRV für die gesetzgeberische Änderung der Verfassung das Vorliegen einer Zweidrittelmehrheit im Reichstag vor, jedoch führte die Zulässigkeit der stillschweigenden Verfassungsdurchbrechung mit der für die Verfassungsänderung erforderlichen Mehrheit[242] zu einem Verschwimmen der Grenzen zwischen einfachem

---

235  Vgl. *Starck*, Vorrang der Verfassung, S. 17.
236  Auch der 1647 vorgelegte Entwurf eines *Agreement of the People* und das für sieben Jahre geltende *Instrument of Government* von 1653, die beide eine Bindung der Gesetzgebung an ein normatives Verfassungsgefüge beinhalteten, belegen die Bedeutung der britischen Verfassungsgeschichte für die Entwicklung des Prinzips vom Vorrang der Verfassung. Vgl. dazu *Lovell, Colin R.*, English Constitutional and Legal History, New York 1962, S. 342 ff.; *Keir, David L.*, The Constitutional History of Modern Britain since 1485, 6. Auflage, London 1961, S. 220 ff.; *Lyon, Ann*, Constitutional History of the United Kingdom, London (u. a.) 2003, S. 227 ff.; *Eichler, Hermann*, Verfassungswandel in England – Ein Beitrag zur europäischen Rechtsgeschichte des 17. und 18. Jahrhunderts, Berlin 1988, S. 47 ff.
237  Vgl. *Dreier*, Grenzen demokratischer Freiheit, S. 742 f.
238  Statt vieler *Laband, Paul*, Das Staatsrecht des Deutschen Reiches, Band II, 5. Auflage, Tübingen 1911, S. 38 ff.
239  Vgl. *Wahl*, Vorrang der Verfassung, S. 492 f.
240  *Wahl*, Vorrang der Verfassung, S. 498.
241  *Anschütz, Gerhard*, Die Verfassung des Deutschen Reiches vom 11. August 1919 – Kommentar, 14. Auflage, Berlin 1933, Art. 76, Anm. 1, S. 401.
242  Vgl. *Gusy, Christoph*, Die Weimarer Reichsverfassung, Tübingen 1997, S. 145 ff.; *Schneider, Hans*, Die Reichsverfassung vom 11. August 1919, in: Isensee, Josef/Kirchhof, Paul (Hrsg.), Handbuch des Staatsrechts der Bundesrepublik Deutschland, Band I (HStR I), 3. Auflage, Heidelberg 2003, § 5, Rz. 81 f.

Gesetz und Verfassungsrecht und damit zu einer erheblichen Schwächung der normativen Kraft der Verfassung.[243] Erst im Jahre 1929 verwarf das Reichsgericht zum ersten Mal ein Gesetz als verfassungswidrig.[244] Nachdem sich in der Weimarer Republik eine langsame Hinwendung zur westeuropäisch-nordatlantischen Verfassungstradition und ihrem Grundlogos der Verfassungssuprematie vollzogen hatte, stellt der in Art. 1 Abs. 3 und Art. 20 Abs. 3 GG statuierte Vorrang der Verfassung gewissermaßen den endgültigen Anschluß Deutschlands an diesen Verfassungsrechtskreis dar.[245] Dennoch läßt der deutsche Konstitutionalismus des 19. Jahrhunderts eine auffällige dogmatische Nähe zum orthodoxen Verständnis der britischen Parlamentssuprematie erkennen: Sie verbindet die gemeinsame Forderung nach einer ungebunden souveränen Instanz im Staat, die nicht durch ein vorrangiges Normengefüge konstituiert oder limitiert wird.

## 2. Deutsche Verfassungssuprematie

Seine Suprematie in der bundesdeutschen Rechtsordnung ist das charakteristische Merkmal des Bonner Grundgesetzes. Es bildet ein Normengefüge, dem aufgrund zweier verwandter Faktoren eine hervorgehobene Stellung in der Staatsordnung der Bundesrepublik zukommt: Zum einen bindet es gemäß den Art. 1 Abs. 3 und 20 Abs. 3 GG alle Staatsgewalt an seine Bestimmungen, und diese nehmen daher gegenüber jeglichen anderen Rechtsnormen eine Vorrangstellung ein; zum anderen ist es gemäß Art. 79 GG im Vergleich zum einfachen Gesetzesrecht nur unter erschwerten Bedingungen abänderbar.[246]

Der erste Aspekt der Verfassungssuprematie, der Vorrang der Verfassung in einem engeren Sinne, wird als allgemeine Verfassungsaussage in Art. 20 Abs. 3 GG normiert und für den Bereich der Grundrechte in Art. 1 Abs. 3 GG speziell geregelt.[247] Er besitzt zugleich eine normative und eine institutionelle Dimension. In normativer Hinsicht besagt er, daß keine Bestimmung der Rechtsordnung und kein anderer staatlicher Akt im Widerspruch zur Verfassung stehen dürfen;[248] verfassungsrechtliche Normen besitzen Gel-

---

243 *Stern*, Staatsrecht I, S. 158.
244 RGZ 124, 173.
245 *Dreier*, Grenzen demokratischer Freiheit, S. 743.
246 *Badura*, Verfassungsänderung, Rz. 3; *Wolff*, Ungeschriebenes Verfassungsrecht, S. 279 ff.
247 Vgl. *Jarass, Hans D.*, Art. 20 GG, in: Jarass/Pieroth, Rz. 32 ff.; *Sachs, Michael*, Art. 20 GG, in: Sachs, Rz. 94 ff.; *Schulze-Fielitz, Helmuth*, Art. 20 GG (Rechtsstaat), in: Dreier, Rz. 74 ff. *Wolff*, Ungeschriebenes Verfassungsrecht, S. 279; *Unruh, Peter*, Der Verfassungsbegriff des Grundgesetzes – Eine verfassungstheoretische Rekonstruktion, Tübingen 2002, S. 399 ff. Kritisch *Lecheler, Helmut*, Vorrang der Verfassung?, in: Bickel, Dietrich/Hadding, Walter/Jahnke, Volker/Lüke, Gerhard (Hrsg.), Recht und Rechtserkenntnis, Festschrift für Ernst Wolf zum 70. Geburtstag, Köln (u. a.) 1985, S. 361, 362 ff.
248 *Hesse*, Verfassung und Verfassungsrecht, Rz. 14.

tungsvorrang.²⁴⁹ Dies gilt für den einzelfallbezogenen Verwaltungsakt ebenso wie für das einfache Gesetzesrecht, so daß der Vorrang der Verfassung als Kollisionsregel grundsätzlich die Nichtigkeit verfassungswidriger Hoheitsakte vorschreibt.²⁵⁰ Insbesondere das einfache Gesetzesrecht steht damit normenhierarchisch im Range unter dem formellen Verfassungsrecht. Letzteres bestimmt nicht nur Akteure und Verfahren legislativen Staatshandelns, sondern enthält mit den grundrechtlichen Verbürgungen in Abschnitt I des Grundgesetzes auch materielle Anforderungen an dessen Inhalt. Diese Normenhierarchie erfordert eine gewisse Distanz zwischen den beiden Regelungsebenen; sie gebietet die Eigenständigkeit – oder den ‚Selbstand' – verfassungsrechtlicher Begriffe von der einfachgesetzlichen Normierung.²⁵¹ Der Vorrang der Verfassung zeigt darüber hinaus auch eine institutionelle Dimension. Er bedeutet nicht nur den Nachrang des Gesetzes, sondern auch den Nachrang des Gesetzgebers²⁵² und mit ihm aller anderen staatlichen Organe, wie dies in Art. 1 Abs. 3 und Art. 20 Abs. 3 GG deutlich zum Ausdruck kommt.²⁵³ Die Staatsorgane werden somit durch das Grundgesetz konstituiert und mit Kompetenzen ausgestattet, zugleich wird aber auch ihre Hoheitstätigkeit durch die sie bindende Verfassung formell und materiell limitiert. Institutionell betrachtet steht daher an der Spitze der Staatsordnung nicht etwa ein einzelnes allmächtiges Staatsorgan, sondern ein umfassend verbindliches Normengefüge, das Grundgesetz.

Der Vorrang der Verfassung gegenüber dem einfachen Gesetzgeber wird durch den zweiten Aspekt der Verfassungssupremation verwirklicht. Das Grundgesetz genießt aufgrund des Art. 79 GG eine gegenüber einfachem Gesetzesrecht erhöhte Bestandskraft dahingehend, daß es nur im Verfahren des Art. 79 Abs. 1 und 2 GG, also durch ausdrückliche Ergänzung oder Modifikation des Verfassungstextes und nur durch Zweidrittelmehrheiten in Bundestag und Bundesrat, geändert werden kann. Diese Regelung zielt darauf ab, die Verfassungsänderung dem durch tagespolitische Zweckmäßigkeit und Opportunität geprägten Belieben der einfachen parlamentarischen Mehrheit und der durch diese gestützten Regierung zu entziehen.²⁵⁴ Für die Änderung des Grundgesetzes soll ein evident breiter Konsens in Bundestag und Bundesrat – in der politischen Wirklichkeit über die Parteien hinweg – erforderlich sein. Zudem erklärt Art. 79 Abs. 3 GG bestimmte Grundsätze der Verfassungsordnung auch für den mit dieser qualifizierten Mehrheit handelnden

---

249 *Jarass, Hans D.*, Art. 20 GG, in: Jarass/Pieroth, Rz. 33.
250 *Stern*, Staatsrecht I, S. 81. Zur grundsätzlichen Nichtigkeit verfassungswidriger Normen und den möglichen Ausnahmen vgl. *Schlaich/Korioth*, Bundesverfassungsgericht, Rz. 378 ff.; *Sachs*, Art. 20 GG, in: Sachs, Rz. 95 ff.; *Schulze-Fielitz*, Art. 20 GG (Rechtsstaat), in: Dreier, Rz. 78 ff.
251 So *Leisner, Walter*, Von der Verfassungsmäßigkeit der Gesetze zur Gesetzmäßigkeit der Verfassung, Tübingen 1964, S. 5, 8 f., 61 f.; *Wahl*, Vorrang der Verfassung, S. 486 f., 502 f.; *Lecheler*, Vorrang der Verfassung?, S. 363 f.
252 *Wahl*, Vorrang der Verfassung, S. 487.
253 Vgl. *Unruh*, Der Verfassungsbegriff des Grundgesetzes, S. 402 ff.
254 *Badura*, Verfassungsänderung, Rz. 3.

Gesetzgeber für unantastbar, so daß diesen eine vollkommene Bestandskraft verliehen wird. Dennoch bleibt festzuhalten, daß – abgesehen von der Unantastbarkeitsgarantie – der in der erhöhten Bestandskraft des Grundgesetzes verwirklichte Nachrang des Gesetzgebers nur ein solcher der einfachen gesetzgeberischen Mehrheiten ist. Die Väter und Mütter des Grundgesetzes haben – insbesondere unter Ausschaltung möglicher plebiszitärer Alternativen – die gesetzgebenden Körperschaften des Bundes auch zur Änderung der Verfassung ermächtigt und damit zum Träger der ‚pouvoir constituant constitué' erhoben.[255] Die Verfassungsänderung wurde als „eine Erscheinungsweise der Gesetzgebung" ausgestaltet,[256] und die erhöhte Bestandskraft des formellen Verfassungsrechts wird – gewissermaßen lediglich – durch die erschwerten Bedingungen des Art. 79 GG gesichert. Die Trennung zwischen verfassungsändernder und gesetzgebender Gewalt reduziert sich mit Blick auf Art. 79 Abs. 2 GG daher zu einer nur noch quantitativen Unterscheidung.

Der Vorrang der Verfassung vor der übrigen Rechtsordnung und allen Staatsorganen wird im Grundgesetz – der überzeugenden Logik *Alexander Hamiltons*[257] und des damaligen Chief Justice *John Marshall* in der berühmten Entscheidung des U.S. Supreme Court in *Marbury v. Madison* (1803)[258] folgend – durch die Installation einer umfassenden Verfassungsgerichtsbarkeit zusätzlich sanktioniert. Zu diesem Zweck ist das Bundesverfassungsgericht mit einer Fülle weitreichender Kompetenzen ausgestattet. Auf zulässige Anträge hin überprüft es die Verfassungsmäßigkeit von Gesetzen, exekutiven Maßnahmen und Gerichtsentscheidungen. Es interpretiert dabei das Grund-

---

255 Vgl. *Dreier*, Grenzen demokratischer Freiheit, S. 745.
256 *Badura*, Verfassungsänderung, Rz. 3.
257 *Hamilton, Alexander*, Federalist – No. 78, in: *Hamilton, Alexander/Madison, James/Jay, John*, The Federalist Papers (hrsgg. von Clinton Rossiter, mit einer Einführung von Charles R. Kesler), New York 1999, S. 432, 435: „There is no position which depends on clearer principles, than that every act of a delegated authority, contrary to the tenor of the commission under which it is exercised, is void. No legislative act therefore contrary to the constitution can be valid .... The interpretation of the laws is the proper and peculiar province of the courts. A constitution is, in fact, and must be, regarded by the judges as a fundamental law. It therefore belongs to them to ascertain its meaning as well as the meaning of any particular act proceeding from the legislative body. If there should happen to be an irreconcilable variance between the two, that which has the superior obligation and validity ought of course to be preferred; or, in other words, the constitution ought to be preferred to the statute, the intention of the people to the intention of their agents."
258 5 U.S. (1 Cranch) 137, 177 (1803): „It is a proposition too plain to be contested, that the constitution controls any legislative act repugnant to it; or, that the legislature may alter the constitution by an ordinary Act. Between these alternatives there is no middle ground. The constitution is either a superior paramount law, unchangeable by ordinary means, or it is on a level with ordinary legislative acts and, like other acts, is alterable when the legislature shall please to alter it. If the former part of the alternative be true, then a legislative act contrary to the constitution is not law: if the latter part be true, then written constitutions are absurd attempts, on the part of the people, to limit a power, in its own nature illimitable." Vgl. dazu *Hoffmann-Riem*, Normenkontrolle, S. 269 ff.

gesetz mit letzter Verbindlichkeit,²⁵⁹ und seine Entscheidungen in den Verfahren der Normenkontrolle und der Verfassungsbeschwerde haben gemäß § 31 Abs. 2 BVerfGG Gesetzeskraft. Neben seinen Kompetenzen zur judikativen Entscheidung von Streitigkeiten zwischen Staatsorganen und von Verfassungsbeschwerden einzelner Bürger besitzt das Bundesverfassungsgericht insbesondere die Befugnis gemäß Art. 93 Abs. 1 Nr. 2 GG, im Rahmen abstrakter Normenkontrollen die Vereinbarkeit von Bundes- und Landesrecht mit dem Grundgesetz zu überprüfen. Es wacht dabei jedoch nicht nur über den Vorrang der Verfassung vor nachrangigen Hoheitsakten, sondern es hütet auch die interne Normenhierarchie des Grundgesetzes, indem es die Einhaltung des Art. 79 Abs. 3 GG durch den verfassungsändernden Gesetzgeber zu überprüfen befugt ist.²⁶⁰ Die Suprematie der Verfassung erfährt unter dem Grundgesetz somit eine umfassende prozessuale Absicherung auf institutioneller Ebene durch das Bundesverfassungsgericht.

## 3. Britische Parlamentssuprematie

Die Glorreiche Revolution von 1688 führte noch nicht unmittelbar zu einer Umkehrung des von *Sir Edward Coke* im *College of Physician's Case* beschriebenen Verhältnisses zwischen Parlamentsgesetzen und dem Common Law. In der Rechtsprechung zeichnete sich dieser Wandel erst gegen Ende des 18. Jahrhunderts ab,²⁶¹ und in der im späten 18. und vor allem im 19. Jahrhundert überaus einflußreichen Kommentierung der britischen Rechtsordnung von *William Blackstone* finden sich neben grundsätzlichen Ausführungen zur „omnipotence of Parliament"²⁶² auch einige vorsichtigere Passagen, die eine Subordination der Rechtsordnung unter das „law of nature" befürworten²⁶³. *Blackstone* vertrat die uneingeschränkte Suprematie des Parlaments stets nur im notwendigen Zusammenhang mit seinem Verständnis der ‚balanced constitution', nach der innerhalb der Crown in Parliament Commons, Lords und die Krone in einem engen, aber sich stets gegenseitig kontrollierenden Verbund stehen.²⁶⁴

---

259 § 31 Abs. 1 BVerfGG.
260 Siehe etwa BVerfG 30, 1, 1 ff.
261 Der ausdrückliche Wendepunkt in der britischen Rechtssprechung findet sich sogar erst in der Entscheidung *Lee v. Bude & Torrington Junction Railway Co.* [1871] LR 6 CP 576, in der *Willes J.* (S. 582) erklärte: „Are we to act as regents over what is done by Parliament with the consent of the Queen, lords and commons? I deny that any such authority exists."
262 *Blackstone, William*, Commentaries on the Laws of England, Band I, Buch 2, 16. Auflage, London 1825, S. 160f. Vgl. dazu *Craig, Paul P.*, Sovereignty of the United Kingdom Parliament after *Factortame*, YBEL 11 (1991), S. 221, 234f.; *Petersmann, Hans G.*, Die Souveränität des Britischen Parlaments in den Europäischen Gemeinschaften, Baden-Baden 1972, S. 254ff.
263 Vgl. beispielsweise *Blackstone*, Commentaries I 2, S. 41
264 Vgl. insbesondere *Blackstone*, Commentaries I 2, S. 146f., 154f. Vgl. dazu *Craig*, Sovereignty of the UK Parliament after *Factortame*, S. 235f.

Nachdem *John Austin* im 19. Jahrhundert die erforderlichen rechtsdogmatischen Grundlagen in Gestalt seiner positivistischen Lehre gelegt hatte,[265] war es der Oxforder Verfassungslehrer *Albert V. Dicey*, der zum Ende desselben Jahrhunderts die bis heute einflußreichste Formulierung des Verfassungsdogmas der Parlamentssuprematie lieferte.[266] Danach basieren die Suprematie des Parlaments und der Vorrang der parlamentarischen Gesetzgebung vor allen anderen Normen der Rechtsordnung einschließlich des Common Law auf zwei miteinander verbundenen Rechtsgrundsätzen, welche üblicherweise als positiver und negativer Aspekt der Parlamentssuprematie bezeichnet werden:[267] Zum einen ist das Parlament befugt, jedes Gesetz gleich welchen Inhalts zu verabschieden und jedes bestehende Gesetz zu beseitigen oder abzuändern.[268] Derartige Derogationen sind dabei nicht nur ausdrücklich, sondern auch konkludent möglich. Tritt demnach ein Gesetz in stillschweigenden inhaltlichen Widerspruch zu einem früher erlassenen Parlamentsgesetz, so wird nach der Doktrin des ‚implied repeal', welche einen notwendigen Grundpfeiler des orthodoxen Verfassungsverständnisses darstellt, das ältere Gesetz durch den jüngeren Legislativakt implizit aufgehoben oder modifiziert.[269] Zum anderen darf niemand, insbesondere kein Gericht, die Gültigkeit von Gesetzen in Zweifel ziehen oder deren Anwendung verweigern.[270] Eine Normenkontrolle durch die Gerichte wird somit ausgeschlossen. Die beiden Aspekte der Parlamentssuprematie bedingen sich gegenseitig, denn da es nach dem positiven Aspekt keinen Verfassungsverstoß auf legislativem Wege geben kann, scheidet auch eine gerichtliche Kontrolle von Gesetzen nach dem negativen Aspekt denklogisch aus.

Diese Auffassung sucht *Dicey* zunächst empirisch mit einem Hinweis auf Autoritäten wie *Blackstone* und den später als Parlamentarier ‚geläuterten' *Coke* sowie auf Beispiele weitreichender parlamentarischer Gesetzgebungsakte wie dem Act of Union 1706 und dem Septennial Act 1715 zu belegen.[271] Er fügt jedoch noch eine dogmatische Argumentationskette hinzu: Unter Rückgriff auf die politische Souveränität des Volkes vertritt er die Ansicht, daß das durch das erweiterte Wahlrecht demokratisch legitimierte Parlament als der einzig autoritative Ausdruck des Willens der Nation anzusehen und ihm daher uneingeschränkte Herrschaftsmacht zuzusprechen sei. Eine rechtliche Kontrolle des Parlaments sei demnach völlig überflüssig, da „the permanent wishes of the representative portion of Parliament can hardly in the long run differ from the wishes of the English people".[272] Zudem werde nach

---

265 Vgl. dazu *Petersmann*, Souveränität, S. 258 ff.; *Craig*, Sovereignty of the UK Parliament after *Factortame*, S. 238 f.
266 *Dicey*, Introduction, insbesondere Kapitel 1, S. 39 ff.
267 Siehe auch supra Fn. 12 mit Text.
268 *Dicey*, Introduction, S. 39 f., 88.
269 *Vauxhall Estates Ltd. v. Liverpool Corporation* [1932] 1 KB 733; *Ellen Street Estates Ltd. v. Minister of Health* [1934] 1 KB 590. Vgl. *Loveland*, Constitutional Law, S. 31 f.
270 *Dicey*, Introduction, S. 40, 90 f.
271 *Dicey*, Introduction, S. 41 ff.
272 *Dicey*, Introduction, S. 83.

*Dicey*s Ansicht die Exekutive wirksam durch das Parlament kontrolliert, so daß Hoheitstätigkeit gegen den Mehrheitswillen des Volkes undenkbar und praktisch ausgeschlossen sei. *Dicey* stellt somit auf den Grundgedanken der repräsentativen Demokratie ab und zeichnet ein Bild der britischen Staatsordnung, in der ein klarer Legitimationsfluß vom Volk über das Parlament zur Regierung wirkt, so daß alles staatliche Handeln mit dem Willen des Volkes in Einklang steht. Dieses Verständnis einer ‚self-correcting majoritarian democracy' läßt keinen Raum für ein höherrangiges Normengefüge; ein solches würde sogar in einen offensichtlichen Gegensatz zum demokratischen Leitgedanken dieser Konstruktion treten.[273]

*Dicey*s argumentative Grundannahmen, die für sein konstitutionelles Ergebnis erkennbar entscheidend waren, sind vielfach angegriffen worden. So entspricht *Dicey*s Beschreibung des Verhältnisses zwischen Parlament und Kabinettsregierung in keiner Weise den heutigen – und wohl auch nicht den damaligen – Machtverhältnissen zwischen diesen wichtigen Verfassungssubjekten. Die Entwicklung der modernen britischen Parteiendemokratie mit ihrem besonders strengen Fraktionszwang und der materiell in der Hand des Premierministers liegenden Befugnis zur Parlamentsauflösung sowie die überragenden finanziellen und personellen Ressourcen der Exekutive haben dieses vermutete Kontrollverhältnis weitgehend auf den Kopf gestellt.[274] Zudem unterschätzte *Dicey* den schon zu seiner Zeit weitreichenden Bestand sowohl legislativer als auch exekutiver Kompetenzen der britischen Regierung, welcher durch den bedeutenden Zuwachs delegierter Normsetzungsbefugnisse im 20. Jahrhundert nochmals erheblich angewachsen ist.[275] Des weiteren fehlte *Dicey* die pluralistische Einsicht, daß jenseits der vermeintlich klaren Legitimationskette vom Volk zu den Regierenden bedeutende gesellschaftliche und außer-parlamentarische Gruppierungen realen Einfluß auf die politische Entscheidungsfindung ausüben.[276] Schließlich – und hierin liegt der wohl schwerste Vorwurf für den vorliegenden Zusammenhang – vernachlässigte und leugnete *Dicey* die Möglichkeit einer Tyrannei des Mehrheitswillens gegen gesellschaftliche Minderheiten, indem er die inhaltliche Deckungsgleichheit von Volkswillen und parlamentarischem Handeln als systemimmanentes Merkmal der britischen Verfassungsordnung geradezu beschwor.[277] Dieses Problem findet bei *Dicey* keine Lösung außer der bedenklichen, im Grundsatz utilitaristischen Hoffnung auf die materielle Richtigkeit des Mehrheitswillens. Insbesondere *Dicey*s Verständnis der ‚Rule of Law' mit ihren drei Aspekten, die als Verfassungsgrundsatz neben die Parlamentssuprematie tritt, verstärkt eher die Allmacht des Parlaments, als daß es ihr zum Schutze von

---

273 *Craig*, Public Law and Democracy, S. 15 f.
274 *Craig*, Public Law and Democracy, S. 39 ff.; *Riedel*, Der gemeineuropäische Bestand von Verfassungsprinzipien, S. 91.
275 *Craig*, Public Law and Democracy, S. 48.
276 *Riedel*, Der gemeineuropäische Bestand von Verfassungsprinzipien, S. 91. Vgl. dazu *Craig*, Public Law and Democracy, Kapitel 5 (S. 137 ff.) und Kapitel 6 (S. 159 ff.).
277 Vgl. *Craig*, Public Law and Democracy, S. 34 ff.

Minderheiten wirksam gegenübertritt. Nach *Dicey* wird die Herrschaft des Rechts nämlich im Vereinigten Königreich dadurch verwirklicht, daß das gemeine Recht die willkürliche Ausübung staatlicher Gewalt ausschließe, daß vor dem Recht und den Gerichten alle Menschen gleich behandelt werden müssen und daß die Verfassung und der Schutz bürgerlicher Freiheiten Bestandteile des gemeinen Rechts des Landes seien.[278] Damit enthält *Dicey*s Rule of Law nur das Erfordernis der Rechtmäßigkeit allen Regierungshandelns gegenüber dem Bürger,[279] das Verbot von Willkür und Diskriminierung in der exekutiven und judikativen Anwendung des Rechts sowie eine Rechtsweggarantie zu den ordentlichen Gerichten für den Fall der Verletzung dieser Grundsätze. Dieses Verständnis der Rule of Law muß als vergleichsweise formell eingestuft werden, da es keinerlei Aussage über den Inhalt von Gesetzgebung enthält;[280] zudem wird dem Verfassungsgrundsatz keine im Verhältnis zur Parlamentssuprematie gleichrangige oder sogar übergeordnete Stellung zugedacht. Bildet das Common Law nach *Dicey*s Ansicht daher kein geeignetes Normengefüge für die Beschränkung der Parlamentssuprematie, so bliebe nur noch zu fragen, ob es denn dem Parlament theoretisch möglich wäre, eine solche höhere normative Ordnung selbst zu schaffen. Dies muß jedoch auf der Grundlage der orthodoxen Lehre *Dicey*s mit dem Hinweis auf den positiven Aspekt der Parlamentssuprematie verneint werden: Da das jeweils amtierende Parlament jedes frühere Gesetz zu beseitigen vermag, bleibt eine wirksame parlamentarische Selbstbindung unkonstruierbar.[281] Eine normenhierarchische, rechtlich verankerte Unterscheidung zwischen bestandsfähigeren oder vorrangigen Gesetzesnormen und solchen des einfachen Gesetzesrecht ist ausgeschlossen,[282] so daß schließlich die Suprematie des Parlaments und des einfachen Gesetzesrechts in den folgenden Rechtsgrundsätzen zusammenkommen:

---

278 *Dicey*, Introduction, S. 202 f. Vgl. dazu *Langheid, Theo*, Souveränität und Verfassungsstaat – ‚The Sovereignty of Parliament', Diss., Köln 1984, S. 106 ff.
279 Vgl. *Loewenstein*, Staatsrecht I, S. 75.
280 Vgl. *Craig, Paul P.*, Formal and Substantive Conceptions of the Rule of Law: An Analytical Framework, PL 1997, S. 467, 470 ff.; kritisch zum formalen Interpetation der Rule of Law *Dicey*s aber *Allan, Trevor R. S.*, The Rule of Law as the Rule of Reason: Consent and Constitutionalism, LQR 115 (1999), S. 221, 242 f. Allgemein zu verschiedenen Rechtsstaatsbegriffen vgl. auch *Schmidt-Aßmann, Eberhard*, Der Rechtsstaat, in: Isensee, Josef/Kirchhof, Paul (Hrsg.), Handbuch des Staatsrechts der Bundesrepublik Deutschland, Band II, 3. Auflage, Heidelberg 2004, § 26, Rz. 17 ff.
281 *Dicey*, Introduction, S. 65 ff. Dieser Aspekt der Parlamentssuprematie wird üblicherweise mit den Worten „Parliament cannot bind its successors" umschrieben und wird gelegentlich als die einzige Beschränkung der Allmacht des Parlaments verstanden. Wie aus der Umformulierung *Marshall*s als „Parliament cannot be bound by ist predecessors" deutlich wird, handelt es sich jedoch eher um eine Bestätigung der Omnipotenz des jeweils amtierenden Parlaments als um eine Schranke derselben; *Marshall, Geoffrey*, Parliamentary Sovereignty and the Commonwealth, Oxford 1957, S. 14. Siehe dazu infra Kapitel 2 § 2 B. II. 2.
282 *Dicey*, Introduction, S. 89.

> „*first, the power of the legislature to alter any law, fundamental or otherwise, as freely and in the same manner as other laws; secondly, the absence of any legal distinction between constitutional and other laws; thirdly, the non-existence of any judicial or other authority having the right to nullify an Act of Parliament, or to treat it as void or unconstitutional*"[283].

Folgt man dieser Ansicht, so bleibt die gesamte Staats- und Rechtsordnung des Vereinigten Königreichs stets dem souveränen Parlament untergeordnet, da es aufgrund seiner umfassenden Gestaltungsmacht diese zu jeder Zeit und ohne rechtliche Schranken ändern kann. Diese verfassungsdogmatische Grundposition erstarkte in der Nachfolge *Dicey*s zur orthodoxen Interpretation des britischen Regierungssystems und wurde im 20. Jahrhundert von einflußreichen Verfassungsrechtlern wie etwa *Sir William Wade* aufgegriffen und verfeinert.[284] Während dieses Verfassungsverständnis normativ gesehen nicht nur die Existenz eines höherrangigen Regelungsgefüges über der Crown in Parliament verneint, sondern sogar dessen Denkbarkeit ausschließt, hat sie institutionell konsequenterweise die Entwicklung einer eigenständigen Verfassungsgerichtsbarkeit oder die Ausstattung der ordentlichen Gerichte mit einer Normenkontrollbefugnis gegenüber Parlamentsgesetzen vereitelt, indem sie bereits die Existenz möglicher Prüfungsmaßstäbe leugnet.[285] Die Negierung einer solchen judikativen Kontrollbefugnis entspricht daher nicht nur der vorherrschenden Ansicht im britischen Schrifttum, sondern wird vor allem auch durch einen grundsätzlichen Konsens in der britischen Rechtsprechung getragen.[286]

Bereits zu *Dicey*s Zeit begründete jedoch vor allem ein Rechtsakt gewisse Zweifel an dieser Verfassungsorthodoxie, indem es sich in besonderer

---

283 *Dicey*, Introduction, S. 91.
284 Vgl. *Wade, H. William R.*, The Basis of Legal Sovereignty, CLJ 14 (1955), S. 172 – 197; *ders.*, Sovereignty – Revolution or Evolution?, LQR 112 (1996), S. 568 – 575; *ders.*, Constitutional Fundamentals, The Hamlyn Lectures, überarbeitete Auflage, London 1989, S. 27 ff.
285 Diese Aussage muß sich streng genommen auf den Ausschluß einer materiellen Gesetzesüberprüfung durch die Gerichte beschränken. Eine zumindest limitierte formelle Kontrolle von Parlamentsgesetzen ist bereits deshalb denklogisch erforderlich und zulässig, weil die Gerichte darüber befinden müssen, welche Texte sie als legislative Manifestation des Parlamentswillens anerkennen. Jedoch haben sich die Gerichte hierbei für einen sehr zurückhaltenden Kontrollmaßstab entschieden, der dem Common Law entstammenden ‚enrolled Act rule', nach der ein Parlamentsgesetz dann vorliegt, wenn ein Gesetzesentwurf vom Unterhaus und vom Oberhaus verabschiedet wurde und den Royal Assent erhalten hat. Die Gerichte haben zudem ihre Kompetenz verneint, die Einhaltung parlamentsinterner Regeln zu überprüfen: *Pickin v. British Railway Board* [1974] AC 765, 788 ff. Vgl. dazu *Bradley/Ewing*, Constitutional and Administrative Law, S. 63 ff.; *de Smith/Brazier*, Constitutional and Administrative Law, S. 87 ff.
286 Siehe etwa die vielzitierten Ausführungen *Lord Reid*s in *Madzimbamuto v. Lardner-Burke* [1969] 1 AC 645, 723, supra Fn. 215 mit Text.

Weise als tragfähiger höherrangiger Prüfungsmaßstab anbot:[287] Der Unionsvertrag zwischen England und Schottland, welcher als Act of Union im Jahre 1707 sowohl vom englischen als auch vom schottischen Parlament in Gesetzesform verabschiedet wurde.[288] Er bewirkte neben der Vereinigung beider Länder vor allem auch die Fusion beider Parlamente und enthielt eine Anzahl von Gewährleistungen schottischer Institutionen, die nach dem Wortlaut für nur begrenzt abänderbar oder sogar für ewig gültig erklärt wurden.[289] So gestattet etwa Art. XVIII des Act of Union 1706[290] die Modifikation des schottischen Privatrechts nur „for evident utility of the subjects of Scotland". Ebenso wurde gemäß Art. XIX die Fortexistenz der eigenständigen schottischen Gerichtsbarkeit garantiert. In Verbindung mit dem Protestant Religion and Presbyterian Church Act 1706 erklärt Art. XXV den Fortbestand und die Wahrung der protestantischen Religion und der presbyterianischen Kirche „for ever" zu „fundamental and essential conditions of the said union". In manchen *obiter dicta* der schottischen Rechtsprechung[291] und vor allem in großen Teilen des schottischen staatsrechtlichen Schrifttums[292] hält sich bis heute die Auffas-

---

287 Vgl. zum Folgenden aus dem deutschen Schrifttum insbesondere *Malanczuk, Peter*, Region und unitarische Struktur in Großbritannien, Berlin (u. a.) 1984, S. 70 ff.
288 Eine parallele akademische Diskussion befaßt sich mit dem Unionsvertrag von 1800 zwischen dem vereinigten Königreich und Irland. Jedoch haben der Charakter des Vertrages und die nachfolgende historische Entwicklung der anglo-irischen Union dazu geführt, daß die Infragestellung der britischen Parlamentssuprematie in diesem Zusammenhang keine mit der schottischen Auseinandersetzung vergleichbare Stärke erreicht hat. Vgl. dazu *Hood Phillips/Jackson/Leopold*, Constitutional and Administrative Law, Rz. 4–005; *Morgan, Austen*, The Belfast Agreement – a practical legal analysis, London 2000, S. 32 ff.; *Mitchell*, Constitutional Law, S. 73 f.; *de Smith/Brazier*, Constitutional and Administrative Law, S. 76 f.; *Boyle, Kevin/Hadden, Tom*, Northern Ireland, in: Blackburn, Robert/Plant, Raymond (Hrsg.), Constitutional Reform – The Labour Government's Constitutional Reform Agenda, London/New York 1999, S. 282, 304 f.
289 Ausführlich zum Inhalt des Act of Union vgl. *Malanczuk*, Region und unitarische Struktur, S. 37 ff.
290 Das englische Ratifikationsgesetz, ‚The Union with Scotland Act', trägt die Jahreszahl 1706, da England – anders als Schottland – zu Beginn des 18. Jahrhunderts noch nicht den Gregorianischen Kalender angenommen hatte; bis zum Jahre 1752 erfolgte der Jahreswechsel in England entsprechend dem Julianischen Kalender am 25. März, so daß der Erlaß des englischen Act of Union am 6. März noch in das Jahr 1706 fiel; vgl. dazu *Murray, Ronald K.*, Devolution in the U.K. – A Scottish Perspective, LQR 96 (1980), S. 35, 38.
291 *MacCormick v. Lord Advocate* [1953] SC 396; *Gibson v. Lord Advocate* [1975] SLT 134. Vgl. zur Rechtsprechung *Munro, Colin R.*, The Union of 1707 and the British Constitution, in: Hodge, Patrick (Hrsg.), Scotland and the Union, Edinburgh 1994, S. 87, 95 ff.; *McFadden, Jean/Bain, William*, Strategies for the Future: A Lasting Parliament for Scotland?, in: Bates, T. St John N. (Hrsg.), Devolution to Scotland: The Legal Aspects, Edinburgh 1997, S. 1, 7 ff.
292 Vgl. auch zum Folgenden *Mitchell*, Constitutional Law, S. 69 ff.; *Middleton, K. W. B.*, New Thoughts on the Union Between England and Scotland, JurRev 66 (1954), S. 37 – 60; *MacCormick, Neil*, Does the United Kingdom Have a Constitution?, NILQ 29 (1978), S. 1 – 20; *Smith, Thomas B.*, The Union of 1707 as Fundamental Law, PL 1957, S. 99 – 121; *Murray, Ronald K.*, The Anglo-Scottish Union, SLT 1961, S. 161 – 164; *Upton, Michael*, Marriage Vows of the Elephant, LQR 105 (1989), S. 79 – 103; *Wicks,*

sung, daß der Act of Union ein das neu geschaffene britische Parlament bindendes Normengefüge darstellen müsse. Gestützt wird diese Auffassung unter anderem auf den Umstand, daß sich das englische und das schottische Parlament selbst aufgelöst haben und das neue britische Parlament erst durch den Unionsvertrag geschaffen wurde, der diesem zugleich die Gewährleistung nationalschottischer Sonderheiten auferlegte und somit kompetenzbindende Souveränitätsketten schuf. Die vertraglichen Garantien waren danach essentielle Voraussetzungen der anglo-schottischen Union. Das britische Parlament sei gerade kein erweitertes englisches Parlament und könne sich daher auch nicht als der Erbe einer – im übrigen damals dogmatisch noch nicht entwickelten – unbeschränkten legislativen Allmacht begreifen. Dem schottischen Verfassungsrechtsdenken sei eine legislative Omnipotenz des Parlaments unter Ausschluß der Souveränität des Volkes ohnehin fremd. Diese schottische Auffassung hat sich jedoch in Verfassungslehre und -praxis des Vereinigten Königreichs nicht durchsetzen können.[293] Das von *Dicey* geprägte, dominante englische Verfassungsverständnis, welches jeden Versuch einer Selbstbindung des Parlaments verfassungsjuristisch zum Scheitern verurteilt, hat auch dem Act of Union 1706 keine Sonderstellung einzuräumen vermocht. Der Umstand, daß viele Einzelbestimmungen des Unionsvertrags – unter ihnen auch solche, deren Formulierungen eine Veränderungssperre zu beinhalten scheinen – über die Jahrhunderte der Derogation durch einfache Gesetzgebungsakte des britischen Parlaments anheimgefallen sind,[294] wird dabei als Ausfluß und zugleich Beweis der uneingeschränkten Parlamentssuprematie gewertet. Selbst wenn es sich bei der Unionsgesetzgebung um einen Versuch des ‚entrenchment' gehandelt haben mochte, so könne dieser nach dem Dogma der Parlamentssuprematie keine verfassungsrechtlichen Folgen haben.[295] Die vorherrschende Verfassungslehre des Vereinigten Königreichs geht daher von einer Kontinuität der Kompetenzen zwischen dem englischen und dem britischen Parlament aus. Die fortdauernde verfassungsjuristische Auseinandersetzung um den anglo-schottischen Unionsvertrag muß dabei streng genommen in zwei Aspekte unterteilt werden: Zum einen bleibt fraglich, ob der Act of Union als ‚fundamental law' das britische Parlament rechtlich zu verpflichten geeignet war; zum anderen ist umstritten, ob die Gerichte eine Kontrollbefugnis bezüglich möglicher Verletzungen seiner Garantien besitzen.[296] Beide Fragen werden von der orthodoxen englischen Lehre mit dem Hinweis auf die positive und die negative Seite der Parlamentssuprematie verneint. Die schottische Verfas-

---

*Elizabeth*, A New Constitution for a New State? The 1707 Union of England and Scotland, LQR 117 (1999), S. 109 – 126.

293 Vgl. *Barnett*, Constitutional & Administrative Law, S. 200 ff.; *Hood Phillips/Jackson/Leopold*, Constitutional and Administrative Law, Rz. 4–008.

294 Vgl. *Bogdanor, Vernon*, Devolution in the United Kingdom, Oxford 1999 (updated and reissued 2001), S. 13 f.; *Munro*, Studies in Constitutional Law, S. 138 f.; *ders.*, Union of 1707, S. 93 f.; *Hood Phillips/Jackson/Leopold*, Constitutional and Administrative Law, Rz. 4–007.

295 *Munro*, Union of 1707, S. 90.

296 Vgl. *Malanczuk*, Region und unitarische Struktur, S. 98 ff.

sungslehre bejaht dagegen mehrheitlich die Existenz eines höherrangigen Normgefüges, welches die Omnipotenz des britischen Parlaments zu beschränken vermag; jedoch bleibt die Beantwortung der zweiten Problemstellung auch innerhalb dieser Meinungsgruppe uneinheitlich.[297]

Obgleich schottische Zweifel insgesamt das orthodoxe Verfassungsverständnis im Vereinigten Königreich nicht nachhaltig erschüttern konnten und das britische Parlament sich nicht gescheut hat, auch für ewig wirksam erklärte Klauseln des Act of Union legislativ zu modifizieren, bleibt festzuhalten, daß sich eine selbständige schottische Verfassungsdogmatik bis heute ein ernstzunehmendes Eigenleben bewahrt hat.[298]

*4. Der traditionelle Gegensatz in der Zusammenschau: Die Unterscheidung zwischen rigiden und flexiblen Verfassungen*

Deutschland und das Vereinigte Königreich zeigen in der verfassungsrechtlichen Gegenüberstellung somit tiefgreifende Unterschiede: Die Bundesrepublik weist in Gestalt des Grundgesetzes ein alle Staatsgewalt konstituierendes Normengefüge auf, welches sowohl in formell staatsorganisatorischer als auch in materiell grundrechtssichernder Hinsicht alle Staatsorgane – einschließlich der Legislative – bindet. Das Vereinigte Königreich kennt dagegen nach orthodoxer Ansicht keine höherrangigen Normen als das einfache Gesetzesrecht und kein Normengefüge im Range über dem Parlament. Über dem einfachen Gesetz steht nur das Dogma der Parlamentssuprematie selbst, welches durch das verfassungimmanente Verbot parlamentarischer Selbstbindung durch schlichtes Gesetz nicht ausgehebelt werden kann. Während das deutsche Grundgesetz die Suprematie der Verfassung durch die Einrichtung einer insbesondere zur Nichtigkeitserklärung von Legislativakten ermächtigten, umfassenden Verfassungsgerichtsbarkeit abzusichern sucht, fehlt konsequenterweise eine solche Institution in der britischen Verfassungsordnung gänzlich. Aber auch die ordentlichen Gerichte haben – abgesehen von ihrer Funktion als nationale Hüter des Rechts der Europäischen Gemeinschaften[299] – keinen Anspruch auf judikative Kontrolle der britischen Legislative entwickelt. In

---

297 Die Frage nach den Möglichkeiten der Sanktionierung von Verletzungen der Unionsvertragsgarantien ist deshalb besonders schwierig, da die „Articles of Union" diese Problematik in keiner Weise adressieren. *Middleton* geht daher lediglich von einem politischen Recht zur Auflösung der Union aus; *Middleton*, New Thoughts, S. 56. Dagegen tritt *Smith* für eine Kontrollkompetenz der schottischen Gerichte ein; *Smith*, Fundamental Law, S. 16.

298 Dies wird besonders deutlich in einer Aussage *Lord President Coopers* in *MacCormick v. Lord Advocate* [1953] SC 396, 398: „The principle of the unlimited sovereignty of Parliament is a distinctively English principle which has no counterpart in Scottish constitutional law." Vgl. auch *Tierney, Stephen*, Constitutionalising the Role of the Judge: Scotland and the New Order, in: Boyle, Alan/Himsworth, Chris/Loux, Andrea/MacQueen, Hector (Hrsg.), Human Rights and Scots Law, Oxford/Portland (OR) 2002, S. 57, 71 ff.

299 Siehe dazu infra Kapitel 2 § 2 B. II. 2. (b) (iii).

dieser Zuspitzung stellt sich der Gegensatz zwischen Verfassungs- und Parlamentssuprematie als tiefer dogmatischer Graben zwischen den beiden Vergleichsverfassungen dar.

Betrachtet man diesen verfassungsdogmatischen Gegensatz zwischen Verfassungs- und Parlamentssuprematie unter dem Aspekt der Möglichkeiten formeller Verfassungsänderung, so entspricht er der auf die Arbeiten *James Bryce*s zurückgehenden traditionellen Unterscheidung zwischen rigiden und flexiblen Verfassungsordnungen.[300] *Bryce* stuft eine Verfassung dann als flexibel ein, wenn sie im Wege der einfachen Gesetzgebung geändert werden kann. Verfassungen, die ein irgendwie erschwertes Verfahren der formellen Verfassungsänderung aufweisen, werden dagegen als rigide bezeichnet.[301] Dabei hat sich letzterer Verfassungstyp – sieht man von Militärregimes und anderen autoritären Systemen ab – global derartig stark verbreitet, daß sich das Merkmal der erschwerten Abänderbarkeit geradezu zum Definitionsmerkmal einer Verfassung entwickelt hat, wie der formelle Verfassungsbegriff zeigt.[302]

Jedoch deutet bereits die Konzentration auf einen Aspekt des Gegensatzes zwischen Verfassungs- und Parlamentssuprematie, nämlich auf die Modalitäten der formellen Verfassungsmodifikation in Gestalt der Unterscheidung zwischen rigiden und flexiblen Verfassungen, erste Zweifel an der Existenz eines für die Verfassungsvergleichung allein maßgeblichen Gegensatzes an. Ohne die verfassungsjuristische Relevanz des Unterschieds zwischen einem Verfassungsänderungsverfahren durch einfache Gesetzgebung mit schlichten parlamentarischen Majoritäten und einem wie auch immer gearteten, gegenüber der einfachen Gesetzgebung erschwerten Änderungsprocedere zu leugnen, wird doch erkennbar, daß es sich sowohl bei der rigiden als auch bei der flexiblen Verfassung nur um Sammelbegriffe für unterschiedlichste staatsorganisatorische Regelungsbündel handeln kann. So können innerhalb der Gruppe der rigiden Verfassungen die Verfahren ihrer formellen Änderung erheblich variieren, während auf der Seite der flexiblen Verfassungen eine Reihe anderer normativer Bindungen zum Erfordernis des einfachen Gesetzgebungsakts hinzutreten können. Zudem konzentriert sich die Unterscheidung zwischen rigiden und flexiblen Verfassungen einzig und allein auf das Verfahren der formellen Verfassungsänderung und vermag daher die durch andere Mechanismen informeller Verfassungsentwicklung geschaffene innere Dynamik einer normativen Staatsordnung nicht zu erfassen. Bereits die Einsicht, daß die Unterscheidung zwischen rigiden und flexiblen Verfassungen keinerlei Aussage über tatsächliche Hürden oder die praktische Frequenz formeller

---

300 *Bryce, James*, Studies in History and Jurisprudence, Band I, New York 1901, S. 124 ff., 145 ff.
301 Vgl. dazu auch *Grey*, Constitutionalism, S. 194 f.; *Bryde*, Verfassungsentwicklung, S. 42 ff.; *Wheare*, Modern Constitutions, S. 15 ff. *Pace* vertritt dagegen die Ansicht, daß das Unterscheidungsmerkmal des erschwerten Verfassungsänderungsverfahrens nicht etwa auf *Bryce*, sondern auf ein Mißverständnis durch *Dicey* zurückgeht; *Pace, Alessandro*, Starre und flexible Verfassungen, JöR NF 49 (2001), S. 89, 90 ff.
302 Vgl. *Bryde*, Verfassungsentwicklung, S. 42, und siehe supra Fn. 15 mit Text.

Verfassungsänderung enthalten kann,[303] zeigt zudem, daß der juristische Schritt von der einfachen zur erschwerten Modifizierbarkeit einer Verfassung für die funktionelle Rechtsvergleichung keine allein entscheidende Bedeutung erlangen darf. Die Ausgestaltungsoffenheit der Kategorien der rigiden und flexiblen Verfassung und die – durchaus bewußte – Beschränkung auf einen juristischen Teilaspekt der Verfassungsvergleichung führen zu der Erkenntnis, daß – selbst wenn man zunächst den rechtsvergleichenden Blick nur auf die Verfahren der formellen Verfassungsänderung beschränkt – die Starrheit einer Verfassungsordnung auf einem komplexen Kontinuum zwischen vollkommener Versteinerung eines grundlegenden Normengefüges und gänzlicher Flexibilität in den Händen der Staatsorgane erfaßt werden muß. Dabei vollzieht die Erschwerung der formellen Verfassungsänderung im Sinne einer rigiden Verfassung nur einen – wenn auch nicht unbedeutenden – Schritt dieses Kontinuums.

## II. Flexibles Konzeptverständnis: Verfassungs- und Parlamentssuprematie auf dem Kontinuum der normativen Verfassungsbindungen

Dieser Gedanke eines Kontinuums läßt sich auf eine höhere Abstraktionsebene übertragen. Diese betrifft nicht mehr den spezifischen konstitutionellen Teilaspekt der formellen Verfassungsänderung, sondern das allgemeine Verhältnis zwischen der Suprematie einer Verfassung und der Suprematie eines Parlaments, welches im Verfassungsvergleich der deutschen und der britischen Verfassungsordnungen zutage getreten ist. Der traditionelle Gegensatz dieser Fundamentaldogmen kann nach der hier vertretenen Auffassung ebenfalls im Sinne eines graduellen Kontinuums oder Spektrums unterschiedlicher Verfassungsbindungen der Staatsgewalt aufgelöst werden. Eine solche Sichtweise führt zwar zunächst zu einer Durchbrechung vertrauter staatsrechtlicher Kategorisierungen, öffnet zugleich jedoch den Blick für realistischeres Verständnis der Unterschiede und Gemeinsamkeiten zweier bedeutender westeuropäischer Staatsordnungen sowie ihrer verfassungsrechtlichen Bezüge zueinander. Dabei soll nicht geleugnet werden, daß verfassungsdogmatisch wichtige Schritte zwischen dem Vorrang und der erhöhten Bestandskraft des grundgesetzlichen Normengefüges in Deutschland und der Suprematie des Parlaments innerhalb der britischen Verfassungsordnung liegen, wie dies etwa in der verfassungsjuristischen Trennung der verfassungsändernden von der gesetzgebenden Gewalt im obigen Verhältnis von rigiden und flexiblen Verfassungen erkennbar wird. Wie bereits im Zusammenhang mit der Entschei-

---

303 *Wheare*, Modern Constitutions, S. 16f.

dung für einen materiellen Verfassungsbegriff deutlich wurde,[304] ist dieser graduelle Ansatz im Rahmen einer funktionell rechtsvergleichenden Analyse jedoch auch methodisch zwingend: Primärer Ausgangspunkt darf hier nicht die Frage sein, inwiefern sich Verfassungs- und Parlamentssuprematie verfassungsdogmatisch unterscheiden, sondern welche Antworten das deutsche und das britische Regierungssystem auf die Problematik der normativen Bindung staatlicher Gewalt bereithalten. Die Gemeinsamkeit dieser Fragestellung führt unmittelbar zu der Erkenntnis, daß die Interpretation als zwei kategoriale Gegensätze in der Vielfalt möglicher Lösungsmodelle keinen zusätzlichen Erklärungswert besitzt, sondern – im Gegenteil – die Parallelen und Bezüge zwischen verschiedenen Lösungsansätzen zu verschleiern droht.

Das traditionelle Gegensatzpaar der Verfassungs- und der Parlamentssuprematie kann und muß daher als Punkte auf einem Kontinuum der Verfassungsbindungen rationalisiert werden. Der entscheidende dogmatische Schritt zu dieser Betrachtungsweise besteht dabei in der hier vertretenen Auffassung, daß es sich bei diesen Ordnungsgrundsätzen um flexible Verfassungsdogmen handelt, deren Inhalte nicht durch die polarisierende Gegenüberstellung erkannt oder erklärt werden können.[305] Die dogmatische Erfassung als kategorischer Gegensatz beruht auf einer übermäßigen Betonung formaler Unterschiede zwischen den Staatsordnungen Deutschlands und des Vereinigten Königreichs und bleibt somit allzu äußerlich. Sie muß einer materiellen Betrachtung weichen, welche die normativen Bindungen der Staatsgewalt nuancenreicher aufzufangen vermag als dies durch die Beschreibung eines tiefen dogmatischen Grabens zwischen der Suprematie einer Verfassung und der eines Parlaments möglich ist. So enthält die Feststellung, daß dem Grundgesetz gegenüber anderen Rechtsnormen hierarchischer Vorrang eingeräumt wird, die Änderung seines Textes nur in einem qualifizierten Verfahren erfolgen kann und eine kompetenziell umfassend ausgestattete Verfassungsgerichtsbarkeit zur Sicherung dieser Suprematie eingerichtet ist, noch keinerlei inhaltliche Aussage über die Verfassungsbindung der deutschen Staatsgewalt.[306] Ebenso kann auch die Behauptung einer theoretisch unbeschränkten legislativen Allmacht des britischen Parlaments noch keine abschließende Erklärung der Verfassungsgebundenheit britischer Staatsorgane darstellen; sie bleibt allzu formal, um die verfassungsnormative Realität zu erfassen. Fraglich ist daher, in welcher Weise und in welchem Ausmaß die Staatsgewalten in Deutschland und im Vereinigten Königreich verfassungsnormativen Bindungen unterliegen. Da in beiden Staatsordnungen durch den gemeinsamen konstitutionellen Grundsatz des Vorrangs des Gesetzes[307] den gesetzgebenden Körperschaften eine gegenüber den anderen Gewalten übergeordnete Stellung eingeräumt wird, bilden die nationalen

---

304 Siehe supra Kapitel 2 § 1 B.
305 Für einen ähnlichen Ansatz vgl. *Irvine*, Sovereignty in Comparative Perspective, S. 5 ff.
306 Vgl. *Wahl*, Vorrang der Verfassung, S. 487: „Das Problem ist nicht das Ob dieses Nachrangs des demokratischen Gesetzgebers, sondern sein Umfang."
307 Siehe dazu infra Kapitel 2 § 2 C. III.

Legislativorgane den natürlichen Fokus einer derartigen Betrachtung. Die Frage nach der normativen Gebundenheit des Gesetzgebers darf dabei nicht vor ihrer praktischen Durchsetzbarkeit haltmachen, so daß auch das Verhältnis zwischen judikativer und legislativer Staatsgewalt als ein mitentscheidender Gesichtspunkt des genannten Kontinuums heranzuziehen ist. Gleichzeitig vermittelt jedoch die dogmatische Offenheit des Begriffs der ‚verfassungsnormativen Bindung', die durch ein materielles Verfassungsverständnis vorgegeben wird, auch die Möglichkeit der Einbeziehung anderer Durchsetzungsmechanismen als der rein rechtlich-judikativen Kontrolle legislativen Handelns. Normative Bindungen treten – insbesondere in der britischen Verfassungsordnung – auch in außer-rechtlichen oder nicht-justitiablen Erscheinungsformen auf. Damit soll nicht etwa der gesamte Bereich politischer Zwänge für die verfassungskomparative Betrachtung freigegeben werden, sondern diese sollen nur dort in ihrer Bedeutung erfaßt werden, wo sie der Durchsetzung verfassungsnormativer Bindungen der Staatsgewalt dienen.

*1. Deutsche Verfassungssuprematie nach materiellem Verständnis*

Das Verständnis der Suprematie der Verfassung als rein formale Aussage über die normenhierarchische Struktur des deutschen Staatsrechts und die Möglichkeiten der formellen Verfassungsänderung muß somit um eine materielle Betrachtung erweitert werden. Ihr Fokus rückt ab von der schlichten Frage, ob die deutschen Staatsorgane und insbesondere der Gesetzgeber durch die Verfassung normativ gebunden werden, hin zu der Problematik, in welchem Maße sich diese Gebundenheit auswirkt. Dabei kann im Rahmen der vorliegenden Untersuchung freilich kein Anspruch auf eine erschöpfende Beantwortung dieser weitreichenden Fragestellung erhoben werden. Getreu dem Ziel einer Relativierung des scheinbar diametralen Gegensatzes zwischen Verfassungs- und Parlamentssuprematie soll es vielmehr hinreichen, Aspekte aufzuzeigen, welche die Flexibilität des Konzeptes der Verfassungssuprematie nach einem vorzugswürdigen materiellen Verständnis belegen. Als solche eignen sich insbesondere drei Gedanken: die Idee des Grundgesetzes als konstitutionelle Rahmenordnung, das Verfahren der formellen Verfassungsänderung und die Möglichkeit des informellen Verfassungswandels.

*(a) Das Grundgesetz als Rahmenordnung*

Obgleich das Grundgesetz eine sehr weitreichende und in Teilen äußerst detaillierte Regelung des deutschen Staatsrechts anstrebt, bildet es stets eine Rahmenordnung, innerhalb der dem politischen Prozeß erhebliche Gestaltungsfreiheiten nicht nur in der politischen Auflösung unterschiedlichster Interessenskollisionen des Gemeinwesens, sondern auch in der konkreten

Ausformung der Staatsordnung selbst verbleiben.[308] Das konstitutionelle Konzept einer Rahmenordnung verbindet dabei die grundgesetzlichen Eigenschaften der Lückenhaftigkeit und Offenheit[309] zu einem spezifischen Verfassungsverständnis. Teilweise verweist das Grundgesetz ausdrücklich auf das „Nähere" regelnde einfachgesetzliche Ausführungsnormen;[310] wichtige Bereiche des Staatsrechts bleiben von ihm ohne einen besonderen Hinweis weitestgehend ungeregelt und bedürfen daher ebenfalls der anderweitigen Normierung;[311] schließlich verwendet das Grundgesetz unzählige sprachlich offen gehaltene Begriffe und Klauseln, die eine ganze Reihe möglicher Auslegungen und Ausgestaltungen zulassen.[312] Während sich die Gestaltungsfreiheit des Gesetzgebers hinsichtlich ersterer Bestimmungen unmittelbar aus dem Verfassungstext und bezüglich der zweiten Normengruppe mittelbar aus diesem ergibt, unterliegen die zahlreichen sprachlich offenen Vorschriften des Grundgesetzes der normkonkretisierenden Interpretation durch die Staatsorgane und insbesondere der diesbezüglichen Letztentscheidungsbefugnis des Bundesverfassungsgerichts. Normkonkretisierung darf jedoch nicht bedeuten, daß die Interpretation des Grundgesetzes stets zu nur einer verfassungsgemäßen Antwort auf jede beliebige unsichere Frage der politischen oder staatsorganisatorischen Gestaltung führt, welche dann schließlich durch das Bundesverfassungsgericht für verbindlich erklärt wird.[313] Vielmehr muß die Verfassungskonkretisierung die Bestimmtheit und Handhabbarkeit der Verfassung gerade in ihrer Eigenschaft als Rahmenordnung für den politischen Prozeß im Wandel der Zeit zum Ziel haben, um diesen nicht zu ersticken.[314] Da die Verfassung mit all ihrer Lückenhaftigkeit und Offenheit den

---

308 Vgl. zum Grundgesetz als Rahmenordnung *Böckenförde, Ernst-Wolfgang*, Die Methoden der Verfassungsinterpretation – Bestandsaufnahme und Kritik, NJW 1976, S. 2089, 2091, 2097, 2099; *Wahl*, Vorrang der Verfassung, S. 506 f.; *Bullinger*, Fragen der Auslegung einer Verfassung, S. 212; *Starck, Christian*, Die Verfassungsauslegung, in: Isensee, Josef/Kirchhof, Paul (Hrsg.), Handbuch des Staatsrechts der Bundesrepublik Deutschland, Band VII, Heidelberg 1992, § 164, Rz. 4 ff.; *Limbach*, The Concept of Supremacy of the Constitution, S. 7. Im Sinne eines Rahmenverständnisses auch *Kirchhof, Paul*, Verfassungsgerichtsbarkeit und Gesetzgebung, in: Badura, Peter/Scholz, Rupert (Hrsg.), Verfassungsgerichtsbarkeit und Gesetzgebung, München 1998, S. 5, 18; *Unruh*, Der Verfassungsbegriff des Grundgesetzes, S. 408 ff. Kritisch zum Verständnis als Rahmenordnung *Lerche, Peter*, Die Verfassung als Quelle von Optimierungsgeboten?, in: Burmeister, Joachim (Hrsg.), Verfassungsstaatlichkeit – Festschrift für Klaus Stern zum 65. Geburtstag, München 1997, S. 197, 203 f. Kritisch gegenüber der Terminologie des ‚Rahmens' *Isensee*, Vorbehalt der Verfassung, S. 399.
309 Siehe dazu supra Kapitel 2 § 1 C. I. 1.
310 Siehe etwa die Art. 21 Abs. 3, 38 Abs. 3, 41 Abs. 3, 54 Abs. 7, 94 Abs. 2 GG.
311 Hierzu zählen insbesondere wichtige Bereiche der internen Struktur und Willensbildung von Staatsorganen. Staatsorganisatorische Bundesgesetze ohne direkte grundgesetzliche Regelungsaufträge sind etwa das Abgeordnetengesetz, das Bundesministergesetz und das Staatsangehörigkeitsgesetz.
312 Siehe insbesondere die Grundrechte sowie Art. 20 Abs. 1 und 2, 23 Abs. 1, 28 Abs. 1, 38 Abs. 1, 79 Abs. 3 GG.
313 In diesem Sinne kritisch gegenüber *Hesse*s Methode der Verfassungsinterpretation als Konkretisierung *Böckenförde*, Verfassungsinterpretation, S. 2097.
314 Vgl. *Wahl*, Vorrang der Verfassung, S. 506 f.; *Starck*, Verfassungsauslegung, Rz. 5 ff.

Prüfungsmaßstab der Verfassungsgerichtsbarkeit darstellt, kommt dem Bundesverfassungsgericht die spezifische, funktionell begrenzte Rolle des Hüters einer konstitutionellen Rahmenordnung zu.[315] Daher erscheint es auch dogmatisch bedenklich, sprachlich offene Verfassungsnormen als Optimierungsgebote zu verstehen, welche „gebieten, daß etwas in einem relativ auf die rechtlichen und tatsächlichen Möglichkeiten möglichst hohen Maße realisiert wird"[316]. Eine solche Betrachtungsweise führt bereits in ihrem methodischen Ansatz zu einer unverhältnismäßigen Marginalisierung der durch die Verfassung bewußt vorgesehenen Gestaltungsfreiheiten des Gesetzgebers und zu einer vollkommenen, strangulierenden Durchdringung der Rechtsordnung durch das formelle Verfassungsrecht.[317] Vorzugswürdig erscheint daher das Verständnis der Verfassung als Rahmenordnung und der Verfassungsinterpretation als Bestimmung[318] oder Konkretisierung[319] dieses Rahmens, ohne dabei jedoch zu verkennen, daß sich innerhalb der Lücken und Auslegungsspielräume der Verfassungsordnung ein stetiger Prozeß der Verfassungsrechtsfortbildung vollzieht, der nach herrschender Auffassung auch die Möglichkeit der Etablierung von Verfassungsgewohnheitsrechts durch die beteiligten Staatsorgane einschließt.[320] Unter Einbeziehung des in der Idee der Verfassungsprinzipien angelegten Optimierungsgedankens kann der Gedanke einer Rahmenverfassung auch durch die interpretatorische Zusammenschau sowohl materiell-inhaltlicher als auch formell-prozeduraler Prinzipien konstruiert werden, in der das formelle Prinzip der Entscheidungsfreiheit des demokratisch legitimierten Gesetzgebers den Rahmencharakter der Verfassung zu wahren imstande ist.[321]

---

315 *Gusy*, Die Offenheit des Grundgesetzes, S. 109 f.; *Schuppert, Gunnar F.*, Funktionell-rechtliche Grenzen der Verfassungsinterpretation, Königstein/Ts. 1980, S. 1 ff.
316 *Alexy, Robert*, Theorie der Grundrechte, 3. Auflage, Frankfurt a.M. 1996, S. 75 ff. Kritisch dazu *Reimer*, Verfassungsprinzipien, S. 329 ff.; *Hain*, Art. 79 GG, in: von Mangoldt/Klein/Starck, Rz. 49 ff.
317 *Lerche*, Optimierungsgebote, S. 199, 208; *Starck, Christian*, Das Bundesverfassungsgericht in der Verfassungsordnung und im politischen Prozeß, in: Badura, Peter/Dreier, Horst (Hrsg.), Festschrift 50 Jahre Bundesverfassungsgericht, Band I (Verfassungsgerichtsbarkeit, Verfassungsprozeß), Tübingen 2001, S. 1, 7 ff.
318 *Starck*, Verfassungsauslegung, Rz. 7.
319 Dagegen werden der Prozeß der Konkretisierung und das Konzept einer Rahmenordnung bei *Böckenförde*, Verfassungsinterpretation, S. 2097, als natürliche Gegensätze dargestellt. Eine gegenläufige Tendenz stellt auch *Wahl*, Vorrang der Verfassung, S. 507, fest. Dies erscheint jedoch nicht zwingend, wie die Verbindung von Rahmenelementen und Konkretisierungsverständnis bei *Hesse*, Grundzüge des Verfassungsrechts, Rz. 19 ff. und 60 ff., zeigt.
320 *Maunz/Zippelius*, Deutsches Staatsrecht, S. 50; *Stern*, Staatsrecht I, S. 110 ff. Siehe auch supra Kapitel 2 § 1 C. I. 2.
321 Vgl. *Alexy, Robert*, Rechtssystem und praktische Vernunft, in: ders., Recht, Vernunft, Diskurs – Studien zur Rechtsphilosophie, Frankfurt a.M. 1995, S. 213, 223 ff.; *ders.*, Theorie der Grundrechte, S. 89, 120, 427; *Dreier, Ralf*, Konstitutionalismus und Legalismus – Zwei Arten juristischen Denkens im demokratischen Verfassungsstaat, in: Kaufmann, Arthur/Mestmäcker, Ernst-Joachim/Zacher, Hans F. (Hrsg.), Rechtsstaat und Menschenwürde, Festschrift für Werner Maihofer zum 70. Geburtstag, Frankfurt a.M. 1988, S. 87, 102; *Unruh*, Der Verfassungsbegriff des Grundgesetzes, S. 413 ff.

Maßgebend für ein materielles Verständnis der Suprematie der Verfassung in der deutschen Staatsordnung ist jedoch die Erkenntnis, daß neben der Verfassungsgerichtsbarkeit gerade auch der einfache Gesetzgeber und die übrigen Staatsorgane in der Gestaltung der Staatsordnung eine bedeutende Rolle spielen. Indem das rahmenhafte Grundgesetz bewußt nur äußere Schranken für das staatliche Handeln setzt, verbleiben ihm neben der üblichen legislativen Wahl zwischen verfassungsgemäßen politischen Alternativen insbesondere auch die Ausgestaltung wichtiger Bereiche des materiellen Staatsrechts, wie sie beispielsweise im Bundeswahlgesetz, Parteiengesetz, Staatsangehörigkeitsgesetz, Abgeordnetengesetz und Bundesverfassungsgerichtsgesetz geleistet wurde, sowie seine Teilhabe an der Konkretisierung und Lückenfüllung der grundgesetzlichen Rahmenordnung selbst: Nicht nur die Hütung und Pflege, sondern auch die Konkretisierung der Rahmenverfassung stellen keine Monopole der Verfassungsgerichtsbarkeit dar.[322] Trotz der durch die verfassungsstaatliche Logik des Grundgesetzes vorgegebenen Letztentscheidungsbefugnis des Verfassungsgerichts bleibt der Gesetzgeber vor allem aufgrund seiner besonderen demokratischen Legitimation von Verfassung wegen stets ‚Erstinterpret' des Grundgesetzes mit einer eigenständigen Berechtigung zu dessen Konkretisierung; es besteht in dieser Hinsicht ein Kooperationsverhältnis zwischen den obersten Staatsorganen.[323] Dem Bundesverfassungsgericht kommt dabei die Rolle des zwar letztentscheidungsbefugten, aber dennoch nachrangigen ‚Zweitinterpreten' zu, der seine Auslegung des verfassungsrechtlichen Rahmens nachreicht und durchsetzt, dabei jedoch entscheidend durch das Verständnis des Gesetzgebers und anderer Staatsorgane vorgeprägt ist[324] und stets die unterschiedliche Regelungsdichte verschiedener Verfassungsnormen zu achten hat.[325] All dies darf nicht an der Einsicht vorbeiführen, daß über 50 Jahre Rechtsprechung des Bundesverfassungsgerichts zu einer erheblichen Konkretisierung des grundgesetzlichen

---

[322] BVerfGE 2, 124, 131; 62, 1, Leitsatz 4b); *Ossenbühl*, Bundesverfassungsgericht und Gesetzgebung, S. 35; *Sturm*, Art. 93 GG, in: Sachs, Rz. 4; *Wolff*, Ungeschriebenes Verfassungsrecht, S. 401; *Bryde*, Verfassungsentwicklung, S. 299 ff.; *Hillgruber, Christian/ Goos, Christoph*, Verfassungsprozessrecht, Heidelberg 2004, Rz. 16 f.

[323] Vgl. *Kirchhof*, Verfassungsgerichtsbarkeit, S. 15 f.; *ders.*, Die Aufgaben des Bundesverfassungsgerichts in Zeiten des Umbruchs, NJW 1996, S. 1497, 1504; *Ossenbühl*, Bundesverfassungsgericht und Gesetzgebung, S. 35 f.; *ders.*, Die Aufgaben des Bundesverfassungsgerichts in Zeiten des Umbruchs, NJW 1996, S. 1497, 1504; *Stern, Klaus*, Verfassungsgerichtsbarkeit und Gesetzgeber, Opladen 1997, S. 17, 19; *Schuppert*, Funktionell-rechtliche Grenzen der Verfassungsinterpretation, S. 36 ff., 44, 55 ff.; *Simon, Helmut*, Die rechts- und sozialstaatliche Demokratie, in: Güde, Max (u. a.), Zur Verfassung unserer Demokratie, Reinbek 1978, S. 61, 68; *Hesse, Konrad*, Funktionelle Grenzen der Verfassungsgerichtsbarkeit, in: Eichenberger, Kurt/Badura, Peter/Müller, Jörg P. (u. a.), Recht als Prozess und Gefüge – Festschrift für Hans Huber zum 80. Geburtstag, Bern 1981, S. 261, 270. Siehe auch BVerfGE 101, 158, 218 f.

[324] *Rädler*, Verfassungsgestaltung durch Staatspraxis, S. 639 ff., vertritt sogar die These, daß das Verfassungsgericht an eine verbindliche Verfassungskonkretisierung durch andere Staatsorgane gebunden sein kann.

[325] *Kirchhof*, Verfassungsgerichtsbarkeit, S. 17 ff.; *Gusy*, Die Offenheit des Grundgesetzes, S. 109 f.

Normengefüges mit der Folge einer Verengung gesetzgeberischer Gestaltungsspielräume geführt haben und insbesondere die verfassungsgerichtliche Auslegung der Grundrechte eine bedeutende verfassungsrechtliche Durchdringung der deutschen Rechtsordnung bewirkt hat.[326] Zuweilen hat das Bundesverfassungsgericht auch verfassungsrechtliche Verpflichtungen des Gesetzgebers zum Erlaß bestimmter Rechtsakte mit teilweise ausführlichen Detailanforderungen ausgesprochen oder sich sogar als Ersatzgesetzgeber betätigt.[327] Die exakte Grenzziehung zwischen notwendiger gesetzgeberischer Freiheit und verfassungsgerichtlicher Kontrolle bleibt stets eines der zentralen Problemkreise bundesrepublikanischer Verfassungsstaatlichkeit.[328] Dennoch führt die Erkenntnis, daß der Gesetzgeber nicht nur an der Gestaltung des einfachen Staatsrechts, sondern auch an der Konkretisierung der Verfassung als Rahmenordnung erheblichen Anteil hat, zu einem materiellen und insgesamt flexibleren Verständnis des Grundsatzes deutscher Verfassungssupremamtie. Das formal normenhierarchische Verständnis der Verfassungssupremamtie weicht der Einsicht,

> *„daß das Verhältnis von Verfassung und Gesetzgeber nicht nur durch Über- und Unterordnung, Geltungsvorrang und Beachtungspflicht, Rechtsbefehl und Ausführung bestimmt ist, sondern insbesondere durch den Auftrag, die entwicklungsoffene und entfaltungsbedürftige Verfassung gesetzlich auszugestalten .... Der Gesetzgeber ist also nicht nur das von der Verfassung in Grenzen gewiesene Organ, sondern der Mitgestalter der Verfassung, nicht nur befolgungspflichtiger Verfassungsadressat, sondern mitformender Überbringer des Verfassungsrechts, nicht nur anwendender Rechtsunterworfener, sondern verfassungsrechtsbildender Garant gegenwärtiger Verfaßtheit des Staates."*[329]

*(b) Die formelle Verfassungsänderung*

Die Möglichkeit und das Verfahren der formellen Verfassungsänderung liefern in ihrer grundgesetzlichen Ausprägung einen weiteren wichtigen Aspekt der Flexibilität deutscher Verfassungssupremamtie. Innerhalb der Gruppe der rigiden Verfassungen nimmt das Grundgesetz insofern eine besondere Stel-

---

326 Vgl. *Starck, Christian*, Verfassung und Gesetz, in: ders. (Hrsg.), Rangordnung der Gesetze, Göttingen 1995, S. 29, 32 ff.; *Hesse, Konrad*, Verfassungsrechtsprechung im geschichtlichen Wandel, JZ 1995, S. 265, 268.
327 Vgl. *Ossenbühl*, Bundesverfassungsgericht und Gesetzgebung, S. 39 ff.; *Vogel, Hans-Jochen*, Gewaltenvermischung statt Gewaltenteilung, NJW 1996, S. 1505, 1508 ff.
328 Vgl. *Hesse*, Funktionelle Grenzen der Verfassungsbarkeit, S. 261 ff.; *Bryde*, Verfassungsentwicklung, S. 325 ff.; *Simon, Helmut*, Verfassungsgerichtsbarkeit, in: Benda, Ernst/Maihofer, Werner/Vogel, Hans-Jochen (Hrsg.), Handbuch des Verfassungsrechts der Bundesrepublik Deutschland, 2. Auflage, Berlin/New York 1994, § 34, Rz. 48 ff.; *Limbach*, The Concept of Supremacy of the Constitution, S. 8 f.; *dies.*, Vorrang der Verfassung oder Souveränität des Parlaments?, S. 22.
329 *Kirchhof*, Verfassungsgerichtsbarkeit, S. 15 f.

lung ein, als es zum einen an das Procedere seiner formellen Änderung in Art. 79 Abs. 1 und 2 GG verhältnismäßig niedrige Anforderungen stellt und dieses ausschließlich in die Hände der Träger der gesetzgebenden Gewalt des Bundes legt, zum anderen aber mit Art. 79 Abs. 3 GG einen unabänderlichen Kern verfassungsrechtlicher Gewährleistungen festlegt, der sogar dem verfassungsändernden Gesetzgeber entzogen bleiben soll.[330] Über die Einhaltung dieser prozeduralen und inhaltlichen Anforderungen wacht das Bundesverfassungsgericht. Auf den ersten Blick können diese die erhöhte Bestandskraft des Grundgesetzes konstituierenden Bestimmungen als besonderer Ausdruck der Suprematie einer Verfassung verstanden werden. Ihre konkrete grundgesetzliche Ausgestaltung und verfassungsgerichtliche Auslegung zeigen jedoch, daß die deutsche Staatsordnung auf dem Kontinuum verfassungsnormativer Bindung keineswegs eine Extremposition einnimmt, sondern ein für die formelle Verfassungsänderung bewußt offen gehaltenes Regelungsgefüge darstellt.

Die Väter und Mütter des Grundgesetzes haben unter Vermeidung plebiszitärer Elemente bei der Verfassungsnovellierung die verfassungsändernde Gewalt dem Bundestag und dem Bundesrat überantwortet und mit dem in Art. 79 Abs. 2 GG verankerten qualifizierten Mehrheitserfordernis von zwei Dritteln der Mitglieder beziehungsweise Stimmen in diesen Bundesorganen verhältnismäßig niedrige Majoritätsanforderungen gestellt. Der Unterschied zwischen gesetzgebender und verfassungsändernder Gewalt reduziert sich unter der Geltung des Grundgesetzes auf eine Frage der Quantität, so daß – abgesehen von den materiellen Schranken des Art. 79 Abs. 3 GG – die Verfassung bereits zur Disposition beispielsweise einer themenbezogenen oder regierenden großen Koalition in den gesetzgebenden Bundesorganen steht. Daher nimmt es nicht wunder, daß das Grundgesetz auf eine im internationalen Vergleich besonders umfangreiche Historie von Textänderungen zurückblicken kann.[331] Obgleich die Verfahrensanforderungen des Art. 79 Abs. 2 GG die Verfassung dem Zugriff der einfachen Regierungsmehrheit entziehen und in der Praxis das Einvernehmen konkurrierender politischer Gruppierungen erfordern,[332] bleiben sie doch mit Blick auf den Minderheitenschutz als eine der zentralen Aufgaben einer Verfassung bedenklich.[333] Während das Ob der verfassungsnormativen Bindung der gesetzgebenden Körperschaften durch Art. 79 Abs. 2 GG gesichert wird, erweist sich diese Verfahrensbeschränkung in ihrer konkreten inhaltlichen Ausgestaltung somit jedoch als relativ schwach.

---

330 Vgl. *Bryde*, Verfassungsentwicklung, S. 45 ff., 57 f.
331 *Roßnagel, Alexander*, Die Änderung des Grundgesetzes – Eine Untersuchung der politischen Funktion von Verfassungsänderungen, Frankfurt a.M. 1981, S. 1; *Kenntner, Markus*, Grundgesetzwandel – Überlegungen zur Veränderung des Grundgesetzes und seines Bezugsrahmens, DÖV 1997, S. 450, 452 f.
332 Vgl. *Kirchhof*, Identität der Verfassung, Rz. 62.
333 *Dreier*, Grenzen demokratischer Freiheit, S. 746; vgl. *Böckenförde*, Demokratie als Verfassungsprinzip, Rz. 53.

Die Statuierung absoluter materieller Grenzen der Verfassungsänderung durch einen ‚Katalog der Unantastbarkeiten' in Art. 79 Abs. 3 GG[334] mag daher zunächst als begrüßenswerter Ausgleich für die vorgefundenen Schwächen des Art. 79 Abs. 2 GG empfunden werden. Die ‚Unberührbarkeit' der Gliederung des Bundes in Länder, der grundsätzlichen Mitwirkung der Länder bei der Gesetzgebung sowie der in den Art. 1 und 20 niedergelegten Grundsätze vermittelt auf den ersten Blick das Bild einer perfektionierten Rigidität der deutschen Verfassungsordnung und setzt sich damit zunächst in Widerspruch zu der hier vertretenen Flexibilität grundgesetzlicher Verfassungssuprematie. Die Ewigkeitsklausel stellt im internationalen Vergleich in ihrer Bestimmtheit eine Besonderheit dar[335] und bewirkt eine deutliche Beschränkung der Volkssouveränität.[336] Art. 79 Abs. 3 GG verkörpert dabei in gewisser Hinsicht das Wunschdenken nach normativem Schutz vor revolutionären Umstürzen;[337] in Wahrheit kann und soll die Ewigkeitsklausel indessen nur die Scheinlegalität eines Verfassungsbruchs abwehren.[338] Es wäre jedoch fatal, wenn eine Verfassung nicht für tatsächliche gesellschaftliche und politische Veränderungen offen und dynamisch bliebe. Dementsprechend nimmt das Bundesverfassungsgericht ein ‚Berühren' der unantastbaren Grundsätze nur dann an, wenn sich die Verfassungsänderung als ihre „prinzipielle Preisgabe" darstellt, nicht aber „wenn ihnen im allgemeinen Rechnung getragen wird und sie nur für eine Sonderlage entsprechend deren Eigenart aus evident sachlichen Gründen modifiziert werden".[339] Diese judikative Vorsicht ist insbesondere dadurch zu erklären, daß Art. 79 Abs. 3 GG über den normativen Kernbestand des freiheitlichen Verfassungsstaats hinaus auch weniger grundlegende Strukturelemente des Grundgesetzes auf ewig garantiert.[340] Da der Schutzanspruch und die Reichweite der Ewigkeitsklausel wohl insgesamt zu hoch beziehungsweise zu umfassend angesetzt wurden, bleibt sie in der verfassungsrechtlichen Praxis relativ wirkungslos. Die aus ihr

---

334 *Badura*, Verfassungsänderung, Rz. 25.
335 *Dreier*, Art. 79 III GG, in: Dreier, Rz. 9; *ders.*, Grenzen demokratischer Freiheit, S. 746. Vgl. dazu auch *Pernice, Ingolf*, Bestandssicherung der Verfassungen: Verfassungsrechtliche Mechanismen zur Wahrung der Verfassungsordnung, in: Bieber, Roland/Widmer, Pierre (Hrsg.), L'espace constitutionnel européen – Der europäische Verfassungsraum – The European constitutional area, Zürich 1995, S. 225, 230 ff.; *Bryde*, Verfassungsentwicklung, S. 49 ff.
336 Vgl. *Bryde, Brun-Otto*, Verfassungsgebende Gewalt des Volkes und Verfassungsänderung im deutschen Staatsrecht: Zwischen Überforderung und Unterforderung der Volkssouveränität, in: Bieber, Roland/Widmer, Pierre (Hrsg.), L'espace constitutionnel européen – Der europäische Verfassungsraum – The European constitutional area, Zürich 1995, S. 329, 340 f.
337 *Dreier*, Grenzen demokratischer Freiheit, S. 746 f.
338 *Kirchhof*, Identität der Verfassung, Rz. 42; *Hain*, Art. 79 GG, in: von Mangoldt/Klein/Starck, Rz. 30.
339 BVerfGE 30, 1, 24. Zur Kritik an dieser restriktiven Auslegung des Art. 79 Abs. 3 GG und späteren, teilweise als restriktiver interpretierten Judikaten des Bundesverfassungsgerichts siehe supra Fn. 68 ff. mit Text.
340 Hierfür sei vor allem auf das Sozialstaatsprinzip und das Bundesstaatsprinzip verwiesen.

folgenden Schranken der verfassungsändernden Gesetzgebung sind in der Geschichte der Bundesrepublik noch nicht klar in Erscheinung getreten.[341] Die absolute Grenze der Verfassungsänderung kann daher die Flexibilität der grundgesetzlichen Verfassungssuprematie nicht entscheidend trüben.

*(c) Der informelle Verfassungswandel*

Die inhärente Flexibilität der deutschen Verfassungssuprematie speist sich schließlich auch aus einer dritten Quelle. Die notwendige Entwicklungsoffenheit der grundgesetzlichen Staatsordnung findet ihren verfassungsrechtlichen Niederschlag nicht nur im Verfahren der formellen Grundgesetzänderung nach Art. 79 GG, sondern auch in der Möglichkeit eines ‚stillen' Verfassungswandels, der in terminologischer Gegenüberstellung zum vorgenannten Verfahren auch als ‚informelle Verfassungsänderung' bezeichnet werden kann. Dieses konstitutionelle Phänomen ist im einzelnen äußerst problematisch und umstritten, wird jedoch allgemein in Rechtsprechung[342] und Schrifttum[343] anerkannt. Neben verschiedenen Prozessen des ‚unechten' Verfassungswandels, die vor allem die Veränderung der Ausgestaltung gesetzgeberischer Gestaltungsfreiräume betreffen und daher eher der Idee der Verfassung als Rahmenordnung zuzurechnen sind,[344] unterliegt die Verfassung auch einem im Gefolge neuer Umstände auftretenden Bedeutungswandel ohne ausdrückliche Textänderung,[345] der deshalb als ‚echter' Verfassungswandel klassifiziert werden kann, weil er den durch die Verfassung gesteckten Rahmen staatlichen

---

341 In der Geschichte des Grundgesetzes ist noch kein verfassungsänderndes Gesetz an Art. 79 Abs. 3 GG gescheitert; vgl. *Kirchhof*, Identität der Verfassung, Rz. 44.
342 So geht das Bundesverfassungsgericht in mehreren Entscheidungen von einem stillen Wandel der Verfassung aus; siehe BVerfGE 2, 380, 401; 3, 407, 422; 7, 342, 351.
343 Vgl. allgemein zum informellen Verfassungswandel und seinen Grenzen *Lerche, Peter*, Stiller Verfassungswandel als aktuelles Politikum, in: Spanner, Hans/Lerche, Peter/Zacher, Hans/Badura, Peter/Campenhausen, Axel Freiherr von (Hrsg.), Festgabe Theodor Maunz zum 70. Geburtstag, München 1971, S. 285 – 300; *Böckenförde, Ernst-Wolfgang*, Anmerkungen zum Begriff des Verfassungswandels, in: Badura, Peter/Scholz, Rupert (Hrsg.), Wege und Verfahren des Verfassungslebens, Festschrift für Peter Lerche, München 1993, S. 3 – 14; *Hesse, Konrad*, Grenzen der Verfassungswandlung, in: Ehmke, Horst/Kaiser, Joseph K./Kewenig, Wilhelm A./Meessen, Karl M./Rüfner, Wolfgang (Hrsg.), Festschrift für Ulrich Scheuner zum 70. Geburtstag, Berlin 1973, S. 123 – 141; *ders.*, Grundzüge des Verfassungsrechts, Rz. 39, 45 ff.; *Walter, Christian*, Hüter oder Wandler der Verfassung? Zur Rolle des Bundesverfassungsgerichts im Prozeß des Verfassungswandels, AöR 125 (2000), S. 517 – 550; *Schenke, Wolf-Rüdiger*, Verfassung und Zeit – von der „entzeiteten" zur zeitgeprägten Verfassung, AöR 103 (1978), S. 566, 585 ff.; *Tomuschat*, Verfassungsgewohnheitsrecht?, S. 145 ff.; *Bryde*, Verfassungsentwicklung, S. 254 ff.; *Stern*, Staatsrecht I, S. 160 ff.; *Bleckmann*, Staatsrecht I, Rz. 60 ff.; *Unruh*, Der Verfassungsbegriff des Grundgesetzes, S. 32 ff.; *Lücke*, Art. 79 GG, in: Sachs, Rz. 7 f.
344 Vgl. dazu ausführlich *Walter*, Hüter oder Wandler, S. 524 ff.
345 So die weitgehend übereinstimmende Begriffsbestimmung in der Literatur; vgl. *Bryde*, Verfassungsentwicklung, S. 21; *Stern*, Staatsrecht I, S. 160 f.; *Badura*, Verfassungsänderung, Rz. 13.

Handelns verschiebt. Damit stellt sich der informelle Verfassungswandel vor allem als ein Aspekt der Interpretation und Konkretisierung unbestimmter Grundgesetzbestimmungen dar.[346] Ursachen für diesen Prozeß sind neben der zeitgebundenen Veränderung von Realitäten und Werten insbesondere auch die konstitutionelle Praxis der Verfassungsorgane sowie die Konkretisierung von Verfassungsnormen durch den einfachen Gesetzgeber.[347] Die Stabilisierungsfunktion der Verfassung verbietet dabei einen Wandlungsprozeß entgegen dem Verfassungswortlaut,[348] wobei die sprachliche Offenheit vieler Grundgesetzbestimmungen diese Entwicklungsgrenze verschwimmen läßt.[349] Die Veränderung der Abgeordnetendiäten zu einem echten Entgelt für eine zur hauptberuflichen Beschäftigung avancierten Mandatstätigkeit, die Entstehung der Gemeinschaftsaufgaben zwischen Bund und Ländern vor ihrer verfassungsrechtlichen Normierung im Rahmen der ‚Großen Finanzreform', der Bedeutungswandel des Rundfunkbegriffs unter dem Einfluß des technischen Fortschritts und die schrittweise Erweiterung des Eigentumsrechts aus Art. 14 Abs. 1 GG werden üblicherweise als folgenreiche Beispiele des stillen Verfassungswandels genannt. Auch wenn derartige Dynamisierungsprozesse der Letztentscheidungsbefugnis des Bundesverfassungsgerichts unterliegen, verfassungsgerichtlich judizierte Bedeutungsgehalte im jeweils aktuellen Moment dem Vorrang der Verfassung unterliegen und die Distanz zwischen einfachem Gesetz und Verfassungsrecht für den Selbstand der Verfassung von dogmatisch herausragendem Wert bleiben muß, läßt sich dennoch keinesfalls der bedeutende Einfluß des einfachen Gesetzgebers sowie anderer Staatsorgane auf den Prozeß des stillen Wandels der Verfassung leugnen.[350] Während diesbezügliche Entscheidungen des Bundesverfassungsgerichts gewissermaßen konstatierende Meilensteine des Verfassungswandels darstellen, fungiert das Gericht zumeist nicht als Ursprung oder alleiniger Akteur dieser dynamischen Entwicklung.[351] Mitentscheidend für die Frage der verfassungsnormativen Bindung staatlicher Gewalt und insbesondere der gesetzgebenden Körperschaften in Deutschland bleibt demnach die Feststellung, daß neben den Prozeß formeller Verfassungsänderung auch ein informeller, dynamischer Vorgang des informellen Verfassungswandels tritt, in dem allen Staatsorganen eine gestalterische Rolle zukommt und der zu einer zusätz-

---

346 A. A. aber *Böckenförde*, Verfassungswandel, S. 8, der die Auslegung unbestimmter Rechtsbegriffe vom Begriff des Verfassungswandels ausnehmen möchte.
347 Vgl. *Stern*, Staatsrecht I, S. 161; *Lerche*, Stiller Verfassungswandel, S. 290 ff.; *Kirchhof*, Identität der Verfassung, Rz. 63.
348 BVerfGE 11, 78, 87; 45, 1, 33; *Stern*, Staatsrecht I, S. 161 f.; *Hesse*, Grenzen der Verfassungswandlung, S. 139 f.; *ders.*, Verfassung und Verfassungsrecht, Rz. 24; *Dreier, Horst*, Art. 79 I GG, in: Dreier, Rz. 38; *Kirchhof*, Identität der Verfassung, Rz. 63.
349 *Bryde*, Verfassungsentwicklung, S. 267 ff.
350 Vgl. *Lerche*, Stiller Verfassungswandel, S. 286 f.; *Schenke*, Verfassung und Zeit, S. 586 f.; *Bryde*, Verfassungsentwicklung, S. 348 ff.; *Walter*, Hüter oder Wandler, S. 521; *Maunz/Zippelius*, Deutsches Staatsrecht, S. 50; *Badura*, Verfassungsänderung, Rz. 15.
351 Die Problematik des Verfassungswandels jedoch beinahe gänzlich auf die Rolle des Bundesverfassungsgerichts reduzierend *Walter*, Hüter oder Wandler, S. 531 ff.

lichen Relativierung des formal-absoluten Verständnisses der deutschen Verfassungssuprematie zwingt.[352]

*(d) Zwischenbewertung*

Es wird damit deutlich, daß die grundgesetzliche Normendichte und insbesondere die verfassungsgerichtliche Judikatur zwar zu einer starken Verfassungsbindung der deutschen Staatsorgane geführt haben, ein materielles Verständnis der Suprematie der deutschen Verfassung jedoch auch eine Flexibilität dieses Konzepts offenbart, welche den scheinbar diametralen Gegensatz zur Suprematie des Parlaments in der britischen Verfassungsordnung zu relativieren geeignet ist.

*2. Britische Parlamentssuprematie nach materiellem Verständnis*

Die britische Parlamentssuprematie verkörpert nach traditioneller Diktion den der deutschen Verfassungssuprematie diametral entgegengesetzten Grundsatz vollkommener verfassungsnormativer Ungebundenheit des Gesetzgebers. Die hier vertretene Ansicht von der Flexibilität der Verfassungs- und der Parlamentssuprematie auf einem graduellen Kontinuum der Verfassungsbindungen setzt daher ein Verständnis der Parlamentssuprematie voraus, welches – entgegen der orthodoxen Ansicht absoluter legislativer Omnipotenz – das Handeln des britischen Parlaments in einem Netz konstitutioneller normativer Bindungen begreift.

Ein materielles Verständnis der Parlamentssuprematie muß somit zweierlei anstreben: Zum einen sind solche normativen Bindungen des Gesetzgebers in die rechtsvergleichende Betrachtung einzubeziehen, die – als außerrechtliche Verpflichtungen – auch unter der Vorherrschaft des orthodoxen britischen Verfassungsverständnisses anerkannt sind. Zum anderen bedarf es der kritischen Durchleuchtung der traditionellen Lehre selbst, um festzustellen, ob sie – insbesondere im heutigen Entwicklungsstadium der britischen Verfassungsordnung – ein wahrhaftiges Bild dieses Regierungssystems zeichnet.

*(a) Außer-rechtliche Bindungen des britischen Gesetzgebers*

Die scharfe Trennung, welche *Dicey* im Gefolge seiner positivistischen Vordenker zwischen rechtlichen Normen und außer-rechtlichen Regeln und

---

352 Ein indirekter Hinweis auf die Rolle des stillen Verfassungswandels als Relativierung des Grundsatzes vom Vorrang der Verfassung findet sich auch bei *Lecheler*, Vorrang der Verfassung?, S. 364.

Handlungsmaximen zog,[353] hat dazu geführt, daß normative Bindungen des britischen Parlaments stets in eine Kategorie ‚praktischer' oder ‚faktischer' Beschränkungen der Parlamentssuprematie verbannt werden, welche die rechtliche Allmacht des Parlaments nicht anzutasten vermögen.[354] Ihre Überzeugungskraft bezieht diese Kategorisierung aus der traditionellen Auffassung, daß normative Bindungen des Parlaments nur durch politischen Druck und die freiwillige Selbstbindung der Staatsorgane Wirksamkeit entfalten, gerichtlich jedoch nicht durchgesetzt werden können und rechtlich daher stets unerheblich bleiben müssen.[355] Unabhängig von der Frage, ob der Ausschluß der gerichtlichen Durchsetzbarkeit dieser verfassungsnormativen Bindungen des Parlaments in der Absolutheit dieser Kategorisierung durchzuhalten ist,[356] verlangt die normative Offenheit der funktionellen Verfassungsvergleichung auch die Einbeziehung außer-rechtlicher konstitutioneller Bindungen des britischen Gesetzgebers. Dabei können solche praktischen Zwänge für das Parlament außer Acht bleiben, die lediglich politische Entscheidungen in Einzelfragen betreffen und nicht in Gestalt einer abstrakten Regel auftreten. So entfalten die allgemeine öffentliche Meinung zu politischen Fragen[357] und die in der gewohnheitsmäßigen Konsultation betroffener Interessenverbände zutage tretenden spezifischen Standpunkte starker Lobby-Gruppen[358] teilweise erheblichen politischen Druck für die gesetzgebenden Körperschaften, ohne daß diese faktischen Zwänge normative Qualität annehmen könnten.[359]

Normative Bindungen des britischen Gesetzgebers treten jedoch in zwei Erscheinungsformen auf, ohne daß nach traditionellem Verständnis hierdurch die Parlamentssuprematie berührt wird. Zunächst unterliegt das Vereinigte Königreich von Großbritannien und Nordirland insbesondere durch den Abschluß internationaler Verträge unzähligen völkerrechtlichen Verpflichtungen, die aufgrund des dualistischen britischen Verständnisses zwar keine national-rechtliche Normativität für das Parlament besitzen,[360] jedoch als außer-rechtliche normative Bindungen des Gesetzgebers verstanden werden

---

353 *Dicey*, Introduction, S. 23 ff.
354 Vgl. beispielsweise *de Smith/Brazier*, Constitutional and Administrative Law, S. 97 ff.; *Hood Phillips/Jackson/Leopold*, Constitutional and Administrative Law, Rz. 3–022 ff.; *Strotmann*, Souveränität, S. 58 ff.
355 Vgl. *Dicey*, Introduction, S. 23 f. Dies hat einige Verfassungskommentatoren dazu bewegt, die nachfolgenden Überlegungen in die Zuständigkeit der Politikwissenschaften zu verweisen; vgl. *Hood Phillips/Jackson/Leopold*, Constitutional and Administrative Law, Rz. 3–022.
356 Siehe infra Kapitel 2 § 2 B. II. 2. (b) (ii).
357 *Hood Phillips/Jackson/Leopold*, Constitutional and Administrative Law, Rz. 3–024.
358 *Hood Phillips/Jackson/Leopold*, Constitutional and Administrative Law, Rz. 3–025.
359 *Dicey* verstand diese Bindungen als „external limits" der Parlamentssuprematie und vertrat die Ansicht, daß das repräsentative parlamentarische Regierungssystem automatisch legislatives Handeln im Widerspruch zu diesen Beschränkungen vermeide; *Dicey*, Introduction, S. 76 ff.
360 *Mortensen v. Peters* [1906] 14 SLT 227; *Cheney v. Conn* [1968] 1 WLR 242; *Inland Revenue Commissioners v. Collco Dealings Ltd.* [1962] AC 1; vgl. dazu *Hood Phillips/Jackson/Leopold*, Constitutional and Administrative Law, Rz. 3–026; *Bradley/Ewing*, Constitutional and Administrative Law, S. 56 f.

können. Wie das Beispiel der Europäischen Menschenrechtskonvention zeigt, vermögen derartige völkerrechtliche Obligationen bedeutende Regelungswirkungen für den britischen Gesetzgeber zu entfalten.[361] Jenseits der strikt dualistischen Theorie haben britische Gerichte zudem die Interpretationsmaxime entwickelt, daß sprachliche Mehrdeutigkeiten in nationalen Gesetzen im Einklang mit den völkerrechtlichen Bindungen des Vereinigten Königreichs aufzulösen sind.[362] Die Eingebundenheit der britischen Rechtsordnung in das Recht der Europäischen Gemeinschaften geht sogar über die dualistische Grundposition hinaus und weist den Weg zur kritischen Hinterfragung des orthodoxen Suprematieverständnisses selbst.[363]

Des weiteren spielen die als bindende Verfassungsnormen herrschend anerkannten Verfassungskonventionalregeln eine entscheidende Rolle in einem materiellen Verständnis der Parlamentssuprematie.[364] Die anhaltende Auseinandersetzung über ihre genaue Normqualität und die überwiegende Ablehnung ihrer gerichtlichen Durchsetzbarkeit beeinträchtigen nicht ihre regulierende Funktion als Instrumente der Verfassungsbindung. Ziel der meisten britischen Verfassungskonventionalregeln bildet die Rückkoppelung des Regierungshandelns an den Willen des politisch souveränen Volkes jenseits des rechtlichen Wahlakts durch das Elektorat.[365] Entsprechend dieser Funktion ordnen viele Verfassungskonventionalregeln die Verhältnisse zwischen verschiedenen Verfassungssubjekten, einschließlich der Beziehungen zwischen den drei Teilen der Crown in Parliament, indem sie beispielsweise für die Ernennung des Premierministers die Unterstützung der Unterhausmehrheit verlangen, die Verantwortlichkeit der Regierung gegenüber dem demokratisch legitimierten Parlament statuieren oder die Ausübung der königlichen Prärogative inhaltlich der so kontrollierten Regierung übertragen. Die große Bedeutung dieser Verfassungskonventionalregeln als Kernelemente der britischen Staatsorganisation und die Undenkbarkeit von Zuwiderhandlungen ohne schwerste politische Sanktionen belegen eindrucksvoll die Funktion und Wirksamkeit derartiger Verfassungsnormen als außer-rechtliche konstitutionelle Bindungen der britischen Staatsorgane.[366] Darüber hinaus werden auch solche Verfassungskonventionalregeln anerkannt oder zumin-

---

361 Vgl. beispielsweise den Erlaß des Interception of Communications Act 1985 im Anschluß an die Verurteilung des Vereinigten Königreichs durch den Europäischen Gerichtshof für Menschenrechte in *Malone v. United Kingdom* [1984] 7 EHRR 14. Die nationale Vorgeschichte dazu bildet *Malone v. Metropolitan Police Commissioner* [1979] Ch 344. Vgl. allgemein zur Einwirkung der Europäischen Menschenrechtskonvention auf das britische Rechtssystem *Loveland*, Constitutional Law, S. 570 ff.
362 *Salomon v. Commissioners of Custom and Excise* [1967] 2 QB 116, 143 f.; *Garland v. British Rail Engineering Ltd.* [1983] 2 AC 751, 771; vgl. *Hunt, Murray*, Using Human Rights in English Courts, Oxford 1997, S. 13 ff.
363 Siehe dazu infra Kapitel 2 § 2 B. II. 2. (b) (iii).
364 Zu den Verfassungskonventionalregeln als Normquellen der britischen Verfassungsordnung siehe supra Kapitel 2 § 1 C. II. 3.
365 *Hood Phillips/Jackson/Leopold*, Constitutional and Administrative Law, Rz. 7–008; *Marshall*, Constitutional Conventions, S. 18.
366 Vgl. *Jenkins*, Both Ends against the Middle, S. 7 f.

dest diskutiert, die als inhaltliche Bindungen legislativen Parlamentshandelns zu wirken bestimmt sind.[367] Einen häufig genannten, aber dennoch umstrittenen Kandidaten für eine derartig materiell bindende Verfassungskonventionalregel bildet die Mandatstheorie, die ‚doctrine of mandate'.[368] Danach erhält die gewählte Regierung durch das Wahlvolk das Mandat, ihr Wahlprogramm durch die erlangte Mehrheit im Unterhaus gesetzgeberisch zu verwirklichen, gleichzeitig jedoch – abgesehen von unvorhersehbaren praktischen Herausforderungen – von weitreichenden Gesetzgebungsvorhaben abzusehen, die im Wahlkampf nicht thematisiert wurden.[369] Allgemein anerkannt ist dagegen die Verfassungskonventionalregel, daß das britische Parlament keine Gesetze erlassen darf, welche die internen Angelegenheiten unabhängiger Commonwealth-Staaten betreffen, ohne daß die hierfür erforderliche Zustimmung dieser Länder erteilt worden wäre.[370] So wurde es beispielsweise vor Erlaß des Canada Act 1982 als konventionell bindend angesehen, daß Westminster ohne eine diesbezügliche Aufforderung Kanadas keine Änderungen der kanadischen Verfassung vornehmen dürfe.[371] Ähnlich gelagert war die von 1921 bis 1972 geltende Verfassungskonventionalregel, daß das britische Parlament trotz seiner durch sec. 75 des Government of Ireland Act 1920 bestätigten umfassenden Legislativmacht hinsichtlich Nordirlands keine Regelungen in den auf das Northern Ireland Parliament in Stormont übertragenen Kompetenzbereichen erlassen würde.[372] Obgleich eine Reihe weiterer spezifischer Bindungen gesetzgeberischen Handelns durch Verfassungskonventionalregeln bestehen, kann als bedeutendste derartige Konventionalregel der britischen Verfassungsordnung die Verpflichtung des Parlaments angesehen werden, seine umfassende Gesetzgebungskompetenz stets nur im Einklang mit rechtsstaatlichen und liberalen Grundsätzen auszuüben. *Marshall* formuliert diese normative Verfassungsbindung mit den folgenden Worten:

> „... *any listing of conventional rules in the United Kingdom would have to include the most basic – though imprecise – rule of the governmental system, namely the rule that the legally unlimited power of the legislature is not used to its limits, but is exercised in accordance with broad princi-*

---

367  *Mitchell*, Constitutional Law, S. 66 ff.
368  Für die Anerkennung als Verfassungskonventionalregel *Doe, Norman*, The Judicial Doctrine of Mandate, LivLRev 11 (1989), S. 89, 90, 97 f.; *de Smith/Brazier*, Constitutional and Administrative Law, S. 98. Vorsichtiger aber – insbesondere wegen der Unbestimmtheit der Mandatstheorie – *Hood Phillips/Jackson/Leopold*, Constitutional and Administrative Law, Rz. 3–023; *Mitchell*, Constitutional Law, S. 67.
369  Zur Mandatstheorie vgl. *Doe*, Doctrine of Mandate, S. 89 ff.; *Weill, Rivka*, We the British People, PL 2004, S. 380, 383 ff.; *Meyn*, „Constitutional Conventions", S. 170 f.; *Schulte-Noelle, Henning*, Die Konventionen der britischen Verfassung unter besonderer Berücksichtigung ihrer Bedeutung für das System der parlamentarischen Kabinettsregierung, Diss., Köln 1970, S. 64 ff. Allgemein zur Idee des Mandats vgl. *Turpin*, British Government, S. 543 ff.
370  *de Smith/Brazier*, Constitutional and Administrative Law, S. 98; *Hood Phillips/Jackson/Leopold*, Constitutional and Administrative Law, Rz. 7–019.
371  *Elliott*, Parliamentary sovereignty and the new constitutional order, S. 358.
372  *Elliott*, Parliamentary sovereignty and the new constitutional order, S. 357 f.

*ples described in such terms as constitutionalism, the rule of law and toleration of minority rights.*"[373]

Selbst auf der Basis der orthodoxen Interpretation der britischen Verfassungsordnung zeigt sich somit, daß ein materielles Verständnis der Parlamentssuprematie mit einem für die Verfassungsvergleichung erforderlichen offenen Normenbegriff zu einer Relativierung der scheinbar vollkommenen Ungebundenheit des britischen Gesetzgebers führen muß. Dies wird auch durch die Vertreter der traditionellen Auffassung nicht geleugnet, wenn immer wieder betont wird, daß es sich bei der Parlamentssuprematie um einen rein rechtlichen Grundsatz handele, der lediglich das Verhältnis zwischen dem Parlament und den Gerichten verfasse.[374] Diese Konzentration auf die rein verfassungsrechtliche Problemstellung versperrt jedoch den Blick auf andere – für die Funktionsweise der britischen Staatsordnung ebenso maßgebliche – normativen Bindungsmechanismen. Zwar wirken Verfassungskonventionalregeln unstreitig anders als rechtliche Verpflichtungen; die im Vergleich zur deutschen Staatsordnung erheblich größere Bedeutung außer-rechtlicher und nicht-justitiabler Bindungen des britischen Gesetzgebers im Wege der Selbstbindung von Staatsorganen, gestützt durch politischen Druck, muß allerdings gerade den Gegenstand der Verfassungsvergleichung darstellen, nicht dagegen ihr vorzeitiges Ende.

## *(b) Rechtliche Bindungen des britischen Gesetzgebers*

Während somit normative Bindungen des Gesetzgebers in der britischen Staatsordnung nachgewiesen werden können, denen in der Verfassungsrealität erhebliche Bedeutung zukommt, die aber das traditionelle Verständnis der unbeschränkten Parlamentssuprematie auf rein verfassungsrechtlicher Ebene zunächst nicht zu gefährden scheinen, stellt sich aber des weiteren die Frage, ob dieses Fundamentaldogma der britischen Verfassung in seiner ursprünglichen, orthodoxen Gestalt auch noch im derzeitigen Stadium der konstitutionellen Entwicklung des Vereinigten Königreichs Geltung beanspruchen kann. Das traditionelle Verständnis der Parlamentssuprematie, das sich insbesondere im Anschluß an *Dicey* als autoritative Deutung der britischen Verfassungsordnung in Rechtsprechung, Wissenschaft und Politik beinahe allgemein durchgesetzt hatte, ist immer wieder zum Objekt heftiger Kritik geworden. Ein bedeutender Teil dieser Auseinandersetzung befaßt sich mit der Plausibilität und Stringenz der Argumentation *Diceys*[375] und erscheint in Anbetracht der nachfolgenden Akzeptanz seiner verfassungsrechtlichen Ergebnisse von eher rechtshistorischem Interesse. Dem orthodoxen Verständnis der Parlamentssuprematie ist jedoch im Laufe der britischen Verfassungsevolution

---

373    *Marshall*, Constitutional Conventions, S. 201 ff.
374    Vgl. *Bradley/Ewing*, Constitutional and Administrative Law, S. 53 f.
375    Siehe dazu supra Kapitel 2 § 2 B. I. 3.

in zwei grundsätzlicheren Fragen erheblicher Widerspruch entgegengebracht worden. Zum einen wird die Gültigkeit des aus dem positiven Aspekt der Parlamentssuprematie entwickelten Grundsatzes, daß sich das Parlament selbst nicht binden könne, also zu jedem Zeitpunkt im einfachen Gesetzgebungsverfahren omnipotent bleibe, im Schrifttum mit gewichtigen Argumenten angezweifelt. Zum anderen hat sich insbesondere in den letzten 30 Jahren eine teilweise heftige verfassungsrechtliche Auseinandersetzung über das – nach orthodoxem Verständnis durch eindeutige Subordination des Richterrechts geprägte – Verhältnis zwischen der Gesetzgebungsmacht des Parlaments und dem von den Gerichten entwickelten Common Law entzündet. Schließlich bedürfen die britische Teilnahme am europäischen Integrationsprozeß und die Inkorporation der Europäischen Menschenrechtskonvention in das britische Rechtssystem der systematischen Einordnung in die von der Parlamentssuprematie dominierte Verfassungsordnung des Vereinigten Königreichs.

*(i) Selbstbindung des britischen Gesetzgebers*

Die Kontroverse um die Fähigkeit des britischen Parlaments zur rechtlich wirksamen Selbstbindung stellt einen der umstrittensten Problemkreise des britischen Verfassungsrechts dar und wird vor allem zwischen den Vertretern des ‚orthodox view' und denen des ‚new view' der Parlamentssuprematie geführt.[376] Erstere treten mit der ‚continuing theory' dafür ein, die Suprematie des Parlaments bestehe in und aufgrund ihrer vollkommenen Absolutheit ewig fort und beinhalte keinerlei Kompetenz, die rechtliche Wirkungskraft parlamentarischer Gesetzgebung für die Zukunft in sachlicher, örtlicher oder verfahrensmäßiger Hinsicht zu beschränken.[377] Zur Begründung dieser Auffassung wird zunächst auf in der Vergangenheit liegende Beispiele der Ausübung parlamentarischer Allmacht verwiesen: So hat das Parlament seine eigene Amtszeit gelegentlich verlängert, retroaktive Gesetze erlassen,[378] die Thronfolgeregelung modifiziert,[379] das Staatsgebiet verändert[380] und insbesondere auch Gesetzesbestimmungen, die nach ihrem Wortlaut ewig gelten soll-

---

376 Eine auf *Petersmann*, Souveränität, S. 275 ff., zurückgehende dritte Interpretation der Parlamentssuprematie, welche den Transfer von Hoheitsrechten im Unterschied zur eigentlichen Selbstbindung für zulässig hält, ist in der britischen Verfassungsdebatte nicht aufgegriffen worden und wird daher aus der nachfolgenden Diskussion ausgeklammert. Vgl. dazu *Koch*, Grundrechtskatalog, S. 247 ff.; *Strotmann*, Souveränität, S. 65 f., 68 f.
377 Die orthodoxe ‚continuing theory' wird vor allem vertreten von *Dicey*, Introduction, S. 68 Fn. 1; *Wade*, Basis of Sovereignty, 182 ff.; und *Hood Phillips/Jackson/Leopold*, Constitutional and Administrative Law, Rz. 4–001 ff., 4–039.
378 Siehe etwa War Damage Act 1965, Northern Ireland Act 1972, Education (Scotland) Act 1973, National Health Service (Invalid Direction) Act 1980.
379 Siehe etwa Act of Settlement 1700, His Majesty's Declaration of Abdication Act 1936.
380 Von besonderer Bedeutung sind hier die Acts of Union von 1706 (Schottland) und 1800 (Irland) sowie die verschiedenen Gesetze zur Verwirklichung der Unabhängigkeit ehemaliger Kolonien.

ten, nachträglich derogiert[381]. Darüber hinaus führen die Vertreter der orthodoxen Lehre Gerichtsentscheidungen an, in denen sich die Judikative geweigert hat, spätere Parlamentsgesetze an früheren Legislativakten zu messen, auch wenn letztere Klauseln aufweisen, welche auf eine erhöhte Bestandskraft schließen lassen könnten.[382] Obgleich der Acquisition of Land (Assessment of Compensation) Act 1919 eine Bestimmung enthielt, nach der spätere gegenteilige Regelungen wirkungslos sein sollten – „shall not have effect" –, verneinte *Maugham L.J.* im Fall *Ellen Street* (1934) die Möglichkeit der Bindung des nachfolgenden Gesetzgebers.[383] In *British Coal Corporation* (1935) äußerte *Lord Sankey L.C.* die Meinung, daß es jedem amtierenden Parlament rechtlich betrachtet gänzlich offenstehe, sec. 4 der Statute of Westminster 1931 zu widerrufen, obwohl darin bestimmt ist, daß kein zukünftiges britisches Gesetz Rechtswirkungen für die betroffenen Dominions ohne deren Zustimmung und ohne die ausdrückliche gesetzliche Feststellung dieser Einwilligung entfalten soll.[384] Die orthodoxe Lehre sieht sich daher in ihrer Auffassung bestätigt, daß jedes amtierende Parlament explizit oder auch nur implizit im üblichen Legislativverfahren einfacher Mehrheiten in Unter- und Oberhaus, komplettiert durch den Royal Assent, jegliche frühere Gesetzgebung zu verändern imstande bleibt, so daß Versuche der Verankerung vorrangiger Normen zwar Gesetzeskraft erlangen, jedoch zugleich in ihrer eigentlichen Zielrichtung wirkungslos bleiben müssen.

Die als ‚new view' der Parlamentssuprematie bekannt gewordene Gegenauffassung hält dagegen die parlamentarische Gesetzgebungsbefugnis für ‚self-embracing': Dem Parlament komme die Kompetenz zu, seine Nachfolger hinsichtlich der ‚manner and form' ihrer Gesetzgebung zu binden; materielle Bindungen hinsichtlich des ‚matter' zukünftiger Gesetze seien allerdings nicht möglich.[385] Zur Begründung ihrer Thesen führen die Verfechter dieses

---

381 Dabei wird zumeist auf erfolgte Modifikationen des Act of Union 1706 mit Schottland und des Act of Union 1800 mit Irland hingewiesen; vgl. dazu die in Fn. 294 Zitierten sowie *Hadfield, Brigid*, The Belfast Agreement, Sovereignty and the State of the Union, PL 1998, S. 599, 607, 610.
382 *Wade*, Basis of Sovereignty, S. 175 ff.; *Vauxhall Estates Ltd. v. Liverpool Corporation* [1932] 1 KB 733; *Ellen Street Estates Ltd. v. Minister of Health* [1934] 1 KB 590; *British Coal Corporation v. King* [1935] AC 500.
383 *Maugham L.J.* in *Ellen Street Estates Ltd. v. Minister of Health* [1934] 1 KB 590, 597: „The legislature cannot, according to our constitution, bind itself as to the form of subsequent legislation, and it is impossible for Parliament to enact that in a subsequent statute dealing with the same subject-matter there can be no implied repeal. If in a subsequent Act Parliament chooses to make it plain that the earlier statute is to some extent repealed, effect must be given to that intention just because it is the will of the legislature."
384 *British Coal Corporation v. King* [1935] AC 500, 520: „It is doubtless true that the power of the Imperial Parliament to pass on its own initiative any legislation it thought fit extending to Canada remains in theory unimpaired: indeed the Imperial Parliament could, as a matter of abstract law, repeal or disregard section 4 of the Statute. But that is theory and has no relation to realities." Vgl. *Wade*, Basis of Sovereignty, S. 177.
385 Der ‚new view' wird insbesondere vertreten von *Heuston, R. F. V.*, Essays in Constitutional Law, 2. Auflage, London 1964, S. 6 f.; *Jennings*, Law and Constitution, S. 140 f.;

neuen Verfassungsverständnisses an, daß es sich bei der Suprematie des Parlaments um eine Rechtsregel handele, welche die Legislativakte des Parlaments zum höchsten normativen Maßstab gerichtlicher Entscheidungen erklärt und notwendigerweise auch bestimmen müsse, welche Normen genau als Parlamentsgesetz von den Gerichten anzuerkennen seien. Die diesbezüglichen traditionellen Tatbestandsmerkmale der einfachen Mehrheit in Unter- und Oberhaus sowie des Royal Assent entstammen dem Common Law und können daher – wie alle anderen Normen dieser Rechtsquelle – durch parlamentarische Gesetzgebung modifiziert werden, welche die Gerichte dann zu befolgen hätten.[386] Parlamentarische Gesetzgebung hinsichtlich der ‚manner and form' zukünftiger Rechtsetzung verändere daher die Definition des Organs ‚Parlament' im Common Law, indem sie die Verfahren innerhalb der Crown in Parliament umstrukturiere oder externe Entscheidungsträger verfassungsrechtlich in dieses Organkonstrukt aufnehme.[387] Die weithin anerkannte Verbindlichkeit der Parliament Acts 1911 und 1949[388] läßt sich nach dieser Meinungsgruppe nur auf diesem Wege als bindende ‚manner and form legislation' erklären.[389] Ebenso entfalte die Unabhängigkeitsgesetzgebung für bestimmte Dominions in der Statute of Westminster 1931 in dieser Weise eine erhöhte Bestandskraft gegenüber einfacher Gesetzgebung, da das Erfordernis der Zustimmung dieser Staaten zu späterer Imperialgesetzgebung als Verfahrensvoraussetzung zu einem Bestandteil der gerichtlichen Anerkennungsregel für Parlamentsgesetze erklärt wurde. Der ‚new view' stützt sich neben dieses dogmatischen Erwägungen auch auf eine Reihe von Gerichtsentscheidungen, die jedoch die Legislativkompetenzen kolonialer Gesetzgeber betrafen und daher von umstrittenem Erkenntniswert für die Suprematie des britischen Parlaments bleiben müssen.[390] Nach dem ‚new view' umfaßt die Allmacht des

---

*Marshall, Geoffrey*, Constitutional Theory, Oxford 1971, S. 41 ff.; *ders.*, Parliamentary Sovereignty: The New Horizons, PL 1997, S. 1, 4 f.; *de Smith/Brazier*, Constitutional and Administrative Law, S. 93 ff.

386 *Jennings*, Law and Constitution, S. 145 ff.
387 *Heuston*, Essays, S. 25 ff. Daher ist es nach dem ‚new view' verfassungsrechtlich möglich, die Änderung bestimmter Gesetze beispielsweise von einem positiven Votum in einem Volksentscheid oder von einer Zweidrittelmehrheit in Unter- und Oberhaus abhängig zu machen.
388 Der Parliament Act 1911 schaffte das Vetorecht des House of Lords in bezug auf Finanzgesetze ab (sec. 1) und reduzierte hinsichtlich anderer Public Bills (außer einer Gesetzesvorlage zur Verlängerung der Legislaturperiode) das Vetorecht des Oberhauses auf eine Befugnis zur zweijährigen Verzögerung (sec. 2). Letztere Verzögerungsperiode wurde durch den Parliament Act 1949 von zwei Jahren auf ein Jahr verkürzt. Vgl. dazu *Bradley/Ewing*, Constitutional and Administrative Law, S. 195 ff.; *Weill*, We the British People, S. 403 f.
389 Die Beschneidung der Mitentscheidungsrechte des House of Lords stellt sich danach als eine verfahrensbezogene Neudefinition des Organs Crown in Parliament dar. Vgl. *Mitchell*, Constitutional Law, S. 152.
390 *Attorney General for New South Wales v. Trethowan* [1932] AC 526 (Privy Council); *Harris v. Dönges (Minister of the Interior)* [1952] 1 TLR 1245 (Supreme Court South Africa, Appellate Division); *Minister of the Interior v. Harris* [1952] 4 SA 769 (Supreme Court South Africa, Appellate Division). Vgl. ausführlich zu diesen Entscheidungen

britischen Parlaments somit auch die Kompetenz zur legislativen Selbstbindung hinsichtlich des Verfahrens und der Form zukünftiger Gesetzgebung. Da die Gerichte, um ihrer Gesetzesgebundenheit folgen zu können, feststellen müssen, ob es sich bei einem Rechtsakt um ein verbindliches Parlamentsgesetz handelt, befürworten die Vertreter des ‚new view' auch die Möglichkeit der gerichtlichen Kontrolle des Gesetzgebers bei der Einhaltung solch prozeduraler Selbstbindungen.[391]

Die orthodoxe Lehre der Parlamentssuprematie wendet gegen den ‚new view' ein, daß eine klare Trennung von ‚manner and form' auf der einen und ‚matter' auf der anderen Seite deshalb nicht aurechtzuerhalten sei, weil jede materielle Bindung durch eine prozedurale Regelung bewirkt werden könne.[392] Die Umstrukturierung inner-parlamentarischer Verfahren und Kompetenzen und die Übertragung von Legislativbefugnissen etwa an autonome Parlamente in den ehemaligen Kolonien seien daher nicht als Selbstbindung, sondern als Delegationen von Normsetzungsbefugnissen zu verstehen,[393] welche – rechtlich betrachtet – jederzeit rückabgewickelt werden könnten, ohne daß dabei das gesetzlich bestimmte Verfahren einzuhalten sei.[394] Daher bleibe die ‚kontinuierende' Fundamentalregel unangetastet, nach der einem Legislativakt, welcher mit einfachen Mehrheiten das Unter- und Oberhaus passiert habe und dem sodann der Royal Assent erteilt wurde, als aktuelle Willensäußerung einer omnipotenten Crown in Parliament stets rechtliche Wirksam-

---

*Thelen, Klaus*, Die Vereinbarkeit des Vertrages zur Gründung der Europäischen Gemeinschaft mit der britischen Verfassung, Köln (u. a.) 1973, S. 99 ff.; *Craig*, Sovereignty of the UK Parliament after *Factortame*, S. 225 ff.; *Loveland*, Constitutional Law, S. 36 ff. Zur Unterstützung des ‚new view' wird zudem die Entscheidung des rein englisch besetzten Privy Councils im Fall *The Bribery Commission v. Ranasinghe* [1965] AC 172 herangezogen, in der *Lord Pearce* davon ausging, daß die verfahrensmäßige Bindung eines Gesetzgebers grundsätzlich mit seiner Suprematie vereinbar sei (S. 195 ff.); vgl. dazu *Craig*, Sovereignty of the UK Parliament after *Factortame*, S. 231 f.

391 *Winterton, George*, The British Grundnorm: Parliamentary Supremacy Re-examined, LQR 92 (1976), S. 591, 608 ff.

392 *Winterton*, British Grundnorm, S. 605; *Friedmann, W.*, Trethowan's Case – Parliamentary Sovereignty and the Limits of Legal Change, AusLJ 24 (1950), S. 103, 105 f.; *Geisseler, Andrea*, Reformbestrebungen im Englischen Verfassungsrecht – Aussicht auf eine Grundrechtskodifizierung in Großbritannien in naher Zukunft?, Frankfurt a.M. (u. a.) 1985, S. 113; *Petersmann*, Souveränität, S. 291 f.; *Koch*, Grundrechtskatalog, S. 246 f.

393 Das nach dem Verfahren der Parliament Acts 1911 und 1949 rechtsetzende Parlament stellt nach dieser Konstruktion lediglich einen ermächtigten Normgeber zweiten Ranges dar. *Wade*, Basis of Sovereignty, S. 193 f., spricht von einem „non-sovereign body", der „delegated legislation" erläßt. Vgl. auch *McFadden/Bain*, Strategies for the Future, S. 6.

394 Bei der Verabschiedung eines Gesetzgebung entgegen den Bestimmungen der Parliament Act 1911 und 1949 und bei der Gesetzgebung im Widerspruch zu sec. 4 der Statute of Westminster 1931 gegen den Willen der betroffenen Dominions handele es sich demnach um implizite Derogationen der früheren Beschränkungen, die volle rechtliche Wirksamkeit entfalten würden. Vgl. aber solche Entscheidungen, in denen die Widerrufbarkeit der Unabhängigkeitsgesetze bezweifelt wurde: *Ibbralebbe v. R.* [1964] AC 900, 924 (Privy Council); *Ndlwana v. Hofmeyr* [1937] AD 229, 237 (Supreme Court South Africa): „Freedom once conferred cannot be revoked."

keit zugesprochen werden müsse. Diese konstitutionelle ‚Grundnorm' werde durch die Gerichte bewahrt und entziehe sich als soziales und politisches Faktum – unabhängig davon, ob man sie als Norm des Common Law qualifiziere oder nicht – der Dispositionsbefugnis des ansonsten allmächtigen Parlaments.[395] Die Verfechter des ‚new view' folgern aus der Verankerung der Parlamentssuprematie im Common Law dagegen die legislative Modifizierbarkeit dieser Fundamentalnorm und verwerfen das Modell einer Delegation von Normsetzungsbefugnissen als gekünstelte Konstruktion, welche ihre Überzeugungskraft insbesondere dann verliert, wenn bedacht wird, daß alle Reformen des Wahlrechts, der Thronfolge und des parlamentarischen Verfahrens als derartige Delegation klassifiziert werden müßten.[396] Während der – nach der orthodoxen Theorie weiterhin omnipotente – Delegierende im Dunst der Geschichte verschwinde, gewinne die alternative Erklärung parlamentarischer Selbstbindung als Neudefinition der Crown in Parliament an argumentativer Stärke. Daß prozedurale Bestimmungen dabei stets geeignet sind, materielle Beschränkungen nachfolgender Parlamente zu bewirken, erscheint dagegen gerade das Ziel des ‚new view'; die Gefahr übermäßiger parlamentarischer Selbstbindung wird schließlich durch dieselben politischen und normativen Sicherungsmechanismen gebannt wie die unabänderbare – also ‚continuing' – Allmacht des Parlaments nach der orthodoxen Lehre.[397]

Der bedeutsamste Unterschied zwischen der orthodoxen Lehre und dem ‚new view' liegt somit in der abweichenden Qualifizierung der Eigenschaften der obersten britischen Verfassungsnorm, welche auch im Sinne *Herbert Hart*s als ‚Rule of Recognition' oder mit *Hans Kelsen* als ‚Grundnorm' verstanden werden kann. Die Regel, daß die von der Crown in Parliament erlassenen Gesetze die höchste Autorität im britischen Rechtssystem beanspruchen, wird in dieser verfassungsdogmatischen Auseinandersetzung von keiner Seite bestritten. Die orthodoxe Lehre sieht dabei die Gerichte als Träger und Hüter dieser Norm und hält Modifikationsversuche von Seiten des Parlaments für unwirksam, so daß es zunächst bei dem im Common Law verankerten Erfordernis der einfachen Mehrheit in beiden Parlamentskammern, gepaart mit dem Royal Assent, bleiben muß. Stets widerrufbare Kompetenzdelegationen stellen dagegen keine eigentlichen Modifikationen dar und können die Parlamentssuprematie in ihrem Fortbestand nicht stören. Nicht ausgeschlossen ist nach der orthodoxen Lehre allerdings die Veränderung der Anerkennungsregel durch die Gerichte selbst, welche sich jedoch als ‚stille Revolution' im Wege eines Wandels dieses sozialen und politischen Faktums vollziehen muß, in keinem Fall jedoch durch parlamentarische Gesetzgebung – also in einer die Verfassungskontinuität wahrenden Weise – bewirkt werden kann.[398] Nach

---

395  *Wade*, Basis of Sovereignty, S. 187 f.
396  Vgl. *Koch*, Grundrechtskatalog, S. 238 Fn. 164.
397  *de Smith/Brazier*, Constitutional and Administrative Law, S. 97.
398  *Wade*, Basis of Sovereignty, S. 188 ff.; *ders.*, Constitutional Fundamentals, S. 37. Mit dieser Revolutions-Theorie erklärt *Wade* die juristische Unabhängigkeit der Rechtsordnungen ehemaliger Kolonien, wie sie beispielsweise im Urteil des südafrikanischen

Teil 1: Einführung und Grundlagen

orthodoxer Ansicht bleibt eine Selbstbindung des Parlaments im engeren Sinne somit dogmatisch ausgeschlossen: Darauf abzielende Gesetzgebung könnte stets nur als Auslöser für eine normativ ungebundene Neuorientierung der Gerichte im Wege der stillen Verfassungsrevolution fungieren. Diesen Versuch einer Versöhnung der traditionellen verfassungsrechtlichen Analyse mit den dynamischen Realitäten der Verfassungsordnung durch die Konzeption einer Legalrevolution lehnen die Vertreter des ‚new view' ab, indem sie die Anerkennungsregel – die ‚Rule of Recognition' – als Bestandteil des Common Law qualifizieren, sie damit der Modifikationskompetenz des Parlaments unterwerfen und dadurch die konstitutionelle Kontinuität für den Fall der parlamentarischen Selbstbindung hinsichtlich der ‚manner and form' von Gesetzgebung zu bewahren imstande sind. Sie halten es für nicht dargelegt, daß die Anerkennungsregel notwendigerweise stets die Tatbestandsmerkmale der einfachen Mehrheiten in Unter- und Oberhaus sowie des Royal Assent enthalte. Statt dessen besitze eine bezüglich der ‚manner and form' von Gesetzgebung ‚self embracing' Interpretation der Parlamentssuprematie, welche die Tatbestandsmerkmale der obersten Verfassungsnorm der parlamentarischen Dispositionsbefugnis unterwirft, einen weitaus höheren Erklärungswert.

Sowohl die orthodoxe Lehre als auch der ‚new view' betonen die zentrale Stellung des britischen Parlaments an der Spitze der Staatsordnung des Vereinigten Königreichs und die Priorität parlamentarischer Gesetzgebung in der britischen Rechtsordnung,[399] lassen jedoch gleichzeitig beide Raum für die Verfassungsbindung der Crown in Parliament: Während die orthodoxe Theorie solche Bindungen entweder als Delegation von Normsetzungsbefugnissen oder als stille Legalrevolution auf Betreiben der Gerichte erklärt, offeriert der ‚new view' die Möglichkeit einer verfassungsimmanenten Selbstbindung durch das Parlament. Keine dieser Ansichten steht somit im Grundsatz einer Verfassungsbindung des britischen Gesetzgebers entgegen, sie unterscheiden sich lediglich in der Rationalisierung vergangener und zukünftiger Verfassungsentwicklungen. Die Bedeutendste dieser Veränderungen – der Beitritt des Vereinigten Königreichs zu den Europäischen Gemeinschaften und die Einbindung der britischen Rechtsordnung in das europäische Vertragssystem durch den European Communities Act 1972 – kann jedoch erst dann Gegenstand dieser Verfassungsanalyse werden,[400] wenn auch das zweite Problemfeld im Zusammenhang mit der Parlamentssuprematie, das Verhältnis von Parlamentsgesetzgebung und Common Law, einer näheren Untersuchung unterzogen worden ist. Auch haben andere Verfassungsentwicklungen der Vergangenheit, die nach dem ‚new view' als Selbstbindung des britischen Parlaments verstanden werden können, die Auseinandersetzung zwischen den beiden Meinungsgruppen zu keinem zwingenden Verfassungskonsens geführt. Die

---

Supreme Court im Fall *Ndlwana v. Hofmeyr* [1937] AD 229, 237 („Freedom once conferred cannot be revoked.") deutlich wird; Wade, Basis of Sovereignty, S. 191 f.
399  Vgl. *Barber, N. W.*, Sovereignty Re-examined: The Courts, Parliament, and Statutes, OJLS 20 (2000), S. 131, 133 f.
400  Siehe infra Kapitel 2 § 2 B. II. 2. (b) (iii).

112

Gründe hierfür liegen jedoch eher in den Besonderheiten des jeweiligen Einzelfalls als in der grundsätzlichen Verfassungsdogmatik. So haben die Parliament Acts 1911 und 1949 die Verfahren der parlamentarischen Gesetzgebung erleichtert und nicht durch besondere Verfahrensbeschränkungen erschwert, so daß eine Selbstbindung zwar verfassungsrechtlich vorliegen mag, diese aber aufgrund ihrer konkreten Beschaffenheit nicht zu einer strengeren Verfassungsbindung des Parlaments oder zu einer Erweiterung richterlicher Prüfungskompetenzen führen konnte.[401] Die gesetzlichen Garantien einer inhaltlichen Verknüpfung legislativen Handelns mit dem in einem Volksentscheid geäußerten Willen der nordirischen Bevölkerung in sec. 1 des Northern Ireland Constitution Act 1973[402] und in sec. 1 des Northern Ireland Act 1998[403] haben, obwohl sie der Auseinandersetzung zwischen orthodoxer und neuer Lehre als konkrete Anwendungsfälle dienen könnten, deshalb keine Streitentscheidung herbeizuführen vermocht, weil das Parlament bisher keine Gesetze im Widerspruch zu diesen möglichen Selbstbindungen erlassen hat. Zudem bleibt in bezug auf ein nordirisches Referendum über den Verbleib im Vereinigten Königreich fraglich, ob – selbst unter Zugrundelegung des ‚new view' – die gesetzliche Formulierung der potentiellen Selbstbindung dann noch als ausreichend eindeutig angesehen werden kann, wenn bedacht wird, daß Volksentscheiden in der Vergangenheit – auch unter dem Einfluß der orthodoxen Lehre – stets nur beratende Funktion zugesprochen worden ist.[404]

*(ii) Bindung des britischen Gesetzgebers durch das Common Law*
Das zweite Problemfeld im Zusammenhang mit dem Dogma der Parlamentssuprematie, das für die Frage der normativen Verfassungsgebundenheit des

---

401 Überlegungen zu Fällen mit möglicher Entscheidungserheblichkeit bei *Samuels, Alec*, Is the Parliament Act 1949 valid? Could it be Challenged?, SLR 24 (2003), S. 237 – 242; *McMurtie, Sheena*, A Challenge to the Validity of the Parliament Act 1949: An Opportunity Lost?, SLR 18 (1997), S. 46 – 57; *Ganz, Gabriele*, The War Crimes Act 1991 – Why Constitutional Crisis, MLR 55 (1992), S. 87 – 95. Siehe dazu auch *Hood Phillips/Jackson/Leopold*, Constitutional and Administrative Law, Rz. 4–035 ff.

402 Sec. 1 Northern Ireland Constitution Act 1973: „It is hereby declared that Northern Ireland remains part of Her Majesty's dominions and of the United Kingdom, and it is hereby affirmed that in no event will Northern Ireland or any part of it cease to be part of Her Majesty's dominions and of the United Kingdom without the consent of the majority of the people of Northern Ireland voting in a poll held for the purposes of this section in accordance with Schedule 1 to this Act."

403 Sec. 1 Northern Ireland Act 1998: „(1) It is hereby declared that Northern Ireland in its entirety remains part of the United Kingdom and shall not cease to be so without the consent of a majority of the people of Northern Ireland voting in a poll held for the purposes of this section in accordance with Schedule 1.
(2) But if the wish expressed by a majority in such a poll is that Northern Ireland should cease to be part of the United Kingdom and form part of a united Ireland, the Secretary of State shall lay before Parliament such proposals to give effect to that wish as may be agreed between Her Majesty's Government in the United Kingdom and the Government of Ireland."

404 Vgl. statt vieler *Barnett*, Constitutional & Administrative Law, S. 222.

britischen Gesetzgebers besondere Aufmerksamkeit verlangt, betrifft das Verhältnis zwischen der parlamentarischen Gesetzgebung und dem Common Law. Institutionell betrachtet handelt es sich um die Beschaffenheit des Funktions- und Kompetenzverhältnisses zwischen der Crown in Parliament und den ordentlichen Gerichten. Nach dem traditionellen Verständnis der britischen Verfassungsordnung[405] herrscht in dieser Beziehung eine klare Unterordnung der Gerichte und des Richterrechts unter das Parlament und seine Gesetzgebung. In der Zuständigkeit der Judikative liegen demnach lediglich die Auslegung und Anwendung der Gesetze im Einklang mit den Intentionen des allmächtigen Gesetzgebers[406] sowie die Fortentwicklung und Anwendung des Common Law, soweit dessen Normen nicht durch Legislativakte derogiert worden sind. Die schlichte Subordination des Common Law unter die parlamentarische Gesetzgebung setzte sich mit der Aufgabe richterlicher Prüfungskompetenzen hinsichtlich Parlamentsgesetzen[407] als absolut herrschendes Verständnis der britischen Verfassungsordnung durch und wird sowohl vom positiven als auch vom negativen Aspekt der durch *Dicey* formulierten Parlamentssuprematie gewahrt. Da im britischen Rechtssystem mit dem Common Law unzweifelhaft eine außerhalb der Crown in Parliament zu verortende Rechtsquelle anerkannt wird, betont *Dicey* die Derogationswirkung parlamentarischer Gesetzgebung hinsichtlich des Richterrechts ganz besonders:

> „... *the adhesion by our judges to precedent ... leads inevitably to the gradual formation by the courts of fixed rules for decision, which are in effect laws. This judicial legislation might appear, at first sight, inconsistent with the supremacy of Parliament. But it is not so. English judges do not claim or exercise any power to repeal a Statute, whilst Acts of Parliament may override and constantly do override the law of judges. Judicial legislation is, in short, subordinate legislation, carried on with the assent and subject to the supervision of Parliament.*"[408]

Dieses Verständnis des Verhältnisses zwischen dem Parlament und den Gerichten hat sich auch die britische Judikative in bewußter Abkehr von der Argumentation *Sir Edward Coke*s im *College of Physician's Case* (1610)[409] zu eigen gemacht. So beschreibt *Lord Wright* dieses Verhältnis mit den Worten:

> „*Parliament is supreme. It can enact extraordinary powers of interfering with personal liberty. If an Act of Parliament ... is alleged to curtail the*

---

405 In bezug auf das Verhältnis zwischen der Parlamentssuprematie und dem Common Law bestehen zwischen der orthodoxen Lehre und dem ‚new view' keine entscheidenden Unterschiede. Sie können daher im Folgenden als traditionelle Ansichten zusammengeführt werden.
406 Vgl. *Lord Bingham* in R. v. *Secretary of State for the Environment, ex parte Spath Holme Ltd.* [2001] 2 AC 349, 388: „the overriding aim ... must always be to give effect to the intention of Parliament as expressed in the words used".
407 Siehe dazu supra Kapitel 2 § 2 B. I. 1.
408 *Dicey*, Introduction, S. 60 f.
409 Siehe supra Fn. 232 mit Text.

> *liberty of the subject or vest in the executive extraordinary powers of detaining the subject the only question is what is the precise extent of the powers given ... In the constitution of this country there are no guaranteed or absolute rights. The safeguard of British liberty is in the good sense of the people and in the system of representative and responsible government which has been evolved."*[410]

Dieses ganz herrschende Deutung der britischen Verfassung[411] schreibt somit das Primat politischer Kontrollmechanismen für die Ausübung staatlicher Macht fest und setzt durch die Akzeptanz des Modells der ‚self-correcting democracy' *Diceys* auch sein Vertrauen in die Wirksamkeit dieser Bindungen. Politische Zwänge, die auf den Gesetzgeber wirken – seien sie normativer Natur oder nicht – werden deshalb rechtlichen Beschränkungen vorgezogen, weil sie der demokratischen Legitimationsgrundlage des Parlaments Ausdruck verleihen. Rechtliche Kontrollmechanismen liegen dagegen in den Händen von Richtern, denen diese legitimierende Rückbindung fehlt.[412]

Jedoch gesteht auch diese traditionelle Auffassung den Gerichten eine aktivere Rolle zu als es zunächst erscheinen mag. Da – insbesondere bezüglich der von der Exekutive ausgeübten königlichen Prärogative – weiterhin ureigene Bereiche des verfassungsrechtlichen Common Law existieren, die von der parlamentarischen Gesetzgebung unangetastet geblieben sind, kommt den Gerichten in ihrer Aufgabe der Fortentwicklung und Anwendung dieses Common Law die Funktion der Sicherung individueller Freiheiten der Bürger gegenüber dem Staat zu. Entsprechend dem dritten Aspekt der von *Dicey* formulierten Rule of Law, nach dem der Schutz bürgerlicher Freiheiten Bestandteil des Common Law sei, haben die Gerichte den Grundsatz aufgestellt, daß der einzelne die Freiheit besitzt, alles zu tun, was nicht durch Gesetz oder Common Law verboten wird.[413] Aufgrund dieses residualen – oder ‚negati-

---

410  *Liversidge v. Anderson* [1942] AC 206, 260 f. Vgl. auch die Äußerungen von *Lord Reid* in *Madzimbamuto v. Lardner-Burke* [1969] 1 AC 645, 723, siehe supra Fn. 215 mit Text.
411  Vgl. statt vieler *Irvine, Lord of Lairg*, Judges and Decision-Makers: The Theory and Practice of *Wednesbury* Review, PL 1996, S. 59, 76 f.; *Steyn, Lord of Swafield*, The Weakest and Least Dangerous Department of Government, PL 1997, S. 84, 85.
412  Vgl. *Ekins, Richard*, Judicial Supremacy and the Rule of Law, LQR 119 (2003), S. 127, 144 ff.
413  *Case of Proclamations* [1611] 12 Coke Rep. 74: Dem König ist es untersagt, durch Proklamation Straftatbestände zu schaffen. Der Fall *Malone v. Metropolitan Police Commissioner* [1979] Ch 344 indiziert zwar, daß nicht immer eine ausdrückliche Ermächtigung für freiheitsbeschränkendes staatliches Handeln erforderlich ist, da auch der Staat alles tun darf, wenn er nicht das geltende Recht bricht; dieses Urteil bleibt jedoch heftig umstritten, weshalb unklar ist, ob ihm in zukünftigen Entscheidungen gefolgt werden würde. Für eine Gegenposition siehe etwa *R. v. Somerset County Council, ex parte Fewings* [1995] 1 AllER 513. Vgl. auch *Allan*, Law, Liberty, and Justice, S. 157 ff.; *Sedley, Stephen*, Freedom, Law and Justice, The Hamlyn Lectures, London 1999, S. 10 ff.; *Baum, Marius*, Rights Brought Home – Zur Inkorporierung der Europäischen Konvention zum Schutze der Menschenrechte und Grundfreiheiten in das nationale Recht des Vereinigten Königreichs von Großbritannien und Nordirland, EuGRZ 2000, S. 281, 285; *Harris, B. V.*, The „Third Source" of Authority for Governmental Action, LQR

ven' – Freiheitsverständnisses des Common Law[414] wäre die Auflistung aller durch die Gerichte über die Jahrhunderte entwickelten Freiheitsverbürgungen nicht hilfreich. Die durch das Common Law geschützten Freiheitspositionen – wie die Freiheit der Person, der Meinungsäußerung, der Versammlung oder das Eigentumsrecht – verbieten grundsätzlich ihre Beeinträchtigung durch den Staat beim Fehlen einer anerkannten rechtlichen Grundlage.[415] So darf die Exekutive – um zwei wichtige Rechtsverbürgungen zu nennen – ohne Rechtsgrundlage keine Hausdurchsuchungen durchführen oder Eigentum beschlagnahmen.[416] Da es sich bei derartigen Rechtsgrundlagen entweder um Normen des Common Law oder um solche des Gesetzesrechts handeln kann, beziehen sich im gesetzesunabhängigen Common Law positive Formulierungen bürgerlicher Freiheiten zumeist auf die Schranken der königlichen Prärogative. So haben die Gerichte etwa den Rechtsgrundsatz entwickelt, daß die Regierung für Enteignungen auf der Grundlage von Prärogativrechten den betroffenen Bürgern eine Entschädigung in Geld zu leisten hat.[417] Die stetig zunehmenden legislativen Aktivitäten des Parlaments in immer größeren Bereichen der britischen Rechtsordnung haben jedoch zu einer entsprechenden Zurückdrängung des eigenständigen Common Law geführt, welchem insbesondere im Verhältnis zwischen Staat und Bürger heutzutage eine nur noch untergeordnete Bedeutung zukommt. Die Voraussetzung des Fehlens einer anerkannten rechtlichen Eingriffsermächtigung als Freiheitspostulat des Common Law belegt die Verfügbarkeit dieser Rechtsverbürgungen in ihrer Erosion durch parlamentarische Gesetzgebung.[418] Das Verhältnis der Gerichte zu Legislative und Exekutive bestimmt sich daher vornehmlich nach der Position, die sie in der Auslegung und Anwendung parlamentarischer Gesetzgebung einnehmen.

Auch auf dem in der heutigen Zeit zunehmend bedeutsameren Gebiet der Interpretation und Anwendung von Gesetzesrecht versteht bereits *Dicey* – und in seiner Nachfolge das traditionelle Verständnis der britischen Verfassungsordnung – die Gerichte nicht als gänzlich passive Normanwender. Judikative Gestaltungsspielräume ergeben sich hier aus dem gerichtlichen Monopol der Gesetzesauslegung.[419] Besondere Bedeutung erlangen dabei die-

---

109 (1992), S. 626, 632 ff. Insbesondere der Erlaß des Human Rights Act 1998 begrenzt den *Malone*-Grundsatz in seiner zukünftigen Anwendung.
414 Vgl. *Koch*, Grundrechtskatalog, S. 61 ff.; *Fredman, Sandra*, Judging Democracy: The Role of the Judiciary under the HRA 1998, CLP 54 (2000), S. 99, 110; *Doerfert, Carsten*, Freiheitsschutz nach englischem Recht, JA 1997, S. 255, 256 ff.
415 Vgl. *Bradley/Ewing*, Constitutional and Administrative Law, S. 404.
416 *Entick v. Carrington* [1765] 19 StTr 1029.
417 *Burmah Oil Co. v. Lord Advocate* [1965] AC 75.
418 Vgl. *Bradley/Ewing*, Constitutional and Administrative Law, S. 404.
419 Dem Parlament bleibt es jedoch stets offen, eine unliebsame gerichtliche Gesetzesauslegung legislativ nachträglich zu korrigieren; so geschehen etwa durch den War Damage Act 1965 nach der Entscheidung in *Burmah Oil Co. V. Lord Advocate* [1965] AC 75, durch den Northern Ireland Act 1972 nach dem Urteil in *R. (Hume et al) v. Londonderry Justices* [1972] NILR 91 sowie durch den National Health Service (Invalid Direction) Act 1980 nach der Entscheidung in *Lambeth Borough Council v. Secretary*

jenigen Parlamentsgesetze, welche das Verhältnis zwischen dem Staat und den Bürgern regeln, indem sie die Exekutive zu Handlungen in der Form von Einzelfallmaßnahmen oder zum Erlaß von sekundärem Verordnungsrecht (‚delegated legislation') ermächtigen. Derartige Gesetzesbestimmungen haben im Laufe der Zeit die königliche Prärogative auf eine Reihe von Restfeldern zurückgedrängt und stellen somit den Großteil des heutigen ‚Verwaltungsrechts' des Vereinigten Königreichs. Der seit langem unumstrittenen und in der zweiten Hälfte des 20. Jahrhunderts erheblich ausgebauten Kontrollkompetenz der ordentlichen Gerichte in bezug auf exekutive Einzelfallmaßnahmen und Sekundärgesetzgebung in Gestalt der Judicial Review kommt daher eine zentrale Rolle im britischen Rechtsleben zu. Dogmatischer Ausgangspunkt dieser judikativen Funktion war neben den Common Law-Grundsätzen der ‚Natural Justice' vor allem die traditionelle ‚Ultra Vires'-Doktrin, nach der die Gerichte die Einhaltung der Grenzen parlamentarischer Ermächtigungen zu überwachen befugt sind.[420] Da die ‚Ultra Vires'-Doktrin die gesetzesförmige Ermächtigung der Verwaltung und die Intentionen des Parlaments zum natürlichen Fokus jeder verwaltungsrechtlichen Problematik erhebt, wächst der gerichtlichen Auslegung von Parlamentsgesetzen ein zentraler Stellenwert im britischen ‚öffentlichen Recht' zu. Bei der im Rahmen der Gesetzesinterpretation erforderlichen Ermittlung gesetzgeberischer Intentionen bedienen sich die Gerichte jedoch einer Reihe von Interpretationsmaximen, den ‚presumptions of interpretation'. Trotz seiner vehementen Ablehnung richterlicher Normenkontrollbefugnisse gegenüber parlamentarischer Gesetzgebung erkannte bereits *Dicey* die zentrale Bedeutung dieser Auslegungsmaximen:

> „... *judges, when attempting to ascertain what is the meaning to be affixed to an Act of Parliament, will presume that Parliament did not intend to violate the ordinary rules of morality, or the principles of international law, and will therefore, whenever possible, give such an interpretation to a statutory enactment as may be consistent with the doctrines both of private and of international morality.*"[421]

Die Gesetzesauslegung wird für *Dicey* zum zentralen Verbindungsglied zwischen seiner Lehre der rechtlich uneingeschränkten Parlamentssuprematie und seiner Version der Rule of Law: Wenn das britische Parlament liberale und rechtsstaatliche Grundsätze ohne verfassungsrechtliche Grenzen einschränken kann und die Gerichte derartiger Gesetzgebung stets Folge zu leisten haben, dann kann die Rule of Law hinsichtlich parlamentarischer Legislativakte nur noch als judikative Auslegungsmaxime zur Anwendung kommen,

---

  *of State* [1980] 79 LGR 61. Vgl. dazu *Bradley/Ewing*, Constitutional and Administrative Law, S. 56.
420  Vgl. *Riedel*, Kontrolle der Verwaltung, S. 88 ff.; *Craig*, Administrative Law, S. 5 ff.; *Loughlin*, Development of public law, S. 628 ff.
421  *Dicey*, Introduction, S. 62 f.; vgl. dazu *Bingham, Lord of Cornhill*, Dicey Revisited, PL 2002, 39, 47 f.

wo der Gesetzgeber Raum für Interpretationen läßt. Keine Lösung bietet *Dicey* indessen für die Fälle, in denen das Parlament rechtsstaatliche und liberale Grundsätze bewußt und sprachlich eindeutig einschränkt.[422] Er vertraut den politischen Kontrollmechanismen des Gesetzgebers und der Gesetzesauslegung der Gerichte:

> „... *the judges ... are disposed to construe statutory exceptions to common law principles in a mode which would not commend itself either to a body of officials, or to the Houses of Parliament, if the Houses were called upon to interpret their own enactments.*"[423]

Die Gerichte haben dieses Zugeständnis der herrschenden Verfassungsorthodoxie als Auftrag zur Entwicklung interpretatorischer Grundsätze verstanden und eine umfassende Rechtsprechung entwickelt, nach der bei nicht eindeutigen gesetzlichen Regelungen die interpretatorische Vermutung gilt, daß das jeweils einschlägige Gesetz bürgerliche Freiheiten und rechtsstaatliche Grundsätze nicht verletzen soll; damit wird in der Rechtsprechung stets diejenige Auslegung bevorzugt, welche diese Prinzipien gar nicht oder zumindest am wenigsten einschränkt.[424] Trotz des Fehlens eines vorrangigen Verfassungstextes im Vereinigten Königreich ergibt sich somit eine auffallende Parallele mit dem in der deutschen Rechtsordnung geltenden Gebot der verfassungskonformen Auslegung von Gesetzen.[425] Im Wege und im Sinne derartiger Gesetzesauslegung haben die britischen Gerichte einen Bestand von Freiheitsverbürgungen und rechtsstaatlichen Grundsätzen des Common Law entwickelt. Sprachliche Unklarheiten in Gesetzen werden nach der Vermutung aufgelöst, daß das Vereinigte Königreich nicht im Widerspruch zu seinen völkerrechtlichen Verpflichtungen handeln will,[426] wobei sogar umstritten bleibt, ob diese völkerrechtsfreundliche Interpretationspraxis wirklich die sprachliche Mehrdeutigkeit des Gesetzestextes als notwendige Bedingung voraussetzt.[427] Des weiteren wird bei der Gesetzesauslegung davon ausgegangen,

---

422 Vgl. *Donson, Fiona*, Civil Liberties and Judicial Review: Can the Common Law Really Protect Rights?, in: Leyland, Peter/Woods, Terry (Hrsg.), Administrative Law Facing the Future: Old Constraints and New Horizons, London 1997, S. 347, 348.
423 *Dicey*, Introduction, S. 413 f.
424 Vgl. *Mitchell*, Constitutional Law, S. 66; *Allan, Trevor R. S.*, The Limits of Parliamentary Sovereignty, PL 1985, S. 614, 616.
425 Zur verfassungskonformen Auslegung in Deutschland vgl. *Stern*, Staatsrecht I, S. 135 ff.; *Hesse*, Grundzüge des Verfassungsrechts, Rz. 79 ff.; *Sachs*, Einführung, in: Sachs, Rz. 52 ff.; *Maurer*, Staatsrecht I, § 1 Rz. 67 ff.
426 *Salomon v. Commissioners of Custom and Excise* [1967] 2 QB 116, 143 f.; *Co-operative Committee on Japanese Canadians v. Attorney General for Canada* [1974] AC 87, 104; *Garland v. British Rail Engineering Ltd.* [1983] 2 AC 751, 771; vgl. *Hunt*, Human Rights, S. 13 ff.
427 Als Autoritäten für dieses Erfordernis werden üblicherweise die Entscheidungen in *R. v. Secretary of State for the Home Department, ex parte Brind* [1991] 1 AC 696 und *Salomon v. Commissioners of Custom and Excise* [1967] 2 QB 116, 143 f., herangezogen. Dagegen taucht diese Voraussetzung nicht auf in *Garland v. British Rail Engineering Ltd.* [1983] 2 AC 751, 771. Vgl. *Hunt*, Human Rights, S. 17 ff., 37 ff.

daß im Zweifel die Strafgesetzgebung keine retroaktive Wirkung haben soll[428] und Straftatbestände die Erfüllung eines subjektiven Tatbestands erfordern.[429] Zudem vermuten die Gerichte, daß der Gesetzgeber – außer im Falle der ausdrücklichen diesbezüglichen Anordnung im Gesetz – die Exekutive zu keiner Entziehung privaten Eigentums ohne die Zahlung einer finanziellen Entschädigung ermächtigen will.[430] Darüber hinaus legen die Gerichte alle Gesetze und untergesetzliche Normen nach dem Grundsatz aus, daß dem Bürger nach Möglichkeit nicht der Zugang zu den ordentlichen Gerichten für die Überprüfung der Rechtmäßigkeit staatlichen Handelns verwehrt sein soll.[431] Wegen der britischen Ratifikation der Europäischen Menschenrechtskonvention fließen die völkerrechtsfreundliche Interpretation und die Auslegung nach Grundfreiheiten des Common Law vielfach ineinander. Nach traditionellem britischem Verfassungsverständnis birgt die Anerkennung dieser interpretatorischen Vermutungen keine Gefahr für das Dogma der Parlamentssuprematie und die strenge Subordination des Common Law: Richterrechtliche Interpretationsmaximen bilden danach die angemessene Verbindung parlamentarischer Suprematie mit den Erfordernissen liberaler Rechtsstaatlichkeit. Zur Sicherung der demokratischen Grundstruktur der Staatsordnung bleiben die legislative Omnipotenz der Crown in Parliament und die entsprechende Nachordnung des Common Law dadurch gewährleistet, daß die Gerichte einer hinreichend eindeutigen gesetzlichen Anordnung Folge leisten müssen und grundsätzlich nur bei gesetzlichen Unklarheiten nach liberalen Grundwerten auslegen dürfen. Entsprechend der traditionellen ‚Ultra Vires'-Doktrin als verwaltungsrechtlichem Ausdruck der verfassungsorthodoxen Parlamentssuprematie wird dieser gerichtliche Aktivismus mit den vermuteten Intentionen des Gesetzgebers gerechtfertigt. Das Common Law verbleibt insofern in der ausführenden Rolle.[432]

Dieser traditionellen Sichtweise der gesetzesgebundenen Tätigkeit der Gerichte sind in Rechtsprechung und Schrifttum jedoch erhebliche Bedenken entgegengebracht worden. Als Ausgangspunkte dieser Auseinandersetzung sollen zwei Anmerkungen zum traditionellen Verständnis dienen. Zum einen ist im judikativen und wissenschaftlichen Diskurs eine rhetorische Verlage-

---

428 *Waddington v. Miah* [1974] 1 WLR 683.
429 *Sweet v. Parsley* [1970] AC 132.
430 *Central Control Board (Liquor Traffic) v. Cannon Brewery Co. Ltd.* [1919] AC 744, 752.
431 *R. v. Lord Chancellor, ex parte Witham* [1998] QB 575, 585; *R. v. Secretary of State for the Home Department, ex parte Leech* [1994] QB 198, 210; *Raymond v. Honey* [1983] 1 AC 1, 13; *Anisminic v. Foreign Compensation Commission* [1969] 2 AC 147, 170; *Pyx Granite Co. v. Ministry of Housing and Local Government* [1960] AC 260.
432 Die Entwicklung liberaler Auslegungsmaximen durch die Common Law Gerichte, welche keinerlei Anhaltspunkten im Gesetzestext bedürfen, deutet jedoch auch Zweifel an der Überzeugungskraft der traditionellen ‚Ultra Vires'-Doktrin an. Die Frage, ob diese Doktrin wirklich das dogmatische Fundament des modernen Rechts der Judicial Review darstellen kann, ist daher auch zu einem der am heftigsten umstrittenen Problemkreise des britischen Verwaltungsrechts geworden. Vgl. zu dieser Auseinandersetzung die in Fn. 129 supra genannten Stimmen.

rung von der Fiktion vermuteter Intentionen des Gesetzgebers hin zur Idee der ‚constitutional rights' des Common Law zu beobachten. Zwar liegt in dieser Entwicklung zunächst keine rechtliche Veränderung, da weiterhin eindeutige gesetzliche Bestimmungen diesen Rechtspositionen zwingend vorgehen sollen, jedoch läßt sie eine vorsichtig beginnende Emanzipation des Common Law gegenüber dem Parlamentsrecht erkennen. Aus dem herkömmlichen Blickwinkel des Gesetzesrechts handelt es sich bei den genannten Interpretationsmaximen lediglich um Vermutungen über die Intentionen des Gesetzgebers. So gesehen halten sie sich im Rahmen der traditionellen britischen Gesetzesauslegung, die sich nicht als eine Analyse der subjektiven Intentionen von Parlamentariern oder Ministern darstellt, sondern als die Ermittlung des objektivierten Willens eines vernünftigen Gesetzgebers.[433] Heute mehren sich jedoch die offenen Bekundungen zu einer neueren Sicht des Common Law, dem sich die Auslegungsmaximen als rechtsstaatliche Grundsätze, freiheitliche Rechtspositionen oder sogar als ‚constitutional rights' entnehmen lassen. Eine derartige Betrachtungsweise tritt im direkten sprachlichen Widerspruch zum traditionell residualen Freiheitsverständnis des Common Law.[434] Dieser rhetorische Wandel wird besonders deutlich in den Worten des Richters *Laws J.* im Fall *Witham* (1998). Hier erklärt *Laws J.* die ‚constitutional rights' nicht als Vermutungen über legislative Intentionen, sondern als

> „*creatures of the common law, since their existence would not be the consequence of the democratic political process but would be logically prior to it.*"[435]

Daß hierin zumindest eine leichte Modifizierung des traditionellen Verfassungsverständnisses im Vereinigten Königreich erblickt werden muß, belegt die Darstellung der ursprünglichen Version der Parlamentssuprematie durch (mittlerweile) *Laws L.J.* im Fall *International Transport Roth* (2002):

> „*Not very long ago, the British system was one of Parliamentary supremacy pure and simple. Then, the very assertion of constitutional rights as such would have been something of a misnomer, for there was in general no hierarchy of rights, no distinction between ‚constitutiona" and other rights. Every Act of Parliament had the same standing in law as every other, and so far as rights were given by judge-made law, they could offer no competition to the status of statutes. The courts evolved rules of interpretation which favoured the protection of certain basic freedoms, but in*

---

433  Vgl. *Lord Nicholls* in *R. v. Secretary of State for the Environment, ex parte Spath Holme Ltd.* [2001] 2 AC 349, 388: „... the ‚intention of Parliament' is an objective concept, not subjective. The phrase is a shorthand reference to the intention which the court reasonably imputes to Parliament in respect of the language used."
434  Vgl. *Loughlin, Martin,* The development of public law in the United Kingdom, Diritto Pubblico 4 (1998) 3, S. 621, 631.
435  *Laws J.* in *R. v. Lord Chancellor, ex parte Witham* [1998] QB 575, 581.

*essence Parliament legislated uninhibited by claims of fundamental rights.*"[436]

Diese Urteilspassagen deuten an, daß sich hinter dem rhetorischen Wandel auch eine materiell-rechtliche Veränderung abzeichnen könnte, der im Folgenden weiter nachzugehen sein wird.

Zum zweiten erweist sich das rechtsdogmatische Fundament der traditionellen Sichtweise vom Verhältnis zwischen parlamentarischer Allmacht und gesetzesgebundener Common Law-Judikatur nicht als vollkommen tragfähiger analytischer Ansatz. Das orthodoxe Verständnis der Beziehung zwischen Parlament und Gerichten beruht auf einer rechtstheoretischen Unterscheidung zwischen der Nichtanwendung und der Auslegung von Gesetzen durch die Judikative: Erstere bleibt den Gerichten aufgrund des Ausschlusses einer richterlichen Normenkontrollbefugnis hinsichtlich Parlamentsgesetzen absolut verboten, und dieser Grundsatz läßt auch keine Einschränkungen zu; letztere eröffnet ihnen dagegen die Einbeziehung außer-gesetzlicher Normen und Werte im Wege der durch das Common Law entwickelten Interpretationsmaximen.[437] Diese Unterscheidung bildet eine notwendige Prämisse der Subordination des Common Law unter die Suprematie des Parlaments und damit des verfassungsorthodoxen Verständnisses der Parlamentssuprematie selbst. Sind Nichtanwendung und Auslegung jedoch nicht klar voneinander zu trennen, so erweist sich auch die scheinbare legislative Allmacht des Parlaments als in Wahrheit normativ gebunden durch den richterrechtlichen Kontext ihres judikativen Vollzugs. Die Gesetzesinterpretation der Gerichte ergäbe dann die Möglichkeit der normativen Bindung des britischen Parlaments. Eine dogmatisch hinreichend klare Trennung zwischen der Auslegung parlamentarischer Gesetze und ihrer Nichtanwendung ist indes nicht möglich. Aufgrund der notwendigen sprachlichen Offenheit abstrakt-genereller Rechtsnormen enthält jede rechtsanwendende Tätigkeit stets auch Elemente der Interpretation und umgekehrt. Äußerst restriktive und übermäßig weite Auslegungen gesetzlicher Vorschriften lassen sich immer auch als Beispiele der Nichtanwendung beziehungsweise Anwendung des betreffenden Gesetzes verstehen.[438] Bei einem Interpretationskanon, der nur auf die realen gesetzgeberischen Intentionen abstellt, mag das Verschwimmen der Trennlinie zwischen Nichtanwendung und Auslegung keine Gefahr für die rechtliche Ungebundenheit des Parlaments bedeuten. Da sich jedoch nach britischem Verständnis die Gesetzesinterpretation als Prozeß der Ermittlung eines durch das Common Law objektivierten Willens eines vernünftigen Gesetzgebers darstellt, erweist sich die judikative Auslegung des Parlamentsrechts als Einfallstor für das ansonsten zurückgedrängte Common Law. Durch die Öffnung der gesetzesgebundenen Judikatur der britischen Gerichte für die Anwendung norma-

---

436 Laws L.J. in *International Transport Roth GmbH & Others v. Secretary of State for the Home Department* [2002] 3 WLR 344, Rz. 70.
437 *Bradley*, Sovereignty of Parliament, S. 55; vgl. dazu *Allan*, Limits of Parliamentary Sovereignty, S. 616 f.
438 *Allan*, Limits of Parliamentary Sovereignty, S. 617.

tiver Maßstäbe des Common Law entsteht somit die äußerst beachtliche Situation einer rechtlichen Bindung der Crown in Parliament.

Diese Verfassungsbindungen des britischen Gesetzgebers dürfen nicht grundsätzlich im Sinne einer nunmehrigen schlicht hierarchischen Unterwerfung des Parlaments unter das Normengefüge des Richterrechts gedeutet werden. Statt dessen führt der Umweg über die fließenden Übergänge zwischen der Nichtanwendung und der Auslegung von Gesetzen in Richtung eines Verständnisses einer graduell abgestuften Verfassungsbindung der Crown in Parliament und einer ebenso schattierten diesbezüglichen Kontrollkompetenz der Gerichte. Eine derartige Einschätzung ist auch deshalb geboten, weil verschiedene gesetzliche Vorschriften aufgrund ihrer sprachlichen Struktur den Gerichten unterschiedlich weite Auslegungsspielräume eröffnen und weil die für die Auslegung entscheidenden Grundwerte des Common Law in ihrer Bedeutung – und damit in ihrem Gewicht bei der Gesetzesinterpretation – wesentlich divergieren können. Bei der vorgeschlagenen Wertung stellt sich somit das Verhältnis zwischen Parlament und Gerichten beziehungsweise zwischen primärer Gesetzgebung und Common Law als eine spezifisch britische Ausprägung des Kontinuums normativer Verfassungsbindungen zwischen Verfassungs- und Parlamentssuprematie dar.[439] Die Annahme einer graduell unterschiedlichen Verfassungsbindung bedeutet daher zugleich auch, daß die gerichtliche Kompetenz zur Normenkontrolle bezüglich primärer Parlamentsgesetze mit einer entsprechenden Befugnis zur Nichtigkeitserklärung – wie sie für die konstitutionelle Institution einer formellen Verfassungsgerichtsbarkeit typisch ist und von der traditionellen britischen Lehre einhellig abgelehnt wird – nicht mehr als kategorischer Gegensatz zur Omnipotenz des britischen Parlaments verstanden werden muß, sondern nur als eine weitere Möglichkeit unter vielen im Spektrum der Verfassungsbindungen angesehen werden kann. Den entscheidenden dogmatischen Schritt für die Anerkennung des vorgeschlagenen Verständnisses bildet daher wiederum die Akzeptanz einer weiten verfassungsgestalterischen Grauzone zwischen den Idealtypen einer vollständigen Verfassungssuprematie mit fester normativer Bindung des Gesetzgebers und entsprechender Normenkontrollbefugnis einer Verfassungsgerichtsbarkeit als Extrem auf der einen Seite und einer perfekten Parlamentssuprematie im Sinne einer vollkommenen Ungebundenheit des Gesetzgebers als Extrem auf der anderen Seite.[440] Der fließende Übergang zwischen der Nichtanwendung und der Auslegung von Parlamentsgesetzen erzwingt die Anerkennung einer derartigen Grauzone. Besondere Überzeugungskraft erlangt das Verständnis der graduell abgestuften Verfassungsbindung des Parlaments jedoch deshalb, weil es die Möglichkeit eröffnet, zum einen dynamische Entwicklungsprozesse der auf der Basis des Common Law flexibel angelegten britischen Rechtsordnung als Tendenzen im so gefundenen Spektrum der Verfassungsbindungen aufzuzeigen, zum anderen aber auch

---

439  Siehe dazu supra Kapitel 2 § 2 B. II.
440  Für einen ähnlichen Ansatz vgl. *Craig, Paul P.*, Constitutional and Non-Constitutional Review, CLP 54 (2001), S. 147, 155 ff.

abweichende Ansichten über das Verhältnis zwischen der Suprematie des Parlaments und dem Common Law als unterschiedliche Abschnitte in diesem Spektrum zu begreifen. Beide Aspekte erweisen sich als eng verbunden, da sich in der evolutiven Dynamik des Common Law neue Verfassungsverständnisse ohne ein Tätigwerden der verfassungsgebenden oder der gesetzgebenden Gewalten abzeichnen können und zu erwarten sind.

Legt man aus diesen Gründen die graduelle Abstufung im Bindungsverhältnis zwischen der Legislativmacht des Parlaments und dem Common Law als besondere Ausprägung des Spektrums der normativen Verfassungsbindung zugrunde, so wird deutlich, daß die dargestellte traditionelle Sichtweise dieses Verhältnisses an demjenigen Ende des vorgeschlagenen Spektrums zu verorten ist, welche jegliche Bindung des Parlaments durch das Common Law verwirft und mit Hilfe der dogmatischen Unterscheidung von Nichtanwendung und Auslegung dem Richterrecht lediglich eine untergeordnete Funktion der Ausführung im Bereich der Gesetzesinterpretation zubilligt; eine eigenständige Rolle des Common Law in der Frage der Anwendung parlamentarischer Gesetze wird dagegen strikt verneint, so daß die Möglichkeit einer richterlichen Normenkontrollbefugnis bezüglich primärer Gesetzgebung mit Nachdruck ausgeschlossen bleibt. Im konstitutionellen Schrifttum und in außer-gerichtlichen Äußerungen hochrangiger britischer Richter hat sich allerdings zum Ende des 20. Jahrhunderts eine Gegenposition formiert, die von einer Überordnung bestimmter Grundsätze des Common Law über die Suprematie des Parlaments ausgeht und somit grundsätzlich auch die Möglichkeit einer materiell-rechtlichen Normenkontrollbefugnis der Gerichte bezüglich parlamentarischer Gesetzgebung bejaht. Die für eine Beurteilung der britischen Verfassungsordnung maßgebliche Rechtsprechung befindet sich demgegenüber in einem dynamischen Entwicklungsprozeß zwischen diesen beiden Extremen und wird hierbei von gewichtigen Stimmen im britischen verfassungsrechtlichen Schrifttum begleitet und gestützt.

Die mit dem Begriff des ‚Common Law Constitutionalism' treffend beschriebene Gegenposition zum traditionellen Verständnis des Verhältnisses zwischen Parlamentsgesetzen und Richterrecht geht insbesondere auf die Publikationen *Trevor Allans*[441] und die außer-gerichtlichen Veröffentlichungen der Richter *Sir John Laws*[442], *Lord Woolf*[443] und – mit einigen Einschränkungen – auch *Sir Stephen Sedley*[444] zurück. Diese Meinungsgruppe stellt sich

---

441 Vgl. *Allan, Trevor R. S.*, Constitutional Justice – A Liberal Theory of the Rule of Law, Oxford 2001; *ders.*, Law, Liberty, and Justice; *ders.*, Legislative Supremacy and the Rule of Law: Democracy and Constitutionalism, CLJ 44 (1985), S. 111 – 143; *ders.*, Limits of Parliamentary Sovereignty, S. 614 – 629.
442 Vgl. *Laws, John*, Is the High Court the Guardian of Fundamental Constitutional Rights?, PL 1993, S. 59 – 79; *ders.*, Law and Democracy; *ders.*, The Constitution: Morals and Rights, PL 1996, S. 622 – 635.
443 Vgl. *Woolf, Lord of Barnes*, Droit Public – English Style, PL 1995, S. 57 – 71.
444 Vgl. *Sedley, Stephen*, Human Rights: a Twenty-First Century Agenda, PL 1995, S. 386 – 400; *ders.*, The Sound of Silence; *ders.*, The Moral Economy of Judicial Review, in: Wilson, Geoffrey P. (Hrsg.), Frontiers of Legal Scholarship – Twenty five years of Warwick

nicht einheitlich dar. Es sind gewisse Abweichungen im Detail zu beobachten. So geht *Allan* – im Unterschied zu den anderen genannten Autoren – nicht etwa von einer evolutiven Stärkung des Common Law gegenüber dem Parlament aus, sondern versteht die traditionelle Lehre der Parlamentssuprematie als ursprüngliches Mißverständnis über die Grenzen parlamentarischer Gesetzgebungsmacht.[445] Der gemeinsame dogmatische Nenner dieser Meinungsgruppe findet sich aber in der Fundierung der britischen Verfassungsordnung – einschließlich des Dogmas der Parlamentssuprematie – im Common Law, welches der systemimmanenten Dynamik richterlicher Rechtsfortbildung unterliegt.[446] In vergleichsweise zurückhaltender Art und Weise beschreibt *Sedley* einen verfassungsrechtlichen Paradigmenwechsel, der sich im judikativen Aktivismus der zweiten Hälfte des 20. Jahrhunderts in Entscheidungen zur Judicial Review exekutiven Staatshandelns äußert und als Reaktion auf vielfach wahrgenommene Schwächen parlamentarischer Kontrollmechanismen gedeutet wird.[447] *Sedley*s Version einer Common Law-Verfassung ist daher das Konzept einer bi-polaren Souveränität:

> „... *we have today ... a new and still emerging constitutional paradigm, no longer of Dicey's supreme Parliament to whose will the rule of law must finally bend, but of bi-polar sovereignty of the Crown in Parliament and the Crown in its courts, to each of which the Crown's ministers are answerable – politically to Parliament, legally to the courts.*"[448]

Zwar lehnt *Sedley* für den heutigen Stand dieser Verfassungsentwicklung eine durch die Gerichte judizierte Bindung des Parlaments an ein höherrangiges

---

Law School, Chichester (u. a.) 1995, S. 156 – 162; *ders.*, Government, Constitutions, and Judges, in: Richardson, Genevra/Genn, Hazel (Hrsg.), Administrative Law and Government Action, Oxford 1994, S. 35 – 43.

445 *Trevor Allan* vertritt die Auffassung, daß „modern assertions of unlimited sovereignty rest on a misunderstanding of constitutional history"; *Allan*, Law, Liberty, and Justice, S. 269. Er rationalisiert daher beispielsweise den Vorrang des Europarechts vor den nationalen Gesetzen nicht etwa als neue Limitation der Parlamentssuprematie, sondern als „rational attempt to explore the boundaries of legislative sovereignty within the contemporary constitution"; „membership of the Community reveals the nature of the ultimate principle in all its existing complexity – integral to a larger, if mainly implicit, constitutional theory"; *Allan, Trevor R. S.*, Parliamentary Sovereignty: Law, Politics and Revolution, LQR 113 (1997), S. 443, 448f.

446 Vgl. *Dixon, Owen*, The Common Law as an Ultimate Constitutional Foundation, ALJ 31 (1957), S. 240 – 245; *Poole, Thomas*, Dogmatic Liberalism? T. R. S. Allan and the Common Law Constitution, MLR 65 (2002), S. 463, 468ff.

447 *Sedley*, The Sound of Silence, S. 277ff., 285f.; *ders.*, Human Rights, S. 388f. Vgl. auch *O'Neill, Aidan*, Fundamental Rights and the Constitutional Supremacy of Community Law in the United Kingdom after Devolution and the Human Rights Act, PL 2002, S. 724, 734f.

448 *Sedley*, Human Rights, S. 389. Vgl. auch *ders.*, Moral Economy of Judicial Review, S. 160; *X Ltd. v. Morgan-Grampian (Publishers) Ltd.* [1991] 1 AC 1, 48. Kritisch dazu *Griffith, John A. G.*, The Common Law and the Political Constitution, LQR 117 (2001), S. 42, 44ff.; aber vgl. die Antwort in *Sedley, Stephen*, The Common Law and the Political Constitution: A Reply, LQR 117 (2001), S. 68 – 70.

Normengefüge des Common Law ab,[449] jedoch weist sein Verständnis der britischen Staatsordnung eine dynamische Entwicklungsoffenheit auf, welche schließlich zu einer verstärkten Verfassungsbindung des Gesetzgebers führen kann:

> „What has been happening in the field of judicial review of government has been a realignment of the polarities of state power. It is ... an organic readjustment of sovereignties within the state driven by the whole concatenation of forces which makes up the moral economy. For this reason, too, the future path of the process is never clear. It is possible that with or without a written constitution the courts may one day find themselves emboldened or provoked to strike down primary legislation as unconstitutional."[450]

Erheblich weiter gehen dagegen die Ansichten *Allan*s, *Laws*" und *Woolf*s. Sie alle lehnen die formelle Rule of Law *Dicey*s ab[451] und liefern eine materielle Doktrinversion, angereichert durch rechtsstaatliche, demokratische und liberale Grundwerte.[452] Während bei *Dicey* die Rule of Law im Verhältnis zum Gesetzgeber lediglich als unverbindliches politisches Ideal verstanden werden kann, das letztendlich der Parlamentssuprematie untergeordnet bleibt,[453] führt die materielle Version dieser Common Law Constitutionalists zu einer rechtlich verbindlichen Grundordnung, die im Range über dem Gesetzgeber steht.[454] An die Stelle *Sedley*s bi-polarer Souveränität, die in der Wortwahl noch das klare Bekenntnis zu einer höherrangigen Autorität vermeidet, tritt hier die Suprematie des Common Law.[455] Nach dieser Meinungsgruppe wurzelt die Autorität sowohl der Gerichte als auch des Gesetzgebers in der Rule of Law, so daß beide auch durch sie gebunden sein müssen.[456] Legislativhandeln des Parlaments, das gegen seine eigenen Legitimationsgrundlagen verstößt, könne daher entgegen der positivistischen Sichtweise der traditionellen Lehre keine Wirksamkeit in der britischen Rechtsordnung beanspruchen. Diese Verfassungsbindung erklärt *Allan* mit den Worten:

---

449  *Sedley*, Human Rights, S. 389 f.
450  *Sedley*, Moral Economy of Judicial Review, S. 161. Kritisch dazu *Mullender, Richard*, Parliamentary Sovereignty, the Constitution and the Judiciary, NILQ 49 (1998), S. 138, 140 ff.
451  Siehe supra Fn. 280 mit Text.
452  *Allan*, Constitutional Justice, S. 2; *ders.*, Law, Liberty, and Justice, S. 21; *Laws*, The Constitution, S. 627 ff. Vgl. dazu *Ekins*, Judicial Supremacy, S. 128; *Craig*, Formal and Substantive Conceptions of the Rule of Law, S. 479 ff.
453  Vgl. *Loewenstein*, Staatsrecht I, S. 81; *Loughlin*, Development of public law, S. 629 f.; *Turpin*, British Government, S. 66.
454  *Allan*, Constitutional Justice, S. 26; *Ekins*, Judicial Supremacy, S. 130 f.
455  Vgl. *Loughlin*, Development of public law, S. 637 f.
456  *Woolf*, Droit Public, S. 68: „As both Parliament and the courts derive their authority from the rule of law so both are subject to it and can not act in manner which involves its repudiation."

> *"The practice of judicial obedience to statute ... can only reflect judicial understanding of what (in contemporary conditions) political morality demands. The limits of that practice of obedience must therefore be constituted by the boundaries of that morality. An enactment which threatened the essential elements of any plausible conception of democratic government would lie beyond those boundaries. It would forfeit, by the same token, any claim to be recognized as law."*[457]

Und *Laws* führt aus:

> *"Ultimate sovereignty rests ... not with those who wield governmental power, but in the conditions under which they are permitted to do so. The constitution, not Parliament, is in this sense sovereign. In Britain these conditions should now be recognised as consisting in a framework of fundamental principles which include the imperative of democracy itself and those other rights, prime amongst them freedom of expression, which cannot be denied save by plea of guilty to totalitarianism."*[458]

Die natürliche Konsequenz dieses Verfassungsverständnisses ist die Befugnis der ordentlichen Gerichte, dem Parlament in Fällen der legislativen Verletzung der Grundwerte der Rule of Law die Gefolgschaft zu verweigern:

> *"Ultimately there are even limits on the supremacy of Parliament which it is the courts"* inalienable responsibility to identify and uphold. They are limits of the most modest dimensions which I believe any democrat would accept. They are no more than are necessary to enable the rule of law to be preserved."[459]
>
> *"It is ultimately for the courts to determine the validity of statutes in accordance with the principle of equality and with due regard for the other essential constituents of the rule of law."*[460]
>
> *"The case which I and some others have ventured to suggest may be made against the doctrine of Parliament's absolute sovereignty ultimately rests on the proposition that the legislature holds its power for the benefit of the people as surely as does the executive; that is, it is, or ought to be, subject to the rule of law."*[461]

Die Common Law Constitutionalists – sie werden teilweise auch als ‚Judicial Supremacists' bezeichnet – vertreten somit mehrheitlich die Bindung des britischen Parlaments an ein System des ‚higher-order law'[462] und auch die Zuständigkeit der Gerichte, diese Ordnung judikativ zu garantieren. Auf dem Spektrum der Verfassungsbindungen haben sie daher im Vergleich zur traditionellen Lehre einen weiten Weg in Richtung einer Verfassungssuprematie

---

457 *Allan*, Law, Liberty, and Justice, S. 282.
458 *Laws*, Law and Democracy, S. 92.
459 *Woolf*, Droit Public, S. 69.
460 *Allan*, Constitutional Justice, S. 3.
461 *Laws*, The Constitution, S. 628.
462 *Laws*, Law and Democracy, S. 84 ff.

zurückgelegt. In der Bewertung dieser progressiven Meinungsgruppe darf jedoch nicht übersehen werden, daß sich die britische Rechtsprechung auch in jüngster Zeit weiterhin zum hergebrachten Verständnis der rechtlich uneingeschränkten Parlamentssuprematie bekennt[463] und daß auch innerhalb der Gruppe der Judicial Supremacists gelegentliche argumentative Rückzüge stattfinden.[464] Zudem begegnet die Lehre vom ‚higher-order law' vor allem zwei Schwierigkeiten: Zum einen bleibt sie dem Vorwurf der Traditionalisten ausgesetzt, sie verschaffe der nicht gewählten Judikative eine ungerechtfertigte Vormachtstellung gegenüber dem demokratisch legitimierten und den Bürgern verantwortlichen Parlament und verletze dadurch neben demokratischen Grundsätzen auch das Prinzip der Gewaltenteilung.[465] Die Antwort der Common Law Constitutionalists auf diese Kritik besteht in dem Hinweis, daß ein höherrangiges Normengefüge gerade zum Schutz der demokratischen und gewaltengeteilten Grundordnung geeignet und bestimmt ist.[466] So versteht *Allan* die Fundamentalvoraussetzungen einer demokratischen Ordnung als zentrale Versatzstücke seiner Konzeption einer vorherrschenden „political morality" und mißt diesen daher überragende Bedeutung im Rahmen der Rule of Law bei:

> *„A parliamentary enactment whose effect would be the destruction of any recognizable form of democracy – for example a measure purporting to deprive a substantial section of the population of the vote on the grounds of their hostility to government policies – could not be consistently applied by the courts as law."*[467]

Zum zweiten offenbaren die Formulierungen dieser progressiven Lehre eine Unfähigkeit oder Unwilligkeit, die materiellen Gehalte des höherrangigen Normengefüges mit der für seine praktische Handhabung erforderlichen hinreichenden Klarheit zu bestimmen.[468] Während *Allan* demokratischen Grundwerten besondere Bedeutung beimißt,[469] betont *Laws* vor allem die Freiheit

---

463 Vgl. statt vieler *R. v. Director of Public Prosecutions, ex parte Kebilene* [2000] AC 326. Auch *Laws* überträgt seine wissenschaftlichen Ansichten nicht unmittelbar in seine Urteile – siehe *R. v. Lord Chancellor, ex parte Witham* [1998] QB 575, 581.
464 Vgl. beispielsweise *Woolf, Lord of Barnes*, Judicial Review – The Tensions between the Executive and the Judiciary, LQR 114 (1998), S. 579, 581.
465 *Ekins*, Judicial Supremacy, S. 144 ff.; *Forsyth*, Fig Leaves, S. 139; *Griffith, John A. G.*, The Brave New World of Sir John Laws, MLR 63 (2000), S. 159, 172 ff.
466 Vgl. *Elliott*, Parliamentary sovereignty and the new constitutional order, S. 343 f.
467 *Allan*, Law, Liberty, and Justice, S. 282.
468 *Donson*, Civil Liberties and Judicial Review, S. 362, 371; *Irvine, Lord of Lairg*, Response to Sir John Laws 1996, PL 1996, S. 636, 638.
469 *Allan*, Law, Liberty, and Justice, S. 282 f.; ähnlich auch *Mason, Anthony*, One Vote, One Value v. The Parliamentary Tradition – The Federal Experience, in: Forsyth, Christopher/Hare, Ivan (Hrsg.), The Golden Metwand and the Crooked Cord, Essays on Public Law in Honour of Sir William Wade QC, Oxford 1998, S. 333, 334 f., 351. *Allan* bekennt sich ausdrücklich zu dieser Unbestimmtheit: „The limits of sovereignty clearly cannot be stated with any precision .... The boundaries of sovereignty must be determined in the light of the prevailing moral and political climate ..."; *Allan*, Limits of Parliamentary Sovereignty, S. 627.

der Meinungsäußerung und das Recht auf Zugang zu den Gerichten.[470] *Woolf* erwägt dagegen judikativen Ungehorsam gegenüber dem Parlament für Fälle, in denen dieses die Kompetenzen des High Court zur Verwaltungskontrolle übermäßig beschneidet oder zu offenen Diskriminierungen aufgrund der Religion oder Rasse ermächtigt.[471] Diese unbestimmte Vielfalt fällt zudem mit einer merkbaren Zurückhaltung bezüglich des Umfangs der Schranken legislativen Handelns zusammen, den *Woolf* als „most modest" beschreibt,[472] während *Allan* den Griff zur judikativen Verweigerung für „extreme and unlikely" hält.[473] Diese Vorsicht führt dazu, daß sich die herrschende traditionelle Lehre insgesamt in ihrem Vertrauen in die politischen Kontrollmechanismen bestätigt fühlt und daher auch weiterhin die Notwendigkeit einer Neuinterpretation der Parlamentssuprematie verneint:

> „*The genius of our constitution is that it is geared to the real world. We all know that Parliament will not pass statutes condemning blue-eyed babies to death, so why worry because it could do so? If we try to alter our constitution to combat improbable eventualities, we may prevent too much.*"[474]

Obgleich die Meinungsgruppe der Judicial Supremacists dogmatisch und argumentativ eine große Strecke hin zur verstärkten Bindung des britischen Parlaments durch das Common Law zurückgelegt und damit den theoretischen Rahmen für ein Neuverständnis der britischen Parlamentssuprematie erweitert hat, reduziert sie ihre praktische Durchschlagskraft durch ihre Vorsicht in der Bestimmung materieller Gehalte der Rule of Law und durch die dementsprechende Beschränkung ihrer Anwendung auf Fälle, in denen der Gesetzgeber „the unthinkable"[475] tut.[476] Dennoch formuliert sie durch die Bündelung rechtsstaatlicher, demokratischer und liberaler Grundüberzeugungen mit der bereits in der orthodoxen Lehre *Wades* angelegten Macht der Gerichte zu einer Fortentwicklung der Verfassungsordnung[477] einen substantiierten Angriff auf das überlieferte Verständnis der britischen Parlamentssuprematie.

Die britische Rechtsprechung gilt traditionell als feste Stütze der Parlamentssuprematie nach orthodoxem Verständnis. Der fließende Übergang zwischen der Nichtanwendung und der Auslegung von Parlamentsgesetzen

---

470   *Laws*, Law and Democracy, S. 83 f.; *ders.*, Judicial Remedies and the Constitution, MLR 57 (1994), S. 213, 223, 226. In einer anderen Veröffentlichung bemüht sich *Laws*, dem ‚higher-order law' durch die Unterscheidung zwischen positiven und negativen Rechten materiellen Gehalt zu verleihen; *Laws*, The Constitution, S. 627 ff. Kritisch dazu *Donson*, Civil Liberties and Judicial Review, S. 362 ff.
471   *Woolf*, Droit Public, S. 68 f.
472   Siehe supra Fn. 459 mit Text.
473   *Allan*, Limits of Parliamentary Sovereignty, S. 621.
474   *Lee, Simon*, Comment II on Trevor Allan, The Limits of Parliamentary Sovereignty, PL 1985, S. 632, 633.
475   *Woolf*, Droit Public, S. 69.
476   *Elliott*, Parliamentary sovereignty and the new constitutional order, S. 345.
477   Siehe supra Fn. 398 mit Text.

öffnet jedoch den Blick dazu, ihre Position als dynamische Entwicklung innerhalb des Spektrums der Verfassungsbindungen zu orten und somit minutiöse Verschiebungen ihres Standpunkts sichtbar zu machen.[478] Dieser Prozeß verläuft jenseits der beinahe einhelligen rhetorischen Bekenntnisse zur verfassungsrechtlichen Orthodoxie.[479] Die Entwicklung liberaler Grundfreiheiten des Common Law und ihre Übertragung in die Auslegung parlamentarischer Gesetze können als zentrale Einfallstore für die verfassungsnormative Bindung des britischen Gesetzgebers verstanden werden. Die Problematik der Verfassungsbindung ereignet sich somit vor allem in der judikativen Behandlung grundrechtlich und rechtsstaatlich relevanter Gesetze. Die evolutive Dimension der britischen Verfassung und das immer offenere judikative Bekenntnis zur Fundierung der Staatsordnung im Common Law treten besonders deutlich in den Worten des Richters *Laws L.J.* im Fall *International Transport Roth* (2002) zutage, der auch den Erlaß des Human Rights Act 1998 in diese Entwicklung einbezieht:

> *„In its present state of evolution, the British system may be said to stand at an intermediate stage between parliamentary supremacy and constitutional supremacy ... Parliament remains the sovereign legislature; there is no superior text to which it must defer (I leave aside the refinements flowing from our membership of the European Union); there is no statute which by law it cannot make. But at the same time, the common law has come to recognise and endorse the notion of constitutional, or fundamental rights .... The Human Rights Act 1998 ... now provides a democratic underpinning to the common law's acceptance of constitutional rights, and important new procedural measures for their protection."*[480]

Der entscheidende dogmatische Schritt, den die Rechtsprechung in Abkehr von der orthodoxen Lehre der Parlamentssuprematie vollzogen hat, betrifft die Anwendungsintensität der im Common Law entwickelten Auslegungsmaximen. Herkömmlicherweise kommen Interpretationsgrundsätze dort zum Einsatz, wo Gesetzestexte Unklarheiten aufweisen, die dann in die eine oder andere Richtung aufgelöst werden.[481] Eine größere Anwendungsintensität kann dagegen beobachtet werden, wenn die Gerichte es für geboten halten,

---

478 Allgemein zu dieser Entwicklung vgl. *O'Neill,* Fundamental Rights, S. 735 ff.
479 Vgl. statt vieler *Laws J.* in *R. v. Lord Chancellor, ex parte Witham* [1998] QB 575, 581: „a time when the common law continues to accord a legislative supremacy to Parliament".
480 Laws L.J. in *International Transport Roth GmbH & Others v. Secretary of State for the Home Department* [2002] 3 WLR 344, Rz. 71.
481 In *R. v. Secretary of State fort he Home Department, ex parte Brind* [1991] 1 AC 696 weigerte sich das House of Lords, in die weit formulierte Ermessensvorschrift der sec. 29 Broadcasting Act 1981 eine implizite Verpflichtung des Ministers hineinzulesen, die in der Europäischen Menschenrechtskonvention geschützte und im Common Law anerkannte Freiheit der Meinungsäußerung zu wahren. Vgl. dazu *Fredman,* Judging democracy, S. 112.

jede mögliche Anstrengung zu unternehmen, eine Kompatibilität zwischen zwei sich auf den ersten Blick widersprechenden Normen festzustellen, wie dies etwa im Bereich der richtlinienkonformen Auslegung nationaler Regelungen im Bereich des Europarechts erforderlich ist.[482] Britische Gerichte haben jedoch insbesondere in den letzten Jahren eine nochmals stärkere Intensität der Auslegung in grundrechtsrelevanten Fällen entwickelt, welche im fließenden Übergang zwischen Interpretation und Nichtanwendung gesetzlicher Bestimmungen zu verorten ist und sich damit in entscheidender Hinsicht von der orthodoxen Betrachtungsweise entfernt hat. Dieser Ansatz wird besonders deutlich im Urteil des Richters *Laws J.* zum Fall *Witham* (1998):

> *„In the unwritten legal order of the British state, at a time when the common law continues to accord legislative supremacy to Parliament, the notion of a constitutional right can in my judgment inhere only in this position, that the right in question cannot be abrogated by the state save by specific provision in an Act of Parliament, or by regulations whose vires in main legislation specifically confers the power to abrogate. General words will not suffice."*[483]

Mit dieser Argumentation kassiert der Divisional Court eine Verordnung des Lord Chancellors, welche die Befreiung der Sozialhilfeempfänger von der Zahlung bestimmter Gerichtskosten beendete, da diese Beschränkung des im Common Law anerkannten Rechts auf Zugang zu den Gerichten im ermächtigenden Gesetz nicht hinreichend ausdrücklich gestattet wurde.[484] Während *Laws J.* die Befugnis des Parlaments zu einer derartigen Grundrechtsbeschneidung dem Grunde nach unangetastet läßt, verlangt er dafür aber inhaltlich eine explizite diesbezügliche Formulierung oder zumindest eine, aus der diese gesetzgeberische Intention zweifelsfrei („beyond doubt") hervorgeht. Letztere Möglichkeit der notwendigen Implikation aus dem Gesetzestext (‚necessary implication') hält *Laws J.* indessen für eine „class with no

---

482  *Craig*, Constitutional and Non-Constitutional Review, S. 163. Vgl. zur richtlinienkonformen Auslegung *Craig/de Búrca*, EU Law, S. 211 ff.; *Streinz, Rudolf*, Europarecht, 6. Auflage, Heidelberg 2003, Rz. 404 ff. Auf der Ebene der einfachen Verwaltungskontrolle im Wege der Judicial Review findet sich dieser Ansatz in der Rechtsprechung zu den ‚Wednesbury-Prinzipien' wieder. Hier wird der Verwaltung in grundrechtsrelevanten Fällen seit den Entscheidungen des House of Lords in *R. v. Secretary of State for the Home Department, ex parte Bugdaycay* [1987] 1 AllER 940, 952, 956 und *R. v. Secretary of State for the Home Departement, ex parte Brind* [1991] 1 AC 696, 748 f. ein erhöhter Rechtfertigungsmaßstab im Rahmen der Frage der ‚reasonableness' auferlegt; vgl. *Craig, Paul P.*, Constitutional Foundations, the Rule of Law and Supremacy, PL 2003, S. 92, 108; *ders.*, Administrative Law, S. 582 ff.; *Donson*, Civil Liberties and Judicial Review, S. 350 ff.; *Fredman*, Judging Democracy, S. 114 ff.
483  *Laws J.* in *R. v. Lord Chancellor, ex parte Witham* [1998] QB 575, 581. Hierin liegt praktisch eine Umkehrung der im Fall *R. v. Secretary of State for the Home Departement, ex parte Brind* [1991] 1 AC 696 aufgestellten Regel, siehe Fn. 481; vgl. *Fredman*, Judging Democracy, S. 112.
484  Vgl. zu dieser Entscheidung auch *Elliott, Mark*, Reconciling Constitutional Rights and Constitutional Orthodoxy, CLJ 56 (1997), S. 474, 474 ff.

members".[485] Ein ähnlicher Ansatz ist in den Entscheidungen des House of Lords zu den Fällen *Pierson* (1998)[486] und *Simms* (1999)[487] zu erkennen. Lord Steyn vertritt in *Pierson* (1998) die Auffassung, daß

> *"Parliament does not legislate in a vacuum. Parliament legislates for a European liberal democracy based upon principles and traditions of the common law .... Unless there is the clearest provision to the contrary, Parliament must be presumed not to legislate contrary to the rule of law."*[488]

In *Simms* (1999) kassiert das House of Lords ein vom Home Secretary erlassene Totalverbot mündlicher Interviews von Journalisten mit Häftlingen. *Lord Hoffmann* greift die vorausgegangene Rechtsprechungsentwicklung auf und formt – in Anknüpfung an Ausführungen *Lord Steyns*[489] – die neue judikative Sichtweise zu einem ‚principle of legality':

> *"Parliamentary sovereignty means that Parliament can, if it chooses, legislate contrary to fundamental principles of human rights .... The constraints upon its exercise by Parliament are ultimately political, not legal. But the principle of legality means that Parliament must squarely confront what it is doing and accept the political cost. Fundamental rights cannot be overridden by general or ambiguous words .... In the absence of express language or necessary implication to the contrary, the courts therefore presume that even the most general words were intended to be subject to the basic rights of the individual. In this way the courts of the United Kingdom, though acknowledging the sovereignty of Parliament, apply principles of constitutionality little different from those which exist in countries where the power of the legislature is expressly limited by a constitutional document."*[490]

Insbesondere der letzte Satz dieses Abschnitts macht deutlich, daß sich die britischen Gerichte auf dem Weg einer behutsamen Umdeutung der Verfassungsordnung befinden. Trotz des judikativen Bekenntnisses zur Parlamentssuprematie handelt es sich bei dem ‚principle of legality' um eine bahnbrechende verfassungsrechtliche Neuentwicklung.[491] Dieses Prinzip wurzelt nicht mehr in Vermutungen über die Intentionen eines vernünftigen Gesetz-

---

485 Laws J. in *R. v. Lord Chancellor, ex parte Witham* [1998] QB 575, 585 f. Vgl. aber *R. v. Lord Chancellor, ex parte Lightfoot* [1998] 4 AllER 764.
486 *Pierson v. Secretary of State for the Home Department* [1998] AC 538.
487 *R. v. Secretary of State for the Home Department, ex parte Simms* [1999] 3 AllER 400.
488 Lord Steyn in *Pierson v. Secretary of State for the Home Department* [1998] AC 538, 575 ff.
489 *R. v. Secretary of State for the Home Department, ex parte Simms* [1999] 3 AllER 400, 411.
490 Lord Hoffmann in *R. v. Secretary of State for the Home Department, ex parte Simms* [1999] 3 AllER 400, 412 f.
491 Zum ‚principle of legality' vgl. *Jowell, Jeffrey*, The rule of law's long arm: uncommunicated decisions, PL 2004, S. 246, 247 f.

gebers, sondern im Common Law selbst.[492] In Anlehnung an den ‚new view‘ zur Parlamentssuprematie könnte man es als ‚manner and form‘-Bindung des Parlaments klassifizieren, da es dem Gesetzgeber aufgibt, Einschränkungen liberaler und rechtsstaatlicher Grundwerte ausdrücklich oder zumindest sprachlich zweifelsfrei zu formulieren. Anders als nach dem ‚new view‘ stellt sich das ‚principle of legality‘ jedoch nicht als Selbstbindung des Parlaments dar, sondern als Rechtsprinzip des Common Law.[493] Das ‚principle of legality‘ unterscheidet sich deshalb entscheidend vom traditionellen Verständnis der Parlamentssuprematie, da es sich hierbei nicht mehr um eine Auslegungsmaxime zur Feststellung der wahren Bedeutung von Parlamentsakten handelt, sondern vielmehr um eine Prioritätsregel des Common Law: Außer in Fällen expliziter oder gänzlich zweifelsfreier impliziter Derogation gehen die ‚constitutional rights‘ des Common Law den Parlamentsgesetzen vor.[494] Der Grad an sprachlicher Unvereinbarkeit zweier Normen bildet damit nicht mehr den primären Fokus der judikativen Analyse.[495] Daß dadurch gelegentlich auch sehr eindeutige gesetzliche Regelungen von den Gerichten für unzureichend zur Beschneidung derartiger Verfassungsrechte befunden werden können, zeigt der berühmte Fall *Anisminic* (1969)[496], in dem das House of Lords urteilte, daß eine gesetzliche Bestimmung, nach der „the determination by the [Foreign Compensation] Commission of any application made to them under this Act shall not be called in question in any court of law"[497], nicht ausreiche, um die Zuständigkeit der Gerichte zur Judicial Review der Entscheidungen der Commission auszuschließen. Zwar hielt sich das Gericht streng innerhalb der Rhetorik gesetzgeberischer Intentionen und der ‚Ultra Vires‘-Doktrin, jedoch kann *Anisminic* auch als früher und besonders kraftvoller Anwendungsfall des ‚principle of legality‘ in bezug auf das Recht auf Zugang zu den Gerichten gedeutet werden.[498] Insgesamt erweist sich das ‚principle of legality‘ als – für den derzeitigen Stand britischer Verfassungsevolution – besonders maßgeschneiderte verfassungsrechtliche Neuentwicklung, weil es bei ausdrücklicher Bekräftigung parlamentarischer Letztentscheidungskompetenzen eine subtile Umdeutung der Parlamentssuprematie beinhaltet und gleichzeitig den traditionellen britischen Kontrollmechanismen legislativer Macht zu

---

492 Vgl. *Jowell, Jeffrey*, Beyond the Rule of Law: Towards Constitutional Judicial Review, PL 2000, S. 671, 675; *Craig*, Constitutional and Non-Constitutional Review, S. 176. Hier spiegelt sich die Durchsetzung des ‚Common Law-Modells‘ gegenüber der ‚Ultra Vires‘-Doktrin in der wissenschaftlichen Diskussion um die Verfassungsgrundlagen der Judicial Review wider; siehe supra die Fn. 129 und 432 mit Text; vgl. auch *Craig*, Constitutional Foundations, S. 107 ff.
493 Vgl. *Elliott, Mark*, Embracing „Constitutional" Legislation: Towards Fundamental Law?, NILQ 54 (2003), S. 25, 36.
494 *Craig*, Constitutional and Non-Constitutional Review, S. 166 f.
495 *Craig*, Constitutional Foundations, S. 108.
496 *Anisminic Ltd. v. Foreign Compensation Commission* [1969] 2 AC 147.
497 Sec. 4(4) Foreign Compensation Act 1950.
498 Vgl. dazu *Allan*, Law, Liberty, and Justice, S. 65 ff.; *Barendt*, Constitutional Law, S. 132; *Vogenauer*, Die Auslegung von Gesetzen, S. 1089 f.; *Goldsworthy*, Sovereignty of Parliament, S. 250 ff.

mehr Wirksamkeit verhilft. Es bewirkt nämlich einen erhöhten Druck auf das Parlament, grundrechtsbeschränkende Regelungen in sprachlich eindeutiger Art und Weise zu formulieren, und dies wiederum erhöht die Chancen, daß die nach dem traditionellen Verfassungsverständnis so zentrale Kontrolle durch die öffentliche Meinung und den politischen Prozeß ihre volle Kraft entfalten kann. Die jüngere Rechtsprechung verbindet somit Altbewährtes mit neuen Ansätzen. Diese Verknüpfung wird deutlich erkennbar, wenn *Lord Hoffmann* die Auswirkungen des ‚principle of legality' mit den Worten beschreibt:

> „... the principle of legality means that Parliament must squarely confront what it is doing and accept the political cost."[499]

Daß es sich bei der neuen Prioritätsregel des Common Law bereits um eine nachhaltige Umdeutung der britischen Verfassungsordnung handelt, wird geradezu unübersehbar, wenn der jüngste Schritt der britischen Rechtsprechung in die Verfassungsanalyse einbezogen wird. Im Urteil des Administrative Court zum Fall *Thoburn* (2002) nutzt Richter *Laws L.J.* die Gelegenheit zur Ausführung seines Verfassungsverständnisses in einer hilfsweisen Begründung eines auch anderweitig gefundenen Ergebnisses über das Verhältnis zwischen dem European Communities Act 1972 und einem späteren britischen Parlamentsgesetz, dem Weights and Measures Act 1985. Darin betont *Laws L.J.* erneut die Fundierung der Verfassungsordnung im Common Law und überträgt die im Hinblick auf die ‚constitutional rights' des Common Law entwickelte Rechtsprechung auf den Bereich des reinen Gesetzesrechts:

> „In the present state of its maturity the common law has come to recognise that there exist rights which should properly be classified as constitutional or fundamental .... And from this a further insight follows. We should recognise a hierarchy of Acts of Parliament: as it were „ordinary" statutes and „constitutional" statutes. The two categories must be distinguished on a principled basis. In my opinion a constitutional statute is one which (a) conditions the legal relationship between citizen and state in some general, overarching manner, or (b) enlarges or diminishes the scope of what we now regard as fundamental constitutional rights .... The special status of constitutional statutes follows the special status of constitutional rights."[500]

Hierin liegt zunächst die Feststellung, daß dem Common Law und damit den Gerichten in der britischen Staatsordnung die legitime Funktion zukommt, das Verfassungsrecht weiterzuentwickeln. Des weiteren hält *Laws L.J.* nach der Ausformung der ‚constitutional rights' des Common Law nun die Zeit

---

499 *Lord Hoffmann* in *R. v. Secretary of State for the Home Department, ex parte Simms* [1999] 3 AllER 400, 412.
500 *Laws L.J.* in *Thoburn v. Sunderland City Council* [2002] 3 WLR 247, Rz. 62.

reif für die Anerkennung einer Hierarchie der Parlamentsgesetze.[501] Im Unterschied zu gewöhnlichen Gesetzen zeichnen sich ‚Verfassungsgesetze' danach durch ihren besonderen Regelungsinhalt aus, der entsprechend einem materiellen Verfassungsbegriff in der grundsätzlichen Normierung sowohl des Rechtsverhältnisses zwischen Staat und Bürger als auch der Grundfreiheiten besteht. Als Beispiele für die Gruppe der ‚Verfassungsgesetze' nennt *Laws L.J.* unter anderem die Magna Carta 1215, den Bill of Rights 1689, den Act of Union mit Schottland 1706, die Representation of the People Acts 1832, 1867 und 1884 zur Erweiterung des Wahlrechts, den Human Rights Act 1998 sowie den für die Entscheidung des Falls *Thoburn* maßgeblichen European Communities Act 1972. Bereits diese Aufzählung macht deutlich, daß auch Gesetze, welche staatsorganisatorische Grundlagen regeln, der Klasse der Verfassungsgesetze zuzuordnen sind. Den entscheidenden verfassungsrechtlichen Wesensunterschied zwischen gewöhnlichen Gesetzen und Verfassungsgesetzen erkennt *Laws L.J.* in den abweichenden Rechtsfolgen, welche durch das Common Law bestimmt werden. An dieser Stelle überträgt *Laws L.J.* die Common Law-Prioritätsregel des ‚principle of legality' auf die Behandlung von Normkollisionen zwischen inhaltlich widersprüchlichen Parlamentsgesetzen:

> *„Ordinary statutes may be impliedly repealed. Constitutional statutes may not. For the repeal of a constitutional Act or the abrogation of a fundamental right to be effected by statute, the court would apply this test: is it shown that the legislature's* actual *– not imputed, constructive or presumed – intention was to effect the repeal or abrogation? I think the test could only be met by express words in the later statute, or by words so specific that the inference of an actual determination to effect the result contended for was irresistible. The ordinary rule of implied repeal does not satisfy this test. Accordingly, it has no application to constitutional statutes .... A constitutional statute can only be repealed, or amended in a way which significantly affects its provisions touching fundamental rights or otherwise the relation between citizen and state, by unambiguous words on the face of the later statute. This development of the common law regarding constitutional rights, and as I would say constitutional statutes, is highly beneficial. It gives us the benefit of a written constitution, in which fundamental rights are accorded special respect. But it preserves the sovereignty of the legislature and the flexibility of our unwritten constitution."*[502]

Die Rhetorik der traditionellen Parlamentssuprematie kann spätestens an diesem Punkt der Verfassungsentwicklung nicht mehr die Tatsache verschleiern, daß den Gerichten durch das Common Law eine entscheidende Modifizierung des orthodoxen Verfassungsverständnisses gelungen ist. Während *Dicey* eine

---

501 Für einen ähnlichen Ansatz vgl. *Lester, Lord of Herne Hill*, Developing Constitutional Principles of Public Law, PL 2001, S. 684, 688 f.; *ders.*, Interpreting Statutes under the Human Rights Act, SLR 20 (1999), S. 218, 223.
502 *Laws L.J.* in *Thoburn v. Sunderland City Council* [2002] 3 WLR 247, Rz. 63 f.

Normenhierarchie verschiedener Parlamentsgesetze streng ablehnte[503] und zwischen dem Dentist Act 1878 und dem Act of Union mit Schottland 1706 keinerlei rechtlichen Unterschied erkennen konnte,[504] vertritt *Laws L.J.* die Ansicht, daß eine besondere Kategorie von Verfassungsgesetzen nicht implizit, sondern nur explizit oder bei vollkommen zweifelsfreier Formulierung dieser legislativen Absicht durch spätere Gesetzgebung derogiert werden kann.[505] Darin liegt die Abschaffung des Grundsatzes des ‚implied repeal' für eine Reihe wichtiger Parlamentsgesetze. Hierin ist deshalb der Bruch mit der traditionellen Lehre und Rechtsprechung vollzogen, weil dieser Rechtsgrundsatz die vollkommene legislative Ungebundenheit des jeweils amtierenden Parlaments sichert und einen entscheidenden Aspekt des orthodoxen Verständnisses der Parlamentssuprematie darstellt.[506] Im Fall *Ellen Street* (1934), der stets als maßgebliche Autorität für den Grundsatz des ‚implied repeal' angeführt wird, wendet der Court of Appeal eine formalistische ‚lex posterior derogat priori'-Regel an, nach der bei einer Normenkollision zwischen einem früheren und einem späteren Parlamentsgesetz stets der letzte Wille des Parlaments umzusetzen sei; zudem lehnte das Gericht entsprechend dem orthodoxen Verständnis der Parlamentssuprematie die Möglichkeit ab, daß das Parlament eine Selbstbindung durch ein gesetzliches Verbot der impliziten Derogation bewirken könnte.[507] Der durch die Einführung einer im Common Law wurzelnden Hierarchie von Parlamentsgesetzen entstehende Zwang für den Gesetzgeber, Änderungen von Verfassungsgesetzen sprachlich vollkommen eindeutig zu formulieren, stellt somit eine für das britische Verfassungsrecht bahnbrechende Neuerung dar. Obgleich eine dogmatisch eindeutige Trennung zwischen Interpretationsregeln und dem Ausschluß impliziter Derogation auf dem Spektrum der Verfassungsbindungen nicht möglich ist, läßt sich spätestens mit der Anerkennung einer Prioritätsregel für ‚constitutional rights' und Verfassungsgesetze nicht mehr leugnen, daß das Dogma der Suprematie des britischen Parlaments eine tiefgreifende Substanzveränderung erfährt. Während Auslegungsmaximen noch als notwendige Hilfsmittel zur Eliminierung sprachlicher Unklarheiten und zur Ermittlung gesetzgeberischer Intentionen gedeutet werden können, modifiziert die erstarkende Prioritätsregel des Common Law die Ausübung legislativer Macht selbst.[508] Dabei soll nicht in Abrede gestellt werden, daß die weiterhin anerkannte Möglichkeit der

---

503 *Dicey*, Introduction, S. 89.
504 *Dicey*, Introduction, S. 145. Vgl. *Auburn, F. M.*, Trends in Comparative Constitutional Law, MLR 35 (1972), S. 129, 131.
505 *Laws L.J.* verlangt zwar keine „ausdrückliche" („express"), jedoch eine „spezifische" („specific") Derogation zur Aufhebung oder Modifikation von Verfassungsgesetzen; vgl. *Elliott*, Embracing „Constitutional" Legislation, S. 32.
506 Vgl. *Loveland*, Constitutional Law, S. 31 f.; *Bradley/Ewing*, Constitutional and Administrative Law, S. 59 f.; *Hood Phillips/Jackson/Leopold*, Constitutional and Administrative Law, Rz. 4–004.
507 *Ellen Street Estates Ltd. v. Minister of Health* [1934] 1 KB 590. Vgl. auch *Vauxhall Estates Ltd. v. Liverpool Corporation* [1932] 1 KB 733.
508 Vgl. *Koch*, Grundrechtskatalog, S. 203 f.

Derogation von ‚constitutional rights' und Verfassungsgesetzen durch notwendige Implikation aus dem Gesetzestext (‚necessary implication') die traditionelle Verfassungrhetorik respektiert und der Reichweite des Wandels zunächst noch Schranken setzt. Die restriktiven Formulierungen in den einschlägigen Urteilen lassen jedoch vermuten, daß diese Alternative in der Zukunft keine große Rolle spielen werden und daß sich die Gerichte auf dem Weg der Entwicklung einer strengeren Prioritätsregel befinden.

Der entscheidende dogmatische Ausgangspunkt der jüngeren Rechtsprechungsentwicklung liegt in der Einsicht, daß die Verfassung und insbesondere ihre zentrale Säule, das Dogma der Parlamentssuprematie, einen Teil des Common Law darstellen und somit auch der für das Richterrecht typischen dynamischen Wandelbarkeit unterliegen. Das orthodoxe Verständnis der britischen Verfassungsordnung versteht die Parlamentssuprematie noch als unveränderbaren Grundsatz, den das Parlament selbst nicht zu modifizieren imstande ist und der als ‚political fact' in der Obhut der Gerichte von diesen nur im Wege der Legalrevolution – also durch schlichten Ungehorsam gegenüber der bestehenden Rechtsordnung – umgestaltet werden kann.[509] Zwar geht auch die neuere Rechtsprechung davon aus, daß die Suprematie des Parlaments in den Händen der Richter liegt, nicht jedoch als außer-rechtliches Faktum, sondern als verfassungsrechtlicher Grundsatz des Common Law, dessen Wandel sich nicht etwa durch stille Revolution, sondern im Wege einer die Verfassungskontinuität wahrenden, prinzipiengetragenen Weiterentwicklung vollzieht, wie sie das Richterrecht in vielen Bereichen seit jeher zeigt.[510] Bei gleichzeitigem rhetorischem Bekenntnis zur Parlamentssuprematie hat sich die Rechtsprechung durch die Fundierung dieses Dogmas im Common Law dem verfassungstheoretischen Ausgangspunkt der Common Law Constitutionalists angeschlossen.[511] Obwohl sie deren letzte Konsequenz – die Suprematie der Judikative – bisher nicht zu teilen bereit ist, so liegt doch hierin der Startschuß für eine Reise im Spektrum der Verfassungsbindung mit noch ungewissem Ziel.[512]

*(iii) Bindung des britischen Gesetzgebers durch das Recht der Europäischen Gemeinschaften*

Seit dem Urteil des Gerichtshofs der Europäischen Gemeinschaften in der Rechtssache *Costa v. ENEL* (1964)[513] gilt der Vorrang des unmittelbar anwendbaren Gemeinschaftsrechts vor dem nationalen Recht als eines der zentralen Grundprinzipien der supranationalen europäischen Rechtsgemeinschaft. Die normative Umsetzung dieses Grundsatzes obliegt dabei den nationalen Rechtsordnungen. Mitgliedstaaten wie der Bundesrepublik Deutsch-

---

509 Vgl. *Wade*, Basis of Sovereignty, S. 189.
510 Vgl. *Elliott*, Embracing „Constitutional" Legislation, S. 37 ff.
511 Vgl. *Allan*, Law, Politics and Revolution, S. 444.
512 Kritisch zur Entwicklungsoffenheit der jüngsten Rechtsprechung *Irvine, Lord of Lairg*, The Impact of the Human Rights Act: Parliament, the Courts and the Executive, PL 2003, S. 308, 310.
513 *Costa v. ENEL* (Rs. 6/64) EuGHE 1964, 1251.

land, die in geschriebenen vorrangigen Verfassungsurkunden über Integrationsermächtigungsklauseln verfügen,[514] bereitet die Herstellung des gemeinschaftsrechtlichen Vorrangs zumindest im Verhältnis zu einfachem Gesetzesrecht keinerlei konstruktive Schwierigkeiten. Aufgrund des Dogmas der Parlamentssuprematie und insbesondere des Grundsatzes des ‚implied repeal' ergaben sich jedoch für die britische Verfassungsordnung erhebliche Hindernisse bei der Umsetzung des gemeinschaftsrechtlichen Vorrangs. Sec. 2(1) des den Beitritt zu den Europäischen Gemeinschaften innerstaatlich vollziehenden European Communities Act 1972 ordnet die bindende Wirkung primären und sekundären Gemeinschaftsrechts im Vereinigten Königreich an. Sec. 2(4) bestimmt sodann, daß „... any enactment passed or to be passed ... shall be construed and have effect subject to the foregoing provisions of this section". Nach dem orthodoxen Verständnis der britischen Verfassung kann diese Regelung hinsichtlich einer Normenkollision zwischen dem Europarecht und einem britischen Gesetz, welches das Parlament nach Inkrafttreten des European Communities Act 1972 erläßt, nur einen wirkungslosen Versuch der Selbstbindung darstellen. Daher haben die britischen Gerichte über eine lange Zeit versucht, Kollisionen zwischen den beiden Normebenen zu umgehen, indem sie nationales Recht durch die Anwendung einer strikten Interpretationsmaxime europarechtskonform auslegten.[515] Da der Europäische Gerichtshof jedoch die direkte und vorrangige Anwendung unmittelbar geltenden Gemeinschaftsrechts verlangt,[516] erwies sich dieser Ansatz langfristig als nicht ausreichend. Im Fall *Factortame (No. 2)* (1991)[517] erkannte das House of Lords daher den Vorrang unmittelbar anwendbaren Gemeinschaftsrechts endgültig an, und das Gericht erklärte seine Bereitschaft, auch nach 1972 erlassene britische Parlamentsgesetze bei einer Normenkollision mit primärem oder sekundärem Europarecht unangewendet zu lassen. *Lord Bridge* argumentierte wie folgt:

> „*If the supremacy within the European Community of Community law over the national law of member states was not always inherent in the EEC Treaty it was certainly well established in the jurisprudence of the Court of Justice long before the United Kingdom joined the Community. Thus, whatever limitation of its sovereignty Parliament accepted when it*

---

514 Siehe Art. 24 Abs. 1 und Art. 23 Abs. 1 GG.
515 Dieser Ansatz wird deutlich in den Fällen *Litster v. Forth Dry Dock* [1990] 1 AC 546; *Duke v. GEC Reliance* [1988] AC 618; *Garland v. Rail Engineering Ltd.* [1983] 2 AC 751; *Macarthys v. Smith* [1979] 3 AllER 325. Vgl. *Foster, Nigel*, Großbritannien und die Europäische Union: Verfassungsrechtliche Aspekte des Beitritts und der Mitgliedschaft, AJP 1998, S. 409, 414f.; *Craig, Paul P.*, Britain in the European Union, in: Jowell, Jeffrey/Oliver, Dawn (Hrsg.), The Changing Constitution, 5. Auflage, Oxford 2004, S. 88, 97f.; *Rajani, Sona*, Die Geltung und Anwendung des Gemeinschaftsrechts im Vereinigten Königreich von Großbritannien und Nordirland – Der Grundsatz der Parlamentssouveränität im Wandel, Frankfurt a.M. (u. a.) 2000, S. 136ff.
516 *Amministratione delle Finanze dello Stato v. Simmenthal SpA* (Rs. 106/77) EuGHE 1978, 629.
517 *R. v. Secretary of State for Transport, ex parte Factortame Ltd.* [1991] 1 AC 603.

> *enacted the European Communities Act 1972 was entirely voluntary. Under the terms of the 1972 Act it has always been clear that it was the duty of a United Kingdom court, when delivering final judgment, to override any rule of national law found to be in conflict with any directly enforceable rule of Community law.*"[518]

Dieses eindeutige Bekenntnis zum Vorrang des Gemeinschaftsrechts wurde durch das Urteil des House of Lords im Fall *Equal Opportunities Commission* (1995)[519] bestätigt, in dem das oberste britische Gericht den Employment Protection (Consolidation) Act 1978 wegen Verstoßes gegen Gemeinschaftsrecht für unanwendbar erklärte. In verfassungsrechtlicher Hinsicht manifestiert sich in diesen Entscheidungen die judikative Entwicklung einer strengen Prioritätsregel durch die Abschaffung des Grundsatzes des ‚implied repeal‘ in bezug auf das europäische Gemeinschaftsrecht.[520] Europarechtswidrige Parlamentsgesetze bewirken danach keine implizite Derogation der sec. 2(1) i.V.m. sec. 2(4) European Communities Act 1972, so daß lediglich die Frage offen bleibt, wie sich britische Gerichte im Falle einer ausdrücklichen legislativen Widersetzung gegenüber Gemeinschaftsnormen oder einer expliziten Aufhebung des European Communities Act 1972 verhalten würden. Für letztere Situation wird allgemein angenommen, daß die Judikative einem Austritt aus den Europäischen Gemeinschaften durch das Parlament Folge leisten würden; ersterer Fall bleibt dagegen umstritten, da auch bei expliziter Derogation schlicht gemeinschaftsrechtswidriger Gesetzgebung vorläge und das Erfordernis der Einheit der europäischen Rechtsordnung keine unilaterale nationale Pflichtenauswahl erlauben kann.[521]

Das Verhältnis der britischen Rechtsordnung zum Recht der Europäischen Gemeinschaften wird häufig – ausdrücklich oder konkludent – als verfassungsrechtlicher Sonderfall betrachtet, der aufgrund dieser Eigenschaft andere Bereiche der Verfassungsordnung des Vereinigten Königreichs nicht erhellen kann. Obgleich die Verwirklichung des gemeinschaftsrechtlichen Vorrangs einen Extremfall der Verfassungsmodifizierung ohne direkte Parallelen zu anderen Gebieten des Staatsrechts darstellen mag, ist diesem Ansatz

---

518 *Lord Bridge* in R. v. Secretary of State for Transport, ex parte Factortame Ltd. [1991] 1 AC 603, 658 f.
519 R. v. Secretary of State for Employment, ex parte Equal Opportunities Commission [1995] 1 AC 1.
520 *Craig*, Britain in the EU, S. 102; *ders.*, Sovereignty of the UK Parliament after *Factortame*, S. 251; *Foster*, Großbritannien und die EU, S. 416; *MacCormick, Neil*, Questioning Sovereignty, Oxford 1999, S. 73, 88 f. A. A. *Ellis, Evelyn*, Supremacy of Parliament and European Law, LQR 96 (1980), S. 511, 513 f.
521 Vgl. *Craig*, Sovereignty of the UK Parliament after *Factortame*, S. 253; *ders.*, Constitutional and Non-Constitutional Review, S. 164. Für eine traditionelle Beurteilung dieser hypothetischen Fälle vgl. das Diktum von *Lord Denning* in Macarthys v. Smith [1979] 3 AllER 325, 329: „If the time should come when our Parliament deliberately passes an Act with the intention of repudiating the Treaty or any provision in it or intentionally of acting inconsistently with it, and says so in express terms, then I should have thought that it would be the duty of our courts to follow the statute of our Parliament."

jedoch deshalb zu widersprechen, weil auch die Einbindung des Vereinigten Königreichs in die europäische Rechtsordnung im Einklang mit den Grundzügen der Verfassungsordnung vollzogen werden muß und die europäische Integration somit wichtige Rückschlüsse auf diese staatsrechtlichen Fundamente zuläßt. Auch der ‚Sonderfall' Europarecht muß sich grundsätzlich innerhalb des verfassungsrechtlich Möglichen bewegen.[522] Daher soll die verfassungsdogmatische Klärung des Verhältnisses zwischen der britischen Parlamentssuprematie und dem Vorrang des Europarechts in erster Linie nicht etwa als Aspekt der Verfassungsbindung des britischen Gesetzgebers, sondern als Anwendungsfall und Prüfstein für die entwickelten Modelle der Verfassungsbindung britischer Staatsgewalt herangezogen werden.

Der am kürzesten greifende Ansatz zur verfassungsrechtlichen Erklärung des gemeinschaftsrechtlichen Vorrangs versteht die Suprematie des Europarechts weiterhin als Anwendung einer strengen Interpretationsmaxime auf kollidierende nationale Gesetze, welche aus sec. 2(4) des European Communities Act 1972 und den vermuteten Intentionen nachfolgender Parlamente hergeleitet wird.[523] Ohne ausdrückliche Derogation des Gemeinschaftsrechts wird danach aufgrund der sec. 2(4) vermutet, daß jeder spätere Gesetzgeber im Einklang mit dem Europarecht handeln will. Das traditionelle Verständnis der Parlamentssuprematie wird dabei dadurch gewahrt, daß es dem Parlament stets offensteht, durch hinreichend eindeutige legislative Anweisung von gemeinschaftsrechtlichen Normen abzuweichen. Dieser ‚construction approach' zeigt jedoch deutliche Schwächen: Die Fundierung dieser Auffassung in sec. 2(4) bleibt zunächst aufgrund dessen sprachlicher Ungenauigkeit fragwürdig.[524] Besonders angreifbar ist der ‚construction approach' aber vor allem deshalb, weil er in Wahrheit keine Interpretationsmaxime postuliert, sondern eine strenge Prioritätsregel, welche – außer in den unwahrscheinlichen Fällen der expliziten Abweichung – dem Gemeinschaftsrecht Vorrang einräumen soll. Die Bewahrung des traditionellen Dogmas der Parlamentssuprematie entpuppt sich deshalb als Lippenbekenntnis, weil der Grundsatz des ‚implied repeal' selbst einen notwendigen Bestandteil dieser Orthodoxie darstellt.[525] Der Zwang zur expliziten Derogation müßte als Selbstbindung des Parlaments erkannt werden, obgleich diese Möglichkeit gerade von der traditionellen Lehre ausgeschlossen wird.[526]

Nach dem ‚new view' der Parlamentssuprematie war eine Selbstbindung des britischen Parlaments in der europäischen Integration dagegen möglich. Die Vertreter dieses Ansatzes können den Beitritt zu den Europäischen

---

522  Ähnlich *Black-Branch, Jonathan L.*, Parliamentary Supremacy or Political Expediency?: The Constitutional Position of the Human Rights Act under British Law, SLR 23 (2002), S. 59, 78 f.; *Loveland*, Constitutional Law, S. 408.
523  *Factortame Ltd. v. Secretary of State for Transport* [1990] 2 AC 85, 96, 140 (*David Vaughan Q.C.* und *Lord Bridge*); *Laws*, Law and Democracy, S. 89. Vgl. dazu *Wade*, Revolution or Evolution?, S. 568 ff.
524  *Craig*, Britain in the EU, S. 104.
525  *Craig*, Britain in the EU, S. 104.
526  *Wade*, Revolution or Evolution?, S. 570.

Gemeinschaften als formale Beschränkung nachfolgender parlamentarischer Legislativmacht und Neudefinition der Crown in Parliament hinsichtlich übertragener Hoheitsrechte durch Einbeziehung der europäischen Institutionen rationalisieren.[527] Auch hiergegen läßt sich neben den herkömmlichen verfassungsdogmatischen Bedenken der orthodoxen Verfassungslehre insbesondere der Mangel an diesbezüglicher sprachlicher Eindeutigkeit der sec. 2(4) des European Communities Act 1972 einwenden. Zugleich bezieht der ‚new view' jedoch aus dem Urteil des House of Lords in *Factortame (No. 2)* erhebliche Überzeugungskraft, da hier insbesondere auf die freiwillige Souveränitätsbeschränkung des britischen Parlaments abgestellt wurde.[528]

Gewissermaßen um das Monopol verfassungsdogmatischer Orthodoxie streitet sich mit dem ‚construction approach' die von *Wade* vertretene traditionelle Interpretation der Parlamentssuprematie. Die Entwicklung einer Prioritätsregel unter Abschaffung des ‚implied repeal' hält *Wade* für nicht vereinbar mit der herkömmlichen Omnipotenz des britischen Parlaments, weshalb er das Urteil im Fall *Factortame (No. 2)* als stille Legalrevolution durch das House of Lords einstuft.[529] Da eine freiwillige Selbstbindung des britischen Parlaments verfassungsrechtlich unmöglich bleibt, haben die Gerichte danach eine außerrechtliche, politische Entscheidung für die Anerkennung einer neuen ‚Rule of Recognition' der britischen Staatsordnung getroffen. Diese Auffassung besitzt nur einen beschränkten Erklärungswert, da sie sich in einen Widerspruch zu *Lord Bridges* Ausführungen in *Factortame (No. 2)* begibt, der vor allem die Freiwilligkeit des Souveränitätstransfers durch das britische Parlament betont.[530] Der offene Eintritt für eine rechtlich ungebundene, rein politische Entscheidung, einem neuen Souverän zu folgen, liegt der britischen Judikative naturgemäß fern.[531] Jenseits ihrer zweifelhaften Überzeugungskraft bei der verfassungsrechtlichen Rationalisierung der Entscheidung des House of Lords in *Factortame (No. 2)* bietet die Ansicht *Wade*s jedoch eine weitere wertvolle Erkenntnis für die vorangegangene Analyse britischer Verfassungsgebundenheit. Die These von der stillen Legalrevolution zeigt, daß auch das orthodoxe Verständnis der Parlamentssuprematie einen qualitativen Unterschied zwischen Auslegungsmaximen und Prioritätsregeln erkennt und daß durch die Entwicklung einer strengen Prioritätsregel und die themenbezogene Abschaffung der Möglichkeit des ‚implied repeal' eine nachhaltige Veränderung der britischen Verfassungslandschaft bewirkt wird. Unabhängig davon, ob man diesen dynamischen Prozeß in der freiwilligen Determination des Parlaments verankert oder als Entscheidung der Gerichte – entweder im Wege eines rein politischen Judikats oder durch die prinzipiengetragene Fortentwicklung des

---

527 *Craig*, Sovereignty of the UK Parliament after *Factortame*, S. 251 f.; *McFadden/Bain*, Strategies for the Future, S. 5; *MacCormick*, Questioning Sovereignty, S. 89.
528 Siehe supra Fn. 518 mit Text. Vgl. *Hunt*, Human Rights, S. 96.
529 *Wade*, Revolution or Evolution?, S. 568 ff.
530 Siehe supra Fn. 518 mit Text. Vgl. *Eekelaar, John*, The Death of Parliamentary Sovereignty – A Comment, LQR 113 (1997), S. 185, 186 f.
531 *Craig*, Sovereignty of the UK Parliament after *Factortame*, S. 252.

Common Law – rationalisiert, bleiben Prioritätsregel und die Unmöglichkeit der impliziten Derogation Zeugnisse britischer Verfassungsbindung. Der schlichte Verweis auf die orthodoxe Gestalt der Parlamentssuprematie kann daher zur verfassungsdogmatischen Erklärung der ‚constitutional rights', der Verfassungsgesetze des Common Law oder des gemeinschaftsrechtlichen Vorrangs nicht mehr ausreichen. Diese Bewegungen zwischen Nichtanwendung und Auslegung von Parlamentsgesetzen können somit nur als Tendenzen der Verfassungsbindung gedeutet werden.

In dieser Hinsicht eindeutiger positioniert sich die letzte große Meinungsgruppe, welche die Anerkennung des gemeinschaftsrechtlichen Vorrangs als überzeugenden Erscheinungsfall der Common Law-Verfassung betrachtet. Danach stellt sich die Neuorientierung der britischen Gerichte zur Aufnahme der Suprematie des Europarechts nicht etwa als rechtlich ungebundene, politische Entscheidung dar, sondern als von rechtlichen Prinzipien getragene Fortentwicklung der im Common Law verankerten Verfassungsordnung:

> „*The existence of good legal reasons for the* Factortame *decisions shows that, far from any dramatic, let alone unauthorised, change in the ‚rule of recognition', the House of Lords merely determined what the existing constitutional order required in novel circumstances. The view that the acknowledgement of exceptions or qualifications to the rule that the courts should give unconditional obedience to statutes amounts to a ‚revolution' is simply dogmatic, and ultimately incoherent. Every other common law rule is subject to such modification and qualification in successive decisions, and there is no reason for treating the rule of obedience to statutes differently. As in the case of other common law rules or principles, exceptions may be recognised only for sufficient reason. A judge's political preference for an integrated federation of European states would be insufficient, indeed irrelevant. His belief that Parliament and people had chosen to join such a supra-national entity, understanding and accepting the legal and political consequences, would clearly be pertinent, if not necessarily conclusive.*"[532]

Diese Erklärung eines im Common Law mit seinen dynamischen Entwicklungskapazitäten wurzelnden Verfassungswandels steht grundsätzlich im Einklang mit den Argumenten *Lord Bridges* in *Factortame (No. 2)*, der seine Entscheidung nicht auf eigene politische Ansichten, sondern auf normative und verfassungsprinzipielle Erwägungen stützt.[533] Diese Betrachtungsweise der

---

532 *Allan*, Law, Politics and Revolution, S. 445. Vgl. auch *Craig*, Britain in the EU, S. 105 f.; *ders.*, Sovereignty of the UK Parliament after *Factortame*, S. 254 f.; *Loveland*, Constitutional Law, S. 409.
533 *Craig*, Britain in the EU, S. 105.

Common Law Constitutionalists erhält kraftvollen Zuspruch[534] im Urteil des Richters *Laws L.J.* zum Fall *Thoburn* (2002)[535]. *Laws L.J.* verneint die Möglichkeit, daß das britische Parlament seine Nachfolger bezüglich der Kollision mit Gemeinschaftsrecht zu binden imstande war; diese Kompetenz zur Veränderung der Parlamentssuprematie komme nur ihrer eigentlichen Rechtsquelle, dem Common Law, zu. Daher nimmt er den European Communities Act 1972 und damit indirekt den gesamten Korpus des Gemeinschaftsrechts in seine Gruppe der im Common Law anerkannten Verfassungsgesetze auf, die Immunität gegen spätere implizite Derogation besitzen:

> „*Parliament cannot bind its successors by stipulating against repeal, wholly or partly, of the 1972 Act. It cannot stipulate as to the manner and form of any subsequent legislation. It cannot stipulate against implied repeal any more than it can stipulate against express repeal .... But the traditional doctrine [of sovereignty] has in my judgment been modified. It has been done by the common law, wholly consistently with constitutional principle .... The common law has in recent years allowed, or rather created, exceptions to the doctrine of implied repeal, a doctrine which was always the common law's own creature. There are now classes or types of legislative provision which cannot be repealed by mere implication .... The courts have in effect so held in the field of European law itself.... The 1972 Act is, by the force of the common law, a constitutional statute.*"[536]

Auf diese Weise liefern die Common Law Constitutionalists den ersten wirklich überzeugenden Versuch einer Rationalisierung der Suprematie des Gemeinschaftsrechts auf der Basis eines konsequenten und ganzheitlichen Verfassungsverständnisses. Das Verhältnis zwischen der nationalen Rechtsordnung und dem Recht der Europäischen Gemeinschaften stellt sich nicht mehr als Fremdkörper oder Quertreiber in einer zur konsequenten Erklärung dieses Phänomens unfähigen Verfassungsordnung dar, sondern als integraler Bestandteil einer ganzheitlichen Verfassungsinterpretation auf der Grundlage des Common Law. Daß dieses Verständnis zudem die Möglichkeit weiterer dynamischer Verfassungsentfaltung einschließt, verschafft ihr die zusätzliche Attraktion, gewappnet zu sein für noch ungewisse zukünftige Entwicklungen im Vereinigten Königreich und in Europa.

Bei allen Unterschieden im argumentativen Detail eint jedoch eine grundsätzliche Einsicht die aktuellen verfassungsdogmatischen Erklärungsversuche der rechtlichen Integration des Vereinigten Königreichs in Europa: Eine rechtliche Bindung des britischen Gesetzgebers ist nicht nur verfassungsdogmatisch möglich, sie hat sich auch zumindest im Bereich des Gemeinschaftsrechts bereits realisiert.

---

534 *Craig*, Britain in the EU, S. 104, deutet die Ausführungen von *Laws L.J.* dagegen im Sinne des ‚construction approach'.
535 *Thoburn v. Sunderland City Council* [2002] 3 WLR 247.
536 *Laws L.J.* in *Thoburn v. Sunderland City Council* [2002] 3 WLR 247, Rz. 59 ff.

*(iv) Bindung des britischen Gesetzgebers durch den Human Rights Act 1998*
Auch das britische Parlament ist jedoch in der Frage der Verfassungsbindungen nicht untätig geblieben. Der die Europäische Konvention zum Schutze der Menschenrechte und Grundfreiheiten in das britische Recht inkorporierende Human Rights Act 1998 ersetzt das traditionell negative, residuale Freiheitsverständnis des Common Law durch einen positiven Grundrechtskatalog.[537] In gewissem Einklang mit der orthodoxen Lehre der Parlamentssuprematie stellt sich der Human Rights Act 1998 zunächst zwar nicht als materielle oder prozedurale Selbstbindung des Gesetzgebers dar,[538] jedoch statuiert er in sec. 3(1) eine Auslegungsregel sowohl für frühere als auch für spätere Parlamentsgesetze und Rechtsverordnungen: „So far as it is possible to do so, primary legislation and subordinate legislation must be read and given effect in a way which is compatible with the Convention rights." Die gesetzgeberische Entscheidung für die Verankerungs eines Grundrechtskatalogs durch Statuierung einer interpretatorischen Verpflichtung ist wohl der verfassungskonservativen Einstellung der Labour-Regierung geschuldet; ihre Überzeugung, daß eine weitergehende Selbstbindung des Parlaments mit den Grundlagen der britischen Staatsordnung unvereinbar wäre, wird durch die europarechtliche Modifikation der Parlamentssuprematie widerlegt.[539] Die Intensität der Interpretationsmaxime aus sec. 3(1) Human Rights Act 1998 unterliegt gegenwärtig noch heftigen Auseinandersetzungen, insbesondere da in sec. 3(2)(b) angeordnet wird, daß der Auslegungsgrundsatz nicht „the validity, continuing operation or enforcement of any incompatible primary legislation" beeinträchtigen darf.[540] Wiederum wird die nur scheinbar eindeutige dogmatische Trennung zwischen Nichtanwendung und Auslegung von Gesetzen zum Fundament des Verfassungsverständnisses. Kann eine Kollision zwischen einem anderen Parlamentsgesetz und der Europäischen Menschenrechtskonvention nicht im Wege der Auslegung aufgelöst werden, so bleibt den Gerichten nur die Möglichkeit einer ‚Declaration of Incompatibility' nach sec. 4 des Human Rights Act 1998, die zwar die Wirksamkeit der betreffenden grundrechtswid-

---

537 *Irvine, Lord of Lairg*, The Development of Human Rights in Britain under an Incorporated Convention on Human Rights, PL 1998, S. 221, 224 f.
538 *Bamforth, Nicholas*, Parliamentary sovereignty and the Human Rights Act 1998, PL 1998, S. 572 – 582; *Feldman, David*, The Human Rights Act 1998 and constitutional principles, LS 19 (1999), S. 165, 185 ff.
539 *Black-Branch*, Parliamentary Supremacy or Political Expediency?, S. 74 ff.
540 Zu diesem Problemkreis vgl. *Marshall, Geoffrey*, Two kinds of compatibility: more about section 3 of the Human Rights Act 1998, PL 1999, S. 377 – 383; *ders.*, The lynchpin of parliamentary intention: lost, stolen, or strained?, PL 2003, S. 236 – 248; *Irvine*, Development of Human Rights, S. 232 ff.; *ders.*, Impact of the HRA, S. 319 ff.; *Bennion, Francis A. R.*, What interpretation is „possible" under section 3(1) of the Human Rights Act 1998?, PL 2000, 77 – 91; *Gearty, Conor A.*, Reconciling Parliamentary Democracy with Human Rights, LQR 118 (2002), S. 248 – 269; *Young, Alison L.*, Judicial Sovereignty and the Human Rights Act 1998, CLJ 61 (2002), S. 53 – 65; *Craig*, Constitutional and Non-Constitutional Review, S. 169 ff.; *Klug, Francesca/O'Brien, Claire*, The first two years of the Human Rights Act, PL 2002, S. 649, 650 ff.; *Lester*, Interpreting Statutes, S. 218 – 229.

rigen Regelung nicht berührt, es jedoch der Regierung ermöglicht, im Wege einer ‚Fast-Track Procedure' das fragliche Gesetz durch Sekundärgesetzgebung zu verändern. Die hierfür erforderliche Verordnungsermächtigung an den zuständigen Minister, die aufgrund der Erstreckung auf die Modifizierung primärer Gesetze eine sogenannte ‚Henry VIII'-Klausel darstellt,[541] findet sich in sec. 10 Human Rights Act 1998 in Verbindung mit dessen Anhang 2. Der Human Rights Act 1998 soll somit durch ein Bekenntnis zur *Dicey*'schen Kombination aus rechtlich unbeschränkter Legislativmacht des Gesetzgebers und politischem Druck durch ‚Declarations of Incompatibility' und Verurteilungen durch den Straßburger Gerichtshof das Bild der traditionellen Parlamentssuprematie aufrechterhalten. Entscheidend für die Frage der wahren Verfassungsbindungen des britischen Parlaments durch den Human Rights Act 1998 bleibt jedoch die Intensität der gerichtlichen Auslegung nach dessen sec. 3(1). Die herrschende Ansicht geht zumindest davon aus, daß sec. 3(1) nicht erst bei sprachlichen Zweideutigkeiten zur Anwendung kommt,[542] daß in bestimmten Fällen auch das ‚Hineinlesen' oder ‚Herauslesen' einzelner Worte in den beziehungsweise aus dem Gesetzestext möglich ist[543] und daß die Auslegungsmaxime der sec. 3(1) sprachliche Zerrungen von Gesetzesbstimmungen erlaubt.[544] Wie im Bereich der ‚constitutional rights' des Common Law muß das Parlament in Zukunft seine Absicht, Regelungen im Widerspruch zu den Konventionsrechten zu erlassen, stets sprachlich vollkommen zweifelsfrei formulieren, so daß der Interpretationsgrundsatz der sec. 3(1) Human Rights Act wie das ‚principle of legality' als zumindest formelle Bindung späterer Parlamente verstanden werden kann.[545] Es ist wohl zu erwarten, daß die britischen Gerichte sec. 3(1) des Human Rights Act 1998 und die vorsichtige Prioritätsregel des Common Law im Sinne eines Gleichklangs entwickeln werden.[546] Der Human Rights Act 1998 liefert den Gerichten somit eine zusätzliche Legitimationsgrundlage zur Entwicklung einer Verfassungs-

---

541 Als ‚Henry VIII'-Klauseln werden im britischen Verfassungsrecht solche gesetzlichen Ermächtigungen zum Erlaß von Sekundärgesetzgebung bezeichnet, die es dem Delegaten erlauben, Primärgesetzgebung des britischen Parlaments zu modifizieren oder aufzuheben. Eingehend zu ‚Henry VIII'-Klauseln vgl. *Hood Phillips/Jackson/Leopold*, Constitutional and Administrative Law, Rz. 29–013; *Turpin*, British Government, S. 415; *Loewenstein*, Staatsrecht I, S. 359 f.; *Rippon, Lord of Hexham*, Henry VIII Clauses, SLR 10 (1989), S. 205 – 207; *Barber, N. W./Young, Alison*, The Rise of Prospective Henry VIII Clauses and Their Implications for Sovereignty, PL 2003, S. 112, 112 ff.; *Marshall, Geoffrey*, Metric Measures and Martyrdom by Henry VIII Clause, LQR 118 (2002), S. 493, 496 ff.
542 Vgl. *Irvine*, Development of Human Rights, S. 228; *Marshall*, Two kinds of compatibility, S. 380; *R. v. A (No. 2)* [2001] 3 AllER 1, 17 (*Lord Steyn*). A. A. *Irvine*, Development of Human Rights, S. 228.
543 Vgl. statt vieler *Young*, Judicial Sovereignty, S. 56 ff.
544 *Lord Steyn* in *R. v. A (No. 2)* [2001] 3 AllER 1, 17: „it will sometimes be necessary to adopt an interpretation which linguistically may appear strained".
545 So auch *Irvine*, Sovereignty in Comparative Perspective, S. 22, Fn. 93.
546 *Craig*, Constitutional and Non-Constitutional Review, S. 171. Vgl. auch *Lord Hoffmann* in *R. v. Secretary of State for the Home Department, ex parte Simms* [1999] 3 AllER 400, 412.

bindung in der Grauzone zwischen Nichtanwendung und Auslegung. Obgleich keine judikative Kompetenz zur kassatorischen Kontrolle primärer Gesetzgebung geschaffen wurde und damit das traditionelle Verfassungsverständnis lebendig gehalten wird, muß nach einer materiellen Betrachtungsweise auch der Human Rights Act 1998 als vorsichtiger Schritt in die Richtung einer Verfassungssuprematie gewertet werden.

*(c) Zwischenbewertung*

In der Zusammenschau zeigt sich eine Reihe sich gegenseitig verstärkender Tendenzen auf dem Spektrum der Verfassungsbindungen. Neben den traditionellen Formen normativer Bindungen des britischen Gesetzgebers in Gestalt völkerrechtlicher Verpflichtungen und Verfassungskonventionalregeln offenbart insbesondere die jüngere Verfassungsentwicklung klare Anzeichen werdender rechtlicher Bindungen des britischen Parlaments, obgleich viele dieser Tendenzen die orthodoxe Rhetorik eines rechtlich ungebundenen Parlaments mit lediglich praktischen Beschränkungen seiner Legislativmacht beibehalten. Es ist wohl anzunehmen, daß mit dem Inkrafttreten des Human Rights Act 1998 in weiten Bereichen die vorangegangenen Entwicklungen der ‚constitutional rights' des Common Law überlagert werden.[547] Gleichzeitig bleibt diese Rechtsprechung in vielerlei Hinsicht für die Verfassungsordnung des Vereinigten Königreichs von überragender Bedeutung: Zum einen kann das Common Law in bezug auf einzelne liberale und rechtsstaatliche Freiheiten über den Schutz der Europäischen Menschenrechtskonvention hinausgehen. Des weiteren informiert die Rechtsprechung zu den ‚constitutional rights' des Common Law den judikativen Umgang mit dem Human Rights Act 1998. Als langfristig wohl einflußreichste und damit wichtigste Errungenschaft der jüngeren Verfassungsjudiaktur muß jedoch gelten, daß die Gerichte bei gleichzeitigem Bekenntnis zum legislativen Primat des Parlaments erste kraftvolle Zeichen dafür haben erkennen lassen, das Dogma der Parlamentssuprematie und damit die Grundzüge der gesamten britischen Verfassungsordnung als Rechtsmaterie des Common Law zu klassifizieren. Wie die progressiven Ansätze des Richters *Laws L.J.* im Fall *Thoburn* (2002) zu einer Hierarchie der Parlamentsgesetze zeigen, liegt hierin der dogmatische Keim für einen nachhaltigen Verfassungswandel im Vereinigten Königreich mit weiteren Verschiebungen auf dem Spektrum der Verfassungsbindung. Dieses Verständnis einer Common Law-Verfassung ermöglicht die Entfaltung normativer Bindungen des britischen Gesetzgebers nicht nur hinsichtlich der Grundrechte, sondern in allen Bereichen des Staatsrechts. Über hundert Jahre nachdem *Dicey* seine statische Interpretation der britischen Verfassungsordnung formulierte, könnte dieses Neuverständnis eine umfassende Dynamisierung des Verfassungsrechts des Vereinigten Königreichs in Gang setzen.

---

547 Vgl. *Irvine*, Impact of the HRA, S. 321 f.; *Fredman*, Judging Democracy, S. 118 ff.

## 3. Zusammenschau der Verfassungs- und Parlamentssuprematie nach materiellem Verständnis

Die Grundsätze der Verfassungs- und Parlamentssuprematie eint eine gemeinsame Fragestellung: Inwiefern unterliegt die Staatsgewalt – insbesondere in ihrer Legislativtätigkeit – verfassungsnormativen Bindungen und welche Rolle spielen die Gerichte bei der Durchsetzung dieser Bindungen? Den Hintergrund dieses Problemkreises liefert stets auch die Frage, inwieweit der schlichten Verwirklichung des in demokratisch legitimierten Staatsorganen verkörperten Mehrheitswillens Schranken gesetzt werden sollen und welche Funktion den Gerichten ohne eine solche Legitimation bei der Wahrung dieser Schranken zukommen darf. In der Beantwortung dieser Problemstellungen werden Verfassungs- und Parlamentssuprematie stets als völlig gegensätzliche Konzepte dargestellt: Erstere limitiert Legislativmacht durch die Verankerung formeller und materieller Schranken und findet ihren natürlichsten staatsorganisatorischen Ausdruck in der Institutionalisierung einer formellen Verfassungsgerichtsbarkeit mit der Befugnis, legislative Verstöße gegen diese Schranken mit einer judikativen Nichtigkeitsfeststellung zu ahnden; letztere steht dagegen für die unbegrenzte Machtfülle der einfachen Gesetzgebung, die Unmöglichkeit einer irgendwie vergleichbaren Fixierung von Grenzen für die legislative Staatsmacht sowie die damit konsequente Abwesenheit einer formellen Verfassungsgerichtsbarkeit. Jedoch zeigt eine eingehendere Analyse der als besonders typische Vertreter dieses Gegensatzes gedeuteten deutschen und britischen Verfassungsordnungen, daß diese konstitutionellen Leitsätze nach vorzugswürdiger Betrachtungsweise als flexible Prinzipien auf einem Kontinuum normativer Verfassungsbindungen verstanden werden müssen. Maßgeblicher dogmatischer Schritt ist dabei die Erkenntnis, daß Verfassungs- und Parlamentssuprematie nach einem materiellen Verständnis flexible, elastische Größen darstellen. Auf Seiten der deutschen Verfassungssuprematie folgt dies aus der Erkenntnis, daß es sich beim Grundgesetz um eine ausfüllungs- und interpretationsbedürftige Rahmenordnung handelt, sowie aus den Prozessen der formellen Verfassungsänderung und des informellen Verfassungswandels. Die Elastizität der britischen Parlamentssuprematie ergibt sich dagegen aus der Existenz außer-rechtlicher normativer Bindungen des Parlaments und der Entwicklung rechtlicher Schranken seiner legislativen Kompetenz. Die Flexibilität dieser Grunddogmen auf dem Kontinuum der Verfassungsbindungen fördert die Erkenntnis, daß beide Verfassungsordnungen sich stets sowohl rechtlicher als auch politischer Mechanismen der Kontrolle staatlicher Macht bedient haben, auch wenn diesen Stabilisierungsmodalitäten bis heute jeweils unterschiedliche Stellenwerte in den beiden Vergleichsstaaten zukommen. Das deutsche Grundgesetz wurde bewußt mit umfassender Justitiabilität ausgestattet und eine mächtige Verfassungsgerichtsbarkeit zu seiner Sicherung bestellt, doch dürfen dabei die verbleibenden Spielräume für den politischen Prozeß – gerade im Bereich der staatsorganisatorischen Gestaltung – nicht übersehen oder erstickt werden. Auf der anderen Seite war das orthodoxe Verständnis der britischen Verfassungsordnung als ‚self-correcting democracy', in der die materiellen Schranken legislativer Allmacht nur durch politische und nicht durch rechtliche Mechanismen gesichert werden können, nie vollkommen zutreffend.[548] Wie die deutsche Verfassungssupremathie zeigt auch die britische Parlamentssuprematie politische und rechtliche Kontrollelemente legislativen Handelns, auch wenn das Vertrauen in den politisch-demokratischen Prozeß weiterhin das britische Verfassungsverständnis dominiert. Das materielle Verständnis der Verfassungs- und Parlamentssuprematie auf dem kategorienfeindlichen Kontinuum der normativen Verfassungsbindungen vermittelt somit ein weitaus differenzierteres Bild der deutschen und britischen Verfassungsordnungen und bietet einen geeigneteren analytischen Rahmen für den deutsch-britischen Verfassungsvergleich.

## C. Rechtsstaatlichkeit, Grundrechtsbindung und Gewaltenteilung

An den nuancenreichen Systemen normativer Verfassungsbindungen in Deutschland und im Vereinigten Königreich nehmen auch andere Strukturelemente dieser Staatsordnungen teil. Während Demokratie und Volkssouveränität die Frage nach der Begründung von Hoheitsgewalt zu beantworten suchen,[549] zielen andere Strukturmerkmale primär auf die Begrenzung der Ausübung staatlicher Macht ab.[550] Die Mechanismen der Verfassungsbindung der Staatsorgane bilden dabei das entscheidende Instrumentarium zur Durchsetzung dieser Zielrichtung. Die regionale Dezentralisierung von Hoheitsgewalt soll dabei – trotz der großen Bedeutung, die sie für die Beschränkung staatlicher Macht anzunehmen imstande ist – zunächst außer Betracht bleiben.

In der nationalen Behandlung der konstitutionellen Ideen von Rechtsstaatlichkeit, Grundrechtsbindung und Gewaltenteilung fällt unmittelbar die unterschiedliche Systematisierung dieser staatsrechtlichen Konzepte in den beiden Vergleichsordnungen ins Auge.[551] Trotz des mit den expliziten Hinweisen in Art. 28 Abs. 1 Satz 1 und 23 Abs. 1 Satz 1 GG vergleichsweise dünnen Textbestandes zugunsten dieses Verfassungsprinzips nimmt die Rechtsstaatlichkeit im deutschen Verfassungsrecht eine ausgenommen starke Rolle ein. Die Bindung aller Staatsorgane an die Grundrechte und die Teilung der staatlichen Gewalten werden dabei als Teilaspekte der grundgesetzlichen Rechts-

---

548 So auch *Irvine*, Sovereignty in Comparative Perspective, S. 18.
549 Vgl. *Riedel*, Der gemeineuropäische Bestand von Verfassungsprinzipien, S. 84 ff.
550 Vgl. *Lorz*, Der gemeineuropäische Bestand von Verfassungsprinzipien, S. 103 ff.
551 Für eine rechtsvergleichende Analyse britischen, deutschen und französischen Rechtsstaatsverständnisses vgl. *Grote, Rainer*, Rule of Law, Rechtsstaat and „Etat de droit", in: Christian Starck (Hrsg.), Constitutionalism, Universalism and Democracy – a comparative analysis, Baden-Baden 1999, S. 269 – 306.

staatlichkeit verstanden.[552] Das britische Verfassungsverständnis kennt zwar die der deutschen Rechtsstaatlichkeit zumindest im Ansatz vergleichbare Idee der Rule of Law. Eine notwendige Verknüpfung mit dem Gedanken des Grundrechtsschutzes besteht jedoch nicht. Die ohnehin in ihrer Aussagekraft für das britische Regierungssystem äußerst umstrittene Gewaltenteilung wird ebenfalls nur in Einzelaspekten in Bezug zur Rule of Law gesetzt. Im Rahmen vergleichender Überlegungen zu diesen verschiedentlich vernetzten Strukturelementen bietet sich daher eine möglichst nach rechtsstaatlichen Einzelmerkmalen differenzierende Betrachtungsweise an. Obwohl im deutschen Schrifttum eine – je nach Klassifizierungsstil – bis zu dreistellige Anzahl verschiedener Versatzstücke der Rechtsstaatlichkeit bekannt ist,[553] sollen zur komparativen Ermittlung verfassungsrechtlicher Grundparameter in Deutschland und dem Vereinigten Königreich neben der Grundrechtsbindung und der Gewaltenteilung vor allem die in der deutschen Verfassungslehre besonders hervorgehobenen Rechtsstaatsmerkmale der Verfassungsstaatlichkeit, der staatlichen Rechtsbindung sowie des Rechtsschutzes Berücksichtigung finden.

## I. Verfassungsstaatlichkeit

Obgleich das deutsche Rechtsstaatsprinzip keine explizite Benennung in Art. 20 Abs. 1 GG erfährt, wird es allgemein als „eines der elementaren Prinzipien des Grundgesetzes"[554] und damit im Range der dort genannten Verfassungsgrundsätze anerkannt. Zahlreiche grundgesetzliche Vorschriften werden als Konkretisierung des Rechtsstaatsprinzips verstanden, so daß dieses konstitutionelle Strukturmerkmal zumindest über den Umweg verschiedener Einzelgewährleistungen in seinen Grundzügen an der Ewigkeitsgarantie des Art. 79 Abs. 3 GG teilnimmt.[555] Das moderne deutsche Rechtsstaatsverständnis präsentiert sich als eine Kombination formeller und materieller Komponenten.[556] Es geht über die im deutschen Konstitutionalismus des 19. Jahrhunderts rechtsstaatlich für ausreichend empfundene formelle Gesetzesunterworfenheit der Staatsgewalt hinaus und erfaßt unter dem Grundgesetz mit der materiellen Bindung der Staatsgewalt an freiheitliche Grundrechte des Bürgers auch wichtige inhaltliche Anforderungen an die Ausübung

---

552 Vgl. *Stern*, Staatsrecht I, S. 788 ff.; *Schmidt-Aßmann*, Rechtsstaat, Rz. 30 ff., 46 ff.
553 *Sobota, Katharina*, Das Prinzip Rechtsstaat – Verfassungs- und verwaltungsrechtliche Aspekte, Tübingen 1997, S. 471 ff., zählt 142 „Rechtsstaatsmerkmale".
554 BVerfGE 20, 323, 331.
555 *Schulze-Fielitz*, Art. 20 GG (Rechtsstaat), in: Dreier, Rz. 212 f.; *Dreier*, Art. 79 III GG, in: Dreier, Rz. 22 ff., 40 ff.; *Lücke*, Art. 79 GG, in: Sachs, Rz. 30 ff., 42 ff.; *Schmidt-Aßmann*, Rechtsstaat, Rz. 90.
556 *Stern*, Staatsrecht I, S. 775 f.; *Maurer*, Staatsrecht I, § 8, Rz. 7 f.; *Badura*, Staatsrecht, Rz. D 45.

staatlicher Macht.[557] Dagegen bleibt die vor allem auf *Dicey* Lehren gegründete Rule of Law der britischen Verfassungsordnung betont formell.[558] Die drei Elemente der Rule of Law *Diceys*[559] reduzieren die britische Variante der Rechtsstaatlichkeit auf das Erfordernis der Rechtmäßigkeit allen Regierungshandelns gegenüber dem Bürger, das Verbot von Willkür in der exekutiven und judikativen Rechtsanwendung und eine Rechtsweggarantie zu den ordentlichen Gerichten. Zwar werden im konstitutionellen Schrifttum des Vereinigten Königreichs auch verschiedene materielle Versionen dieser Verfassungsdoktrin – als politische Theorie oder als Teil einer verbindlichen Verfassungsordnung – diskutiert und vertreten,[560] jedoch finden sich in Verfassungsrecht und -praxis lediglich erste Ansätze zu einer materiell angereicherten Konzeption,[561] die aber nicht immer direkt mit dem Begriff der Rule of Law in Verbindung gebracht werden.

Der verfassungsdogmatische Grund für diesen konzeptionellen Unterschied[562] liegt in den verschiedenen Systemen normativer Bindung der Staatsorgane in den beiden Verfassungen. Zwar kennen nach der hier vertretenen Auffassung beide Staatsordnungen Mechanismen der normativen Verfassungsbindung, die auf einem graduell abgestuften, kategorienfeindlichen Spektrum angesiedelt werden können, beziehen dabei aber unterschiedliche Ausgangspunkte. In Deutschland wird mit Hinweis auf Art. 1 Abs. 3 und 20 Abs. 3 GG die Verfassungsstaatlichkeit im Sinne einer Verpflichtung aller Staatsorgane durch ein höherrangiges Normengefüge mit formellen und materiellen Gewährleistungen geradezu als entscheidendes Fundamentalelement der Rechtsstaatlichkeit verstanden.[563] Dabei vermittelt der Verweis auf Art. 1 Abs. 3 GG unmittelbar die Idee einer materiell angereicherten Rechtsstaatskonzeption. Im Vereinigten Königreich verhindert dagegen die traditionelle Subordination der Rule of Law unter die Suprematie der Crown in Parliament zunächst die Herausbildung einer verfassungsrechtlichen Einbindung der Legislative.[564] Ein materielles Verständnis der Parlamentssuprematie kann jedoch offenbaren, in welcher Weise sich rechtsstaatliche Versatzstücke der britischen Verfassungsordnung der systemtypischen konstitutionellen Bindungsmechanismen dieses Regierungssystems bedienen. Eine vergleichende Analyse britischer Rechtsstaatlichkeit kann sich daher nicht mit dem Hinweis

---

557 *Schmidt-Aßmann*, Rechtsstaat, Rz. 19.
558 Siehe supra Fn. 280 mit Text.
559 *Dicey*, Introduction, S. 202 f. Siehe supra Fn. 278 mit Text.
560 Für hilfreiche Zusammenstellungen formeller und materieller Deutungen der britischen Rule of Law vgl. *Craig*, Formal and Substantive Conceptions of the Rule of Law, S. 468 ff.; *Loveland*, Constitutional Law, S. 51 ff.; *Barnett*, Constitutional & Administrative Law, S. 74 ff.
561 Siehe supra Kapitel 2 § 2 B. II. 2. (b) (ii).
562 Vgl. dagegen für eine formelle Interpretation sowohl der deutschen Rechtsstaatlichkeit als auch der britischen Rule of Law *MacCormick, Neil*, Der Rechtsstaat und die rule of law, JZ 1984, S. 65 – 70.
563 *Stern*, Staatsrecht I, S. 787 f.; *Schmidt-Aßmann*, Rechtsstaat, Rz. 28 f.
564 Vgl. *Dicey*, Introduction, S. 406 ff.

auf das Fehlen eines dem Grundgesetz vergleichbaren, höherrangigen Normengefüges im Vereinigten Königreich begnügen, sondern muß diese Erkenntnis zum Ausgangspunkt ihrer Suche nach bestehenden Parallelen und Unterschieden unter Beachtung der ganzen Bandbreite möglicher Verfassungsbindungen wählen.

## II. Grundrechtsbindung

Materiell rechtsstaatliche Bindungen ergeben sich insbesondere aus der Verpflichtung staatlicher Gewalten, die Grundrechte der Bürger zu wahren. Das Grundgesetz stellt mit Art. 1 GG seine Version einer materiellen Rechtsstaatlichkeit bewußt pointiert an seinen Anfang: Nicht nur ist die Achtung und der Schutz der für unantastbar erklärten Würde des Menschen zentrale Verpflichtung aller staatlicher Gewalt, sondern die im Abschnitt I des Grundgesetzes statuierten Grundrechte binden alle Staatsorgane als unmittelbar geltendes Recht. Damit sind Freiheitlichkeit und Rechtsgleichheit unverzichtbare Bestandteile deutscher Rechtsstaatlichkeit.[565] Prozessual gestärkt wird diese Grundrechtsbindung insbesondere durch das Verfahren der Verfassungsbeschwerde vor dem Bundesverfassungsgericht nach Art. 93 Abs. 1 Nr. 4a GG, mit der jedermann die Verletzung seiner Grundrechte und grundrechtsgleichen Rechte durch die öffentliche Gewalt in allen ihren Erscheinungsformen rügen kann. Daß auch die britische Verfassungsordnung zunehmend das Ideal einer materiell angereicherten Rechtsstaatlichkeit verfolgt, zeigen die im letzten Jahrzehnt erheblich verstärkten judikativen und politischen Bemühungen zur Schaffung eines effektiven Systems des Grundrechtsschutzes. Während das vorherrschende Verfassungsverständnis einer materiellen Rechtsbindung des Parlaments an ein höherrangiges Normengefüge weiterhin ablehnend gegenübersteht und nur die Verpflichtung des Parlaments zu grundrechtskonformer Gesetzgebung durch Verfassungskonventionalregeln anerkennt, haben sowohl die Entwicklungen der ‚constitutional rights' des Common Law in Gestalt richterlicher Auslegungsmaximen und Prioritätsregeln[566] als auch die innerstaatliche Umsetzung der Europäischen Menschenrechtskonvention durch den Human Rights Act 1998[567] den Schutz liberaler Grundrechte vor staatlichen Eingriffen erheblich verstärkt. Gegenüber dem Parlament besitzt die Judikative zunächst auf der Basis des im Common Law verankerten ‚principle of legality' und der sec. 3(1) Human Rights Act 1998 eine weitreichende Befugnis zur grundrechtskonformen Auslegung aller Parlamentsgesetze, welche die traditionelle Rolle der ordentlichen Gerichte als einfache Gesetzesanwender in die Grauzone gradueller Verfassungsbindun-

---

565 *Stern*, Staatsrecht I, S. 788 ff.; *Schmidt-Aßmann*, Rechtsstaat, Rz. 30 ff.
566 Siehe supra Kapitel 2 § 2 B. II. 2. (b) (ii).
567 Siehe supra Kapitel 2 § 2 B. II. 2. (b) (iv).

gen rückt. Darüber hinaus können die Gerichte nach sec. 4 Human Rights Act 1998 die Unvereinbarkeit parlamentarischer Gesetze mit den Gewährleistungen der Menschenrechtskonvention attestieren, wodurch zwar keine unmittelbaren rechtlichen Folgen ausgelöst werden, aber erheblicher politischer und völkerrechtlicher Druck zugunsten einer Gesetzesänderung – möglicherweise durch ministeriale Sekundärgesetzgebung gemäß sec. 10 in Verbindung mit Anhang 2 des Human Rights Act 1998 – ausgeübt wird. Wenn auch sowohl die Entfaltung der ‚constitutional rights' und des ‚principle of legality' im Common Law als auch das Inkrafttreten des Human Rights Act 1998 an der traditionellen Rhetorik der Parlamentssuprematie festzuhalten suchen und weiterhin keinen materiellen Schutz gegen bewußte und ausdrückliche legislative Grundrechtsverletzungen bieten können, so zeigen sie doch, daß die britische Verfassungsordnung bedeutende systemimmanente Schritte zur Entwicklung einer materiellen Rechtsstaatlichkeit vollzogen hat. Von einer schlichten Subordination der Rule of Law unter die Parlamentssuprematie, wie sie in der Nachfolge *Diceys* von der traditionellen britischen Verfassungslehre vertreten wird, kann daher nicht mehr die Rede sein. Parlamentssuprematie und Rule of Law können im derzeitigen Entwicklungsstadium der britischen Verfassung zwar noch nicht als gleichgeordnete Grundsätze verstanden werden, jedoch geht die Rule of Law erheblich gestärkt aus den neueren Verfassungsentwicklungen hervor.

## III. Rechtsbindung

Art. 20 Abs. 3 GG normiert ein weiteres elementares Versatzstück grundgesetzlicher Rechtsstaatlichkeit: Neben der Verfassungsbindung der Gesetzgebung garantiert danach die Bindung der vollziehenden Gewalt und der Rechtsprechung an „Gesetz und Recht" den rechtsstaatlichen Grundsatz des Primats des Rechts.[568] Die Gesetzesgebundenheit der Verwaltung wurzelt in der formellen Rechtsstaatsidee und wird in die Grundsätze des Vorrangs und des Vorbehalts des Gesetzes unterteilt, wobei letzterer in Art. 20 Abs. 3 GG zwar keine ausdrückliche Normierung erfährt, hier jedoch allgemein verortet wird.[569] Der grundgesetzliche Vorrang des formellen Gesetzes vor allen Akten der vollziehenden Gewalt findet im Vereinigten Königreich im Grundsatz der Parlamentssuprematie seine Entsprechung.[570] Die britische Verfassungsordnung kürt das Primat des Parlamentsgesetzes durch diese Doktrin gewissermaßen zu ihrem Kernsatz.

---

568 *Stern*, Staatsrecht I, S. 796 ff.; *Schmidt-Aßmann*, Rechtsstaat, Rz. 33 ff. Zur Bedeutung des Begriffs „Recht" vgl. insbesondere BVerfGE 34, 269, 286 f.; 3, 225, 232 f.; *Schmidt-Aßmann*, Rechtsstaat, Rz. 41 ff.; *Hesse*, Grundzüge des Verfassungsrechts, Rz. 195.
569 BVerfGE 40, 237, 248 ff.; *Stern*, Staatsrecht I, S. 805.
570 Vgl. *Lorz*, Der gemeineuropäische Bestand von Verfassungsprinzipien, S. 117.

In Deutschland findet der lediglich in seiner Reichweite umstrittene Vorbehalt des Gesetzes, wonach das Handeln der vollziehenden Gewalt einer formellgesetzlichen Ermächtigungsgrundlage bedarf, neben seiner stillschweigenden Anerkennung in Art. 20 Abs. 3 GG wichtige grundgesetzliche Konkretisierungen insbesondere in den grundrechtlichen Gesetzesvorbehalten und in Art. 80 Abs. 1 GG in bezug auf den Erlaß von Rechtsverordnungen durch die vollziehende Gewalt. Dabei konkretisiert das Bundesverfassungsgericht sowohl die Reichweite als auch die Intensität des grundgesetzlichen Gesetzesvorbehalts mit Hilfe der sogenannten Wesentlichkeitstheorie, nach der alle wesentlichen Angelegenheiten im Staat-Bürger-Verhältnis vom parlamentarischen Gesetzgeber selbst zu regeln sind.[571] Daher kann zumindest für den Bereich der Eingriffsverwaltung das Gebot des Vorbehalts des Gesetzes als unumstritten gelten. Für den Erlaß von Rechtsverordnungen enthält Art. 80 Abs. 1 Satz 2 GG eine besondere grundgesetzliche Ausformung des allgemeinen Wesentlichkeitsgedankens, indem verlangt wird, daß „Inhalt, Zweck und Ausmaß der erteilten Ermächtigung im Gesetze bestimmt werden".

Der Suche nach einem dem deutschen Vorbehalt des Gesetzes vergleichbaren Grundsatz in der britischen Verfassungsordnung begegnen unmittelbar Schwierigkeiten aufgrund der Existenz einer residualen Kategorie außergesetzlicher, exekutiver Handlungsbefugnisse, der königlichen Prärogative.[572] Die Verankerung dieser Eingriffsbefugnisse der Krone im Common Law und der Ausschluß der zukünftigen Neubegründung von Prärogativbefugnissen[573] bedeuten jedoch, daß unter Einbeziehung des Richterrechts in der britischen Verfassungsordnung zumindest von einem grundsätzlichen ‚Vorbehalt des Rechts' gesprochen werden könnte.[574] Bei näherer Betrachtung erweist sich indessen das residuale Freiheitsverständnis des Common Law in gewisser Hinsicht als Hemmschuh für die Wirksamkeit dieses Grundsatzes, indem dieses der positiven Formulierung freiheitlicher Rechte keine Priorität einräumt. Es finden sich nämlich vereinzelte Dikta in der britischen Judikatur, nach denen keine gesetzliche Ermächtigung für Handlungen der vollziehenden Gewalt erforderlich sei, soweit diese keinen Eingriff in anerkannte Rechte des Common Law darstellen. So hielt *Sir Robert Megarry V.C.* in seinem Urteil zu *Malone v. Metropolitan Police Commissioner* (1979) eine Telefonüberwachung ohne gesetzliche Grundlage deshalb für rechtmäßig, weil das Common Law

---

571 BVerfGE 61, 260, 275; 49, 89, 126; 77, 170, 230 f.; 83, 130, 142, 152; 95, 267, 307 f.; *Stern*, Staatsrecht I, S. 811 ff.; *Schmidt-Aßmann*, Rechtsstaat, Rz. 64 f.; *Sachs*, Art. 20 GG, in: Sachs, Rz. 116 f.; *Maurer*, Staatsrecht I, § 17 Rz. 14 f.
572 Siehe supra Kapitel 2 § 1 C. II. 2.
573 *Entick v. Carrington* [1765] 19 StTr 1029. Jedoch erweist sich die Unterscheidung zwischen der Adaption einer anerkannten und der Begründung einer neuen Prärogativbefugnis als im Einzelfall problematisch; siehe beispielsweise *R. v. Secretary of State for the Home Department, ex parte Northumbria Police Department* [1989] QB 26 und vgl. dazu *Lester, Anthony/Weait, Matthew*, The use of ministerial powers without parliamentary authority: the Ram doctrine, Public Law 2003, S. 415, 425 f.
574 *Turpin*, British Government, S. 66 ff.

kein eigenständiges Recht auf Privatsphäre schütze.[575] Zwar stützt dieses Urteil indirekt einen in seiner Reichweite beschränkten Grundsatz eines Rechtsvorbehalts im Bereich der Eingriffsverwaltung, doch zeigt es zugleich die Grenzen dieses Ansatzes in der Abwesenheit eines dem Abschnitt I des Grundgesetzes vergleichbaren Grundrechtskatalogs – sei er auch richterrechtlich entwickelt – und insbesondere eines der allgemeinen Handlungsfreiheit vergleichbaren Auffanggrundrechts. In neuerer Zeit wird die im Fall *Malone* vertretene Auffassung jedoch zu Recht angezweifelt.[576] Im Fall *R. v. Somerset County Council, ex parte Fewings* (1995) vertrat *Laws J.* die Ansicht, daß der Staat – anders als der Bürger – nicht das Recht besitze, alles dasjenige zu tun, was nicht verboten sei, sondern er bedürfe bei seinen Handlungen gegenüber dem Bürger stets einer rechtlichen Grundlage.[577] Hierin liegt die erste explizite Formulierung eines allgemeinen Rechtsvorbehalts im Staat-Bürger-Verhältnis für das britische Verfassungsrecht. Zudem stellt das Inkrafttreten des Human Rights Act 1998 einen bedeutenden Schritt in dieselbe Richtung dar.[578] Die positive Formulierung der Grundrechte in der inkorporierten Europäischen Menschenrechtskonvention und die in sec. 6(1) Human Rights Act 1998 angeordnete Rechtswidrigkeit grundrechtsverletzender Handlungen öffentlicher Stellen mit Ausnahme des Parlaments selbst[579] bewirken daher für den Bereich der Konventionsrechte nun einen Vorbehalt des Rechts.[580] Dieser bildet eine deutliche Parallele zu dem im Grundrechtsbereich des Grundgesetzes geltenden deutschen Gesetzesvorbehalt. Kann somit eine Entwicklung zu einem grundsätzlichen Rechtsvorbehalt in der britischen Verfassungsordnung ausgemacht werden, so bleibt dieser in seiner Reichweite noch ungenügend gefestigt. In auffallender Parallelität zum deutschen Verfassungsrecht haben die britischen Gerichte einen solchen Rechtsvorbehalt für den Bereich der Leistungsverwaltung dort abgelehnt, wo das Parlament lediglich die notwendigen Haushaltsmittel bereitgestellt hat.[581] Kann somit ein Totalvorbehalt auch für die britische Rechtsordnung verworfen werden, so zeigen neuere Urteile aber eine wegweisende Tendenz zur Entwicklung eines der deutschen Wesentlichkeitstheorie zumindest vergleichbaren Grundsatzes bezüglich der Regelungsintensität gesetzlicher Handlungsermächtigungen. Da das britische

---

575 *Malone v. Metropolitan Police Commissioner* [1979] Ch 344. Kritisch zu dieser Entscheidung *Allen,* Law, Liberty, and Justice, S. 158 ff. Einen der Entscheidung in *Malone* ähnlichen Ansatz wählte der Court of Appeal in *R. v. Secretary of State for Health, ex parte C.* [2000] FLR 627.
576 Vgl. *Lester/Weait,* Ministerial powers, S. 421 ff.
577 *R. v. Somerset County Council, ex parte Fewings* [1995] 1 AllER 513, 524. Vgl. *Baum,* Rights Brought Home, S. 285.
578 *Lester/Weait,* Ministerial powers, S. 422 f.
579 Entsprechend der Doktrin der Parlamentssuprematie greift gemäß sec. 6(2) Human Rights Act 1998 diese Rechtswidrigkeit nicht, wenn die Exekutive lediglich ein grundrechtsverletzendes Parlamentsgesetz ohne eigenen Ermessensspielraum vollzieht.
580 Vgl. *Bradley/Ewing,* Constitutional and Administrative Law, S. 100.
581 *R. v. Criminal Injuries Compensation Board, ex parte Lain* [1967] 2 QB 864. Vgl. jetzt auch die Entscheidung des Court of Appeal in *R. (on the application of Hooper) v. Secretary of State for Work and Pensions* [2003] EWCA Civ 875.

Parlament aufgrund seiner legislativen Allmacht grundsätzlich die Exekutive zu weitreichenden und inhaltlich äußerst unbestimmten Rechtseingriffen ermächtigen kann und von dieser Befugnis nicht selten Gebrauch macht,[582] drängt sich die Frage nach der erforderlichen Regelungsdichte parlamentarischer Ermächtigungsgrundlagen für exekutive Normsetzung und einzelfallbezogenes Verwaltungshandeln für die britische Verfassungsordnung auf. Aus dem im Common Law entwickelten ‚principle of legality'[583] und der gerichtlichen Auslegungsbefugnis nach sec. 3(1) Human Rights Act 1998[584] folgt in diesem Zusammenhang, daß exekutive Eingriffe in Grundrechte des Common Law oder der Menschenrechtskonvention in sprachlich eindeutiger Weise durch Parlamentsgesetz erlaubt sein müssen. Dieser Ansatz wird deutlich in den Worten des Richters *Laws J.* in *Witham* (1998):

> „... *the notion of a constitutional right can in my judgment inhere only in this position, that the right in question cannot be abrogated by the state save by specific provision in an Act of Parliament, or by regulations whose vires in main legislation specifically confers the power to abrogate. General words will not suffice.*"[585]

Ein rudimentärer Grundsatz der Wesentlichkeit bildet somit die notwendige Kehrseite der grundrechtskonformen Auslegung durch die britischen Gerichte: In grundrechtssensiblen Bereichen verlangt die Rechtsprechung klare parlamentarische Vorgaben für einzelfallbezogene und normsetzende Akte der vollziehenden Gewalt gegenüber dem Bürger. Sind diese nicht ersichtlich, so bilden liberale Rechtspositionen die Schranken zulässigen exekutiven Handelns. Für das Staat-Bürger-Verhältnis kann der neueren britischen Rechtsprechung daher auch das Gebot hinreichender gesetzlicher Bestimmtheit – wie es Teil des deutschen Rechtsstaatsverständnisses darstellt[586] – entnommen werden. Obgleich die beiden Vergleichsordnungen bezüglich der Rechtsstaatlichkeit verfassungsdogmatisch gänzlich verschiedene Ausgangspunkte beziehen, ergeben sich gleichwohl im Bereich der Rechtsbindung staatlichen Handelns somit deutliche Gemeinsamkeiten. Sowohl das Prinzip des Gesetzesvorrangs als auch der Grundsatz eines Rechtsvorbehalts, der auch die Fragen der erforderlichen Regelungsdichte gesetzlicher Handlungsermächtigungen umfaßt, finden – insbesondere aufgrund der britischen Verfassungs-

---

582 Siehe beispielsweise die umfassenden Eingriffsbefugnisse gemäß sec. 20C Taxes Management Act 1970 oder die weitreichenden Regelungsbefugnisse nach sec. 33(1) Finance (No. 2) Act 1940. Vgl. *Turpin*, British Government, S. 67 ff.
583 Siehe supra Kapitel 2 § 2 B. II. 2. (b) (ii).
584 Siehe supra Kapitel 2 § 2 B. II. 2. (b) (iv).
585 *Laws J.* in *R. v. Lord Chancellor, ex parte Witham* [1998] QB 575, 581. Vgl. auch das Diktum *Lord Hoffmann*s in *R. v. Secretary of State for the Home Department, ex parte Simms* [1999] 3 AllER 400, 411: „But the principle of legality means that Parliament must squarely confront what it is doing and accept the political cost. Fundamental rights cannot be overridden by general or ambiguous words."
586 BVerfGE 59, 104, 114; *Stern*, Staatsrecht I, S. 829 f.

entwicklung der letzten Jahre – jeweils systemverhafteten Ausdruck in beiden Staatsordnungen.

Das dem deutschen Rechtsstaatlichkeitsverständnis inhärente Verbot insbesondere der echten Rückwirkung belastender Gesetze,[587] das für den Bereich des Strafrechts in Art. 103 Abs. 2 GG als absolute Schranke gesetzgeberischen Handelns ausgestaltet ist, findet im Vereinigten Königreich wiederum nur eine der Letztentscheidungsbefugnis des Parlaments unterworfene Entsprechung. Die grundsätzliche Befugnis des britischen Gesetzgebers, sowohl tatbestandliche Rückanknüpfungen als auch Rechtsfolgen für die Vergangenheit zu bewirken, wird allgemein nicht bezweifelt.[588] Jedoch legen die Gerichte Parlamentsgesetze seit jeher nach Möglichkeit prospektiv aus.[589] Die innerstaatliche Umsetzung der Europäischen Menschenrechtskonvention, welche mit ihrem Art. 7 Abs. 1 eine dem Art. 103 Abs. 2 GG direkt vergleichbare Gewährleistung enthält, eröffnet zumindest für den Bereich rückwirkender Strafgesetze nunmehr neben der Anwendung der diesbezüglichen Prioritätsregel auch die Möglichkeit der gerichtlichen Inkompatibilitätserklärung, so daß mit dem Human Rights Act 1998 auch in dieser Hinsicht eine weitere Stärkung britischer Rechtsstaatlichkeit erreicht worden ist.

## IV. Rechtsschutz

Zu den fundamentalen Ausprägungen deutscher Rechtsstaatlichkeit gehört weiterhin die Garantie effektiven Rechtsschutzes des Bürgers vor unabhängigen Gerichten gegenüber rechtswidrigem Staatshandeln.[590] Die grundgesetzliche Konkretisierung dieses Grundsatzes in Art. 19 Abs. 4 Satz 1 GG gewährleistet nach allgemeinem Verständnis nicht nur die Ausgestaltung des Verwaltungsprozeßrechts zu einem System umfassenden und effektiven Gerichtsschutzes gegen staatliche Verletzungen subjektiver Rechte,[591] sondern enthält darüber hinaus auch die Garantie einer die umfassende Rechts-

---

587  BVerfGE 13, 261, 271 f.; 30, 367, 385 ff.; 14, 288, 297 f.; 72, 200, 241 ff.; 72, 302, 321 ff. Vgl. dazu *Sachs*, Art. 20 GG, in: Sachs, Rz. 131 ff.; *Stern*, Staatsrecht I, S. 831 ff.; *Schmidt-Aßmann*, Rechtsstaat, Rz. 86; *Degenhart, Christoph*, Staatsrecht I – Staatsorganisationsrecht, 19. Auflage, Heidelberg 2003, Rz. 358 ff.; *Katz*, Staatsrecht, Rz. 201 ff.
588  Statt vieler *Bradley/Ewing*, Constitutional and Administrative Law, S. 56.
589  Siehe *Yew Bon Tew v. Kenderaan Bas Mara* [1983] 1 AC 553, 558; *Waddington v. Miah* [1974] 2 AllER 377.
590  Vgl. *Riedel, Eibe H.*, Access to Justice as a Fundamental Right in the German Legal Order, in: ders. (Hrsg.), German Reports on Public Law – Presented to the XV. International Congress on Comparative Law, Bristol 1998, Baden-Baden 1998, S. 77 – 102; *Schmidt-Jortzig, Edzard*, Effektiver Rechtsschutz als Kernstück des Rechtsstaatsprinzips nach dem Grundgesetz, NJW 1994, S. 2569 – 2573.
591  Zusammenfassend *Maurer*, Staatsrecht I, § 8, Rz. 26 ff.

bindung der Staatsgewalt effektiv durchsetzenden gerichtlichen Kontrolldichte.[592] Das zur gerichtlichen Kontrolle von Verwaltungshandeln im Vereinigten Königreich verfügbare Verfahren der Judicial Review bietet heute einen der deutschen Gewährleistung des Art. 19 Abs. 4 Satz 1 GG vergleichbaren Schutzstandard.[593] Zwar bleibt die gerichtliche Kontrolle der primären Gesetzgebung aufgrund der Suprematie des Parlaments ausgeschlossen, die britische Rechtsprechung hat aber in der zweiten Hälfte des 20. Jahrhunderts die Judicial Review schrittweise zu einem umfassenden Rechtsschutzsystem für den Bürger gegen rechtswidriges Staatshandeln ausgebaut.[594] In dieser Entwicklung lassen sich eine Reihe wichtiger Meilensteine ausmachen. So entschied das House of Lords, daß nicht nur gesetzesvollziehende Akte der Exekutive, sondern auch die Ausübung der königlichen Prärogative der gerichtlichen Kontrolle unterliegen, so daß heute der Quelle einer exekutiven Handlungsbefugnis keine Bedeutung mehr zukommt.[595] Ebenso urteilten die britischen Gerichte, daß auch solche Entscheidungsträger der Judicial Review unterliegen, denen ihre Funktionen zwar nicht auf der Basis einer gesetzlichen Ermächtigung zukommen, die jedoch eine öffentliche Aufgabe erfüllen.[596] Dabei können beide diese Rechtsschutzerweiterungen als Beleg dafür verstanden werden, daß die Gerichte aus dem Schatten der mit der ‚Ultra Vires'-Doktrin verbundenen Rolle als Garanten parlamentarischer Ermächtigungen und ihrer Grenzen herausgetreten sind und das Common Law eine eigenständige Verantwortung für die Entwicklung eines umfassenden und effektiven Rechtsschutzsystems übernommen hat.[597] Eine ähnliche Tendenz zeigt die gerichtliche Neuordnung und verstärkte Systematisierung der verwaltungsrechtlichen Kontrollmaßstäbe. Im Fall *Council of Civil Service Unions* (1984) rationalisierte *Lord Diplock* in einer richtungsweisenden Urteilsbegründung die diesbezüglichen Präzedenzfälle unter drei ‚grounds of review': ‚illegality', ‚procedural impropriety' und ‚irrationality'.[598] Während die beiden ersten Kategorien – zumindest seit der Aufgabe der Unterschei-

---

592 *Stern*, Staatsrecht I, S. 850 ff.
593 Vgl. allgemein zur Judicial Review *Schwarze, Jürgen*, Die gerichtliche Kontrolle der Verwaltung in England, DÖV 1996, S. 771–776.
594 *Loughlin*, Development of public law, S. 623 ff.
595 Council of Civil Service Unions v. Minister of the Civil Service [1984] WLR 1174. Vgl. zu dieser Entscheidung *Schwartz, Bernard*, Lions over the Throne – The Judicial Revolution in English Administrative Law, New York/London 1987, S. 177 ff.
596 R. v. Panel on Takeovers and Mergers, ex parte Datafin plc. [1987] QB 815. Vgl. auch R. v. Advertising Standards Authority Ltd. [1990] AdminLR 77; R. v. General Council of the Bar, ex parte Percival [1991] 1 QB 212.
597 Über die Frage, ob die ‚Ultra Vires'-Doktrin – möglicherweise in einer modifizierten Form – weiterhin das verfassungsdogmatische Fundament der Judicial Review darstellen kann oder ob die judikative Entfaltung eines umfassenden Rechtsschutzes gegen rechtswidriges Staatshandeln einer anderen Legitimationsbasis in der Gestalt des Common Law bedarf, besteht eine heftige Auseinandersetzung im britischen Schrifttum; vgl. dazu die in Fn. 432 supra aufgeführten Verweise.
598 Council of Civil Service Unions v. Minister of the Civil Service [1984] WLR 1174, 1193 ff.

dung zwischen ‚jurisdictional errors of law' und ‚non-jurisdictional errors of law' im Fall *Anisminic* (1969)[599] – eine umfassende Kontrolle in kompetenzieller und verfahrensmäßiger Hinsicht ermöglichen, erlaubt der Maßstab der ‚irrationality' die traditionellerweise äußerst zurückhaltende inhaltliche Überprüfung exekutiver Ermessensentscheidung in Fortbildung der traditionellen ‚*Wednesbury* unreasonableness'.[600] Eine darüber hinausgehende Kontrolle von Verwaltungsentscheidungen anhand eines Verhältnismäßigkeitsgrundsatzes wurde dagegen zumeist nur im Wirkungskreis des europäischen Gemeinschaftsrechts anerkannt,[601] für das rein nationale Verwaltungsrecht jedoch mangels gesetzlicher Anordnung von britischen Gerichten abgelehnt.[602] Das Inkrafttreten des Human Rights Act 1998 erweitert mit sec. 6(1) die Gruppe der ‚grounds of review' um die Kategorie der Verletzung von Konventionsrechten. Mit dieser Neuerung ist der Verhältnismäßigkeitsgrundsatz – jedenfalls für den Konventionsbereich – bereits Maxime des britischen Verwaltungsrechts geworden, da aufgrund der Rechtsprechung des Straßburger Gerichtshofs dieser Grundsatz im Anwendungsbereich der Konventionsrechte von allen Behörden beachtet werden muß.[603] Wenn auch weiterhin ein ausdrückliches judikatives Bekenntnis zu einer allgemeinen Geltung des Verhältnismäßigkeitsgrundsatzes für das britische Verwaltungsrecht aussteht, so sind doch materiell klare Anzeichen für ein Übergreifen dieses Prinzips auf den Residualbereich des nationalen Verwaltungsrechts aus den Anwendungsfeldern des Gemeinschaftsrechts und des Human Rights Acts 1998 zu erkennen, wobei das Verhältnis zum traditionellen ‚irrationality'-Test bisher offen bleibt.[604] Die britische Rechtsordnung gewinnt somit – zumindest für den Bereich der Verwaltungskontrolle – mit dem Übermaßverbot die Verankerung eines weiteren bedeutenden Rechtsstaatselements, das im deutschen

---

599  *Anisminic Ltd. v. Foreign Compensation Commission* [1969] 2 AC 147; *R. v. Hull University Visitor, ex parte Page* [1993] AC 682, 701. Vgl. *Craig*, Administrative Law, S. 493 ff.
600  Dieser gerichtliche Kontrollmaßstab geht auf die Entscheidung *Lord Greene*s M.R. im Fall *Associated Provincial Picture Houses Ltd. V. Wednesbury Corporation* [1948] 1 KB 223, 229 ff., zurück und wurde konkretisiert in *Secretary of State for Education and Science v. Tameside Metropolitan Bourough Council* [1977] AC 1014, 1064 (*Lord Diplock*). Vgl. dazu *Craig*, Administrative Law, S. 552 ff., 609 ff.; *Laws, John*, Wednesbury, in: Forsyth, Christopher/Hare, Ivan (Hrsg.), The Golden Metwand and the Crooked Cord, Essays on Public Law in Honour of Sir William Wade QC, Oxford 1998, S. 185 – 201; *Irvine*, Judges and Decision-Makers, S. 59 – 78.
601  *Craig*, Administrative Law, S. 621 f.; *Wong, Garreth*, Towards the Nutcracker Principle: Reconsidering the Objections to Proportionality, PL 2000, S. 92, 95.
602  Zur ablehnenden Haltung der britischen Gerichte vgl. *R. v. Secretary of State for the Home Departement, ex parte Brind* [1991] 1 AC 696, 748 f. (*Lord Bridge*). Vgl. dazu *Craig*, Administrative Law, S. 618 f.
603  Zur Anwendung des Verhältnismäßigkeitsgrundsatzes seit Erlaß des Human Rights Act 1998 vgl. *Jowell*, Beyond the Rule of Law, S. 678 ff.; *Klug/O'Brien*, Human Rights Act, S. 658 f.; *Barnett*, Constitutional & Administrative Law, S. 917 ff.; *Craig*, Administrative Law, S. 585 ff., 617 ff.
604  *Craig*, Administrative Law, S. 619 ff., 628 ff.; *Wong*, Towards the Nutcracker Principle, S. 101 f.

Verfassungsrecht als allgemeiner Grundsatz grundgesetzlicher Rechtsstaatlichkeit anerkannt ist.[605]

Existiert daher mit dem Verfahren und den Kontrollmaßstäben der Judicial Review ein heute umfassendes System des Gerichtsschutzes gegen rechtswidrige Akte der britischen Verwaltung, so bleibt aufgrund der Doktrin der Parlamentssuprematie und der entsprechenden Undenkbarkeit einer dem Art. 19 Abs. 4 Satz 1 GG vergleichbaren Gewährleistung dennoch die Möglichkeit eines legislativen Ausschlusses des Rechtsschutzes. Das britische Parlament hat eine Reihe von Gesetzen, durch welche die Verwaltung zu Handlungen gegenüber dem Bürger ermächtigt werden, mit ‚ouster clauses' – beziehungsweise ‚finality clauses' – unterschiedlichster Art versehen, um die gerichtliche Kontrolle von Verwaltungsentscheidungen auszuschließen.[606] Obgleich die verfassungsrechtliche Zulässigkeit derartiger Anweisungen nicht bezweifelt wird, haben die Gerichte in vielen Entscheidungen ihren unübersehbaren Unwillen gezeigt, solchen Gesetzesklauseln zu voller Wirksamkeit zu verhelfen. In der berühmten Entscheidung des House of Lords im Fall *Anisminic* (1969)[607] wurde eine Bestimmung, nach der „the determination by the [Foreign Compensation] Commission ... shall not be called in question in any court of law"[608], als nicht ausreichend erachtet, eine gerichtliche Überprüfung im Wege der Judicial Review zu verhindern. Als argumentatives Vehikel nutzte das oberste britische Gericht die traditionelle ‚Ultra Vires'-Doktrin, indem es die Ansicht vertrat, daß nur eine ‚intra vires' – also eine nicht rechtsirrige – Entscheidung der Commission als „determination" im Sinne der vorgefundenen ‚ouster clause' gelten kann. Im Ergebnis handelt es sich jedoch um eine intensive Prioritätsregel von hohem Rang, die einen Jurisdiktionsausschluß selbst angesichts einer klaren Formulierung zugunsten der gerichtlichen Kontrolle übergeht.[609] Es bleibt daher weiterhin zweifelhaft, wie genau ein absoluter Ausschluß der Judicial Review gesetzlich abgefaßt sein müßte.[610] Das im Common Law anerkannte Grundrecht auf Zugang zu den Gerichten,[611] das in Fällen von Ausschlußklauseln als strenge Prioritätsregel eine

---

605  *Stern*, Staatsrecht I, S. 861 ff.
606  Vgl. allgemein zu dieser Problematik *Craig*, Administrative Law, S. 847 ff.; *Bradley/ Ewing*, Constitutional and Administrative Law, S. 745 ff.; *Loughlin*, Development of public law, S. 633 f.
607  *Anisminic Ltd. v. Foreign Compensation Commission* [1969] 2 AC 147. Vgl. zu dieser Entscheidung *Schwartz*, Lions over the Throne, S. 45 ff.; *Wade, H. William R.*, Anisminic v. East Elloe, LQR 93 (1977), S. 8 – 11; *Allan*, Law, Liberty, and Justice, S. 65 ff.; *Barendt*, Constitutional Law, S. 132; *Goldsworthy*, Sovereignty of Parliament, S. 250 ff.; *Loveland*, Constitutional Law, S. 77 ff.
608  Sec. 4(4) Foreign Compensation Act 1950.
609  Vgl. auch *R. v. Secretary of State for the Home Department, ex parte Fayed* [1997] 1 AllER 228.
610  *Craig*, Administrative Law, S. 853 ff.
611  Vgl. neben *Anisminic Ltd. v. Foreign Compensation Commission* [1969] 2 AC 147, 170 (*Lord Reid*), beispielsweise *R. v. Lord Chancellor, ex parte Witham* [1998] QB 575, 585 (*Laws J.*); *R. v. Secretary of State for Social Security, ex parte Joint Council for the Welfare of Immigrants* [1997] 1 WLR 275, 292 (*Simon Brown L.J.*); *R. v. Secretary of State*

wirksame Verfassungsbindung der Legislative bewirkt, steht somit hier in direkter Parallelität zu Art. 19 Abs. 4 Satz 1 GG.

## V. Gewaltenteilung

Mögliche verfassungsstrukturelle Parallelen ergeben sich zwischen Deutschland und dem Vereinigten Königreich auch hinsichtlich der Teilung der Staatsgewalt, wobei die regionale Dezentralisierung der Staatsorganisation im Folgenden noch außer Betracht bleiben soll. Auf den ersten komparativen Blick fällt auf, daß, während in Deutschland nicht zuletzt aufgrund der diesbezüglich aussagekräftigen Bestimmungen der Art. 20 Abs. 2 Satz 2 und Art. 20 Abs. 3 GG die Gewaltenteilung allgemein als „Kernstück der rechtsstaatlichen Verfassung" aufgefaßt wird,[612] im Vereinigten Königreich eine heftige Auseinandersetzung darüber andauert, ob die britische Verfassungsordnung überhaupt einen derartigen Grundsatz der Trennung und gegenseitigen Hemmung von Staatsgewalten kennt.[613]

Dieser Unterschied im Grundtenor der deutschen und britischen Gewaltenteilungsdiskussion kann wohl dadurch erklärt werden, daß – anders als die deutsche Verfassungsordnung mit ihrem Hoheitsgewalten begründenden, verteilenden und begrenzenden Grundgesetz – die pyramidale britische Staatsordnung die Suprematie des Parlaments als verfassungsdogmatischen Ausgangspunkt nimmt. Dieses Dogma verleiht der britischen Crown in Parliament – beziehungsweise dem innerhalb dieses Organs dominanten Unterhaus – die ‚Kompetenz-Kompetenz' der Staatsordnung. Diese verfassungsrechtliche Letztgestaltungsbefugnis indiziert zunächst eher eine Fusion der staatlichen Gewalt im Vereinigten Königreich als ihre Teilung.[614] Wie in anderen Bereichen versperrt jedoch auch hier der schlichte Verweis auf die Parlaments-

---

*for the Home Department, ex parte Leech* [1994] QB 198, 210 (*Steyn L.J.*); *Raymond v. Honey* [1983] 1 AC 1, 12 (*Lord Wilberforce*).

612 *Badura*, Staatsrecht, Rz. D 47. Ähnlich zählt *Benda, Ernst*, Der soziale Rechtsstaat, in: Benda, Ernst/Maihofer, Werner/Vogel, Hans-Jochen (Hrsg.), Handbuch des Verfassungsrechts der Bundesrepublik Deutschland, 2. Auflage, Berlin/New York 1994, § 17, Rz. 38, die Gewaltenteilung zu den „wesentlichen Merkmalen des Rechtsstaates". Das Bundesverfassungsgericht bezeichnet die Gewaltenteilung als „tragendes Organisations- und Funktionsprinzip"; BVerfGE 3, 225, 247 f.; 95, 1, 15 f.

613 Vgl. hierzu *Hood Phillips, Owen*, A constitutional myth: separation of powers, LQR 93 (1977), S. 11 – 13; *Jennings*, Law and Constitution, S. 7 ff.; *de Smith/Brazier*, Constitutional and Administrative Law, S. 18; *Hood Phillips/Jackson/Leopold*, Constitutional and Administrative Law, Rz. 2–020 ff.; *Munro, Colin R.*, The Separation of Powers: Not Such a Myth, PL 1981, S. 19 – 24; *ders.*, Studies in Constitutional Law, S. 295 ff.; *Barendt, Eric*, Separation of Powers and Constitutional Government, PL 1995, S. 599 – 619; *ders.*, Constitutional Law, S. 34 ff.

614 So bereits *Bagehot, Walter*, The English Constitution (mit einer Einführung von R. H. S. Crossman), London 1963, S. 65. Vgl. auch *Barendt*, Separation of Powers, S. 613 ff.

suprematie und ihr scheinbar kategorischer Gegensatz zur deutschen Verfassungsstaatlichkeit den verfassungsvergleichenden Blick. Eine Gesamtsicht der Funktionsweise beider Verfassungen mit einer erhöhten Sensibilität für verschiedenste Mechanismen der Verfassungsbindung offenbart – trotz aller Unterschiede im Detail – große Gemeinsamkeiten der beiden Staatsordnungen auch in dieser Hinsicht. Beide Verfassungen zeigen in ihrer Fundamentalentscheidung für ein repräsentatives, parlamentarisches Regierungssystem mit einer dem Parlament verantwortlichen Exekutive[615] eine Ablehnung gegenüber den in Frankreich und den Vereinigten Staaten von Amerika verwirklichten ‚reinen‘ Versionen der Gewaltentrennung.[616] Sie lassen sich bereits aufgrund der für parlamentarische Regierungssysteme typischen Nähe zwischen Volksvertretung und Regierung jeweils nur im Sinne einer Teilung der Staatsgewalt bei gleichzeitiger Kontrolle, Verflechtung und Balancierung rationalisieren. Für die Urväter der Gewaltenteilungslehre, *John Locke* und *Charles de Montesquieu*, war noch die zu ihrer Zeit bestehende gesellschaftliche Machtkonstellation mit Monarch, Adel und Ständen als reales Zuordnungsmuster maßgeblich.[617] Nach dem Wegfall dieser real politischen Antagonismen verbinden die deutsche und die britische Verfassungsordnung das Demokratieprinzip mit einer jeweils eigenen Version der Trennung und Verschränkung von Funktionen, Organen und Personen.[618] Beide verfolgen somit die gleichbleibenden Ziele der Verhinderung übermäßiger Machtkonzentrationen zur Vermeidung des Mißbrauchs staatlicher Hoheitsgewalt und der sachdienlichen Verteilung von Staatsaufgaben an funktionsgerecht strukturierte Organe.[619] Während dieser Gedanke im Grundgesetz deutlich zutage tritt, kann er für die evolutiv-dynamische Verfassungsordnung des Vereinigten Königreichs, dessen Fundamente sich bereits im ausgehenden 17. Jahrhundert festigten, zunächst nur als Sekundärinterpretation dienen. Dies darf jedoch nicht zu der vorschnellen Annahme verleiten, daß die Ideale der Gewaltentrennung und -verschränkung keine gestaltendnormative Wirkung im britischen Regierungssystem entfalten.

Sowohl die deutsche als auch die britische Verfassungsordnung kennen zunächst die klassische Dreiteilung staatlicher Grundfunktionen in Gesetz-

---

615 Siehe supra Kapitel 2 § 2 A. I.
616 Vgl. allgemein zur Frage der ‚Überschneidungsfreiheit‘ in der Gewaltenteilung *Horn, Hans-Detlef*, Über den Grundsatz der Gewaltenteilung in Deutschland und Europa, JöR NF 49 (2001), S. 287, 291 f.
617 Vgl. *Weber, Werner*, Spannungen und Kräfte im westdeutschen Verfassungssystem, 3. Auflage, Berlin 1970, S. 152 ff.; *Hesse*, Grundzüge des Verfassungsrechts, Rz. 481; *Fastenrath, Ulrich*, Gewaltenteilung – Ein Überblick, JuS 1986, S. 194, 195 f.; *von Unruh, Georg-Christoph*, Grundlagen und Probleme der Verteilung der Staatsgewalt, JA 1990, S. 290, 292 f.; *Horn*, Gewaltenteilung, S. 289 f.
618 Vgl. *Ossenbühl*, Aktuelle Probleme der Gewaltenteilung, S. 547.
619 Vgl. dazu BVerfGE 68, 1, 86; *Hesse*, Grundzüge des Verfassungsrechts, Rz. 481 ff.; *Schmidt-Aßmann*, Rechtsstaat, Rz. 47 ff.; *Horn*, Gewaltenteilung, S. 295; *Barendt*, Separation of Powers, S. 601 ff.

gebung, Vollziehung und Rechtsprechung.[620] Diese werden auch grundsätzlich unterschiedlichen Staatsorganen zugeordnet. So sind zur Gesetzgebung in beiden Staaten mit Bundestag und Bundesrat beziehungsweise Unter- und Oberhaus zwei parlamentarische Gremien und das Staatsoberhaupt berufen; die den gesamtstaatlichen Volksvertretungen – dem Bundestag und dem House of Commons – verantwortlichen Regierungen vollziehen mit Hilfe eines ihnen unterstehenden Verwaltungsapparats die Gesetze, und die Klärung rechtlicher Streitigkeiten unter Bürgern und zwischen Staat und Bürgern obliegt den Gerichten. Da die Verhinderung von Machtmißbrauch nur gelingen kann, wenn auch das Personal dieser Organe nicht identisch ist, kann in beiden Verfassungsordnungen prinzipiell eine Trennung nach Personen beobachtet werden. Beide Regierungssysteme kennen neben dieser Differenzierung zwischen Funktionen, Organen und Personen jedoch auch Elemente der Gewaltenverflechtung, -hemmung und -kontrolle. Insbesondere in Deutschland werden diese staatsorganisatorischen Elemente nach zutreffender Ansicht nicht als in Ausnahmen zulässige Durchbrechungen einer idealen Gewaltenteilungskonstruktion verstanden, sondern als Ausdruck einer dem Grundgesetz eigenen Konzeption der Gewaltenteilungslehre.[621] Dieses Verständnis der Gewaltenteilungsdoktrin als staatsstrukturelle „Modelliermasse"[622] ist geeignet, zumindest in Teilen die im britischen Schrifttum anzutreffende Ablehnung der Gewaltenteilungsdoktrin als Erklärungsrahmen für die Verfassungsordnung des Vereinigten Königreichs zu entkräften.[623] Allzu oft basiert nämlich diese Ablehnung auf der Vorstellung eines reinen Gewaltenteilungsmodells, mit dem sich weder die deutsche noch die britische Staatsordnung identifizieren kann.[624]

Die stärksten Verschränkungen der Gewalten zeigen beide Verfassungen im Verhältnis zwischen der Legislative und der Exekutive. Bundeskanzler und Premierminister sind für ihre Wahl von Mehrheiten in der parlamentarischen Volksvertretung abhängig und diesen Gremien sodann in ihrem Regierungshandeln fortlaufend politisch verantwortlich. Diese Abhängigkeit zeigt sich in Deutschland am deutlichsten im konstruktiven Mißtrauensvotum nach Art. 67 GG. Im Vereinigten Königreich können die Verfassungskonventionalregeln der individuellen und kollektiven Ministerverantwortlichkeit ebenfalls die Form eines Mißtrauensvotums annehmen.[625] Gleichzeitig dominieren die

---

620 Vgl. für Deutschland *Hesse*, Grundzüge des Verfassungsrechts, Rz. 486f.; *Schmidt-Aßmann*, Rechtsstaat, Rz. 52. Für das Vereinigte Königreich vgl. *Barendt*, Separation of Powers, S. 605ff. Kritisch zur Funktionstrennung *Jennings*, Law and Constitution, S. 7ff.; *Horn*, Gewaltenteilung, S. 293f.
621 *Schmidt-Aßmann*, Rechtsstaat, Rz. 55; *Maurer*, Staatsrecht I, § 12, Rz. 15. Anders aber beispielsweise BVerGE 18, 52, 59.
622 So *Maurer*, Staatsrecht I, § 12, Rz. 15.
623 Ähnlich auch *Mitchell*, Constitutional Law, S. 46.
624 Vgl. *Barendt*, Separation of Powers, S. 607ff.
625 Allgemein zum Grundsatz der Ministerverantwortlichkeit vgl. *Marshall*, Constitutional Conventions, S. 54ff., 222ff.; *Bradley/Ewing*, Constitutional and Administrative Law, S. 103ff.; *Hood Phillips/Jackson/Leopold*, Constitutional and Administrative Law,

Regierungen beider Staaten in der Regel den Legislativprozeß durch ihre parlamentarischen Majoritäten; in der parteipolitischen Übereinstimmung der Regierung und der Parlamentsmehrheit bewirkt das parteienstaatliche parlamentarische Regierungssystem geradezu eine materielle Fusion von Exekutive und Legislative.[626] Während das Grundgesetz dem deutschen Bundeskanzler jedoch keinen direkten Weg zu Parlamentsauflösung und Neuwahlen eröffnet, kann der britische Premierminister den Wahltermin unterhalb der fünfjährigen Maximalperiode relativ frei bestimmen, so daß ihm ein erheblich kraftvolleres Druckmittel auch gegen innerparteiliche Opposition zu Gebote steht. Darüber hinaus begünstigt auch das britische Mehrheitswahlrecht, das in der Regel die in Deutschland beinahe durchweg erforderlichen Regierungskoalitionen überflüssig macht, die Dominanz der Exekutive über das Parlament. Die in beiden Staaten stark verbreitete exekutive Normsetzung führt zudem zu einer funktionellen Verschränkung der Staatsgewalten. Diese verstärkt sich im Vereinigten Königreich zusätzlich dadurch, daß Minister durch sogenannte ‚Henry VIII'-Klauseln dazu ermächtigt werden können, Parlamentsgesetze inhaltlich zu modifizieren.[627] Hier zeigt sich, daß die Parlamentssuprematie als ‚Kompetenz-Kompetenz' grundsätzlich jede Verschiebung von Gewalten ermöglicht. Des weiteren ist auch die personelle Trennung zwischen Exekutive und Legislative im Vereinigten Königreich schwächer ausgeprägt als in Deutschland: Obwohl nach dem House of Commons Disqualification Act 1975 die Zahl der Minister unter den Abgeordneten auf 95 beschränkt wird, liegt die Gesamtanzahl aller Regierungsmitglieder im Unterhaus in der Regel zwischen 125 und 145, so daß sich eine erheblich stärkere personelle Überschneidung zwischen Parlament und Regierung ergibt als in Deutschland.[628]

Dagegen weisen beide Staatsordnungen gemeinsam eine vergleichsweise klarere Trennung zwischen der Judikative und den anderen Staatsgewalten

---

Rz. 17–016 ff.; *Loveland*, Constitutional Law, S. 264 ff., 277 ff., 282 ff.; *Riedel*, Kontrolle der Verwaltung, S. 252 ff.; *Loewenstein*, Staatsrecht I, S. 423 ff.; *Wilson, Lord of Dinton*, The Robustness of Conventions in a Time of Modernisation and Change, PL 2004, S. 407, 417 ff.

626 Für das Vereinigte Königreich vgl. *Winetrobe, Barry K*, The autonomy of Parliament, in: Oliver, Dawn/Drewry, Gavin (Hrsg.), The Law and Parliament, London (u. a.) 1998, S. 14, 16 ff.; *Barendt*, Separation of Powers, S. 614 f. Für Deutschland vgl. *Herzog, Roman*, Art. 20 GG V. (Die Verfassungsentscheidung für die Gewaltenteilung), in: Maunz/Dürig, Rz. 29 ff., 55; *Ossenbühl*, Aktuelle Probleme der Gewaltenteilung, S. 546 f.; *Wank, Rolf*, Gewaltenteilung – Theorie und Praxis in der Bundesrepublik Deutschland, Jura 1991, S. 622, 626.

627 Eingehend zu dieser Form der Ermächtigung zur exekutiven Normsetzung vgl. die in Fn. 541 supra Zitierten.

628 Vgl. *Turpin*, British Government, S. 210. *Loveland*, Constitutional Law, 118 f. spricht dagegen von ungefähr 100 eigentlichen Regierungsmitgliedern im Unterhaus. Kritisch zur personellen Überschneidung der Legislative und der Exekutive in Deutschland äußert sich *von Münch, Ingo*, Minister und Abgeordneter in einer Person: die andauernde Verhöhnung der Gewaltenteilung, NJW 1998, S. 34 – 35.

auf.[629] In Deutschland wird dieser Aspekt der Gewaltenteilung neben der allgemeinen Verortung in Art. 20 Abs. 2 Satz 2 GG in einer Reihe anderer Verfassungsnormen konkretisiert: Art. 92 GG vertraut die rechtsprechende Gewalt allein den Richtern an, denen in Art. 97 GG sachliche und persönliche Unabhängigkeit gewährleistet wird. Daneben besteht ein allgemeines Gebot der hinreichenden organisatorischen Trennung von Gerichten und Verwaltungsbehörden.[630] Auch in der britischen Staatsordnung nimmt die Unabhängigkeit der Gerichte eine besondere Stellung im Verfassungsgefüge ein und wird sowohl durch Gesetz als auch durch Verfassungskonventionalregeln abgesichert. Die Richter des High Court und des Court of Appeal sowie die Lords of Appeal in Ordinary, die ‚Law Lords' des Oberhauses, können seit dem Jahre 1700 nicht mehr alleine durch die Exekutive, sondern nur noch durch gemeinsamen Beschluß der beiden Parlamentskammern und nur im Falle von Fehlverhalten ihres Amtes enthoben werden.[631] Dennoch ergeben sich im Vereinigten Königreich in personeller Hinsicht eine Reihe historisch bedingter Überschneidungen zwischen der Judikative und den anderen Staatsgewalten. So ist das insbesondere als Revisionsinstanz für Commonwealthstaaten fungierende Judicial Committee of the Privy Council eigentlich Teil des Exekutivorgans Privy Council,[632] und die Law Lords sind als Mitglieder des Oberhauses nicht nur die höchsten Richter des Vereinigten Königreichs,[633] sondern auch Angehörige der Legislative. Die personifizierte Fusion der drei Staatsgewalten stellt jedoch der Lord Chancellor als hochrangiges Kabinettsmitglied, Sprecher des House of Lords als Legislativkammer und oberster Richter der britischen Judikative in Personalunion dar. Am 13. Juni 2003 kündigte Premierminister *Tony Blair* jedoch die Auflösung dieses Amtes und die Schaffung eines neuen Ministeriums für Verfassungsangelegenheiten an, des-

---

629 Für Deutschland vgl. *Hesse*, Grundzüge des Verfassungsrechts, Rz. 547 ff.; *Heyde, Wolfgang*, Rechtsprechung, in: Benda, Ernst/Maihofer, Werner/Vogel, Hans-Jochen (Hrsg.), Handbuch des Verfassungsrechts der Bundesrepublik Deutschland, 2. Auflage, Berlin/ New York 1994, § 33, Rz. 73 ff.; *Ipsen, Jörn*, Staatsrecht I – Staatsorganisationsrecht, 13. Auflage, Neuwied 2001, Rz. 713 ff.; *Reinhardt, Michael*, Konsistente Jurisdiktion – Grundlegung einer verfassungsrechtlichen Theorie der rechtsgestaltenden Rechtsprechung, Tübingen 1997, S. 64 ff. Für das Vereinigte Königreich vgl. *Barendt*, Separation of Powers, S. 615 ff.; *Munro*, Studies in Constitutional Law, S. 308 ff.; *Barnett*, Constitutional & Administrative Law, S. 108 ff.; *Bradley/Ewing*, Constitutional and Administrative Law, S. 370 ff.; *Oliver*, Constitutional Reform in the UK, S. 330 ff.; *Bingham, Lord of Cornhill*, The Evolving Constitution, EHRLR 2002, S. 1, 13 ff.; *ders.*, The Courts and the Constitution, KCLJ 7 (1996–7), S. 12, 16 ff.
630 Vgl. *Heyde*, Rechtsprechung, Rz. 7.
631 Siehe sec. 11(3) Supreme Court Act 1981 und sec. 6 Appellate Jurisdiction Act 1876, die beide auf die Garantien des Act of Settlement 1700 zurückgehen. Anders für Circuit und District Judges Schedule 2, para. 1(1) Judicial Pensions Act 1981 und sec. 26(7) Judicial Pensions and Retirement Act 1993.
632 Vgl. *Bradley/Ewing*, Constitutional and Administrative Law, S. 244 f., 366 f.
633 Lediglich für schottische Strafverfahren bildet das House of Lords nicht die oberste Instanz der Rechtsordnung, sondern der High Court of Justiciary.

sen Amtsinhaber keine judikativen Funktionen besitzen soll.[634] Zusammen mit der Ankündigung der Einrichtung eines von der Legislative unabhängigen ‚Supreme Court'[635] läßt sich hierin ein Bruch mit den historischen Personalunionen zugunsten einer verstärkten Trennung der Staatsgewalten im Vereinigten Königreich erblicken.[636] Trotz dieser neueren Entwicklungen zeigt die britische Verfassungsordnung somit insgesamt in Organisation und Personal der Judikative eine im Vergleich zur grundgesetzlichen Staatsorganisation erheblich stärkere Überschneidung mit anderen Staatsgewalten. In beiden Verfassungsordnungen übt die Rechtsprechung schließlich wichtige Kontrollfunktionen gegenüber den anderen Staatsgewalten aus. Während heute sowohl Deutschland als auch das Vereinigte Königreich ausgebaute Systeme gerichtlichen Rechtsschutzes gegenüber der Verwaltung aufweisen,[637] besteht in der britischen Rechtsordnung im Unterschied zur deutschen weiterhin keine Möglichkeit der direkten gerichtlichen Normenkontrolle von Parlamentsgesetzen. Als allseits anerkannte Ausnahme von diesem Grundsatz kann bis heute nur die Durchsetzung des Vorrangs des Europarechts gelten. Das Dogma der Parlamentssuprematie hat zwischen den legislativen und judikativen Staatsfunktionen primär den Trennungsgedanken verwirklicht und kein System der gegenseitigen Kontrolle zugelassen. Die durch sec. 4 des Human Rights Act 1998 eingeführte Möglichkeit einer Inkompatibilitätserklärung bedeutet jedoch, daß inhaltlich eine judikative Kontrolle legislativen Handelns stattfinden kann, deren Durchsetzung jedoch wiederum dem politischen Prozeß obliegt.

Den funktionellen und personellen Überschneidungen der Gewalten in Deutschland und dem Vereinigten Königreich werden dabei mit Hilfe systemtypischer Mechanismen der Verfassungsbindung Grenzen gesetzt. In Deutschland folgt aus dem in Art. 20 Abs. 2 Satz 2 GG verfassungsrechtlich verankerten Gewaltenteilungsgrundsatz, daß keine Gewalt ein im Grundgesetz nicht vorgesehenes Übergewicht über eine andere Gewalt erhalten darf.[638] Daher sind gesetzliche Regelungen oder sonstige Einflußnahmen dann verfassungs-

---

634 Vgl. *Heimrich, Bernhard*, Wie Montesquieu es wollte, FAZ vom 14.06.2003, S. 7; *Le Sueur, Andrew*, Judicial Power in the Changing Constitution, in: Jowell, Jeffrey/Oliver, Dawn (Hrsg.), The Changing Constitution, 5. Auflage, Oxford 2004, S. 323, 326 f.; *Maer, Lucinda/Hazell, Robert/King, Simon/Russell, Meg/Trench, Alan/Sandford, Mark*, The Constitution: Dragging the Constitution out of the Shadows, ParlAff 57 (2004), S. 253, 253 ff. Siehe auch *Department of Constitutional Affairs*, Constitutional Reform: reforming the office of the Lord Chancellor, Consultation Paper, London 2003.
635 Siehe *Department of Constitutional Affairs*, Constitutional Reform: a Supreme Court for the United Kingdom, Consultation Paper, London 2003. Vgl. dazu *Masterman, Roger*, A Supreme Court for the United Kingdom: two steps, but one step back on judicial independence, PL 2004, S. 48, 48 ff.; *Le Sueur*, Judicial Power, S. 331 f. Allgemein zur Diskussion um die Schaffung eines ‚Supreme Court' vgl. *Le Sueur, Andrew/Cornes, Richard*, The Future of the United Kingdom's Highest Courts, London 2001; *Steyn, Johan*, A Case for a Supreme Court, LQR 118 (2002), S. 382–396.
636 *Le Sueur*, Judicial Power, S. 336 ff.
637 Siehe supra Kapitel 2 § 2 C. IV.
638 BVerfGE 9, 268, 279 f.; 76, 100, 105 f.

widrig, wenn sie sich als Eingriff in den Kernbereich einer der drei Gewalten darstellen.[639] Im Vereinigten Königreich finden sich normative Instrumente zur Wahrung der Teilung von Staatsgewalt nicht nur in einfachgesetzlichen Inkompatibilitätsregelungen[640] und Garantien der richterlichen Unabhängigkeit[641], sondern vor allem auch in einer Reihe von Verfassungskonventionalregeln und Grundsätzen des Common Law als verfassungstypischen Bindungsmechanismen. So sichern die Konventionalnormen der individuellen und kollektiven Ministerverantwortlichkeit weiterhin die parlamentarische Kontrolle gegenüber der Regierung.[642] Nach gefestigten Verfassungskonventionalregeln nehmen die ‚Law Lords' trotz ihrer regulären Mitgliedschaft im britischen Oberhaus zur Wahrung ihrer richterlichen Unabhängigkeit dort nicht an Debatten und Abstimmungen über politisch umstrittene Gesetzesvorhaben teil[643] und handelt der Lord Chancellor in seiner judikativen Rolle und bei der Besetzung von Richterämtern streng unbeeinflußt von politischen Präferenzen.[644] Die funktionelle Trennung von Gesetzgebung und Gesetzesvollziehung garantiert das Common Law seit dem *Case of Proclamations* (1611)[645] durch den Grundsatz, daß die Regierung keine Befugnis zum Gesetzeserlaß unter Umgehung des Parlaments besitzt.[646] Die Prärogativrechte der Krone zur selbständigen Steuererhebung, Suspension von gesetzlichen Bestimmungen und Befreiung einzelner von gesetzlichen Rechtsfolgen wurden mit dem Bill of Rights 1689 abgeschafft. Den Grundsatz der funktionellen und organisatorischen Trennung der Gewalten bestätigt *Lord Mustill* im Fall *Fire Brigades Union* (1995):

> „*It is a feature of the peculiarly British conception of the separation of powers that Parliament, the executive and the courts have each their distinct and largely exclusive domain. Parliament has a legally unchallengeable right to make whatever laws it thinks right. The executive carries on the administration of the country in accordance with the powers conferred on it by law. The courts interpret the laws, and see that they are observed.*"[647]

Die Mehrheit des House of Lords kassierte in diesem Fall eine ministerielle Verordnung zur finanziellen Kompensation von Kriminalitätsopfern, die auf

---

639 BVerfGE 30, 1, 28; 95, 1, 15f. Zu dieser Kernbereichslehre vgl. *Schmidt-Aßmann*, Rechtsstaat, Rz. 56f.; *Stern*, Staatsrecht I, S. 795; *Katz*, Staatsrecht, Rz. 186.
640 Vgl. beispielsweise sec. 1 und Schedule 1 House of Commons Disqualification Act 1975.
641 Siehe supra Fn. 631 mit Text.
642 Siehe supra Fn. 625 mit Text.
643 *Munro*, Separation of Powers, S. 23 f.; *ders.*, Studies in Constitutional Law, S. 310; *Bingham*, Courts and Constitution, S. 17; *Barnett*, Constitutional & Administrative Law, S. 522.
644 *Bingham*, Courts and Constitution, S. 17. Zum Verfahren der Richterernennung vgl. *Bradley/Ewing*, Constitutional and Administrative Law, S. 367 ff.
645 *Case of Proclamations* [1611] 12 Coke Rep. 74.
646 Vgl. *Harris*, The „Third Source", S. 634.
647 *Lord Mustill* in *R. v. Secretary of State for the Home Department, ex parte Fire Brigades Union* [1995] 2 AC 513, 567.

der Basis der königlichen Prärogative erlassen worden war, obwohl dem Innenminister eine gesetzliche Ermächtigungsgrundlage zur Verfügung gestanden hatte.[648] Der Grundsatz der Gewaltenteilung taucht explizit vor allem in den Sondervoten der abweichenden Minderheit als Argument für richterliche Zurückhaltung auf. Dieser primär auf die Trennung von Staatsgewalten ausgerichteten Argumentation stellt die Richtermehrheit konkludent ein vor allem auf Gewaltenkontrolle und -hemmung ausgerichtetes Verständnis der Gewaltenteilung gegenüber, indem sie einen exekutiven Legislativversuch unter Umgehung parlamentarischer Intentionen verhindert.[649] Auch in anderen Fällen haben höchstrangige britische Richter den Grundsatz der Gewaltenteilung als Argumentationsmuster herangezogen,[650] teilweise wurde er sogar als „constitutional convention" bezeichnet.[651] Zwar finden sich explizite Verweise zumeist dort, wo richterliche Zurückhaltung gegenüber den anderen Gewalten begründet werden muß;[652] jedoch zeigt sich auch hier die durchgehende Relevanz des Gewaltenteilungsgrundsatzes für die britische Verfassungsordnung. Verfassungsnormative Sicherungen der Gewaltenteilung offenbaren sich zudem jenseits ausdrücklicher Bezugnahmen vor allem in den mannigfaltigen Auslegungsmaximen und Prioritätsregeln des Common Law. So kann die vorsichtige Entwicklung einer Wesentlichkeitslehre in bezug auf die Beschränkung von Grundrechten des Common Law und der Menschenrechtskonvention[653] als Garantie legislativer Befugnisse des Parlaments im Verhältnis zur vollziehenden Gewalt verstanden werden.[654] Auch die judikativen Anstrengungen zur Umgehung von Gesetzesbestimmungen, welche die gerichtliche Rechtmäßigkeitskontrolle von Verwaltungsentscheidungen ausschließen sollen,[655] müssen als Ausdruck eines auf gegenseitige Kontrolle ausgelegten Gewaltenteilungsverständnisses gedeutet werden.[656] Die in ständiger Rechtsprechung vertretene rückwirkungsfeindliche Auslegung belastender Gesetze[657] ist nicht nur geeignet, den rechtsstaatlichen Vertrauensschutz des Bürgers zu stärken, sondern auch legislative Über-

---

648 Vgl. zu diesem Fall *Turpin*, British Government, S. 65; *Barendt, Eric*, Constitutional law and the Criminal Injuries Compensation Scheme, PL 1995, S. 357 – 366; *Thomas, E. W.*, Parliamentary Supremacy and the Judicial Function, LQR 112 (1996), S. 177 – 182.
649 *Turpin*, British Government, S. 65; *Barendt*, Criminal Injuries Compensation Scheme, S. 361 ff.
650 Vgl. beispielsweise *Duport Steels Ltd. v. Sirs* [1980] 1 WLR 142, 157, 169 (*Lord Diplock* und *Lord Scarman*).
651 *R. v. H. M. Treasury, ex parte Smedley* [1985] QB 657, 666 (*Sir John Donaldson M.R.*).
652 *Barendt*, Separation of Powers, S. 616; *Munro*, Studies in Constitutional Law, S. 305 f.
653 Siehe supra Fn. 585 mit Text.
654 Zur Verbindung zwischen Wesentlichkeitstheorie und Gewaltenteilungsgrundsatz vgl. *Barendt*, Separation of Powers, S. 605 f.
655 *Anisminic Ltd. v. Foreign Compensation Commission* [1969] 2 AC 147; *Commissioner for Custom and Excise v. Cure and Deeley Ltd.* [1962] 1 QB 340. Siehe dazu supra Fn. 606 ff. mit Text.
656 So auch *Allen*, Law, Liberty, and Justice, S. 65 ff; *Barendt*, Separation of Powers, S. 605, 616.
657 *Yew Bon Tew v. Kenderaan Bas Mara* [1983] 1 AC 553, 558; *Waddington v. Miah* [1974] 2 AllER 377.

griffe in Kernbereiche judikativer Tätigkeit abzuwehren.[658] Doch macht gerade der letztgenannte Aspekt auch die Grenze britischer Gewaltenteilung deutlich: Dem britischen Parlament steht es stets offen, durch ausdrücklich retrospektive Gesetzgebung Entscheidungen der Gerichte nachträglich zu entwerten.[659] Es zeigt sich somit, daß das Vereinigte Königreich eine eigene Version gewaltengeteilter Staatsorganisation aufweist, die nicht nur ein deskriptives Interpretationsmuster darstellt, sondern sich in einzelnen Aspekten auch normativ-gestaltend niederschlägt.[660] Gleichzeitig offenbart jedoch gerade der Themenbereich der Gewaltenteilung die Grenzen britischer Verfassungsbindungen. Neben einer Reihe historisch bedingter Besonderheiten der britischen Staatsordnung, die dazu führen, daß insbesondere in personeller Hinsicht nur von einer partiellen Gewaltentrennung gesprochen werden kann, birgt die fortgeltende verfassungsrechtliche ‚Kompetenz-Kompetenz' eines in erheblichem Maße durch die Exekutive dominierten Parlaments eine ständige Gefahr für die verschiedenen Aspekte britischer Gewaltenteilung. An die Stelle einer Verfassungsordnung der Gleichgewichte zwischen Monarch, Adel und Bürgertum[661] ist mit der orthodoxen Lehre der Parlamentssuprematie eine vergleichsweise gewaltenmonistische Staatsstruktur getreten, die im tiefen Glauben an die Vorteile einer solchen ‚unitary, self-correcting democracy' wurzelt.[662] Daher können im Vereinigten Königreich zwar wichtige normative Mechanismen der Verfassungsbindung zur Teilung staatlicher Macht und damit zur Verhinderung des Mißbrauchs hoheitlicher Befugnisse ausgemacht werden; sie bleiben jedoch in ihrer Wirkung hinter der deutschen Trennung, Verschränkung und gegenseitigen Kontrolle der Staatsgewalten zurück, die durch ihre Verankerung im Grundgesetz und durch die Teilnahme an der Veränderungssperre des Art. 79 Abs. 3 GG[663] größere normative Bindungskraft in der Form umfassender deutscher Verfassungsstaatlichkeit genießen.

---

658 In einer Reihe von Urteilen aus anderen Commonwealthjurisdiktionen hat der Privy Council rückwirkende Strafgesetze mit Gewaltenteilungsargumenten als verfassungswidrige Eingriffe der Legislative in Kernbereiche der Judikative kassiert; vgl. beispielsweise *Liyanage v. R.* [1967] 1 AC 259 und dazu *Allen*, Law, Liberty, and Justice, S. 73 ff.
659 Bekanntestes Beispiel ist der Erlaß des War Damage Act 1965 zur rückwirkenden Veränderung der Rechtslage nach der Entscheidung des House of Lords im Fall *Burmah Oil Co. v. Lord Advocate* [1965] AC 75; für weitere Beispiele siehe Fn. 419 supra. Vgl. dazu auch *Bradley/Ewing*, Constitutional and Administrative Law, S. 56; *Loveland*, Constitutional Law, S. 79 f. Zur parallelen Fragestellung in Deutschland vgl. *Kisker, Gunter*, Zur Reaktion von Parlament und Exekutive auf „unerwünschte" Urteile, NJW 1981, S. 889–894.
660 Ähnlich im Rahmen einer eingehenden Untersuchung auch *Vile, Maurice J. C.*, Constitutionalism and the Separation of Powers, Oxford 1967, S. 226.
661 Dieses Verständnis der britischen Verfassung wird insbesondere auf *William Blackstone* zurückgeführt; siehe supra Fn. 264 mit Text.
662 Vgl. dazu *Craig, Paul P.*, Dicey: Unitary, Self-Correcting Democracy and Public Law, LQR 106 (1990), S. 105, 105 ff.; *ders.*, Public Law and Democracy, S. 12 ff.
663 Vgl. *Stern*, Staatsrecht I, S. 172 f.

## D. Zusammenschau der Strukturelemente der deutschen und britischen Verfassungsordnungen

Die vergleichende Analyse einer Reihe bedeutender Strukturelemente der deutschen und britischen Verfassungsordnungen offenbart ein komplexes Bild. Es handelt sich um zwei europäische Regierungssysteme mit sehr unterschiedlichen verfassungskulturellen Ausgangspunkten. Normativ können diese zunächst durch die Konzepte der Verfassungs- und der Parlamentssuprematie erfaßt werden. Eine detaillierte Untersuchung dieser Leitdogmen zeigt jedoch, daß ein kategorischer Gegensatz zwischen diesen Konzepten nicht aufrechterhalten werden kann. Beide Staatsordnungen bedienen sich eines systemtypischen Instrumentariums normativer Verfassungsbindungen der Staatsgewalt, so daß ein graduelles Verständnis zur Rationalisierung ihres normativen Grundgefüges vorzuziehen ist. Dieses unterschiedlichen Verfassungskontexts bedient sich ein Grundstock gemeinsamer konstitutioneller Strukturelemente, die dadurch ein systemtypisches Gepräge erfahren, gleichzeitig jedoch – sowohl in ihrer Gesamtzielrichtung als auch in einer Reihe gestalterischer Details – auffällige Parallelen zeigen. Im Vereinigten Königreich ist dabei in den letzten Jahren ein bedeutender Verfassungswandel zu beobachten, der sich nicht nur durch den Erlaß verfassungsrelevanter Gesetze, sondern vor allem auch durch weitreichende Fortentwicklungen im Common Law vollzieht und den Verfassungskontext tragender Strukturelemente nachhaltig verändert. Mögliche Zweifel an der Existenz sinnstiftender konstitutioneller Strukturmerkmale in der teilweise ungeschriebenen und vom Grundsatz der Parlamentssuprematie dominierten Verfassung des Vereinigten Königreichs kann die rechtsvergleichende Analyse nicht bestätigen: Die solide Bestandskraft verschiedener verfassungsrelevanter Gesetze, die Bindungsstärke unzähliger Verfassungskonventionalregeln und insbesondere die konstitutionellen Entwicklungen des Common Law lassen deutlich eine Reihe von tragenden Ordnungsmerkmalen erkennen, denen nicht nur ein deskriptiver Wert zukommt, sondern die auch die legislative und judikative Weiterentwicklung der britischen Verfassungsordnung prägen. Die Verfassungsverständnisse in Deutschland und dem Vereinigten Königreich lassen somit trotz abweichender Ausgangspunkte und bleibender Unterschiede zunehmend Ähnlichkeiten erkennen. Deutschland und das Vereinigte Königreich bleiben zwei Staaten mit sehr verschiedenen Verfassungsordnungen; jedoch werden zunehmend Versatzstücke einer gemeinsamen Verfassungskultur deutlich, die insbesondere mit Blick auf den europäischen Einigungsprozeß von überragender Bedeutung sein müssen. Läßt sich dies für das allgemeine Verfassungsverständnis und eine Reihe wichtiger Staatsstrukturelemente konstatieren, so schließt sich die Frage an, ob derartige Entwicklungen auch für den Bereich der regionalen Aufgliederung von Staatsgewalt aufgezeigt werden können.

Teil 2:
# Regionale Dezentralisierung in Deutschland und dem Vereinigten Königreich im Vergleich

## Kapitel 3:
## Deutsche und britische Regionalisierung in historischer Perspektive und ihr traditionelles verfassungsrechtliches Verständnis

Das aktuelle staatsorganisatorische Erscheinungsbild eines Staatswesens und sein verfassungspolitischer Hintergrund erschließen sich erst vollständig durch ihr Verständnis als Produkte einer individuellen historischen Entwicklung. Jede Verfassungsordnung wird entscheidend durch ihre Geschichte geprägt und kann daher auch nur in diesem Kontext erklärt und verstanden werden. Zudem setzt die geschichtliche Evolution eines Staatswesens auch den Rahmen für seine zukünftige Entwicklung. Selbst wenn einer „Pfadabhängigkeit"[1] im Sinne einer strengen Limitierung zukünftiger Wandlungsmöglichkeiten durch die historische Ausgangssituation Zweifel entgegenzubringen sind, so bleibt die geschichtliche Entstehung und Evolution eines Staatswesens und seiner wesentlichen Strukturelemente stets prägend für seine Veränderungsfähigkeit und künftige Weiterentwicklung.

Verbindendes Element zwischen der Verfassungshistorie auf der einen und dem geltenden Verfassungsrecht sowie seiner künftigen Fortentwicklung auf der anderen Seite bildet das vorherrschende Verfassungsverständnis. Dieser allgemeine methodische, dogmatische und juristisch-kulturelle Hintergrund wird entscheidend durch die geschichtliche Evolution einer Staatsordnung geprägt und setzt wiederum den maßgeblichen Kontext für ihre aktuelle Erscheinungsform sowie ihren zukünftigen Wandel. Dieser Wirkungszusammenhang kann sowohl für die Gesamtbetrachtung eines Staatswesens als auch für die Untersuchung einzelner konstitutioneller Strukturelemente, wie der regionalen Dezentralisierung, fruchtbar gemacht werden. Die vergleichende Untersuchung der historischen Entfaltung der Regionalstrukturen in Deutschland und dem Vereinigten Königreich legt in diesem Sinne das informative Fundament und dient als Erklärungsquelle für die notwendige Analyse des vorherrschenden verfassungsrechtlichen und -dogmatischen Verständnisses des Verfassungsstrukturelements der regionalen Dezentralisierung in den beiden Vergleichsstaaten. Letztere Analyse liefert sodann den prägenden Ver-

---

1 Vgl. dazu *Lehmbruch, Gerhard*, Der unitarische Bundesstaat in Deutschland: Pfadabhängigkeit und Wandel, in: Benz, Arthur/Lehmbruch, Gerhard (Hrsg.), Föderalismus – Analysen in entwicklungsgeschichtlicher und vergleichender Perspektive, Wiesbaden 2002, S. 53, 60.

fassungskontext bestehender Regionalstrukturen und aktueller Weiterentwicklungstendenzen.

## § 1 Die historische Entwicklung der Regionalisierung in Deutschland und dem Vereinigten Königreich

Die ‚horizontale' verfassungsvergleichende Untersuchung regionaler Dezentralisierung in Deutschland und dem Vereinigten Königreich bedarf daher der Erweiterung um eine ‚vertikale', zeitbezogene Komponente, welche die heutige deutsche und britische Regionalisierung als vorläufige Endpunkte einer historischen Entwicklung begreift und als Produkte einer geschichtlichen Prägung verständlich macht. Zur Erklärung des aktuellen staatsorganisatorischen Erscheinungsbildes der Vergleichsstaaten hinsichtlich ihrer regionalen Gliederung verdienen zwei Aspekte der Verfassungshistorie besondere Beachtung: Zum einen stellt sich in Anbetracht der Existenz der Bundesrepublik Deutschland und des Vereinigten Königreichs als europäischen Nationalstaaten die Frage nach der historischen Herstellung staatlicher Einheit in diesen Ländern und ihrer territorialen Entwicklung bis heute. Zum anderen verlangt der Problemkreis der staatsorganisatorischen Wahrung regionaler Vielfalt und der Dynamik von Regionalisierungs- und Zentralisierungstendenzen in den Vergleichsstaaten verstärkte Aufmerksamkeit. Eine Zusammenschau dieser beiden historischen Dimensionen in Deutschland und dem Vereinigten Königreich offenbart neben einer Reihe wichtiger Unterschiede und gegenläufiger Entwicklungstrends, welche das jeweilige verfassungsjuristische Verständnis der regionalen Dezentralisierung nachhaltig prägen, auch einen späten evolutiven Gleichklang zum Ende des 20. Jahrhunderts.

## A. Die historische Entwicklung Deutschlands vom Staatenbund zum Bundesstaat

### I. Die föderale Tradition bis 1949

Der Föderalismus als Erscheinungsform regional gegliederter Staatlichkeit ist als „durchgehender Wesenszug deutscher Verfassungsentwicklung"[2], teilweise

---

2 *Ossenbühl, Fritz*, Föderalismus und Regionalismus in Europa – Landesbericht Bundesrepublik Deutschland, in: ders. (Hrsg.), Föderalismus und Regionalismus in Europa, Baden-Baden 1990, S. 117, 120.

sogar als „deutsches Schicksal"[3] bezeichnet worden. Die Ursache dieser Bedeutung für die deutsche Geschichte liegt vor allem darin, daß sich im Zuge der Entwicklung des Souveränitätsbegriffs, die ihren Abschluß im Westfälischen Frieden von 1648 fand, dieses Attribut unabgeleiteter und unabhängiger Staatsgewalt nicht auf der Ebene des Heiligen Römischen Reiches deutscher Nation, sondern auf der Ebene der Territorien etablierte, so daß anstelle eines einheitlichen deutschen Nationalstaats ein Nebeneinander zahlreicher souveräner Territorialstaaten unter dem Dach des Reiches entstand.[4] Das Reich selbst konnte daher nur als föderale Struktur erklärt werden, wobei sich im frühen 19. Jahrhundert seine Deutung als völkerrechtlicher Staatenbund durchsetzte.[5] Auch der am 12. Juli 1806 gegründete Rheinbund und der durch die Bundesakte vom 8. Juni 1815 und die Wiener Schlußakte vom 15. Mai 1820 geschaffene Deutsche Bund müssen als völkerrechtliche Zusammenschlüsse weiterhin souveräner Territorialstaaten qualifiziert werden.[6] Der in den Jahren 1848/49 unternommene Versuch der Paulskirchenversammlung, mit der Frankfurter Reichsverfassung vom 28. März 1849 den Schritt zur staatlichen Einheit Deutschlands in der Gestalt eines souveränen deutschen Bundesstaates zu vollziehen, schlug fehl.

Nach der Niederlage Österreichs in der Schlacht von Königgrätz und der Auflösung des Deutschen Bundes im Prager Frieden vom 23. August 1866 gelang dieser Schritt zum Bundesstaat schließlich unter Ausschluß Österreichs mit der Gründung des Norddeutschen Bundes, dessen Verfassung am 1. Juli 1867 in Kraft trat.[7] Zwar bleibt umstritten, ob die Novemberverträge dieses Bundes mit den süddeutschen Staaten Bayern, Baden, Hessen und Württemberg aus dem Jahre 1870 eine Erweiterung des Norddeutschen Bundes zum Deutschen Reich oder seine Auflösung mit Blick auf die Gründung des Deutschen Reiches bewirkt haben,[8] jedoch wurde die Gründung eines souveränen deutschen Bundesstaates in der Gestalt des Zweiten Deutschen Reiches spätestens mit dem Inkrafttreten der Reichsverfassung am 4. Mai

---

3   *Kimminich, Otto*, Historische Grundlagen und Entwicklung des Föderalismus in Deutschland, in: von Münch, Ingo (Red.), Probleme des Föderalismus, Tübingen 1985, S. 1, 3.
4   *Kimminich*, Historische Grundlagen, S. 3.
5   *Kimminich, Otto*, Der Bundesstaat, in: Isensee, Josef/Kirchhof, Paul (Hrsg.), Handbuch des Staatsrechts der Bundesrepublik Deutschland, Band I, 2. Auflage, Heidelberg 1995, § 26, Rz. 28. Ausführlich zur Auseinandersetzung über die Rechtsnatur des Heiligen Römischen Reiches nach 1648 *Kimminich*, Historische Grundlagen, S. 3 ff.; *Oeter, Stefan*, Integration und Subsidiarität im deutschen Bundesstaatsrecht – Untersuchungen zu Bundesstaatstheorie unter dem Grundgesetz, Tübingen 1998, S. 20 ff.
6   *Jestaedt, Matthias*, Bundesstaat als Verfassungsprinzip, in: Isensee, Josef/Kirchhof, Paul (Hrsg.), Handbuch des Staatsrechts der Bundesrepublik Deutschland, Band II, 3. Auflage, Heidelberg 2004, § 29, Rz. 2; *Vogel, Hans-Jochen*, Die bundesstaatliche Ordnung des Grundgesetzes, in: Benda, Ernst/Maihofer, Werner/Vogel, Hans-Jochen (Hrsg.), Handbuch des Verfassungsrechts der Bundesrepublik Deutschland, 2. Auflage, Berlin/New York 1994, § 22, Rz. 4; *Kimminich*, Der Bundesstaat, Rz. 29.
7   Vgl. *Kimminich*, Historische Grundlagen, S. 13.
8   Vgl. zu dieser Streitfrage *Kimminich*, Historische Grundlagen, S. 13 m. w. N.

1871 beendet.⁹ Die Reichsgründung bildet somit den Schlußstein eines langen und insbesondere seit dem Anfang des 19. Jahrhunderts intensiv betriebenen Prozesses der Herstellung nationaler staatlicher Einheit in Deutschland, in dem keine politische Alternative zum bündischen Zusammenschluß und somit zur regional gegliederten Staatlichkeit bestand. Das Kaiserreich von 1871 war ein hegemonialer Bundesstaat unter der Führung Preußens und zugleich eine konstitutionelle Monarchie, die schließlich mit der Abdankung des Kaisers am 10. November 1918 unterging.

Nach dem Ausruf der Republik trat am 11. August 1919 die Weimarer Reichsverfassung in Kraft, die einen demokratischen Bundesstaat konstituierte und die Machtverhältnisse des Kaiserreichs zwischen dem Reich und den nunmehr als „Länder" bezeichneten Gliedstaaten durch zentralisierende Kompetenzverschiebungen auf den Kopf stellte.¹⁰ Vor allem aus Angst vor der im Kaiserreich so kraftvollen Hegemonie Preußens verwirklichte die Weimarer Reichsverfassung ein primär unitarisch ausgerichtetes, „funktionales Föderalismuskonzept"¹¹, in dem der Reichstag als zentrales Reichsorgan den Reichsrat als Föderalorgan in den Hintergrund drängte und nach dem die Eigenständigkeit der Länder nicht mehr als selbständiges Endziel staatsorganisatorischer Gestaltung erschien, sondern hinter die *teloi* der Optimierung der Staatsfunktionen und der wirtschaftlichen Leistungsfähigkeit zurücktrat.¹² Der Weimarer Bundesstaat war darüber hinaus reversibel und damit ‚labil'¹³, da der Verfassungsgeber davon abgesehen hatte, den föderativen Staatsaufbau verfassungsrechtlich für unantastbar zu erklären.¹⁴ Daher war nach der Machtergreifung *Adolf Hitler*s im Jahre 1933 der nationalsozialistische Bruch mit der

---

9 Vgl. *Barschel, Uwe*, Die Staatsqualität der deutschen Länder – Ein Beitrag zur Theorie und Praxis des Föderalismus in der Bundesrepublik Deutschland, Heidelberg/Hamburg 1982, S. 65 ff.
10 Vgl. *Kimminich*, Historische Grundlagen, S. 13 f.; *Renzsch, Wolfgang*, Historische Grundlagen deutscher Bundesstaatlichkeit: Föderalismus als Ersatz eines einheitlichen Nationalstaates, in: Gunlicks, Arthur B./Voigt, Rüdiger (Hrsg.), Föderalismus in der Bewährungsprobe: Die Bundesrepublik Deutschland in den 90er Jahren, 2. Auflage, Bochum 1994, S. 31, 39 f. Für eine ausführliche Darstellung der Bundesstaatlichkeit der Weimarer Republik vgl. *Gusy, Christoph*, Die Weimarer Reichsverfassung, Tübingen 1997, S. 224 ff.
11 *Gusy*, Weimarer Reichsverfassung, S. 226.
12 Vgl. *Kimminich*, Historische Grundlagen, S. 14; *ders.*, Der Bundesstaat, Rz. 32 ff.; *Renzsch*, Historische Grundlagen, S. 39 ff.; *Vogel*, Die bundesstaatliche Ordnung, Rz. 5; *Sommermann, Karl-Peter*, Art. 20 GG, in: von Mangoldt, Hermann/Klein, Friedrich/ Starck, Christian (Hrsg.), Das Bonner Grundgesetz: Kommentar, Band II (Art. 20 bis 78), 4. Auflage, München 2000, Rz. 23.
13 *Thoma, Richard*, Das Reich als Bundesstaat, in: Anschütz, Gerhard/Thoma, Richard (Hrsg.), Handbuch des Deutschen Staatsrechts, Band I, Tübingen 1930, S. 169, 134, bezeichnete die Weimarer Republik aufgrund der ‚Antastbarkeit' ihres Föderalismus als „labilen Bundesstaat"; vgl. dazu *Stern, Klaus*, Föderative Besinnungen, in: Huber, Hans/Badura, Peter (Hrsg.), Recht als Prozeß und Gefüge, Festschrift für Hans Huber zum 80. Geburtstag, Bern 1981, S. 319, 324 f.
14 *Barschel*, Staatsqualität der deutschen Länder, S. 77.

bundesstaatlichen Tradition Deutschlands ohne Verfassungsverstoß möglich:[15] Das Gleichschaltungsgesetz vom 7. April 1933 bewirkte die Gleichschaltung der Länder mit dem Reich und das Gesetz über den Neuaufbau des Reiches vom 30. Januar 1934 löste die Volksvertretungen der Länder auf, überführte die Hoheitsrechte der Länder auf das Reich und unterstellte die Landesregierungen der Reichsregierung.[16] Obgleich unter der Herrschaft des Nationalsozialismus die Länder als Verwaltungsbezirke fortbestanden, brachte das Dritte Reich somit eine materielle Aufhebung ihrer Staatlichkeit und die Errichtung eines streng unitarischen Staatsgefüges.[17] Mit der deutschen Kapitulation am 8. Mai 1945 fand diese einheitsstaatliche Verfassungsstruktur ihr Ende. In den vier Besatzungszonen Nachkriegsdeutschlands verfolgten die alliierten Siegermächte den Wiederaufbau deutscher Staatlichkeit von unten nach oben,[18] so daß sich in allen vier Zonen Länder – teilweise in erheblich veränderter Gestalt und teilweise neu – konstituierten.[19] Nach dem Untergang des Dritten Reiches wurde die deutsche Staatsgewalt dadurch zunächst auf der regionalen Ebene der Länder wirksam.[20]

Die historische Entwicklung Deutschlands bis in die Jahre nach dem Zweiten Weltkrieg stellt sich somit als komplexer Prozeß langsamer, aber stetiger Zentralisierung dar. Ausgehend vom Nebeneinander souveräner Territorialstaaten unter dem intergouvernemental organisierten Dach des Heiligen Römischen Reiches entfaltete sich im 19. Jahrhundert eine Dynamik zur Herstellung nationalstaatlicher Einheit in Deutschland, welche über die noch völkerrechtlichen Zusammenschlüsse des Rheinbundes und des Deutschen Bundes schließlich in die Schaffung des Norddeutschen Bundes 1867 und die Reichsgründung von 1871 mündete. Das vergleichsweise föderal ausgerichtete Kaiserreich wurde nach dem Ersten Weltkrieg von der unitarisch geprägten Bundesstaatlichkeit der Weimarer Reichsverfassung abgelöst, welche ab 1933 schrittweise durch den streng einheitsstaatlichen Führerstaat der nationalsozialistischen Herrschaft ersetzt wurde. Die deutsche Verfassungshistorie bis 1949 zeigt somit auch nach der Herstellung nationaler Einheit in bundesstaatlicher Gestalt eine beständige Tendenz zur Unitarisierung.

---

15 *Kimminich*, Der Bundesstaat, Rz. 34; *Vetter, Joachim*, Die Bundesstaatlichkeit in der Rechtsprechung des Staatsgerichtshofs der Weimarer Republik, Baden-Baden 1979, S. 56 ff.
16 Vgl. dazu *Grawert, Rolf*, Die nationalsozialistische Herrschaft, in: Isensee, Josef/Kirchhof, Paul (Hrsg.), Handbuch des Staatsrechts der Bundesrepublik Deutschland, Band I, 3. Auflage, Heidelberg 2003, § 6, Rz. 11 ff.
17 Vgl. zu dieser Entwicklung *Deuerlein, Ernst*, Föderalismus: Die historischen und philosophischen Grundlagen des föderativen Prinzips, München 1972, S. 194 ff.
18 *Barschel*, Staatsqualität der deutschen Länder, S. 141 f.
19 Vgl. im einzelnen *Voß, Dirk-Hermann*, Regionen und Regionalismus im Recht der Mitgliedstaaten der Europäischen Gemeinschaft – Strukturelemente einer Europäischen Verfassungsordnung, Frankfurt a.M. (u. a.) 1989, S. 330 f.
20 *Vogel*, Die bundesstaatliche Ordnung, Rz. 8.

## II. Deutsche Bundesstaatlichkeit unter der Geltung des Grundgesetzes

### 1. Die Entstehungsgeschichte des Grundgesetzes und seines Bundesstaatsprinzips

Während in der sowjetischen Besatzungszone die sehr bald nach Kriegsende geschaffenen fünf Länder nach der Gründung der Deutschen Demokratischen Republik im Jahre 1949 nur noch bis in das Jahr 1952 fortbestanden,[21] durchliefen die westdeutschen Länder bereits eine substantielle Konsolidierungsphase, bevor der aus den Länderparlamenten hervorgegangene Parlamentarische Rat im Jahre 1948 zur Beratung einer gesamtstaatlichen Verfassung für die drei Westzonen zusammentrat.[22] Das am 8. Mai 1949 durch dessen Plenum verabschiedete und am 12. Mai 1949 von den Militärgouverneuren der westlichen Besatzungszonen genehmigte Grundgesetz wurde wenige Tage später von allen Landtagen bis auf den bayrischen angenommen und trat mit Ablauf des 23. Mai 1949 in Kraft.[23]

Die Konstituierung eines westdeutschen Bundesstaats durch das Grundgesetz und damit die Wiederbelebung des deutschen Föderalismus kann dabei als notwendige Konsequenz des Wiederaufbaus deutscher Staatlichkeit von unten nach oben,[24] als kontinuitätswahrende Rückbesinnung auf die föderative Tradition in Deutschland oder als Zurückschwingen des historischen Pendels als Reaktion auf den nationalsozialistischen Einheitsstaat gedeutet werden.[25] Die auf das Frankfurter Dokument Nr. I verweisende These, die bundesstaatliche Regierungsform sei dem Parlamentarischen Rat von den Alliierten aufoktroyiert worden,[26] wird heute allgemein mit Hinweis auf die selbstbestimmte föderale Grundüberzeugung des Verfassungsgebers in Her-

---

21 Vgl. *Brunner, Georg,* Das Staatsrecht der Deutschen Demokratischen Republik, in: Isensee, Josef/Kirchhof, Paul (Hrsg.), Handbuch des Staatsrechts der Bundesrepublik Deutschland, Band I, 3. Auflage, Heidelberg 2003, § 11, Rz. 3, 7.
22 *Vogel,* Die bundesstaatliche Ordnung, Rz. 8.
23 Vgl. ausführlich dazu *Mußgnug, Reinhard,* Zustandekommen des Grundgesetzes und Entstehen der Bundesrepublik Deutschland, in: Isensee, Josef/Kirchhof, Paul (Hrsg.), Handbuch des Staatsrechts der Bundesrepublik Deutschland, Band I, 2. Auflage, Heidelberg 1995, § 6, Rz. 84 ff.; *Renzsch,* Historische Grundlagen, S. 48 ff.
24 *Ossenbühl,* Föderalismus und Regionalismus in Europa, S. 122; *Isensee, Josef,* Einheit in Ungleichheit: der Bundesstaat – Vielfalt der Länder als Legitimationsbasis des deutschen Föderalismus, in: Bohr, Kurt (Hrsg.), Föderalismus – Demokratische Struktur für Deutschland und Europa, München 1992, S. 139, 140.
25 Vgl. *Kimminich,* Der Bundesstaat, Rz. 35; *Vogel,* Die bundesstaatliche Ordnung, Rz. 9; *Morsey, Rudolf,* Verfassungsschöpfung unter Besatzungsherrschaft – Die Entstehung des Grundgesetzes, DÖV 1989, S. 471, 473; *Bothe, Michael,* Föderalismus und regionale Autonomie, in: Randelzhofer, Albrecht (Hrsg.), Deutsch-Spanisches Verfassungsrechts-Kolloquium 1980, Berlin 1982, S. 133, 134 f.
26 So beispielsweise *Weber, Werner,* Spannungen und Kräfte im westdeutschen Verfassungssystem, 3. Auflage, Berlin 1970, S. 58 f.

renchiemsee und im Parlamentarischen Rat als Legende abgelehnt.[27] Die Gründung der Bundesrepublik Deutschland stellt sich trotz der Präexistenz der Länder und der Annahme des Grundgesetzes durch die Landtage jedoch – anders als die Gründung des Norddeutschen Bundes und des Zweiten Deutschen Reiches in den Jahren 1867 bis 1871 – nicht als föderativer Vertragsschluß zwischen verschiedenen souveränen Staaten zur Schaffung eines Bundesstaates dar; vielmehr handelt es sich eher um eine atypische Dezentralisierung einer einheitlichen Staatsstruktur, da die Bundesrepublik mit dem Inkrafttreten des Grundgesetzes durch einen Akt der Verfassungsgebung des zukünftigen Bundesvolkes entstand und zugleich in einen Bundesstaat überführt wurde.[28] Die konstruktiven Schwierigkeiten der demokratischen Rückkoppelung bundesrepublikanischer Verfassungsgebung mit der westdeutschen Volkssouveränität[29] beziehen sich nicht auf diese bundesstaatliche Komponente der Verfassungsgebung.[30]

Die Gründung der Bundesrepublik Deutschland in den drei westlichen Besatzungszonen durch Erarbeitung und Inkraftsetzung des Grundgesetzes in den Jahren 1948/49 zeigt somit einen komplexen Januskopf zwischen der materiellen Rückbesinnung auf eine vom Föderalismus tief geprägte deutsche Verfassungshistorie sowie der bewußten Abkehr vom Unitarismus der späten Weimarer Republik und des Dritten Reichs auf der einen Seite und dem formell einheitlichen Akt der gesamtstaatlichen Verfassungsgebung auf der anderen Seite.

---

27 *Mußgnug*, Zustandekommen des GG, Rz. 71; *Stern, Klaus*, Das Staatsrecht der Bundesrepublik Deutschland, Band I (Grundbegriffe und Grundlagen des Staatsrechts, Strukturprinzipien der Verfassung), 2. Auflage, München 1984, S. 666 f. m. w. N.; *Kimminich*, Der Bundesstaat, Rz. 35; *Sommermann*, Art. 20 GG, in: von Mangoldt/Klein/Starck, Rz. 23; *Deuerlein*, Föderalismus, S. 252 ff.; *Frowein, Jochen Abr.*, Die Entwicklung des Bundesstaates unter dem Grundgesetz, in: Mußgnug, Reinhard (Hrsg.), Rechtsentwicklung unter dem Bonner Grundgesetz, Heidelberg 1990, S. 17, 19; *Isensee*, Einheit in Ungleichheit, S. 139 f. Differenzierend zum Einfluß der Alliierten *Morsey*, Verfassungsschöpfung, S. 473; *Vogel*, Die bundesstaatliche Ordnung, Rz. 9.
28 *Herzog, Roman*, Art. 20 GG IV. (Die Verfassungsentscheidung für den Bundesstaat), in: Maunz, Theodor/Dürig, Günter (Hrsg.), Grundgesetz Kommentar, Band II (Art. 12 – 20), Loseblattsammlung, München, Stand: Februar 2003, Rz. 24 f.; *Schmidt, Walter*, Das Verhältnis von Bund und Ländern im demokratischen Bundesstaat des Grundgesetzes, AöR 87 (1962), S. 253, 260; *Lerche, Peter*, Föderalismus als nationales Ordnungsprinzip, in: Vereinigung der deutschen Staatsrechtslehrer (Hrsg.), Veröffentlichungen der Vereinigung der deutschen Staatsrechtslehrer: Föderalismus als nationales und internationales Ordnungsprinzip (Heft 21, 1962), Berlin 1964, S. 66, 91 f.; *Möllers, Christoph*, Der parlamentarische Bundesstaat – Das vergessene Spannungsverhältnis von Parlament, Demokratie und Bundesstaat, in: Aulehner, Josef (Hrsg.), Föderalismus – Auflösung oder Zukunft der Staatlichkeit?, Stuttgart (u. a.) 1997, S. 81, 90 f.; *Voß*, Regionen und Regionalismus, S. 331.
29 Siehe supra Kapitel 2 § 2 A. II.
30 *Herzog*, Art. 20 GG IV., in: Maunz/Dürig, Rz. 25.

## 2. Die Entwicklungsgeschichte des Grundgesetzes und seines Bundesstaatsprinzips: Separativer, unitarischer, kooperativer und reföderalisierter Bundesstaat

Mit Ausnahme Bayerns und der Hansestädte Bremen und Hamburg waren die Länder der Bundesrepublik mehr oder weniger zufällige Produkte der Besatzungsregime, so daß das Grundgesetz sie auch nicht in ihrem territorialen Bestand sicherte, sondern mit Art. 29 GG in seiner ursprünglichen Fassung sogar eine Verpflichtung zur Neugliederung enthielt.[31] Für den besonders betroffenen Südwestraum bot zudem Art. 118 GG ein vereinfachtes Verfahren der Neugliederung, durch welches im Mai 1951 die Länder Baden, Württemberg-Baden und Württemberg-Hohenzollern zum Land Baden-Württemberg zusammengeschlossen wurden. Nach der Aufhebung des Besatzungsregimes im Mai 1955, welche die Herstellung der Souveränität der Bundesrepublik mit einigen Vorbehalten bewirkte, wurde im Jahre 1956 das Saarland in die Bundesrepublik eingegliedert. Andere Initiativen zur Neugliederung scheiterten, und im Jahre 1976 wurde in Art. 29 GG der Verfassungsauftrag zur Neugliederung durch eine fakultative Möglichkeit ersetzt.[32]

Die Frühphase der grundgesetzlichen Bundesstaatlichkeit war geprägt vom Leitbild des separativen Föderalismus.[33] In bewußter Abkehr von den für Zentralisierungsschübe vergleichsweise offenen deutschen Verfassungen von 1867/71 und 1919 waren nach der ursprünglichen Konzeption des Parlamentarischen Rates sämtliche staatliche Aufgaben im Sinne eines „Trennsystems" streng separativ zwischen Bund und Ländern aufgeteilt.[34] Diese Kompetenzverteilung erfolgte zudem betont länderfreundlich, indem – normativ verwirklicht durch die Regelzuständigkeit der Länder in Art. 30, 70, 83 und 92 GG – den Ländern eine weitreichende kompetenzielle Eigenständigkeit zugedacht wurde. Ergänzt wurde die strenge Teilung von legislativen, exekutiven und judikativen Aufgaben des Bundes und der Länder durch ein finanzverfassungsrechtliches Trennsystem, durch welches das junge Grundgesetz eine klare Abscheidung von Aufgaben, Ausgabenverantwortung und

---

31 Vgl. *Hofmann, Hasso,* Die Entwicklung des Grundgesetzes von 1949 bis 1990, in: Isensee, Josef/Kirchhof, Paul (Hrsg.), Handbuch des Staatsrechts der Bundesrepublik Deutschland, Band I, 3. Auflage, Heidelberg 2003, § 9, Rz. 22.
32 Vgl. *Vogel,* Die bundesstaatliche Ordnung, Rz. 10, 136 ff.
33 Vgl. *Schneider, Hans-Peter,* Die bundesstaatliche Ordnung im vereinigten Deutschland, NJW 1991, S. 2448, 2449; *Bauer, Hartmut,* Entwicklungstendenzen und Perspektiven des Föderalismus in der Bundesrepublik Deutschland – Zugleich ein Beitrag zum Wettbewerbsföderalismus, DÖV 2002, S. 837, 839; *Häberle, Peter,* Die Entwicklung des Föderalismus in Deutschland – insbesondere in der Phase der Vereinigung, in: Kramer, Jutta (Hrsg.), Föderalismus zwischen Integration und Sezession: Chancen und Risiken bundesstaatlicher Ordnung, Ein internationales Symposium, Baden-Baden 1993, S. 201, 208; *Calliess, Christian,* Die Justitiabilität des Art. 72 Abs. 2 GG vor dem Hintergrund von kooperativem und kompetitivem Föderalismus, DÖV 1997, S. 889, 890.
34 Vgl. für einen diesbezüglichen Vergleich der drei Verfassungsordnungen *Scheuner, Ulrich,* Wandlungen im Föderalismus der Bundesrepublik, DÖV 1966, S. 513, 515.

Steuereinnahmen des Bundes und der Länder bezweckte.[35] Sowohl im Bereich der Finanzverfassung, in dem etwa Art. 106 Abs. 4 GG a. F. dem Bund die Befugnis zur Unterstützung steuerschwacher Länder auf Kosten der steuerstärkeren einräumte, als auch in den anderen Teilen der bundesstaatlichen Ordnung, wie sich an der Stellung des Bundesrates in der Gesetzgebung des Bundes zeigt, war das Trennsystem im Grundgesetz der frühen Bundesrepublik jedoch nicht in reiner Form verwirklicht,[36] sondern präsentierte sich vielmehr als dominierendes Grundmuster eines wiedererstarkten deutschen Föderalismus.[37]

Das in den ersten Jahren der Bundesrepublik mit ihrer materiellen Vielfalt der Lebensverhältnisse, staatlichen Aufgabenstellungen und Rechtsordnungen noch auf realen Grundlagen beruhende Trennsystem wurde jedoch bald von vielfältigen Unitarisierungstendenzen unterlaufen und relativiert.[38] Die bereits Anfang der 50er Jahre einsetzende zweite Phase des bundesrepublikanischen Föderalismus vollzog die Entwicklung zum ‚unitarischen Bundesstaat'.[39] Auf der sozio-ökonomischen Ebene führte die wachsende gesellschaftliche Mobilität zu einer Vereinheitlichung der Lebensverhältnisse im Bundesgebiet und damit auch zur zunehmenden Notwendigkeit eines Mindestmaßes an rechtlicher Homogenität sowie einer steigenden diesbezüglichen Erwartungshaltung in der Bevölkerung.[40] Dieser Trend wurde verfassungsrechtlich vor allem durch die unitarisierend wirkenden Grundrechtsgarantien des Grundgesetzes und durch das vordrängende Sozialstaatsprinzip verstärkt, das bereits in der Formulierung des Art. 20 Abs. 1 GG vom „sozialen Bundesstaat" der Vielfältigkeit des Föderalismus eine Kraft zur Vereinheitlichung der Lebensverhältnisse gegenüberstellte.[41] Die zunehmende unitarische Konzeption des Bundesstaates schlug sich in der bundesverfassungsgerichtlichen Interpretation des Grundgesetzes insbesondere bei der zurückhaltenden Auslegung der Bedürfnisklausel des Art. 72 Abs. 2 GG a. F.[42] nieder, die den Weg für eine intensive Inanspruchnahme von Gesetzgebungskompetenzen durch den Bund ebnete. Einen gewissen Ausgleich für die

---

35 Ausführlich dazu *Hofmann*, Entwicklung des Grundgesetzes, Rz. 74 ff.
36 Vgl. *Bauer*, Entwicklungstendenzen und Perspektiven des Föderalismus, S. 839.
37 Anders in der Akzentuierung *Stern*, Staatsrecht I, S. 754, der das Grundgesetz als von Anfang an „tendenziell kooperativ" bezeichnet.
38 Vgl. *Schneider*, Bundesstaatliche Ordnung, S. 2449.
39 Vgl. dazu *Hesse, Konrad*, Der unitarische Bundesstaat, Karlsruhe 1962; *Kimminich*, Der Bundesstaat, Rz. 49 ff.; *Bauer*, Entwicklungstendenzen und Perspektiven des Föderalismus, S. 839.
40 *Schneider*, Bundesstaatliche Ordnung, S. 2449.
41 Vgl. *Ossenbühl*, Föderalismus und Regionalismus in Europa, S. 152 f.; *Bauer*, Entwicklungstendenzen und Perspektiven des Föderalismus, S. 839; *Böckenförde, Ernst-Wolfgang*, Sozialer Bundesstaat und parlamentarische Demokratie, in: Jekewitz, Jürgen/Melzer, Michael/Zeh, Wolfgang (Hrsg.), Politik als gelebte Verfassung – Aktuelle Probleme des modernen Verfassungsstaates, Festschrift für Friedrich Schäfer, Opladen 1980, S. 182, 182 ff.
42 BVerfG 2, 213, 224.

dadurch bedingten Kompetenzeinbußen der Länder leistete der vor allem durch die extensive Auslegung der Zustimmungsbedürftigkeit von Bundesgesetzen[43] bewirkte Bedeutungszuwachs des Bundesrates.[44] Auch verstärkten der Ausbau der Bundesverwaltung und der wachsende Einfluß des Bundes auf die Länderverwaltung die Gesamtdynamik einer schrittweisen Konzentration politischer Gestaltungsmacht auf zentralstaatlicher Ebene.[45] Schließlich begannen Bund und Länder bereits in den 50er Jahren mit der weitreichenden Koordinierung der Ausübung ihrer Zuständigkeiten, und dieser Trend manifestierte sich auf dem Gebiet der Finanzverfassung in Mischfinanzierungen und Fondswirtschaft am Rande grundgesetzlicher Legalität.[46]

Letztere Entwicklungen können als Vorläufer einer sich Mitte der 60er Jahre konkretisierenden[47] Dimension deutscher Bundesstaatlichkeit gedeutet werden, die als ‚kooperativer Föderalismus' beschrieben wird und sich weniger als schleichender Zentralisierungstrend denn als bewußt gesetztes Reformprogramm für den als veraltet empfundenen Trennungsgedanken darstellte.[48] Während die Grunddynamik des unitarischen Bundesstaates mit zahlreichen formellen Grundgesetzänderungen zur Überführung von Gesetzgebungszuständigkeiten der Länder auf den Bund in den späten 60er und 70er Jahren[49] weiterhin Wirkung entfaltete, manifestierte sich der erstarkende kooperative Föderalismus als institutionelles und prozedurales Zusammenwirken von Bund und Ländern vor allem in Gestalt bedeutender Grundgesetzänderungen im Jahre 1969 und im Ausbau der freiwilligen Selbstkoordinie-

---

43 BVerfGE 8, 274, 294 f.
44 *Bauer*, Entwicklungstendenzen und Perspektiven des Föderalismus, S. 839.
45 Vgl. *Hesse*, Der unitarische Bundesstaat, S. 17 f.
46 Ausführlich dazu *Hofmann*, Entwicklung des Grundgesetzes, Rz. 76 f.
47 Vgl. *Kommission für die Finanzreform*, Gutachten über die Finanzreform in der Bundesrepublik Deutschland, erstattet im Auftrage des Bundeskanzlers und der Ministerpräsidenten der Länder (sog. Troeger-Gutachten), Stuttgart (u. a.) 1966.
48 Vgl. dazu *Kimminich*, Der Bundesstaat, Rz. 54 f. m. w. N.; *Oeter*, Integration und Subsidiarität, S. 259 ff.; *Schneider*, Bundesstaatliche Ordnung, S. 2449 f.; *Bauer*, Entwicklungstendenzen und Perspektiven des Föderalismus, S. 839 f.; *Hesse, Konrad*, Aspekte des kooperativen Föderalismus in der Bundesrepublik, in: Ritzersprach, Theo/Geiger, Willi (Hrsg.), Festschrift für Gebhard Müller, Tübingen 1970, S. 141, 141 ff.; *Calliess*, Justitiabilität des Art. 72 Abs. 2 GG, S. 890. Zu den Wurzeln des kooperativen Föderalismus im US-amerikanischen „cooperative federalism" vgl. *Kewenig, Wilhelm A.*, Kooperativer Föderalismus und bundesstaatliche Ordnung – Bemerkungen zur Theorie und Praxis des kooperativen Föderalismus in den USA unter besonderer Berücksichtigung der „grants-in-aid", der Bundeshilfsprogramme, AöR 93 (1968), S. 433, 434 ff.
49 Vgl. dazu *Hofmann*, Entwicklung des Grundgesetzes, Rz. 84; *Bauer, Angela/Jesteadt, Matthias*, Das Grundgesetz im Wortlaut – Änderungsgesetze, Synopse, Textstufen und Vokabular zum Grundgesetz, Heidelberg 1997, S. 34 f.; *Sommermann, Karl-Peter*, Die Stärkung der Gesetzgebungskompetenzen der Länder durch die Grundgesetzreform von 1994, Jura 1995, S. 393, 394 mit Fn. 7; *Robbers, Gerhard*, Die Änderung des Grundgesetzes, NJW 1989, S. 1325, 1330; *Kenntner, Markus*, Grundgesetzwandel – Überlegungen zur Veränderung des Grundgesetzes und seines Bezugsrahmens, DÖV 1997, S. 450, 454.

rung von Bund und Ländern in Bereichen geteilter Zuständigkeiten.[50] So wurde 1969 mit den Art. 91a und 91b GG das Institut der Gemeinschaftsaufgabe in das Grundgesetz eingeführt[51] und im Rahmen der ‚Großen Finanzreform' für den Bereich der Finanzverfassung das ursprüngliche Trennsystem durch ein (partielles) Verbundsystem ersetzt[52]. Jenseits solcher verfassungsrechtlich vorgeschriebener Kooperation entwickelte sich ein dichtes Netz von Mechanismen zur Koordinierung der Hoheitstätigkeit zwischen dem Bund und den Ländern sowie zwischen den Ländern untereinander; diese kooperativen Strukturen reichen von informellen Absprachen über vertragliche Vereinbarungen bis hin zur Bildung von gemeinsamen Organen, Ausschüssen, Konferenzen oder Gemeinschaftseinrichtungen und erweisen sich bis heute als besonders prägende Elemente des bundesrepublikanischen Föderalismus.[53]

Der kooperative Föderalismus hat neben seiner vereinheitlichenden Wirkung vor allem eine erhebliche Verflechtung der Hoheitstätigkeiten auf Bundes- und Landesebene mit sich gebracht[54] und innerhalb der jeweiligen Hoheitsträger zu einer unter Demokratiegesichtspunkten problematischen Stärkung der Exekutive zu Lasten der Parlamente geführt.[55] In den 80er Jahren wurden daher erste, vorsichtige Vorstöße zu einer entflechtenden Reföderalisierung der bundesstaatlichen Ordnung bemerkbar.[56] Die deutsche Wiedervereinigung am 3. Oktober 1990, die im Wege des Beitritts der fünf durch Gesetz vom 22. Juli 1990 wiederhergestellten ostdeutschen Länder zum Geltungsbereich des Grundgesetzes vollzogen wurde, gab dieser deutschen Föderalismusdebatte neue Facetten und Impulse. So barg sie das Problem eines erheblichen West-Ost-Gefälles der innerdeutschen Lebensverhältnisse, führte

---

50 Ausführlich zur innerbundesstaatlichen Kooperation *Kisker, Gunter*, Kooperation im Bundesstaat – Eine Untersuchung zum kooperativen Föderalismus in der Bundesrepublik Deutschland, Tübingen 1971; *Rudolf, Walter*, Kooperation im Bundesstaat, in: Isensee, Josef/Kirchhof, Paul (Hrsg.), Handbuch des Staatsrechts der Bundesrepublik Deutschland, Band IV, 2. Auflage, Heidelberg 1999, § 105.
51 Eingehend dazu *Blümel, Willi*, Verwaltungszuständigkeit, in: Isensee, Josef/Kirchhof, Paul (Hrsg.), Handbuch des Staatsrechts der Bundesrepublik Deutschland, Band IV, 2. Auflage, Heidelberg 1999, § 101, Rz. 124 ff.; *Liesegang, Helmuth C. F./Plöger, Rainer*, Schwächung der Parlamente durch den kooperativen Föderalismus?, DÖV 1971, S. 228 – 236; *Kisker, Gunter*, Kooperation zwischen Bund und Ländern in der Bundesrepublik, DÖV 1977, S. 689, 691 ff.
52 *Hofmann*, Entwicklung des Grundgesetzes, Rz. 81; *Bauer*, Entwicklungstendenzen und Perspektiven des Föderalismus, S. 840.
53 Vgl. dazu *Rudolf*, Kooperation im Bundesstaat, Rz. 29 ff.; *Kisker*, Kooperation im Bundesstaat, S. 49 ff.
54 Zur „Politikverflechtung" in der deutschen Bundesstaatlichkeit vgl. *Scharpf, Fritz W.*, Föderative Politikverflechtung: Was muß man ertragen? Was kann man ändern?, in: Morath, Konrad (Hrsg.), Reform des Föderalismus, Bad Homburg 1999, S. 23, 23 ff.
55 *Böckenförde*, Sozialer Bundesstaat, S. 184 ff.
56 *Ossenbühl*, Föderalismus und Regionalismus in Europa, S. 131 f., 157 f.; *Bauer*, Entwicklungstendenzen und Perspektiven des Föderalismus, S. 840; *Schneider*, Bundesstaatliche Ordnung, S. 2450.

aber auch zur Verfassungsreform vom Oktober 1994, die insgesamt eine leichte föderative Akzentverschiebung zugunsten der Länder mit sich brachte.[57] So wurde neben anderen Modifikationen der bundesstaatlichen Ordnung etwa die Bedürfnisklausel des Art. 72 Abs. 2 GG a. F. durch eine neue Erforderlichkeitsklausel ersetzt, und diese Verfassungsänderung bewegte das Bundesverfassungsgericht im Jahre 2002 zu einer Korrektur seiner diesbezüglichen Spruchpraxis.[58]

In der jüngeren politischen und wissenschaftlichen Diskussion über weitere Reformen des deutschen Föderalismus[59] ist ein allgemeiner Trend zugunsten einer Entflechtung der Handlungsebenen von Bund und Ländern und einer Stärkung der Ländereigenständigkeit zu verzeichnen.[60] Diese Reföderalisierungstendenz basiert auf der vor allem in den 90er Jahren des 20. Jahrhunderts gestiegenen Bereitschaft von Bund und Ländern, ihre Interessen nicht nur kooperativ, sondern zumindest zum Teil auch kompetitiv zu verfolgen.[61] Zugleich ereignet sich diese Tendenz vor dem Hintergrund einer stetig

---

57 Vgl. *Klein, Hans H.*, Kontinuität des Grundgesetzes und seine Änderung im Zuge der Wiedervereinigung, in: Isensee, Josef/Kirchhof, Paul (Hrsg.), Handbuch des Staatsrechts der Bundesrepublik Deutschland, Band VIII, Heidelberg 1995, § 198, Rz. 73 ff.; *Oeter*, Integration und Subsidiarität, S. 361 ff.; *Bauer*, Entwicklungstendenzen und Perspektiven des Föderalismus, S. 841.
58 Siehe BVerfGE 106, 62.
59 Zu aktuellen Reformbestrebungen vgl. *Haug, Volker*, Die Föderalismusreform – Zum Ringen von Bund und Ländern um die Macht im Staat, DÖV 2004, S. 190 – 197; *Scholz, Rupert*, Zur Reform des Föderalismus, in: Brenner, Michael/Huber, Peter M./Möstl, Markus (Hrsg.), Der Staat des Grundgesetzes – Kontinuität und Wandel, Festschrift für Peter Badura zum 70. Geburtstag, Tübingen 2004, S. 491 – 511; *Robbers, Gerhard*, Entwicklungsperspektiven des Föderalismus – Eine Ländersicht, in: Brenner, Michael/ Huber, Peter M./Möstl, Markus (Hrsg.), Der Staat des Grundgesetzes – Kontinuität und Wandel, Festschrift für Peter Badura zum 70. Geburtstag, Tübingen 2004, S. 431 – 442; *Thaysen, Uwe*, Der deutsche Föderalismus zwischen zwei Konventen – Zur Reform des deutschen Bundesstaates an der Jahrhundertwende, Aus Politik und Zeitgeschichte 2003, Heft 29 – 30, S. 14 – 23; *Henneke, Hans-Günter*, Föderalismusreform kommt in Fahrt, DVBl. 2003, S. 845 – 851.
60 Vgl. *Arndt, Hans-Wolfgang/Benda, Ernst/von Dohnanyi, Klaus/Schneider, Hans-Peter/ Süssmuth, Rita/Wiedenfeld, Werner*, Zehn Vorschläge zur Reform des deutschen Föderalismus, ZRP 2000, S. 201 – 206; *Arndt, Hans-Wolfgang*, Aktuelle Probleme, Entwicklungstendenzen und Perspektiven des Föderalismus in der Bundesrepublik Deutschland, in: Meier-Walser, Reinhard C./Hirscher, Gerhard (Hrsg.), Krise und Reform des Föderalismus – Analysen zu Theorie und Praxis bundesstaatlicher Ordnungen, München 1999, S. 27 – 35; *Bauer*, Entwicklungstendenzen und Perspektiven des Föderalismus, S. 842 ff.; *Klatt, Hartmut*, Plädoyer für einen Wettbewerbsföderalismus, in: Meier-Walser, Reinhard C./Hirscher, Gerhard (Hrsg.), Krise und Reform des Föderalismus – Analysen zu Theorie und Praxis bundesstaatlicher Ordnungen, München 1999, S. 64 – 78; *Hofmann, Hans*, Notwendigkeit und Perspektiven einer Föderalismusreform – Zu einer neuen Balance der Aufgaben-, Einnahmen- und Ausgabenverantwortung zwischen Bund, Ländern und Gemeinden, ZRP 1999, S. 465 – 471.
61 *Schneider, Hans-Peter*, Kooperation, Konkurrenz oder Konfrontation? – Entwicklungstendenzen des Föderalismus in der Bundesrepublik, in: Gesellschaft für Rechtspolitik Trier (Hrsg.), Bitburger Gespräche Jahrbuch 1999/II: 50 Jahre Grundgesetz – 50 Jahre Föderalismus – Stand und Entwicklung, München 2000, S. 23, 24 ff.; *ders.*, Bundesstaatl.-

fortschreitenden Hochzonung staatlicher Kompetenzen auf die supranationale Ebene der Europäischen Union, die nicht nur eine Modifikation innerdeutscher Mitwirkungsrechte durch die Reform des Art. 23 GG notwendig machte, sondern auch den allgemeinen Druck für eine innerstaatliche Herabzonung von Zuständigkeiten zu verstärken scheint.[62]

Nach ursprünglich betont föderativ ausgerichteten Anfängen zeigte der bundesrepublikanische Föderalismus somit über eine lange Periode eine starke unitarisch-kooperative Dynamik zur Zentralisierung und Vereinheitlichung und setzte damit eine seit dem Beginn deutscher Bundesstaatlichkeit in der zweiten Hälfte des 19. Jahrhunderts währende Entwicklung fort. Seit den 80er Jahren des 20. Jahrhunderts hat sich in der deutschen Föderalismusdebatte jedoch eine Gegenbewegung etabliert, die bereits zu punktuellen Reföderalisierungsansätzen geführt hat und bis heute einen erheblichen weiteren Reformdruck aufbaut.

## B. Die historische Entwicklung des Vereinigten Königreichs zum Unionsstaat und seiner Regionalisierung

### I. Die Herstellung staatlicher Einheit als Vereinigtes Königreich von Großbritannien und Nordirland

Das Vereinigte Königreich von Großbritannien und Nordirland besteht heute aus vier historisch unterscheidbaren Teilgebieten: England, Schottland, Wales und Nordirland.[63] Die Geschichte der Herstellung dieser staatlichen Einheit beginnt mit der Konsolidierung des englischen Königreichs in der ersten

---

che Ordnung, S. 2450; *Jeffery, Charlie,* Vom kooperativen Föderalismus zu einer „Sinatra-Doktrin" der Länder?, in: Meier-Walser, Reinhard C./Hirscher, Gerhard (Hrsg.), Krise und Reform des Föderalismus – Analysen zu Theorie und Praxis bundesstaatlicher Ordnungen, München 1999, S. 50, 53 ff.; *Bauer, Hartmut,* Art. 20 GG (Bundesstaat), in: Dreier, Horst (Hrsg.), Grundgesetz Kommentar, Band II (Art. 20 bis 82), Tübingen 1998, Rz. 18.

62 *Vogel,* Die bundesstaatliche Ordnung, Rz. 21; *Benz, Arthur,* Lehren aus entwicklungsgeschichtlicher und vergleichenden Analysen – Thesen zur aktuellen Föderalismusdiskussion, in: Benz, Arthur/Lehmbruch, Gerhard (Hrsg.), Föderalismus – Analysen in entwicklungsgeschichtlicher und vergleichender Perspektive, Wiesbaden 2002, S. 391, 393 f.

63 Vgl. *Loewenstein, Karl,* Staatsrecht und Staatspraxis von Großbritannien, Band I (Parlament – Regierung – Parteien), Berlin (u. a.) 1967, S. 26. Die Channel Islands und die Isle of Man bilden keine Teile des Vereinigten Königreichs; vgl. dazu *Hood Phillips, Owen/Jackson, Paul/Leopold, Patricia,* Constitutional and Administrative Law, 8. Auflage, London 2001, Rz. 35–001 ff.; *Barnett, Hilaire,* Constitutional & Administrative Law, 4. Auflage, London/Sydney 2002, S. 64 f.

Hälfte des 10. Jahrhunderts und seiner strukturwahrenden Eroberung durch *William the Conqueror* im Jahre 1066.[64] Seine territoriale Entwicklung bis heute stellt sich als eine Historie der Annexion, Union und Sezession dar.

## 1. Wales

Bereits im frühen 13. Jahrhundert begannen die englischen Könige das aus rivalisierenden Fürstentümern bestehende keltische Wales mit Hilfe der Marcher Lords zu erobern.[65] Nach seiner vollständigen Besetzung wurde Wales auf der Grundlage der Statute of Wales von 1284 annektiert und schließlich von den walisischen Tudors auf dem englischen Thron durch die Laws of Wales Acts von 1536[66] und 1543 vollständig in das englische Rechts- und Verwaltungssystem mit Englisch als Gerichts- und Verwaltungssprache eingegliedert. Seit 1543 entsendet Wales auch Vertreter in das britische Parlament in Westminster. Exekutive und judikative Sonderinstitutionen wie der im Jahre 1471 gegründete Council of Wales and the Marches und die 1543 errichteten Court of the Great Sessions wurden in späteren Zeiten zugunsten einer vollkommenen rechtlichen und institutionellen Assimilierung abgeschafft.[67] Ungeachtet dessen erhielt sich in Wales eine eigenständige kulturelle Identität, die sich vor allem in der Pflege der aus dem öffentlichen Raum verdrängten walisischen Sprache und im religiösen Nonkonformismus mit der Anglikanischen Staatskirche manifestierte.[68] In der Folge verabschiedete das britische Parlament im späten 19. und verstärkt im 20. Jahrhundert eine Reihe von Sonder-

---

64  Vgl. *Bogdanor, Vernon*, Devolution in the United Kingdom, Oxford 1999 (updated and reissued 2001), S. 5; *Munro, Colin R.*, Studies in Constitutional Law, 2. Auflage, London (u. a.) 1999, S. 17 ff.
65  Zur historischen Entwicklung vgl. ausführlich *Rees, William*, The Union of England and Wales, Cardiff 1948, S. 33 ff.; *Lyon, Ann*, Constitutional History of the United Kingdom, London (u. a.) 2003, S. 36 f., 69 f., 174; *Barnett*, Constitutional & Administrative Law, S. 62 ff.; *Sturm, Roland*, Das Vereinigte Königreich von Großbritannien und Nordirland – Historische Grundlagen und zeitgeschichtlicher Problemaufriß, in: Kastendiek, Hans/Rohe, Karl/Volle, Angelika (Hrsg.), Großbritannien. Geschichte – Politik – Wirtschaft – Gesellschaft, 2. Auflage, Frankfurt/New York 1999, S. 70, 70 f.
66  Der Laws of Wales Act von 1536 wird in problematischer Analogie zur anglo-schottischen Union von 1707 in der Literatur auch häufig als Act of Union von 1536 bezeichnet.
67  Der seit 1473 mit sowohl exekutiven als auch judikativen Kompetenzen ausgestattete Council of Wales wurde im Jahre 1689 abgeschafft. Die Courts of the Great Sessions als separates Gerichtssystem zur Anwendung englischen Common Law in Wales blieb bis zur Vereinheitlichung des Gerichtssystems in England und Wales im Jahre 1830 erhalten. Vgl. *Malanczuk, Peter*, Region und unitarische Struktur in Großbritannien, Berlin (u. a.) 1984, S. 28.
68  *Malanczuk*, Region und unitarische Struktur, S. 28 f.

gesetzen für Wales zum Schutz dieser regionalen Identität insbesondere auf den Gebieten Sprache[69], Bildung[70] und Religion[71].

Trotz einiger Sonderregelungen bleibt Wales jedoch aufgrund seiner frühen Inkorporation die im Vergleich zu Schottland und Nordirland gesellschaftlich, rechtlich und institutionell am engsten mit England verbundene Randnation des Vereinigten Königreichs.

## 2. Schottland

Die Verbindung des durch die Annexion und weitgehende Gleichschaltung Wales' entstandenen englischen Königreichs mit dem Königreich Schottland, das sich während des Mittelalters erfolgreich gegen den militärischen und politischen Druck aus dem Süden in seiner nationalen Unabhängigkeit behaupten konnte, vollzog sich – anders als im Falle Wales' – durch einen vertraglichen Zusammenschluß.[72] Ausgangspunkt dieser Entwicklung war der dynastische Zufall, daß nach dem Tod der kinderlosen *Elizabeth I.* der regierende schottische Stuartkönig *James VI.* im Jahre 1603 als *James I.* den englischen Thron bestieg und so eine Personalunion der schottischen und der englischen Krone (,union of the Crowns') entstand.[73] Abgesehen von der kurzen Zeit des Commonwealths unter *Oliver Cromwell*, in der von 1651 bis 1658 England und Schottland mittles einer einheitlichen republikanischen Staatsorganisation regiert wurden, blieben die beiden Königreiche trotz dieser Personalunion eigenständige Staaten und durchliefen die Glorreiche Revolution von 1689 und das Erstarken des Parlamentarismus parallel, aber separat.[74]

---

69 Der langsame Niedergang der walisischen Sprache stellte noch in der zweiten Hälfte des 19. Jahrhunderts eine bewußte Politik der Londoner Zentralverwaltung dar, so daß erst ab 1889 Walisisch als Fremdsprache an öffentlich geförderten Schulen angeboten werden durfte. Vor allem der Welsh Court Act 1942, die Welsh Language Acts 1967 und 1993 sowie die Broadcasting Acts 1980 und 1981 zeigen jedoch den wachsenden Willen späterer Regierungen, Englisch und das selbst in Wales zu einer Minderheitensprache gewordene Walisisch im öffentlichen Leben gleichzustellen. Vgl. ausführlich zur Sprachgesetzgebung *Stephens, Meic*, Linguistic Minorities in Western Europe, Llandysul Dyfed Wales 1976, S. 145 ff.; *Malanczuk*, Region und unitarische Struktur, S. 29 ff.
70 So wurde 1893 die University of Wales in Cardiff gegründet und 1897 eine eigene Inspektions- und Prüfungsbehörde für das walisische Erziehungswesen geschaffen (Central Welsh Board). Im Jahre 1906 wurde darüber hinaus mit dem Welsh Department of the Board of Education die erste spezielle Regierungsabteilung zur Verwaltung von Wales eingesetzt.
71 Der Welsh Church Act 1914 beseitigte die Privilegien der Anglikanischen Kirche in Wales.
72 Zur geschichtlichen Entwicklung vgl. *Barnett*, Constitutional & Administrative Law, S. 58 ff.; *Malanczuk*, Region und unitarische Struktur, S. 34 ff.
73 Vgl. *Loewenstein*, Staatsrecht I, S. 28; *Sturm*, Das Vereinigte Königreich, S. 71 f.; *Bradley, Anthony W./Ewing, Keith D.*, Constitutional and Administrative Law, 13. Auflage, Harlow 2002, S. 36; *Lyon*, Constitutional History, S. 198 ff.
74 Vgl. *Malanczuk*, Region und unitarische Struktur, S. 35 ff.

Zu einer staatsrechtlichen Vereinigung kam es nach Unionsverhandlungen zwischen Unterhändlern des schottischen und des englischen Parlaments im Jahre 1706[75] schließlich im Jahre 1707, als der ausgehandelte Unionsvertrag zuerst vom schottischen und kurze Zeit später vom englischen Parlament mit nur geringfügigen Änderungen gebilligt und durch jeweiligen Erlaß eines Act of Union – verbunden mit Kirchenschutzgesetzen – ratifiziert wurde, so daß die Union am 1. Mai 1707 vollzogen werden konnte.[76] Die Vereinigung begründete ein neues britisches Parlament in Westminster, dem nach der Vereinbarung in der Zukunft auch 16 schottische Peers und 45 in Schottland gewählte Mitglieder des Unterhauses angehören sollten. Der Unionsvertrag – und damit auch die gesetzlichen Acts of Union – enthielt darüber hinaus eine Reihe von für unabänderlich erklärten Garantien für wichtige schottische Institutionen und rechtliche Besonderheiten.[77] Er konstruierte jedoch keinen verfassungsrechtlichen Schutzmechanismus, wie sie heute föderal organisierte Staatsordnungen typischerweise kennzeichnen, um diese Gewährleistungen gegen die sich in England entwickelnde Doktrin der unbeschränkten Parlamentssuprematie abzusichern.[78] Daher hat sich in der Folge das bis heute vertretene schottische Verständnis des Unionsvertrags als konstituierende und daher für das neue britische Parlament verbindliche Verfassungsurkunde des Vereinigten Königreichs nicht gegenüber der dominanten englischen Verfassungsdogmatik durchsetzen können. Dennoch bleibt die historische Tatsache einer vertraglichen Union zwischen England und Schottland als souveränen Partnern auf gleicher Augenhöhe, deren wahre Freiwilligkeit indessen im einzelnen fraglich bleiben muß,[79] bis heute prägend für das Verhältnis Schottlands zum Vereinigten Königreich.[80] So hat sich in der schottischen Bevölkerung ein starkes Nationalbewußtsein erhalten, das zum Teil sezessionistische Formen annimmt; zudem hat neben bedeutsamen schottischen Institutionen – wie der Presbyterianischen Staatskirche in Schottland und einem eigenständigen Erziehungssystem – vor allem auch das schottische Rechts- und Gerichtssystem im wesentlichen die unitarisierenden Erosionen der Jahrhunderte im britischen Nationalitätenstaat überlebt.[81]

---

75 Zu den Unionsverhandlungen vgl. *Riley, Patrick W. J.*, The Union of England and Scotland – A study in Anglo-Scottish politics of the 18th century, Manchester 1978, S. 182 ff.; *Munro, Colin R.*, The Union of 1707 and the British Constitution, in: Hodge, Patrick (Hrsg.), Scotland and the Union, Edinburgh 1994, S. 87, 88 f.
76 Ausführlich zur anglo-schottischen Union vgl. *Malanczuk*, Region und unitarische Struktur, S. 37 ff.; *Lyon*, Constitutional History, S. 264 ff.
77 Siehe dazu und zum Folgenden supra Kapitel 2 § 2 B. I. 3.
78 Vgl. *Bogdanor*, Devolution in the UK, S. 12 f.
79 *Sturm*, Das Vereinigte Königreich, S. 72 f.; *Munro*, Union of 1707, S. 88 f.; *Bogdanor*, Devolution in the UK, S. 10 f.
80 Vgl. *Sturm, Roland*, Integration – Devolution – Unabhängigkeit? Schottland auf dem Weg zu einer Erneuerung seines politischen Gemeinwesens, JöR NF 48 (2000), S. 351, 352 f.
81 Vgl. *Malanczuk*, Region und unitarische Struktur, S. 44 ff.; *Voß*, Regionen und Regionalismus, S. 226 ff.

## 3. Irland

Der Zusammenschluß des Vereinigten Königreichs von Großbritannien mit Irland nimmt gewissermaßen eine Zwischenstellung zwischen der Annexion Wales' und der Union mit Schottland ein. Nach der anglo-normannischen Invasion Irlands von 1269 begann dort ein langsamer Prozeß der Etablierung einer königstreuen englischen Herrschaftselite.[82] Im Jahre 1541 erklärte sich *Henry VIII.* zum irischen König. Jedoch erwiesen sich die reformatorischen Bemühungen der englischen Standesherren als nur sehr begrenzt wirkungsvoll, so daß sich in Irland eine religiöse Trennlinie zwischen Herrschern und Beherrschten abzeichnete. Im 17. Jahrhundert setzte eine Welle der Besiedlung vor allem protestantischer Schotten im irischen Norden ein, und über die katholische irische Bevölkerung kam eine Hochzeit der sozialen und politischen Ausgrenzung. Obgleich es keine Kontrolle über die aus London gestellte irische Exekutive ausübte, entwickelte sich das irische Parlament im Laufe des 18. Jahrhunderts zum unabhängigen Zentrum des politischen Lebens Irlands, aus dem jedoch Katholiken weiterhin ausgeschlossen blieben. Aufgrund der britisch-protestantischen Dominanz in Irland unterscheidet sich die staatsrechtliche Vereinigung Irlands mit dem Vereinigten Königreich von 1800, die vor dem Hintergrund irischer Rebellionen und europäischer Bedrohung durch Acts of Union des irischen und des britischen Parlaments bewirkt wurde, erheblich von der Union der gleichberechtigten Partner Schottland und England ein Jahrhundert zuvor.[83] Der in der anglo-schottischen Union begründete Rechtspartikularismus unter der legislativen Omnipotenz des britischen Parlaments wurde dadurch um ein weiteres eigenständiges Rechts- und Gerichtssystem erweitert, das bis heute in Nordirland fortexistiert.[84] Trotz der Entsendung irischer Vertreter in das britische Parlament blieb Irland in der Folgezeit im Vereinigten Königreich peripher und konnte an der wirtschaftlichen Entwicklung des Vereinigten Königreichs nicht nachhaltig partizipieren.

Andauernde interne Spannungen in Irland zwischen britischer Staatsgewalt und katholisch-nationalistischer Bevölkerung, denen die Londoner Regierung zum Teil mit Konzessionen begegnete,[85] machten in der Folge Irland zum dominierenden innenpolitischen Problem des Vereinigten Königreichs im 19. und frühen 20. Jahrhundert. Die irische Home-Rule-Bewegung

---

82 Zur geschichtlichen Entwicklung vgl. *Grote, Rainer,* Die Friedensvereinbarung von Belfast – ein Wendepunkt in der Geschichte des Nordirland-Konflikts, ZaöRV 58 (1998), S. 646, 648 ff.; *Lyon,* Constitutional History, S. 37, 174 f.; *Barnett,* Constitutional & Administrative Law, S. 44 ff.; *Sturm,* Das Vereinigte Königreich, S. 73 f.; *Bogdanor,* Devolution in the UK, S. 15 ff.
83 Zum Inhalt des Treaty of Union 1800 vgl. *Bradley/Ewing,* Constitutional and Administrative Law, S. 38; *Hood Phillips/Jackson/Leopold,* Constitutional and Administrative Law, Rz. 4–005.
84 Vgl. *Bradley/Ewing,* Constitutional and Administrative Law, S. 41.
85 So erhielten beispielsweise Katholiken 1829 politische Gleichberechtigung, und 1869 wurde die Anglikanische Kirche ihrer Rolle als irische Staatskirche enthoben.

des späten 19. Jahrhunderts, welche ein eigenes irisches Parlament mit Autonomie in irischen Angelegenheiten forderte,[86] führte zum Einlenken der britischen Regierung in Gestalt der Vorlage einer Reihe – noch erfolgloser – diesbezüglicher Gesetzesentwürfe aus den Jahren 1886 und 1893. Der gegen den Widerstand des Oberhauses mittels des Parliament Act 1911 erlassene Government of Ireland Act 1914 sah noch eine einheitliche Autonomie Irlands im Vereinigten Königreich vor, konnte aber wegen des Ersten Weltkriegs nicht in Kraft treten, bevor ihm die revolutionären Geschehnisse in Südirland von 1918/19 die realen Grundlagen entzogen. Daher fiel im Government of Ireland Act 1920 die Entscheidung zugunsten einer getrennten Home-Rule-Regelung für die sechs nordirischen Grafschaften (Ulster) und für Restirland. Während aber das protestantisch dominierte Nordirland diesen Weg in eine bis ins Jahr 1972 andauernde Periode relativer Autonomie innerhalb des Königreichs einschlug, führte der Widerstand Restirlands zu seiner Sezession, zunächst im Status einer selbständigen Dominion der Krone im britischen Commonwealth und im Jahre 1949 in gänzlicher Unabhängigkeit als Republik Irland.[87]

Nach der frühen Begründung englischer Vorherrschaft blieb somit der „deutliche Vorrat von ‚nationalen' Spezifika" Irlands[88] mit seiner gälischen, katholischen Bevölkerung und agrarischen Wirtschaftsstruktur für die geschichtliche Entwicklung des Verhältnisses zwischen Irland und dem Vereinigten Königreich prägend. Auch die staatsrechtliche Vereinigung konnte aufgrund des Ausschlusses der katholischen Mehrheit aus den politischen Entscheidungsebenen nicht die fortdauernden, mitunter äußerst blutigen Auseinandersetzungen zwischen Herrschern und Beherrschten verhindern.[89] Diese Spannungen spiegeln sich nach der Sezession der Republik Irland bis heute in den Konflikten zwischen katholischen und protestantischen Bevölkerungsteilen Nordirlands wider.

---

86  Zur geschichtlichen Entwicklung der irischen *Home-Rule* vgl. *Lyon*, Constitutional History, S. 357 ff., 379 ff.; *Barnett*, Constitutional & Administrative Law, S. 47 ff.; *Schwab, Andreas*, Devolution – Die asymmetrische Staatsordnung des Vereinigten Königreichs, Baden-Baden 2002, S. 48 ff.; *Grote*, Friedensvereinbarung von Belfast, S. 651 ff.
87  Der Dominionstatus des Irischen Freistaats wurde im Anglo-Irischen Vertrag von 1921 vereinbart und durch den Irish Free State Agreement Act 1922, den Irish Free State (Constitution) Act 1922 und den Irish Free State (Consequential Provisions) Act 1922 in britisches Recht umgesetzt. Die Unabhängigkeit der Republik Irland erkannte das britische Parlament schließlich im Ireland Act 1949 an.
88  *Sturm*, Das Vereinigte Königreich, S. 75.
89  Vgl. *Jeffery, Charlie/Palmer, Rosanne*, Das Vereinigte Königreich – Devolution und Verfassungsreform, in: Europäisches Zentrum für Föderalismus-Forschung Tübingen (Hrsg.), Jahrbuch des Föderalismus 2000 (Band 1): Föderalismus, Subsidiarität und Regionen in Europa, Baden-Baden 2000, S. 321, 322.

## II. Das Vereinigte Königreich als Unionsstaat bis 1997

### 1. Einheitsstaat oder Unionsstaat?

Das durch Annexion, Union und Sezession zu staatlicher Einheit gelangte Vereinigte Königreich von Großbritannien und Nordirland unterliegt klassischerweise zwei unterschiedlichen Deutungsmodellen.[90]

Das erste zeigt eine starke streng verfassungsjuristische Prägung und begreift das britische Staatswesen als Einheitsstaat („unitary state').[91] Grundlage dieses Staatsverständnisses bildet die von *Dicey* formulierte Doktrin der Parlamentsuprematie, welche das Parlament in Westminster als unitarisches Zentrum der britischen Staatsordnung mit unbeschränkter Legislativkompetenz für alle Sachbereiche und vor allem auch für alle Territorien des Vereinigten Königreichs begreift. Insbesondere konnten sich schottische und irische Versuche, die englische Verfassungsdogmatik der parlamentarischen Allmacht durch Hinweise auf die konstitutionelle Bedeutung der anglo-schottischen und der anglo-irischen Acts of Union zu unterlaufen, nicht durchsetzen,[92] so daß auch alle Aspekte britischer Territorialpolitik von der kommunalen Selbstverwaltung bis zur Übertragung von Legislativkompetenzen an regionale Einheiten die unitarische Parlamentssuprematie als verfassungsdogmatischen Ausgangspunkt teilen.[93]

Unabhängig von der Frage, ob eine verfassungsdogmatisch klare und überzeugende Abgrenzung zwischen Einheitsstaaten und Bundesstaaten überhaupt möglich ist,[94] wird dieses Verständnis des Vereinigten Königreichs als Einheitsstaat von einer Alternativinterpretation in deskriptiver Hinsicht in Frage gestellt. Diese Deutung des britischen Staatswesens ersetzt die verfassungsjuristische Prägung des Einheitsstaatsmodells durch eine politikwissenschaftlich-historische Betrachtungsweise und rationalisiert das Vereinigte Königreich als Unionsstaat („union state').[95] Den Ausgangspunkt dieser Klas-

---

90 Vgl. dazu *Keating, Michael*, Reforging the Union: Devolution and Constitutional Change in the United Kingdom, Publius 28/1 (Winter 1998), S. 217, 217 ff.; *Keating, Michael/Elcock, Howard*, Introduction: Devolution and the UK State, in: dies. (Hrsg.), Remaking the Union – Devolution and British Politics in the 1990s, London/Portland (OR) 1998, S. 1, 1 ff.; *Mitchell, James*, Territorial Politics and Change in Britain, in: Catterall, Peter/Kaiser, Wolfram/Walton-Jordan, Ulrike (Hrsg.), Reforming the Constitution – Debates in Twentieth-Century Britain, London 2000, S. 225, 226 ff.; *Rawlings, Richard*, The Shock of the New: Devolution in the United Kingdom, in: Riedel, Eibe (Hrsg.), Aufgabenverteilung und Finanzregimes im Verhältnis zwischen Zentralstaat und seinen Untereinheiten, Baden-Baden 2001, S. 65, 67 ff.
91 Vgl. *Mitchell*, Territorial Politics and Change, S. 228 f.; *Keating*, Reforging the Union, S. 217 f.; *Schwab*, Devolution, S. 67 f.; *Hood Phillips/Jackson/Leopold*, Constitutional and Administrative Law, Rz. 2–001.
92 Siehe supra Kapitel 2 § 2 B. I. 3.
93 *Mitchell*, Territorial Politics and Change, S. 228 f.
94 Siehe infra Kapitel 4 § 2.
95 Vgl. *Bogdanor, Vernon*, Power and the People – A Guide to Constitutional Reform, London 1997, S. 30 f.; *ders.*, Devolution in the UK, S. 14 f.; *Mitchell*, Territorial Politics

sifizierung bildet die vielzitierte Definition des Unionsstaates von *Stein Rokkan* und *Derek W. Urwin*:

> *„The union state [is] not the result of straightforward dynastic conquest. Incorporation of at least parts of its territory has been achieved through personal dynastic union, for example by treaty, marriage or inheritance. Integration is less than perfect. While administrative standardization prevails over most of the territory, the consequences of personal union entail the survival in some areas of pre-union rights and institutional infrastructure which preserve some degree of regional autonomy and serve as agencies of indigenous elite recruitment."*[96]

Diese Charakterisierung des Unionsstaates wirkt für das Vereinigte Königreich geradezu maßgeschneidert. So prägen Eroberungen und Vereinigungen die historische Herstellung seiner staatlichen Einheit und finden sich stets Elemente unvollständiger Integration, die sich in asymmetrischen staatsorganisatorischen Arrangements niederschlagen. Letztere dürfen jedoch nicht nur retrospektiv als letzte Überbleibsel einer komplexen Verfassungs- und Territorialhistorie gedeutet werden; prospektiv betrachtet offenbaren sie sich als institutionelle Kristallisationspunkte einer inhärenten Flexibilität und zukunftgerichteter Adaptionsfähigkeit des Unionsstaates bei der Berücksichtigung regionaler Sonderinteressen.[97] Für die historischen Bestandteile des Vereinigten Königreichs sind sie gewissermaßen die jeweils aktuellen Konditionen des Zusammenlebens im Unionsstaat.

Im Unterschied zum Einheitsstaatsmodell versucht die Unionsstaatsinterpretation, territorial asymmetrische Aspekte des britischen Staatsaufbaus nicht als konzeptionell zu vernachlässigende Beispiele der Ausübung unbeschränkter Parlamentssupprematie zu marginalisieren, sondern sie als wichtige Aspekte der Staatsorganisation für das Gesamtverständnis des britischen Staatswesens fruchtbar zu machen. Sie stellt dabei keinen direkten Angriff auf die traditionelle verfassungstheoretische Unterscheidung von Einheitsstaat und Bundesstaat dar, sondern versteht sich vielmehr als Klassifizierung in einer anderen Dimension, welche den Vorzug besitzen soll, deskriptiv leistungsfähiger zu sein.[98] Wie die gemeinsame Qualifizierung sowohl klassischer

---

and Change, S. 230 ff.; *Keating*, Reforging the Union, S. 219 ff.; *Schwab*, Devolution, S. 66 f.;

96 *Stein, Rokkan/Urwin, Derek W.*, Introduction: Centres and Peripheries in Western Europe, in: dies. (Hrsg.), The Politics of Territorial Identity – Studies in European Regionalism, London (u. a.) 1982, S. 1, 11.

97 Vgl. *Keating, Michael*, What's Wrong with Asymmetrical Government?, in: Keating, Michael/Elcock, Howard (Hrsg.), Remaking the Union – Devolution and British Politics in the 1990s, London/Portland (OR) 1998, S. 195, 203 f.; *Cornes, Richard*, Intergovernmental Relations in a Devolved United Kingdom: Making Devolution Work, in: Hazell, Robert (Hrsg.), Constitutional Futures – A History of the Next Ten Years, Oxford 1999, S. 156, 156 f.; *Walker, Neil*, Beyond the Unitary Conception of the United Kingdom Constitution, PL 2000, S. 384, 397 f.

98 Vgl. *Walker*, Beyond the Unitary Conception, S. 398.

Einheitsstaaten als auch traditioneller Bundesstaaten als Unionsstaaten[99] zeigt, wird die Trennlinie zwischen diesen herkömmlichen Kategorien in ihrer inhaltlichen Aussagekraft jedoch durch diese politikwissenschaftlich-historische Sichtweise erheblich relativiert.

Trotz der Dominanz der unitarisierenden Doktrin der Parlamentssuprematie findet sich in allen Phasen der britischen Verfassungsgeschichte bis 1997 eine Fülle staatsorganisatorischer Ausprägungen britischer Unionsstaatlichkeit.

## 2. Zeichen des Unionsstaates auf regionaler Ebene

Neben dem Fortbestehen der im Wesentlichen eigenständigen Rechts- und Gerichtssysteme in Schottland und in Nordirland und anderer regionaler Institutionen wie etwa der Presbyterianischen schottischen Staatskirche lassen sich in der jüngeren Verfassungshistorie des Vereinigten Königreichs auf regionaler Ebene vor allem zwei Elemente britischer Unionsstaatlichkeit identifizieren.

### (a) Nordirland: Die Stormont-Ära von 1920 bis 1972

Während der Anglo-Irische Vertrag von 1921 Restirland den Weg in die Unabhängigkeit vom Vereinigten Königreich als Irischem Freistaat ebnete, begann im Jahre 1920 für die sechs nordirischen Grafschaften eine fünf Jahrzehnte andauernde Phase weitgehender Regionalautonomie unter dem Government of Ireland Act 1920,[100] die als asymmetrische staatsorganisatorische Berücksichtigung nordirischer Interessen im Sinne eines über weite Strecken erfolgreichen Elements britischer Unionsstaatlichkeit gewertet werden kann. Institutionell besaß Nordirland ein Westminster und Whitehall im Wesentlichen nachgebildetes Regierungssystem mit einem direkt vom Volk gewählten und aus zwei Kammern bestehenden Parlament in Stormont[101] sowie einer von der parlamentarischen Mehrheit getragenen Kabinettsregierung mit einem Premierminister an ihrer Spitze. Die Rolle der Krone als formaler Inhaberin der Exekutivgewalt wurde zuerst vom Lord Lieutenant, spä-

---

99 So ordnet *Keating*, What's Wrong with Asymmetrical Government, S. 204, sowohl Kanada als auch das Vereinigte Königreich der Gruppe der Unionsstaaten zu.

100 Der Government of Ireland Act 1920 galt nach der Entscheidung des nordirischen Parlaments für den Verbleib im Vereinigten Königreich mit geringfügigen Änderungen durch den Irish Free State (Consequential Provisions) Act 1922 für Nordirland weiter. Zur geschichtlichen Entwicklung vgl. *Bogdanor*, Devolution in the UK, S. 69; *Grote*, Friedensvereinbarung von Belfast, S. 652 ff.

101 Das direkt vom nordirischen Volk gewählte und das Legislativverfahren dominierende nordirische House of Commons wählte nach Verhältniswahlrecht wiederum 24 der 26 Mitglieder des Senats, welchem kraft Amtes bereits die Bürgermeister von Belfast und Londonderry angehörten; vgl. *Voß*, Regionen und Regionalismus, S. 236.

ter vom Governor als ernannten Vertretern des Monarchen ausgeübt.[102] Dem Parlament wurde im Wege einer ‚legislativen Devolution'[103] die Kompetenz übertragen, „to make laws for the peace, order and good government of ... Northern Ireland"[104], wobei vor allem außen-, sicherheits- und handelspolitische Belange des britischen Gesamtstaates als ‚excepted matters' und verschiedene Sachbereiche wie Zölle, wichtige Steuern und Postwesen als ‚reserved matters' der Regelung durch das britische Parlament vorbehalten blieben.[105] Die Legislativkompetenzen des nordirischen Parlaments wurden zudem durch ein religiöses Gleichbehandlungsgebot beschränkt.[106] Zudem deklarierte sec. 75 des Government of Ireland Act 1920 die fortwirkende, sachlich unbeschränkte Legislativkompetenz des britischen Parlaments auch für Nordirland. Für kompetenzwidrige Rechtsakte des nordirischen Parlaments sah das Gesetz in sec. 49 und 50 eine richterliche Normenkontrolle nordirischer Gerichte mit dem House of Lords als Appellationsinstanz und in sec. 51 ein Verfahren der Überprüfung durch das Judicial Committee of the Privy Council vor.[107]

Trotz der formaljuristischen Unterordnung der nordirischen Institutionen unter die Suprematie des Parlaments in Westminster bestand während der Stormont-Ära eine in der Verfassungsrealität wirkungsvolle Abgrenzung der Zuständigkeitsbereiche Londons und Belfasts, da im britischen House of Commons ab 1923 keine Debatten über die internen Angelegenheiten Nordirlands mehr zugelassen wurden und sich eine Verfassungskonventionalregel etablierte, daß Westminster keine Gesetze in transferierten Kompetenzbereichen erlassen dürfe; derartige Rechtsakte waren nach herrschendem Verständnis daher im Regelfall ‚verfassungswidrig'.[108]

Die Regelungen des Government of Ireland Act 1920 bewirkten jedoch langfristig kein friedliches Zusammenleben der protestantischen und katholischen Bevölkerungsteile, sondern institutionalisierten die Dominanz der protestantisch-unionistischen Mehrheit in Nordirland und führten zur politischen,

---

102 Zum institutionellen Gefüge nordirischer Regionalautonomie in der Stormont-Ära vgl. *Bogdanor*, Devolution in the UK, S. 69 f.; *Grote*, Friedensvereinbarung von Belfast, S. 655; *Barnett*, Constitutional & Administrative Law, S. 28 f.
103 Zur Definition der ‚legislativen Devolution' siehe supra Kapitel 1.
104 Sec. 4(1) Government of Ireland Act 1920.
105 Vgl. sec. 4(1) – (13), 21, 22 Government of Ireland Act 1920. Die „reserved matters" hätten ursprünglich an ein gesamtirisches Parlament übertragen werden sollen. Zur Kompetenzverteilung zwischen Westminster und Stormont unter dem Government of Ireland Act 1920 vgl. *Bogdanor*, Devolution in the UK, S. 70 f.; *Voß*, Regionen und Regionalismus, S. 237 ff.; *Hadfield, Brigid*, Devolution: Some Key Issues and a Northern Ireland Searchlight, in: Beatson, Jack/Forsyth, Christopher/Hare, Ivan/The University of Cambridge Centre for Public Law (Hrsg.), Constitutional Reform in the United Kingdom: Practice and Principles, Oxford 1998, S. 51, 51 f.
106 Sec. 5(1) Government of Ireland Act 1920. Dieses Diskriminierungsverbot galt gemäß sec. 8(6) auch für die Exekutivorgane.
107 Vgl. dazu *Bogdanor*, Devolution in the UK, S. 71 f.; *Voß*, Regionen und Regionalismus, S. 239.
108 *Bogdanor*, Devolution in the UK, S. 71 f.; *Jennings, Ivor*, The Law and the Constitution, 5. Auflage, London 1959, S. 157.

ökonomischen, sozialen und kulturellen Marginalisierung der katholisch-republikanischen Minderheit, welche schließlich Ende der 60er Jahre gewaltsam aufbegehrte.[109] Mit dem Ausbruch bürgerkriegsähnlicher Zustände sah sich die britische Regierung im Jahre 1972 genötigt, die Stormont-Ära zu beenden und Nordirland wieder der ‚direct rule' Londons zu unterstellen.[110] Spätere Reanimierungsversuche der Jahre 1973, 1975 und 1982 mit Elementen des ‚power-sharing' zwischen Protestanten und Katholiken scheiterten.[111] Trotz bedeutender Annäherungen zwischen der britischen und der irischen Regierung zur gemeinsamen Lösung der Nordirlandfrage verblieb das Territorium bis 1999 – mit einer kurzen Unterbrechung im Jahre 1974 – unter der direkten Kontrolle des britischen Parlaments und der Londoner Zentralregierung.[112] Obgleich das Stormont-System – auch aufgrund eigener Konstruktionsfehler – die internen Spannungen Nordirlands letztendlich nicht zu lösen vermochte, bietet es dennoch als Versuch einer maßgeschneiderten staatsorganisatorischen Antwort auf die unvollständige Integration eines Randterritoriums ein besonders eindrucksvolles Beispiel britischer Unionsstaatlichkeit.

*(b) Schottland und Wales: Die gescheiterten Devolutionspläne der Jahre 1978/79*

Im gleichen Sinne können die Devolutionsversuche für Schottland und Wales aus den Jahren 1978/79 verstanden werden, die allerdings bereits vor ihrer Umsetzung scheiterten. Im geistigen Windschatten der irischen Home-Rule-Bewegung hatten sich zum Ende des 19. Jahrhunderts in Schottland und Wales nationalistische Strömungen entwickelt, die in den 20er und 30er Jahren des letzten Jahrhunderts zur Gründung der bis heute maßgeblichen nationalistischen Parteien, der Plaid Cymru (National Party of Wales) und der Scottish National Party (SNP), führten.[113] Plaid Cymru ließ zunächst eine separatistische Zielrichtung erkennen und trat erst später für den Verbleib im Vereinigten Königreich unter verbesserten Voraussetzungen für die walisische Sprache und Kultur ein. Dagegen setzte sich in der SNP, die in der schottischen Bevölkerung im Vergleich zu den walisischen Nationalisten einen weitaus stärkeren

---

109 Vgl. *Grote*, Friedensvereinbarung von Belfast, S. 657 ff.; *Voß*, Regionen und Regionalismus, S. 245 ff.
110 Vgl. dazu *Hadfield, Brigid*, The Suspension of Devolution in Northern Ireland: New Story or Old Story?, EPL 9 (2003), S. 49, 50 f.; *Gay, Oonagh/Morgan, Bryan*, Northern Ireland: political developments since 1972, House of Commons Research Paper 988/57, London 1998, S. 16 f.
111 Vgl. *Bogdanor*, Devolution in the UK, S. 103 ff.; *Grote*, Friedensvereinbarung von Belfast, S. 661 ff.; *Gay/Morgan*, Northern Ireland, S. 22 ff.
112 Vgl. *Grote*, Friedensvereinbarung von Belfast, S. 663 ff.; *Barnett*, Constitutional & Administrative Law, S. 56 f.; *Bradley/Ewing*, Constitutional and Administrative Law, S. 40 f.
113 Vgl. *Sturm, Roland*, Nationalismus in Schottland und Wales, Bochum 1981, S. 215 ff.; *ders.*, Das Vereinigte Königreich, S. 76 ff.; *Malanczuk*, Region und unitarische Struktur, S. 178 ff.

Rückhalt besaß, nach anfänglichen internen Auseinandersetzungen mehrheitlich der separatistische Flügel der Partei durch. Als sich die schottischen und walisischen Nationalisten in den 60er Jahren mehr und mehr als ernstzunehmende politische Gegner der gesamtbritischen Parteien mit teilweise spektakulären Wahlerfolgen auswiesen, entschied sich der Labour-Premierminister *Harold Wilson* für die Einsetzung einer Royal Commission on the Constitution, welche die Möglichkeiten der schottischen und walisischen Regionalisierung untersuchen sollte und unter dem Vorsitz von *Lord Kilbrandon* schließlich im Oktober 1973 ihren Bericht vorlegte.[114] Aus dem mit einem Minderheitsbericht zweier Kommissionsmitglieder versehenen und auch im Mehrheitsbericht stark uneinheitlichen Kilbrandon Report geht vor allem die Ablehnung sowohl sezessionistischer Überlegungen als auch traditionell bundesstaatlicher Modelle mit geteilten Souveränitätsbereichen der regionalen Glieder und des Zentralstaats hervor.[115] Die Mehrheit der Kommissionsmitglieder votierte für die Schaffung regionaler Volksvertretungen in Schottland und Wales mit beschränkten Legislativkompetenzen unter voller Wahrung der britischen Parlamentssuprematie.[116]

Eine Mischung der verschiedenen Reformvorschläge wurde schließlich nach langwierigem Gesetzgebungsverfahren als Scotland Act 1978 und Wales Act 1978 vom Parlament verabschiedet, die für Schottland eine mit enumerativ aufgelisteten Legislativkompetenzen ausgestattete Volksvertretung sowie eine dieser verantwortliche Regierung und für Wales eine Volksvertretung mit nur exekutiven Befugnissen vorsahen.[117] Diese Modelle ‚legislativer Devolution' für Schottland und ‚exekutiver Devolution' für Wales[118] sollten jedoch nicht die uneingeschränkte Suprematie des britischen Parlaments berühren.[119] Im Gesetzgebungsverfahren zu den Devolutionsgesetzen aber war die Regierung gezwungen worden, eine Klausel – das sogenannte ‚Cunningham amendment' – in die Vorlagen aufzunehmen, nach der die Gesetze wieder aufzuheben seien, wenn in regionalen Referenda keine doppelte Mehrheit für die Reformen erreicht werde, indem nicht nur die Mehrheit der Wählenden, sondern zugleich 40 Prozent der Wahlberechtigten die Devolutionspläne befürworte.[120] Diese Bedingung führte schließlich zum Scheitern der Devolutionspläne, als sich im Frühjahr 1979 in Schottland zwar eine Mehrheit von

---

114 *Royal Commission on the Constitution*, Band I: Report (Kilbrandon Report), Cmnd. 5460, HMSO, London 1973; Bd. II: Memorandum of Dissent, Cmnd. 5460-I, HMSO, London 1973. Für ausführliche Besprechungen des Kilbrandon Reports vgl. *Bogdanor*, Devolution in the UK, S. 171 ff.; *Malanczuk*, Region und unitarische Struktur, S. 182 ff.; *ders.*, Devolution in Großbritannien, S. 129 ff.
115 *Malanczuk*, Region und unitarische Struktur, S. 186 ff.; *ders.*, Devolution in Großbritannien, S. 109 f.
116 Vgl. Kilbrandon Report, S. 133 ff.
117 Ausführlich zu den Devolutionsgesetzen von 1978 *Malanczuk*, Region und unitarische Struktur, S. 207 ff.; *Schwab*, Devolution, S. 72 ff.
118 Zur Definition der unterschiedlichen Devolutionsmodelle siehe supra Kapitel 1.
119 Vgl. *Grote*, Regionalautonomie für Schottland und Wales, S. 119.
120 Sec. 85 Scotland Act 1978; sec. 80 Wales Act 1978.

51,6 Prozent für den Scotland Act 1978 aussprach, die jedoch nur knapp ein Drittel der Wahlberechtigten darstellte, und in Wales 79,8 Prozent der Wählenden bei einer Wahlbeteiligung von 59,04 Prozent gegen den Wales Act 1978 votierten.[121] Somit mißlang die geplante Neujustierung britischer Unionsstaatlichkeit, kurz bevor die für Devolutionsreformen unzugängliche Konservative Partei ihre 18 Jahre währende Vorherrschaft in Westminster antrat.

## 3. Zeichen des Unionsstaates auf zentralstaatlicher Ebene

Zeichen des Unionsstaates als asymmetrische staatsorganisatorische Arrangements zur Berücksichtigung regionaler Besonderheiten finden sich auf der zentralstaatlichen Ebene des Vereinigten Königreichs vor allem in spezifischen Elementen der Regierungs- und der Parlamentsorganisation.

In der zentralstaatlichen britischen Exekutivstruktur werden die regionalen Interessen der drei Rand(teil)nationen Schottland, Wales und Nordirland bis heute durch Sonderministerien für diese Landesteile vertreten.[122] Angestoßen durch die Home-Rule-Bewegung in Irland regten sich in der zweiten Hälfte des 19. Jahrhunderts auch in Schottland und Wales nationalistische Tendenzen, denen durch die Schaffung des Amtes eines Secretary of Scotland und eines ihm unterstellten Scottish Office im Jahre 1885 begegnet werden sollte.[123] *De facto* war dieser Minister seit 1892 stets Mitglied des britischen Kabinetts und wurde 1926 offiziell in den Rang eines Secretary of State erhoben. Unter Durchbrechung des funktionalen Grundmusters der britischen Regierungsorganisation nahm das Scottish Office, dessen Hauptsitz im Jahre 1939 von London nach Edinburgh verlegt wurde, nicht nur rein administrative schottische Angelegenheiten wahr, sondern verrichtete auch zunehmend die auf Schottland bezogenen Regierungs- und Verwaltungsaufgaben anderer Fachministerien.[124] Dieses Modell eines Sonderministeriums zur funktionenübergreifenden territorialen Verwaltung mit einem Secretary of

---

121 Vgl. *Bogdanor*, Devolution in the UK, S. 188 ff.; *Malanczuk*, Region und unitarische Struktur, S. 245 f.
122 Am 12. Juni 2003 kündigte Premierminister *Tony Blair* überraschend die Schaffung eines neuen Department for Constitutional Affairs und die Ernennung *Lord Falkoners of Thoroton* als ersten Secretary of State for Constitutional Affairs an. Das Amt des Lord Chancellors soll demnach abgeschafft werden; die Ämter der Secretaries of State für Schottland und Wales bestehen zwar fort, werden jedoch von Ministern mit weiteren Posten als Teilzeit-Ämter geführt. Das Scotland und das Wales Office berichten zwar weiterhin diesen territorialen Secretaries of State, werden jedoch administrativ in das neue Ministerium für Verfassungsangelegenheiten eingegliedert. Vgl. *Le Sueur, Andrew*, New Labour's next (surprisingly quick) steps in constitutional reform, PL 2003, S. 368, 368 ff.; *Hazell, Robert*, Merger, what merger? Scotland, Wales and the Department for Constitutional Affairs, PL 2003, S. 650, 650 ff.
123 Zur geschichtlichen Entwicklung des Scottish Office vgl. *Malanczuk*, Region und unitarische Struktur, S. 147 ff. m. w. N. Nachfolger des Scottish Office ist seit Juli 1999 das Scotland Office.
124 Vgl. *Malanczuk*, Region und unitarische Struktur, S. 149 ff.; *Voß*, Regionen und Regionalismus, S. 248 ff.; *Bogdanor*, Devolution in the UK, S. 111 ff.

State als regionaler Stimme im Kabinett[125] – auch ‚administrative Devolution' genannt[126] – wurde im Jahre 1964 mit der Gründung eines eigenständigen Welsh Office mit einem Secretary of States for Wales auch auf Wales übertragen, nachdem es bereits seit 1951 das Amt eines Ministers for Welsh Affairs gegeben hatte.[127] Die Aufgaben des Welsh Office mit Sitz in Cardiff fielen dabei vor allem deshalb bescheidener aus als die des Scottish Office, weil für Wales – anders als in Schottland – nicht die Administrierung eines separaten Rechts- und Gerichtssystems erforderlich war.[128] Im Zuge der Suspendierung der Regionalautonomie Nordirlands und der Wiederherstellung direkter Regierung Londons im Jahre 1972 wurde schließlich auch ein Secretary of State for Northern Ireland ernannt und das ihm unterstehende Northern Ireland Office geschaffen.[129] In der Folgezeit mit ihren teilweise bürgerkriegsähnlichen Zuständen wurde Nordirland – abgesehen von der Zeit der Regionalisierungsversuche im Jahre 1974 – vor allem von diesem Kabinettsmitglied mittels ‚Orders in Council' als Form der exekutiven Normsetzung regiert.[130]

Weitere asymmetrische Elemente der britischen Staatsorganisation zeigen sich auf der parlamentarischen Ebene. Im britischen House of Commons sind Schottland und Wales gegenüber England seit längerem zahlenmäßig überrepräsentiert.[131] Schottland stellt heute mit 72 Abgeordneten ungefähr elf Prozent der Unterhausabgeordneten, obwohl die Schotten nur circa neun Prozent der britischen Gesamtbevölkerung ausmachen. Auf Wales entfallen heute 40 der 659 Mitglieder des House of Commons, obgleich dem walisischen Bevölkerungsanteil nur 33 Abgeordnete entsprechen würden. Während Nordirland in der Stormont-Ära nur 13 und später 12 Abgeordnete nach Westminster entsandte, erhält es seit 1979 mit 18 Mitgliedern eine dem Verhältnis zwischen nordirischer und britischer Bevölkerung angemessene Repräsentation im House of Commons.

Die Erforderlichkeit teilweise separater Gesetzgebung und Regierungskontrolle für die Randterritorien des Vereinigten Königreichs hat zudem zur Ausbildung besonderer Strukturen und Verfahren innerhalb des britischen Unterhauses geführt. Dem 1894 gegründeten Scottish Grand Committee und

---

125 Für eine Bewertung des Secretary of State-Systems vgl. *Malanczuk*, Region und unitarische Struktur, S. 158 ff.
126 Zur Definition der ‚administrativen Devolution' siehe supra Kapitel 1.
127 Zur geschichtlichen Entwicklung des Welsh Office und seinen Aufgaben vgl. *Malanczuk*, Region und unitarische Struktur, S. 154 ff. Nachfolger des Welsh Office ist seit Juli 1999 das Wales Office.
128 *Grote, Rainer*, Regionalautonomie für Schottland und Wales – das Vereinigte Königreich auf dem Weg zu einem föderalen Staat, ZaöRV 58 (1998), S. 109, 121.
129 Vgl. *Bogdanor*, Devolution in the UK, S. 97 f.
130 Vgl. *Grote*, Friedensvereinbarung von Belfast, S. 662; *Bogdanor*, Devolution in the UK, S. 98 f.
131 Vgl. *Johnston, Ron/Pattie, Charles/Rossiter, David*, Devolution and Equality of Representation in the United Kingdom: A Constitutional Mess?, The Political Quarterly 73 (2002), S. 158, 158 ff.; *Bogdanor*, Devolution in the UK, S. 232; *Hazell, Robert*, Westminster: Squeezed from Above and Below, in: ders. (Hrsg.), Constitutional Futures – A History of the Next Ten Years, Oxford 1999, S. 111, 117 f.

dem 1960 geschaffenen Welsh Grand Committee gehören jeweils alle – und im wesentlichen nur die – Abgeordnete der betreffenden Territorien an.[132] Darüber hinaus wurden kleinere Ausschüsse in Gestalt zweier Scottish und eines Welsh Standing Committees etabliert. Mit besonderer Bedeutung für den schottischen Fall eines eigenständigen Rechtssystems werden in diesen Ausschüssen allgemeine Angelegenheiten der betreffenden Nationen debattiert und Beratungen zu solchen Gesetzesvorlagen unternommen, die sich nur auf die jeweiligen Territorien beziehen.[133] Zudem wird die Arbeit der schottischen und der walisischen Sonderministerien jeweils durch ein Scottish Affairs Select Committee und ein Welsh Affairs Select Committee parlamentarisch kontrolliert. Für nordirische Angelegenheiten wurden nach dem Ende der Regionalautonomie im Jahre 1972 ebenfalls ein Northern Ireland Grand Committee und ein Northern Ireland Select Committee zur Ausführung der entsprechenden Aufgaben geschaffen.[134]

## III. Die Devolutionsreformen der Jahre 1997 – 1999

Die Devolutionsreformen der Jahre 1997 – 1999 sind das Werk einer im Mai 1997 mit einer überragenden Unterhausmehrheit ins Amt gehobenen Labour-Regierung unter dem Premierminister *Tony Blair*. Sie knüpfen nicht nur an die Stormont-Ära und die gescheiterten Devolutionspläne der 70er Jahre an, sondern auch an die von den konservativen Regierungen unter *Margaret Thatcher* und *John Major* marginalisierten Devolutionsdebatten der 80er und 90er Jahre. Darüber hinaus bilden sie einen wichtigen Schwerpunkt einer weitreichenden Verfassungsreform durch New Labour.

---

132 Die Grand Committees wurden bis 1981 regelmäßig zusätzlich mit Abgeordneten besetzt, die nicht aus den betreffenden Territorien stammen, wenn dies zur Herstellung des im Unterhaus herrschenden Parteiproporz erforderlich war; vgl. *Malanczuk*, Region und unitarische Struktur, S. 140; *Schwab*, Devolution, S. 46. Heute gehören dem Scottish Grand Committee nur schottische Abgeordnete an, während das Welsh Grand Committee mit bis zu fünf und das Northern Ireland Grand Committee mit bis zu 25 zusätzlichen nicht-walisischen beziehungsweise nicht-nordirischen Abgeordneten besetzt werden kann. In der Regel wird diese Möglichkeit jedoch bei weitem nicht ausgeschöpft. Vgl. dazu *Hazell, Robert*, The English Question: can Westminster be a proxy for an English parliament?, PL 2001, S. 268, 271.
133 *Russell, Meg/Hazell, Robert*, Devolution and Westminster – Tentative Steps Towards a More Federal Parliament, in: Hazell, Robert (Hrsg.), The State and the Nations: The First Year of Devolution in the United Kingdom, Thorverton 2000, S. 183, 194f. Ausführlich zur Rolle der Grand Committees und der Standing Committees im Gesetzgebungsverfahren vgl. *Malanczuk*, Region und unitarische Struktur, S. 140ff.; *Grote*, Regionalautonomie für Schottland und Wales, S. 115f., 120f.
134 Vgl. *Bogdanor*, Devolution in the UK, S. 98.

## 1. Devolution an Schottland, Wales und Nordirland: Vorgeschichte und Umsetzung

Die Entwicklungen, die schließlich zur Einrichtung devolutiver Strukturen in Schottland, Wales und Nordirland führten, verliefen hinsichtlich dieser drei Territorien nicht gleichförmig. Vor allem das von internen, teilweise bürgerkriegsartigen Spannungen zwischen der protestantisch-unionistischen Mehrheit und der katholisch-republikanischen Minderheit geplagte Nordirland folgt traditionell seinen eigenen, komplexen Gesetzmäßigkeiten.

Den bestimmenden Hintergrund der Devolution für Schottland und Wales bildet die 18 Jahre währende Herrschaft der Tory-Partei unter den Premiers *Margaret Thatcher* und *John Major*, die sich programmatisch eindeutig gegen jegliche Devolutionsbegehren positionierte.[135] Sie verfolgte eine radikal neoliberale Wirtschaftspolitik der Entstaatlichung und Deregulierung mit einer entsprechenden Beschränkung des Wohlfahrtsstaates, die insbesondere in den von der Schwerindustrie geprägten Territorien Schottland und Wales auf das Unverständnis der Bevölkerung stieß.[136] Zudem erfolgte während der konservativen Regierungszeit – vor allem durch den intensiven Ausbau des Systems von ‚Quangos' als teilautonomisierten Agenturen zur Erbringung von Verwaltungsaufgaben[137] – eine erhebliche Zentralisierung der gesamtbritischen Verwaltung.[138] Eine Reihe von – unter regionalen Gesichtspunkten unsensiblen – Entscheidungen konservativer Regierungen, wie etwa die Berufung englischer Politiker in die Ämter territorialer Secretaries of State oder die vorgezogene Einführung der äußerst unpopulären ‚poll tax' in Schottland, verstärkten zusätzlich den Unmut in der schottischen und walisischen Bevölkerung und den Ruf nach mehr regionaler Autonomie.[139] So verloren die Konservativen in diesen Landesteilen drastisch an Rückhalt in der Wählerschaft, bis sie schließlich bei den Unterhauswahlen 1997 keinen einzigen schottischen oder walisischen Wahlkreis mehr für sich gewinnen konnten. In der Bevölkerung wuchs dadurch zunehmend das Gefühl, nicht nur aus der Ferne, sondern auch – bezogen auf die betreffenden Territorien – ohne demokratische Legitimation regiert zu werden.[140] Das Aufbegehren für mehr Autonomie und vor allem für eine regionale Volksvertretung konkretisierte sich in Schottland frü-

---

135 Vgl. dazu *Aughey, Arthur*, Nationalism, Devolution and the Challenge to the United Kingdom State, London/Sterling (VA) 2001, S. 74 ff. Zu den Reaktionen der konservativen Regierungen auf die Devolutionsbewegungen in Schottland und Wales vgl. *Schwab*, Devolution, S. 84 f.; *Sturm*, Integration – Devolution – Unabhängigkeit?, S. 359 f.
136 Vgl. *Jeffery/Palmer*, Das Vereinigte Königreich, S. 323 ff.; *Sturm*, Das Vereinigte Königreich, S. 82; *Bogdanor*, Devolution in the UK, S. 196.
137 Ausführlich zu diesen ‚quasi-non-governmental organisations' *Craig, Paul P.*, Administrative Law, 5. Auflage, London 2003, S. 91 ff.; *Bradley/Ewing*, Constitutional and Administrative Law, S. 287 ff.
138 Vgl. *Schwab*, Devolution, S. 79 ff.
139 Vgl. *Mitchell*, Territorial Politics and Change, S. 241 f.; *Schwab*, Devolution, S. 87 f.
140 Vgl. *Mitchell, James*, The Creation of the Scottish Parliament: Journey without End, ParlAff 52 (1999), S. 649, 655.

her als im stärker assimilierten Wales.[141] Im März 1989 trat die ‚Scottish Constitutional Convention' (SCC) zusammen, der neben Abgeordneten der Labour-Partei, der Liberal Democrats und der Green Party auch Vertreter der Gewerkschaften, Kommunalverwaltungen und Kirchen sowie andere Persönlichkeiten der zivilen Gesellschaft angehörten, und wies – wegweisend für die nachfolgende Debatte – bereits in ihrer Eröffnungserklärung auf das souveräne Recht des schottischen Volkes hin, seine Regierungsform selbst zu bestimmen.[142] Die SCC veröffentlichte ihre Devolutionsentwürfe für Schottland in den Jahren 1990 und 1995[143], die im Wesentlichen dem Scotland Act 1978 entsprachen, jedoch – anders als dieser – eine Verhältniswahl zum schottischen Parlament und eine limitierte parlamentarische Befugnis zur Modifikation des gesamtbritischen Einkommenssteuersatzes vorsahen.

Vor dem Hintergrund einer traditionell eigentlich zentralistischen Programmatik der britischen Linken[144] und der schweren Konflikte über die Devolutionspläne der 70er Jahre in den eigenen Reihen muß die grundsätzliche Adaption einer devolutionsfreundlichen Haltung durch die Labour-Partei in den 80er und 90er Jahren des 20. Jahrhunderts vor allem auch als politische Machtstrategie verstanden werden.[145] Auf diese Weise versuchte sie ihre schottischen Hochburgen gegen eine zunehmend erstarkende SNP zu verteidigen, die mit ihrer primär sezessionistischen Zielrichtung das wachsende nationalgesinnte Wählerpotential gänzlich zu übernehmen drohte; zugleich sah sie in der Devolutionspolitik eine Chance sowohl zur Sicherung und zum Ausbau ihrer Vorherrschaft in Schottland und Wales mit dem Ziel der Regierungsübernahme in London als auch zur Festigung ihres Rufs als Partei der

---

141 Zur Entwicklung der Devolutionsbewegung in Wales während der konservativen Herrschaft vgl. *McAllister, Laura*, The Road to Cardiff Bay: The Process of Establishing the National Assembly for Wales, ParlAff 52 (1999), S. 634, 636 ff.; *Schwab*, Devolution, S. 109 f.
142 Vorläufer der SCC war die ‚Campaign for a Scottish Assembly', die 1988 ihren Bericht „A Claim of Right for Scotland" vorlegte. Dazu und zur SCC, die ohne die Beteiligung der Konservativen oder der Scottish National Party arbeitete, vgl. *Leicester, Graham*, Scottish and Welsh Devolution, in: Blackburn, Robert/Plant, Raymond (Hrsg.), Constitutional Reform – The Labour Government's Constitutional Reform Agenda, London/New York 1999, S. 251, 254 ff.; *Bogdanor*, Devolution in the UK, S. 196 ff.; *Mitchell*, Territorial Politics and Change, S. 244 ff.; *ders.*, Creation of the Scottish Parliament, S. 656 ff.; *Keating*, Reforging the Union, S. 223 ff.; *Walker, Neil*, Constitutional Reform in a Cold Climate: Reflections on the White Paper and Referendum on Scotland's Parliament, in: Tomkins, Adam (Hrsg.), Devolution and the British Constitution, London 1998, S. 61, 66 ff.
143 *Scottish Constitutional Convention*, Towards Scotland's Parliament, Edinburgh 1990; *dies.*, Scotland's Parliament. Scotland's Right, Edinburgh 1995.
144 Vgl. *Bogdanor, Vernon*, Our New Constitution, LQR 120 (2004), S. 242, 260.
145 Vgl. *Mitchell*, Territorial Politics and Change, S. 236 ff.; *Aughey*, Nationalism, S. 92 ff.; *Walker*, Constitutional Reform, S. 69 ff.; *Stolz, Klaus*, Labour and British Territorial Politics: (Lots of) Continuity and (Maybe Some) Change, in: Kastendiek, Hans/Stinshoff, Richard/Sturm, Roland (Hrsg.), The Return of Labour – A Turning Point in British Politics?, Berlin/Bodenheim 1999, S. 221, 225 f.; *Jeffery/Palmer*, Das Vereinigte Königreich, S. 324; *Schwab*, Devolution, S. 85 f.

Modernisierung, insbesondere in territorialer Hinsicht.[146] Nachdem – auch durch die Beteiligung an der SCC – bereits zum Amtsantritt *Tony Blairs* als Parteivorsitzender die Devolution als fester Bestandteil der Labour-Politik vereinnahmt worden war, setzte sich New Labour[147] spätestens im Jahre 1996 mit einem programmatischen Artikel *Blairs* im Economist an die Spitze der Devolutionsbewegung.[148] Im Wahlkampf für die Unterhauswahl 1997 überwand *Blair* letzte programmatische Unsicherheiten, indem er die Durchführung regionaler Referenda über die Devolutionspläne für den Fall seines Wahlerfolgs ankündigte und für die schottische Volksabstimmung die separate Frage über eine Steuermodifizierungskompetenz eines schottischen Parlaments in Aussicht stellte.[149] Dies bewirkte die Verschiebung der Entscheidung eines besonders umstrittenen Aspekts der Reformpläne auf die Zeit nach der Wahl, in der Labour nicht nur in Schottland und Wales, sondern auch in England einen erdrutschartigen Sieg errang und die dadurch den Devolutionsplänen einen erheblichen Nachdruck verlieh.

Die neue Labour-Regierung verlor keine Zeit bei der Umsetzung ihrer Regionalisierungsvorhaben für Schottland und Wales, veröffentlichte im Juli 1997 zwei diesbezügliche Weißbücher[150] und veranstaltete entsprechend ihren Ankündigungen auf der Basis des Referendums (Scotland and Wales) Act 1997 im September 1997 regionale Volksabstimmungen in Schottland und Wales ohne das doppelte Mehrheitserfordernis ihrer Vorgänger des Jahres 1979. In Schottland votierte mit 74,3 Prozent eine überragende Mehrheit für die Schaffung eines schottischen Parlaments; die Ausstattung dieser Institution mit beschränkten Steuererhebungskompetenzen wurde von immerhin 63,5 Prozent der Wähler befürwortet. In Wales stimmte dagegen bei einer sehr niedrigen Wahlbeteiligung nur eine sehr knappe Mehrheit von 50,3 Pro-

---

146 *Stolz*, Labour and British Territorial Politics, S. 228; *Mitchell*, Territorial Politics and Change, S. 239; *Kastendiek, Hans*, Traditionelles und neues Verfassungsdenken in Großbritannien, in: Glaeßner, Gert-Joachim/Reutter, Werner/Jeffery, Charlie (Hrsg.), Verfassungspolitik und Verfassungswandel: Deutschland und Großbritannien im Vergleich, Wiesbaden 2001, S. 29, 45.
147 Allgemein zur Reform der Labour-Partei und Programmatik von New Labour vgl. *Sturm, Roland*, New Labour – New Britain? – Großbritannien nach dem Wahlsieg Tony Blairs, in: Kastendiek, Hans/Rohe, Karl/Volle, Angelika (Hrsg.), Grobritannien. Geschichte – Politik – Wirtschaft – Gesellschaft, 2. Auflage, Frankfurt/New York 1999, S. 275, 277 ff.
148 *Blair, Tony*, Democracy's Second Age, in: Economist vom 14.09.1996, S. 33 – 36. Vgl. *Döring, Herbert*, Die neuen Parlamente für Schottland und Wales: Ausdruck einer gewandelten politischen Kultur, in: Haberl, Othmar N./Korenke, Tobias (Hrsg.), Politische Deutungskulturen, Festschrift für Karl Rohe, Baden-Baden 1999, S. 512, 521.
149 Vgl. *Mitchell*, Territorial Politics and Change, S. 246 f.; *Keating*, Reforging the Union, S. 225.
150 Das White Paper: Scotland's Parliament, Cmnd. 3658, HMSO, London 1997, sah für Schottland eine Form der legislativen Devolution vor; das White Paper: A Voice for Wales, Cmnd. 3718, HMSO, London 1997, konzipierte für Wales eine Variante der exekutiven Devolution.

zent für die Einrichtung einer walisischen Versammlung.[151] In der Gestalt des Scotland Act 1998 und des Government of Wales Act 1998 wurden die Devolutionspläne sodann im Jahre 1998 vom britischen Parlament verabschiedet, so daß im Mai 1999 die ersten regionalen Wahlen zum Scottish Parliament und zum National Assembly for Wales stattfinden konnten.

Im Mittelpunkt der Entwicklung der Devolutionsreformen für Nordirland steht nicht die Auseinandersetzung zwischen Befürwortern und Gegnern von Regionalstrukturen im Vereinigten Königreich, sondern der mit gewaltsamen Mitteln geführte Konflikt zwischen der unionistisch-protestantischen Mehrheit und der republikanisch-katholischen Minderheit in der nordirischen Provinz. Nach dem Scheitern des Stormont-Systems im Jahre 1972 und späterer Reanimierungsversuche hatten bereits die konservativen Regierungen unter *Thatcher* und *Major* verschiedene Versuche unternommen, das Nordirlandproblem einer politischen Lösung zuzuführen. Maßgeblicher Aspekt dieser Bemühungen war die Internationalisierung des Friedensprozesses durch die Einbindung der Republik Irland, deren Einfluß auf die republikanischen Kräfte in Nordirland neue Wege der Konsensfindung eröffnen sollte.[152] Anknüpfend an das sogenannte Sunningdale Agreement von 1972 einigten sich die britische und die irische Regierung im November 1985 auf das sogenannte Hillsborough Agreement, das als Grundlage weiterer Gespräche vor allem die richtungsweisende Vereinbarung enthielt, daß jegliche Änderung im Status von Nordirland die Zustimmung der Mehrheit seiner Bevölkerung voraussetze.[153] Diese Unterordnung eigener Territorialinteressen unter den souveränen Mehrheitswillen der nordirischen Bevölkerung wurde im Dezember 1993 in der gemeinsamen anglo-irischen Downing Street Declaration bekräftigt.[154] Die Bemühungen der britischen und irischen Regierungen führten im September 1994 zu Waffenstillstandserklärungen der paramilitärischen Irish Republican Armee (IRA) und Ulster Volunteer Force (UVF). Trotz Schwierigkeiten mit der Entwaffnung (‚decommissioning') dieser Einheiten und der Wiederaufnahme gewaltsamer Aktivitäten durch die IRA Anfang 1996 fanden im Mai 1996 Wahlen in Nordirland statt, in denen diejenigen Gruppierungen ermittelt wurden, die wegen ausreichender demokratischer Legitimation an Allparteiengesprächen unter der Leitung des US-Senators *George Mitchell* teilnehmen sollten. Die Friedensfindung wurde in den letzten Jahren der konservativen Herrschaft in Westminster und Whitehall jedoch vor allem dadurch behindert, daß die Regierung für ihre parlamentarische Mehrheit auf die Stimmen der Ulster Unionists angewiesen

---

151 Zu den Referenda vgl. *Bogdanor*, Devolution in the UK, S. 199 f.; *Schwab*, Devolution, S. 90 f., 111.
152 Vgl. *Forman, F. Nigel*, Constitutional Change in the United Kingdom, London 2002, S. 67 ff.
153 Zum Hillsborough Agreement vgl. *Hadfield, Brigid*, The Anglo-Irish Agreement 1985 – Blue Print or Green Print?, NILQ 37 (1986), S. 1, 2 ff.; *Gay/Morgan*, Northern Ireland, S. 26 ff.; *Schwab*, Devolution, S. 127 f.
154 Vgl. dazu *Gay/Morgan*, Northern Ireland, S. 37 ff.

war.[155] Diese Fessel wurde durch den Wahlsieg *Tony Blair*s im Mai 1997 beseitigt, der den 1996 begonnenen Allparteiengesprächen zum Durchbruch verhalf.[156] So kam es am Karfreitag, dem 10. April 1998, zum Abschluß des Good Friday Agreements,[157] das auch Belfast Agreement genannt wird. Dabei handelt es sich um eine doppelt verknüpfte Kombination einer von allen Teilnehmern der Allparteiengespräche unterzeichneten Friedensvereinbarung und eines völkerrechtlichen Vertrages zwischen der britischen und der irischen Regierung.[158]

Das Belfast Agreement stellt einen Meilenstein des nordirischen Friedensprozesses dar[159] und besteht aus drei Teilen.[160] In Strand One wird vor allem die Übertragung der legislativen und exekutiven Kompetenzen der sechs für Nordirland zuständigen britischen Fachbehörden an eine nach Verhältniswahlrecht gewählte nordirische Versammlung festgelegt. Die Ausübung dieser Zuständigkeiten und die Wahl des ‚Executive Committee' erfolgen durch eine komplexe Verfahrenstruktur des sogenannten ‚power-sharing' zwischen den verschiedenen politischen Gruppierungen Nordirlands, die eine lagerübergreifende Konsensfindung (‚cross-community support') sicherstellen soll. Strand Two und Strand Three regeln die Einrichtung zwischenstaatlicher Kooperationsinstitutionen in Gestalt des North-South Ministerial Council, des British-Irish Council und der British-Irish Intergovernmental Conference. Des weiteren verpflichtet das Belfast Agreement die Republik Irland zum verfassungsändernden Verzicht auf ihren Gebietsanspruch hinsichtlich Nordirlands und das Vereinigte Königreich zur gesetzlichen Verankerung ihres Bekenntnisses, einem nordirischen Mehrheitsvotum für den Anschluß an die Republik Irland Folge zu leisten.[161] Vereinbarungsgemäß wurden am 22. Mai 1998 in beiden Teilen Irlands Referenda über das Belfast Agreement abgehalten, in denen der Vertrag jeweils mit überwältigenden Mehrheiten ange-

---

155 *Patterson, Henry*, From Insulation to Appeasement: The Major and Blair Governments Reconsidered, in: Wilford, Rick (Hrsg.), Aspects of the Belfast Agreement, Oxford 2001, S. 166, 166.
156 *Grote*, Friedensvereinbarung von Belfast, S. 666.
157 Good Friday Agreement, Cmnd. 3883, HMSO, London 1998.
158 Zur Verknüpfung dieser beiden Teile des Belfast Agreements vgl. *Hadfield, Brigid*, Seeing it Through? The Multifaceted Implementation of the Belfast Agreement, in: Wilford, Rick (Hrsg.), Aspects of the Belfast Agreement, Oxford 2001, S. 84, 84.
159 *Forman*, Constitutional Change, S. 70; *Grote*, Friedensvereinbarung von Belfast, S. 657.
160 Zum Inhalt des Belfast Agreements vgl. *O'Leary, Brendan*, The Character of the 1998 Agreement: Results and Prospects, in: Wilford, Rick (Hrsg.), Aspects of the Belfast Agreement, Oxford 2001, S. 49, 49 ff.; *Morgan, Austen*, The Belfast Agreement – a practical legal analysis, London 2000, S. 183 ff.; *Meehan, Elizabeth*, The Belfast Agreement – Its Distinctiveness and Points of Cross-Fertilization in the UK's Devolution Programme, ParlAff 52 (1999), S. 19, 20 ff.; *Boyle, Kevin/Hadden, Tom*, Northern Ireland, in: Blackburn, Robert/Plant, Raymond (Hrsg.), Constitutional Reform – The Labour Government's Constitutional Reform Agenda, London/New York 1999, S. 282, 287 ff.; *Grote*, Friedensvereinbarung von Belfast, S. 666 ff.; *Forman*, Constitutional Change, S. 70 ff.
161 Vgl. dazu *Grote*, Friedensvereinbarung von Belfast, S. 667 ff.

nommen wurde.[162] Insbesondere die Befürwortung durch 71,1 Prozent der nordirischen Wähler demonstrierte eindrucksvoll die integrative Stärke des Belfast Agreements. Noch bevor der Northern Ireland Act 1998 als gesetzliche Konkretisierung und Umsetzung des Strand One vorlag, fanden im Juni 1998 die ersten Wahlen zur nordirischen Versammlung statt. Der daraufhin erlassene Northern Ireland Act 1998 bildet die innerstaatliche rechtliche Grundlage der nordirischen Devolution, die mit der offiziellen Arbeitsaufnahme durch das Northern Ireland Assembly und der Konstituierung des North-South Ministerial Council und des British-Irish Council im Dezember 1999 in Kraft trat.[163] Schwierigkeiten bei der Entwaffnung von paramilitärischen Gruppierungen hatten zu Verzögerungen geführt und resultierten bereits im Februar 2000 in der Suspendierung der nordirischen Devolution durch den britischen Northern Ireland Act 2000. Nach ihrem Ende im Mai 2000 erfolgten weitere kurze Aussetzungen der Devolution im August und September 2001. Die erneute Suspendierung nordirischer Devolution im Oktober 2002 mit der Auflösung der nordirischen Versammlung im April 2003 dauert dagegen bis heute an.[164]

## 2. Devolution als Teil einer weitreichenden Verfassungsreform

Auch wenn die Devolution für Schottland, Wales und Nordirland teilweise als „the most radical constitutional reform this country has seen since the Great Reform Act of 1832"[165] beschrieben wird, so steht sie doch im Kontext eines facettenreichen Verfassungsreformprojekts der Labour-Regierung unter Pre-

---

162 Zu den Ergebnissen der Volksabstimmungen vgl. *Bogdanor*, Devolution in the UK, S. 108.
163 Vgl. *Wilford, Rick/Wilson, Robin*, A ‚Bare Nuckle Ride': Northern Ireland, in: Hazell, Robert (Hrsg.), The State and the Nations: The First Year of Devolution in the United Kingdom, Thorverton 2000, S. 79, 86 ff.
164 Zur Serie der Suspendierungen der nordirischen Devolution vgl. *Hadfield*, Suspension of Devolution, S. 53 ff.; *Wilford, Rick*, Die nordirische *Assembly* seit Beginn der Devolution, in: Europäisches Zentrum für Föderalismus-Forschung Tübingen (Hrsg.), Jahrbuch des Föderalismus 2002 (Band 3): Föderalismus, Subsidiarität und Regionen in Europa, Baden-Baden 2002, S. 357, 360 ff. Am 26. November 2003 fanden Neuwahlen zum Northern Ireland Assembly statt, die beträchtliche Stimmenzuwächse für die radikalen Parteien sowohl auf protestantisch-unionistischer wie auch auf katholisch-republikanischer Seite hervorbrachten; trotz dieser Wahlen bleibt die nordirische Devolution bis heute suspendiert.
165 *Bogdanor, Vernon*, Devolution: The Constitutional Aspects, in: Beatson, Jack/Forsyth, Christopher/Hare, Ivan/The University of Cambridge Centre for Public Law (Hrsg.), Constitutional Reform in the United Kingdom: Practice and Principles, Oxford 1998, S. 9, 9; *ders.*, Devolution and the British Constitution, in: Butler, David/Bogdanor, Vernon/Summers, Robert (Hrsg.), The Law, Politics, and the Constitution – Essays in Honour of Geoffrey Marshall, Oxford 1999, S. 54, 55. Der Great Reform Act (oder auch Representation of the People Act) 1832 hob die Verknüpfung von Wahlrecht und Landbesitz auf und markierte damit den Beginn der Demokratisierung des Vereinigten Königreichs und des Machtanstiegs der Commons gegenüber den Lords.

mierminister *Tony Blair.* Bereits während ihrer langen Zeit in der Opposition hatte Labour eine Reihe von Verfassungsthemen aufgegriffen und – teilweise in Zusammenarbeit mit den Liberal Democrats – Pläne für konstitutionelle Reformen erarbeitet.[166] Bemerkenswert ist jedoch nicht nur der Umfang des Verfassungsreformprojekts, sondern vor allem auch die Geschwindigkeit, mit der die neue Labour-Regierung – gestützt durch eine komfortable Unterhausmehrheit – im Jahre 1997 begann, ihre Pläne legislativ umzusetzen.[167] Aus der Sicht Labours stehen diese Reformen gemeinsam unter dem zentralen Leitgedanken der ‚Verfassungsmodernisierung'.[168] Unklar bleibt dabei jedoch, was eine ‚moderne' Verfassung ausmachen soll[169] und ob das Leitmotiv der ‚Modernisierung' überhaupt geeignet sein kann, die unterschiedlichen Reformen des britischen Staatsgefüges seit 1997 zu einem ganzheitlichen Reformansatz zu verbinden. Dies wird von denjenigen Beobachtern bezweifelt, welche der Labour-Regierung trotz zugegebener Schnittpunkte zwischen den verfassungsgestalterischen Initiativen einen allzu pragmatischen reformatorischen Umgang mit den einzelnen Versatzstücken des britischen Regierungssystems ohne eine kohärente konstitutionelle Gesamtvision vorwerfen.[170] Besonders deutlich tritt dieser Mangel an ganzheitlicher Vernetzung auch in dem Umstand zutage, daß die Regierung acht verschiedene Ministerien mit der Erarbeitung und Durchführung der unterschiedlichen Reformvorhaben betraut hat.[171]

Unzweifelhaft muß bleiben, daß die Verfassungsreformen der *Blair*-Regierung das britische Regierungssystem auf vielen Gebieten nachhaltig und teilweise wohl – zumindest faktisch – irreversibel verändert haben oder noch verändern werden.[172] Sie bilden den bewußt geplanten, vorläufigen Höhe-

---

166  *Brazier, Rodney,* New Labour, New Constitution?, NILQ 49 (1998), S. 1, 5 ff.; *Kastendiek,* Traditionelles und neues Verfassungsdenken, S. 39 ff.; *Turpin, Colin,* British Government and the Constitution – Text, Cases and Materials, 5. Auflage, London/Edinburgh 2002, S. 653.
167  *Morison, John,* The Case Against Constitutional Reform, JLS 25 (1998), S. 510, 510 f
168  Vgl. dazu auch das White Paper: Modernising Government, Cmnd. 4310, HMSO, London 1999.
169  Vgl. *Burrows, Noreen,* Devolution, London 2000, S. 19 ff.; *Oliver, Dawn,* Constitutional Reform in the UK, Oxford 2003, S. 3 ff.
170  Vgl. *Johnson, Nevil,* Taking Stock of Constitutional Reform, Government and Opposition 36 (2001), S. 331, 352 ff.; *Morison,* Case Against Constitutional Reform, S. 511 ff.; *Burrows,* Devolution, S. 19 f.; *Lester, Lord of Herne Hill,* Developing Constitutional Principles of Public Law, PL 2001, S. 684, 693. Differenzierend *Hazell, Robert/Sinclair, David,* The British Constitution in 1997–98: Labour's Constitutional Revolution, ParlAff 52 (1999), S. 161, 161 f.
171  *Turpin,* British Government, S. 654.
172  Für kurze Zusammenstellungen der einzelnen Reformen vgl. *Hazell, Robert,* Reinventing the Constitution: Can the State Survive?, PL 1999, S. 84, 84 ff.; *Hazell, Robert/Cornes, Richard,* Introduction, in: Hazell, Robert (Hrsg.), Constitutional Futures – A History of the Next Ten Years, Oxford 1999, S. 1, 1 ff.; *Kastendiek,* Traditionelles und neues Verfassungsdenken, S. 44 ff.; *Hazell/Sinclair,* British Constitution in 1997–98, S. 162 ff.; *Hazell, Robert/Russell, Meg/Seyd, Ben/Sinclair, David,* The British Constitution in 1998–99: The Continuing Revolution, ParlAff 53 (2000). S. 242, 242 ff.; *Turpin,* British

punkt einer seit etwa 1970 stattfindenden „konstitutionellen Revolution" im Vereinigten Königreich.[173] So verabschiedete das britische Parlament neben den drei Devolutionsgesetzen des Jahres 1998 – dem Scotland Act, dem Government of Wales Act und dem Northern Ireland Act – und den sie vorbereitenden und ergänzenden Rechtsakten[174] vor allem den Human Rights Act 1998, der mit Wirkung zum 2. Oktober 2000 die Europäische Menschenrechtskonvention in die britische Rechtsordnung inkorporierte, und beendete damit eine Jahrzehnte währende Debatte in Wissenschaft und Politik.[175] Der European Parliamentary Elections Act 1999 führte das Verhältniswahlrecht für die Wahlen zum Europäischen Parlament ein, und mit dem House of Lords Act 1999 wurde die erste Phase einer umfassenden Reform der Zusammensetzung und – möglicherweise auch – der Zuständigkeiten des Oberhauses eingeleitet, die bis heute noch nicht abgeschlossen ist.[176] Darüber hinaus wurden eine Reihe wichtiger Parlamentsgesetze zur Neuordnung der kommunalen Verwaltung[177], zu Wahlen, Parteien und Referenda[178] sowie zur Transparenz der Verwaltung[179] beschlossen. Im Juni 2003 kündigte schließlich die Labour-Regierung überraschend die Abschaffung des Amtes des Lord Chancellors[180] und die Übertragung der Posten der Secretaries of State for Scotland und Wales an Minister anderer Ressorts gewissermaßen als Teilzeit-Ämter an; darüber hinaus machte die Regierung die Einrichtung eines neuen Departments for Constitutional Affairs bekannt, dem das Scottish und das Welsh Office organisatorisch zugeordnet werden.[181] Der Secretary of State for Constitutional Affairs übernimmt danach die Funktionen des Lord Chancellors, soll jedoch – anders als der Lord Chancellor – keine judikativen Aufgaben im House of Lords innehaben. Entgegen früheren Ankündigungen stellt die Regierung nun auch die Schaffung eines Supreme Court für die Rechtsord-

---

Government, S. 653 ff.; *Brazier*, New Labour, New Constitution?, S. 15 ff.; *Bogdanor*, Our New Constitution, S. 242 ff.
173  So *King, Anthony*, Does the United Kingdom Still Have a Constitution?, The Hamlyn Lectures, London 2001, S. 53 ff., 74.
174  Siehe insbesondere den Referendums (Scotland und Wales) Act 1997, den Northern Ireland (Elections) Act 1998 und den Northern Ireland Act 2000.
175  Zum Human Rights Act 1998 siehe supra Kapitel 2 § 2 B. II. 2. (b) (iv).
176  Für einen kurzen Überblick über die Entwicklung und den aktuellen Stand der Reform des House of Lords vgl. *Lyon*, Constitutional History, S. 388 ff.
177  Local Government Acts 1999 und 2000. Vgl. dazu *Craig*, Administrative Law, S. 142 ff.; 171 f.; *Oliver*, Constitutional Reform in the UK, S. 297 ff.; *Loveland, Ian*, Constitutional Law, Adminstrative Law and Human Rights – A Critical Introduction, 3. Auflage, London (u. a.) 2003, S. 352 f.
178  Political Parties, Elections and Referendums Act 2000.
179  Freedom of Information Act 2000.
180  Siehe *Department of Constitutional Affairs*, Constitutional Reform: reforming the office of the Lord Chancellor, Consultation Paper, London 2003. Vgl. *Le Sueur, Andrew*, Judicial Power in the Changing Constitution, in: Jowell, Jeffrey/Oliver, Dawn (Hrsg.), The Changing Constitution, 5. Auflage, Oxford 2004, S. 323, 326 f.
181  Vgl. dazu *Le Sueur*, Next steps in constitutional reform, S. 368 ff.; *Hazell*, Merger, what merger?, S. 650 ff.

nungen des Vereinigten Königreichs und die Einrichtung einer unabhängigen Judicial Appointment Commission in Aussicht.[182]

Spezielle Bedeutung im Zusammenhang mit den drei Devolutionsgesetzen erlangen jedoch die Ansätze zu Regionalisierungsreformen für die englischen Regionen. Bis in die neunziger Jahre des 20. Jahrhunderts kannte England selbst nur unsystematische Ansätze regionaler Strukturen.[183] Nachdem sich aber in einer auf der Basis des Greater London Authority Referendum Act 1998 durchgeführten Volksabstimmung 72 Prozent der Londoner für die Schaffung einer Greater London Authority, bestehend aus einem direkt gewählten Oberbürgermeister und einer Großlondoner Volksvertretung, ausgesprochen hatten,[184] wurde der Greater London Authority Act 1999 erlassen, und folgten im Mai des Jahres 2000 die ersten Wahlen zur Greater London Authority. Damit erhielt Großlondon als erste englische ‚Region'[185] eine ansatzweise devolutionsähnliche Regierungsstruktur mit lokalen, ‚strategischen' Kompetenzen.[186] Diese ‚strategischen' Zuständigkeiten der Greater London Authority umfassen nur sehr begrenzte Exekutivbefugnisse, so daß die Behörde von einer Reihe anderer lokaler Akteure für die Umsetzung ihrer Politik abhängig bleibt.[187] Auch für die anderen englischen Regionen wurden indessen erste Regionalisierungsreformen angestoßen. Der Regional Development Agencies Act 1998 teilt England in neun Regionen ein und gründet in den acht Regionen außerhalb Londons – East, South East, South West, East Midlands, West Midlands, Yorkshire and the Humber, North East und North West – sogenannte Regional Development Agencies, die im Jahre 1999 ihre Arbeit aufnahmen. Diese regionalen Agenturen werden von Vorständen geleitet, die mehrheitlich aus Vertretern des privaten Sektors bestehen und vom zuständigen britischen Minister ernannt werden. Die Arbeit der Vorstände kann von optionalen Regionalkammern beraten und kontrolliert werden, die sich aus Vertretern der Gemeinden und der regionalen Wirtschaft

---

182 Vgl. *Le Sueur*, Judicial Power, S. 327 ff.; *ders.*, Next steps in constitutional reform, S. 370 ff. Siehe auch *Department of Constitutional Affairs*, Constitutional Reform: a Supreme Court for the United Kingdom, Consultation Paper, London 2003; *dass.*, Constitutional Reform: a new way of appointing judges, Consultation Paper, London 2003. Vgl. dazu *Masterman, Roger*, A Supreme Court for the United Kingdom: two steps, but one step back on judicial independence, PL 2004, S. 48 – 58; *Malleson, Kate*, Creating a Judicial Appointments Commission: Which Model Works Best?, PL 2004, S. 102 – 121.
183 Vgl. eingehend *Schwab*, Devolution, S. 152 ff.
184 Die Wahlbeteiligung war mit 34,6 Prozent allerdings sehr niedrig. Vgl. *Hazell/Sinclair*, British Constitution in 1997–98, S. 167 f.
185 Großlondon wurde durch sec. 1, Schedule 1 des Regional Agencies Development Act 1998 zur eigenständigen Region erklärt.
186 Zum Greater London Authority Act 1999 vgl. *Tomaney, John*, The Governance of London, in: Hazell, Robert (Hrsg.), The State and the Nations: The First Year of Devolution in the United Kingdom, Thorverton 2000, S. 241, 247 ff.; *Barnett*, Constitutional & Administrative Law, S. 393; *Loveland*, Constitutional Law, S. 353 ff.
187 *Palmer, Rosanne/Jeffery, Charlie*, Das Vereinigte Königreich: Die „Devolution-Revolution" setzt sich fort, in: Europäisches Zentrum für Föderalismus-Forschung Tübingen (Hrsg.), Jahrbuch des Föderalismus 2002 (Band 3): Föderalismus, Subsidiarität und Regionen in Europa, Baden-Baden 2002, S. 343, 353.

zusammensetzen.[188] Diese formierten sich schnell in allen englischen Regionen und sollen ein erstes – äußerst mittelbar – ‚demokratisches' Element in die englische Regionalisierung einbringen.[189] Die Regional Development Agencies besitzen Zuständigkeiten für die Koordination der regionalen wirtschaftlichen Entwicklung sowie die Förderung kleinerer und mittlerer Unternehmen und der wirtschaftlichen Investitionen in der jeweiligen Region.[190] Hinsichtlich einer weitergehenden Devolution an die englischen Regionen durch die Schaffung direkt gewählter Regionalversammlungen hat sich die *Blair*-Regierung bereits früh für eine asymmetrische Politik der ‚Devolution on Demand' entschieden,[191] so daß in zukünftigen regionalen Referenda die öffentliche Nachfrage nach weiterer Devolution in den einzelnen Regionen zu prüfen sein wird.[192]

## C. Entwicklungslinien der regionalen Zentralisierung und Dezentralisierung in Deutschland und dem Vereinigten Königreich

Die Betrachtung der historischen Entwicklungen Deutschlands und des Vereinigten Königreichs zeigt zunächst ein komplexes Gefüge von Ähnlichkeiten und Unterschieden.

Der Etablierung moderner Nationalstaatlichkeit im Europa des 17. Jahrhunderts war in Großbritannien bereits die frühe Annexion Wales' als ‚Principality' des englischen Königreichs vorausgegangen. Jedoch entstanden sowohl in Deutschland als auch auf den britischen Inseln – anders als beispielsweise in Frankreich – nicht unmittelbar einheitliche Staatswesen. Deutschland war nach dem Ende des 30-jährigen Krieges durch das Nebeneinander souveräner Territorialstaaten geprägt, auf den britischen Inseln existierten mit England, Schottland und Irland drei selbständige Staaten. Zudem sind in beiden Ländern bereits früh vernetzende Strukturen erkennbar. So bildeten die deut-

---

188 Zu Struktur und Aufgaben der Regional Development Agencies vgl. *Tomaney, John*, The Regional Governance of England, in: Hazell, Robert (Hrsg.), The State and the Nations: The First Year of Devolution in the United Kingdom, Thorverton 2000, S. 117, 124 ff.; *Schwab*, Devolution, S. 160 ff.; *Jeffery/Palmer*, Das Vereinigte Königreich, S. 334 f.
189 So auch *Palmer/Jeffery*, Das Vereinigte Königreich, S. 353.
190 Sec. 4 Regional Development Agencies Act 1998.
191 Siehe das White Paper: Your Region, Your Choice – Revitalising the English Regions, Cmnd. 5511, HMSO, London 2002, Overview, para. 15 ff., und Chapter 9. Vgl. dazu *Tomaney, John/Hetherington, Peter*, England Arisen?, in: Hazell, Robert (Hrsg.), The State of the Nations 2003 – The Third Year of Devolution in the United Kingdom, Exeter 2003, S. 49, 54 ff.
192 Mit dem Regional Assemblies (Preparations) Act 2003 ist bereits die gesetzliche Grundlage für die regionalen Volksabstimmungen zur Einführung direkt gewählter Regionalversammlungen geschaffen. Siehe dazu auch infra Kapitel 5 § 1 B. III. 3.

schen Territorialstaaten eine völkerrechtliche Verbindung als Heiliges Römisches Reich unter einem Kaiser, während Britannien ab 1603 eine Personalunion der englischen, schottischen und irischen Krone erlebte. Diese Parallelen in der zweiten Hälfte des 17. Jahrhunderts müssen jedoch insbesondere im Hinblick auf die erheblich stärkere Zersplitterung des Deutschen Reiches im Vergleich zur Dreiteilung der britischen Inseln relativiert werden.

Die Herstellung staatlicher Einheit in beiden Ländern erfolgte in der Folgezeit auf dem Wege staatsrechtlicher Vereinigungen. Deutschland fand über den Rheinbund und den Deutschen Bund zu nationaler Staatlichkeit im Norddeutschen Bund und Zweiten Deutschen Reich; das Vereinigte Königreich entstand durch die anglo-schottische und die anglo-irische Union; zudem mag in der politischen Dominanz Englands und Preußens in den Einigungsprozessen eine zusätzliche historische Parallele gesehen werden. Während aber in Deutschland die hoheitlichen Strukturen auf regionaler Ebene im wesentlichen erhalten blieben, lösten sich in Schottland und Irland die Parlamente als Zentren der regionalen politischen Willensbildung zugunsten einer Machtkonzentration in London auf. Vor allem daran zeigt sich, daß sich die staatsrechtlichen Vereinigungen in Deutschland und dem Vereinigten Königreich in ihrer zentralisierenden Wirkung deutlich unterschieden. Dies mußte sich zwangsläufig in divergierenden Verfassungsverständnissen niederschlagen.[193]

Die Herstellung staatlicher Einheit in Deutschland und dem Vereinigten Königreich resultierte somit in zwei sehr verschieden zentralisierten Staatsgefügen. Darüber hinaus begann die Vereinigung Deutschlands mit einer vergleichsweise erheblichen zeitlichen Verzögerung. Während in Deutschland mit der Gründung des Kaiserreiches in der zweiten Hälfte des 19. Jahrhunderts ein stetiger Prozeß der Zentralisierung und Unitarisierung in Gang gesetzt wurde, der unter der nationalsozialistischen Herrschaft mit der Gleichschaltung der Länder seinen unrühmlichen Höhepunkt erreichte, wurde die britische Innenpolitik von Regionalisierungsforderungen der keltischen Peripherie dominiert, die vor allem durch die irische Home-Rule-Bewegung angestoßen worden waren. Folgen dieser Tendenzen waren neben der Sezession des Irischen Freistaates, der später als Republik Irland vollkommene Unabhängigkeit erlangte, die Reformen administrativer Devolution für Schottland und Wales und das Stormont-System in Nordirland.

Das Grundgesetz knüpfte sodann in Deutschland an die föderale Tradition des Kaiserreichs und der Weimarer Republik an; jedoch erlebte die Bundesrepublik in der Folgezeit einen wachsenden Trend zu Unitarisierung und föderativen Verflechtung, für dessen Revision schließlich in den 90er Jahren erste, behutsame Ansätze zu erkennen sind. Das Vereinigte Königreich prägten in der zweiten Hälfte des 20. Jahrhunderts dagegen vor allem Regionalisierungsbemühungen. So wurden einige Elemente der Unionsstaatlichkeit auf der zentralstaatlichen Ebene als administrative Devolution kontinuierlich aus-

---

193 Siehe infra Kapitel 3 § 2.

gebaut, und trotz des Scheiterns des Stormont-Systems gelangten in den 70er Jahren die Devolutionsreformen für Schottland und Wales über das Planungsstadium hinaus in konkrete Gesetzesform, bevor sie 1979 in regionalen Volksabstimmungen abgelehnt wurden. Nach einer Phase der Konzentration staatlicher Macht unter konservativen Regierungen von 1979 bis 1997 initiierte die neue Labour-Regierung unter *Tony Blair* ein umfangreiches Reformprogramm zur Regionalisierung für Schottland, Wales und Nordirland sowie – in geringerem Umfang – auch für die englischen Regionen.

Am Ende einer komplexen geschichtlichen Entwicklung, die streckenweise und in großen Teilen auch gegenläufige Tendenzen aufweist, befinden sich somit zaghaft Deutschland und verstärkt das Vereinigte Königreich zu Beginn des 21. Jahrhunderts in einer parallelen Tendenz der territorialen Dezentralisierung. Dabei ereignet sich dieser Gleichklang der Entwicklungslinien vor dem Hintergrund eines kontinuierlichen supranationalen Integrationsprozesses, dem Deutschland und das Vereinigte Königreich als Mitglieder der Europäischen Union unterliegen.[194]

## § 2 Deutsche und britische Regionalisierung nach traditionellem Verfassungsverständnis

Trotz durchaus bestehender historischer Parallelen haben die verfassungshistorischen Entwicklungsprozesse in Deutschland und dem Vereinigten Königreich in der jeweils herrschenden nationalen Verfassungsdogmatik der beiden Vergleichsstaaten zur Ausbildung sehr unterschiedlicher Grundpositionen im systemimmanenten Verständnis regionaler Dezentralisierungsstrukturen geführt.

Ausgangspunkte dieser verfassungstheoretischen Diskrepanz sind jeweils die staatsrechtlichen Vereinigungen zur Schaffung des Zweiten Deutschen Reiches und des Vereinigten Königreiches. Sie hatten gravierende Unterschiede im konstitutionellen Verständnis des entstandenen Gesamtstaates und seiner Glieder zur Folge. In Deutschland wurde die regionale Ebene der Staatlichkeit nicht durch die Etablierung eines Gesamtstaats beseitigt. Die Herstellung nationaler Einheit sanktionierte zwei staatliche Ebenen, die bis heute die Grundlage des herrschenden deutschen Bundesstaatsverständnisses bilden.[195] Die ‚Labilität' des Föderalismus unter der Weimarer Reichsverfas-

---

194 Für Deutschland vgl. *Schröder, Meinhard*, Bundesstaatliche Erosionen im Prozeß der europäischen Integration, JöR NF 35 (1986), S. 83, 83 ff.; *Reich, Dietmar O.*, Zum Einfluß des Europäischen Gemeinschaftsrechts auf die Kompetenzen der deutschen Bundesländer, EuGRZ 2001, S. 1, 2 ff.

195 Vgl. *Stern, Klaus*, Das Staatsrecht der Bundesrepublik Deutschland, Band I (Grundbegriffe und Grundlagen des Staatsrechts, Strukturprinzipien der Verfassung), 2. Auflage, München 1984, S. 644 f. m. w. N.; *Herzog*, Art. 20 GG IV., in: Maunz/Dürig, Rz. 2 ff.

sung und die streng zentralistische Staatsorganisation während der nationalsozialistischen Herrschaft haben aus heutiger Sicht diese historische Konstante nicht berühren können. Demgegenüber entstand das Vereinigte Königreich durch ‚inkorporierende' Unionen[196], welche die Eigenstaatlichkeit Schottlands und Irlands beendeten und alle staatliche Macht in London zentrierten. Das neue Königreich erbte somit das Verfassungsgefüge eines homogenen Nationalstaats. Regionale Diversität äußerte sich fortan nur noch in besonderen staatsorganisatorischen Arrangements eines zentral dirigierten Gesamtstaates, die historisch-politikwissenschaftlich unter den Begriff der Unionsstaatlichkeit subsumiert werden können. Schon der Begriff des ‚Staates' hat in der britischen Verfassungslehre nie eine dem deutschen Verständnis vergleichbare Rezeption gefunden;[197] jedoch verschwanden mit den Unionen von 1707 und 1800 bereits alle institutionellen Anknüpfungspunkte für ein Fortwirken oder die Etablierung der Idee der Staatlichkeit auf der regionalen Ebene. Übrig blieb im wesentlichen lediglich das englische, schottische, walisische und irische Nationalgefühl unter einer Krone und einem allmächtigen Parlament.

Auf dieser verfassungshistorischen Basis lassen sich die beiden divergenten Deutungsmodelle bestehender Regionalstrukturen als enge Verknüpfungen jeweils zweier verfassungsdogmatischer Konzepte rationalisieren. Das traditionelle deutsche Verständnis beruht danach auf der Verbindung zwischen der Idee des Bundesstaates und dem Grundsatz der Verfassungssuprematie. Dagegen basiert die britische Verfassungsorthodoxie auf einer festen Verzahnung zwischen dem Konzept des Einheitsstaates und der Doktrin der Parlamentssuprematie. Dabei stehen sich Bundes- und Einheitsstaat auf der einen Seite sowie Verfassungs- und Parlamentssuprematie auf der anderen als dogmatische Gegensatzpaare gegenüber.[198]

Seit der Gründung des Norddeutschen Bundes beziehungsweise des Zweiten Deutschen Reiches und mit Unterbrechung durch den nationalsozialistischen Zentralismus erklärt die herrschende deutsche Verfassungslehre die regionale Dezentralisierung deutscher Herrschaftssysteme mit dem Konzept des Bundesstaates. Grundlage dieses Verständnisses bildet die Anerkennung eines ‚duplex regimen',[199] in dem der Bürger zwei Ebenen getrennter Staat-

---

m.w.N.; *Sommermann, Karl-Peter*, Art. 20 GG, in: von Mangoldt, Hermann/Klein, Friedrich/Starck, Christian (Hrsg.), Das Bonner Grundgesetz: Kommentar, Band II (Art. 20 bis 78), 4. Auflage, München 2000, Rz. 21 f.; *Barschel*, Staatsqualität, S. 167 ff.; BVerfGE 1, 14, 34; 36, 342, 360 f. Siehe dazu infra Kapitel 4 § 2 A.
196 *Malanczuk*, Region und unitarische Struktur, S. 39.
197 Vgl. dazu *Grimm, Dieter*, Recht und Staat der bürgerlichen Gesellschaft, Frankfurt a.M. 1987, S. 61 f.; Turpin, British Government, S. 12 f.
198 Zum Gegensatz zwischen Verfassungs- und Parlamentssuprematie nach traditioneller Lesart siehe supra Kapitel 2 § 2 B. I.
199 Vgl. *Isensee, Josef*, Idee und Gestalt des Föderalismus im Grundgesetz, in: Isensee, Josef/Kirchhof, Paul (Hrsg.), Handbuch des Staatsrechts der Bundesrepublik Deutschland, Band IV, 2. Auflage, Heidelberg 1999, § 98, Rz. 16; *ders.*, Der Bundesstaat – Bestand und Entwicklung, in: Badura, Peter/Dreier, Horst (Hrsg.), Festschrift 50 Jahre

lichkeit unterworfen ist und das als gewachsenes Gegenmodell zur einheitsstaatlichen Struktur Frankreichs oder des Vereinigten Königreichs verstanden wird.[200] So verloren die souveränen Territorien bei ihrem Zusammenschluß zum Deutschen Reich nach vorherrschender Auffassung zwar ihre Souveränität,[201] nicht jedoch ihre davon zu trennende Staatlichkeit. Institutionell zeigt sich dies im Erhalt einer selbständigen Staatsorganisation mit legislativen, exekutiven und judikativen Organen. Die hoheitlichen Aufgaben werden dabei zwischen den beiden Ebenen aufgeteilt. Diese Konzeption einer zwiefachen Staatlichkeit erlebt in der deutschen Verfassungslehre eine besonders enge Verknüpfung mit dem Grundsatz der Verfassungssuprematie. So muß nach traditionellem Verständnis die Kompetenzverteilung als normatives Grundgefüge des Bundesstaates dem Zugriff der Beteiligten entzogen werden, damit der Bund und insbesondere die Länder ihre Aufgaben auf der Basis einer gesicherten Rechtsposition wahrnehmen können.[202] Damit wird die Suprematie der Verfassung im Sinne ihrer Vorrangigkeit vor dem einfachen Bundes- oder Landesrecht und ihrer erschwerten Abänderbarkeit zum elementaren Grundbaustein der föderalen Ordnung aus deutscher Sicht.[203] Die Bundesstaatlichkeit erstarkt zugleich zu einem wichtigen Instrument der Gewaltenteilung im Staatsgefüge. Die Idee einer unabgeleiteten Staatlichkeit regionaler Glieder wird dabei mit der Suprematie der Bundesverfassung dadurch in Einklang gebracht, daß erstere durch die Verfassung nicht konstituiert, sondern lediglich anerkannt werde.[204] Dieses hergebrachte Bundesstaatsverständnis wurde im Grundgesetz in normative Gestalt gegossen: Gemäß Art. 20 Abs. 1 GG ist die Bundesrepublik Deutschland ein „demokra-

---

Bundesverfassungsgericht, Band II (Klärung und Fortbildung des Verfassungsrechts), Tübingen 2001, S. 719, 719.

200 *Isensee, Josef*, Der Föderalismus und der Verfassungsstaat der Gegenwart, AöR 115 (1990), S. 248, 262; *Badura, Peter*, Staatsrecht – Systematische Erläuterung des Grundgesetzes für die Bundesrepublik Deutschland, 3. Auflage, München 2003, Rz. D 69.

201 Zum Streit über die Verortung der Souveränität im deutschen Bundesstaat und die Möglichkeit ihrer Teilung vgl. statt vieler *Kimminich*, Der Bundesstaat, Rz. 15 ff. m. w. N.; *Quaritsch, Helmut*, Staat und Souveränität, Band I, Frankfurt a.M. 1970, S. 408 ff.

202 *Wahl, Rainer*, Elemente der Verfassungsstaatlichkeit, JuS 2001, S. 1041, 1043. Siehe auch infra Kapitel 6 § 2 A.

203 *Starck, Christian*, Vorrang der Verfassung und Verfassungsgerichtsbarkeit, in: Starck, Christian/Weber, Albrecht (Hrsg.), Verfassungsgerichtsbarkeit in Westeuropa, Band I, Baden-Baden 1986, S. 11, 23; *Loewenstein, Karl*, Verfassungslehre, 3. Auflage, Tübingen 1975, S. 249 f. *Wahl*, Elemente der Verfassungsstaatlichkeit, S. 1043, beschreibt diese Verknüpfung von Bundesstaat und Verfassungssuprematie als „mehr oder weniger zwangsläufig". Aus dem englischsprachigen Schrifttum vgl. dazu *Dicey, Albert V.*, Introduction to the Study of the Constitution (mit einer Einführung von E. S. C. Wade), Neudruck der 10. Auflage, London (u. a.) 1967, S. 144; *Wheare, Kenneth C.*, Modern Constitutions, Neudruck der 2. Auflage, London/New York/Toronto 1971, S. 19; *Fazal, M. A.*, A Federal Constitution for the United Kingdom – An Alternative to Devolution, Aldershot 1997, S. 10 ff.; *Hood Phillips/Jackson/Leopold*, Constitutional and Administrative Law, Rz. 1–010.

204 So für das Grundgesetz statt vieler *Vogel*, Die bundesstaatliche Ordnung, Rn. 37; *Stern*, Staatsrecht I, S. 667; *Barschel*, Staatsqualität, S. 28, 256; BVerfGE 1, 14, 34; 60, 175, 207.

tischer und sozialer Bundesstaat"; der bundesstaatliche Aufbau und die Kompetenzverteilung zwischen Bund und Ländern werden daraufhin ausführlich in vielen Artikeln des Grundgesetzes normiert. Durch Art. 20 Abs. 3 GG wird dieses Normengefüge für alle Staatsorgane bindend, und Art. 79 Abs. 3 GG bewirkt als Ewigkeitsgarantie sogar eine zusätzliche absolute Sicherung der bundesstaatlichen Grundzüge gegenüber dem verfassungsändernden Gesetzgeber. Das Grundgesetz knüpft somit an die föderale Tradition des Kaiserreichs und der Weimarer Reichsverfassung an und rezipiert – zumindest in der Auslegung durch das Bundesverfassungsgericht und die herrschende Lehre[205] – auch die Konzeption der doppelten Staatlichkeit, die den Ländern ein Mindestmaß an Eigenständigkeit etwa in der Form grundsätzlicher Verfassungsautonomie und eines unantastbaren Kernbereichs von Zuständigkeiten garantiert.[206] In Anknüpfung an die föderale Verfassungsgeschichte hat die herrschende deutsche Verfassungslehre somit für die Deutung der Regionalstrukturen der Bundesrepublik ein auf den Grundsatz der Verfassungssupremarie gestütztes Bundesstaatsverständnis entwickelt.

Dagegen ist das Vereinigte Königreich von Großbritannien und Nordirland nach ganz herrschendem Verfassungsverständnis ein Einheitsstaat.[207] Zwar wird die unionsstaatliche Deutung des Vereinigten Königreichs als historisch-deskriptive Rationalisierung asymmetrischer staatsorganisatorischer Arrangements weitgehend anerkannt, jedoch gesteht ihr die britische Verfassungsrechtsorthodoxie keine Rolle in der Erklärung normativer Grundstrukturen des britischen Staatswesens zu.[208] Wie das deutsche Bundesstaatsverständnis engstens mit dem Grundsatz der Verfassungssuprematie verknüpft wird, so beruht das britische Einheitsstaatsmodell im wesentlichen auf dem traditionellen Verfassungsdogma der Parlamentssuprematie.[209] Die sachliche Omnipotenz der Crown in Parliament bedeutet auch, daß das britische Parlament für alle Teile des Königreichs gleichermaßen umfassend regelungsbefugt ist, und die in der traditionellen Verfassungslehre so betonte Undenkbarkeit einer Beschränkung dieser Allmacht schließt die Möglichkeit einer verfassungsrechtlich gesicherten Kompetenzverteilung zwischen zentraler und regionaler Ebene sogar bereits in der Theorie aus. Eine Föderalisierung

---

205  Vgl. die supra in Fn. 195 zitierte Literatur und Rechtsprechung.
206  *Stern*, Staatsrecht I, S. 667 ff.; *Isensee*, Der Bundesstaat, S. 738; *Vogel*, Die bundesstaatliche Ordnung, Rz. 28; *Katz, Alfred*, Staatsrecht – Grundkurs im öffentlichen Recht, 15. Auflage, Heidelberg 2002, Rz. 243.
207  *Dicey*, Introduction, S. 139 f.; *Hood Phillips/Jackson/Leopold*, Constitutional and Administrative Law, Rz. 2–001; *Barendt, Eric*, An Introduction to Constitutional Law, Oxford 1998, S. 51; *Bogdanor*, Devolution in the UK, S. 1; *Finer, S. E./Bogdanor, Vernon/Rudden, Bernard*, Comparing Constitutions, 3. Auflage, Oxford 1995, S. 50; *Johnson, Nevil*, Föderalismus und Regionalismus in Europa – Landesbericht Vereinigtes Königreich, in: Ossenbühl, Fritz (Hrsg.), Föderalismus und Regionalismus in Europa, Baden-Baden 1990, S. 307, 310; Aus dem deutschen Schrifttum vgl. *Malanczuk*, Devolution in Großbritannien, S. 118; *Badura*, Staatsrecht, Rz. D 69; *Stern*, Staatsrecht I, S. 653.
208  Siehe bereits supra Kapitel 3 § 1 B. II. 1.
209  Vgl. *Malanczuk*, Region und unitarische Struktur, S. 59.

durch parlamentarische Selbstbindung mit dem Ziel einer Bundesstaatlichkeit entsprechend dem deutschen Verständnis wäre demnach schon verfassungsdogmatisch nicht denkbar.[210] Auch werden historische Anknüpfungspunkte für eine Bindung des britischen Parlaments wie die anglo-schottischen und anglo-irischen Acts of Union, die nach einer teilweise vertretenen Auffassung Keimzellen einer föderalen Grundordnung darstellen könnten, von der herrschenden englischen Verfassungsdogmatik als vergebliche Versuche parlamentarischer Selbstbindung der Suprematie Westminsters untergeordnet.[211] Das Vereinigte Königreich erbte daher nicht nur die Staatsorganisation Englands, sondern auch seine Verfassungsdogmatik.[212] Das traditionelle britische Verfassungsverständnis zeichnet somit das Bild einer unitarischen, selbstregulierenden Demokratie (‚unitary, self-correcting democracy').[213] Dies wird deutlich, wenn die Parlamentssuprematie als Monopol hoheitlicher Gewalt verstanden wird. Bildlich gesprochen wird alle Staatsgewalt ausschließlich durch das Parlament aufgesogen und sodann von diesem verteilt.[214] Dieses Verfassungsverständnis erkennt nur einen legitimatorischen Ableitungszusammenhang der gesamten britischen Staatsorganisation an und begründet diese Machtkanalisierung durch das Parlament mit dem demokratischen Grundaufbau des Vereinigten Königreichs.[215] Maßgeblicher Hintergrund dieser Verfassungsorthodoxie war für *Dicey* der selbstregulierende Kontrollmechanismus durch Unterhauswahlen und damit die – rein politisch verstandene – Souveränität des Volkes.[216] Besondere Bedeutung für das traditionelle Verständnis der Regionalisierungsstrukturen erlangt dabei die Tatsache, daß als Träger dieser Souveränität stets nur die Gesamtheit des britischen Volks gemeint sein kann, niemals dagegen die Bevölkerung einer Region oder Nation. Auf das so verstandene Gewaltmonopol des Parlaments und seinen legitimatorischen Hintergrund sind auch viele andere zentrale Elemente des britischen Regierungssystems ausgerichtet: Krone und Oberhaus sind gesetzlich und durch Verfassungskonventionalregeln der Macht des Unterhauses untergeordnet; der Premierminister wird vom House of Commons gewählt, und seine Minister sind diesem individuell und kollektiv verantwortlich; die Ein-

---

210 Vgl. *Fazal*, A Federal Constitution for the UK, S. 14; *Olowofoyeku, Abimbola A.*, Decentralising the UK: The Federal Argument, EdinLR 3 (1999), S. 57, 76 ff.
211 Siehe dazu supra Kapitel 2 § 2 B. I. 3.
212 Vgl. *Keating*, What's Wrong with Asymmetrical Government, S. 205: „… the British constitution was indeed the English constitution extended to the other parts of the union".
213 Die Formulierung entstammt *Craig, Paul P.*, Public Law and Democracy in the United Kingdom and the United States of America, Oxford 1990, S. 12 ff.; *ders.*, Dicey: Unitary, Self-Correcting Democracy and Public Law, LQR 106 (1990), S. 105, 105 ff.
214 *Craig*, Administrative Law, S. 4.
215 Entsprechend diesem Gedanken eines demokratischen Legitimationszusammenhangs entwirft *Möllers, Christoph*, Staat als Argument, München 2000, S. 362 ff., eine dem britischen Verfassungsverständnis genau entgegengesetzte Konzeption deutscher Bundesstaatlichkeit als Nebeneinander zweier demokratischer Ableitungszusammenhänge in Bund und Ländern.
216 Siehe supra Kapitel 2 § 2 A. II.

heit des britischen civil service bildet eine pyramidenartige Verantwortlichkeits- und Kontrollstruktur zu den Ministern bis ins Parlament; und schließlich läßt sich auch das Mehrheitswahlrecht zur Schaffung klarer Regierungsmajoritäten im Unterhaus als gewünschtes Element einer handlungsfähigen Gewaltenmonopolisierung begreifen.[217] Zwar haben auch in der britischen Verfassung Regierung und Gerichte eigenständige Zuständigkeitsbereiche, jedoch wird auch ihre Hoheitsgewalt zumeist nur durch eine legitimatorische Rückkoppelung an das Parlament gerechtfertigt.[218]

Nach dieser orthodoxen Betrachtungsweise liegt im Zentrum des Westminster-Modells ein unabänderlicher Gewalten- und Legitimationsmonismus auf der Grundlage einer ‚continuing' Parlamentssuprematie, welcher sich nicht nur auf alle Sachmaterien, sondern auch territorial auf das gesamte Vereinigte Königreich bezieht und dem verfassungsrechtlich gewaltengliedernden deutschen Bundesstaatsverständnis diametral entgegensteht. Konsequenterweise können dann auch alle Elemente britischer Unionsstaatlichkeit nur als reversible Delegationen staatlicher Macht qualifiziert werden:[219] Regionale Sonderministerien sind dem gesamtstaatlichen Parlament verantwortlich, unterliegen den unitarisierenden Prinzipien der Kabinettsregierung und Ministerverantwortlichkeit und können zudem jederzeit aufgelöst werden. Schottischer und irischer Rechtspartikularismus besteht lediglich aufgrund parlamentarischer Duldung oder Förderung. Schließlich bedeutet die Devolution für Schottland, Nordirland oder Wales zwangsläufig nur die umkehrbare Delegation staatlicher Kompetenzen. Sie begründet keine neuen, unabhängigen Legitimationsflüsse, sondern muß verfassungsrechtlich stets von der Parlamentssuprematie und politisch daher von der Souveränität des gesamten britischen Volkes abgeleitet sein. Dieses orthodoxe Verständnis rezipiert der Kilbrandon Report von 1973, als er die unitarische britische Verfassung vom – geflissentlich vereinfachten[220] – Modell des Bundesstaates unterscheidet:

> „In a federal system sovereignty is divided between two levels of government. The federal government is sovereign in some matters and the provincial governments are sovereign in others. Each within its own sphere exercises its power without control from the other. It is this feature which distinguishes a federal from a unitary constitution. In the latter all sovereignty rests with the central government; if provincial governments exist, they are subordinate authorities, deriving their power from the central

---

217 Vgl. *Keating, Michael*, Regionalism, Devolution and the State: 1969 – 1989, in: Garside, Patricia L./Hebbert, Michael (Hrsg.), British Regionalism 1900 – 2000, London 1989, S. 158, 158 ff.
218 Besonders deutlich wird dies in der wissenschaftlichen Diskussion über die verfassungsrechtliche Basis der Judicial Review, wenn die orthodoxe ‚Ultra Vires'-Theorie auf eine Legitimation durch den ausdrücklichen oder zumindest konkludenten Willen des Parlaments besteht. Siehe dazu Kapitel 2 § 2 B. II. 2. (b) (ii).
219 Vgl. *Brazier, Rodney*, The Scotland Bill as Constitutional Legislation, SLR 19 (1998), S. 12, 14.
220 Vgl. *Malanczuk*, Region und unitarische Struktur, S. 188 ff.

Kapitel 3: deutsche und britische Regionalisierung in historischer Perspektive

*legislature, which may overrule them at any time by the ordinary legislative process.*"[221]

In Anknüpfung an *Dicey*, der den bundesstaatlichen Verfassungsordnungen eine Tendenz zum Konservativismus vorgeworfen hatte,[222] bezeichnet der Kilbrandon Report bundesstaatliche Systeme sodann als historisch längst überholten Verfassungstypus[223] und verwirft föderative Lösungen für das Vereinigte Königreich vor allem wegen der faktischen Dominanz Englands und der – zumindest nach traditioneller Lehre uneinlösbaren – Erforderlichkeit einer verfassungsrechtlich abgesicherten und damit justitiablen Kompetenzverteilung.[224] Diesseits einer vollkommenen Verfassungsrevolutionierung blieb daher für die königliche Verfassungskommission nur der Vorschlag der regionalen Dezentralisierung durch Devolution, die sie mit den folgenden Worten beschreibt:

*„The transfer of power with which we shall be concerned ... are those which would leave overriding control in the hands of Parliament .... we shall be concerned with devolution, which is the delegation of central government powers without the relinquishment of sovereignty.*"[225]

Der Kilbrandon Report steht somit in der Kontinuität eines orthodoxen Verfassungsdiskurses zur Frage regionaler Aufgliederung von Staatsgewalt. Dieser hatte bereits in der Zeit des Stormont-Systems seiner möglichen Infragestellung durch ein Devolutionsprojekt standgehalten, indem sec. 75 des Government of Ireland Act 1920 „the supreme authority of the Parliament of the United Kingdom ... over all persons, matters and things in Northern Ireland" deklaratorisch festschrieb und die Wiederherstellung direkter Herrschaft Londons im Jahre 1972 die unbeschränkte Supremation des britischen Parlaments eindrucksvoll bestätigte. In dieser Tradition orthodoxen britischen Verfassungsverständnisses steht schließlich auch das Devolutionsprogramm der Labour-Regierung unter Premierminister *Tony Blair*, wenn im Weißbuch „Scotland's Parliament. Scotland's Right" darauf hingewiesen wird, daß das britische Parlament „sovereign in all matters" ist und bleiben wird.[226] Auch die Devolutionsgesetze von 1998 bekräftigen ausdrücklich dieses Verfassungsverständnis.[227]

Anders als die deutsche Verfassungslehre, welche die Anerkennung von zwei Ebenen der Staatlichkeit und den Grundsatz der Verfassungssupremation zur Formulierung eines verfassungsrechtlich gewaltenteilenden Bundesstaatsverständnisses verbindet, kennt die traditionelle britische Verfassungstheorie

---

221 Kilbrandon Report, S. 152 f.
222 *Dicey*, Introduction, S. 173 f.
223 Kilbrandon Report, S. 157.
224 Kilbrandon Report, S. 158 ff. Vgl. dazu *Malanczuk*, Region und unitarische Struktur, S. 191 f.
225 Kilbrandon Report, S. 165.
226 White Paper: Scotland's Parliament, Cmnd. 3658, London 1997, para. 4.2.
227 Siehe sec. 28(7) Scotland Act 1998; sec.5(6) Northern Ireland Act 1998.

nur eine originäre Ebene legitimer staatlicher Gewalt, in deren Ableitungszusammenhang alle Ausübung von Hoheitsgewalt stehen muß. Aus diesem Verfassungsverständnis erklärt sich die herkömmliche Qualifizierung des Vereinigten Königreichs als Einheitsstaat. Das gewaltenmonopolisierende Prinzip der uneingeschränkten Parlamentssuprematie, nach dem der demokratische Legitimationsfluß des Landes nur durch die Hallen des Parlaments in Westminster verlaufen kann, verhindert nach orthodoxer Diktion die Begründung neuer konstitutioneller Ableitungszusammenhänge und steht einer verfassungsrechtlichen Verankerung jeglicher regionaler Dezentralisierungsstrukturen entgegen. Damit kann – auf dem Boden eines orthodoxen britischen Verfassungsverständnisses – keine vorzufindende Form britischer Regionalisierung in verfassungsrechtlicher und -dogmatischer Hinsicht mit der deutschen Bundesstaatlichkeit vergleichbar sein. Es gibt nach traditioneller britischer Verfassungslehre lediglich Elemente eines in mancherlei Hinsicht dezentralisierten Einheitsstaates, die sich mit dem Begriff der Unionsstaatlichkeit historisch-politikwissenschaftlich erfassen lassen.

Beruht jedoch das deutsche Bundesstaatsverständnis im Wesentlichen auf dem Grundsatz der Verfassungssuprematie und das britische Einheitsstaatsverständnis maßgeblich auf der Doktrin der Parlamentssuprematie, so eröffnet die Relativierung des Gegensatzes zwischen Verfassungs- und Parlamentssuprematie[228] den Weg zu einem graduell gestuften und dabei im Grundsatz kategorienfeindlichen Gesamtverständnis der deutschen und britischen Regionalstrukturen.

---

228 Siehe supra Kapitel 2 § 2 B. II.

# Kapitel 4:
# Das Kontinuum der Regionalisierungsformen

## § 1 Bundesstaat und Einheitsstaat: Die Überwindung überkommener Kategorien

Ein Verfassungsvergleich zwischen deutscher Bundesstaatlichkeit und britischer Devolution begegnet somit unmittelbar verfassungstheoretischen Schwierigkeiten. Die Bundesrepublik Deutschland versteht sich selbst als Bundesstaat; das Vereinigte Königreich von Großbritannien und Nordirland begreift sich dagegen als Einheitsstaat mit lediglich sekundären Dezentralisierungselementen. Damit berufen sich beide auf eine in der allgemeinen Staatslehre und Verfassungsvergleichung allgemein gebräuchliche Kategorisierung von Staatsorganisationen: Bundesstaat und Einheitsstaat stehen sich danach als verfassungsdogmatisch diametral entgegengesetzte Erscheinungsformen des modernen Staatswesens gegenüber. Markiert die Heterogenität der Vergleichsobjekte jedoch die Grenzen gewinnbringender Rechtsvergleichung und trennt Deutschland und das Vereinigte Königreich hinsichtlich ihrer Regionalisierungsformen ein derartig unüberbrückbarer verfassungstheoretischer Graben, so wäre die verfassungskomparative Untersuchung ihrer Regionalisierungsformen dem schweren Vorwurf mangelnder Vergleichbarkeit der Anschauungsobjekte ausgesetzt.[1]

Der Kritik fehlender Vergleichbarkeit zwischen deutscher Bundesstaatlichkeit und britischen Devolutionsstrukturen ist jedoch entgegenzutreten. Zum einen kann weder in der allgemeinen Staatslehre noch in der Verfassungsvergleichung eine hinreichend eindeutige und dabei zugleich ansatzweise unstreitige verfassungsdogmatische Trennung zwischen Bundesstaat und Einheitsstaat ausgemacht werden. Zum anderen widerspricht die Anknüpfung der Rechtsvergleichung an verfassungstheoretische Konzeptionen wie der des Bundes- oder des Einheitsstaates der vorzugswürdigen Methode funktioneller komparativer Analyse.

---

1 Zur Vergleichbarkeit als Voraussetzung der Rechtsvergleichung vgl. *Constantinesco, Léontin-Jean*, Rechtsvergleichung, Band II (Die rechtsvergleichende Methode), Köln (u. a.) 1972, S. 68 ff.; *Rheinstein, Max*, Einführung in die Rechtsvergleichung (bearbeitet von Reimer von Borries und Hans-Eckart Niethammer), 2. Auflage, München 1987, S. 26.

## A. Versuche einer verfassungsdogmatischen Trennung zwischen Bundesstaat und Einheitsstaat

Die deutsche Staatslehre hat sich insbesondere im 19. und frühen 20. Jahrhundert energisch um die Entwicklung einer allgemeinen Bundesstaatstheorie bemüht, die den Typus dieser Staatsform in Abgrenzung zum Einheitsstaat einerseits und zum Staatenbund andererseits im Ganzen verständlich macht und ihn als sinnvolles politisches System zu erklären vermag.[2] Infolgedessen findet sich allein in der deutschen Staatsrechtslehre, welche stets die dogmatische Aufarbeitung unterschiedlicher deutscher Verfassungszustände vom Deutschen Bund von 1815 bis hin zum Grundgesetz von 1949 zu leisten versuchte, eine ganze Fülle verschiedener Bundesstaatstheorien.[3] Dabei standen häufig Fragen der Staatsqualität des Bundes und der regionalen Glieder, ihrer gegenseitigen Über-, Unter- oder Gleichordnung[4] sowie der Verortung der Souveränität im Bundesstaat im Mittelpunkt der akademischen Diskussion.[5] Auch wenn die traditionsreiche Auseinandersetzung über die Theorie und den Begriff des Bundesstaates eine Reihe beachtlicher Einzelerkenntnisse hervorgebracht hat, muß dennoch festgestellt werden, daß die Staats- und Verfassungslehre heute über keinen allgemein anerkannten und unumstrittenen Bundesstaatsbegriff verfügt und sich insgesamt keine einheitliche Bundesstaatstheorie durchgesetzt hat.[6] Dieser Umstand muß wohl vor allem darauf

---

2  So beschreibt *Smend, Rudolf*, Verfassung und Verfassungsrecht (1928), in: *ders.*, Staatsrechtliche Abhandlungen und andere Aufsätze, 3. Auflage, Berlin 1994, S. 119, 224 f., das Ziel der Bundesstaatslehren.
3  Für besonders gelungene Darstellungen der unterschiedlichen Meinungsgruppen vgl. *Harbich, Jürgen*, Der Bundesstaat und seine Unantastbarkeit, Berlin 1965, S. 20 ff., und *Barschel, Uwe*, Die Staatsqualität der deutschen Länder – Ein Beitrag zur Theorie und Praxis des Föderalismus in der Bundesrepublik Deutschland, Heidelberg/Hamburg 1982, S. 10 ff.
4  Vgl. *Schmidt, Walter*, Das Verhältnis von Bund und Ländern im demokratischen Bundesstaat des Grundgesetzes, AöR 87 (1962), S. 253, 254 ff.
5  Vgl. neben den supra in Fn. 3 genannten Darstellungen auch *Scheuner, Ulrich*, Struktur und Aufgabe des Bundesstaates in der Gegenwart – Zur Lehre vom Bundesstaat, DÖV 1962, S. 641, 641 ff.; *Kimminich, Otto*, Der Bundesstaat, in: Isensee, Josef/Kirchhof, Paul (Hrsg.), Handbuch des Staatsrechts der Bundesrepublik Deutschland, Band I, 2. Auflage, Heidelberg 1995, § 26, Rz. 5 ff.; *Frowein, Jochen Abr.*, Die Konstruktion des Bundesstaates, in: von Münch, Ingo (Red.), Probleme des Föderalismus, Tübingen 1985, S. 47, 47 ff.
6  *Bethge, Herbert*, Bundesstaat, in: Görres-Gesellschaft (Hrsg.), Staatslexikon, Band I, 7. Auflage, Freiburg (u. a.) 1985, Sp. 993, 993; *Herzog, Roman*, Art. 20 GG IV. (Die Verfassungsentscheidung für den Bundesstaat), in: Maunz, Theodor/Dürig, Günter (Hrsg.), Grundgesetz Kommentar, Band II (Art. 12 – 20), Loseblattsammlung, München, Stand: Februar 2003, Rz. 2; *Kimminich*, Der Bundesstaat, Rz. 8; *Hesse, Konrad*, Der unitarische Bundesstaat, Karlsruhe 1962, S. 1 ff.; *Scheuner*, Struktur und Aufgabe des Bundesstaates, S. 641; *Šarčević, Edin*, Das Bundesstaatsprinzip – Eine staatsrechtliche Untersuchung zur Dogmatik der Bundesstaatlichkeit des Grundgesetzes, Tübingen 2000, S. 6 ff.; *Bothe, Michael*, Die Kompetenzstruktur des modernen Bundesstaates in rechtsvergleichender

zurückgeführt werden, daß wissenschaftliches Bemühen um die Ermittlung eines allgemeingültigen Bundesstaatsbegriffs meist ein oder mehrere bundesstaatliche Verfassungsordnungen als Ausgangspunkt der abstrahierenden Betrachtung herausgreift, so daß die Auswahl der Anschauungsobjekte notwendigerweise weitgehend die später gefundene Definition bestimmt und letztere daher für die Bewertung anderer Regierungssysteme streng genommen unbrauchbar bleiben muß.[7] Eine wahrhaft allgemeingültige Bundesstaatstheorie scheitert daher in letzter Konsequenz an der unbegrenzten Heterogenität seiner konkreten Ausprägungen.[8] Zudem ist den vor allem in positivistischer Tradition stehenden und vornehmlich auf formalen Kategorien aufbauenden allgemeinen Bundesstaatstheorien vorzuhalten, daß sie zumeist keinerlei Rückschlüsse auf die eigentlich bedeutsamen Fragen der Staatsordnung ermöglichen, wie etwa der politischen Führung, der Integration, der Staatswillensbildung und der realen Machtverteilung zwischen dem Zentralstaat und den Gliedern.[9]

Obgleich somit der Glaube an die Möglichkeit und den Nutzen einer allgemeinen Bundesstaatstheorie im wesentlichen als überwunden gelten kann, bekennt sich die herrschende deutsche Staatslehre[10] weiterhin zu einer universellen Grunddefinition des Bundesstaates.[11] Danach ist dieser ein aus Staaten

---

Sicht, Berlin (u. a.) 1977, S. 5; *Malanczuk, Peter*, Region und unitarische Struktur in Großbritannien, Berlin (u. a.) 1984, S. 19f.

7   *Bothe*, Kompetenzstruktur, S. 9f.; *Blanke, Hermann-Josef*, Föderalismus und Integrationsgewalt – Die Bundesrepublik Deutschland, Spanien, Italien und Belgien als dezentralisierte Staaten in der EG, Berlin 1993, S. 359.

8   Vgl. *Bethge*, Bundesstaat, Sp. 993; *Heinemann, Tobias*, Der Regionalismus zwischen innerstaatlicher Entwicklung und europäischer Einigung – Eine rechtsvergleichende Untersuchung, Berlin 2001, S. 28.

9   Ähnlich auch *Herzog, Roman*, Zwischenbilanz im Streit um die bundesstaatliche Ordnung, JuS 1967, S. 193, 193.

10  *Herzog* irrt, wenn er die Konstruktion des Bundesstaates als Staatenstaat als „uneingeschränkt anerkannt" bezeichnet, *Herzog*, Art. 20 GG IV., in: Maunz/Dürig, Rz. 2, Fn. 1. Zu kritischen Stimmen siehe infra Fn. 33 mit Text.

11  Auch in der anglo-amerikanischen Literatur finden sich immer wieder Bekenntnisse zu Mindestvoraussetzungen bundesstaatlicher Ordnungen; vgl. *Blair, Philip M.*, Federalism and Judicial Review in West Germany, Oxford 1981, S. 3; *Olowofoyeku, Abimbola A.*, Decentralising the UK: The Federal Argument, EdinLR 3 (1999), S. 57, 61ff.; *Brazier, Rodney*, The Constitution of the United Kingdom, CLJ 58 (1999), 96, 126; *Walker, Neil*, Beyond the Unitary Conception of the United Kingdom Constitution, PL 2000, S. 384, 390; *Saunders, Cheryl*, The Constitutional Arrangements of Federal Systems: A Sceptical View from the Outside, in: Hesse, Jens Joachim/Wright, Vincent (Hrsg.), Federalizing Europe? The Costs, Benefits, and Preconditions of Federal Political Systems, Oxford 1996, S. 47, 48, die das Vorliegen einer formalen, erschwert abänderbaren und vorrangigen Verfassungsurkunde als in Theorie und Praxis unumstrittene Minimalvoraussetzung der Bundesstaatlichkeit beschreibt; dagegen bezeichnet *Wheare, Kenneth C.*, Modern Constitutions, Neudruck der 2. Auflage, London (u. a.) 1971, S. 19, die durch unabhängige Kompetenzausübung auf Glieder- und Zentralebene hergestellte Gleichordnung als notwendiges Grundelement bundesstaatlicher Ordnungen.

zusammengesetzter Staat.[12] Hier avanciert die Staatlichkeit der regionalen Glieder zum alleinentscheidenden Differenzierungskriterium gegenüber dem Einheitsstaat, während die Staatlichkeit des Gesamtgefüges den Bundesstaat vom Staatenbund des Völkerrechts abgrenzt. Dogmatisch gangbar wurde dieser Standpunkt aufgrund der durch *Paul Laband* und *Georg Jellinek* vorgenommenen Trennung des Souveränitätskonzeptes vom Staatsbegriff, durch welche die Glieder als nichtsouveräne Staaten anerkannt werden konnten.[13] Diesem vorherrschenden Verständnis des Bundesstaates als ‚Staatenstaat' muß jedoch entgegengehalten werden, daß er das bundesstaatliche Definitionsproblem lediglich auf die Frage der Staatlichkeit verschiebt und es dadurch nicht unwesentlich verschleiert.[14] Wird die Abgrenzung zwischen Bundesstaat und Einheitsstaat durch die Staatsqualität der Glieder determiniert, so verweist die herrschende Lehre auf den ebenso unklaren Begriff des ‚Staates'.[15] Anders als bei der Abgrenzung des Bundesstaates vom Staatenbund liefert insbesondere das Völkerrecht für die Ermittlung der ‚Gliedstaatlichkeit' keinerlei rechtliche Kriterien, da Glieder eines Bundesstaates keine Staaten im Sinne der internationalen Rechtsordnung darstellen.[16] Setzt man jedoch in Ermangelung anderer anerkannter Maßstäbe der Staatlichkeit die Drei-Ele-

---

12 *Stern, Klaus*, Das Staatsrecht der Bundesrepublik Deutschland, Band I (Grundbegriffe und Grundlagen des Staatsrechts, Strukturprinzipien der Verfassung), 2. Auflage, München 1984, S. 644 f. m. w. N.; *Herzog*, Art. 20 GG IV., in: Maunz/Dürig, Rz. 2 ff. m. w. N.; *Sommermann, Karl-Peter*, Art. 20 GG, in: von Mangoldt, Hermann/Klein, Friedrich/ Starck, Christian (Hrsg.), Das Bonner Grundgesetz: Kommentar, Band II (Art. 20 bis 78), 4. Auflage, München 2000, Rz. 21 f.; *Maunz, Theodor/Zippelius, Reinhold*, Deutsches Staatsrecht, 30. Auflage, München 1998, S. 106 f.; *Isensee, Josef*, Idee und Gestalt des Föderalismus im Grundgesetz, in: Isensee, Josef/Kirchhof, Paul (Hrsg.), Handbuch des Staatsrechts der Bundesrepublik Deutschland, Band IV, 2. Auflage, Heidelberg 1999, § 98, Rz. 4; *Rudolf, Walter*, Bundesstaat und Völkerrecht, AVR 27 (1989), S. 1, 4; *Kimminich, Otto*, Der Bundesstaat, Rz. 5; *Zippelius, Reinhold*, Allgemeine Staatslehre, 14. Auflage, München 2003, S. 405 f.; *Hanf, Dominik*, Bundesstaat ohne Bundesrat? – Die Mitwirkung der Glieder und die Rolle zweiter Kammern in evolutiven und devolutiven Bundesstaaten. Eine rechtsvergleichende Untersuchung, Baden-Baden 1999, S. 31 f. Aus dem österreichischen Schrifttum vgl. etwa *Weber, Karl*, Kriterien des Bundesstaates – Eine systematische, historische und rechtsvergleichende Untersuchung der Bundesstaatlichkeit der Schweiz, der Bundesrepublik Deutschland und Österreichs, Wien 1980, S. 66 ff., 82 ff., 87 ff.; *Gamper, Anna*, Schottland – Präzedenzfall eines neuen „Quasiföderalismus" in Europa?, ZÖR 56 (2001), S. 405, 429 ff.
13 Vgl. dazu *Kimminich*, Der Bundesstaat, Rz. 15 ff. m. w. N.
14 *Bothe, Michael*, Art. 20 Abs. 1 – 3 GG II (Bundesstaat). in: Denninger, Erhard/Hoffmann-Riem, Wolfgang/Schneider, Hans-Peter/Stein, Ekkehart (Hrsg.), Kommentar zum Grundgesetz für die Bundesrepublik Deutschland (Reihe Alternativkommentare), Band II, 3. Auflage, Loseblattsammlung, Neuwied/Kriftel 2001, Stand: August 2002, Rz. 18.
15 *Bothe, Michael*, Föderalismus – ein Konzept im geschichtlichen Wandel, in: Stuby, Gerhard (Hrsg.), Föderalismus und Demokratie – Ein deutsch-sowjetisches Symposium, Baden-Baden 1992, S. 21, 23; *ders.*, Kompetenzstruktur, S. 8 f.; *Malanczuk*, Region und unitarische Struktur, S. 19.
16 *Bothe*, Kompetenzstruktur, S. 9; *Sommermann*, Art. 20 GG, in: von Mangoldt/Klein/ Starck, Rz. 26.

Kapitel 4: Das Kontinuum der Regionalisierungsformen

mente-Lehre *Georg Jellineks*[17] als Ausweis der Staatlichkeit regionaler Glieder eines Gesamtstaates an, so ergibt sich etwa für die Länder der Bundesrepublik Deutschland ein zumindest ambivalenter – wenn nicht sogar negativer – Befund,[18] obgleich sie von der deutschen Rechtsprechung[19] und Literatur[20] beinahe einhellig als Staaten verstanden werden. Auch eine direkte Verknüpfung der Gliedstaatlichkeit mit dem Vorliegen einer Verfassungsautonomie regionaler Einheiten[21] erscheint streng genommen willkürlich, da hierin keinerlei Aussage über die wahre Regelungsautonomie der Glieder enthalten sein kann.[22] Schließlich wird versucht, die Unabgeleitetheit der Staats-

---

17 *Jellinek, Georg*, Allgemeine Staatslehre, 3. Auflage, Berlin 1914, S. 381 ff.
18 *Menzel, Jörg*, Landesverfassungsrecht – Verfassungshoheit und Homogenität im grundgesetzlichen Bundesstaat, Stuttgart (u. a.) 2002, S. 135 ff.; *Kettler, Dietmar*, Die Staatsqualität der Bundesländer, Recht und Politik 1995, S. 165, 166 f.; *Katz, Alfred*, Staatsrecht – Grundkurs im öffentlichen Recht, 15. Auflage, Heidelberg 2002, Rz. 69; *Möllers, Christoph*, Staat als Argument, München 2000, S. 358 f. A. A. *Sommermann*, Art. 20 GG, in: von Mangoldt/Klein/Starck, Rz. 26.
19 Ständige Rspr. seit BVerfGE 1, 14, 34: „Die Länder sind als Glieder des Bundes Staaten mit eigener – wenn auch gegenständlich beschränkter – nicht vom Bund abgeleiteter, sondern von ihm anerkannter staatlicher Hoheitsmacht." Vgl. zur diesbezüglichen Rechtsprechung des Bundesverfassungsgerichts *Rudolf, Walter*, Die Bundesstaatlichkeit in der Rechtsprechung des Bundesverfassungsgerichts, in: Starck, Christian (Hrsg.), Bundesverfassungsgericht und Grundgesetz, Festgabe aus Anlaß des 25jährigen Bestehens des Bundesverfassungsgerichts, Band II (Verfassungsauslegung), Tübingen 1976, S. 233, 240 ff.
20 Aus dem umfangreichen Schrifttum vgl. *Barschel*, Staatsqualität, S. 167 ff.; *Bleckmann, Albert*, Staatsrecht I – Staatsorganisationsrecht (Grundlagen, Staatszielbestimmungen und Staatsorganisationsrecht des Bundes), Köln (u. a.) 1993, Rz. 863 ff.; *Stern*, Staatsrecht I, S. 667 ff.; *Vogel, Hans-Jochen*, Die bundesstaatliche Ordnung des Grundgesetzes, in: Benda, Ernst/Maihofer, Werner/Vogel, Hans-Jochen (Hrsg.), Handbuch des Verfassungsrechts der Bundesrepublik Deutschland, 2. Auflage, Berlin/New York 1994, § 22, Rz. 27 ff.; *Geiger, Willi*, Mißverständnisse um den Föderalismus, Berlin 1962, S. 5 f.; *Ossenbühl, Fritz*, Föderalismus nach 40 Jahren Grundgesetz, DVBl. 1989, S. 1230, 1231 f.; *Maunz, Theodor*, Staatlichkeit und Verfassungshoheit der Länder, in: Isensee, Josef/Kirchhof, Paul (Hrsg.), Handbuch des Staatsrechts der Bundesrepublik Deutschland, Band IV, 2. Auflage, Heidelberg 1999, § 94, Rz. 1 ff.; *Isensee*, Idee und Gestalt des Föderalismus, Rz. 64 ff.; *Erbguth, Wilfried*, Erosion der Ländereigenstaatlichkeit – Art. 30 GG und unitaristische Entwicklungen national- wie gemeinschaftsrechtlichen Ursprungs, in: Ipsen, Jörn/Rengeling, Hans-Werner/Mössner, Jörg M./Weber, Albrecht (Hrsg.), Verfassungsrecht im Wandel: Wiedervereinigung Deutschlands, Deutschland in der Europäischen Union, Verfassungsstaat und Föderalismus, Köln (u. a.) 1995, S. 549, 549 f.; *Möllers*, Staat als Argument, S. 350 ff.; *Philipp, Wolfgang*, Ein dreistufiger Bundesstaat? – Deutsche Einheit zwischen Europa und den Ländern, ZRP 1992, S. 433, 434, bezeichnet sowohl die Staatlichkeit des Bundes als auch die der Länder sogar als „unzweifelhaft".
21 So beispielsweise *Pernthaler, Peter*, Allgemeine Staatslehre und Verfassungslehre, Wien/New York 1986, S. 421; *Oeter, Stefan*, Selbstbestimmungsrecht und Bundesstaat, in: Heintze, Hans-Joachim (Hrsg.), Selbstbestimmungsrecht der Völker – Herausforderung der Staatenwelt, Bonn 1997, S. 73, 78 f.
22 So auch *Blanke*, Föderalismus und Integrationsgewalt, S. 360. Die deutsche Rechtsprechung und herrschende Verfassungslehre halten dementsprechend die Verfassungsautonomie der deutschen Bundesländer nicht für den Grund, sondern für eine Folge ihrer Staatlichkeit. Vgl. BVerfGE 34, 9, 19; 36, 342, 360 f.; *Graf Vitzthum, Wolfgang*, Die Bedeutung gliedstaatlichen Verfassungsrechts in der Gegenwart, in: Vereinigung

gewalt zum Prüfstein der Staatlichkeit zu erheben. und folglich für die Bundesrepublik argumentiert, daß die Staatlichkeit der Länder durch das Grundgesetz nicht etwa konstituiert, sondern lediglich anerkannt werde.[23] In der Verbindung von Staatlichkeit und Unabgeleitetheit klingt jedoch zunächst die überkommene Verknüpfung von Staatlichkeit und Souveränität nach.[24] Diese Theorie muß zudem bereits für die Bundesrepublik Deutschland, die durch einen einheitlichen Akt der Verfassungsgebung entstanden ist,[25] durch die umständliche Konstruktion einer mitgedachten unabgeleiteten Schaffung von Gliedstaaten als Ausübung regionaler Volkssouveränität dogmatisch mühsam gerettet werden.[26] Darüber hinaus ermächtigt das Grundgesetz in Art. 29 GG zu Eingriffen in den Bestand und die territoriale Gestalt der Länder, setzt Art. 28 Abs. 1 S. 1 GG bestimmte Mindestanforderungen für die gliedstaatlichen Verfassungsordnungen und regeln die Art. 30, 70 ff., 83 ff. und 92 ff. GG die Zuständigkeiten der Länderstaatsgewalt, so daß es insgesamt wohl überzeugender erscheint, zumindest von einer Herleitung der Länderkompetenzen aus der Bundesverfassung auszugehen.[27] Die Unabgeleitetheit der Länderstaatsgewalt bleibt danach selbst für das Grundgesetz eine – im übrigen nur interpretatorisch gewonnene – verfassungsrechtliche Konstruktion zur Gewinnung einer Reihe für die deutsche Bundesstaatlichkeit bedeutsamer Rechtsfolgen.[28] Als entscheidender Beleg für die Staatlichkeit und damit als zentrales Grundelement einer allgemeingültigen Bundesstaatstheorie erweist sich das Kriterium der Unabgeleitetheit der Staatsgewalt dagegen als unbrauchbar.[29] Für die internationale Verfassungsvergleichung muß dies schließlich bereits deshalb gelten, weil das Abgrenzungskriterium der Unab-

---

der deutschen Staatsrechtslehrer (Hrsg.), Veröffentlichungen der Vereinigung der deutschen Staatsrechtslehrer: Die Bedeutung gliedstaatlichen Verfassungsrechts in der Gegenwart (Heft 46, 1987), Berlin/New York 1988, S. 22 ff. m. w. N., der Indien als Beispiel eines Bundesstaates ohne Verfassungsautonomie der Gliedstaaten benennt (S. 23). Auch weist *Kisker* ausdrücklich auf die Möglichkeit eines Bundesstaates ohne gliedstaatliche Verfassungsautonomie hin; *Kisker, Gunter*, Diskussionsbeitrag, in: Vereinigung der deutschen Staatsrechtslehrer (Hrsg.), Veröffentlichungen der Vereinigung der deutschen Staatsrechtslehrer: Die Bedeutung gliedstaatlichen Verfassungsrechts in der Gegenwart (Heft 46, 1987), Berlin/New York 1988, S. 136, 136.

23 *Herzog*, Art. 20 GG IV., in: Maunz/Dürig, Rz. 9 ff.; *Vogel*, Die bundesstaatliche Ordnung, Rz. 37; *Stern*, Staatsrecht I, S. 667; *Barschel*, Staatsqualität, S. 28, 256; BVerfGE 1, 14, 34; 60, 175, 207.
24 *Hain, Karl-E.*, Art. 79 GG, in: von Mangoldt, Hermann/Klein, Friedrich/Starck, Christian (Hrsg.), Das Bonner Grundgesetz: Kommentar, Band III (Art. 79 bis 146), 4. Auflage, München 2001, Rz. 126, Fn. 452. Vgl. auch *Scheuner*, Struktur und Aufgabe des Bundesstaates, S. 644 f.
25 Siehe supra Kapitel 3 § 1 A. II. 1.
26 *Herzog*, Art. 20 GG IV., in: Maunz/Dürig, Rz. 25 f.
27 Vgl. *Kettler*, Staatsqualität, S. 166. Im Ergebnis so auch *Isensee*, Der Bundesstaat, S. 737. *Boehl, Henner J.*, Verfassungsgebung im Bundesstaat – Ein Beitrag zur Verfassungslehre des Bundesstaates und der konstitutionellen Demokratie, Berlin 1997, S. 149, konstruiert sogar eine aus dem Grundgesetz abgeleitete Unabgeleitetheit; kritisch dazu *Möllers*, Staat als Argument, S. 362.
28 Vgl. *Isensee*, Der Bundesstaat, S. 737 f.; *ders.*, Idee und Gestalt des Föderalismus, Rz. 68.
29 So auch *Möllers*, Staat als Argument, S. 362.

geleitetheit von Staatsgewalt die devolutive Entstehung von Bundesstaaten durch eine Föderalisierung unitarisch organisierter Staatswesen – und damit etwa die konstitutionelle Entwicklung Belgiens[30] – nur äußerst konstruiert[31] oder sogar gar nicht[32] zu erfassen oder zu erklären vermag.

Im Gegensatz zum vorherrschenden Verständnis vom zweigliedrigen Staatenstaat hat sich daher in der deutschen Staats- und Verfassungslehre eine Meinungsgruppe formiert, die lediglich den Bundesstaat im Ganzen – hier die Bundesrepublik Deutschland – als Staat begreift, den einzelnen Gliedern – hier den Bundesländern – diesen Charakter jedoch abspricht.[33] Der Staat offenbart sich danach erst durch eine Gesamtschau der regionalen und der zentralen Ebene.

Eine allgemeine Definition des Bundesstaates, die über die verfassungsjuristische Erklärung einer konkreten Staatsordnung hinaus Gültigkeit beanspruchen und die zumindest in ihrem Ansatz als allgemein anerkannt gelten kann, steht somit nicht zur Verfügung und ist als aussagekräftige Kategorisierung regionalisierter Staatsgefüge überdies schwer vorstellbar.[34] Auch dem Rückzug der herrschenden Lehre auf die Minimalkonstruktion des Staatenstaates kann nicht gefolgt werden.

In der Folge dieser Einsicht hat sich ein Teil der deutschen Staatslehre und der verfassungsvergleichenden Wissenschaft für eine historisch-pragmatische Betrachtungsweise des Bundesstaates ausgesprochen.[35] Ausgangspunkt

---

30 Ausführlich zum Prozeß der Föderalisierung in Belgien *Mörsdorf, Roland*, Das belgische Bundesstaatsmodell im Vergleich zum deutschen Bundesstaat des Grundgesetzes, Frankfurt a.M. (u. a.) 1996, S. 56 ff., 35 f.
31 Siehe die Konstruktionsversuche von *Mörsdorf*, Das belgische Bundesstaatsmodell, S. 35 f., und *Blanke*, Föderalismus und Integrationsgewalt, S. 362.
32 *Vitzthum*, Bedeutung gliedstaatlichen Verfassungsrechts, S. 23 f.; *Hanf*, Bundesstaat ohne Bundesrat?, S. 32.
33 Im Sinne dieser ‚Eingliedrigkeitstheorie' vor allem *Doehring, Karl*, Das Staatsrecht der Bundesrepublik Deutschland, 3. Auflage, Frankfurt a.M. 1984, S. 116 f.; *ders.*, Diskussionsbeitrag, in: Vereinigung der deutschen Staatsrechtslehrer (Hrsg.), Veröffentlichungen der Vereinigung der deutschen Staatsrechtslehrer: Die Bedeutung gliedstaatlichen Verfassungsrechts in der Gegenwart (Heft 46, 1987), Berlin/New York 1988, S. 126, 126 f.; *ders.*, Staat und Verfassung in einem zusammenwachsenden Europa, ZRP 1993, S. 98, 100; *Hempel, Wieland*, Der demokratische Bundesstaat – Artikel 20 Absatz 1 des Grundgesetzes und seine Bedeutung für Zuständigkeitsvereinbarungen zwischen Bund und Ländern, Berlin 1969, S. 177 ff.; *Hesse, Konrad*, Grundzüge des Verfassungsrechts der Bundesrepublik Deutschland, Neudruck der 20. Auflage, Heidelberg 1999, Rz. 217, Fn. 1; *Kettler*, Staatsqualität, S. 166 f. Kritisch zur Staatsqualität der deutschen Bundesländer auch *Denninger, Erhard*, Staatsrecht – Einführung in die Grundprobleme des Verfassungsrechts der Bundesrepublik Deutschland, Band II (Funktionen und Institutionen), Reinbek 1979, S. 95 ff.
34 So auch *Bothe, Michael*, Final Report, in: Fleiner-Gerster, Thomas/Hutter, Silvan/International Association of Constitutional Law (Hrsg.), Federalism and Decentralization – Constitutional Problems of Territorial Decentralization in Federal and Centralized States, Fribourg (CH) 1987, S. 411, 420 f.
35 Als Begründer dieses Ansatzes gilt *Scheuner*, Struktur und Aufgabe des Bundesstaates, S. 641. Ihm folgend insbesondere *Hesse*, Grundzüge des Verfassungsrechts, Rz. 217; *Bothe*, Kompetenzstruktur, S. 9 f.; *Malanczuk*, Region und unitarische Struktur, S. 20 f.;

bildet danach nicht die abstrakte Theorie, welche an einen „vorverfassungsmäßigen" Bundesstaatsbegriff anknüpft, sondern die Erkenntnis, daß jeder Bundesstaat eine „konkret-geschichtliche Individualität" besitzt, die sich infolge unterschiedlicher historischer, politischer, sozialer, kultureller, geographischer sowie wirtschaftlicher Gegebenheiten in abweichenden staatsorganisatorischen Ausgestaltungen manifestiert.[36] Daher müssen wissenschaftliche Analysen regional gegliederter Staatswesen die konkrete normative Ordnung dieser Regierungssysteme betrachten und diese aus sich heraus verständlich machen. Die herrschende deutsche Verfassungslehre greift diese Fokussierung auf das individuelle regionalisierte Staatsgefüge teilweise auf und spricht den deutschen Bundesländern dementsprechend eine Staatlichkeit „nach Maßgabe" beziehungsweise „im Sinne" des Grundgesetzes zu[37] oder bezeichnet sie sogar als „Staaten besonderer Art"[38]. Damit werden zwar die Probleme der Subsumtion der Länder unter einen ohnehin umstrittenen Staatsbegriff der allgemeinen Staatslehre vermieden; gleichzeitig liegt darin aber auch die stille Absage an das scheinbar allgemeingültige Verständnis des Bundesstaates als Staatenstaat. Zudem bleibt unklar, welche Rechtsfolgen die so verstandene Staatlichkeit der Bundesländer auslöst.[39]

Die Vertreter der historisch-pragmatischen Betrachtungsweise wenden sich gegen die Untersuchung des Bundesstaates auf der Grundlage formalistisch-konstruktivistischer Definitionsversuche[40] und ziehen – vor allem für die internationale Verfassungsvergleichung – einen abweichenden Ausgangspunkt vor. Sie beschränken sich auf die Beschreibung einer Reihe gemeinsamer Strukturmerkmale, welche üblicherweise in Staatslehre, Staatsrechtslehre und Politikwissenschaft als Charakteristika moderner Bundesstaaten genannt werden. Als Begründung für dieses Vorgehen wird auf die Notwendigkeit einer einheitlichen Begriffsfindung für „ein allenthalben auf der Welt anzutreffendes politisches Phänomen" hingewiesen.[41] *Michael Bothe* gibt fünf derartige Elemente an:

---

*Blanke*, Föderalismus und Integrationsgewalt, S. 359 ff.; *Schnapp, Friedrich E.*, Bundesstaatlichkeit, Länderstaatlichkeit und Landesverfassungsgerichtsbarkeit, NWVBL 1987, S. 41, 42. Vgl. auch *Hanf*, Bundesstaat ohne Bundesrat?, S. 32 f.
36 *Hesse*, Grundzüge des Verfassungsrechts, Rz. 217; *Malarczuk*, Region und unitarische Struktur, S. 20.
37 *Isensee*, Idee und Gestalt des Föderalismus, Rz. 64 ff.; *Jestaedt, Matthias*, Bundesstaat als Verfassungsprinzip, in: Isensee, Josef/Kirchhof, Paul (Hrsg.), Handbuch des Staatsrechts der Bundesrepublik Deutschland, Band II, 3. Auflage, Heidelberg 2004, § 29, Rz. 65; *Friedrich, Thomas*, Chancen und Spielräume gliedstaatlicher Verfassungsautonomie – von den Runden Tischen zu den Länderverfassungen in den neuen Ländern, in: Aulehner, Josef (Hrsg.), Föderalismus – Auflösung oder Zukunft der Staatlichkeit?, Stuttgart (u. a.) 1997, S. 57, 63 f.; *Kersten, Jens*, Homogenitätsgebot und Landesverfassungsrecht, DÖV 1993, S. 896, 896.
38 *Graf Vitzthum*, Bedeutung gliedstaatlichen Verfassungsrechts, S. 54. Kritisch dazu *Möllers*, Staat als Argument, S. 361.
39 Ähnlich auch *Doehring*, Staat und Verfassung, S. 100.
40 *Scheuner*, Struktur und Aufgabe des Bundesstaates, S. 641 f.; *Blanke*, Föderalismus und Integrationsgewalt, S. 361.
41 *Bothe*, Kompetenzstruktur, S. 10.

*„1. Ein Bundesstaat ist ein in territoriale Einheiten gegliederter Staat.
2. Diese Einheiten besitzen eine gewisse, nicht unbedeutende Autonomie.
3. Sie wirken an der Willensbildung des Bundes in einer zweiten Kammer des Bundesparlaments mit.
4. Diese Elemente sind in einer gegenüber dem einfachen Gesetz erschwert abänderbaren Verfassung garantiert.
5. Es besteht ein organisierter Konfliktlösungsmechanismus, insbesondere durch gerichtliche Entscheidung föderaler Streitigkeiten."*[42]

Dabei wird hervorgehoben, daß diese Wesenselemente nicht bestimmt sein sollen, eine scharfe Definition des Bundesstaates zu konstruieren. Vielmehr stellt die Einordnung eines Staatsgefüges unter diese „Definition" eine „question of degree" dar.[43] Für die historisch-pragmatische Betrachtungsweise kommt es nicht auf die Subsumtion regional gegliederter Staatsordnungen unter einen verfassungsjuristisch trennscharfen und allgemeingültigen Bundesstaatsbegriff an, sondern auf die systemimmanente Untersuchung individueller Abwägungen zwischen zentrifugalen und zentripetalen Tendenzen in regionalisierten Staatsordnungen.[44] Erst diese Analyse kann für den einzelnen Staat zeigen, wie weit die sachliche Autonomie der regionalen Glieder reicht, welchen Einfluß diese auf die zentrale Entscheidungsebene über eine zweite Kammer besitzen und wie schwer Verfassungsänderungen durchzuführen sind, so daß die definitorischen Grenzen fließend bleiben.[45] *Bothe* zeichnet damit eine „Wegstrecke" zwischen dem Einheitsstaat und dem Staatenbund, auf welcher der Bundesstaat eine Art Mittelstellung einnimmt: In Ablehnung eines allgemeinverbindlichen Bundesstaatsbegriffs weist dessen dogmatische Abgrenzung zur einen und zur anderen Seite unscharfe Übergänge auf, und den mannigfaltigen föderativen Erscheinungsformen können als sinnvollem Untersuchungsrahmen nur gemeinsame Strukturbausteine anstelle einer abstrakten Theorie unterlegt werden.[46] Diese Konstruktionselemente sind dabei wohl nicht nur einzeln, sondern auch in ihrer Gesamtheit als Fragen des Grades zu verstehen. Mit der Beschreibung einer „gleitenden Skala" zwischen schwachen Formen des Regionalismus bis hin zu den stark regionalisierten

---

42 *Bothe*, Kompetenzstruktur, S. 10; *ders.*, Art. 20 Abs. 1 – 3 GG II (Bundesstaat), in: AK-GG, Rz. 17. Ihm folgend *Malanczuk*, Region und unitarische Struktur, S. 21; *Blanke*, Föderalismus und Integrationsgewalt, S. 361.
43 *Bothe*, Kompetenzstruktur, S. 10; *ders.*, Föderalismus, S. 23; *Malanczuk*, Region und unitarische Struktur, S. 21.
44 *Bothe*, Kompetenzstruktur, S. 10. Zum Bundesstaat als Kompromiß zwischen zentrifugalen und zentripetalen Tendenzen vgl. *Apelt, Willibalt*, Zum Begriff des Föderalismus, in: Um Recht und Gerechtigkeit – Festgabe für Erich Kaufmann, Stuttgart/Köln 1950, S. 1, 2 ff.
45 *Bothe*, Kompetenzstruktur, S. 10.
46 *Bothe*, Kompetenzstruktur, S. 10 f.

Bundesstaaten vertritt *Peter Häberle* ein ähnlich graduell abgestuftes Verständnis regional gegliederter Staatsformen.[47]

Die Vorstellung eines graduell gestuften Kontinuums zwischen dem streng unitarischen Einheitsstaat und dem stark regionalisierten Bundesstaat – oder sogar eines erweiterten Spektrums bis hin zum schwach integrierten Staatenbund – wird jedoch selten vollkommen konsequent durchgehalten. Während *Bothe* sein Verständnis einer „Wegstrecke" nicht relativiert, neigen andere Autoren dazu, schließlich doch die Existenz eines für die allgemeine Staatslehre und die Verfassungsvergleichung bedeutsamen Kategoriensprungs auf dem beschriebenen Kontinuum anzunehmen. So erkennt *Häberle* auf seiner „Skala" einen dogmatischen Bruch zwischen dem regionalisierten Einheitsstaat und dem unitarisch ausgerichteten Bundesstaat, an dem „Quantität" in „Qualität" umschlagen und für dessen genaue Verortung die Erarbeitung gänzlich präziser Kriterien noch ausstehen soll.[48] Obgleich er das Vorhandensein fließender Übergänge und Gradationen anzuerkennen bereit ist, zeichnen sich nach *Häberle* Gliedstaaten eines Bundesstaates im Unterschied zu Regionen eines Einheitsstaates durch eine Reihe wichtiger Besonderheiten aus: Sie besitzen beispielsweise eigene Völker mit verfassungsgebender Gewalt sowie eine Verfassungsautonomie und nehmen originäre Staatsaufgaben wahr; zudem weisen sie individuelle Staatlichkeitselemente, substantielle Mitwirkungsrechte auf der gesamtstaatlichen Ebene sowie eine nicht unwesentliche Finanzautonomie auf; dabei besteht in einem Bundesstaat eine Kompetenzvermutung zugunsten der Glieder und eine auf Fragen der Rechtmäßigkeit beschränkte Aufsicht des Gesamtstaates.[49] Während *Häberle* somit von der Existenz eines im einzelnen im dogmatischen Dunkeln bleibenden qualitativen Kategoriensprungs zwischen Bundesstaat und Einheitsstaat ausgeht, bekennt sich *Malanczuk* zu einer klaren Trennungslinie zwischen diesen beiden Staatsformen: Danach liegt der maßgebliche rechtliche Unterschied zwischen dem Bundes- und dem Einheitsstaat darin, daß – anders als im Einheitsstaat – in einer bundesstaatlichen Ordnung die Autonomie der territorialen Glieder nicht einseitig von der Zentralregierung aufgehoben, begrenzt oder beschränkt werden kann.[50] Getreu dem historisch-pragmatischen Bezugspunkt weist *Malanczuk* jedoch darauf hin, daß diese rechtliche Trennungslinie wenig hilfreich bei der Erfassung und Erklärung konkreter politischer Systeme sei, da sowohl im Bundes- als auch im Einheitsstaat zentrifugale und

---

47 *Häberle, Peter*, Der Regionalismus als werdendes Strukturprinzip des Verfassungsstaates und als europarechtspolitische Maxime, AöR 118 (1993), S. 1, 24f.; *ders.*, Grundfragen einer Verfassungstheorie des Regionalismus in vergleichender Sicht, in: Kramer, Jutta (Hrsg.), Die Entwicklung des Staates der Autonomie in Spanien und der bundesstaatlichen Ordnung in der Bundesrepublik Deutschland, Baden-Baden 1996, S. 75, 106; *ders.*, Föderalismus, Regionalismus, Kleinstaaten – in Europa, DV 1992, S. 1, 4f.
48 *Häberle*, Regionalismus als werdendes Strukturprinzip, S. 25; *ders.*, Grundfragen einer Verfassungstheorie des Regionalismus, S. 106.
49 *Häberle*, Regionalismus als werdendes Strukturprinzip, S. 25; *ders.*, Grundfragen einer Verfassungstheorie des Regionalismus, S. 106.
50 *Malanczuk*, Region und unitarische Struktur, S. 22.

zentripetale Tendenzen oft gleichzeitig wirken und die formale Verortung eines Staatswesens in einer dieser Kategorien daher keinerlei Aussagen über die wahren Machtverhältnisse zwischen den regionalen Gliedern und der gesamtstaatlichen Ebene und über die Funktionsweise des regionalisierten Staatsgefüges treffen muß; in der Praxis mögen daher zwischen dem stark zentralisierten Bundesstaat und dem erheblich regionalisierten Einheitsstaat keine bedeutenden Unterschiede bestehen.[51]

## B. Das Fehlen einer klaren verfassungsdogmatischen Trennung zwischen Bundesstaat und Einheitsstaat

Der Überblick über den wissenschaftlichen Meinungsstand zum Verhältnis und zur Abgrenzung zwischen Bundesstaat und Einheitsstaat ergibt somit ein weitgehend uneinheitliches Bild. Während allgemein konstatiert wird, daß eine allgemeingültige Theorie oder ein einheitlicher Begriff des Bundesstaates nicht zur Verfügung stehe,[52] gehen die Ansichten über die theoretische Möglichkeit und den Nutzen einer solchen definitorischen Einigung in der allgemeinen Staats- und Verfassungslehre auseinander. Einige Beobachter bezweifeln die Sinnhaftigkeit eines solchen Vorhabens;[53] andere Stimmen fordern die Erarbeitung von tragfähigen Abgrenzungskriterien[54] oder erkennen sogar Ansätze zu ihrer Entwicklung[55]. Da jedoch auch der im deutschen Schrifttum vorherrschenden Minimaltheorie des Bundesstaates als Staatenstaat nicht gefolgt werden kann, muß mit den Vertretern der historisch-pragmatischen Betrachtungsweise die abstrakte Theorie des Bundesstaates als Ausgangspunkt einer Untersuchung regional gegliederter Staatsorganisationen abgelehnt werden. Das Fehlen eines allgemeingültigen Begriffs des Bundesstaates zwingt dabei zugleich zu der Einsicht, daß auch keine einheitliche Definition des Einheitsstaates zur Verfügung steht.[56]

Damit wird die analytische Sicht frei für ein Verständnis eines graduell gestuften Verhältnisses zwischen diesen beiden Staatsformen. Es offenbart sich ein breites Kontinuum der Regionalisierungsformen vom zentralistischen

---

51  *Malanczuk*, Region und unitarische Struktur, S. 22 f.
52  Siehe supra Fn. 6 mit Text.
53  So beispielsweise *Bothe*, Final Report, S. 420.
54  *Häberle*, Regionalismus als werdendes Strukturprinzip, S. 25; *ders.*, Grundfragen einer Verfassungstheorie des Regionalismus, S. 106.
55  So *Stern*, Staatsrecht I, S. 647.
56  Kritisch zur analytischen Unterscheidung von Bundesstaat und Einheitsstaat auch *Braun, Dietmar*, Hat die vergleichende Föderalismusforschung eine Zukunft?, in: Europäisches Zentrum für Föderalismus-Forschung Tübingen (Hrsg.), Jahrbuch des Föderalismus 2002: Föderalismus, Subsidiarität und Regionen in Europa, Baden-Baden 2002, S. 97, 98 ff.

Einheitsstaat zum stark dezentralisierten Bundesstaat.[57] Auch wenn die Existenz wichtiger verfassungsjuristischer Schritte auf diesem Spektrum, wie etwa die Verfassungsautonomie der Glieder, die verfassungsrechtlich erschwerte Abänderbarkeit der vertikalen Kompetenzverteilung oder die Beteiligung der Glieder an der Entscheidungsfindung auf der Zentralebene, nicht geleugnet werden darf, erscheint es insgesamt nicht mehr überzeugend, einen bestimmten Punkt auf dem beschriebenen Kontinuum zum dogmatisch und praktisch allein entscheidenden Qualitätssprung in Dezentralisierungs- oder Zentralisierungsprozessen zu erklären.[58] Der analytische Rahmen eines Kontinuums der Regionalisierungsformen eröffnet erst die Möglichkeit einer sinnvollen Untersuchung unterschiedlich stark regionalisierter Staatsformen. Aus diesem Blickwinkel wird deutlich, daß es sich bei der Beschreibung eines rechtlichen Unterscheidungskriteriums zwischen Bundes- und Einheitsstaat, von dem dann jedoch bei der Analyse konkreter politischer Systeme wenig Nutzen erwartet wird,[59] lediglich um die Erklärung der gewählten Terminologie handelt, nicht jedoch um den Rückgriff auf eine abstrakte Theorie des Bundesstaates. Dabei scheint gerade die fortdauernde Indienststellung eines Vokabulars, dem neben einer klaren verfassungsdogmatischen Untermauerung auch der direkte analytische Nutzen fehlt, dazu geeignet, den überkommenen Glauben an das einende Band einer allgemeingültigen Theorie des Bundesstaates als wissenschaftlichen Bezugspunkt mittelbar zu stärken und die eigentlich entscheidenden Fragen der Untersuchung verschiedener Staatsformen zu verschleiern.

Das Bekenntnis zu einer solch graduellen Sichtweise regionalisierter Regierungssysteme muß die traditionelle Terminologie vom Bundes- und vom Einheitsstaat zugleich nicht vollkommen ablegen, jedoch können diesen Begriffen stets nur systemimmanente, nationalrechtliche Bedeutungen zukommen. Sie eignen sich aber nicht als Kurzformeln zur gewinnbringenden Gegenüberstellung geschlossener dogmatischer Kategorien der Staatslehre oder Verfassungsvergleichung.

---

57 Ähnlich dem hier vertretenen Ansatz führt *Beaud, Olivier*, Föderalismus und Souveränität – Bausteine zu einer verfassungsrechtlichen Lehre der Föderation, Der Staat 1996, S. 45, 49 ff., den Begriff der Föderation als „Verneinung der Unterscheidung zwischen Staatenbund und Bundesstaat" ein.
58 Ähnlich schon *Preuss, Hugo*, Deutschlands republikanische Reichsverfassung, 2. Auflage, Berlin 1923, S. 42 f.
59 So der Ansatz *Malanczuks*, siehe supra Fn. 50 f. mit Text.

## C. Der notwendige Ausgangspunkt der verfassungsvergleichenden Untersuchung

Die Vertreter der historisch-pragmatischen Betrachtungsweise konkretisieren ihr Verständnis eines graduellen Verhältnisses zwischen Bundes- und Einheitsstaat, indem sie gemeinsame Strukturelemente bundesstaatlicher Ordnungen herausstellen und diese als unscharfe ‚Definition' bundesstaatlicher Ordnungen verfassungsvergleichenden Untersuchungen zugrunde legen.[60] Dabei wird darauf hingewiesen, daß es sich bei den einzelnen Kriterien um Fragen des Grades handele, die von verschiedenen regionalisierten Staatsordnungen in unterschiedlichem Maße erfüllt werden können.[61] Ferner wird argumentiert, daß die Ablösung einer allgemeinen Theorie des Bundesstaates durch eine unscharfe, graduelle Definition auf der Grundlage gemeinsamer Strukturelemente als Abkehr von der Begriffsjurisprudenz der in der modernen Rechtsvergleichung vorgezogenen funktionellen Methode der Rechtsvergleichung entspreche, welche nicht bei Rechtsbegriffen, sondern bei sachlichen Regelungsproblemen ansetze.[62]

Obwohl der deutlichen Ablehnung einer allgemeinen Bundesstaatstheorie als Ausgangspunkt verfassungsvergleichender Untersuchungen regionalisierter Staatsordnungen durch die Vertreter dieser Meinungsgruppe und ihrem Bekenntnis zu einem graduellen Verständnis in vollem Umfang zuzustimmen ist, kann die Anknüpfung an gemeinsame Strukturmerkmale bundesstaatlicher Ordnungen im Ergebnis nicht überzeugen. Zunächst bleibt unklar, was unter einer teilweisen Erfüllung bundesstaatlicher Strukturelemente durch ein regionalisiertes Regierungssystem zu verstehen ist, wenn zumindest einzelne dieser Prüfsteine klare Kategoriensprünge implizieren. Aus *Bothe*s Aufzählung bundesstaatlicher Strukturelemente[63] wirken insbesondere die Mitwirkung regionaler Einheiten an der zentralen Entscheidungsfindung in einer zweiten Kammer und die Sicherung der regionalen Gliederung durch eine gegenüber dem einfachen Gesetz erschwert abänderbare Verfassung als ‚Alles-oder-Nichts-Kriterien', die einen dogmatischen Kategoriensprung auf dem Spektrum zwischen Bundes- und Einheitsstaat erkennen lassen. Trotz des Hinweises auf die Existenz fließender Grenzen, liegt hierin eine verschleierte Rückkehr zu einem allgemeinen Bundesstaatsbegriff, der jedoch nicht zur Verfügung steht. Die Bezugnahme auf gemeinsame Strukturelemente vollzieht somit nicht den erforderlichen ganzheitlichen Schritt zu einer graduell gestuften Deutung regionalisierter Staatsgefüge.[64]

---

60 Siehe supra Fn. 42 ff. mit Text.
61 *Bothe*, Kompetenzstruktur, S. 10; *Malanczuk*, Region und unitarische Struktur, S. 21.
62 *Malanczuk*, Region und unitarische Struktur, S. 21.
63 Siehe supra Fn. 42 mit Text.
64 Ähnlich kritisch gegenüber gemeinsamen Strukturelementen als Vergleichsmaßstab *Heinemann*, Regionalismus, S. 29 f.

Dem Hinweis auf die Abkehr von einer überkommenen Begriffsjurisprudenz und die Hinwendung zur funktionellen Methode der Rechtsvergleichung kann ebenfalls nicht uneingeschränkt zugestimmt werden. Während sich die klare Ablehnung einer allgemeingültigen Theorie oder eines universellen Begriffs des Bundesstaates noch als notwendiger Bruch mit einer komparativen Analyse auf der Basis national-rechtlich vorgeprägter Rechtsinstitute und -normen darstellt, wird mit der Bezugnahme auf eine Reihe gemeinsamer Strukturelemente heutiger bundesstaatlicher Ordnungen nicht das vorgegebene Ziel der Anknüpfung an sachliche, also außer-rechtliche, Regelungs- und Ordnungsprobleme erreicht. Den Ausgangspunkt einer gewinnbringenden rechtsvergleichenden Untersuchung soll nach der funktionellen Methode gerade nicht die Einigung auf eine übergreifende, allgemeingültige Legaldefinition – sei sie auch gradueller Natur – bilden, sondern gemeinsame außer-rechtliche Sachprobleme verschiedener normativer Ordnungen.[65] Die Vorbestimmung eines Kriterienkatalogs bundesstaatlicher Ordnungen bewirkt indessen gerade die Fundierung diesbezüglicher Rechtsvergleichung in vorgeprägten juristischen Konzeptionen statt in gemeinsamen sachlichen Problemstellungen.

Der analytische Ausgangspunkt eines Vergleichs zwischen deutscher Bundesstaatlichkeit und britischer Devolution kann somit nur in einer gemeinsamen sachlichen Fragestellung der Staatsorganisation liegen. Bei näherer Betrachtung zeigt sich, daß die Bundesrepublik Deutschland und das Vereinigte Königreich in ihrer Bevölkerung ein gewisses Maß an kultureller und landsmannschaftlicher Heterogenität und die damit verbundenen staatsorganisatorischen Probleme teilen. Beide Staatswesen sind historisch aus ursprünglich unabhängigen Territorien entstanden; sie verbindet somit ein ähnliches geschichtliches Erbe.

Obgleich das Vereinigte Königreich von Großbritannien und Nordirland in seiner wesentlichen Zusammensetzung eine mehrere hundert Jahre alte Geschichte aufweist, haben sich eigenständige nationale Identitäten in England, Schottland, Wales und Nordirland in erstaunlichem Umfang erhalten. Es bestehen weitreichende kulturelle Unterschiede zwischen diesen Landesteilen, die sich von unterschiedlichen sozialen Strukturen über abweichende Religionszugehörigkeiten und eigenständige Sprachen bis hin zu gänzlich disparatem Wahlverhalten erstrecken. Aus dieser Heterogenität speist sich in den drei Randterritorien des Vereinigten Königreichs im Laufe seines Bestehens auch immer wieder der mal stärkere, mal schwächere Ruf nach mehr Autonomie oder sogar Unabhängigkeit[66] von der Londoner Zentralgewalt.

Die Bundesrepublik Deutschland kennt keine derartige Unterscheidbarkeit verschiedener Nationen innerhalb ihrer Bevölkerung; das deutsche Volk ist nach Art. 116 GG ein einheitliches rechtliches Zuordnungssubjekt. Jedoch ist auch die deutsche Bevölkerung traditionell durch eine weitreichende Hete-

---

65 Zur funktionellen Methode in der Rechtsvergleichung siehe supra Kapitel 2 § 1 B.
66 Im Falle Nordirlands stellt sich dieser Ruf nicht als einfache Unabhängigkeitsbewegung dar, sondern als politische Forderung des Anschlusses an die Republik Irland.

rogenität geprägt, die das Grundgesetz stillschweigend anerkennt, wenn es etwa in Art. 36 GG bei der Besetzung der obersten Bundesbehörden die Verwendung von Beamten aus allen Ländern in angemessenem Verhältnis anordnet und vorschreibt, daß die Wehrgesetze die Gliederung des Bundes in Länder und ihre besonderen landsmannschaftlichen Verhältnisse zu berücksichtigen haben. So haben regionale Besonderheiten und Identitätsgefühle, insbesondere in den Hansestädten Hamburg und Bremen, in Bayern und verstärkt auch in einzelnen der im Rahmen der Wiedervereinigung beigetretenen Ländern wie Thüringen und Sachsen, die Herbeiführung der deutschen Einheit in der zweiten Hälfte des 19. Jahrhunderts und sogar Zeiten der Gleichschaltung der Länder im Dritten Reich und ihrer Ausschaltung in der Deutschen Demokratischen Republik überdauert und erleben heute teilweise eine unverhoffte Blüte.[67] Die deutschen Länder wurden in der Frühphase der Bundesrepublik als Bezugspunkte regionaler Identitätsbildung oftmals beinahe todgeglaubt, scheinen jedoch mancherorts vor allem seit der Wiedervereinigung vermehrt wieder in dieser Rolle zu erstarken.

Obwohl die ethnischen, kulturellen und sozialen Unterschiede zwischen den verschiedenen Teilen der Bundesrepublik keine der Situation im Vereinigten Königreich vergleichbare Stärke erreichen, wird dennoch deutlich, daß beide Staaten eine maßgeschneiderte Abwägung zwischen der Herstellung der notwendigen Einheit des Gesamtstaates und der Wahrung regionaler Vielfalt in ihren Staatsorganisationen treffen und sich damit den Problemen der staatsorganisatorischen Berücksichtigung regionaler Heterogenität und somit der regionalen Aufgliederung staatlicher Gewalt widmen müssen. Die außerrechtliche Fragestellung für einen funktionellen Verfassungsvergleich zwischen deutscher Bundesstaatlichkeit und britischer Devolution läßt sich daher wie folgt formulieren: In welcher Form findet im deutschen und im britischen Regierungssystem die regionale Heterogenität der Bevölkerung einen staatsorganisatorischen Ausdruck? Anders gewendet läßt sich fragen, welche Strukturen und Funktionsweisen territorialer Dezentralisierung staatlicher Gewalt sich in Deutschland und im Vereinigten Königreich auf der regionalen Ebene identifizieren lassen und wie weit dabei die Autonomie regionaler Einheiten gegenüber der zentralen Staatsgewalt in diesen beiden Staatswesen reicht. Diese gemeinsame Problemstellung staatsorganisatorischer Gestaltung in Deutschland und dem Vereinigten Königreich bildet einen geeigneten Ausgangspunkt der verfassungsvergleichenden Untersuchung jenseits der Anknüpfung an gemeinsame Strukturelemente bundesstaatlicher Ordnungen und unter Vermeidung der Rezeption national-rechtlicher Konzepte und vorbestimmter verfassungsdogmatischer Klassifizierungen.

---

67 Vgl. *Isensee, Josef,* Einheit in Ungleichheit: der Bundesstaat – Vielfalt der Länder als Legitimationsbasis des deutschen Föderalismus, in: Bohr, Kurt (Hrsg.), Föderalismus – Demokratische Struktur für Deutschland und Europa, München 1992, S. 139, 157 ff.; *Kisker, Gunter,* Ideologische und theoretische Grundlagen der bundesstaatlichen Ordnung in der Bundesrepublik Deutschland – Zur Rechtfertigung des Föderalismus, in: von Münch, Ingo (Red.), Probleme des Föderalismus, Tübingen 1985, S. 23, 36.

## § 2 Das Kontinuum der Regionalisierungsformen und seine Konkretisierung

Verzichtet man auf die Identifizierung bundesstaatlicher Strukturelemente als Instrumentarium der Verfassungsvergleichung, so bietet das Verständnis eines kategorienfeindlichen, graduell gestuften Kontinuums der Regionalisierungsformen von betont zentralistischen bis hin zu stark dezentralisierten Staatsgefügen einen geeigneten analytischen Rahmen für eine funktionell vergleichende Untersuchung. Während das eine Ende dieses Kontinuums von weitreichender Autonomie der Regionen geprägt wird, dominieren an seinem anderen Ende die zentralstaatliche Lenkung und die materielle Unitarisierung. Bildlich gesprochen stehen sich Einheit und Vielfalt im Staatswesen gegenüber und fließen in einer weit gefächerten Grauzone unterschiedlichster Schattierungen ineinander über. Das Ziel einer solchen Betrachtungsweise liegt weder in der Leugnung bedeutsamer verfassungsrechtlicher Teilschritte in diesem Spektrum noch in der vollkommenen Beseitigung der traditionellen Terminologie von Bundesstaat und Einheitsstaat. Das Kontinuum ist jedoch besonders geeignet, die Existenz staatsrechtlich wichtiger Unterschiede zwischen verschiedenen Regionalisierungsformen zu verdeutlichen, ohne dabei zugleich von einem dogmatisch oder praktisch alleinentscheidenden Kategoriensprung auf dieser Wegstrecke auszugehen. Der Terminologie von Bundesstaat und Einheitsstaat darf dabei entsprechend der historisch-pragmatischen Betrachtungsweise nur dort Bedeutung zukommen, wo sie innerhalb einer konkreten Verfassungsordnung Rechtsfolgen bei der Lösung sachlicher Probleme auslöst.

Wie im Bereich anderer Verfassungsstrukturelemente und insbesondere im Verhältnis zwischen Verfassungs- und Parlamentssuprematie[68] ist eine verfassungsvergleichende Analyse des deutschen und des britischen Regierungssystems hinsichtlich ihrer Regionalstrukturen nur im Rahmen einer derartig kategorienfeindlichen Betrachtungsweise sinnvoll und sogar möglich. Dabei müssen die traditionellen Klassifizierungen der Staatslehre in Bundes- und Einheitsstaaten zugunsten eines Vergleichs der Problemlösungskapazität unterschiedlicher Lösungsmodelle überwunden werden. Dieser ‚Systembruch' mit dem Ziel einer gewinnbringenden funktionellen Verfassungsvergleichung bietet zudem Anlaß, hergebrachte verfassungstheoretische Verständnisse im Rahmen der komparativen Untersuchung erneut zu hinterfragen. Die Rechtsvergleichung kann und muß anhand konkreter Fragestellungen und Anschauungsobjekte auch einen Beitrag zur allgemeinen Rechtstheorie leisten. Insbesondere die allgemeine Staatslehre hat diese Möglichkeit erkannt,[69] und die Rechtsvergleichung im öffentlichen Recht kann sich dieser Erwartung als wichtiger Herausforderung nicht entziehen.

---

68 Siehe supra Kapitel 2 § 2.
69 Vgl. *Doehring, Karl*, Allgemeine Staatslehre, 2. Auflage, Heidelberg 2000, Rz. 14.

Wird somit ein bruchloses Kontinuum der Regionalisierungsformen als Ausgangspunkt der verfassungsvergleichenden Untersuchung gewählt, so folgt daraus auch, daß Begriffspaare wie etwa ‚föderal'[70] und ‚unitarisch', ‚dezentralisiert' und ‚zentralisiert', ‚bundesstaatlich' und ‚einheitsstaatlich' lediglich fähig sein können, gegenläufige Richtungen auf diesem Spektrum anzugeben, nicht aber dogmatisch präzise und abgeschlossene Kategorien zu beschreiben. Bei der internen Charakterisierung regionalisierter Staatswesen müssen diese Begriffe in ihrem Bedeutungsgehalt dagegen auf den verfassungsimmanenten Bezugsrahmen begrenzt bleiben.[71] Das Kontinuum verkörpert gerade die Erkenntnis, daß zwischen einem nach traditioneller Betrachtungsweise bundesstaatlich organisierten Staatsgefüge und einer nach herkömmlicher Terminologie einheitsstaatlich strukturierten Staatsordnung in der Beantwortung der sachlichen Problemstellung der Abwägung zwischen gesamtstaatlicher Einheit und regionaler Vielfalt keine bedeutenden Unterschiede bestehen müssen.[72] In extremen Fällen kann daher auch ein selbsternannter Bundesstaat unitarischer ausgerichtet sein als eine Staatsordnung, die formal eher einem einheitsstaatlichen Modell folgt.

Das Kontinuum der Regionalisierungsformen, welches an die Stelle überkommener staatsorganisatorischer Kategorien tritt, bedarf jedoch der inhaltlichen Konkretisierung und Strukturierung, um für die Verortung, die Bewertung und das komparative Verständnis regionalisierter Staatswesen von Nutzen zu sein. Erforderlich ist daher die Entwicklung eines Katalogs untergeordneter Kriterien oder Fragestellungen, die konkretere Parameter der Regionalisierung eines Staatsgefüges zu liefern imstande sind. Daher muß es sich bei diesen Konkretisierungen getreu dem methodischen Ansatz funktioneller Rechtsvergleichung um sachlich-problembezogene Unterteilungen des Regionalisierungskontinuums handeln. Sie geben folglich auch nicht etwa Punkte auf dem Spektrum der Regionalisierungsformen an, sondern spalten dieses in verschiedene funktionelle Problemstellungen, die in der Gesamtschau ein inhaltlich strukturiertes Gesamtkontinuum ergeben. Somit

---

70 In der Staatslehre bezeichnet der ‚Föderalismus' als politisches Organisationsprinzip – im Unterschied zu dessen staatsrechtlichem Ausdruck in der Konstruktion des Bundesstaates – „die freie Einigung von differenzierten, grundsätzlich gleichberechtigten, in der Regel regionalen politischen Gesamtheiten, die auf diese Weise zu gemeinschaftlichem Zusammenwirken verbunden werden sollen", *Hesse*, Grundzüge des Verfassungsrechts, Rz. 219. Zur Unterscheidung zwischen Bundesstaatlichkeit und Föderalismus vgl. auch *Sommermann*, Art. 20 GG, in: von Mangoldt/Klein/Starck, Rz. 24 f.; *Kimminich*, Der Bundesstaat, Rz. 1 ff.; *Stern*, Staatsrecht I, S. 660 f.
71 So hat sich in der deutschen Staatsrechtslehre mehrheitlich die Überzeugung durchgesetzt, daß der normative Begriff des Bundesstaates nur für die konkrete bundesstaatliche Ordnung des Grundgesetzes bestimmt werden kann. Vgl. *Bauer, Hartmut*, Art. 20 (Bundesstaat), in: Dreier, Horst (Hrsg.), Grundgesetz Kommentar, Band II (Art. 20 bis 82), Tübingen 1998, Rz. 19; *Vogel*, Die bundesstaatliche Ordnung, Rz. 2; *Isensee*, Idee und Gestalt des Föderalismus, Rz. 5; ähnlich auch *Stern*, Staatsrecht I, S. 648; *Hesse*, Grundzüge des Verfassungsrechts, Rz 217.
72 So auch *Malanczuk*, Region und unitarische Struktur, S. 22 f.; *Braun*, Vergleichende Föderalismusforschung, S. 101 f.

konstruieren diese Einzelparameter einen analytischen Rahmen, der es erlaubt, konkrete Regierungssysteme individuell auf dem Kontinuum der Regionalisierungsformen zu verorten.

Als Parameter zur funktionellen Untergliederung des Kontinuums der Regionalisierungsformen werden in diesem Sinne zugrundegelegt:

- die Verteilung der Legislativ-, Exekutiv- und Judikativkompetenzen sowie der Zuständigkeiten in den Bereichen der auswärtigen Angelegenheiten und der Finanzen zwischen Zentralebene und regionalen Gliedern;
- der Grad der zentral-regionalen Systemverflechtung bestehend aus Einflußnahme- und Kooperationsmechanismen sowohl zwischen regionalen Gliedern als auch zwischen Zentralebene und Gliedern;
- der Grad der konstitutionellen Absicherung der Regionalisierung einschließlich der Mechanismen gerichtlicher und außer-gerichtlicher Kontrolle der zentral-regionalen Kompetenzverteilung und Systemverflechtung.

Während dieser Katalog von Regionalisierungsparametern eine differenzierte Analyse unterschiedlich stark regionalisierter Staatsgefüge ermöglicht, kommt dem Faktor staatsorganisatorischer Gesamtsymmetrie im regionalisierten Staatswesen eine Querschnittsfunktion zu.[73] Innerhalb jedes Einzelparameters sind sowohl symmetrische als auch asymmetrische Lösungen denkbar, so daß die Symmetrie von Kompetenzverteilungen, Systemverflechtungen und konstitutionellen Sicherungen keinen eigenständigen Maßstab der Regionalisierung bildet, sondern vielmehr einen Argumentationstopos in jedem Parameter. Auch bei der Symmetrie der Regionalstrukturen handelt es sich jedoch stets um ein graduelles Spektrum mit vielfältigen Möglichkeiten der Kombination uniformer und asymmetrischer staatsorganisatorischer Elemente. In symmetrischen Regionalisierungsstrukturen sind die einzelnen territorialen Glieder des regionalisierten Staatsgefüges untereinander und in ihrem jeweiligen Verhältnis zum Zentralstaat mit gleichem Status und identischen Rechten ausgestattet. Andererseits können die Kompetenzen und Rechte der regionalen Einheiten auch ungleich ausgestaltet sein, so daß in manchen asymmetrisch regionalisierten Staatsordnungen sogar bestimmte territoriale Einheiten überhaupt keine regionale Autonomie besitzen, während anderen weitreichende Kompetenzen übertragen wurden.[74] Insbeson-

---

73 Zur Anwendbarkeit der wissenschaftlichen Erkenntnisse zum ‚asymmetrischen Föderalismus' auf alle regionalisierten Staatsgefüge vgl. *Watts, Ronald L.*, The Theoretical and Practical Implications of Asymmetrical Federalism, in: Agranoff, Robert (Hrsg.), Accommodating Diversity: Asymmetry in Federal States, Baden-Baden 1999, S. 24, 27.
74 Zur definitorischen Unterscheidung zwischen Symmetrie und Asymmetrie regionalisierter Staatsgefüge vgl. *Tarlton, Charles D.*, Symmetry and Asymmetry as Elements of Federalism: A Theoretical Speculation, JOP 27 (1965), S. 861, 861, 867 ff.; *Agranoff, Robert*, Power Shifts, Diversity and Asymmetry, in: ders. (Hrsg.), Accommodating Diversity: Asymmetry in Federal States, Baden-Baden 1999, S. 11, 11 ff.; *Watts*, Asymmetrical Federalism, S. 26 f.; *Burgess, Michael/Gress, Franz*, Symmetry and Asymmetry Revisited, in: Agranoff, Robert (Hrsg.), Accommodating Diversity: Asymmetry in Fede-

dere Kanada, Spanien und Belgien bieten heute informative Beispiele asymmetrisch regionalisierter moderner Staatlichkeit.[75] Neben dieser Dimension der sogenannten *de jure* Symmetrie bemüht sich die Politikwissenschaft auch um die Identifizierung von *de facto* Asymmetrien in regionalisierten Staatsgefügen. Diese Betrachtungsweise sucht jenseits formal-juristischer Gleichberechtigung der regionalen Glieder nach faktischen Ungleichheiten in den Verhältnissen zwischen den regionalen Einheiten und deren Beziehungen zum Zentralstaat, die üblicherweise aus unterschiedlichen kulturellen, wirtschaftlichen und gesellschaftlichen Bedingungen herrühren.[76] Derartige *de facto* Asymmetrien erweisen sich vor allem dann als bedeutsam für die verfassungsvergleichende Untersuchung, wenn sie in *de jure* Asymmetrien ihren normativen Ausdruck finden.

Jeder der drei einzelnen Parameter eröffnet eine sachliche Fragestellung, deren individuelle Beantwortung durch unterschiedliche Staatsgefüge sich nach einem graduellen Verständnis auf einem Spektrum zwischen extremer Zentralisierung und starker Dezentralisierung verorten läßt. Sie bilden als Untergliederungen des Gesamtkontinuums gewissermaßen selbständige Sub-Kontinua und ermöglichen in der Gesamtschau eine differenzierte Verortung und Bewertung konkreter Staatsordnungen auf dem Spektrum der Regionalisierungsformen.

## § 3 Das Kontinuum der Regionalisierungsformen als Bezugsrahmen verfassungspolitischer Ziele

Ein graduelles Verständnis regionalisierter Staatsstrukturen erweist sich auch deshalb als geeigneter analytischer Rahmen einer verfassungsvergleichenden Untersuchung, weil seine explizite Kategorienfeindlichkeit deutlich macht, daß hinter verfassungsjuristisch unterschiedlich ausgestalteten Regionalstrukturen jenseits herkömmlicher Klassifizierungen gleiche oder zumindest ähnliche verfassungspolitische Überlegungen und Zielvorstellungen stehen können. Das Kontinuum der Regionalisierungsformen ist imstande, die metakonstitutionelle Diskussion über Legitimation, Ziele und Vorteile regionali-

---

ral States, Baden-Baden 1999, S. 43, 44 ff. Für einen rechtsvergleichenden Überblick siehe *Watts*, Asymmetrical Federalism, S. 36 ff.
75 Vgl. zur Asymmetrie der Regionalstrukturen in diesen Staaten *Keating, Michael*, What's Wrong with Asymmetrical Government?, in: Keating, Michael/Elcock, Howard (Hrsg.), Remaking the Union – Devolution and British Politics in the 1990s, London/Portland (OR) 1998, S. 195, 196 ff.; *ders.*, Asymmetrical Government: Multinational States in an Integrating Europe, Publius 29/1 (Winter 1999), S. 71, 79 ff.
76 Vgl. *Agranoff*, Power Shifts, Diversity and Asymmetry, S. 16 f.; *Tarlton*, Symmetry and Asymmetry, S. 861, 867, 869 ff. Für einen rechtsvergleichenden Überblick siehe *Watts*, Asymmetrical Federalism, S. 30 ff.

sierter Staatsgefüge auf eine breitere dogmatische Basis zu stellen. Dabei rechtfertigen und untermauern diese verfassungspolitischen Überlegungen nicht mehr die Entscheidung einer Staatsorganisation für eine der traditionellen Kategorien des Bundes- oder des Einheitsstaates, sondern können vielmehr zur Erklärung und Bewertung einzelner dezentralisierender oder zentralisierender Tendenzen in den betreffenden Staaten herangezogen werden.

Der entscheidende Schritt zur Entwicklung eines derartigen Erklärungs- und Bewertungsrahmens liegt somit in der Identifizierung übergreifender verfassungspolitischer Zielsetzungen, die auf dem gesamten Kontinuum der Regionalisierungsformen als Deutungs- und Beurteilungsmaßstäbe genutzt werden können. Als besonders fortgeschritten zeigt sich die Aufarbeitung dieser meta-konstitutionellen Ebene im Schrifttum zum Bundesstaat nach klassischer Lesart. Anders als die Staatsstrukturelemente der Demokratie oder der Rechtsstaatlichkeit sieht sich das bundesstaatliche Strukturmerkmal durch den traditionell verstandenen Einheitsstaat mit einer legitimen und funktionstüchtigen Alternative konfrontiert und zu einer legitimatorischen Selbsterklärung genötigt.[77] Daher hat die Literatur zum Bundesstaat einen breiten Fächer von Legitimationsargumenten für die bundesstaatliche Ausgestaltung eines Regierungssystems entwickelt.[78] Das vorzugswürdige Verständnis eines bruchlosen Kontinuums der Regionalisierungsformen vermittelt sodann die Erkenntnis, daß diese verfassungstheoretischen Überlegungen allen regionalisierten Staatsgefügen – trotz teilweise weitreichender verfassungsrechtlicher Unterschiede – als mögliche verfassungspolitische Zielvorstellungen und Legitimationskriterien dienen können.[79] Als solche liefern sie jenseits der Verortung eines konkreten Staatswesens auf dem Kontinuum der Regionalisie-

---

[77] Vgl. *Stern, Klaus*, Föderative Besinnungen, in: Huber, Hans/Badura, Peter (Hrsg.), Recht als Prozeß und Gefüge, Festschrift für Hans Huber zum 80. Geburtstag, Bern 1981, S. 319, 326; *Isensee, Josef*, Der Föderalismus und der Verfassungsstaat der Gegenwart, AöR 115 (1990), S. 248, 248 f.; *ders.*, Idee und Gestalt des Föderalismus, Rz. 299; *ders.*, Der Bundesstaat – Bestand und Entwicklung, in: Badura, Peter/Dreier, Horst (Hrsg.), Festschrift 50 Jahre Bundesverfassungsgericht, Band II (Klärung und Fortbildung des Verfassungsrechts), Tübingen 2001, S. 719, 727 f.

[78] Zur Legitimation des Bundesstaates vgl. insbesondere *Kisker*, Grundlagen der bundesstaatlichen Ordnung, S. 24 ff.; *Isensee*, Idee und Gestalt des Föderalismus, Rz. 299 ff.; *Vogel*, Die bundesstaatliche Ordnung, Rz. 12 ff.; *Oeter, Stefan*, Integration und Subsidiarität im deutschen Bundesstaatsrecht – Untersuchungen zu Bundesstaatstheorie unter dem Grundgesetz, Tübingen 1998, S. 393 ff.; *Badura, Peter*, Zur Rechtfertigung des föderalistischen Prinzips und zum Subsidiaritätsprinzip, in: Gesellschaft für Rechtspolitik Trier (Hrsg.), Bitburger Gespräche, Jahrbuch 1999/II: 50 Jahre Grundgesetz – 50 Jahre Föderalismus – Stand und Entwicklung, München 2000, S. 53, 53 ff.; *Howard, A. E. Dick*, The Values of Federalism, NewEurLRev 1993, S. 143, 145 ff.

[79] Ähnlich auch *Häberle*, Föderalismus, Regionalismus, Kleinstaaten, S. 9 f.; *ders.*, Regionalismus als werdendes Strukturprinzip, S. 27 ff.; *ders.*, Grundfragen einer Verfassungstheorie des Regionalismus, S. 108 ff.; *Zariski, Raphael/Rousseau, Mark O.*, National Power and Local Governance: Problems and Perspectives, in: Rousseau, Mark O./Zariski, Raphael, Regionalism and Regional Devolution in Comparative Perspective, New York 1987, S. 1, 18 ff.; *Howard*, Values of Federalism, S. 145.

rungsformen aber gleichzeitig auch inhaltliche Maßstäbe zur Bewertung einer regionalisierten Verfassungsstruktur.[80]

Aus der Fülle der in der Bundesstaatsliteratur vertretenen Legitimationsansätze mit ihren unterschiedlichen Systematisierungen lassen sich eine Reihe grundlegender Argumentationstopoi herauskristallisieren, die geeignet erscheinen, derartige verfassungspolitische Ziele und Bewertungsmaßstäbe für das gesamte Spektrum staatlicher Regionalisierungsformen zu liefern.

## A. Wahrung regionaler Diversität

Die regionale Aufgliederung der Staatsorganisation kann dazu dienen, regionale Vielfalt in einem Staatsgefüge zu erhalten oder zu fördern.[81] Viele Flächenstaaten zeigen auf regionaler Ebene eine mehr oder weniger ausgeprägte Heterogenität ihrer Bevölkerung, die sich in unterschiedlichen sozialen, kulturellen und wirtschaftlichen Traditionen und Präferenzen manifestiert. Diese kann häufig auf ethnische oder landsmannschaftliche Unterschiede zurückgeführt werden, äußert sich jedoch auch in schlichter regional verwurzelter Vielfalt von Gruppeninteressen jenseits ethnischer oder landsmannschaftlicher Identifikation auf der Grundlage regional unterschiedlicher sozialer, kultureller oder wirtschaftlicher Rahmenbedingungen.[82] Während auf der zentralstaatlichen Ebene die notwendige Einheit des Staatsgefüges garantiert wird, kann die Überantwortung staatlicher Kompetenzen auf regionale Einheiten diese innerstaatliche Diversität bewahren und damit dem Bürger neben dem Gesamtstaat einen weiteren wichtigen Bezugspunkt persönlicher Identifikation liefern. Regionalstrukturen bieten somit die Möglichkeit, historisch bedingter Heterogenität staatsorganisatorischen Ausdruck zu verleihen und dadurch für den Gesamtstaat fruchtbar zu machen.

---

80 Ähnlich *Bothe*, Föderalismus, S. 30 f.
81 Vgl. *Esterbauer, Fried*, Grundzüge der Formen und Funktionen regionaler Gliederung in politischen Systemen, in: ders. (Hrsg.), Regionalismus: Phänomen – Planungsmittel – Herausforderung für Europa. Eine Einführung, Wien 1979, S. 43, 52; *Würtenberger, Thomas*, Auf dem Weg zu lokaler und regionaler Autonomie in Europa, in: Geis, Max-Emanuel/Lorenz, Dieter (Hrsg.), Staat – Kirche – Verwaltung, Festschrift für Hartmut Maurer zum 70. Geburtstag, München 2001, S. 1053, 1057. Im Zusammenhang mit dem Bundesstaat vgl. *Isensee*, Idee und Gestalt des Föderalismus, Rz. 305 ff.; *Vogel*, Die bundesstaatliche Ordnung, Rz. 13; *Bothe*, Föderalismus, S. 27.
82 Vgl. *Kisker*, Grundlagen der bundesstaatlichen Ordnung, S. 35 f.; *Bleckmann*, Staatsrecht I, Rz. 1288.

## B. Förderung der Orts- und Sachnähe staatlicher Entscheidungen und der Integration des Bürgers

Die Schaffung zweier Ebenen staatlicher Entscheidungsfindung und Machtausübung durch die Verteilung staatlicher Kompetenzen zwischen dem Zentralstaat und seinen regionalen Gliedern bedeutet, daß die Staatsgewalt zumindest in Teilen näher an den Bürger und an konkrete Problemlagen heranrückt. Regionale Dezentralisierung bietet somit die Möglichkeit sachgerechterer Entscheidungsfindung und optimaler Ressourcenallokation durch mehr Orts- und Sachnähe staatlicher Hoheitsträger.[83] Hierin spiegeln regionalisierte Staatsgefüge den in der katholischen Soziallehre entwickelten Subsidiaritätsgedanken wider, der dem kleineren Gemeinwesen diejenigen Aufgaben belassen will, welche es leisten und zu einem sinnvollen Ende führen kann.[84] Regionale Strukturen erlauben zudem eine verstärkte Partizipation des Bürgers an öffentlichen Angelegenheiten, indem sie durch die Streuung politischer Gestaltungszentren mehr Möglichkeiten individuellen Zugangs zu staatlichen Entscheidungsmechanismen eröffnen.[85]

Sowohl einzeln als auch in der Zusammenschau sind die Aspekte der Wahrung regionaler Diversität und der Förderung der Orts- und Sachnähe staatlicher Entscheidungen dazu geeignet, eine bedeutsame Integrationswirkung für den einzelnen Bürger im regionalisierten Staatsgefüge zu leisten.[86] Die staatsorganisatorische Anerkennung regionaler Besonderheiten und die Ausstattung regionaler Einheiten mit staatlichen Kompetenzen zur sachgerechten Verbesserung staatlicher Entscheidungsfindung schafft eine Integrationskette für den einzelnen und erleichtert somit seine Integration in den Gesamtstaat.[87] Insbesondere in Staaten mit Sezessionstendenzen in einzelnen Regionen kann einer Regionalstruktur daher eine wichtige stabilisierende Bedeutung zukommen.[88]

---

83 Vgl. *Würtenberger*, Lokale und regionale Autonomie, S. 1056; *Voß, Dirk-Hermann*, Regionen und Regionalismus im Recht der Mitgliedstaaten der Europäischen Gemeinschaft – Strukturelemente einer Europäischen Verfassungsordnung, Frankfurt a.M. (u. a.) 1989, S. 80 f. Im Zusammenhang mit dem Bundesstaat vgl. *Kisker*, Grundlagen der bundesstaatlichen Ordnung, S. 24 ff.; *Kimminich*, Der Bundesstaat, Rz. 23.
84 Vgl. *Deuerlein, Ernst*, Föderalismus: Die historischen und philosophischen Grundlagen des föderativen Prinzips, München 1972, S. 311 ff.; *Stern*, Staatsrecht I, S. 660 f.; *Bothe*, Föderalismus, S. 27; *Voß*, Regionen und Regionalismus, S. 81; *Würtenberger, Thomas*, Zur Legitimation des Föderalismus, Rechtstheorie, Beiheft 16 (1997), S. 355, 356.
85 Vgl. *Zariski/Rousseau*, National Power and Local Governance, S. 18 f.
86 Vgl. *Esterbauer, Fried*, Der europäische Regionalismus – Föderalistische Konzeption des Aufbaus eines vereinigten Europas, BayVBl. 1979, S. 328, 329; *Würtenberger*, Lokale und regionale Autonomie, S. 1057; *Voß*, Regionen und Regionalismus, S. 81 ff.
87 Vgl. *Häberle*, Regionalismus als werdendes Strukturprinzip, S. 31 f.; *Voß*, Regionen und Regionalismus, S. 88.
88 Für den Bundesstaat so *Oeter*, Selbstbestimmungsrecht und Bundesstaat, S. 101 ff.

## C. Stärkung der Demokratie

Soweit dezentralisierte Staatsstrukturen die direkte Wahl regionaler Volksvertretungen oder einzelner Amtsträger vorsehen, bieten sie eine ideale Möglichkeit zur Stärkung gesamtstaatlicher Demokratie.[89] Regionalisierte Staatsgefüge können durch häufigere und gestreutere demokratische Legitimation auf verschiedenen Staatsebenen und durch die Förderung der politischen Mitwirkung des einzelnen einen wichtigen Beitrag zur Verwirklichung der demokratischen Grundausrichtung eines Staates leisten. Dabei erlangt diese Verstärkung der demokratischen Strukturen eine gesteigerte Bedeutung in bezug auf den Schutz ethnischer oder politischer Minderheiten des Gesamtstaates: Durch die Einführung einer Mehr-Ebenen-Demokratie wird die Möglichkeit eröffnet, daß diese im regionalen Kontext handlungsfähige Mehrheiten oder zumindest kraftvollere Minderheiten stellen und so ein insgesamt verstärktes Maß an politischer Mitbestimmung erhalten.[90] Zudem erhöht die Herabzonung politischer Entscheidungsgewalt auf überschaubarere Regierungseinheiten die Transparenz des politischen Systems und verstärkt somit die materiellen Grundlagen des demokratischen Strukturelements.[91]

## D. Verstärkung der Gewaltenteilung

Ein im Kontext bundesstaatlicher Ordnungen häufig genanntes Ziel staatlicher Regionalisierung liegt in der Vermeidung von Machtmißbrauch durch

---

89 Vgl. *Esterbauer*, Der europäische Regionalismus, S. 328 f.; *ders.*, Grundzüge der Formen und Funktionen regionaler Gliederung, S. 54; *Würtenberger*, Lokale und regionale Autonomie, S. 1055 f. Im Zusammenhang mit dem Bundesstaat vgl. *Hesse*, Grundzüge des Verfassungsrechts, Rz. 222 ff.; *Kisker*, Grundlagen der bundesstaatlichen Ordnung, S. 24; *Isensee*, Idee und Gestalt des Föderalismus, Rz. 252 f., 303; *Ossenbühl, Fritz*, Föderalismus und Regionalismus in Europa – Landesbericht Bundesrepublik Deutschland, in: ders. (Hrsg.), Föderalismus und Regionalismus in Europa, Baden-Baden 1990, S. 117, 161; *Vogel*, Die bundesstaatliche Ordnung, Rz. 15 f.; *Bothe, Michael*, Föderalismus und regionale Autonomie, in: Randelzhofer, Albrecht (Hrsg.), Deutsch-Spanisches Verfassungsrechts-Kolloquium 1980, Berlin 1982, S. 133, 145; *ders.*, Föderalismus, S. 28.
90 Vgl. *Kisker*, Grundlagen der bundesstaatlichen Ordnung, S. 24; *Häberle*, Regionalismus als werdendes Strukturprinzip, S. 30; *Nettesheim, Martin*, Demokratie durch Föderalismus, in: Europäisches Zentrum für Föderalismus-Forschung (Hrsg.), Europäischer Föderalismus im 21. Jahrhundert, Baden-Baden 2003, S. 27, 30 f.
91 Vgl. *Esterbauer*, Grundzüge der Formen und Funktionen regionaler Gliederung, S. 53 f.; *Lerche, Peter*, Prinzipien des deutschen Föderalismus, in: Kirchhof, Paul/Kommers, Donald P. (Hrsg.), Deutschland und sein Grundgesetz – Themen einer deutsch-amerikanischen Konferenz, Baden-Baden 1993, S. 79, 86.

die territoriale Verteilung staatlicher Kompetenzen.⁹² Die Schaffung regionaler politischer Einheiten zur dezentralisierten Ausübung staatlicher Gewalt kann der im Verfassungsstaat innerhalb der zentralen Regierungsstruktur mehr oder weniger verfolgten Teilung und gegenseitigen Hemmung von Hoheitsgewalt eine weitere Dimension hinzufügen: Durch die Streuung staatlicher Entscheidungskompetenzen und die Errichtung zusätzlicher wechselseitiger Kontrollverhältnisse innerhalb eines vergrößerten staatlichen Akteurskreises trägt die regionale Dezentralisierung zur freiheitsfördernden Verhinderung monistischer Machtakkumulation und Gewaltkonzentration bei.⁹³ Regionalstrukturen sind somit geeignet, die rechtsstaatlichen Fundamente eines Staatsgefüges in grundlegender Weise zu verstärken.

## E. Stärkung des Freiheitsschutzes des Bürgers

Die freiheitsschützende Dimension der Regionalisierung wird nicht nur einhellig in der traditionellen Literatur zur Staatsform des Bundesstaates betont,⁹⁴ sondern erlangt auch in der Diskussion über andere Formen regional gegliederter Staatsgefüge besondere Beachtung.⁹⁵ Die Verbindung zwischen Regionalisierung und dem Schutz individueller Freiheit wird dabei zumeist über andere Argumentationstopoi vermittelt, so daß die Förderung der Freiheit des einzelnen als grundlegendes Endziel regionalisierter Staatsgefüge verstanden werden kann.⁹⁶ Die Anerkennung kultureller Autonomie in ihrer individuellen Ausprägung und ihrer korporativen Dimension kann noch als direktes verfassungspolitisches Schutzgut regionaler Staatsgliederung und des

---

92 Vgl. *Esterbauer*, Der europäische Regionalismus, S. 329; *ders.*, Grundzüge der Formen und Funktionen regionaler Gliederung, S. 53; *Häberle*, Regionalismus als werdendes Strukturprinzip, S. 30; *Zariski/Rousseau*, National Power and Local Governance, S. 19; *Voß*, Regionen und Regionalismus, S. 84. Im Zusammenhang mit dem Bundesstaat vgl. *Hesse*, Grundzüge des Verfassungsrechts, Rz. 231 f.; *ders.*, Der unitarische Bundesstaat, S. 27 ff.; *Ossenbühl*, Föderalismus und Regionalismus in Europa, S. 161; *Schambeck, Herbert*, Föderalismus und Gewaltenteilung, in: Leibholz, Gerhard/Faller, Hans Joachim/ Mikat, Paul/Reis, Hans (Hrsg.), Menschenwürde und freiheitliche Rechtsordnung, Festschrift für Willi Geiger zum 65. Geburtstag, Tübingen 1974, S. 644, 661 ff.; *Howard*, Values of Federalism, S. 145 f.; *Bothe*, Föderalismus und regionale Autonomie, S. 146.
93 Im Zusammenhang mit dem Bundesstaat vgl. insbesondere *Schenke, Wolf-Rüdiger*, Föderalismus als Form der Gewaltenteilung, JuS 1989, S. 698 – 703; *Nettesheim*, Demokratie durch Föderalismus, S. 31.
94 Vgl. *Kimminich*, Der Bundesstaat, Rz. 22 m. w. N.; *Isensee*, Idee und Gestalt des Föderalismus, S. 237 ff.; *Kisker*, Grundlagen der bundesstaatlichen Ordnung, S. 25 f.; *Stern*, Staatsrecht I, S. 658 f.; *Vogel*, Die bundesstaatliche Ordnung, Rz. 17. Kritisch *Bothe*, Föderalismus, S. 27 f.
95 Vgl. *Häberle*, Regionalismus als werdendes Strukturprinzip, S. 28 f.; *ders.*, Grundfragen einer Verfassungstheorie des Regionalismus, S. 109 f.
96 So besonders deutlich bei *Kisker*, Grundlagen der bundesstaatlichen Ordnung, S. 25 f., und *Stern*, Staatsrecht I, S. 658 f.

Subsidiaritätsgedankens gelten;[97] vor allem aber strebt die regionalisierungsbedingte Verstärkung der demokratischen und rechtsstaatlichen Grundstrukturen zumindest mittelbar eine gesteigerte Garantie persönlicher Freiheit an.[98]

## F. Ermöglichung eines innovationsfreudigen Politikwettbewerbs zur Förderung des Gesamtwohls

Durch die Einrichtung zweier staatlicher Ebenen und die Streuung politischer Entscheidungsbefugnisse kann in einem System der Regionalisierung auch ein innovationsfreudiger und insgesamt gemeinwohlförderlicher Politikwettbewerb entstehen.[99] Hierbei fungieren die regionalen Untergliederungen als „laboratories of democracy" und konkurrieren untereinander und im Verhältnis zur Zentralgewalt um die besten Lösungen anstehender politischer Probleme. Politische Alternativen und Reformen können in kleineren Einheiten angestoßen und erprobt werden, bevor sie von anderen Untergliederungen oder dem Gesamtstaat übernommen oder insgesamt verworfen werden.[100] Ein Wettbewerb der Ideen um die sachgerechtesten Problemlösungen fördert somit das Gesamtwohl des Staates.

Dieser Politikwettbewerb steht in einem engen Verhältnis zum Argument der Demokratiestärkung, da im regionalisierten Staatsgefüge politische Parteien die Möglichkeit erhalten können, in regionalen Einheiten ihre Problemlösungskompetenzen unter Beweis zu stellen und sich dadurch für höhere Aufgaben im Gesamtstaat zu empfehlen.[101] Auf diese Weise bietet die regionale Ebene nicht nur ein besseres Wirkungsfeld für ethnische oder landsmannschaftliche Minderheiten, sondern zugleich auch ein Sprungbrett für politische Minderheiten zur Erlangung einer späteren Mehrheit im Gesamtstaat. In

---

97 Vgl. *Häberle*, Regionalismus als werdendes Strukturprinzip, S. 28 f.
98 Vgl. *Würtenberger*, Lokale und regionale Autonomie, S. 1055, 1057. Im Zusammenhang mit dem Bundesstaat vgl. *Isensee*, Idee und Gestalt des Föderalismus, Rz. 237 ff., 246 ff., 303; *Kisker*, Grundlagen der bundesstaatlichen Ordnung, S. 25 f.; *Vogel*, Die bundesstaatliche Ordnung, Rz. 17; *Bauer, Hartmut*, Entwicklungstendenzen und Perspektiven des Föderalismus in der Bundesrepublik Deutschland – Zugleich ein Beitrag zum Wettbewerbsföderalismus, DÖV 2002, S. 837, 838.
99 Vgl. *Esterbauer*, Grundzüge der Formen und Funktionen regionaler Gliederung, S. 52 f.; *Würtenberger*, Lokale und regionale Autonomie, S. 1058. Im Zusammenhang mit dem Bundesstaat vgl. *Kimminich*, Der Bundesstaat, Rz. 24; *Hesse*, Grundzüge des Verfassungsrechts, Rz. 233; *Bauer*, Entwicklungstendenzen und Perspektiven des Föderalismus, S. 838, 842 f.; *Kisker*, Grundlagen der bundesstaatlichen Ordnung, S. 25.
100 Vgl. *MacMahon, Arthur W.*, Administering Federalism in a Democracy, New York 1972, S. 5; *Howard*, Values of Federalism, S. 151 f.; *Nettesheim*, Demokratie durch Föderalismus, S. 32.
101 Vgl. *Würtenberger*, Zur Legitimation des Föderalismus, S. 364; *Nettesheim*, Demokratie durch Föderalismus, S. 32.

einem ebenso direkten Zusammenhang mit der Idee der Regionalisierungsstrukturen als einem Gefüge des politischen Wettbewerbs steht die Erkenntnis, daß eine Verteilung staatlicher Kompetenzen auf verschiedene Ebenen auch die Konfliktverarbeitungskapazität des politisch-administrativen Systems zu steigern geeignet sein kann.[102] Durch die Herabzonung einer Reihe staatlicher Aufgaben auf die regionale Ebene werden zentrale Steuerungseinrichtungen entlastet, während aus der Mehrzahl politischer Entscheidungszentren eine geringere Krisenanfälligkeit der Staatsorganisation folgt.[103]

---

102 Vgl. *Bauer*, Entwicklungstendenzen und Perspektiven des Föderalismus, S. 838; *Stern*, Staatsrecht I, S. 665 f.; *Kisker*, Grundlagen der bundesstaatlichen Ordnung, S. 25; *Voß*, Regionen und Regionalismus, S. 85 f.; *Würtenberger*, Zur Legitimation des Föderalismus, S. 366.
103 Vgl. *Voß*, Regionen und Regionalismus, S. 87 f.

# Kapitel 5:
# Kompetenzverteilung und Systemverflechtung deutscher Bundesstaatlichkeit und britischer Devolution im Vergleich

Wird ein kategorienfeindliches Kontinuum der Regionalisierungsformen als analytischer Rahmen dem Verfassungssvergleich zwischen deutscher Bundesstaatlichkeit und britischer Devolution zugrunde gelegt und dieses Spektrum territorialer Dezentralisierung anhand der untergeordneten Parameter der Kompetenzverteilung, der Systemverflechtung und der konstitutionellen Absicherung ausdifferenziert,[1] so bietet sich unmittelbar eine weitere Gruppierung dieser Sub-Kontinua an: Die Verteilung legislativer, exekutiver, judikativer, außenpolitischer und finanzieller Zuständigkeiten zwischen dem Gesamtstaat und seinen regionalen Gliedern steht in einem engen Zusammenhang mit den Mechanismen der Mitwirkung und Kooperation zwischen diesen Ebenen. Der Parameter der konstitutionellen Absicherung der Regionalisierung betrifft dagegen die normative Bestandskraft der territorialen Gliederung des Staatswesens, der Kompetenzverteilung und der Systemverflechtung sowie die Mechanismen zum Schutze dieser Bestandskraft. Die enge Verbindung zwischen den ersten beiden Themenbereichen legt daher eine gemeinsame Darstellung nahe.

## § 1 Kompetenzverteilung zwischen Gesamtstaat und seinen Gliedern

Jenseits der Schwierigkeiten der verfassungsdogmatischen Konstruktion eines regionalisierten Staatsgefüges kommt der Kompetenzverteilung zwischen dem Gesamtstaat und seinen territorialen Gliedern eine zentrale Bedeutung für das Verständnis jeglicher Regionalisierungsstrukturen zu.[2] Dieser Bereich staatsorganisatorischer Gestaltung kann auch als vertikale Kompetenzverteilung bezeichnet und damit gegenüber der Demarkation von Zuständigkeits-

---

1 Siehe supra Kapitel 4 § 2.
2 So für den Bundesstaat *Kimminich, Otto*, Der Bundesstaat, in: Isensee, Josef/Kirchhof, Paul (Hrsg.), Handbuch des Staatsrechts der Bundesrepublik Deutschland, Band I, 2. Auflage, Heidelberg 1995, § 26, Rz. 20 f.; *Stern, Klaus*, Das Staatsrecht der Bundesrepublik Deutschland, Band I (Grundbegriffe und Grundlagen des Staatsrechts, Strukturprinzipien der Verfassung), 2. Auflage, München 1984, S. 670. Vgl. auch BVerfGE 55, 274, 318 f.

sphären zwischen regionalen Gliedern abgegrenzt werden.³ Bei der Analyse vertikaler Kompetenzverteilung in Deutschland und dem Vereinigten Königreich erweist sich eine Reihe von allgemeinen Leitgedanken und Differenzierungen hinsichtlich denkbarer Verteilungsmechanismen als hilfreiche Orientierungspunkte.

## A. Funktionenübergreifende Überlegungen zur vertikalen Kompetenzverteilung in Deutschland und dem Vereinigten Königreich

### I. Ziele und Mechanismen der vertikalen Kompetenzverteilung im regionalisierten Staatsgefüge

Das übergreifende Ziel eines konstitutionellen Normengefüges zur vertikalen Kompetenzverteilung liegt in der möglichst lückenlosen Aufgliederung von Zuständigkeiten zwischen der zentralen und der regionalen Ebene, so daß staatliches Handeln nicht aufgrund negativer Kompetenzkonflikte unmöglich gemacht wird.⁴ Zugleich bedarf gerade dieser Bereich staatsorganisatorischer Gestaltung einer maßgeschneiderten Abwägung zwischen der notwendigen normativen Klarheit – damit inhaltliche politische Auseinandersetzungen nicht durch Kompetenzkonflikte zwischen verschiedenen staatlichen Ebenen überlagert werden⁵ – und der gleichsam erforderlichen sprachlichen Offenheit zur dynamischen Anpassung an neue Normierungsbedürfnisse.⁶

Bei der konstitutionellen Verteilung hoheitlicher Kompetenzen zwischen Zentralstaat und Gliedern müssen zunächst zwei grundsätzliche Regelungstechniken unterschieden werden. Zum einen können die Zuständigkeiten beider Ebenen im einzelnen aufgezählt werden. Eine vollkommen reine Verwirklichung dieser Methode der doppelten Enumeration würde jedoch Schwierigkeiten bereiten, da sich bezüglich nicht bedachter und unvorhergesehener Aufgaben unmittelbar Regelungslücken und damit Kompetenzkonflikte ergäben. Daher weisen Staaten mit beidseitiger Kompetenzaufzählung – wie etwa Kanada und Indien – dennoch verfassungsrechtlich einer der Ebe-

---

3 *Bothe, Michael,* Die Kompetenzstruktur des modernen Bundesstaates in rechtsvergleichender Sicht, Berlin (u. a.) 1977, S. 128 ff.
4 Vgl. *Stern,* Staatsrecht I, S. 673; *Katz, Alfred,* Staatsrecht – Grundkurs im öffentlichen Recht, 15. Auflage, Heidelberg 2002, Rz. 249.
5 *Lerche, Peter,* Aktuelle föderalistische Verfassungsfragen, München 1968, S. 32, 50; *Stettner, Rupert,* Grundfragen einer Kompetenzlehre, Berlin 1983, S. 306 f., 420.
6 *Fehling, Michael,* Mechanismen der Kompetenzabgrenzung in föderativen Systemen im Vergleich, in: Aulehner, Josef (Hrsg.), Föderalismus – Auflösung oder Zukunft der Staatlichkeit?, Stuttgart (u. a.) 1997, S. 31, 43 f.

nen die Residualkompetenz zu und konstituieren somit ein System der beidseitigen Enumeration mit Residualkompetenz.[7] Gebräuchlicher ist dagegen eine zweite Regelungstechnik, nach der lediglich die Kompetenzen einer Ebene enumerativ aufgezählt werden, während der anderen pauschal alle übrigen Zuständigkeiten verbleiben. Diese Kombination aus einseitiger Enumeration und Residualkompetenz findet sich in einer ganzen Reihe regionalisierter Staatsordnungen, wie etwa den Vereinigten Staaten von Amerika, Australien, Österreich und der Schweiz, wobei die Residualkompetenz in der Regel den regionalen Gliedern zukommt.[8]

Eine zweite Dimension vertikaler Kompetenzverteilung im regionalisierten Staat betrifft die Allokation verschiedener Staatsfunktionen. Bei dieser Aufteilung nach Kompetenzarten[9] bestehen im Grundsatz drei Regelungsalternativen:[10] Zum einen kann eine reine Aufteilung nach Staatsfunktionen vorgenommen werden, bei der jede der drei klassischen Staatsgewalten – Gesetzgebung, Verwaltung und Rechtsprechung – jeweils als Ganze einer bestimmten staatlichen Ebene zugewiesen wird. Zum zweiten kann das System der vertikalen Kompetenzverteilung ‚funktionenblind' ausgestaltet sein, indem durch Enumeration und Residualkompetenz die Zuständigkeiten allein nach Sachmaterien zwischen zentralstaatlicher und regionaler Ebene aufgeteilt werden und die jeweilige staatliche Einheit dann gesetzgebende, vollziehende und rechtsprechende Funktionen in bezug auf das betreffende Sachgebiet innehaben soll.[11] Schließlich sind auch Mischformen dieser Zuwei-

---

7  Vgl. *Pietzcker, Jost*, Zuständigkeitsordnung und Kollisionsrecht im Bundesstaat, in: Isensee, Josef/Kirchhof, Paul (Hrsg.), Handbuch des Staatsrechts der Bundesrepublik Deutschland, Band IV, 2. Auflage, Heidelberg 1999, § 99, Rz. 3; *Frenkel, Max*, The Distribution of Legal Powers in Pluricentral Systems, in: Morgan, Roger (Hrsg.), Regionalism in European Politics, London 1986, S. 65, 67. Ähnlich stellt sich die komplexe vertikale Kompetenzverteilung in Belgien dar; vgl. dazu *Mörsdorf, Roland*, Das belgische Bundesstaatsmodell im Vergleich zum deutschen Bundesstaat des Grundgesetzes, Frankfurt a.M. (u. a.) 1996, S. 102 ff., 108 f., 134 ff.
8  Vgl. *Fehling*, Mechanismen der Kompetenzabgrenzung, S. 33; *Pietzcker*, Zuständigkeitsordnung und Kollisionsrecht, Rz. 3; *Craig, Paul P./Walters, Mark*, The Courts, Devolution and Judicial Review, PL 1999, S. 274, 293 ff. Ausnahmen mit einer Residualzuständigkeit des Zentralstaates bilden insofern Belgien und Südafrika; vgl. *Pernice, Ingolf*, Art. 30 GG, in: Dreier, Horst (Hrsg.), Grundgesetz Kommentar, Band II (Art. 20 bis 82), Tübingen 1998, Rz. 13.
9  So die Terminologie bei *Fehling*, Mechanismen der Kompetenzabgrenzung, S. 37 f.
10 Vgl. dazu *Katz*, Staatsrecht, Rz. 249; *Frenkel*, Distribution of Legal Powers, S. 75 ff. *Bogdanor, Vernon*, Federalism and Devolution: Some Juridical and Political Problems, in: Morgan, Roger (Hrsg.), Regionalism in European Politics, London 1986, S. 43, 46 ff., erkennt in den ersten beiden Alternativen als „horizontal type" und „vertical type" die zwei maßgeblichen Schwerpunktmodelle der Kompetenzverteilung im regionalisierten Staat. Ähnlich wohl auch *Hopkins, John*, Devolution in Context: Regional, Federal and Devolved Government in the European Union, London 2001, S. 253 f., der jedoch nicht eindeutig auf das Kriterium der Staatsfunktionen abstellt, aber auch Mischformen zwischen diesen beiden Kompetenzverteilungstechniken anerkennt.
11 So – neben Kanada und Australien – grundsätzlich das System der vertikalen Kompetenzverteilung in den Vereinigten Staaten von Amerika, wo die Verwaltungszuständigkeit prinzipiell der Gesetzgebungskompetenz folgt; vgl. *Bothe*, Kompetenzstruktur,

sungsmodi nach Funktionsbereichen und Sachgebieten denkbar: Für jede der staatlichen Funktionen werden die Kompetenzen nach Sachbereichen gesondert durch Enumeration und Residualkompetenz aufgeteilt. Durch diese Trennung der Staatsfunktionen wird es möglich, daß sowohl der zentralen wie auch der regionalen Ebene zwar Zuständigkeiten in allen Staatsfunktionen zukommen, sie jedoch hinsichtlich der verschiedenen Staatsgewalten kompetenziell unterschiedlich stark ausgestattet sind.

Ferner kann in einer dritten Dimension der vertikalen Verteilung staatlicher Zuständigkeiten zwischen verschiedenen Kompetenztypen unterschieden werden.[12] Diese Dimension eignet sich vor allem zur Systematisierung von Gesetzgebungszuständigkeiten und bewirkt eine Ausdifferenzierung von Kompetenzen jenseits der Verteilung nach Sachbereichen.[13] So können den beiden staatlichen Ebenen etwa ausschließliche Kompetenzen zugeordnet sein; häufig werden sie auch bezüglich der gleichen Regelungsmaterie mit unvollkommen konkurrierenden Zuständigkeiten ausgestattet, so daß zwar grundsätzlich eine Regelung durch beide Ebenen in Frage kommt, das Tätigwerden einer Ebene allerdings die Kompetenz der anderen ausschließt. Darüber hinaus kann auch eine Differenzierung nach Regelungsintensitäten vorgenommen werden, beispielsweise wenn die Ebene des Gesamtstaates zur Normierung von Grundsätzen oder Rahmenbestimmungen und die regionale Ebene zum Erlaß von Detailregelungen ermächtigt wird. Jenseits dieser Verteilungsmechanismen finden sich in vielen regionalisierten Staatsgefügen jedoch auch einzelne Bereiche, in denen ein gemeinsames oder paralleles Handeln verschiedener Ebenen erforderlich oder zumindest möglich ist, so

---

S. 234 ff.; *Kewenig, Wilhelm A.*, Kooperativer Föderalismus und bundesstaatliche Ordnung – Bemerkungen zur Theorie und Praxis des kooperativen Föderalismus in den USA unter besonderer Berücksichtigung der „grants-in-aid", der Bundeshilfsprogramme, AöR 93 (1968), S. 433, 443; *Pietzcker*, Zuständigkeitsordnung und Kollisionsrecht, Rz. 5f.

12 Vgl. *Fehling*, Mechanismen der Kompetenzabgrenzung, S. 38 ff.; *Bothe*, Kompetenzstruktur, S. 137 f. Andere Terminologie bei *von Münch, Ingo*, Zuständigkeiten im Bereich der Gesetzgebung, in: von Münch, Ingo (Red.), Probleme des Föderalismus, Tübingen 1985, S. 143, 144 ff., der hier von Kompetenzarten spricht.

13 Obgleich eine Differenzierung nach Kompetenztypen üblicherweise nur für den Bereich der Gesetzgebung angeführt wird, muß sie jedoch nicht auf diese Staatsfunktion begrenzt werden. Ein Grund hierfür liegt in der Bedeutung exekutiver Normsetzung in modernen Staatswesen, durch die eine klare Trennung legislativer und exekutiver Staatsgewalten erschwert wird; auch im Bereich der Verordnungsgebung sind ausschließliche, konkurrierende und parallele Normierungszuständigkeiten und Kompetenzdifferenzierungen nach Regelungsintensitäten möglich, so daß diese Kompetenztypen in allen Rechtsetzungsbereichen von Bedeutung sind. Darüber hinaus existieren beispielsweise konkurrierende Zuständigkeiten auch auf dem Gebiet der Verwaltung, wenn regionale Glieder Vollzugskompetenzen wahrnehmen, solange und soweit der Zentralstaat die Sachkompetenz nicht an sich zieht. Nach dieser Systematisierung handelt es sich bei der deutschen Bundesauftragsverwaltung nach Art. 85 GG um eine konkurrierende Verwaltungskompetenz; vgl. *Sommermann, Karl-Peter*, Grundfragen der Bundesauftragsverwaltung, DVBl. 2001, S. 1549, 1550; *Degenhart, Christoph*, Staatsrecht I – Staatsorganisationsrecht, 19. Auflage, Heidelberg 2003, Rz. 174.

daß zwar eine lückenlose, nicht aber eine vollkommen separative Kompetenzverteilung erreicht wird.[14] So ist denkbar, daß parallele Kompetenzen etwa der Steuererhebung ohne rechtlichen Konflikt ausgeübt werden können.[15] In anderen Bereichen bedarf das regionalisierte Staatswesen zur Sicherung der Widerspruchsfreiheit der Gesamtrechtsordnung zumeist einer Kollisionsnorm, wenn es das parallele, nicht abgestimmte Nebeneinander von Kompetenzen unterschiedlicher staatlicher Ebenen bezüglich gleicher Funktions- und Sachbereiche zuläßt. Eine derartige Kollisionsregel wird üblicherweise auch für alle anderen Fälle benötigt, in denen Normenkollisionen nicht bereits durch die vertikale Kompetenzordnung vermieden werden.[16]

Verschiedene Systeme der vertikalen Kompetenzverteilung in regionalisierten Staatsgefügen lassen sich schließlich unter dem weiteren Blickwinkel der *de jure* Gesamtsymmetrie systematisieren, dem bei der vergleichenden Untersuchung von Regionalstrukturen eine Querschnittfunktion zuerkannt werden muß.[17] Die unterschiedlichen Techniken und Mechanismen der Zuständigkeitsaufteilung können zum einen in symmetrischer Weise angewendet werden, so daß die einzelnen territorialen Glieder eines regionalisierten Staatsgefüges untereinander und in ihrem jeweiligen Verhältnis zum Zentralstaat mit einem einheitlichen Kompetenzbestand ausgestattet sind. Zum anderen können die Zuständigkeiten der regionalen Einheiten auch sehr heterogen ausgestaltet sein. Diese Asymmetrie kann soweit reichen, daß bestimmte Regionen eines Staatswesens nur durch eine staatliche Ebene, nämlich durch den Gesamtstaat, regiert werden.

## II. Verfassungsrechtliche Ausgangspunkte der vertikalen Kompetenzverteilung in Deutschland und dem Vereinigten Königreich

Die verfassungsrechtlichen Ausgangspunkte der vertikalen Kompetenzverteilungen in Deutschland und dem Vereinigten Königreich zeigen sich zunächst in diametraler Gegensätzlichkeit.

Das Grundgesetz für die Bundesrepublik Deutschland enthält mit Art. 30 GG eine staatsfunktionenübergreifende Anordnung der Länderzuständigkeit und offenbart damit eine konstitutionelle Grundentscheidung für die Technik einseitig enumerierter Zentralstaatskompetenzen in Kombination mit regionaler Residualzuständigkeit: „Die Ausübung der staatlichen Befugnisse und die Erfüllung der staatlichen Aufgaben ist Sache der Länder,

---

14 Vgl. *Frenkel*, Distribution of Legal Powers, S. 78 f.
15 *Bothe*, Kompetenzstruktur, S. 138 f.
16 *Pietzcker*, Zuständigkeitsordnung und Kollisionsrecht, Rz. 1.
17 Siehe supra Kapitel 4 § 2.

soweit dieses Grundgesetz keine andere Regelung trifft oder zuläßt." Das Grundgesetz statuiert somit als allgemeine Leitregel den Grundsatz der Länderzuständigkeit für alle Bereiche der Staatstätigkeit.[18] Diese Grundentscheidung wird sodann von einer Reihe weiterer Verteilungsregeln für einzelne Staatsfunktionen konkretisiert und damit auch in ihrem direkten Anwendungsbereich begrenzt; Art. 30 GG fungiert daher vor allem als verfassungsrechtlicher Auffangtatbestand.[19] So ordnen die Art. 70, 83 und 92 GG entsprechend dem Grundtenor des Art. 30 GG die Residualkompetenz der Länder für die einzelnen Staatsfunktionen Gesetzgebung, Vollziehung und Rechtsprechung an und systematisieren die vertikale Kompetenzverteilung der Bundesrepublik durch den Verweis auf die grundsätzlich abschließende Enumeration von zentralstaatlichen Kompetenzen des Bundes in einer großen Anzahl grundgesetzlicher Bestimmungen.[20] Umstritten bleibt, ob Art. 30 GG eine Zuständigkeitsvermutung zugunsten der Länder für kompetenzrechtliche Zweifelsfälle[21] oder eine länderfreundliche Auslegungsmaxime für grundgesetzliche Kompetenznormen[22] begründet. Von der wohl herrschenden Meinung wird der aus dem Beweisrecht stammende Gedanken einer ‚Vermutung' für die Verfassungsauslegung abgelehnt und der Inhalt der betreffenden Auslegungsrichtlinie auf die Aussage verkürzt, daß eine Bundeskompetenz nach der vom Bundesverfassungsgericht geforderten „strikten" Interpretation[23] stets positiv nachzuweisen ist.[24] Über die geschriebenen Kompetenztitel des

---

18 Vgl. dazu *Pietzcker*, Zuständigkeitsordnung und Kollisionsrecht, Rz. 8 ff.; *Pernice*, Art. 30 GG, in: Dreier, Rz. 15 ff.; *Stern*, Staatsrecht I, S. 672 ff.; *Hesse, Konrad*, Grundzüge des Verfassungsrechts der Bundesrepublik Deutschland, Neudruck der 20. Auflage, Heidelberg 1999, Rz. 236.
19 *Pietzcker*, Zuständigkeitsordnung und Kollisionsrecht, Rz. 8.
20 Neben einer ganzen Reihe von kompetenzbezogenen Sondervorschriften – wie beispielsweise den Art. 23 und 24 (europäische Integration und Formen der zwischenstaatlichen Kooperation), Art. 29, 118 und 118 a (Neugliederung des Bundesgebietes), Art. 32 (auswärtige Beziehungen), Art. 91 a und b (Gemeinschaftsaufgaben) sowie Art. 105 f. (Finanzzuständigkeiten) – finden sich enumerative Zuweisung von Kompetenzen an den Bund anhand von Sachmaterien vor allem in den Art. 72 ff. (Gesetzgebung), 84 ff. (Vollziehung) und 93 ff. (Gesetzgebung).
21 *Stern*, Staatsrecht I, S. 672 ff., 677 ff.; *Maunz, Theodor*, Art. 30 GG, in: Maunz, Theodor/Dürig, Günter (Hrsg.), Grundgesetz Kommentar, Band III (Art. 20a – 53), Loseblattsammlung, München, Stand: Februar 2003, Rz. 1; BVerfGE 26, 281, 297; 42, 20, 28.
22 *Erbguth, Wilfried*, Art. 30 GG, in: Sachs, Michael (Hrsg.), Grundgesetz Kommentar, 3. Auflage, München 2003, Rz. 9.
23 BVerfGE 37, 363, 405.
24 *Maurer, Hartmut*, Staatsrecht I – Grundlagen Verfassungsorgane Staatsfunktionen, 3. Auflage, München 2003, § 10, Rz. 21; *Pietzcker*, Zuständigkeitsordnung und Kollisionsrecht, Rz. 22 f.; *Degenhart, Christoph*, Art. 70 GG, in: Sachs, Rz. 2 f.; *Rengeling, Hans-Werner*, Gesetzgebungszuständigkeit, in: Isensee, Josef/Kirchhof, Paul (Hrsg.), Handbuch des Staatsrechts der Bundesrepublik Deutschland, Band IV, 2. Auflage, Heidelberg 1999, § 100, Rz. 28 ff.; speziell zu Gesetzgebungskompetenzen *Rinck, Hans-Justus*, Zur Abgrenzung und Auslegung der Gesetzgebungskompetenzen von Bund und Ländern, in: Rittersprach, Theo/Geiger, Willi (Hrsg.), Festschrift für Gebhard Müller, Tübingen 1970, S. 289, 290 ff.; *Scholz, Rupert*, Ausschließliche und konkurrierende Gesetzgebungskompetenz von Bund und Ländern in der Rechtsprechung des Bundes-

Bundes hinaus gesteht die deutsche Verfassungsordnung dem Bund eine eng begrenzte Anzahl von ungeschriebenen Befugnissen zu, die zum Schutze der grundgesetzlichen Systematik von Enumeration und Residualkompetenz verfassungsdogmatisch mehrheitlich als ‚stillschweigend mitgeschriebene' Bundeszuständigkeiten qualifiziert werden.[25] Rechtsprechung und Literatur erkennen dem Bund immer dann derartige Kompetenzen zu, wenn entweder eine nicht dem Bund zugeteilte Materie der Gesetzgebung oder Verwaltung in einem notwendigen Sachzusammenhang mit einer dem Bund ausdrücklich zugewiesenen Materie steht (Bundeskompetenz kraft Sachzusammenhangs), die Vorbereitung oder Durchführung eines explizit dem Bund zugeordneten Sachbereich betroffen ist (Annexkompetenz) oder ein Sachverhalt für das gesamte Bundesgebiet sinnvollerweise nur einheitlich normiert oder verwaltet werden kann (Bundeskompetenz kraft Natur der Sache).[26] Obgleich der Anordnung einer Residualzuständigkeit der Länder in den Art. 30, 70, 83 und 92 GG keinerlei Aussage über die wahre Gewichtung der bundesrepublikanischen Machtverteilung zwischen Zentralstaat und seinen Gliedern zu entnehmen ist,[27] bildet sie dennoch den entscheidenden verfassungsrechtlichen Ausgangspunkt der vertikalen Kompetenzverteilung in Deutschland. Das Grundgesetz konstituiert die Grundregel der regionalen Residualkompetenz durch eine Kombination einer funktionenübergreifenden, allgemeinen Verteilungsregel mit einer Reihe funktionenspezifischer, genereller Zuständigkeitsklauseln und ermöglicht dadurch ein äußerst differenziertes und zugleich lückenloses System der vertikalen Kompetenzaufteilung anhand der verfassungsrechtlichen Normierung von Bundeszuständigkeiten.

Die vertikale Kompetenzverteilung im regionalisierten Vereinigten Königreich muß von einem entgegengesetzten verfassungsrechtlichen Ausgangspunkt verstanden werden. Das weit verbreitete unionsstaatliche Verständnis versucht eine Rationalisierung des britischen Staatsgefüges von unten nach oben, indem es die britische Staatsorganisation als eine sich stetig aktualisierende Institutionalisierung einer komplexen Verfassungs- und Territorialhistorie erklärt und damit im Sinne einer adaptionsfähigen Kristallisation der

---

verfassungsgerichts, in: Starck, Christian (Hrsg.), Bundesverfassungsgericht und Grundgesetz, Festgabe aus Anlaß des 25jährigen Bestehens des Bundesverfassungsgerichts, Band II (Verfassungsauslegung) Tübingen 1976, S. 252, 253 ff.; *Kunig, Philip*, Art. 70 GG, in: *von Münch, Ingo/Kunig, Philip* (Hrsg.), Grundgesetz-Kommentar, Band 3 (Art. 70 bis Art. 146), 5. Auflage, München 2003, Rz. 20.

25 Vgl. *von Mutius, Albert*, „Ungeschriebene" Gesetzgebungskompetenzen des Bundes, Jura 1986, S. 498, 499; *Ehlers, Dirk*, „Ungeschriebene Kompetenzen", Jura 2000, S. 323, 323 f.; *Stern, Klaus*, Das Staatsrecht der Bundesrepublik Deutschland, Band II (Staatsorgane, Staatsfunktionen, Finanz- und Haushaltsverfassung, Notstandsverfassung), München 1980, S. 610.

26 Eingehend dazu *Ehlers*, „Ungeschriebene Kompetenzen", S. 324 ff.; *Bullinger, Martin*, Ungeschriebene Kompetenzen im Bundesstaat, AöR 96 (1971), S. 237, 241 ff. (allerdings unter Gebrauch lediglich zweier Kategorien: Sachzusammenhang und Natur der Sache); *Stettner, Rupert*, Art. 70 GG, in: Dreier, Rz. 54 ff.; *Maurer*, Staatsrecht I, § 10, Rz. 27 ff.; *Hesse*, Grundzüge des Verfassungsrechts, Rz. 236.

27 *Pietzcker*, Zuständigkeitsordnung und Kollisionsrecht, Rz. 8.

Bedingungen des Zusammenlebens im Unionsstaat deutet.[28] Diese Interpretation des britischen Regierungssystems ist zwar als historisch-deskriptive Erklärung asymmetrischer staatsorganisatorischer Arrangements weithin anerkannt, jedoch hat sie auf verfassungsnormativer Ebene die unitarische Verfassungsorthodoxie mit ihrer Betonung des gewaltenmonopolisierenden Verfassungsdogmas der Parlamentssuprematie nicht zu verdrängen vermocht.[29] *Diceys* Kombination aus der positiven Regelungsallmacht des Parlaments hinsichtlich aller Sachmaterien und der negativen Freiheit von der Infragestellung seiner Gesetzgebung durch jegliche anderen Organe bedeutet auch für den Problemkreis der vertikalen Kompetenzverteilung im britischen Regionalisierungsgefüge grundsätzlich die uneingeschränkte und umfassende Zuständigkeit der Crown in Parliament.[30] Nach orthodoxer Verfassungslehre könnte sogar eine bewußt irreversibel formulierte Delegation von Normsetzungsbefugnissen das britische Parlament nicht rechtswirksam binden.[31] Dieses Verfassungsverständnis läßt somit stets nur eine jederzeit widerrufbare und in jedem Einzelfall verdrängbare Übertragung von Kompetenzen durch das Parlament in Westminster zu. Damit liegt bei der Delegation staatlicher Kompetenzen an regionale Glieder des Vereinigten Königreichs nicht nur die Residualkompetenz notwendigerweise beim zentralstaatlichen Parlament, sondern es kommt diesem auch immer eine konkurrierende Zuständigkeit in allen Regelungsbereichen zu, deren Ausübung die regionale Rechtsetzung unmittelbar verdrängt. Unabhängig davon, daß nach traditioneller Verfassungslehre das britische Parlament darüber hinaus die Freiheit besitzt, Verwaltung und Rechtsprechung im Vereinigten Königreich ohne Beschränkungen zu organisieren, ergibt sich des weiteren ein ähnliches Bild auch für den Bereich der nicht gesetzesakzessorischen Exekutivtätigkeit auf der Basis der königlichen Prärogative.[32] Diese Rechte stehen nach streng rechtlicher Betrachtung der Krone zu und werden aufgrund von Verfassungskonventionalregeln zumeist direkt durch die Minister der britischen Zentralregierung ausgeübt. Eine Regionalisierung dieser Befugnisse kann daher nur durch spezifisches Parlamentsgesetz erfolgen, so daß die diesbezüglichen regionalen Zuständigkeiten der unumstößlichen Kompetenz-Kompetenz des britischen Parlaments unterliegen und eine etwaige Residualkompetenz in diesen Bereichen stets der britischen Regierung zustehen muß. Aus der Sicht der orthodoxen Verfassungslehre ermöglicht die britische Staatsordnung somit im Hinblick auf alle Staatsfunktionen nur die Übertragung – oder Devolution – von

---

28 Siehe dazu supra Kapitel 3 § 1 B. II. 1.
29 Siehe supra Kapitel 3 § 2.
30 *Dicey, Albert V.*, Introduction to the Study of the Constitution (mit einer Einführung von E. S. C. Wade), Neudruck der 10. Auflage, London (u. a.) 1967, S. 39f. Siehe dazu supra Kapitel 2 § 2 B. I. 3.
31 Anders dagegen der ‚new view' zur Parlamentssuprematie, der die bewußte Delegation von Regelungskompetenzen als Selbstbindung in Fragen der „manner and form" zuläßt beziehungsweise als Neudefinition des Parlaments für rechtswirksam hält. Siehe zu den verschiedenen Ansichten supra Kapitel 2 § 2 B. II. 2. (b) (i).
32 Siehe dazu Kapitel 2 § 1 C. II. 2.

staatlichen Kompetenzen bei gleichzeitiger Kompetenz-Kompetenz, konkurrierender Zuständigkeit und residualer Befugnis von Westminster und Whitehall.

Ein zweiter grundsätzlicher Unterschied zwischen den vertikalen Kompetenzverteilungssystemen in Deutschland und dem Vereinigten Königreich offenbart sich hinsichtlich ihrer internen Symmetrie. Obgleich der deutschen Verfassungshistorie insbesondere in der Phase der Herstellung nationaler Staatlichkeit im 19. Jahrhundert die Institutionalisierung asymmetrischer föderativer Arrangements keineswegs fremd war,[33] folgt das Grundgesetz von 1949 dem Leitgedanken der Statusgleichheit der Länder. Das deutsche Bundesstaatsverständnis beruht auf dem Grundsatz „bündischer Gleichheit", der vor allem als Folge der Eigenstaatlichkeit der Länder begriffen wird[34] und nach dem die Länder – ungeachtet bestehender Unterschiede in Entstehung, Bevölkerungszahl, Gebietsgröße oder Wirtschaftskraft – prinzipiell nicht nur auf allen Gebieten staatlichen Handelns die gleichen Aufgaben und Kompetenzen innehaben, sondern auch im Verhältnis untereinander und zum Zentralstaat identische Rechte und Pflichten besitzen.[35] Anders als bei der Mitwirkung der Länder auf Bundesebene, die durch die Stimmengewichtung im Bundesrat gemäß Art. 51 Abs. 2 GG auch asymmetrische Züge aufweist, verwirklicht die vertikale Kompetenzverteilung in Deutschland den Grundsatz der Ländergleichheit in beinahe vollkommener Konsequenz.[36]

Der Symmetrie der vertikalen Kompetenzverteilung des Grundgesetzes steht auf britischer Seite eine asymmetrische Ordnung der Zuständigkeiten von regionalen Gliedern und Zentralstaat gegenüber. Die historischen, kulturellen, sozialen und wirtschaftlichen Unterscheide zwischen den verschiedenen Landesteilen des Vereinigten Königreichs haben eine *De-facto*-Asymmetrie des britischen Staatswesens gezeitigt, die sich in dem Konzept des Unionsstaates kristallisieren. Die uneingeschränkte Regelungsmacht des britischen Parlaments eröffnet dabei die verfassungsrechtliche Möglichkeit, maßgeschneiderte – und damit hinsichtlich der Gesamtstruktur asymmetrische – Regionalisierungsmöglichkeiten für die verschiedenen Territorien zu institutionalisieren. Diese staatsorganisatorische Gestaltungsfreiheit geht einher mit einer ebenfalls in der Idee eines adaptionsfähigen Unionsstaates verkör-

---

33 Vgl. *Burgess/Gress*, Symmetry and Asymmetry Revisited, S. 44.
34 *Herzog, Roman*, Art. 20 GG IV. (Die Verfassungsentscheidung für den Bundesstaat), in: Maunz, Theodor/Dürig, Günter (Hrsg.), Grundgesetz Kommentar, Band II (Art. 12 – 20), Loseblattsammlung, München, Stand: Februar 2003, Rz. 66. Zu den verschiedenen Begründungsmodellen vgl. *Isensee, Josef*, Idee und Gestalt des Föderalismus im Grundgesetz, in: Isensee, Josef/Kirchhof, Paul (Hrsg.), Handbuch des Staatsrechts der Bundesrepublik Deutschland, Band IV, 2. Auflage, Heidelberg 1999, § 98, Rz. 129 ff.
35 *Schneider, Hans-Peter*, Die bundesstaatliche Ordnung im vereinigten Deutschland, NJW 1991, S. 2448, 2451; *Bauer, Hartmut*, Art. 20 GG (Bundesstaat), in: Dreier, Rz. 25; *Sommermann, Karl-Peter*, Art. 20 GG, in: von Mangoldt, Hermann/Klein, Friedrich/Starck, Christian (Hrsg.), Das Bonner Grundgesetz: Kommentar, Band II (Art. 20 bis 78), 4. Auflage, München 2000, Rz. 35 f.
36 Vgl. *Isensee*, Idee und Gestalt des Föderalismus, Rz. 134 ff.

perten inhaltlichen Pragmatik der britischen Politik in Fragen der Verfassungsentwicklung. Die Devolutionsgesetze der Labour-Regierung bleiben fest in dieser Tradition flexibler Asymmetrie verankert[37] und spiegeln die *De-facto*-Heterogenität eines Staatsgefüges wider, das sich aus dem künstlich in Regionen aufgeteilten England, der Nation Schottland, dem als ‚Principality' eingegliederten Wales und der Teilnation Nordirland zusammensetzt. Dies wird formal bereits darin deutlich, daß es kein einheitliches Regelwerk zur Devolution von Zuständigkeiten an Schottland, Wales und Nordirland gibt, sondern mit dem Scotland Act 1998, dem Government of Wales Act 1998 und dem Northern Ireland Act 1998 jeweils eigenständige Parlamentsgesetze erlassen wurden, während die Devolution für die englischen Regionen trotz erster, behutsamer Ansätze im Greater London Authority Act 1999 und dem Regional Development Agencies Act 1998 bisher noch keine vergleichbare Gestalt angenommen hat.[38] Die Devolutionsgesetze für die drei Randterritorien des Vereinigten Königreichs zeigen neben sehr unterschiedlichen organisatorischen Ausgestaltungen der regionalen Regierungsstrukturen auch erhebliche Abweichungen in der Kompetenzausstattung der Regionalinstitutionen; die englischen Regionen bleiben dagegen bis heute fast gänzlich ausgespart und werden im wesentlichen direkt aus London regiert. Im Ergebnis liegt eine hochgradig asymmetrische Regionalisierungsstruktur als Aktualisierung des britischen Unionsstaates vor,[39] der teilweise sogar das Etikett ‚asymmetrisch' zugunsten einer Beschreibung als „planlos" abgesprochen wird.[40] Auf der Suche nach Symmetrie inmitten dieses asymmetrischen Zuständigkeitsgeflechts der britischen Regionalisierung mit maßgeschneiderten Kompetenzverteilungssystemen für Schottland, Wales und Nordirland bleibt zunächst nur der verfassungsorthodoxe Verweis auf die einheitliche Unterordnung der Regionalstrukturen unter die Suprematie des britischen Parlaments.[41] Eine „bündische Gleichheit" in Status und Befugnissen der Glieder,

---

37  Vgl. dazu *Keating, Michael*, Asymmetrical Government: Multinational States in an Integrating Europe, Publius 29/1 (Winter 1999), S. 71, 77ff.; *Rawlings, Richard*, The Shock of the New: Devolution in the United Kingdom – Country Report United Kingdom, in: Riedel, Eibe (Hrsg.), Aufgabenverteilung und Finanzregimes im Verhältnis zwischen Zentralstaat und seinen Untereinheiten, Baden-Baden 2001, S. 65, 70ff.

38  Darüber hinaus bleibt auch die weitere Planung der englischen Devolution stark asymmetrisch, da sich die Regierung unter *Tony Blair* für eine Strategie der ‚Devolution on Demand' entschieden hat; siehe das White Paper: Your Region, Your Choice – Revitalising the English Regions, Cmnd. 5511, HMSO, London 2002, Overview, paras. 15ff., und Chapter 9. So werden nach einer Ankündigung des zuständigen Deputy Prime Ministers *John Prescott* vom 16. Juni 2003 voraussichtlich im Oktober 2004 Referenda über die Devolutionspläne in den drei nördlichen englischen Regionen North East, Yorkshire and the Humber und North West durchgeführt. Siehe näher dazu infra Kapitel 5 § 1 B. III. 3.

39  *Munro, Colin R.*, Studies in Constitutional Law, 2. Auflage, London (u. a.) 1999, S. 44.

40  So verwirft *Burrows, Noreen*, Devolution, London 2000, S. 90f., die Bezeichnung der britischen Devolution als asymmetrisch und beschreibt sie vielmehr als „haphazard".

41  Ähnlich *Hadfield, Brigid*, Towards an English Constitution, CLP 55 (2002), S. 151, 165.

wie sie dem deutschen Bundesstaatsverständnis eigen ist, kann der britischen Devolution somit nicht entnommen werden.

## B. Die Verteilung von Legislativkompetenzen zwischen Gesamtstaat und Gliedern

Regionale Autonomie verwirklicht sich in der Teilhabe an politischer Leitung durch territoriale Glieder; sie ereignet sich in der Ausübung begrenzter politischer Leitungsfunktionen durch regionale Gemeinwesen, die als territoriale Entscheidungszentren mit einem Mindestmaß an materieller Selbständigkeit im Sinne politischer Gestaltungsfreiheit ausgestattet sind.[42] Maßgebliche Bedeutung für die Bewertung der Autonomie der Glieder eines regionalisierten Staatsgefüges erlangt daher ihre konstitutionelle Ausstattung mit Kompetenzen zur richtungsweisenden Gestaltung des Zusammenlebens in der staatlichen Gemeinschaft.[43] Das primäre Mittel der politischen Gestaltung und Leitung im modernen Verfassungsstaat bildet die Gesetzgebung,[44] so daß der vertikalen Aufteilung von Legislativkompetenzen eine zentrale Stellung in der Erklärung und Würdigung regionalisierter Staatsgefüge zukommen muß. Dabei bedarf es zunächst der Identifizierung der für die Gesetzgebung relevanten Akteure im regionalisierten Staatsaufbau der Bundesrepublik Deutschland und des Vereinigten Königreichs.

## I. Legislativorgane in der regionalisierten Staatsorganisation

In der Bundesrepublik Deutschland nehmen gemäß den Art. 76 ff. GG die nach den Art. 38 ff. und 50 ff. GG konstituierten Bundesorgane Bundestag und Bundesrat die der zentralstaatlichen Ebene durch die Verfassung zuge-

---

42 So für den deutschen Bundesstaat *Bullinger, Martin*, Die Zuständigkeit der Länder zur Gesetzgebung I., DÖV 1970, S. 761, 761; *Scheuner, Ulrich*, Wandlungen im Föderalismus der Bundesrepublik, DÖV 1966, S. 513, 514; *Hempel, Wieland*, Der demokratische Bundesstaat – Artikel 20 Absatz 1 des Grundgesetzes und seine Bedeutung für Zuständigkeitsvereinbarungen zwischen Bund und Ländern, Berlin 1969, S. 177 ff.
43 Vgl. *Bullinger*, Zuständigkeit der Länder zur Gesetzgebung I., S. 761 f.
44 *Schenke, Wolf-Rüdiger*, Föderalismus als Form der Gewaltenteilung, JuS 1989, S. 698, 699; *von Münch*, Zuständigkeiten im Bereich der Gesetzgebung, S. 143; *Vogel, Hans-Jochen*, Die bundesstaatliche Ordnung des Grundgesetzes, in: Benda, Ernst/Maihofer, Werner/Vogel, Hans-Jochen (Hrsg.), Handbuch des Verfassungsrechts der Bundesrepublik Deutschland, 2. Auflage, Berlin/New York 1994, § 22, Rz. 53.

ordneten Kompetenzen zur Gesetzgebung wahr.[45] Dagegen enthält das Grundgesetz keine direkte Regelung hinsichtlich der Regierungsorganisation in den Ländern, sondern setzt der Verfassungsautonomie der Länder als Grundaxiom deutscher Bundesstaatlichkeit[46] mit dem Homogenitätsgebot des Art. 28 Abs. 1 GG sowohl materielle als auch staatsorganisatorische Schranken.[47] Im Einklang mit dieser Homogenitätsverbürgung sehen alle Verfassungen der 16 deutschen Bundesländer ein eigenes Landesparlament vor, dessen Abgeordnete unmittelbar vom Landesvolk gewählt werden.[48] Seitdem Bayern zum Ende des Jahres 1999 den Senat als zweite Legislativkammer in Gestalt einer berufsständischen Repräsentationsinstitution abgeschafft hat, herrscht in allen Bundesländern ein reines Einkammernsystem.[49] Zwar müssen gemäß Art. 28 Abs. 1 Satz 2 GG die Volksvertretungen in den Ländern, Kreisen und Gemeinden entsprechend Art. 38 Abs. 1 Satz 1 GG aus allgemeinen, unmittelbaren, freien, gleichen und geheimen Wahlen hervorgehen, jedoch läßt die Homogenitätsklausel den Landesverfassungen jenseits dieser unabdingbaren Wahlrechtsgrundsätze erhebliche Freiheit in der Normierung ihres Landes- und Kommunalwahlrechts, so daß insbesondere die Wahl zu den Landesparlamenten auch abweichend vom personalisierten Verhältniswahlrecht der Bundestagswahl[50] ausgestaltet sein kann.[51] Abgesehen von verein-

---

45  Für einen Überblick über Zusammensetzung und legislative Funktionsweise der Bundesorgane Bundestag und Bundesrat vgl. *Degenhart*, Staatsrecht I, Rz. 460 ff., 508 ff., 669 ff.
46  Vgl. zur Verfassungshoheit der deutschen Bundesländer *Maunz, Theodor*, Staatlichkeit und Verfassungshoheit der Länder, in: Isensee, Josef/Kirchhof, Paul (Hrsg.), Handbuch des Staatsrechts der Bundesrepublik Deutschland, Band IV, 2. Auflage, Heidelberg 1999, § 94, Rz. 25 ff.; *Graf Vitzthum, Wolfgang*, Die Bedeutung gliedstaatlichen Verfassungsrechts in der Gegenwart, in: Vereinigung der deutschen Staatsrechtslehrer (Hrsg.), Veröffentlichungen der Vereinigung der deutschen Staatsrechtslehrer: Die Bedeutung gliedstaatlichen Verfassungsrechts in der Gegenwart (Heft 46, 1987), Berlin/New York 1988, S. 7, 22 ff.; *Dreier, Horst*, Art. 28 GG, in: Dreier, Rz. 47 ff. Nach weithin anerkannter Lesart des Bundesverfassungsgerichts folgt die konstitutive Autonomie der Bundesländer ebenfalls aus ihrer Eigenstaatlichkeit: BVerfG 34. 9, 19; 36, 342, 360 f.
47  Vgl. *Maunz, Theodor*, Verfassungshomogenität von Bund und Ländern, in: Isensee, Josef/Kirchhof, Paul (Hrsg.), Handbuch des Staatsrechts der Bundesrepublik Deutschland, Band IV, 2. Auflage, Heidelberg 1999, § 95, Rz. 1 ff.; *Bartelsperger, Richard*, Das Verfassungsrecht der Länder in der gesamtstaatlichen Verfassungsordnung, in: Isensee, Josef/Kirchhof, Paul (Hrsg.), Handbuch des Staatsrechts der Bundesrepublik Deutschland, Band IV, 2. Auflage, Heidelberg 1999, § 96, Rz. 21 ff.; *Dreier, Horst*, Einheit und Vielfalt der Verfassungsordnungen im Bundesstaat, in: Schmidt, Karsten (Hrsg.), Vielfalt des Rechts – Einheit der Rechtsordnung?, S. 113, 121 ff.; ders., Art. 28 GG, in: Dreier, Rz. 53 ff.; *Kersten, Jens*, Homogenitätsgebot und Landesverfassungsrecht, DÖV 1993, S. 896, 897 ff.
48  In den Flächenstaaten werden diese Parlamente als Landtage bezeichnet, in Bremen und Hamburg als Bürgerschaften und in Berlin als Abgeordnetenhaus.
49  *Herdegen, Matthias*, Strukturen und Institute des Verfassungsrechts der Länder, in: Isensee, Josef/Kirchhof, Paul (Hrsg.), Handbuch des Staatsrechts der Bundesrepublik Deutschland, Band IV, 2. Auflage, Heidelberg 1999, § 97, Rz. 17 f.; *Dreier*, Einheit und Vielfalt der Verfassungsordnungen, S. 122.
50  Vgl. dazu *Stern*, Staatsrecht I, S. 301 ff.
51  *Niehaus, Michael*, Art. 28 GG, in: Sachs, Rz. 18; *Dreier*, Art. 28 GG, in: Dreier, Rz. 67.

zelten Besonderheiten besteht aber insgesamt eine prinzipielle Homogenität der Wahlrechtssysteme in den deutschen Ländern im Sinne des personalisierten Verhältniswahlsystems.[52] Die Länderparlamente wählen und kontrollieren in allen Bundesländern die Landesregierungen.[53] Ungeachtet mancher Unterschiede im konstitutionellen Detail, die sich insbesondere aus der abweichenden Institutionalisierung unmittelbar-demokratischer Entscheidungsmechanismen ergeben, stellen die regionalen Volksvertretungen nach dem Verfassungsrecht aller deutschen Länder die regionalen Hauptgesetzgebungsorgane dar.[54] Das System regionaler Legislativorgane präsentiert sich im deutschen Bundesstaat somit als eine im wesentlichen symmetrische Gesamtstruktur, deren Heterogenitäten durch Art. 28 Abs. 1 GG äußere Schranken gezogen sind.

Das Gefüge von Legislativorganen im regionalisierten Vereinigten Königreich zeigt demgegenüber eine beträchtliche Asymmetrie. An der Spitze der Staatsorganisation steht die Crown in Parliament als allmächtiges Gesetzgebungsorgan, das aus Monarch, House of Commons und House of Lords zusammengesetzt ist. Dieses wird jedoch sowohl verfassungsrechtlich als auch mit Hilfe einschlägiger Verfassungskonventionalregeln vom dem nach relativem Mehrheitswahlrecht gewählten Unterhaus dominiert.[55] Staatsorganisatorische Asymmetrien ergeben sich sodann auf der Ebene regionaler Legislativorgane und liegen zunächst vor allem darin begründet, daß die englischen Regionen bis heute keine der keltischen Peripherie vergleichbare Devolution von Hoheitsgewalt erfahren haben. Zwar wurden durch den Greater London Authority Act 1999 und den Regional Development Agencies Acts 1998 die aus einem Bürgermeister und einer Versammlung bestehende Greater London Authority und die durch Regional Chambers beratenen Regional Development Agencies in den übrigen acht englischen

---

52 *Niehaus*, Art. 28 GG, in: Sachs, Rz. 19.
53 In den drei Stadtstaaten werden alle Regierungsmitglieder von den Abgeordneten des Parlaments gewählt, während in den Flächenstaaten nur der Regierungschef vom Landtag bestimmt wird, der sodann die anderen Mitglieder der Landesregierung teilweise unter weiterer Mitwirkung der Parlamente beruft. Vgl. *Herdegen*, Strukturen und Institute des Verfassungsrechts der Länder, Rz. 25; *Grawert, Rolf*, Die Bedeutung gliedstaatlichen Verfassungsrechts in der Gegenwart, NJW 1987, S. 2329, 2332f.
54 *Herdegen*, Strukturen und Institute des Verfassungsrechts der Länder, Rz. 38, 11 ff.; *Grawert*, Bedeutung gliedstaatlichen Verfassungsrechts, S. 2331f.
55 Zum Wahlrecht für das House of Commons vgl. *Bradley, Anthony W./Ewing, Keith D.*, Constitutional and Administrative Law, 13. Auflage, Harlow 2002, S. 147ff.; *Hood Phillips, Owen/Jackson, Paul/Leopold, Patricia*, Constitutional and Administrative Law, 8. Auflage, London 2001, Rz. 10–025ff., 10–058ff.; *Schwab, Andreas*, Devolution – Die asymmetrische Staatsordnung des Vereinigten Königreichs, Baden-Baden 2002, S. 93f. Allgemein zum Mehrheitswahlrecht vgl. *Stern*, Staatsrecht I, S. 295. Für einen Vergleich des deutschen und des britischen Wahlrechts vgl. *Jeffery, Charlie*, Electoral Reform: Learning from Germany, PolitQ 69 (1998), S. 241–251. Die Dominanz des Unterhauses gegenüber den Lords basiert vor allem auf den Parliament Acts 1911 und 1949 und der Salisbury Convention; vgl. dazu *Hood Phillips/Jackson/Leopold*, Constitutional and Administrative Law, Rz. 9–024ff.; *Brazier, Rodney*, Defending the hereditaries: the Salisbury convention, PL 1998, S. 371, 372ff.; und siehe supra Kapitel 2 § 2 A. I.

Regionen geschaffen; jedoch verfügen diese Institutionen lediglich über primär strategische und stark beschränkte exekutive Befugnisse.[56] Im Hinblick auf das Gefüge regionaler Legislativorgane in der britischen Staatsorganisation und eine vertikale Verteilung von Gesetzgebungsbefugnissen stellen sie daher vor allem mögliche Vorstufen zu einer zukünftigen, umfassenderen englischen Regionalisierung dar.[57] Es klafft somit eine große räumliche Lücke im Gefüge regionaler Gesetzgebungsorgane des Vereinigten Königreichs.

Dagegen zeigen die durch die Devolutionsgesetze von 1998 geschaffenen Legislativorgane in Schottland, Wales[58] und Nordirland[59] in ihrer Zusammensetzung, internen Organisation und Funktionsweise neben einer Reihe wichtiger Unterschiede auch bedeutsame Gemeinsamkeiten und weisen somit Ansätze einer staatsorganisatorischen Symmetrie zumindest für die keltische Peripherie auf. So findet sich zwar bereits eine semantische Ungleichbehand-

---

56 *Palmer, Rosanne/Jeffery, Charlie,* Das Vereinigte Königreich: Die „Devolution-Revolution" setzt sich fort, in: Europäisches Zentrum für Föderalismus-Forschung Tübingen (Hrsg.), Jahrbuch des Föderalismus 2002 (Band 3): Föderalismus, Subsidiarität und Regionen in Europa, Baden-Baden 2002, S. 343, 353. Der Greater London Authority wird durch sec. 30 ff. des Greater London Authority Act 1999 lediglich eine Anzahl strategischer, exekutiver und repräsentativer Funktionen übertragen; vgl. *Travers, Tony,* Decentralization London-style: The GLA and London Governance, RegStud 36 (2002), S. 779, 780 f.; *Barnett, Hilaire,* Constitutional & Administrative Law, 4. Auflage, London/Sydney 2002, S. 394 ff. Der Regional Development Agencies Act 1998 sieht in sec. 1 bei der Ausstattung der Regional Development Agencies mit strategischen Funktionen durch sec. 4, 5 und 7 in sec. 6 die Möglichkeit der Übertragung weiterer Befugnisse durch britische Minister vor, jedoch bleiben gemäß sec. 6(2) Normsetzungsbefugnisse von dieser Ermächtigung ausdrücklich ausgeschlossen; vgl. *Bradley/Ewing,* Constitutional and Administrative Law, S. 362. Siehe auch infra Kapitel 5 § 1 B. III. 3.
57 *Bogdanor, Vernon,* Devolution in the United Kingdom, Oxford 1999 (updated and reissued 2001), S. 274, bezeichnet das institutionelle Arrangement für Großlondon sogar als „part of a weak upper tier of local government rather than an embryonic regional authority".
58 Die regionale Volksvertretung in Wales, das National Assembly for Wales, stellt nach der Grundkonzeption der ‚exekutiven Devolution' für Wales eigentlich ein Exekutivorgan mit Kompetenzen zur sekundären Gesetzgebung und nicht ein klassisches Parlament mit der Befugnis zum Erlaß formeller Gesetze dar. Bei einer verfassungsdogmatisch rigiden Betrachtung ließen sich jedoch sogar die schottischen und nordirischen Rechtsetzungsbefugnisse als delegierte Normsetzungskompetenzen qualifizieren; siehe dazu infra Kapitel 5 § 1 B. III. 1. Da das National Assembly for Wales – wie seine schottischen und nordirischen Entsprechungen – eine Volksvertretung mit Normsetzungskompetenzen darstellt, wird es – im Sinne einer einheitlichen Darstellung – im Folgenden als regionales Legislativgremium und seine Normsetzungsbefugnisse als Legislativkompetenzen behandelt; so auch beispielsweise *Hood Phillips/Jackson/Leopold,* Constitutional and Administrative Law, Rz. 5–036 ff.; *Burrows,* Devolution, S. 28 f.
59 Aufgrund der Suspendierung nordirischer Devolution im Oktober 2002 und der Auflösung des Northern Ireland Assembly im April 2003 operieren in Nordirland zur Zeit keine regionalen Regierungsstrukturen. Die Neuwahlen zu dieser Versammlung vom 26. November 2003 haben bis heute nicht zu einer Aufhebung der Suspendierung geführt. Die nachfolgenden Ausführungen zur nordirischen Devolution beziehen sich daher nicht auf aktuell funktionierende Devolutionsstrukturen, sondern auf das im Northern Ireland Act 1998 vorgesehene und in den Jahren 1999 bis 2002 mit mehrmaligen Unterbrechungen operierende Devolutionsarrangement.

lung in der Bezeichnung der schottischen Volksvertretung in Holyrood, Edinburgh, als ‚Scottish Parliament', der walisischen in Cardiff Bay als ‚National Assembly for Wales' und der nordirischen in Stormont, Belfast, als ‚Northern Ireland Assembly';[60] doch konstituieren der Scotland Act 1998, der Government of Wales Act 1998 und der Northern Ireland Act 1998 für die drei Randterritorien des Vereinigten Königreichs jeweils ein regionales Regierungssystem mit einer Legislativkammer in der Form einer direkt gewählten Volksvertretung.[61] Damit wurde das Konzept eines Zweikammernsystems, welches während des Stormont-Regimes unter dem Government of Ireland Act 1920 für Nordirland galt, zugunsten einer systematischen Gleichstellung der Devolutionskonzepte verworfen.[62] Das Wahlrecht für die drei regionalen Volksvertretungen folgt – abweichend von den für das House of Commons geltenden Regeln – grundsätzlich dem Prinzip der Verhältniswahl, wobei sich Abweichungen im Detail ergeben.[63] Die Einführung des Verhältniswahlrechts hat dabei wichtige Konsequenzen für die Funktionsweise der regionalen Legislativorgane, da ihre Kompetenzausübung damit – anders im britischen Unterhaus – in der Regel die Bildung von parteiübergreifenden Koalitionen erfordert. Schottland und Wales besitzen in grundsätzlich paralleler Ausgestaltung eine besondere Ausprägung des personalisierten Verhältniswahlrechts.[64] Die Wähler haben danach – wie bei deutschen Bundeswahlen – je zwei Stimmen zur Bestimmung der 129 schottischen und 60 walisischen Abgeordneten. Mit der Erststimme werden nach relativem Mehrheitswahlrecht auf der Basis der Unterhaus-Wahlkreise in Schottland 73 und in Wales 40 Abgeordnete als Direktkandidaten gewählt;[65] anhand der für einzelne Parteilisten[66] abgegebe-

---

60 Sec. 1 Scotland Act 1998; sec. 1 Government of Wales Act 1998; sec. 4(5) Northern Ireland Act 1998.
61 Sec. 1 ff. Scotland Act 1998; sec. 1 ff. Government of Wales Act 1998; sec. 31 ff. Northern Ireland Act 1998.
62 *Schwab*, Devolution, S. 132. Zur Stormont-Ära von 1920 bis 1972 siehe supra Kapitel 3 § 1 B. II. 2. (a).
63 Vgl. *Hood Phillips/Jackson/Leopold*, Constitutional and Administrative Law, Rz. 5–013. Das aktive Wahlrecht richtet sich in allen drei Territorien nach den Regeln für Kommunalwahlen und nicht nach den strengeren Bestimmungen für die Wahlen zum britischen Unterhaus; siehe sec. 11 Scotland Act 1998, sec. 10 Government of Wales Act 1998, sec. 2 Northern Ireland Elections Act 1998 und vgl. dazu *Burrows*, Devolution, S. 29.
64 Siehe sec. 5 ff. Scotland Act 1998; sec. 5 ff. Government of Wales Act 1998. Eingehend zum Wahlrechtssystem für das Scottish Parliament und das National Assembly for Wales *Grote, Rainer*, Regionalautonomie für Schottland und Wales – das Vereinigte Königreich auf dem Weg zu einem föderalen Staat, ZaöRV 58 (1998), S. 109, 123, 131 f.; *Burrows*, Devolution, S. 29 ff.; *Schwab*, Devolution, S. 94 ff., 112 f.
65 Zur problematischen Bindung der Abgeordnetenzahl des Scottish Parliament an die Wahlkreiseinteilung für Unterhauswahlen vgl. *Bort, Eberhard*, The Numbers Game – 129 and the Scottish Parliament: Does Size Matter?, Scottish Affairs 39 (Frühling 2002), S. 1, 1 ff.; *Burrows, Noreen*, Unfinished Business: The Scotland Act 1998, MLR 62 (1999), S. 241, 245; und siehe infra Kapitel 5 § 1 B. III. 3.
66 Möglich ist im Rahmen der Zweitstimme allerdings auch die Kandidatur von Einzelpersonen.

nen Zweitstimme werden sodann in acht schottischen und fünf walisischen Wahlbezirken[67] nach dem Höchstzahlverfahren von d*"Hondt* die übrigen Abgeordneten ermittelt (*additional members system*). Anders als in Deutschland müssen dabei die Zweitstimmen getrennt für die einzelnen Wahlbezirke verrechnet werden, und das Zahlenverhältnis von Direktmandaten zu Listenabgeordneten entspricht im Scottish Parliament und im National Assembly for Wales jeweils nicht der Proportion 1:1, sondern ist mit 73 zu 56 beziehungsweise 40 zu 20 zugunsten des personalisierten Elements verschoben.[68] Insgesamt wird somit durch die auf der Zweitstimme basierende Entsendung zusätzlicher Abgeordneter ein unvollständiger Verhältnisausgleich geschaffen, der die Sitzverteilung im Scottish Parliament und – zu einem etwas geringeren Grade – im National Assembly for Wales stärker an dem relativen Anteil der Parteien an der Gesamtzahl der abgegebenen Stimmen ausrichten soll.[69]

Diesem Ziel einer möglichst direkt-proportionalen Spiegelung des Wählervotums in der Mandatsverteilung des Legislativorgans kam eine noch größere Bedeutung bei der Normierung des Wahlsystems zur nordirischen Versammlung zu, da hier die ausgewogene Vertretung sowohl der unionistischen als auch der irisch-nationalistischen Bevölkerungsgruppen die notwendige faire Grundlage der Devolution als Teil des nordirischen Friedensprozesses darstellt. Zur Verwirklichung dieser Zielsetzung errichtet der Northern Ireland Act 1998 mit der aus 108 Abgeordneten bestehenden nordirischen Versammlung zunächst eine gemessen an der Bevölkerungszahl im Vergleich zu Schottland und Wales weitaus größere Regionalkammer und normieren die sec. 33 f. Northern Ireland Act 1998 ein reines Verhältniswahlrecht zur Sicherung der politischen Repräsentation auch kleinerer Parteien.[70] Dabei werden die Mandate auf der Grundlage eines Wahlsystems der ‚Single Transferable Vote' verteilt, bei dem die Wähler in den 18 Westminster-Wahlkreisen ihre Stimme in Form einer Präferenzreihenfolge für die verschiedenen Kandidaten abgeben (Panaschieren).[71] Die Gesamtverrechnung der Wählerpräferenzen führt zur Entsendung von sechs Kandidaten je Wahlkreis in die nordirische

---

67 Die Wahlbezirke entsprechen den Wahlkreisen für die Wahlen zum Europäischen Parlament. Auf die acht schottischen Wahlbezirke entfallen jeweils sieben, auf die fünf walisischen Wahlbezirke jeweils vier zusätzliche Abgeordnete.
68 Für einen Vergleich des schottischen und walisischen Wahlsystems mit dem deutschen vgl. *Jeffery*, Electoral Reform, S. 249 ff.; *Bogdanor*, Devolution in the UK, S. 223 ff.
69 Siehe das White Paper: Scotland's Parliament, Cmnd. 3658, HMSO, London 1997, para. 8.1; *Grote*, Regionalautonomie für Schottland und Wales, S. 123; *Rawlings, Richard*, The New Model Wales, JLS 25/4 (1998), S. 461, 476.
70 *Schwab*, Devolution, S. 132 f.
71 Vgl. *Grote, Rainer*, Die Friedensvereinbarung von Belfast – ein Wendepunkt in der Geschichte des Nordirland-Konflikts, ZaöRV 58 (1998), S. 646, 673 f.; *Schwab*, Devolution, S. 133. Vgl. allgemein zum Wahlsystem der Single Transferable Vote *Turpin, Colin*, British Government and the Constitution – Text, Cases and Materials, 5. Auflage, London/Edinburgh 2002; S. 538 ff.; *Barnett*, Constitutional & Administrative Law, S. 449.

Versammlung, so daß insgesamt eine wahlkreisbezogene Verhältniswahl stattfindet.[72]

Die Unterschiede in den Wahlsystemen zum schottischen Parlament, zur Nationalversammlung für Wales und zur nordirischen Versammlung sind das Ergebnis eigenständiger politischer Kompromisse zwischen den verschiedenen Akteuren des Devolutionsprozesses und zeigen deutlich die flexible Natur des britischen Unionsstaates.[73] Gleichzeitig offenbaren die einheitliche Abkehr vom relativen Mehrheitswahlrecht der zentralstaatlichen Ebene und die Indienstnahme verschiedener Verhältniswahlsysteme eine Dimension horizontaler staatsorganisatorischer Symmetrie auf der Ebene der keltischen Regionen. Darüber hinaus werden alle drei Volksvertretungen grundsätzlich für eine vierjährige Legislaturperiode gewählt,[74] so daß sich das System der Wahlperioden auf regionaler Ebene erheblich vom flexiblen Rhythmus der Urnengänge für das britische Unterhaus unterscheidet.[75] Ungeachtet weitreichender Abweichungen im Detail lassen die regionalen Volksvertretungen in Schottland, Wales und Nordirland zudem weitere grundlegende Gemeinsamkeiten erkennen: In den Devolutionsgesetzen mit Normsetzungskompetenzen ausgestattet,[76] bestimmen und kontrollieren sie regionale Exekutiven[77] und erfüllen einen Großteil ihrer Aufgaben durch interne Ausschußstrukturen.[78]

Demgegenüber finden sich in den englischen Regionen bisher keine vergleichbaren Legislativorgane in Gestalt regionaler Volksvertretungen. Während die Greater London Authority durch die Direktwahl des Bürgermeisters und der Londoner Versammlung noch über eine unmittelbare demokratische Legitimation verfügt, werden die Mitglieder der Regional Development Agencies in den anderen acht englischen Regionen gemäß sec. 2 des Regional Development Agencies Act 1998 vom zuständigen Fachminister ernannt. Die freiwillig errichteten Regional Chambers sollen zwar gemäß sec. 7(2) des Regional Development Agencies Act 1998 den Entwicklungsagenturen nur dann als Konsultativkammern zur Seite gestellt werden, wenn ihre Zusammensetzung aus Vertretern der Gemeindeebene, der Wirtschaft, der Gewerkschaften und anderer Verbände als repräsentativ für die Bevölkerung der Region angesehen werden kann; doch besitzen auch sie – trotz ihrer politischen Bedeutung als Vorstufe zur englischen Devolution[79] und ihrer dement-

---

72 *Schwab*, Devolution, S. 133.
73 *Burrows*, Devolution, S. 38.
74 Sec. 2 Scotland Act 1998; sec. 3 Government of Wales Act 1998; sec. 31f. Northern Ireland Act 1998.
75 Vgl. zur gemäß dem Parliament Act 1911 höchstens fünfjährigen Legislaturperiode des House of Commons *Hood Phillips/Jackson/Leopold*, Constitutional and Administrative Law, Rz. 8–018ff.; *Barnett*, Constitutional & Administrative Law, S. 433.
76 Bezüglich der Art und des Umfangs von Normsetzungsbefugnissen ergeben sich beträchtliche Unterschiede zwischen Schottland und Nordirland auf der einen Seite und Wales auf der anderen. Siehe dazu infra Kapitel 5 § 1 B. III. 1. und Kapitel 5 § 1 B. III. 2.
77 Siehe dazu infra Kapitel 5 § 1 C. I.
78 Eingehend zu den Ausschußstrukturen *Burrows*, Devolution, S. 46ff.
79 Siehe das White Paper: Your Region, Your Choice, Overview, paras. 10f.

sprechenden Umbenennung in manchen Regionen zu ‚Regional Assemblies'[80] – keine direkte demokratische Rückkoppelung an die regionale Wählerschaft. Neben diesen neuen Regionalinstitutionen existieren seit geraumer Zeit regionale Government Offices als Außenstellen der Londoner Zentralministerien, deren Zuständigkeiten für die Durchführung bestimmter Regierungsprogramme in den Regionen durch die Labour-Regierung erweitert wurden.[81] Insbesondere die Regional Development Agencies unterliegen in ihren Tätigkeiten einer strikten Kontrolle durch britische Ministerien.[82]

Die Gefüge regionaler Legislativorgane in Deutschland und dem Vereinigten Königreich zeigen somit – vor allem aufgrund der vorläufigen Aussparung der englischen Regionen aus dem britischen Devolutionsprozeß – markante Unterschiede in ihrer Gesamtsymmetrie. Darüber hinaus folgt der deutsche Bundesstaat durch Anerkennung und gleichzeitige Beschränkung der Verfassungsautonomie der Länder in Art. 28 Abs. 1 GG[83] grundsätzlich dem Gedanken einer durch die Bundesverfassung reglementierten Freiheit der Glieder zur Etablierung horizontaler staatsorganisatorischer Heterogenität. Dagegen ergeben sich die Asymmetrien zwischen den regionalen Regierungssystemen im Vereinigten Königreich direkt aus der variationsreichen zentralstaatlichen Normierung in den Devolutionsgesetzen.[84] Dennoch lassen sich zumindest in der keltischen Peripherie wichtige Parallelen in der Konstituierung regionaler Legislativorgane erkennen.

## II. Die symmetrische Verteilung von Legislativkompetenzen in Deutschland

Art. 70 Abs. 1 GG bestätigt und konkretisiert die allgemeine Regelung des Art. 30 GG für den Bereich der Gesetzgebung, indem er bestimmt: „Die Länder haben das Recht der Gesetzgebung, so weit dieses Grundgesetz nicht dem Bunde Gesetzgebungsbefugnisse verleiht." Art. 70 Abs. 2 GG ergänzt diese Grundregel durch den Verweis auf die Verleihung von Bundesgesetzgebungszuständigkeiten in zwei Kategorien: „die Abgrenzung der Zuständigkeiten zwischen Bund und Ländern bemißt sich nach den Vorschriften dieses Grund-

---

80 *Tomaney, John*, The Regional Governance of England, in: Hazell, Robert (Hrsg.), The State and the Nations: The First Year of Devolution in the United Kingdom, Thorverton 2000, S. 117, 129 f.
81 Vgl. *Tomaney, John*, The Evolution of Regionalism in England, RegStud 36 (2002), S. 721, 727; *Mey, Marcus*, Regionalismus in Großbritannien – kulturwissenschaftlich betrachtet, Berlin 2003, S. 238 ff.
82 *Bradley/Ewing*, Constitutional and Administrative Law, S. 363.
83 Zu dieser Doppelfunktion des Art. 28 Abs. 1 GG vgl. *Dreier*, Art. 28 GG, in: *Dreier*, Rz. 47.
84 Vgl. *Hopkins*, Devolution in Context, S. 169.

gesetzes über die ausschließliche und konkurrierende Gesetzgebung." Umstritten bleibt zunächst, ob das Grundgesetz damit von nur zwei Grundtypen der zentralstaatlichen Legislativkompetenz ausgeht – der ausschließlichen und der konkurrierenden Gesetzgebung –, so daß scheinbar eigenständige Kompetenztypen in diese binäre Klassifizierung einzupassen wären,[85] oder ob Bundeskompetenzen zum Erlaß von Rahmen- und Grundsatzgesetzgebung selbständige Kategorien der Bundeszuständigkeit darstellen, so daß Art. 70 Abs. 2 GG in dieser Hinsicht als nicht abschließend anzusehen wäre.[86] Allgemein anerkannt ist dagegen, daß Art. 70 GG für die gesetzgebende Staatsfunktion einen Verteilungsgrundsatz normiert, nach welchem dem Bund nur die ausdrücklich enumerierten Kompetenzen zukommen, während die Länder die Residualzuständigkeit innehaben.[87] Die Fülle der grundgesetzlichen Kompetenzzuteilung an den Bund auf dem Gebiet der Gesetzgebung führt jedoch dazu, daß trotz dieser Regelungstechnik das Schwergewicht der legislativen Tätigkeit in der Bundesrepublik eindeutig beim Bund liegt.[88] Neben einer großen Anzahl von anderweitigen Sonderzuweisungen legislativer Kompetenzen[89] erfolgt die Begründung von legislativen Bundeszuständigkeiten vor allem durch die Art. 71 ff. GG.[90] Bei der Auslegung der grundgesetzlichen Kompetenztitel mißt das Bundesverfassungsgericht der historischen Auslegung und der Staatspraxis eine besondere Bedeutung zu.[91]

Die stärkste Form der Zuweisung von Gesetzgebungsbefugnissen an die zentralstaatliche Ebene wird durch den Kompetenztypen der ausschließlichen Gesetzgebung des Bundes erreicht. Für diesen Bereich erlaubt Art. 71 GG die legislative Tätigkeit der Länder „nur, wenn und soweit sie hierzu in einem

---

85 So BVerfGE 1, 14, 35; *Vogel*, Die bundesstaatliche Ordnung, Rz. 53; *Kunig, Philip*, Gesetzgebungsbefugnis von Bund und Ländern – Allgemeine Fragen, Jura 1996, S. 254, 256; *ders.*, Art. 70 GG, in: von Münch/Kunig, Rz. 29.
86 So *Degenhart*, Art. 70 GG, in: Sachs, Rz. 9; *Stern*, Staatsrecht II, S. 592; *Maunz, Theodor*, Art. 70 GG, in: Maunz, Theodor/Dürig, Günter (Hrsg.), Grundgesetz Kommentar, Band IV (Art. 53a – 88), Loseblattsammlung, München, Stand: Februar 2003, Rz. 40; *Pieroth, Bodo*, Art. 70 GG, in: Jarass, Hans D./Pieroth, Bodo (Hrsg.), Grundgesetz für die Bundesrepublik Deutschland, 6. Auflage, München 2002, Rz. 10. So für die Rahmengesetzgebung nun auch BVerfG, 2 BvF 2/02 vom 27.7.2004 (Juniorprofessur), Rz. 80.
87 *Stern*, Staatsrecht I, S. 677 f.; *Katz*, Staatsrecht, Rz. 424; *Scholz*, Ausschließliche und konkurrierende Gesetzgebungskompetenz, S. 253. A. A. aber *Heintzen, Markus*, Die Beidseitigkeit der Kompetenzverteilung im Bundesstaat, DVBl. 1997, S. 689, 689 ff., nach dem das Grundgesetz neben dem Bund auch den Ländern einen gegenständlich bestimmten Kompetenzbereich zuweist.
88 *Stern*, Staatsrecht I, S. 677; *Vogel*, Die bundesstaatliche Ordnung, Rz. 54; *Scholz*, Ausschließliche und konkurrierende Gesetzgebungskompetenz, S. 254 f.; *Rengeling*, Gesetzgebungszuständigkeit, Rz. 45.
89 Für eine Auflistung dieser Sonderzuweisungen von Gesetzgebungskompetenzen an den Bund vgl. *Kunig*, Art. 70 GG, in: von Münch/Kunig, Rz. 18.
90 Zu den Gesetzgebungskompetenzen auf dem Gebiet des Finanzwesens siehe infra Kapitel 5 § 1 F. I.
91 BVerfGE 61, 149, 174 ff.; 68, 319, 328 ff.; 77, 308, 331; 97, 198, 219; BVerfG NJW 2003, 41, 42 ff.; *Kunig*, Art. 70 GG, in: von Münch/Kunig, Rz. 21; *Pieroth*, Art. 70 GG, in: Jarass/Pieroth, Rz. 4; *Degenhart*, Art. 70 GG, in: Sachs, Rz. 44 ff.; *ders.*, Staatsrecht I, Rz. 120 ff.

Bundesgesetze ausdrücklich ermächtigt werden". Abgesehen von dieser in der Verfassungspraxis beinah vollkommen unbedeutend gebliebenen Möglichkeit bundesgesetzlicher Ermächtigung[92] sind die Länder damit in den betroffenen Sachbereichen von vornherein und gänzlich von der Rechtsetzung ausgeschlossen, so daß dem Bund hier die alleinige Normierungskompetenz zufällt und jegliche Gesetzgebung der Länder mangels Kompetenz nichtig ist.[93] Die ‚Sperrwirkung' für die Landesgesetzgebung ergibt sich damit – anders als bei der konkurrierenden Gesetzgebung – nicht erst aus der zentralstaatlichen Inanspruchnahme eines Kompetenztitels, sondern bereits aus der Verfassung selbst.[94] Die Länder sind demnach auch dann nicht regelungsbefugt, wenn der Bund von seiner Legislativkompetenz keinen Gebrauch macht. Die Gegenstände der ausschließlichen Gesetzgebung des Bundes ergeben sich sodann nicht nur aus einer großen Anzahl grundgesetzlicher Einzelvorschriften, die etwa ausdrückliche oder stillschweigende Vorbehalte bundesgesetzlicher Regelung enthalten,[95] sondern auch aus dem Materienkatalog des Art. 73 GG. Dessen wichtigste Kompetenztitel sind: Auswärtige Angelegenheiten und Verteidigung; Staatsangehörigkeit im Bunde; Freizügigkeit, Paßwesen, Ein- und Auswanderung, Auslieferung; Währungswesen; Waren- und Zahlungsverkehr; Luftverkehr und Eisenbahnen; Post und Telekommunikation; öffentlicher Dienst des Bundes; gewerblicher Rechtsschutz, Urheberrecht, Verlagsrecht; Zusammenarbeit von Bund und Ländern im Bereich der Kriminalpolizei und des Verfassungsschutzes.[96] Darüber hinaus weist Art. 105 Abs. 1 GG dem Bund die ausschließliche Gesetzgebungskompetenz über Zölle und Finanzmonopole zu.[97]

Die umfangreichste und praktisch bedeutsamste Gruppe von Legislativzuständigkeiten des Bundes liefert sodann der Kompetenztyp der konkurrierenden Gesetzgebung, für den Art. 72 GG die allgemeinen Bedingungen der zentralstaatlichen Inanspruchnahme statuiert. Während der Bund die Gegenstände der ausschließlichen Gesetzgebung alleine und ohne das Vorliegen weiterer Voraussetzungen regeln kann, besitzen im Bereich der konkurrierenden Gesetzgebungsmaterien gemäß Art. 72 Abs. 1 GG „die Länder die Befugnis zur Gesetzgebung, solange und soweit der Bund von seiner Gesetzgebungs-

---

92 Vgl. dazu *Rudolf, Walter*, Die Ermächtigung der Länder zur Gesetzgebung im Bereich der ausschließlichen Gesetzgebung des Bundes, AöR 88 (1963), S. 159, 162ff.; *Rengeling*, Gesetzgebungszuständigkeit, Rz. 66ff.; *Stettner, Rupert*, Art. 71 GG, in: Dreier, Rz. 10ff.
93 *Stettner, Rupert*, Art. 71 GG, in: Dreier, Rz. 8; *Katz*, Staatsrecht, Rz. 425.
94 *Kunig*, Art. 71 GG, in: von Münch/Kunig, Rz. 1.
95 Siehe die Zusammenstellungen bei *Stettner*, Art. 71 GG, in: Dreier, Rz. 7, und *Degenhart, Christoph*, Art. 71 GG, in: Sachs, Rz. 2a; *Rengeling*, Gesetzgebungszuständigkeit, Rz. 109. Vgl. dazu auch *Rudolf*, Ermächtigung der Länder zur Gesetzgebung, S. 164ff.
96 Ausführlich zu den einzelnen Kompetenztiteln des Art. 73 GG vgl. *Rengeling*, Gesetzgebungszuständigkeit, Rz. 71ff.; *Stettner, Rupert*, Art. 73 GG, in: Dreier, Rz. 9ff.; *Kunig, Philip*, Art. 73 GG, in: von Münch/Kunig, Rz. 5ff.; *Degenhart, Christoph*, Art. 73 GG, in: Sachs, Rz. 2ff.
97 Zu Art. 105 Abs. 1 GG vgl. *Siekmann, Helmut*, Art. 105 GG, in: Sachs, Rz. 14ff. m. w. N., und siehe infra Kapitel 5 § 1 F. I.

zuständigkeit nicht durch Gesetz Gebrauch gemacht hat".[98] Ausgangspunkt dieses Kompetenztyps bildet damit die parallele Zuständigkeit beider staatlicher Ebenen. Das Nebeneinander von Legislativbefugnissen führt hier jedoch nicht zu einer echten Konkurrenz zweier Rechtsetzungsebenen, sondern löst sich als ‚unechte' Konkurrenz im Vorrang der Bundesgesetzgebung auf, so daß auch von Vorranggesetzgebung gesprochen werden kann.[99] Die wirksame Inanspruchnahme eines Kompetenztitels der konkurrierenden Gesetzgebung durch den Bund löst für die Länder eine Sperrwirkung in zeitlicher und sachlicher Hinsicht („solange und soweit") aus, so daß frühere und spätere diesbezügliche Landesgesetze mangels Zuständigkeit des Landesgesetzgebers und unabhängig von einem inhaltlichen Widerspruch nichtig sind.[100] Zugleich kann sich der Bund darauf beschränken, in sachlicher und zeitlicher Hinsicht lediglich Teile einer bestimmten Sachmaterie zu regeln und den Ländern im übrigen ihre Regelungsmacht zu belassen.[101] Für die Inanspruchnahme eines Kompetenztitels durch den Bund stellt jedoch Art. 72 Abs. 2 GG qualifizierte Voraussetzungen auf,[102] welche durch die am 15. November 1994 in Kraft getretene Verfassungsreform verschärft wurden.[103] Eine neue Erforderlichkeitsklausel ersetzte dabei die ursprüngliche Bedürfnisregelung, so daß der Bund nunmehr in den Bereichen der konkurrierenden Gesetzgebung nur dann die Legislativkompetenz besitzt, „wenn und soweit die Herstellung gleichwertiger Lebensverhältnisse im Bundesgebiet oder die Wahrung der Rechts- oder Wirtschaftseinheit im gesamtstaatlichen Interesse eine bundesgesetzliche Regelung erforderlich macht". Die frühere Fassung des Art. 72 Abs. 2 GG verlangte dagegen lediglich ein Bedürfnis nach bundeseinheitlicher Regelung und blieb als verfassungsrechtliche Schranke der konkurrierenden Gesetzgebungskompetenz des Bundes praktisch wirkungslos, da das Bundesverfassungsgericht in ständiger Rechtsprechung die Auffassung vertrat, daß die Feststellung eines derartigen Bedürfnisses eine politische Wertung des

---

98  Zu der vor der Verfassungsreform von 1994 geltenden Fassung des Art. 72 Abs. 1 GG und der Verzögerung der Sperrwirkung durch die Neuformulierung vgl. *Degenhart, Christoph,* Art. 72 GG, in: Sachs, Rz. 17 ff.
99  *Kunig, Philip,* Art. 72 GG, in: von Münch/Kunig, Rz. 1; *Rengeling,* Gesetzgebungszuständigkeit, Rz. 111; *Stern,* Staatsrecht I, S. 678; *ders.,* Staatsrecht II, S. 594; *Isensee, Josef,* Der Bundesstaat – Bestand und Entwicklung, in: Badura, Peter/Dreier, Horst (Hrsg.), Festschrift 50 Jahre Bundesverfassungsgericht, Band II (Klärung und Fortbildung des Verfassungsrechts), Tübingen 2001, S. 719, 739.
100 *Stettner, Rupert,* Art. 72 GG, in: Dreier, Rz. 22 ff.; *Kunig,* Art. 72 GG, in: von Münch/Kunig, Rz. 7 ff.; *Rengeling,* Gesetzgebungszuständigkeit, Rz. 112 ff.; *Degenhart,* Art. 72 GG, in: Sachs, Rz. 17 ff.; *Pieroth, Bodo,* Art. 72 GG, in: Jarass/Pieroth, Rz. 5; *Maurer,* Staatsrecht I, § 17, Rz. 33; *Jarass, Hans D.,* Regelungsspielräume des Landesgesetzgebers im Bereich der konkurrierenden Gesetzgebung und in anderen Bereichen, NVwZ 1996, S. 1041, 1043 ff.
101 *Maunz, Theodor,* Art. 72 GG, in: Maunz/Dürig, Rz. 14.
102 *Degenhart,* Art. 72 GG, in: Sachs, Rz. 4.
103 Zu beachten ist, daß Bundesgesetze, die vor dem Inkrafttreten der Verfassungsreform erlassen wurden, weiterhin anhand der alten Fassung des Art. 72 Abs. 2 GG zu beurteilen sind; vgl. dazu *Kunig,* Art. 72 GG, in: von Münch/Kunig, Rz. 18 ff.; *Rengeling,* Gesetzgebungszuständigkeit, Rz. 121 ff.

Bundesgesetzgebers voraussetze, die das Gericht zu respektieren habe.[104] Der Neufassung des Art. 72 Abs. 2 GG lag das Ziel zugrunde, das Erforderlichkeitskriterium als konzentrierte, verschärfte und präzisierte Kompetenzschranke mit verbesserter Justitiabilitiät zu etablieren, worauf auch die Einführung des Art. 93 Abs. 1 Nr. 2a GG mit einer für diesbezügliche abstrakte Normenkontrollen erweiterten Antragsberechtigung hinweist.[105] Einen ersten Schritt in diese Richtung unternimmt das Bundesverfassungsgericht mit seiner Entscheidung zum Altenpflegegesetz vom 24. November 2002.[106] Nachdem sich das Schrifttum mit Hinweis auf einen notwendigerweise verbleibenden Beurteilungsspielraum des Bundes mehrheitlich eher kritisch gegenüber der Neufassung des Art. 72 Abs. 2 GG geäußert hatte,[107] versteht und konkretisiert das Verfassungsgericht in diesem Urteil die materiellen Voraussetzungen als gerichtlich voll überprüfbare unbestimmte Rechtsbegriffe.[108] Insbesondere der zweite Leitsatz der Entscheidung markiert eine vollkommene Kehrtwende der verfassungsgerichtlichen Rechtsprechung acht Jahre nach der Reform des Grundgesetzes: „Ein von verfassungsgerichtlicher Kontrolle freier gesetzgeberischer Beurteilungsspielraum hinsichtlich der Voraussetzungen des

---

104 BVerfGE 2, 213, 224 f.; 13, 230, 233 f.; 26, 338, 382 f.; 65, 1, 63; 78, 249, 270. Vgl. dazu *Rengeling*, Gesetzgebungszuständigkeit, Rz. 122 ff.; *Maurer*, Staatsrecht I, § 17, Rz. 34; *Degenhart*, Art. 72 GG, in: Sachs, Rz. 9; *Calliess, Christian*, Die Justitiabilität des Art. 72 Abs. 2 GG vor dem Hintergrund von kooperativem und kompetitivem Föderalismus, DÖV 1997, S. 889, 893 ff.

105 *Degenhart*, Art. 72 GG, in: Sachs, Rz. 10; *ders.*, Staatsrecht I, Rz. 143; *Kunig*, Art. 72 GG, in: von Münch/Kunig, Rz. 24; *Jarass, Hans D.*, Allgemeine Probleme der Gesetzgebungskompetenz des Bundes, NVwZ 2000, S. 1089, 1092; *Calliess*, Justitiabilität des Art. 72 Abs. 2 GG, S. 895 ff.

106 BVerfGE 106, 62, 135 ff. Siehe auch die Ankündigung in BVerfGE 103, 23, 30 f. Vgl. zu diesem Urteil *Calliess, Christian*, Kontrolle zentraler Kompetenzausübung in Deutschland und Europa: Ein Lehrstück für die Europäische Verfassung – Zugleich eine Besprechung des Altenpflegegesetz-Urteils des BVerfG, EuGRZ 2003, S. 181, 189 ff.; *Faßbender, Kurt*, Eine Absichtserklärung aus Karlsruhe zur legislativen Kompetenzverteilung im Bundesstaat, JZ 2003, S. 332, 333 ff.; *Jochum, Heike*, Richtungsweisende Entscheidung des BVerfG zur legislativen Kompetenzordnung des Grundgesetzes, NJW 2003, S. 28, 29 f.; *Kenntner, Markus*, Der Föderalismus ist (doch) justiziabel! – Anmerkungen zum „Altenpflegegesetz-Urteil" des BVerfG, NVwZ 2003, S. 821, 822 ff.

107 Vgl. insbesondere *Kunig*, Art. 72 GG, in: von Münch/Kunig, Rz. 28; *Degenhart*, Art. 72 GG, in: Sachs, Rz. 11 ff; *Sommermann, Karl-Peter*, Die Stärkung der Gesetzgebungskompetenzen der Länder durch die Grundgesetzreform von 1994, Jura 1995, S. 393, 395; *Rybak, Hubertus/Hofmann, Hans*, Verteilung der Gesetzgebungsrechte zwischen Bund und Ländern nach der Reform des Grundgesetzes, NVwZ 1995, S. 230, 231 ff.; *Neumeyer, Christoph*, Geschichte eines Irrläufers – Anmerkungen zur Reform des Art. 72 Abs. 2 GG, in: Ziemske, Burkhardt/Langheid, Theo/Wilms, Heinrich/Haverkate, Görg (Hrsg.), Staatsphilosophie und Rechtspolitik, Festschrift für Martin Kriele zum 65. Geburtstag, München 1997, S. 543, 563; *Jarass*, Gesetzgebungskompetenz des Bundes, S. 1093. Siehe auch den Hinweis von *Volkmann, Uwe*, Bundesstaat in der Krise?, DÖV 1998, S. 613, 621, Fn. 80, auf erste Anzeichen eines Scheiterns des reformatorischen Zielgedankens.

108 *Kenntner*, Der Föderalismus ist (doch) justiziabel!, S. 823; *Degenhart*, Staatsrecht I, Rz. 142 f.

Art. 72 Abs. 2 GG besteht nicht."[109] Zudem führt das Gericht im einzelnen die zukünftigen Maßstäbe zur Überprüfung von Prognoseentscheidungen des Bundesgesetzgebers aus[110] und erteilt damit der herrschenden Ansicht in der Literatur eine grundsätzliche Absage.[111] In seiner Entscheidung vom 16. März 2004 wendet das Bundesverfassungsgericht sodann diese neue Rechtsprechung auf die bundesrechtliche Sanktionierung von Züchtungsverboten für Kampfhunde an und erklärt § 143 Abs. 1 StGB wegen Verstoßes gegen Art. 72 Abs. 2 GG für verfassungswidrig und nichtig.[112] Einen weiteren Ansatz zur Reföderalisierung der vertikalen Kompetenzverteilung des deutschen Bundesstaats stellt die ebenfalls im Rahmen der Grundgesetznovellierung des Jahres 1994 eingefügte Möglichkeit dar, gemäß den Art. 72 Abs. 3 und 125a Abs. 2 Satz 1 GG durch Bundesgesetz Materien der konkurrierenden Gesetzgebung in den Legislativkompetenzbestand der Länder zurückzuführen: Fällt die Erforderlichkeit einer bundesgesetzlichen Regelung im Sinne des Art. 72 Abs. 2 GG nach der Verfassungsreform vom November 1994 weg, so kann der Bundesgesetzgeber die Länder gemäß Art. 72 Abs. 3 GG ermächtigen, das bestehende Bundesgesetz durch Landesregelungen zu ersetzen;[113] war die Erforderlichkeitsklausel des Art. 72 Abs. 2 GG dagegen bereits vor der Grundgesetznovellierung nicht erfüllt, so gilt das betreffende Bundesgesetz gemäß Art. 125a Abs. 2 Satz 1 GG zwar fort, der Bundesgesetzgeber kann die Sachmaterie jedoch auch gemäß Art. 125a Abs. 2 Satz 1 GG für landesrechtliche Regelungen freigeben.[114] Damit steht das Wiederaufleben der Landesgesetzgebungszuständigkeiten in zentralstaatlich besetzten Sachmaterien, die den erhöhten Anforderungen der Art. 72 Abs. 2 GG bereits ursprünglich oder erst nachträglich nicht gerecht werden, grundsätzlich im freien Ermessen des einfachen Bundesgesetzgebers („kann").[115] In seinem jüngsten Urteil zu diesem Problemkreis hat das Bundesverfassungsgericht aber entschieden, daß bei der Fortgeltung von Bundesrecht gemäß Art. 125a Abs. 2 Satz 1 GG dem Bundesgesetzgeber nach Wegfall der Erforderlichkeit im Sinne des Art. 72 Abs. 2 GG eine grundlegende legislative Neukonzeption der fraglichen Sachmaterie verfassungsrechtlich verwehrt bleibt.[116] Zwar darf er weiterhin einzelne Bestimmungen des fortgeltenden Gesetzes modifizieren; diese Bundesgesetzgebungskompetenz ist jedoch mit Blick auf die Reföderalisierungsziele des

---

109 BVerfGE 106, 62, Leitsatz 2a).
110 BVerfGE 106, 62, 150 ff.
111 Vgl. dazu mit einer differenzierten Betrachtung des Gegensatzes zwischen dem Schrifttum und dem Bundesverfassungsgericht *Faßbender*, Absichtserklärung aus Karlsruhe, S. 335 f.
112 BVerfG EuGRZ 2004, 216, 225 f.
113 Vgl. eingehend zu Art. 72 Abs. 3 GG *Kunig*, Art. 72 GG, in: von Münch/Kunig, Rz. 30 ff.; *Degenhart*, Art. 72 GG, in: Sachs, Rz. 33 ff.
114 Vgl. *Degenhart, Christoph*, Art. 125a GG, in: Sachs, Rz. 5 ff.; *Jarass, Hans D.*, Art. 125a GG, in: Jarass/Pieroth, Rz. 2.
115 *Degenhart*, Art. 72 GG, in: Sachs, Rz. 38; *ders.*, Art. 125a GG, in: Sachs, Rz. 8; *Pieroth, Bodo*, Art. 72 GG, in: Jarass/Pieroth, Rz. 12; *Jarass, Hans D.*, Art. 125a GG, in: Jarass/Pieroth, Rz. 2. Einschränkend *Kunig*, Art. 72 GG, in: von Münch/Kunig, Rz. 33.
116 BVerfG, 1 BvR 636/02 vom 9.6.2004 (Ladenschluß), Leitsatz 1, Rz. 100 ff.

verfassungsändernden Gesetzgebers von 1994 „eng auszulegen und an die Beibehaltung der wesentlichen Elemente der in dem fortgeltenden Bundesgesetz enthaltenen Regelung geknüpft".[117] Das Ermessen des Bundesgesetzgebers zur legislativen Freigabe der betreffenden Sachmaterie aus Art. 125a Abs. 2 Satz 2 GG hält das Bundesverfassungsgericht für eingeschränkt durch den Grundsatz bundes- und länderfreundlichen Verhaltens: „Reicht die bloße Modifikation der Regelung auf Grund sachlicher Änderungen nicht mehr aus oder hält der Bund aus politischen Erwägungen eine Neukonzeption für erforderlich, so verengt sich der Entscheidungsspielraum des Gesetzgebers beim Fehlen der Voraussetzungen des Art. 72 Abs. 2 GG dahingehend, daß er die Länder zur Neuregelung zu ermächtigen hat".[118] Besondere Aufmerksamkeit verdient im Zusammenhang mit den Art. 72 Abs. 2 und 125a Abs. 2 Satz 2 GG der Umstand, daß in der Folge solcher bundesgesetzlicher Freigaben Asymmetrien der deutschen Rechtsordnung entstehen können, wenn einige – aber nicht alle – Bundesländer von ihren neuen Kompetenzen Gebrauch machen.[119] Die Gegenstände der konkurrierenden Gesetzgebungskompetenz des Bundes finden sich vor allem in dem umfangreichen Katalog des Art. 74 Abs. 1 GG, welcher im Zuge der Verfassungsreform von 1994 ein wenig gekürzt, aber auch minimal erweitert wurde[120] und heute insbesondere die folgenden Sachmaterien beinhaltet: Bürgerliches Recht, Strafrecht und Strafvollzug, Prozeßrecht; Vereins- und Versammlungsrecht; Ausländerrecht; öffentliche Fürsorge; Wirtschaftsrecht; Kernenergie; Arbeits- und Sozialversicherungsrecht; Bodenrecht und Wohnungswesen; Bereiche des Gesundheitswesens; Straßenverkehr; Abfallbeseitigung und Immissionsschutz; Staatshaftung; Künstliche Befruchtung, Gentechnik und Transplantationen.[121] Darüber hinaus sehen Art. 74a Abs. 1 und 4 GG eine konkurrierende Gesetzgebungszuständigkeit des Bundes für die Besoldung und Versorgung im öffentlichen Dienst vor[122] und teilen die Art. 115c und 105 Abs. 2 GG dem Bund eine ebensolche Zuständigkeit für den Verteidigungsfall[123] und hinsichtlich derjenigen Steuern zu, die nicht von spezielleren Verfassungsvorschriften erfaßt werden und bei denen ihm entweder das Aufkommen aus der Steuer ganz oder zum Teil zusteht oder die Voraussetzungen des Art. 72 Abs. 2 GG erfüllt sind.[124] Obwohl im Rahmen der konkurrierenden Gesetzgebung die

---

117  BVerfG, 1 BvR 636/02 vom 9.6.2004, Rz. 111.
118  BVerfG, 1 BvR 636/02 vom 9.6.2004, Rz. 112.
119  *Degenhart*, Staatsrecht I, Rz. 151.
120  Vgl. dazu *Sannwald, Rüdiger*, Die Reform des Grundgesetzes, NJW 1994, S. 3313, 3317; *Rybak/Hofmann*, Verteilung der Gesetzgebungsrechte, S. 134; *Sommermann*, Stärkung der Gesetzgebungskompetenzen der Länder, S. 396 f.
121  Ausführlich zu den einzelnen Kompetenztiteln des Art. 74 Abs. 1 GG vgl. *Rengeling*, Gesetzgebungszuständigkeit, Rz. 125 ff.; *Stettner, Rupert*, Art. 74 GG, in: Dreier, Rz. 13 ff.; *Kunig, Philip*, Art. 74 GG, in: von Münch/Kunig, Rz. 8 ff.; *Degenhart, Christoph*, Art. 74 GG, in: Sachs, Rz. 4 ff.
122  Vgl. dazu *Degenhart, Christoph*, Art. 74a GG, in: Sachs, Rz. 1 ff. m. w. N.
123  Zu Art. 115c GG vgl. *Robbers, Gerhard*, Art. 115c GG, in: Sachs, Rz. 1 ff. m. w. N.
124  Zu Art. 105 Abs. 2 GG vgl. *Siekmann, Helmut*, Art. 105 GG, in: Sachs, Rz. 19 ff. m. w. N., und siehe infra Kapitel 5 § 1 F. I.

konkrete Verteilung der Legislativbefugnisse zwischen dem Bund und den Ländern von der Inanspruchnahme einschlägiger Kompetenzklauseln durch die zentralstaatliche Ebene abhängt, muß auf diesem umfangreichen Zuständigkeitsfeld ein markantes Übergewicht des Bundes konstatiert werden, welches darauf zurückzuführen ist, daß der Bund von den diesbezüglichen Kompetenztiteln weitgehenden und zumeist erschöpfenden Gebrauch gemacht hat.[125]

In Art. 75 GG normiert das Grundgesetz die Rahmengesetzgebung des Bundes. Auf den in den Art. 75 Abs. 1 Satz 1 und 98 Abs. 3 Satz 2 GG enumerierten Sachgebieten kann der Bund gemäß Art. 75 Abs. 1 Satz 1 GG Rahmenvorschriften für die Gesetzgebung der Länder erlassen. Die Länder sind nach Erlaß eines Rahmengesetzes gemäß Art. 75 Abs. 3 GG dazu verpflichtet, innerhalb der darin bestimmten Frist die erforderlichen Landesgesetze zu verabschieden. Dabei lehnt sich die Normierung der Rahmengesetzgebungskompetenz des Bundes in Art. 75 GG stark an die Vorschriften zur konkurrierenden Gesetzgebung an, indem Art. 75 Abs. 1 Satz 1 GG für den Erlaß von Rahmengesetzen auch das Vorliegen der Voraussetzungen des Art. 72 Abs. 2 GG verlangt[126] und Art. 75 Abs. 1 Satz 2 GG die Rückverlagerung von Legislativbefugnissen an die Länder in entsprechender Anwendung des Art. 72 Abs. 3 GG ermöglicht. Das Hauptargument für die dogmatische Zuordnung der Rahmengesetzgebung zur Kategorie der konkurrierenden Gesetzgebung ergibt sich – neben dem Wortlaut des Art. 70 Abs. 2 GG – aus dem Umstand, daß auch hinsichtlich der Gegenstände der Rahmengesetzgebung zunächst den Ländern das Recht zur selbständigen Gesetzgebung zusteht, bis der Bund durch die Inanspruchnahme seiner Zuständigkeit in Gestalt des Erlasses von Rahmenvorschriften der legislativen Freiheit der Länder Schranken setzt.[127] Anders als bei der konkurrierenden Gesetzgebung entfaltet sich dabei jedoch keine Sperrwirkung, sondern statuiert Art. 75 Abs. 3 GG sogar die Pflicht der Länder zur Ausfüllung des vorgegebenen Rahmens.[128] Bei den Rahmenvorschriften des Bundes handelt es sich um Regelungen, die allgemeine Grundsätze und Richtlinien enthalten, zugleich aber noch der legislativen Ausführung und Konkretisierung durch die Landesgesetzgeber bedürfen, denen somit ein Regelungsspielraum von substantiellem Gewicht

---

125 *Kunig*, Art. 72 GG, in: von Münch/Kunig, Rz. 2; *Bülow, Erich*, Gesetzgebung, in: Benda, Ernst/Maihofer, Werner/Vogel, Hans-Jochen (Hrsg.), Handbuch des Verfassungsrechts der Bundesrepublik Deutschland, 2. Auflage, Berlin/New York 1994, § 30, Rz. 22; *Maunz, Theodor*, Art. 74 GG, in: Maunz/Dürig, Rz. 1.
126 Vgl. dazu *Degenhart, Christoph*, Art. 75 GG, in: Sachs, Rz. 9f.; *Kunig, Philip*, Art. 75 GG, in: von Münch/Kunig, Rz. 5f.; *Stettner, Rupert*, Art. 75 GG, in: Dreier, Rz. 17.
127 So vor allem *Kunig*, Art. 75 GG, in: von Münch/Kunig, Rz. 2; *Stettner*, Art. 75 GG, in: Dreier, Rz. 15; BVerwGE 3, 335, 339f. A. A. *Degenhart*, Art. 70 GG, in: Sachs, Rz. 9; *Stern*, Staatsrecht II, S. 592; *Maunz*, Art. 70 GG, in: Maunz/Dürig, Rz. 40. Für die Rahmengesetzgebung als selbständiger Kompetenzart des Grundgesetzes nun aber BVerfG, 2 BvF 2/02 vom 27.7.2004, Rz. 80. Siehe dazu auch supra Fn. 85 f. mit Text.
128 Vgl. *Kunig*, Gesetzgebungsbefugnis von Bund und Ländern, S. 259.

verbleiben muß;[129] Rahmengesetze müssen daher „ausfüllungsfähig und ausfüllungsbedürftig" sein,[130] sie sind „auf inhaltliche Konkretisierung und Gestaltung durch die Länder angelegt".[131] Wie ein Blick etwa auf die beamtenrechtliche und die hochschulrechtliche Rahmengesetzgebung zeigt, wurden diese Schranken der Regelungsintensität der Bundesgesetzgebung jedoch häufig nicht übermäßig ernst genommen,[132] so daß es erforderlich wurde, bei der Reform des Grundgesetzes im Jahre 1994 auch auf dem Gebiet der Rahmengesetzgebung Ansätze zu einer Beschränkung der Legislativbefugnisse des Bundes zu schaffen.[133] Diese ergibt sich nicht nur aus der in Art. 75 GG angeordneten entsprechenden Anwendung der Voraussetzungen des neugefaßten Art. 72 Abs. 2 GG,[134] sondern auch aus dem neu eingefügten Art. 75 Abs. 2 GG, der zum ersten Mal Maßstäbe für die zulässige bundesrechtliche Regelungsintensität liefert, indem er die zuvor für ganze Teilbereiche für statthaft erachtete bundesgesetzliche Vollregelung oder Setzung unmittelbar gegenüber dem Bürger geltenden Rechts ausdrücklich nur noch für Ausnahmefälle zuläßt.[135] Gesetzgebung der Länder, die gegen bestehende Rahmenvorschriften des Bundes verstößt, ist nichtig, wobei umstritten bleibt, ob diese Rechtsfolge aus einem Kompetenzmangel oder aus der Kollisionsnorm des Art. 31 GG herzuleiten ist.[136] Die Gegenstände der Rahmengesetzgebung des Bundes ergeben sich neben Art. 98 Abs. 3 Satz 2 GG für die Rechtsstellung der Richter in den Ländern aus dem im Jahre 1994 leicht modifizierten Katalog des Art. 75 Abs. 1 Satz 1 GG,[137] der insbesondere die folgenden Kompetenztitel enthält: Öffentlicher Dienst in den Ländern; Hochschul- und Pressewesen; Jagdwesen, Naturschutz und Landschaftspflege; Bodenverteilung, Raumordnung und Wasserhaushalt; Melde- und Ausweiswesen; Schutz des deutschen Kulturguts.[138] Der Kompetenztyp der Rahmengesetzgebung kreiert

---

129 BVerfG, 2 BvF 2/02 vom 27.7.2004, Rz. 79 ff.; *Maurer*, Staatsrecht I, § 17, Rz. 36; *Kunig*, Art. 75 GG, in: von Münch/Kunig, Rz. 7 ff.; *Katz*, Staatsrecht, Rz. 427; *Degenhart*, Staatsrecht I, Rz. 147.
130 So die ständige Rspr. seit BVerfGE 4, 115, 129 f.
131 BVerfG, 2 BvF 2/02 vom 27.7.2004, Rz. 83.
132 *Degenhart*, Staatsrecht I, Rz. 147.
133 *Pieroth, Bodo*, Art. 75 GG, in: Jarass/Pieroth, Rz. 1.
134 Siehe dazu ausführlich in Fortführung seines Ansatzes aus dem Urteil zum Altenpflegegesetz BVerfG, 2 BvF 2/02 vom 27.7.2004, Rz. 95 ff.
135 Vgl. dazu BVerfG, 2 BvF 2/02 vom 27.7.2004, Rz. 87 ff.; *Kunig*, Art. 75 GG, in: von Münch/Kunig, Rz. 9 ff.; *ders.*, Gesetzgebungsbefugnis von Bund und Ländern, S. 259; *Stettner*, Art. 75 GG, in: Dreier, Rz. 10 ff.; *Degenhart*, Art. 75 GG, in: Sachs, Rz. 12 ff.; *Jarass*, Regelungsspielräume des Landesgesetzgebers, S. 1047.
136 Vgl. BVerfGE 66, 291, 310; 87, 68, 69; *Kunig*, Art. 75 GG, in: von Münch/Kunig, Rz. 12; *Stettner*, Art. 75 GG, in: Dreier, Rz. 12; *Degenhart*, Art. 75 GG, in: Sachs, Rz. 41 f. Differenzierend *Jarass*, Regelungsspielräume des Landesgesetzgebers, S. 1047.
137 Zur diesbezüglichen Verfassungsreform vgl. *Sommermann*, Stärkung der Gesetzgebungskompetenzen der Länder, S. 397; *Sannwald*, Reform des Grundgesetzes, S. 3318.
138 Ausführlich zu den einzelnen Kompetenztiteln des Art 74 Abs. 1 GG vgl. *Rengeling*, Gesetzgebungszuständigkeit, Rz. 262 ff.; *Stettner*, Art. 75 GG, in: Dreier, Rz. 19 ff.;

somit eine parallele und zugleich nach Regelungsintensitäten abgestufte Zuständigkeit der zentral- und der gliedstaatlichen Legislativebene. Es handelt sich um ein normativ koordiniertes Nebeneinander von Gesetzgebungskompetenzen, bei dem sowohl der zentralstaatlichen als auch der regionalen Ebene wichtige politische Gestaltungsspielräume zukommen. In seinem jüngsten Urteil zur Rahmengesetzgebung des Bundes vom 27. Juli 2004[139] führt das Bundesverfassungsgericht den länderfreundlichen Ansatz aus seinem die konkurrierende Gesetzgebung behandelnden Urteil zum Altenpflegegesetz fort und stellt die Verfassungswidrigkeit des Fünften Gesetzes zur Änderung des Hochschulrahmengesetzes und anderer Vorschriften vom 16. Februar 2002 fest. Die Senatsmehrheit betont dabei in deutlich restriktiver Weise die verfassungsrechtlichen Beschränkungen der Bundesrahmengesetzgebung durch den notwendigen Rahmencharakter der betreffenden Vorschriften, den Ausschluß von Detailregelungen und unmittelbar geltenden Vorschriften in Art. 75 Abs. 2 GG sowie die umfassend justitiable Erforderlichkeitsklausel des Art. 72 Abs. 2 GG.[140] Das verfassungsgerichtliche Urteil zur Juniorprofessur begründet daher eine klare Reföderalisierungstendenz auf dem Gebiet der Rahmengesetzgebung.[141]

Den vierten und letzten Typus zentralstaatlicher Legislativkompetenz in der Bundesrepublik Deutschland liefert die Grundsatzgesetzgebung, die in verschiedenen Einzelbestimmungen des Grundgesetzes vorgesehen und bei der es sich ebenfalls um eine inhaltlich beschränkte Bundeskompetenz handelt.[142] Der Bund besitzt dabei nur die Befugnis, ausfüllungsbedürftige Grundsätze, nicht aber umfassende oder erschöpfende Detailregelungen zu erlassen.[143] Anders als die Rahmengesetzgebung betrifft die Grundsatzgesetzgebung im Prinzip nur den Bund und die Länder, nicht dagegen das Außenverhältnis zum Bürger.[144] Zudem ist die Grundsatzgesetzgebung nicht an die

---

*Kunig*, Art. 75 GG, in: von Münch/Kunig, Rz. 14 ff.; *Degenhart*, Art. 75 GG, in: Sachs, Rz. 15 ff.
139 BVerfG, 2 BvF 2/02 vom 27.7.2004.
140 BVerfG, 2 BvF 2/02 vom 27.7.2004, Rz. 78 ff.
141 Vgl. auch *Gramm, Christof*, Zur Gesetzgebungskompetenz des Bundes für ein Umweltgesetzbuch – Zugleich ein Beitrag zur Auslegung von Art. 75 Abs. 2 GG, DÖV 1999, S. 540, 542 ff., der den neuen Art. 75 Abs. 2 GG heranzieht, um dem Bund die Gesetzgebungskompetenz für ein Umweltgesetzbuch abzusprechen. *Degenhart, Christoph*, Hochschulrahmenrecht und Studiengebühren – Ist der Bundesgesetzgeber befugt, im Hochschulrahmengesetz ein Verbot von Studiengebühren vorzusehen?, DVBl. 1998, S. 1309, 1311 ff. lehnt unter Hinweis auf sowohl Art. 75 Abs. 2 GG als auch Art. 75 Abs. 1 i.V.m. Art. 72 Abs. 2 GG eine Bundeskompetenz zur Einführung eines Verbots von Studiengebühren ab.
142 *Tiemann, Burkhard*, Die Grundsatzgesetzgebung des Bundes, BayVBl. 1971, S. 285, 286; *Stern*, Staatsrecht I, S. 683; *Katz*, Staatsrecht, Rz. 428.
143 *Maurer*, Staatsrecht I, § 17, Rz. 40; *Katz*, Staatsrecht, Rz. 428; *Tiemann*, Grundsatzgesetzgebung des Bundes, S. 286; *Krüger, Hartmut/Siekmann, Helmut*, Art. 91a GG, in: Sachs, Rz. 28.
144 *Rengeling*, Gesetzgebungszuständigkeit, Rz. 283; *Hesse*, Grundzüge des Verfassungsrechts, Rz. 242; *Pieroth, Bodo*, Art. 91a GG, in: Jarass/Pieroth, Rz. 6; *Krüger/Siekmann*, Art. 91a GG, in: Sachs, Rz. 28; *Mager, Ute*, Art. 91a GG, in: von Münch/Kunig, Rz. 43,

Voraussetzungen des Art. 72 Abs. 2 GG gebunden.[145] Jenseits dieser allgemeinen Gemeinsamkeiten unterscheiden sich die im Grundgesetz verstreuten Kompetenzen des Bundes zur Grundsatzgesetzgebung in ihren Voraussetzungen und Wirkungen.[146] Gemäß Art. 109 Abs. 3 GG können durch Bundesgesetz „für Bund und Länder gemeinsam geltende Grundsätze für das Haushaltsrecht, für eine konjunkturgerechte Haushaltswirtschaft und für eine mehrjährige Finanzplanung aufgestellt werden". Nach Art. 140 GG i.V.m. Art. 138 Abs. 1 Satz 2 WRV hat der Bund die Grundsätze für die Landesgesetzgebung zur Ablösung von Staatsleistungen gegenüber den Religionsgemeinschaften aufzustellen. Schließlich wird der Bundesgesetzgeber durch Art. 91a Abs. 2 Satz 2 GG in Form einer Soll-Vorschrift ermächtigt, die allgemeinen Grundsätze für die Erfüllung der Gemeinschaftsaufgaben zu regeln, nachdem diese durch Inanspruchnahme der ausschließlichen Bundesgesetzgebungskompetenz gemäß Art. 91a Abs. 2 Satz 1 GG aus dem Katalog des Art. 91a Abs. 1 GG bestimmt worden sind. Diese Auflistung erlaubt die Einführung der Gemeinschaftsaufgabe in den Bereichen des Aus- und Neubaus von Hochschulen, der Verbesserung der regionalen Wirtschaftsstruktur und der Verbesserung der Agrarstruktur und des Küstenschutzes. Die Grundsatzgesetzgebung des Grundgesetzes schafft somit einen weiteren Kompetenztypen, bei dem Bundes- und Landesgesetzgebung parallel zueinander tätig werden.[147]

Entgegen der Systematik des Art. 70 Abs. 1 GG als Grundregel der residualen Legislativkompetenz der Länder jenseits grundgesetzlicher Zuweisungen von Bundeskompetenzen werden in Rechtsprechung und Literatur auch eine Reihe ungeschriebener Bundeszuständigkeiten auf dem Gebiet der Gesetzgebung anerkannt. Zu ihrer verfassungsdogmatischen Rettung nicht nur im Hinblick auf die Systematik der vertikalen Kompetenzverteilung, sondern auch hinsichtlich des Verbots der Entstehung von ungeschriebenem Verfassungsrecht *contra constitutionem*[148] werden diese entsprechend der US-amerikanischen Lehre der ‚implied powers' mehrheitlich als „stillschweigend mitgeschriebene" oder implizierte Zuständigkeiten des Bundes rationalisiert.[149] Eine Bundeskompetenz kraft Sachzusammenhangs wird angenommen, „wenn eine dem Bund zugewiesene Materie verständigerweise nicht

---

die jedoch die Bundeskompetenz aus Art. 91a Abs. 2 Satz 1 GG nicht der Kategorie der Grundsatzgesetzgebung zuordnen möchte.
145  *Vogel*, Die bundesstaatliche Ordnung, Rz. 67; *Tiemann*, Grundsatzgesetzgebung des Bundes, S. 287.
146  Vgl. dazu im einzelnen *Tiemann*, Grundsatzgesetzgebung des Bundes, S. 285 f.; *Rengeling*, Gesetzgebungszuständigkeit, Rz. 285 ff.
147  Vgl. *Ipsen, Jörn*, Staatsrecht I – Staatsorganisationsrecht, 13. Auflage, Neuwied 2001, Rz. 495.
148  Siehe supra Kapitel 2 § 1 C. I. 2.
149  *von Mutius*, „Ungeschriebene" Gesetzgebungskompetenzen, S. 499; *Ehlers*, „Ungeschriebene Kompetenzen", S. 323 f.; *Stern*, Staatsrecht I, S. 676, 684. Kritisch zur ‚Mitgeschriebenheit' der Bundeskompetenzen kraft Natur der Sache *Wolff, Heinrich A.*, Ungeschriebenes Verfassungsrecht unter dem Grundgesetz, Tübingen 2000, S. 365 ff.

geregelt werden kann, ohne daß zugleich eine nicht ausdrücklich zugewiesene andere Materie mitgeregelt wird, wenn also ein Übergreifen in nicht ausdrücklich zugewiesene Materien unerläßliche Voraussetzung ist für die Regelung einer der Bundesgesetzgebung zugewiesenen Materie".[150] Sie stellt somit eine extensive teleologische Auslegung eines bestehenden Kompetenztitels dar, erlaubt jedoch den nicht substantiellen und insgesamt restriktiv zu handhabenden Übergriff des Bundesgesetzgebers auf eine ihm nicht ausdrücklich zugewiesene Sachmaterie.[151] Die Legislativkompetenz kraft Annexcharakters, die zum Teil als Unterfall der Zuständigkeit kraft Sachzusammenhangs begriffen wird,[152] erlaubt dagegen – soweit sie von letzterer unterschieden werden kann – nicht den Übergriff auf andere Materien, sondern vertieft eine ausdrückliche Bundeskompetenz durch Einbeziehung von Stadien der Vorbereitung und Durchführung.[153] Dabei muß zwischen der ausdrücklich zugewiesenen Materie und dem zu normierenden Regelungsbereich ein derart enger Zusammenhang bestehen, daß eine funktionsgerechte Wahrnehmung ersterer nicht ohne Einbeziehung der als Annex erfaßten Materie denkbar ist.[154] Ein solch unlösbarer Konnex wird etwa für Normen gefahrenabwehrenden Charakters in Kompetenzbereichen des Bundes angenommen.[155] Die dritte allgemein anerkannte Kategorie ungeschriebener Gesetzgebungsbefugnisse des Bundes beinhaltet die Kompetenzen kraft Natur der Sache. Eine derartige Legislativzuständigkeit wird dem Bund dann zugestanden, wenn ein Gegenstand begriffsnotwendig nur durch ein Bundesgesetz geregelt werden kann.[156] Für eine zentralstaatliche Normierung muß eine zwingende Notwendigkeit bestehen, wohingegen eine reine Zweckmäßigkeit nicht ausreicht.[157] Bejaht wird eine Bundeskompetenz kraft Natur der Sache beispielsweise für die Fest-

---

150 BVerfGE 3, 407, 423. Vgl. eingehend dazu *Degenhart*, Art. 70 GG, in: Sachs, Rz. 35 ff.; *Stettner*, Art. 70 GG, in: Dreier, Rz. 60 ff.; *Ehlers*, „Ungeschriebene Kompetenzen", S. 324 f.; *Maurer*, Staatsrecht I, § 10, Rz. 28.
151 *Ehlers*, „Ungeschriebene Kompetenzen", S. 324; Degenhart, Staatsrecht I, Rz. 137; *von Mutius*, „Ungeschriebene" Gesetzgebungskompetenzen, S. 499; *Stern*, Staatsrecht II, S. 610.
152 So beispielsweise *Bullinger*, Ungeschriebene Kompetenzen, S. 243 f.; *Rengeling*, Gesetzgebungszuständigkeit, Rz. 56 ff.; *Jarass*, Gesetzgebungskompetenz des Bundes, S. 1090. A. A. *Ehlers*, „Ungeschriebene Kompetenzen", S. 325; *Maunz*, Art. 70 GG, in Maunz/Dürig, Rz. 49. Vgl. dazu *Degenhart*, Art. 70 GG, in: Sachs, Rz. 36.
153 BVerfGE 8, 104, 118; 8, 143, 149; 77, 288, 299. Vgl. eingehend dazu *Degenhart*, Art. 70 GG, in: Sachs, Rz. 30 ff.; *Stettner*, Art. 70 GG, in: Dreier, Rz. 64 ff.; *Ehlers*, „Ungeschriebene Kompetenzen", S. 325; *Maurer*, Staatsrecht I, § 10, Rz. 29.
154 *Ehlers*, „Ungeschriebene Kompetenzen", S. 325; *Kunig*, Art. 70 GG, in: von Münch/Kunig, Rz. 25 f.; *ders.*, Gesetzgebungsbefugnis von Bund und Ländern, S. 257.
155 BVerfGE 8, 143, 148 ff.; BVerwGE 84, 247, 250. Vgl. dazu *Degenhart*, Art. 70 GG, in: Sachs, Rz. 32; *Maurer*, Staatsrecht I, § 10, Rz. 29.
156 BVerfGE 3, 407, 422; 11, 89, 98 f. Vgl. eingehend dazu *Degenhart*, Art. 70 GG, in: Sachs, Rz. 24 ff.; *Stettner*, Art. 70 GG, in: Dreier, Rz. 57 ff.; *Ehlers*, „Ungeschriebene Kompetenzen", S. 325; *Maurer*, Staatsrecht I, § 10, Rz. 30.
157 *Ehlers*, „Ungeschriebene Kompetenzen", S. 325; *Degenhart*, Art. 70 GG, in: Sachs, Rz. 24 f.

legung der Bundeshauptstadt und der Bundessymbole,[158] die Bestimmung eines Nationalfeiertags,[159] die Regelung wiedervereinigungsbedingter Fragen[160] und die Regelung des Verwaltungsverfahrens der Bundesbehörden. Die ungeschriebenen – beziehungsweise „mitgeschriebenen" – Legislativbefugnisse des Bundes müssen verfassungsdogmatisch in die bestehenden Kategorien der Kompetenztypen eingepaßt werden, damit die Rechtsfolgen ihrer Inanspruchnahme deutlich werden. Während es sich bei der Kompetenz kraft Natur der Sache notwendigerweise um eine ausschließliche Bundeszuständigkeit handelt,[161] können Bundeskompetenzen kraft Sachzusammenhangs oder Annexcharakters durch ihre Anknüpfung an grundgesetzliche Kompetenztitel sowohl zur ausschließlichen wie zur konkurrierenden Gesetzgebungszuständigkeit des Bundes führen.[162]

Die ungeschriebenen Legislativzuständigkeiten des Bundes kraft Sachzusammenhangs und Annexcharakters stehen in dem weiteren Kontext der kompetenzrechtlichen Zuordnung und der Überschneidung von Zuständigkeitsbereichen. Die thematische Verteilung von Gesetzgebungsmaterien im Grundgesetz führt aufgrund der komplexen sachlichen Vernetztheit menschlichen Handelns und seiner Regulierung unweigerlich zu Problemen der Verortung von Legislativakten. Maßgeblich für die Zuordnung eines Gesetzes unter eine Kompetenznorm ist zunächst der Gesetzeszweck, gemessen an seiner primären Wirkung (funktionale Qualifikation).[163] Verbleibende Übergriffe des Bundesgesetzgebers auf solche Materien, die in Legislativkompetenzen der Länder fallen, sind jedoch – wohl über die Rechtsinstitute der ungeschriebenen Bundeskompetenzen hinaus[164] – dann zulässig, wenn der „Schwerpunkt" der betroffenen Gesamtregelung in den Zuständigkeitsbereich des Bundes fällt; die „enge Verzahnung" oder der „stärkere Sachzusammenhang" einer übergreifenden Teilregelung mit dem eigenen Kompetenzbereich ermöglicht somit die Zurückdrängung fremder Zuständigkeitsfelder.[165] Die Abgrenzung zwischen den ungeschriebenen Bundeskom-

---

158 BVerfGE 3, 407, 422.
159 BayVerfGH NJW 1982, 2656.
160 BVerfGE 84, 143, 148; 95, 243, 248 f.
161 *Kunig*, Gesetzgebungsbefugnis von Bund und Ländern, S. 257.
162 *Kunig*, Art. 70 GG, in: von Münch/Kunig, Rz. 26.
163 BVerfGE 8, 143, 148 ff.; 13, 181, 196; 24, 300, 353; 36, 314, 319; *Rengeling*, Gesetzgebungszuständigkeit, Rz. 40; *Scholz*, Ausschließliche und konkurrierende Gesetzgebungskompetenz, S. 268 ff.; *Degenhart*, Art. 70 GG, in: Sachs, Rz. 50 ff.; *Stettner*, Art. 70 GG, in: Dreier, Rz. 31 f.
164 Der genaue dogmatische Zusammenhang mit der Bundeskompetenz kraft Sachzusammenhangs bleibt bisher ungeklärt; vgl. die Äußerungen des Bundesverfassungsgerichts in BVerfGE 98, 265, 303; *Degenhart*, Art. 70 GG, in: Sachs, Rz. 42; *Jarass*, Gesetzgebungskompetenz des Bundes, S. 1090.
165 BVerfGE 88, 203, 229; 97, 228, 251 f.; 98, 265, 299; *Badura, Peter*, Staatsrecht – Systematische Erläuterung des Grundgesetzes für die Bundesrepublik Deutschland, 3. Auflage, München 2003, Rz. F 28; *Degenhart*, Art. 70 GG, in: Sachs, Rz. 42, 53; *Pieroth*, Art. 70 GG, in: Jarass/Pieroth, Rz. 4; *Karpen, Ulrich/Becker, Stefan*, Das Bundesstaatsprinzip in der Rechtsprechung des Bundesverfassungsgerichts und der Verfassungsgerichte der Länder, JZ 2001, S. 966, 966.

Kapitel 5: Kompetenzverteilung und Systemverflechtung

petenzen kraft Sachzusammenhangs und Annexcharakters und der Rechtsfigur des Schwerpunkts der Gesamtregelung bereitet deshalb Schwierigkeiten, weil beide nach wohl herrschender Ansicht Modalitäten der Auslegung des grundgesetzlichen Kompetenzkatalogs darstellen.[166] Fest steht jedoch, daß nicht nur dem Bund, sondern auch den Ländern derartige Kompetenzerweiterungen aufgrund Sachzusammenhangs, Annexcharakters oder Regelungsschwerpunkts zuerkannt werden müssen, so daß auch das legislative Übergreifen der Länder in Zuständigkeitsbereiche des Bundes mit Hilfe dieser Rechtsinstitute möglich ist.[167]

Ergebnis der teilweise äußerst schwierigen Zuordnung von Kompetenzen muß jedoch stets die Abgrenzung von Befugnisbereichen sein: Doppelzuständigkeiten beider staatlicher Ebenen bleiben nach der Konzeption des Grundgesetzes ausgeschlossen.[168] Daher kommt der grundsätzlichen Kollisionsnorm des Grundgesetzes, Art. 31 GG,[169] nach der Bundesrecht Landesrecht „bricht" und die nur bei gültigen – also auch kompetenzgerecht erlassenen – Normen greift,[170] nur ein äußerst moderater Anwendungsbereich zu.[171] Art. 31 GG setzt nach herrschender Meinung voraus, daß nicht nur dieselbe Rechtsfrage durch Bundes- und Landesrecht geregelt wird, sondern auch eine Rechtsfolgenkollision vorliegt;[172] inhaltsgleiches Landesrecht bleibt somit wirksam.[173] Im Falle einer Kollision ist dagegen das widersprechende Landesrecht nichtig.[174] Zu dem verbleibenden Anwendungsbereich des Art. 31 GG bestehen in der Literatur weit divergierende Auffassungen. Zumeist werden vor allem bestimmte Kollisionsfälle zwischen Bundesrecht und Landesverfassungsrecht genannt.[175] Entgegen der grundsätzlichen Ausschließlichkeit

---

166 *Jarass*, Gesetzgebungskompetenz des Bundes, S. 1090.
167 *Degenhart*, Art. 70 GG, in: Sachs, Rz. 37; *Jarass*, Gesetzgebungskompetenz des Bundes, S. 1090, Fn. 18; *Rengeling*, Gesetzgebungszuständigkeit, Rz. 58; *Bullinger*, Ungeschriebene Kompetenzen, S. 283 f.
168 BVerfGE 36, 193, 203; 61, 149, 204.
169 Besondere Kollisionsvorschriften enthalten vor allem die Art. 28 Abs. 1 und 142 GG.
170 BVerfGE 26, 116, 135; 36, 342, 363 f.; 96, 345, 364; *Huber, Peter M.*, Art. 31 GG, in: Sachs, Rz. 8; *Pietzcker*, Zuständigkeitsordnung und Kollisionsrecht, Rz. 26 ff.; *Pieroth, Bodo*, Art. 31 GG, in: Jarass/Pieroth, Rz. 3.
171 *Dreier, Horst*, Art. 31 GG, in: Dreier, Rz. 50 ff.; *Pieroth*, Art. 31 GG, in: Jarass/Pieroth, Rz. 1.
172 Eine derartige Normenkollision sollte zunächst durch die Anwendung anerkannter Auslegungsregeln, beispielsweise durch bundesrechtskonforme Interpretation des Landesrechts oder durch Feststellung einer Landesannexkompetenz, vermieden werden. Nicht anwendbar sind jedoch der lex posterior- und der lex specialis-Grundsatz. Vgl. *Dreier*, Art. 31 GG, in: Dreier, Rz. 37; *Pietzcker*, Zuständigkeitsordnung und Kollisionsrecht, Rz. 32.
173 *Dreier*, Art. 31 GG, in: Dreier, Rz. 40 ff.; *Pieroth*, Art. 31 GG, in: Jarass/Pieroth, Rz. 4; Stern, Staatsrecht I, S. 722 f.; *Degenhart*, Staatsrecht I, Rz. 159; *Maurer*, Staatsrecht I, § 10, Rz. 40. A. A. *Huber*, Art. 31 GG, in: Sachs, Rz. 11 f.; *Pietzcker*, Zuständigkeitsordnung und Kollisionsrecht, Rz. 38.
174 *Huber*, Art. 31 GG, in: Sachs, Rz. 13; *Dreier*, Art. 31 GG, in: Dreier, Rz. 43 f.; *Pietzcker*, Zuständigkeitsordnung und Kollisionsrecht, Rz. 40.
175 *Dreier*, Art. 31 GG, in: Dreier, Rz. 51 ff.; *Huber*, Art. 31 GG, in: Sachs, Rz. 20; *Maurer*, Staatsrecht I, Rz. 38.

der grundgesetzlichen Kompetenzverteilung wird jedoch teilweise Art. 31 GG auch für die Lösung von Kollisionsproblemen im Bereich der anderweitig nicht auflösbaren Überschneidung von Bundes- und Landesgesetzgebungskompetenzen herangezogen.[176]

Die Übertragung weitreichender Regelungskompetenzen an die Europäische Gemeinschaft auf der verfassungsrechtlichen Basis des Art. 23 Abs. 1 Satz 2 GG überlagert in wichtigen Bereichen die grundgesetzliche Ordnung der vertikalen Kompetenzverteilung zwischen Bund und Ländern und bedroht insbesondere auch den Zuständigkeitsbestand der Bundesländer.[177] Soweit das Gemeinschaftsrecht jedoch der nationalen Umsetzung bedarf, greift wiederum die Kompetenzordnung des Grundgesetzes gemäß Art. 70 ff. GG zumindest in analoger Anwendung.[178]

Findet sich für eine Sachmaterie keine Kompetenzzuweisung an den Bund, so sind gemäß Art. 70 Abs. 1 GG ausschließlich die Länder für ihre legislative Regelung zuständig. Während die Länder im Bereich der ausschließlichen Gesetzgebungskompetenzen des Bundes – abgesehen von der Möglichkeit einer Delegation von Normsetzungsbefugnissen gemäß Art. 71 GG – gänzlich von der Gesetzgebung ausgeschlossen bleiben, können sie auf dem Gebiet der konkurrierenden Gesetzgebung und – in einem modifizierten Sinne – dem der Rahmengesetzgebung nur solange und soweit legislativ tätig werden, wie der Bund dies zuläßt. Die umfangreichen grundgesetzlichen Kompetenzzuweisungen an den Bund,[179] die weitgehende Ausschöpfung der Kompetenztitel der konkurrierenden Gesetzgebung, die teilweise überaus starke Regelungsintensität von Bundesrahmengesetzen sowie die Anerkennung ungeschriebener Gesetzgebungskompetenzen des Bundes haben allerdings dazu geführt, daß den deutschen Ländern nur ein verhältnismäßig bescheidener Bestand an Gesetzgebungszuständigkeiten zukommt bezie-

---

176 So *Dreier*, Art. 31 GG, in: Dreier, Rz. 61; *Huber*, Art. 31 GG, in: Sachs, Rz. 18. Dagegen *Maurer*, Staatsrecht I, Rz. 35.
177 Vgl. dazu *Stettner*, Art. 70 GG, in: Dreier, Rz. 9 ff.; *Degenhart*, Art. 70 GG, in: Sachs, Rz. 1c; *Reich, Dietmar O.*, Zum Einfluß des Europäischen Gemeinschaftsrechts auf die Kompetenzen der deutschen Bundesländer, EurGRZ 2001, S. 1, 2 ff.; *Schröder, Meinhard*, Bundesstaatliche Erosionen im Prozeß der europäischen Integration, JöR NF 35 (1986), S. 83, 83 ff.; *Erbguth, Wilfried*, Erosion der Ländereigenstaatlichkeit – Art. 30 GG und unitarische Entwicklungen nationa- wie gemeinschaftsrechtlichen Ursprungs, in: Ipsen, Jörn/Rengeling, Hans-Werner/Mössner, Jörg M./Weber, Albrecht (Hrsg.), Verfassungsrecht im Wandel – Wiedervereinigung Deutschlands, Deutschland in der Europäischen Union, Verfassungsstaat und Föderalismus, Köln (u. a.) 1995, S. 549, 562 ff. m. w. N.
178 Für eine direkte Anwendung *Degenhart*, Staatsrecht I, Rz. 152; *Rengeling*, Gesetzgebungszuständigkeit, Rz. 3. Im Sinne einer analogen Geltung dagegen *Ehlers*, „Ungeschriebene Kompetenzen", S. 325 f.; *Jarass, Hans D.*, Art. 23 GG, in: Jarass/Pieroth, Rz. 45; *Stettner*, Art. 70 GG, in: Dreier, Rz. 51.
179 Obgleich dem Bund von Beginn der bundesrepublikanischen Geschichte an das Schwergewicht im Bereich der Gesetzgebung zugedacht war, hat eine große Reihe von Verfassungsänderungen dieses Kräfteverhältnis zwischen Bund und Ländern zusätzlich verschärft; vgl. *Hendler, Reinhard*, Unitarisierungstendenzen im Bereich der Gesetzgebung, ZG 2 (1987), S. 210, 212.

hungsweise belassen wurde, innerhalb dessen sie ihre politische Leitungsfunktion noch gesetzgeberisch wahrnehmen können.[180] Den Ländern verbleiben daher zur Gesetzgebung im wesentlichen – ganz oder zum Teil – die folgenden Sachmaterien: Kulturelle Angelegenheiten[181] einschließlich Schul- und Hochschulrecht, Ausbildungs- und Prüfungsvorschriften sowie Rundfunkrecht; Kommunalrecht; Polizeirecht mit Bauordnungs- und Wasserrecht; Raumordnungsrecht im Lande; Straßenrecht mit Ausnahme der Bundesfernstraßen; Denkmalschutzrecht; Staatskirchenrecht; Verwaltungsorganisationsrecht und Verwaltungsverfahrensrecht im Landesbereich.[182]

Bei der Inanspruchnahme ihrer legislativen Kompetenzen unterliegen sowohl der Bund als auch die Länder allgemeinen Schranken. Rechtsprechung und Literatur leiten aus dem Rechtsstaatsprinzip und dem Bundesstaatsprinzip des Grundgesetzes das Gebot der Widerspruchsfreiheit der Rechtsordnung her, welches geeignet ist, die Ausübung von Gesetzgebungszuständigkeiten zu beschränken.[183] Darüber hinaus wird allgemein der Grundsatz der Bundestreue – oder des bundesfreundlichen Verhaltens – als Kompetenzschranke angesehen. Dieser nach herrschender Auffassung aus der Bundesstaatlichkeit des Grundgesetzes hergeleitete[184], ungeschriebene Verfassungs-

---

180 *Herzog, Roman*, Mängel des deutschen Föderalismus, BayVBl. 1991, S. 513, 514 f.; *Bullinger*, Zuständigkeit der Länder zur Gesetzgebung I., S. 763 ff.; *Klein, Friedrich*, Das Verhältnis von Gesetzgebungszuständigkeit und Verwaltungszuständigkeit nach dem Grundgesetz, AöR 88 (1963), S. 377, 396 ff.; *Maurer*, Staatsrecht I, § 17, Rz. 44; *Schenke*, Föderalismus als Form der Gewaltenteilung, S. 699; *Thieme, Werner*, Vierzig Jahre Bundesstaat – Rückblick, Entwicklung und Ausblick, DÖV 1989, S. 499, 500 f.; *Volkmann*, Bundesstaat in der Krise?, S. 617.

181 Zu den Bundeskompetenzen im kulturellen Bereich vgl. *Stettner, Rupert*, Der verkaufte Verfassungsstaat – Zur Kompetenzabgrenzung zwischen Bund und Ländern bei der Kulturförderung unter besonderer Berücksichtigung der Kulturstiftung des Bundes, ZG 17 (2002), S. 315, 321 ff.; *Mahrenholz, Ernst G.*, Die Kultur und der Bund – Kompetenzrechtliche Erwägungen anläßlich der Gründung der Bundeskulturstiftung im März 2002, DVBl. 2002, S. 857, 858 ff.; *Eiselstein, Claus*, Verlust der Bundesstaatlichkeit? – Kompetenzverluste der Länder im kulturellen Sektor vor dem Hintergrund von Art. 79 III GG, NVwZ 1989, S. 323, 324 ff.; *Richter, Ingo*, Nationale Bildungsstandards im föderalen Staat Bundesrepublik Deutschland?, in: Europäisches Zentrum für Föderalismus-Forschung Tübingen (Hrsg.), Jahrbuch des Föderalismus 2003 (Band 4): Föderalismus, Subsidiarität und Regionen in Europa, Baden-Baden 2003, S. 131, 132 ff.

182 Vgl. *Kunig*, Art. 70 GG, in: von Münch/Kunig, Rz. 8; *Maurer*, Staatsrecht I, § 17, Rz. 45; *Rengeling*, Gesetzgebungszuständigkeit, Rz. 299; *Bullinger*, Zuständigkeit der Länder zur Gesetzgebung I., S. 763 ff.

183 BVerfGE 98, 106, 118; *Degenhart*, Art. 70 GG, in: Sachs, Rz. 58c; *ders.*, Staatsrecht I, Rz. 153, 356 f. *Frenz, Walter*, Das Prinzip widerspruchsfreier Normgebung und seine Folgen, DÖV 1999, S. 41, 41 ff..

184 BVerfGE 1, 299, 315; 12, 205, 254 ff.; 34, 9, 20 f.; 43, 291, 348; 45, 400, 421; *Bayer, Hermann-Wilfried*, Die Bundestreue, Tübingen 1961, S. 40 ff. m. w. N.; *Stern*, Staatsrecht I, S. 699 f.; *Herzog*, Art. 20 GG IV., in: Maunz/Dürig, Rz. 63. A. A. *Bauer, Hartmut*, Die Bundestreue – Zugleich ein Beitrag zur Dogmatik des Bundesstaatsrechts und zur Rechtsverhältnislehre, Tübingen 1992, S. 234 ff., der die Bundestreue aus dem Grundsatz von Treu und Glauben ableitet; kritisch dazu *Isensee*, Der Bundesstaat, S. 731, Fn. 53. Vgl. zu den unterschiedlichen Herleitungen der Bundestreue auch *Wolff*, Ungeschriebenes Verfassungsrecht, S. 253 f.

grundsatz[185] wirkt auf die vertikale Kompetenzverteilung dergestalt ein, daß Bund und Länder verpflichtet sind, bei der Ausübung ihrer Kompetenzen wechselseitig die gebotene und ihnen zumutbare Rücksicht walten zu lassen.[186] Der Grundsatz der Bundestreue bleibt dabei ein akzessorischer Maßstab, und die Berufung auf dieses Prinzip ermächtigt nicht zum Unterlaufen der grundgesetzlichen Zuständigkeitsverteilung.[187] Gleichzeitig kann er aber einem bestimmten Gebrauch einer Gesetzgebungskompetenz entgegenstehen oder einen anderen vorschreiben.[188]

Die vertikale Verteilung von Legislativkompetenzen zwischen Bund und Ländern präsentiert sich somit als ein nach Sachmaterien geordnetes Zuständigkeitsspektrum, an dessen Enden der Bund beziehungsweise die Länder mit ausschließlichen Legislativbefugnissen ausgestattet sind und in dessen ausgedehnter Mitte die konkurrierende Gesetzgebung und die Rahmengesetzgebung zwar grundsätzlich den legislativen Zugriff beider Ebenen zulassen, der zentralstaatlichen Ebene dabei jedoch der legislative Vorrang eingeräumt wird. Dieses grobe Bild eines Kompetenzspektrums mit einer breiten Zwischenzone paralleler Regelungsbefugnisse und einem abgrenzbaren Bereich der exklusiven Länderzuständigkeit muß jedoch in Anbetracht der bundesdeutschen Verfassungsrealität vor allem in zwei Hinsichten korrigiert werden: Zum einen ist durch die beinahe ausschöpfende Inanspruchnahme der Kompetenztitel der konkurrierenden Gesetzgebung durch den Bund die noch verbliebene Zwischenzone auf ein absolutes Minimum reduziert. Zum anderen wirkt die Rahmengesetzgebung des Bundes durch teilweise äußerst detailreiche Regelungen in Kernbereiche der Länderzuständigkeiten hinein. Trotz der durch die Verfassungsreform des Jahres 1994 gestützten Ansätze zur Reföderalisierung der Legislativkompetenzverteilung, die im wesentlichen nicht über das Ziel der Sicherung des kompetenziellen *status quo* hinausreichen, bleiben *Konrad Hesse*s Bewertung der bundesdeutschen Kompetenzverteilung auf dem Gebiet der Gesetzgebung als Aspekt des ‚unitarischen Bundesstaates' und sein Hinweis auf das „Schwinden politischer Substanz in den Ländern"[189] auch heute noch Wahrheiten deutscher Bundesstaatlichkeit.

---

185  Vgl. eingehend zum Grundsatz der Bundestreue *Stern*, Staatsrecht I, S. 699 ff. m. w. N.; *Isensee*, Idee und Gestalt des Föderalismus, Rz. 151 ff. m. w. N.; *Bauer*, Art. 20 GG (Bundesstaat), in: Dreier, Rz. 26 ff.; *Maurer*, Staatsrecht I, § 10, Rz. 50 ff.; *Degenhart*, Staatsrecht I, Rz. 214 ff.
186  BVerfGE 12, 205, 239, 254; 14, 197, 215; 32, 199, 218; 43, 291, 348; 92, 203, 230; *Stern*, Staatsrecht I, S. 703; *Degenhart*, Staatsrecht I, Rz. 220 f.; *ders.*, Art. 70 GG, in: Sachs, Rz. 55; *Stettner*, Art. 70 GG, in: Dreier, Rz. 35 ff.; *Isensee*, Idee und Gestalt des Föderalismus, Rz. 158; *Vogel*, Die bundesstaatliche Ordnung, Rz. 48.
187  *Bauer, Hartmut*, Die Bundestreue, S. 328 ff.; *Stettner*, Art. 70 GG, in: Dreier, Rz. 35; *Katz*, Staatsrecht, Rz. 248.
188  BVerfGE 21, 312, 326; *Stern*, Staatsrecht I, S. 703; *Isensee*, Idee und Gestalt des Föderalismus, Rz. 158 f.; *Bauer*, Die Bundestreue, S. 328 ff.; *Maurer*, Staatsrecht I, § 10, Rz. 52 f.
189  *Hesse, Konrad*, Der unitarische Bundesstaat, Karlsruhe 1962, S. 15 f.

## III. Die asymmetrische Verteilung von Legislativkompetenzen im Vereinigten Königreich

Eine Dimension der Asymmetrie in den britischen Devolutionsstrukturen liegt begründet in der Unterschiedlichkeit der Systeme legislativer Kompetenzverteilung zwischen Westminster auf der einen Seite und den regionalen Volksvertretungen in Schottland, Wales und Nordirland. Dabei verfolgt die schottische und nordirische Regionalisierung grundsätzlich das Konzept einer legislativen Devolution, indem dem schottischen Parlament und der nordirischen Versammlung vor allem Gesetzgebungsbefugnisse des britischen Parlaments übertragen werden. Dagegen richtet sich die walisische Variante der regionalen Dezentralisierung nach dem Leitgedanken einer kompetenziell beschränkteren exekutiven Devolution, bei der lediglich Zuständigkeiten des britischen Kabinetts, einschließlich der den Ministern durch Gesetz eingeräumten Befugnisse zum Erlaß sekundärer Gesetzgebung, der Nationalversammlung für Wales überantwortet sind. Trotz dieser grundsätzlichen Gemeinsamkeit zwischen Schottland und Nordirland ergeben sich jedoch auch hier erhebliche Abweichungen im Detail, so daß jede der drei Randterritorien des Vereinigten Königreichs gewissermaßen eine Devolution *sui generis* erfahren hat.

### 1. Schottland und Nordirland: Ausschließliche und echte konkurrierende Gesetzgebungskompetenzen

Gemäß sec. 28(1) des Scotland Act 1998 ist das schottische Parlament ermächtigt, Gesetze zu erlassen, die als „Acts of the Scottish Parliament" bezeichnet werden. Das nordirische Assembly ist in Entsprechung dazu nach sec. 5(1) des Northern Ireland Act 1998 befugt, Gesetze zu verabschieden, die „Acts of the Northern Ireland Assembly" genannt werden.[190] Wie Gesetze des britischen Parlaments bedürfen beide Formen der Gesetzgebung nach ihrer Annahme in den jeweiligen regionalen Legislativkammern der Ausfertigung im Wege des Royal Assent.[191] Die Verteilung von Legislativkompetenzen zwischen dem britischen Parlament in Westminster und den Volksvertretungen in Schottland und Nordirland erfolgt in beiden Fällen grundsätzlich durch die

---

190 Zum besonderen Verfahren der Beschlußfassung bei Schlüsselentscheidungen in der nordirischen Versammlung, das ‚cross-community support' durch das Erfordernis einer doppelten Mehrheit sicherstellen soll, vgl. *O'Leary, Brendan*, The Character of the 1998 Agreement: Results and Prospects, in: Wilford, Rick (Hrsg.), Aspects of the Belfast Agreement, Oxford 2001, S. 49, 50f.; *Schwab*, Devolution, S. 134f.

191 Sec. 28(2), 32 Scotland Act; sec. 5(2), 14(1) Northern Ireland Act 1998. Während schottische Gesetze durch den Parlamentspräsidenten (Presiding Officer) der Krone zur Ausfertigung vorgelegt werden, übernimmt diese Aufgabe im Falle Nordirlands der Secretary of State for Northern Ireland und damit ein Mitglied der britischen Zentralregierung.

einseitige Enumeration von solchen Gesetzgebungsbefugnissen, die der zentralstaatlichen Ebene vorbehalten bleiben, und entspricht daher im Grundsatz der Verteilungssystematik des Grundgesetzes. Das schottische Parlament und das nordirische Assembly besitzen gemäß sec. 28(1) i.V.m. sec. 29(2)(b) Scotland Act 1998 und sec. 5(1) i.V.m. sec. 6(2)(b) Northern Ireland Act 1998 die generelle Zuständigkeit zur Gesetzgebung in all denjenigen Bereichen, die nicht ausdrücklich für das Westminster-Parlament reserviert sind. Die Systematik dieser beiden Devolutionsmodelle unterscheidet sich damit in entscheidender Hinsicht von der Konzeption des gescheiterten Scotland Act 1978, welcher noch die übertragenen Politikfelder im einzelnen benannte, und übernimmt statt dessen das negative Enumerationsprinzip des Government of Ireland Act 1920.[192] Dem schottischen Parlament und der nordirischen Versammlung kommt somit die Residualkompetenz im Sinne einer „Allzuständigkeitsvermutung" zu,[193] bei der es sich jedoch – ähnlich wie im deutschen Verfassungsrecht – nicht um eine Vermutungsregel im Sinne des Beweisrechts handeln kann, sondern lediglich um einen Hinweis auf den Umstand, daß die regionalen Gesetzgebungskörperschaften immer nur dann legislativ tätig werden können, wenn sich nicht eine vorbehaltene Zuständigkeit des britischen Parlaments ausdrücklich aus den Devolutionsgesetzen ergibt.

Bei der Enumeration von Kompetenzbereichen, die dem britischen Parlament vorbehalten bleiben, weichen die schottische und die nordirische Devolution voneinander nicht nur materiell hinsichtlich der betroffenen Sachmaterien, sondern auch bezüglich ihrer Systematik und Terminologie ab.[194] Das schottische Parlament unterliegt im Verhältnis zu Westminster drei Kompetenzbeschränkungen: Es handelt außerhalb seines Kompetenzbereichs, wenn es versucht, die in para. 1 der Schedule 4 zum Scotland Act 1998 aufgelisteten gesetzlichen Bestimmungen zu modifizieren, zu denen vor allem wichtige Teile des Act of Union 1707 und des European Communities Act 1972 sowie der Human Rights Act 1998 gehören.[195] Dasselbe gilt für legislative Bestrebungen, dem Lord Advocate seine Stellung als Leiter der schottischen Strafverfolgungsbehörden zu entziehen.[196] Die bedeutendste Beschränkung

---

192 *Burrows*, Devolution, S. 67; *Grote*, Regionalautonomie für Schottland und Wales, S. 124.
193 So *Sturm, Roland*, Integration – Devolution – Unabhängigkeit? Schottland auf dem Weg zu einer Erneuerung seines politischen Gemeinwesens, JöR NF 48 (2000), S. 351, 361, der jedoch irrig davon ausgeht, daß es sich bei dieser Methode der Verteilung von Legislativkompetenzen um eine der britischen Verfassungstradition widersprechende Neuerung handelt. Dieser Ansicht muß mit einem Hinweis auf die Verteilungssystematik des Government of Ireland Act 1920 entgegengetreten werden.
194 *Burrows*, Devolution, S. 65f.; *Hadfield, Brigid*, The Nature of Devolution in Scotland and Northern Ireland: Key Issues of Responsibility and Control, EdinLR 3 (1999), S. 3, 16f.
195 Sec. 29(2)(c) Scotland Act 1998.
196 Sec. 29(2)(e) Scotland Act 1998. Vgl. zur Rolle des Lord Advocate und zu seinem Schutz im Scotland Act 1998 *Jackson, Gordon*, Devolution and the Scottish Legal Institutions, in: Bates, T. St John N. (Hrsg.), Devolution to Scotland: The Legal Aspects, Edinburgh 1997, S. 51, 54ff.; *Reed, Robert*, Devolution and the Judiciary, in: Beatson,

für den Kompetenzbereich des schottischen Parlaments gegenüber der zentralstaatlichen Legislative ergibt sich schließlich aus sec. 29(2)(b) Scotland Act 1998, nach der ein schottisches Gesetz immer dann außerhalb des Zuständigkeitsbereichs des Regionalparlaments fällt, wenn „it relates to reserved matters". Damit verweist diese Bestimmung auf Schedule 5 des Scotland Act 1998, der einen sehr umfangreichen und überaus komplex gestalteten Katalog von Sachmaterien enthält, die für das britische Parlament ‚reserviert' bleiben.[197] Derartig vorbehaltene Angelegenheiten[198] sind danach insbesondere: Die Verfassung des Vereinigten Königreichs einschließlich der Krone und der Thronfolge, des britischen Parlaments und der anglo-schottischen Union;[199] Recht der politischen Parteien; auswärtige Angelegenheiten einschließlich der Europäischen Union; öffentlicher Dienst; nationale Verteidigung und innere Sicherheit; Steuer-, Wirtschafts- und Geldpolitik; Teile der Gesundheitspolitik wie Abtreibung und Gentechnologie; Rundfunk; Staatsbürgerschaft und Einwanderungspolitik; große Teile der Energiepolitik; soziale Sicherheit; Arbeitswesen.[200] Diese ausgenommenen Kompetenzbereiche werden im einzelnen durch eine große Anzahl von Untervorschriften erweitert und begrenzt.[201] Trotz der ausführlichen Aufzählung vorbehaltener Angelegenheiten in Schedule 5 des Scotland Act 1998 verbleiben dem schottischen Parlament umfangreiche Gebiete der politischen Leitung. So besitzt es weitreichende legislative Zuständigkeiten in den nicht enumerierten Materien des Zivil- und Strafrechts, der inneren Angelegenheiten und der Justiz, des Verkehrs, der Umwelt, der Land- und Forstwirtschaft, der Fischerei, des Gesundheits-, Bildungs- und Sozialwesens, der Kommunalverwaltung, des

---

Jack/Forsyth, Christopher/Hare, Ivan/The University of Cambridge Centre for Public Law (Hrsg.), Constitutional Reform in the United Kingdom: Practice and Principles, Oxford 1998, S. 21, 23 f.

197 Sehr kritisch gegenüber der Regelungstechnik in Schedule 5 des Scotland Act 1998 *Brazier, Rodney*, The Scotland Bill as Constitutional Legislation, SLR 19 (1998), S. 12, 18 ff.

198 Sec. 30(2) Scotland Act 1998 ermächtigt die britische Regierung, im Wege der Rechtsverordnung unter anderem Schedule 5 des Scotland Act 1998 zu modifizieren. Dies geschah beispielsweise durch die Scotland Act (Modifications of Schedules 4 and 5) Order 1999 (SI 1999/1749); vgl. dazu *Himsworth, Chris M. G./Munro, Colin R.*, The Scotland Act 1998 – Greens Annotated Acts, 2. Auflage, Edinburgh 2000, S. 43. Whitehalls regierungsinterne Richtlinien weisen darauf hin, daß für die Modifikationen des Scotland Act 1998 die Zustimmung sowohl des britischen als auch des schottischen Parlaments einzuholen ist; siehe *Office of the Deputy Prime Minister*, Devolution Guidance Note 14, Use of Scotland Act Section 30(2) Orders, paras. 7 f.

199 Vgl. eingehend dazu *Schwab*, Devolution, S. 191 f.

200 Siehe auch die Zusammenstellungen der ‚reserved matters' bei *Jeffery, Charlie/Palmer, Rosanne*, Das Vereinigte Königreich – Devolution und Verfassungsreform, in: Europäisches Zentrum für Föderalismus-Forschung Tübingen (Hrsg.), Jahrbuch des Föderalismus 2000 (Band 1): Föderalismus, Subsidiarität und Regionen in Europa, Baden-Baden 2000, S. 321, 329; *Bogdanor*, Devolution in the UK, S. 204; *Schwab*, Devolution, S. 190.

201 Vgl. dazu *Himsworth/Munro*, The Scotland Act 1998, S. 39, 171 ff.

Wohnungswesens, der Raumordnung und Landesplanung, der wirtschaftlichen Entwicklung sowie der Kultur und des Sports.[202]

Der Northern Ireland Act 1998 erklärt zwar zunächst ebenfalls eine Reihe von Gesetzen für unantastbar durch die nordirische Versammlung, zu denen – ähnlich der schottischen Regelung – auch der European Communities Act 1972 und der Human Rights Act 1998 zählen.[203] Anders als der Scotland Act 1998, welcher nur die Kategorie der ‚reserved matters' und die unbenannte Gruppe der devolvierten Kompetenzen kennt, nimmt der Northern Ireland Act 1998 sodann eine dreifache Kompetenzeinteilung zwischen ‚excepted matters', ‚reserved matters' und ‚transferred matters' vor[204] und knüpft damit an die terminologische Tradition früherer nordirischer Devolutionsgesetze an.[205] Die ‚excepted matters' entsprechen systematisch den schottischen ‚reserved matters',[206] und einem nordirischen Gesetz fehlt gemäß sec. 6(2)(b) Northern Ireland Act 1998 die Kompetenzgrundlage, wenn „it deals with an excepted matter". Diese ausgenommenen Angelegenheiten werden in Schedule 2 des Northern Ireland Act 1998 zusammen mit einer Reihe präzisierender Untervorschriften benannt und erstrecken sich insbesondere auf folgende Sachmaterien: die Krone und die Thronfolge; das Parlament und sein Wahlrecht; auswärtige Angelegenheiten einschließlich der Europäischen Union; Verteidigung, nationale Sicherheit, Nuklearenergie und Waffenkontrolle; Staatsbürgerschaft und Einwanderungspolitik; Zahlungsmittel und bestimmte Bereiche des Steuerrechts; Recht der politischen Parteien; Wahlen zur nordirischen Versammlung; Teile des Justizwesens.[207] Bei den ‚reserved matters' der nordirischen Devolution handelt es sich hingegen um Materien, bezüglich derer die nordirische Versammlung nur dann Gesetze erlassen kann, wenn sie dazu die Zustimmung des Secretary of State for Northern Ireland gegebenenfalls mit einem zusätzlichen Kontrollverfahren durch das britische

---

202 Siehe auch *Grote*, Regionalautonomie für Schottland und Wales, S. 124f.; *Bogdanor*, Devolution in the UK, S. 204; *Jeffery/Palmer*, Das Vereinigte Königreich, S. 329; *Schwab*, Devolution, S. 100f.
203 Sec. 7 Northern Ireland Act 1998. Das Gesetz bezeichnet diese gesetzlichen Regelungen, unter die auch Teile des Northern Ireland Act 1998 selbst fallen, als „entrenched enactments". Dieser Terminus taucht dagegen im Scotland Act 1998 nicht auf.
204 Sec. 4(1) Northern Ireland Act 1998. Vgl. dazu *Burrows*, Devolution, S. 66.
205 Vgl. dazu *Hadfield, Brigid*, Devolution: Some Key Issues and a Northern Ireland Searchlight, in: Beatson, Jack/Forsyth, Christopher/Hare, Ivan/The University of Cambridge Centre for Public Law (Hrsg.), Constitutional Reform in the United Kingdom: Practice and Principles, Oxford 1998, S. 51, 51ff.; *dies.*, The Foundations of Review, Devolved Power and Delegated Power, in: Forsyth, Christopher (Hrsg.), Judicial Review and the Constitution, Oxford/Portland (OR) 2000, S. 193, 201.
206 Ein wesentlicher Unterschied besteht jedoch darin, daß, während Kompetenzen hinsichtlich schottischer ‚reserved matters' gemäß sec. 30(2) Scotland Act 1998 im Wege der Rechtsverordnung durch britische Minister auf das schottische Parlament übertragen werden können, keine solche Möglichkeit bezüglich der nordirischen ‚excepted matters' besteht.
207 Siehe auch die Zusammenstellungen bei *Hood Phillips/Jackson/Leopold*, Constitutional and Administrative Law, Rz. 5–030; *Schwab*, Devolution, S. 193.

Parlament erhält.[208] Eine Auflistung dieser ‚reserved matters' findet sich in Schedule 3 des Northern Ireland Act 1998, die vor allem Materien des Strafrechts, der Strafverfolgung, der öffentlichen Sicherheit, des Justizwesens, des Außenhandels, des Wirtschafts- und Telekommunikationsrechts sowie der Gesundheitspolitik und des Rundfunks enthält.[209] Sec. 4(2) Northern Ireland Act 1998 ermöglicht die spätere Korrektur der Abgrenzung zwischen ‚transferred' und ‚reserved matters' durch den Nordirlandminister mit Zustimmung sowohl des britischen Parlaments als auch der nordirischen Versammlung auf der Basis des ‚cross-community support'. Jenseits der gesetzlich bestimmten ‚excepted' und ‚reserved matters' unterliegen alle übrigen Materien der Legislativkompetenz der nordirischen Versammlung. Ihre Gesetzgebungsbefugnisse erstrecken sich demnach im wesentlichen auf die Bereiche Landwirtschaft, Bildungs- und Gesundheitswesen, Soziale Sicherheit, wirtschaftliche Entwicklung, Kultur und Umwelt.[210]

Vor allem durch die Kategorie der ‚reserved matters', in die vor dem Hintergrund der Spannungen innerhalb der nordirischen Bevölkerung insbesondere die sensiblen Bereiche des Strafrechts, der Strafverfolgung und der öffentlichen Sicherheit fallen, zeigt sich die Devolution an Nordirland insgesamt als tendenziell begrenzter als ihr schottisches Pendant. Auch auf dem Gebiet des Justizwesens bleiben die nordirische Legislativkompetenzen hinter den schottischen Zuständigkeiten zurück.[211] Für beide Volksvertretungen gilt jedoch, daß legislatives Tätigwerden außerhalb ihres residualen Kompetenzbestandes kein gültiges Recht setzt[212] und sich somit im Sinne des britischen Verwaltungsrechts als *ultra vires* darstellt. Über die durch den Ausschluß vorbehaltener Regelungsmaterien vorgenommene Begrenzung ihrer Gesetzgebungskompetenzen hinaus unterliegen sowohl das schottische Parlament als auch die nordirische Versammlung einer Reihe weiterer Beschränkungen. So bleibt es beiden Volksvertretungen untersagt, Gesetze mit extra-territorialem Effekt zu erlassen[213] und gegen die Europäische Menschenrechtskonvention oder das europäische Gemeinschaftsrecht[214] zu verstoßen.[215] Die nordirische Versammlung handelt zudem ebenfalls ohne Kom-

---

208 Sec. 8(b) und 15 Northern Ireland Act 1998. Vgl. dazu
209 Siehe auch *Hadfield*, Nature of Devolution in Scotland and Northern Ireland, S. 16 f.
210 Siehe auch *Jeffery/Palmer*, Das Vereinigte Königreich, S. 333; *Hood Phillips/Jackson/Leopold*, Constitutional and Administrative Law, Rz. 5–030; *Schwab*, Devolution, S. 138;
211 *Schwab*, Devolution, S. 193.
212 Sec. 29(1) Scotland Act 1998; sec. 6(1) Northern Ireland Act 1998.
213 Sec. 29(2)(a) Scotland Act 1998; sec. 6(2)(a) Northern Ireland Act 1998.
214 Die kompetenzrechtliche Bindung der schottischen und nordirischen Gesetzgebung an das Recht der Europäischen Gemeinschaften konzipiert einen Geltungsvorrang des Europarechts und geht damit deutlich über den üblichen Anwendungsvorrang hinaus; vgl. *Reed*, Devolution and the Judiciary, S. 22.
215 Sec. 29(2)(d) Scotland Act 1998; sec. 6(2)(c) und (d) Northern Ireland Act 1998. Kritisch zu dieser doppelten Bindung im Scotland Act 1998 *O'Neill, Aidan*, Fundamental Rights and the Constitutional Supremacy of Community Law in the United Kingdom after Devolution and the Human Rights Act, PL 2002, S. 724, 726 ff. Der Hinweis auf

petenz und damit *ultra vires*, wenn ihre Gesetzgebung Diskriminierungen hinsichtlich der Religion oder der politischen Meinung beinhaltet.[216]
Obgleich die beiden Devolutionsgesetze – wie das deutsche Grundgesetz – dem Grundsatz der Enumeration von ausschließlichen Kompetenzen der zentralstaatlichen Ebene folgen, bereitet eine Zusammenschau dieser vorbehaltenen Gesetzgebungszuständigkeiten des britischen Parlaments in bezug auf Schottland und Nordirland aufgrund der vorgefundenen Asymmetrie naturgemäß Schwierigkeiten. Die Kerngebiete der zentralstaatlichen Legislativzuständigkeit im Verhältnis zu den regionalen Devolutionsstrukturen in Schottland und Nordirland umfassen jedoch vor allem die folgenden Materien: Die Grundzüge der britischen Verfassung einschließlich der Krone, des Parlaments, der politischen Parteien und des Wahlrechts; auswärtige Angelegenheiten und Verteidigung; zentrale Bereiche der inneren Sicherheit, des Grenzschutzes und des öffentlichen Dienstes; Staatsbürgerschaft und Einwanderungspolitik; Rahmenfragen der Wirtschafts-, Finanz-, Währungs- und Arbeitsmarktpolitik; Energiepolitik; zentrale Bereiche der Sozial- und Gesundheitspolitik; Telekommunikation und Rundfunk.[217]

Die Modelle der schottischen und nordirischen Devolution lassen somit trotz ihrer Regelungskomplexität in der Kombination der einseitigen Enumeration zentralstaatlicher Legislativkompetenzen und regionaler Residualkompetenz eine nicht nur entfernte, sondern durchaus grundsätzliche Ähnlichkeit mit dem vertikalen Kompetenzverteilungssystem der Art. 70 ff. GG erkennen. Sieht man von der Kategorie der zustimmungsbedürftigen nordirischen Gesetzgebung in ‚reserved matters' ab, so präsentieren sie sich zunächst sogar als wesentlich schlichter konzipiert, da dem ersten Anschein nach ein einfaches Trennsystem ohne die verschiedenen Kompetenztypen des Grundgesetzes mit ausschließlichen und konkurrierenden Zuständigkeiten, Rahmen- und Grundsatzgesetzgebung gewählt wurde. Der erste Schein eines britischen Trennsystems mit ausschließlichen Kompetenzbeständen auf der zentralstaatlichen und der regionalen Ebene wird jedoch durch sec. 28(7) Scotland Act 1998 und sec. 5(6) Northern Ireland Act 1998 korrigiert.[218] Diese – gemessen an ihrer Bedeutung für die Frage der vertikalen Kompetenzverteilung – versteckten, im wesentlichen gleichlautenden Vorschriften bestimmen, daß die in den beiden Devolutionsgesetzen vorgenommene Zuständigkeitsaufteilung keineswegs die Befugnis des britischen Parlaments berühren, für

---

die Möglichkeit der Kollision zwischen der Bindung an die Menschenrechtskonvention und die Verpflichtung durch das Gemeinschaftsrecht geht jedoch wohl deshalb fehl, weil sich in diesem Fall – wie bei Widersprüchen zwischen dem Europarecht und den Grundrechten des Grundgesetzes – der Vorrang des Europarechts grundsätzlich durchsetzt.

216 Sec. 6(2)(e) Northern Ireland Act 1998.
217 Siehe auch die Zusammenstellung bei *Schwab*, Devolution, S. 194.
218 Insofern irreführend, wenn *Schwab*, Devolution, S. 100, das schottische Parlament im übertragenen Kompetenzbereich als „ausschließlich" zuständig bezeichnet und *Jeffery/Palmer*, Das Vereinigte Königreich, S. 329, in der Systematik des Scotland Act 1998 ein Trennsystem mit ausschließlichen Zuständigkeitsbereichen erkennen wollen.

die betroffenen Territorien Gesetze zu erlassen. Mit dem Verweis auf die bestehende Gesetzgebungsmacht des britischen Parlaments bemüht sich diese Formulierung um ein deklaratorisches Gepräge, welches durch die unauffällige Positionierung der betreffenden Klauseln in den Devolutionsgesetzen verstärkt wird. Damit rezipieren die beiden Devolutionsgesetze die orthodoxe britische Verfassungslehre der ‚continuing' Parlamentssuprematie, die jegliche Übertragung von Normsetzungsbefugnissen als jederzeit widerrufbare und im Einzelfall verdrängbare Delegation qualifiziert und daher auch ohne derartige Bestimmungen ihren Norminhalt als – außer im Wege der Legalrevolution durch die Gerichte – unveränderlichen Grundsatz des britischen Verfassungsrechts ansieht.[219] Gleichzeitig könnte der Umstand, daß Affirmationen der britischen Parlamentssuprematie ihren Weg in die Devolutionsgesetze gefunden haben, auch als Zeichen einer Befürchtung vor – und die betreffenden Klauseln damit als Hilfsregelungen zur Anwendung bei – alternativen Verfassungsinterpretationen – etwa dem ‚new view' zur Parlamentssuprematie – gedeutet werden.[220] Die Devolutionsreformen der Labour-Regierung bleiben in jedem Fall einem überaus konservativen Verständnis der britischen Verfassung verhaftet und zementieren dieses zusätzlich in Gesetzesform.[221] Sec. 28(7) Scotland Act 1998 und sec. 5(6) Northern Ireland Act 1998 machen zweifellos deutlich, daß die britische Regionalisierung kein System der vertikalen Aufteilung staatlicher Legislativmacht in ausschließliche Kompetenzbereiche etablieren soll oder sogar kann, wie sie etwa für das Grundgesetz mit seinem Verbot von Doppelzuständigkeiten typisch ist. Statt dessen ist das britische Parlament weiterhin befugt, nicht nur in bezug auf vorbehaltene, sondern auch hinsichtlich übertragener Sachmaterien legislativ tätig zu werden.[222] Obgleich ein allgemeingültiger Begriff des Bundesstaates nicht zur Verfügung steht,[223] wird dieser Umstand im britischen Schrifttum zumeist als legislative Ablehnung einer typisch bundesstaatlichen Aufgabenverteilung mit einer auf Ausschließlichkeit angelegten Zuständigkeitstrennung verstanden.[224] Unter

---

219 Diese dogmatische Positionierung wird besonders deutlich im White Paper: Scotland's Parliament, para. 4.2: „... the UK Parliament will devolve wide ranging legislative powers to the Scottish Parliament .... The UK Parliament is and will remain sovereign in all matters: but ... will be choosing to exercise that sovereignty by devolving legislative responsibilities to a Scottish Parliament without in any way diminishing its own powers. The Government recognise that no UK Parliament can bind its successors." Vgl. dazu *Himsworth/Munro*, The Scotland Act 1998, S. 36f.
220 Zu den Möglichkeiten einer Regionalisierung unter Zugrundelegung des ‚new view' vgl. *Jenkins, David*, Both Ends against the Middle: European Integration, Devolution, and the Sites of Sovereignty in the United Kingdom, Temple Int'l & Comp L J 16 (2002), S. 1, 9ff.
221 *Burrows*, Unfinished Business, S. 249.
222 *Burrows*, Unfinished Business, S. 249.
223 Siehe supra Kapitel 4 § 1 B.
224 Vgl. *Bogdanor, Vernon*, Devolution and the British Constitution, in: Butler, David/Bogdanor, Vernon/Summers, Robert (Hrsg.), The Law, Politics, and the Constitution – Essays in Honour of Geoffrey Marshall, Oxford 1999, S. 54, 61; *ders.*, Devolution in the UK, S. 202; *Himsworth/Munro*, The Scotland Act 1998, S. 37; *Jenkins*, Both Ends against the Middle, S. 13. Siehe auch *Royal Commission on the Constitution*, Band I:

Berücksichtigung der sec. 28(7) Scotland Act 1998 und der sec. 5(6) Northern Ireland Act 1998 stellt sich somit das System der vertikalen Verteilung von Legislativzuständigkeiten in der schottischen und nordirischen Devolution als Kombination aus ausdrücklich vorbehaltenen Kompetenzdomänen des britischen Zentralstaats und einem Residualbereich konkurrierender Zuständigkeiten der zentralen und der regionalen Ebene dar. Die scheinbare Kompetenztrennung durch einseitige Enumeration und residuale Generalklausel entpuppt sich als Grenze zwischen ausschließlicher britischer Gesetzgebung und residualer Kompetenzkonkurrenz.[225] Anders gewendet, bindet die Trennlinie zwischen vorbehaltenen und übertragenen Zuständigkeiten lediglich die regionalen Legislativorgane, während sie vom britischen Parlament jederzeit beliebig überschritten werden kann. Bleibt die Demarkation von Zuständigkeiten jedoch zumindest für erstere bedeutsam, so fragt sich zunächst, wie im Falle Schottlands und Nordirlands Schwierigkeiten der kompetenzrechtlichen Zuordnung und der Kompetenzüberschneidung zu beheben sind. Darüber hinaus bedürfen die durch eine Zuständigkeitskonkurrenz aufgeworfenen Probleme einer Lösung.

Die Fragen der Zuordnung eines schottischen oder nordirischen Legislativaktes zum übertragenen Kompetenzbereich und der – naturgemäß hier nur in eine Richtung problematischen – Möglichkeit der Überschneidung von Kompetenzbereichen werden im Scotland Act 1998 und im Northern Ireland Act 1998 jeweils durch eine Reihe komplex vernetzter Vorschriften beantwortet. Die normativen Ausgangspunkte dieses Problemkreises liegen in sec. 29(2)(b) Scotland Act 1998 und sec. 6(2)(b) Northern Ireland Act 1998, nach denen es einem regionalen Gesetz an einer Kompetenzgrundlage mangelt, wenn es sich auf vorbehaltene Sachmaterien bezieht („relates to reserved matters") beziehungsweise sie derartige Regelungsbereiche behandelt („deals with excepted matters"). Der Unterschied zwischen diesen Formulierungen in den beiden Devolutionsgesetzen vergrößert sich, wenn ihre weiteren gesetzlichen Präzisierungen gegenübergestellt werden: Gemäß sec. 29(3) Scotland Act 1998 mißt sich der zuständigkeitsentziehende Bezug zu ‚reserved matters' am Zweck der gesetzlichen Regelung unter Berücksichtigung unter anderem ihrer Wirkung.[226] Damit muß sich der Zweck eines kompetenzgerecht erlassenen Gesetzes auf eine übertragene Materie beziehen.[227] Eine über diese funktionale Bestimmung hinausgehende Abrundung schottischer Kompetenzen

---

Report (Kilbrandon Report), Cmnd. 5460, HMSO, London 1973, S. 152f., 165, und supra Kapitel 3 § 2.
225  Vgl. *Gamper, Anna*, Schottland – Präzedenzfall eines neuen „Quasiföderalismus" in Europa?, ZÖR 56 (2001), S. 405, 415f.
226  Vgl. dazu *Himsworth, Chris M. G.*, Devolution and the Mixed Legal System of Scotland, JurRev 2002, S. 115, 118.
227  Diese Zuordnungsmethode geht zurück auf die im Kontext der nordirischen Devolution vor 1972 ergangene und auf kanadische Rechtsprechung zurückgreifende Entscheidung des Privy Council in *Gallagher v. Lynn* [1937] AC 863, 870 (*Lord Atkin*). Vgl. dazu *Craig/Walters*, The Courts, Devolution and Judicial Review, S. 297ff.; *Himsworth/Munro*, The Scotland Act 1998, S. 40; *Rawlings*, The Shock of the New, S. 82.

wird zunächst nur für den Bereich des schottischen Zivil- und Strafrechts anerkannt.[228] Damit ergibt sich ein bemerkenswerter Gleichklang mit der Kompetenzzuordnung im deutschen Bundesstaat, bei der im Wege der funktionalen Qualifikation ebenfalls dem Gesetzeszweck, gemessen an seiner primären Wirkung, maßgebliche Bedeutung zukommt.[229] Weitere Entsprechungen ergeben sich sodann bei der Behandlung von verbleibenden Übergriffen in fremde Kompetenzbereiche. Im deutschen Verfassungsrecht werden derartige Befugnisergänzungen als Kompetenzen kraft Sachzusammenhangs, Annexcharakters oder Schwerpunkts der Gesamtregelung jenseits dogmatisch nicht gänzlich überzeugender Unterscheidungen[230] dann zugelassen, wenn – vereinfacht betrachtet – die Kriterien der strengen Erforderlichkeit des Übergriffs, der engen Verzahnung der betroffenen Regelungsmaterien und des begrenzten Umfangs der Ergänzung im Verhältnis zum Schwerpunkt der Gesamtregelung teilweise alternativ, teilweise kumulativ eine derartige Kompetenzerweiterung rechtfertigen.[231] Der Scotland Act 1998 stellt sehr ähnliche Kriterien für den zulässigen Übergriff schottischer Rechtsetzung in vorbehaltene Kompetenzbereiche auf. Die Grundregel, daß schottische Gesetze das „law on reserved matters" nicht modifizieren dürfen,[232] wobei dieses alle Gesetze, Verordnungen und andere Rechtsnormen zu vorbehaltenen Sachmaterien umfaßt,[233] verbietet nach para. 3 der Schedule 4 zum Scotland Act 1998 solche Kompetenzübergriffe des schottischen Parlaments, die sich als lediglich nebensächlich beziehungsweise untergeordnet gegenüber („incidental to")[234] oder kraft notwendigen Sachzusammenhangs mit („consequential on") kompetenzgerecht erlassenen Regelungen darstellen.[235] Solche Befugniserweite-

---

228 Sec. 29(4) Scotland Act 1998. Vgl. dazu *Himsworth/Munro*, The Scotland Act 1998, S. 40f.; *Himsworth*, Devolution and the Mixed Legal System, S. 118f.
229 Vgl. BVerfGE 8, 143, 148ff.; 13, 181, 196; 24, 300, 353; 36, 314, 319; *Rengeling*, Gesetzgebungszuständigkeit, Rz. 40; *Scholz*, Ausschließliche und konkurrierende Gesetzgebungskompetenz, S. 268ff.; *Degenhart*, Art. 70 GG, in: Sachs, Rz. 50ff.; *Stettner*, Art. 70 GG, in: Dreier, Rz. 31 f.
230 So sieht *Jarass*, Gesetzgebungskompetenz des Bundes, S. 1090, in den benannten drei Typen der Kompetenzerweiterung „ähnliche und strukturell verwandte, wenn schon nicht übereinstimmende Ansätze".
231 Siehe supra Kapitel 5 § 1 B. II.
232 Para. 2.1 Schedule 4 zum Scotland Act 1998. Bei dieser Norm handelt es sich inhaltlich um eine Wiederholung der sec. 29(2)(b) Scotland Act 1998. Para. 2.3 der Schedule 4 enthält daher ebenfalls eine Ausnahmeregelungen für weite Teile des schottischen Zivil- und Strafrechts. Vgl. *Himsworth/Munro*, The Scotland Act 1998, S. 41.
233 Para. 2.2 Schedule 4 zum Scotland Act 1998.
234 Als irreführend muß dagegen die Übersetzung des Terminus „incidental" als „zufällig" bei *Schwab*, Devolution, S. 279, angesehen werden.
235 *Craig/Walters*, The Courts, Devolution and Judicial Review, S. 300ff., sehen dabei eine Unstimmigkeit darin, daß sich die ‚incidental modification rule" als Kompetenzerweiterungsmöglichkeit ausdrücklich nur auf die Modifizierung von bestehenden Rechtsregeln bezieht und somit den eigentlich weniger schwerwiegenden Fall eines nebensächlichen Übergriffs in fremde Kompetenzbereiche ohne Rechtsmodifikation nicht erfaßt, der damit gemäß sec. 29(2)(b) Scotland Act 1998 als *ultra vires* anzusehen ist. Zur Lösung dieses Wertungswiderspruchs muß entweder die gesetzliche Unterscheidung zwischen Übergriffen in Sachmaterien und in bestehende Rechtsregeln interpre-

rungen unterliegen jedoch einer strengen Erforderlichkeitskontrolle, da sie nur dann zulässig sind, wenn sie keine größeren Auswirkungen auf ‚reserved matters' haben, als dies für die gesetzliche Zweckverwirklichung notwendig ist.[236] Dieser Regelungskomplex rezipiert den im Kontext der nordirischen Devolution vor 1972 angewendeten ‚pith and substance'-Test (‚Kern und Substanz'), wonach kompetenzielle Übergriffe dann als *intra vires* anzusehen sind, wenn der Hauptzweck der Gesamtregelung in übertragene Zuständigkeitsbereiche fällt.[237] Obgleich sich diese Schwierigkeiten der Kompetenzzuordnung und -überschneidung im Scotland Act 1998 nur auf Zuständigkeitserweiterungen des schottischen Parlaments beziehen, während sie im deutschen Bundesstaat beidseitige Bezüge aufweisen, ergeben sich somit auffallende Ähnlichkeiten in der Wahl der anzuwendenden Lösungskriterien.

Einem nordirischen Gesetz fehlt demgegenüber die Kompetenzgrundlage, wenn es vorbehaltene Regelungsbereiche behandelt („deals with excepted matters"), wobei eine derartige ‚Behandlung' bereits bei jeder Berührung („affect") solcher Sachmaterien vorliegen soll, die nicht nur nebensächlich („incidental") ist.[238] Allerdings wird diese Aussage bereits in sec. 6(2)(b) Northern Ireland Act 1998 dahingehend ergänzt, daß Kompetenzübergriffe dann zulässig sind, wenn sie durch Nebenbestimmungen zu Regelungen im übertragenen Zuständigkeitsbereich („ancillary to other provisions ... dealing with reserved or transferred matters") erfolgen. Sec. 6(3) Northern Ireland Act 1998 definiert derartige Nebenbestimmungen als Vorschriften, welche der Durchsetzung von Regelungen dienen, die in übertragenen Bereichen erlassen werden, aus sonstigen Gründen notwendig oder zweckdienlich für die Wirksamkeit derartiger Regelungen sind oder sich als lediglich nebensächlich beziehungsweise untergeordnet gegenüber („incidental to") oder kraft notwendigen Sachzusammenhangs mit („consequential on") kompetenzgerecht erlassenen Regelungen darstellen. Zunächst erscheint durch den kompetenzrechtlichen Ausschluß legislativen Handelns, das vorbehaltene Sachmaterien ‚behandelt', und damit einer der deutschen und schottischen Demarkation

---

       tatorisch aufgehoben oder ein der ‚incidental modification rule' ähnliches Verständnis bereits in sec. 29(2)(b) Scotland Act 1998 hineingelesen werden. Während für erstere Variante die Gesetzgebungshistorie angeführt werden kann (vgl. die Äußerungen von *Lord Sewel*, in Hansard, House of Lords Debates, Band 592, Sp. 821, 21. Juli 1998), würde letztere durch die Auslegung der ‚relates to'-Klausel des Government of Ireland Act 1920 in *Gallagher v. Lynn* [1937] AC 863, 870 (*Lord Atkin*) gestützt; dazu siehe infra Fn. 237 mit Text. Nach der zweiten Lösung unterlägen derartige Kompetenzübergriffe zwar keiner Erforderlichkeitskontrolle nach para. 3.1(b) der Schedule 4, jedoch der Möglichkeit jederzeitiger Derogation durch britische Gesetzgebung. Vgl. dazu *Baer, Sebastian*, Umpiring the Ping-Pong Game: The Courts and Legislative Conflict between Edinburgh and Westminster, JurRev 2002, S. 49, 53 f.

236   Para. 3.1(b) Schedule 4 zum Scotland Act 1998.
237   *Gallagher v. Lynn* [1937] AC 863, 870 (Lord Atkin); vgl. *Hadfield, Brigid*, Seeing it Through? The Multifaceted Implementation of the Belfast Agreement, in: Wilford, Rick (Hrsg.), Aspects of the Belfast Agreement, Oxford 2001, S. 84, 93; *Rawlings*, The Shock of the New, S. 82.
238   Sec. 98(2) Northern Ireland Act 1998.

entsprechenden funktionalen Qualifikation die nordirische Kompetenzzuordnung als – wohl bewußt – restriktiver formuliert als ihr schottisches Pendant; sie verneint eine nordirische Zuständigkeit unabhängig vom Gesetzeszweck bereits bei jeder – ausgenommen nebensächlicher – objektiven ‚Berührung' vorbehaltener Sachmaterien.[239] Gleichzeitig erlaubt aber auch sie – ähnlich der deutschen Annexkompetenz – Befugnisergänzungen zur Durchsetzung und Wirksamkeitsförderung kompetenzgerecht verabschiedeter Maßnahmen und – ähnlich der deutschen Kompetenz kraft Sachzusammenhangs oder Schwerpunkts der Gesamtregelung – Übergriffe, die untergeordneter Natur sind oder in einem notwendigen Sachzusammenhang mit solchen Maßnahmen stehen. Für letztere Fälle sieht der Northern Ireland Act 1998 – anders als die schottische Parallelregelung – kein Erforderlichkeitskriterium vor.

Ungeachtet dieser konkreten Regelungen zur Kompetenzzuordnung enthalten beide Devolutionsgesetze die allgemeine Anordnung, regionale Legislativakte – wenn möglich – so auszulegen, daß sie *intra vires* und damit wirksam sind.[240] Läßt die Offenheit des Wortlauts somit eine interpretatorische Reduktion auf übertragene Kompetenzbereiche zu, so können unzulässige Zuständigkeitsüberschreitungen durch gerichtliche Auslegung korrigiert werden. Für ein Gebot einer restriktiven und damit ansatzweise regionalisierungsfreundlichen oder zumindest einer – im Sinne des Bundesverfassungsgerichts – „strikten" Auslegung der vorbehaltenen Kompetenztitel enthalten die Devolutionsgesetze hingegen keinerlei Anhaltspunkte; in Anbetracht der parallelen Zuständigkeit des britischen Parlaments und seiner fortwirkenden Suprematie wäre eine solche Interpretationsmaxime jedoch unschädlich[241] und wird daher teilweise ausdrücklich befürwortet.[242]

Sec. 28(7) Scotland Act 1998 und sec. 5(6) Northern Ireland Act 1998 begründen für den residualen Bereich der übertragenen Kompetenzmaterien eine konkurrierende Zuständigkeit der regionalen und der zentralstaatlichen Ebene des Vereinigten Königreichs. Die in diesen Vorschriften enthaltene Betonung der britischen Parlamentssuprematie könnte es zunächst nahelegen, daß damit eine dem deutschen Kompetenztypen der konkurrierenden Gesetzgebung nach Art. 72 GG ähnliche Konzeption einer Vorranggesetzgebung des britischen Parlaments entworfen wird, bei der im Sinne einer ‚unechten' Konkurrenz das legislative Tätigwerden des Zentralstaats die Zuständigkeit der

---

239 *Hadfield*, Seeing it Through?, S. 93.
240 Sec. 101 Scotland Act 1998; sec. 6(2)(a) Northern Ireland Act 1998. Vgl. dazu *Himsworth/Munro*, The Scotland Act 1998, S. 124 ff.; *Craig/Walters*, The Courts, Devolution and Judicial Review, S. 296, die diese Auslegungsmaxime als „presumption of legality" bezeichnen.
241 *Craig/Walters*, The Courts, Devolution and Judicial Review, S. 293 ff.
242 Vgl. etwa *Lord Bingham* in *Robinson v. Secretary of State for Northern Ireland* [2002] UKHL 32, para. 11: „The [Northern Ireland Act 1998] does not set out all the constitutional provisions applicable to Northern Ireland, but it is in effect a constitution ... the provisions should, consistently with the language used, be interpreted generously and purposively, bearing in mind the values which the constitutional provisions are intended to embody."; *Rawlings*, The Shock of the New, S. 82.

regionalen Ebene aufhebt. Diese Deutung der schottischen und nordirischen Kompetenzverteilungssysteme könnte verfassungsnormativ damit begründet werden, daß jegliche Westminster-Gesetzgebung in übertragenen Politikfeldern nach 1998 als jüngster Wille des souveränen Gesetzgebers die in den Devolutionsgesetzen enthaltenen Kompetenzdelegationen implizit derogiert.[243] In Wahrheit erschaffen die beiden Devolutionsgesetze hinsichtlich übertragener Regelungsmaterien jedoch eine ‚echte' Kompetenzkonkurrenz, bei der zwei staatliche Ebenen nebeneinander zuständig sind und bleiben.[244] Für Nordirland ergibt sich dies mittelbar aus dem Wortlaut der sec. 5(6) des Northern Ireland Act 1998, die es der nordirischen Versammlung im eigenen Kompetenzbereich gestattet, „any provision made by or under an Act of Parliament in so far as it is part of the law of Northern Ireland" zu modifizieren, und dabei keine Beschränkung auf bereits erlassene Bestimmungen vorsieht.[245] Auch für Schottland wird indessen beinahe allgemein anerkannt – und ergibt sich wohl aus der grundsätzlichen Kompetenzzuweisung in sec. 28(1) Scotland Act 1998 –, daß regionale Gesetzgebung in übertragenen Politikfeldern wirksames Recht setzt und damit in ihrem territorialen Anwendungsbereich britische Parlamentsgesetze verdrängen kann, unabhängig davon, ob diese vor oder nach dem Scotland Act 1998 erlassen wurden.[246] Die Devolutionsgesetze schaffen somit ein System legislativer Parallelzuständigkeiten, in dem zunächst unklar bleibt, wie Normenkollisionen zwischen

---

243 In diesem Sinne *Burrows, Noreen*, „This is Scotland's Parliament; Let Scotland's Parliament Legislate", JurRev 2002, S. 213, 235 f.; *Hopkins, John*, Devolution from a Comparative Perspective, EPL 4 (1998), S. 323, 325. Dagegen *Munro, Jane*, Thoughts on the „Sewel Convention", SLT 23 (2003), S. 194, 195 f.
244 Der Parallele zur deutschen konkurrierenden Gesetzgebung wäre lediglich dann zuzustimmen, wenn die Änderung oder Aufhebung der Devolutionsgesetze in diese Überlegung einbezogen würde. Zu der Frage, inwieweit durch die Anerkennung einer ‚echten' Kompetenzkonkurrenz der Grundsatz der Parlamentssuprematie eine Modifikation erfährt, siehe infra Kapitel 6 § 3 C. II.
245 Vgl. dazu *Hadfield*, Foundations of Review, S. 203, Fn. 38.
246 *Lord Sewel*, in Hansard, House of Lords Debates, Band 592, Sp. 789, 21. Juli 1998 („The Scottish parliament ... should also be able to develop and adapt any future legislation which may, for good reason, be enacted by this Parliament"); *Dewar, Donald*, in Scottish Parliament, Official Report, Band 1, Nr. 8, Sp. 360, 9. Juni 1999 („the Scottish Parliament will be able to amend or repeal legislation made at Westminster in so far as its provisions fall within this Parliament's competence. That is the case for existing legislation ... and for future acts of the UK Parliament"); *Lynch, Peter*, Scottish Government and Politics, Edinburgh 2001, S. 20 f.; *Page, Alan/Batey, Andrea*, Scotland's Other Parliament: Westminster Legislation about Devolved Matters in Scotland since Devolution, PL 2002, S. 501, 523; *Winetrobe, Barry K.*, Counter-Devolution? The Sewel Convention on Devolved Legislation at Westminster, SLPQ 6 (2001), S. 286, 291; *Bradley, Anthony W.*, The Sovereignty of Parliament – Form or Substance?, in: Jowell, Jeffrey/Oliver, Dawn (Hrsg.), The Changing Constitution, 5. Auflage, Oxford 2004, S. 26, 53; *Barber, N. W./Young, Alison*, The Rise of Prospective Henry VIII Clauses and Their Implications for Sovereignty, PL 2003, S. 112, 122 f. *Munro*, Thoughts on the „Sewel Convention", S. 195 f.; *Office of the Deputy Prime Minister*, Devolution Guidance Note 13, Handling of Parliamentary Business in the House of Lords, para. 15. A. A. *Burrows*, This is Scotland's Parliament, S. 235 f.; *Hadfield*, Foundations of Review, S. 203.

Rechtsakten der regionalen Gesetzgeber und des Zentralstaats zu behandeln sind. In Ermangelung gesetzlicher Kollisionsbestimmungen – etwa in Gestalt einer dem Art. 30 GG entsprechenden Vorschrift – und richterrechtlicher Vorgaben für die jungen Devolutionsstrukturen bleibt vorerst lediglich der Rückgriff auf allgemeine Kollisionsregeln der britischen Rechtsordnung.[247] Die schlichte Anwendung der auf bestehende Normenhierarchien abstellenden Maxime ‚lex superior derogat legi inferiori' hilft jedoch im Devolutionskontext nicht weiter. Zwar zeigen sec. 28(7) Scotland Act 1998 und sec. 5(6) Northern Ireland Act 1998 an, daß der traditionellen Allmacht des britischen Parlaments eine möglichst unveränderte Bedeutung zukommen soll, jedoch läßt der Regelungszusammenhang und die Gesetzgebungshistorie erkennen, daß diese zugleich nicht als alleiniger Leitsatz für Kollisionsfälle angewendet werden kann.[248] Sieht man von der verbleibenden Möglichkeit der Rückabwicklung der Devolution oder wesentlichen Veränderung ihrer Modalitäten seitens Westminsters ab,[249] so wird durch die Ermächtigung der schottischen und der nordirischen Legislative, Gesetze des britischen Parlaments jedweden Datums innerhalb ihrer Kompetenzbereiche zu modifizieren oder aufzuheben, die traditionelle Normenhierarchie zwischen Erlassen der Crown in Parliament und gesetzlich erschaffenen und bevollmächtigten Körperschaften hinsichtlich übertragener Zuständigkeiten ausgehebelt.[250] Zur Verfügung stehen daher nur die Kollisionsregeln ‚lex specialis derogat legi generali' und ‚lex posterior derogat legi proiri',[251] die jedoch beide in ihrer Anwendung auch Schwierigkeiten mit sich bringen: Erstere zwingt die regionalen Legislativen in ihrem Bemühen um Regelungsautonomie zu übermäßig detailreicher Gesetzgebung,[252] letztere läßt die – heute im Devolutionskontext allerdings weithin anerkannte – Möglichkeit eines ‚legislativen Ping-Pongs' zwischen Westminster auf der einen Seite und Holyrood oder Stormont auf der anderen entstehen, bei dem sich die zentralstaatliche und die regionale Legislative im Derogieren der Gesetze des jeweils anderen abwechseln.[253]

---

247 *Burrows*, Devolution, S. 63.
248 Zur Klarstellung dieser Frage – im Sinne einer strengen Priorität von Westminster-Gesetzgebung – wurde im House of Lords bei der Debatte über den Scotland Bill 1997 das Amendment No. 145 vorgeschlagen, das den Wortlaut der heutigen sec. 28(7) insoweit ergänzen sollte, daß sie gelautet hätte: „This section does not affect the power of the Parliament of the United Kingdom to make laws for Scotland which may not be amended or repealed by the Scottish Parliament". Der Änderungsvorschlag wurde jedoch schließlich zurückgezogen. Siehe Hansard, House of Lords Debates, Band 592, Sp. 786 ff., 21. Juli 1998.
249 Siehe dazu infra Kapitel 6 § 3 A. und C.
250 Ähnlich *Baer*, Umpiring the Ping-Pong Game, S. 52.
251 Vgl. *Jones, Timothy H.*, Scottish Devolution and Demarcation Disputes, PL 1997, S. 283, 287.
252 *Baer*, Umpiring the Ping-Pong Game, S. 52.
253 Vgl. die Äußerungen von *Lord Mackay* und *Lord Sewel*, in Hansard, House of Lords Debates, Band 592, Sp. 786, 790 f., 21. Juli 1998; *Page, Alan/Reid, Colin/Ross, Andrea*, A Guide to the Scotland Act 1998, Edinburgh 1999, S. 55.

Die Gefahr widersprüchlicher Normen in übertragenen Politikbereichen und des ‚legislativen Ping-Pongs' wird in den britischen Devolutionsreformen keiner verfassungsrechtlichen Lösung durch verbindliche Kollisionsnormen zugeführt, sondern durch die Etablierung einer Verfassungskonventionalregel[254] auf typisch britische Weise zu vermeiden versucht. So wurde seitens der britischen Regierung für das Verhältnis zwischen der Crown in Parliament und dem schottischen Gesetzgeber die Entwicklung einer Verfassungskonventionalregel angekündigt, die vorsieht, daß

> *„Westminster would not normally legislate with regard to devolved matters in Scotland without the consent of the Scottish Parliament"*[255]

Die Etablierung dieser sogenannten Sewel Convention[256] wurde ebenfalls – ohne eine Beschränkung auf Schottland – in einem Bericht des Unterhausausschusses für Verfahrensfragen empfohlen,[257] von dem das House of Commons offiziell Notiz genommen hat.[258] Dieselbe Begrenzung der konkurrierenden Legislativmacht des britischen Parlaments findet sich im Memorandum of Understanding als dem rechtlich unverbindlichen Grundsatzkonkordat zwischen den regionalen Exekutiven und der zentralstaatlichen Regierung[259] sowie in den daraufhin vom britischen Cabinet Office – und später vom Office of the Deputy Prime Minister – für die zentralen Ministerien erlassenen, regierungsinternen Devolution Guidance Notes.[260] Dabei soll das Erfordernis der regionalen Zustimmung nicht nur für zentralstaatliche Übergriffe in übertragene Politikbereiche, sondern auch für Modifikationen der Kompetenzen der regionalen Regierungsstrukturen gelten.[261] Hinsichtlich Schottlands hat sich

---

254 Allgemein zu Verfassungskonventionalregeln siehe supra Kapitel 2 § 1 C. II. 3.
255 *Lord Sewel*, in Hansard, House of Lords Debates, Band 592, Sp. 791, 21. Juli 1998. Vgl. dazu *Hadfield*, Nature of Devolution in Scotland and Northern Ireland, S. 23 f.
256 Zu historischen Vorläufern der Sewel Convention vgl. *Elliott, Mark*, Parliamentary sovereignty and the new constitutional order: legislative freedom, political reality and convention, LS 22 (2002), S. 340, 357 f. Kritisch gegenüber der Qualifizierung als Verfassungskonventionalregel *Munro*, Thoughts on the „Sewel Convention", S. 194 f.
257 *House of Commons Select Committee on Procedure*, The Procedural Consequences of Devolution, Fourth Report of 1998–99, House of Commons Paper 185, paras. 5, 26.
258 Vgl. *Burrows*, Devolution, S. 62, 120. *Schwab*, Devolution, S. 197, weist darauf hin, daß für die Begründung eines „Verfassungsgrundsatz[es]" jedoch ein „Beschluß des Parlaments" erforderlich sei. Es bleibt dabei jedoch unklar, welche Art von Verfassungsgrundsatz und welches Verfahren seiner Etablierung damit gemeint sein sollen.
259 Memorandum of Understanding and Supplementary Agreements, Cmnd. 5240, HMSO, London 2001, para. 13; vgl. *Poirier, Johanne*, The Functions of Intergovernmental Agreements: Post-Devolution Concordats in a Comparative Perspective, London 2001, S. 26 f. Eingehend zu der Bedeutung der Konkordate in den britischen Devolutionsstrukturen siehe infra Kapitel 5 § 2 B. II.
260 *Office of the Deputy Prime Minister*, Devolution Guidance Note 1, Common Working Arrangements, para. 30; *dass.*, Devolution Guidance Note 10, Post-Devolution Primary Legislation affecting Scotland, para. 1; *dass.*, Devolution Guidance Note 8, Post-Devolution Primary Legislation affecting Northern Ireland, para. 1. Vgl. *Winetrobe*, Counter-Devolution?, S. 287; *Schwab*, Devolution, S. 196 f.
261 *Lord Bassam*, in Hansard, House of Lords Debates, Band 608, Sp. 1701, 27. Januar 2000: „the consent of the Scottish Parliament will be sought where a Bill contains pro-

Kapitel 5: Kompetenzverteilung und Systemverflechtung

die Sewel Convention in den ersten Jahren der Devolution durch einen entsprechenden *usus* und das Verbindlichkeitsbewußtsein der beteiligten Akteure auch tatsächlich herausgebildet.[262] In den Phasen funktionierender Selbstregierung seit 1999 gilt grundsätzlich dieselbe Verhaltensmaxime im Rahmen der nordirischen Devolution;[263] jedoch zeigt vor allem die bisherige Serie der Devolutionssuspendierungen auf der gesetzlichen Grundlage des ohne Zustimmung der nordirischen Versammlung erlassenen Northern Ireland Act 2000 – gewissermaßen als Paradebeispiel und Extremfall des zentralstaatlichen Eingriffs –, daß hier noch keine dem schottischen Fall vergleichbare Bestandskraft herangereift ist.[264] Umgesetzt wird die Sewel Convention hinsichtlich Schottlands in einem zweistufigen Verfahren, bei dem zwischen der zentralen und der regionalen Exekutive eine Einigung über die betreffenden Regelungen gefunden wird, bevor diesem Konsens in der regionalen Legislativkammer zugestimmt wird.[265] Das zentralstaatliche Ersuchen um regionale Zustimmung wird dabei als Sewel Motion bezeichnet. Während zu Beginn der schottischen Devolution allseits die Meinung vertreten wurde, daß sich die im Wege der Sewel Convention legitimierte Westminster-Gesetz-

---

visions applying to Scotland and which are for devolved purposes, or which alter the legislative competence of the Scottish Parliament or the executive competence of Scottish Ministers"; *Page/Batey*, Scotland's Other Parliament, S. 505 ff.; *Burrows*, This is Scotland's Parliament, S. 218; *Elliott*, Parliamentary sovereignty and the new constitutional order, S. 360. Siehe auch *Office of the Deputy Prime Minister*, Devolution Guidance Note 10, Post-Devolution Primary Legislation affecting Scotland, para. 6 i.V.m. para. 4; *dass.*, Devolution Guidance Note 8, Post-Devolution Primary Legislation affecting Northern Ireland, para. 5 i.V.m. para. 4.

262 *Bradley/Ewing*, Constitutional and Administrative Law, S. 21, 45; *Himsworth/Munro*, The Scotland Act 1998, S. 37; *Burrows*, Devolution, S. 61 f.; *Hazell, Robert*, Intergovernmental Relations: Whitehall Rules OK?, in: ders. (Hrsg.), The State and the Nations: The First Year of Devolution in the United Kingdom, Thorverton 2000, S. 149, 158 f.; *Winetrobe*, Counter-Devolution?, S. 286 ff. Zurückhaltender dagegen *Elliott*, Parliamentary sovereignty and the new constitutional order, S. 361; *Trench, Alan*, The More Things Change, The More They Stay the Same, in: ders. (Hrsg.), Has Devolution Made a Difference – The State of the Nations 2004, Exeter 2004, S. 165, 168. Am Verbindlichkeitsbewußtsein der politischen Akteure jedoch zweifelnd *Munro*, Thoughts on the „Sewel Convention", S. 195.

263 Siehe *Office of the Deputy Prime Minister*, Devolution Guidance Note 8, Post-Devolution Primary Legislation affecting Northern Ireland, para. 1; *Masterman, Roger/Hazell, Robert*, Devolution and Westminster, in: Trench, Alan (Hrsg.), The State of the Nations 2001 – The Second Year of Devolution in the United Kingdom, Thorverton 2001, S. 197, 206.

264 Vgl. *Schwab*, Devolution, S. 197; *Trench*, The More Things Change, The More They Stay the Same, S. 168, der darauf hinweist, daß die nordirische Versammlung keine Verfahrensregelungen für Zustimmungsanfragen etabliert hatte.

265 *Burrows*, This is Scotland's Parliament, S. 219; *dies.*, Devolution, S. 62; *Winetrobe*, Counter-Devolution?, S. 288 f.; *Wood, Edward*, The Procedural Consequences of Devolution, House of Commons Research Paper 99/85, London 1999, S. 21; *Schwab*, Devolution, S. 196. Noch keine vergleichbare prozedurale Kontinuität besteht hinsichtlich Nordirlands vgl. *Trench, Alan*, Intergovernmental Relations – Officialdom Still in Control?, in: Hazell, Robert (Hrsg.), The State of the Nations 2003 – The Third Year of Devolution in the United Kingdom, Exeter 2003, S. 143, 161.

gebung in übertragenen Kompetenzbereichen auf seltene Ausnahmefälle beschränken würde,[266] hat die spätere Staatspraxis diese Vermutung nachhaltig widerlegt. Allein in den ersten zwei Jahren der Devolution bis Ende des Jahres 2001 wurde die Zustimmung des schottischen Parlaments in über 20 Fällen ersucht und erteilt.[267] Damit übersteigt für diesen Zeitraum die Zahl der britischen Gesetze in übertragenen Regelungsbereichen diejenige der schottischen Legislativakte; danach wurde zumindest dieses Zahlenverhältnis umgekehrt, jedoch erließ auch im Vergleichzeitraum von drei Jahren Westminster beinahe so viele Gesetze für Schottland wie das Parlament in Holyrood.[268] Die primären Gründe für die unvorhergesehene Häufigkeit derartiger legislativer Übergriffe in übertragene Materien reichen von der Notwendigkeit uniformer Gesetzgebung zur Erfüllung völker- und europarechtlicher Verpflichtungen über die vermutete Einheitlichkeit von Wählererwartungen bis hin zu den überlegenen Ressourcen britischer Ministerien bei der Politikentwicklung und nicht zuletzt wohl auch der solidarischen parteipolitischen Gesinnung der britischen und schottischen Regierungen.[269] Festzuhalten bleibt, daß trotz der rechtlich ungebundenen Befugnis des britischen Parlaments, weiterhin in bezug auf übertragene Sachmaterien legislativ tätig zu werden, die Sewel Convention bisher nicht verletzt wurde und damit ein bislang jedenfalls wirksames verfassungskonventionelles Korrektiv für die ‚echte' Kompetenzkonkurrenz der zentralstaatlichen und der regionalen Gesetzgebung zur Verfügung stellt. Die potentielle Bindungskraft der Sewel Convention wird insbesondere durch eine Rückschau auf die nordirische Devolution vor 1972 deutlich, während der die Durchbrechung einer vergleichbaren Verfassungskonventionalregel als „unconstitutional" bezeichnet wurde.[270]

Die Sewel Convention bewirkt zudem eine – in Anbetracht der durch sec. 28(7) Scotland Act 1998 und sec. 5(6) Northern Ireland Act 1998 angeordneten Zuständigkeitskonkurrenz unerwartete – Parallele zwischen dem deutschen Legislativkompetenzgefüge und der Zuständigkeitsaufteilung im Rahmen der britischen Devolution. Obwohl Westminster weiterhin rechtlich unbegrenzt für die betroffenen Territorien Gesetze erlassen kann, erfordert die Sewel Convention einen Konsens darüber, wann die Zustimmung der jeweiligen Regionalgesetzgeber erforderlich wird. Maßgeblich ist auch hier

---

266 Vgl. *Dewar, Donald*, in Scottish Parliament, Official Report, Band 1, Nr. 8, Sp. 403, 16. Juni 1999; *Page/Batey*, Scotland's Other Parliament, S. 502 f.
267 Vgl. *Winetrobe*, Counter-Devolution?, S. 289; *Page/Batey*, Scotland's Other Parliament, S. 502 ff.; *Burrows*, This is Scotland's Parliament, S. 219 ff.; *Masterman/Hazell*, Devolution and Westminster, S. 203 ff.; *Trench*, Intergovernmental Relations – Officialdom Still in Control?, S. 161; *Himsworth/Munro*, The Scotland Act 1998, S. 37.
268 *Page/Batey*, Scotland's Other Parliament, S. 503.
269 *Rawlings, Richard*, Evidence to the Richard Commission on the Powers and Electoral Arrangements of the National Assembly for Wales, London 2003, para. 8.3; *Page/Batey*, Scotland's Other Parliament, S. 513 ff.; *Burrows*, This is Scotland's Parliament, S. 222 ff.; *Leyland, Peter*, Devolution, the British Constitution and the Distribution of Power, NILQ 53 (2002), S. 408, 414 f.
270 So *Jennings, Ivor*, The Law and the Constitution, 5. Auflage, London 1959, S. 157. Vgl. dazu *Bogdanor*, Devolution in the UK, S. 72.

der Zweck der betreffenden Maßnahme, so daß die Zustimmung des schottischen Parlaments nur für solche Regelungen erforderlich ist, „which are specifically for devolved purposes", nicht dagegen für Bestimmungen, „which are incidental to or consequential on provisions made for reserved purposes"; im letzteren Fall „sollen" die Regionalinstitutionen lediglich konsultiert werden.[271] Es ergibt sich somit trotz der Kompetenzkonkurrenz und auf dem Umweg über eine Verfassungskonventionalregel auch für die zentralstaatliche britische Gesetzgebung eine Analogie zu den deutschen Kompetenzerweiterungstatbeständen des Bundes. Der maßgebliche Unterschied liegt hier folglich nicht in den materiellen Kriterien zur Lösung von Schwierigkeiten in der kompetenziellen Zuordnung, sondern in der verfassungssystematischen Verortung dieses Problemkreises und der Normqualität der diesbezüglichen Regelungen.

Die Konzeption einer ‚echten' Kompetenzkonkurrenz zwischen Westminster auf der einen und Holyrood und Stormont auf der anderen Seite wirft die Frage auf, ob schottische und nordirische Gesetzgebung als ‚primary' oder als ‚secondary legislation'[272] zu qualifizieren ist. Wird – wie in sec. 21(1) Interpretation Act 1978 – auf das Kriterium der Existenz einer gesetzlichen Grundlage des britischen Parlaments abgestellt, so muß sie als sekundäre Gesetzgebung eingeordnet werden.[273] Dieselbe Qualifizierung ergibt sich aus der Legaldefinition des Begriffs ‚subordinate legislation' in sec. 21(1) Human Rights Act 1998. Dagegen unterscheiden die Devolutionsgesetze selbst entsprechend dem Interpretation Act 1978 zwischen Gesetzen der regionalen Legislativen, die – wie britische ‚Acts of Parliament' – als ‚Acts' des Royal Assent bedürfen, und ‚subordinate legislation', welche von schottischen und nordirischen Ministern erlassen wird,[274] und stützen damit eine Klassifizierung regionaler Gesetzgebung als ‚primary legislation' für ihr jeweiliges Territori-

---

271 *Office of the Deputy Prime Minister*, Devolution Guidance Note 10, Post-Devolution Primary Legislation affecting Scotland, para. 2; vgl. *Winetrobe*, Counter-Devolution?, S. 288. Siehe auch *Lord Bassam of Brighton*, in Hansard, House of Lords Debates, Band 608, Sp. 1701, 27. Januar 2000: „... consent of the Scottish Parliament will be sought where a Bill contains provisions applying to Scotland and which are for devolved purposes, or which alter the legislative competence of the Scottish Parliament or the executive competence of Scottish Ministers. Consent is not required where a Bill relating to reserved matters merely contains provisions which make incidental or consequential changes to Scots law on non-reserved matters."
272 Sekundärgesetzgebung wird in der britischen Rechtsordnung auch als ‚delegated' oder ‚subordinate legislation' bezeichnet. Allgemein zu ministerieller Sekundärgesetzgebung in der britischen Verfassungsordnung vgl. *Bradley/Ewing*, Constitutional and Administrative Law, S. 648 ff.; *Turpin*, British Government, S. 404 ff.; *Craig, Paul P.*, Administrative Law, 5. Auflage, London 2003, S. 367 ff.
273 Vgl. *Barber/Young*, Rise of Prospective Henry VIII Clauses, S. 117; *Winetrobe, Barry, K.*, Scottish devolved legislation and the courts, PL 2002, S. 31, 32; *Bradley/Ewing*, Constitutional and Administrative Law, S. 54.
274 Siehe insbesondere Sec. 28, 126(1) Scotland Act 1998; sec. 5, 98(1) Northern Ireland Act 1998.

um.²⁷⁵ Jenseits dieser formalen Argumente spricht für die Einordnung als Sekundärgesetzgebung wohl der Umstand, daß die beiden Devolutionsgesetze für regionale Gesetzgebung Mechanismen der gerichtlichen Kompetenzkontrolle mit der Möglichkeit judikativer Nichtigkeiterklärung vorsehen, welche hinsichtlich primärer Gesetzgebung im Vereinigten Königreich ausgeschlossen bleibt.²⁷⁶ Jedoch kennt die britische Rechtsordnung sowohl Formen der Primärgesetzgebung – wie etwa die Verordnungsgebung auf Grundlage der königlichen Prärogative –, die einer solchen gerichtlichen Überprüfung unterliegen, als auch umgekehrt Fälle, in denen – etwa aufgrund einer gesetzlichen Ausschlußklausel – Sekundärgesetzgebung von richterlicher Kontrolle ausgenommen ist.²⁷⁷ Zugunsten einer Klassifizierung als ‚primary legislation' läßt sich schließlich die Konzeption einer Kompetenzkonkurrenz selbst anführen. Sie beruht auf dem Grundgedanken der Gleichrangigkeit zumindest im Hinblick auf den übertragenen Wirkungsbereich. Die rechte Qualifizierung regionaler Gesetzgebung hat vor allem symbolische Bedeutung, da die Ausstattung der regionalen Volksvertretungen mit Befugnissen zum Erlaß von Primärgesetzgebung deren Anerkennung als regionale Zentren politischer Willensbildung fördert.²⁷⁸ Sie könnte jedoch darüber hinaus auch indirekte Rechtsfolgen entfalten, wenn sie die gerichtliche Handhabung der Devolutionsstrukturen beeinflußt, beispielsweise im Kontext der bei der Judicial Review von regionaler Gesetzgebung anzuwendenden Kontrollmaßstäbe und -dichte.²⁷⁹ Zwar schreiben beide Devolutionsgesetze vor, daß die verschiedentlich beschränkten Kompetenzen der regionalen Legislativen als ‚devolution issues' der gerichtlichen Überprüfung unterliegen und daß Verfahrensfehler bei der Gesetzgebung nicht zur Nichtigkeit des betreffenden Rechtsaktes führen;²⁸⁰ über die Anwendbarkeit des Kontrollmaßstabs der ‚irrationality', dem üblicherweise auch die Verordnungsgebung unterliegt,²⁸¹ schweigen sie sich indessen aus. Eine Qualifizierung der regionalen Gesetzgebung als ‚primary legislation' könnte diesbezüglich judikative Zurückhaltung nahelegen.²⁸² Nach frühen richterlichen Hinweisen, daß es sich beim schottischen Parlament lediglich um eine Kreation britischer Gesetzgebung handele,²⁸³ finden sich in

---

275 *Burrows*, Devolution, S. 60f.
276 Sec. 33, 98ff. und Schedule 6 Scotland Act 1998; sec. 11, 79ff. und Schedule 10 Northern Ireland Act 1998. Siehe dazu infra Kapitel 6 § 3 B. II.
277 *Barber/Young*, Rise of Prospective Henry VIII Clauses, S. 117f.
278 Vgl. *Burrows*, Devolution, S. 57; *Page/Reid/Ross*, Guide to the Scotland Act 1998, S. 45.
279 *Winetrobe*, Scottish devolved legislation, S. 32.
280 Sec. 28(5) Scotland Act; sec. 5(5) Northern Ireland Act 1998.
281 Vgl. zur Inhaltskontrolle bei Sekundärgesetzgebung statt vieler *Craig*, Administrative Law, S. 390ff.
282 In diesem Sinne auch *Craig/Walters*, The Courts, Devolution and Judicial Review, S. 292f.
283 Siehe *Lord Rodger* in *Whaley v. Lord Watson of Invergowrie* [2000] SLT 475, 481: „In principle ... the Parliament like any other body set up by law is subject to the law and to the courts which exist to uphold that law". Vgl dazu *Munro, Colin R.*, Privilege at Holyrood, PL 2000, S. 347, 349f.; *Tierney, Stephen*, Constitutionalising the Role of the Judge: Scotland and the New Order, in: Boyle, Alan/Himsworth, Chris/Loux, Andrea/

der Rechtsprechung nun auch erste Anzeichen für eine derartige Beschränkung der richterlichen Kontrolle auf *vires*-Fragen.[284] Besondere Bedeutung erlangt daher die Kompetenzschranke der Europäischen Menschenrechtskonvention, durch die eine grundrechtsorientierte Inhaltskontrolle wahrgenommen werden kann.[285] Die korrekte Qualifizierung regionaler Gesetzgebung bleibt umstritten und – trotz der möglichen Entfaltung mittelbarer Rechtswirkungen – vergleichsweise folgenlos. Die Devolutionsgesetze ermächtigen das schottische Parlament und die nordirische Versammlung zum Erlaß von Gesetzen, die zwar der gerichtlichen Überprüfung unterliegen, jedoch innerhalb des regionalen Zuständigkeitsbereichs britische Gesetze zu derogieren vermögen. Eine in jeder Hinsicht maßgeschneiderte Normenkategorie hält die britische Verfassungsordnung für sie nicht bereit,[286] so daß schottische und nordirische Regionalgesetzgebung primär aus sich selbst heraus verstanden werden muß und daher möglicherweise eine neuartige Normengattung mit eigenständigen Gesetzmäßigkeiten darstellt.

## 2. Wales: Kompetenzen der sekundären Gesetzgebung

Die walisische Devolution unterscheidet sich hinsichtlich der vertikalen Verteilung von Legislativkompetenzen erheblich von der schottischen und nordirischen Regionalisierung. Sie folgt dem Leitgedanken der exekutiven Devolution, bei der nicht etwa Gesetzgebungskompetenzen des britischen Parlaments, sondern Exekutivzuständigkeiten des territorialen Secretary of State an regionale Regierungsstrukturen übertragen werden.[287] Zu diesem Kompetenzbestand zählen jedoch nicht nur Vollzugszuständigkeiten, sondern darüber hinaus auch weitreichende Befugnisse zum Erlaß von ‚secondary legislation', so daß auch der Grundkonzeption der exekutiven Devolution der Transfer von Normsetzungsbefugnissen innewohnt.

Das in der exekutiven Devolution angelegte Zusammentreffen von Kompetenzen des Gesetzesvollzugs und der sekundären Gesetzgebung in einer gewählten Volksvertretung bereitet zunächst konzeptionelle Schwierigkeiten der sachgerechten internen Organisation. Während die Übertragung

---

MacQueen, Hector (Hrsg.), Human Rights and Scots Law, Oxford/Portland (OR) 2002, S. 57, 75 ff.
284 Siehe *Lord Rodger* in *A. v. Scottish Ministers* [2000] SLT 873, 886 (Court of Sessions): „it is right that the court should give due deference to the assessment which the democratically elected legislature has made of the policy issues involved". Vgl. *Tierney*, Constitutionalising the Role of the Judge, S. 77 ff.; *Oliver, Dawn*, Constitutional Reform in the UK, Oxford 2003, S. 250.
285 Vgl. beispielsweise die eingehende Kontrolle des Mental Health (Public Safety) (Scotland) Act 1999 anhand der Europäischen Menschenrechtskonvention in *Anderson, Reid and Doherty v. Scottish Ministers* [2002] 3 WLR 1460 (Privy Council); vgl. dazu *Winetrobe*, Scottish devolved legislation, S. 37 f.
286 Ähnlich *Burrows*, Unfinished Business, S. 248, Fn. 19.
287 Siehe bereits das White Paper: A Voice for Wales, Cmnd. 3718, HMSO, London 1997, para. 1.1.

rein exekutiver Zuständigkeiten im Vereinigten Königreich eine der britischen Kommunalverwaltung ähnliche Struktur einer einheitlichen Körperschaft nahelegt, die alle Aufgaben mittels eines Ausschußsystems erfüllt,[288] spricht das Hinzutreten von Befugnissen zum Normerlaß eher für eine funktionsorientierte Ausdifferenzierung regionaler Regierungsstrukturen in ein Legislativgremium und eine – diesem verantwortliche – starke Exekutive entsprechend dem Kabinettssystem in London.[289] Im Government of Wales Act 1998 wird daher versucht, eine konzeptionelle Zwischenlösung mit ersten Ansätzen einer funktionsorientierten Gewaltenteilung als Rahmenordnung zu finden.[290] Weitere Einzelheiten und Differenzierungen wurden der nach sec. 46 Government of Wales Act 1998 zu erlassenden Geschäftsordnung der Nationalversammlung für Wales[291] und der politischen Praxis anheimgegeben. Nach der gesetzlichen Regelung stellt das National Assembly for Wales einen gewaltenvereinenden ‚body corporate' dar,[292] dem als Gesamtheit verschiedene Zuständigkeiten übertragen werden.[293] Obgleich das Devolutionsgesetz eine umfassende Ausschußstruktur vorsieht,[294] wird der Grundstein für eine Kabinettsregierung sodann dadurch gelegt, daß der von der Versammlung gewählte First Secretary als Vorsitzender des Executive Committee – und nicht etwa der sachlich zuständige Fachausschuß – die Assembly Secretaries als Mitglieder des Executive Committee ernennt.[295] Darauf aufbauend hat sich die Nationalversammlung entschlossen, das Executive Committe als ‚Assembly Cabinet' und seine Mitglieder als ‚First Minister' und ‚Ministers' zu bezeichnen. Am 1. März 2002 wurde schließlich verkündet, daß eine eigenständige Exekutive in Gestalt des ‚Welsh Assembly Government' geschaffen worden ist.[296] Zudem wurde der im Government of Wales Act 1998 mit einer vergleichsweise schwachen Stellung ausgestattete Presiding Officer der Nationalversammlung nach dem Vorbild des Speaker des House of Commons vor

---

288 Vgl. dazu *Schwab*, Devolution, S. 115.
289 Zu den Auseinandersetzungen über diese beiden Modelle vor Erlaß des Government of Wales Act 1998 vgl. *Rawlings*, New Model Wales, S. 477 f.; *Sherlock, Ann*, A Wales of Bits and Pieces?, EPL 6 (2000), S. 193, 199; *Bogdanor*, Devolution in the UK, 221 f.; *Laffin, Martin/Thomas, Alys*, Designing a National Assembly for Wales, ParlAff 53 (2000), S. 557, 566 ff.
290 *McAllister, Laura*, The Road to Cardiff Bay: The Process of Establishing the National Assembly for Wales, ParlAff 52 (1999), S. 634, 642; *Sherlock*, A Wales of Bits and Pieces?, S. 199; *Rawlings*, New Model Wales, S. 479 f.
291 Die vom Secretary of State for Wales erarbeiteten Standing Orders of the National Assembly for Wales kann die Nationalversammlung gemäß sec. 46(6) Government of Wales Act 1998 nur mit Zweidrittelmehrheit ändern.
292 Sec. 1(2) Government of Wales Act 1998.
293 Siehe sec. 21 ff. Government of Wales Act 1998; vgl. *Gay, Oonagh*, Devolution and Concordats, House of Commons Research Paper 99/84, London 1999, S. 15.
294 Sec. 54 ff. Government of Wales Act 1998.
295 Sec. 53, 56(1) Government of Wales Act 1998; vgl. *Patchett, Keith*, The New Welsh Constitution: The Government of Wales Act 1998, in: Jones, J. Barry/Balsom, Denis (Hrsg.), The Road to the National Assembly for Wales, Cardiff 2000, S. 229, 237.
296 Vgl. *Beasley, Sarah*, The National Assembly – ‚A Voice for Wales'?, SLR 24 (2003), S. 211, 233.

allem hinsichtlich seiner Unabhängigkeit aufgewertet.[297] Zur Förderung der Funktionsteilung hat das Assembly weite Bereiche seiner rein exekutiven Aufgaben und damit auch einen Großteil seines Verwaltungsunterbaus auf der Basis der sec. 62(1)(b) Government of Wales Act 1998 auf den First Minister übertragen, der sie wiederum an seine Kabinettsmitglieder weiterdelegiert.[298] Als primäre Zuständigkeiten verbleiben dem National Assembly for Wales somit die Wahl und Kontrolle der walisischen Regierung[299] sowie die Erteilung der Zustimmung zum Erlaß sekundärer Gesetzgebung, wobei auf der Basis des Government of Wales Act 1998[300] in der Geschäftsordnung der Nationalversammlung Verfahren vorgesehen sind, welche in besonders eiligen oder unbedeutenden Angelegenheiten die Exekutive zu einer Umgehung der Fachausschüsse oder sogar des Plenums ermächtigen.[301] Der ‚body corporate‘ der Nationalversammlung, der rein rechtlich betrachtet weiterhin als einheitliche Körperschaft für die Erfüllung der ihm übertragenen Aufgaben zuständig und verantwortlich bleibt, hat sich somit effektiv zu einer Legislativkammer und einer starken Exekutive ausdifferenziert und rezipiert damit wesentliche Charakteristika eines Kabinettsystems.[302] Daneben bleiben bestimmte Aspekte des Kommunalverwaltungsmodells erhalten. So sollen die Mitglieder der Fachausschüsse nicht nur die Tätigkeit des zuständigen Ministers und relevanter Verwaltungseinrichtungen kontrollieren, sondern auch eine aktive Rolle in der Politikentwicklung übernehmen und auf die Durchführung von Politikentscheidungen Einfluß ausüben.[303]

Die Übertragung von Kompetenzen der sekundären Gesetzgebung an das National Assembly for Wales als Kernelement der exekutiven Devolution impliziert zunächst keine Minderwertigkeit der in Cardiff Bay erlassenen Nor-

---

297 *Osmond, John*, In Search of Stability – Coalition Politics in the Second Year of the National Assembly for Wales, in: Trench, Alan (Hrsg.), The State of the Nations 2001 – The Second Year of Devolution in the United Kingdom, Thorverton 2001, S. 13, 26 f.; *Miers, David/Lambert, David*, Law making in Wales: Wales Legislation on-line, PL 2002, S. 663, 663.
298 *Osmond, John*, Devolution: ‚A Dynamic, settled Process‘? – Monitoring Report Wales Dezember 1999 (The Constitution Unit), S. 2 f.; *Sherlock*, A Wales of Bits and Pieces?, S. 200. Kritisch zu dieser Entwicklung *Beasley*, The National Assembly, S: 233 f.
299 Siehe sec. 53, 56 f. Government of Wales Act 1998; Standing Orders of the National Assembly for Wales 6.3 f. und 6.26 ff. Zur besonderen Konzeption der Regierungsverantwortlichkeit in der Nationalversammlung vgl. *Patchett*, The New Welsh Constitution, S. 238; *Rawlings*, New Model Wales, S. 480; *Burrows*, Devolution, S. 83 ff.
300 Sec. 67 Government of Wales Act 1998.
301 Siehe insbesondere Standing Orders of the National Assembly for Wales 22.25 und 22.27 ff.; vgl. *Sherlock*, A Wales of Bits and Pieces?, S. 197; *Rawlings*, New Model Wales, S. 488 ff.; *Osmond, John*, A Constitutional Convention by Other Means – The First Year of the National Assembly for Wales, in: Hazell, Robert (Hrsg.), The State and the Nations: The First Year of Devolution in the United Kingdom, Thorverton 2000, S. 37, 55 ff.; *Schwab*, Devolution, S. 123 f.
302 Vgl. *Bogdanor*, Devolution in the UK, S. 211; *Sherlock*, A Wales of Bits and Pieces?, S. 200; *Jones, Timothy H./Williams, Jane M.*, Wales as a Jurisdiction, PL 2004, S. 78, 85 ff.
303 Siehe Standing Orders of the National Assembly for Wales 9.7 f.; kritisch zu dieser Funktionskombination *Patchett*, The New Welsh Constitution, S. 238 f.

men. ‚Primary' und ‚secondary legisalation' besitzen in der britischen Verfassungsordnung prinzipiell dieselbe Rechtskraft,[304] und die mögliche Einordnung schottischer und nordirischer Gesetze in letztere Kategorie[305] offenbart die inhärente Flexibilität der britischen Normenhierarchie. Zwar unterscheidet sich ‚secondary legislation' von Gesetzen des britischen Parlaments in der Regel darin, daß sich ihr Erlaß auf eine formell-gesetzliche Ermächtigungsgrundlage stützen können muß und daß sie prinzipiell der Kontrolle und Verwerfungsbefugnis der Gerichte unterliegt;[306] die britische Verfassungsordnung kennt aber traditionell keine generellen Maßstäbe, nach denen nur in formellen Gesetzen bestimmte Sachmaterien geregelt oder Entscheidungen getroffen werden können,[307] so daß das Konzept einer exekutiven Devolution von sekundären Normsetzungsbefugnissen *per se* noch nichts über den realen Umfang regionaler Autonomie besagt. Der Gestaltungsspielraum des Delegats ergibt sich stets aus der konkreten Ermächtigungsgrundlage.[308]

Unabhängig von der normtheoretischen Einordnung sekundärer Gesetzgebungsbefugnisse besteht jedoch der entscheidende Unterschied zwischen der legislativen Devolution an Schottland und Nordirland und der für Wales geschaffenen Variante exekutiver Devolution darin, daß dem National Assembly for Wales – anders als seinen Entsprechungen in Holyrood und Stormont – im Government of Wales Act 1998 nicht die generelle Kompetenz zum Erlaß von Rechtsakten in bestimmten Politikbereichen oder sogar die Residualzuständigkeit für Rechtsetzung außerhalb vorbehaltener Sachbereiche übertragen wurde.[309] Statt dessen enthält das Devolutionsgesetz selbst nur vereinzelte unmittelbare Kompetenzübertragungen.[310] So wird die Nationalversammlung etwa ermächtigt, die Gesundheitsbehörden und eine Anzahl weiterer ‚public bodies' in Wales zu reformieren.[311] In ihrer Eigenschaft als ‚Henry VIII'-Klauseln schließen diese Bestimmungen die Befugnis mit ein, geltende formelle Gesetze des britischen Parlaments zu derogieren,[312] so daß bezüglich dieser Zuständigkeiten die Trennung zwischen Primär- und Sekundärgesetzgebung hinsichtlich der Rechtsfolgen aufgehoben wird. Ferner ist das National Assembly befugt, Maßnahmen zur Förderung kultureller Ange-

---

304 *Silk, Paul*, The Assembly as a Legislature, in: Osmond, John (Hrsg.), The National Assembly Agenda – A handbook of the first four years, Cardiff 1999, S. 71, 71 f.
305 Siehe supra Kapitel 5 § 1 B. III. 1.
306 Vgl. *Craig*, Administrative Law, S. 388 ff.; *Silk*, The Assembly as a Legislature, S. 71.
307 *Bradley/Ewing*, Constitutional and Administrative Law, S. 651; *Silk*, The Assembly as a Legislature, S. 74. Zu den Ansätzen der Entwicklung eines der deutschen Wesentlichkeitstheorie vergleichbaren Common Law-Grundsatzes siehe supra Kapitel 2 § 2 C. III.
308 Vgl. zum National Assembly for Wales als echtes Legislativorgan auch *Jones/Williams*, Wales as a Jurisdiction, S. 84 f.
309 *Rawlings, Richard*, Quasi-Legislative Devolution: Powers and Principles, NILQ 52 (2001), S. 54, 55; *ders.*, New Model Wales, S. 486.
310 *Miers/Lambert*, Law making in Wales, S. 664.
311 Sec. 27 und 28 i.V.m. Schedule 4 Government of Wales Act 1998.
312 Vgl. *Rawlings*, New Model Wales, S. 486; *Schwab*, Devolution, S. 120.

legenheiten, des Sports sowie der walisischen Sprache zu ergreifen.[313] Für die Verleihung des Großteils der Normsetzungskompetenzen an die Nationalversammlung wird indessen lediglich eine gesetzliche Grundlage geschaffen: Sec. 21 Government of Wales Act 1998 bestimmt, daß sie diejenigen Funktionen auszuüben ermächtigt ist, die ihr ausdrücklich durch den oder aufgrund des Government of Wales Act 1998 und durch spätere Acts of Parliament oder auf ihrer Grundlage zu ergehende Sekundärgesetzgebung übertragen werden. Sec. 22 Government of Wales Act 1998 ermöglicht den Funktionstransfer durch den zuständigen Secretary of State per ‚Order in Council' und verweist auf Schedule 2, die einen Katalog derjenigen Politikfelder enthält, auf denen durch die erste ministerielle ‚Transfer of Functions Order' Kompetenzen zu transferieren sind. Dazu zählen so bedeutsame Sachbereiche wie Land- und Forstwirtschaft, Fischerei, Lebensmittelaufsicht, Denkmalpflege und Kultur, wirtschaftliche Entwicklung, Industriepolitik, Bildungswesen, Umwelt- und Küstenschutz, Gesundheits- und Wohnungswesen, Soziales, Verkehr, Kommunalverwaltung, Sport und Erholung, Tourismus, Raumplanung sowie die walisische Sprache. Der erste Schein einer substantiellen Vergleichbarkeit mit den schottischen Zuständigkeiten muß jedoch durch den Hinweis darauf korrigiert werden, daß der Nationalversammlung damit keine generelle Regelungsbefugnis auf diesen Politikfeldern verliehen wird, sondern es sich bei dieser Zusammenstellung nur um die Bereiche handelt, innerhalb derer der walisischen Volksvertretung Zuständigkeiten einzuräumen sind. Daher ergeben sich die konkreten regionalen Funktionen erst aus den Transfer of Functions Orders britischer Minister und späterer Westminster-Gesetzgebung.[314] Weitere Komplexität erlangt das walisische System der Zuständigkeitsverteilung dadurch, daß der Government of Wales Act 1998 die Wahl zwischen verschiedenen Kompetenzausübungsmodalitäten eröffnet: Normsetzungsbefugnisse und andere Exekutivfunktionen können für die alleinige Ausübung durch die Nationalversammlung, für die parallele Ausführung mit der britischen Regierung oder für die Ausübung durch einen britischen Minister mit Zustimmung oder nach Konsultation der Versammlung bestimmt werden.[315] Die Transfer of Functions Orders und spätere britische Gesetze normieren somit durch den Verweis auf die relevanten Ermächtigungsgesetze und auf die Regelungen der Kompetenzausübung die hoheitlichen Befugnisse der Nationalversammlung. Ungeachtet der Schwierigkeiten, den konkreten regionalen Kompetenz-

---

313 Sec. 32 Government of Wales Act 1998; vgl. *Patchett*, The New Welsh Constitution, S. 252 f.
314 Für einen hilfreichen Überblick über die bisher übertragenen Zuständigkeiten siehe die fortlaufend aktualisierte Zusammenstellung unter www.wales-legislation.org.uk. Zu dem dazugehörigen Forschungsprojekt vgl. *Miers/Lambert*, Law making in Wales, S. 668 f.
315 Sec. 22(1) Government of Wales Act 1998. Für weitere Differenzierungen in den Rechtsakten zur Kompetenzübertragung vgl. *Lambert*, The Government of Wales Act, S. 61 ff.

bereich in jedem Zeitpunkt genau zu bestimmen,[316] kann festgestellt werden, daß mit der ersten Transfer of Functions Order[317] – einem überaus langen und detaillierten sowie thematisch unsortierten Regelungswerk – im wesentlichen der Bestand der Befugnisse des Secretary of State for Wales auf das National Assembly übertragen wurde.[318] Ein für die Effektivität und Stabilität der walisischen Devolution nicht unproblematischer Mangel an Systematik und Einheitlichkeit dieses komplexen und vielschichtigen Zuständigkeitsgefüges ergibt sich dabei daraus, daß die ergangenen Ermächtigungen zu exekutivem und sekundärlegislativem Handeln an den Secretary of State for Wales zum Zeitpunkt ihres Erlasses nicht für die vertikale Aufteilung von Kompetenzen zwischen einer regionalen und einer zentralstaatlichen Ebene des Vereinigten Königreichs gedacht und konzipiert waren. Primäre und sekundäre Gesetzgebung wurden traditionellerweise als Teile eines einheitlichen Vorgangs begriffen, und die unterschiedlichen Normierungsintensitäten vergangener Ermächtigungsvorschriften wurden primär durch Einzelfallpragmatik determiniert.[319]

Weitere Kompetenzübertragungen und -rücknahmen sind in späteren Transfer of Functions Orders und britischen Gesetzen enthalten.[320] Spätere Modifikationen oder Rückführungen bereits übertragener Zuständigkeiten im Wege der ministeriellen Verordnung bleiben gemäß sec. 22(4) Government of Wales Act 1998 an die Zustimmung sowohl des britischen Parlaments als auch der Nationalversammlung für Wales gebunden. Selten werden in Zuständigkeitsübertragungen alle ministeriellen Befugnisse aus einem britischen Gesetz zum Transfer angeordnet; häufig wird vielmehr zwischen verschiedenen Einzelbefugnissen differenziert.[321] Die in sec. 29 des Government of Wales Act 1998 eröffnete Möglichkeit, die Nationalversammlung in bestimm-

---

316 Diese Bestimmung bereitet deshalb Probleme, weil britische Gesetze in der Regel unspezifisch „the Secretary of State" zum Erlaß von statutory instruments ermächtigen und diese Kompetenzgrundlage sodann von allen Secretaries of State einzeln oder gemeinschaftlich genutzt werden kann.
317 National Assembly for Wales (Transfer of Functions) Order 1999 (SI 1999/672).
318 *Sherlock*, A Wales of Bits and Pieces?, S. 195; *Miers/Lambert*, Law making in Wales, S. 665; *Lambert, David*, The Government of Wales Act – An Act for Laws to Be Ministered in Wales in Like Form as It Is in this Realm?, CambrianLR 30 (1999), S. 60, 61; *Rawlings*, Quasi-Legislative Devolution, S. 57.
319 Vgl. *Bogdanor*, Federalism and Devolution, S. 49; *ders.*, Devolution in the UK, S. 257 f.
320 Für weitere Kompetenzübertragungen an die Nationalversammlung auf der Grundlage der sec. 22 Government of Wales Act 1998 siehe beispielsweise National Assembly for Wales (Transfer of Functions) Orders 2000 (SI 2000/253; SI 2000/1829; SI 2000/1830); National Assembly for Wales (Transfer of Functions) Order 2001 (SI 2001/3679). Einen Fall der Rückübertragung bietet Transfer of Functions (Agriculture and Fisheries) Order 2000 (SI 2000/1812). Spätere britische Gesetze, die der Nationalversammlung Zuständigkeiten zuteilen, zeigen insgesamt keinen einheitlichen Transfermodus; vgl. *Lambert*, The Government of Wales Act, S. 62 ff.; *Beasley*, The National Assembly, S. 222 ff.; *Rawlings*, Quasi-Legislative Devolution, S. 64 ff., insbesondere zu den unterschiedlichen Ansätzen im Transport Act 2000, im Learning and Skills Act 2000, im Care Standards Act 2000 und im Local Government Act 2000.
321 *Miers/Lambert*, Law making in Wales, S. 665 f.

ten Bereichen mit der Umsetzung von gemeinschaftsrechtlichen Richtlinien gemäß sec. 2(2) European Communities Act 1972 zu betrauen, wurde in einer Reihe von Transfer of Functions Orders aufgegriffen.[322] Das kompetenzielle Resultat besteht in einer vielschichtigen und unzusammenhängende Ansammlung hunderter Einzelzuständigkeiten des National Assembly for Wales zur sekundären Gesetzgebung, die nicht nur hinsichtlich ihrer Ausübungsmodalitäten, sondern insbesondere auch in ihrer politischen Bedeutung und Reichweite sowie hinsichtlich des verbleibenden politischen Gestaltungsspielraums erheblich divergieren. Manche Ermächtigungen enthalten ‚Henry VIII'-Klauseln, auf deren Grundlage die Nationalversammlung Westminster-Gesetzgebung aufzuheben oder zu modifizieren imstande ist.[323] Insgesamt wurden jedoch auf allen vom Government of Wales Act 1998 bestimmten Politikfeldern Funktionen auf die walisischen Regionalstrukturen transferiert; eine Zusammenschau der bisher übertragenen Regelungskompetenzen ergibt Schwerpunkte walisischer Zuständigkeiten in den Bereichen Land-, Forst- und Fischereiwesen, Lebensmittelaufsicht, Bildungswesen, Umweltschutz, Gesundheits- und Wohnungswesen, Soziales, Verkehr, Raumplanung und Kommunalrecht.[324] Im Vergleich zur schottischen Devolution fällt vor allem die Aussparung der Bereiche Justiz und Inneres ins Auge.[325]

Über die Notwendigkeit einer gesetzlichen Grundlage im Government of Wales Act 1998, in späterer britischer Gesetzgebung oder in den Bestimmungen einer Transfer of Functions Order hinaus wird die Ausübung der walisischen Normsetzungsbefugnisse im Wege der ‚secondary legisalation' – wie die schottischen und nordirischen Legislativkompetenzen – einer Reihe von Beschränkungen unterworfen. So handelt auch das National Assembly for Wales *ultra vires*, wenn es Normen erläßt, die im Widerspruch zum Gemeinschaftsrecht oder zur Europäischen Menschenrechtskonvention stehen.[326] Wie in Schottland und Nordirland unterliegt auch die von der Nationalversammlung verabschiedete Sekundärgesetzgebung der Kontrolle durch die Gerichte,[327] wobei hier auch Verfahrensverstöße überprüfbar sind.[328] In

---

322 Siehe unter anderem European Communities (Designation) (No. 3) Order 1999 (SI 1999/2788); European Communities (Designation) (No. 3) Order 2000 (SI 2000/2812); European Communities (Designation) (No. 3) Order 2001 (SI 2001/3495); European Communities (Designation) (No. 3) Order 2002 (SI 2002/248); vgl. *Beasley*, The National Assembly, S. 220 f.
323 *Schwab*, Devolution, S. 120 f.
324 Siehe die Zusammenstellung unter www.wales-legislation.org.uk.
325 *Schwab*, Devolution, S. 194.
326 Sec. 106(7) und 107(1) Government of Wales Act 1998; vgl. *Craig*, Administrative Law, S. 192 f.; *Rawlings, Richard*, Taking Wales Seriously, in: Campbell, Tom/Ewing, Keith D./Tomkins, Adam (Hrsg.), Sceptical Essays on Human Rights, Oxford/New York 2001, S. 177, 187 ff.
327 Sec. 109 und Schedule 8 Government of Wales Act 1998; vgl. dazu *Craig/Walters*, The Courts, Devolution and Judicial Review, S. 277 ff.
328 *Lambert*, The Government of Wales Act, S. 67, 69; *Hopkins*, Devolution from a Comparative Perspective, S. 325.

bezug auf letztere wird jedoch eine zurückhaltende Rechtsprechung erwartet.[329]

Die walisische Devolution erweist sich somit insgesamt als „moving target",[330] und der Hinweis des in ihrer Konzeption federführenden damaligen Secretary of State for Wales *Ron Davies*, daß es sich bei der britischen Devolution um einen Prozeß und nicht um ein Ereignis handele,[331] erlangt für Wales eine akzentuierte Bedeutung. Maßgeblicher Gesetzgeber für Wales bleibt Westminster,[332] welches – zusammen mit den britischen Ministern – Gesetz für Gesetz die Stärke der politischen Leitungsfunktion des National Assembly for Wales bestimmt. Während manche Kompetenzübertragungen nur bescheidene Vollzugszuständigkeiten beinhalten, geben andere lediglich einen normativen Rahmen vor und schaffen damit weite regionale Gestaltungsspielräume. Der legislative Zuständigkeitstransfer kann dabei zunächst durch Wales-spezifische britische Gesetzgebung erfolgen, die auf Betreiben der Nationalversammlung und seines Kabinetts vom Secretary of State for Wales in das Regierungsprogramm Whitehalls aufgenommen werden.[333] Auf diesem Wege ergingen der viel beachtete Children's Commissioner for Wales Act 2001, der die Erweiterung der Befugnisse des auf der Basis des Care Standards Act 2000 berufenen Children's Commissioner durch die Nationalversammlung ermöglicht,[334] und der Health (Wales) Act 2003, der die Zuständigkeiten der Regionalorgane im Bereich des Gesundheitswesens erheblich verstärkt. Zumeist erfolgt der Transfer jedoch durch die Einfügung von ‚Welsh Clauses' in die allgemeine britische Gesetzgebung, welche die für England von britischen Ministern ausgeübte Normierungsbefugnisse hinsichtlich Wales' der Nationalversammlung – gelegentlich in abgeschwächter Form – übertragen.[335] Damit erlangt die walisische Volksvertretung teilweise erhebliche politische Leitungsfunktionen in spezifischen Politikbereichen – bisher vor allem auf den Feldern Bildung, Gesundheit, Kommunalverwaltung und Kultur –, die sie

---

329 *Craig/Walters*, The Courts, Devolution and Judicial Review, S. 292.
330 *Rawlings*, Taking Wales Seriously, S. 185.
331 *Davies, Ron*, Devolution: A Process Not an Event, Cardiff 1999.
332 So bereits das White Paper: A Voice for Wales, para. 3.37. Vgl. *Hopkins*, Devolution in Context, S. 181.
333 Vgl. dazu *Patchett*, The New Welsh Constitution, S. 242 ff.; *Schwab*, Devolution, S. 122. Gemäß sec. 37 Government of Wales Act 1998 besitzt das National Assembly for Wales zudem die in der Praxis wohl selten bedeutsam werdende Befugnis, ‚Private Bills' in das britische Parlament einzubringen; vgl. *Schwab*, Devolution, S. 121 f.
334 Vgl. dazu *Hollingsworth, Kathryn/Douglas, Gillian*, Creating a children's champion for Wales? The Care Standards Act 2000 (Part V) and the Children's Commissioner for Wales Act 2001, MLR 365 (2002), S. 58, 61 ff.; *Masterman/Hazell*, Devolution and Westminster, S. 205 f.
335 Siehe beispielsweise Learning and Skills Act 2000; Care Standards Act 2000; Local Government Act 2000; Homelessness Act 2002; NHS Reform and Health Care Professions Act 2002. Vgl. *Masterman/Hazell*, Devolution and Westminster, S. 205 f.; *Gay, Oonagh*, Evolution from Devolution – The Experience at Westminster, in: Hazell, Robert (Hrsg.), The State of the Nations 2003 – The Third Year of Devolution in the United Kingdom, Exeter 2003, S. 169, 187 f.

zur Entwicklung politischer Alternativen gegenüber England nutzen kann.[336] So wurden in Wales – im Unterschied zu England – beispielsweise ‚Learning Grants' für Studenten und kostenlose Schulmilch in Grundschulen eingeführt, Rezeptgebühren für Patienten unter 25 und über 60 erlassen sowie der Eintritt in Museen freigegeben.[337] In anderen Gesetzen wird das National Assembly for Wales auch innerhalb der im Government of Wales Act 1998 benannten Politikfelder ausgeschlossen, so daß insgesamt noch kein einheitlicher Ermächtigungsmodus erkennbar ist.[338] Aufgrund der fortdauernden Stellung des britischen Parlaments als des primären Gesetzgebers für Wales erfordern die walisischen Devolutionsstrukturen die Entwicklung wirksamer Mechanismen walisischer Einflußnahme auf die legislative Agenda in Westminster. Dabei kommt dem Secretary of State for Wales als dem Vertreter walisischer Interessen innerhalb der britischen Zentralregierung eine maßgebliche Verbindungsfunktion zu.[339] Der Government of Wales Act 1998 verleiht der Nationalversammlung kein direktes Recht auf Einfluß in Whitehall oder Westminster, sondern setzt lediglich einen Rahmen für zu entwickelnde, informelle Kooperationsmechanismen, indem er die Nationalversammlung dazu ermächtigt, sich mit allen Angelegenheiten, die Wales berühren, zu befassen und diesbezügliche Empfehlungen abzugeben,[340] und den Secretary of State

---

336 Siehe Learning and Skills Act 2000; Education Act 2002; Care Standards Act 2000; Regulatory Reform Act 2001; Anti-Terrorism, Crime and Security Act 2001. Vgl. *Beasley*, The National Assembly, S. 234; *Laffin, Martin/Thomas, Alys/Thomas, Ian*, Future Options – An Assessment of the Powers of the National Assembly for Wales, Evidence submitted to the Richard Commission, Februar 2003 (erhältlich unter www.richard-commission.gov.uk/content/evidence/written/mlaffin/index.htm), S. 10 ff.; *Murphy, Paul*, The View from Whitehall and Torfaen, Rede vor dem Cardiff University Welsh Governance Centre, 11. März 2002 (erhältich unter www.walesoffice.org.uk/2002/pn_20020311a.html); *Hain, Peter*, The Future Relationship between Wales, Whitehall and Westminster, Rede vor dem Institute of Welsh Affairs, 7. Juli 2003 (erhältlich unter www.walesoffice.org.uk/PH_7July.html).
337 Zur walisischen Politikdifferenzierung vgl. *Hazell, Robert*, Conclusion – The Devolution Scorecard as the Devolved Assemblies Head for the Polls, in: ders. (Hrsg.), The State of the Nations 2003 – The Third Year of Devolution in the United Kingdom, Exeter 2003, S. 285, 290 f.; *Osmond, John*, From Corporate Body to Virtual Parliament – The Metamorphosis of the National Assembly for Wales, in: Hazell, Robert (Hrsg.), The State of the Nations 2003 – The Third Year of Devolution in the United Kingdom, Exeter 2003, S. 13, 28 ff.
338 Siehe beispielsweise den Pollution Prevention and Control Act 1999 und den Animal Health Act 2002 und vgl. dazu *Beasley*, The National Assembly, S. 222 f., 235.
339 Vgl. *Rawlings, Richard*, Delineating Wales – Constitutional, Legal and Administrative Aspects of National Devolution, Cardiff 2003, S. 274 ff.; *Patchett, Keith*, Dealing with Primary Legislation, in: Osmond, John (Hrsg.), The National Assembly Agenda – A handbook of the first four years, Cardiff 1999, S. 82, 83 ff. Siehe dazu auch infra Kapitel 5 § 2 A. II. 2. und Kapitel 5 § 2 B. II.
340 Sec. 33 Government of Wales Act 1998; vgl. dazu *Jones/Williams*, Wales as a Jurisdiction, S. 92.

for Wales dazu verpflichtet, die walisische Volksvertretung zum Gesetzgebungsprogramm der Zentralregierung zu konsultieren.[341]

Die Flexibilität der walisischen Regionalisierung insbesondere im Hinblick auf die interne Architektur der regionalen Regierungsstrukturen und die Einzelheiten der Kompetenzübertragungen legen es nahe, das in Wales verwirklichte Konzept einer exekutiven Devolution als entwicklungsoffenen und adaptionsfähigen Bezugsrahmen zu begreifen. Vorzugswürdig erscheint daher ein Verständnis der walisischen Regionalisierung als ‚quasi-legislative devolution'.[342] Auch ohne die weiterhin oftmals geforderte legislative Devolution für Wales eröffnet sich dadurch ein analytischer Rahmen, innerhalb dessen weitere Entwicklungen zur Stärkung walisischer Autonomie möglich sind. *De lege ferenda* werden für diese Devolutionsevolution eine Reihe von Grundsätzen der quasi-legislativen Devolution vorgeschlagen:[343] So könnten etwa in der Zukunft hinsichtlich der im Government of Wales Act 1998 benannten Politikfelder stets all diejenigen Funktionen, die für England auf einen britischen Minister übertragen werden, für Wales der Nationalversammlung zugeordnet werden. In diesen Bereichen wäre es zudem möglich, alleinige Entscheidungsbefugnisse oder Mitwirkungsrechte der britischen Regierung auf solche Fälle zu reduzieren, in denen ein Bedürfnis nach einheitlicher Regelung für das Vereinigte Königreich, Großbritannien oder England und Wales gesehen wird. Neue Aufgaben in bereits übertragenen Politikfeldern könnten stets ebenfalls delegiert werden. In Anlehnung an die Sewel Convention könnte sich die Regel formieren, daß zukünftige legislative Kompetenzreduktionen nicht ohne die Zustimmung der Nationalversammlung erfolgen sollen.[344] Zuständigkeitsübertragungen könnten schließlich stets möglichst weitgehende Gestaltungsfreiheiten für die regionale Ebene vorsehen und – wenn nötig – ‚Henry VIII'-Klauseln zur Modifikation britischer Gesetze enthalten.[345] Diese von *Richard Rawlings* entwickelten Grundsätze der quasi-legislativen Devolution wären prinzipiell dazu geeignet, sich etwa als Verfassungskonventionalregeln in der evolutiven britischen Verfassungspraxis zu verfestigen.[346] Sie wurden als Empfehlungen im Februar 2002 vom National Assembly for Wales verabschiedet,[347] vom House of Lords Select Committee on the Constitution

---

341 Sec. 31 Government of Wales Act 1998. Ausnahmen sind vorgesehen für Fälle, in denen die Anhörung der Nationalversammlung nach Ansicht des Secretary of State „inappropriate" wäre.
342 *Rawlings*, Quasi-Legislative Devolution, S. 59 ff.
343 Zum Folgenden *Rawlings*, Quasi-Legislative Devolution, S. 75 f.; vgl. dazu auch *Schwab*, Devolution, S. 126 f.
344 Ein gesetzlicher Ausgangspunkt für diesen Grundsatz findet sich in sec. 22(4) Government of Wales Act 1998, die Rücknahme oder Modifikation ergangener Transfer of Functions Orders durch britische Minister von der Zustimmung des National Assembly for Wales abhängig macht.
345 Vgl. auch *Jones/Williams*, Wales as a Jurisdiction, S. 88 f.
346 *Rawlings*, Quasi-Legislative Devolution, S. 78 f.
347 Die Nationalversammlung nahm einstimmig den Bericht der Assembly Review Group an, der die Adoption der ‚*Rawlings*-Prinzipien' empfahl; vgl. dazu *Beasley*, The National Assembly, S. 227 ff.

unterstützt[348] und von der britischen Regierung als hilfreiche Beiträge für die zukünftige Entwicklung eines einheitlicheren Übertragungsmodus anerkannt.[349] Jenseits der Möglichkeit einer evolutiven Verankerung dieser Grundsätze innerhalb des derzeitigen Devolutionsarrangements für Wales beschäftigt sich eine intensive politische und wissenschaftliche Debatte mit der Frage, ob durch eine legislative Novellierung des Government of Wales Act 1998 dem National Assembly for Wales nach dem Vorbild Schottlands Zuständigkeiten zum Erlaß von ‚primary legislation‘ übertragen werden sollten.[350] Vor diesem Hintergrund betraute der walisische First Minister im Juli 2002 eine unabhängige Kommission unter der Leitung von *Lord Richard of Ammanford* mit der Untersuchung der Kompetenzausstattung und des Wahlrechts der Nationalversammlung und der Erarbeitung von Reformvorschlägen.[351] In ihrem am 31. März 2004 vorgelegten Bericht empfiehlt die Richard Commission die gesetzgeberische Fortbildung der walisischen Regionalisierung entlang den Grundlinien des schottischen Modells einer legislativen Devolution mit einer funktionsgeteilten regionalen Regierungsstruktur und regionalen Kompetenzen zur primären Gesetzgebung.[352]

Die ersten Ansätze einer Übertragung echter politischer Entscheidungskompetenzen rechtfertigen die vorsichtige Konstatierung materieller Ähnlichkeiten zwischen der Delegation von Normsetzungsbefugnissen an das National Assembly for Wales und der deutschen Rahmengesetzgebung, bei der ebenfalls ein ausfüllungsfähiger und ausfüllungsbedürftiger Rahmen des Zentralstaats der regionalen Ebene substantielle Politikentscheidungen zur Ausführung und Konkretisierung beläßt.[353] Es bestehen jedoch auch wichtige

---

348 Siehe *House of Lords Select Committee on the Constitution*, Devolution: Inter-Institutional Relations in the United Kingdom, Second Report of 2002–03, House of Lords Paper 28, para. 124. Vgl. auch *House of Commons Select Committee on Welsh Affairs*, The Primary Legislative Process as it Affects Wales, Fourth Report of 2002–03, House of Commons Paper 79, paras. 55 ff.

349 The Government's Response to the Second Report of the Select Committee on the Constitution, Session 2002–03 (House of Lords Paper 28), Cmnd. 5780, HMSO, London 2003, paras. 20 ff.; vgl. dazu *Lodge, Guy*, Nations and Regions: The Dynamics of Devolution – Monitoring Report Devolution and the Centre September 2003, S. 31 ff.

350 Zu dieser Reformdiskussion vgl. *Rawlings*, Delineating Wales, S. 494 ff.; *Hazell, Robert*, An Unstable Union – Devolution and the English Question, London 2000, S. 3 ff.; *ders.*, Conclusion: The Unfinished Business of Devolution, in: Trench, Alan (Hrsg.), Has Devolution Made a Difference – The State of the Nations 2004, Exeter 2004, S. 255, 256 ff.

351 Umfassende Informationen zur Richard Commission unter www.richardcommission.gov.uk. Vgl. dazu auch *Beasley*, The National Assembly, S. 230; *Osmond, John*, Wales Unplugged – Monitoring Report Wales August 2003 (The Constitution Unit), S. 22 ff.; *ders.*, From Corporate Body to Virtual Parliament, S. 35 ff.

352 Siehe *Commission on the Powers and Electoral Arrangements of the National Assembly for Wales*, Report of the Richard Commission, Cardiff 2004, Kapitel 13 (S. 241 ff.) und 14 (S. 253 ff.).

353 So *Jeffery/Palmer*, Das Vereinigte Königreich, S. 331; *Jeffery, Charlie*, Devolution und Europapolitik im Vereinigten Königreich, in: Hrbek, Rudolf (Hrsg.), Europapolitik und Bundesstaatsprinzip – Die „Europafähigkeit" Deutschlands und seiner Länder im Vergleich mit anderen Föderalstaaten, Baden-Baden 2000, S. 175, 177. *Sherlock, Ann*,

Unterschiede. Bei der Rahmengesetzgebung nach Art. 75 GG handelt es sich um eine konkurrierende Zuständigkeit von Bund und Ländern in dem Sinne, daß den Ländern bis zu einem legislativen Tätigwerden des Bundes die Regelungsbefugnis hinsichtlich der betroffenen Sachmaterien zusteht. Zudem hat der Bund die Schranken des Art. 72 Abs. 2 GG zu beachten. Demgegenüber stellen die Kompetenzübertragungen der walisischen Devolution stets rechtlich nicht regulierte oder vorgeschriebene Zuständigkeitsverzichte Westminsters und Whitehalls dar, derer die Regionalinstitutionen als Ermächtigungsgrundlage für eigenes Handeln in jedem Fall bedürfen.[354] Die Parallele zwischen der walisischen Devolution und der deutschen Rahmengesetzgebung wird jedoch vor allem an der funktionellen Gemeinsamkeit ihrer zentralen Problemstellung deutlich: Wieviel Gestaltungsfreiheit erlaubt der zentralstaatliche gesetzliche Rahmen der regionalen Ebene zur Entfaltung ihrer politischen Leitungsfunktion? Die Devolutionsordnung für Wales bleibt hier eine rechtliche Antwort schuldig und konnte bisher auch keinen einheitlichen oder systematisierten Transfermodus finden. Noch herrscht die Einzelfallpragmatik vor. Die Grundsätze der quasi-legisaltiven Devolution suchen hier nach neuen, prinzipiengeleiteten Antworten und könnten sich als Verfassungskonventionalregeln in das britische Devolutionssystem einfügen. Die deutsche Verfassungsordnung strebt mit der Einführung des neuen Art. 75 Abs. 2 GG im Jahre 1994 ebenfalls nach einer einheitlicheren Antwort, nachdem der Verfassungsbegriff der „Rahmenvorschrift" zuvor keine systematische Zurückhaltung des Bundesgesetzgebers bewirkt hatte.[355] Das Urteil des Bundesverfassungsgerichts zur Juniorprofessur vom 27. Juli 2004 gibt Grund zu der Hoffnung, daß in Zukunft die verfassungsrechtlichen Beschränkungen der Bundesrahmengesetzgebung durch ihren Rahmencharakter und den mit voller Justitiabilität ausgestatteten Art. 75 Abs. 2 GG diese Aufgabe erfüllen können.[356]

Dennoch zeigen die mit dem Begriff der quasi-legislativen Devolution erfaßten Entwicklungsansätze, daß die walisische Regionalisierung ein den deutschen Bundesländern zumindest vergleichbares Zentrum politischer Leitungsfunktionen in Cardiff zu schaffen begonnen hat, dessen endgültiger Zuschnitt noch nicht abzusehen ist.

---

Government in Wales and the Development of a New Legal System Within a System, EPL 8 (2002), S. 16, 20, spricht von „legislation in framework style"; ähnlich auch *Craig*, Administrative Law, S. 201.
354 Ähnlich auch *Schwab*, Devolution, S. 120.
355 Vgl. *Degenhart*, Staatsrecht I, Rz. 147; *Stettner*, Art. 75 GG, in: Dreier, Rz. 7ff.
356 Siehe BVerfG, 2 BvF 2/02 vom 27.7.2004, Rz. 79ff.

## 3. England: Westminster als kombinierte Zentral- und Regionallegislative

England bleibt das „gaping hole"[357] – oder der „blind spot"[358] – in der britischen Devolution. Die gelegentlich auftauchende Idee eines englischen Parlaments zur Schaffung einer staatsorganisatorischen Gesamtsymmetrie innerhalb des aus vier (Teil-)Nationen zusammengesetzten Vereinigten Königreichs hat bisher keine durchsetzungsfähigen Anhänger gefunden.[359] Vor allem die unausweichliche Konkurrenz eines englischen Parlaments mit Westminster, das evidente Ungleichgewicht zwischen den vier Territorien hinsichtlich Größe, Bevölkerungszahl und Wirtschaftskraft sowie der Mangel an öffentlicher Nachfrage nach gesamtenglischer Devolution haben diesbezügliche Überlegungen beinahe gänzlich vom Podium der Devolutionsdebatte verdrängt.[360]

Die Labour-Regierung unter *Tony Blair* entschied sich daher frühzeitig für die Entwicklung und Implementierung von Regionalisierungskonzepten auf der Ebene der englischen Regionen, wobei London als Hauptstadt und wirtschaftliches Zentrum des Vereinigten Königreichs eine maßgeschneiderte und eigenständige Form der Regionalisierung erhalten sollte. Anders als in Schottland, Nordirland und Wales mangelt es der englischen Bevölkerung jedoch mehrheitlich an einem Identifikationsbezug zu den vergleichsweise künstlich demarkierten Regionen.[361] Am stärksten ist dieses emotionale Fundament der Regionalisierungsreform und das daraus resultierende Bedürfnis nach regionalen Regierungsstrukturen noch im wirtschaftlich benachteiligten Norden Englands ausgeprägt,[362] obgleich die angestoßenen Reformen auch in der übrigen Bevölkerung ein neues Interesse an regionaler Dezentralisierung ausgelöst zu haben scheinen.[363]

---

357  *Hazell, Robert/Russell, Meg/Croft, Jeremy/Seyd, Ben/Masterman, Roger*, The Constitution: Rolling out the New Settlement, ParlAff 54 (2001), S. 190, 192.
358  *Oliver*, Constitutional Reform in the UK, S. 290.
359  Befürworter eines englischen Parlaments finden sich vor allem in der konservativen Partei; vgl. *Wood*, Procedural Consequences of Devolution, S. 34 ff.; *Russell, Meg/ Hazell, Robert*, Devolution and Westminster – Tentative Steps Towards a More Federal Parliament, in: Hazell, Robert (Hrsg.), The State and the Nations: The First Year of Devolution in the United Kingdom, Thorverton 2000, S. 183, 202 ff.; *Oliver*, Constitutional Reform in the UK, S. 290; *Forman, F. Nigel*, Constitutional Change in the United Kingdom, London 2002, S. 123 ff.
360  Vgl. *Hazell, Robert*, Regional government in England: Three policies in search of a strategy, in: Chen, Selina/Wright, Tony (Hrsg.), The English Question, London 2000, S. 29, 35; *ders.*, The English Question: can Westminster be a proxy for an English parliament?, PL 2001, S. 268, 268; *Sandford, Mark*, What a Place for England in an Asymmetrically Devolved UK?, RegStud 36 (2002), S. 789, 790 f.; *Hadfield*, Towards an English Constitution, S. 162 f.; Kilbrandon Report, S. 159.
361  Vgl. dazu *Schwab*, Devolution, S. 157.
362  Vgl. *Palmer/Jeffery*, Das Vereinigte Königreich, S. 354; *Olowofoyeku, Abimbola A.*, Devolution: Conceptual and Implementational Problems, Anglo-AmLR 29 (2000), S. 133, 152 f. Zum Nord-Süd-Gefälle siehe *Morgan, Kevin*, The English Question: Regional Perspectives on a Fractured Nation, RegStud 36 (2002), S. 797, 798 ff.
363  *Tomaney*, Evolution of Regionalism, S. 728 f.

Die Greater London Authority und die in den übrigen acht englischen Regionen eingerichteten Regional Development Agencies, deren Arbeit von Regional Chambers überwacht wird, stellen sich im Vergleich zur Devolution in der keltischen Peripherie als überaus schwache Formen der Regionalisierung dar.[364] Diese Regionalstrukturen unterliegen der direkten Aufsicht der Zentralregierung und verfügen im wesentlichen nur über Koordinationsfunktionen und ‚strategische' Kompetenzen:[365] Die Regional Development Agencies koordinieren die regionale wirtschaftliche Entwicklung, die Förderung kleinerer und mittlerer Unternehmen und die wirtschaftlichen Investitionen in der jeweiligen Region.[366] Die vergleichsweise stärkere Greater London Authority besitzt strategische und vereinzelte exekutive Befugnisse in den Bereichen Verkehr, Polizei, Feuerwehr, Umwelt, regionale Wirtschaftsentwicklung, Raumplanung und Kultur.[367] Während die Regional Development Agencies somit wohl mit deutschen Regionalverbänden verglichen werden können,[368] stellt die Greater London Authority insgesamt eine Form der Kommunalverwaltung dar,[369] deren Einrichtung vor allem aus Demokratiegesichtspunkten zu begrüßen ist.

Die britische Regierung hat mit der Veröffentlichung des White Papers zur englischen Devolution im Mai 2002 ihr Bekenntnis zu einer weiteren Vertiefung der Regionalisierung innerhalb Englands erneuert und konkretisiert.[370] Das White Paper verfolgt dabei einen zweigleisigen Ansatz, indem es vorsieht, zum einen die bestehenden Regionalinstitutionen zu stärken[371] und zum anderen solchen Regionen, in denen eine entsprechende Nachfrage festgestellt wird, die Entscheidung für ein direkt gewähltes Regional Assembly im

---

364 Zur Einrichtung dieser Strukturen siehe bereits supra Kapitel 3 § 1 B. III. 2. Vgl. auch *Mey, Marcus*, Regionalismus in Großbritannien – kulturwissenschaftlich betrachtet, Berlin 2003, S. 229 ff.
365 *Palmer/Jeffery*, Das Vereinigte Königreich, S. 353; *Sandford*, What a Place for England in an Asymmetrically Devolved UK?, S. 795.
366 Sec. 4 Regional Development Agencies Act 1998. Zwar können den Regional Development Agencies gemäß sec. 6 Regional Development Agencies Act 1998 weitere Befugnisse durch britische Minister übertragen werden, jedoch bleiben insbesondere Normsetzungsbefugnisse von dieser Ermächtigung explizit ausgeschlossen; *Bradley/Ewing*, Constitutional and Administrative Law, S. 362.
367 Vgl. *Tomaney, John*, The Governance of London, in: Hazell, Robert (Hrsg.), The State and the Nations: The First Year of Devolution in the United Kingdom, Thorverton 2000, S. 241, 248 ff.; *Travers*, Decentralization London-style, S. 780 f.; *Bogdanor*, Devolution in the UK, S. 274.
368 *Schwab*, Devolution, S. 163.
369 So auch *Bogdanor*, Devolution in the UK, S. 274; *Hazell, Robert/Masterman, Roger/Sandford, Mark/Seyd, Ben/Croft, Jeremy*, The Constitution: Coming in from the Cold, ParlAff 55 (2002), S. 219, 224; *Schwab*, Devolution, S. 172.
370 White Paper: Your Region, Your Choice. Zur Vorgeschichte dieses neuen Anlaufs zur englischen Devolution vgl. *Jeffery, Charlie/Palmer, Rosanne*, Devolution im Vereinigten Königreich: Erste Antworten auf die „englische Frage"?, in: Europäisches Zentrum für Föderalismus-Forschung Tübingen (Hrsg.), Jahrbuch des Föderalismus 2003 (Band 4): Föderalismus, Subsidiarität und Regionen in Europa, Baden-Baden 2003, S. 259, 262 f.; *Tomaney/Hetherington*, England Arisen?, S. 54 ff.
371 White Paper: Your Region, Your Choice, Chapter 2.

Rahmen einer regionalen Volksabstimmung zu eröffnen.[372] Bei der geplanten Stärkung der vorhandenen Regional Develpoment Agencies handelt es sich um eine marginale Modifizierung, da im wesentlichen lediglich ihre Finanzausstattung verbessert und ihre Koordinierungsfunktion flexibilisiert werden soll.[373] Die vorgesehene Schaffung direkt gewählter Regional Assemblies nach Durchführung positiv beschiedener Regionalreferenda stellt hingegen einen bedeutsameren Schritt für die englische Regionalisierung dar. Mit dem Regional Assemblies (Preparations) Act 2003 wurde bereits das gesetzliche Fundament für regionale Volksabstimmungen über die Einrichtung derartiger Regionalversammlungen gelegt. Die Volksvertretungen sollen im Wege einer dem schottischen und walisischen Wahlsystem nachempfundenen personalisierten Verhältniswahl besetzt und – ähnlich dem National Assembly for Wales – sowohl mit einer Kabinettsregierung als auch mit einer ausgebauten Ausschußstruktur versehen werden.[374] Auf den Politikfeldern der regionalen Wirtschaftsentwicklung, der Raumplanung, des Wohnungs- und Verkehrswesens, des Tourismus und des Sports, der Kultur, der Politik für die ländlichen Gebiete, der Umwelt sowie des Katastrophenschutzes sollen die geplanten Regionalinstitutionen vor allem über strategische Kompetenzen der Richtlinienentwicklung ohne substantielle Umsetzungsbefugnisse verfügen und damit im wesentlichen das Londoner Modell der Regionalisierung rezipieren.[375] Wie die Greater London Authority werden sie von anderen lokalen und regionalen Akteuren hinsichtlich der Implementierung der von ihnen entwickelten Strategien abhängig sein. Obgleich die geplante interne Architektur der zukünftigen Regionalinstitutionen mit einer Funktionsteilung zwischen Volksvertretung und Kabinett Ähnlichkeiten mit der in Schottland und *in praxi* auch in Wales verwirklichten Struktur aufweist, unterscheiden sich die Regionalisierungsmodelle untereinander erheblich, da den englischen Regionen keine Normsetzungskompetenzen übertragen werden sollen; diesbezüglich sieht das White Paper auch keine der walisischen Devolution vergleichbare Flexibilität vor.[376] Es ist des weiteren geplant, daß die Regional Development Agencies mit ihren Koordinierungsfunktionen weiter bestehen, ihre Besetzung und Kontrolle sowie teilweise auch ihre Finanzierung jedoch von den Regionalversammlungen übernommen wird.[377] Elementare Vorbedingung der Schaffung regionaler Versammlungen stellt nach den Regierungsplänen jedoch die Reform der Kommunalverwaltung in den betroffenen Regionen dar, die in manchen Landesteilen mit District und County Councils bereits zwei Ebenen

---

372 White Paper: Your Region, Your Choice, Chapter 3.
373 Vgl. *Jeffery/Palmer*, Erste Antworten auf die „englische Frage"?, S. 263; *Jeffery, Charlie/Mawson, John*, Introduction: Beyond the White Paper on the English Regions, RegStud 36 (2002), S. 715, 717.
374 White Paper: Your Region, Your Choice, Chapter 7.
375 White Paper: Your Region, Your Choice, Chapter 4. Vgl. *Jeffery/Palmer*, Erste Antworten auf die „englische Frage"?, S. 263; *Jeffery/Mawson*, Introduction, S. 717 f.; *Sandford*, What a Place for England in an Asymmetrically Devolved UK?, S. 795.
376 *Oliver*, Constitutional Reform in the UK, S. 287.
377 White Paper: Your Region, Your Choice, paras. 4.20 ff.

aufweist und vor der Implementierung der Regionalisierungspläne überwiegend einheitlich einstufig ausgestaltet werden müßte.[378] Die Schwierigkeiten dieser Kommunalreform könnten sich als besondere Stolpersteine der geplanten Devolution an die englischen Regionen erweisen.[379] Im Juni 2003 kündigte der für die englischen Regionen zuständige Deputy Prime Minister *John Prescott* auf der Grundlage von Untersuchungen über die regionale Nachfrage die Durchführung regionaler Volksabstimmungen für die drei nördlichen Regionen North East, North West und Yorkshire and the Humber an.[380] Diese sollen voraussichtlich im Oktober 2004 stattfinden, so daß die ersten direkt gewählten Regional Assemblies zu Beginn der nächsten Westminster-Legislaturperiode 2005/2006 eingerichtet werden könnten. Eine Konsultationsrunde für weitere regionale Referenda ist wohl ebenfalls erst für diese Zeit zu erwarten.[381] Die auf diese Weise zu verwirklichende Idee der ‚Devolution on Demand' führt ein weiteres Element der Asymmetrie in die Regionalisierungsstrukturen des Vereinigten Königreichs ein. Werden die Inhalte des White Papers wie geplant umgesetzt, so werden allein in England zukünftig mit der Großlondoner Behörde und den Landesteilen mit und ohne direkt gewählter Regionalversammlung drei verschiedene Modelle der Regionalisierung parallel zueinander existieren. Dabei ist davon auszugehen, daß sich wahrscheinlich manche englische Region nie für die Einrichtung eines unmittelbar demokratisch legitimierten Regional Assembly aussprechen wird.[382]

Unabhängig von den verbleibenden konzeptionellen und praktischen Schwierigkeiten der englischen Devolutionspläne und dem beträchtlichen Zeitrahmen bis zu ihrer möglichen Implementierung verleiht keine dieser drei Regionalisierungsformen den englischen Regionen effektive Kompetenzen legislativer oder exekutiver Natur zur Begründung eigenverantwortlicher regionaler Autonomie. Somit bleiben die englischen Regionalstrukturen heute und in absehbarer Zukunft qualitativ weit hinter nicht nur dem schottischen und dem nordirischen, sondern auch dem walisischen Devolutionsmodell zurück[383] und damit über 80 Prozent des Vereinigten Königreichs von Groß-

---

378 White Paper: Your Region, Your Choice, paras. 9.5 ff.; vgl. dazu *Jeffery/Mawson*, Introduction, S. 718; *Jeffery/Palmer*, Erste Antworten auf die „englische Frage"?, S. 265. Zur Arbeit des Boundary Committee for England, das mit der Erarbeitung von Reformvorschlägen für die Reform der Kommunalverwaltung betraut wurde, vgl. *Tomaney, John/ Hetherington, Peter/Pinkney, Emma*, Nations and Regions: The Dynamics of Devolution – Monitoring Report English Regions August 2003 (The Constitution Unit), S. 24 f.
379 So bereits *Hazell*, An Unstable Union, S. 9 f.
380 *Tomaney/Hetherington/Pinkney*, Nations and Regions – Monitoring Report English Regions August 2003, S. 1 ff., 18 ff.
381 *Jeffery/Palmer*, Erste Antworten auf die „englische Frage"?, S. 266.
382 So auch *Bradbury, Johnathan/McGarvey, Neil*, Devolution: Problems, Politics and Prospects, ParlAff 56 (2003), S. 219, 232.
383 Für die bestehenden Regionalstrukturen so auch *Burrows*, Devolution, S. 189; *Bogdanor*, Devolution in the UK, S. 274; *Sandford*, What a Place for England in an Asymmetrically Devolved UK?, S. 794; *Schwab*, Devolution, S. 172 f. Für die Reformpläne so auch *Bradbury/McGarvey*, Devolution: Problems, Politics and Prospects, S. 234; *Sandford*, What a Place for England in an Asymmetrically Devolved UK?, S. 795.

britannien und Nordirland im wesentlichen von den Devolutionsreformen ausgeschlossen. Regiert wird England als ganzes weiterhin von Westminster und Whitehall aus.

Nicht nur heute, sondern auch auf absehbare Zeit vereinigt die Crown in Parliament daher in sich eine Reihe unterschiedlicher Rollen, welche die horizontale Asymmetrie zwischen den verschieden Territorien des Vereinigten Königreichs auf zentralstaatlicher Ebene widerspiegeln: In Angelegenheiten, die ihr im Rahmen der schottischen und nordirischen Devolution vorbehalten bleiben, handelt sie als zentralstaatliche Legislative für das gesamte Vereinigte Königreich; in übertragenen Politikbereichen kommt ihr weiterhin eine konkurrierende Zuständigkeit für diese Landesteile zu;[384] sie ist primärer Gesetzgeber in allen Angelegenheiten für Wales und zugleich alleinige Legislative für England.[385] Solange die walisische Devolution noch keine systematischen Maßstäbe zur angemessenen Demarkation von primären und sekundären Gesetzgebungszuständigkeiten im Rahmen der quasi-legislativen Devolution hervorgebracht hat und die Nationalversammlung in Cardiff Bay noch nicht mit primären Legislativkompetenzen ausgestattet ist, fallen die letzten beiden Funktionen im wesentlichen in einer Rolle als Gesetzgeber für England und Wales zusammen.[386] Die legislative Tätigkeit für Schottland und Nordirland auf übertragenen Politikfeldern erfolgt grundsätzlich durch eine Erstreckung von anglo-walisischer Gesetzgebung auf diese Randterritorien, welche durch die Zustimmung der regionalen Volksvertretungen legitimiert wird. Damit erscheinen die vielen verschiedenen Gesichter der Crown in Parliament vor allem in einer problematischen Janusköpfigkeit: Westminster handelt – insbesondere in vorbehaltenen Angelegenheiten – als zentralstaatlicher Gesetzgeber des Vereinigten Königreichs und agiert zugleich auch als ‚regionale' Legislative für England und Wales. Da England – anders als Wales mit seiner Nationalversammlung – keine eigene Volksvertretung mit Normsetzungskompetenzen besitzt, wird in der öffentlichen Diskussion der zweite Aspekt zumeist vereinfachend auf die Funktion als ‚englischer Gesetzgeber' reduziert.[387]

---

384 Solange die Suspendierung der nordirischen Devolution andauert, handelt Westminster auch als alleiniger Gesetzgeber für Nordirland, wobei wichtige Normsetzungsbefugnisse gemäß der Schedule zum Northern Ireland Act 2000 vom Secretary of State for Northern Ireland wahrgenommen werden.
385 Bei dieser Charakterisierung ist zu beachten, daß Westminster auch vor den Devolutionsreformen oftmals in verschiedenen legislativen Funktionen auftrat, da es häufig Sondergesetze für verschiedene Landesteile des Vereinigten Königreichs erließ. Vgl. *Hazell*, The English Question, S. 269.
386 Sondergesetzgebung für Wales bleibt bisher weiterhin auf wenige Ausnahmefälle beschränkt; siehe supra Kapitel 5 § 1 B. III. 2. Gänzlich eigenständige Normsetzung für England existiert praktisch gar nicht; vgl. *Hazell*, The English Question, S. 275 f.
387 Daher wird im Folgenden vereinfachend von Lösungen für englische Angelegenheiten in Westminster gesprochen, obgleich die derzeitigen Devolutionsstrukturen streng genommen Probleme für die Behandlung von anglo-walisischen Gegenständen aufwerfen.

Die Schwierigkeiten dieser Doppelrolle Westminsters im allgemeinen und des House of Commons im besonderen werden in der als ‚West Lothian Question'[388] bekanntgewordenen Fragestellung aufgegriffen: Ist es gerechtfertigt, daß schottische Unterhausmitglieder weiterhin im Unterhaus über solche Sachmaterien mitentscheiden, die für Schottland in Edinburgh geregelt werden.[389] Dieselbe Problemstellung ergibt sich in Zeiten einer funktionsfähigen nordirischen Devolution hinsichtlich der Stellung nordirischer Unterhausmitglieder. Streng genommen handelt es sich bei der ‚West Lothian Question' jedoch weniger um eine offene Frage als um einen Hinweis auf ein der Asymmetrie britischer Devolution inhärentes staatsorganisatorisches Faktum.[390] Dieses wird in Politik und Wissenschaft mit einer bunten Reihe von Reformvorschlägen bedacht. So könnten zunächst Abgeordnete aus solchen Landesteilen, die eine Form der legislativen Devolution erfahren haben, gänzlich aus dem House of Commons ausgeschlossen werden. Diese Lösung wird jedoch von allen Seiten als abwegig abgelehnt, solange Westminster zumindest in vorbehaltenen Angelegenheiten die gesamtstaatliche Politik determiniert.[391] Vor allem Vertreter der konservativen Partei haben sich für eine zweite Lösungsmöglichkeit stark gemacht, die unter dem Begriff ‚in and out'-Lösung firmiert und mit dem Slogan „English votes on English laws" intoniert wird.[392] Danach könnten Abgeordnete aus Territorien mit Regelungsautonomien in übertragenen Angelegenheiten durch Gesetz, Geschäftsordnung oder Verfassungskonventionalregel von den Ausschußberatungen, der Berichtsphase und der endgültigen Unterhausabstimmung zu rein englischen Gesetzesvorlagen ausgeschlossen werden.[393] Der Speaker des House of Commons müßte dafür

---

388 Obgleich diese Problematik bereits im 19. Jahrhundert im Rahmen der Diskussion über die irische ‚Home Rule' erkannt wurde und während der nordirischen Autonomie von 1920 bis 1972 die Gemüter bewegte, geht ihr heute gebräuchlicher Name auf die Diskussion über die schottische und walisische Devolution in den 70er Jahren zurück, in der *Tam Dayell* als Unterhausabgeordneter für den schottischen Wahlkreis West Lothian diesen strukturellen Schwachpunkt einer asymmetrischen Devolutionsstruktur wiederholt thematisierte. Vgl. allgemein zur ‚West Lothian Question' *Winetrobe, Barry K.*, The Scotland Bill: Some Constitutional and Representational Aspects, House of Commons Research Paper 98/3, London 1998, S. 14 ff.
389 Umgekehrt ließe sich folgendermaßen formulieren: Ist es gerechtfertigt, daß nichtschottische Unterhausmitglieder keinen Einfluß auf übertragene Politikbereiche in Schottland haben, wenn schottische Abgeordnete diese Angelegenheiten für nichtschottische Landesteile mitentscheiden. Vgl. *Barnett*, Constitutional & Administrative Law, S. 381 f.
390 *Hadfield*, Towards an English Constitution, S. 164.
391 *Bogdanor*, Devolution in the UK, S. 229; *Barnett*, Constitutional & Administrative Law, S. 383; *Olowofoyeku*, Devolution: Conceptual and Implementational Problems, S. 156 f.; *Schwab*, Devolution, S. 205 f.
392 Vgl. *Hague, William*, A Conservative View of Constitutional Change, Rede im Magdalen College, Oxford, 13. November 2000. Siehe dazu *Hazell*, The English Question, S. 276 ff.
393 Vgl. *Winetrobe*, The Scotland Bill, S. 24 ff.; *Russell/Hazell*, Devolution and Westminster, S. 207 ff.; *Barnett*, Constitutional & Administrative Law, S. 383 f.; *Bogdanor, Vernon*, Power and the People – A Guide to Constitutional Reform, London 1997, S. 37 f.; *Schwab*, Devolution, S. 206 f. Zu neueren diesbezüglichen Vorschlägen der konservati-

jeweils eine Entscheidung darüber treffen, wann ein Gesetz in solche Politikbereiche fällt, die für die Randterritorien den Regionallegislativen übertragen wurden; zumindest für die Ausschußdebatten der betreffenden Gesetzesvorlagen müßten Ausschüsse mit rein englischer Besetzung geschaffen werden, die – entgegen der geltenden allgemeinen Regel für Standing Committees – nicht die Parteiverhältnisse des gesamten Unterhauses, sondern die der englischen Wahlkreise widerspiegeln; schließlich könnte auch ein neu einzurichtendes ‚English Grand Committee', bestehend aus allen englischen Abgeordneten, Teile des Gesetzgebungsverfahrens übernehmen.[394] Die Ausgestaltung eines solchen rein englischen Gesetzgebungsverfahrens kommt der Schaffung eines Parlaments im Parlament gleich und führt somit das Konzept einer englischen Volksvertretung durch die Hintertür ein.[395] Abgesehen von der wohl unlösbaren Schwierigkeit, für das Gesetzgebungsverfahren im Unterhaus einen Gegenständekatalog zu konzipieren, der den Speaker befähigen würde, die erforderliche Aufteilung der Legislativagenda vorzunehmen,[396] begegnet die ‚in and out'-Lösung noch weiteren schwerwiegenden Bedenken. Diese entspringen vor allem dem Ausschluß der Unterhausmitglieder aus Territorien mit legislativer Devolution von der Schlußabstimmung über rein englische Gesetzesvorlage. Die Überantwortung von Beschlußfähigkeiten an zwei verschiedene Gruppen von Parlamentariern – das gesamte Unterhaus für vorbehaltene Kompetenzbereiche und die englischen Abgeordneten für rein englische Fragen – würde bedeuten, daß eine Unterhauswahl unterschiedliche Mehrheiten für verschiedene Sachmaterien hervorbringen kann. Mit anderen Worten wäre die Regierung des Staates zweigeteilt, stützte sie sich doch jeweils nach Inhalt ihres Handelns auf unterschiedliche Mehrheiten.[397] Die

---

ven Opposition vgl. *Lodge, Guy*, Nations and Regions: The Dynamics of Devolution – Monitoring Report Devolution and the Centre November 2003, S. 10f. Überraschenderweise wurde der bisher einzige echte Vorstoß in diese Richtung von einem Labour-Hinterbänkler, dem Abgeordneten *Frank Field*, am 28. Juni 2000 mit der Einbringung des House of Commons (Reserved Matters) Bill unternommen.

394 Zu den verschiedenen Varianten vgl. *Hazell*, The English Question, S. 274ff.; *Russell/ Hazell*, Devolution and Westminster, S. 207ff.

395 Ähnlich *Hazell*, The English Question, S. 279f.

396 Neben den Problemen, die sich aus der Ungleichheit der Volumen übertragener Kompetenzen in den verschiedenen Devolutionsgesetzen ergeben, liegt die bedeutendste Schwierigkeit dieser Demarkationsaufgabe darin, daß sich nach dem für die Devolution installierten Finanzregime die Mittelzuweisungen an die Regionalinstitutionen nach den Staatsausgaben in England richten, so daß ein Großteil vermeintlich rein englischer Gesetze mittelbare, aber zugleich wichtige Folgen für die Randterritorien haben; zur Finanzordnung siehe infra Kapitel 5 § 1 F. II.. Vgl. *Bogdanor, Vernon*, Devolution: Decentralisation or Disintegration?, PolitQ 1999, S. 185, 190; *ders.*, Devolution in the UK, S. 230; *Schwab*, Devolution, S. 207.

397 *Bogdanor*, Devolution in the UK, S. 230f.; *ders., Bogdanor*, Power and the People, S. 37f.; *Barnett*, Constitutional & Administrative Law, S. 383f.; *Olowofoyeku*, Devolution: Conceptual and Implementational Problems, S. 157; *Keating, Michael*, What's Wrong with Asymmetrical Government?, in: Keating, Michael/Elcock, Howard (Hrsg.), Remaking the Union – Devolution and British Politics in the 1990s, London/ Portland (OR) 1998, S. 195, 209.

Denkbarkeit einer britischen Regierung, die in rein englischen Angelegenheiten keine eigene Mehrheit im Unterhaus besitzt, wäre rechnerisch – allerdings nur ohne eine Einbeziehung der walisischen Abgeordneten – bereits in den Jahren 1950, 1964 und 1974 zur politischen Realität geworden.[398] Darüber hinaus spricht gegen den Ausschluß einiger Abgeordneter von rein englischen Angelegenheiten die grundsätzliche Gleichheit aller Unterhausmitglieder, da die ‚in and out'-Lösung zwei Klassen von Abgeordneten mit sich brächte; die Aufgabe dieses Gleichheitsgrundsatz wird vielfach als Bedrohung für die Einheit des Vereinigten Königreichs und als Wasser auf die Mühlen schottischer Sezessionstendenzen angesehen.[399] Vor allem wohl aus Angst vor einer zukünftigen konservativen Mehrheit in England, zugleich aber auch mit guten verfassungssystematischen Gründen lehnt die Labour-Regierung eine ‚in and out'-Lösung kategorisch ab.[400]

Ohne eine umfassende und symmetrische legislative Devolution an alle Teile des Vereinigten Königreichs können die Probleme der ‚West Lothian Question' nicht vollständig gelöst werden.[401] Da diese Option der ‚Devolution all around' zur Zeit keine unmittelbare politische Realisierungschance besitzt, bestehen die derzeitigen konstitutionellen Alternativen wohl nur in Versuchen der Beantwortung der Frage nach der Legitimation schottischer Abgeordneter in englischen Angelegenheiten, in dem Bemühen um eine Verdrängung des Problems oder in Versuchen der Abmilderung der negativen Folgen bestehender Asymmetrien. So könnte der ‚West Lothian Question' mit einem Hinweis darauf begegnet werden, daß sich im geltenden Finanzregime der britischen Devolution das Volumen der Finanzzuteilungen an die Regionalinstitutionen nach den Staatsausgaben in England richtet,[402] so daß beinahe alle vermeintlich englischen Gesetze mittelbare Auswirkung auf die Randterritorien des Vereinigten Königreichs entfalten.[403] Vor allem Politiker der Labour-Partei nehmen den Standpunkt ein, daß die bestehenden Asymmetrien schlichtweg zu akzeptieren seien.[404] Dieses Argument rezipiert den pragmatischen Mangel

---

398 Siehe *Hazell*, The English Question, S. 277 f.
399 *Olowofoyeku*, Devolution: Conceptual and Implementational Problems, S. 157; *Lodge*, Nations and Regions – Monitoring Report Devolution and the Centre September 2003, S. 26.
400 Vgl. *Russell/Hazell*, Devolution and Westminster, S. 208 ff.; *Masterman/Hazell*, Devolution and Westminster, S. 217 f.; *Hazell*, The English Question, S. 276; *Lodge*, Nations and Regions – Monitoring Report Devolution and the Centre September 2003, S. 26
401 *Olowofoyeku*, Devolution: Conceptual and Implementational Problems, S. 159; *Ward, Alan J.*, Devolution: Labour's Strange Constitutional ‚Design', in: Jowell, Jeffrey/Oliver, Dawn (Hrsg.), The Changing Constitution, 4. Auflage, Oxford 2000, S. 111, 130 f.; *Winetrobe*, The Scotland Bill, S. 31 ff.
402 Siehe dazu infra Kapitel 5 § 1 F. II.
403 So insbesondere *Bogdanor*, Devolution: Decentralisation or Disintegration?, S. 189 f.
404 So vertrat der ehemalige Lord Chancellor *Lord Irvine* die Ansicht, daß der beste Weg zur Beantwortung der ‚West Lothian Question' sei, die Frage nicht mehr zu stellen; dies veranlaßte den damaligen Oppositionsführer *William Hague* zu der Aussage, daß es der beste Weg zur Beantwortung der ‚West Lothian Question' sei, *Lord Irvine* die Frage nicht mehr stellen; zitiert bei *Hazell*, The English Question, S. 275. Vgl. auch die Äußerungen des Premierministers *Tony Blair* bei seiner Befragung vor dem Liason

an Problembewußtsein in anderen europäischen Staaten wie etwa Spanien, in denen vergleichbare Anomalien ohne eingehende Diskussion toleriert werden.[405] Die bisher praktisch bedeutsamste Alternative besteht jedoch in Vorschlägen und Ansätzen zur Abmilderung der negativen Folgen der Asymmetrie. Obgleich hierdurch keine wahre Lösung der ‚West Lothian Question' erreicht werden kann, wurde mit sec. 86 Scotland Act 1998 die Garantie einer Mindestabgeordnetenzahl von 71 Unterhausmitgliedern für Schottland abgeschafft und damit der Weg zum Abbau schottischer Überrepräsentation in Westminster[406] freigegeben.[407] Eine entsprechende Reform der schottischen Wahlkreiseinteilung, die sich an den Repräsentationsverhältnissen in England orientiert und dadurch eine Reduzierung auf wohl 59 schottische Abgeordnete – statt der heutigen 72 – erforderlich machen wird, soll noch vor den nächsten Parlamentswahlen verabschiedet werden.[408] Die ebenfalls im schottischen Devolutionsgesetz vorgesehene Koppelung der Wahlkreise des schottischen Parlaments an diejenigen für Westminster-Wahlen[409] wird nach jüngsten Regierungsplänen im Rahmen dieser Reform aufgehoben, so daß der schottischen Volksvertretung auch weiterhin 129 Mitglieder angehören werden.[410] Eine Reduktion der schottischen Abgeordnetenzahl im britischen Unterhaus bietet jedoch streng genommen keine Beantwortung der ‚West Lothian Question', sondern verringert lediglich die Wahrscheinlichkeit, daß eine Regierung für eine Mehrheit in rein englischen Angelegenheiten auf schotti-

---

Committee des House of Commons vom 8. Juli 2003 (siehe die Antworten zu den Fragen Nr. 281 ff.); zitiert bei *Lodge*, Nations and Regions – Monitoring Report Devolution and the Centre September 2003, S. 26; *Olowofoyeku*, Devolution: Conceptual and Implementational Problems, S. 158 f.; *Masterman/Hazell*, Devolution and Westminster, S. 217 f.

405 Vgl. dazu *Bogdanor, Vernon*, Devolution: The Constitutional Aspects, in: Beatson, Jack/Forsyth, Christopher/Hare, Ivan/The University of Cambridge Centre for Public Law (Hrsg.), Constitutional Reform in the United Kingdom: Practice and Principles, Oxford 1998, S. 9, 16; *Hopkins*, Devolution from a Comparative Perspective, S. 332.

406 Siehe dazu supra Kapitel 3 § 1 B. 1 II. 3.

407 Eine Reduktion der Anzahl walisischer Abgeordneter in Westminster ist aufgrund der bleibenden Rolle des Unterhauses als primärer Gesetzgeber für Wales im Moment nicht vorgesehen. Nordirland ist im Unterschied zu Schottland und Wales mit 18 Abgeordneten im House of Commons nicht überrepräsentiert, so daß eine Kürzung auch hier nicht in Betracht kommt.

408 Vgl. *Lodge, Guy*, Nations and Regions: The Dynamics of Devolution – Monitoring Report Devolution and the Centre February 2004, paras. 1.1 f.

409 Siehe para. 1 Schedule 1 zum Scotland Act 1998. Zu den Gründen für diese Koppelung siehe *Scotland Office*, The Size of the Scottish Parliament – A Consultation, London 2001, para 2.3. Kritisch zu dieser Koppelung *Bort*, The Numbers Game, S. 4 ff.

410 Siehe den Scottish Parliament (Constituencies) Bill und vgl. dazu *Lodge*, Nations and Regions – Monitoring Report Devolution and the Centre February 2004, paras. 1.1 f.; *ders.*, Nations and Regions – Monitoring Report Devolution and the Centre November 2003, S. 11 f. Die Gesetzesvorlage geht zurück auf die Ankündigungen der damaligen Secretary of State for Scotland *Helen Liddell*, in Hansard, House of Commons Debates, Band 396, Sp. 859 f.; vgl. dazu *The Constitution Unit*, Nations and Regions: The Dynamics of Devolution – Monitoring Report Devolution and the Centre Februar 2003, S. 15 f.

sche Parlamentarier zurückgreifen muß.⁴¹¹ Im Ergebnis ähnliche Folgen hätte insofern die Einführung der Verhältniswahl für Wahlen zum britischen Unterhaus.⁴¹²

Eine weitere Option zur Abmilderung der negativen Auswirkungen der bestehenden Devolutionsasymmetrie liegt in der bereits begonnenen, evolutiven Modifizierung des Gesetzgebungsverfahrens in Westminster, die jedoch vor einer ‚in and out'-Lösung halt macht. Zunächst wird gelegentlich die Einführung einer Pflicht zur Durchführung einer Wiederholungsentscheidung für solche Gesetzesbeschlüsse vorgeschlagen, die in rein englischen Angelegenheiten nur durch schottische Unterstützung zustande kommen.⁴¹³ Ein bestimmter Zeitabstand zwischen den Abstimmungen könnte eine teilweise wohl durch öffentlichen Druck zu bewirkende Zurückhaltung der schottischen Unterhausmitglieder mit sich bringen. Jedoch wird diese abgeschwächte Variante der ‚in and out'-Lösung heute als wenig erfolgversprechend und übermäßig kompliziert abgelehnt.⁴¹⁴ Schließlich könnten – wie für schottische Angelegenheiten in Zeiten vor der Devolution – Ausschußberatungen zu Gesetzesvorlagen mit rein englischem Bezug und allgemeine Debatten zu englischen Fragen in Ausschüssen vorgenommen werden, die nur mit englischen Abgeordneten besetzt sind, ohne daß sie jedoch den Parteienproporz allein der englischen Wahlkreise reflektieren. Das im Jahre 2001 wiederbelebte Standing Committee on Regional Affairs und andere *de facto* englische Ausschüsse in den Bereichen Education and Employment, Health, Home Affairs und Treasury mögen zwar als rudimentäre Formen solcher Gremien angesehen werden.⁴¹⁵ Labour beharrt jedoch auf dem Standpunkt, daß die Devolutionsreformen keine bedeutsamen Auswirkungen auf Westminster haben, so daß bis heute das zentralstaatliche Gesetzgebungsverfahren noch keinen wesentlichen Reformen unterzogen wurde.⁴¹⁶

In Anbetracht der momentanen Undenkbarkeit einer vollkommenen Auflösung der bestehenden Asymmetrien erscheinen die Reduktion der Zahl schottischer Abgeordneter und die schrittweise Entwicklung englischer Gremien im Unterhaus bei gleichzeitiger Ablehnung der ‚in and out'-Lösung die

---

411 Sogar die amtierende Labour-Regierung mußte sich trotz ihrer grundsätzlich überragenden Mehrheit im britischen Unterhaus bisher bereits mehrfach auf ihre schottischen Abgeordneten in rein englischen Angelegenheiten der Gesundheits- und Bildungspolitik stützen; vgl. *Lodge*, Nations and Regions – Monitoring Report Devolution and the Centre September 2003, S. 23 ff.; *ders.*, Nations and Regions – Monitoring Report Devolution and the Centre November 2003, S. 6 ff.; *ders.*, Nations and Regions: The Dynamics of Devolution – Monitoring Report Devolution and the Centre February 2004, para. 1.4.
412 Vgl. zu diesem Vorschlag *Bogdanor*, Devolution in the UK, S. 233 f.
413 So bereits sec. 66 Scotland Act 1978.
414 Vgl. dazu *Winetrobe*, The Scotland Bill, S. 25 f.; *Bogdanor*, Devolution and the British Constitution, S. 69.
415 Vgl. dazu *Hazell*, The English Question, S. 272 f.; *Russell/Hazell*, Devolution and Westminster, S. 204 f., 210 ff.; *Gay*, Evolution from Devolution, S. 184; *Hazell/Russell/Croft/Seyd/Masterman*, The Constitution: Rolling out the New Settlement, S. 196.
416 *Oliver*, Constitutional Reform in the UK, S. 291; *Hazell*, The English Question, S. 275.

zur Zeit einzig sinnvollen Reaktionen auf die weiterhin bohrende ‚West Lothian Question'.[417] Ihre verschiedenen Gesichter als gleichzeitige zentralstaatliche und regionale Legislative werden der Crown in Parliament in jedem Fall auf absehbare Zeit erhalten bleiben.

## IV. Systematische Verortung Deutschlands und des Vereinigten Königreichs auf dem Kontinuum der Legislativkompetenzaufteilung

Die Betrachtung des Sub-Kontinuums der Legislativkompetenzverteilung zwischen dem Zentralstaat und seinen regionalen Gliedern zeigt somit ein überaus komplexes komparatives Bild der deutschen und britischen Regionalisierungsformen. Diese Komplexität ergibt sich vor allem aus zwei Faktoren: Zum einen steht der deutschen Zuständigkeitssymmetrie mit einer – auch kompetenziellen – Statusgleichheit der Bundesländer im Vereinigten Königreich eine vielschichtige Asymmetrie der Devolutionsordnung gegenüber, die insbesondere hinsichtlich der vertikalen Verteilung von Legislativbefugnissen maßgeschneiderte Lösungen für die verschiedenen Landesteile zu etablieren sucht. Das Vereinigte Königreich bietet damit bereits intern ein graduelles Spektrum von starker Devolution etwa in Schottland bis hin zu praktisch gar keiner nachhaltigen Regionalisierung in England. Die Asymmetrie der britischen Devolution verhindert daher eine direkte und einheitliche Gegenüberstellung der Legislativkompetenzverteilungen in Deutschland und dem Vereinigten Königreich. Zum anderen speist sich die Komplexität des Vergleichsbildes aus der Vielzahl unterschiedlicher Verteilungsmethoden und -modalitäten. Bereits das Grundgesetz bietet eine ganze Reihe von Rechtsinstituten zur Demarkation von Bundes- und Landesgesetzgebungsbefugnissen. Auf britischer Seite lassen sich in der Vielfalt der verschiedenen Devolutionsarrangements eine nicht minder bunte Gruppe von Verteilungstechniken erkennen.

Insbesondere zwischen der schottischen und der nordirischen Devolution auf der einen Seite und der deutschen Bundesstaatlichkeit auf der anderen ergeben sich in bezug auf die Verteilung von Legislativzuständigkeiten wichtige Gemeinsamkeiten. Sowohl Schottland und Nordirland als auch die deutschen Bundesländer besitzen Kompetenzen zum Erlaß primärer beziehungsweise formeller Gesetze. Dabei erweist sich weniger der Umstand als entscheidend, daß ihren Normen dadurch eine bestimmte Rangstufe in der gesamtstaatlichen Normenhierarchie zukommt, da weder in Deutschland noch im Vereinigten Königreich diese Qualifizierung eine rechtliche Unge-

---

417 Ähnlich auch *Hazell*, The English Question, S. 279 f., der jedoch die eventuelle spätere Etablierung rein englischer Legislativgremien nicht ausschließen möchte.

bundenheit des regionalen Gesetzgebers oder eine absolute Gleichordnung mit Gesetzen des Zentralstaates impliziert. Vielmehr vermittelt das Verständnis als primäre oder formelle Gesetzgebung den im Hinblick auf die regionale Autonomie bedeutsamen Tatbestand, daß Schottland, Nordirland und die deutschen Bundesländer für ihre jeweilige gesetzgebende Tätigkeit keiner gesonderten Ermächtigungen durch den Zentralstaat bedürfen.[418] Darin liegt der wichtigste Unterschied zur exekutiven oder quasi-legislativen Devolution für Wales. Verstärkt wird die regionale Legisalativautonomie in Schottland, Nordirland und den deutschen Bundesländern zudem durch die Installierung eines Verteilungssystems der einseitigen Enumeration von Zentralstaatskompetenzen und der regionalen Residualzuständigkeit. Damit werden diese territorialen Einheiten befähigt, neue Regelungsbereiche ohne zentralstaatliche Ermächtigung oder Mitwirkung legislativ zu erschließen. Die kompetenzrechtlichen Abgrenzungsschwierigkeiten, welche dabei aus der gemeinsamen thematischen Zuständigkeitsdemarkation nach Sachmaterien resultieren, werden im Vereinigten Königreich und in Deutschland mit weitgehend parallelen Argumentationsmustern gelöst. Dies erscheint besonders überraschend, wenn der wohl markanteste Unterschied zwischen der schottischen und nordirischen Devolution einerseits und der deutschen Bundesstaatlichkeit andererseits im Bereich der Gesetzgebungskompetenzen Berücksichtigung findet. Die ‚echte' Gesetzgebungskonkurrenz Westminsters in übertragenen Politikfeldern müßte streng genommen dazu führen, daß Zuordnungsprobleme nur in einer Richtung entstehen können, wenn sich nämlich die regionalen Volksvertretungen in Holyrood und Stormont am Rande ihres legislativen Zuständigkeitsterrains bewegen. Die Etablierung der Sewel Convention hat jedoch in einem verfassungsnormativ und -strukturell völlig anderen Gewand zu einer parallelen Zuordnungsnotwendigkeit in der anderen Richtung geführt, so daß hier die deutsche Verfassungsordnung als weiterentwickeltes Vorbild herangezogen werden kann. Das Korsett der Sewel Convention und seine inhaltliche und prozedurale Ausgestaltung werden somit zur bedeutsamen Schanierstelle der britischen Regionalisierungsstruktur.

Eine Gegenüberstellung der legislativen Kompetenzbestände der deutschen Bundesländer und derjenigen Landesteile des Vereinigten Königreichs, die in den Genuß der Devolutionsreformen gekommen sind, ergibt, daß insbesondere Schottland über eine wesentlich stärker ausgeprägte Gesetzgebungsautonomie verfügt als die Glieder des deutschen Bundesstaates. Parallele Zuständigkeiten der deutschen Bundesländer und der britischen Randterritorien zeigen sich zunächst vor allem in solchen Politikbereichen, die für die Wahrung regionaler Identitäten von besonderem Interesse sind. So besitzen sie alle wichtige Legislativbefugnisse in kulturellen Angelegenheiten, wobei jedoch der Ausschluß des Rundfunkrechts als vorbehaltenes Kompetenzfeld Westminsters im Rahmen der britischen Devolution eine auffällige Abweichung darstellt. Auch die exekutive Devolution in Wales betont etwa

---

418 Vgl. *Hopkins*, Devolution in Context, S. 248.

mit den Zuständigkeiten zum Schutze der walisischen Sprache diesen Themenkomplex, da die schrittweise Verdrängung der spezifisch walisischen Kultur zu den wesentlichen Beweggründen für die dortigen Regionalisierungsreformen zählt. Diesem kulturellen und identitätsbezogenen Wirkungsbereich muß auch die Bildungspolitik zugerechnet werden, die sowohl in Deutschland als auch im Vereinigten Königreich zu den Schwerpunkten regionaler Legislativautonomie gehört.[419] Darüber hinaus teilen die betrachteten Regionaleinheiten wichtige Gesetzgebungszuständigkeiten in den Bereichen Kommunalverwaltung, Raumordnung und regionale wirtschaftliche Entwicklung,[420] welche nach dem Grundgedanken der Subsidiarität in der Regel keiner zentralstaatlichen Regelung bedürfen. Der Umweltschutz bietet ein weiteres paralleles Betätigungsfeld, obgleich das Grundgesetz dem Bund eine Reihe von Einzelzuständigkeiten mit umweltschützendem Charakter zuerkennt. Substantiell vergleichbar sind die Zuständigkeiten der deutschen Bundesländer in den Bereichen innere Sicherheit und Polizei nur mit dem schottischen Devolutionsmodell, während dieser Bereich vor dem Hintergrund teilweise bürgerkriegsähnlicher innerer Spannungen in der Devolution an Nordirland vorerst ausgenommen bleibt. Die Qualifizierung als ‚reserved matter', der möglicherweise in der Zukunft übertragen werden kann, und die überragende Bedeutung dieser Transfermöglichkeit in der öffentlichen Debatte über die Zukunft der nordirischen Devolution offenbaren jedoch die fundamentale Überzeugung der beteiligten Akteure, daß auch dieser Bereich im Vereinigten Königreich zur kompetenziellen Grundausstattung stabiler Regionalinstitutionen gehört. Mit ihren Zuständigkeiten auf den Politikfeldern Gesundheit und Soziales verfügen die britischen Randterritorien teilweise über erheblich weiterreichende Regelungsbefugnisse als die deutschen Bundesländer. Schließlich überträgt die schottische Devolution dem Parlament in Edinburgh eine Reihe bedeutender Legislativzuständigkeiten, welche den deutschen Bundesländern verwehrt bleiben.[421] So wurde Schottland insbesondere mit der selbständigen Gesetzgebung in den Bereichen des Zivil- und des Strafrechts betraut und verfügt somit – anders als die deutschen Bundesländer – über das Recht zur Erhaltung und Weiterentwicklung seines eigenständigen Rechtssystems.

Auch die walisische Devolution bietet indessen trotz ihrer Beschränkungen auf den Transfer sekundärer Gesetzgebungsbefugnisse einen aufschlußreichen Vergleichsmaßstab für die Zuständigkeiten der deutschen Länder. Ihr Verständnis als quasi-legislative Devolution basiert grundsätzlich auf dem Leitgedanken einer ausfüllungsbedürftigen Richtlinien- und Rahmengesetz-

---

419 Vgl. zu der Bedeutung kultureller Angelegenheiten in der vertikalen Kompetenzverteilung Deutschlands und des Vereinigten Königreichs *Jeffery, Charlie*, The Decentralisation Debate in the UK: Role-Modell Deutschland?, Scottish Affairs 19 (Frühling 1997), S. 42, 46.
420 Vgl. dazu *Jeffery*, The Decentralisation Debate in the UK, S. 16 ff.
421 Vgl. *Jeffery, Charlie*, Multi-Layer Democracy in Germany: Insights for Scottish Devolution, London 1998, S. 2.

gebung aus Westminster etwa auf den Politikfeldern Kultur, Bildung, Umwelt, Raumplanung, Gesundheit und Soziales. Gemessen an den Legislativkompetenzen der deutschen Bundesländer erscheint dieser Zuständigkeitsbestand zunächst bereits strukturell eher bescheiden. Dennoch darf nicht verkannt werden, daß auch die deutschen Gliedstaaten in wesentlichen Bereichen ihrer Kernzuständigkeiten der Rahmengesetzgebung des Bundes unterliegen. Dies gilt – in gewisser Parallele zur walisischen Devolution – vor allem für ihre Gesetzgebung auf den Gebieten des Hochschul- und Pressewesens, des Naturschutzes und der Landschaftspflege sowie der Raumordnung.

Die direkte Verortung der deutschen und der britischen Verfassungsordnung auf einem Kontinuum der vertikalen Legislativkompetenzverteilung bereitet aufgrund dieses vielschichtigen Gefüges von Gemeinsamkeiten und Unterschieden und insbesondere der Asymmetrie der britischen Regionalisierung erhebliche Schwierigkeiten. Entscheidende Bedeutung für die relative Einordnung erlangt der Umfang der legislativen Autonomie der regionalen Glieder zur Wahrnehmung eigenständiger politischer Leitungsfunktionen. Die legislative Selbständigkeit der deutschen Bundesländer wurde seit der Gründung der Bundesrepublik im wesentlichen stetig durch formelle Verfassungsänderungen und nachhaltige Inanspruchnahme der zentralstaatlichen Kompetenztitel zurückgedrängt, so daß sie heute nur noch einen vergleichsweise dünnen Bestand an Gesetzgebungskompetenzen innehaben. Ihre politische Leitungsfunktion hat sich auf wenige Kernzuständigkeiten reduziert, die zudem mit verschiedenen Regelungsbefugnissen des Bundes versetzt sind. Demgegenüber erweist sich der Umfang der schottischen Kompetenzen als relativ umfangreich, so daß zumindest die schottische Devolution auf dem Kontinuum der Legislativkompetenzverteilung als im Vergleich zum deutschen Bundesstaat stärker dezentralisierte Regionalisierungsform zu verorten ist. Auch die echte Kompetenzkonkurrenz Westminsters vermag in Zeiten stabiler schottischer Devolution nichts an dieser Qualifizierung zu ändern, da zentralstaatliche Übergriffe in die schottischen Legislativzuständigkeiten aufgrund der Sewel Convention der Zustimmung des schottischen Parlaments bedürfen. Das nordirische Devolutionsmodell bleibt dagegen in den Zeiten innerer Spannungen noch erheblich hinter den schottischen Arrangements zurück. Nicht nur besteht in den Suspendierungsphasen gar keine legislative Selbständigkeit Nordirlands, sondern der Bestand gänzlich übertragener Kompetenzen verleiht den Regionalinstitutionen auch bei funktionsfähiger Devolution keine Schottland vergleichbare politische Autonomie. Dennoch beinhaltet der Northern Ireland Act 1998 mit der Kategorie der ‚reserved matters', welche in friedlicheren Tagen an die nordirische Versammlung transferiert werden können, die Fundamente einer überaus intensiven regionalen Eigenständigkeit. Der nordirische Friedensprozeß bleibt der maßgebliche limitierende Faktor dieses Entwicklungspfades. Obgleich die politische Autonomie Wales' in der Gegenüberstellung mit den deutschen Bundesländern zum heutigen Zeitpunkt als insgesamt schwächer eingestuft werden muß, ermöglichen die im Government of Wales Act 1998 eingebauten Mechanismen der flexiblen Kompetenzübertragung eine schrittweise Verstärkung regionaler Selbständigkeit, so daß auch hier eine endgültige Verortung der walisischen Devolution als ‚moving target' auf dem Kontinuum der vertikalen Kompetenzverteilung noch nicht vorgenommen werden kann.

## C. Die Verteilung von Exekutivkompetenzen zwischen Gesamtstaat und Gliedern

Auch im Bereich der vollziehenden Gewalt kann die Autonomie der regionalen staatlichen Ebene Ausdruck finden und – allerdings in einem beschränkteren Umfang als auf dem Gebiet der Gesetzgebung – territorialen Gliedern eines regionalisierten Staatsgefüges politische Leitungsfunktionen verleihen. Die Verteilung der Exekutivkompetenzen zwischen der zentralstaatlichen und der regionalen Ebene wird dabei vor allem durch ihr Verhältnis zur vertikalen Zuordnung von Legislativzuständigkeiten verständlich. Für die verfassungsnormative Ausgestaltung dieses Zusammenhangs bieten sich im wesentlichen drei Alternativen:[422] Denkbar ist zunächst eine Verteilung nach Staatsfunktionen, bei der Legislativ- und Exekutivkompetenzen jeweils als Einheit einer staatlichen Ebene übertragen werden. Demgegenüber kann im Sinne eines strengen Dualismus der Wirkungsbereiche die Aufteilung von Exekutivbefugnissen dem System der Legislativkompetenzverteilung nach Sachmaterien folgen, so daß jede staatliche Ebene für den Vollzug der eigenen Gesetze verantwortlich zeichnet. Schließlich sind verschiedenste Mischformen dieser beiden Modelle möglich, die sich jeweils mehr oder weniger stark an der einen oder der anderen Reinform orientieren. Regelungstechnisch müssen dabei den staatlichen Ebenen ihre Kompetenzen sowohl nach Staatsfunktionen als auch nach Sachmaterien sortiert zugeordnet werden. In der konstitutionellen Praxis enthalten wohl alle regionalisierten Staatsgefüge Elemente beider Idealmodelle.[423] Die Reinformen der Kompetenzverteilung nach Staatsfunktionen und nach Sachmaterien bleiben jedoch als analytische Bezugspunkte von großer Bedeutung. Eine häufig vorgeschlagene, lediglich zweigliedrige Systematisierung der betreffenden Verteilungsmodelle, bei der entweder ‚funktionenblind' lediglich nach Sachmaterien oder sowohl nach Materien als auch nach Staatsfunktionen unterschieden wird,[424] erklärt sich aus dem nachvollziehbaren Bestreben bundesstaatlicher Verfassungsdogmatik, Regionalisierungsformen mit rein exekutiven Kompetenzen auf regionaler Ebene aus der Betrachtung auszuklammern. Diese Betrachtungsweise ver-

---

422 Siehe dazu bereits supra Kapitel 5 § 1 A. I.
423 Vgl. *Hopkins*, Devolution in Context, S. 254.
424 So *Hesse*, Grundzüge des Verfassungsrechts, Rz. 235; *Kirschenmann, Dietrich*, Zuständigkeiten und Kompetenzen im Bereich der Verwaltung nach dem 8. Abschnitt des Grundgesetzes, JuS 1977, S. 565, 567.

sperrt jedoch den Blick auf die Vielfalt der denkbaren Regelungsalternativen als analytischen Bezugsrahmen und bleibt daher für die Verfassungsvergleichung unergiebig.[425]

## I. Exekutivorgane in der regionalisierten Staatsorganisation

Obgleich insbesondere hinsichtlich der deutschen Stadtstaaten terminologische Unterschiede und Abweichungen im parlamentarischen Kreationsakt bestehen, besitzen in der Bundesrepublik Deutschland sowohl der Bund als auch die Länder kollegial gebildete Spitzen der vollziehenden Gewalt, die in parlamentarischen Regierungssystemen durch die jeweiligen Volksvertretungen gewählt und kontrolliert werden.[426] Diese Exekutivorgane übernehmen auf beiden staatlichen Ebenen der Bundesrepublik die primären Funktionen der Regierung und stehen dem jeweiligen Verwaltungsapparat vor.[427] Der britische Zentralstaat spiegelt diese Staatsorgane in der Urform der parlamentarischen Kabinettregierung, bestehend aus dem Premierminister und den kabinettsangehörigen Ministern, wider.[428] Das Grundprinzip einer parlamentarisch gestützten Kabinettregierung wurde durch die sec. 44ff. Scotland Act 1998 auch der schottischen Devolution zugrunde gelegt, so daß das Verhältnis zwischen der ‚Scottish Executive' und dem schottischen Parlament im wesentlichen demjenigen zwischen Whitehall und Westminster entspricht.[429] Dagegen konzipiert der Government of Wales Act 1998 das National Assembly for Wales formal als einheitliches Exekutivorgan und etabliert wichtige Grundzüge einer gewaltenvereinenden Ausschußstruktur. Jedoch hat die Regionalversammlung vor allem durch die Übertragung von Regierungskompetenzen an das ‚Executive Committee' eine interne Funktionsdifferenzierung

---

425 Ähnlich der hier vertretenen Systematisierung *Bogdanor*, Federalism and Devolution, S. 46.
426 Vgl. *Stern*, Staatsrecht I, S. 732; *Herdegen*, Strukturen und Institute des Verfassungsrechts der Länder, Rz. 23ff. Zum Verhältnis zwischen Parlamenten und Regierungen in den deutschen Bundesländern siehe supra Fn. 53 mit Text.
427 Zur Verbindung von Regierung und Verwaltung im Begriff der Exekutive vgl. *Maurer*, Staatsrecht I, § 18, Rz. 5ff.; *Zippelius, Reinhold*, Allgemeine Staatslehre, 14. Auflage, München 2003, S. 328ff.; *Brunner, Georg*, Vergleichende Regierungslehre, Band I, Paderborn (u. a.) 1979, S. 285ff.
428 Vgl. dazu *Bradley/Ewing*, Constitutional and Administrative Law, S. 259ff.; *Barendt, Eric*, An Introduction to Constitutional Law, Oxford 1998, S. 107ff.; *Jennings, Ivor*, Cabinet Government, 3. Auflage, Cambridge 1969, insbesondere S. 20ff., 59ff., 90ff., 173ff. und 228ff.
429 Vgl. White Paper: Scotland's Parliament, para. 2.6; *Brazier, Rodney*, The Scottish government, PL 1998, S. 212, 215ff.; *Burrows*, Devolution, S. 92ff.; *Hadfield*, Nature of Devolution in Scotland and Northern Ireland, S. 9f.; Kritisch *Bogdanor*, Devolution in the UK, S. 213ff., der insbesondere auf Unterschiede hinsichtlich der Parlamentsauflösung verweist.

vorgenommen, weshalb sich die walisischen Regionalinstitutionen dem System der parlamentarisch gestützten Kabinettregierung zumindest *de facto* annähern.[430] Die nordirischen Regierungsstrukturen nehmen zwischen diesen beiden Organisationsalternativen gewissermaßen eine Zwischenstellung ein, welche sich vor allem aus dem Grundgedanken einer möglichst inklusiven Regierungsbildung erklärt. Zwar besteht grundsätzlich eine Funktionstrennung zwischen dem Northern Ireland Assembly und dem ‚Executive Committee', zwar wird die unionistisch-republikanische Doppelspitze der nordirischen Exekutive von der Versammlung mit doppeltem Mehrheitserfordernis zur Sicherung des notwendigen ‚cross-community support' gewählt, die übrigen Regierungsposten werden jedoch proportional auf die in der Versammlung vertretenen Parteien verteilt, und die politisch heterogene nordirische Regierung unterliegt notwendigerweise nicht dem Prinzip der kollektiven Ministerverantwortlichkeit; statt dessen sind die Regierungsmitglieder stark in das obligatorische Ausschußsystem der nordirischen Versammlung eingebunden.[431] Damit entsteht eine auf ein inklusives ‚power-sharing' der politischen Kräfte ausgelegte Verflechtung der nordirischen Legislative und Exekutive mit bedeutsamen Unterschieden zum traditionellen Londoner Kabinettsystem.

## II. Das regionalisierte Verwaltungssystem in Deutschland

Das Grundgesetz der Bundesrepublik Deutschland verwirklicht eine Mischform zwischen den zwei Extremmodellen der vertikalen Kompetenzzuordnung, die jedoch eine klare Tendenz zur Kompetenzverteilung nach Staatsfunktionen aufweist, bei der dem Bund im Schwerpunkt legislative Zuständigkeiten, den Ländern dagegen primär Vollzugsbefugnisse zugeteilt werden.

Den Ausgangspunkt der grundgesetzlichen Verteilung von Exekutivkompetenzen zwischen Bund und Ländern bildet wiederum die funktionenübergreifende Generalregelung des Art. 30 GG, wonach alle Zuständigkeiten, die nicht ausdrücklich dem Bund zugeordnet sind, von den Ländern wahrgenommen werden.[432] Derartige Kompetenzzuweisungen an die zentralstaatliche Ebene im Bereich der Verwaltung finden sich vor allem in Abschnitt

---

430 Vgl. *Turpin*, British Government, S. 287. Siehe dazu supra Kapitel 5 § 1 B. III. 2.
431 Vgl. *Burrows*, Devolution, S. 100 ff.; *O'Leary, Brendan*, The 1998 British-Irish Agreement: Power-Sharing Plus, Scottish Affairs 26 (Winter 1999), S. 14, 15 ff.; ders., The Character of the 1998 Agreement, S. 52 ff.; *Hadfield*, Nature of Devolution in Scotland and Northern Ireland, S. 18 ff.; *Grote*, Friedensvereinbarung von Belfast, S. 675 f.; *Hood Phillips/Jackson/Leopold*, Constitutional and Administrative Law, Rz. 5–031; *Schwab*, Devolution, S. 135 ff.; *Wilford, Rick*, The Assembly and the Executive, in: ders. (Hrsg.), Aspects of the Belfast Agreement, Oxford 2001, S. 107, 107 ff.
432 *Degenhart*, Staatsrecht I, Rz. 168; *Maurer*, Staatsrecht I, § 18, Rz. 9.

VIII. des Grundgesetzes. Für die Politikfelder der Landesgesetzgebung folgt jedoch bereits aus der Generalklausel des Art. 30 GG und dem Fehlen einer Befugniszuweisung an den Bund die Verwaltungszuständigkeit der Länder;[433] damit nimmt das deutsche Grundgesetz hier eine Zuordnung von Exekutivkompetenzen entsprechend dem Grundgedanken des Verteilungsmodells allein nach Sachmaterien vor.

Hinsichtlich des weitaus umfassenderen Bereichs der Bundesgesetzgebung enthält Art. 83 GG die gegenüber Art. 30 GG spezielle Generalklausel, nach der die Länder Bundesgesetze „als eigene Angelegenheit" ausführen, „soweit dieses Grundgesetz nicht anderes bestimmt oder zuläßt".[434] Diese Landeseigenverwaltung stellt somit die Regel für alle nicht gesondert geregelten Fälle des Vollzugs von Bundesgesetzen dar. Damit wird die für den Bereich der Gesetzgebungskompetenzen aus Art. 70 GG und für die gesamte Staatstätigkeit aus Art. 30 GG bekannte Kombination aus einseitiger Enumeration von Bundeszuständigkeiten und gliedstaatlicher Residualkompetenz für den speziellen Themenkomplex des Vollzugs von Bundesgesetzen verankert. Hierin liegt die folgenreichste grundgesetzliche Durchbrechung des dualistischen Modells der Kompetenzverteilung nach Sachmaterien zugunsten einer funktionsorientierten Zuständigkeitsallokation. Art. 83 GG legt den Grundstein für die den deutschen Bundesstaat besonders prägende Inkongruenz von legislativen und exekutiven Zuständigkeiten des Bundes.[435] In der Ausführung von Bundesgesetzen „als eigene Angelegenheit" entscheiden die Länder grundsätzlich über alle Aspekte des Gesetzesvollzugs und sind prinzipiell nicht den Weisungen des Bundes unterworfen.[436] Art. 84 GG verleiht dem Bund für den Bereich der Landeseigenverwaltung jedoch eine Reihe begrenzter Einwirkungs- und Aufsichtsrechte. So ermöglicht Art. 84 Abs. 1 und 2 GG den Erlaß von Bundesgesetzen zur Regelung der Einrichtung der vollziehenden Behörden und des anwendbaren Verfahrens sowie von allgemeinen Verwaltungsvorschriften.[437] Darüber hinaus regelt Art. 84 Abs. 3 und 4 GG die Rechtsaufsicht durch den Bund und erlaubt Art. 84 Abs. 5 GG die bundesgesetzliche Ermächtigung der Bundesregierung zur Erteilung von Einzelweisungen in besonderen Ausnahmefällen, die allerdings grundsätzlich

---

433 Vgl. *Dittmann, Armin*, Art. 83 GG, in: Sachs, Rz. 3; *Blümel, Willi*, Verwaltungszuständigkeit, in: Isensee, Josef/Kirchhof, Paul (Hrsg.), Handbuch des Staatsrechts der Bundesrepublik Deutschland, Band IV, 2. Auflage, Heidelberg 1999, § 101, Rz. 9 f.; *Lerche, Peter*, Art. 83 GG, in: Maunz/Dürig, Rz. 25.
434 Vgl. *Blümel*, Verwaltungszuständigkeit, Rz. 1.
435 *Klein*, Das Verhältnis von Gesetzgebungszuständigkeit und Verwaltungszuständigkeit, S. 398 f.; *Kirschenmann*, Zuständigkeiten und Kompetenzen im Bereich der Verwaltung, S. 567; *Dittmann, Armin*, Art. 83 GG, in: Sachs, Rz. 2.
436 *Maurer*, Staatsrecht I, § 18, Rz. 12; *Hesse*, Grundzüge des Verfassungsrechts, Rz. 245; *Degenhart*, Staatsrecht I, Rz. 170; *Lerche*, Art. 83 GG, in: Maunz/Dürig, Rz. 12; *Hebeler, Timo*, Die Ausführung der Bundesgesetze (Art. 83 ff. GG), Jura 2002, S. 164, 165.
437 Vgl. dazu *Pieroth, Bodo*, Art. 84 GG, in: Jarass/Pieroth, Rz. 2 ff., 8 f.; *Blümel*, Verwaltungszuständigkeit, Rz. 23 ff., 37 ff.; *Dittmann, Armin*, Art. 84 GG, in: Sachs, Rz. 5 ff., 20 ff.

nur an die obersten Landesbehörden zu richten sind.[438] Die verfassungsrechtlichen Beschränkungen dieser Einwirkungs- und Aufsichtsbefugnisse und die Mitwirkungsrechte des Bundesrates bewirken indessen eine vergleichsweise wirkungsvolle Abschirmung der regionalen Vollzugskompetenzen im Bereich der Landeseigenverwaltung vor zentralstaatlichem Einfluß. Jedoch ist die in Art. 84 Abs. 1 GG als Ausnahme vorgesehene Möglichkeit des zentralstaatlichen Erlasses von Organisations- und Verfahrensregelungen für die Landeseigenverwaltung in der heutigen Staatspraxis zur Regel geworden und hat aufgrund des Erfordernisses der Zustimmung des Bundesrates bei diesen Gesetzen zu einer beträchtlichen Stärkung dieses Bundesorgans geführt.[439]

Während Art. 83 GG somit die residuale Vollzugskompetenz der Länder in der Form der Landeseigenverwaltung für die Bereiche der Bundesgesetzgebung anordnet, enthalten die Art. 85 und 86 GG die besonderen Vollzugsformen der Bundesauftragsverwaltung und der Bundesverwaltung als ausdrückliche Ausnahmen zu dieser Generalklausel. Bei der Bundesauftragsverwaltung nach Art. 85 GG handelt es sich zunächst – wie bei der Landeseigenverwaltung – um eine echte Ländervollzugskompetenz,[440] bei der die Länder – vorbehaltlich verfassungsrechtlich eingeräumter Ingerenzrechte des Bundes – die betroffenen Bundesgesetze in eigener Verantwortung vollziehen.[441] Die Länder führen „im Auftrage des Bundes" diejenigen Gesetze aus, welche durch das Grundgesetz obligatorisch dafür vorgesehen sind oder durch bundesgesetzliche Regelung auf der Grundlage einer grundgesetzlichen Fakultativklausel dieser Vollzugsform ausdrücklich unterstellt werden.[442] So werden beispielsweise die Bundesautobahnen und -fernstraßen, Geldleistungsgesetze, bei denen der Bund die Hälfte oder mehr der Ausgabenlast trägt, sowie diejenigen Steuern, die ganz oder zum Teil dem Bund zufließen, in obligatorischer Auftragsverwaltung der Länder geführt.[443] Fakultative Auftragsverwaltung sieht das Grundgesetz etwa für die Bereiche der Verteidigung, der Kernenergie, des Luftverkehrs, der Bundeswasserstraßen und der Durchführung des Lastenausgleichs vor.[444] Mit diesem Anwendungsbereich kommt der Auftragsverwaltung insgesamt gesehen keine übermäßig große

---

438 Vgl. dazu *Pieroth*, Art. 84 GG, in: Jarass/Pieroth, Rz. 10 ff.; *Maurer*, Staatsrecht I, § 18, Rz. 13; *Blümel*, Verwaltungszuständigkeit, Rz. 33 ff., 41 ff.; *Dittmann*, Art. 84 GG, in: Sachs, Rz. 23 ff., 26 ff.
439 *Hesse*, Grundzüge des Verfassungsrechts, Rz. 245; *Blümel*, Verwaltungszuständigkeit, Rz. 24 ff.
440 BVerfGE 81, 310, 331; BVerwGE 100, 56, 58; *Vogel*, Die bundesstaatliche Ordnung, Rz. 94; *Dittmann, Armin*, Art. 85 GG, in: Sachs, Rz. 4; *Blümel*, Verwaltungszuständigkeit, Rz. 49; *Broß, Siegfried*, Art. 85 GG, in: von Münch/Kunig, Rz. 1. Insofern gilt der Begriff der ‚Bundesauftragsverwaltung' zumindest als mißverständlich; vgl. *Pieroth, Bodo*, Art. 85 GG, in: Jarass/Pieroth, Rz. 2.
441 BVerwGE 52, 226, 229; 62, 342, 344; *Stern*, Staatsrecht II, S. 808; *Blümel*, Verwaltungszuständigkeit, Rz. 49.
442 *Blümel*, Verwaltungszuständigkeit, Rz. 46; *Stern*, Staatsrecht II, S. 809 f.; *Vogel*, Die bundesstaatliche Ordnung, Rz. 95; *Maurer*, Staatsrecht I, § 18, Rz. 17.
443 Art. 90 Abs. 2, 104a Abs. 3 Satz 2, 108 Abs. 3 i.V.m. Art. 106 Abs. 1 und 3 GG.
444 Art. 87b Abs. 2, 87c, 87d Abs. 2, 89 Abs. 2, 120a GG.

Bedeutung zu.[445] Der maßgebliche Unterschied zwischen der Landeseigenverwaltung und der Auftragsverwaltung liegt im Umfang der dem Bund durch das Grundgesetz zugestandenen Ingerenzrechte. Zusätzlich zur zentralstaatlichen Einflußnahme durch den Erlaß bundesgesetzlicher Organisations- und Verfahrensregeln sowie bundeseinheitlicher Verwaltungsvorschriften und durch die Rechtsaufsicht, unterliegt die Auftragsverwaltung der Länder auch der Fachaufsicht und der Einzelweisungsbefugnis des Bundes.[446] Den Ländern steht daher im Bereich der Auftragsverwaltung neben der Wahrnehmungskompetenz nach außen zwar auch grundsätzlich die Sachkompetenz zu, jedoch kann der Bund letztere durch Einzelweisungen jederzeit an sich ziehen.[447] Die gegenüber der Landeseigenverwaltung erheblich gesteigerten Einflußrechte des Bundes bewirken für die Auftragsverwaltung eine enge Verzahnung der exekutiven Wirkungsbereiche der zentralstaatlichen und der regionalen Ebene, so daß die Auftragsverwaltung nach einer materiellen Betrachtung auch als verflechtende Mischform des bundeseigenen und des landeseigenen Gesetzesvollzugs verstanden werden kann, bei der die Zuständigkeitswahrnehmung zwar bei den Ländern liegt, sich jedoch inhaltlich stets der Bundeswille durchsetzen soll.[448]

Im Unterschied zur Bundesauftragsverwaltung handelt es sich bei der sogenannten Bundesverwaltung nach Art. 86 GG um eine echte Verwaltungskompetenz des Bundes, die entweder unmittelbar durch eigene Behörden des Bundes als unmittelbare Bundesverwaltung oder „durch bundesunmittelbare Körperschaften oder Anstalten des öffentlichen Rechts" als mittelbare Bundesverwaltung wahrgenommen wird.[449] Als weitere und zudem weitestreichende Ausnahme zur Grundregel des Art. 83 GG unterliegen nur solche

---

445 *Katz*, Staatsrecht, Rz. 478. Ein wichtiger Anwendungsfall der Auftragsverwaltung bleibt jedoch die Atomverwaltung; vgl. zu Weisungen in diesem Bereich *Pera, Lars-Uwe*, Bundesweisung bei der Bundesauftragsverwaltung am Beispiel der Atomverwaltung, NVwZ 1989, S. 1120, 1120 ff.
446 Art. 85 GG. Vgl. dazu *Blümel*, Verwaltungszuständigkeit, Rz. 52 ff.; *Dittmann*, Art. 85 GG, in: Sachs, Rz. 10 ff.; *Broß*, Art. 85 GG, in: von Münch/Kunig, Rz. 4 ff.; *Katz*, Staatsrecht, Rz. 469.
447 *Broß*, Art. 85 GG, in: von Münch/Kunig, Rz. 18; *Sommermann*, Bundesauftragsverwaltung, S. 1550; *Degenhart*, Staatsrecht I, Rz. 174; *Hebeler*, Die Ausführung der Bundesgesetze, S. 168 f. Zur Trennung zwischen der staatsinternen Sachkompetenz des Bundes und der nach außen gerichteten Wahrnehmungskompetenz der Länder in der neueren bundesverfassungsgerichtlichen Rechtsprechung vgl. *Jochum, Heike*, Die Bundesauftragsverwaltung im Umbruch: Wie weit reicht die Sachkompetenz des Bundes? – Eine kritische Würdigung der Entscheidung des BVerfG vom 19.02.2002 (Az. 2 BvG 2/00) aus staatsorganisatorischer und verwaltungswissenschaftlicher Perspektive, DÖV 2003, S. 16, 17 ff.
448 *Blümel*, Verwaltungszuständigkeit, Rz. 49 m. w. N.; *Sommermann*, Bundesauftragsverwaltung, S. 1549; *Broß*, Art. 85 GG, in: von Münch/Kunig, Rz. 18a.
449 *Pieroth, Bodo*, Art. 86 GG, in: Jarass/Pieroth, Rz. 1; *Blümel*, Verwaltungszuständigkeit, Rz. 77 ff.; *Maurer*, Staatsrecht I, § 18, Rz. 19. Sowohl bei der unmittelbaren als auch bei der mittelbaren Bundesverwaltung wird weiter danach unterschieden, ob der Bund auf Oberbehörden beschränkt bleibt oder einen eigenen Verwaltungsunterbau einrichten kann oder sogar muß.

Gegenstände in Bundesverwaltung, die das Grundgesetz obligatorisch oder ein Bundesgesetz auf der Grundlage einer verfassungsrechtlichen Fakultativbestimmung dieser Vollzugsform unterstellt.[450] Die Art. 87 bis 90 GG enthalten eine Reihe derartiger obligatorischer oder fakultativer Gegenstände der Bundesverwaltung. Danach werden in obligatorischer Bundesverwaltung vor allem der auswärtige Dienst, die Bundesfinanzverwaltung, – mit Vorbehalt – die Bundeswasserstraßenverwaltung, überregionale Sozialversicherungsträger, die Bundeswehrverwaltung, die Luft- und Eisenbahnverkehrsverwaltung sowie die Bundesbank geführt.[451] Fakultative Bundesverwaltung sieht das Grundgesetz vor etwa für den Bundesgrenzschutz, bestimmte Zentralstellen auf den Gebieten der Polizei und des Verfassungsschutzes[452] sowie die unter den Voraussetzungen des Art. 87 Abs. 3 GG geschaffenen Körperschaften und Anstalten des öffentlichen Rechts.[453] In diesen Bereichen sind die Länder gänzlich von der Mitwirkung ausgeschlossen.[454] Allgemein wird zudem auch im Bereich der Verwaltung grundsätzlich die Existenz ungeschriebener Bundeskompetenzen anerkannt.[455]

Für den mittelbaren und den unmittelbaren Vollzug von Europäischem Gemeinschaftsrecht durch die Bundesrepublik Deutschland enthält das Grundgesetz keine Regelung. Im ersteren Fall werden jedoch nationale Gesetze vollzogen, so daß die Art. 30 und 83 ff. GG direkt zur Anwendung gelangen können.[456] Zwar könnte Art. 30 GG als Residualklausel den ansonsten ungeregelten Vollzug unmittelbar geltenden Gemeinschaftsrechts den Ländern zuordnen, doch entspricht es der heute vorherrschenden Ansicht, daß hier die Art. 30 und 83 GG entsprechend heranzuziehen sind.[457]

Die Art. 30 und 83 ff. GG schaffen somit für den Bereich der staatlichen Verwaltung ein vielschichtiges Verteilungssystem von Generalklauseln residualer Länderzuständigkeit und enumerierten Ausnahmen der Bundeskompetenz. Dabei staffeln sich die verschiedenen Vollzugsformen nach dem

---

450 *Blümel*, Verwaltungszuständigkeit, Rz. 75 f.; *Sachs, Michael*, Art. 86 GG, in: Sachs, Rz. 6; *Maurer*, Staatsrecht I, § 18, Rz. 23; *Degenhart*, Staatsrecht I, Rz. 175.
451 Art. 87 Abs. 1 Satz 1 und Abs. 2, 87b Abs. 1, 87d Abs. 1, 87e Abs. 1, 88 GG.
452 Errichtet wurden danach das Bundeskriminalamt und das Bundesamt für Verfassungsschutz.
453 Art. 87 Abs. 1 Satz 2 und Abs. 3 GG.
454 *Broß, Siegfried*, Art. 86 GG, in: von Münch/Kunig, Rz. 1; *Maurer*, Staatsrecht I, § 18, Rz. 20 f.; *Katz*, Staatsrecht, Rz. 467 f.
455 BVerfGE 11, 6, 17 f.; 22, 180, 216 f.; *Ehlers*, „Ungeschriebene Kompetenzen", S. 326 f.; *Lerche*, Art. 83 GG, in: Maunz/Dürig, Rz. 39 ff.; *Degenhart*, Staatsrecht I, Rz. 179 f. Kritisch dazu *Broß*, Art. 83 GG, in: von Münch/Kunig, Rz. 11 f.; *Blümel*, Verwaltungszuständigkeit, Rz. 116 ff.
456 *Lerche*, Art. 83 GG, in: Maunz/Dürig, Rz. 51; *Koenig, Christian*, Bedürfen die Bundesländer einer institutionalisierten Hilfestellung beim Verwaltungsvollzug von Europäischem Gemeinschaftsrecht?, DVBl. 1997, S. 581,584 f.; *Hebeler*, Die Ausführung der Bundesgesetze, S. 172; *Ehlers*, „Ungeschriebene Kompetenzen", S. 326.
457 *Broß*, Art. 83 GG, in: von Münch/Kunig, Rz. 21; *Dittmann*, Art. 83 GG, in: Sachs, Rz. 20; *Lerche*, Art. 83 GG, in: Maunz/Dürig, Rz. 51; *Koenig*, Bedürfen die Bundesländer einer institutionalisierten Hilfestellung beim Verwaltungsvollzug von EG-Recht?, S. 585; *Hebeler*, Die Ausführung der Bundesgesetze, S. 172; *Isensee*, Der Bundesstaat, S. 759.

Umfang der dem Bund durch das Grundgesetz eingeräumten Ingerenzrechte bis hin zu eigenen Verwaltungskompetenzen des Bundes. Trotz dieses kompetenziellen Stufenbaus der zentralstaatlichen Einflußnahme bleiben die exekutiven Wirkungsbereiche des Bundes und der Länder verfassungsrechtlich getrennt.[458] Hinsichtlich der Vollzugsformen verläuft die maßgebliche Demarkationslinie zwischen der Auftragsverwaltung als Landesvollzug von Bundesgesetzen und der Bundesverwaltung als zentralstaatlicher Exekutivkompetenz. Dabei hat die grundgesetzliche Kompetenzverteilung auf dem Gebiet der vollziehenden Gewalt – anders als im Bereich der Gesetzgebung – nicht zu einem Übergewicht des Bundes geführt, dessen Bestand an selbständigen Verwaltungskompetenzen insgesamt als nicht sehr beträchtlich anzusehen ist.[459]

Diese verfassungsrechtliche Verteilungsstruktur steht nicht zur Disposition der beiden staatlichen Ebenen, so daß das herrschende deutsche Verfassungsschrifttum dem Grundgesetz ein grundsätzliches Verbot der Mischverwaltung entnimmt, soweit diese nicht verfassungsrechtlich vorgesehen ist.[460] Dagegen hat das Bundesverfassungsgericht im Jahre 1983 das Dogma von der grundsätzlichen Unzulässigkeit der Mischverwaltung aufgegeben.[461] Eine besonders signifikante Ausnahme von diesem umstrittenen Trennungsprinzip bieten in jedem Fall die Gemeinschaftsaufgaben gemäß den Art. 91a und 91b GG, welche im Jahre 1969 als Erscheinungsform des kooperativen Föderalismus in das Grundgesetz Eingang fanden und bestehende Kooperationsverflechtungen kanalisieren und disziplinieren sollten.[462] Es handelt sich um Staatsaufgaben von umfassender, meist überregionaler Bedeutung mit weitreichenden planerischen und finanziellen Bedürfnissen, die das Grundgesetz der gemeinschaftlichen Vollzugsverantwortung von Bund und Ländern überträgt.[463] Auf den grundsätzlich dem Kompetenzbestand der Länder zugeordneten Gebieten des Aus- und Neubaus von Hochschulen, der Verbesserung der regionalen Wirtschaftsstruktur sowie der Verbesserung der Agrarstruktur und des Küstenschutzes[464] konkretisiert der Bund durch zustimmungsbedürf-

---

458 *Hesse*, Grundzüge des Verfassungsrechts, Rz. 251.
459 *Vogel*, Die bundesstaatliche Ordnung, Rz. 100.
460 *Lerche*, Art. 83 GG, in: Maunz/Dürig, Rz. 41, 85 ff.; *Pieroth, Bodo*, Art. 30 GG, in: Jarass/Pieroth, Rz. 10; *Broß*, Art. 83 GG, in: von Münch/Kunig, Rz. 15 ff.; *Maurer*, Staatsrecht I, § 18, Rz. 27; *Degenhart*, Staatsrecht I, Rz. 181 f.; *Barschel, Uwe*, Die Staatsqualität der deutschen Länder – Ein Beitrag zur Theorie und Praxis des Föderalismus in der Bundesrepublik Deutschland, Heidelberg/Hamburg 1982, S. 155. A. A. etwa *Isensee*, Idee und Gestalt des Föderalismus, Rz. 179 ff.; *Blümel*, Verwaltungszuständigkeit, Rz. 120 ff.
461 BVerfGE 63, 1, 37 ff. Vgl. dazu *Blümel*, Verwaltungszuständigkeit, Rz. 120 ff.; *Isensee*, Idee und Gestalt des Föderalismus, Rz. 179 ff.; *Oeter*, Integration und Subsidiarität, S. 474 ff.
462 Siehe dazu bereits supra Kapitel 3 § 1 A. II. 2. Vgl. *Maurer*, Staatsrecht I, § 18, Rz. 28; *Mager*, Art. 91a GG, in: von Münch/Kunig, Rz. 1 f.; *Blümel*, Verwaltungszuständigkeit, Rz. 124 f.
463 *Hesse*, Grundzüge des Verfassungsrechts, Rz. 251.
464 Zu diesen Sachgebieten vgl. im einzelnen *Blümel*, Verwaltungszuständigkeit, Rz. 146 ff.; *Mager*, Art. 91a GG, in: von Münch/Kunig, Rz. 10 ff.

tiges Gesetz die Gemeinschaftsaufgaben, regelt ihre Grundsätze[465] und erläßt Vorschriften zu Verfahren und Einrichtungen.[466] Nach Art. 91a Abs. 1 GG muß dafür die gemeinschaftlich zu erbringende Aufgabe für die Gesamtheit bedeutsam und die Mitwirkung des Bundes zur Verbesserung der Lebensverhältnisse erforderlich sein. Zu einem Zusammenwirken von Bund und Ländern und damit zur Verbindung und Verflechtung ihrer Kompetenzbereiche führen die Gemeinschaftsaufgaben jedoch vor allem durch die gemeinsame Rahmenplanung und Finanzierung der betroffenen Projekte.[467] Im übrigen bleibt die Ausführung der Gemeinschaftsaufgaben Länderangelegenheit.[468] Obgleich dem Bund bei der Ausführung von Gemeinschaftsaufgaben nur Informationsrechte und keine direkten Weisungsrechte zustehen,[469] besitzt er aufgrund der einschlägigen Verfahrensbestimmung etwa zur Besetzung von Beschlußgremien bei der Rahmenplanung und durch die erhebliche Mitfinanzierung insgesamt ein gewisses Übergewicht im Bereich der Gemeinschaftsaufgaben.[470] Art. 91b GG ermöglicht schließlich das Zusammenwirken von Bund und Ländern in den Bereichen der Bildungsplanung und der Forschungsförderung, wobei Einzelheiten, einschließlich der Kostenaufteilung, nicht durch Bundesgesetz, sondern durch fakultative Vereinbarungen zwischen den staatlichen Ebenen geregelt werden und die Intensität dieser Form der Mischverwaltung im einzelnen umstritten bleibt.[471] Neben der insbesondere im Bereich der Auftragsverwaltung bewirkten Verknüpfung der Vollzugssphären des Bundes und der Länder liefert das Grundgesetz mit den Gemeinschaftsaufgaben für begrenzte Sachmaterien somit eine weitere wichtige Durchbrechung der grundsätzlichen vertikalen Trennung von Exekutivverantwortlichkeiten.

Obgleich die Verwaltungskompetenzen des Bundes seit Gründung der Bundesrepublik nicht unwesentlich gewachsen sind,[472] verbleibt den Ländern bis heute das deutliche Schwergewicht auf dem Gebiet der Verwaltung.[473]

---

465  Zu dieser Grundsatzgesetzgebungskompetenz siehe supra Kapitel 5 § 1 B. II.
466  Art. 91a Abs. 1 bis 3 GG.
467  Art. 91a Abs. 2 und 3 GG; vgl. *Badura*, Staatsrecht, Rz. G 95 ff.; *Maurer*, Staatsrecht I, § 18, Rz. 28; *Blümel*, Verwaltungszuständigkeit, Rz. 151 ff.; *Mager*, Art. 91a GG, in: von Münch/Kunig, Rz. 6.
468  *Pieroth*, Art. 91a GG, in: Jarass/Pieroth, Rz. 8; *Mager*, Art. 91a GG, in: von Münch/Kunig, Rz. 6; *Katz*, Staatsrecht, Rz. 475.
469  Art. 91a Abs. 5 GG.
470  *Katz*, Staatsrecht, Rz. 475.
471  Vgl. dazu *Maurer*, Staatsrecht I, § 18, Rz. 29; *Pieroth, Bodo*, Art. 91b GG, in: Jarass/Pieroth, Rz. 1 ff.; *Krüger, Hartmut/Siekmann, Helmut*, Art. 91b GG, in: Sachs, Rz. 4 ff.; *Blümel*, Verwaltungszuständigkeit, Rz. 131 f.
472  Vgl. *Hesse*, Der unitarische Bundesstaat, S. 16 ff.; *Lerche*, Art. 83 GG, in: Maunz/Dürig, Rz. 4.
473  *Ossenbühl, Fritz*, Föderalismus und Regionalismus in Europa – Landesbericht Bundesrepublik Deutschland, in: ders. (Hrsg.), Föderalismus und Regionalismus in Europa, Baden-Baden 1990, S. 117, 135; *Katz*, Staatsrecht, Rz. 252; *Stern*, Staatsrecht I, S. 684; *Thieme*, Vierzig Jahre Bundesstaat, S. 501; *Maurer*, Staatsrecht I, § 18, Rz. 9; *Vogel*, Die bundesstaatliche Ordnung, Rz. 83. Kritisch *Eiselstein*, Verlust der Bundesstaatlichkeit?, S. 324; *Bullinger*, Zuständigkeit der Länder zur Gesetzgebung I., S. 765 f.

Eine kritische Zusammenschau mit der legislativen Staatsfunktion, welche in den meisten bedeutsamen Politikfeldern durch den Bund ausgeübt wird, gibt hinreichenden Anlaß, die deutschen Bundesländer mit bloßen Verwaltungseinheiten zu vergleichen.[474] Durch ein komplexes Gefüge von Generalklauseln und Kompetenzenumerationen nimmt das Grundgesetz somit zwar eine gemischte Zuständigkeitsverteilung nach Sachmaterien und Staatsfunktionen vor, installiert jedoch *de facto* einen stark an Staatsfunktionen orientierten vertikalen Verteilungsmodus. Damit unterscheidet es sich ganz erheblich etwa von der im föderativen Verfassungsgefüge der Vereinigten Staaten von Amerika anzutreffenden Kombinationslösung, die im wesentlichen dem Verteilungsmodell nach Sachmaterien folgt.[475]

## III. Das regionalisierte Verwaltungssystem des Vereinigten Königreichs

Die ‚funktionenblinde' vertikale Kompetenzverteilung primär nach Sachmaterien entspricht der angelsächsischen Tradition und liegt nicht nur der US-amerikanischen Verfassung, sondern beispielsweise auch dem kanadischen und dem australischen Bundesstaat zugrunde.[476] Dabei folgt die Zuständigkeit der jeweiligen staatlichen Ebene zum Gesetzesvollzug in einem bestimmten Politikbereich grundsätzlich aus der Kompetenz zur diesbezüglichen Gesetzgebung. Die britischen Devolutionsreformen greifen diese Tradition in verschiedenen Aspekten auf.

### 1. Schottland

Die schottische Exekutive übernimmt den bereits vor 1998 im Wege der administrativen Devolution regionalisierten Verwaltungsunterbau des ehemaligen Scottish Office. Ihr steht damit ein leistungsfähiger Regierungs- und Verwaltungsapparat zur Verfügung.[477] Ihre Kompetenzen bezieht die schottische Exekutive aus vier Quellen. Die erste und wichtigste findet sich in sec. 53 Scotland Act 1998. Diese Generalklausel überträgt den schottischen Ministern alle diejenigen Funktionen, die bis zur Devolutionsreform in nicht vorbehaltenen

---

474 So *Schneider, Hans-Peter*, Die Aufgabenverteilung zwischen Bund und Ländern nach dem Grundgesetz – Eine Ausprägung des Subsidiaritätsprinzips?, in: Kramer, Jutta (Hrsg.), Die Entwicklung des Staates der Autonomie in Spanien und der bundesstaatlichen Ordnung in der Bundesrepublik Deutschland, Baden-Baden 1996, S. 37, 42.
475 Vgl. dazu *Bothe*, Kompetenzstruktur, S. 224 ff.; *Stern*, Staatsrecht I, S. 670; *Fehling*, Mechanismen der Kompetenzabgrenzung, S. 38.
476 Vgl. *Bothe*, Kompetenzstruktur, S. 224 ff., *Pietzcker*, Zuständigkeitsordnung und Kollisionsrecht, Rz. 5; *Bogdanor*, Federalism and Devolution, S. 46.
477 *Schwab*, Devolution, S. 227.

Politikbereichen von britischen Ministern ausgeübt wurden.[478] Damit übt die schottische Exekutive innerhalb des eigenen Territoriums und hinsichtlich übertragener Sachmaterien die Prärogativrechte der Krone und diejenigen Befugnisse der britischen Regierung aus, die ihr durch primäre und sekundäre Gesetze verliehen wurden.[479] Im residualen, weitreichenden Bereich übertragener Politikfelder sind somit alle bestehenden gesetzlichen Hinweise auf britische Minister als Verweise auf schottische Minister zu lesen.[480] Zudem werden Zustimmungserfordernisse, die ursprünglich zu Koordinationszwecken innerhalb der britischen Regierung vorgesehen waren, grundsätzlich derogiert.[481] Durch diesen pauschalen Befugnistransfer erlangen schottische Minister auch zahlreiche Zuständigkeiten zum Erlaß sekundärer Gesetzgebung auf der Grundlage gessamtbritischer Ermächtigungsnormen. Sec. 54 Scotland Act konkretisiert die direkte Verknüpfung des exekutiven Zuständigkeitsbereichs der schottischen Regierung mit dem legislativen Kompetenzbestand des schottischen Parlaments, indem Regierungshandeln, das in Gesetzesform außerhalb der Zuständigkeiten des Parlaments läge, für *ultra vires* erklärt wird. Sec. 53 Scotland Act 1998 verleiht der schottischen Exekutive die exklusive Zuständigkeit für die Verwaltung übertragener Kompetenzbereiche und bewirkt daher – anders als im Verhältnis zwischen dem schottischen und dem britischen Gesetzgeber – zunächst eine scharfe Trennung der Vollzugszuständigkeiten zwischen Edinburgh und Whitehall.[482] Ausnahmen zu diesem Grundsatz bestimmen sodann die sec. 56 und 57 Scotland Act 1998. Erstere schafft parallele Zuständigkeiten der britischen Regierung und der schottischen Exekutive hinsichtlich einer überaus heterogenen und nicht sehr umfangreichen Gruppe gesetzlicher Ermächtigungen in sec. 56(1) Scotland Act 1998,[483] die vor allem bestimmte Aspekte der Forschungs-, Industrie- und Infrastrukturförderung umfaßt. Zudem wird auch die Einrichtung, Unterhaltung und Abschaffung öffentlicher Einrichtungen mit kompetenzbereichsüberschreitenden Funktionen der gemeinsamen Zuständigkeit beider Exe-

---

478 Ausgenommen werden durch sec. 53(2) Scotland Act 1998 die Funktionen des Lord Advocate, der zwar einen Teil der schottischen Exekutive darstellt, aber dessen Befugnisse nicht im allgemeinen Bestand schottischer Vollzugskompetenzen aufgeht; vgl. *Page/Reid/Ross*, Guide to the Scotland Act 1998, S. 134.
479 Der Generaltransfer gesetzlicher Handlungsermächtigungen in sec. 53 Scotland Act 1998 betrifft grundsätzlich nur solche Gesetze, die vor der Devolution erlassen wurden. Jedoch können spätere Gesetze bestimmen, daß sie in dieser Hinsicht als ‚pre-commencement enactments' anzusehen sind; vgl. etwa sec. 16(2) Adoption (Intercountry Aspects) Act 1999, sec. 109(7) Access to Justice Act 1999, sec. 5(3) Pollution Prevention and Control Act 1999, sec. 14(3) Water Industry Act 1999.
480 Siehe auch sec. 117 Scotland Act 1998; vgl. *Reid, Colin T.*, The Limits of Devolved Legislative Power: Subordinate Legislation in Scotland, SLR 24 (2003), S. 187, 190; *Page/Reid/Ross*, Guide to the Scotland Act 1998, S. 133.
481 Sec. 55 Scotland Act 1998, die eine Ausnahme von dieser Befreiung für die Festsetzung von ‚enterprise zones' auf der Basis des Local Government, Planning and Land Act 1980 vorsieht.
482 Vgl. *Himsworth/Munro*, The Scotland Act 1998, S. 72.
483 Vgl. dazu *Page/Reid/Ross*, Guide to the Scotland Act 1998, S. 134; *Himsworth/Munro*, The Scotland Act 1998, S. 72.

kutivebenen unterstellt.⁴⁸⁴ Die wohl bedeutsamste Ausnahme vom Trennungsgrundsatz in sec. 53 Scotland Act 1998 enthält sodann sec. 57(1) Scotland Act 1998, wonach britische Minister weiterhin parallele Befugnisse zur Implementierung und Durchsetzung von Europäischem Gemeinschaftsrecht gemäß sec. 2(2) European Communities Act 1972 besitzen. Grundsätzlich wird der European Communities Act 1972 vom Generaltransfer der sec. 53 Scotland Act 1998 erfaßt, so daß die nationale Umsetzung europäischer Richtlinien im Wege der sekundären Normsetzung und der Vollzug dieser Rechtsnormen sowie des unmittelbar geltenden Gemeinschaftsrechts in übertragenen Politikfeldern der schottischen Exekutive obliegt;⁴⁸⁵ jedoch erteilt sec. 57(1) Scotland Act 1998 der britischen Regierung eine parallele Zuständigkeit in diesen Angelegenheiten mit den Folgen einer echten Kompetenzkonkurrenz und eines erheblich gesteigerten Koordinationsbedarfs.⁴⁸⁶ Hinsichtlich der Implementierung und Durchführung des Gemeinschaftsrechts zeichnet sich somit eine deutliche Parallele zur allgemeinen Legislativkompetenzverteilung zwischen Edinburgh und Westminster ab, da beide Bereiche neben der ausschließlichen zentralstaatlichen Zuständigkeit in vorbehaltenen Politikfeldern eine echte Kompetenzkonkurrenz für übertragene Sachmaterien vorsehen. Diese Spiegelung liegt vor allem darin begründet, daß – anders als in Deutschland – die Umsetzung europäischer Richtlinien primär durch sekundäre Gesetzgebung auf der Basis der sec. 2(2) European Communities Act 1972 erfolgt und der Scotland Act 1998 auf dem Gebiet der exekutiven Staatsgewalt vergleichsweise streng dem Trennungsgrundsatz folgt. Trotz der einheitlichen Europarechtsbindung des Vereinigten Königreichs verlöre der britische Zentralstaat dadurch wesentlichen Einfluß auf die Umsetzung des Gemeinschaftsrechts in Schottland. Die in sec. 57(1) Scotland Act 1998 gewählte Konstruktion macht es möglich, daß die britische Regierung weiterhin die Europarechtskonformität schottischen Rechts sicherstellen oder bewirken kann. Diese Schwierigkeiten zentralstaatlicher Kontrolle bestehen dagegen im deutschen Bundesstaat nur in erheblich abgeschwächter Form, da den Ländern ohnehin nur ein sehr begrenzter Bestand an Legislativ- und damit Umsetzungskompetenzen zukommt.⁴⁸⁷

---

484 Sec. 56(4) Scotland Act 1998.
485 *Page/Reid/Ross*, Guide to the Scotland Act 1998, S. 140; *Cygan, Alan*, Scotland's Parliament and European affairs: some lessons from Germany, ELRev 24 (1999), S. 483, 494; *Burrows*, Devolution, S. 133.
486 *Cygan*, Scotland's Parliament and European affairs, S. 495; *Burrows*, Devolution, S. 134. Von der Befugnis aus sec. 57(1) Scotland Act 1998 haben britische Minister gelegentlich Gebrauch gemacht; vgl. *Reid, Colin T.*, Who Makes Scotland's Law? Delegated Legislation under the Devolution Arrangements, EdinLR 6 (2002), S. 380, 383 f.
487 Der Hinweis von *Cygan*, Scotland's Parliament and European affairs, S. 495, daß die Kompetenzkonkurrenz bei der Umsetzung europäischer Richtlinien im Vereinigten Königreich einen bedeutenden Unterschied zur deutschen Verfassungsordnung darstellt, welche die Länder in ihrem Zuständigkeitsbereich vor zentralstaatlicher Einflußnahme bei der Implementierung schützt, ist demnach zwar zutreffend, jedoch vor dem Hintergrund der im Vergleich zu Schottland bescheidenen Gesetzgebungszuständigkeiten der deutschen Länder wohl in seinem Stellenwert zu relativieren.

Ungeachtet dieser Fallgruppen paralleler Zuständigkeiten erreicht sec. 53 Scotland Act 1998 grundsätzlich die vertikale Allokation von Exekutivbefugnissen entlang der für die Legislativkompetenzen in Schedule 5 zum Schotland Act 1998 gezogenen Demarkationslinie zwischen ‚reserved matters' und übertragenen Politikfeldern. Dadurch erlangt die schottische Exekutive nicht nur die Kontrolle über die ehemals der Scottish Office unterstellten und primär mit Beamten des ‚civil service' besetzten schottischen Regierungsagenturen und andere schottische Behörden,[488] sondern sie tritt auch in die Aufsichtsfunktion der britischen Regierung gegenüber der großen Anzahl schottischer ‚non-departmental public bodies' ein, die in unterschiedlichsten Erscheinungsformen verschiedenste öffentliche Aufgaben erfüllen.[489] Mit der generellen Übertragung ministerieller Befugnisse übt die schottische Regierung zudem auch die Kontroll- und Einflußrechte gegenüber den Kommunalverwaltungen aus, welche durch bestehende Gesetze der Zentralregierung verliehen werden.[490] In Entsprechung mit dem Leitbild der Kompetenzverteilung nach Sachmaterien weist sec. 52(1) Scotland Act 1998 des weiteren auch den Vollzug schottischer Gesetze – einschließlich des Erlasses ausführender Sekundärgesetzgebung – der schottischen Exekutive zu. Aus diesen Kompetenzzuweisungen des schottischen Parlaments ergibt sich die zweite Quelle schottischer Exekutivbefugnisse.[491]

Während den ersten beiden Kompetenzquellen der schottischen Exekutive somit das Leitbild der ‚funktionenblinden' Zuständigkeitsverteilung allein nach Sachmaterien zugrundeliegt, enthält die schottische Devolution auch flexible Elemente zur evolutiven Entwicklung einer Mischform zwischen den Reinmodellen der vertikalen Kompetenzordnung. Zum einen können – als dritte Quelle schottischer Exekutivbefugnisse – durch zukünftige britische Gesetze der schottischen Exekutive direkt Vollzugszuständigkeiten in vorbehaltenen Politikfeldern übertragen werden.[492] Beispiele für diese Form des späteren Zuständigkeitstransfers bieten der Learning and Skills Act 2000 und

---

488 Vgl. dazu *Parry, Richard*, The Scottish Civil Service, in: Hassan, Gerry (Hrsg.), A Guide to the Scottish Parliament, The Stationary Office Edinburgh 1999, S. 65, 65 ff.
489 Vgl. *Hogwood, Brian*, Relations with other Public Bodies, in: Hassan, Gerry (Hrsg.), A Guide to the Scottish Parliament, The Stationary Office Edinburgh 1999, S. 97, 97 ff.; *Himsworth/Munro*, The Scotland Act 1998, S. 108 ff. Allgemein zu Regierungsagenturen und Non-Departmental Public Bodies vgl. *Craig*, Administrative Law, S. 91 ff.; *Turpin*, British Government, S. 240 ff.
490 Vgl. *McAteer, Mark/Bennett, Michael*, The Role of Local Government, in: Hassan, Gerry (Hrsg.), A Guide to the Scottish Parliament, The Stationary Office Edinburgh 1999, S. 109, 109 ff.; *Wood, Edward*, The Scotland Bill: the Scottish Parliament and Local Government, House of Commons Research Paper 98/5, London 1998, S. 6 ff. Allgemein zur ministeriellen Kontrolle der Kommunalverwaltung vgl. *Alder, John*, General Principles of Constitutional and Administrative Law, 4. Auflage, Basingstoke 2002, Rz. 8.3.
491 Vgl. *Reid*, The Limits of Devolved Legislative Power, S. 190; *Craig*, Administrative Law, S. 209.
492 *Reid*, The Limits of Devolved Legislative Power, S. 190; *Page/Batey*, Scotland's Other Parliament, S. 507 f. Streng genommen erfaßt diese Quelle auch solche britischen Gesetze, die mit Zustimmung des schottischen Parlaments auf der Basis der Sewel Con-

der Electronic Communications Act 2000.[493] Zum anderen ermächtigt sec. 63 Scotland Act 1998 die britische Regierung dazu, im Wege sekundärer Gesetzgebung der schottischen Exekutive Vollzugskompetenzen in vorbehaltenen Politikbereichen zu übertragen, und eröffnet somit eine vierte Quelle schottischer Exekutivzuständigkeiten. Diese Ermächtigungsklausel schafft die gesetzliche Grundlage für eine schrittweise, potentiell überaus weitreichende und der walisischen Regionalisierung grundsätzlich vergleichbare exekutive Devolution in vorbehaltenen Kompetenzbereichen durch zentralstaatliche Sekundärgesetzgebung. Diesbezügliche Transfer of Functions Orders britischer Minister bedürfen – ebenso wie spätere Rückübertragungen unter sec. 108 Scotland Act 1998 – der Zustimmung des britischen und des schottischen Parlaments,[494] so daß das schottische Parlament im Rahmen dieser zusätzlichen exekutiven Devolution ein entscheidendes Mitspracherecht erhält, das der Sewel Convention im Rahmen der legislativen Devolution entspricht, hier jedoch Gesetzeskraft besitzt. In gewisser Parallele zu dem nach der Intensität zentralstaatlicher Ingerenzrechte abgestuften Vollzug von Bundesgesetzen in Deutschland sieht sec. 63(1) Scotland Act 1998 für den Transfer von Exekutivbefugnissen an die schottische Regierung verschiedene Alternativmodalitäten vor. So können Vollzugskompetenzen in vorbehaltenen Angelegenheiten zur alleinigen Ausführung durch die schottischen Regionalinstitutionen, zur parallelen Ausübung durch beide staatlichen Ebenen oder zur Ausführung durch die britische Regierung mit Zustimmung oder nach Konsultation der schottischen Exekutive transferiert werden.[495] Seit dem Inkrafttreten der schottischen Devolution ist eine große Anzahl derartiger Verordnungen ergangen, so daß die schottische Exekutive nun zusätzliche Kompetenzen in vielen vorbehaltenen Angelegenheiten besitzt. Dazu gehören vor allem Zuständigkeiten auf folgenden Gebieten: Spiel, Wette und Lotterien; Polizei; Rundfunk; Auslieferung; Verwaltung von ‚tribunals'; Energiewirtschaft; Transport- und Verkehrswesen; Ruhegehälter; Gesundheit.[496] Bei jeder einzel-

---

vention in übertragenen Sachmaterien ergehen und der schottischen Exekutive zum Vollzug ermächtigen.
493 Letzteres Gesetz sieht jedoch für den Erlaß sekundärer Gesetzgebung durch die schottische Exekutive eine Zustimmungserfordernis des britischen Secretary of State vor. Vgl. dazu *Page/Batey*, Scotland's Other Parliament, S. 508.
494 Paras. 1, 2 Schedule 7 zum Scotland Act 1998.
495 Vgl. dazu *Page/Reid/Ross*, Guide to the Scotland Act 1998, S. 135; *Himsworth/Munro*, The Scotland Act 1998, S. 79; *Burrows*, Unfinished Business, S. 255.
496 Siehe Scotland Act 1998 (Transfer of Functions to the Scottish Ministers) Order 1999 (SI 1999/1750), vgl. dazu Annex B zu *Office of the Deputy Prime Minister*, Devolution Guidance Note 11, Ministerial Accountability after Devolution; Scotland Act 1998 (Transfer of Functions to the Scottish Ministers) (No. 2) Order 1999 (SI 1999/3321); Scotland Act 1998 (Transfer of Functions to the Scottish Ministers) Order 2000 (SI 2000/1563); Scotland Act 1998 (Transfer of Functions to the Scottish Ministers) (No.2) Order 2000 (SI 2000/3253); Scotland Act 1998 (Transfer of Functions to the Scottish Ministers) Order 2001 (SI 2001/954); Scotland Act 1998 (Transfer of Functions to the Scottish Ministers) (No. 2) Order 2001 (SI 2001/3504); Scotland Act 1998 (Transfer of Functions to the Scottish Ministers) Order 2002 (SI 2002/1630); Scotland Act 1998 (Transfer of Functions to the Scottish Ministers) Order 2003 (SI 2003/415); vgl. dazu

nen Funktionsübertragung wird die jeweils anzuwendende Transfermodalität genau bezeichnet, so daß sich insgesamt in wichtigen Bereichen des Vollzugs zentralstaatlicher Gesetzgebung eine gestaffelte Verantwortungsteilung zwischen der schottischen und der britischen Exekutive ergibt. Die auf der Basis der sec. 63 Scotland Act 1998 ergangenen Transferverordnungen erweitern somit den sachlichen Aktionsradius der schottischen Exekutive teilweise erheblich über den thematisch markierten Kompetenzbereich des schottischen Parlaments hinaus.

Wie die legislative Tätigkeit des schottischen Parlaments unterliegen auch alle Handlungen der schottischen Exekutive den Schranken des Europäischen Gemeinschaftsrechts und der Europäischen Menschenrechtskonvention.[497] Zudem besitzt die britische Regierung die Befugnis zur Erteilung von Weisungen und zur Aufsicht vor allem in bezug auf Völkerrechtsverletzungen. Bei begründetem Anlaß kann der zuständige Secretary of State das Unterlassen völkerrechtswidriger Exekutivhandlungen oder die Erfüllung völkerrechtlicher Verbindlichkeiten des Vereinigten Königreichs durch die schottische Exekutive anordnen.[498] Widerspricht schottische Sekundärgesetzgebung völkerrechtlichen Verpflichtungen oder nationalen Sicherheits- und Verteidigungsinteressen oder haben derartige Normen negative Auswirkungen auf das gesamtbritische Recht in vorbehaltenen Angelegenheiten, so ist die britische Regierung sogar befugt, diese Gesetze aufzuheben.[499]

Aus den ersten beiden Zuständigkeitsquellen erlangt die schottische Regierung beinahe umfassende Exekutivbefugnisse in den durch den Scotland Act 1998 der Legislativkompetenz des schottischen Parlaments zugewiesenen Sachmaterien. Die dritte und die vierte Quelle exekutiver Zuständigkeiten gehen über diese unmittelbare Verknüpfung legislativer und exekutiver Befugnisse hinaus und verleihen der schottischen Regionalisierung eine flexible Komponente, durch welche die Grundkonzeption einer funktionenübergreifenden Kompetenzverteilung nach Sachmaterien auf jeweils maßgeschneiderte Art und Weise mit Elementen einer Kompetenzzuordnung nach Staatsfunktionen angereichert werden kann. Damit entpuppt sich die schottische Regionalisierung als adaptionsfähige Mischform zwischen den Reinmodellen der vertikalen Zuständigkeitsallokation.

## 2. Nordirland

Die angelsächsische Tradition einer sachlich parallelen Regionalisierung exekutiver und legislativer Kompetenzen bildet auch die Grundlage der nordirischen Devolution und wird im Northern Ireland Act 1998 strenger verwirk-

---

*Himsworth/Munro*, The Scotland Act 1998, S. 80, 186 ff.; *Page/Reid/Ross*, Guide to the Scotland Act 1998, S. 135; *Reid*, The Limits of Devolved Legislative Power, S. 190.
497 Sec. 57(2) Scotland Act 1998.
498 Sec. 58(1) und (2) Scotland Act 1998; vgl. *Burrows*, Unfinished Business, S. 254 f.
499 Sec. 58(4) Scotland Act 1998.

licht als im Scotland Act 1998. Wie in Schottland erhalten die regionalen Regierungsstrukturen zunächst alle diejenigen Exekutivfunktionen, die hinsichtlich Nordirlands in übertragenen Politikfeldern vormals von der britischen Regierung ausgeübt wurden. Aufgrund der Besonderheiten der administrativen Devolution in Nordirland zwischen 1974 und 1998 unterscheidet sich die Regelungstechnik des Northern Ireland Act 1998 hinsichtlich dieser Kompetenzallokation indessen erheblich von ihrem schottischen Pendant. Der Versuch einer Wiederbelebung nordirischer Autonomie durch den Northern Ireland Constitution Act 1973 und die Restauration der direkten Londoner Herrschaft durch den Northern Ireland Act 1974 resultierten in einer – ursprünglich lediglich als Provisorium konzipierten – Form der regionalisierten Zentralverwaltung.[500] Dabei bestanden die Northern Ireland Government Departments (Regierungsbehörden) der Stormont-Ära fort, denen in zahlreichen britischen und nordirischen Gesetzen Exekutivkompetenzen übertragen worden waren,[501] und diese wurden unmittelbar der Kontrolle des neuen Secretary of State for Northern Ireland unterstellt; alle Vollzugsaufgaben nordirischer Minister aus bestehenden Rechtsakten wurden gesetzlich auf den Secretary of State for Northern Ireland übergeleitet.[502] Übertragene Sachbereiche der suspendierten nordirischen Devolution wurden damit zentralstaatlich – aber durch eine regionalisierte Regierungsstruktur – verwaltet. Auch die nordirische Gesetzgebung unterlag weiterhin einem Sonderregime innerhalb des Vereinigten Königreichs. So war das britische Parlament weiterhin für die Gesetzgebung in solchen Bereichen zuständig, die ihm als ‚excepted matters' im Northern Ireland Constitution Act 1973 vorbehalten bleiben sollten; auf den in diesem Devolutionsgesetz als ‚reserved matters' und ‚transferred matters' bezeichneten Politikfeldern übernahm dagegen der neue Nordirlandminister die Rechtsetzungsbefugnis im Wege der sekundären Gesetzgebung.[503] Auf diese Weise hat sich in Nordirland in ehemals übertragenen Sachmaterien ein regionalspezifisches Normengefüge erhalten, welches die nordirischen Regierungsbehörden mit einem umfangreichen Bestand an Exekutivfunktionen ausstattet, auch wenn diese Regierungsstruktur in der Zeit bis zur Wiederherstellung nordirischer Autonomie in den späten 90er Jahren gewissermaßen als Teil der britischen Zentralregierung angesehen werden muß. Ausgehend von dieser Regelungsstruktur verwirklicht der Northern Ireland Act 1998 die Übertragung exekutiver Kompetenzen in übertragenen Sachmaterien an das nordirische ‚Executive Committee', indem er bestehende

---

500 Vgl. *Turpin*, British Government, S. 292 f.
501 In der Regel übertrugen Gesetze den nordirischen Ministern als Leiter der Regierungsbehörden bestimmte Exekutivbefugnisse; diese Funktionsallokation wurde durch para. 2(1)(b) Schedule 1 zum Northern Ireland Act 1974 auf die Regierungsbehörden selbst umgeleitet.
502 Para. 2(1) und (2) Schedule 1 zum Northern Ireland Act 1974.
503 Para. 1(1)(b) Schedule 1 zum Northern Ireland Act 1974; vgl. *Winetrobe, Barry K.*, The Northern Ireland Bill: Some Legislative and Operational Aspects of the Assembly, House of Commons Research Paper 98/77, London 1998, S. 9 ff.; *Turpin*, British Government, S. 293.

Ermächtigungen an nordirische Regierungsbehörden für weiterhin wirksam erklärt,[504] die Kontrolle dieser Behörden durch nordirische Minister verlangt[505] und für bestehende Ermächtigungsnormen an nordirische Institutionen, die in Zeiten der ‚direct rule' auf den Nordirlandminister übergeleitet waren oder von Regierungsbehörden unter seiner Kontrolle vollzogen wurden, eine gesetzliche Umdeutung auf die neuen Exekutivstrukturen bestehend aus Ministern und Regierungsbehörden anordnet.[506] Für den Bereich der gesetzesfreien Regierung bestimmt sec. 23(2) Northern Ireland Act 1998, daß die nordirische Exekutive und ihre Behörden auch alle Prärogativrechte und sonstigen Exekutivbefugnisse der Krone in übertragenen Politikfeldern ausüben. Zusammen mit sec. 22(1) Northern Ireland Act 1998, welche die Übertragung weiterer Vollzugszuständigkeiten durch die nordirische Versammlung ermöglicht, erreicht dieses überaus komplexe Normengefüge die Ausstattung der nordirischen Regierung und Verwaltung mit im wesentlichen allen Exekutivbefugnissen im übertragenen Bereich der ‚transferred matters'. Damit folgen in Nordirland die Exekutivkompetenzen grundsätzlich den Legislativbefugnissen. Auf diese Weise erhält die nordirische Regierung auch die Zuständigkeit, in übertragenen Sachmaterien insbesondere durch den Erlaß sekundärer Gesetzgebung die Um- und Durchsetzung Europäischen Gemeinschaftsrechts zu bewirken; in ‚reserved matters' bleibt diese Befugnis dagegen von der Zustimmung des Nordirlandministers abhängig.[507] Mangels Exklusivität der Zuständigkeitsübertragung durch den European Communities Act 1972 behält sich die britische Regierung jedoch auch in bezug auf Nordirland das Recht vor, dem Gemeinschaftsrecht auf allen Politikfeldern durch zentralstaatliche Sekundärgesetzgebung in der nationalen Rechtsordnung zur Wirksamkeit zu verhelfen.[508] Wie die schottische Regierung unterliegt die nordirische Exekutive zudem in allen ihren Handlungen den allgemeinen Schranken des Europäischen Gemeinschaftsrechts und der Europäischen Menschenrechtskonvention.[509] Der zuständige Secretary of State besitzt schließlich für

---

504 Sec. 22(2) Northern Ireland Act 1998. Vor Inkrafttreten der nordirischen Devolution wurden die Zuständigkeitsbereiche der nordirischen Regierungsbehörden neu geordnet und im Wege dieser Reform neue Behörden geschaffen; siehe Departments (Northern Ireland) Order 1999 (SI 1999/283), Departments (Transfer and Assignment of Functions) Order (Northern Ireland) 1999 (SR 1999/481); vgl. dazu *Morgan, Austen*, The Belfast Agreement – a practical legal analysis, London 2000, S. 222. Gemäß sec. 21 Northern Ireland Act 1998 kann das Northern Ireland Assembly die Aufteilung der Regierungsbehörden wiederum ändern.
505 Sec. 17 Northern Ireland Act 1998.
506 Paras. 9 ff. Schedule 12 zum Northern Ireland Act 1998.
507 Vgl. *Burrows*, Devolution, S. 134; *Leyland*, Devolution, the British Constitution and the Distribution of Power, S. 429. Nordirische Sekundärgesetzgebung in ‚reserved' oder ‚excepted matters' kann vom zuständigen Secretary of State gemäß sec. 25 Northern Ireland Act 1998 aufgehoben werden.
508 Siehe das Concordat on the Co-ordination of European Policy Issues, in: Memorandum of Understanding and Supplementary Agreements, para. B 4.8. Vgl. dazu *Schwab*, Devolution, S. 241. Kritisch zu dieser Kompetenzkonkurrenz *Leyland*, Devolution, the British Constitution and the Distribution of Power, S. 429.
509 Sec. 24(1) Northern Ireland Act 1998.

Nordirland ähnliche Weisungs- und Aufsichtsrechte wie hinsichtlich schottischen Exekutivhandelns. Gemäß sec. 26 Northern Ireland Act 1998 ist er befugt, Handlungs- oder Unterlassungsweisungen an die nordirische Exekutive zur Einhaltung internationaler Verpflichtungen des Gesamtstaates und zum Schutze von Interessen der Verteidigung, der nationalen Sicherheit sowie der öffentlichen Sicherheit und Ordnung zu erteilen. Nordirische Sekundärgesetzgebung kann darüber hinaus sogar nicht nur bei Verstößen gegen internationale Verpflichtungen oder Kollisionen mit Interessen nationaler Sicherheit und Verteidigung, sondern auch zum Schutze der öffentlichen Sicherheit und Ordnung sowie bei ungünstigen Auswirkungen auf die Waren- und Dienstleistungsfreiheit innerhalb des Vereinigten Königreichs zentralstaatlich aufgehoben werden.[510]

Abgesehen von der stets verbleibenden Möglichkeit, durch spätere britische Gesetze der nordirischen Exekutive weitere Handlungsermächtigungen zu erteilen, bleibt die vertikale Kompetenzaufteilung zwischen London und Belfast in vergleichbar reiner Form dem Modell der Zuständigkeitsallokation nach Sachmaterien verhaftet. Die Exekutivkompetenzen der nordirischen Regierung richten sich somit weitgehend nach den Legislativzuständigkeiten der nordirischen Versammlung.[511] An der Verknüpfung exekutiver und legislativer Kompetenzbereiche ändert auch der Umstand nichts, daß die Demarkationslinie zwischen ‚transferred matters' und ‚reserved matters' im Northern Ireland Act 1998 durch britische Sekundärgesetzgebung flexibel verändert werden kann und dadurch sowohl der nordirischen Legislative als auch der Exekutive neue Zuständigkeiten verliehen werden können.[512]

*3. Wales*

Die vertikale Verteilung von Exekutivkompetenzen zwischen London und Cardiff folgt den Besonderheiten der exekutiven Devolution für Wales. Neben den Zuständigkeiten zur sekundären Gesetzgebung verleihen der Government of Wales Act 1998, die auf seiner Grundlage ergangenen Transfer of Functions Orders und spätere britische Gesetze den walisischen Regionalinstitutionen eine große Anzahl wichtiger rein exekutiver Verantwortlichkeiten in den nach Schedule 2 des Government of Wales Act 1998 devolutionsfähigen Politikbereichen. Das National Assembly übernimmt den regionalisierten Verwaltungsunterbau der ehemaligen Welsh Office und wird ermächtigt, die Funktionen verschiedener walisischer Regierungsbehörden und andere öffentliche Körperschaften in Wales zu reformieren, zu kontrollieren und an

---

510 Sec. 26(4) Northern Ireland Act 1998.
511 So auch *Gay, Oonagh*, The Northern Ireland Bill: Implementing the Belfast Agreement, House of Commons Research Paper 98/76, London 1998, S. 46.
512 Siehe sec. 4(2), (3) und (4) Northern Ireland Act 1998. Erforderlich ist danach allerdings die Zustimmung sowohl der nordirischen Versammlung als auch des britischen Parlaments zur ministeriellen Kompetenzmodifikation.

sich zu ziehen. Dazu gehören gemäß sec. 27 des Government of Wales Act 1998 die walisischen Gesundheitsbehörden und nach sec. 28 und Schedule 4 Government of Wales Act 1998 unter anderem so wichtige Institutionen wie die Welsh Development Agency, die nun auch die Funktionen der Land Authority for Wales und des Development Board for Rural Wales übernimmt,[513] das Wales Tourist Board und das Welsh Industrial Development Advisory Board.[514] Bei den in sec. 27 und 28 Government of Wales Act 1998 verliehenen Gestaltungsrechten handelt es sich sogar um ‚Henry VIII'-Befugnissen, so daß die Nationalversammlung bei ihrer Reform der walisischen Verwaltungsstrukturen britische Gesetze im Wege der Sekundärgesetzgebung modifizieren kann. Für eine wirksame Kontrolle der walisischen Verwaltung wird das National Assembly durch sec. 74 Government of Wales Act 1998 mit weitreichenden Befragungs- und Auskunftsrechten ausgestattet. Auch die walisische Kommunalverwaltung wird in ihren wesentlichen Funktionen der gestalterischen Aufsicht der Regionalinstitutionen unterworfen.[515] Eine vertiefte Kommunikation zwischen der kommunalen und der regionalen Ebene erfolgt dabei durch einen neuen Partnership Council for Wales.[516] Sec. 29 Government of Wales Act 1998 erlaubt schließlich die Übertragung von Umsetzungskompetenzen hinsichtlich Europäischen Gemeinschaftsrechts an die Regionalinstitutionen auf devolutionsfähigen Politikfeldern. Von dieser Ermächtigung wurde in der ersten Transfer of Functions Order beschränkter Gebrauch gemacht.[517] Wie in Schottland und Nordirland bleibt die britische Regierung auch hinsichtlich Wales' stets umfassend zum Erlaß von Implementierungsnormen befugt.[518] Zudem besitzt der Secretary of State gemäß sec. 108 Government of Wales Act 1998 auch bezüglich Wales beträchtliche Weisungs- und Aufsichtsrechte zur Sicherstellung der Völkerrechtskonformität walisischen Regierungshandelns.[519]

Die walisische Devolution entzieht sich somit einer eindeutigen Einordnung in das systematische Schema der Allokation von Exekutivkompetenzen. Obgleich der Nationalversammlung weitreichende Zuständigkeiten zum Erlaß sekundärer Gesetzgebung in einer Reihe wichtiger Politikfelder übertragen wurden, können die gesamten Kompetenzen der walisischen Regionalinstitutionen in Gegenüberstellung zu den schottischen und nordirischen Zuständigkeitsbeständen als Exekutivbefugnisse qualifiziert werden. Eine strenge, am Leitbild der exekutiven Devolution orientierte Betrachtung legt es daher nahe, die walisische Regionalisierung als Mischmodell der Zuständigkeitsallokation nach Staatsfunktionen und Sachmaterien zu qualifizieren. In

---

513  Siehe sec. 126 – 139 Government of Wales Act 1998.
514  Vgl. *Patchett*, The New Welsh Constitution, S. 250 ff.; *Craig*, Administrative Law, S. 191 f.
515  *Rawlings*, New Model Wales, S. 497 ff.
516  Sec. 113 Government of Wales Act 1998.
517  Siehe National Assembly for Wales (Transfer of Functions) Order 1999 (SI 1999/672); vgl. *Burrows*, Devolution, S. 134.
518  Para. 5 Schedule 3 zum Government of Wales Act 1998.
519  Vgl. *Patchett*, The New Welsh Constitution, S. 249.

übertragenen Kompetenzbereichen vollziehen demnach die regionalen Regierungsstrukturen zentralstaatliche Gesetzgebung. Die Flexibilität der walisischen Devolution rechtfertigt jedoch zugleich Ansätze zu einer alternativen Sichtweise. So wird dem walisischen Regionalisierungsmodell durch die heute noch zurückhaltende besondere Berücksichtigung walisischer Autonomie in späteren britischen Gesetzen mit der Verleihung substantieller politischer Gestaltungsspielräume ein weiterer Horizont eröffnet, dessen dogmatisches Fundament mit den Grundsätzen der quasi-legislativen Devolution gelegt ist. Das dafür erforderliche Verständnis walisischer Normsetzungskompetenzen als Legislativzuständigkeiten läßt jedoch dann auch für Wales eine schrittweise Bewegung hin zu einem Gleichklang legislativer und exekutiver Kompetenzen deutlich werden. Aus diesem Betrachtungswinkel handelt es sich bei den schottischen und den walisischen Devolutionssystemen um flexible Mischformen der Funktionszuweisung, die sich aus verschiedenen Ausgangspositionen systematisch aufeinander zu bewegen.

## 4. England und der ‚Civil Service'

England bleibt trotz der Devolutionsansätze in London und den übrigen englischen Regionen bis heute einer einheitlichen Exekutivstruktur unterstellt, die streng zentralistisch von Whitehall aus koordiniert wird. Insbesondere deshalb – aber auch wegen der verschiedenen Mechanismen der Verteilung von Exekutivzuständigkeiten hinsichtlich Schottlands, Nordirlands und Wales' – zeigt das Vereinigte Königreich im Vergleich zu Deutschland eine komplexe Verteilungsasymmetrie in diesem Bereich der Staatstätigkeit. Einen besonderen Aspekt dieses Mangels an Uniformität bietet die Struktur des ‚civil service'. Während Nordirland seit 1921 eine eigene Beamtenschaft, den ‚Northern Ireland Civil Service', besitzt und auch im Rahmen der neusten Devolutionsreformen bewahrt,[520] bleibt die Einheitlichkeit des britischen ‚Home Civil Service' in Schottland, Wales und England auch nach der Devolution erhalten.[521] Damit fällt die Bestimmung des beamtenrechtlichen Rahmens in den Kompetenzbereich des britischen Gesamtstaates, während den Regionalregierungen in Schottland und Wales im wesentlichen die Befugnisse hinsichtlich Personalentscheidungen und Bezahlung zukommen.[522] Die da-

---

520 Der nordirische ‚civil service' steht zwar nach der Devolution unter der Kontrolle der nordirischen Exekutive, jedoch unterliegen die Aufgaben der Civil Service Commissions for Northern Ireland als ‚reserved matter' der zentralstaatlichen Zuständigkeit; siehe sec. 23(3) und para. 16 Schedule 3 zum Northern Ireland Act 1998.
521 Für eine Zusammenfassung der dafür vorgebrachten Argumente vgl. *House of Lords Select Committee on the Constitution*, Devolution: Inter-Institutional Relations in the United Kingdom, paras. 157 ff.
522 Siehe sec. 51 und para. 4 Part I Schedule 5 zum Scotland Act 1998; sec. 34 Government of Wales Act 1998. Vgl. *House of Lords Select Committee on the Constitution*, Devolution: Inter-Institutional Relations in the United Kingdom, para. 150; *Burrows*, Devolu-

durch konservierte Einheit des ‚civil service' in Großbritannien wird dabei vielfach als Garantie für den Bestand des Vereinigten Königreichs verstanden[523] und bleibt eng mit dem Einheitsstaatsverständnis dieses Staatswesens verknüpft.[524] Die unbekümmerte Beibehaltung einer uniformen Beamtenschaft kann vor dem Hintergrund möglicher Loyalitätskonflikte nur mit dem traditionellen britischen Verständnis des apolitischen Staatsdieners erklärt werden.[525] Jenseits der formalen Einheitlichkeit des ‚civil service' ergibt sich durch die Schaffung regionaler Regierungsstrukturen in Schottland und Wales jedoch eine materielle Regionalisierung der britischen Beamtenschaft, welche neuen Druck für eine Dezentralisierungsreform innerhalb des ‚civil service' erzeugen könnte.[526] Die institutionelle Trennung zwischen der Landes- und der Bundesbeamtenschaft in Deutschland mag hier als Vorbild dienen. Indessen darf auch hier der Unterschied zum deutschen Bundesstaat als dezentralisiertem Gegenmodell nicht überbetont werden, da in Deutschland dem Bund auf diesem Gebiet eine wichtige und umfassend ausgefüllte Rahmengesetzgebungskompetenz aus Art. 75 Abs. 1 Nr. 1 GG zur substantiellen Unitarisierung des deutschen Beamtenrechts zukommt.

## IV. Systematische Verortung Deutschlands und des Vereinigten Königreichs auf dem Kontinuum der Exekutivkompetenzaufteilung

Der Vergleich der Systeme vertikaler Verteilung von Exekutivkompetenzen zwischen zentralen und regionalen staatlichen Ebenen in Deutschland und dem Vereinigten Königreich ist – wie die Gegenüberstellung der beiden Regionalisierungsformen auf dem Gebiet der Gesetzgebungszuständigkeiten – vor allem vom Gegensatz zwischen der Verteilungssymmetrie des deutschen Bundesstaates und dem pragmatischen Nebeneinander verschiedener Alloka-

---

tion, S. 131; *Hazell, Robert/Morris, Bob*, Machinery of Government: Whitehall, in: Hazell, Robert (Hrsg.), Constitutional Futures – A History of the Next Ten Years, Oxford 1999, S. 136, 138; *Forman*, Constitutional Change, S. 159; *Schwab*, Devolution, S. 226 ff.

523 Vgl. *Laffin/Thomas*, Designing a National Assembly for Wales, S. 572.

524 Vgl. *Keating, Michael*, Regionalism, Devolution and the State, 1969 – 1989, in: Garside, Patricia L./Hebbert, Michael (Hrsg.), British Regionalism 1900 – 2000, London 1989, S. 158, 158 f.

525 *Hazell/Morris*, Machinery of Government, S. 154. Dem Problem potentieller Loyalitätskonflikte wurde versucht, durch eine Änderung des Civil Service Code zu begegnen. Dieser bestimmt nun, daß „civil servants owe their loyalty to the Administrations in which they serve" (para. 2); vgl. *House of Lords Select Committee on the Constitution*, Devolution: Inter-Institutional Relations in the United Kingdom, para. 154.

526 Vgl. *Burrows*, Devolution, S. 131.

tionsmethoden in der britischen Devolution geprägt. Dennoch ermöglicht der analytische Rahmen der Kompetenzverteilungsmodelle nach Sachmaterien und Staatsfunktionen eine rationalisierende Zusammenschau. Während die deutschen Bundesländer mit nur schwach ausgeprägten Legislativzuständigkeiten vor allem zum Vollzug eigener und zentralstaatlicher Gesetze berufen sind und somit insgesamt primär eine Aufgabenverteilung nach Staatsfunktionen vorgenommen wird, beruhen insbesondere die schottische und die nordirische Devolution auf dem Gedanken einer Regionalisierung von funktionenübergreifenden Verantwortlichkeiten für bestimmte Politikfelder. Speziell Schottland erlangt dadurch einen großen, thematisch konzipierten Wirkungskreis, in dem die Regionalorgane in eigener Verantwortung legislativ und exekutiv tätig werden. Darüber hinaus besitzt die schottische Devolution bereits die normativen Voraussetzungen für einen Ausbau regionaler Vollzugskompetenzen hinsichtlich zentralstaatlich vorbehaltener Angelegenheiten, so daß eine zusätzliche funktionsorientierte Ausdifferenzierung zwischen Gesamtstaat und Region entsprechend dem deutschen Modell möglich ist. Der Kompetenzbestand der nordirischen Exekutive bleibt dagegen strenger an das Muster der funktionsübergreifenden Regionalisierung bestimmter Politikfelder gebunden. Der Grund hierfür liegt vor allem in dem besonderen Interesse zentralstaatlicher Kontrolle auf den für den Friedensprozeß politisch so sensiblen Zuständigkeitsfeldern des Strafrechts, der Strafverfolgung, der öffentlichen Sicherheit und der Justiz. Wales entzieht sich einer klaren Systematisierung. Aus einem streng verfassungsrechtlichen Blickwinkel stellt sich die exekutive Devolution als reine Delegation von Vollzugskompetenzen und damit als Verteilung nach Staatsfunktionen dar. Damit besitzt sie schematische Ähnlichkeiten zum deutschen Allokationsmuster, wobei freilich zu beachten ist, daß die deutschen Bundesländer – anders als Wales – weiterhin einen Kernbestand originärer Gesetzgebungszuständigkeiten innehaben. Jedoch besitzt vor allem die walisische Regionalisierung eine bedeutende inhärente Flexibilität. Durch die schrittweise Zuerkennung echter politischer Gestaltungsspielräume kann sie auch in dieser Hinsicht näher an das deutsche Mischmodell herangeführt werden. Die Grundsätze der quasi-legislativen Devolution bieten hier einen wesentlichen Beitrag zur Schaffung eines dogmatischen Fundaments für eine solche Entwicklung.

Auf einem Kontinuum der Exekutivkompetenzaufteilung stellt sich die deutsche Bundesstaatlichkeit somit als stark dezentralisierte Regionalisierungsform dar. Im Vereinigten Königreich weist im wesentlichen nur die schottische Devolution eine vergleichbar ausgeprägte regionale Exekutivautonomie auf. Die nordirische Devolution enthält bereits heute zumindest die notwendigen rechtlichen Grundlagen für eine ähnlich stark dezentralisierte Vollzugskompetenzaufteilung. Die exekutive Devolution für Wales erreicht zwar zur Zeit keinen vergleichbaren Regionalisierungsgrad, zeigt indessen in ihrem Grundmodell auffällige Ähnlichkeiten mit der deutschen primär funktionsorientierten Aufgabenzuordnung zwischen Bund und Ländern und befindet sich auf einem konstanten Entwicklungspfad der fortschreitenden Herabzonung von Exekutivkompetenzen.

## D. Die Verteilung von Judikativkompetenzen zwischen Gesamtstaat und Gliedern

Die Rechtsprechung bildet die dritte Gewalt in der klassischen Trias der Staatsfunktionen[527] und bietet damit ein drittes Kompetenzfeld, auf dem regionalisierte Staatsgefüge territoriale Dezentralisierung in unterschiedlichem Maße erfahren können. Aufgrund der in Deutschland und dem Vereinigten Königreich in materiell ähnlicher Weise als Verfassungswert anerkannten Unabhängigkeit der Judikative[528] wirkt sich indessen die Verteilung der Judikativzuständigkeiten insgesamt als weniger prägend für das Kräfteverhältnis zwischen dem Gesamtstaat und seinen Gliedern aus, als dies für die legislative und die exekutive Staatsfunktion angenommen werden kann.[529]

### I. Die regionalisierte Rechtsprechung in Deutschland

Das deutsche System der regionalisierten Rechtsprechung überträgt einen Großteil der judikativen Staatsfunktion auf die Bundesländer und garantiert zugleich die Einheitlichkeit der deutschen Rechtsprechung durch die Einrichtung von Bundesgerichten als Spitzen der gesamtstaatlichen Rechtsprechungshierarchien. Das bedeutende Übergewicht des Bundes im Bereich der Gesetzgebung führt im deutschen Bundesstaat zu einer vergleichsweise homogenen Rechtsordnung, welcher auch ein gesteigerter Bedarf an Uniformität der Rechtsauslegung und -anwendung innewohnt.

Den verfassungsnormativen Ausgangspunkt der vertikalen Kompetenzverteilung im Bereich der Rechtsprechung bildet Art. 30 GG, der auch die judikative Staatstätigkeit umfaßt und diese grundsätzlich den Ländern zuweist.[530] Art. 92 GG vertraut die rechtsprechende Gewalt den Richtern an und bestätigt sodann die Grundregel der Länderzuständigkeit aus Art. 30 GG, indem er die zentralstaatliche Ausübung dieser Staatsfunktion nur durch das Bundesverfassungsgericht und die anderen im Grundgesetz obligatorisch oder fakultativ vorgesehenen Bundesgerichte vorsieht, im übrigen aber die Ge-

---

527 Vgl. *Zippelius*, Allgemeine Staatslehre, S. 328 ff.; *Doehring, Karl*, Allgemeine Staatslehre, 2. Auflage, Heidelberg 2000, Rz. 390 ff.
528 Siehe dazu supra Kapitel 2 § 2 C. V.
529 So auch *Ossenbühl*, Föderalismus und Regionalismus in Europa, S. 136.
530 *Degenhart*, Staatsrecht I, Rz. 187; *Blümel, Willi*, Rechtsprechungszuständigkeit, in: Isensee, Josef/Kirchhof, Paul (Hrsg.), Handbuch des Staatsrechts der Bundesrepublik Deutschland, Band IV, 2. Auflage, Heidelberg 1999, § 102, Rz. 3.

richte der Länder für zuständig erklärt.⁵³¹ Im Verhältnis zu Art. 70 und 83 GG zeigt Art. 92 GG mit dem Verweis auf die ausdrücklich enumerierten Bundeskompetenzen und der Anordnung der Residualkompetenz der Länder die Besonderheit, daß er grundsätzlich nicht nach Sachmaterien, sondern nach organisatorischen Gesichtspunkten differenziert.⁵³² Nach dem Grundgesetz ist die rechtsprechende Gewalt daher einer thematisch-gegenständlichen Verteilung nicht zugänglich, so daß die mit dieser verbundenen konzeptionellen Schwierigkeiten entfallen und Art. 92 Hs. 2 GG lediglich eine Aufteilung der Organisationsgewalt zwischen Bund und Ländern vornimmt.⁵³³ Der Bund ist danach berechtigt, Rechtsprechungsaufgaben durch die im Grundgesetz zugelassenen Bundesgerichte auszuüben. Als solche muß er gemäß Art. 93 und 94 GG das Bundesverfassungsgericht und gemäß Art. 95 GG als „oberste Gerichtshöfe" den Bundesgerichtshof, das Bundesverwaltungsgericht, den Bundesfinanzhof, das Bundesarbeitsgericht sowie das Bundessozialgericht einsetzen. Dabei handelt es sich in der Regel um Rechtsmittelgerichte letzter Instanz, so daß grundsätzlich die Tätigkeit der Landesgerichte vorausgesetzt wird; die letztinstanzliche Rechtsprechung der Landesgerichte sowie die erstinstanzliche Anrufung der Bundesgerichte bleiben dagegen die Ausnahme.⁵³⁴ Die fakultative Einrichtung einer Reihe weiterer Bundesgerichte als erstinstanzliche Gerichte für besondere Sachbereiche erlaubt Art. 96 GG; letzte Instanz bildet hier stets der Bundesgerichtshof.⁵³⁵ Im übrigen wird die deutsche rechtsprechende Gewalt von den Ländern ausgeübt. Die Generalklausel des Art. 92 Hs. 2 GG bewirkt, daß nicht nur die residuale Zuständigkeit, sondern – wie bei den Exekutivkompetenzen, aber anders als im Bereich der Legislativzuständigkeiten – auch das tatsächliche Schwergewicht der Rechtsprechung im deutschen Bundesstaat bei den Ländern liegt.⁵³⁶ Zur Ausübung dieser Kompetenzzuweisung haben die Länder entsprechend der Einteilung des Art. 95 GG im Bereich der ordentlichen Gerichtsbarkeit die Amts-, Land- und Oberlandesgerichte,⁵³⁷ auf dem Gebiet der Verwaltungsgerichtsbarkeit die Verwaltungs- und Oberverwaltungsgerichte beziehungsweise Verwaltungsgerichtshöfe, im Bereich der Finanzgerichtsbarkeit die Finanzgerichte,

---

531 *Pieroth, Bodo*, Art. 92 GG, in: Jarass/Pieroth, Rz. 1; *Blümel*, Rechtsprechungszuständigkeit, Rz. 3; *Stern*, Staatsrecht I, S. 686 f.; *Badura*, Staatsrecht, Rz. D 77; *Maurer*, Staatsrecht I, § 19, Rz. 16; *Katz*, Staatsrecht, Rz. 516.
532 *Stern*, Staatsrecht I, S. 687; *Meyer, Wolfgang*, Art. 95 GG, in: von Münch/Kunig, Rz. 3.
533 *Herzog, Roman*, Art. 92 GG, in: Maunz, Theodor/Dürig, Günter (Hrsg.), Grundgesetz Kommentar, Band V (Art. 89 – 146), Loseblattsammlung, München, Stand: Februar 2003, Rz. 107; *Meyer, Wolfgang*, Art. 95 GG, in: von Münch/Kunig, Rz. 3.
534 BVerfGE 8, 174, 176 f.; 6, 45, 51 f.; *Stern*, Staatsrecht I, S. 687 f.; *Pieroth, Bodo*, Art. 95 GG, in: Jarass/Pieroth, Rz. 2; *Meyer*, Art. 95 GG, in: von Münch/Kunig, Rz. 6.
535 Vgl. dazu *Vogel*, Die bundesstaatliche Ordnung, Rz. 108; *Pieroth, Bodo*, Art. 96 GG, in: Jarass/Pieroth, Rz. 1 ff.; *Stern*, Staatsrecht I, S. 688; *Blümel*, Rechtsprechungszuständigkeit, Rz. 24 ff.
536 *Blümel*, Rechtsprechungszuständigkeit, Rz. 35; *Schodder, Thomas F. W.*, Föderative Gewaltenteilung in der Bundesrepublik Deutschland, Frankfurt a.M. (u. a.) 1989, S. 69.
537 In Bayern wurde im Rahmen der ordentlichen Gerichtsbarkeit zudem das Bayrische Oberste Landesgericht geschaffen.

als Arbeitsgerichtsbarkeit die Arbeits- und Landesarbeitsgerichte sowie im Bereich der Sozialgerichtsbarkeit die Sozial- und Landessozialgerichte eingerichtet.[538] Darüber hinaus verfügen die meisten deutschen Bundesländer über eigene Landesverfassungsgerichte.[539]

Der Umstand, daß somit der Großteil der Rechtsprechungsaufgaben in Deutschland durch Landesorgane wahrgenommen wird, weist zunächst auf eine starke Regionalisierung der judikativen Gewalt im deutschen Bundesstaat hin. Jedoch nimmt das Grundgesetz selbst – abgesehen von der Enumeration der Zuständigkeiten des Bundesverfassungsgerichts in Art. 93 GG – keine Kompetenzverteilung zwischen Landes- und Bundesgerichten vor. Statt dessen ermächtigt es in den Art. 74 Abs. 1 Nr. 1 und 108 Abs. 6 GG den Bund, die Gerichtsverfassung und das gerichtliche Verfahren zu regeln, wozu auch die Zuständigkeiten der einzelnen Gerichte gezählt werden müssen. Damit bleibt die konkrete Aufteilung der Zuständigkeiten zwischen Bundes- und Landesgerichten der Regelungskompetenz des Bundesgesetzgebers überlassen.[540] Diesbezügliche Vorgaben macht die Verfassung nur insofern, als die obligatorischen Bundesgerichte als „oberste Gerichtshöfe" in der Regel als Rechtsmittelinstanz für den gliedstaatlichen Instanzenzug eingesetzt werden sollen. Dieser entscheidende Einfluß des Bundes auf die Gerichtsbarkeit der Länder, von dem der Bund nahezu umfassend Gebrauch gemacht hat, läßt den Gliedstaaten nur noch einen sehr begrenzten Gestaltungsspielraum, der im wesentlichen lediglich die konkrete Errichtung von Landesgerichten, die Festsetzung ihrer Bezirke sowie die Einrichtung und Ausgestaltung der Landesverfassungsgerichtsbarkeit umfaßt.[541] Die allgemeine Verwaltung der Landesgerichte einschließlich der Personalpolitik liegt dagegen weiterhin bei den Ländern.[542] Da es sich auch bei dem durch die Gerichte anzuwendenden materiellen Recht überwiegend um Bundesrecht handelt, die Bundesgerichte auch teilweise Landesrecht anwenden, die Einheitlichkeit der Rechtsauslegung und -anwendung durch die Bundesgerichte garantiert wird und schließlich die Landes- und Bundesgerichte durch Instanzenzüge verbunden sind, kommt es hinsichtlich der Rechtsprechung in der deutschen Verfassungsordnung zu einem erheblichen Übergewicht des Bundesrechts sowie zu einer starken vertikalen

---

538 Vgl. dazu *Blümel*, Rechtsprechungszuständigkeit, Rz. 35 ff.
539 Eine Ausnahme bildet insofern das Land Schleswig-Holstein, das von der in Art. 99 GG vorgesehenen Möglichkeit Gebrauch macht, landesverfassungsrechtliche Streitigkeiten durch das Bundesverfassungsgericht entscheiden zu lassen; vgl. dazu *Sturm, Gerd*, Art. 99 GG, in: Sachs, Rz. 1 ff.
540 *Herzog*, Art. 92 GG, in: Maunz/Dürig, Rz. 114 ff.; *Sturm, Gerd*, Art. 92 GG, in: Sachs, Rz. 31; *Schodder*, Föderative Gewaltenteilung, S. 69.
541 *Blümel*, Rechtsprechungszuständigkeit, Rz. 36; *Pieroth*, Art. 74 GG, in: Jarass/Pieroth, Rz. 7; *Stern*, Staatsrecht I, S. 690; *Maurer*, Staatsrecht I, § 19, Rz. 16. *Sturm*, Art. 92 GG, in: Sachs, Rz. 31, weist darauf hin, daß sogar die Errichtung von Gerichten durch die Länder mit Hilfe einfachen Bundesrechts angeordnet werden kann.
542 *Maurer*, Staatsrecht I, § 19, Rz. 16; *Bleckmann, Albert*, Staatsrecht I – Staatsorganisationsrecht (Grundlagen, Staatszielbestimmungen und Staatsorganisationsrecht des Bundes), Köln (u. a.) 1993, Rz. 972.

Verschränkung der Kompetenzbereiche.[543] Die bundesstaatliche Ordnung wird daher nicht nur durch die Unabhängigkeit der Richter gemäß Art. 97 GG, sondern auch durch das Rechtsstaatsprinzip in Gestalt des Grundsatzes der Rechtsprechungseinheit überlagert.[544] Aufgrund der rein organisatorischen Trennung der Wirkungsbereiche von Bund und Ländern auf dem Gebiet der Rechtsprechung und der engen Verzahnung ihrer Kompetenzbereiche kann die Ausübung der judikativen Gewalt in Deutschland sogar als „Bund-Länder-Gemeinschaftsaufgabe" beschrieben werden.[545]

## II. Die regionalisierte Rechtsprechung im Vereinigten Königreich

Während der deutsche Bundesstaat trotz mancher Unterschiede im Landesrecht seiner Gliedstaaten von einer einheitlichen Rechtsordnung ausgeht, dessen Homogenität durch ein Gefüge enger Kompetenzverschränkungen im Bereich der rechtsprechenden Gewalt zu sichern gesucht wird, besteht das Vereinigte Königreich trotz eines sachlich und territorial allmächtigen Parlaments in Westminster nach britischem Verfassungsverständnis aus drei Rechtsordnungen, nämlich der anglo-walisischen, der schottischen und der nordirischen Rechtsordnung.[546] Obgleich das britische Parlament zumeist für alle Landesteile gemeinsame Gesetze erlassen hat und nur in Ausnahmefällen besondere Rechtsakte für die einzelnen Territorien beschließt, bleiben diese drei Rechtssysteme formal voneinander getrennt und unterliegen lediglich einer materiellen Homogenisierung. Insbesondere das auf einer römischrechtlichen Tradition aufbauende und heute als Mischform dieser Ursprünge und des englischen Common Law zu qualifizierende schottische Rechtssystem unterscheidet sich bis heute erheblich von der anglo-walisischen Rechtsordnung.[547] Institutionell drückt sich dieses separative Verständnis im Fortbestehen von drei eigenständigen Gerichtssystemen mit separaten Anwaltschaften aus, welches im Falle Schottlands bereits im Act of Union 1707 festgeschrieben wurde.[548]

An der Spitze der Gerichtssysteme des Vereinigten Königreichs stehen zwei judikative Spruchkörper: das House of Lords in seiner judikativen Funk-

---

543 BVerfGE 10, 285, 296; *Stern*, Staatsrecht I, S. 689 f.; *Blümel*, Rechtsprechungszuständigkeit, Rz. 40 f.; *Schodder*, Föderative Gewaltenteilung, S. 70 ff.
544 *Stern*, Staatsrecht I, S. 690; *Weber, Werner*, Spannungen und Kräfte im westdeutschen Verfassungssystem, 3. Auflage, Berlin 1970, S. 101 ff.
545 So *Stern*, Staatsrecht II, S. 395.
546 Statt vieler *Bradley/Ewing*, Constitutional and Administrative Law, S. 41.
547 Vgl. Kilbrandon Report, S. 23; *Malanczuk, Peter*, Region und unitarische Struktur in Großbritannien, Berlin (u. a.) 1984, S. 48 ff.; *Loewenstein, Karl*, Staatsrecht und Staatspraxis von Großbritannien, Band II (Justiz – Verwaltung – Bürgerrechte), Berlin (u. a.) 1967, S. 66.
548 Zum Act of Union 1707 siehe supra Kapitel 2 § 2 B. I. 3.

tion und das Judicial Committee of the Privy Council. Letzteres besitzt eine Reihe von Sonderzuständigkeiten und agiert traditionell als imperiales Revisionsgericht für eine seit geraumer Zeit abnehmende Gruppe von Commonwealth-Rechtsordnungen.[549] Wie bereits im Rahmen der nordirischen Autonomie von 1920 bis 1972 übernimmt der Rechtsausschuß des Privy Council zudem wichtige Judikativaufgaben in bezug auf die heutigen Devolutionsstrukturen für Schottland, Nordirland und Wales.[550] Das House of Lords handelt dagegen – in der Praxis durch seine zwei Appellate Committees – als oberste Revisionsinstanz für alle drei Rechtsordnungen des Vereinigten Königreichs auf beinahe allen Rechtsgebieten. Eine Ausnahme bilden insofern seit jeher schottische Strafverfahren, bei denen keine Revision zum House of Lords möglich ist.[551] Obwohl für besondere Rechtsbereiche eine große Anzahl an speziellen Sonder- und Schiedsgerichten geschaffen worden sind,[552] kennt das Vereinigte Königreich grundsätzlich nur einen Gerichtszweig der ordentlichen Gerichtsbarkeit, vor dem alle Rechtsgebiete einschließlich des Verfassungs- und des Verwaltungsrechts verhandelt werden und der lediglich interne Spezialisierungen aufweist.[553] An der Spitze dieser einheitlichen Gerichtsbarkeit steht – mit der Ausnahme schottischer Strafsachen – das House of Lords, das jedoch entsprechend dem separativen Grundverständnis formal betrachtet nicht als zentralstaatliches Organ agiert, sondern – gewissermaßen im Sinne einer Organleihe – jeweils als oberstes Gericht der betreffenden Rechtsordnung tätig wird.[554] Damit „teilen sich" die drei britischen Rechtsordnungen einen gemeinsamen Apex,[555] so daß auch in der Gerichtsorganisation die Unionsstaatlichkeit des Vereinigten Königreichs deutlich wird.[556] Materiell betrachtet fungiert das House of Lords jedoch wie ein deutsches Bundesgericht und übt wie die deutschen Bundesgerichte insbesondere eine stark harmonisierende und unitarisierende Wirkung auf das Recht der drei britischen Rechtsordnungen aus.[557]

---

549 *Le Sueur, Andrew/Cornes, Richard*, The Future of the United Kingdom's Highest Courts, London 2001, S. 22; *Bradley/Ewing*, Constitutional and Administrative Law, S. 366 f.; *Hood Phillips/Jackson/Leopold*, Constitutional and Administrative Law, Rz. 16–009 ff.; *Barnett*, Constitutional & Administrative Law, S. 310 ff.
550 Siehe dazu infra Kapitel 6 § 3 B. II.
551 Vgl. *Mitchell, J. D. B.*, Constitutional Law, 2. Auflage, Edinburgh 1968, S. 258.
552 Zu nennen sind hier insbesondere die Vielzahl an ‚administrative tribunals' und ‚employment tribunals', der ‚election court' und der ‚Patents Court'. Vgl. *Bradley/Ewing*, Constitutional and Administrative Law, S. 364; *Craig*, Administrative Law, S. 253 ff.; *Hood Phillips/Jackson/Leopold*, Constitutional and Administrative Law, Rz. 30–004 ff.
553 *Bradley/Ewing*, Constitutional and Administrative Law, S. 365.
554 Vgl. *Le Sueur/Cornes*, The Future of the United Kingdom's Highest Courts, S. 17, 27; für Schottland *Walker, David M.*, The Scottish Legal System – An Introduction to the Study of Scots Law, 7. Auflage, Edinburgh 1997, S. 424.
555 *Hood Phillips/Jackson/Leopold*, Constitutional and Administrative Law, Rz. 20–008.
556 *Le Sueur/Cornes*, The Future of the United Kingdom's Highest Courts, S. 17.
557 *Malanczuk*, Region und unitarische Struktur, S. 48; *Le Sueur/Cornes*, The Future of the United Kingdom's Highest Courts, S. 17; *Weber, Helmut*, Recht und Gerichtsbarkeit, in: Kastendiek, Hans/Rohe, Karl/Volle, Angelika (Hrsg.), Großbritannien. Geschichte – Politik – Wirtschaft – Gesellschaft, 2. Auflage, Frankfurt/New York 1999, S. 178, 192.

Neben dem House of Lords wird die rechtsprechende Gewalt in England und Wales vom Supreme Court of Judicature – bestehend aus Court of Appeal, High Court und Crown Court –, den County Courts sowie Magistrates' Courts ausgeübt.[558] Die Gerichtsordnung Nordirlands zeigt eine dazu parallele Justizstruktur mit einem Supreme Court of Northern Ireland – zusammengesetzt aus Court of Appeal, High Court und Crown Court –, County Courts sowie Magistrates' Courts.[559] In Schottland hat sich dagegen seit der Union mit England eine ganz andersartige Gerichtsorganisation erhalten.[560] In Zivilsachen[561] wird die judikative Gewalt vor allem von dem seit 1532 bestehenden Court of Session ausgeübt, der einen internen Instanzenzug von seinem Outer House zu seinem Inner House aufweist.[562] Als oberstes Strafgericht, von dem auch keine Revision zum House of Lords zulässig ist, fungiert der High Court of Justiciary. Untere Instanzen werden für bestimmte Fälle von Sheriff Courts und District Courts gebildet.[563]

Die anglo-walisische Gerichtsordnung unterliegt auch nach den Devolutionsreformen der Regelungsbefugnis des britischen Parlaments und dem starken Einfluß der britischen Regierung in Gestalt des Premierministers und des Lord Chancellors beziehungsweise des neuen Secretary of State for Constitutional Affairs.[564] Die Pläne der britischen Regierung, letzterem keine judikative Rolle mehr zuzugestehen und eine unabhängige Judicial Appointments Commission einzusetzen, welche wichtige Funktionen des Lord Chancellors in der Richterernennung übernehmen soll, stellen positive Ansätze zur Stärkung der richterlichen Unabhängigkeit dar.[565] Die walisische Devolution ent-

---

558 Siehe Supreme Court Acts 1873 und 1981; Courts Act 1971; County Court Act 1984; Magistrates' Court Act 1980; Justices of the Peace Act 1997. Vgl. *Hood Phillips/Jackson/Leopold*, Constitutional and Administrative Law, Rz. 20–009; *Bradley/Ewing*, Constitutional and Administrative Law, S. 365; *Weber*, Recht und Gerichtsbarkeit, S. 188 f.
559 Siehe Judicature (Northern Ireland) Act 1978; Administration of Justice Act 1982. Vgl. *Dickson, Brice*, The Legal System of Northern Ireland, 4. Auflage, Belfast 2001, S. 28 ff.
560 Vgl. Kilbrandon Report, S. 23.
561 Nach britischem Rechtsverständnis umfaßt die ‚civil jurisdiction' auch die in Deutschland als öffentliches Recht qualifizierten Rechtsgebiete; vgl. zur Judicial Review in Schottland *Bradley/Ewing*, Constitutional and Administrative Law, S. 748 ff.
562 Siehe Court of Session Act 1988; Bail, Judicial Appointments etc. (Scotland) Act 2000.
563 Siehe District Courts (Scotland) Act 1975. Allgemein zur schottischen Gerichtsorganisation vgl. *Bradley/Ewing*, Constitutional and Administrative Law, S. 365; *Hood Phillips/Jackson/Leopold*, Constitutional and Administrative Law, Rz. 20–011.
564 Vgl. *Bradley/Ewing*, Constitutional and Administrative Law, S. 367 ff.; *Barnett*, Constitutional & Administrative Law, S. 109, 114.
565 Siehe *Department of Constitutional Affairs*, Constitutional Reform: reforming the office of the Lord Chancellor, Consultation Paper, London 2003; *dass.*, Constitutional Reform: a new way of appointing judges, Consultation Paper, London 2003. Vgl. dazu auch *Le Sueur, Andrew*, New Labour's next (surprisingly quick) steps in constitutional reform, PL 2003, S. 368, 369 f., 375 f.; *ders.*, Judicial Power in the Changing Constitution, in: Jowell, Jeffrey/Oliver, Dawn (Hrsg.), The Changing Constitution, 5. Auflage, Oxford 2004, S. 323, 326 ff.; *Malleson, Kate*, Creating a Judicial Appointments Commission: Which Model Works Best?, PL 2004, S. 102, 102 ff.

hält somit keine Elemente einer Regionalisierung von Rechtsprechungskompetenzen. Das House of Lords, in seiner Rolle als oberste Rechtsmittelinstanz dreier Rechtsordnungen, und das Judicial Committee of the Privy Council unterstehen ebenfalls hinsichtlich ihrer Organisation der Regelungsmacht des britischen Parlaments. Die Labour-Regierung unter Premierminister *Tony Blair* hat im Juni 2003 Pläne zur Schaffung eines Supreme Court für das Vereinigte Königreich bekanntgegeben, der außerhalb der bestehenden Gerichtsordnungen stehen und die judikativen Funktionen des House of Lords übernehmen würde.[566] Obgleich nicht die Schaffung einer eigenständigen Verfassungsgerichtsbarkeit vorgesehen ist, sind diese Pläne bereits aufgrund der dadurch angestrebten institutionellen Trennung des Oberhauses von der obersten Gerichtsinstanz zu begrüßen. Besondere Bedeutung für die kompetenzielle Ausstattung eines neuen Supreme Court als höchstes Gericht des britischen Zentralstaats erlangt die Frage, ob dem Gericht auch die Funktionen des Judicial Committee of the Privy Council im Rahmen der Devolutionsgesetze übertragen werden sollten.[567]

Obwohl der britische Zentralstaat auch nach der Devolution für Schottland und Nordirland für die Organisation der beiden obersten Judikativgremien zuständig bleibt, liegt auch dem schottischen und dem nordirischen Devolutionsgesetz die prinzipielle Trennung der drei Rechts- und Gerichtsordnungen zugrunde. Hinsichtlich des materiellen Rechts wird die Regionalisierung von Legislativ- und Exekutivkompetenzen nach Edinburgh und Belfast eine schrittweise Differenzierung zwischen den Rechtsordnungen bewirken. Die bereits vor 1998 bestehende Regionalisierung der Rechtsordnung wird durch die Devolutionsreformen zum Teil wesentlich verstärkt. Abgesehen vom Fortbestand des Court of Session und des High Court of the Justiciary, der Richterbesoldung sowie der Organisation der Rechtsausschüsse des House of Lords, welche der zentralstaatlichen Regelung vorbehalten bleiben, erhalten die schottischen Regionalinstitutionen die umfassende legislative und exekutive Zuständigkeit für das schottische Gerichtssystem.[568] Insbesondere erfolgen auch die Berufungen zum Richteramt in den höheren

---

566 *Department of Constitutional Affairs*, Constitutional Reform: a Supreme Court for the United Kingdom, Consultation Paper, London 2003. Vgl. zu diesen Überlegungen *Le Sueur/Cornes*, The Future of the United Kingdom's Highest Courts, S. 8 ff.; *Le Sueur*, Judicial Powers, S. 331 f.; *ders.*, Next steps in constitutional reform, S. 370 ff.; *Masterman, Roger*, A Supreme Court for the United Kingdom: two steps, but one step back on judicial independence, PL 2004, S. 48, 48 ff.; *Steyn, Johan*, A Case for a Supreme Court, LQR 118 (2002), S. 382, 382 ff.; *Bingham, Lord of Cornhill*, A New Supreme Court for the United Kingdom, London 2002, S. 1 ff.
567 Die Labour-Regierung plant eine solche Übertragung der Devolutionszuständigkeiten des Judicial Committee of the Privy Council auf den neuen Supreme Court; siehe *Department of Constitutional Affairs*, Constitutional Reform: a Supreme Court for the United Kingdom, para. 21.
568 Siehe para. 1 Part I Schedule 5 zum Schotland Act 1998 und das Concordat between the Scottish Executive and the Lord Chancellor's Department, paras. 6 ff., Annex A und B. Vgl. auch *Jackson*, Devolution and the Scottish Legal Institutions, S. 52 ff.; *Reed*, Devolution and the Judiciary, S. 28 ff.

schottischen Gerichten auf Vorschlag der schottischen Exekutive.[569] Der Umfang schottischer Autonomie hinsichtlich der rechtsprechenden Gewalt wird an der umstrittenen Frage deutlich, ob es dem schottischen Parlament mangels Kompetenzvorbehalts im Scotland Act 1998 sogar gestattet wäre, die Revisionszuständigkeit des House of Lords in schottischen Zivilverfahren gesetzlich abzuschaffen.[570] Dies käme – ungeachtet der verbleibenden Zuständigkeit des Privy Council für die Entscheidung von devolutionsbezogenen Kompetenzfragen – einer vollkommenen institutionellen Trennung zwischen der schottischen und der anglo-walisischen Rechtsordnung gleich. Die Regionalisierung der schottischen Rechtsprechung wäre insoweit umfassend, als schottische Gerichte dann abschließend nicht nur über Rechtsfragen des rein schottischen Rechts, sondern auch in den zentralstaatlich geregelten Rechtsgebieten befinden würden.

Die nordirische Devolution geht von dem Leitbild aus, daß es sich bei der Organisation und Verwaltung des nordirischen Gerichtssystems grundsätzlich um eine zur Regionalisierung geeignete Angelegenheit handelt, ordnet diese indessen aufgrund ihrer erheblichen politischen Brisanz größtenteils der für eine spätere Kompetenzübertragung vorgesehenen Kategorie der ‚reserved matters' zu.[571] Der besonders problematische Bereich der Richterernennung blieb als ‚excepted matter' zunächst sogar von der Möglichkeit eines späteren Zuständigkeitstransfers im Wege der Sekundärgesetzgebung ausgeschlossen.[572] Die vorbehaltenen Kompetenzen der Justizverwaltung werden durch den Lord Chancellor und den ihm unterstellten Northern Ireland Court Service ausgeübt. Die britische Regierung hat jedoch auch hinsichtlich der Richterernennung ihren Willen zur Kompetenzübertragung signalisiert, und mit dem Justice (Northern Ireland) Act 2002 wurde nicht nur die gesetzliche Grundlage für eine unabhängige nordirische Judicial Appointments Commission geschaffen, sondern auch die Ernennung nordirischer Richter von der Kategorie der ‚excepted matters' in die der ‚reserved matters' überführt.[573] Streng vorbehalten bleibt danach nur noch – wie für Schottland – der Bereich der Richterbesoldung. Obgleich die nordirische Devolution somit noch keine der schottischen Regionalisierung vergleichbare Autonomie hinsichtlich der dritten Gewalt gewährt, setzt sie die Eigenständigkeit der nordirischen Rechts- und Gerichtsordnung voraus und besitzt – insbesondere seit der späteren Gesetzesreform – die notwendigen Voraussetzungen für eine weitrei-

---

569  Sec. 95 Scotland Act 1998.
570  Bejahend *Hope, Lord of Craighead*, Taking the Case to London – Is it all over?, JurRev 1999, S. 135, 135 ff.; *Le Sueur*, Next steps in constitutional reform, S. 374; verneinend *Tierney*, Constitutionalising the Role of the Judge, S. 67.
571  Para. 15 Schedule 3 zum Northern Ireland Act 1998.
572  Para. 11 Schedule 2 zum Northern Ireland Act 1998.
573  Sec. 2 ff., 82 ff. Justice (Northern Ireland) Act 2002. Vgl. *Gay, Oonagh/Strickland, Pat*, The Justice (Northern Ireland) Bill, House of Commons Research Paper 02/07, London 2002, S. 36 ff.; *Department of Constitutional Affairs*, Constitutional Reform: reforming the office of the Lord Chancellor, para. 32.

chende Devolution auch der Zuständigkeiten für die Organisation und Verwaltung des nordirischen Gerichtssystems.

## III. Systematische Verortung Deutschlands und des Vereinigten Königreichs auf dem Kontinuum der Judikativkompetenzaufteilung

Nach einer streng rechtlichen Betrachtung bestehen zwischen der regionalisierten Rechtsprechung in Deutschland und im Vereinigten Königreich erhebliche Unterschiede, die sich auf grundlegend divergierende Verständnisse des gesamtstaatlichen Rechtssystems zurückführen lassen. Während in Deutschland grundsätzlich eine Rechtsordnung vorausgesetzt wird, die aus nach Sachmaterien getrenntem Bundesrecht und Landesrecht zusammengesetzt ist,[574] weist das Vereinigte Königreich von Großbritannien und Nordirland drei Rechtsordnungen auf, die lediglich das gesamtbritische Recht teilen. Auf der institutionellen Seite der Gerichtsordnung führt dieser Gegensatz zu der primär organisatorischen vertikalen Zuständigkeitsverteilung und der engen Verzahnung von Bundes- und Landesjustiz in Deutschland auf der einen Seite und der starken Regionalisierung der Rechtsprechung sowie der dreifachen Identität des House of Lords als anglo-walisische, schottische und nordirische Rechtsmittelinstanz im Vereinigten Königreich auf der anderen. In einer materiellen Betrachtung relativieren sich diese Unterschiede jedoch dadurch, daß zumindest in den Bereichen gesamtbritischer Normen auch das Nebeneinander dreier Rechtsordnungen die einheitliche Rechtsauslegung und -anwendung erfordert. Das House of Lords – und möglicherweise ein wahrhaft gesamtstaatlicher zukünftiger Supreme Court – erfüllt somit eine den Bundesgerichten in Deutschland direkt vergleichbare Funktion. Die landesweite Geltung der Europäischen Menschenrechtskonvention auf der Grundlage des Human Rights Act 1998 und der Devolutionsgesetze führt zu einer zusätzlichen materiellen Unitarisierung der britischen Rechtsordnungen und zu einem verstärkten Zwang zur judikativen Harmonisierung. Mit seinen Zuständigkeiten für Kompetenzfragen im Rahmen der Devolutionsordnung, die auch grundrechtliche Kompetenzschranken der Regionalorgane umfassen, bietet dafür das Judicial Committee of the Privy Council einen gesamtstaatlichen institutionellen Bezugspunkt. Die Grundrechtsjudikatur des Bundesverfassungsgerichts kann hier als Vorbild für die mögliche harmonisierende Ausstrahlungswirkung dieses Zuständigkeitsarrangements dienen.[575]

---

574 *Isensee*, Idee und Gestalt des Föderalismus, Rz. 225.
575 *Blümel*, Rechtsprechungszuständigkeit, Rz. 39; *Schodder*, Föderative Gewaltenteilung, S. 72.

Dennoch dürfen die verbleibenden Unterschiede in der vertikalen Verteilung von Rechtsprechungszuständigkeiten zwischen Deutschland und dem Vereinigten Königreich nicht verkannt werden. Während in der Bundesrepublik die Organisation und Verwaltung der judikativen Gewalt von Bundesrecht dominiert wird, enthält die schottische Devolution eine weitgehende Regionalisierung dieser Zuständigkeiten. Für Nordirland sind immerhin die gesetzlichen Grundlagen für eine spätere Übertragung vergleichbarer Kompetenzen geschaffen. Damit liegt den britischen Devolutionsreformen die Anerkennung und Stärkung nicht nur der schottischen und nordirischen materiellen Rechtsordnungen, sondern auch ihrer Gerichtssysteme zugrunde. Auch im Bereich der Organisation der Rechtsprechung bleibt jedoch die – gewissermaßen passive – Regelungsmacht des britischen Parlaments als Folge seiner rechtlich unbeschränkten Suprematie zu beachten.

Auf einem graduell abgestuften Kontinuum der Judikativkompetenzaufteilung kann somit die schottische Devolution gegenüber dem deutschen Bundesstaat als insgesamt stärker dezentralisierte Regionalisierungsform angesehen werden, während die judikative Autonomie Nordirlands derjenigen der deutschen Bundesländer weitgehend gleichzuachten ist. Wales bleibt schließlich aufgrund seiner vollständigen Integration in die anglo-walisische Rechts- und Gerichtsordnung vollkommen aus diesem Regionalisierungsaspekt ausgeschlossen.

## E. Die Auswärtige Gewalt im regionalisierten Staatswesen

Die Zuständigkeiten im Bereich der auswärtigen Angelegenheiten bilden – jenseits der klassischen Dreiteilung der Staatsfunktionen – einen eigenständigen Problemkreis des regionalisierten Staatsgefüges. Diese besondere Stellung spiegelt sich im Begriff der ‚auswärtigen Gewalt' terminologisch wider.[576] Es handelt sich jedoch nicht um eine eigentliche Staatsfunktion, sondern vielmehr um eine spezielle Sachmaterie, für die ein selbständiges Zuständigkeitsregime der innerstaatlichen Exekutiven und Legislativen erforderlich ist.[577] Die im 20. Jahrhundert vollzogene Entwicklung des Völkerrechts von einem Koexistenz- zu einem Kooperationsrecht bedeutet, daß in internationalen Beziehungen zunehmend auch innerstaatliche Rechtsverhältnisse geregelt werden.[578] Die Europäischen Gemeinschaften bilden als supranationale Organisationen ein besonders fortgeschrittenes Stadium dieses Wandels. Vor diesem Hintergrund einer stetig wachsenden Relevanz der internationalen Zusammenarbeit für die nationalen Rechtsordnungen muß jede nachhaltige Regionalisierung politischer Leitungsfunktionen die Frage der Zuständig-

---

576 *Stern*, Staatsrecht I, S. 690f.
577 *Schodder*, Föderative Gewaltenteilung, S. 73.
578 Vgl. *Bleckmann*, Staatsrecht I, Rz. 1257.

keitsverteilung im Bereich der auswärtigen Angelegenheiten in besonderem Maße berücksichtigen.

## I. Die Zuständigkeitsverteilung im Bereich der auswärtigen Angelegenheiten in Deutschland

Die grundsätzliche vertikale Kompetenzverteilung zwischen Bund und Ländern im Bereich der auswärtigen Angelegenheiten regelt das Grundgesetz in Art. 32 GG,[579] dessen erster Absatz als Generalklausel für diese Sachmaterie und *lex specialis* zu Art. 30 GG dem Bund die Verbandskompetenz für die „Pflege der Beziehungen zu auswärtigen Staaten" erteilt.[580] Mit dieser Umkehrung der allgemeinen Regelung des Art. 30 GG enthält das Grundgesetz zugleich eine Grundentscheidung für ein unitarisches Auftreten des deutschen Bundesstaates nach außen.[581] Die grundgesetzliche Aufgabenzuteilung an den Bund muß daher auch umfassend verstanden werden, so daß nicht nur die Beziehungen zu anderen Staaten, sondern zu allen Völkerrechtssubjekten erfaßt werden und unter „Pflege der Beziehungen" jede Art von Tätigkeit im internationalen Verkehr – vor allem aber der Abschluß völkerrechtlicher Verträge – zu verstehen ist.[582] Diese umfassende Kompetenzallokation wird darüber hinaus in anderen Verfassungsnormen verstärkt: Gemäß Art. 73 Nr. 1 GG sind auswärtige Angelegenheiten eine ausschließliche Gesetzgebungszuständigkeit des Bundes, und nach Art. 87 Abs. 1 GG wird der auswärtige Dienst in bundeseigener Verwaltung mit eigenem Verwaltungsunterbau geführt.

Die Umkehrung der Regelzuständigkeiten für den Bereich der auswärtigen Beziehungen bewirkt, daß die deutschen Bundesländer nur auf der Grundlage ausdrücklicher grundgesetzlicher Kompetenztitel auf diesem Gebiet tätig werden können.[583] Während Art. 32 Abs. 2 GG einem Land lediglich ein Anhörungsrecht hinsichtlich derjenigen Völkerrechtsverträge verleiht, die seine besonderen Verhältnisse berühren,[584] erteilen andere Normen

---

579 BVerfGE 1, 351, 369.
580 *Pernice, Ingolf*, Art. 32 GG, in: Dreier, Rz. 19; *Stern*, Staatsrecht I, S. 692; *Maunz, Theodor*, Art. 32 GG, in: Maunz/Dürig, Rz. 30. Teilweise wird jedoch auch vertreten, daß der Bereich der auswärtigen Gewalt in Art. 32 GG abschließend geregelt wird und daher ein Spezialitätsverhältnis zu Art. 30 GG nicht vorliegt; so *Streinz, Rudolf*, Art. 32 GG, in: Sachs, Rz. 7 ff. m. w. N.; *Jarass, Hans, D.*, Art. 32 GG, in: Jarass/Pieroth, Rz. 1; *Schodder*, Föderative Gewaltenteilung, S. 75.
581 *Pernice*, Art. 32 GG, in: Dreier, Rz. 19.
582 *Streinz*, Art. 32 GG, in: Sachs, Rz. 12 ff.; *Stern*, Staatsrecht I, S. 692 f.; *Pernice*, Art. 32 GG, in: Dreier, Rz. 22 ff.; *Jarass*, Art. 32 GG, in: Jarass/Pieroth, Rz. 4 ff.
583 *Maunz*, Art. 32 GG, in: Maunz/Dürig, Rz. 16; *Katz*, Staatsrecht, Rz. 255.
584 Vgl. dazu *Stern*, Staatsrecht I, S. 693; *Jarass*, Art. 32 GG, in: Jarass/Pieroth, Rz. 7; *Streinz*, Art. 32 GG, in: Sachs, Rz. 43 ff.

des Grundgesetzes den deutschen Ländern beschränkte Handlungskompetenzen im Bereich der internationalen Beziehungen. So können sie gemäß Art. 24 Abs. 1a GG auf den Gebieten ihrer staatlichen Befugnisse mit der Zustimmung der Bundesregierung Hoheitsrechte auf grenznachbarschaftliche Einrichtungen übertragen.[585] Mit derselben doppelten Beschränkung durch die Sachmaterien ihrer Verbandskompetenz[586] und die Zustimmung der Bundesregierung ist es den Ländern gemäß Art. 32 Abs. 3 GG gestattet, völkerrechtliche Verträge mit anderen Staaten abzuschließen.[587] Das in beiden Fällen anwendbare Erfordernis der Zustimmung der Bundesregierung garantiert im Rahmen der auswärtigen Beziehungen der Länder die Einheitlichkeit der deutschen Außenpolitik unter der Kontrolle des Zentralstaates.[588]

Steht damit sowohl die Zuständigkeit des Bundes zu völkerrechtlichem Handeln in Bereichen seiner Legislativkompetenzen als auch die Befugnis der Länder zu Vertragsschlüssen auf den Gebieten ihrer Gesetzgebungszuständigkeiten außer Frage, so läßt Art. 32 GG jedoch offen, ob dem Bund eine parallele Verbandskompetenz zum Abschluß völkerrechtlicher Verträge hinsichtlich der ausschließlichen Materien der Landesgesetzgebung zusteht. Die darüber entbrannte wissenschaftliche und politische Auseinandersetzung zwischen den Vertretern der föderalistischen Ansicht, die Art. 32 Abs. 3 GG als abschließende Regelung interpretieren, und solchen der zentralistischen Meinungsgruppe, die für ein Auseinanderfallen von Innen- und Außenkompetenz argumentieren, wurde durch den Abschluß des Lindauer Abkommens vom 14. November 1957 zwischen dem Bund und den Ländern für die bundesstaatliche Praxis in pragmatischer Weise entschärft.[589] Nach diesem *modus vivendi*,

---

585  Vgl. *Streinz, Rudolf*, Art. 24 GG, in: Sachs, Rz. 37 ff.; *Pernice, Ingolf*, Art. 24 GG, in: Dreier, Rz. 39 ff.; *Jarass, Hans, D.*, Art. 24 GG, in: Jarass/Pieroth, Rz. 15 ff.
586  Nach wohl vorherrschender Ansicht sind die Länder daher befugt, sowohl in Bereichen ihrer ausschließlichen und konkurrierenden Gesetzgebungszuständigkeiten internationale Verträge als auch bezüglich ihrer Vollzugszuständigkeiten – einschließlich des Vollzugs von Bundesgesetzen – Verwaltungsabkommen abzuschließen; vgl. BVerfGE 2, 347, 369 f.; *Stern*, Staatsrecht I, S. 694 f.; *Streinz*, Art. 32 GG, in: Sachs, Rz. 50, 57 f.; *Jarass*, Art. 32 GG, in: Jarass/Pieroth, Rz. 12; *Blumenwitz, Dieter*, Kompetenzen im Bereich der Außenpolitik, in: von Münch, Ingo (Red.), Probleme des Föderalismus, Tübingen 1985, S. 175, 177 f. Dagegen aber *Maunz*, Art. 32 GG, in: Maunz/Dürig, Rz. 68; *Pernice*, Art. 32 GG, in: Dreier, Rz. 40.
587  Vgl. *Blumenwitz*, Kompetenzen im Bereich der Außenpolitik, S. 177 f.; *Stern*, Staatsrecht I, S. 693 ff.; *Streinz*, Art. 32 GG, in: Sachs, Rz. 47 ff.; *Pernice*, Art. 32 GG, in: Dreier, Rz. 35 ff.
588  *Blumenwitz*, Kompetenzen im Bereich der Außenpolitik, S. 178; *Pernice*, Art. 32 GG, in: Dreier, Rz. 45.
589  Zu diesem Streit und zum Lindauer Abkommen vgl. *Stern*, Staatsrecht I, S. 695 ff.; *Streinz*, Art. 32 GG, in: Sachs, Rz. 31 ff.; *Pernice*, Art. 32 GG, in: Dreier, Rz. 42 f., 48; *Blumenwitz*, Kompetenzen im Bereich der Außenpolitik, S. 179 ff.; *Fastenrath, Ulrich*, Kompetenzverteilung im Bereich der auswärtigen Gewalt, München 1986, S. 120 ff.; *Papier, Hans-Jürgen*, Abschluß völkerrechtlicher Verträge und Föderalismus – Lindauer Abkommen, DÖV, 2003, S. 265, 266 ff.

der keine Veränderung der Verfassungslage bewirken kann oder soll[590] und als vermittelnde Lösung zu verstehen ist, steht dem Bund eine Abschlußkompetenz grundsätzlich auch in den Bereichen der ausschließlichen Landesgesetzgebung zu; jedoch soll in solchen Fällen das vorherige Einverständnis aller Länder eingeholt werden. Auch bei sonstigen Verträgen, welche wesentliche Interessen der Länder berühren, sind die Länder frühzeitig zu informieren, damit sie ihre Anliegen geltend machen können. Zur Artikulierung des Länderwillens wurde eine Ständige Vertragskommission der Länder geschaffen.[591] Ohne dies explizit auszuformulieren, setzt das Lindauer Abkommen die Abschlußkompetenz des Bundes in Bereichen der ausschließlichen Landesgesetzgebung voraus.[592] Die Einräumung gliedstaatlicher Beteiligungsrechte bei gleichzeitiger Anerkennung der Verbandskompetenz des Bundes zum Vertragsschluß hat vor allem den Sinn, die spätere innerstaatliche Transformation des Vertragsinhalts durch Landesgesetzgebung sicherzustellen.[593] Die extrem zentralistische Auffassung, nach der aus der Außenkompetenz des Bundes auch die Befugnis zur legislativen Umsetzung in der nationalen Rechtsordnung folgt,[594] hat sich nämlich nicht durchsetzen können, so daß die Art. 70 ff. GG die Transformationskompetenz regeln und in Sachmaterien der ausschließlichen Landesgesetzgebung Vollzugsbefehle der Landeslegislativen für die innerstaatliche Geltung erforderlich werden.[595] Obgleich das Lindauer Abkommen keinen Verfassungsrang besitzt und möglicherweise nicht einmal Rechtswirkungen auslöst,[596] stellen die Anerkennung der Abschlußkompetenz des Bundes und der Transformationskompetenz der Länder, das Erfordernis der Länderzustimmung sowie die Verpflichtung der Länder zur innerstaatlichen Umsetzung nach erteilter Zustimmung für die Bereiche der ausschließlichen Landesgesetzgebung eine überzeugende Interpretation der Verfassungsordnung dar.[597] Die Mitwirkungsrechte der Länder, für die in Art. 32 GG kein sprachlicher Anknüpfungspunkt ersichtlich ist, könnten

---

590   Bund und Länder halten gemäß Ziffer 1 des Lindauer Abkommens ausdrücklich an ihren Rechtsauffassungen zur Abschluß- und Transformationskompetenz bei völkerrechtlichen Verträgen fest.
591   Vgl. dazu *Fastenrath*, Kompetenzverteilung im Bereich der auswärtigen Gewalt, S. 163 f.; *Papier*, Abschluß völkerrechtlicher Verträge und Föderalismus, S. 265 f.
592   *Papier*, Abschluß völkerrechtlicher Verträge und Föderalismus, S. 267.
593   *Streinz*, Art. 32 GG, in: Sachs, Rz. 36 ff.; *Stern*, Staatsrecht I, S. 697 f.; *Papier*, Abschluß völkerrechtlicher Verträge und Föderalismus, S. 268.
594   Vgl. zu dieser sogenannten Berliner Lösung *Papier*, Abschluß völkerrechtlicher Verträge und Föderalismus, S. 267; *Pernice*, Art. 32 GG, in: Dreier, Rz. 42.
595   *Jarass*, Art. 32 GG, in: Jarass/Pieroth, Rz. 8; *Streinz*, Art. 32 GG, in: Sachs, Rz. 37; *Ipsen*, Staatsrecht I, Rz. 943. Anders aber *Pernice*, Art. 32 GG, in: Dreier, Rz. 42, der die Art. 70 ff. GG nur für zusätzliche Durchführungsmaßnahmen anwendbar hält.
596   Vgl. *Papier*, Abschluß völkerrechtlicher Verträge und Föderalismus, S. 268; *Rudolf, Walter*, Kooperation im Bundesstaat, in: Isensee, Josef/Kirchhof, Paul (Hrsg.), Handbuch des Staatsrechts der Bundesrepublik Deutschland, Band IV, 2. Auflage, Heidelberg 1999, § 105, Rz. 60.
597   So auch *Papier*, Abschluß völkerrechtlicher Verträge und Föderalismus, S. 269; *Streinz*, Art. 32 GG, in: Sachs, Rz. 34; *Stern*, Staatsrecht I, S. 697 f.; *Degenhart*, Staatsrecht I, Rz. 228 ff.

– ebenso wie ihre Verpflichtung zur Transformation nach erteilter Zustimmung – über den Grundsatz der Bundestreue verfassungswirksame Qualität annehmen.[598]

Eine ausdrückliche Regelung der auswärtigen Handlungsbefugnis des Bundes und der internen Beteiligung der Länder enthält das Grundgesetz dagegen hinsichtlich der Angelegenheiten der Europäischen Union in Art. 23 GG, der insofern als *lex specialis* zu Art. 32 GG anzusehen ist[599] und durch das Gesetz über die Zusammenarbeit zwischen Bund und Ländern in Angelegenheiten der Europäischen Union konkretisiert wird.[600] Aufgrund der weitreichenden Kompetenzverlagerungen auf die supranationale europäische Ebene, die nicht nur zentralstaatliche Befugnisse erfassen, sondern auch die Zuständigkeitsbereiche der Länder nachhaltig zurückschneiden, besteht auf dem Gebiet der europäischen Integration ein besonders ausgeprägtes Bedürfnis für eine angemessene föderative Allokation von Mitwirkungsbefugnissen.[601] Für die Übertragung deutscher Hoheitsrechten an die Europäische Union verlangt Art. 23 Abs. 1 Satz 2 GG daher ein mit Zustimmung des Bundesrates erlassenes Bundesgesetz. Der Bund besitzt somit hinsichtlich der integrationsorientierten Änderung des europäischen Primärrechts die alleinige Vertragsschlußkompetenz für Sachmaterien der Bundes- und der Landesgesetzgebung, während die Mitwirkung der Länder über den Bundesrat erfolgt.[602] Für das sonstige Handeln Deutschlands im Verhältnis zur Europäischen Union bestimmt die Generalklausel des Art. 23 Abs. 2 Satz 1 GG, daß neben dem Bundestag die Länder durch den Bundesrat mitwirken,[603] und verpflichtet Art. 23 Abs. 2 Satz 2 GG die Bundesregierung zur umfassenden Unterrichtung dieser Bundesorgane.[604] Art. 23 Abs. 4 GG konkretisiert die Generalklausel der Länderbeteiligung dahingehend, daß der Bundesrat an der Willensbildung des Bundes zu beteiligen ist, „soweit er an einer entsprechenden innerstaatlichen Maßnahme mitzuwirken hätte oder soweit die Länder innerstaatlich zuständig wären".[605] Sodann errichtet Art. 23 Abs. 4 bis Abs. 6 GG ein nach

---

598 So *Streinz*, Art. 32 GG, in: Sachs, Rz. 38 m. w. N.; *Degenhart*, Staatsrecht I, Rz. 231; *Stern*, Staatsrecht I, S. 697 f. Ähnlich für den Bereich der Länderbeteiligung in Angelegenheiten der Europäischen Union BVerfGE 92, 203, 235.
599 *Jarass*, Art. 32 GG, in: Jarass/Pieroth, Rz. 1; *Streinz*, Art. 32 GG, in: Sachs, Rz. 9a. Nach herrschender Meinung ist daher in Angelegenheiten der Europäischen Union das Lindauer Abkommen nicht anwendbar; kritisch dazu *Clostermeyer, Claus-Peter/Lehr, Stefan*, Ländermitwirkung bei völkervertraglichem Handeln auf EU-Ebene – Brauchen wir ein „Lindau II", DÖV 1998, S. 148, 150 ff.
600 Ausführungsgesetz zu Art. 23 Abs. 7 GG vom 12 März 1993, BGBl. I 1993, S. 313.
601 Vgl. *Breuer, Rüdiger*, Die Sackgasse des neuen Europaartikels (Art. 23 GG), NVwZ 1994, S. 417, 425 f.
602 *Pernice, Ingolf*, Art. 23 GG, in: Dreier, Rz. 84 ff.; *Jarass, Hans D.*, Art. 23 GG, in: Jarass/Pieroth, Rz. 17 ff.; *Streinz, Rudolf*, Art. 23 GG, in: Sachs, Rz. 52 ff.; *Scholz, Rupert*, Europäische Union und deutscher Bundesstaat, NVwZ 1993, S. 817, 821 f.
603 *Scholz*, Europäische Union und deutscher Bundesstaat, S. 820.
604 Art. 23 Abs. 2 Satz 2 GG; vgl. *Streinz*, Art. 23 GG, in: Sachs, Rz. 92 ff.
605 Nach § 4 Abs. 1 des Gesetzes über die Zusammenarbeit zwischen Bund und Ländern in Angelegenheiten der Europäischen Union beteiligt die Bundesregierung die durch den

Innenkompetenzen gestuftes System gliedstaatlicher Beteiligungsformen an der zentralstaatlichen Ausübung der auswärtigen Gewalt[606] und bestätigt dadurch ebenfalls die Außenkompetenz des Bundes.[607] Soweit ausschließliche Gesetzgebungsmaterien des Bundes betroffen und dennoch Interessen der Länder berührt sind oder der Bund im übrigen das Recht zur Gesetzgebung besitzt, berücksichtigt die Bundesregierung gemäß Art. 23 Abs. 5 Satz 1 GG die Stellungnahme des Bundesrates, ohne jedoch an diese gebunden zu sein.[608] Wenn im Schwerpunkt Gesetzgebungszuständigkeiten der Länder, die Einrichtung ihrer Behörden oder ihre Verwaltungsverfahren betroffen sind, ist gemäß Art. 23 Abs. 5 Satz 2 GG die Auffassung des Bundesrates maßgeblich zu berücksichtigen und damit für Zweifelsfälle im Grundsatz entscheidend.[609] Als zusätzliche und gleichzeitig am weitesten gehende Beteiligungsform sieht Art. 23 Abs. 6 Satz 1 GG für Sachbereiche, die im Schwerpunkt ausschließliche Landesgesetzgebungskompetenzen betreffen, vor, daß die Wahrung der deutschen Mitgliedschaftsrechte in der Europäischen Union auf einen vom Bundesrat bestimmten Vertreter der Länder übertragen werden „soll".[610] Diese Soll-Vorschrift ist nach allgemeiner Auffassung als Regelverpflichtung mit nur begrenzten Ausnahmen – etwa wenn die Bundesrepublik den Ratsvorsitz innehat – zu verstehen.[611] Nach einer solchen Übertragung erfolgt die Wahrnehmung der deutschen Mitgliedschaftsrechte unter Beteiligung und in Abstimmung mit der Bundesregierung.[612] Zudem ist es den Ländern gestattet, unmittelbare, ständige Verbindungen zu Einrichtungen der Europäischen Union zu unterhalten; zu diesem Zwecke sind die deutschen Bundesländer in

---

Bundesrat bestimmten Vertreter der Länder an Beratungen zur Festlegung der Verhandlungsposition zu europäischen Vorhaben.

606 Die Mitwirkungsrechte der Länder in der deutschen Europapolitik berühren grundsätzlich nicht die Verbandskompetenz des Bundes in diesem Bereich der auswärtigen Gewalt. Dies wird besonders deutlich an dem Umstand, daß die Länderbeteiligung durch den Bundesrat mediatisiert wird.

607 *Kunig, Philip*, Mitwirkung der Länder bei der europäischen Integration: Art. 23 des Grundgesetzes im Zwielicht, in: Ipsen, Jörn/Rengeling, Hans-Werner/Mössner, Jörg M./Weber, Albrecht (Hrsg.), Verfassungsrecht im Wandel – Wiedervereinigung Deutschlands, Deutschland in der Europäischen Union, Verfassungsstaat und Föderalismus, Köln (u. a.) 1995, S. 591, 597.

608 Vgl. *Streinz*, Art. 23 GG, in: Sachs, Rz. 105; *Scholz*, Europäische Union und deutscher Bundesstaat, S. 822.

609 Vgl. *Streinz*, Art. 23 GG, in: Sachs, Rz. 106 ff.; *Pernice*, Art. 23 GG, in: Dreier, Rz. 112 ff.; *Breuer*, Die Sackgasse des neuen Europaartikels, S. 427. Für die prozedurale Auflösung möglicher Konfliktsituationen siehe § 5 Abs. 2 des Gesetzes über die Zusammenarbeit zwischen Bund und Ländern in Angelegenheit der Europäischen Union; vgl. *Scholz*, Europäische Union und deutscher Bundesstaat, S. 823.

610 Siehe § 6 des Gesetzes über die Zusammenarbeit zwischen Bund und Ländern in Angelegenheiten der Europäischen Union. Vgl. dazu *Streinz*, Art. 23 GG, in: Sachs, Rz. 114 ff.; *Pernice*, Art. 23 GG, in: Dreier, Rz. 117 ff.; *Scholz*, Europäische Union und deutscher Bundesstaat, S. 823 f.

611 *Scholz*, Europäische Union und deutscher Bundesstaat, S. 823; *Jarass*, Art. 23 GG, in: Jarass/Pieroth, Rz. 61; *Kunig*, Mitwirkung der Länder bei der europäischen Integration, S. 602.

612 Art. 23 Abs. 6 Satz 2 GG.

Brüssel durch Länderbüros ohne diplomatischen Status präsent.[613] Schließlich benennen die Länder diejenigen Personen, welche die Bundesregierung dem Rat als Mitglieder des Ausschusses der Regionen und deren Stellvertreter vorschlägt.[614]

Art. 23 GG verleiht den Bundesländern somit verfassungswirksame Beteiligungsrechte im europapolitischen Handeln der Bundesrepublik Deutschland. Auffallend ist jedoch, daß die gesicherten Mitwirkungsbefugnisse – anders als im Rahmen des Lindauer Abkommens – nicht den Ländern einzeln, sondern ihrer Gesamtheit durch den Bundesrat zustehen.[615] Das Einverständnis jedes einzelnen Landes wird durch die Mehrheitsvoten des Bundesrates ersetzt. Diese nicht unerhebliche Beschränkung gliedstaatlicher Autonomie muß wohl als Antwort auf die besonderen Erfordernisse der gesamtstaatlichen Handlungsfähigkeit Deutschlands in der Europäischen Union verstanden werden.

## II. Die Zuständigkeitsverteilung im Bereich der auswärtigen Angelegenheiten im Vereinigten Königreich

Das Spannungsverhältnis zwischen der Erforderlichkeit eines einheitlichen staatlichen Auftretens in der Außenpolitik und der durch Kooperationsvölkerrecht und supranationale Integration verstärkten Notwendigkeit der Berücksichtigung regionaler Belange in auswärtigen Angelegenheiten prägt auch die Regelung der auswärtigen Gewalt im regionalisierten Staatsgefüge des Vereinigten Königreichs. Die Devolutionsreformen für Schottland, Nordirland und Wales zeigen jedoch eine deutlich zentralistischere Abwägung dieses Interessengegensatzes als der deutsche Bundesstaat. Während das auf der Eigenstaatlichkeit der Glieder aufbauende bundesstaatliche Verfassungsverständnis in Deutschland den Ländern einen gewissen Anteil an der Ausübung der auswärtigen Gewalt erhalten hat,[616] wirkt in der britischen Regionalisierung noch in erheblichem Maße die Tradition fort, daß es sich bei der Wahrnehmung auswärtiger Angelegenheiten des Vereinigten Königreichs um einen Aspekt der königlichen – und damit zentralstaatlichen – Prärogative handelt.[617]

---

613 Siehe § 8 des Gesetzes über die Zusammenarbeit zwischen Bund und Ländern in Angelegenheiten der Europäischen Union.
614 § 14 Satz 1 des Gesetzes über die Zusammenarbeit zwischen Bund und Ländern in Angelegenheiten der Europäischen Union.
615 *Clostermeyer/Lehr*, Ländermitwirkung bei völkerrechtlichem Handeln auf EU-Ebene, S. 150; *Papier*, Abschluß völkerrechtlicher Verträge und Föderalismus, S. 270.
616 Zur diesbezüglichen deutschen Verfassungstradition vgl. *Pernice*, Art. 32 GG, in: Dreier, Rz. 3.
617 Zur Außenpolitik als Prärogativbefugnis vgl. *Bradley/Ewing*, Constitutional and Administrative Law, S. 249f., 309f.; *Hood Phillips/Jackson/Leopold*, Constitutional and Administrative Law, Rz. 15–021ff.

Kapitel 5: Kompetenzverteilung und Systemverflechtung

Sowohl im Scotland Act 1998 als auch im Northern Ireland Act 1998 gehören die auswärtigen Angelegenheiten zum vorbehaltenen Kompetenzbestand Westminsters, so daß den regionalen Gesetzgebern jegliche Legislativtätigkeit in den Bereichen „International relations, including relations with territories outside the United Kingdom, the European Communities (and their institutions) and other international organisations", untersagt bleibt.[618] Die grundsätzliche thematische Übereinstimmung von exekutiven und legislativen Zuständigkeitsbereichen[619] führt dazu, daß auch den regionalen Exekutivorganen prinzipiell keine Befugnisse im Bereich der auswärtigen Angelegenheiten zukommen. Dem schottischen und dem nordirischen Devolutionsgesetz ist jedoch zu entnehmen, daß die Einhaltung und innerstaatliche Umsetzung völker- wie europarechtlicher Verpflichtungen des Vereinigten Königreichs sowie der Obligationen aus der Europäischen Menschenrechtskonvention von diesem Kompetenzvorbehalt zugunsten des Zentralstaats nicht erfaßt werden und somit auch in den Zuständigkeitsbereich der Regionalinstitutionen fallen.[620] Während der Northern Ireland Act 1998 zudem die Implementierung von Vereinbarungen des North-South Ministerial Council und des British-Irish Council[621] vom allgemeinen Kompetenzausschluß ausnimmt, gestattet der Scotland Act 1998 den regionalen Organen ausdrücklich die Unterstützung britischer Minister in der Ausübung der auswärtigen Gewalt.[622] In Schedule 2 des Government of Wales Act 1998 zählen auswärtige Angelegenheiten nicht zu den übertragungsfähigen Politikfeldern.

Diesem grundsätzlichen Ausschluß regionaler Außenkompetenzen in den Devolutionsgesetzen steht eine teilweise weitreichende Regionalisierung der Umsetzungs- und Durchführungszuständigkeiten gegenüber. Wie die Ausnahme zum Kompetenzvorbehalt im Bereich der auswärtigen Angelegenheiten deutlich macht, sind Schottland und Nordirland in übertragenen Sachmaterien zur legislativen Transformation der völker- und europarechtlichen Verpflichtungen des Vereinigten Königreichs berufen.[623] Daneben besteht die konkurrierende Zuständigkeit Westminsters in allen Angelegenheiten, welche für eine einheitliche Umsetzung internationaler Verbindlichkeiten von gesteigertem praktischem Nutzen sein kann.[624] Die schottische und die nordirische Exekutive besitzen in übertragenen Politikfeldern nicht nur die

---

618 Siehe para. 7 Part I Schedule 5 zum Scotland Act 1998 (,reserved matter'); para. 3 Schedule 2 zum Northern Ireland Act 1998 (,excepted matter').
619 Siehe supra Kapitel 5 § 1 C. III.
620 Siehe para. 7 Part I Schedule 5 zum Scotland Act 1998; para. 3 Schedule 2 zum Northern Ireland Act 1998.
621 Zu diesen nordirisch-irischen und britisch-irischen Kooperationsgremien siehe infra Kapitel 5 § 2 B. II.
622 Siehe para. 7 Part I Schedule 5 zum Scotland Act 1998; para. 3 Schedule 2 zum Northern Ireland Act 1998.
623 Vgl. auch Concordat on International Relations, in: Memorandum of Understanding and Supplementary Agreements, paras. D 4.9ff.; Concordat on the Co-ordination of European Policy Issues, in: Memorandum of Understanding and Supplementary Agreements, paras. B 16ff.
624 Vgl. *Burrows*, This is Scotland's Parliament, S. 223.

Kompetenz zum Vollzug regionaler Transformationsakte, sondern für den besonders bedeutsamen Bereich des europäischen Gemeinschaftsrechts in devolvierten Kompetenzbereichen auch die Befugnis zum Erlaß sekundärer Gesetzgebung auf der Basis der sec. 2(2) European Communities Act 1972.[525] Die grundsätzliche Trennung der Zuständigkeitssphären britischer Minister auf der einen Seite und schottischer sowie nordirischer Regierungsmitglieder auf der anderen wird in den Devolutionsgesetzen hinsichtlich der Umsetzung europäischer Richtlinien zugunsten einer echten Kompetenzkonkurrenz durchbrochen, so daß insgesamt der Bereich der innerstaatlichen Transformation völker- und europarechtlicher Verpflichtungen des Vereinigten Königreichs eine grundsätzliche Parallelzuständigkeit sowohl der zentralstaatlichen als auch der regionalen Ebene aufweist. Eine derartige Kompetenzkonkurrenz besteht auch bei der Übertragung von Umsetzungsbefugnissen aus sec. 2(2) European Communities Act 1972 an das National Assembly for Wales gemäß sec. 29 Government of Wales Act 1998.[626] Die Exekutiven aller drei Regionen unterliegen zudem hinsichtlich der Einhaltung völker- und europarechtlicher Verpflichtungen des Gesamtstaates weitreichenden Weisungs- und Aufsichtsrechten britischer Minister.[627]

Die stetig wachsende Bedeutung der internationalen Kooperation und der europäischen Integration für die innerstaatliche Rechtsetzung auch in übertragenen Politikfeldern begründet ein substantielles Interesse der Regionalinstitutionen an einer möglichst selbständigen innerstaatlichen Umsetzung inter- und supranationaler Verpflichtungen. Diesem legitimen Interesse trägt die britische Devolutionsordnung auch mit Hilfe der Sewel Convention Rechnung, nach der auch zentralstaatliche Transformationsgesetzgebung in übertragenen Sachmaterien grundsätzlich von der Zustimmung der regionalen Volksvertretung abhängig ist.[628] Der erhebliche Einfluß vor allem des Europarechts auf die politischen Gestaltungsspielräume der regionalen staatlichen Ebene rechtfertigt jedoch auch ein vitales Interesse der Regionalinstitutionen an der zentralstaatlichen Ausübung der betreffenden Außenkompetenzen. Den rechtlichen Rahmen für die Berücksichtigung dieses Interesses setzen die Devolutionsgesetze mit der klaren Verortung der Verbandskompetenz hinsichtlich auswärtiger Angelegenheiten beim britischen Zentralstaat. Für die konstitutionelle Praxis wird dieser Rechtsrahmen indessen durch ‚Concordats' als prinzipiell rechtlich unverbindliche Verhaltenskodizes ausgefüllt, die unter anderem für den Bereich der allgemeinen auswärtigen Angelegenheiten und der Europäischen Union zwischen der Zentralregierung und den Regionalexekutiven vereinbart worden sind.[629] Das Concordat on International

---

625 Siehe supra Kapitel 5 § 1 C. III.
626 Siehe supra Kapitel 5 § 1 C. III.
627 Siehe supra Kapitel 5 § 1 C. III.
628 Vgl. Concordat on International Relations, in: Memorandum of Understanding and Supplementary Agreements, para. D 4.12.
629 Allgemein zu diesen Konkordaten als Instrumenten der kooperativen Koordination zwischen den regionalen und zentralen Regierungen siehe infra Kapitel 5 § 2 B. II.

Relations und das Concordat on Co-ordination of European Union Policy Issues bilden Zusatzvereinbarungen zum Hauptkonkordat – dem Memorandum of Understanding – zwischen der britischen Regierung einerseits und den schottischen Ministern, dem nordirischen Exekutivkomitee und dem Kabinett der Nationalversammlung für Wales andererseits.[630] Die Konkordate zu internationalen Beziehungen und zur Europapolitik verpflichten zunächst beide Seiten zur umfassenden gegenseitigen Information sowie zur vollkommenen Vertraulichkeit in den betreffenden Sachmaterien.[631] Bei der Entwicklung internationaler und europäischer Verhandlungspositionen des Vereinigten Königreichs durch britische Minister werden die regionalen Exekutiven konsultiert und einbezogen, soweit übertragene Kompetenzbereiche mittelbar oder unmittelbar berührt sind.[632] In europäischen Angelegenheiten, in denen keine unmittelbare Einigkeit erzielt werden kann, soll vor allem im Joint Ministerial Committee – einem Kooperationsgremium bestehend aus Ministern der britischen und regionalen Exekutiven[633] – eine einvernehmliche Lösung angestrebt werden.[634] Bei direkter Betroffenheit übertragener Zuständigkeiten durch internationale Verhandlungen kann es zudem angebracht sein, daß der britischen Delegation Vertreter der regionalen Exekutiven angehören, die allerdings an die einheitliche britische Verhandlungsposition gebunden bleiben und der organisatorischen und inhaltlichen Gesamtverantwortlichkeit britischer Minister unterworfen sind.[635] In europapolitischen Ver-

---

630 Siehe Memorandum of Understanding and Supplementary Agreements. Zur Sicherstellung der rechtlichen Unverbindlichkeit der Konkordate betonen sowohl das Memorandum of Understanding als auch die Zusatzvereinbarungen, daß es sich um keine rechtlich verbindlichen Verträge oder um sonstige Vereinbarungen handelt, die Rechte und Pflichten der Parteien begründen sollen. Die Verfasser bemühen sich um eine Qualifizierung als Gentlemen's Agreements mit dem in den Einzelvereinbarungen wiederholten Hinweis, jedes Konkordat sei „intended to be binding in honour only"; siehe Memorandum of Understanding and Supplementary Agreements, para. 2; Concordat on International Relations, in: Memorandum of Understanding and Supplementary Agreements, paras. D 1.2, D 2.2, D 3.2; Concordat on the Co-ordination of European Policy Issues, in: Memorandum of Understanding and Supplementary Agreements, paras. B 1.2, B 2.2, B 3.2.
631 Siehe Concordat on International Relations, in: Memorandum of Understanding and Supplementary Agreements, paras. D 4.3 ff.; Concordat on the Co-ordination of European Policy Issues, in: Memorandum of Understanding and Supplementary Agreements, paras. B 4.3 f.
632 Concordat on International Relations, in: Memorandum of Understanding and Supplementary Agreements, para. 4.6; Concordat on the Co-ordination of European Policy Issues, in: Memorandum of Understanding and Supplementary Agreements, para. B 4.4.
633 Zu der Zusammensetzung, der Organisation und dem Verfahren des Joint Ministerial Committee vgl. Agreement on the Joint Ministerial Committee, in: Memorandum of Understanding and Supplementary Agreements, paras. A 1.1 ff., und siehe infra Kapitel 5 § 2 B. II.
634 Concordat on the Co-ordination of European Policy Issues, in: Memorandum of Understanding and Supplementary Agreements, paras. B 4.7, B 4.10.
635 Concordat on International Relations, in: Memorandum of Understanding and Supplementary Agreements, para. D 4.8.

handlungen einschließlich Ministerratssitzungen „soll" den regionalen Regierungen sogar eine direkte Teilnahme gewährt werden.[636] Der zuständige britische Minister entscheidet in jedem Einzelfall über die Delegationszusammensetzung und trägt dabei dem Umstand Rechnung, daß den Regionalregierungen eine Rolle in den Verhandlungen zukommen soll, wenn substantielle Diskussionen zu Angelegenheiten mit erheblichen Auswirkungen auf übertragene Kompetenzen absehbar sind.[637] Die organisatorische wie inhaltliche Delegationsleitung bleibt in jedem Fall dem zuständigen britischen Minister vorbehalten, obgleich regionalen Regierungsmitgliedern im Einzelfall das Recht übertragen werden kann, für das Vereinigte Königreich zu sprechen.[638] Trotz des Mangels an Rechtsverbindlichkeit dieser Beteiligungspositionen haben von Beginn der Devolutionsreformen an auch schottische, nordirische und walisische Minister an europäischen Ministerratssitzungen teilgenommen.[639]

Ähnlich den deutschen Bundesländern sind Schottland, Nordirland und Wales zudem berechtigt, eigene Regionalbüros zur Unterhaltung direkter Verbindungen mit Institutionen der Europäischen Gemeinschaften und anderen europäischen Regionalregierungen einzurichten.[640] Auf dieser Grundlage sind die drei Randterritorien des Vereinigten Königreichs mit eigenen, ständigen Büros in Brüssel vertreten.[641] Zudem bestimmen – wie die deutschen Bundesländer – grundsätzlich die Regionalregierungen hinsichtlich ihrer Territorien den Personalvorschlag der britischen Regierung für die Mitglieder des Ausschusses der Regionen, obgleich das Letztentscheidungsrecht auch in dieser Hinsicht bei der britischen Zentralregierung liegt.[642] Auf dieser informellen Ebene wird den Regionalregierungen eine vergleichbare eigenständige Außenpolitik auch hinsichtlich anderer internationaler Beziehungen zugestanden. So dürfen sie in enger Abstimmung mit der britischen Regierung Ver-

---

636 Concordat on the Co-ordination of European Policy Issues, in: Memorandum of Understanding and Supplementary Agreements, para. B 4.12.
637 Concordat on the Co-ordination of European Policy Issues, in: Memorandum of Understanding and Supplementary Agreements, para. B 4.13.
638 Concordat on the Co-ordination of European Policy Issues, in: Memorandum of Understanding and Supplementary Agreements, para. B 4.14. Vgl. *Stumpf, Christoph A.*, Mitglieder von Regionalregierungen im EU-Ministerrat – Ein Vergleich zwischen den Rahmenbedingungen nach europäischem, deutschem und britischem Recht, EuR 2002, S. 275, 286.
639 Vgl. *Pahl, Marc-Oliver*, Das Vereinigte Königreich – Der Fortgang des Devolutionsprozesses und die Mitwirkung der Regionalinstitutionen im Bereich der Europäischen Union, in: Europäisches Zentrum für Föderalismus-Forschung Tübingen (Hrsg.), Jahrbuch des Föderalismus 2001 (Band 2): Föderalismus, Subsidiarität und Regionen in Europa, Baden-Baden 2001, S. 281, 293; *Burrows*, Devolution, S. 137.
640 Concordat on the Co-ordination of European Policy Issues, in: Memorandum of Understanding and Supplementary Agreements, para. B 4.27.
641 Vgl. dazu *Pahl*, Das Vereinigte Königreich, S. 293 f.; *Cygan*, Scotland's Parliament and European affairs, S. 493 f.; *Jeffery*, Devolution und Europapolitik, S. 179 f.
642 Concordat on the Co-ordination of European Policy Issues, in: Memorandum of Understanding and Supplementary Agreements, para. B 4.29; vgl. *Pahl*, Das Vereinigte Königreich, S. 294.

bindungen zu anderen sub-nationalen Einheiten, nationalen Regierungen und internationalen Organisationen unterhalten und mit diesen sogar Vereinbarungen abschließen, die jedoch keine völkerrechtlichen Bindungen des Vereinigten Königreichs bewirken oder auf die Außenpolitik der Zentralregierung Einfluß haben dürfen.[643]

Auf dem Gebiet der auswärtigen Gewalt reduziert sich die Asymmetrie der britischen Devolutionsstrukturen auf den zumindest vorläufigen Ausschluß Englands von der territorialen Dezentralisierung. Die Beteiligungsarrangements für Schottland, Nordirland und Wales erweisen sich dagegen formal als überraschend symmetrisch, obgleich die Bezugnahme auf übertragene Kompetenzbereiche wiederum beträchtliche Unterschiede im Umfang regionaler Mitwirkung einführt.[644] Die verbleibende Asymmetrie zwischen England und den drei Randterritorien bildet nicht etwa deshalb eine Schwachstelle der Kompetenzverteilung auf dem Gebiet der auswärtigen Gewalt, weil England in diesen Politikbereichen keine Stimme erhält, sondern weil die in jeder Hinsicht letztverantwortliche Zentralregierung von englischen Interessen dominiert sein kann.[645]

## III. Systematische Verortung Deutschlands und des Vereinigten Königreichs auf dem Kontinuum der Kompetenzverteilung im Bereich der auswärtigen Angelegenheiten

Die vertikale Verteilung der Kompetenzen auf dem Gebiet der auswärtigen Angelegenheiten im Vereinigten Königreich gestaltet sich somit erheblich zentralistischer als in Deutschland. Auf einem Kontinuum der diesbezüglichen Zuständigkeitsallokation muß der deutsche Bundesstaat als insgesamt dezentralisierter angesehen werden als das Devolutionsgefüge des Vereinigten Königreichs, welches das außenpolitische Primat der britischen Zentralregierung nicht ernsthaft in Frage stellt. Dabei erlangen drei Faktoren besondere Bedeutung.

Zum einen bleiben die Befugnisse der britischen Regionen zu einer selbständigen Außenpolitik durch die Beschränkung auf informelle internationale und europäische Koordinationen und Vereinbarungen deutlich hinter der Kompetenz der deutschen Bundesländer zu völkerrechtlichen Vertragsschlüssen aus Art. 32 Abs. 3 GG zurück. Diese Außenkompetenz der deutschen Länder wird jedoch dadurch beschränkt, daß ihre Inanspruchnahme der Zustimmung der Bundesregierung bedarf. Zudem können die den Randterritorien

---

643 Concordat on International Relations, in: Memorandum of Understanding and Supplementary Agreements, para. D 4.7.
644 Vgl. *Pahl*, Das Vereinigte Königreich, S. 294 f.
645 *Leyland*, Devolution, the British Constitution and the Distribution of Power, S. 430.

des Vereinigten Königreichs gestatteten informellen Kooperationen und Vereinbarungen mit anderen sub-nationalen und nationalen Akteuren in der internationalen Praxis ein wichtiges regionales Betätigungsfeld darstellen.[546] Hinsichtlich der selbständigen europäischen Außenpolitik der Regionen zeigen sich dagegen mit der Schaffung ständiger Vertretungen in Brüssel und der Befugnis zur Bestimmung von Mitgliedern des Ausschusses der Regionen direkte Parallelen zwischen den britischen Devolutionsregionen und den deutschen Bundesländern.

Der zweite wesentliche Faktor liegt in dem Umstand, daß die deutschen Bundesländer – im Unterschied zu den Devolutionsregionen – sowohl weitreichende als auch verfassungsrechtlich fest verankerte Beteiligungsrechte in internationalen und europäischen Angelegenheiten des Bundes besitzen. Zwar enthält Art. 32 GG – anders als Art. 23 GG – keine ausdrücklichen Mitwirkungsrechte der Länder und kann das Lindauer Abkommen keine solchen Rechtspositionen begründen; jedoch gebietet der ungeschriebene Grundsatz des bundesfreundlichen Verhaltens die Einbeziehung der Länder in die zentralstaatliche Außenpolitik, wenn ihre Kompetenzbereiche betroffen sind.[647] Demgegenüber verleihen die britischen Konkordate den Regionalregierungen grundsätzlich keine rechtswirksamen Mitwirkungspositionen, sondern bilden lediglich einen konsensualen Rahmen für freiwillige Zugeständnisse der britischen Zentralregierung an die legitimen Interessen der Regionen.[648] Auch der konkrete Umfang der regionalen Beteiligung im Vereinigten Königreich bleibt durch die ausdrückliche Letztverantwortung britischer Ministerien vergleichsweise bescheiden.[649] Das Beteiligungsinteresse der Regionen beispielsweise am europäischen Integrationsprozess wird lediglich politisch anerkannt. Besonders schwer wiegt dies etwa bei der nationalen Willensbildung zu zukünftigen Kompetenzübertragungen an die europäischen Institutionen, bei denen der deutsche Bundesstaat dem Bundesrat in Art. 23 Abs. 1 Satz 2 GG eine verfassungswirksame Vetoposition einräumt.

Zum dritten besitzen die britischen Devolutionsregionen auch hinsichtlich der innerstaatlichen Umsetzung völker- und europarechtlicher Verpflichtungen, die in die Kompetenzbereiche der Regionen fallen, weniger Eigenständigkeit als die deutschen Bundesländer. Die parallelen Transformationsbefugnisse der britischen Legislative und Exekutive sowie die weitreichenden Weisungs- und Aufsichtsrechte der britischen Regierung garantieren eine zentralstaatliche Steuerung des innerstaatlichen Umsetzungsprozesses.[650]

Diese drei Faktoren stehen in einer engen Beziehung zueinander. So können die Beteiligungsrechte der deutschen Bundesländer im Lindauer Abkommen und in Art. 23 GG als vor dem Hintergrund ihrer Umsetzungsautonomie notwendiges Zugeständnis des zentralstaatlichen Primats in der

---

646 Vgl. *Hopkins*, Devolution in Context, S. 194 f.
647 Siehe supra Fn. 598 mit Text.
648 So auch *Schwab*, Devolution, S. 243.
649 Ähnlich auch *Jeffery*, Devolution und Europapolitik, S. 180 f.
650 Vgl. auch *Cygan*, Scotland's Parliament and European affairs, S. 495.

## Kapitel 5: Kompetenzverteilung und Systemverflechtung

Außenpolitik betrachtet werden. Im Vereinigten Königreich führt dagegen der Mangel an echter Transformationseigenständigkeit zu einer schwächeren Position der Devolutionsregionen bei der außenpolitischen Mitwirkung.

Die Konkordate zu internationalen Beziehungen und zur Europapolitik sind materiell insofern mit dem Lindauer Abkommen zwischen dem Bund und den Ländern vergleichbar, als in beiden Fällen eine *per se* rechtlich unverbindliche, konsensuale Lösung eines bedeutsamen Interessenkonfliktes im regionalisierten Staatsgefüge für die politische Praxis erreicht wird. Diese primär funktionelle Gemeinsamkeit besteht jedoch vor dem Hintergrund eines verfassungsjuristisch wichtigen Unterschieds: Während das Lindauer Abkommen ein bis heute umstrittenes Problem der Verfassungsauslegung für die föderative Praxis entschärft, stehen die beiden britischen Konkordate auf dem Boden einer gesicherten Rechtslage, nach der – ungeachtet ihrer Transformationsbefugnisse – den regionalen Gliedern des Vereinigten Königreichs gesetzlich keinerlei Handlungs- und Teilhaberechte bei der Ausübung der auswärtigen Gewalt des Gesamtstaates zukommen. Auch eine Gegenüberstellung des europapolitischen Konkordats und des Art. 23 GG zeigt eine funktionelle Ähnlichkeit, da beide Regelungsgefüge die Mitwirkung der regionalen Glieder an der gesamtstaatlichen Europapolitik strukturieren sollen. Jedoch bleibt das grundsätzlich rechtlich unverbindliche Konkordat auf der Basis einer gesetzlich eindeutigen Kompetenzverteilung in Bindungs- und Formalisierungswirkung weit hinter dem detailreichen Netz von Wahrnehmungs- und Beteiligungsrechten in Art. 23 GG zurück. In einer Hinsicht gewährt die britische Abwägung zwischen den europapolitischen Belangen des Zentralstaats und seiner Glieder den Regionalregierungen eine zumindest im Ansatz weiterreichende Autonomie als Art. 23 GG den deutschen Bundesländern: Der auch in Deutschland als problematisch empfundenen durch den Bundesrat mediatisierten Mitwirkung der Länder in europäischen Angelegenheiten setzt das Concordat on the Co-ordination of European Policy Issues im Vereinigten Königreich den Versuch einer konsensualen Abstimmung der britischen Verhandlungspositionen mit allen Regionalregierungen entgegen. Trotz der gesetzlich festgeschriebenen und im europapolitischen Konkordat vereinbarten Letztverantwortlichkeit der britischen Regierung enthält die britische Devolution für den bedeutsamen Bereich der europäischen Integration somit eine wichtige regionalautonomiefreundliche Komponente.

## F. Die Finanzordnung im regionalisierten Staatswesen

Die Finanzordnung ist „tragende[r] Eckpfeiler"[651] oder „spinal cord"[652] eines jeden regionalisierten Staatswesens.[653] Die regionale Dezentralisierung staatlicher Kompetenzen setzt voraus, daß sowohl der Gesamtstaat als auch seine Glieder mit ausreichenden finanziellen Ressourcen zur Erfüllung ihrer Aufgaben ausgestattet sind.[654] Wenn die Zuweisung hoheitlicher Zuständigkeiten an verschiedene staatliche Ebenen die Verleihung politischer Leitungsfunktionen in ihrem Kompetenzbereich beinhalten soll, so bedarf jede Einheit einer Ausstattung mit Finanzmitteln, die es ihr erlaubt, politische Alternativen zu entwickeln und umzusetzen, sowie eines Mindestmaßes an Selbstbestimmung in ihrer Ressourcenallokation zur Verwirklichung selbständiger politischer Interessenspräferenzen und -gewichtungen. Die Finanzordnung wird somit zu einem wichtigen Indikator für die reale Verteilung von Macht und Einfluß zwischen dem Zentralstaat und seinen regionalen Gliedern.[655] Wie die auswärtige Gewalt stellt die Finanzordnung ein Regelungsgefüge jenseits der klassischen Dreiteilung der Staatsfunktionen dar. Neben der Aufteilung von finanzbezogenen Legislativ- und Exekutivkompetenzen umfaßt sie vor allem Fragen der Verteilung staatlicher Einnahmen, der Zuordnung von Ausgabenlasten und der Regelung des Haushaltswesens. Für eine Bewertung der finanzbezogenen Autonomie von Zentralstaat und regionalen Gliedern erlangen vier Aspekte der regionalisierten Finanzordnung besondere Bedeutung: Die Verteilung von Gesetzgebungszuständigkeiten hinsichtlich der Steuern als primären Einnahmequellen des modernen Staatswesens, die Allokation von Ausgabelasten, die Aufteilung der erzielten Staatseinnahmen und die Haushaltsautonomie der verschiedenen staatlichen Ebenen fungieren als maßgebliche Stellschrauben der finanzbezogenen Machtbalance zwischen dem Zentralstaat und seinen regionalen Gliedern.

---

651 So das Bundesverfassungsgericht in BVerfGE 55, 274, 300, zur Bedeutung der Art. 104a ff. GG für die bundesstaatliche Ordnung; vgl. auch BVerfGE 72, 330, 388.
652 So *Bogdanor*, Devolution in the UK, S. 235, zur Rolle der Finanzordnung für die britische Devolution.
653 Vgl. auch *Heun, Werner*, Allocation of Tasks and Regimes of Public Finance Responsibilities Between the Federal and Other Levels of Government – General Report, in: Riedel, Eibe (Hrsg.), Aufgabenverteilung und Finanzregimes im Verhältnis zwischen Zentralstaat und seinen Untereinheiten, Baden-Baden 2001, S. 17, 27.
654 Vgl. *Heintzen, Markus*, Vorbemerkung zu den Art. 104a – 115 GG, in: von Münch/Kunig, Rz. 29; *Siekmann, Helmut*, Vorbemerkung zu Abschnitt X, in: Sachs, Rz. 26.
655 *Vogel*, Die bundesstaatliche Ordnung, Rz. 122. Ähnlich *Wendt, Rudolf*, Finanzhoheit und Finanzausgleich, in: Isensee, Josef/Kirchhof, Paul (Hrsg.), Handbuch des Staatsrechts der Bundesrepublik Deutschland, Band IV, 2. Auflage, Heidelberg 1999, § 104, Rz. 1.

## I. Die regionalisierte Finanzordnung in Deutschland

Das weitaus wichtigste Finanzierungsmittel der öffentlichen Haushalte im modernen Staatswesen ist die Steuer,[656] so daß in der vertikalen Allokation von Legislativkompetenzen hinsichtlich dieses Finanzierungsinstruments zugleich eine Verteilung bedeutsamer Gestaltungshoheit über die Einnahmeseite der staatlichen Finanzordnung liegt. Das Grundgesetz verwirklicht mit Art. 105 GG als Spezialregelung zu den Art. 70 ff. GG eine betont zentralisierte Aufteilung dieser finanzbezogenen Gestaltungsmacht.[657] Für die Zölle und Finanzmonopole hat der Bund die ausschließliche Gesetzgebungskompetenz, während den Ländern die verhältnismäßig unbedeutenden örtlichen Verbrauchs- und Aufwandsteuern als ausschließliche Regelungsmaterien zugewiesen sind.[658] Alle wichtigen und ertragreichen Steuern unterfallen jedoch einer dritten Kategorie, den „übrigen Steuern", für welche der Bund gemäß Art. 105 Abs. 2 GG die konkurrierende Gesetzgebungszuständigkeit besitzt, wenn ihm das Aufkommen der betreffenden Steuer wenigstens teilweise zusteht oder die Voraussetzungen des Art. 72 Abs. 2 GG erfüllt sind.[659] Das für die bedeutsamsten Steuerarten in Art. 106 Abs. 3 GG statuierte Verbundsystem hinsichtlich des Steuerertrags und der alternative Verweis auf den für Steuerbelastungen in der Regel gegebenen Art. 72 Abs. 2 GG schaffen die Grundlage für die im wesentlichen umfassende Ausschöpfung dieser konkurrierenden Gesetzgebungszuständigkeiten durch den Bund und die weitgehende Verdrängung der Länder aus der deutschen Steuergesetzgebung.[660] Den Bundesländern verbleiben als Ausgleich lediglich ihre in Art. 105 Abs. 3 GG festgeschriebenen Mitwirkungsrechte über den Bundesrat, welcher steuerrechtlichen Bundesgesetzen, deren Aufkommen wenigstens teilweise den Ländern oder Gemeinden zusteht, zustimmen muß.[661] Die Gesetzgebung im deutschen Steuerstaat – und damit das primäre gestalterische Moment auf der

---

656 *Klein, Franz*, Bund und Länder nach der Finanzverfassung des Grundgesetzes, in: Benda, Ernst/Maihofer, Werner/Vogel, Hans-Jochen (Hrsg.), Handbuch des Verfassungsrechts der Bundesrepublik Deutschland, 2. Auflage, Berlin/New York 1994, § 23, Rz. 37; *Wendt*, Finanzhoheit und Finanzausgleich, Rz. 16. Zum Begriff der Steuer eingehend *Siekmann*, Vorbemerkung zu Abschnitt X, in: Sachs, Rz. 48 ff.; *Maurer*, Staatsrecht I, § 21, Rz. 16 ff.; *Wendt*, Finanzhoheit und Finanzausgleich, Rz. 18.
657 *Wendt*, Finanzhoheit und Finanzausgleich, Rz. 20; *Siekmann, Helmut*, Art. 105 GG, in: Sachs, Rz. 4 ff.; *Klein*, Bund und Länder nach der Finanzverfassung des Grundgesetzes, Rz. 39.
658 Art. 105 Abs. 1 und 2a GG; vgl. dazu *Pieroth, Bodo*, Art. 105 GG, in: Jarass/Pieroth, Rz. 24, 27 ff.
659 *Siekmann*, Art. 105 GG, in: Sachs, Rz. 5 ff.; 19 ff.;
660 Vgl. *Wendt*, Finanzhoheit und Finanzausgleich, Rz. 31 f.; *Maurer*, Staatsrecht I, § 21, Rz. 24; *Degenhart*, Staatsrecht I, Rz. 205.
661 Vgl. *Heintzen, Markus*, Art. 105 GG, in: von Münch/Kunig, Rz. 53 ff.; *Wendt*, Finanzhoheit und Finanzausgleich, Rz. 22.

Einnahmeseite der deutschen Finanzordnung – ist somit weitgehend zentralisiert.[662]
Sind die deutschen Bundesländer somit weitestgehend von der selbständigen Regelung des Steuerrechts ausgeschlossen, so tragen sie jedoch einen wesentlichen Anteil an den staatlichen Ausgaben. Nach der maßgeblichen Lastenverteilungsregelung des Art. 104a Abs. 1 GG übernehmen grundsätzlich Bund und Länder gesondert diejenigen Ausgaben, welche sich aus der Wahrnehmung ihrer Aufgaben ergeben. Damit wird zugleich ein Regelverbot der Mischfinanzierung ausgesprochen.[663] Da für diese Konnexität von Aufgaben- und Ausgabenverantwortung auf die Verwaltungszuständigkeit abgestellt wird und die Länder nach dem Grundgesetz das Schwergewicht auf dem Gebiet der Verwaltung innehaben, tragen sie somit auch einen Großteil der staatlichen Ausgaben.[664] Die Zusammenschau dieses Grundsatzes der Vollzugskausalität und des grundgesetzlichen Gesetzgebungsprimats des Bundes bedeutet zudem, daß den Ländern jederzeit weitere finanzielle Belastungen durch Bundesgesetz auferlegt werden können.[665] Daher sieht das Grundgesetz für Zweckausgaben[666] eine Reihe von Ausnahmen zur Grundregel des Art. 104a Abs. 1 GG vor, die entweder als für das Grundgesetz untypische Gesetzeskausalität oder als Möglichkeiten zum zentralstaatlichen Finanz-

---

662 *Kirchhof, Ferdinand,* Die Finanzen des Föderalismus, in: Europäisches Zentrum für Föderalismus-Forschung (Hrsg.), Europäischer Föderalismus im 21. Jahrhundert, Baden-Baden 2003, S. 48, 52; *Hofmann, Hans,* Notwendigkeit und Perspektiven einer Föderalismusreform – Zu einer neuen Balance der Aufgaben-, Einnahmen- und Ausgabenverantwortung zwischen Bund, Ländern und Gemeinden, ZRP 1999, S. 465, 467; *Kruis, Konrad,* Finanzautonomie und Demokratie im Bundesstaat, DÖV 2003, S. 10, 10 ff.
663 BVerfGE 26, 338, 390 f.; BVerwGE 44, 351, 364; *Pieroth, Bodo,* Art. 104a GG, in: Jarass/Pieroth, Rz. 3; *Siekmann, Helmut,* Finanzzuweisung des Bundes an die Länder auf unklarer Kompetenzgrundlage, DÖV 2002, S. 629, 631 f.
664 Der Grundsatz der Vollzugskausalität ergibt sich aus einem Umkehrschluß aus Art. 104a Abs. 2 GG; vgl. *Klein,* Bund und Länder nach der Finanzverfassung des Grundgesetzes, Rz. 11; *Kluth, Wilfried,* Lastenverteilung – Ansatzpunkte für eine Stärkung der Finanzautonomie von Ländern und Kommunen, in: Henneke, Hans-Günter (Hrsg.), Verantwortungsteilung zwischen Kommunen, Ländern, Bund und Europäischer Union, Stuttgart (u. a.) 2001, S. 151, 156 ff.; *Häde, Ulrich,* Die bundesstaatliche Finanzverfassung des Grundgesetzes – Teil I: Die Verteilung von Ausgaben und Einnahmen, JA 1994, S. 1, 2; *Siekmann, Helmut,* Art. 104a GG, in: Sachs, Rz. 4 f.; *von Arnim, Hans H.,* Finanzzuständigkeit, in: Isensee, Josef/Kirchhof, Paul (Hrsg.), Handbuch des Staatsrechts der Bundesrepublik Deutschland, Band IV, 2. Auflage, Heidelberg 1999, § 103, Rz. 26 ff.; *Maurer,* Staatsrecht I, § 21, Rz. 7 f.; *Pieroth,* Art. 104a GG, in: Jarass/Pieroth, Rz. 2 f.
665 Vgl. *Kirchhof,* Die Finanzen des Föderalismus, S. 59. Für Überlegungen zur Einführung eines Grundsatzes der Gesetzeskausalität anstatt des Prinzips der Vollzugskausalität vgl. *Wagner, Christean/Rechenbach, Dagmar,* Konnexitätsprinzip ins Grundgesetz!, ZRP 2003, S. 308, 308 ff.
666 Ihre Verwaltungsausgaben tragen der Bund und die Länder gemäß Art. 104a Abs. 5 Satz 1 GG durchweg selbst. Zur Unterscheidung von Verwaltungs- und Zweckausgaben vgl. *Siekmann,* Art. 104a GG, in: Sachs, Rz. 9 ff.; *Heintzen, Markus,* Art. 104a GG, in: von Münch/Kunig, Rz. 13 ff.

transfer für bestimmte Staatsaufgaben ausgestaltet sind.[667] So trägt der Bund die Sachausgaben der Bundesauftragsverwaltung[668] und kann der Bund Finanzhilfen an die Länder für besonders bedeutsame Investitionen leisten[669] oder die Zweckausgaben im Rahmen der Ausführung von bundesrechtlichen Geldleistungsgesetzen ganz oder zum Teil übernehmen.[670] Im letzteren Fall mutiert die Landeseigenverwaltung zur Auftragsverwaltung, wenn der Bund die Hälfte oder mehr der anfallenden Ausgaben trägt.[671] Umgekehrt erlangen die Länder mitbestimmenden Einfluß auf derartige Geldleistungsgesetze, da die Zustimmung des Bundesrates erforderlich wird, soweit der Bund drei Viertel der Sachausgaben oder weniger übernimmt.[672] Schließlich bildet die Mischfinanzierung von Gemeinschaftsaufgaben nach den Art. 91a und 91b GG eine weitere wichtige Ausnahme zum Konnexitätsprinzip des Art. 104a Abs. 1 GG.[673] Trotz dieser Ausnahmen vom Konnexitätsgrundsatz des Art. 104a Abs. 1 GG tragen die deutschen Bundesländer den überwiegenden Teil staatlicher Ausgaben, obgleich sie – abgesehen von den entsprechend erweiterten Mitwirkungsrechten über den Bundesrat – von der Steuergesetzgebung beinahe gänzlich sowie von der übrigen Rechtsetzung in wesentlichen Bereichen ausgeschlossen bleiben und damit wenig eigenständige Gestaltungsmacht sowohl hinsichtlich der staatlichen Einnahmen als auch bezüglich der staatlichen Ausgaben innehaben.

Die eingeschränkten selbständigen Gestaltungsspielräume der deutschen Bundesländer hinsichtlich sowohl der Einnahmen- als auch der Ausgabenseite der bundesrepublikanischen Finanzordnung unterstreichen unmittelbar die überragende Bedeutung des föderativen Verteilungssystems für Steuereinnahmen zwischen dem Bund und den Ländern.[674] Die grundsätzliche Konnexität von Aufgaben- und Ausgabenverantwortung erfordert ein Regelungsgefüge zur diesbezüglichen Ertragsaufteilung, das der allgemeinen grundgesetzlichen Zuständigkeitsallokation entspricht.[675] Sowohl für die schlichte Ausführung von Bundesgesetzen als auch für die Wahrnehmung eigener politischer Gestaltungsfunktionen benötigen die Länder einen angemessenen Anteil am gesamtstaatlichen Steueraufkommen. Bei der Verteilung der staatlichen Steuererträge können zunächst zwei Dimensionen unterschieden werden: In einer ersten, vertikalen Dimension muß das Steueraufkommen

---

667 Vgl. zu den folgenden und zu weiteren Ausnahmen vom Konnexitätsgrundsatz des Art. 104a Abs. 1 GG *von Arnim*, Finanzzuständigkeit, Rz. 29 ff., 44 ff., 63 ff.; *Klein*, Bund und Länder nach der Finanzverfassung des Grundgesetzes, Rz. 14 ff.; *Häde*, Die bundesstaatliche Finanzverfassung I, S. 2 ff.; *Kirchhof*, Die Finanzen des Föderalismus, S. 59 f.; *Maurer*, Staatsrecht I, § 21, Rz. 9 ff.; *Degenhart*, Staatsrecht I, Rz. 194 f.
668 Art. 104a Abs. 2 GG.
669 Art. 104a Abs. 4 GG.
670 Art. 104a Abs. 3 Satz 1 GG.
671 Art. 104a Abs. 3 Satz 2 GG.
672 Art. 104a Abs. 3 Satz 3 GG.
673 Vgl. *von Arnim*, Finanzzuständigkeit, Rz. 66; *Krüger/Siekmann*, Art. 91a GG, in: Sachs, Rz. 34.
674 Ähnlich *Wendt*, Finanzhoheit und Finanzausgleich, Rz. 48.
675 *Katz*, Staatsrecht, Rz. 493.

zwischen dem Zentralstaat und der regionalen Ebene aufgeteilt werden; die Verteilung der Finanzmittel zwischen den verschiedenen regionalen Einheiten eröffnet eine zweite, horizontale Dimension.[676] Das Grundgesetz regelt die Steuerertragshoheit in den Art. 106 und 107 GG, greift dabei die Unterscheidung zwischen einer vertikalen und einer horizontalen Verteilungsdimension auf und fügt eine weitere systematische Differenzierung hinzu: In beiden Dimensionen kennt es die primäre Zuteilung und die sekundäre Umverteilung von Steuererträgen.[677]

Für die primäre vertikale Zuteilung staatlicher Steuererträge bieten sich einem regionalisierten Staatswesen unterschiedliche Grundmodelle an:[678] Während in einem Beitragssystem das gesamte Steueraufkommen zunächst von einer staatlichen Ebene vereinnahmt wird, welche die andere sodann durch angemessene Zuweisungen finanziell ausstattet, erhalten in einem Trennsystem beide Ebenen jeweils die Erträge aus bestimmten Steuerquellen. In einem Verbundsystem fließen alle Steuereinnahmen in einen gemeinsamen Topf und werden dann nach einem feststehenden oder variablen Schlüssel auf den Zentralstaat und seine regionalen Glieder aufgeteilt. Das Grundgesetz kombiniert in Art. 106 GG Elemente des Trenn- und des Verbundsystems.[679] Im Sinne eines Trennsystems werden dem Bund und den Ländern die Erträge aus bestimmten Steuerarten direkt zugewiesen. Gemäß Art. 106 Abs. 1 GG erhält der Bund beispielsweise die Einnahmen aus den nicht anderweitig zugeordneten Verbrauchsteuern,[680] wie etwa der Mineralöl-, der Tabak- und der Kaffeesteuer, der Kapitalverkehrsteuer, der Versicherungsteuer, der Wechselsteuer sowie der Ergänzungsabgabe zur Einkommen- und Körperschaftsteuer.[681] Zu den Landessteuern gehören demgegenüber gemäß Art. 106 Abs. 2 GG die Vermögensteuer, die Erbschaftsteuer, die Kraftfahrzeugsteuer, die übrigen Verkehrsteuern, wie etwa die Grunderwerbsteuer, die Rennwettsteuer und die Lotteriesteuer, sowie die Biersteuer.[682] Für die ertragreichsten und damit wichtigsten Steuerarten – die Einkommen-, die Körperschaft- und

---

676 Vgl. BVerfGE 1, 117, 119; *Siekmann*, Vorbemerkung zu Abschnitt X, in: Sachs, Rz. 29.
677 Vgl. dazu *Siekmann*, Vorbemerkung zu Abschnitt X, in: Sachs, Rz. 30 ff.
678 Vgl. dazu *Maurer*, Staatsrecht I, § 21, Rz. 33 f.; *Heintzen, Markus*, Art. 106 GG, in: von Münch/Kunig, Rz. 7; *Bothe*, Kompetenzstruktur, S. 234 f.
679 *Wendt*, Finanzhoheit und Finanzausgleich, Rz. 51 ff.; *Maurer*, Staatsrecht I, § 21, Rz. 39 f.; *Siekmann, Helmut*, Art. 106 GG, in: Sachs, Rz. 2; *Häde*, Die bundesstaatliche Finanzverfassung I, S. 10 ff.; *Degenhart*, Staatsrecht I, Rz. 197; *Hofmann*, Notwendigkeit und Perspektiven einer Föderalismusreform, S. 467.
680 Insbesondere die Biersteuer und die Umsatzsteuer werden ausdrücklich anderweitig zugewiesen.
681 Die dem Bund in Art. 106 Abs. 1 Nr. 1 GG zugedachten Einnahmen aus Zöllen fließen seit dem 1. Januar 1975 beinahe ausschließlich den Europäischen Gemeinschaften zu; vgl. den Beschluß der Europäischen Gemeinschaften vom 21. April 1970, BGBl. II 1970, S. 1262. Zur alleinigen Ertragshoheit des Bundes gemäß Art. 106 Abs. 1 GG vgl. *Siekmann*, Art. 106 GG, in: Sachs, Rz. 4 ff.; *Pieroth, Bodo*, Art. 106 GG, in: Jarass/Pieroth, Rz. 4; *Heintzen*, Art. 106 GG, in: von Münch/Kunig, Rz. 15 ff.
682 Zur alleinigen Ertragshoheit der Länder gemäß Art. 106 Abs. 2 GG vgl. *Siekmann*, Art. 106 GG, in: Sachs, Rz. 8 ff.; *Pieroth*, Art. 106 GG, in: Jarass/Pieroth, Rz. 5; *Heintzen*, Art. 106 GG, in: von Münch/Kunig, Rz. 23 f.

die Umsatzsteuer – sieht das Grundgesetz in Art. 106 Abs. 3 GG hingegen ein Verbundsystem vor. Dabei unterliegen gemäß Art. 106 Abs. 3 Satz 2 GG die Körperschaftsteuer zur Gänze und die Einkommensteuer erst nach Abzug des Gemeindeanteils in Höhe von derzeit 15 Prozent[683] einem festen Verteilungsschlüssel, nach dem Bund und Länder jeweils zur Hälfte an den Erträgen beteiligt werden. Die Verteilung der Umsatzsteuer bleibt dagegen variabel und unterliegt der Regelung in einem zustimmungspflichtigen Bundesgesetz,[684] das die Verteilungsgrundsätze des Art. 106 Abs. 3 Satz 4 GG zu beachten hat.[685] Zudem bedürfen diese nach neuerer Rechtsprechung des Bundesverfassungsgerichts der längerfristigen selbstbindenden Konkretisierung durch den Bundesgesetzgeber in Gestalt eines Maßstäbegesetzes, welches normenhierarchisch über dem konkreten Finanzausgleichsgesetz stehen soll.[686] Die Umsatzsteuerverteilung gestaltet sich seit 1997 durch die Verrechnung verschiedener Abzüge und Zuschläge äußerst kompliziert; Bund und Ländergesamtheit erhalten derzeit etwa gleiche Anteile am Umsatzsteueraufkommen.[687] Das Verbundsystem des Grundgesetzes hinsichtlich der ertragreichsten Steuerarten enthält daher mit den Erträgen aus der Umsatzsteuer eine flexible Manövriermasse, dessen Aufteilung dem Bund unter Beteiligung der Länder durch den Bundesrat obliegt.

Der zweite Schritt der primären Steuerertragszuteilung vollzieht sich im horizontalen Verhältnis zwischen den Ländern und wird in Art. 107 Abs. 1 GG geregelt.[688] Die Landessteuern sowie der Länderanteil an der Einkommen- und der Körperschaftsteuer stehen nach dem Prinzip des örtlichen Aufkom-

---

683 Siehe Art. 106 Abs. 3 Satz 1 und 2, Art. 106 Abs. 5 GG; vgl. dazu *Siekmann*, Art. 106 GG, in: Sachs, Rz. 28 ff.; *Pieroth*, Art. 106 GG, in: Jarass/Pieroth, Rz. 13; *Maurer*, Staatsrecht I, § 21, Rz. 42.
684 Art. 106 Abs. 3 Satz 3 und 4 GG.
685 Art. 106 Abs. 4 GG begründet eine Pflicht zur Neufestsetzung der Umsatzsteuerverteilung für den Fall, daß „sich das Verhältnis zwischen den Einnahmen und Ausgaben des Bundes und der Länder wesentlich anders entwickelt hat".
686 BVerfGE 101, 158, 218 f., 227. Vgl. dazu *Siekmann*, Art. 106 GG, in: Sachs, Rz. 18; *Heintzen*, Art. 106 GG, in: von Münch/Kunig, Rz. 37; *Henneke, Hans-Günter*, Länderfinanzausgleich und Maßstäbegesetz, Jura 2001, S. 767, 771. Zur Idee eines derartigen Maßstäbegesetzes vgl. *Kirchhof, Ferdinand*, Neue Wege durch ein Maßstabsgesetz? Die Entscheidung des Bundesverfassungsgerichts zum Finanzausgleich zwischen Bund und Ländern, in: Europäisches Zentrum für Föderalismus-Forschung Tübingen (Hrsg.), Jahrbuch des Föderalismus 2001 (Band 2): Föderalismus, Subsidiarität und Regionen in Europa, Baden-Baden 2001, S. 143, 151 ff.; *Ossenbühl, Fritz*, Das Maßstäbegesetz – dritter Weg oder Holzweg des Finanzausgleichs?, in: Kirchhof, Paul/Lehner, Moris/Raupach, Arndt/Rodi, Michael (Hrsg.), Staaten und Steuern, Festschrift für Klaus Vogel, Heidelberg 2000, S. 227, 230 ff.; *Rupp, Hans H.*, Länderfinanzausgleich – Verfassungsrechtliche und verfassungsprozessuale Aspekte des Urteils des BVerfG vom 11.11.1999, JZ 2000, S. 269, 270; *Linck, Joachim*, Das „Maßstäbegesetz" zur Finanzverfassung – ein dogmatischer und politischer Irrweg – Anmerkungen zum FAG-Urteil des Bundesverfassungsgerichts, DÖV 2000, S. 325, 326 ff.; *Degenhart*, Staatsrecht I, Rz. 2001.
687 Eingehend dazu *Siekmann*, Art. 106 GG, in: Sachs, Rz. 23 ff.
688 Vgl. *Wendt*, Finanzhoheit und Finanzausgleich, Rz. 67 ff.; *Klein*, Bund und Länder nach der Finanzverfassung des Grundgesetzes, Rz. 45 f.; *Degenhart*, Staatsrecht I, Rz. 198.

mens grundsätzlich demjenigen Land zu, in dessen Gebiet sie vereinnahmt wurden.[689] Ungerechtfertigte Verzerrungen bei der Körperschaft- und der Lohnsteuer werden durch ein Zerlegungsgesetz korrigiert.[690] Gemäß Art. 107 Abs. 1 Satz 4 GG wird der Länderanteil an der Umsatzsteuer dagegen nach Maßgabe ihrer Einwohnerzahlen auf die einzelnen Länder verteilt, wobei jedoch bis zu einem Viertel dieses Ertragsvolumens durch Bundesgesetz finanzschwachen Ländern zugewiesen werden kann, deren Pro-Kopf-Einnahmen aus den Landessteuern sowie dem Länderanteil an der Einkommen- und der Körperschaftsteuer unter dem Bundesdurchschnitt liegen.[691] Bereits auf der Ebene der primären Ertragszuteilung bewirkt die Zuordnung der Umsatzsteueranteile zwischen den Ländern aufgrund ihrer Orientierung am Einwohnerprinzip und der Möglichkeit bundesgesetzlicher Zuteilung von Ergänzungsanteilen an finanzschwache Länder eine gewisse Nivellierung der unterschiedlichen Finanzstärken der Bundesländer.[692]

Eine weiterreichende Angleichung ungleicher Finanzstärken der deutschen Bundesländer erfolgt sodann auf der sekundären Ebene des Finanzausgleichs nach Art. 107 Abs. 2 GG, welche ebenfalls eine horizontale und eine vertikale Dimension aufweist. Im sekundären Finanzausgleich verwirklichen sich das föderative Prinzip bündischer Solidarität und das Sozialstaatsgebot.[693] In horizontaler Hinsicht wird gemäß Art. 107 Abs. 2 Satz 1 GG die „unterschiedliche Finanzkraft der Länder angemessen ausgeglichen". An diesem Ausgleich zwischen den Ländern ist der Bund zwar finanziell nicht beteiligt; er regelt aber gemäß Art. 107 Abs. 2 Satz 2 GG dessen Einzelheiten durch zustimmungspflichtiges Bundesgesetz. Nach neuerer bundesverfassungsgerichtlicher Rechtsprechung müssen auch die allgemeinen Kriterien des horizontalen Finanzausgleichs in einem auf längerfristige Geltung angelegten und den Bundesgesetzgeber beim Erlaß der einzelnen Finanzausgleichsgesetze bindenden Maßstäbegesetz festgeschrieben sein.[694] Durch dieses Maßstäbegesetz und die ihm nachfolgenden konkreten Finanzausgleichsgesetze müssen unangemessene Unterschiede in der Finanzkraft der Länder, die sich aus der

---

689 Art. 107 Abs. 1 Satz 1 GG.
690 Art. 107 Abs. 1 Satz 2 und 3 GG; vgl. *Arndt, Hans-Wolfgang*, Verfassungsrechtlicher Spielraum für eine Reform des Finanzausgleichs, in: Morath, Konrad (Hrsg.), Reform des Föderalismus, Bad Homburg 1999, S. 75, 76; *Heintzen, Markus*, Art. 107 GG, in: von Münch/Kunig, Rz. 14 ff.; *Siekmann, Helmut*, Art. 107 GG, in: Sachs, Rz. 8 ff.; *Maurer*, Staatsrecht I, § 21, Rz. 47; *Pieroth, Bodo*, Art. 107 GG, in: Jarass/Pieroth, Rz. 3.
691 Vgl. zu diesem horizontal ausgleichenden Element BVerfGE 72, 330, 385; *Siekmann*, Art. 107 GG, in: Sachs, Rz. 14 ff.; *Heintzen*, Art. 107 GG, in: von Münch/Kunig, Rz. 18; *Pieroth*, Art. 107 GG, in: Jarass/Pieroth, Rz. 5.
692 Vgl. *Arndt*, Verfassungsrechtlicher Spielraum für eine Reform des Finanzausgleichs, S. 76.
693 BVerfGE 72, 330, 386; 86, 148, 214; *Siekmann*, Art. 107 GG, in: Sachs, Rz. 20; *Arndt*, Verfassungsrechtlicher Spielraum für eine Reform des Finanzausgleichs, S. 77; *Heintzen*, Art. 107 GG, in: von Münch/Kunig, Rz. 19.
694 BVerfGE 101, 158, 214 ff.; vgl. *Henneke*, Länderfinanzausgleich und Maßstäbegesetz, S. 771 f.; *Degenhart*, Staatsrecht I, Rz. 200 f.; *Pieroth*, Art. 107 GG, in: Jarass/Pieroth, Rz. 6.

primären Steuerertragszuteilung ergeben, einem umverteilenden Ausgleich unterzogen werden, ohne dabei aber die Finanzkraft der Bundesländer gänzlich zu nivellieren oder die Finanzkraftreihenfolge zu verändern.[695] Im horizontalen Finanzausgleich haben die Länder mit unterdurchschnittlicher Finanzkraft einen Anspruch auf Anhebung derselben, während Länder mit überdurchschnittlicher Finanzkraft Abschöpfungen in Kauf nehmen müssen. Bis zum Jahr 2005 strebt der horizontale Länderfinanzausgleich die Anhebung der Finanzkraft der ‚ärmeren' Länder auf maximal 95 Prozent des Bundesdurchschnitts an; danach sollen Ertragsunterschiede nur noch bis auf maximal 93,415 Prozent der bundesdurchschnittlichen Finanzkraft ausgeglichen werden.[696] Der Finanzkraftausgleich erfolgt dabei grundsätzlich bedarfsunabhängig durch die Ermittlung des Verhältnisses zwischen der Summe der wesentlichen Steuereinnahmen eines Landes bei im wesentlichen hälftiger Berücksichtigung kommunaler Steuererträge und der Landeseinwohnerzahl und durch die Angleichung unterdurchschnittlicher Finanzstärken an den Bundesdurchschnitt.[697] Jedoch bildet bereits der Maßstab der Einwohnerstärke in Wahrheit einen pauschalierten Bedarfsmaßstab[698], zudem werden bestimmte Sonderbelastungen einzelner Bundesländer durch eine künstliche Aufwertung ihrer Einwohnerzahlen berücksichtigt. Insbesondere die äußerst umstrittene, jedoch vom Bundesverfassungsgericht im Grundsatz gebilligte ‚Einwohnerveredelung' für Bundesländer mit Seehäfen und Stadtstaaten führt konkretere und daher empirisch schwer zu belegende Bedarfsgesichtspunkte in den horizontalen Finanzausgleich ein.[699] Die rechnerische Einwohnerveredelung bewirkt – bei Zugrundelegung der wahren Einwohnerzahlen – sogar massive Verschiebungen in der Finanzkraftreihenfolge der deutschen Bundesländer.[700]

Als vierten und letzten Schritt des finanziellen Verteilungs- und Ausgleichssystems sieht Art. 107 Abs. 2 Satz 3 GG die Gewährung von Bundesergänzungszuweisungen an leistungsschwache Bundesländer vor. Auf der Basis bundesgesetzlicher Regelung soll dieser sekundäre vertikale Finanzausgleich als subsidiäre Maßnahme letzte verbleibende Lücken in der bundes-

---

695 BVerfGE 86, 148, 214f.; 101, 158, 222; *Heintzen*, Art. 107 GG, in: von Münch/Kunig, Rz. 19; *Siekmann*, Art. 107 GG, in: Sachs, Rz. 31; *Degenhart*, Staatsrecht I, Rz. 199.
696 Eingehend dazu *Siekmann*, Art. 107 GG, in: Sachs, Rz. 35.
697 Ausführlich dazu *Siekmann*, Art. 107 GG, in: Sachs, Rz. 23 ff.; *Heintzen*, Art. 107 GG, in: von Münch/Kunig, Rz. 21 ff.; *Wendt*, Finanzhoheit und Finanzausgleich, Rz. 76 ff.; *Arndt*, Verfassungsrechtlicher Spielraum für eine Reform des Finanzausgleichs, S. 77 ff.
698 *Häde, Ulrich*, Die bundesstaatliche Finanzverfassung des Grundgesetzes – Teil II: Länderfinanzausgleich und Bundesergänzungszuweisungen, JA 1994, S. 33, 34; *Friauf, Karl H.*, Der bundesstaatliche Finanzausgleich, JA 1984, S. 618, 623; *Ossenbühl, Fritz*, Verfassungsrechtliche Grundfragen des Länderfinanzausgleichs gemäß Art. 107 II GG, Baden-Baden 1984, S. 42 ff.; vgl. auch *Siekmann*, Vorbemerkung zu Abschnitt X, in: Sachs, Rz. 41.
699 Vgl. BVerfGE 101, 158, 229 ff.; *Siekmann*, Art. 107 GG, in: Sachs, Rz. 28 f., 34; *Heintzen*, Art. 107 GG, in: von Münch/Kunig, Rz. 26; *Röper, Erich*, Einwohnerwertung und Finanzausgleich, ZRP 2001, S. 216, 218.
700 *Siekmann*, Art. 107 GG, in: Sachs, Rz. 35.

staatlichen Finanzallokation schließen.[701] Trotz ihres prinzipiellen Ausnahmecharakters erreichen die Bundesergänzungszuweisungen in der bundesrepublikanischen Praxis insbesondere aufgrund der fortdauernden Finanzschwäche der ostdeutschen Bundesländer einen beträchtlichen Umfang und heben die Finanzkraft der leistungsschwächeren Länder auf ein Niveau von derzeit 99,5 Prozent des Bundesdurchschnitts.[702]

Wie bei der vertikalen Zuordnung von steuerrechtlichen Gesetzgebungszuständigkeiten besitzt der deutsche Bundesstaat auch hinsichtlich der Auf- und Umverteilung staatlicher Steuereinnahmen insgesamt ein sehr zentralisiertes Gepräge.[703] Die sich bewußt auf Rahmenregelungen beschränkende grundgesetzliche Finanzverfassung[704] wird hier durch den Bundesgesetzgeber – allerdings unter spannungsgeladener Mitwirkung der Länder durch den Bundesrat – zur beinahe gänzlichen Nivellierung der Finanzstärken der Länder ausgefüllt. Das Ergebnis dieser Ertragsallokationen wird durch sachlich gebundene Finanztransfers in der Form von Mischfinanzierungen bei Gemeinschaftsaufgaben gemäß Art. 91a und 91b GG, durch Bundesgeldleistungsgesetze gemäß Art. 104a Abs. 3 GG und durch Finanzhilfen für Investionen der Länder gemäß Art. 104a Abs. 4 GG als Durchbrechungen der allgemeinen Kostentragungsregelungen zusätzlich vertikal verflochten.[705] Auf die finanzpolitische Autonomie von Bund und Ländern als einem grundlegenden Element der Wahrnehmung ihrer politischen Leitungsfunktionen wirkt sich das bundesrepublikanische System des vertikalen und horizontalen Finanzkraftausgleichs in mehrfacher Hinsicht aus: Die durch eine nachhaltige Überlagerung des Grundprinzips des örtlichen Aufkommens erreichte, weitgehende Nivellierung der unterschiedlichen gliedstaatlichen Finanzstärken bedeutet für die leistungsschwachen Länder einen – teilweise lebensnotwendigen – Gewinn finanzieller Handlungsfähigkeit, für die leistungsstarken Länder dagegen eine erhebliche Verkürzung ihrer finanziellen Gestaltungsspiel-

---

701 Vgl. BVerfGE 72, 330, 403; 86, 148, 261; *Pieroth*, Art. 107 GG, in: Jarass/Pieroth, Rz. 10; *Siekmann*, Art. 107 GG, in: Sachs, Rz. 38; *Häde*, Die bundesstaatliche Finanzverfassung II, S. 36 f.
702 Ausführlich *Wendt*, Finanzhoheit und Finanzausgleich, Rz. 86 ff.; *Siekmann*, Art. 107 GG, in: Sachs, Rz. 36 f.; *Heintzen*, Art. 107 GG, in: von Münch/Kunig, Rz. 31 ff.; *Arndt*, Verfassungsrechtlicher Spielraum für eine Reform des Finanzausgleichs, S. 79; *Pieroth*, Art. 107 GG, in: Jarass/Pieroth, Rz. 10 f.; *Henneke*, Länderfinanzausgleich und Maßstäbegesetz, S. 772; *Hofmann*, Notwendigkeit und Perspektiven einer Föderalismusreform, S. 468 ff.
703 *Kirchhof*, Die Finanzen des Föderalismus, S. 57.
704 Zur grundgesetzlichen Finanzverfassung als Rahmenordnung vgl. *Heintzen*, Vorbemerkung zu den Art. 104a – 115 GG, in: von Münch/Kunig, Rz. 20 ff.; *Siekmann*, Vorbemerkung zu Abschnitt X, in: Sachs, Rz. 17.
705 Vgl. *Renzsch, Wolfgang*, Föderale Finanzverfassungen: Ein Vergleich Australiens, Deutschlands, Kanadas, der Schweiz und der USA aus institutioneller Perspektive, in: Europäisches Zentrum für Föderalismus-Forschung Tübingen (Hrsg.), Jahrbuch des Föderalismus 2000 (Band 1): Föderalismus, Subsidiarität und Regionen in Europa, Baden-Baden 2000, S. 42 – 54; *Kirchhof*, Die Finanzen des Föderalismus, S. 59 f.

räume.⁷⁰⁶ Der Bund steht dabei nicht außerhalb dieses Allokationssystems, sondern erlangt sowohl aufgrund seiner weitreichenden grundgesetzlichen Regelungsbefugnisse als auch durch die Gewährung gebundener und ungebundener Finanztransfers an die Länder eine herausragende Schlüsselstellung innerhalb der föderativen Finanzverfassung, die ihm erheblichen – teilweise rechtlichen, teilweise faktisch-politischen – Einfluß auf die Länder garantiert.
Schließlich statuiert Art. 109 Abs. 1 GG den Grundsatz der Unabhängigkeit und Selbständigkeit der Haushaltswirtschaft von Bund und Ländern als eine Konkretisierung des grundgesetzlichen Bundesstaatsprinzips.⁷⁰⁷ Obschon dieses Prinzip in einer Reihe von Verfassungsvorschriften, wie etwa den Art. 91a, 91b, 105 bis 108 und 109 Abs. 2 bis 4 GG, gewisse Durchbrechungen erfährt, folgt die deutsche Finanzordnung somit dem föderativen Leitgedanken, daß sowohl der Bund als auch die deutschen Länder in allen auf staatliche Einnahmen und Ausgaben bezogenen Vorgängen prinzipiell frei von gegenseitiger Einflußnahme agieren können sollen.⁷⁰⁸ Neben den ausdrücklichen Einschränkungen dieses Grundsatzes, die – wie etwa Art. 91a und 91b GG – Mischfinanzierungen durch beide staatlichen Ebenen ermöglichen oder – wie etwa Art. 109 Abs. 3 und 4 GG – dem Bund ein vielseitiges Instrumentarium zur finanzpolitischen Globalsteuerung zur Verfügung stellen, bewirkt jedoch vor allem das überragende Übergewicht des Bundes auf dem Gebiet der allgemeinen Gesetzgebung in Kombination mit der in Art. 104a Abs. 1 GG verankerten Vollzugskausalität eine nachhaltige Einschränkung der finanzpolitischen Gestaltungsfreiheiten der deutschen Bundesländer.⁷⁰⁹

## II. Die regionalisierte Finanzordnung im Vereinigten Königreich

Die Finanzordnung des Vereinigten Königreichs zeigt eine stark zentralistische Prägung, die vor allem darauf zurückzuführen ist, daß im Rahmen der Devolutionsreformen von 1998 die bestehende Finanzordnung des vormals lediglich administrativ regionalisierten Staatswesens in ihren wesentlichen Zügen übernommen wurde.

---

706 Vgl. insbesondere *Arndt, Hans-Wolfgang*, Mittelfristig gebotene Strukturänderungen: Erneuerter *Föderalismus* – Neue Balance zwischen Bund, Ländern und Gemeinden, in: Hilterhaus, Friedhelm/Scholz, Rupert (Hrsg.), Rechtsstaat – Finanzverfassung – Globalisierung – Neue Balance zwischen Staat und Bürger, Köln 1998, S. 121, 124 ff.; *ders.*, Verfassungsrechtlicher Spielraum für eine Reform des Finanzausgleichs, S. 80 ff.
707 *Jarass, Hans D.*, Art. 109 GG, in: Jarass/Pieroth, Rz. 1; *Siekmann, Helmut*, Art. 109 GG, in: Sachs, Rz. 3; *Maurer*, Staatsrecht I, § 21, Rz. 51.
708 *Maunz, Theodor*, Art. 109 GG, in: Maunz/Dürig, Rz. 3; *Jarass*, Art. 109 GG, in: Jarass/Pieroth, Rz. 1; *Heintzen, Markus*, Art. 109 GG, in: von Münch/Kunig, Rz. 8 ff. Einschränkend *Siekmann*, Art. 109 GG, in: Sachs, Rz. 4.
709 Vgl. *Katz*, Staatsrecht, Rz. 254, 506.

Die Steuergesetzgebung bleibt auch nach den Devolutionsreformen grundsätzlich eine Kompetenzdomäne des britischen Zentralstaates. Im Scotland Act 1998 sind „taxes" als ‚reserved matters' prinzipiell von der Zuständigkeitsübertragung ausgeschlossen.[710] Der Northern Ireland Act 1998 führt die Gesetzgebungsbefugnis hinsichtlich der Steuern als ‚excepted matter' auf.[711] Im Government of Wales Act 1998 stellen schließlich steuerrechtliche Angelegenheiten kein unmittelbar übertragungsfähiges Politikfeld dar.[712] Ähnlich den deutschen Bundesländern besitzen Schottland und – in weitaus beschränkterem Maße – Wales jedoch aufgrund der Kompetenzübertragungen im Bereich des Kommunalrechts gewisse Regelungskompetenzen hinsichtlich der durch die Kommunen erhobenen örtlichen Steuern, insbesondere der ‚council tax'.[713] Die einzig wahre Durchbrechung der insgesamt strengen Zentralisierung im Bereich der Steuergesetzgebung bietet dagegen die schottische Devolution. Sec. 73 Scotland Act 1998 ermächtigt das schottische Parlament im Wege einer ‚tax-varying resolution'[714] den gesamtbritischen Einkommensteuersatz für schottische Steuerzahler[715] um bis zu 3 Prozentpunkte zu heben oder zu senken.[716] Diese Ermächtigung an das schottische Parlament wurde in der Planungsphase der Devolution besonders kontrovers diskutiert und bildete daher den Gegenstand einer gesonderten Frage im schottischen Devolutionsreferendum. Sie erhielt mit 63,5 Prozent dann aber eine klare Mehrheit in der schottischen Bevölkerung.[717] Anders als das National Assembly for Wales und das Northern Ireland Assembly erlangt das schottische Parlament somit eigene, wenn auch beschränkte Gestaltungsmacht über die Einnahmeseite der britischen Finanzordnung. Die Ausstattung der schottischen Volksvertretung mit einer steuerrechtlichen Variationskompetenz muß jedoch in Anbetracht der hohen politischen Kosten einer Steuersatzanhebung und der bescheidenen finanziellen Gewinne einer derartigen Maßnahme[718] primär als

---

710 Head A1. Part II Schedule 5 zum Scotland Act 1998; vgl. *Page/Reid/Ross*, Guide to the Scotland Act 1998, S. 67.
711 Para. 9 Schedule 2 zum Northern Ireland Act 1998.
712 Siehe Schedule 2 zum Government of Wales Act 1998.
713 „Local taxes to fund local authority expenditure" werden im schottischen Devolutionsgesetz ausdrücklich vom zentralstaatlichen Kompetenzvorbehalt bezüglich Steuern ausgenommen; siehe Head A1. Part II Schedule 5 zum Scotland Act 1998. Das National Assembly for Wales erhält diesbezügliche Regelungsbefugnisse vor allem durch den Transfer von Zuständigkeiten nach dem Local Government Finance Act 1992. Allgemein zu kommunalen Finanzen vgl. *Alder*, General Principles of Constitutional and Administrative Law, Rz. 8.6.
714 Siehe sec. 74 Scotland Act 1998.
715 Siehe sec. 75 Scotland Act 1998.
716 Vgl. eingehend dazu *Page/Reid/Ross*, Guide to the Scotland Act 1998, S. 145 ff.; *Jeffery/Palmer*, Das Vereinigte Königreich, S. 330; *Himsworth/Munro*, The Scotland Act 1998, S. 91 ff.; *Hood Phillips/Jackson/Leopold*, Constitutional and Administrative Law, Rz. 5–018; *Rawlings*, The Shock of the New, S. 87; *Schwab*, Devolution, S. 256 f.
717 *Bogdanor*, Devolution in the UK, S. 199.
718 Es wurde errechnet, daß eine Erhöhung des Einkommensteuersatzes in Schottland um die maximal möglichen 3 Prozentpunkte zu steuerlichen Mehreinnahmen von ungefähr 450 Millionen Pfund jährlich führen würde; siehe White Paper: Scotland's Parliament,

symbolischer Akt zur Begründung schottischer Finanzautonomie gewertet werden.[719] Selbst unter Einbeziehung der beschränkten ‚tax-varying'-Kompetenz des schottischen Parlaments stellt sich die Verteilung der steuerrechtlichen Gesetzgebungskompetenzen somit als stark zentralisiertes Element der britischen Finanzordnung dar.

Auf der Ausgabenseite der staatlichen Finanzordnung tragen die britischen Devolutionsregionen diejenigen Kosten, die sich aus der Wahrnehmung ihrer Zuständigkeiten ergeben.[720] Die Devolutionsgesetze setzen diesen Grundsatz der Konnexität von Ausgaben- und Aufgabenverantwortung stillschweigend voraus und regeln ausdrücklich lediglich die Ausgabenbefugnis der regionalen Regierungsstrukturen.[721] Die Verknüpfung von Ausgaben- und Aufgabenverantwortung führt im Vereinigten Königreich aufgrund der weitgehenden Konvergenz regionaler Legislativ- und Exekutivbefugnisse indessen nicht zu den verfassungspolitischen Kontroversen, die diesen Konnexitätsgrundsatz im deutschen Bundesstaat begleiten, in dem Gesetzgebungs- und Vollzugszuständigkeiten regelmäßig unterschiedlichen staatlichen Ebenen zugewiesen sind.[722]

Wie die deutschen Bundesländer bedürfen Schottland, Nordirland und Wales zur Erfüllung ihrer staatlichen Aufgaben angemessener finanzieller Ressourcen.[723] Die Uneinheitlichkeit ihrer Kompetenzbestände erfordert dabei ein entsprechend asymmetrisches System der Verteilung von Finanzmitteln. Darüber hinaus gebietet die den Devolutionsgesetzen inhärente Adaptionsfähigkeit der jeweiligen regionalen Zuständigkeitsfelder zugleich auch ein beträchtliches Maß an Flexibilität in der gesamtstaatlichen Ressourcenallokation. Diesen Ansprüchen versucht die britische Devolution mit einem Beitragssystem[724] gerecht zu werden, in dem – abgesehen von den kommunalen Steuern – die gesamten staatlichen Steuererträge allein von der zentralstaatlichen Ebene vereinnahmt und die Regionalinstitutionen sodann durch Zuweisungen eines jährlichen ‚Blocks' finanziell ausgestattet werden. Die Ursprünge dieser zentralstaatlich gesteuerten Finanzordnung liegen in der Planungsphase zu den erfolglosen Devolutionsprojekten für Schottland und Wales der 70er Jahre des 20. Jahrhunderts und lassen sich als bewußte Abkehr von dem gescheiterten Versuch der Etablierung eines fiskalischen Trennsy-

---

para. 7.13. Vor dem Hintergrund eines schottischen Jahresbudgets von derzeit circa 14,6 Milliarden britischen Pfund erscheint diese Summe jedoch relativ gering.
719 Vgl. *Hazell, Robert/Cornes, Richard*, Financing Devolution: the Centre Retains Control, in: Hazell, Robert (Hrsg.), Constitutional Futures – A History of the Next Ten Years, Oxford 1999, S. 196, 207 f.; *Bogdanor*, Devolution in the UK, S. 239.
720 Anders nur *Schwab*, Devolution, S. 264.
721 Siehe sec. 65 Scotland Act 1998; sec. 57, 59 Northern Ireland Act 1998; sec. 85 Government of Wales Act 1998.
722 Vgl. *Heun*, Allocation of Tasks and Regimes of Public Finance Responsibilities Between the Federal and Other Levels of Government, S. 27.
723 Vgl. *House of Lords Select Committee on the Constitution*, Devolution: Inter-Institutional Relations in the United Kingdom, para. 79.
724 Zum Beitragssystem siehe supra Fn. 678 mit Text.

stems im Government of Ireland Act 1920 verstehen.[725] Das für das regionalisierte Staatswesen vorgesehene Beitragssystem überlebte die Ablehnung der Devolutionsprojekte in den Volksabstimmungen vom Frühjahr 1979 als regierungsinterne Fiskalordnung zur finanziellen Ausstattung der Regionalministerien, die mit weitreichenden Zuständigkeiten auf der Grundlage einer administrativen Devolution betraut waren. Die Devolutionsreformen von 1998 externalisieren in weitgehend unveränderter Gestalt dieses System von Finanzzuweisungen, das damit nunmehr die Grundlage der Fiskalbeziehungen zwischen dem britischen Zentralstaat und den Devolutionsregionen Schottland, Nordirland und Wales bildet.[726] Aus dieser Herkunftsgeschichte werden auch die primären Charakteristika der heutigen regionalisierten Finanzordnung des Vereinigten Königreichs verständlich: Zum einen wird das System der Finanzverteilung von einer gewissen Intransparenz geprägt, welche für die Lenkung regierungsinterner Finanzströme typisch ist und durch die Asymmetrie der auf regionaler Ebene zu finanzierenden Kompetenzbestände zusätzlich verstärkt wird. Zum anderen erklärt die schlichte Externalisierung eines regierungsinternen Steuerverteilungsmodells den Umstand, daß die neue Finanzordnung des regionalisierten Vereinigten Königreichs den Devolutionseinheiten keine wirksamen Rechtspositionen hinsichtlich ihrer Finanzausstattung gewährt, sondern die Verteilung von Steuererträgen in das politische Ermessen der britischen Zentralregierung stellt. Dahinter steht jedoch zugleich auch eine verfassungspolitische Entscheidung der Devolutionsarchitekten zugunsten einer regionalisierten Finanzordnung unter starker – weil rechtlich ungebundener – Kontrolle des britischen Zentralstaats, der die ‚goldenen Zügel‘ der Finanzen nach freiem politischen Ermessen anzuziehen oder zu lockern vermag.[727]

Die drei Devolutionsgesetze erreichen die Externalisierung des regierungsinternen Finanzverteilungssystems, indem für Schottland, Nordirland und Wales eigenständige Haushalte geschaffen werden, welche unter der Kontrolle der Regionalinstitutionen stehen und aus denen ihre Ausgaben bestritten werden.[728] Zur finanziellen Ausstattung dieser regionalen Haushalte soll der jeweils zuständige Secretary of State „from time to time ... payments ... of such amounts as he may determine" leisten.[729] Diese kurze gesetzliche Regelung bildet den gesamten rechtlichen Rahmen des britischen Systems

---

725 Zum Scheitern des Trennsystems im Rahmen der nordirischen Autonomie ab 1920 und seiner Ablösung durch ein fiskalisches Mischsystem vgl. *Bogdanor*, Devolution in the UK, S. 81 ff.; *Schwab*, Devolution, S. 248 f.
726 Vgl. *Bogdanor*, Devolution in the UK, S. 248.
727 Vgl. *Hazell/Cornes*, Financing Devolution, S. 210 f.; *Rawlings*, The Shock of the New, 85 ff.; *Bogdanor*, Devolution in the UK, S. 253.
728 Für Schottland wird zu diesem Zweck ein ‚Consolidated Fund' nach britischem Vorbild eingerichtet, sec. 64 ff. Scotland Act 1998. Der ‚Consolidated Fund of Northern Ireland' besteht fort, sec. 57 ff. Northern Ireland Act 1998. Für die zurückhaltenderen Regelungen der walisischen Devolution siehe sec. 80 ff. Government of Wales Act 1998.
729 Sec. 64(2) Scotland Act 1998; sec. 58 Northern Ireland Act 1998; sec. 80(1) Government of Wales Act 1998.

vertikaler Steuerertragsverteilung, welches damit beinahe gänzlich in das freie politische Ermessen der zentralstaatlichen Regierung gestellt wird, deren Ausgabenplanung indessen stets auf parlamentarischer Authorisierung beruhen muß.[730] Entsprechend den Ankündigungen der britischen Regierung vor den Devolutionsreformen[731] wird dieses Ermessen im wesentlichen nach dem seit 1978 für regierungsinterne Finanztransfers an das schottische Regionalministerium praktizierten und bald darauf auf die walisischen und nordirischen Regionalministerien ausgeweiteten System der ‚block and formula'-Zuweisung ausgeübt. Seit der Einführung dieses Finanzierungssystems werden die jährlichen Globalzuweisungen an die territorialen Secretaries of State und seit 1999 an die Devolutionshaushalte grundsätzlich unter Zugrundelegung ihres Vorjahresumfangs mit Hilfe der sogenannten Barnett-Formel errechnet.[732] Manche, teilweise umfänglich nicht unbedeutenden Ausgabeposten, wie beispielsweise die Sozialhilfe und die staatlichen Agrarausgaben, unterliegen jedoch anderen Berechnungsmethoden.[733] Für die von ihr erfaßten Bereiche bestimmt die Barnett-Formel nur die jährlichen Veränderungen des regionalen Budgets im Verhältnis zum Vorjahr, indem – gesondert nach den vielen verschiedenen staatlichen Ausgabeposten – die zwischen dem britischen Schatzkanzler und den einzelnen britischen Ressortministern ausgehandelten jährlichen Modifikationen des englischen Budgets nach dem Verhältnis der Einwohnerzahlen zwischen dem jeweiligen Randterritorium und England auf die regionalen Finanzblocks umgerechnet werden.[734] Erweiterungen und Reduktionen vergleichbarer englischer Ausgabeposten[735] wirken sich somit

---

730 Zu den Budgetkompetenzen des britischen Parlaments vgl. *Bradley/Ewing*, Constitutional and Administrative Law, S. 200 ff.; *Hood Phillips/Jackson/Leopold*, Constitutional and Administrative Law, Rz. 12–002 ff.

731 Für Schottland siehe das White Paper: Scotland's Parliament, paras. 7.5 ff.

732 Die Barnett-Formel wurde vom damaligen Chief Secretary to the Treasury, *Joel Barnett*, heute Lord Barnett, entwickelt; zur Geschichte dieser Berechnungsmethode vgl. *Twigger, Robert*, The Barnett Formula, House of Commons Research Paper 98/8, London 1998, S. 6 ff.; *Edmonds, Timothy*, The Barnett Formula, House of Commons Research Paper 01/108, London 2001, S. 7 ff.; *Bogdanor*, Devolution in the UK, S. 243; *Hazell/Cornes*, Financing Devolution, S. 199.

733 Vgl. *Bell, David*, Finance, in: The Constitution Unit (Hrsg.), Nations and Regions: The Dynamics of Devolution – Monitoring Report Scotland November 2003, S. 41, 42 f.; *House of Lords Select Committee on the Constitution*, Devolution: Inter-Institutional Relations in the United Kingdom, paras. 96 ff.; *HM Treasury*, Funding the Scottish Parliament, National Assembly for Wales and Northern Ireland Assembly – A Statement of Funding Policy, 2. Auflage, London 2002, paras. 4.1 ff.

734 Eingehend zur Funktionsweise der Barnett-Formel *Twigger*, The Barnett Formula, S. 9 f.; *Edmonds*, The Barnett Formula, S. 9 ff.; *Bogdanor*, Devolution in the UK, S. 243 f.; *House of Lords Select Committee on the Constitution*, Devolution: Inter-Institutional Relations in the United Kingdom, para. 80; *HM Treasury*, Funding the Scottish Parliament, National Assembly for Wales and Northern Ireland Assembly, paras. 3.1 ff.; *Grote*, Regionalautonomie für Schottland und Wales, S. 140 f.

735 Die Vergleichbarkeit des englischen Ausgabepostens und desjenigen im regionalen Budget wird durch die Einbeziehung eines vorher festgelegten ‚Vergleichbarkeits-Prozentsatzes' in die Berechnung nach der Barnett-Formel aufgenommen; vgl. *Edmonds*, The Barnett Formula, S. 10; *Bell, David/Christie, Alex*, Finance – The Barnett Formula:

nach Maßgabe eines rein demographischen Proporzfaktors auf die regionalen Budgets aus. Im Jahre 1978 wurden die für die Barnett-Formel maßgeblichen Bevölkerungsverhältnisse zwischen England und den Randterritorien mit 85:10 für Schottland und 85:5 für Wales angesetzt, so daß jede Erhöhung oder Verminderung englischer Ausgaben eine entsprechende Modifikation der korrespondierenden regionalen Budgets im Verhältnis von 11,76 beziehungsweise 5,88 Prozentpunkten zur Folge hatte. Entsprechend dem damaligen Bevölkerungsverhältnis zwischen Nordirland und Großbritannien wurde das nordirische Budget mit einem Prozentsatz von 2,75 an Schwankungen der Staatsausgaben für ganz Großbritannien gekoppelt.[736] Die Barnett-Formel wurde 1992 erstmalig an veränderte Einwohnerzahlenverhältnisse angepaßt[737] und wird seit den Devolutionsreformen von 1998 in dieser Hinsicht jährlich aktualisiert. Diese Veränderungen wirken sich vor allem zum Nachteil Schottlands aus, das im Verhältnis zu England stetig rückläufige Bevölkerungszahlen aufweist. Die für die Barnett-Formel maßgeblichen, aktualisierten Einwohnerzahlen der keltischen Peripherie wurden für das Jahr 2001 im Verhältnis zur englischen Bevölkerung mit 10,23 Prozent für Schottland, 5,89 Prozent für Wales und 3,40 Prozent für Nordirland angesetzt.[738] Bei Herauf- oder Herabstufung des Einkommensteuersatzes durch das schottische Parlament wird der schottische Haushalt von der Zentralregierung um entsprechende Beträge aufgestockt oder reduziert.[739]

Die Barnett-Formel zeichnet somit nur für die jährlichen Veränderungen der regionalen Finanzzuweisungsblöcke verantwortlich, indem sie Schwankungen des englischen Budgets nach Maßgabe von Bevölkerungsproporzen auf diese überträgt. Bedarfsgesichtspunkte werden in dieser Berechnungsmethode lediglich in der pauschalierten Gestalt der Einwohnerzahlenverhältnisse berücksichtigt.[740] Die jährlichen Blockzuweisungen an die Regionen stel-

Nobody's Child?, in: Trench, Alan (Hrsg.), The State of the Nations 2001 – The Second Year of Devolution in the United Kingdom (The Constitution Unit), Thorverton 2001, S. 135, 136; *HM Treasury*, Funding the Scottish Parliament, National Assembly for Wales and Northern Ireland Assembly, paras. 3.4ff., 3.11ff. und Annex C.
736 Die nordirische Blockzuweisung erhält jedoch zudem einen Abzug von 2,5 Prozent, da regionale Umsatzsteuerausgaben direkt ersetzt werden; vgl. *Edmonds*, The Barnett Formula, S. 12.
737 *Bogdanor*, Devolution in the UK, S. 243f.
738 Siehe *HM Treasury*, Funding the Scottish Parliament, National Assembly for Wales and Northern Ireland Assembly, paras. 3.7ff.; *House of Lords Select Committee on the Constitution*, Devolution: Inter-Institutional Relations in the United Kingdom, para. 80. Es ist zu beachten, daß eine Vergleichbarkeit schottischer oder nordirischer Ausgabeposten häufig nur durch eine Gegenüberstellung mit anglo-walisischen Einzelbudgets hergestellt werden kann, so daß für die Anwendung der Barnett-Formel die Bevölkerungsverhältnisse zwischen jeweils Schottland und Nordirland auf der einen Seite und England und Wales gemeinsam auf der anderen Seite erforderlich sind. Diese werden vom britischen Finanzministerium für das Jahr 2001 mit 9,66 Prozent für Schottland und 3,21 Prozent für Nordirland angegeben.
739 Zu den Einzelheiten siehe sec. 77f. Scotland Act 1998.
740 Das britische Schrifttum qualifiziert dagegen die Barnett-Formel zumeist als bedarfsunabhängige Berechnungsmethode; vgl. beispielsweise *Mair, Colin/McCloud, Barry*,

len somit das Ergebnis einer vielfachen Verrechnung der Ursprungsbudgets aus den 70er Jahren für die drei Randterritorien mit Hilfe der einwohnerzahlenbezogenen Barnett-Formel dar. 1976/77 lagen die staatlichen Pro-Kopf-Ausgaben für Schottland, Nordirland und Wales mit 22 Prozent, 35 Prozent und 6 Prozent zum Teil markant über den englischen Vergleichswerten.[741] Eine im Jahre 1978 durchgeführte und bis heute nicht wiederholte konkrete Bedarfsfestsetzungsstudie, die jedoch nie in die Barnett-Verrechnung einbezogen wurde, hatte den drei Randterritorien gegenüber den englischen Pro-Kopf-Ausgaben einen Mehrbedarf von 16 Prozent, 31 Prozent und 9 Prozent attestiert. Unter Zugrundelegung eines stetigen Anstiegs der Staatsausgaben sollte die Barnett-Formel durch die schlichte Anknüpfung an Bevölkerungsverhältnisse im Laufe der Zeit zu einer langsamen Angleichung der Pro-Kopf-Ausgaben in allen Teilen des Vereinigten Königreichs führen; dieser rechnerische Nivellierungseffekt wurde unter dem Begriff ‚Barnett Squeeze' bekannt.[742] Vor allem aufgrund Barnett-unabhängiger Finanzzuweisungen[743] und der lange unterlassenen Aktualisierung der Einwohnerzahlenverhältnisse wurde dieses Ziel jedoch insgesamt verfehlt, so daß auch noch heute die meßbaren Staatsausgaben in den drei Randterritorien trotz unklarer Bedarfsverhältnisse teilweise deutlich über dem Landesdurchschnitt liegen.[744] Insbeson-

---

Financial Arrangements, in: Hassan, Gerry (Hrsg.), A Guide to the Scottish Parliament, The Stationary Office Edinburgh 1999, S. 73, 75; *Bell/Christie*, Finance – The Barnett Formula, S. 139; ausdrücklich *Hazell*, Intergovernmental Relations, S. 178; differenzierend aber *Edmonds*, The Barnett Formula, S. 15 f. Der Blick auf wirklich bedarfsunabhängige Verteilungsprinzipien, wie etwa den Grundsatz des örtlichen Aufkommens, nach dem im primären Finanzausgleich des deutschen Bundesstaates die Länderanteile an der Einkommen- und der Körperschaftsteuer horizontal aufgeteilt werden, zeigt jedoch, daß die Barnett-Formel mit den Bevölkerungsverhältnissen einen pauschalen Bedürfnismaßstab enthält.

741 Vgl. dazu und zu den folgenden Ergebnissen der Bedarfsfestsetzungsstudie (‚Needs Assessment Study') von 1978 *Bogdanor*, Devolution in the UK, S. 246 f.; *Hazell/Cornes*, Financing Devolution, S. 198.
742 Vgl. *Edmonds*, The Barnett Formula, S. 20 ff.; *Bell/Christie*, Finance – The Barnett Formula, S. 143; *Bogdanor*, Devolution in the UK, S. 244; *Schwab*, Devolution, S. 252 f.
743 Neben einer Reihe nicht nach der Barnett-Formel verrechneten Ausgabeposten enthalten die jährlichen Finanztransfers der britischen Zentralregierung auch teilweise Sonderzuweisungen an die Devolutionsregionen (sogenannter Formula Bypass). Zu einem besonderen Politikum wurde die verspätete Genehmigung einer Spezialzuweisung an Wales, welche zur Ergänzung europäischer Strukturförderungsmittel erforderlich war. Vgl. *Bell/Christie*, Finance – The Barnett Formula, S. 147 ff.; *House of Lords Select Committee on the Constitution*, Devolution: Inter-Institutional Relations in the United Kingdom, paras. 96 ff.; *Osmond*, A Constitutional Convention by Other Means, S. 45 ff.; *Schwab*, Devolution, S. 261 ff.
744 Vgl. *Bell/Christie*, Finance – The Barnett Formula, S. 139 ff.; *Edmonds*, The Barnett Formula, S. 17 ff.; *The Constitution Unit*, Nations and Regions: The Dynamics of Devolution – Monitoring Report Devolution and the Centre Mai 2001, S. 12; *Bell*, Finance – Monitoring Report Scotland November 2003, S. 41 ff.; *Hazell/Cornes*, Financing Devolution, S. 199 ff.; *Midwinter, Arthur*, The Barnett Formula and Public Spending in Scotland: Policy and Practice, Scottish Affairs 28 (Sommer 1999), S. 83, 86 ff.; *ders.*, The Limits to Fiscal Autonomy under the Devolution Settlement, Scottish Affairs 41 (Herbst 2002), S. 102, 104 ff.

dere die leistungsschwächeren englischen Regionen kritisieren daher vehement das ‚block and formula'-System der britischen Finanzordnung, das trotz vielfacher Verrechnung letztendlich materiell auf über 20 Jahre alten Bedarfsvermutungen beruht.[745] Während die Regionalinstitutionen mit der gelegentlichen Ausnahme Wales', welches nur vergleichsweise geringfügig bevorzugt wird,[746] das etablierte Verteilungsgefüge verteidigen, mehren sich vor diesem Hintergrund in Politik und Wissenschaft die Forderungen nach einer neuen, auch die englischen Regionen betrachtenden Bedarfsfestsetzungsstudie, welche das empirische Fundament dafür schaffen soll, den regionalen Ausgabenbedarf, der im Vereinigten Königreich grundsätzlich als zentraler fiskalischer Verteilungsmaßstab anerkannt ist, wieder zum wirkungsvollen Leitgedanken der regionalisierten Finanzordnung zu erheben.[747] Die britische Regierung lehnt jedoch als Inhaberin der Definitionsmacht über die Maßstäbe der vertikalen Steuerertragsverteilung eine bedarfsorientierte Neuausrichtung der regionalisierten Finanzordnung ab.[748] Für die maßgeblichen Akteure der britischen Finanzordnung bleibt das traditionelle ‚block and formula'-System ein flexibler, rationaler und zugleich konfliktvermeidender Mechanismus der Ressourcenallokation.[749]

Vergleichbar der Haushaltsautonomie der deutschen Bundesländer besitzen die Regionalinstitutionen in Schottland, Nordirland und Wales innerhalb des ihnen jährlich durch die Zentralregierung zugewiesenen Finanzblocks eine freie fiskalische Gestaltungsmacht,[750] obgleich diese im Falle Wales' durch die Primärgesetzgebung des britischen Parlaments und die strenge Ausgabenbindung an die übertragenen Funktionen im Government of Wales Act 1998[751] nicht unerheblich eingeschränkt wird. Vor allem Schottland und Wales

---

745 Vgl. *Jeffery/Palmer*, Das Vereinigte Königreich, S. 329 f.; *Hazell/Cornes*, Financing Devolution, S. 202 f.; *Bell/Christie*, Finance – The Barnett Formula, S. 139 ff.
746 Vgl. *Hazell*, Intergovernmental Relations, S. 178; *McLean, Iain*, A fiscal constitution for the UK, in: Chen, Selina/Wright, Tony (Hrsg.), The English Question, London 2000, S. 80, 86; *Jeffery/Palmer*, Das Vereinigte Königreich, S. 332.
747 *House of Lords Select Committee on the Constitution*, Devolution: Inter-Institutional Relations in the United Kingdom, paras. 103 ff.; *McLean*, A fiscal constitution for the UK, S. 86 ff.; *Edmonds*, The Barnett Formula, S. 13 f.; *Bell/Christie*, Finance – The Barnett Formula, S. 143 ff.; *Hazell/Cornes*, Financing Devolution, S. 200 f., 211; *Midwinter*, The Barnett Formula, S. 84; *Jeffery/Palmer*, Das Vereinigte Königreich, S. 330; *Heald, David/Geaughan, Neal/Robb, Colin*, Financial Arrangements for UK Devolution, in: Keating, Michael/Elcock, Howard (Hrsg.), Remaking the Union – Devolution and British Politics in the 1990s, London/Portland (OR) 1998, S. 23, 41 f.; *Bogdanor*, Devolution in the UK, S. 236.
748 The Government's Response to the Second Report of the Select Committee on the Constitution, Session 2002–03, paras. 17 ff. Vgl. zuvor schon *Constitution Unit*, Nations and Regions – Monitoring Report Devolution and the Centre Mai 2001, S. 12 f.
749 Vgl. *Midwinter*, The Barnett Formula, S. 83; *Rawlings*, The Shock of the New, S. 87.
750 *Hood Phillips/Jackson/Leopold*, Constitutional and Administrative Law, Rz. 5–018; *Hazell*, Intergovernmental Relations, S. 175 f.; *Bell/Christie*, Finance – The Barnett Formula, S. 136 f.; *Edmonds*, The Barnett Formula, S. 15; *Rawlings*, The Shock of the New, S. 86 f.; *Schwab*, Devolution, S. 259.
751 Siehe sec. 85(1) Government of Wales Act 1998.

erlangen über ihre Finanzierungszuständigkeiten für die Kommunalverwaltung weitere finanzielle Handlungsspielräume, deren intensive Inanspruchnahme jedoch politische Konflikte zwischen der regionalen und der kommunalen Ebene heraufbeschwören dürfte.[752] Schließlich bringt die Externalisierung der Barnett-Formel zusätzliche Restriktionen für die politische Gestaltungsfreiheit der Devolutionsregionen mit sich. Die automatisierte Abhängigkeit der regionalen Blockzuweisungen von vergleichbaren englischen Budgets bewirkt, daß rein englische Kürzungsentscheidungen der britischen Zentralregierung auf der Basis englischer Prioritätensetzungen notwendigerweise zu Reduktionen in den jährlichen vertikalen Finanztransfers an die Randterritorien führen. Diese müssen sodann von den Regionalinstitutionen in ihrer internen Ressourcenallokation abgefedert werden, auch wenn die jeweilige regionale Ebene einen völlig anderen politischen Kurs steuern mag.[753]

## III. Systematische Verortung Deutschlands und des Vereinigten Königreichs auf dem Kontinuum der finanziellen Autonomie

Sowohl der deutsche Bundesstaat als auch die britischen Devolutionsstrukturen offenbaren in mehrfacher Hinsicht stark zentralisierte Finanzordnungen. In beiden Staatswesen obliegt die Steuergesetzgebung im wesentlichen dem Zentralstaat und besitzt dieser zudem entscheidende Gestaltungsrechte hinsichtlich der Aufteilung vereinnahmter Finanzmittel. In Anbetracht der weit fortgeschrittenen wirtschaftlichen Integration in Europa und der stetigen Globalisierung der Weltwirtschaft nimmt diese gemeinsame Fundamentalentscheidung zugunsten einer zentral gesteuerten Finanzordnung nicht wunder. Insbesondere teilen die Bundesrepublik Deutschland und das Vereinigte Königreich von Großbritannien und Nordirland zudem die Grundüberzeugung, daß auch in einem regionalisierten Staatswesen, das durch die vertikale Aufteilung politischer Gestaltungsfunktionen Politikdifferenzierungen in den unterschiedlichen staatlichen Einheiten – und damit regionale Vielfalt – ermöglichen soll, eine gewisse Gleichwertigkeit der Lebensverhältnisse im Staatsgebiet zu gewährleisten ist. In Deutschland liegt dieses Ziel einem in nicht unerheblichem Maße nivellierenden vertikalen und horizontalen Finanzausgleich zugrunde,[754] während dieser Gedanke im Vereinigten Königreich

---

752 Vgl. *Bogdanor*, Devolution in the UK, S. 239 ff.; *Hazell/Cornes*, Financing Devolution, S. 208 f.; *Jeffery/Palmer*, Das Vereinigte Königreich, S. 330; *Schwab*, Devolution, S. 259 ff.
753 Vgl. *Bogdanor*, Devolution in the UK, S. 250 f.; *Hazell/Cornes*, Financing Devolution, S. 203; *Forman*, Constitutional Change, S. 160.
754 Art. 106 Abs. 3 Satz 4 Nr. 2 GG spricht – im Unterschied zum reformierten Art. 72 Abs. 2 GG – sogar weiterhin von der „Einheitlichkeit der Lebensverhältnisse". Vgl.

dem allgemein anerkannten Verteilungsmaßstab des regionalen Bedarfs zugrundeliegt.[755] Garant für ein Mindestmaß an Gleichwertigkeit der Lebensverhältnisse im gesamten Staatsgebiet kann nur der Zentralstaat sein.

Die in den beiden Vergleichsstaaten verwirklichte weitgehende Verdrängung der regionalen Legislativen aus dem Bereich der Steuergesetzgebung entzieht zwar die Einnahmeseite der Finanzordnung der regionalen Kontrolle und verringert damit zugleich ihre fiskalische Autonomie, entspricht jedoch der allgemeinen Regel in den Regionalstrukturen europäischer Staaten.[756] Das Vereinigte Königreich bietet insofern eine Besonderheit, als es der Gesetzgebungsbefugnis der deutschen Bundesländer hinsichtlich örtlicher Verbrauchs- und Aufwandsteuern die umfänglich beschränkte Variationskompetenz des schottischen Parlaments hinsichtlich des schottischen Einkommensteuersatzes gegenüberstellt. Aufgrund der wohl hohen politischen Kosten ihres Gebrauchs und der verhältnismäßigen Geringfügigkeit des dadurch möglichen Ertragsgewinns bleibt diese Kompetenz der schottischen Volksvertretung jedoch derzeit eine eher theoretische Möglichkeit zur Erweiterung ihrer fiskalischen Unabhängigkeit gegenüber dem Zentralstaat. Dennoch mangelt es nicht an Stimmen, die in der Tradition anglo-amerikanischer Trennsysteme der Besteuerung und Ertragsverteilung die steuerrechtliche Gestaltungsfreiheit zum elementaren Kernbestand regionaler Autonomie erheben und deshalb nicht nur eine Erweiterung der eigenständigen Finanzierungsmöglichkeiten für Schottland, sondern auch die Übertragung vergleichbarer Gesetzgebungsbefugnisse auf die anderen britischen Regionen fordern.[757] Auch in der deutschen Föderalismusdebatte wird die Übertragung eigenständiger Steuererhebungskompetenzen auf die Bundesländer oder die Einführung von dem schottischen Modell ähnlichen Zu- und Abschlagsrechten teilweise als notwendiger Schritt zu mehr finanzieller Autonomie der deutschen Gliedstaaten verstanden.[758]

---

*Ossenbühl*, Verfassungsrechtliche Grundfragen des Länderfinanzausgleichs, S. 25 ff.; *Pieroth*, Art. 107 GG, in: Jarass/Pieroth, Rz. 1, 9; *Wendt*, Finanzhoheit und Finanzausgleich, Rz. 84; *Arndt, Hans-Wolfgang*, Zur verfassungsrechtlichen Problematik der Herstellung einheitlicher Lebensverhältnisse in der Bundesrepublik Deutschland, JuS 1993, S. 360, 362 f.; einschränkend *Siekmann*, Art. 107 GG, in: von Münch/Kunig, Rz. 31.

755  Vgl. zu regionalen ‚Needs‘ als Grundmaßstab der britischen Finanzordnung *Bogdanor*, Devolution in the UK, S. 236 f.; *Hazell/Cornes*, Financing Devolution, S. 198 ff.; *Midwinter*, The Barnett Formula, S. 84 f.

756  Vgl. *Hopkins*, Devolution in Context, S. 213 ff.

757  Vgl. dazu *Hazell/Cornes*, Financing Devolution, S. 204 ff.; *Midwinter*, The Limits to Fiscal Autonomy, S. 102 ff.; *McLean*, A fiscal constitution for the UK, S. 91 ff.; *Heald/Geaughan/Robb*, Financial Arrangements for UK Devolution, S. 28 ff.; *Hopkins*, Devolution in Context, S. 214.

758  So *Huber, Bernd*, Steuerwettbewerb im Föderalismus – Ideal und Wirklichkeit, in: Morath, Konrad (Hrsg.), Reform des Föderalismus, Bad Homburg 1999, S. 55, 55 ff.; *Klatt, Hartmut*, Plädoyer für einen Wettbewerbsföderalismus, in: Meier-Walser, Reinhard C./Hirscher, Gerhard (Hrsg.), Krise und Reform des Föderalismus – Analysen zu Theorie und Praxis bundesstaatlicher Ordnungen, München 1999, S. 64, 73; *Stratthaus, Gerhard*, Grundsatzreferat, in: Gesellschaft für Rechtspolitik Trier (Hrsg.), Bitburger Gespräche Jahrbuch 1999/II: 50 Jahre Grundgesetz – 50 Jahre Föderalismus – Stand

Der Grundsatz der Konnexität von Ausgaben- und Aufgabenverantwortung ist der deutschen und der britischen Finanzordnung gemein. Im Rahmen der britischen Devolution, die zumindest hinsichtlich Schottlands und Nordirlands eine weitgehende Deckung von Legislativ- und Exekutivbefugnissen der Regionalorgane anstrebt, stellt diese Regel keine Bedrohung für die fiskalische Autonomie der britischen Devolutionsregionen dar. Die Konkretisierung des Grundsatzes im Sinne einer Vollzugskausalität und die weitreichende funktionale Spaltung von Gesetzgebungs- und Verwaltungszuständigkeiten zwischen Bund und Ländern begründen für den deutschen Bundesstaat jedoch die reale Gefahr, daß die Ausgabenpolitik der Länder weitgehend vom Bund vorbestimmt wird. Auf diese Weise entwickelt sich die im Vereinigten Königreich als unproblematisch empfundene Konnexität von Ausgaben- und Aufgabenverantwortung in Deutschland zu besonderem bundesstaatlichen Zündstoff.[759]

Gänzlich abweichende Ansätze verfolgen die beiden Finanzordnungen hinsichtlich des Systems der Verteilung staatlicher Finanzmitteln. Während das deutsche Grundgesetz ein komplexes Regelungsgefüge zur vertikalen und horizontalen Aufteilung und Umverteilung von Steuererträgen enthält, welches eine Kombination aus Trenn- und Verbundsystem mit extensiven Ausgleichselementen anreichert, verweisen die drei britischen Devolutionsgesetze für die Finanzausstattung der Devolutionsregionen lediglich auf Mittelzuweisungen durch die Zentralregierung und errichten somit den äußerst minimalistischen Rohbau eines Beitragssystems. Nur hinsichtlich des schottischen Einkommensteuerzuschlags sieht die britische Finanzordnung ein Trennsystem vor. Hinsichtlich der fiskalischen Autonomie der regionalen Ebene dürfen jedoch die grundsätzlichen Unterschiede zwischen den Verteilungsmodellen eines Mischsystems nach deutschem Vorbild und eines Beitragssystems nach britischer Konstruktion nicht überbetont werden. Beide sind prinzipiell dazu geeignet, die regionalen Einheiten mit angemessenen Ressourcen zur eigenverantwortlichen Verwendung auszustatten.[760] Der entscheidende Gegensatz zwischen der deutschen und der britischen Finanzordnung ergibt sich erst aus der konkreten Ausgestaltung der Verteilungsgefüge. Während die deutsche Verfassung den Bundesländern konkrete, einklagbare Rechtspositionen hin-

---

und Entwicklung, München 2000, S. 5, 16 f.; *Oschatz, Georg-Berndt*, Kooperativer Zentralismus, in: Merten, Detlef (Hrsg.), Der Bundesrat in Deutschland und Österreich, Berlin 2001, S. 135, 148; *Kluth*, Lastenverteilung, S. 171; *Hofmann*, Notwendigkeit und Perspektiven einer Föderalismusreform, S. 468; *Hendler, Reinhard*, Sicherung der Autonomie für Länder und Kommunen, in: Henneke, Hans-Günter (Hrsg.), Verantwortungsteilung zwischen Kommunen, Ländern, Bund und Europäischer Union, Stuttgart (u. a.) 2001, S. 235, 249 f. Dagegen aber *Kirchhof*, Die Finanzen des Föderalismus, S. 52 f.

759 Vgl. *Heun, Werner*, Die Zusammenführung der Aufgaben- und Ausgabenverantwortung von Bund, Ländern und Gemeinden als Aufgabe einer Reform der Finanzverfassung – Probleme und Risiken, DVBl. 1996, S. 1020, 1021 ff.; *Wagner/Rechenbach*, Konnexitätsprinzip ins Grundgesetz!, S. 308 ff.; *Kirchhof*, Die Finanzen des Föderalismus, S. 59; *Kluth*, Lastenverteilung, S. 159, 171 f.

760 So auch *Hopkins*, Devolution in Context, S. 226.

sichtlich ihrer Finanzausstattung gewährt, wird das britische Beitragssystem gänzlich von dem nur durch die finanzbezogenen Kontrollkompetenzen des britischen Parlaments beschränkten politischen Ermessen der Zentralregierung beherrscht.[761] In ihrem Verhältnis zur zentralstaatlichen Exekutive werden die Regionalorgane gesetzlich zu einfachen Lobbygruppen herabgestuft. Die rechtlich unbeschränkte Allokationsmacht der britischen Regierung stellt damit ohne Zweifel das schwächste Element der regionalisierten Finanzordnung im Vereinigten Königreich dar. Aufgrund der überragenden Bedeutung der regionalen Finanzausstattung für die politische Autonomie der Regionen erscheint es daher gerechtfertigt, die Finanzordnung insgesamt als schwächstes Glied in der Devolutionsgesetzgebung zu bezeichnen.[762] Jedoch dürfen auch hier die deutsch-britischen Unterschiede nicht überzeichnet werden. Das deutsche System des vertikalen und horizontalen Finanzausgleichs bildet eine Rahmenordnung, dessen legislative Konkretisierung und Ausführung ebenfalls vom Zentralstaat dominiert wird. Im Wege der Mischfinanzierung von Gemeinschaftsaufgaben und der Gewährung weiterer gebundener und ungebundener Finanztransfers an leistungsschwache Länder erhält der Bund zusätzliche Einflußrechte im System der deutschen Finanzbeziehungen. Demgegenüber nimmt auch die britische Finanzordnung Elemente des kooperativen Zusammenwirkens der staatlichen Ebenen auf und versucht vor allem durch den Abschluß von Konkordaten zwischen dem britischen Finanzministerium und den Devolutionsexekutiven das minimalistische gesetzliche Regime mit zwar rechtlich unverbindlichen, aber dennoch der britischen normativen Tradition verpflichteten Verhaltensmaßstäben der Information, Zusammenarbeit und Rücksichtnahme anzureichern.[763] Daher erkennt eine wohlwollendere Betrachtung des Verhältnisses zwischen den Regionalinstitutionen und der Zentralregierung in der Externalisierung der vormals regierungsinternen Finanzordnung auch die Überführung der finanzbezogenen Verhandlungsprozesse von der regierungsinternen Ebene auf die Beziehung zwischen den Regionen und dem Zentralstaat.[764] Schließlich verfolgen auch die angewendeten Steuerertragsverteilungsmechanismen in Deutschland und dem Vereinigten Königreich ähnliche materielle Leitgedanken. Zwar werden in der primären horizontalen Steuerertragsverteilung der Bundesrepublik wichtige Steuerarten nach dem Prinzip des örtlichen Aufkommens zugeordnet und ist dieser Verteilungsgrundsatz der britischen Finanzordnung – abgesehen von Steuereinnahmen infolge einer schottischen Einkommensteuersatzanhebung – grundsätzlich fremd; jedoch basiert der sekundäre deutsche Finanzkraftausgleich insbesondere auf dem pauschalierten Bedarfsmaßstab der Ein-

---

761 *Bell/Christie*, Finance – The Barnett Formula, S. 138; *Bogdanor*, Devolution in the UK, S. 253.
762 So *Bogdanor*, Devolution in the UK, S. 254.
763 Siehe das Concordat between HM Treasury and the Scottish Executive, März 2001, und das Concordat between HM Treasury and the National Assembly for Wales, Dezember 1999.
764 *Mair, Colin/McAteer, Mark*, Scotching the Myth: Analysing the Relations between a Scottish Parliament and Westminster, Scottish Affairs 19 (Frühling 1997), S. 1, 7 ff.

wohnerverhältnisse und werden darüber hinaus mit der Einwohnerveredelung zusätzliche konkrete Bedarfsgesichtspunkte in den Ausgleichsmechanismus eingeführt. Damit wird das bedarfsunabhängige Prinzip des örtlichen Aufkommens in seiner Verteilungswirkung nachhaltig zurückgedrängt. Das ‚block and formula'-System des Vereinigten Königreichs beruht durch den nunmehr ständig aktualisierten Rückgriff auf die Einwohnerverhältnisse zwischen den Randregionen und England im Rahmen der Barnett-Formel auf einem pauschalierten Bedarfsmaßstab und greift zudem durch die Zugrundelegung der jeweiligen Vorjahresbudgets stets auf tradierte konkrete Bedarfsvermutungen für die keltische Peripherie zurück. Vergleichende Gesichtspunkte des Bedarfs, der gänzlich objektiv kaum nachzuweisen sein wird, besetzen somit wichtige Scharnierstellen in beiden regionalisierten Finanzordnungen.

Die komparative Verortung der beiden regionalisierten Finanzordnungen auf einem Kontinuum der finanziellen Autonomie regionaler Einheiten bietet nicht nur aufgrund der Aussparung Englands aus der fiskalischen Regionalisierung im Vereinigten Königreich, sondern vor allem wegen der unterschiedlichen Grundansätze bei der vertikalen Verteilung der Steuererträge besondere Schwierigkeiten. Da in beiden Verfassungsordnungen die Steuergesetzgebung weitgehend zentralisiert bleibt, jedoch die britischen Devolutionsregionen für ihre Finanzausstattung im wesentlichen vom Wohlwollen der Zentralregierung abhängen, muß das Vereinigte Königreich hinsichtlich der Finanzordnung wohl insgesamt als stärker zentralisiert eingestuft werden als die Bundesrepublik Deutschland. In der politischen Praxis unter Geltung des ‚block and formula'-Systems genießt jedoch insbesondere Schottland aufgrund seiner fiskalischen Gestaltungsfreiheit innerhalb der jährlichen Blockzuweisung eine eher stärker ausgeprägte Finanzautonomie als die deutschen Bundesländer, deren Ausgabenverantwortlichkeiten größtenteils durch Bundesgesetzgebung vorgezeichnet werden. Allerdings dürfen auch hier die restriktiven Wirkungen der Barnett-Formel nicht übersehen werden, welche die regionale Finanzausstattung zugleich an englische Prioritätensetzungen bindet.

## § 2 Systemverflechtung im regionalisierten Staatswesen

Im Mittelpunkt der verfassungskomparativen Untersuchung der regionalisierten Kompetenzverteilungsgefüge in Deutschland und dem Vereinigten Königreich steht vor allem der Gedanke der Trennung von Zuständigkeitssphären der zentralstaatlichen und der regionalen Ebene. Auch unter diesem Leitmotiv lassen sich jedoch Elemente der Kompetenzvernetzung nicht gänzlich ausblenden. So widersetzen sich in Deutschland insbesondere die Rahmengesetzgebung, die Zuständigkeiten des Bundes und der Länder auf dem Gebiet der Verwaltung, die Kompetenzaufteilung im Bereich der auswärtigen Gewalt einschließlich der Koordinationsmechanismen zur staatlichen Willensbildung in Angelegenheiten der Europäischen Union sowie die grundgesetzliche Finanzverfassung einer eindimensionalen Zuordnung nach Kompetenzbeständen. Auf britischer Seite verdeutlichen vor allem die echte Kompetenzkonkurrenz regionaler und zentralstaatlicher Entscheidungsträger im Bereich der übertragenen Gesetzgebung, die Aufsichtsbefugnisse der Zentralregierung zur Sicherung der Völker- und Europarechtskonformität regionalen Exekutivhandelns sowie die Parallelkompetenzen britischer Minister bei der Umsetzung europäischen Gemeinschaftsrechts die analytischen Grenzen einer rein separativen Betrachtungsweise.

Vernetzungen zwischen den Handlungssphären des Zentralstaates und seiner regionalen Glieder lassen sich unter dem Begriff der Systemverflechtung im regionalisierten Staatswesen zusammenfassen und nehmen in Staatsorganisation und politischer Praxis Deutschlands und des Vereinigten Königreichs eine beinahe unendliche Vielfalt institutioneller und prozeduraler Erscheinungsformen an. Das gemeinsame Ziel dieser mannigfaltigen Verschränkungen der verschiedenen Tätigkeitsbereiche im regionalisierten Staatsgefüge liegt in der Koordination des Staatshandelns unterschiedlicher Entscheidungsträger sowohl zur Förderung der Funktionsfähigkeit der Staatsordnung insgesamt als auch zum Schutze zentralstaatlicher und regionaler Interessen bei der Aufgabenwahrnehmung durch die jeweils andere staatliche Ebene. Der Artenreichtum an Vernetzungselementen erschwert naturgemäß ihre Systematisierung. Es bietet sich jedoch eine funktionelle Aufgliederung der Koordinationselemente zwischen Mechanismen der unilateralen Einflußnahme auf der einen Seite und solchen der bi- oder multilateralen Kooperation auf der anderen Seite an, obgleich auch diese Klassifizierung keine absolute Trennschärfe aufweisen kann oder soll. Elemente der unilateralen Einflußnahme im regionalisierten Staatsgefüge zeigen sich dort, wo einer staatlichen Ebene die einseitige Befugnis eingeräumt wird, auf die hoheitliche Funktionsausübung der anderen einzuwirken. Die möglichen Modalitäten derartiger Einflußnahme reichen von Anhörungsrechten über negative Beteiligungspositionen, wie etwa Veto- oder Verzögerungsrechte, bis hin zu Mitentscheidungsbefugnissen oder Zuständigkeiten zum selbständigen Tätigwerden im fremden Kompetenzbereich. Aufgrund des diesen Verschränkungsmechanismen immanenten Zwangsgedankens können sie auch als Instrumente der direktiven Koordination bezeichnet werden.[765] Dieser Zwangsidee der unilateralen Einflußnahme steht auf seiten der bi- und multilateralen Kooperation der Grundgedanke der Freiwilligkeit gegenüber, der sowohl bei der Begründung neuer Vernetzungselemente als auch bei der Entscheidungsfindung innerhalb bestehender Kooperationsstrukturen zum Tragen kommen kann. Kooperative Koordination zwischen dem Zentralstaat und seinen Gliedern

---

765 So die Sammelbezeichnung für eine Reihe unilateraler Einwirkungsmechanismen im Grundgesetz bei *Kisker, Gunter*, Kooperation im Bundesstaat – Eine Untersuchung zum kooperativen Föderalismus in der Bundesrepublik Deutschland, Tübingen 1971, S. 3, 7 ff., und *Rudolf*, Kooperation im Bundesstaat, Rz. 20 ff.

oder zwischen den Regionen untereinander erfolgt in unzähligen Mechanismen unterschiedlichster institutioneller Verdichtungsgrade zur gegenseitigen Abstimmung staatlichen Handelns in getrennten Kompetenzbereichen sowie zur Determination gemeinschaftlichen Vorgehens auf Gebieten geteilter, überschneidender oder paralleler Zuständigkeiten. Sie zielt daher – anders als die unilaterale Einflußnahme – auf das Moment der gemeinsamen Entscheidungsfindung regionaler und zentralstaatlicher Hoheitssträger ab.[766] Die gegenseitige Verschränkung verschiedener Handlungssphären durch Elemente der direktiven und der kooperativen Koordination ergänzt somit die vergleichende Analyse zweier regionalisierter Staatswesen um eine weitere notwendige Dimension.

## A. Mechanismen der unilateralen Einflußnahme zwischen dem Zentralstaat und seinen Gliedern

Direktive Koordination ereignet sich im regionalisierten Staatsgefüge in zwei verschiedene Richtungen. Zum einen lassen sich Mechanismen identifizieren, die dem Zentralstaat Befugnisse zur Einwirkung auf die Handlungssphäre der regionalen Glieder verleihen. Zum anderen können den Regionen Einflußrechte auf die zentralstaatliche Ebene eingeräumt werden.

## I. Unilaterale Einwirkungen des Zentralstaates auf die Regionen

Sowohl der deutsche Bundesstaat als auch die britische Devolutionsordnung räumen dem jeweiligen Zentralstaat zum Teil weitreichende Befugnisse zur unilateralen Einflußnahme auf die regionale Handlungssphäre ein. Ihre gemeinsame verfassungspolitische Motivation liegt in der Gewährleistung der Berücksichtigung verschiedenster gesamtstaatlicher Interessen in der Ausübung hoheitlicher Gewalt durch die Regionen.

### 1. Mechanismen zentralstaatlicher Einwirkung in Deutschland

Das Grundgesetz stattet den Bund mit einem reichhaltigen Arsenal von Einflußrechten auf die Ebene der Bundesländer aus. Sie durchziehen weite Berei-

---

766 Zum Begriff der kooperativen Koordination vgl. *Kisker*, Kooperation im Bundesstaat, S. 3, 46 f.; *Rudolf*, Kooperation im Bundesstaat, Rz. 20, 23.

che der Staatstätigkeit und tragen in erheblichem Maße zur Zentralisierung des deutschen Bundesstaates bei.

Die wohl gewichtigsten Einwirkungsrechte auf die Handlungssphäre der Bundesländer erhält der Bund dort, wo er zu Eingriffen in die Staatsorganisation der Länder ermächtigt wird. Art. 29 GG eröffnet die Möglichkeit der Länderneugliederung durch Bundesgesetz und schließt damit die Auflösung eines Landes als radikalste Form der Einflußnahme auf die regionale Ebene ein.[767] Das Bundesgesetz bedarf jedoch gemäß Art. 29 Abs. 2 Satz 1 GG der Bestätigung in regionalen Volksentscheiden. Zudem wird den betroffenen Ländern durch Art. 29 Abs. 2 Satz 2 GG ein Anhörungsrecht zugestanden, so daß umgekehrt auch ihnen hinsichtlich der Neugliederung des Bundesgebietes ein prozedurales Recht zur unilateralen Einflußnahme auf die zentralstaatliche Willensbildung verliehen wird.[768] Während Art. 29 GG den Bund lediglich zum Eingriff in die territoriale Staatsorganisation der Länder ermächtigt, statuiert Art. 28 Abs. 3 GG eine Pflicht des deutschen Zentralstaates zur Gewährleistung des Gebotes der Verfassungshomogenität aus Art. 28 Abs. 1 GG.[769] Diese Pflicht zum Schutz der Schranken gliedstaatlicher Verfassungshoheit begründet nach herrschender Auffassung jedoch keine selbständige Aufsichtskompetenz des Bundes, sondern verweist ihn für die Umsetzung dieser „Bundesgarantie"[770] auf die ihm durch die Verfassung an anderer Stelle verliehenen Einflußrechte auf die Landesebene.[771]

Mechanismen der kontinuierlichen unilateralen Einflußnahme des Bundes auf die Länder finden sich auf den Gebieten der Gesetzgebung, der Verwaltung, der auswärtigen Gewalt und der Finanzverfassung. Die von richterlicher Unabhängigkeit geprägte Rechtsprechung eignet sich dagegen grundsätzlich nicht für eine über die Tätigkeit der Bundesgerichte als oberste Revisionsinstanzen hinausgehende Verzahnung der Handlungssphären von Bund und Ländern. Die Bundesgesetzgebung kann als wohl bedeutsamstes Mittel der Einwirkung des Bundes auf die Ausübung staatlicher Funktionen durch die Länder betrachtet werden.[772] Die Vorschriften des Grundgesetzes zur konkurrierenden Gesetzgebung und zur Rahmengesetzgebung[773] verleihen dem Bund weitreichende Befugnisse, Legislativkompetenzen der Länder an sich zu ziehen oder die gesetzgebende Tätigkeit der Länder inhaltlich zu

---

767 Vgl. *Erbguth, Wilfried*, Art. 29 GG, in: Sachs, Rz. 8 ff.; *Pieroth, Bodo*, Art. 29 GG, in: Jarass/Pieroth, Rz. 2 ff.; *Kisker*, Kooperation im Bundesstaat, S. 8 ff.; *Stern*, Staatsrecht I, S. 242 ff.; *Maurer*, Staatsrecht I, § 10, Rz. 18 f.
768 *Rudolf*, Kooperation im Bundesstaat, Rz. 22.
769 *Nierhaus, Michael*, Art. 28 GG, in: Sachs, Rz. 80 ff.; *Pieroth, Bodo*, Art. 28 GG, in: Jarass/Pieroth, Rz. 29; *Maunz*, Verfassungshomogenität von Bund und Ländern, Rz. 20 f.; *Stern*, Staatsrecht I, S. 711 f.; *Maurer*, Staatsrecht I, § 10, Rz. 47. Zum Homogenitätsgebot des Art. 28 Abs. 1 GG siehe bereits supra Kapitel 5 § 1 B. I.
770 *Geiger, Willi*, Mißverständnisse um den Föderalismus, Berlin 1962, S. 21.
771 *Dreier, Horst*, Art. 28 GG, in: Dreier, Rz. 173; *Nierhaus*, Art. 28 GG, in: Sachs, Rz. 83; *Pieroth*, Art. 28, in: Jarass/Pieroth, Rz. 30; *Stern*, Staatsrecht I, S. 712 f.; *Maurer*, Staatsrecht I, § 10, Rz. 47.
772 *Kisker*, Kooperation im Bundesstaat, S. 16; *Maurer*, Staatsrecht I, § 10, Rz. 44.
773 Art. 72, 74, 74a, 75 GG.

regulieren. Auch die Beteiligung des Bundes an der Rechtsetzung durch die Europäischen Gemeinschaften kann dort, wo diese die Zuständigkeitsbereiche der Bundesländer berührt, als Mechanismus der normativen Einflußnahme auf die Handlungssphären der Länder betrachtet werden. Weitere wichtige Einwirkungsbefugnisse des Bundes auf die hoheitliche Funktionsausübung der Länder zeigen sich auf dem Gebiet der Gubernative. Die gesteigerte Notwendigkeit von Verflechtungselementen ergibt sich in diesem Bereich vor allem aus der dem deutschen Bundesstaat zugrundeliegenden Konzeption einer funktionsorientierten Kompetenzaufteilung zwischen Bund und Ländern, nach der dem Bund das Schwergewicht der legislativen Staatsgewalt zugeordnet wird, während die Länder neben den eigenen Gesetzen auch den Großteil der Bundesgesetze vollziehen. Zur Sicherung der Einheitlichkeit der Ausführung von Bundesgesetzen und zum Schutze der gesamtstaatlichen Interessen beim Landesvollzug stattet das Grundgesetz den Bund in Art. 84 und 85 GG mit einem Instrumentarium gestufter Ingerenzrechte aus.[774] Für die Landeseigenverwaltung kann der deutsche Zentralstaat gesetzlich die Organisation, die Zuständigkeit und das Verfahren regeln und allgemeine Verwaltungsvorschriften erlassen; zudem übt der Bund hier die Rechtsaufsicht aus und kann in diesem Rahmen sowohl Rechtsverletzungen der Länder feststellen und rügen als auch in besonderen Fällen sogar Einzelweisungen zu Sachfragen erteilen.[775] Im Bereich der Auftragsverwaltung stehen dem Bund über diese Ingerenzrechte hinausgehende Einwirkungsbefugnisse in Gestalt der Fachaufsicht und einer umfassenden Weisungsbefugnis zur Verfügung.[776] Das Grundgesetz konstruiert somit die Bundesaufsicht als grundsätzlich von zentralstaatlichen Legislativakten abhängige Einwirkungsbefugnis des Bundes auf die Länder.[777] Auf dem Gebiet der auswärtigen Angelegenheiten erfordert die grundsätzliche Zuständigkeitskonzentration beim Zentralstaat eine wirksame Kontrollkompetenz des Bundes über die den Ländern auf dem internationalen Parkett verbleibenden Zuständigkeiten. Daher macht Art. 32 Abs. 3 GG den Abschluß völkerrechtlicher Verträge durch die deutschen Gliedstaaten von der vorherigen Zustimmung der Bundesregierung abhängig.[778] Besonders stark ausgeprägt sind des weiteren die Einwirkungsrechte des Bundes auf die Handlungssphäre der Länder im Kon-

---

774  Siehe dazu supra Kapitel 5 § 1 C. II. Vgl. *Rudolf*, Kooperation im Bundesstaat, Rz. 21.
775  Siehe Art. 84 GG. Vgl. dazu *Pieroth*, Art. 84 GG, in: Jarass/Pieroth, Rz. 2 ff.; *Blümel*, Verwaltungszuständigkeit, Rz. 23 ff.; *Dittmann*, Art. 84 GG, in: Sachs, Rz. 5 ff.; *Maurer*, Staatsrecht I, § 18, Rz. 13; *Hebeler*, Die Ausführung der Bundesgesetze, S. 166 f.
776  Siehe Art. 85 GG. Vgl. dazu *Pieroth*, Art. 84 GG, in: Jarass/Pieroth, Rz. 3 ff.; *Blümel*, Verwaltungszuständigkeit, Rz. 52 ff.; *Dittmann*, Art. 85 GG, in: Sachs, Rz. 10 ff.; *Broß*, Art. 85 GG, in: von Münch/Kunig, Rz. 4 ff.; *Maurer*, Staatsrecht I, § 18, Rz. 16; *Hebeler*, Die Ausführung der Bundesgesetze, S. 168 f.
777  Eine Ausnahme bilden insoweit die Aufsichtsbefugnisse des Bundes gemäß Art. 108 Abs. 3 GG. Vgl. *Stern*, Staatsrecht I, S. 714; *Degenhart*, Staatsrecht I, Rz. 184.
778  Vgl. *Streinz*, Art. 32 GG, in: Sachs, Rz. 61 ff.; *Jarass, Hans D.*, Art. 32 GG, in: Jarass/Pieroth, Rz. 13; *Blumenwitz*, Kompetenzen im Bereich der Außenpolitik, S. 178.

text der föderativen Finanzordnung.⁷⁷⁹ Der Bund besitzt innerhalb der rahmenhaften Finanzverfassung des Grundgesetzes die normative Gestaltungsfreiheit über die Auf- und Umverteilung staatlicher Steuererträge, ergänzt das System des bundesstaatlichen Finanzausgleichs durch Investitionshilfen an die Länder gemäß Art. 104a Abs. 4 GG und bestimmt gemäß Art. 109 Abs. 3 GG auch die Haushaltsgrundsätze für die Länder.

Neben diesem allgemeinen Instrumentarium zentralstaatlicher Einwirkung kennt das Grundgesetz eine Reihe besonderer Befugnisse unilateraler Einflußnahme des Bundes auf die Handlungssphären der Länder. Bei Naturkatastrophen, bei anderen erheblichen Gefahren für die öffentliche Sicherheit oder Ordnung sowie bei Gefahren für den Bestand oder für die freiheitliche demokratische Grundordnung eines Bundeslandes kann nicht nur das betroffene Land die Hilfe anderer Länder oder des Bundes anfordern, sondern auch der Zentralstaat von sich aus im Wege der Bundesintervention – insbesondere durch die Anweisung anderer Länder zur Hilfeleistung und den Einsatz von Einheiten des Bundesgrenzschutzes oder der Streitkräfte – eingreifen.⁷⁸⁰ Das äußerste Einwirkungsmittel des Bundes gegenüber den Ländern – abgesehen von einem Eingriff in den territorialen Bestand eines Landes – besteht dagegen im Einsatz des Bundeszwangs nach Art. 37 GG, der jedoch in der bundesrepublikanischen Geschichte bisher nicht zur Anwendung gelangt ist.⁷⁸¹ Wenn ein Land die ihm durch das Grundgesetz oder ein Bundesgesetz auferlegten Pflichten nicht erfüllt, kann danach die Bundesregierung mit Zustimmung des Bundesrates die notwendigen Maßnahmen treffen, um das Land zur Pflichterfüllung anzuhalten. Neben der Erteilung von Weisungen und der Einsetzung von Beauftragten kommen vor allem die Ersatzvornahme, die Sperrung von Finanzmitteln und der Einsatz des Bundesgrenzschutzes sowie der Polizeikräfte anderer Länder als Maßnahmen des Bundeszwangs in Betracht.⁷⁸²

Schließlich steht dem Bund als Mechanismus mittelbarer Einflußnahme auf die Länder der Rechtsweg zum Bundesverfassungsgericht offen.⁷⁸³ Diese Alternative bietet sich nicht nur dann, wenn ein Land den Zentralstaat in seinen verfassungsmäßigen Rechten verletzt haben könnte und das Bundesverfassungsgericht zur Entscheidung eines Bund-Länder-Streits nach Art. 93 Abs. 1 Nr. 3 GG angerufen werden kann, sondern auch zur objektiven Über-

---

779 Siehe dazu supra Kapitel 5 § 1 F. I.
780 Siehe Art. 35 Abs. 2 und 3, Art. 91 GG; vgl. dazu *Erbguth, Wilfried*, Art. 35 GG, in: Sachs, Rz. 35 ff.; *Windthorst, Kay*, Art. 91 GG, in: Sachs, Rz. 1 ff.; *Stern*, Staatsrecht I, S. 718 f.; *Maurer*, Staatsrecht I, § 10, Rz. 48; *Katz*, Staatsrecht, Rz. 245.
781 Vgl. *Stern*, Staatsrecht I, S. 714 ff.; *Hesse*, Grundzüge des Verfassungsrechts, Rz. 265; *Maurer*, Staatsrecht I, § 10, Rz. 49; *Ipsen*, Staatsrecht I, Rz. 629 ff.
782 Zu den im Rahmen des Bundeszwangs möglichen Maßnahmen vgl. *Erbguth, Wilfried*, Art. 37 GG, in: Sachs, Rz. 12 f. m. w. N.; *Stern*, Staatsrecht I, S. 716 f.; *Pieroth, Bodo*, Art. 37 GG, in: Jarass/Pieroth, Rz. 3; *Ipsen*, Staatsrecht I, Rz. 633. Der Einsatz des Bundesgrenzschutzes und der Polizei anderer Länder ist nur unter den Voraussetzungen des Art. 91 Abs. 2 GG zulässig. Für die grundsätzliche Zulässigkeit beispielsweise der Auflösung von Landesparlamenten oder des Einsatzes der Streitkräfte im Rahmen des Bundeszwangs *Maurer*, Staatsrecht I, § 10, Rz. 49.
783 *Maurer*, Staatsrecht I, § 10, Rz. 46, § 20, Rz. 53 ff.

prüfung der Vereinbarkeit von Landesgesetzen mit dem Grundgesetz und dem übrigen Bundesrecht im Wege der abstrakten Normenkontrolle gemäß Art. 93 Abs. 1 Nr. 2 GG.[784]

## 2. Mechanismen zentralstaatlicher Einwirkung im Vereinigten Königreich

Während der deutsche Bundesstaat somit ein vielschichtiges, komplexes Gefüge direktiver Einwirkungsbefugnisse des Bundes auf die Handlungssphäre der Länder konstruiert, das die grundsätzlich getrennten Kompetenzbereiche des Zentralstaates und seiner Regionen miteinander verzahnt, kann die britische Verfassungsordnung auf eine umfassende Befugnis zentralstaatlicher Einflußnahme zurückgreifen. Die in sec. 28(7) des Scotland Act 1998 und sec. 5(6) Northern Ireland Act 1998 deklaratorisch bestätigte und durch den Government of Wales Act 1998 gar nicht erst in Frage gestellte Suprematie der Crown in Parliament sichert dem britischen Zentralstaat auch nach den Devolutionsreformen eine rechtlich unbeschränkte gesetzgeberische Einwirkungsbefugnis auf die regionale Ebene in Schottland, Nordirland und Wales. Zumindest nach orthodoxem Verfassungsdenken im Vereinigten Königreich verleiht diese unveränderliche Suprematie dem britischen Parlament nicht nur die Macht, Eingriffe in die regionale Staatsorganisation vorzunehmen, indem es die Devolutionsgesetze modifiziert oder gar gänzlich aufhebt, sondern auch die fortwährende Befugnis, Rechtsakte im Bereich übertragener Sachmaterien zu erlassen und damit die durch die Devolutionsgesetze erreichte Regionalisierung staatlicher Gewalt nach Belieben zu unterlaufen.[785] Abgesehen von der residualen Kompetenz zur Neuordnung der britischen Verfassungsstruktur einschließlich der regionalen Ebene stellt sich somit vor allem die parallele Zuständigkeit des britischen Zentralstaates zur Gesetzgebung auf allen Politikfeldern als umfassendes Instrument der unilateralen Einflußnahme auf die regionale Handlungssphäre dar. Für Wales bildet die Gesetzgebungsmacht des britischen Parlaments als Mechanismus der zentralstaatlichen Einwirkung sogar nicht nur den Hintergrund einer weitgehenden Trennung der Kompetenzbereiche in der politischen Praxis – wie dies hinsichtlich Schottlands und Nordirlands gelten soll –, sondern vielmehr die ständige Grundlage des Modells exekutiver Devolution, welche auch in übertragenen Politikbereichen die Rolle des Zentralstaates als primären Gesetzgeber bewahrt. Hier besitzt das britische Parlament damit den umfassenden und kontinuierlichen Einfluß einer Primärlegislative, und das für Wales zuständige Mitglied der britischen Regierung koordiniert die Grundlagen walisischer Politik in Whitehall.

---

784 Zur Rolle der Rechtsprechung in der Sicherung der bundesstaatlichen Ordnung siehe infra Kapitel 6 § 2 B. II.
785 Zu den möglichen Schranken der Parlamentssuprematie im Rahmen der Devolution siehe infra Kapitel 6 § 3 C.

An der Suprematie des britischen Parlaments nimmt die zentralstaatliche Regierung grundsätzlich nicht teil, so daß die drei Devolutionsgesetze ihre Einwirkungsbefugnisse auf die regionale Handlungssphäre ausdrücklich bestimmen müssen. Zur Flexibilisierung der Devolutionsordnung werden der britischen Regierung daher Befugnisse zur Adaption und Fortentwicklung der regionalen Kompetenzbestände und damit maßgeblicher Einfluß auf die Definition des regionalen Handlungsrahmens verliehen. Der Government of Wales Act 1998 überantwortet mit sec. 21 und 22 Government of Wales Act 1998 weite Teile des Funktionstransfers an das National Assembly for Wales der britischen Regierung und gibt in Schedule 2 lediglich die übertragungsfähigen Politikbereiche vor. Die gesetzliche Regelung macht zudem deutlich, daß auch Modifikationen und Rückübertragungen von Zuständigkeiten im Wege exekutiver Orders in Council möglich bleiben, auch wenn diese an die Zustimmung der Nationalversammlung gebunden sind.[786] Auch der Scotland Act 1998 enthält gestalterische Befugnisse der britischen Regierung zur Flexibilisierung der Devolutionsordnung. So ermächtigt sec. 30(2) Scotland Act 1998 die zentralstaatliche Regierung, die Schedules 4 und 5 des Scotland Act 1998 und damit den legislativen Kompetenzbestand des schottischen Parlaments zu modifizieren.[787] Die Gefahr, welche von einer derartig weitreichenden exekutiven Einwirkungsbefugnis für die Stabilität der schottischen Kompetenzgrundlagen ausgehen kann, bannt das Schottlandgesetz durch ein Zustimmungserfordernis zugunsten sowohl des britischen als auch des schottischen Parlaments in paras. 1 und 2 Schedule 7 zum Scotland Act 1998. Hinsichtlich der nordirischen Devolution besitzt die britische Regierung nochmals extensivere Einwirkungsrechte auf den regionalen Wirkungskreis. Diese beziehen sich vor allem auf den politisch sensiblen Bereich der ‚reserved matters'. Gemäß sec. 8(b) Northern Ireland Act 1998 bedürfen regionale Legislativakte auf diesen von Schedule 3 erfaßten Politikfeldern der Zustimmung des zuständigen Secretary of State. Ebenfalls nur mit der Zustimmung sowohl des britischen Parlaments als auch der regionalen Volksvertretung – in Nordirland allerdings mit dem zusätzlichen Erfordernis einer doppelten nordirischen Mehrheit im Sinne des ‚cross-community support' – kann der Nordirlandminister zudem gemäß sec. 4(2), (3) und (4) Northern Ireland Act 1998 die Grenzen zwischen den Kategorien der ‚reserved matters' und der ‚transferred matters' verschieben und damit den Kompetenzbestand der Regionalinstitutionen nachhaltig modifizieren. Das wohl bedeutsamste Instrument unilateraler Einflußnahme, welches der britischen Regierung in bezug auf Nordirland zu Gebote steht, liegt jedoch in ihrer Befugnissen zur Suspendierung und zur Restaurierung der nordirischen Devolution gemäß den sec. 4 und 2 des Northern Ireland Act 2000.

---

786 Siehe sec. 22(4) Government of Wales Act 1998.
787 Siehe Scotland Act 1998 (Modifications of Schedules 4 and 5) Order 1999 (SI 1999/1749); Scotland Act 1998 (Modifications of Schedule 4) Order 2000 (SI 2000/1831).

Im Bereich der Gesetzgebung zeigen sich zudem weitere Instrumente zentralstaatlicher Einflußnahme auf den regionalen Wirkungskreis. Wie in Deutschland berührt die Rechtsetzung im Rahmen der Europäischen Gemeinschaften, an der sich das Vereinigte Königreich durch seine Vertretung im Ministerrat beteiligt, zum Teil nachhaltig die politische Gestaltungsfreiheit auf den Gebieten regionaler Zuständigkeiten. Darüber hinaus verankern die Devolutionsgesetze eine Reihe weiterer Ingerenzrechte der britischen Zentralregierung hinsichtlich der regionalen Ausübung von Rechtsetzungsfunktionen. Schottische Gesetzesvorlagen werden gemäß den sec. 28(2) und 32(1) Scotland Act 1998 nach ihrer Verabschiedung durch das schottische Parlament von seinem Presiding Officer der Monarchin zur Erteilung des Royal Assent vorgelegt. Jedoch ermächtigt sec. 35 Scotland Act 1998 den zuständigen Secretary of State zum Verbot einer solchen Vorlage innerhalb einer vierwöchigen Frist, wenn er auf der Basis vernünftiger Gründe die Völkerrechtskonformität der betreffenden Gesetzesvorlage bezweifelt, einen Widerspruch zu Interessen der Verteidigung oder nationalen Sicherheit erkennt oder Modifikationen des Rechts in ‚reserved matters' für nachteilig hinsichtlich der Funktionsfähigkeit dieser Rechtsgebiete befindet.[788] Die nordirische Devolutionsordnung verleiht dem Secretary of State hinsichtlich der regionalen Gesetzgebung eine noch aktivere Rolle, indem sec. 14(1) Northern Ireland Act 1998 die Befugnis zur Vorlage für den Royal Assent direkt dem Zuständigkeitsbestand des Nordirlandministers zuweist. Die konkrete Ausübung dieser Vorlagefunktion kann er gemäß sec. 14(5) Northern Ireland Act 1998 ablehnen, wenn die betreffende nordirische Gesetzesvorlage seiner Einschätzung nach internationalen Verpflichtungen des Vereinigten Königreichs, Interessen der Verteidigung, der nationalen Sicherheit oder der öffentlichen Sicherheit und Ordnung widerspricht oder nachteilige Auswirkungen auf den britischen Binnenmarkt für Waren oder Dienstleistungen hat.[789] Neben diesen Befugnissen einer spezifischen Fachaufsicht verleihen die Devolutionsgesetze für Schottland und Nordirland der britischen Regierung auch wichtige Kompetenzen der Rechtsaufsicht und Ersatzvornahme gegenüber der legislativen Tätigkeit der Regionalorgane. So wird der jeweils zuständige Secretary of State[790] durch sec. 107 i.V.m. sec. 113, 114 Scotland Act 1998 und sec. 80 Northern Ireland Act 1998 ermächtigt, tatsächliche oder auch nur mögliche Kompetenzüberschreitungen der regionalen Legislativen in Schottland und Nordirland durch den Erlaß zentralstaatlicher Sekundärgesetzgebung zu korrigieren, wenn er dies für not-

---

788 Vgl. dazu *Himsworth/Munro*, The Scotland Act 1998, S. 48 ff.; *Page/Reid/Ross*, Guide to the Scotland Act 1998, S. 57 f.; *Burrows*, Devolution, S. 74.
789 *Hadfield*, Nature of Devolution in Scotland and Northern Ireland, S. 27; *Burrows*, Devolution, S. 74 f.
790 Entgegen den Ausführungen von *Schwab*, Devolution, S. 101 und 276, ermächtigt sec. 107 Scotland Act 1998 wohl nicht schottische Regierungsmitglieder, sondern – wie aus sec. 112(1) Scotland Act 1998 hervorgeht – britische Minister zur Korrektur regionaler Kompetenzüberschreitungen im Wege der ‚subordinate legislation'; vgl. dazu *Craig*, Administrative Law, S. 212 f.

wendig oder angebracht hält.[791] Eine gerichtliche Feststellung der fraglichen Kompetenzverletzung bildet dabei keine notwendige gesetzliche Voraussetzung für den Gebrauch dieser Ermächtigungsnormen. Es wird jedoch davon ausgegangen, daß ohne ein solches Judikat in der Regel eine Abstimmung mit der regionalen Exekutive erforderlich wäre.[792] Der Einfluß der britischen Regierung auf das Legislativhandeln der Regionalinstitutionen in Wales manifestiert sich bereits in der Befugnis des Walesministers gemäß sec. 76 Government of Wales Act 1998, den Sitzungen der Nationalversammlung beizuwohnen und an ihnen – allerdings ohne Stimmrecht – teilzunehmen.

Die drei Devolutionsgesetze verleihen der britischen Zentralregierung zudem wichtige Aufsichts- und Weisungsbefugnisse hinsichtlich regionalen Exekutivhandelns einschließlich der Sekundärgesetzgebung durch Regionalinstitutionen, welche in Wales die gesamte legislative Tätigkeit der regionalen Volksvertretung ausmacht. So wird der zuständige Secretary of State ermächtigt, die Vornahme oder das Unterlassen von Exekutivhandlungen der schottischen und nordirischen Regierungen sowie des National Assembly for Wales – einschließlich des Erlasses sekundärer Gesetzgebung – anzuordnen, wenn er dies auf der Basis vernünftiger Gründe zur Erfüllung völkerrechtlicher Verpflichtungen des Vereinigten Königreichs – im Falle Nordirlands auch zum Schutze von Interessen der Verteidigung, der nationalen Sicherheit sowie der öffentlichen Sicherheit und Ordnung – für erforderlich erachtet.[793] Sekundärgesetzgebung der schottischen und nordirischen Exekutiven kann des weiteren von seiten der britischen Regierung unilateral aufgehoben werden, wenn sie nach Einschätzung des jeweils zuständigen Secretary of State völkerrechtlichen Verpflichtungen, nationalen Sicherheits- und Verteidigungsinteressen oder – nur im Falle Nordirlands – Interessen der öffentlichen Sicherheit und Ordnung widerspricht; diese zentralstaatliche Kassationsbefugnis erstreckt sich für Schottland zudem auf nachteilige Auswirkungen auf das gesamtbritische Recht in vorbehaltenen Angelegenheiten, für Nordirland zusätzlich auf Beeinträchtigungen des britischen Binnenmarktes für Waren und Dienstleistungen und für Sekundärgesetzgebung der Nationalversammlung für Wales lediglich auf Fälle der Kollision mit internationalen Verbindlichkeiten des Vereinigten Königreichs, wobei entgegen der ursprünglich geplanten Fassung des walisischen Devolutionsgesetzes Verpflichtungen aus dem europäischen Gemeinschaftsrecht und der Europäischen Menschenrechtskonvention ausdrücklich nicht erfaßt werden.[794] Die Zuständigkeiten

---

791 Vgl. dazu *Hadfield*, Foundations of Review, S. 208 f.; *Himsworth/Munro*, The Scotland Act 1998, S. 132 f.; *Page/Reid/Ross*, Guide to the Scotland Act 1998, S. 152 f., 164 f.
792 *Hadfield*, Foundations of Review, S. 209; *Himsworth/Munro*, The Scotland Act 1998, S. 133.
793 Sec. 58(1) und (2) Scotland Act 1998; sec. 26(1) und (2) Northern Ireland Act 1998; sec. 108(1) und (2) Government of Wales Act 1998. Vgl. *Burrows*, Unfinished Business, S. 254 f.
794 Sec. 58(4) Scotland Act 1998; sec. 26(4) Northern Ireland Act 1998; sec. 108(4) und (6) Government of Wales Act 1998. Zu letzterer Vorschrift vgl. *Patchett*, The New Welsh Constitution, S. 249.

der britischen Regierung zur Rechtsaufsicht und Ersatzvornahme gegenüber den Regionalorganen in Schottland und Nordirland gemäß den sec. 107 i.V.m. sec. 113, 114 Scotland Act 1998 und sec. 80 Northern Ireland Act 1998 erstrecken sich zudem auch auf regionales Exekutivhandeln und beziehen sich nicht nur auf Kompetenzüberschreitungen, sondern bereits auf solche regionale Maßnahmen, die tatsächlich oder möglicherweise keine „proper exercise" devolvierter Zuständigkeiten darstellen.[795] Damit wird die Grenze zwischen Rechts- und Fachaufsicht aufgehoben und der britischen Zentralregierung ein wirksames Instrument zur Einwirkung auf die regionale Handlungssphäre zur Verfügung gestellt.

Weitere Einwirkungsbefugnisse der zentralstaatlichen Regierung auf den regionalen Wirkungskreis weist die britische Devolutionsordnung dort auf, wo britische Primärgesetzgebung von regionalen Organen vollzogen wird. Diese Situation entsteht vor allem bei der Übertragung zusätzlicher Verwaltungszuständigkeiten an die schottische Exekutive gemäß sec. 63 Scotland Act 1998[796] und bei der exekutiven Devolution an das National Assembly for Wales gemäß den sec. 21 und 22 Government of Wales Act 1998[797]. Die in diesen Bestimmungen enthaltene Befugnis der britischen Regierung zur Erweiterung des regionalen Kompetenzbestandes stellt sich bereits *per se* als Einflußrecht des Zentralstaates auf die regionale Handlungssphäre dar. Der Transfer von Vollzugsfunktionen an die Regionalorgane durch britische Minister kann jedoch in beiden Fällen mit verschiedenen zusätzlichen Mechanismen der Systemverflechtung verbunden werden: Exekutivbefugnisse – einschließlich der Zuständigkeiten zur sekundären Normsetzung – können für die alleinige Ausübung durch die Regionalinstitutionen, für die parallele Ausführung mit der britischen Regierung oder für die Ausübung durch britische Minister mit Zustimmung oder nach Konsultation der Regionalinstitutionen bestimmt werden.[798] Entsprechende Regelungen wurden in den einschlägigen Transfer of Functions Orders vorgenommen. Damit entsteht ein dem deutschen Gefüge von Landeseigenverwaltung und Bundesauftragsverwaltung im Ansatz vergleichbares System gestufter Ingerenzrechte der Zentralebene hinsichtlich des regionalen Vollzugs zentralstaatlicher Gesetzgebung, wobei die letztgenannte Ausgestaltungsmodalität auch die Einrichtung eines gegenläufigen Mechanismus regionaler Einflußnahme auf zentralstaatliche Verwaltungskompetenzen ermöglicht.

Im Bereich der auswärtigen Gewalt werden die Regionalinstitutionen in Schottland, Nordirland und Wales beinahe gänzlich von der britischen Zentralregierung dominiert. Ihre nur in den entsprechenden Konkordaten zu internationalen Beziehungen und zur Europapolitik anerkannten Befugnisse zur Unterhaltung informeller Kontakte nach Brüssel und zu anderen Staaten,

---

795 Vgl. dazu *Himsworth/Munro*, The Scotland Act 1998, S. 132 f.; *Page/Reid/Ross*, Guide to the Scotland Act 1998, S. 152 f., 164 f.
796 Siehe dazu supra Kapitel 5 § 1 C. III. 1.
797 Siehe dazu supra Kapitel 5 § 1 B. III. 2.
798 Sec. 63(1) Scotland Act 1998; sec. 22(1) Government of Wales Act 1998.

Regionen und internationalen Organisationen stehen unter der direkten und umfassenden Kontrolle durch die britische Zentralregierung.[799] Hinsichtlich der nationalen Umsetzung gemeinschaftsrechtlicher Richtlinien in übertragenen Politikbereichen sehen die Devolutionsgesetze die Devolutionsregionen als die vorrangige Handlungsebene an, bewahren jedoch die Befugnis zur innerstaatlichen Transformation gemäß sec. 2(2) European Communities Act 1972 zugleich auch für die zentralstaatliche Exekutive,[800] die somit ein weiteres, mit der fortschreitenden Integration in seiner Bedeutung stetig wachsendes Instrument zur Einwirkung auf den regionalen Wirkungskreis erhält.

Neben diesen unilateralen Einwirkungsrechten auf die regionale Funktionsausübung in den Bereichen der Normsetzung und des Gesetzesvollzugs sichert auch die Finanzordnung der britischen Devolution dem britischen Zentralstaat weitreichenden Einfluß auf die regionale Staatstätigkeit.[801] So unterliegt nicht nur das System der Zuweisung jährlicher Finanzblöcke an die Devolutionsregionen dem lediglich durch die Budgetrechte des Parlaments kontrollierten Ermessen der britischen Zentralregierung, sondern wirken sich unter der Geltung der Barnett-Formel auch zentralstaatliche Entscheidungen über die Allokation von Finanzmitteln für England auf die Finanzausstattung Schottlands, Nordirlands und Wales' aus, obgleich die dahinterstehenden politischen Präferenzen zwischen den verschiedenen staatlichen Ebenen divergieren mögen.

Wie die deutsche bundesstaatliche Ordnung gewährt auch das britische Devolutionssystem der zentralstaatlichen Ebene schließlich eine Möglichkeit zur mittelbaren Einwirkung auf den regionalen Wirkungskreis im Wege der gerichtlichen Kontrolle der Rechtmäßigkeit regionaler Staatstätigkeit. Zu diesem Zweck sehen die Devolutionsgesetze insbesondere ein komplexes Netz gerichtlicher Verfahren der präventiven und repressiven Normenkontrolle[802] durch die ordentliche Gerichtsbarkeit vor, an dessen Spitze das Judicial Committee of the Privy Council steht, und statten die Law Officers der zentralstaatlichen Regierung mit Antragsberechtigungen in diesen Verfahren zur Überprüfung der kompetenzrechtlichen Zulässigkeit regionaler Gesetzgebungsakte aus.[803] Hinsichtlich schottischer Gesetze stehen diese Initiativrechte zwei britischen Regierungsmitgliedern, dem Attorney General for Eng-

---

799 Vgl. Concordat on the Co-ordination of European Policy Issues, in: Memorandum of Understanding and Supplementary Agreements, para. B 4.27; Concordat on International Relations, in: Memorandum of Understanding and Supplementary Agreements, para. D 4.7. Siehe dazu supra Kapitel 5 § 1 E. II.
800 Sec. 57(1) Scotland Act 1998; para. 5 Schedule 3 zum Government of Wales Act 1998. Zu Nordirland siehe supra Fn. 508 mit Text.
801 Siehe dazu supra Kapitel 5 § 1 F. II.
802 Für einen rechtsvergleichenden Überblick über die Institute der präventiven und der repressiven Normenkontrolle vgl. *Weber, Albrecht*, Generalbericht: Verfassungsgerichtsbarkeit in Westeuropa, in: Starck, Christian/Weber, Albrecht (Hrsg.), Verfassungsgerichtsbarkeit in Westeuropa, Band I, Baden-Baden 1986, S. 41, 64 ff.
803 Zu diesem Verfahren, dem weiteren Kreis der Klageberechtigten und anderen Verfahren zur Überprüfung von ,devolution issues' siehe infra Kapitel 6 § 3 B. II.

land and Wales und dem Advocate General for Scotland, zu.[804] Beide Minister sind befugt, innerhalb einer vierwöchigen Frist von der Gesetzesverabschiedung im schottischen Parlament bis zur Vorlage zum Royal Assent von ihrer Antragsbefugnis Gebrauch zu machen[805] oder auch bereits in Kraft getretene schottische Gesetze zur kompetenzrechtlichen Überprüfung dem Judicial Committee vorzulegen.[806] Diesen Antragsberechtigungen entsprechen die Initiativbefugnisse des Attorney General for Northern Ireland hinsichtlich nordirischer Gesetze,[807] dessen Kompetenzen jedoch mangels Einrichtung eines eigenständigen Regierungsamtes ebenfalls vom Attorney General for England und Wales wahrgenommen werden.[808] Auch die Sekundärgesetzgebung des National Assembly for Wales kann den Gegenstand sowohl präventiver als auch repressiver Normenkontrollen durch das Judicial Committee of the Privy Council auf Initiative des Attorney General for England and Wales bilden.[809] Im Rahmen eines überaus komplexen Gesamtgefüges judikativer Kontrolle der Regionalinstitutionen[810] verleihen die Devolutionsgesetze somit britischen Regierungsmitgliedern bedeutsame Antragsberechtigungen und damit wichtige Befugnisse zur mittelbaren Einwirkung auf den regionalen Wirkungskreis.

## II. Unilaterale Einwirkungen der Regionen auf den Zentralstaat

Mechanismen der unilateralen Einflußnahme einer staatlichen Ebene auf die Handlungssphäre der anderen kennen das deutsche und das britische regionalisierte Staatsgefüge nicht nur in der Form zentralstaatlicher Einwirkung auf die regionalen Glieder, sondern auch in der entgegengesetzten Richtung direktiver Koordination. Diese Elemente direktiver Einflußnahme der Regionen auf zentralstaatliches Staatshandeln institutionalisieren die verfassungspolitische Einsicht der Notwendigkeit der Berücksichtigung regionaler Interessen in verschiedensten Bereichen zentralstaatlicher Kompetenzausübung.

---

804   Das Amt des Advocate General for Scotland wurde erst durch sec. 87 Scotland Act 1998 geschaffen.
805   Siehe sec. 33 Scotland Act 1998. Vgl. *Burrows*, Devolution, S. 158 f.; *Page/Reid/Ross*, Guide to the Scotland Act 1998, S. 56 f.; *Craig/Walters*, The Courts, Devolution and Judicial Review, S. 285 f.
806   Siehe para. 34 Schedule 6 zum Scotland Act 1998. Vgl. *Page/Reid/Ross*, Guide to the Scotland Act 1998, S. 160 f.; *Craig/Walters*, The Courts, Devolution and Judicial Review, S. 286.
807   Siehe die entsprechenden Regelungen in sec. 11 und para. 34 Schedule 10 zum Northern Ireland Act 1998.
808   *Burrows*, Devolution, S. 160 f.
809   Siehe para. 31 Schedule 8 zum Government of Wales Act 1998. Vgl. *Craig/Walters*, The Courts, Devolution and Judicial Review, S. 278.
810   Siehe eingehend dazu infra Kapitel 6 § 3 B. II.

## 1. Mechanismen regionaler Einwirkung in Deutschland

Wie die Ingerenzrechte des Bundes gegenüber den Bundesländern finden sich Befugnisse zur unilateralen Einwirkung der Länder auf die zentralstaatliche Tätigkeitssphäre in einer ganzen Reihe von grundgesetzlichen Vorschriften verstreut. Eine kleinere Anzahl derartiger Bestimmungen verleiht allen oder einzelnen deutschen Bundesländern unmittelbar Rechte zur Einflußnahme auf Entscheidungen auf der Bundesebene.[811] So wirken die Länder etwa gemäß Art. 54 Abs. 3 und 95 Abs. 2 GG an den Verfahren zur Wahl des Bundespräsidenten und der Bundesrichter mit. Auch die Anhörungsrechte betroffener Bundesländer in Fragen der Neugliederung des Bundesgebietes gemäß Art. 29 Abs. 2 Satz 2 GG und bei völkerrechtlichen Verträgen, welche die besonderen Verhältnisse eines Landes berühren, gemäß Art. 32 Abs. 2 GG müssen als spezifische Ingerenzbefugnisse regionaler Glieder auf die zentralstaatliche Ebene qualifiziert werden.[812] Das trotz seines Mangels an direkter verfassungsrechtlicher Verankerung für die bundesstaatliche Praxis äußerst bedeutsame Erfordernis einstimmiger Länderzustimmung beim Abschluß völkerrechtlicher Verträge auf Gebieten ausschließlicher Länderkompetenzen durch den Bund aus dem Lindauer Abkommen verleiht den Bundesländern einen unmittelbaren Einwirkungsmechanismus auf das auswärtige Handeln des Zentralstaates.[813] Einen ebenso unmittelbar den einzelnen Ländern zugeordneten – jedoch in seiner Wirkung vergleichsweise indirekten – Mechanismus unilateraler Einflußnahme stellen ihre Befugnisse zur Anrufung des Bundesverfassungsgerichts dar. Während die Antragsbefugnis der Länder im Verfahren des Bund-Länder-Streits nach Art. 93 Abs. 1 Nr. 3 GG von der Möglichkeit einer Verletzung oder unmittelbaren Gefährdung der eigenen Verfassungsrechtspositionen abhängig bleibt, stehen ihnen mit der allgemeinen abstrakten Normenkontrolle nach Art. 93 Abs. 2 Nr. 2 GG und der besonderen abstrakten Normenkontrolle des Art. 93 Abs. 1 Nr. 2a GG, welche zum Zwecke der Überprüfung der Voraussetzungen des Art. 72 Abs. 2 GG im Jahre 1994 in das Grundgesetz eingefügt wurde, zwei von ihrer eigenen Rechtsstellung unabhängige Zugangsmöglichkeiten zu einer gerichtlichen Verfassungsmäßigkeitskontrolle zentralstaatlichen Handelns offen.

Dagegen ordnet das deutsche Grundgesetz den Großteil der Einwirkungsbefugnisse der deutschen Bundesländer gegenüber dem Zentralstaat diesen nicht unmittelbar und einzeln zu, sondern bündelt sie im Bundesrat als einem Gremium instruierter Vertreter[814] der Landesregierungen, das zwar

---

811 Vgl. zum Folgenden und zu weiteren Elementen unmittelbarer Ingerenz der Länder gegenüber dem Bund *Herzog, Roman*, Stellung des Bundesrates im demokratischen Bundesstaat, in: Isensee, Josef/Kirchhof, Paul (Hrsg.), Handbuch des Staatsrechts der Bundesrepublik Deutschland, Band II, 2. Auflage, Heidelberg 1998, § 44, Rz. 11; *Stern*, Staatsrecht I, S. 746f.; *Robbers, Gerhard*, Art. 50 GG, in: Sachs, Rz. 18.
812 *Rudolf*, Kooperation im Bundesstaat, Rz. 22.
813 Siehe dazu supra Kapitel 5 § 1 E. I.
814 So *Hesse*, Grundzüge des Verfassungsrechts, Rz. 613.

verfassungsrechtlich ein Organ des Bundes darstellt,[815] jedoch der Sache nach vor allem als Institutionalisierung regionaler Mitsprache und Einflußnahme bei der Ausübung der Zentralstaatsgewalt verstanden werden muß.[816] Diese materielle Grundfunktion des Bundesrates wird bereits aus Art. 50 GG deutlich, der in konkretisierungsbedürftiger Weise die Aufgaben des Bundesrates bestimmt: „Durch den Bundesrat wirken die Länder bei der Gesetzgebung und der Verwaltung des Bundes und in Angelegenheiten der Europäischen Union mit."[817] Mit der Verwirklichung des in der deutschen Verfassungstradition stehenden Ratsprinzips[818] zeigt die grundgesetzliche Regelung der Bundesratszusammensetzung in Art. 51 Abs. 1 GG sodann, daß der deutsche Bundesstaat nicht nur die Berücksichtigung allgemeiner regionaler Interessen bei der zentralstaatlichen Willensbildung zu garantieren sucht, sondern auch und gerade den spezifischen Interessen der Landesregierungen als Vertretern parlamentarischer Majoritäten in den gliedstaatlichen Volksvertretungen und als Köpfen der Landesverwaltungen einen institutionalisierten Einwirkungsmechanismus auf die zentralstaatliche Handlungsebene gewähren will. Ferner gilt es verfassungsrechtlich als beinahe unumstritten, daß der deutsche Bundesrat nicht auf die Verfolgung rein regionaler Interessen beschränkt bleibt und vom Grundgesetz – mangels gegenteiliger Anordnung – zugleich mit einem echten bundespolitischen Mandat ausgestattet wurde, so daß auch der praktisch zwangsläufige Einfluß von Parteipolitik auf die Entscheidungen des Bundesrates als verfassungsrechtlich legitime Dimension seiner Tätigkeit zu werten ist.[819] Die Bündelung der Ingerenzrechte der Länder gegenüber dem

---

815  BVerfGE 1, 299, 311; 8, 104, 120; *Robbers*, Art. 50 GG, in: Sachs, Rz. 6; *Bauer, Hartmut*, Art. 50 GG, in: Dreier, Art. 17; *Herzog*, Stellung des Bundesrates im demokratischen Bundesstaat, Rz. 2; *Maurer*, Staatsrecht I, § 16, Rz. 3; *Degenhart*, Staatsrecht I, Rz. 508; *Hebeler, Timo*, Verfassungsrechtliche Stellung und Funktion des Bundesrates, JA 2003, S. 522, 525.

816  *Herzog*, Stellung des Bundesrates im demokratischen Bundesstaat, Rz. 3, 11.

817  Vgl. *Herzog, Roman*, Aufgaben des Bundesrates, in: Isensee, Josef/Kirchhof, Paul (Hrsg.), Handbuch des Staatsrechts der Bundesrepublik Deutschland, Band II, 2. Auflage, Heidelberg 1998, § 45, Rz. 1 ff.; *Bauer*, Art. 50 GG, in: Dreier, Rz. 21 f.; *Maurer*, Staatsrecht I, § 16, Rz. 24.

818  Zur verfassungsrechtlichen Grundentscheidung für das Ratsprinzip und gegen das Senats-, das mittelbare Repräsentations- und das Enumerationsprinzip vgl. *Wyduckel, Dieter*, Der Bundesrat als Zweite Kammer, DÖV 1989, S. 181, 182; *Stern*, Staatsrecht I, S. 727 ff.; *Maurer*, Staatsrecht I, § 16, Rz. 29 ff.; *Hebeler*, Verfassungsrechtliche Stellung und Funktion des Bundesrates, S. 526; *Sachs, Michael*, Das parlamentarische Regierungssystem und der Bundesrat – Entwicklungsstand und Reformbedarf, in: Vereinigung der deutschen Staatsrechtslehrer (Hrsg.), Veröffentlichungen der Vereinigung der deutschen Staatsrechtslehrer: Das parlamentarische Regierungssystem und der Bundesrat – Entwicklungsstand und Reformbedarf (Heft 58, 1998), Berlin/New York 1999, S. 39, 49 ff.

819  Vgl. dazu *Herzog*, Stellung des Bundesrates im demokratischen Bundesstaat, Rz. 16 ff.; *Wyduckel*, Der Bundesrat als Zweite Kammer, S. 190 f.; *Bauer*, Art. 50 GG, in: Dreier, Rz. 19; *Klein, Hans H.*, Der Bundesrat im Regierungssystem der Bundesrepublik Deutschland, ZG 17 (2002), S. 297, 307 ff.; *Stern*, Staatsrecht I, S. 744 ff.; *Posser, Diether*, Der Bundesrat und seine Bedeutung, in: Benda, Ernst/Maihofer, Werner/Vogel, Hans-Jochen (Hrsg.), Handbuch des Verfassungsrechts der Bundesrepublik Deutschland,

Bund im Bundesrat geht mit einer Schwächung der Position des einzelnen Gliedstaates einher. Während das Grundgesetz grundsätzlich von der Statusgleichheit der mit Staatsqualität ausgestatteten Bundesstaatsglieder ausgeht, entscheidet der Bundesrat gemäß Art. 51 Abs. 2 und 3 sowie Art. 52 Abs. 3 Satz 1 GG nicht nach dem Einstimmigkeits-, sondern nach dem Mehrheitsprinzip, wobei die einheitlich abzugebenden Stimmen der einzelnen Bundesländer nach pauschalisierten Einwohnerzahlenverhältnissen gewichtet sind.[820] Die unilaterale Einflußnahme der Länder auf die Handlungssphäre des Zentralstaats erfolgt im deutschen Bundesstaat daher im wesentlichen nach dem Grundschema einer durch den Bundesrat mit seinen Zusammensetzungs- und Verfahrensregelungen mediatisierten – und damit in diesem Sinne mittelbaren – Mitwirkung der Länder auf die Bundespolitik.

Die Aufgaben des Bundesrates, welche das Grundgesetz strenggenommen als Mitwirkungsbefugnisse bei der Funktionsausübung anderer Staatsorgane konzipiert, ergeben sich nicht aus der Generalklausel des Art. 50 GG, sondern aus einer großen Anzahl besonderer Kompetenzzuweisungen, die den Bundesrat in fast allen Bereichen zentralstaatlichen Handelns mit bedeutsamen, primär kontrollierenden, korrigierenden und koordinierenden Funktionen ausstatten.[821] Besonders stark ausgeprägt sind die Mitwirkungsrechte des Bundesrates auf dem Gebiet der Gesetzgebung des Bundes. So bedarf zunächst jedes verfassungsändernde Gesetz gemäß Art. 79 Abs. 2 GG der Zustimmung von zwei Dritteln seiner Stimmen, und verleiht Art. 81 GG dem Bundesrat entscheidende Legislativfunktionen im Gesetzgebungsnotstand. Auch im Bereich der ordentlichen Gesetzgebung erhalten die Länder über das föderative Organ wichtige Ingerenzbefugnisse. Neben dem Initiativrecht des Bundesrates gemäß Art. 76 Abs. 1 GG, seinem Recht zur Stellungnahme zu Gesetzesvorlagen der Bundesregierung aus Art. 76 Abs. 2 GG und seiner Befugnis gemäß Art. 77 Abs. 2 GG, gegen Gesetzesbeschlüsse des Bundestages den Vermittlungsausschuß anzurufen, besitzt der Bundesrat vor allem das Recht, gegen Einspruchsgesetze gemäß Art. 77 Abs. 3 GG Einspruch einzulegen und Zustimmungsgesetzen gemäß Art. 77 Abs. 2a und 78 GG seine Zustimmung zu erteilen oder zu verweigern. Obgleich – vornehmlich terminologisch – umstritten bleibt, ob der Bundesrat dadurch zu einer echten „Zweiten Kammer" eines einheitlichen Gesetzgebungsorgans erstarkt,[822] erlangt er

---

2. Auflage, Berlin/New York 1994, § 24, Rz. 108 ff.; *Hebeler*, Verfassungsrechtliche Stellung und Funktion des Bundesrates, S. 527 f.

820 Vgl. *Herzog, Roman*, Zusammensetzung und Verfahren des Bundesrates, in: Isensee, Josef/Kirchhof, Paul (Hrsg.), Handbuch des Staatsrechts der Bundesrepublik Deutschland, Band II, 2. Auflage, Heidelberg 1998, § 46, Rz. 1; *ders.*, Stellung des Bundesrates im föderativen Bundesstaat, Rz. 4 ff.; *Degenhart*, Staatsrecht I, Rz. 509; *Maurer*, Staatsrecht I, § 16, Rz. 7 f.

821 *Hesse*, Grundzüge des Verfassungsrechts, Rz. 615; *Herzog*, Aufgaben des Bundesrates, Rz. 1 ff.; *Katz*, Staatsrecht, Rz. 369; *Maurer*, Staatsrecht I, § 16, Rz. 24.

822 Vgl. dazu *Wyduckel*, Der Bundesrat als Zweite Kammer, S. 181 ff.; *Herzog*, Stellung des Bundesrates im demokratischen Bundesstaat, Rz. 29; *Stern*, Staatsrecht I, S. 743 f.; *Bauer*, Art. 50 GG, in: Dreier, Rz. 21; *Hebeler*, Verfassungsrechtliche Stellung und

unzweifelhaft einen äußerst mächtigen Stand im zentralstaatlichen Gesetzgebungsverfahren. Da ein Einspruch des Bundesrats lediglich suspensive Wirkung entfaltet, die vom Bundestag gemäß Art. 77 Abs. 4 und 78 GG mit der jeweils erforderlichen Mehrheit überwunden werden kann, die Verweigerung der Bundesratszustimmung hingegen als absolutes Veto das endgültige Scheitern der betreffenden Gesetzesvorlage nach sich zieht,[823] kommt der verfassungsrechtlichen Abgrenzung zwischen Einspruchs- und Zustimmungsgesetzen die maßgebliche Bedeutung für die Stärke der Stellung des Bundesrates im ordentlichen Legislativverfahren zu. Das Einspruchsgesetz stellt dabei den grundgesetzlichen Regelfall dar, so daß Gesetze nur in den ausdrücklich und abschließend im Grundgesetz aufgeführten Fällen der Zustimmung des Bundesrates bedürfen. Die Reihe der Zustimmungstatbestände wurde in der Vergangenheit durch Verfassungsänderungen kontinuierlich ausgebaut, und diese Entwicklung wird im Sinne einer ‚Kompensationsthese' häufig als Ausgleich für den stetig schrumpfenden eigenständigen Legislativkompetenzbestand der Länder gedeutet.[824] Die im Grundgesetz verstreute Aufzählung von Zustimmungserfordernissen[825] umfaßt neben den verfassungsändernden Gesetzen nach Art. 79 Abs. 2 GG vor allem solche zentralstaatlichen Legislativakte, welche in die Verwaltungshoheit der Länder eingreifen[826] oder den gliedstaatlichen Finanz- und Haushaltsbereich betreffen[827]. Mit einem bereits seit den 50er Jahren des 20. Jahrhunderts meist zwischen 50 und 60 Prozent liegenden Anteil an der Bundesgesetzgebung bildet das Zustimmungsgesetz den eigentlichen Regelfall der deutschen Verfassungspraxis.[828] Die normative Primärursache dieser zahlenmäßigen Dominanz liegt in Art. 84 Abs. 1 GG, dessen

---

Funktion des Bundesrates, S. 526. Ablehnend insbesondere BVerfGE 37, 363, 380 f.; *Pieroth, Bodo*, Art. 50 GG, in: Jarass/Pieroth, Rz. 3.

823 Eingehend dazu *Maurer*, Staatsrecht I, § 17, Rz. 69; *Stettner, Rupert*, Art. 77 GG, in: Dreier, Rz. 10 ff.; *Degenhart*, Staatsrecht I, Rz. 678 ff.; *Katz*, Staatsrecht, Rz. 435; *Ipsen*, Staatsrecht I, Rz. 285.

824 *Böckenförde, Ernst-Wolfgang*, Sozialer Bundesstaat und parlamentarische Demokratie, in: Jekewitz, Jürgen/Melzer, Michael/Zeh, Wolfgang (Hrsg.), Politik als gelebte Verfassung – Aktuelle Probleme des modernen Verfassungsstaates, Festschrift für Friedrich Schäfer, Opladen 1980, S. 182, 184 f.; *Posser*, Der Bundesrat und seine Bedeutung, Rz. 15 f.; *Gramm, Christof*, Gewaltenverschiebung im Bundesstaat – Zu den Möglichkeiten und Grenzen der Verfassungsdogmatik, AöR 124 (1999), S. 212, 215 ff.; *Eicher, Hermann*, Der Machtverlust der Landesparlamente – Historischer Rückblick, Bestandsaufnahme, Reformansätze, Berlin 1988, S. 52 ff.; *Isensee*, Der Bundesstaat, S. 743 f.; *Klein*, Der Bundesrat im Regierungssystem, S. 303 f.; *Hebeler*, Verfassungsrechtliche Stellung und Funktion des Bundesrates, S. 524; *Maurer*, Staatsrecht I, § 17, Rz. 72.

825 Für ausführlichere Zusammenstellungen der grundgesetzlichen Zustimmungstatbestände vgl. *Stern*, Staatsrecht II, S. 145 f.; *Herzog*, Aufgaben des Bundesrates, Rz. 9 ff.; *Lücke, Jörg*, Art. 77 GG, in: Sachs, Rz. 13; *Stettner*, Art. 77 GG, in: Dreier, Rz. 12; *Degenhart*, Staatsrecht I, Rz. 513; *Maurer*, Staatsrecht I, § 17, Rz. 71.

826 Siehe insbesondere Art. 84 Abs. 1, 85 Abs. 1, 87 Abs. 3, 87c und 91a Abs. 2 GG.

827 Siehe insbesondere Art. 105 Abs. 3, 106 Abs. 3, 107 und 109 Abs. 3 GG.

828 Vgl. *Klein*, Der Bundesrat im Regierungssystem, S. 304, und die tabellarische Übersicht bei *Ipsen*, Staatsrecht I, Rz. 288, Fn. 10.

Zustimmungserfordernis mit dem Bestreben des Bundesgesetzgebers zusammentrifft, in vielen Fällen einheitliche organisatorische und verwaltungsverfahrensrechtliche Regelungen für den landeseigenen Vollzug von Bundesgesetzen zu erlassen.[829] Auch die bundesverfassungsgerichtliche Rechtsprechung hat indes zur quantitativen Vorherrschaft des Zustimmungsgesetzes gegenüber dem Einspruchsgesetz und damit zur Stärkung der Stellung des Bundesrates in der Bundesgesetzgebung beigetragen. Zwar bedürfen nach ihr Änderungsgesetze zu zustimmungsbedürftigen Gesetzen in der Regel[830] nur dann der Bundesratszustimmung, wenn sie ihrerseits zustimmungsbedürftige Regelungen enthalten oder wenn sie Vorschriften ändern, welche die Zustimmungsbedürftigkeit des bestehenden Gesetzes ausgelöst haben;[831] jedoch bewirkt nach der vom Bundesverfassungsgericht und der herrschenden Lehre vertretenen ‚Einheitsthese' bereits die Zustimmungsbedürftigkeit einer einzigen Vorschrift ein Zustimmungserfordernis für das gesamte Gesetz.[832] Diese verfassungskonkretisierende Deutung des Art. 77 Abs. 2a und 3 GG verleiht dem Bundesrat weitreichende absolute Vetobefugnisse auch hinsichtlich der Gesamtheit solcher Gesetze, die in nur unwesentlichen Details oder in zwischen Bund und Ländern unumstrittener Art und Weise die Belange der Länder berühren.

Wie bereits Art. 50 GG andeutet, reichen die Funktionen des Bundesrates weit über den Bereich der Gesetzgebung hinaus, so daß den deutschen Bundesländern über das föderative Bundesorgan auch auf anderen Feldern der zentralstaatlichen Hoheitstätigkeit wichtige Ingerenzbefugnisse eingeräumt werden. Neben einer Reihe von Kontrollrechten gegenüber der Bundesregierung,[833] der Befugnis zur Wahl der Hälfte der Bundesverfassungsrichter[834], dem Zustimmungserfordernis zu solchen völkerrechtlichen Verträgen des Bundes, die als innerstaatliches Gesetz der Bundesratszustimmung bedürfen,[835] und selbständigen Klagerechten vor dem Bundesverfassungsgericht[836]

---

829  *Herzog*, Aufgaben des Bundesrates, Rz. 12; *Wyduckel*, Der Bundesrat als Zweite Kammer, S. 186; *Lücke*, Art. 77 GG, in: Dreier, Rz. 15; *Stettner*, Art. 77 GG, in: Dreier, Rz. 12.
830  Eine Ausnahme zu diesem Grundsatz nimmt das Bundesverfassungsgericht dort an, wo nicht ausdrücklich geänderte, zustimmungsbedürftige Vorschriften dennoch in ihrer Bedeutung und Tragweite wesentlich betroffen sind; BVerfGE 37, 363, 383. Vgl. dazu *Stern*, Staatsrecht II, S. 147.
831  BVerfGE 37, 363, 383.
832  BVerfGE 8, 274, 294f.; 37, 368, 379ff.; 55, 274, 319; *Stern*, Staatsrecht II, S. 145; *Herzog*, Aufgaben des Bundesrates, Rz. 15; *Pieroth, Bodo*, Art. 77 GG, in: Jarass/Pieroth, Rz. 4. Dagegen etwa *Maurer*, Staatsrecht I, § 17, Rz. 74; *Lücke*, Art. 77 GG, in: Sachs, Rz. 15; *Gramm*, Gewaltverschiebung im Bundesstaat, S. 224ff.
833  Dabei handelt es sich im wesentlichen um Informationsrechte insbesondere gemäß Art. 53 Satz 3 und 115f Abs. 2 GG, um das Interpellationsrecht gemäß Art. 53 Satz 1 GG, Befugnisse der Finanzkontrolle gemäß Art. 114 Abs. 3 Satz 2 GG und Interzessionsrechte für den Notstandsfall gemäß Art. 35 Abs. 3 Satz 2, 91 Abs. 2 Satz 2, 87a Abs. 4 Satz 2, 115l Abs. 1 Sätze 2 und 3 sowie 115l Abs. 2 Satz 2 GG; vgl. dazu *Herzog*, Aufgaben des Bundesrates, Rz. 35ff.
834  Art. 94 Abs. 1 Satz 2 GG.
835  Art. 59 Abs. 2 Satz 1 GG.
836  Siehe beispielsweise Art. 61 Abs. 1, 93 Abs. 1 Nr. 1 und 2a GG.

verfügt der Bundesrat vor allem über bedeutsame Befugnisse auf den Gebieten der Bundesexekutive[837] und der Angelegenheiten der Europäischen Union. In Fortführung seiner Mitwirkungspositionen im Rahmen der Gesetzgebung bedürfen gemäß Art. 80 Abs. 2 GG ein Großteil der Rechtsverordnungen des Bundes[838] sowie gemäß den Art. 84 Abs. 2, 85 Abs. 2 Satz 1 und 108 Abs. 7 GG alle Verwaltungsvorschriften des Bundes für den Landesvollzug von Bundesgesetzen der Zustimmung des Bundesrates.[839] Insbesondere auch an der Bundesaufsicht gegenüber der Landesverwaltung,[840] der Errichtung bundeseigener Mittel- und Unterbehörden[841] sowie den Maßnahmen des Bundeszwangs[842] und der Bundesintervention[843] ist der Bundesrat von Verfassung wegen mit erheblichen Mitwirkungsbefugnissen beteiligt.[844]

Einen in seiner Bedeutung durch zunehmende supranationale Integration stetig wachsender Bereich der durch den Bundesrat vermittelten Ländermitwirkung auf der Bundesebene stellt die nationale Willensbildung in Angelegenheiten der Europäischen Union dar. Die Neufassung des Art. 23 GG verleiht dem Bundesrat dabei ein die innerstaatliche Kompetenzverteilung spiegelndes und daher gestaffeltes Instrumentarium von Mitwirkungsbefugnissen, welches von der Pflicht der Bundesregierung zur Berücksichtigung des Bundesratsstandpunktes im Bereich von Bundesgesetzgebungszuständigkeiten gemäß Art. 23 Abs. 5 Satz 1 GG über die Verpflichtung aus Art. 23 Abs. 5 Satz 2 GG, die Auffassung des Bundesrates „maßgeblich zu berücksichtigen", wenn im Schwerpunkt Gesetzgebungskompetenzen, Behördenorganisation oder Verwaltungsverfahren der Länder betroffen sind, bis hin zum Recht des Bundesrates gemäß Art. 23 Abs. 6 Satz 1 GG reicht, bei im Schwerpunkt ausschließlichen Ländergesetzgebungsmaterien einen Ländervertreter zu benennen, der Deutschland im Ministerrat repräsentiert.[845] Auch diese kraftvollen Ingerenzbefugnisse können als Kompensation für die Hochzonung

---

837 Der Begriff der „Verwaltung" in Art. 50 GG muß insoweit als zu enge Formulierung gewertet werden; vgl. *Herzog*, Aufgaben des Bundesrates, Rz. 2; *Maurer*, Staatsrecht I, § 16, Rz. 26.
838 Eingehend dazu *Lücke, Jörg*, Art. 80 GG, in: Sachs, Rz. 33 ff.; *Bauer, Hartmut*, Art. 80 GG, in: Dreier, Rz. 44. Hinsichtlich solcher Rechtsverordnungen des Bundes, die der Zustimmung des Bundesrates bedürfen, steht ihm gemäß Art. 80 Abs. 3 GG auch ein Initiativrecht zu. Weitere Zustimmungserfordernisse für Rechtsverordnungen des Bundes statuieren die Art. 109 Abs. 4 Satz 3, 119 Satz 1, 129 Abs. 1 Satz 2 und 130 Abs. 1 Satz 2 GG.
839 Vgl. dazu *Herzog*, Aufgaben des Bundesrates, Rz. 23 f.; *Bauer*, Art. 50 GG, in: Dreier, Rz. 25; *Robbers*, Art. 50 GG, in: Sachs, Rz. 30, 32; *Posser*, Der Bundesrat und seine Bedeutung, Rz. 48 ff.; *Maurer*, Staatsrecht I, § 16, Rz. 26; *Hebeler*, Verfassungsrechtliche Stellung und Funktion des Bundesrates, S. 525.
840 Art. 84 Abs. 3 Satz 2, 84 Abs. 4 Satz 1 GG.
841 Art. 87 Abs. 3 GG.
842 Art. 37 Abs. 1 GG.
843 Art. 35 Abs. 3, 91 Abs. 2 GG.
844 Vgl. *Herzog*, Aufgaben des Bundesrates, Rz. 25; *Bauer*, Art. 50 GG, in: Dreier, Rz. 26; *Robbers*, Art. 50 GG, in: Sachs, Rz. 33; *Hesse*, Grundzüge des Verfassungsrechts, Rz. 623.
845 Siehe dazu supra Kapitel 5 § 1 E. I.

von originären Länderzuständigkeiten – diesmal auf die europäische Ebene – gewertet werden.

Insgesamt lassen sich die unilateralen Einwirkungsmöglichkeiten der deutschen Bundesländer auf die Handlungssphäre des Bundes – insbesondere aufgrund der umfangreichen und vielschichtigen Befugnisse des Bundesrates als föderativem Bundesorgan – als stark ausgeprägten Charakterzug des deutschen Bundesstaates begreifen. Zumindest faktisch kann darin zugleich ein Ausgleich zur weitgehenden Zentralisierung der Gesetzgebung und den nicht unwesentlichen Einflußnahmemöglichkeiten des Bundes auf die Länder erblickt werden. Der Unitarisierungstrend des deutschen Bundesstaates enthält somit in Gestalt der Bundesratsfunktionen stets auch ein wichtiges Element der föderativen Aufgliederung staatlicher Macht,[846] auch wenn die durch den Bundesrat mediatisierte gliedstaatliche Mitwirkung auf der Bundesebene niemals mit der eigenverantwortlichen Wahrnehmung politischer Leitungsfunktionen gleichgesetzt werden kann.[847] Jedoch bleibt festzuhalten, daß sich – wie die im wesentlichen funktionsorientierte Aufgabenteilung zwischen zentralstaatlicher Rechtsetzung und regionalem Gesetzesvollzug – auch die kraftvolle Stellung des Bundesrates im deutschen Verfassungsgefüge auf Länderebene primär in die Macht der Landesexekutiven übersetzt. Die Landtage als regionale Volksvertretungen sind dagegen – abgesehen von ihren Kontrollrechten gegenüber den Landesregierungen als notwendigen Bestandteilen parlamentarischer Regierungssysteme – vor allem auf ihre Gestaltungsmacht hinsichtlich der wenigen auf Landesebene verbleibenden Gesetzgebungsmaterien verwiesen und werden durch den Trend zum Exekutiv- beziehungsweise Beteiligungsföderalismus politisch in erheblichem Maße marginalisiert.[848]

## 2. Mechanismen regionaler Einwirkung im Vereinigten Königreich

Sieht der deutsche Bundesstaat somit ein vielschichtiges Instrumentarium von Ingerenzrechten der Länder gegenüber dem Bund vor, und ordnet er dabei die wichtigsten Einwirkungsbefugnisse nicht etwa den einzelnen Ländern direkt zu, sondern bündelt sie in einem föderativen Organ auf Bundesebene, so steht dieser Grundkonzeption auf britischer Seite nicht nur ein vergleichsweise bescheidener Bestand regionaler Einwirkungsbefugnisse auf die zentralstaat-

---

846 So bereits *Hesse*, Der unitarische Bundesstaat, S. 21 ff.
847 Vgl. *Isensee, Josef*, Der Föderalismus und der Verfassungsstaat der Gegenwart, AöR 115 (1990), S. 248, 257; *ders.*, Idee und Gestalt des Föderalismus, Rz. 304; *Lerche*, Aktuelle föderalistische Verfassungsfragen, S. 40 ff.; *Graf Vitzthum*, Bedeutung gliedstaatlichen Verfassungsrechts, S. 45 ff.; *Ossenbühl*, Föderalismus und Regionalismus in Europa, S. 132.
848 Vgl. *Calliess*, Justitiabilität des Art. 72 Abs. 2 GG, S. 890; *Gramm*, Gewaltenverschiebung im Bundesstaat, S. 217; *Eicher*, Der Machtverlust der Landesparlamente, insbesondere S. 52 ff., 76 ff.; *Isensee*, Der Bundesstaat, S. 743 f.; *Volkmann*, Bundesstaat in der Krise?, S. 618.

Kapitel 5: Kompetenzverteilung und Systemverflechtung

liche Handlungssphäre gegenüber, vielmehr fehlt es auch gänzlich an einer dem Bundesrat vergleichbaren Institutionalisierung von Regionalinteressen auf der zentralstaatlichen Ebene des Vereinigten Königreichs.

Auf dieser zentralstaatlichen Ebene finden sich zunächst eine Reihe staatsorganisatorischer Merkmale, welche die Berücksichtigung regionaler Interessen in der politischen Willensbildung zu fördern geeignet sind. So gewährleistet im House of Commons das relative Mehrheitswahlrecht eine direkte territoriale Zuordnung jedes Abgeordneten zu einem Wahlkreis.[849] Schottische, nordirische und walisische Unterhausmitglieder können daher nicht nur als Vertreter rein lokaler Interessen, sondern in ihrer jeweiligen Gesamtheit auch als regionale Stimmen im den Gesetzgebungsprozeß dominierenden Unterhaus verstanden werden. Diese Verfassungsdeutung wird zudem durch die territorialen Grand Committees und Select Committees mit ihrer besonderen Rolle in regionenspezifischen Gesetzgebungsverfahren und Debatten[850] parlamentsintern institutionalisiert. Sowohl die zahlenmäßige Dominanz englischer Unterhausmitglieder, welche durch die geplante Reduzierung des schottischen Kontingents weiter zunehmen wird,[851] als auch die Strenge des zentralistisch strukturierten britischen Parteiensystems lassen diese regionale Dimension des House of Commons in der politischen Praxis zentralstaatlicher Willensbildung jedoch deutlich in den Hintergrund treten.

Obgleich das House of Lords ähnlich dem Bundesrat als zweites Gremium neben der direkt gewählten Volksvertretung zur Mitwirkung im Gesetzgebungsverfahren berufen ist, bietet auch das Oberhaus keinen Kristallisationspunkt regionaler Einflußnahme auf die zentralstaatliche britische Handlungssphäre. Die Legislativfunktionen dieser zweiten Kammer der Crown in Parliament wurden durch die Parliament Acts 1911 und 1949 hinsichtlich der meisten Gesetze[852] auf ein Suspensivveto zurückgeschnitten, mit dem die Lords die Verabschiedung von Finanzgesetzen um einen Monat, die anderer Gesetze um bis zu einem Jahr verzögern können.[853] Während das House of Lords gelegentlich von dieser Suspensivbefugnis Gebrauch macht, bleibt die einseitige Überwindung der Oberhaus-Opposition gegen einen Legislativakt gemäß den Parliament Acts 1911 und 1949 in der Verfassungspraxis des Vereinigten Königreichs eine äußerst seltene Ausnahme.[854] Jedoch

---

849 Vgl. dazu *Turpin*, British Government, S. 534 ff.; *Hood Phillips/Jackson/Leopold*, Constitutional and Administrative Law, Rz. 10–058; *Bradley/Ewing*, Constitutional and Administrative Law, S. 165 f.; *Zippelius*, Allgemeine Staatslehre, S. 214 f.
850 Siehe dazu supra Kapitel 3 § 1 B. II. 3.
851 Siehe dazu supra Kapitel 3 § 1 B. III. 3.
852 Nicht erfaßt von den Parliament Acts 1911 und 1949 werden insbesondere Private und Local Bills und Gesetzesvorlagen zur Verlängerung der Legislaturperiode; siehe sec. 2(1) Parliament Act 1911.
853 Eingehend dazu *Hood Phillips/Jackson/Leopold*, Constitutional and Administrative Law, Rz. 8–034 ff.; *Bradley/Ewing*, Constitutional and Administrative Law, S. 191 ff.; *Helms*, Der parlamentarische Gesetzgebungsprozeß in Großbritannien, S. 415 f.
854 *Alder*, General Principles of Constitutional and Administrative Law, Rz. 12.3.4; *Bradley/Ewing*, Constitutional and Administrative Law, S. 197 f.

besitzt die mitgliedschaftliche Zusammensetzung des britischen Oberhauses keine regionale Komponente. Seit dem Life Peerage Act 1958 gehörten dem House of Lords der Erbadel, die 26 Bischöfe der Anglikanischen Kirche, die bis zu zwölf Personen starke Gruppe der Law Lords sowie die große Anzahl der von der Monarchin auf Vorschlag des Premiers auf Lebenszeit ernannten ‚life peers' an.[855] Seitdem die Labour-Regierung unter *Tony Blair* mit dem House of Lords Act 1999 die Reform des als undemokratisch empfundenen Oberhauses im Rahmen ihres umfassenden Projekts der Verfassungsmodernisierung in Gang gebracht und das geerbte Mitgliedschaftsrecht abgeschafft hat,[856] zeigen sich in der nachfolgenden politischen und wissenschaftlichen Debatte über weitere Schritte der Oberhausreform immer wieder Modernisierungskonzepte mit zumindest regionalen Dimensionen und damit Ansätze zu einer ‚Regionalisierung' des House of Lords.[857] So enthält etwa der im Januar 2000 veröffentlichte Bericht der im Februar 1999 eingesetzten königlichen Kommission unter dem Vorsitz von *Lord Wakeham* den Vorschlag, die Mehrzahl der Mitglieder eines reformierten Oberhauses durch eine unabhängige ‚Appointments Commission' ernennen, einen kleineren Anteil[858] aber in direkten Wahlen als Vertreter der Regionen und Nationen bestimmen zu lassen.[859] Dabei wird die Entsendung von Abgeordneten durch die bestehenden Regionalinstitutionen und damit das im deutschen Bundesrat verwirklichte Ratsprinzip ausdrücklich abgelehnt.[860] Die zumindest teilweise Besetzung des Oberhauses durch regionale Mitglieder würde einen deutlichen Schritt in Richtung einer Institutionalisierung regionaler Interessenvertretung auf der zentralstaatlichen Ebene des Vereinigten Königreichs darstellen. Nachdem

---

855  Vgl. dazu *Barnett*, Constitutional & Administrative Law, S. 520 ff.; *Bradley/Ewing*, Constitutional and Administrative Law, S. 172 ff.; *Hood Phillips/Jackson/Leopold*, Constitutional and Administrative Law, Rz. 9–007 ff.
856  Einer Restgruppe von 92 ‚hereditary peers' behalten jedoch gemäß sec. 2 House of Lords Act 1999 ihre Mitgliedschaftsrechte auf Lebenszeit.
857  Zur Reformdebatte seit 1997 vgl. *Phillipson, Gavin*, „The greatest quango of them all", „a rival chamber" or „a hybrid nonsense"? Solving the Second Chamber Paradox, PL 2004, S. 352, 352 ff.; *Loveland*, Constitutional Law, S. 179 ff.; *Oliver*, Constitutional Reform in the UK, S. 188 ff.; *Forman*, Constitutional Change, S. 210 ff.; *Barnett*, Constitutional & Administrative Law, S. 545 ff.; *Lyon*, Constitutional History, S. 394 ff. Die Forderung nach einer dem Bundesrat vergleichbaren Vertretung der Regionen in einem reformierten House of Lords erhebt beispielsweise *Bogdanor*, Devolution in the UK, S. 285; a. A. *Oliver*, Constitutional Reform in the UK, S. 292.
858  Drei Alternativmodelle mit einem Anteil gewählter Oberhausmitglieder von 12, 16 und 35 Prozent werden im Wakeham Report angeboten.
859  Siehe *Royal Commission on the Reform of the House of Lords*, A House for the Future (Wakeham Report), Cmnd. 4534, HMSO, London 2000, paras. 6.1 ff. und 12.22 ff. Vgl. zu diesen Vorschlägen *Shell, Donald*, Reforming the House of Lords: the Report and overseas comparisons, PL 2000, S. 193, 194 ff.; *Oliver*, Constitutional Reform in the UK, S. 193 ff.; *Loveland*, Constitutional Law, S. 183 ff.; *Schwab*, Devolution, S. 213 ff.; *Lodge, Guy/Russell, Meg/Gay, Oonagh*, The Impact of Devolution on Westminster, in: *Trench, Alan* (Hrsg.), Has Devolution Made a Difference – The State of the Nations 2004, Exeter 2004, S. 193, 208 f.
860  Wakeham Report, para. 6.26 mit Empfehlung 31.

Politik und Wissenschaft vor allem mit Forderungen nach einem höheren Anteil direkt gewählter Oberhausmitglieder auf den Kommissionsbericht reagiert haben, verstärkt sich in der Labour-Regierung der Widerstand gegen derartige demokratische Elemente einer Oberhausmodernisierung.[861] Diese Bedenken beruhen wohl insbesondere auf der erwarteten Schwächung des Hegemonialanspruchs des House of Commons innerhalb der Crown in Parliament als notwendige Folge einer legitimatorischen Aufwertung des House of Lords.[862] Das neuste Konsultationspapier der Regierung unter Premierminister *Tony Blair*, welches im September 2003 veröffentlicht wurde, sieht schließlich gar keine direkte Wahl von Oberhausmitgliedern mehr vor. Statt dessen soll eine unabhängige Appointment Commission auf gesetzlicher Grundlage die Ernennung neuer Mitglieder des House of Lords kontrollieren, wobei 80 Prozent der Abgeordneten als Vertreter – und auf Vorschlag – ihrer Parteien ernannt und 20 Prozent als unabhängige Mitglieder von der Appointment Commission selbst ausgesucht werden sollen.[863] Im Rahmen der ohnehin schwierigen Aufgabe der Kommission, durch Neuberufungen ein langfristig ungefähr 600 Mitglieder starkes und zugleich die Parteienproporze der jeweils letzten Unterhauswahl annähernd widerspiegelndes House of Lords zu besetzen, reduziert sich das regionale Element der zukünftigen zweiten Kammer auf die geplante Verpflichtung der Appointment Commission, bei der Auswahl neuer unabhängiger Oberhausmitglieder den Faktor einer möglichst breiten regionalen Repräsentativität neben den anderen Repräsentativfaktoren des Alters, des Geschlechts, der ethnischen Herkunft, der Behinderung und der Religion zu berücksichtigen.[864] Aufgrund der zahlenmäßigen Dominanz parteizugehöriger Abgeordneter wird darüber hinaus zumindest angedacht, diese Repräsentativitätsrichtlinien auch für die Ernennungsvorschläge der Parteien festzusetzen.[865] Eine echte ‚Regionalisierung' des britischen Oberhauses im Sinne einer Institutionalisierung der Vertretung regionaler Interessen ist nach den derzeitigen Regierungsplänen daher nicht zu erwarten.

Die Ämter der regionalen Secretaries of State, die als Erbe der administrativen Devolution vor 1998 anzusehen sind und für Schottland und Wales heute nur noch als Teilzeitämter von Regierungsmitgliedern mit anderen Res-

---

861 Vgl. *Oliver*, Constitutional Reform in the UK, S. 195 f.; *Loveland*, Constitutional Law, S. 185 ff.; *Lodge/Russell/Gay*, The Impact of Devolution on Westminster, S. 209 ff.; *Maer, Lucinda/Hazell, Robert/King, Simon/Russell, Meg/Trench, Alan/Sandford, Mark*, The Constitution: Dragging the Constitution out of the Shadows, ParlAff 57 (2004), S. 253, 259 ff.
862 Siehe White Paper: The House of Lords – Completing the Reform, Cmnd. 5291, HMSO, London 2000, paras. 17 f., 36 ff.
863 Siehe *Department for Constitutional Affairs*, Constitutional Reform: Next steps for the House of Lords, Consultation Paper 14/03, London 2003, paras. 23 ff. Vgl. dazu *Russell, Meg/Hazell, Robert*, Next Steps in Lords Reform: Response to the September 2003 White Paper (The Constitution Unit), London 2003, S. 7 ff.
864 *Department for Constitutional Affairs*, Next steps for the House of Lords, paras. 53 ff. Vgl. *Russell/Hazell*, Next Steps in Lords Reform, S. 15 ff.; *Lodge/Russell/Gay*, The Impact of Devolution on Westminster, S. 211.
865 *Department for Constitutional Affairs*, Next steps for the House of Lords, para. 56.

sorts fortbestehen,⁸⁶⁶ führen die Tradition der institutionalisierten Vertretung der spezifischen Interessen der keltischen Peripherie in der britischen Regierung fort. In lediglich rudimentärer Analogie zu den Secretaries of State for Scotland, Wales und Northern Ireland besitzt der Deputy Prime Minister die Verantwortlichkeiten für die englische Regionalisierung im britischen Kabinett. Nach der Übertragung ihrer wesentlichen Funktionen an die Regionalinstitutionen besteht der primäre Aufgabenbereich der Territorialminister für Schottland, Wales und Nordirland⁸⁶⁷ in der Förderung der Devolutionsstruktur, der Sicherstellung effektiver Arbeitsbeziehungen zwischen Whitehall und den Regionalinstitutionen und in der Auflösung möglicher Konflikte zwischen den staatlichen Ebenen; auch die Aushandlung und Zuweisung der jährlichen Finanzblöcke an die Regionen unterfällt den Zuständigkeiten der territorialen Secretaries of State.⁸⁶⁸ Neben ihrer Rolle als primäre Vertretung der Zentralregierung gegenüber den Regionalinstitutionen⁸⁶⁹ verkörpern sie auch zugleich die regionalen Stimmen im britischen Kabinett⁸⁷⁰, so daß ihnen eine herausragende Scharnierfunktion in der regionalisierten Staatsorganisation des Vereinigten Königreichs zukommt. Die für den Problemkreis der regionalen Einwirkung auf die zentralstaatliche Handlungssphäre entscheidende Aufgabe der Territorialminister als Interessenvertreter der Regionen in Whitehall birgt jedoch verfassungsstrukturelle Probleme: Zum einen tragen die betreffenden Minister keine politische Verantwortlichkeit gegenüber den regionalen Volksvertretungen oder Exekutiven und unterliegen in der fraglichen Funktion nicht deren Weisungen, obgleich die Devolutionsreformen mit der Ein-

---

866  *Le Sueur*, Next steps in constitutional reform, S. 368 ff.; *Hazell, Robert*, Merger, what merger? Scotland, Wales and the Department for Constitutional Affairs, PL 2003, S. 650, 650 ff. Siehe auch supra Kapitel 3 § 1 B. II. 3.

867  Während der Suspendierung der nordirischen Devolution obliegt gemäß den paras. 1 und 4 der Schedule zum Northern Ireland Act 2000 dem Secretary of State for Northern Ireland die Erfüllung der in Northern Ireland Act 1998 der Northern Ireland Assembly und der nordirischen Exekutive übertragenen Regierungsfunktionen; in Zeiten der Operation der nordirischen Regionalorgane verbleiben dem Nordirlandminister nach dem Northern Ireland Act 1998 eine Reihe wichtiger Befugnisse insbesondere hinsichtlich der ‚reserved matters'.

868  Siehe Memorandum of Understanding and Supplementary Agreements, Explanatory Note; *Office of the Deputy Prime Minister*, Devolution Guidance Note 3, The Role of the Secretary of State for Scotland, paras. 4 ff.; *dass.*, Devolution Guidance Note 4, The Role of the Secretary of State for Wales, paras. 2 ff.; *dass.*, Devolution Guidance Note 5, The Role of the Secretary of State for Northern Ireland, paras. 3 ff.; vgl. *Oliver*, Constitutional Reform in the UK, S. 256; *Hazell*, Intergovernmental Relations, S. 152 ff.; *Masterman, Roger/Mitchell, James*, Devolution and the Centre, in: Trench, Alan (Hrsg.), The State of the Nations 2001 – The Second Year of Devolution in the United Kingdom, Thorverton 2001, S. 175, 181 ff.

869  Siehe insbesondere *Office of the Deputy Prime Minister*, Devolution Guidance Note 4, The Role of the Secretary of State for Wales, paras. 11 ff.

870  Siehe Memorandum of Understanding and Supplementary Agreements, paras. 1, 21; *Office of the Deputy Prime Minister*, Devolution Guidance Note 3, The Role of the Secretary of State for Scotland, para. 3; *dass.*, Devolution Guidance Note 4, The Role of the Secretary of State for Wales, paras. 5 ff.; *dass.*, Devolution Guidance Note 5, The Role of the Secretary of State for Northern Ireland, para. 4.

richtung der Regionalinstitutionen Kristallisationspunkte regionaler Interessenvertretung geschaffen haben.[871] Zum anderen – und dies stellt gewissermaßen die Kehrseite derselben Medaille dar – bekleiden sie britische Ministerämter und sind in ihrer Funktionsausübung dem zentralstaatlichen Parlament individuell sowie – als Teile der britischen Regierung – auch kollektiv verantwortlich. Damit unterliegen sie auch den vom Premierminister dominierten Entscheidungsprozessen innerhalb des zentralstaatlichen Kabinetts[872] und können ihre Rolle als ministerielle Repräsentanten regionaler Interessen stets nur innerhalb des durch die Regierungspolitik gesteckten Rahmens realisieren. Die Territorialminister können somit nur bedingt und lediglich in einem materiellen Sinne als institutionalisierte Interessenvertretung der Regionen auf zentralstaatlicher Ebene verstanden werden. Sie stellen keinen echten Mechanismus der unilateralen Einwirkung der Regionen auf die zentralstaatliche Handlungssphäre dar, sondern bilden ein Element regierungsinterner Sonderbehandlung für die spezifischen Bedürfnisse der keltischen Peripherie, das in Zeiten eines sich entwickelnden Devolutionsprozesses noch notwendig oder zumindest hilfreich erscheint, bei fortschreitender Festigung der Regionalisierungsstruktur jedoch auf einer schwindenden legitimatorischen Grundlage steht.[873]

Foren der Koordination zwischen der regionalen und der zentralstaatlichen Ebene im Rahmen der britischen Devolution bieten insbesondere auch das im Memorandum of Understanding als Hauptkonkordat zwischen der britischen Regierung und den Exekutiven Schottlands, Wales' und Nordirlands begründete Joint Ministerial Committee[874] und der durch Strand Three des Belfast Agreement von 1998 geschaffene British-Irish Council[875]. Während sich das Joint Ministerial Committee aus Regieurngsvertretern des Vereinigten Königreichs, Schottlands, Wales' und Nordirlands zusammensetzt, gehören dem British-Irish Council zusätzlich auch Repräsentanten der Exekutiven der Republik Irland, der Channel Islands und der Isle of Man an. Trotz ihrer für föderative Gremien grundsätzlich geeigneten Zusammensetzung entsprechend dem Ratsprinzip können sowohl das Joint Ministerial Committee als auch der British-Irish Council nicht als Mechanismen unilateraler, direktiver Einwirkung der Regionen auf die zentralstaatliche Handlungssphäre qualifiziert werden, da keines der beiden Organe Entscheidungen treffen kann, die für die beteiligten Regierungen Bindungswirkungen entfalten; bei beiden handelt es sich vielmehr um Gremien der institutionalisierten Kooperation und Konfliktvermeidung zwischen den beteiligten Exekutiven durch Informations-

---

871 Vgl. auch *Trench*, The More Things Change, The More They Stay the Same, S. 182 f.; *Schwab*, Devolution, S. 210 f.
872 Vgl. *Loveland*, Constitutional Law, S. 277 ff.; *Bradley/Ewing*, Constitutional and Administrative Law, S. 106 f.; *Turpin*, British Government, S. 214 f.
873 Ähnlich *Hazell/Morris*, Machinery of Government, S. 137 f.
874 Siehe Memorandum of Understanding and Supplementary Agreements, paras. 22 ff. und A 1.1 ff. Vgl. dazu *Burrows*, Devolution, S. 124 ff.; *Schwab*, Devolution, S. 175 ff.
875 Vgl. *Burrows*, Devolution, S. 129 f.; *Schwab*, Devolution, S. 180 ff.

austausch, Beratung und Verhandlung.[876] Sie bilden daher Aspekte des Instrumentariums multilateraler kooperativer Koordination zwischen der regionalen und der zentralstaatlichen Ebene des Vereinigten Königreichs.[877]

Die britische Staatsordnung kennt somit keine dem deutschen Bundesrat vergleichbare organisatorische Institutionalisierung regionaler Einwirkung auf die zentralstaatliche Handlungssphäre. Nach dem derzeitigen Stand der Reformdiskussion ist auch von den nächsten Schritten der geplanten Modernisierung des Oberhauses keine konstitutionelle Entwicklung in diese Richtung zu erwarten. Während bereits das verfassungsorthodoxe Verständnis der Devolution als widerrufbare Delegation staatlicher Kompetenzen an subnationale Einheiten der gewissermaßen gegenläufigen Einräumung substantieller Mitsprachebefugnisse der Regionen im Zentralstaat zu widerstreben scheint, steht ihre asymmetrische Grundkonzeption der institutionellen Bündelung regionaler Ingerenzen entgegen. Dennoch finden sich in den Devolutionsgefügen eine Reihe verstreuter Mechanismen der unilateralen Einflußnahme der Regionen auf zentralstaatliche Willensbildungsprozesse, welche sich jedoch stets lediglich im direkten Verhältnis zwischen dem Vereinigten Königreich und der betreffenden Devolutionsregion vollziehen.

Im Rahmen der legislativen Devolution an Schottland und Nordirland kann die bedeutsamste Ingerenzbefugnis der Regionen gegenüber dem Zentralstaat in der Sewel Convention erblickt werden. Diese Verfassungskonventionalregel erfordert die Zustimmung regionaler Volksvertretungen zu zentralstaatlicher Rechtsetzung in übertragenen Politikbereichen und zu parlamentarischer Modifikation der regionalen Kompetenzbestände.[878] Hinsichtlich Schottlands entspricht die Sewel Convention der als verbindlich empfundenen konstitutionellen Praxis, für Nordirland galt sie prinzipiell in den Zeiten funktionsfähiger Devolution, und selbst für die exekutive walisische Devolution wird sie in ihrem zweiten Anwendungsbereich prinzipiell für anwendbar gehalten[879]. Der Fundamentalgedanke der Sewel Convention besteht in der auch einer Reihe von Mitwirkungsbefugnissen des Bundesrates zugrundeliegenden Idee, daß bei zentralstaatlicher Gesetzgebung, welche die besonderen Interessen der Regionen tangiert – mit der konstitutionellen Modifikation der regionalisierten Staatsorganisation als hervorgehobenem Paradefall –, den territorialen Einheiten als verfassungssanktionierten Kristallisationspunkten regionaler Repräsentation ein Mitspracherecht einzuräumen ist. Gegenüber der deutschen Institutionalisierung dieses verfassungsdogmatischen Prinzips

---

876 Hinsichtlich des Joint Ministerial Committee siehe Memorandum of Understanding and Supplementary Agreements, paras. 22 ff., A 1.2 und A 1.10. Im Falle des British-Irish Council besteht für die beteiligten Regierungen stets die Möglichkeit, sich gegen eine Teilnahme an gemeinsamen politischen Initiativen oder Maßnahmen zu entscheiden; siehe Good Friday Agreement, Cmnd. 3883, HMSO, London 1998, Strand Three, paras. 6 f.
877 Zur kooperativen Koordination siehe infra Kapitel 5 § 2 B. II.
878 Siehe dazu und zum Folgenden supra Kapitel 5 § 1 B. III. 1.
879 So beispielsweise *House of Commons Select Committee on Procedure*, The Procedural Consequences of Devolution, para. 26; *Patchett*, The New Welsh Constitution, S. 245.

im Bundesrat bietet die Sewel Convention den Vorzug, daß nicht etwa die Regionalregierungen, sondern die regionalen Volksvertretungen zur Zustimmung oder zum Veto berufen sind. Somit zeigt sich die britische Devolution in diesem wichtigen Aspekt weniger exekutivlastig als der deutsche Bundesstaat. Die normative Gestalt der regionalen Einwirkungsbefugnis als Verfassungskonventionalregel stellt eine – auf dem Boden eines orthodoxen Verfassungsverständnisses zwangsläufige – Folge der Suprematie des britischen Parlaments dar, welche einer rechtsverbindlichen normativen Verdichtung dieses Ingerenzmechanismus als potentieller Selbstbindung parlamentarischer Entscheidungsfreiheit entgegensteht.

In gewisser Ähnlichkeit mit den Mitwirkungsrechten des Bundesrates auf dem Gebiet exekutiven Normerlasses des Bundes findet auch die in der Sewel Convention verkörperte Einflußnahme der britischen Devolutionsregionen gegenüber dem Zentralstaat im Bereich ministerieller Normsetzung ihre natürliche Fortführung.[880] Hinsichtlich der Befugnisse der britischen Regierung steht die Parlamentssuprematie nicht im Wege einer rechtsverbindlichen Ausgestaltung regionaler Ingerenzrechte, so daß die Devolutionsgesetze an verschiedenen Stellen den Regionalinstitutionen wirksame diesbezügliche Instrumente der Einflußnahme zur Verfügung stellen können. So bedarf die in sec. 30(2) Scotland Act 1998 der britischen Regierung ermöglichte Modifikation der vorbehaltenen Kompetenzbestände in Schedule 4 und 5 des Scotland Act 1998 und damit die ministerielle Übertragung oder Rückholung hoheitlicher Funktionen auf die – beziehungsweise von den – schottischen Institutionen der Zustimmung des schottischen Parlaments.[881] Auch die in sec. 4(2) Northern Ireland Act 1998 eröffnete Möglichkeit der Grenzverschiebung zwischen ‚reserved matters' und ‚transferred matters' durch ministeriellen Normerlaß muß sich gemäß sec. 4(3) Northern Ireland Act 1998 auf eine entsprechende Resolution der nordirischen Versammlung stützen können. Ebenso erfordern sowohl die Übertragung zusätzlicher Verwaltungsfunktionen an die schottische Exekutive durch die britische Regierung als auch die Veränderung oder Aufhebung ergangener Funktionstransfers an die walisischen Regionalorgane durch zentralstaatliche Minister das Einverständnis der regionalen Volksvertretungen.[882] Insgesamt sichern die Devolutionsgesetze somit den Regionalorganen bedeutende, rechtswirksame Mitentscheidungsbefugnisse hinsichtlich der zentralstaatlichen exekutiven Modifikation der Konstitution der Regionalisierungsstrukturen zu.

Die Mechanismen regionaler Einflußnahme auf den zentralstaatlichen Wirkungsbereich erlangen im Rahmen der exekutiven Devolution für Wales eine nochmals erheblich gesteigerte Bedeutung. Primärgesetzgebung für Wales wird auch nach den Devolutionsreformen weiterhin in Westminster durch die Crown in Parliament erlassen, so daß die walisischen Regional-

---

880 Vgl. *Page/Batey*, Scotland's Other Parliament, S. 507.
881 Paras. 1 und 2 Schedule 7 zum Scotland Act 1998.
882 Siehe sec. 63 i.V.m. paras. 1 und 2 Schedule 7 Scotland Act 1998; sec. 22(1) und (4) Government of Wales Act 1998.

organe für die Umsetzung eigenständiger politischer Programme häufig von der vorherigen Schaffung gesetzlicher Ermächtigungsgrundlagen auf zentralstaatlicher Ebene abhängig bleiben und im übrigen stets die Berücksichtigung besonderer walisischer Interessen in der zentralstaatlichen Formulierung anglo-walisischer Gesetzgebung sicherstellen müssen.[883] Der überragenden Bedeutung der Instrumente walisischer Ingerenz gegenüber Westminster und Whitehall für das Projekt exekutiver Devolution wird der Government of Wales Act 1998 als gesetzliche Grundlage möglicher direktiver Einwirkungsbefugnisse nur sehr begrenzt gerecht. Deshalb verlagern sich auch wesentliche Aspekte dieses Koordinationsfeldes auf den Bereich bilateraler Kooperation zwischen London und Cardiff mit dem Secretary of State for Wales als zentralem Vermittlungsakteur. Dennoch enthält der Government of Wales Act 1998 eine kleine Anzahl von Ingerenzbefugnissen der walisischen Regionalorgane, die den rechtlichen Rahmen für dieses kooperative Instrumentarium bilden. So stattet sec. 37 Government of Wales Act 1998 die Nationalversammlung für Wales mit dem Recht aus, auf der Basis einer Mehrheit von zwei Dritteln seiner Mitglieder ‚private bills'[884] im britischen Parlament einzubringen oder gegen solche zu opponieren. Hinsichtlich der Initiierung von Primärgesetzgebung in Westminster sieht der Government of Wales Act 1998 lediglich die Befugnis der Nationalversammlung vor, sich mit allen Angelegenheiten, die Wales berühren, zu befassen und entsprechende Empfehlungen abzugeben.[885] Der Secretary of State for Wales wird wiederum gesetzlich dazu verpflichtet, die walisische Volksvertretung grundsätzlich zum Legislativprogramm der britischen Regierung zu konsultieren.[886] Dieses Konsultationsrecht der Nationalversammlung, das den Minister in keiner Weise inhaltlich an die walisischen Auffassungen bindet, erfährt im walisischen Devolutionsgesetz jedoch eine vergleichsweise schwache Ausgestaltung, da sie beispielsweise entfällt, wenn der Secretary of State die Beratung mit den walisischen Regionalorganen für „unpassend" hält.[887] Im übrigen überläßt der Government of Wales Act 1998 die für die Verwirklichung politischer Teilautonomie in Wales so wesentliche Einflußnahme der Regionalinstitutionen auf die Prozesse der Vorformulierung, Einbringung, Aushandlung sowie Nachkorrektur von Wales-spezifischen und anglo-walisischen Gesetzesvorlagen der bilateralen Kooperation zwischen diesen und den jeweils verantwortlichen zentralstaatlichen Ministerien, einschließlich des Wales Office. Dabei greifen die politischen Akteure dieser

---

883 Vgl. *Sherlock*, Government in Wales, S. 19; *Rawlings*, New Model Wales, S. 490f.
884 Dabei handelt es sich um solche Parlamentsgesetze, die nur einen begrenzten territorialen Anwendungsbereich haben oder lediglich eine Person oder Personengruppe, ein Unternehmen oder eine Institution betreffen; vgl. dazu *Hood Phillips/Jackson/Leopold*, Constitutional and Administrative Law, Rz. 11–020, 11–038; *Barnett*, Constitutional & Administrative Law, S. 472.
885 Sec. 33 Government of Wales Act 1998.
886 Sec. 31 Government of Wales Act 1998; vgl. dazu *Burrows*, Devolution, S. 80; *Jones/Williams*, Wales as a Jurisdiction, S. 92.
887 Sec. 31(4) Government of Wales Act 1998 („inappropriate"); vgl. *Patchett*, The New Welsh Constitution, S. 243.

Koordination zwischen Whitehall und Cardiff auf das vielschichtige Instrumentarium kooperativer Zusammenarbeit im Rahmen der britischen Devolution zurück und füllen den dünnen gesetzlichen Rahmen mit Konkordaten, gemeinsamen Protokollen und regierungsinternen Devolutionsrichtlinien.[888]

Das den Devolutionsgesetzen prinzipiell zugrundeliegende orthodoxe Verständnis der Suprematie der Crown in Parliament und die ausdrückliche gesetzliche Bekräftigung der territorial und sachlich unbeschränkten Legislativmacht des zentralstaatlichen Parlaments[889] erklären das Fehlen von Klagerechten der Devolutionsregionen gegen zentralstaatliche Gesetzgebung in übertragenen Kompetenzbereichen als Mechanismen indirekter regionaler Ingerenz gegenüber dem britischen Zentralstaat. Die Parlamentssuprematie schützt jedoch nur das Parlament und nicht die britische Regierung vor judikativer Kontrolle, so daß exekutive Normsetzung und andere Regierungstätigkeit grundsätzlich der gerichtlichen Überprüfung im Wege der Judicial Review am Maßstab der Devolutionsgesetze unterliegt. Für diese Exekutivhandlungen gelten nach dem Scotland Act 1998 und dem Northern Ireland Act 1998 unter anderem die speziellen Verfahren zu ‚devolution issues',[890] welche auch von Regionalorganen vor die zuständigen Gerichte gebracht werden können.[891] Hinsichtlich zentralstaatlicher Exekutivtätigkeit kennt daher auch die britische Devolutionsordnung die mittelbare unilaterale Einflußnahme der Regionen durch die Initiierung gerichtlicher Rechtmäßigkeitskontrolle.

Die regionalisierte Staatsorganisation des Vereinigten Königreichs bietet somit seinen regionalen Einheiten insgesamt kein den deutschen Verfassungsverhältnissen vergleichbares Instrumentarium unilateraler Ingerenzbefugnisse gegenüber dem Zentralstaat. Während die Sewel Convention und die ihre Grundidee fortsetzenden gesetzlichen Mitwirkungsbefugnisse der Regionen sinnvolle Ansätze zur Beschränkung zentralstaatlicher Einflußnahme durch konstitutionelle Modifikationen und Eingriffe in übertragene Politikbereiche darstellen, fehlt der britischen Staatsorganisation eine institu-

---

888 Siehe dazu infra Kapitel 5 § 2 B. II. Vgl. *Rawlings*, Quasi-Legislative Devolution, S. 68 ff.; *Patchett*, The New Welsh Constitution, S. 242 ff.; *Sherlock*, Government in Wales, S. 19 f.; *dies.*, A Wales of Bits and Pieces?, S. 198 f.; *Burrows*, Devolution, S. 80 ff.; *Osmond, John*, Nation Building and the Assembly – The Emergence of a Welsh Civic Consciousness, in: Trench, Alan (Hrsg.), Has Devolution Made a Difference – The State of the Nations 2004, Exeter 2004, S. 43, 63 ff.
889 Siehe sec. 28(7) Scotland Act 1998; sec. 5(6) Northern Ireland Act 1998. Die kompetenzielle Ausstattung des National Assembly for Wales mit lediglich sekundären Gesetzgebungszuständigkeiten machte eine entsprechende Regelung im Government of Wales Act 1998 entbehrlich.
890 Siehe para. 1(f) Schedule 6 zum Scotland Act 1998; para. 1(d) Schedule 10 zum Northern Ireland Act 1998. Vgl. *Himsworth/Munro*, The Scotland Act 1998, S. 216 ff.; *McFadden, Jean*, The Scottish Parliament: Provisions for Dispute Resolution, JurRev 1999, S. 221, 232; *Page/Reid/Ross*, Guide to the Scotland Act 1998, S. 156; *Schwab*, Devolution, S. 277 f.
891 Paras. 4 und 34 Schedule 6 zum Scotland Act 1998; para. 34 Schedule 10 zum Northern Ireland Act 1998. Die für kontradiktorische Verfahren notwendige rechtliche Spaltung der Krone als vereinende Legalidentität aller Regierungen ist speziell in sec. 99 Scotland Act 1998 vorgesehen; vgl. *Himsworth/Munro*, The Scotland Act 1998, S. 122 f.

tionalisierte Mitwirkung der Devolutionsregionen in vorbehaltenen Angelegenheiten des Zentralstaats, obgleich diese stets auch regionale Belange berühren können. Da ferner die für die nähere Zukunft geplanten Fortschritte der Oberhausreform keine diesbezüglichen konstitutionellen Veränderungen erwarten lassen, bleibt das dabei zutage tretende separative Grundverständnis hinsichtlich übertragener und vorbehaltener Handlungssphären auch weiterhin ein folgenreiches Leitmotiv der britischen Devolutionsstrukturen.

## B. Mechanismen der bi- und multilateralen Kooperation zwischen dem Zentralstaat und seinen Gliedern

Elemente direktiver Ingerenz zwischen dem Zentralstaat und seinen regionalen Gliedern bilden nur einen Aspekt der Systemvernetzung staatlicher Kompetenzsphären im regionalisierten Verfassungsgefüge. Sie werden ergänzt durch Mechanismen der kooperativen Koordination zwischen den verschiedenen politischen Akteuren der territorial gegliederten Staatsordnung. Trotz ihrer grundsätzlich unterschiedlichen Zielrichtungen der unilateralen Ein- und Mitwirkung beziehungsweise der bi- und multilateralen Zusammenarbeit stehen sich direktive und kooperative Koordination nicht zusammenhanglos gegenüber. Vielmehr zeigen sich zwischen ihnen bei genauerem Hinsehen häufig fließende Grenzen und verstärkt die Einräumung einseitiger Einflußnahmebefugnisse stets den Bedarf an kooperativem Dialog.

Die politischen Akteure der regionalisierten Staatsordnung bewegen sich in sowohl normativ als auch praktisch vielfach verzahnten Handlungsrahmen. Normative Vernetzungen ergeben sich vor allem aus den verschiedenen Ingerenzbefugnissen einer staatlichen Ebene gegenüber der anderen und damit aus der Verschränkung von Zuständigkeitssphären. Sie treten jedoch auch dort auf, wo Kompetenzbereiche zur Förderung der Eigenständigkeit der Entscheidungsträger möglichst separativ konzipiert werden, da jede Zuständigkeitsverteilung sowohl Auslegungsschwierigkeiten und Kompetenzzweifel als auch die teilweise unvorteilhafte Trennung sachlich verwandter Regelungsmaterien in sich birgt. Daneben bewirkt auch die in manchen regionalisierten Staatsgefügen verwendete Konstruktion paralleler Zuständigkeiten eine normative Verzahnung der regionalen und zentralstaatlichen Handlungssphären. In praktischer Hinsicht wird die Funktionsausübung der beteiligten Akteure vor allem durch Wirtschaftlichkeits- und Effizienzüberlegungen, die ein konzertiertes Vorgehen verschiedener staatlicher Einheiten nahelegen können, sowie durch vielfach einheitliche Bedürfnisse und Erwartungen in der Bevölkerung, welche zur Harmonisierung politischer Entscheidungen drängen, zusätzlich verflochten. Der möglichst reibungslosen Bewältigung dieser Verzahnungselemente dient das Instrumentarium bi- und multilateraler Kooperation in der regionalisierten Staatsordnung.[892] Somit liegen die primären Funktionen dieses grundsätzlich freiwilligen gemeinschaftlichen Zusammenwirkens regionaler und zentraler staatlicher Akteure in der prozeduralen wie organisatorischen Bewältigung verfassungsnormativ verzahnter Kompetenzsphären, der para-konstitutionellen Regulierung und Organisation sowie der materiellen Koordination politischer Entscheidungen.[893]

Auch wenn der in regionalisierten Staatsorganisationen vorzufindende Arten- und Formenreichtum kooperativer Koordination eine in jeder Hinsicht eindeutige Systematisierung dieser Systemverflechtungselemente praktisch unmöglich macht, bieten sich zwei grundsätzliche Differenzierungskriterien an. Zum einen kann kooperatives Zusammenwirken im Sinne einer funktionellen Kategorisierung einerseits horizontal zwischen den regionalen Gliedern, andererseits aber auch vertikal zwischen dem Zentralstaat und einzelnen oder allen territorialen Einheiten erfolgen.[894] Der deutsche Verfassungsdiskurs behandelt die horizontale Zwischenländerkooperation häufig als ‚dritte Ebene', die vertikale Bund-Länder-Kooperation zumeist als ‚vierte Ebene' des deutschen Bundesstaates.[895] Zum anderen läßt sich verfassungsnormativ – und daher mit lediglich beschränkter funktioneller Aussagekraft – danach differenzieren, ob ein Kooperationsmechanismus rechtlich lediglich stillschweigend zugelassen ist oder sogar gefördert, institutionalisiert oder vorgeschrieben wird.[896] In letzterer Kategorie reduziert sich entsprechend den normativen Verfassungsvorgaben das Grundelement der Freiwilligkeit als Leitmotiv der kooperativen Koordination im regionalisierten Staat auf einzelne Aspekte des Zusammenwirkens, wie etwa das ‚Ob' oder das ‚Wie' der Kooperation. Damit wird auch deutlich, daß Freiwilligkeit kein einheitliches, absolutes Konzept, sondern vielmehr einen vielschichtigen Leitgedanken der Kooperation darstellt. Dieses Verständnis erweist sich ebenso im Kontext der verfassungsnormativ ungeregelten Kooperation als hilfreich, da diese Kategorie prinzipiell etwa auch die freiwillige Selbstbindung an bestimmte Verhandlungs- und Entscheidungsverfahren erfassen muß, ohne daß damit bereits eine Aussage über ihre jeweilge Verfassungsmäßigkeit getroffen wird.[897]

---

892  Vgl. *Rudolf*, Kooperation im Bundesstaat, Rz. 17 ff.; *Pietzcker, Jost*, Zusammenarbeit der Gliedstaaten im Bundesstaat – Landesbericht Bundesrepublik Deutschland, in: Starck, Christian (Hrsg.), Zusammenarbeit der Gliedstaaten im Bundesstaat, Baden-Baden 1988, S. 17, 36 ff.; *Herzog*, Art. 20 GG IV., in: Maunz/Dürig, Rz. 92 f.; *Sommermann*, Art. 20 GG, in: von Mangoldt/Klein/Starck, Rz. 45.
893  Vgl. *Poirier, Johanne*, The Functions of Intergovernmental Agreements: Post-Devolution Concordats in a Comparative Perspective, PL 2001, S. 134, 135 ff.; *dies.*, The Functions of Intergovernmental Agreements, London 2001, S. 7 ff.
894  Vgl. *Rudolf*, Kooperation im Bundesstaat, Rz. 17 ff.
895  Für diese Terminologie vgl. etwa *Ossenbühl*, Föderalismus und Regionalismus in Europa, S. 140.
896  Vgl. *Kisker*, Kooperation im Bundesstaat, S. 46 f.
897  In dieser Hinsicht zu undifferenziert wirkt daher die häufig anzutreffende definitorische Beschränkung der kooperativen Koordination auf „nur das freiwillige, allerdings verfassungsrechtlich zugelassene Zusammenwirken der Hoheitsträger", *Wüst, Herbert*,

## I. Das Instrumentarium kooperativer Koordination in Deutschland

Das Instrumentarium bi- und multilateraler kooperativer Koordination im deutschen Bundesstaat umfaßt eine unübersehbare Vielzahl von Einzelmechanismen unterschiedlichster Institutionalisierungsformen und -grade, Themenbezüge und Akteursgruppen. Gemeinsam werden sie unter dem Oberbegriff des ‚kooperativen Föderalismus'[898] geführt, welcher in der zweiten Hälfte der 60er Jahre des 20. Jahrhunderts in den deutschen Verfassungsdiskurs Eingang fand,[899] obschon der deutsche Bundesstaat des Grundgesetzes bereits von seiner Gründung an mannigfaltige kooperative Vernetzungselemente kannte.

Die Entdeckung des kooperativen Föderalismus als einem zukunftsträchtigen Leitprinzip einer Modernisierung des deutschen Bundesstaats in den 60er Jahren führte vor allem zu einer verfassungsrechtlichen Institutionalisierung bereits bestehender, jedoch in ihrer konstitutionellen Legalität umstrittener Kooperationsformen zwischen Bund und Ländern und damit zu einer schlagartigen Erweiterung des Bestands grundgesetzlich geförderter und vorgeschriebener Kooperation. Neben den Bestimmungen zur Rechts-, Amts- und Katastrophenhilfe in Art. 35 GG sowie den Regelungen zur besonderen Polizeihilfe in Art. 91 GG[900] umfaßt die Kategorie der verfassungsrechtlich verankerten Kooperation zwischen dem Zentralstaat und seinen Gliedern seit dem Finanzreformgesetz von 1969 auch die für die bundesrepublikanische Staatspraxis sehr bedeutsamen Verfassungsinstitute der Gemeinschaftsaufgaben gemäß den Art. 91a und 91b GG und der besonderen Finanzhilfen des Bundes an die Länder nach Art. 104a Abs. 4 GG.[901] Während Art. 91a GG die

---

Der Föderalismus als zeitgemäßes Ordnungsprinzip, Teil I, BayVBl. 1970, S. 417, 419; *Kimminich*, Der Bundesstaat, Rz. 54.

898 Zu Begriff und Entwicklung des ‚kooperativen Föderalismus' in Deutschland vgl. *Stern*, Staatsrecht I, S. 748 m. w. N.; *Kimminich*, Der Bundesstaat, Rz. 54 f. m. w. N.; *Oeter*, Integration und Subsidiarität, S. 259 ff.; *Schneider*, Bundesstaatliche Ordnung, S. 2449 f.; *Bauer, Hartmut*, Entwicklungstendenzen und Perspektiven des Föderalismus in der Bundesrepublik Deutschland – Zugleich ein Beitrag zum Wettbewerbsföderalismus, DÖV 2002, S. 837, 839 f.; *Hesse, Konrad*, Aspekte des kooperativen Föderalismus in der Bundesrepublik, in: Rittersprach, Theo/Geiger, Willi (Hrsg.), Festschrift für Gebhard Müller, Tübingen 1970, S. 141, 141 ff.; *Fricke, Dieter*, Zum kooperativen Föderalismus, in: Gesellschaft für Rechtspolitik Trier (Hrsg.), Bitburger Gespräche Jahrbuch 1999/II: 50 Jahre Grundgesetz – 50 Jahre Föderalismus – Stand und Entwicklung, München 2000, S. 91, 91 ff.

899 Zu den Wurzeln des kooperativen Föderalismus im US-amerikanischen „cooperative federalism" vgl. *Kewenig, Wilhelm A.*, Kooperativer Föderalismus und bundesstaatliche Ordnung – Bemerkungen zur Theorie und Praxis des kooperativen Föderalismus in den USA unter besonderer Berücksichtigung der „grants-in-aid", der Bundeshilfsprogramme, AöR 93 (1968), S. 433, 434 ff.

900 Zu den Art. 35 und 91 GG als Elementen der kooperativen Koordination vgl. *Rudolf*, Kooperation im Bundesstaat, Rz. 25 ff.

901 Vgl. zu diesen verfassungsrechtlich geregelten Formen der Bund-Länder-Kooperation *Kisker, Gunter*, Kooperation zwischen Bund und Ländern in der Bundesrepublik, DÖV

darin genannten Gebiete des Aus- und Neubaus von Hochschulen, der Verbesserung der regionalen Wirtschaftsstruktur sowie der Verbesserung der Agrarstruktur und des Küstenschutzes der gemeinsamen Rahmenplanung und Finanzierung durch den Bund und die Länder auf der Grundlage eines zustimmungsbedürftigen Bundesgesetzes überantwortet und den deutschen Zentralstaat zur Mitwirkung an der Erfüllung dieser Aufgaben verpflichtet, eröffnet Art. 91b GG lediglich die Möglichkeit des Zusammenwirkens von Bund und Ländern in den Bereichen der Bildungsplanung und der Forschungsförderung und verlangt die Konkretisierung derartiger Kooperation in der Form einer Vereinbarung.[902] Die in Art. 91b GG verwirklichte verfassungsrechtliche Öffnung bestimmter Politikbereiche für das Zusammenwirken von Bund und Ländern auf der Basis von Vereinbarungen zwischen diesen hier gleichberechtigten Akteuren folgt dem kooperativen Leitgedanken der Freiwilligkeit.[903] Dieser setzt sich in den Verfahren der Koordination fort, indem etwa die durch Vereinbarung von Bund und Ländern geschaffene Gemeinsame Kommission für Bildungsplanung und Forschungsförderung zwar Entscheidungen mit qualifizierter Mehrheit trifft, diese jedoch nur die zustimmenden Regierungen binden.[904] Die Gemeinschaftsaufgaben des Art. 91a GG bieten dagegen in dieser Hinsicht ein differenzierteres Bild: Zum einen unterliegt der Bund in Rahmen des Art. 91a GG einer Kooperationspflicht, und spricht die Verfassung zudem kein grundsätzliches Verbot der Mehrheitsentscheidungen in den aus Bundes- und Landesdelegierten zusammengesetzten Planungsausschüssen aus; zum anderen bedarf jedoch die Aufnahme eines Vorhabens in die Rahmenplanung gemäß Art. 91a Abs. 3 Satz 1 GG stets der Zustimmung des örtlich betroffenen Landes, und wird in den Planungsgremien sowohl eine Majorisierung der Länder insgesamt oder ihrer Mehrzahl durch den Bund als auch eine solche des Bundes durch die Länder für unzulässig gehalten,[905] so daß im Grundsatz auch die Gemeinschaftsaufgaben nach Art. 91a GG stets Mechanismen der kooperativen Koordination bleiben. Weiteres Kernstück des grundgesetzlich institutionalisierten kooperativen Föderalismus bildet die in Art. 104a Abs. 4 GG enthaltene Ermächtigung an den Bund, den Ländern außerhalb des eigentlichen vertikalen Finanzausgleichs besondere Investitionshilfen zu gewähren. In Ergänzung zu den Gemeinschaftsaufgaben schafft Art. 104a Abs. 4 GG eine weitere Verfassungsgrundlage für die kooperativen Mischfinanzierung, deren konkrete Ausgestaltung nicht nur durch zustim-

---

1977, S. 689, 691 ff.; *ders.*, Kooperation im Bundesstaat, S. 282 ff.; *Herzog*, Art. 20 GG IV., in: Maunz/Dürig, Rz. 94 ff.
902 Vgl. *Kisker*, Kooperation im Bundesstaat, S. 285 ff.; *Blümel*, Verwaltungszuständigkeit, Rz. 142 f.; *Herzog*, Art. 20 GG IV., in: Maunz/Dürig, Rz. 94; *Sommermann*, Art. 20 GG, in: von Mangoldt/Klein/Starck, Rz. 47. Siehe auch supra Kapitel 5 § 1 C. II.
903 Vgl. *Blümel*, Verwaltungszuständigkeit, Rz. 134.
904 *Krüger/Siekmann*, Art. 91b GG, in: Sachs, Rz. 10 f.; *Pieroth*, Art. 91b GG, in: Jarass/Pieroth, Rz. 3; *Mager, Ute*, Art. 91b GG, in: von Münch/Kunig, Rz. 9 f.
905 *Krüger/Siekmann*, Art. 91a GG, in: Sachs, Rz. 33; *Herzog*, Art. 20 GG IV., in: Maunz/Dürig, Rz. 94; *Pieroth*, Art. 91a GG, in: Jarass/Pieroth, Rz. 7; *Mager*, Art. 91a GG, in: von Münch/Kunig, Rz. 46.

mungspflichtiges Bundesgesetz, sondern auch durch Vereinbarungen zwischen dem Bund und den Ländern erfolgen kann; durch diesen Kooperationsmechanismus und die goldenen Zügel der Finanzausstattung erlangt der Zentralstaat zudem nicht unerheblichen Einfluß auf die Funktionsausübung durch die Länder.[906]

Obwohl das Grundgesetz auch in anderen Bestimmungen, wie etwa den Art. 29 Abs. 7, 130 Abs. 1 Satz 1 und Abs. 3 sowie 135 Abs. 5 GG, durch den Verweis auf Vereinbarungen zwischen den Ländern oder zwischen dem Bund und den Ländern den Blick auf weitere kooperative Vernetzungspunkte freigibt, erfolgt der Großteil kooperativer Koordination im föderativen Beziehungsgeflecht zwischen dem Zentralstaat und seinen Gliedern außerhalb verfassungsrechtlicher Anerkennung, Regelung oder Institutionalisierung. Im Schatten des Grundgesetzes haben die Akteure der regional gegliederten Staatsorganisation ein dichtes Netz kooperativer Mechanismen unterschiedlichster institutioneller und normativer Verdichtungen entwickelt, das die politische Praxis der Bundesrepublik nachhaltig prägt. Der kooperative Föderalismus als dynamisches politisches Ordnungsprinzip hat vor und nach seiner dogmatischen Einführung in den Verfassungsdiskurs des deutschen Bundesstaates ein mannigfaltiges Instrumentarium ‚intraföderativer Zusammenarbeit' hervorgebracht.[907] Auf der niedrigsten Stufe der Institutionalisierung stehen dabei die zahlreichen informellen Kontakte und Verfahren zwischen den Organwaltern der Länder und des Bundes, die sich auf allen Ebenen des Staatsaufbaus vollziehen und grundsätzlich keine rechtlichen Bindungen erzeugen; Gegenstände sind dabei nicht nur der Erfahrungs- und Informationsaustausch, sondern auch die gegenseitige Abstimmung bei der Vorbereitung von Maßnahmen und Entscheidungen, wie etwa des Wahlverhaltens der Länder im Bundesrat.[908] Eine Reihe dieser Kontakte haben sich organisatorisch verdichtet und werden auf einer Stufe stärkerer Institutionalisierung als Konferenzen oder gemeinsame Ausschüsse geführt. Dabei kommt der ‚Konferenz der Regierungschefs von Bund und Ländern', die in § 31 der Geschäftsordnung der Bundesregierung explizit vorgesehen ist, und den Fachministerkonferenzen der Länder, an deren Sitzungen regelmäßig auch die entsprechenden Bundesminister als Gäste ohne Stimmrecht teilnehmen und unter denen die Ständige Konferenz der Kultusminister der Länder in der Bundesrepublik Deutschland die stärkste Institutionalisierung erfahren hat, eine hervorgehobene politische Bedeutung zu.[909] Diese Konferenzstruktur

---

906  Vgl. dazu *Kisker*, Kooperation im Bundesstaat, S. 283 f.; *Siekmann*, Art. 104a GG, in: Sachs, Rz. 38 f.; *Herzog*, Art. 20 GG IV., in: Maunz/Dürig, Rz. 95 f.; *Pieroth*, Art. 104a GG, in: Jarass/Pieroth, Rz. 8 ff.
907  *Katz*, Staatsrecht, Rz. 261; *Rudolf*, Kooperation im Bundesstaat, Rz. 29.
908  Vgl. *Rudolf*, Kooperation im Bundesstaat, Rz. 31 ff.; *Maurer*, Staatsrecht I, § 10, Rz. 58.
909  Vgl. *Klatt, Hartmut*, Interföderale Beziehungen im kooperativen Bundesstaat – Kooperation und Koordination auf der politischen Leitungsebene, VerwArch 78 (1987), S. 186, 186 ff.; *Rudolf*, Kooperation im Bundesstaat, Rz. 35 ff.; *Pietzcker*, Zusammenarbeit der Gliedstaaten im Bundesstaat, S. 21 ff.; *Ossenbühl*, Föderalismus und Regionalismus in Europa, S. 141; *Maurer*, Staatsrecht I, § 10, Rz. 59.

des deutschen Bundesstaates kennt einstimmig und mehrheitlich gefaßte Beschlüsse; jedoch entfalten beide in der Regel keine rechtlichen Bindungswirkungen für die vertretenen Staatseinheiten, sondern besitzen lediglich empfehlenden Charakter. Unterhalb der Ebene ministerieller Koordination existiert insbesondere zwischen den Bundesländern ein „dichtes Netz exekutiver Kooperationsgremien"[910], bestehend aus Ausschüssen, Arbeitskreisen, Kommissionen und Konferenzen hierarchisch nachgeordneter Verwaltungsebenen.[911] Neben der länderrelevanten Bundespolitik wird in dieser vielschichtigen Koordinationsstruktur vor allem die administrative und legislative Länderpolitik abgestimmt, abgesprochen und formuliert. Eine besondere Form der exekutiven oder administrativen Absprache bildet der Entwurf einheitlicher Rechtsverordnungen oder Verwaltungsvorschriften, während sich die Kooperation in gesetzgeberischen Angelegenheiten gelegentlich sogar auf die Erarbeitung von Musterentwürfen für Landesgesetze bezieht, die dann von den Landeslegislativen verabschiedet werden können.[912] Diese Formen rechtlich unverbindlicher Selbstkoordination der Länder – teilweise unter Beteiligung des Bundes – entfalten durch ihr erhebliches politisches Gewicht eine starke Sogwirkung für die Landesorgane, deren hoheitliche Funktionsausübung somit auf intergouvernementaler Ebene in nicht unbedeutendem Maße faktisch präjudiziert wird; dies birgt besondere Gefahren für die politische Gestaltungsfreiheit der Landtage und damit für die demokratische Komponente der gliedstaatlichen Verfassungsstrukturen.[913] Das Gewicht exekutiver Kooperation wird dabei nicht durch die nur schwach ausgeprägten Mechanismen der Zusammenarbeit zwischen den Legislativorganen von Bund und Ländern[914] kompensiert, so daß sich der kooperative Föderalismus deutscher Prägung primär als Exekutivföderalismus ereignet.[915]

Die faktische Vorbestimmung gliedstaatlicher Hoheitstätigkeit wird im föderativen Kooperationsgeflecht der Bundesrepublik mit dem Abschluß verbindlicher Vereinbarungen zwischen den Ländern sowie zwischen Bund und Ländern in der Form von Staatsverträgen und Verwaltungsabkommen durch eine rechtliche Form der Selbstkoordination ergänzt. Die Vertragsschließungskompetenz der Länder ergibt nicht nur ein Erst-recht-Schluß aus Art. 32 Abs. 3 GG, sondern sie folgt bereits allgemein aus ihrer grundgesetzlichen

---

910 *Pietzcker*, Zusammenarbeit der Gliedstaaten im Bundesstaat, S. 21.
911 Vgl. *Pietzcker*, Zusammenarbeit der Gliedstaaten im Bundesstaat, S. 24 ff.; *Rudolf*, Kooperation im Bundesstaat, Rz. 39 ff.; *Ossenbühl*, Föderalismus und Regionalismus in Europa, S. 141; *Maurer*, Staatsrecht I, § 10, Rz. 60.
912 *Rudolf*, Kooperation im Bundesstaat, Rz. 40; *Maurer*, Staatsrecht I, § 10, Rz. 61.
913 *Stern*, Staatsrecht I, S. 755 m. w. N.; *Eicher*, Der Machtverlust der Landesparlamente, S. 96 ff.; *Kisker*, Kooperation zwischen Bund und Ländern, S. 694 f.; *Ossenbühl*, Föderalismus und Regionalismus in Europa, S. 141; *Maurer*, Staatsrecht I, § 10, Rz. 59; *Böckenförde*, Sozialer Bundesstaat, S. 186.
914 Vgl. dazu *Rudolf*, Kooperation im Bundesstaat, Rz. 44; *Pietzcker*, Zusammenarbeit der Gliedstaaten im Bundesstaat, S. 34 ff.
915 *Pietzcker*, Zusammenarbeit der Gliedstaaten im Bundesstaat, S. 20.

Staatsqualität.[916] Staatsverträge beziehen sich auf Gegenstände der Gesetzgebung und bedürfen daher – anders als die durch die Landesexekutiven ohne parlamentarische Beteiligung abgeschlossenen Verwaltungsabkommen – der Zustimmung durch die Landeslegislativen.[917] Das für die intraföderative Vertragspraxis maßgebliche Rechtsregime bilden nach ganz herrschender Auffassung die geschriebenen und ungeschriebenen Bestimmungen des Grundgesetzes, einschließlich der allgemeinen bundesstaatlichen Grundsätze, wie etwa des Prinzips der Bundestreue, wobei hilfsweise die Regeln der Völkervertragsrechts in analoger Anwendung oder aufgrund gewohnheitsrechtlicher Rezeption herangezogen werden.[918] Bund und Länder haben bis heute unzählige rechtsverbindliche Vereinbarungen in der Form von Staatsverträgen oder Verwaltungsabkommen in verschiedensten bi- und multilateralen Konstellationen und zu unterschiedlichsten prozeduralen, organisatorischen und materiellen Fragestellungen abgeschlossen.[919] Während sich Verträge zwischen den Ländern in der Regel auf Gegenstände der Landeszuständigkeiten beziehen, behandeln die Vereinbarungen zwischen Bund und Ländern zumeist solche Materien, für die dem Bund die Gesetzgebungs- und den Ländern die Vollzugskompetenz zukommt.[920] Neben den rechtsverbindlichen Verträgen schließen Bund und Länder in ebenfalls beträchtlicher Anzahl – aber ohne den jeweils erforderlichen Bindungswillen – rechtlich unverbindliche oder auch nur teilverbindliche Vereinbarungen, die größtenteils im Rahmen der bestehenden Konferenzstruktur ausgehandelt und getroffen werden.[921] Einen besonders bedeutsamen Beispielsfall derartiger Gentlemen's Agreements als intraföderativem ‚soft law' bietet das Lindauer Abkommen von 1957, in dem sich Bund und Länder auf einen *modus vivendi* hinsichtlich der föderativen Kompetenzverteilung im Bereich der auswärtigen Gewalt geeinigt haben, ohne damit ihre gegenteiligen Verfassungsrechtsauffassungen aufzugeben.[922]

---

916 BVerwGE 22, 299, 307; *Rudolf*, Kooperation im Bundesstaat, Rz. 49; *Herzog*, Art. 20 GG IV., in: Maunz/Dürig, Rz. 99; *Vedder, Christoph*, Intraföderale Staatsverträge – Instrumente der Rechtsetzung im Bundesstaat, Baden-Baden 1996, S. 121 ff.; *Barschel*, Staatsqualität der deutschen Länder, S. 155; *Pietzcker*, Zusammenarbeit der Gliedstaaten im Bundesstaat, S. 46 ff.
917 *Vedder*, Intraföderale Staatsverträge, S. 156 ff.; *Rudolf*, Kooperation im Bundesstaat, Rz. 51 ff.; *Grawert, Rolf*, Verwaltungsabkommen zwischen Bund und Ländern in der Bundesrepublik Deutschland, Berlin 1967, S. 31 ff.; *Sommermann*, Art. 20 GG, in: von Mangoldt/Klein/Starck, Rz. 50; *Maurer*, Staatsrecht I, § 10, Rz. 63.
918 Eingehend dazu *Vedder*, Intraföderale Staatsverträge, S. 221 ff.; *Kisker*, Kooperation im Bundesstaat, S. 49 ff.; *Sommermann*, Art. 20 GG, in: von Mangoldt/Klein/Starck, Rz. 51 ff.; *Maurer*, Staatsrecht I, § 10, Rz. 66 ff.
919 Für einen Überblick siehe die umfangreichen Zusammenstellungen von Staatsverträgen und Verwaltungsabkommen bei *Kisker*, Kooperation im Bundesstaat, S. 307 ff.; *Vedder*, Intraföderale Staatsverträge, S. 397 ff.; *Grawert*, Verwaltungsabkommen zwischen Bund und Ländern, S. 299 ff.
920 *Rudolf*, Kooperation im Bundesstaat, Rz. 50.
921 Vgl. *Rudolf*, Kooperation im Bundesstaat, Rz. 59 f.; *Maurer*, Staatsrecht I, § 10, Rz. 63.
922 Siehe dazu supra Kapitel 5 § 1 E. I.

## Kapitel 5: Kompetenzverteilung und Systemverflechtung

Im Abschluß intraföderativer Vereinbarungen treten sich die Länder untereinander sowie der Bund und die Länder als gleichberechtigte Partner – verfassungsrechtlich betrachtet – in vollkommener Freiwilligkeit gegenüber. Anders als rechtlich unverbindliche Absprachen, Beschlüsse und Gentlemen's Agreements wirken jedoch Staatsverträge und Verwaltungsabkommen als rechtliche Rahmen für die gliedstaatliche Funktionsausübung. Dabei wird auch die rechtsverbindliche intraföderative Kooperation von den jeweiligen Exekutivorganen dominiert, da selbst im Bereich der zustimmungsbedürftigen Staatsverträge die jeweiligen Regelungsinhalte in der Regel auf der intransparenten intergouvernementalen Ebene verhandelt werden und die Landesparlamente zumeist auf die Rolle von Ratifikationsorganen verwiesen bleiben.[923] Kooperatives Zusammenwirken bewirkt somit nicht nur einen deutlichen Verlust an bundesstaatlicher Vielfalt in den harmonisierenden Koordinationsbemühungen von Landes- und Bundesorganen, sondern auch eine Schwächung des demokratischen Verfassungsprinzips im undurchsichtigen Dickicht der die Kompetenzgrenzen überschreitenden und damit Verantwortlichkeiten verzahnenden dritten und vierten Ebenen des deutschen Bundesstaates. Da die Länder keiner Pflicht zur Uneinigkeit in ihrer Funktionsausübung unterliegen und das intraföderative Vertragsrecht auf dem Prinzip der Zustimmung der Rechtsgebundenen beruht,[924] sind diese Bedenken jedoch lediglich verfassungspolitischer und nicht etwa verfassungsrechtlicher Natur.

Eine besonders ausgeprägte Institutionalisierung erfährt die intraföderative Kooperation im deutschen Bundesstaat dort, wo die beteiligten Gebietskörperschaften gemeinsame Organe durch vertragliche Vereinbarungen geschaffen haben. Dazu zählen zunächst die verfassungsrechtlich vergleichsweise unumstrittenen Einrichtungen der internen Beteiligungsverwaltung, welche als juristische Personen des öffentlichen Rechts oder als Behörde eines Landes eine hoheitliche Aufgabe sowohl für das Trägerland als auch zugleich für andere Gliedstaaten wahrnehmen, denen dann nur organintern Mitwirkungsrechte und Mitfinanzierungspflichten eingeräumt werden.[925] Darüber hinaus wird allgemein, jedoch mit unterschiedlichsten verfassungsrechtlichen

---

923 *Eicher*, Der Machtverlust der Landesparlamente, S. 94 ff.; *Pietzcker*, Zusammenarbeit der Gliedstaaten im Bundesstaat, S. 75 f.
924 *Nettesheim, Martin*, Grundgesetzlicher Föderalismus und Eigenverantwortlichkeit der Aufgabenerfüllung – Zu den Grenzen der Kooperation zwischen den Ländern, in: Europäisches Zentrum für Föderalismus-Forschung Tübingen (Hrsg.), Jahrbuch des Föderalismus 2002 (Band 3): Föderalismus, Subsidiarität und Regionen in Europa, Baden-Baden 2002, S. 252, 265. Zum Prinzip der Übereinstimmung vgl. BVerfGE 1, 299, 315; *Böckenförde*, Sozialer Bundesstaat, S. 185 f.
925 Beispiele für die interne Beteiligungsverwaltung bilden etwa die Hochschule für Verwaltungswissenschaften in Speyer, das Institut für Bautechnik in Berlin, die Filmbewertungsstelle in Wiesbaden, die Polizeiführungsakademie in Hiltrup, die Deutsche Richterakademie in Trier. Vgl. eingehend und mit weiteren Beispielen *Pietzcker*, Zusammenarbeit der Gliedstaaten im Bundesstaat, S. 30 f., 52 f.; *Nettesheim*, Grundgesetzlicher Föderalismus und Eigenverantwortlichkeit der Aufgabenerfüllung, S. 266; *Rudolf*, Kooperation im Bundesstaat, Rz. 63.

Zulässigkeitsvorbehalten die Existenz von echten Gemeinschaftseinrichtungen anerkannt, die in rechtlich verselbständigter Gestalt von der Gemeinschaft der Vertragspartner getragen werden und dem Bürger gegenüber hoheitlich auftreten; ihr Handeln wird daher nicht einem Bundesland, sondern der Gemeinschaftseinrichtung selbst zugerechnet.[926] In den Entscheidungsgremien dieser Einrichtungen sind ihre Träger regelmäßig gleichberechtigt, wobei in allen Formen gemeinsamer Organe auch Mehrheitsentscheidungsverfahren anzutreffen sind, so daß sich föderative Gleichberechtigung nicht immer mit dem Entscheidungsmodus der Einstimmigkeit decken muß.[927] Die in den Gründungsverträgen jeweils unterschiedlich stark ausgestaltete Anbindung echter Gemeinschaftseinrichtungen an die Rechtsordnungen ihrer Sitzländer erschwert jedoch eine klare dogmatische Abgrenzung gegenüber den Fällen der internen Beteiligungsverwaltung und läßt eine weite Grauzone zwischen diesen beiden organisationsbezogenen Kooperationsformen entstehen.[928] Theoretisch denkbar, aber in der bundesrepublikanischen Praxis nicht nachweisbar bleibt schließlich die Konstruktion einer Mehrländereinrichtung, die dem Organisationsbereich aller beteiligten Länder zugerechnet wird und je nach Ortsbezug einer Tätigkeit der Rechtsordnung des betreffenden Trägerlandes unterliegt.[929]

Das Instrumentarium kooperativer Koordination im deutschen Bundesstaat zeigt somit im ganzen einen breiten Fächer verschiedenster Institutionalisierungsgrade und -formen. Der Reichtum an Mechanismen des intraföderativen Zusammenwirkens kann vor allem auf die unterschiedlichen Funktionen dieser Koordination zurückgeführt werden. So legt die Schaffung gemeinsamer Konferenzen, Ausschüsse und weiterer Kooperationsgremien auf praktisch allen Ebenen der Staatsorganisation die organisatorischen und prozeduralen Grundlagen für die Bewältigung normativ und praktisch verzahnter Handlungssphären von Bund und Ländern. In unverbindlichen Absprachen und rechtsverbindlichen Verträgen werden die Hoheitstätigkeiten der ver-

---

926 Echte Gemeinschaftseinrichtungen der Länder sind das Zweite Deutsche Fernsehen in Mainz, der Norddeutsche Rundfunk, der Südwestrundfunk und – nach teilweise vertretener Auffassung – auch die Zentralstelle für die Vergabe von Studienplätzen in Dortmund. Vgl. BVerwGE 22, 299, 311; *Pietzcker*, Zusammenarbeit der Gliedstaaten im Bundesstaat, S. 54; *Herzog*, Art. 20 GG IV., in: Maunz/Dürig, Rz. 105; *Nettesheim*, Grundgesetzlicher Föderalismus und Eigenverantwortlichkeit der Aufgabenerfüllung, S. 267; *Rudolf*, Kooperation im Bundesstaat, Rz. 64.
927 *Nettesheim*, Grundgesetzlicher Föderalismus und Eigenverantwortlichkeit der Aufgabenerfüllung, S. 268f.
928 *Pietzcker*, Zusammenarbeit der Gliedstaaten im Bundesstaat, S. 54f.; *Nettesheim*, Grundgesetzlicher Föderalismus und Eigenverantwortlichkeit der Aufgabenerfüllung, S. 267.
929 Vgl. dazu *Nettesheim*, Grundgesetzlicher Föderalismus und Eigenverantwortlichkeit der Aufgabenerfüllung, S. 266f.; *Pietzcker*, Zusammenarbeit der Gliedstaaten im Bundesstaat, S. 53; *Barschel*, Staatsqualität der deutschen Länder, S. 156; *Grawert*, Verwaltungsabkommen zwischen Bund und Ländern, S. 237; *Kisker*, Kooperation im Bundesstaat, S. 240ff.

## Kapitel 5: Kompetenzverteilung und Systemverflechtung

schiedenen staatlichen Einheiten sodann materiell harmonisiert,[930] so daß neben die Zentralisierung von Zuständigkeiten im Wege der Verfassungsänderung eine Unitarisierung durch freiwillige Selbstkoordination tritt. Andere Vereinbarungen bezwecken die Übertragung zumindest der Ausübung von Kompetenzen auf andere Hoheitsträger beziehungsweise gemeinsame Organe oder die konsensuale Beilegung von Zuständigkeitszweifeln[931] und entfalten somit para-konstitutionelle Regelungswirkung. Die verfassungsverbindliche Zuständigkeitsverteilung wird dabei juristisch vor allem durch die Rechtsinstitute der Delegation und des Mandats zu wahren gesucht, und zum Schutze der Eigenstaatlichkeit und Eigenverantwortung der Parteien werden die Freiwilligkeit der Einigung und die Kündbarkeit der betreffenden Verträge besonders betont.[932]

Maßgeblichen Hintergrund dieser Funktionen bilden die vielschichtigen normativen und praktischen Verzahnungen zwischen den verschiedenen Handlungssphären des deutschen Bundesstaates. Dabei überläßt das deutsche Verfassungsrecht den regionalen und zentralstaatlichen Akteuren keine vollkommen ungebundene Gestaltungsmacht in der Ausfüllung der grundgesetzlichen Rahmenordnung, sondern liefert dafür mit dem ungeschriebenen Verfassungsgrundsatz der Bundestreue auch einen verfassungswirksamen Handlungsmaßstab.[933] Die Bundestreue verpflichtet Bund und Länder zu Hilfs- und Unterstützungsleistungen, zu Informationsaustausch und Konsultation sowie allgemein zur Abstimmung und Zusammenarbeit.[934] Des weiteren begründet sie eine Reihe besonderer Verfahrens- und Verhaltenspflichten im gegenseitigen Umgang[935] und wird als eines der Kernelemente des im Grundgesetz spärlich geregelten intraföderativen Vertragsrechts verstanden.[936] Der Grundsatz des bundesfreundlichen Verhaltens bewirkt somit eine erhebliche Verrechtlichung der intraföderativen Kooperation im deutschen Bundesstaat[937] und trägt maßgeblich zu einer verfassungsrechtlichen Verdichtung des grundgesetzlichen Bundesstaatsrahmens aus Kompetenzzuweisungen und gegenseitigen Einwirkungsmechanismen bei.

---

930 *Pietzcker*, Zusammenarbeit der Gliedstaaten im Bundesstaat, S. 68 ff.
931 Vgl. *Rudolf*, Kooperation im Bundesstaat, Rz. 63 f.; *Pietzcker*, Zusammenarbeit der Gliedstaaten im Bundesstaat, S. 58 ff.
932 *Pietzcker*, Zusammenarbeit der Gliedstaaten im Bundesstaat, S. 58 ff.; *Rudolf*, Kooperation im Bundesstaat, Rz. 61 ff.; *Nettesheim*, Grundgesetzlicher Föderalismus und Eigenverantwortlichkeit der Aufgabenerfüllung, S. 260, 267 ff.; *Isensee*, Idee und Gestalt des Föderalismus, Rz. 177 f.; *Maurer*, Staatsrecht I, § 10, Rz. 68.
933 *Vogel*, Die bundesstaatliche Ordnung, Rz. 127; *Nettesheim*, Grundgesetzlicher Föderalismus und Eigenverantwortlichkeit der Aufgabenerfüllung, S. 261.
934 *Bauer*, Die Bundestreue, S. 342 ff.; *Isensee*, Idee und Gestalt des Föderalismus, Rz. 160; *Pietzcker*, Zusammenarbeit der Gliedstaaten im Bundesstaat, S. 65 f.
935 *Bauer*, Die Bundestreue, S. 352 ff.; *Degenhart*, Staatsrecht I, Rz. 223 ff.
936 *Bauer*, Die Bundestreue, S. 359 ff.; *Vedder*, Intraföderale Staatsverträge, S. 253 ff.
937 Vgl. *Isensee*, Idee und Gestalt des Föderalismus, Rz. 156; *Maurer*, Staatsrecht I, § 10, Rz. 50.

## II. Das Instrumentarium kooperativer Koordination im Vereinigten Königreich

Die Ausgangslage der kooperativen Koordination im regionalisierten Staatsgefüge des Vereinigten Königreichs besitzt Ähnlichkeiten mit der im deutschen Bundesstaat. Die drei Devolutionsgesetze entwerfen – wie das Grundgesetz – ein komplexes Regionalisierungsgefüge vielfach verzahnter Zuständigkeitssphären, wobei sich die Devolution vor allem durch die Schaffung paralleler Zuständigkeiten der regionalen und der zentralstaatlichen Ebene auszeichnet.[938] Zu diesen normativen Verzahnungen treten mit Wirtschaftlichkeits- und Effizienzüberlegungen, dem Unitarisierungssog einheitlicher Erwartungen in der Bevölkerung sowie der faktischen Interdependenz von Politikentscheidungen der verschiedenen zentralstaatlichen und regionalen Akteure eine Reihe von Verflechtungen praktischer Art. Auch den britischen Devolutionsstrukturen wohnt damit ein erheblicher Koordinationsbedarf inne.[939] Wie im deutschen Verfassungsrecht spiegeln sich Notwendigkeit und Bedeutung der kooperativen Koordination jedoch nicht in einer umfassenden Normierung dieses Aspekts der regionalisierten Staatsordnung wider, vielmehr schweigen die Devolutionsgesetze diesbezüglich beinahe gänzlich.[940] Die konkrete Ausgestaltung eines funktionsgerechten Instrumentariums kooperativer Koordination wurde somit im wesentlichen der politischen Praxis des regionalisierten Staatswesens überlassen.

Gesetzliche Anerkennung erhalten die im Belfast Agreement von 1998 unter anderem zwischen dem Vereinigten Königreich und der Republik Irland vereinbarten Koordinationsgremien für die nordirische Devolution. Diesen ist gemeinsam, daß sie zur Förderung des nordirischen Friedensprozesses die Republik Irland in das Kooperationsgeflecht des Vereinigten Königreichs einbeziehen und damit eine Sonderrolle im britischen Regionalisierungsgefüge einnehmen. Strand Two des Belfast Agreement sieht zunächst die Einrichtung eines North-South Ministerial Council vor, in dem Vertreter der irischen Regierung und der nordirischen Exekutive auf der Ebene der Regierungschefs

---

938 *Cornes, Richard*, Intergovernmental Relations in a Devolved United Kingdom: Making Devolution Work, in: Hazell, Robert (Hrsg.), Constitutional Futures – A History of the Next Ten Years, Oxford 1999, S. 156, 167 ff.

939 *Scott, Andrew*, The Role of Concordats in the New Britain: Taking Subsidiarity Seriously?, EdinLR 5 (2001), S. 21, 23 ff.; *House of Lords Select Committee on the Constitution*, Devolution: Inter-Institutional Relations in the United Kingdom, paras. 12, 17; *Burrows*, Devolution, S. 116; *Rawlings, Richard*, Concordats of the Constitution, LQR 116 (2000), S. 257, 258.

940 *Rawlings*, Concordats of the Constitution, S. 258 f.; *Cornes*, Intergovernmental Relations in a Devolved UK, S. 166, 169 f.; *House of Lords Select Committee on the Constitution*, Devolution: Inter-Institutional Relations in the United Kingdom, para. 16; *Scott*, The Role of Concordats in the New Britain, S. 24.

oder einzelner Ressortminister zusammenkommen.[941] Der Nord-Süd Ministerrat schafft einen institutionellen Rahmen für Konsultationen, Zusammenarbeit sowie die konsensuale Festlegung und Umsetzung gemeinsamer Politiken in Bereichen gleicher Zuständigkeiten und übereinstimmender Interessen.[942] Indem er einvernehmlich Beschlüsse mit grenzüberschreitender Wirkung trifft und die politische Leitungsebene für eine Reihe gemeinsamer Exekutivbehörden mit Vollzugsbefugnissen in beiden Jurisdiktionsgebieten bildet, kann der North-South Ministerial Council auch als heftig umstrittener Nukleus einer gesamtirischen Integration angesehen werden.[943] Das Belfast Agreement ergänzt diese Nord-Süd-Kooperation sodann um eine West-Ost-Zusammenarbeit. Strand Three legt die normativen Grundlagen für die Einrichtung eines British-Irish Council, in dem die Regierungschefs beziehungsweise die Ressortminister Irlands, des Vereinigten Königreichs, Wales', Schottlands, Nordirlands sowie der Kanalinseln und der Isle of Man zusammentreffen.[944] Der Britisch-Irische Rat soll durch Informationsaustausch und Konsultationen Übereinstimmung und Kooperation zwischen den beteiligten Regierungen fördern und kann gemeinsame Politiken oder Maßnahmen beschließen, an denen sich die einzelnen Parteien jedoch nicht beteiligen müssen.[945] Entscheidungen des British-Irish Council folgen dem Konsensprinzip, wobei gemeinsame Initiativen nur der Zustimmung der sich beteiligenden Regierungen bedürfen.[946] Trotz der Schwierigkeiten des nordirischen Friedensprozesses gilt der British-Irish Council den beteiligten Regierungen im allgemeinen als wertvolles Konsultationsforum.[947] Die Beteiligung der nordirischen Exekutive am North-South Ministerial Council und am British-Irish Council regeln die sec. 52 und 53 Northern Ireland Act 1998. Zudem wird darin die Mitwirkung des Northern Ireland Assembly an den Beratungen und Entscheidungen dieser Gremien gewährleistet. Das dritte Kooperationsgremium des Belfast Agreement bildet die British-Irish Intergovernmental Con-

---

941 Good Friday Agreement, Strand Two, paras. 1, 3. Der North-South Ministerial Council trat zu seiner konstituierenden Sitzung am 13. Dezember 1999 zusammen.
942 Good Friday Agreement, Strand Two, paras. 1, 5. Vgl. *Burrows*, Devolution, S. 127 ff.; *Schwab*, Devolution, S. 141 ff.; *Grote*, Friedensvereinbarung von Belfast, S. 676 ff.; *Bogdanor*, Devolution in the UK, S. 107 f.; *Hazell*, Intergovernmental Relations, S. 154 f.; *Trench*, Intergovernmental Relations – Officialdom Still in Control?, S. 149 f.
943 *Grote*, Friedensvereinbarung von Belfast, S. 677 f.; *Hazell*, Intergovernmental Relations, S. 155.
944 Good Friday Agreement, Strand Three, paras. 1 ff. Der British-Irish Council trat zu seiner konstituierenden Sitzung am 17. Dezember 1999 zusammen. Vgl. *Schwab*, Devolution, S. 181 f.
945 Good Friday Agreement, Strand Three, paras. 5 ff. Vgl. *Grote*, Friedensvereinbarung von Belfast, S. 678; *Burrows*, Devolution, S. 129 f.; *Bogdanor, Vernon*, The British-Irish Council and Devolution, Government and Opposition 34 (1999), S. 287, 288 f.
946 Good Friday Agreement, Strand Three, paras. 6 ff.
947 *Trench, Alan*, Intergovernmental Relations a Year On – Whitehall still Rules OK?, in: ders. (Hrsg.), The State of the Nations 2001 – The Second Year of Devolution in the United Kingdom, Thorverton 2001, S. 153, 156 f.; *ders.*, The More Things Change, The More They Stay the Same, S. 180 f.

ference,[948] welche jedoch als Institution intergouvernementaler Zusammenarbeit zwischen der britischen und der irischen Regierung nicht dem engeren Instrumentarium kooperativer Koordination in den Devolutionsstrukturen des Vereinigten Königreichs zugerechnet werden sollte. Die Existenz und die teilweise völkerrechtliche, teilweise gesetzliche Normierung der Kooperationsmechanismen in Gestalt des North-South Ministerial Council, des British-Irish Council und der British-Irish Intergovernmental Conference sind im wesentlichen auf die Besonderheiten der nordirischen Devolution zurückzuführen. Der politisch hoch sensible Friedensprozeß für Nordirland bedarf einer rechtlich institutionalisierten Kooperation der beteiligten Akteure. Die Mitwirkung sowohl der Republik Irland als auch der britischen Regionalinstitutionen im British-Irish Council verleiht jedoch dem allgemeinen Kooperationsgeflecht der innerbritischen Regionalisierung eine bedeutende internationale Komponente und weist zumindest in ihrem konzeptionellen Ansatz weit über die Grenzen der Nordirlandproblematik hinaus.

Das im übrigen gesetzlich ungeregelte Instrumentarium kooperativer Koordination zwischen den Devolutionsregionen und dem britischen Zentralstaat besteht zunächst aus einem dichten Geflecht gänzlich informeller und damit in keiner Weise institutionalisierter Kontakte zwischen den Exekutiven der Regionen untereinander und zwischen ihnen und der britischen Regierung.[949] Informationsaustausch und Konsultationen finden auf allen Ebenen der Regierungs- und Verwaltungsstrukturen statt, wobei sich der weitaus überwiegende Anteil dieser Kontakte in den bilateralen Verhältnissen zwischen dem Zentralstaat und den Devolutionsregionen vollzieht. Bereits in den White Papers der britischen Regierung zur schottischen und walisischen Devolution wurde aber die Notwendigkeit einer formalisierteren Kooperation zwischen den verschiedenen staatlichen Einheiten des regionalisierten Vereinigten Königreichs anerkannt und die Entwicklung von „mutual understandings"[950] sowie der Abschluß von „concordats"[951] in Aussicht gestellt, die als nicht-rechtliche Verwaltungsvereinbarungen kooperative Verhaltensmaßstäbe für die Beziehungen zwischen den beteiligten Exekutiven festlegen sollen.[952] Nach Inkrafttreten der schottischen und walisischen Devolutionsreformen wurde damit begonnen, sowohl generelle, fachgebietsübergreifende, multilaterale Concordats zwischen den Exekutiven des Vereinigten König-

---

948 Vgl. dazu *Burrows*, Devolution, S. 130; *Grote*, Friedensvereinbarung von Belfast, S. 678f.; *Schwab*, Devolution, S. 144. Zu den Beratungen der British-Irish Intergovernmental Conference werden Vertreter der nordirischen Exekutive hinzugezogen; siehe auch sec. 54 Northern Ireland Act 1998.
949 *House of Lords Select Committee on the Constitution*, Devolution: Inter-Institutional Relations in the United Kingdom, para. 23.
950 White Paper: Scotland's Parliament, para. 4.13.
951 White Paper: A Voice for Wales, paras. 3.40, 2.24.
952 *Gay*, Devolution and Concordats, S. 21; *Scottish Parliament Information Centre*, Concordats, Research Paper 99/12, Edinburgh 1999, S. 8f.

Kapitel 5: Kompetenzverteilung und Systemverflechtung

reichs, Schottlands, Nordirlands[953] und Wales als Ganzen als auch besondere, ressortspezifische, bilaterale Concordats zwischen einzelnen Fachministerien unterschiedlicher Ebenen auszuhandeln und abzuschließen.[954] Neben der zum Teil regelmäßigen Überarbeitung bereits bestehender Konkordate dauert auch der Prozeß der Verhandlung und des Abschlusses neuer bilateraler Verwaltungsvereinbarungen zwischen verschiedenen Fachministerien bis heute an, so daß die dieser Entwicklung innewohnende Formalisierung – im Sinne einer rechtlich grundsätzlich unverbindlichen Kodifizierung[955] – der kooperativen Koordination im britischen Devolutionsgefüge stetig fortschreitet.[956] Dabei wurden in Wissenschaft und Politik von Beginn an immer wieder das Fehlen einer gesetzlichen Fundierung, die mangelnde Transparenz der Verhandlungsprozesse, die ungenügende Beteiligung der demokratisch legitimierten Volksvertretungen auf allen Seiten und die Verhandlungsdominanz der britischen Regierung kritisiert.[957]

Das Fundament des Konkordatsgeflechts der britischen Devolution bildet das multilaterale Memorandum of Understanding und die ihm angefügten Zusatzvereinbarungen, die Supplementary Agreements, zwischen der Regierung des Vereinigten Königreichs, der schottischen Exekutive, dem Kabinett der Nationalversammlung für Wales und dem nordirischen Executive Committee. Das Memorandum of Understanding beschreibt die Grundprinzipien zukünftiger intergouvernementaler Kooperation, indem es die beteiligten Regierungen zu Kommunikation[958], Kooperation[959], Informationsaustausch[960] und Vertraulichkeit[961] verpflichtet. Überdies vereinbaren die Parteien eine Reihe von Pflichten zur gegenseitigen Rücksichtnahme: So sollen die Regierungen nach Möglichkeit die sie tragenden Volksvertretungen zur Wahrung der Zuständigkeitssphären der jeweils anderen staatlichen Ebene anhalten; in diesem Zusammenhang werden ausdrücklich Fälle der zentralstaatlichen Gesetzgebung in übertragenen Kompetenzbereichen und die regionale parlamentarische Befassung mit zentralstaatlichen Angelegenheiten benannt.[962]

---

953 Da die nordirische Devolution zur Zeit der Aushandlung des multilateralen Hauptkonkordats und der begleitenden Vereinbarungen noch nicht in Kraft getreten war, konnte die nordirische Exekutive an diesem Prozeß nicht teilnehmen und trat diesen Abkommen erst später bei.
954 *Burrows*, Devolution, S. 132; *Scott*, The Role of Concordats in the New Britain, S. 30.
955 Vgl. *Rawlings*, The Shock of the New, S. 83.
956 Zusammenstellungen der bisher abgeschlossenen Konkordate finden sich unter www.dca.gov.uk/constitution/devolution/publications.htm, www.wales.gov.uk/keypub concord/content/concordats/index_e.htm und www.scotland.gov.uk/concordats/.
957 Vgl. *Rawlings*, Concordats of the Constitution, S. 260 ff.; *ders.*, New Model Wales, S. 502 f.; *Gay*, Devolution and Concordats, S. 22 ff.; *Scott*, The Role of Concordats in the New Britain, S. 33 ff.; *Leyland*, Devolution, the British Constitution and the Distribution of Power, S. 421 ff.; *Schwab*, Devolution, S. 244 ff.
958 Memorandum of Understanding and Supplementary Agreements, paras. 4 ff.
959 Memorandum of Understanding and Supplementary Agreements, paras. 7 f.
960 Memorandum of Understanding and Supplementary Agreements, paras. 9 f.
961 Memorandum of Understanding and Supplementary Agreements, para. 11.
962 Memorandum of Understanding and Supplementary Agreements, paras. 13 ff.

Des weiteren verpflichtet sich die britische Regierung zur Beteiligung der Regionalinstitutionen an der vorbehaltenen Außen- und Europapolitik in übertragenen Politikbereichen[963] sowie zu einem restriktiven Gebrauch ihrer in den Devolutionsgesetzen festgeschriebenen Eingriffsbefugnissen in die regionalen Handlungssphären[964]. In seiner inhaltlichen Aussage zeigt das Memorandum of Understanding somit starke Ähnlichkeiten mit dem ungeschriebenen Verfassungsgrundsatz der Bundestreue im deutschen Bundesstaat.[965]

Flankiert wird das Memorandum of Understanding als grundlegendes Hauptkonkordat der britischen Devolution durch fünf Zusatzvereinbarungen, die im wesentlichen dem Grundschema multilateraler Beteiligung folgen, von denen jedoch zwei aufgrund der Asymmetrie der Kompetenzverteilung im britischen Devolutionsgefüge neben einem multilateralen ‚Common Annex' auch bilaterale Einzelregelungen für die verschiedenen zentral-regionalen Beziehungen enthalten. Letztere beiden Konkordate regeln die Verfahren der Beteiligung der Devolutionsregierungen in der Europapolitik und anderen internationalen Beziehungen.[966] Diese schaffen die prozeduralen Voraussetzungen für eine möglichst konsensuale nationale Willensbildung in solchen europapolitischen und auswärtigen Angelegenheiten, die regionale Interessen und Kompetenzsphären berühren, und sehen zudem die Einbeziehung regionaler Akteure in die Außenvertretung des Vereinigten Königreichs vor. Dabei betonen die Konkordate die Letztentscheidungsbefugnisse der britischen Zentralregierung in den Bereichen der Europapolitik und der auswärtigen Beziehungen.[967]

Neben zwei weiteren Konkordaten zur Subventionspolitik und zum Statistikwesen[968] wurde dem Memorandum of Understanding eine besonders bedeutsame Zusatzvereinbarung über das Joint Ministerial Committee beigefügt[969], dessen Schaffung bereits im Hauptkonkordat selbst vorgesehen ist.[970] Obgleich seine Einrichtung weder in den White Papers zur Devolution noch in den Devolutionsgesetzen Erwähnung findet und sich daher lediglich

---

963 Memorandum of Understanding and Supplementary Agreements, paras. 17 ff.
964 Memorandum of Understanding and Supplementary Agreements, para. 26. Dabei werden ausdrücklich auch die Klagerechte der britischen Regierung einbezogen.
965 Ähnlich auch *Rawlings*, Concordats of the Constitution, S. 268.
966 Concordat on the Co-ordination of European Policy Issues, in: Memorandum of Understanding and Supplementary Agreements, Supplementary Agreement B; Concordat on International Relations, in: Memorandum of Understanding and Supplementary Agreements, Supplementary Agreement D.
967 Zum Inhalt der europa- und außenpolitischen Konkordate siehe supra Kapitel 5 § 1 E. II.
968 Concordat on Financial Assistance to Industry, in: Memorandum of Understanding and Supplementary Agreements, Supplementary Agreement C; Concordat on Statistics, in: Memorandum of Understanding and Supplementary Agreements, Supplementary Agreement E.
969 Agreement on the Joint Ministerial Committee, in: Memorandum of Understanding and Supplementary Agreements, Supplementary Agreement A.
970 Memorandum of Understanding and Supplementary Agreements, paras. 22 ff.

Kapitel 5: Kompetenzverteilung und Systemverflechtung

auf eine rechtlich unverbindliche Verwaltungsvereinbarung stützt, bildet der Gemeinsame Ministerausschuß das zentrale Kooperationsgremium der britischen Devolutionsordnung und damit die wichtigste organisatorische Institutionalisierung der kooperativen Koordination im Vereinigten Königreich.[971] Seine Etablierung ist die institutionelle Anerkennung der normativen Verzahnungen und faktischen Interdependenzen der britischen Devolution.[972] Anders als im Britisch-Irish Council sind im Joint Ministerial Committee nur die Exekutiven der drei Devolutionsregionen Schottland, Nordirland und Wales sowie des britischen Zentralstaats vertreten.[973] Die Sitzungen des Gemeinsamen Ministerausschusses finden entweder als ‚plenary meetings' unter Beteiligung der vier Regierungschefs oder in ‚functional formats' durch Zusammentreffen der jeweils für eine Sachmaterie zuständigen Ressortminister statt,[974] so daß sich – wie im Falle des Ministerrats der Europäischen Gemeinschaften – unter einem institutionellen Dach eine Reihe unterschiedlicher organisatorischer Identitäten versammelt. Die Vereinbarung zum Joint Ministerial Committee sieht, abgesehen vom mindestens einjährigen Turnus der ‚plenary meetings',[975] keinen festen Sitzungsrhythmus vor. Unabhängig von der konkreten Zusammensetzung des Ministerausschusses und dem Umstand, daß alle beteiligten Regierungen zu seiner Einberufung berechtigt sein sollen,[976] liegen die Entscheidungsbefugnis über die Einberufung sowie die organisatorische Verantwortung und Verhandlungsleitung im Joint Ministerial Committee stets bei den zuständigen Ministern der britischen Zentralregierung.[977] Damit besteht ein wesentlicher Unterschied zur Rotation des Vorsitzes im Ministerrat der Europäischen Gemeinschaften und im deutschen Bundesrat. Die Zuständigkeiten des Gemeinsamen Ministerausschusses umfassen die Beratung wechselseitiger Auswirkungen von übertragenen und vorbehaltenen Kompetenzfeldern, auf der Basis vorheriger Einigungen die Erörterung devolvierter Politikfelder, soweit eine Diskussion ihrer jeweiligen Behandlung in den einzelnen Territorien zuträglich erscheint, die allgemeine

---

971 *Hazell/Morris*, Machinery of Government, S. 139; *Schwab*, Devolution, S. 175 f.
972 *Bogdanor*, Devolution in the UK, S. 284
973 Agreement on the Joint Ministerial Committee, in: Memorandum of Understanding and Supplementary Agreements, para. A 1.1.
974 Agreement on the Joint Ministerial Committee, in: Memorandum of Understanding and Supplementary Agreements, paras. A 1.3 f. An den Gipfeltreffen der Regierungschefs nehmen zudem die territorialen Secretaries of State teil, die in geeigneten Fällen auch in Fachminister-Treffen hinzugezogen werden. Zudem sind auch rein bilaterale Zusammenkünfte zwischen Vertretern der britischen Regieurng und der einer Devolutionsregion unter dem organisatorischen Dach des Joint Ministerial Committee vorgesehen; siehe Agreement on the Joint Ministerial Committee, in: Memorandum of Understanding and Supplementary Agreements, para. A 1.5.
975 Agreement on the Joint Ministerial Committee, in: Memorandum of Understanding and Supplementary Agreements, para. A 1.3.
976 Agreement on the Joint Ministerial Committee, in: Memorandum of Understanding and Supplementary Agreements, paras. A 1.3 f.
977 Agreement on the Joint Ministerial Committee, in: Memorandum of Understanding and Supplementary Agreements, paras. A 1.3 f., A 1.8.

Besprechung der intergouvernementalen Kooperationsarrangements sowie schließlich die Beratung von Konflikten zwischen den beteiligten Regierungen.[978] Dabei fällt das Joint Ministerial Committee keine rechtsverbindlichen Entscheidungen; vielmehr wurde es ausdrücklich als beratendes Gremium konzipiert.[979] Die im Ministerausschuß getroffenen, einvernehmlichen Vereinbarungen binden die Beteiligten nicht, obgleich eine Erwartung besteht, daß die Regierung die gemeinsam entwickelten Positionen unterstützten.[980] Besonders betont wird schließlich die Rolle des Joint Ministerial Committee in der möglichst konsensualen Entwicklung britischer Europapolitik.[981]

Obgleich das Joint Ministerial Committee – gemessen an seiner Organisation und den ihm zugewiesenen Aufgaben – als zentraler institutioneller Baustein der intergouvernementalen Kooperation im regionalisierten Vereinigten Königreich angesehen werden muß, legt bereits seine normative Ausgestaltung im Memorandum of Understanding und der einschlägigen Zusatzvereinbarung eine gewisse Relativierung dieser Stellung nahe. So soll es in Konfliktfällen zwischen den beteiligten Regierungen und damit in seiner wohl wichtigsten Koordinationsfunktion lediglich als letzte Instanz fungieren, nachdem bilaterale Verhandlungen und die ‚good offices' der territorialen Secretaries of State gescheitert sind.[982] Die bewußte Beschränkung des Aktionsradius der mit dem Gemeinsamen Ministerausschuß verwirklichten Institutionalisierung und Formalisierung kooperativer Koordination wird besonders deutlich, wenn bestimmt ist, daß sich die intergouvernementale Zusammenarbeit in der Regel „through normal administrative channels" vollziehen soll.[983] Das bedeutende Potenzial eines „cabinet of cabinets"[984] wird damit von vorneherein zugunsten bilateraler, informeller und intransparenter Kooperation geschmälert. Zumindest in Gestalt einiger Fachminister-Konferenzen – und insbesondere im Bereich der Europapolitik – hat sich der Gemeinsame Ministerausschuß zu einem regelmäßig tagenden und in der Bewertung der beteiligten Regierungen im wesentlichen erfolgreichen Koope-

---

978 Memorandum of Understanding and Supplementary Agreements, para. 23; Agreement on the Joint Ministerial Committee, in: Memorandum of Understanding and Supplementary Agreements, para. A 1.2. Vgl. dazu *Scott*, The Role of Concordats in the New Britain, S. 31; *Rawlings*, Concordats of the Constitution, S. 269; *Burrows*, Devolution, S. 125 f.
979 Agreement on the Joint Ministerial Committee, in: Memorandum of Understanding and Supplementary Agreements, para. A 1.10: „The JMC is a consultative rather than an executive body, and so will reach agreements rather than decisions."
980 Agreement on the Joint Ministerial Committee, in: Memorandum of Understanding and Supplementary Agreements, para. A 1.10.
981 Agreement on the Joint Ministerial Committee, in: Memorandum of Understanding and Supplementary Agreements, para. A 1.9; Concordat on the Co-ordination of European Policy Issues, in: Memorandum of Understanding and Supplementary Agreements, para. B 4.7.
982 Agreement on the Joint Ministerial Committee, in: Memorandum of Understanding and Supplementary Agreements, paras. A 1.6 f.
983 Memorandum of Understanding and Supplementary Agreements, para. 24.
984 So *Burrows*, Devolution, S. 124 f.

rationsgremium der britischen Devolution entwickelt.⁹⁸⁵ Zugleich offenbaren jedoch die Unregelmäßigkeit seiner Sitzungen in wichtigen Ressorts, die Intransparenz seiner Beratungen, der beinahe ständige Mangel an nach außen sichtbaren, inhaltlichen Verhandlungsergebnissen, das häufige Zusammentreffen von Fachministern außerhalb seines organisatorischen Rahmens sowie schließlich die allgemeine Dominanz des Zentralstaats in diesem Kooperationsgremium die Grenzen der bisher erreichten Formalisierung und Institutionalisierung gleichberechtigter intergouvernementaler Kooperation im Vereinigten Königreich.⁹⁸⁶ Die Asymmetrie der Devolution, welche nicht nur in der Unterschiedlichkeit der Kompetenzbestände der Devolutionsregionen, sondern auch in der stets fusionierten Repräsentierung zentralstaatlicher und englischer Interessen durch die britische Regierung zutage tritt, bleibt eine konzeptionelle Schwierigkeit jeder nachhaltigen Institutionalisierung.⁹⁸⁷ Die im Memorandum of Understanding festgeschriebenen Leitprinzipien der Regierungsbeziehungen und die Normierung und Entwicklung des Joint Ministerial Council zeigen jedoch auch deutlich, daß im Zuge der britischen Devolutionsreformen mit der Übertragung von Zuständigkeiten auf territoriale Einheiten neben Kompetenzbereichen auch eine tief verwurzelte Art der Regierungsführung externalisiert wurden. Das heutige Gefüge intergouvernementaler Kooperation bleibt einer Vorliebe für informelle, bilaterale, vertrauliche und aus London dominierte Staatsleitung verhaftet.⁹⁸⁸

Der zentrale Charakterzug der intergouvernementalen Beziehungen im Vereinigten Königreich liegt somit in der rechtlichen Unverbindlichkeit nicht nur der Vereinbarungen im Joint Ministerial Committee als dem wichtigsten Koordinationsgremium, sondern auch der Konkordate als den bedeutsamsten Kooperationsinstrumenten der britischen Devolution. Das Memorandum of Understanding, seine Zusatzabkommen sowie auch die in großer Anzahl abgeschlossenen bilateralen Konkordate zwischen einzelnen Fachministerien betonen *uni sono* das Fehlen eines Rechtsbindungswillens der beteiligten Parteien, den Mangel an rechtlicher Verpflichtungswirkung sowie die Qualität der vereinbarten Verhaltensmaximen als „statement[s] of political intent", welche

---

985  Vgl. dazu *Hazell*, Intergovernmental Relations, S. 163 ff.; *Trench*, Intergovernmental Relations a Year On, S. 154 ff.; *ders.*, Intergovernmental Relations – Officialdom Still in Control?, S. 145 ff.; *Schwab*, Devolution, S. 177 f.
986  Vgl. *Trench*, Intergovernmental Relations a Year On, S. 155 f.; *ders.*, The More Things Change, The More They Stay the Same, S. 179 f.; *Rawlings*, Concordats of the Constitution, S. 270; *Scott*, The Role of Concordats in the New Britain, S. 38 f.; *House of Lords Select Committee on the Constitution*, Devolution: Inter-Institutional Relations in the United Kingdom, paras. 29, 31 ff.; *Schwab*, Devolution, S. 179 f.
987  Vgl. *Leyland*, Devolution, the British Constitution and the Distribution of Power, S. 433; *Rawlings*, The Shock of the New, S. 84; *Laffin, Martin/Thomas, Alys/Webb, Adrian*, Intergovernmental Relations after Devolution: The National Assembly for Wales, PolitQ 2000, S. 223, 228.
988  Vgl. *Rawlings*, The Shock of the New, S. 84 f.; *ders.*, Concordats of the Constitution, S. 270 f., 279 ff.; *Scott*, The Role of Concordats in the New Britain, S. 38 f.

„binding in honour only" sein soll.[989] Damit wird aber zugleich auch indirekt die Befugnis zu rechtsverbindlichen Vertragsschlüssen zwischen den beteiligten Exekutiven bestätigt,[990] welche in den Devolutionsgesetzen ebenfalls im wesentlichen ungeregelt bleibt. Der verfassungsjuristische Status der Konkordate als rechtlich unverbindliche Gentlemen's Agreements, dem im deutschen Bundesstaat wohl das Lindauer Abkommen von 1957 am nächsten kommt, macht den ‚goodwill' der beteiligten Regierungen zur elementaren Voraussetzung des Kooperationsgeflechts der britischen Devolution.[991] Die Tragfähigkeit dieser Arrangements und insbesondere die der darin vorgesehenen Konfliktlösungsmechanismen muß sich erst in Zeiten ernsthafter, möglicherweise auch parteipolitischer Spannungen zwischen den zentralstaatlichen und regionalen Exekutiven erweisen. Auf lange Sicht könnte jedoch eine stärkere ‚Verrechtlichung' der intergouvernementalen Beziehung mit einer gesteigerten Justitiabilität erforderlich werden.[992] Die gegenwärtige rechtliche Unverbindlichkeit der Konkordate droht indessen, ihre überragende Bedeutung im Rahmen der Devolutionsreformen zu verschleiern. Sie sind zugleich exekutive Pseudo-Verträge und administrative Quasi-Gesetzgebung, die für die beteiligten Politiker und Beamten erhebliche handlungslenkende Wirkung entfalten.[993] In ihrer Eigenschaft als ‚soft law' der britischen Devolutionsordnung stellen die Konkordate durch ihren Detailreichtum einen wichtigen normativen Konkretisierungsfortschritt gegenüber den herkömmlichen Verfassungskonventionalregeln der britischen Staatsorganisation dar.[994] Zudem erfüllen die Konkordate eine Reihe bedeutsamer Funktionen im devolutionierten Staatswesen. Ihre wichtigste Aufgabe finden sie in der prozeduralen Regulierung der kooperativen Koordination.[995] Der Versuch der beteiligten Regierungen, Rechtswirkungen der Konkordate und damit die gerichtliche Kontrolle der intergouvernementalen Kooperation gänzlich auszuschließen, könnte

---

989 Siehe etwa Memorandum of Understanding and Supplementary Agreements, para. 2; Concordat on the Co-ordination of European Policy Issues, in: Memorandum of Understanding and Supplementary Agreements, paras. B 1.2, B 2.2, B 3.2; Concordat on Financial Assistance to Industry, in: Memorandum of Understanding and Supplementary Agreements, para. C 4; Concordat on International Relations, in: Memorandum of Understanding and Supplementary Agreements, paras. D 1.2, D 2.2, D 3.2.; Concordat on Statistics, in: Memorandum of Understanding and Supplementary Agreements, para. E 1.
990 Eine solche Abschlußkompetenz wird – in der Regel ohne ausdrücklichen Hinweis – wohl allgemein angenommen; vgl. *Rawlings*, New Model Wales, S. 503.
991 *House of Lords Select Committee on the Constitution*, Devolution: Inter-Institutional Relations in the United Kingdom, paras. 24 ff.
992 Vgl. *Oliver*, Constitutional Reform in the UK, S. 252.
993 *Rawlings*, New Model Wales, S. 502; ders., Concordats of the Constitution, S. 280; *Poirier*, The Functions of Intergovernmental Agreements, London 2001, S. 27 ff.; *dies.*, The Functions of Intergovernmental Agreements, PL 2001, S. 154 ff.
994 *Rawlings*, Concordats of the Constitution, S. 258.
995 *House of Lords Select Committee on the Constitution*, Devolution: Inter-Institutional Relations in the United Kingdom, paras. 21; *Poirier*, The Functions of Intergovernmental Agreements, London 2001, S. 23; *dies.*, The Functions of Intergovernmental Agreements, PL 2001, S. 150.

dabei am Common Law-Rechtsinstitut der ‚legitimate expectation' scheitern.⁹⁹⁶ Diese dem Grundsatz des ‚venire contra factum proprium' verwandte öffentlich-rechtliche Doktrin könnte von aktivistischen Gerichten in der Zukunft herangezogen werden, um bei Verstößen gegen Verfahrens- oder Verhaltenspflichten aus den Konkordaten auf Antrag der übergangenen Partei oder eines Dritten einzuschreiten.⁹⁹⁷ So würden begründete Verhaltens- und Verfahrenserwartungen eine justitiable Gestalt annehmen. Eine konkretisierte prozedurale Funktion erfüllen die Konkordate des weiteren durch die konsensuale Schaffung institutionalisierter Kooperationsorgane, wie etwa des Joint Ministerial Committee. Schließlich können die Konkordate auch materielle Regelungen enthalten, so etwa wenn zweifelhafte Kompetenzgrenzen zwischen den staatlichen Einheiten konkretisiert oder – bisher nur im Ansatz erkennbar, aber mit erheblichen Entwicklungsmöglichkeiten – Politikentscheidungen inhaltlich koordiniert werden.⁹⁹⁸ Allen diesen Funktionen der Konkordate wohnt zudem auch ein para-konstitutioneller Regelungs- und Organisationsaspekt inne.⁹⁹⁹ Die inhaltliche Überschneidung einiger Vereinbarungen mit dem deutschen Verfassungsgrundsatz der Bundestreue bestätigt dieses Verständnis im direkten Verhältnis zwischen britischer Devolution und deutscher Bundesstaatlichkeit. Greifbar wird dies auch insbesondere in dem ausdrücklichen Bekenntnis des Memorandum of Understanding zur Sewel Convention.¹⁰⁰⁰ Gerade aus dieser para-konstitutionellen Wirkung der Konkordate erwachsen jedoch im Zusammenhang mit dem Fehlen einer gesetzlichen Grundlage und dem Mangel an parlamentarischer Mitwirkung und Kontrolle schwerwiegende demokratische Bedenken.

Die intergouvernementale Kooperation im Vereinigten Königreich kennt neben den Konkordaten auch eine Reihe weiterer Koordinationsinstrumente. Bei ‚protocols' handelt es sich ebenfalls um konsensual abgeschlossene Vereinbarungen zwischen einzelnen Regierungen, die in rechtlich unverbindlicher Weise das kooperative Verhalten der Beteiligten lenken sollen.¹⁰⁰¹ Sie

---

996 Die Rechtsdoktrin der ‚legitimate expectation' bildet einen Teil der Ermessensfehlerlehre im britischen Verwaltungsrecht und wurde durch das House of Lords unter anderem im Fall *Council for Civil Service Unions v. Minister for the Civil Service* [1985] AC 374, 410 f., anerkannt. Zu diesem Überprüfungsmaßstab im Rahmen der Judicial Review vgl. *Craig*, Administrative Law, S. 639 ff. m. w. N.
997 Vgl. *Rawlings*, New Model Wales, S. 503; *ders.*, Concordats of the Constitution, S. 283 f.; *ders.*, The Shock of the New, S. 85; *Scottish Parliament Information Centre*, Concordats, S. 12 ff.; *Gay*, Devolution and Concordats, S. 32 ff.; *Patchett*, The New Welsh Constitution, S. 232; *Leyland*, Devolution, the British Constitution and the Distribution of Power, S. 423.
998 Vgl. dazu *Poirier*, The Functions of Intergovernmental Agreements, London 2001, S. 23 f.; *dies.*, The Functions of Intergovernmental Agreements, PL 2001, S. 150 f.; *Trench*, Intergovernmental Relations a Year On, S. 157 f.; *Rawlings*, Quasi-Legislative Devolution, S. 70.
999 *Poirier*, The Functions of Intergovernmental Agreements, London 2001, S. 24 ff.; *dies.*, The Functions of Intergovernmental Agreements, PL 2001, S. 151 ff.
1000 Siehe supra Fn. 962 mit Text.
1001 Vgl. *Sherlock*, Government in Wales, S. 19; *Rawlings*, Quasi-Legislative Devolution, S. 69.

weisen somit starke Ähnlichkeiten mit den Konkordaten auf, bilden jedoch eine niedrigere Stufe der Formalisierung. Gesteigerte Bedeutung erlangen derartige Protokolle im Zusammenspiel mit Konkordatsregelungen in der exekutiven Devolution für Wales, die aufgrund des zentralstaatlichen Zurückbehalts primärer Gesetzgebungszuständigkeiten in besonderem Maße von produktiver Kooperation zwischen den walisischen Regionalinstitutionen und der Ministerialbürokratie in Whitehall abhängig bleibt. Exekutive Devolution stellt ein spezifisch verzahntes Modell der Regionalisierung dar, in dem der reale Umfang politischer Leitungsfunktionen auf regionaler Ebene vor allem vom kooperativen Einfluß der walisischen Regionalorgane auf den Legislativapparat in London bestimmt wird.[1002] Sowohl die Initiierung Wales-spezifischer Gesetzgebung in Westminster durch den Secretary of State for Wales als auch die kooperative Mitwirkung an der Ausarbeitung anglo-walisischer Legislativakte mit dem Ziel der Berücksichtigung walisischer Sonderinteressen bilden notwendige Vorraussetzungen einer funktionstüchtigen exekutiven Devolution für Wales. Zu diesen Zwecken hat das Kabinett der Nationalversammlung für Wales eine ganze Reihe bilateraler Konkordate mit verschiedenen Fachministerien der britischen Regierung abgeschlossen, in denen die gegenseitigen Beziehungen geregelt werden. Zwischen dem walisischen Kabinett und dem Wales Office wurden neben einem Konkordat, welches die Grundprinzipien der Zusammenarbeit festlegt und vor allem die Funktionen des Secretary of State for Wales innerhalb der britischen Regierung für Wales-spezifische Gesetze und Einzelbestimmungen konkretisiert, auch Protokolle über die zukünftige intergouvernementale Kooperation hinsichtlich primärer Gesetzgebung für diese Region vereinbart.[1003] Auch nach diesen – ohnehin rechtlich unverbindlichen – Absprachen bleiben die Letztverantwortung der britischen Regierung für die Berücksichtigung walisischer Belange in Westminster-Gesetzgebung und insbesondere die machtvolle Scharnierstellung des Secretary of State for Wales zwischen den Regionalorganen und dem Legislativapparat in London unangetastet.

Die walisische Devolution bietet jedoch zudem einen aufschlußreichen Beispielsfall des Gebrauchs formaler Kooperationsmechanismen. Die drei Devolutionsgesetze sehen jeweils die Möglichkeit des Abschlusses von ‚agency agreements' zwischen den Exekutiven der Devolutionsregionen und britischen Behörden vor.[1004] In diesen Vereinbarungen kann die Ausübung hoheitlicher Tätigkeiten von einer Partei auf die andere übertragen werden, wobei die Verantwortung für die Funktionsausübung stets bei der gesetzlich zuständigen Einheit verbleibt.[1005] Die gesetzlichen Regelungen gehen von

---

1002 *Rawlings*, New Model Wales, S. 501 f.; *ders.*, Concordats of the Constitution, S. 265.
1003 *Rawlings*, Quasi-Legislative Devolution, S. 68 f.; *Burrows*, Devolution, S. 80 f.; *Sherlock*, Government in Wales, S. 19 f.; *dies.*, A Wales of Bits and Pieces?, S. 198 f.
1004 Siehe sec. 93 Scotland Act 1998; sec. 28 Northern Ireland Act 1998; sec. 41 Government of Wales Act 1998.
1005 Vgl. dazu *Page/Reid/Ross*, Guide to the Scotland Act 1998, S. 137; *Himsworth/Munro*, The Scotland Act 1998, S. 117 f.

der rechtlichen Bindungswirkung dieser Verwaltungsverträge aus.[1006] Es ergeben sich somit deutliche Parallelen zu den im deutschen Bundesstaat vorzufindenden Kompetenzübertragungen an andere Hoheitsträger, die teilweise in der Form der internen Beteiligungsverwaltung realisiert werden.[1007] Im Rahmen der exekutiven Devolution für Wales kann das Rechtsinstitut des ‚agency agreement' gezielt zur Förderung regionaler politischer Initiativen eingesetzt werden.[1008] Dies geschah im Falle der umfassenden Reform des walisischen Gesundheitssystems, für dessen Durchführung die Nationalversammlung primärrechtlicher Ermächtigungsgrundlagen aus Westminister bedürfte. Auf der Basis eines ‚agency agreement' zwischen der walisischen Regierung und dem Wales Office wurden regionale Beamte und Experten direkt an der Ausarbeitung und Verhandlung des NHS Reform and Health Care Professions Act 2002 beteiligt.[1009] Diese formalisierte Mitwirkung der Regionalinstitutionen an der Entwicklung britischer Primärgesetzgebung stellt einen erheblichen Fortschritt der britisch-walisischen Kooperation dar und könnte zu einem wichtigen konstitutionellen Präzedenzfall der exekutiven Devolution erstarken.[1010]

Die intergouvernementale Kooperation zwischen den regionalen Exekutiven und der britischen Regierung wird allerdings nicht nur in vertraglichen und pseudo-vertraglichen Vereinbarungen strukturiert, sondern auch durch weitere ‚soft law'-Instrumente prozedural vorbestimmt. So wurden vom Cabinett Office der britischen Regierung und später vom Office of the Deputy Prime Minister eine Reihe regierungsinterner Verhaltenskodizes in Gestalt der Devolution Guidance Notes erlassen, welche in rechtlich unverbindlicher Weise das Verhalten der Londoner Ministerialbürokratien gegenüber den Devolutionsregionen zu regeln bestimmt sind.[1011] Trotz ihres Mangels an rechtlicher Außenwirkung kommt diesen Verwaltungsrichtlinien eine bedeutende Stellung im Kooperationsgeflecht der britischen Devolution zu. Sie entfalten gegenüber den beteiligten Funktionsträgern quasi-legislative Wirkungen und behandeln so wesentliche konstitutionelle Fragen wie etwa die tragenden Grundprinzipien der intergouvernementalen Kooperation einschließlich der Leitgrundsätze für den Abschluß von Konkordaten, die verbleibende Rolle der territorialen Secretaries of State, die Handhabung primärer zentralstaatlicher Gesetzgebungszuständigkeiten für die einzelnen Devolutionsregionen sowie die Demarkation zentralstaatlicher Ministerver-

---

1006  So auch *Poirier*, The Functions of Intergovernmental Agreements, London 2001, S. 24, Fn. 97; *dies.*, The Functions of Intergovernmental Agreements, PL 2001, S. 151, Fn. 96.
1007  Siehe dazu supra Kapitel 5 § 2 B. I.
1008  Vgl. *Jones/Williams*, Wales as a Jurisdiction, S. 92.
1009  Vgl. *Osmond*, Nation Building and the Assembly, S. 63 f.
1010  *Osmond*, Nation Building and the Assembly, S. 64.
1011  Eine Übersicht der bisher veröffentlichten Devolution Guidance Notes findet sich im Internet unter www.dca.gov.uk/constitution/devolution/guidance.htm. Vgl. dazu auch *Rawlings*, Concordats of the Constitution, S. 260, Fn. 9; *ders.*, Quasi-Legislative Devolution, S. 69 f.

antwortlichkeit in der regionalisierten Staatsordnung.[1012] Wie die Konkordate und Protokolle prägen die Devolution Guidance Note durch die detailreiche – wenn auch rechtlich unverbindliche – Normierung intergouvernementaler Beziehungen im Vereinigten Königreich in erheblichem Maße sowohl den konstitutionellen Diskurs der Devolution als auch die politische Praxis. In ihrer para-konstitutionellen Funktion bilden sie zugleich den maßgeblichen Ausgangspunkt für die Entwicklung neuer Verfassungskonventionalregeln in einem dynamischen Regionalisierungsprozeß.

## C. Systematische Verortung Deutschlands und des Vereinigten Königreichs auf dem Kontinuum der Systemverflechtung im regionalisierten Staatswesen

Das Gefüge der Systemverflechtungen im regionalisierten Staatswesen erstarkt zum Gradmesser der Regionalisierung, wenn die ihm zugrundeliegenden Tendenzen der Zentralisierung und Dezentralisierung zutage treten. Mechanismen der direktiven Koordination in Gestalt unilateraler Ingerenzbefugnisse im Verhältnis zwischen dem Zentralstaat und seinen regionalen Gliedern bewirken eine starke konstitutionelle Verflechtung der jeweiligen Kompetenzsphären und Verantwortungskreise, während die Autonomie beider staatlicher Ebenen durch einen Mangel an derartigen Vernetzungselementen gestärkt wird. Für die Frage der territorialen Dezentralisierung politischer Leitungsfunktionen erweist sich die direktive Koordination jedoch naturgemäß als zweischneidig: Während zentralstaatliche Ingerenzbefugnisse gegenüber den regionalen Einheiten deren Eigenständigkeit bedrohen, können Einwirkungsrechte der Regionen auf die zentralstaatliche Willensbildung als besondere Form der Dezentralisierung auf einer höheren staatlichen Ebene angesehen werden. Selbständige und eigenverantwortliche politische Leitung bildet nur eine – wenn auch die umfassendste – Modalität der staatsorganisatorischen Berücksichtigung regionaler Sonderinteressen. Zentralstaatliche Mitwirkung liefert eine gewissermaßen ‚mediatisierte' Alternative. Diese erlangt eine zusätzlich gesteigerte Bedeutung, wenn sie die Gestalt regionaler Einflußnahme auf zentralstaatliche Willensbildungsprozesse zur Ausübung von Ingerenzrechten gegenüber den Regionen annimmt, so daß insgesamt ein verschränktes Gefüge von Einwirkungsmechanismen entsteht. Kooperative Koordination der staatlichen Einheiten erweist sich hinsichtlich der Frage nach dem Umfang der regionalen Automomie im territorial dezentralisierten Staatswesen ebenfalls als vielschichtiges Problemfeld: Sie verleiht dem regionalisierten Verfassungsgefüge, das durch die Trennung und Verschrän-

---

1012 Vgl. *Hazell*, Intergovernmental Relations, S. 161 ff.

Kapitel 5: Kompetenzverteilung und Systemverflechtung

kung von Wirkungskreisen den politischen Akteuren beider staatlicher Ebenen normative Tätigkeitsrahmen vorgibt, die in der konstitutionellen Praxis erforderliche Funktionsfähigkeit. Sie spendet Flexibilität und Problemlösungskapazität auf der Basis der konsensualen Verarbeitung normativer und praktischer Verzahnungen verschiedener Handlungssphären. Dabei wahren die Instrumente kooperativen Zusammenwirkens grundsätzlich die politische Entscheidungsfreiheit und damit auch die demokratische Letztverantwortlichkeit der jeweiligen Kompetenzträger. Geht demzufolge von kooperativer Koordination prinzipiell keine Zentralisierung im engeren kompetenzrechtlichen und staatsorganisatorischen Sinne aus, so begründet sie dennoch eine faktische Tendenz zu materieller Unitarisierung, Harmonisierung und Einheitlichkeit in einem Verfassungsgefüge, das die territoriale Dezentralisierung von politischen Leitungsfunktionen zumindest auch um der entstehenden Vielfalt willen verwirklicht. Schließlich bleibt die Trennung der Kompetenzsphären des regionalisierten Staatswesens vom kooperativen Zusammenwirken der politischen Akteure nur in einem streng juristischen Sinne unberührt; auch die freiwillige Selbstkoordination geht vor allem wegen ihrer meist intransparenten Exekutivlastigkeit und der praktisch unausweichlichen Vorbestimmung interner Willensbildungsprozesse unweigerlich mit einer faktischen Vermischung von Verantwortlichkeitskreisen und einer entsprechenden Schwächung der materiell-demokratischen Komponente der Staatsorganisation einher. Vor diesem Hintergrund teilweise gegenläufiger Wirkungsrichtungen müssen die Mechanismen der Systemverflechtung in den regionalisierten Staatsordnungen Deutschlands und des Vereinigten Königreichs verstanden und für die komparative Bewertung fruchtbar gemacht werden.

Der deutsche Bundesstaat räumt dem Zentralstaat sowohl im legislativen als auch im exekutiven Bereich bedeutsame Ingerenzbefugnisse gegenüber den Ländern ein und sucht diesen Umstand durch eine machtvolle Stellung des Bundesrates und damit durch eine starke – allerdings mediatisierte – Mitbestimmung der Länder auf nahezu allen Gebieten der zentralstaatlichen Hoheitstätigkeit auszugleichen. Der ohnehin vergleichsweise bescheidene Bestand originärer gliedstaatlicher Zuständigkeiten wird in erheblichem Maße der Einflußnahme des Bundes ausgesetzt, an der jedoch die Länder über das föderative Bundesorgan mitwirken. Dieses Grundschema zeigt sich besonders deutlich in der von der Zustimmung des Bundesrats abhängigen Bundeskompetenz zum Erlaß einheitlicher Organisations-, Zuständigkeits- und Verfahrensregelungen sowie Verwaltungsvorschriften im Rahmen der Landeseigenverwaltung gemäß Art. 84 Abs. 1 und 2 GG, die vor dem Hintergrund einer weitgehend zentralisierten Gesetzgebung und einer im wesentlichen dezentralisierten Verwaltung als ein prägendes Kernelement deutscher Bundesstaatlichkeit angesehen werden muß. Während die Kompetenzverteilung im deutschen Verfassungsgefüge und die direktiven Einwirkungsmechanismen des Bundes auf die Länder somit ein stark zentralisiertes Bild der deutschen Regionalisierung zeichnen, verleihen die Ingerenzbefugnisse der Länder gegenüber dem Bund, die vor allem in der Machtfülle des Bundesrates begründet sind, diesem Bild eine dezentralisierende Dimension. Der Beteiligungsföderalismus der Bundesrepublik ersetzt damit auf wesentlichen Gebieten der politischen Leitung die Aufgabentrennung zwischen Bund und Ländern durch ihr gemeinschaftliches Handeln.[1013] Diese Verlagerung deutscher Regionalisierung auf die Bundesebene findet ihre natürliche Grenze in den notwendigen Schwächen der Bundesratskonzeption: Die durch das föderative Organ und seine Entscheidungsverfahren mediatisierte politische Leitungsfunktion der Gliedstaaten vermag echte Vielfalt und regionale Selbstbestimmung im regionalisierten Staatswesen qualitativ nicht zu ersetzen:

> *„Mitbestimmung ist immer nur ein unzulängliches Surrogat für Selbstbestimmung."*[1014]

Insbesondere unterscheiden sich auch die Akteurskreise gliedstaatlicher Selbstbestimmung und Mitbestimmung. Die Idee eines Kompensationsverhältnisses zwischen dem Verlust an Selbstverantwortung und gestärkter Mitwirkung verschleiert die darin immanente, fortschreitende Machtverlagerung von den Landesparlamenten auf die Landesregierungen.[1015] Trotz des erheblichen Umfangs der Mitwirkungsrechte des Bundesrates in Angelegenheiten der Europäischen Union muß diese Bewertung in noch gesteigertem Maße gelten, wenn der europäische Integrationsprozeß in die Betrachtung einbezogen wird, da sich hier regionale Gestaltungsfreiheit zwiefach mediatisiert ereignet. Wo eigenverantwortliche Vielfalt noch möglich bleibt – in den auf Landesebene verbleibenden Gesetzgebungsmaterien und vor allem auf dem Gebiet der Verwaltung – sorgt die teilweise stark institutionalisierte und formalisierte kooperative Selbstkoordination der Länder für eine materielle Unitarisierung des deutschen Bundesstaates. Dabei nutzen Bund und Länder ein breit gefächertes Instrumentarium rechtlich verbindlicher und lediglich empfehlender Mechanismen des Zusammenwirkens, um die normativen und praktischen Verzahnungen der unterschiedlichen Handlungssphären sowie die daraus resultierenden Spannungen und Konflikte konsensual zu verarbeiten. Sowohl die Verlagerung der Regionalisierung auf eine zentralstaatliche, mediatisierte Ebene als auch die kooperative Vernetzung der intraföderativen Beziehungen bewirken zudem eine erhebliche Stärkung der Landesexekutiven zu Lasten der gliedstaatlichen Parlamente. Auch die regionale Demokra-

---

1013 *Böckenförde*, Sozialer Bundesstaat, S. 188 f.
1014 *Isensee*, Föderalismus und Verfassungsstaat, S. 257. Vgl. auch *Lerche*, Aktuelle föderalistische Verfassungsfragen, S. 40 ff.; *Graf Vitzthum*, Bedeutung gliedstaatlichen Verfassungsrechts, S. 45 ff.; *Ossenbühl*, Föderalismus und Regionalismus in Europa, S. 132; *Hesse, Konrad*, Bundesstaatsreform und Grenzen der Verfassungsänderung, AöR 98 (1973), S. 1, 20 ff.; *Isensee*, Idee und Gestalt des Föderalismus, Rz. 304; *Papier, Hans-Jürgen*, 50 Jahre Bundesstaatlichkeit nach dem Grundgesetz – Entwicklungslinien und Zukunftsperspektiven, in: Bundesrat (Hrsg.), 50 Jahre Herrenchiemseer Verfassungskonvent: „Zur Struktur des deutschen Föderalismus", Bonn 1999, S. 341, 343.
1015 Vgl. *Isensee*, Der Bundesstaat, S. 743 f.; *Hesse*, Bundesstaatsreform und Grenzen der Verfassungsänderung, S. 37 f.; *Papier*, 50 Jahre Bundesstaatlichkeit nach dem Grundgesetz, S. 343.

tie nimmt daher in wesentlichen Bereichen gliedstaatlicher Funktionsausübung eine ‚vermittelte' Gestalt an.

Im britischen Devolutionsgefüge können dagegen die Elemente der Systemverflechtung als das Erbe einer von starker Zentralisierung des Vereinigten Königreichs geprägten Verfassungshistorie angesehen werden. Die Devolutionsgesetze für Schottland, Nordirland und Wales legen die organisatorischen Grundlagen für regionale, demokratische Regierungssysteme und übertragen jeweils sehr unterschiedliche Kompetenzbestände auf diese – betont untergeordneten – politischen Einheiten. Dem einer solchen Regionalisierungsreform innewohnenden verfassungspolitischen Risiko treten die Gesetzeswerke mit einem breit angelegten Instrumentarium unilateraler Einwirkungsbefugnisse des Zentralstaats auf die neuen Regionalinstitutionen entgegen. Während die devolutionsrechtlich unbeschränkte Legislativkompetenz der Crown in Parliament auch in devolvierten Zuständigkeitsmaterien noch mit dem Verweis auf die in Westminster und Whitehall herrschende Verfassungsorthodoxie für unabdingbar gehalten werden kann, zeigen die Intensität und der Umfang der Ingerenzrechte der britischen Regierung gegenüber den Devolutionsregionen insbesondere zur Korrektur von tatsächlichen oder möglichen Kompetenzüberschreitungen und zur Gewährleistung der Europa- und Völkerrechtskonformität regionaler Hoheitstätigkeit ein gewisses gesetzgeberisches Mißtrauen gegenüber gänzlich abgeschlossenen Verantwortungskreisen auf regionaler Ebene. Dagegen spielt die Schaffung von Mechanismen der direktiven Einflußnahmerechte der Regionalorgane auf die zentralstaatliche Funktionsausübung in den Devolutionsgesetzen eine deutlich untergeordnete Rolle. Sie fehlen hinsichtlich des zentralstaatlichen Gesetzgebungsprozesses vollkommen und bleiben im wesentlichen auf die Mitwirkung bei Eingriffen der britischen Regierung in die regionalen Handlungssphären beschränkt. Als Beispiele für eine derartige Verschränkung von Ingerenzbefugnissen mögen etwa die Zustimmungserfordernisse bei der exekutiven Modifikation der Grenzen zwischen übertragenen und vorbehaltenen Kompetenzbeständen gemäß sec. 30(2) Scotland Act 1998 und sec. 4(2) Northern Ireland Act 1998 dienen. Während die Kompetenzbestände der Devolutionsregionen nachhaltig mit zentralstaatlichen Einflußnahmemechanismen unterlegt werden, verwirklichen die Devolutionsgesetze in der gegenläufigen Richtung ein klar separatives Verständnis der unterschiedlichen Handlungsebenen. Hinsichtlich vorbehaltener Zuständigkeitsbereiche bleibt der zentralstaatliche Entscheidungsapparat in Westminster und Whitehall nach der gesetzlichen Regelung für die Regionalorgane gänzlich unbeeinflußbar. In institutioneller Hinsicht finden regionale Sonderinteressen nur zentralstaatsinterne Berücksichtigung, etwa in Gestalt des lokalbezogenen Mehrheitswahlrechts zum House of Commons und der Regierungsämter der territorialen Secretaries of State. Organisatorische Veränderung des Regierungssystems auf zentralstaatlicher Ebene bewirken die Devolutionsgesetze nicht, die ihnen nachfolgenden Verfassungspraxis nur in äußerst eingeschränktem Maße. Die weitgehende Ausgrenzung der Devolutionsproblematik in den heute absehbaren Fortschritten der Oberhausreform bestätigt diesen Befund einer bewußt einseitigen Systemverflechtung direktiver Koordination. Der darin zutage tretende institutionelle Konservatismus wird zumindest auch durch die Asymmetrie des britischen Regionalisierungsgefüges begünstigt, in dem annähernd 85 Prozent der britischen Bevölkerung weiterhin direkt aus London regiert werden. Die Schwierigkeiten, welche sich aus den echten Kompetenzkonkurrenzen der beiden staatlichen Ebenen im legislativen und exekutiven Bereich sowie aus dem dadurch noch schwerer wiegenden Mangel an Ingerenzbefugnissen der Regionen gegenüber dem beinahe umfassend zuständigen Zentralstaat ergeben, überlassen die Devolutionsgesetze der politischen Praxis. Wichtige Grundlagen für die weitere dynamische Ausgestaltung dieser Dimension des Devolutionsgefüges legt in dieser Hinsicht jedoch die Etablierung der Sewel Convention für Schottland, die als Verfassungskonventionalregel zur konstitutionell-normativen Verarbeitung einer unter dem Scotland Act 1998 entstehenden Kompetenzkonkurrenz an die methodische Tradition britischer Verfassungsentwicklung anknüpft. Mit den kooperativen Gremien des Belfast Agreement und den ‚agency agreements' werden in den Devolutionsgesetzen erste behutsame Ansätze der institutionalisierten intergouvernementalen Zusammenarbeit geschaffen. Im übrigen bleibt der bereits aufgrund der Komplexität des Devolutionsprojekts sehr erhebliche und hinsichtlich der exekutiven Devolution für Wales geradezu überragende Koordinationsbedarf zwischen den Regionen und dem Zentralstaat der freien Gestaltung der politischen Akteure überantwortet. So hat sich bereits in den ersten Jahren nach den Regionalisierungsreformen ein dichtes Geflecht unterschiedlich stark formalisierter und institutionalisierter Kooperationsmechanismen gebildet. Die dabei entstandenen Konkordate, Protokolle und Devolutionsrichtlinien als rechtlich unverbindliche, handlungsleitende Instrumente der Selbstkoordination widersetzen sich einer klaren Verortung im traditionellen britischen Verfassungnormengefüge. Auch in ihnen äußert sich jedoch die überaus konservative Grundhaltung der Regionalisierungsreformen: Eine deutliche Präferenz für informelle, rechtlich unverbindliche und vertrauliche bilaterale Kontakte und Absprachen prägt auch nach der Externalisierung von Kompetenzen und demokratischer Verantwortung den Stil britischer Regierungsführung.

Direktive und kooperative Koordination in Deutschland und dem Vereinigten Königreich verfolgen daher zum Teil unterschiedliche verfassungspolitische Ziele und belegen teilweise verschiedene konstitutionelle Problemfelder. In Deutschland dienen Mechanismen der direktiven Koordination der umfassenden wechselseitigen Verschränkung von Handlungssphären und Verantwortlichkeiten sowie insbesondere der institutionellen Regionalisierung der kompetenziell übermächtigen Bundesebene. Dabei können die deutschen Bundesländer über den Bundesrat vor allem aufgrund der auf der ‚Einheitsthese' beruhenden Auslegung grundgesetzlicher Zustimmungserfordernisse und der Beteiligungsrechte des Bundesrats in den Verfahren der formellen Verfassungsänderung sowie der europapolitischen Willensbildung erheblichen Einfluß auch auf zentralstaatliche Kompetenzmaterien nehmen. Das Verfassungsgefüge des Vereinigten Königreichs kennt dagegen hinsichtlich zentralstaatlicher Zuständigkeitsfelder grundsätzlich überhaupt keine unilateralen Einwirkungsinstrumente der Regionen. Die Mechanismen der direktiven Koordination bleiben streng auf den Bereich übertragener Zuständigkeitsfelder beschränkt. Nur hier werden die weitreichenden Ingerenzbefugnisse des britischen Zentralstaats zumindest zum Teil durch gesetzliche Zustimmungserfordernisse und die Sewel Convention als Verfassungskonventionalregel abgefedert, während in anderen Bereichen, wie etwa der exekutiven Devolution für Wales, die umfassenden Einwirkungspositionen der zentralstaatlichen Ebene von regionalen Ingerenzbefugnissen völlig unberührt sind. Damit überlassen Deutschland und das Vereinigte Königreich unterschiedlich weite konstitutionelle Problemfelder dem kooperativen Zusammenwirken der einzelnen staatlichen Ebenen. Zwar bilden in beiden Verfassungsordnungen die Verarbeitung von Kompetenzverschränkungen und -konflikten sowie die inhaltliche Abstimmung von Politikentscheidungen wichtige Gegenstände dieses Koordinationsinstrumentariums, doch unterfallen im Vereinigten Königreich darüber hinaus auch konstitutionell so bedeutsame Themen wie etwa der große Bereich des zentralstaatlichen Gebrauchs von Ingerenzbefugnissen gegenüber den Regionen und die Berücksichtigung regionaler Interessen bei zentralstaatlicher Hoheitstätigkeit in vorbehaltenen Zuständigkeitsmaterien gänzlich den Mechanismen kooperativen Zusammenwirkens. Das Kooperationsgeflecht, das sich um die Primärgesetzgebung für Wales und die Angelegenheiten der Europäischen Union spinnt, bietet dafür einen anschaulichen Beispielsfall. In Deutschland bleibt der kooperativen Koordination etwa im Bereich der Europapolitik nur eine untergeordnete Rolle im Schatten verfassungskräftiger gliedstaatlicher Beteiligungspositionen. Besitzen die Mechanismen kooperativen Zusammenwirkens im Devolutionsgefüge somit einen erheblich weiteren Anwendungsbereich als im deutschen Bundesstaat und kommt ihnen dadurch im Vereinigten Königreich auch insgesamt eine größere Bedeutung zu als in Deutschland, so unterscheiden sich die nationalen Kooperationsinstrumentarien zudem hinsichtlich ihrer normativen und institutionellen Verdichtung. Während der deutsche Bundesstaat in den über 50 Jahren seiner Existenz ein artenreiches Spektrum unterschiedlichster rechtlich verbindlicher und unverbindlicher, formeller und informeller, bi- und multilateraler, stärker und schwächer institutionalisierter Kooperationsmechanismen herausgebildet hat, bleibt das bisher entwickelte Instrumentarium kooperativer Koordination im britischen Devolutionsgefüge im Vergleich betont unverbindlich, informell, bilateral und schwach institutionalisiert. Beide Kooperationsgeflechte beschränken sich weitgehend auf intergouvernementale Beziehungen und bewirken damit auch gleichermaßen eine Machtverschiebung zugunsten der jeweiligen Exekutiven und zu Lasten der Volksvertretungen, deren Gestaltungsfreiheit damit praktisch begrenzt wird.

Eine Verortung der deutschen Bundesstaatlichkeit und der britischen Devolution auf einem Kontinuum der Systemverflechtung kann nur vor dem Hintergrund der jeweiligen Kompetenzverteilungssysteme erfolgen. Die direktive Koordination in Deutschland verstärkt durch die Ausstattung des Bundes mit weitreichenden Einwirkungsbefugnissen auf die Länder die in der grundgesetzlichen Kompetenzverteilung angelegte Zentralisierung des Verfassungsgefüges und bietet zugleich mit der Regionalisierung der Bundesebene einen komplementären Ausgleichsmechanismus, der jedoch regionale Gestaltungsfreiheit stets nur durch gliedstaatliche Mitwirkung ersetzen kann. Darüber hinaus unterliegen die originären Zuständigkeitsbereiche der Gliedstaaten einem weitreichenden Unitarisierungsprozeß durch kooperative Selbstkoordination. Während der walisischen Devolution eine noch stärkere Zentralisierung ohne ausgleichende Ingerenzbefugnisse der Regionalorgane innewohnt und die nordirische Devolution fest in ein Gefüge zentralstaatlicher Einwirkung und teilweise transnationaler Kooperation eingebunden ist, liegt zumindest der schottischen Regionalisierung ein gegenüber dem deutschen Bundesstaat vergleichsweise separatives Verständnis zugrunde. Den Ausgangspunkt dieses Befundes bildet die breite Kompetenzausstattung der schottischen Regionalorgane. Zwar besitzt der britische Zentralstaat auch hier geradezu umfassende Einwirkungsmöglichkeiten, jedoch werden diese durch gesetzliche und verfassungskonventionale Koordinationsmechanismen in der Verfassungspraxis wirksam beschränkt. Auch die Mechanismen der kooperativen Koordination zwischen der schottischen und der britischen Regierung haben noch keine dem kooperativen Föderalismus deutscher Prägung vergleichbare Intensität erreicht, obgleich die aufgrund der Sewel Convention ergangenen zentralstaatlichen Legislativakte gewisse materielle Ähnlichkeiten mit der kooperativ konzertierten Gesetzgebungstätigkeit im deutschen Bundesstaat aufweisen. Zumindest gegenüber der schottischen Devolution kann der deutsche Bundesstaat somit insgesamt als stärker verflochtenes Regionalisierungssystem mit einer entsprechenden Schwächung regionaler Autonomie verstanden werden. Die Regionalisierung des deutschen Zentralstaats, die im Vereinigten Königreich ohne vergleichbares Gegenstück bleibt, vermag diesen Befund in seiner verfassungspolitischen Brisanz zwar zu relativieren, nicht jedoch gänzlich zu entkräften, da sich eine Gleichsetzung von selbständiger regionaler Gestaltung und zentralisierter Mitwirkung verbietet.

**Kapitel 6:**
**Konstitutionelle Absicherung deutscher**
**Bundesstaatlichkeit und britischer Devolution im Vergleich**

In den untergeordneten Parametern der Kompetenzverteilung und Systemverflechtung erfährt das verfassungsdogmatisch bruchlose Kontinuum der Regionalisierungsformen als analytischer Rahmen der verfassungsvergleichenden Untersuchung deutscher Bundesstaatlichkeit und britischer Devolution eine thematische Konzentration auf die Bestimmung des Umfangs zentralstaatlicher und regionaler Handlungssphären sowie ihrer Grenzen und gegenseitigen Verschränkungen. Eine dritte funktionelle Fragestellung zielt auf die Stabilität des Regionalisierungsgefüges ab und begründet damit ein weiteres Sub-Kontinuum der konstitutionellen Absicherung der Regionalisierung in den beiden Regierungssystemen. Die regionale Gliederung der Bundesrepublik Deutschland und des Vereinigten Königreichs von Großbritannien und Nordirland, die Verteilung von hoheitlichen Zuständigkeiten zwischen ihren Zentralstaaten und den regionalen Territorien sowie die gegenseitigen Vernetzungen durch unterschiedlichste Mechanismen der direktiven und kooperativen Koordination unterliegen einem der jeweiligen Verfassungsordnung eigentümlichen Kanon staatsorganisatorischer Sicherungselemente, die sie sowohl gegen alltägliche politische Spannungen als auch gegen schwerere Krisen des konstitutionellen Gefüges abzuschirmen suchen. Dabei unterstreicht der materielle Verfassungsbegriff[1] als methodisch einzig verfügbarer Ausgangspunkt eines funktionellen Verfassungsvergleichs die Bedeutung dieser Stabilitätsdimension: Bildet danach die Verfassung eines Staates die „Gesamtheit der grundlegenden rechtlichen Regeln, nach denen Menschen als staatliche Gemeinschaft zusammenleben"[2], oder die „rechtliche Grundordnung des Gemeinwesens"[3], und stellt die regionale Dezentralisierung ein wichtiges Strukturelement dieser konstitutionellen Ordnung dar, so muß auch die Regionalisierung einen „grundlegenden" Charakter als Dimension einer staatlichen „Grundordnung" aufweisen. Dieser kommt ihr nicht nur aufgrund ihrer vielseitigen Bedeutung und mannigfaltigen Wirkungszusammenhänge im organisatorischen Geflecht eines Regierungssystems zu, sondern setzt auch ein Mindestmaß an innerer Stabilität und damit auch äußerer Stabilisierungswirkung für die gesamte konstitutionelle Ordnung voraus. „Grundlegende" Strukturmerkmale eines Gemeinwesens – und damit auch

---

1 Siehe dazu supra Kapitel 2 § 1 B.
2 *Zippelius, Reinhold*, Allgemeine Staatslehre, 14. Auflage, München 2003, S. 55.
3 *Hesse, Konrad*, Grundzüge des Verfassungsrechts der Bundesrepublik Deutschland, Neudruck der 20. Auflage, Heidelberg 1999, Rz. 17; *ders.*, Verfassung und Verfassungsrecht, in: Benda, Ernst/Maihofer, Werner/Vogel, Hans-Jochen (Hrsg.), Handbuch des Verfassungsrechts der Bundesrepublik Deutschland, 2. Auflage, Berlin/New York 1994, § 1, Rz. 10ff.

die regionale Dezentralisierung – bedürfen staatsorganisatorischer Mechanismen zur Förderung ihrer Dauerhaftigkeit und Bestandskraft im stetigen Prozeß des politischen und gesellschaftlichen Wandels. Anderenfalls verfehlen sie eine bedeutsame Funktion der Verfassungsordnung – die Verstetigung des Staates.[4] Zugleich müssen Verfassungen und ihre tragenden Strukturelemente aber auch hinreichend flexibel und dynamisch ausgestaltet sein, um notwendige Anpassungen an den geschichtlichen Wandel nicht durch eine Versteinerung der Staatsordnung zu behindern und dadurch fortdauernd „grundlegend" zu bleiben.[5] Dies gilt in besonderem Maße für die Konstituierung der regionalen Dezentralisierung, welche stets von wechselnd dominanten zentrifugalen und zentripetalen Tendenzen, Gegensätzen und Spannungen geprägt bleibt.[6] Das Kontinuum der konstitutionellen Absicherung verkörpert daher die spannungsgeladene Abwägung zwischen Stabilität und Flexibilität einer konstitutionellen Grundentscheidung.

## § 1 Normen, Akteure und Objekte konstitutioneller Absicherung

Die funktionelle Problemstellung der konstitutionellen Stabilisierung regionaler Dezentralisierung im deutschen und britischen Staatswesen öffnet zunächst den verfassungsvergleichenden Blick für eine bunte Vielfalt normativer Mechanismen zur staatsorganisatorischen Absicherung dieses Verfassungsstrukturelements. Wie auch andere Grundmerkmale einer Verfassung bedient sich die regionale Dezentralisierung des systemtypischen normativen Instrumentariums der jeweiligen Verfassungsordnung. Daher verbinden sich

---

4 Vgl. *Kirchhof, Paul*, Die Identität der Verfassung in ihren unabänderlichen Inhalten, in: Isensee, Josef/Kirchhof, Paul (Hrsg.), Handbuch des Staatsrechts der Bundesrepublik Deutschland, Band II, 3. Auflage, Heidelberg 2004, § 21, Rz. 10; *Stern, Klaus*, Das Staatsrecht der Bundesrepublik Deutschland, Band I (Grundbegriffe und Grundlagen des Staatsrechts, Strukturprinzipien der Verfassung), 2. Auflage, München 1984, S. 86 f.; *Schmitt, Carl*, Verfassungslehre, 5. Auflage, Berlin 1970, S. 16 ff.; *Badura, Peter*, Verfassung und Verfassungsgesetz, in: Ehmke, Horst/Kaiser, Joseph K./Kewenig, Wilhelm A./ Meessen, Karl M./Rüfner, Wolfgang (Hrsg.), Festschrift für Ulrich Scheuner zum 70. Geburtstag, Berlin 1973, S. 19, 34; *Schenke, Wolf-Rüdiger*, Verfassung und Zeit – von der „entzeiteten" zur zeitgeprägten Verfassung, AöR 103 (1978), S. 566, 570; *Bryde, Brun-Otto*, Verfassungsentwicklung – Stabilität und Dynamik im Verfassungsrecht der Bundesrepublik Deutschland, Baden-Baden 1982, S. 18, 45 ff.
5 Vgl. *Hesse, Konrad*, Verfassungsrechtsprechung im geschichtlichen Wandel, JZ 1995, S. 265, 265; *ders.*, Verfassung und Verfassungsrecht, Rz. 22; *ders.*, Grundzüge des Verfassungsrechts, Rz. 23 ff.; *Stern*, Staatsrecht I, S. 87 ff.; *Bryde*, Verfassungsentwicklung, S. 19 ff.; *Schenke*, Verfassung und Zeit, S. 576 f.; *Maurer, Hartmut*, Staatsrecht I – Grundlagen Verfassungsorgane Staatsfunktionen, 3. Auflage, München 2003, § 22, Rz. 4; *Katz, Alfred*, Staatsrecht – Grundkurs im öffentlichen Recht, 15. Auflage, Heidelberg 2002, Rz. 107.
6 Vgl. *Scheuner, Ulrich*, Struktur und Aufgabe des Bundesstaates in der Gegenwart – Zur Lehre vom Bundesstaat, DÖV 1962, S. 641, 646 f.

in Deutschland und dem Vereinigten Königreich unzählige Verfassungsnormen aus unterschiedlichen Quellen mit verschiedensten Verbindlichkeitsgraden[7] zu einem dichten konstitutionellen Normengefüge, welches die Regionalisierung des Regierungssystems entwirft, reguliert und stabilisiert. In normativer Hinsicht findet damit die gemeinsame komparative Frage nach der konstitutionellen Absicherung deutscher und britischer regionaler Dezentralisierung ihre systembezogenen Antworten auf einem Spektrum normativer Verbindlichkeit. Dieses normative Spektrum reicht in eindimensionaler Vereinfachung von der Absicherung der Dezentralisierungsstrukturen durch Verfassungskonventionalregeln und Gewohnheitsnormen, die einem dynamischen Entwicklungsprozeß der Staatspraxis unterliegen können, über einfachgesetzliche oder -rechtliche Stabilisierungsmechanismen, die in der Hand schlichter Majoritäten in den zuständigen Parlamenten ruhen, bis hin zu erhöht bestandskräftigen und vorrangigen Normengefügen in Gestalt formeller Verfassungsbestimmungen, zu deren Modifikation qualifizierte Parlamentsmehrheiten – gegebenenfalls auch andere besondere Entscheidungsverfahren wie etwa Volksabstimmungen – erforderlich werden oder die sogar als für unveränderlich erklärte Verfassungsverbürgungen der legalen konstitutionellen Umgestaltung gänzlich entzogen sind.[8] Dieses Spektrum der Verbindlichkeit verfassungsnormativer Stabilisierungsmechanismen widersetzt sich in notwendiger Konsequenz seiner funktionsbezogenen Problemstellung schlichten Kategorisierungen etwa anhand der Veränderbarkeit von Verfassungsnormen durch den einfachen Gesetzgeber, wie sie noch in der traditionellen Unterscheidung zwischen ‚rigiden‘ und ‚flexiblen‘ Verfassungsgefügen zum Ausdruck kommt.[9]

Erschließt die funktionsorientierte Fragestellung nach der konstitutionellen Absicherung der regionalen Dezentralisierung im deutschen und britischen Staatswesen in normativer Hinsicht somit ein überaus breites Spektrum außer-rechtlicher und rechtlicher Stabilisierungsmechanismen, so muß sich die verfassungskomparative Analyse zugleich auch um eine entsprechende Offenheit hinsichtlich der an der Stabilisierung der Regionalisierungsstrukturen beteiligten Akteurskreise bemühen. Die verschiedenen Arten von Verfassungsnormen unterscheiden sich nicht nur hinsichtlich ihres Verbindlichkeitsgrades oder ihres relativen Ranges, sondern werden in ihrer Schaffung, Fortentwicklung und Durchsetzung auch von unterschiedlichen Akteuren der Verfassungsordnung geprägt. Während etwa Verfassungskonventionalregeln und andere normative Ausprägungen der Staatspraxis in der Regel im politischen Prozeß zwischen Parlamenten, Regierungen und dem Wahlvolk etabliert, evolviert und in ihrer Einhaltung überwacht werden, ohne daß den Gerichten eine direkte Kontrollfunktion zuerkannt wird, unterliegen recht-

---

7 Allgemein zu den Normengefügen der deutschen und britischen Verfassungsordnungen siehe supra Kapitel 2 § 1 C.
8 Ähnlich *Grey, Thomas C.*, Constitutionalism: An Analytical Framework, in: Pennock, J. Roland/Chapman, John W. (Hrsg.), Constitutionalism, New York 1979, S. 189, 191 ff.
9 Siehe dazu supra Kapitel 2 § 2 B. I. 4. Vgl. auch *Bryde*, Verfassungsentwicklung, S. 42 ff.

liche, gesetzliche und formell verfassungsrechtliche Verfassungsnormen zumeist der besonderen Kontrolle durch die Judikative, so daß hier den Gerichten zwar niemals die alleinige, jedoch stets eine wichtige Rolle in der institutionellen Absicherung konstitutioneller Fundamentalentscheidungen zukommt. Gerade die Aufklärung der vielseitigen Bedeutung der Judikative als Akteur der konstitutionellen Stabilisierung – und damit als ‚Verfassungsgerichtsbarkeit' in einem materiellen Sinne – verlangt eine erweiterte Gesamtbetrachtung des Nebeneinander- und Zusammenwirkens verschiedener Akteure des Schutzes der Staatsordnung. Dabei verbietet der funktionelle Blickwinkel auch eine allzu formale Betrachtung der judikativen Funktion in der Absicherung der Verfassungsstrukturen etwa nach möglicherweise überkommenen Kategorisierungen ihres Verhältnisses zur Legislative als einem weiteren Akteur der Staatsorganisation. Auch hier bietet sich eine graduell gestufte Betrachtungsweise der verfassungsstabilisierenden Funktion der Gerichtsbarkeit an.[10] So zeigt ein über die Forschungsobjekte der deutschen und britischen Staatsordnungen hinausgehender verfassungsvergleichender Überblick unterschiedlichste kompetenzielle Ausgestaltungen einer materiell verstandenen Verfassungsgerichtsbarkeit: Diese reichen etwa von der strengen verfassungsrechtlichen Prüfung von Gesetzen nach ihrem Erlaß über die beschränktere Möglichkeit einer solchen Kontrolle vor dem Gesetzeserlaß – beide mit judikativen Befugnissen zur Nichtigkeitserklärung – bis hin zu der Möglichkeit gerichtlicher Zurückverweisung an – und Neuentscheidung durch – die Legislative bei festgestellter Verfassungswidrigkeit oder der Anerkennung von Interpretationsrichtlinien zur Förderung der Verfassungskonformität von Gesetzen, um nur einige gebräuchliche Varianten zu nennen.[11] Dabei ist zu beachten, daß auch in einer gegenüber dem einfachen Gesetzesrecht vorrangigen Verfassungsordnung die Institutionalisierung einer formellen Verfassungsgerichtsbarkeit – im Sinne einer mit der Kompetenz zur Nichtigkeitserklärung von einfachem Gesetzesrecht ausgestatteten Judikative – nur einen möglichen, nicht aber einen streng notwendigen konstitutionellen Baustein darstellt; diese formelle Verfassungsgerichtsbarkeit bleibt stets nur die „praktische Pointe" der Verfassungssuprematie.[12] Die Stellung der Judika-

---

10 Diese bildet gewissermaßen das institutionelle Spiegelbild des Kontinuums der normativen Verfassungsbindung des Gesetzgebers. Zu letzterem siehe supra Kapitel 2 § 2 B. II.
11 Vgl. dazu *Craig, Paul P.*, Constitutionalism, Regulation and Review, in: Hazell, Robert (Hrsg.), Constitutional Futures – A History of the Next Ten Years, Oxford 1999, S. 67, 67 f. Für diese und andere Ausgestaltungsalternativen einer materiell verstandenen Verfassungsgerichtsbarkeit siehe auch *ders.*, Constitutional and Non-Constitutional Review, CLP 54 (2001), S. 147, 147 ff.; *Stone Sweet, Alec*, Governing with Judges – Constitutional Politics in Europe, Oxford 2000, S. 31 ff.
12 *Wahl, Rainer*, Der Vorrang der Verfassung, Der Staat 20 (1981), S. 485, 485. Vgl. auch *Meyer, Wolfgang*, Art. 93 GG, in: von Münch, Ingo/Kunig, Philip (Hrsg.), Grundgesetz-Kommentar, Band 3 (Art. 70 bis Art. 146), 5. Auflage, München 2003, Rz. 3; *Starck, Christian*, Die Verfassungsauslegung, in: Isensee, Josef/Kirchhof, Paul (Hrsg.), Handbuch des Staatsrechts der Bundesrepublik Deutschland, Band VII, Heidelberg 1992, § 164, Rz. 11; *Böckenförde, Ernst-Wolfgang*, Verfassungsgerichtsbarkeit: Strukturfragen, Organisation, Legitimation, NJW 1999, S. 9, 10 f.

tive in der Absicherung der regionalisierten Staatsordnung bedarf daher einer materiellen Bewertung jenseits traditioneller verfassungstheoretischer Kategorisierungen.

Schließlich stellt sich auch die regionale Dezentralisierung als Gegenstand unterschiedlichster normativer Stabilisierungsmechanismen mit verschiedentlich zusammengesetzten Kreisen zur institutionellen Absicherung berufener Akteure der Staatsordnung nicht als streng einheitliches Schutzobjekt dar, sondern verpflichtet die verfassungsvergleichende Untersuchung zu einer thematischen Differenzierung ihrer prägenden Aspekte. Diese können eigenständige Objekte staatsorganisatorischer Sicherungsinstrumente bilden, so daß ihre gedankliche Trennung zumindest in manchen Hinsichten zum vertieften Verständnis der konstitutionellen Absicherung der Regionalisierung erforderlich sein kann. So lassen sich etwa das Verfassungsinstitut der regionalen Aufgliederung der Ausübung von Staatsgewalt, der Fortbestand der einzelnen regionalen Glieder in ihrer aktuellen Gestalt, die Grenzen der konkreten Kompetenzverteilung zwischen dem Gesamtstaat und den Regionen sowie die Mechanismen der direktiven und kooperativen Koordination jeweils auch als selbständige Gegenstände konstitutioneller Sicherung begreifen, die in unterschiedlicher Art und Weise am staatsorganisatorischen Schutzinstrumentarium teilhaben.

Trotz der Notwendigkeit einer gedanklichen Aufgliederung staatsorganisatorischer Stabilisierungsfunktionen nach verschiedenen Normen, Akteuren und Objekten erlaubt erst eine Gesamtschau dieser Teilaspekte eine aussagekräftige Bewertung des Umfangs der konstitutionellen Absicherung der Regionalisierungsstrukturen in Deutschland und dem Vereinigten Königreich.

## § 2 Konstitutionelle Absicherung deutscher Bundesstaatlichkeit

### A. Bundesstaatlichkeit und Verfassungssuprematie

Den zentralen normativen Mechanismus zur Stabilisierung der deutschen konstitutionellen Ordnung und damit zur Wahrung ihrer Kontinuität als Regelungsfundament der staatlichen Gemeinschaft bildet der im Grundgesetz verwirklichte Grundsatz der Verfassungssuprematie.[13] Gemäß den Art. 1 Abs. 3 und 20 Abs. 3 GG binden die Bestimmungen des Grundgesetzes alle Staatsgewalten und nehmen daher gegenüber jeglichen anderen Rechtsnormen eine normenhierarchische Vorrangstellung ein; darüber hinaus erhalten die Normen des Grundgesetzes durch Art. 79 Abs. 1 und 2 GG eine im Verhältnis zu allen anderen Rechtsnormen gesteigerte Bestandskraft, indem sie nicht der Regelungsmacht des einfachen Gesetzgebers unterworfen sind, sondern nur

---

13 Siehe dazu und zum Folgenden auch supra Kapitel 2 § 2 B. I. 2.

der des verfassungsändernden Gesetzgebers mit seinen verschärften Mehrheitsanforderungen.[14] Als höchste Ausformung der grundgesetzlichen Verfassungssuprematie und damit der konstitutionellen Absicherung enthält Art. 79 Abs. 3 GG schließlich eine Reihe grundsätzlicher Verfassungsverbürgungen, die sogar dem Zugriff des verfassungsändernden Gesetzgebers entzogen bleiben. Als institutionelle Verkörperung – oder prozedurale Verwirklichung – des normativen Grundsatzes der Verfassungssuprematie entwirft das Grundgesetz eine mächtige Verfassungsgerichtsbarkeit in Gestalt des Bundesverfassungsgerichts, das auf der Grundlage eines weitreichenden Zuständigkeitskatalogs den Vorrang, die erhöhte Bestandskraft und die interne Normenhierarchie der Verfassung zu hüten berufen ist.[15]

Die Bundesstaatlichkeit nimmt als grundlegendes Strukturelement der deutschen Verfassungsordnung an diesem normativen und institutionellen Stabilisierungsgefüge der Verfassungssuprematie und Verfassungsgerichtsbarkeit umfassend teil. Historisch betrachtet gilt die konstitutionelle Konzeption einer territorial gegliederten Staatsgewalt sogar als einer der wesentlichen ideengeschichtlichen Vorreiter in der Entwicklung des Grundsatzes der Verfassungssuprematie. Die Notwendigkeit einer wirksamen Trennung von Kompetenzsphären zwischen dem Zentralstaat und seinen regionalen Gliedern, einschließlich der Zuständigkeiten zur Gesetzgebung, legt unmittelbar die Konstruktion eines vorrangigen und bestandskräftigeren Normengefüges nahe, das die innerstaatliche Machtverteilung der freien Disposition insbesondere der zentralstaatlichen Legislative entzieht. Daher haben sich Bundesstaaten stets als besondere Förderer der Idee der Verfassungssuprematie erwiesen.[16] Das institutionelle Spiegelbild der Verfassungssuprematie – die mit der Befugnis zur Verfassungswidrigkeitserklärung einfachen Gesetzesrechts ausgestattete Verfassungsgerichtsbarkeit – weist in der deutschen Verfassungsgeschichte eine sogar noch engere Verbindung zur föderativen Ordnung auf, da ihre historischen Wurzeln in der Herrschaftsausübung beziehungsweise

---

14 *Badura, Peter*, Verfassungsänderung, Verfassungswandel, Verfassungsgewohnheitsrecht, in: Isensee, Josef/Kirchhof, Paul (Hrsg.), Handbuch des Staatsrechts der Bundesrepublik Deutschland, Band VII, Heidelberg 1992, § 160, Rz. 3.
15 Vgl. *Schlaich, Klaus/Korioth, Stefan*, Das Bundesverfassungsgericht – Stellung, Verfahren, Entscheidungen, 6. Auflage, München 2004, Rz. 13 m. w. N.; *Dreier, Horst*, Grenzen demokratischer Freiheit im Verfassungsstaat, JZ 1994, S. 741, 744, Fn. 42.
16 Vgl. *Starck, Christian*, Vorrang der Verfassung und Verfassungsgerichtsbarkeit, in: Starck, Christian/Weber, Albrecht (Hrsg.), Verfassungsgerichtsbarkeit in Westeuropa, Band I, Baden-Baden 1986, S. 11, 23; *ders.*, Das Bundesverfassungsgericht in der Verfassungsordnung und im politischen Prozeß, in: Badura, Peter/Dreier, Horst (Hrsg.), Festschrift 50 Jahre Bundesverfassungsgericht, Band I (Verfassungsgerichtsbarkeit, Verfassungsprozeß), Tübingen 2001, S. 1, 2; *Wahl, Rainer*, Elemente der Verfassungsstaatlichkeit, JuS 2001, S. 1041, 1043; *Loewenstein, Karl*, Verfassungslehre, 3. Auflage, Tübingen 1975, S. 249f.; *Lhotta, Roland*, Imperiale Verfassungsgerichtsbarkeit und Föderalismus: das Judicial Committee of the Privy Council und der British North America Act, Baden-Baden 1995, S. 13.

Aufsicht des Reiches über die Länder vor der Etablierung des Vorrangs der Verfassung liegen.[17]

## B. Verfassungsrechtliche Absicherung der Bundesstaatlichkeit

Die Verankerung der Bundesstaatlichkeit im formellen Verfassungsrecht bildet in der Bundesrepublik Deutschland die entscheidende staatsorganisatorische Grundentscheidung zur Stabilisierung ihrer regionalen Dezentralisierung. Aufgrund ihres Vorrangs im hierarchischen Normengefüge der deutschen Rechtsordnung und ihrer gesteigerten Bestandskraft bilden damit die Bestimmungen des Grundgesetzes zur regionalen Aufgliederung des deutschen Staatswesens verbunden mit den diesbezüglichen konstitutionellen Kontrollbefugnissen des Bundesverfassungsgerichts den natürlichen Ausgangspunkt einer Untersuchung der staatsorganisatorischen Absicherung deutscher Bundesstaatlichkeit.

### I. Materielle, verfassungsrechtliche Absicherung der Bundesstaatlichkeit

In normativer Hinsicht erfolgt die verfassungsrechtliche Stabilisierung deutscher Bundesstaatlichkeit auf zwei Ebenen, die sich aus der internen Normenhierarchie des Grundgesetzes ergeben: Zum einen werden die regionale Gliederung des deutschen Staatswesens, die Verteilung von Zuständigkeiten zwischen Bund und Ländern sowie die vielseitigen Verschränkungen ihrer Kompetenzsphären in einer großen Anzahl grundgesetzlicher Bestimmungen entworfen und geregelt. Zum anderen hebt Art. 79 Abs. 3 GG einige Aspekte der Bundesstaatlichkeit auf eine höhere normative Ebene, indem diese der freien Disposition des verfassungsändernden Gesetzgebers entzogen werden und ihnen damit der Status von – unter der Geltung des Grundgesetzes – ewigen Verfassungsregelungen verliehen wird.

---

17 Vgl. *Schlaich/Korioth*, Bundesverfassungsgericht, Rz. 103, 498; *Isensee, Josef*, Der Bundesstaat – Bestand und Entwicklung, in: Badura, Peter/Dreier, Horst (Hrsg.), Festschrift 50 Jahre Bundesverfassungsgericht, Band II (Klärung und Fortbildung des Verfassungsrechts), Tübingen 2001, S. 719, 721; *Löwer, Wolfgang*, Zuständigkeiten und Verfahren des Bundesverfassungsgerichts, in: Isensee, Josef/Kirchhof, Paul (Hrsg.), Handbuch des Staatsrechts der Bundesrepublik Deutschland, Band II, 2. Auflage, Heidelberg 1998, § 56, Rz. 27; *Bethge, Herbert*, Verfassungsgerichtsbarkeit im Bundesstaat, BayVBl. 1985, S. 257, 257.

## 1. Einfache verfassungsrechtliche Absicherung

Auf der Ebene des einfachen Verfassungsrechts erfolgt die normative Absicherung der deutschen Bundesstaatlichkeit in zwiefacher Weise. Zunächst trifft Art. 20 Abs. 1 GG eine grundsätzliche Strukturentscheidung, indem der Staat des Grundgesetzes als „Bundesstaat" konstituiert wird. Diese verfassungsrechtliche Festlegung kommt auch im Staatsnamen der „Bundesrepublik Deutschland" deutlich zum Ausdruck.[18] Die grundgesetzliche Normierung des regional gegliederten Staatswesens endet jedoch nicht mit dieser konstitutionellen Fundamentalentscheidung, sondern konkretisiert sie – gewissermaßen in einem zweiten Schritt verfassungsrechtlicher Regelung – in zahlreichen Einzelregelungen. Damit entlastet das Grundgesetz die konstitutionelle Praxis der Bundesrepublik um eine gänzlich abstrakte, auf die Erkenntnisse der allgemeinen Staatslehre rekurrierende Interpretation des Begriffs „Bundesstaat" in Art. 20 Abs. 1 GG und ermöglicht – ja fordert sogar – eine primär induktive Auslegung dieses Strukturmerkmals der deutschen Verfassungsordnung in einer Gesamtschau konkreter verfassungsrechtlicher Detailbestimmungen.[19]

Die detaillierte Ausgestaltung der bundesstaatlichen Ordnung des Grundgesetzes erfolgt in zahlreichen Verfassungsbestimmungen mit teilweise direktem, teilweise zumindest indirektem Bundesstaatsbezug, die in der Zusammenschau mehr als die Hälfte des Verfassungstextes ausmachen.[20] Bedeutsame Beispiele bundesstaatlicher Einzelregelungen – und damit gewissermaßen „Ausführungsbestimmungen" zur bundesstaatlichen Strukturentscheidung des Art. 20 Abs. 1 GG[21] – bilden die große Anzahl von Verfassungsnormen über die Verteilung der Zuständigkeiten zwischen Bund und Ländern auf den Gebieten der Gesetzgebung, der Verwaltung, der Rechtsprechung, der auswärtigen Beziehungen und der Finanzen[22] – einschließlich der für die Lückenlosigkeit dieses Kompetenzzuordnungsgefüges besonders bedeut-

---

18 *Herzog, Roman*, Art. 20 GG IV. (Die Verfassungsentscheidung für den Bundesstaat), in: Maunz, Theodor/Dürig, Günter (Hrsg.), Grundgesetz Kommentar, Band II (Art. 12 – 20), Loseblattsammlung, München, Stand: Februar 2003, Rz. 1; *Maurer*, Staatsrecht I, § 10, Rz. 12. Als „nebensächlich" wird die Namensgebung bezeichnet von *Kimminich, Otto*, Der Bundesstaat, in: Isensee, Josef/Kirchhof, Paul (Hrsg.), Handbuch des Staatsrechts der Bundesrepublik Deutschland, Band I, 2. Auflage, Heidelberg 1995, § 26, Rz. 36.
19 *Dreier, Horst*, Art. 20 GG (Einführung), in: ders. (Hrsg.), Grundgesetz Kommentar, Band II (Art. 20 bis 82), Tübingen 1998, Rz. 11; *Isensee, Josef*, Idee und Gestalt des Föderalismus im Grundgesetz, in: Isensee, Josef/Kirchhof, Paul (Hrsg.), Handbuch des Staatsrechts der Bundesrepublik Deutschland, Band IV, 2. Auflage, Heidelberg 1999, § 98, Rz. 5. So ausdrücklich auch *Herzog*, Art. 20 GG IV., in: Maunz/Dürig, Rz. 29, der allerdings nicht gänzlich frei von Rückgriffen auf vorgefertigte Konzepte der Allgemeinen Staatslehre bleibt, vgl. etwa Rz. 14.
20 *Bauer, Hartmut*, Art. 20 GG (Bundesstaat), in: Dreier, Rz. 16; *Isensee*, Idee und Gestalt des Föderalismus, Rz. 5.
21 *Herzog*, Art. 20 GG IV., in: Maunz/Dürig, Rz. 31.
22 Art. 30, 70 ff., 83 ff., 92 ff., 32, 104a ff. GG.

samen Bestimmungen der gliedstaatlichen Residualzuständigkeiten in den Art. 30, 70, 83 und 92 GG –, die Vorschriften über die vor allem über den Bundesrat vermittelten Einwirkungsbefugnisse der Länder auf die zentralstaatliche Willensbildung,[23] die Regelungen der Ingerenzbefugnisse des Bundes gegenüber den Ländern[24] sowie das Homogenitätsgebot des Art. 28 Abs. 1 GG und die Kollisionsregel des Art. 31 GG.[25] Im Vergleich zu anderen Strukturmerkmalen der deutschen Verfassungsordnung, wie etwa der Rechts- oder Sozialstaatlichkeit, konstituieren diese grundgesetzlichen Kompetenz-, Organisations- und Verfahrensvorschriften die bundesstaatliche Ordnung mit einem überaus hohen Grad an Ausführlichkeit, Dichte und rechtstechnischer Präzision.[26]

Trotz dieser großen „normative[n] Dichte"[27] der grundgesetzlichen Bundesstaatlichkeit erschließt sich die konstitutionelle Grundentscheidung für den „Bundesstaat" in Art. 20 Abs. 1 GG nach vorherrschendem Verfassungsverständnis zwar primär aus einer Zusammenschau grundgesetzlicher Einzelregelungen mit unmittelbarem oder mittelbarem Bundesstaatsbezug,[28] jedoch nicht direkt oder allein aus diesem positivrechtlichen Kontext. Während die Konstituierung eines ‚Bundesstaates' in Art. 20 Abs. 1 GG hinsichtlich der Regelungsintensität für die Ausgestaltung deutscher Regionalisierung ohne Zweifel weniger Bedeutungsinhalt als die große Anzahl konkreterer Verfassungsartikel aufweist, enthält sie als grundlegendes Organisationsprinzip der deutschen Verfassungsordnung zugleich in anderer Hinsicht auch ein ‚Mehr' an Aussagegehalt als die schlichte Summe der verfassungsrechtlichen Einzelregelungen,[29] welches das Bundesverfassungsgericht mit dem problematisch weiten Begriff des ‚Wesens' des deutschen Bundesstaates zu erfassen versucht hat.[30] Aufgrund der ausdrücklichen und detailreichen Normierung deutscher Bundesstaatlichkeit in einer langen Reihe von Verfassungsbestimmungen sowie der mangelnden Verfügbarkeit einer allgemeingültigen und allseits

---

23 Insbesondere Art. 23 Abs. 2 bis 7, 50 ff., 76 ff. GG.
24 Beispielsweise Art. 37, 84 Abs. 3 und 4, 85 Abs. 3 GG.
25 Vgl. dazu auch die Übersicht bei *Herzog*, Art. 20 GG IV., in: Maunz/Dürig, Rz. 32 ff.
26 *Isensee*, Idee und Gestalt des Föderalismus, Rz. 5; *Jestaedt, Matthias*, Bundesstaat als Verfassungsprinzip, in: Isensee, Josef/Kirchhof, Paul (Hrsg.), Handbuch des Staatsrechts der Bundesrepublik Deutschland, Band II, 3. Auflage, Heidelberg 2004, § 29, Rz. 13.
27 *Herzog*, Art. 20 GG IV., in: Maunz/Dürig, Rz. 31.
28 *Isensee*, Der Bundesstaat, S. 730; *Hesse, Konrad*, Bundesstaatsreform und Grenzen der Verfassungsänderung, AöR 98 (1973), S. 1, 6 f.
29 Im Sinne eines solchen ‚integralen' Verständnisses *Stern*, Staatsrecht I, S. 662 f.; *Isensee*, Idee und Gestalt des Föderalismus, Rz. 6 ff., 265 ff.; *ders.*, Der Bundesstaat, S. 730 ff.; *Jestaedt*, Bundesstaat als Verfassungsprinzip, Rz. 30 ff.; *Maurer*, Staatsrecht I, § 10, Rz. 14 f.; *Degenhart, Christoph*, Staatsrecht I – Staatsorganisationsrecht, 19. Auflage, Heidelberg 2003, Rz. 98. Dagegen im Sinne eines summativen Verständnisses des Bundesstaatsprinzips *Šarčević, Edin*, Das Bundesstaatsprinzip – Eine staatsrechtliche Untersuchung zur Dogmatik der Bundesstaatlichkeit des Grundgesetzes, Tübingen 2000, S. 132 ff., 217 ff.
30 Siehe etwa BVerfGE 4, 115, 141; 36, 342, 360 f. Ausdrücklich kritisch gegenüber einer Argumentation aus dem „Wesen des Bundesstaates" insbesondere *Hesse*, Grundzüge des Verfassungsrechts, Rz. 218.

anerkannten Theorie des Bundesstaates in der allgemeinen Staatslehre[31] darf es sich bei einem solchen integralen Verständnis der grundgesetzlichen Bundesstaatlichkeit – im Gegensatz zu einer rein summativen Betrachtungsweise – jedoch stets nur um eine „Interpretation vorsichtig konkretisierender Deutung"[32] des grundgesetzlichen Regelungszusammenhangs mit zurückhaltender Bezugnahme auf die vom Grundgesetz vorgefundene föderale deutsche Verfassungstradition[33] handeln. Der Begriff „Bundesstaat" in Art. 20 Abs. 1 GG muß deswegen gewissermaßen als ein mit eigener Sinnsubstanz angereichertes Kondensat der verschiedenen föderativen Einzelregelungen des Grundgesetzes verstanden werden.[34] Bei der Lösung verfassungsrechtlicher Problemfälle der föderativen Ordnung müssen die konkreten Einzelbestimmungen der Verfassung als primäre und wesentliche Rechtsquellen deutlich im Vordergrund stehen, so daß ein Rückgriff auf das allgemeine Bundesstaatsprinzip des Art. 20 Abs. 1 GG nur in Ausnahmefällen in Betracht kommt.[35]

Das integrale Verständnis der Bundesstaatlichkeit verleiht zudem der doppelten grundgesetzlichen Normierung regionaler Dezentralisation als allgemeiner Strukturentscheidung und detailreicher Staatsorganisationsregelung eine besondere funktionale Sinnhaftigkeit: So bilden die zahlreichen konkreten Einzelregelungen das positivrechtliche Fundament grundgesetzlich verfaßter Bundesstaatlichkeit, ohne in ihrer Gesamtheit den Bundesstaat restlos zu charakterisieren, und fungiert im Gegenzug die Strukturentscheidung des Art. 20 Abs. 1 GG als Auslegungshilfe für konkretere Verfassungsnormen sowie zugleich als staatsorganisatorischer Auffangtatbestand für im Grundgesetz ansonsten ungeregelt gebliebene Aspekte der regionalen Aufgliederung deutscher Staatsgewalt.[36] Beide Funktionen der Verfassungsverbürgung für den „Bundesstaat" erfordern einen Selbstand seines Begriffs und treten in der bundesstaatlichen Ordnung Deutschlands deutlich zutage. So wird etwa der Grundsatz der Bundestreue – beziehungsweise des bundesfreundlichen Verhaltens – überwiegend unmittelbar aus dem allgemeinen Bundesstaatsprinzip hergeleitet[37] und in seinen Funktionen als Verfahrens-

---

31 Siehe supra Kapitel 4 § 1. Problematisch bleibt daher die direkte Bezugnahme auf die Allgemeine Staatslehre etwa bei *Maurer*, Staatsrecht I, § 10, Rz. 15. Vgl. dazu auch *Isensee*, Idee und Gestalt des Föderalismus, Rz. 6.
32 *Stern*, Staatsrecht I, S. 663.
33 *Degenhart*, Staatsrecht I, Rz. 98; *Isensee*, Idee und Gestalt des Föderalismus, Rz. 9 f.
34 *Isensee*, Der Bundesstaat, S. 732; *ders.*, Idee und Gestalt des Föderalismus, Rz. 265 ff.
35 *Isensee*, Idee und Gestalt des Föderalismus, Rz. 6 ff.; *Bauer*, Art. 20 GG (Bundesstaat), in: Dreier, Rz. 16; *Maurer*, Staatsrecht I, § 10, Rz. 14 f.; *Ipsen, Jörn*, Staatsrecht I – Staatsorganisationsrecht, 13. Auflage, Neuwied 2001, Rz. 447.
36 *Maurer*, Staatsrecht I, § 10, Rz. 14. Zur Funktion von Verfassungsstrukturprinzipien als Auffangtatbestände und Auslegungsrichtlinien vgl. *Dreier*, Art. 20 GG (Einführung), in: Dreier, Rz. 12.
37 BVerfGE 1, 299, 315; 12, 205, 254 ff.; 34, 9, 20 f.; 43, 291, 348; 45, 400, 421; *Bayer, Hermann-Wilfried*, Die Bundestreue, Tübingen 1961, S. 40 ff. m. w. N.; *Stern*, Staatsrecht I, S. 699 f.; *Herzog*, Art. 20 GG IV., in: Maunz/Dürig, Rz. 63; *Isensee*, Der Bundesstaat, S. 731; *Maurer*, Staatsrecht I, § 10, Rz. 14, 52. Dagegen für eine Herleitung des Gebots der Bundestreue aus dem Grundsatz von Treu und Glauben *Bauer, Hartmut*, Die Bun-

maxime und Kompetenzausübungsschranke im Verhältnis zwischen Bund und Ländern für ein korrigierendes Verständnis föderativer Einzelregelungen herangezogen.[38] In ähnlicher Weise lassen sich auch die ungeschriebenen – oder „stillschweigend mitgeschriebenen" – Gesetzgebungszuständigkeiten des Bundes[39] im Normenzusammenhang zwischen der grundlegenden Strukturentscheidung für den „Bundesstaat" und den konkreten Ausführungsbestimmungen verorten. Nach ganz herrschender Auffassung bedürfen sie aufgrund des Art. 30 GG einer normativen Grundlage im Verfassungstext.[40] Während sich die ungeschriebenen Bundeskompetenzen kraft Sachzusammenhangs und Annexcharakters noch vergleichsweise unproblematisch als in verschiedenen ausdrücklichen Zuständigkeitszuweisungen implizierte Verfassungsnormen rationalisieren lassen – wobei bereits hier keine vom allgemeinen Bundesstaatsprinzip gänzlich losgelöste Auslegung der Kompetenztitel zu erfolgen scheint –, liegt im Falle der zentralstaatlichen Zuständigkeit aus der Natur der Sache der Rückgriff auf das allgemeine Bundesstaatsprinzip besonders nahe.[41] Wie hinsichtlich der Bundestreue wirkt daher auch im Bereich der ungeschriebenen Bundeskompetenzen die Strukturentscheidung für den Bundesstaat als Auslegungshilfe für andere Grundgesetzbestimmungen und zumindest hilfsweise als konstituierender Auffangtatbestand.[42] Ungeachtet ihrer im einzelnen umstrittenen Verortung im konstitutionellen Regelungsgefüge führt die grundsätzliche Anerkennung ungeschriebener Verfassungsbestimmungen damit gerade im Bereich der bundesstaatlichen Ordnung zu einer bedeutenden Erweiterung des formell verfassungsrechtlichen Normenbestandes.

Die zweigleisige Verankerung deutscher Bundesstaatlichkeit im einfachen Verfassungsrecht als grundlegende Strukturentscheidung in Art. 20 Abs. 1 GG und detailreicher Bau- und Funktionsplan regional gegliederter Staatlichkeit in einer Vielzahl grundgesetzlicher Einzelregelungen – zusätzlich angereichert durch die Anerkennung stillschweigend mitgesetzter oder unge-

---

destreue – Zugleich ein Beitrag zur Dogmatik des Bundesstaatsrechts und zur Rechtsverhältnislehre, Tübingen 1992, S. 234 ff.; *Sachs, Michael,* Art. 20 GG, in: ders. (Hrsg.), Grundgesetz Kommentar, 3. Auflage, München 2003, Rz. 68. Zu den unterschiedlichen Ableitungen der Bundestreue vgl. allgemein *Wolff, Heinrich A.,* Ungeschriebenes Verfassungsrecht unter dem Grundgesetz, Tübingen 2000, S. 253 f.
38 Zum Grundsatz der Bundestreue siehe supra Kapitel 5 § 1 B. II.
39 Siehe dazu supra Kapitel 5 § 1 B. II.
40 *Pieroth, Bodo,* Art. 30 GG, in: Jarass, Hans D./Pieroth, Bodo (Hrsg.), Grundgesetz für die Bundesrepublik Deutschland, 6. Auflage, München 2002, Rz. 5; *Pernice, Ingolf,* Art. 30 GG, in: Dreier, Rz. 32; *Erbguth, Wilfried,* Art. 30 GG, in: Sachs, Rz. 38. Dagegen für eine völlig außergrundgesetzlichen Herleitung *Bullinger, Martin,* Ungeschriebene Kompetenzen im Bundesstaat, AöR 96 (1971), S. 237, 249 ff.
41 Vgl. BVerfGE 3, 407, 422; *Wolff,* Ungeschriebenes Verfassungsrecht, S. 365; *Degenhart, Christoph,* Art. 70 GG, in: Sachs, Rz. 23; *Rengeling, Hans-Werner,* Gesetzgebungszuständigkeit, in: Isensee, Josef/Kirchhof, Paul (Hrsg.), Handbuch des Staatsrechts der Bundesrepublik Deutschland, Band IV, 2. Auflage, Heidelberg 1999, § 100, Rz. 59.
42 Für eine direkte normative Ableitung der ungeschriebenen Bundeskompetenzen aus dem Bundesstaatsprinzip des Art. 20 Abs. 1 GG *Maurer,* Staatsrecht I, § 10, Rz. 14, 31.

schriebener föderativer Verfassungsnormen – entfaltet eine spezifische normative Stabilisierungswirkung für die Regionalisierung der Bundesrepublik. Diese verdient auch und gerade unter vorläufiger Ausklammerung des häufig im Mittelpunkt der diesbezüglichen konstitutionellen Diskussion stehenden Art. 79 Abs. 3 GG unmittelbare Beachtung. Durch die teilweise äußerst feinmaschige grundgesetzliche Normierung der regionalisierten Staatsorganisation wird der Strukturentscheidung für den Bundesstaat und seiner verfassungsrechtlichen Ausgestaltung der Status eines mit Verfassungssuprematie ausgestatteten Aspekts der deutschen Staatsordnung verliehen. Der grundgesetzliche Bundesstaatsentwurf bindet gemäß Art. 20 Abs. 3 GG alle Staatsorgane und besitzt gegenüber anderen Rechtsakten Geltungsvorrang.[43] Hoheitliches Handeln, das im Widerspruch zu bundesstaatlichen Zuständigkeits-, Verfahrens- und Organisationsregelungen steht, ist verfassungswidrig, und auf diesem Wege erlassene Rechtsnormen und Einzelmaßnahmen sind grundsätzlich nichtig.[44] Als im Hinblick auf die Bindung des einfachen Gesetzgebers notwendige Ergänzung zu diesem Vorrang der Verfassung und damit als zweites Kernelement deutscher Verfassungssuprematie entwirft das Grundgesetz eine gegenüber allen anderen Rechtsnormen gesteigerte Bestandkraft des formellen Verfassungsrechts, an der auch die Regelungen der bundesstaatlichen Ordnung teilhaben. Die Gliederung des Bundes in Länder sowie die diese verfassungsrechtliche Grundentscheidung konkretisierenden zahlreichen geschriebenen und stillschweigend mitgeschriebenen Kompetenz-, Organisations- und Verfahrensvorschriften des Grundgesetzes werden durch Art. 79 Abs. 1 und 2 GG der ausschließlichen Gestaltungsmacht des verfassungsändernden Gesetzgebers überantwortet. In Gestalt einer Mehrheit von zwei Dritteln der Mitglieder des Bundestages und zwei Dritteln der Stimmen des Bundesrates kann nur dieser ‚pouvoir constituant constitué' unter Beachtung des Gebots der ausdrücklichen Textänderung die verfassungsrechtlich normierte Bundesstaatsordnung modifizieren. Obgleich zur ebenfalls in Art. 20 Abs. 1 und 2 GG festgeschriebenen demokratischen Freiheit grundsätzlich auch „die Verfügbarkeit der politischen und rechtlichen

---

43  Vgl. *Jarass, Hans D.*, Art. 20 GG, in: Jarass/Pieroth, Rz. 32 ff.; *Sachs*, Art. 20 GG. in: Sachs, Rz. 94 ff.; *Schulze-Fielitz, Helmuth*, Art. 20 GG (Rechtsstaat), in: Dreier, Rz. 74 ff.; *Wolff*, Ungeschriebenes Verfassungsrecht, S. 279; *Unruh, Peter*, Der Verfassungsbegriff des Grundgesetzes – Eine verfassungstheoretische Rekonstruktion, Tübingen 2002, S. 399 ff. Kritisch gegenüber dem allgemeinen Grundsatz des Vorrangs der Verfassung aber *Lecheler, Helmut*, Vorrang der Verfassung?, in: Bickel, Dietrich/Hadding, Walter/Jahnke, Volker/Lüke, Gerhard (Hrsg.), Recht und Rechtserkenntnis, Festschrift für Ernst Wolf zum 70. Geburtstag, Köln (u. a.) 1985, S. 361, 362 ff. Siehe auch supra Kapitel 2 § 2 B. I. 2.
44  *Stern*, Staatsrecht I, S. 81. Zur grundsätzlichen Nichtigkeit verfassungswidriger Normen und den möglichen Ausnahmen vgl. *Schlaich/Korioth*, Bundesverfassungsgericht, Rz. 378 ff.; *Sachs*, Art. 20 GG, in: Sachs, Rz. 95 ff.; *Schulze-Fielitz*, Art. 20 GG (Rechtsstaat), in: Dreier, Rz. 78 ff.

Ordnung" gehören muß,[45] werden damit zentrale Elemente der territorial gegliederten Staatsorganisation dem gestalterischen Zugriff der Staatsorgane auf Bundes- und Landesebene und insbesondere des einfachen parlamentarischen Gesetzgebers als primärer Institutionalisierung des grundgesetzlichen Demokratieprinzips entzogen.[46] Vor allem bleiben – abgesehen von der Möglichkeit der formellen Verfassungsänderung – die Verfassungsbestimmungen zur vertikalen Kompetenzverteilung und direktiven Koordination als Demarkationslinien regionaler und zentralstaatlicher Handlungssphären für die an der bundesstaatlichen Ordnung beteiligten politischen Akteure grundsätzlich unverrückbar.[47] Weder unilateral noch in gemeinsamer Abstimmung können sie das grundgesetzliche Zuständigkeitsgefüge modifizieren, soweit nicht der Verfassungstext selbst eine solche Möglichkeit vorsieht.[48] So formuliert das Bundesverfassungsgericht für das vertikale Verhältnis zwischen Bund und Ländern:

> *"Es gilt der allgemeine Verfassungssatz [...], daß weder der Bund noch die Länder über ihre im Grundgesetz festgelegten Kompetenzen verfügen können; Kompetenzverschiebungen zwischen Bund und Ländern sind auch mit Zustimmung der Beteiligten nicht zulässig."*[49]

Als nach überwiegender Auffassung gerade noch zulässige Grenzfälle dieses allgemeinen Verfassungssatzes gelten kooperative Vereinbarungen zwischen Bund und Ländern bei unklaren Kompetenzabgrenzungen.[50] Aufgrund der deutlichen grundgesetzlichen Zurückhaltung in der Regulierung des horizontalen Verhältnisses zwischen den Ländern gilt der Grundsatz der zwingenden verfassungsrechtlichen Kompetenzverteilung hier nur in leicht eingeschränktem Maße,[51] so daß die begrenzte Übertragung von Befugnissen zur Kompetenzausübung zwischen den Ländern und durch die Länder auf gemeinsame

---

45 *Böckenförde, Ernst-Wolfgang*, Demokratie als Verfassungsprinzip, in: Isensee, Josef/Kirchhof, Paul (Hrsg.), Handbuch des Staatsrechts der Bundesrepublik Deutschland, Band II, 3. Auflage, Heidelberg 2004, § 24, Rz. 38.
46 Vgl. *Dreier, Horst*, Grenzen demokratischer Freiheit im Verfassungsstaat, JZ 1994, S. 741, 742.
47 *Erbguth*, Art. 30 GG, in: Sachs, Rz. 11 ff.; *Pernice*, Art. 30 GG, in: Dreier, Rz. 20 ff.; *Pietzcker, Jost*, Zuständigkeitsordnung und Kollisionsrecht im Bundesstaat, in: Isensee, Josef/Kirchhof, Paul (Hrsg.), Handbuch des Staatsrechts der Bundesrepublik Deutschland, Band IV, 2. Auflage, Heidelberg 1999, § 99, Rz. 18 ff.; *Isensee*, Der Bundesstaat, S. 741.
48 So etwa in Art. 71, 72 Abs. 1 und 3 GG; vgl. *Pernice*, Art. 30 GG, in: Dreier, Rz. 20.
49 BVerfGE 63, 1, 39. Siehe auch BVerfGE 26, 281, 296; 32, 145, 156.
50 Ein Beispiel dieser Kategorie bildet das Lindauer Abkommen über Fragen des völkerrechtlichen Vertragsabschlusses in Bereichen der Länderzuständigkeiten; siehe dazu supra Kapitel 5 § E. I. Vgl. *Erbguth*, Art. 30 GG, in: Sachs, Rz. 14; *Pietzcker*, Zuständigkeitsordnung und Kollisionsrecht, Rz. 20.
51 *Kisker, Gunter*, Kooperation im Bundesstaat – Eine Untersuchung zum kooperativen Föderalismus in der Bundesrepublik Deutschland, Tübingen 1971, S. 86 ff., 109, 116; *Pietzcker, Jost*, Zusammenarbeit der Gliedstaaten im Bundesstaat – Landesbericht Bundesrepublik Deutschland, in: Starck, Christian (Hrsg.), Zusammenarbeit der Gliedstaaten im Bundesstaat, Baden-Baden 1988, S. 17, 57; *Rudolf, Walter*, Bund und Länder im aktuellen deutschen Verfassungsrecht, Bad Homburg (u. a.) 1968, S. 31 f.

Organe unterschiedlichster Ausprägungen[52] prinzipiell zulässig bleiben soll, soweit dadurch keine neue staatliche Ebene geschaffen wird.[53]

Wesentliche Elemente der regionalen Dezentralisation in Deutschland unterliegen somit zunächst der normativen Stabilisierung durch einfache verfassungsrechtliche Verankerung, die ihnen Geltungsvorrang vor der übrigen Rechtsordnung und unverbrüchliche Verbindlichkeit gegenüber allen Staatsorganen außer dem verfassungsändernden Gesetzgeber verleiht. Neben der normativen Absicherung der bundesstaatlichen Ordnung durch diesen den grundgesetzlichen Normalfall darstellenden Sicherungsmechanismus der Verfassungssuprematie kennt die deutsche Verfassungsordnung für einen besonderen Aspekt der Bundesstaatlichkeit jedoch ein modifiziertes Stabilisierungsinstrumentarium. Das Grundgesetz enthält keine direkte Garantie für die Existenz des einzelnen Bundeslandes oder seiner aktuellen Grenzen,[54] sondern „konstituiert ... einen labilen Bundesstaat, auf beweglichem, gliedstaatlichem Fundament"[55]. Art. 29 GG gestattet die Neugliederung des Bundesgebietes durch einfaches, nicht zustimmungsbedürftiges Bundesgesetz oder – seit der Grundgesetzänderung von 1994 – durch Staatsvertrag zwischen den betroffenen Ländern[56]; abgesehen von der Gebietsänderung unterhalb der Geringfügigkeitsschwelle des Art. 29 Abs. 7 GG bedürfen derartige Modifikationen der räumlichen Grundlagen des deutschen Bundesstaates jedoch der mehrheitlichen Zustimmung der Bevölkerung in den betroffenen Ländern.[57] Damit führt das Grundgesetz für den konkreten Bestand und territorialen Zuschnitt der Bundesländer als Teilaspekt der deutschen Bundesstaatlichkeit einen gegenüber der regulären Verfassungssuprematie modifizierten Sicherungsmechanismus ein. Dabei wird dem Wahlvolk in den Ländern eine entscheidende Mitwirkungsposition eingeräumt, so daß auch dieser Aspekt der regionalen Dezentralisierung in Deutschland der freien Disposition des einfachen Bundesgesetzgebers und den anderen Staatsorganen auf Bundes- und Landesebene durch eine mit plebiszitär-demokratischen Komponenten er-

---

52 Siehe dazu supra Kapitel 5 § 2 B. I.
53 *Pietzcker*, Zusammenarbeit der Gliedstaaten im Bundesstaat, S. 58 ff.; *Rudolf, Walter*, Kooperation im Bundesstaat, in: Isensee, Josef/Kirchhof, Paul (Hrsg.), Handbuch des Staatsrechts der Bundesrepublik Deutschland, Band IV, 2. Auflage, Heidelberg 1999, § 105, Rz. 61 ff.; *Pernice*, Art. 30 GG, in: Dreier, Rz. 23
54 *Sachs*, Art. 20 GG, in: Sachs, Rz. 67; *Erbguth, Wilfried*, Art. 29 GG, in: Sachs, Rz. 8; *Pernice, Ingolf*, Art. 29 GG, in: Dreier, Rz. 12; *Isensee*, Idee und Gestalt des Föderalismus, Rz. 23; *Maurer*, Staatsrecht I, § 10, Rz. 18.
55 *Isensee, Josef*, Einheit in Ungleichheit: der Bundesstaat – Vielfalt der Länder als Legitimationsbasis des deutschen Föderalismus, in: Bohr, Kurt (Hrsg.), Föderalismus – Demokratische Struktur für Deutschland und Europa, München 1992, S. 139, 145.
56 Dieser Staatsvertrag bedarf jedoch gemäß Art. 29 Abs. 8 Satz 6 GG der Zustimmung des Bundestages.
57 Vgl. eingehend zu Voraussetzungen und Verfahren der Neugliederung *Erbguth*, Art. 29 GG, in: Sachs, Rz. 11 ff.; *Pernice*, Art. 29 GG, in: Dreier, Rz. 19 ff.; *Pieroth, Bodo*, Art. 29 GG, in: Jarass/Pieroth, Rz. 2 ff. Siehe dazu auch supra Kapitel 5 § 2 A. I. 1.

reichte gesteigerte Bestandskraft entzogen ist.[58] Jenseits der in Art. 29 GG vorgesehenen Verfahren zur Neugliederung bleiben Modifikationen der räumlichen Grundlagen des deutschen Bundesstaates jedoch auch im Wege der regulären formellen Verfassungsänderung möglich.[59] Ein gegenüber dem Prozedere des Art. 29 GG deutlich vereinfachtes Verfahren der Länderneugliederung sieht schließlich Art. 118a GG für das Gebiet der Länder Berlin und Brandenburg vor; entsprechende Fusionsbemühungen scheiterten jedoch im Jahre 1996 am Widerstand der brandenburgischen Wahlberechtigten.

## 2. Qualifizierte verfassungsrechtliche Absicherung durch die Ewigkeitsgarantie des Art. 79 Abs. 3 GG

Die verfassungsnormative Absicherung deutscher Bundesstaatlichkeit im Grundgesetz bleibt jedoch nicht dabei stehen, die im Verfassungstext enthaltenen oder mitgeschriebenen Zuständigkeits-, Verfahrens- und Organisationsregelungen mit Geltungsvorrang gegenüber der übrigen Rechtsordnung zu versehen, für den einfachen Gesetzgeber sowie andere Staatsorgane vollumfänglich verbindlich zu machen und ausschließlich der Dispositionsfreiheit der verfassungsändernden Gewalt zu überantworten; vielmehr geht sie mit der Ewigkeitsgarantie des Art. 79 Abs. 3 GG entscheidend über diese Grundlagen deutscher Verfassungssuprematie hinaus.[60] Durch diese Unantastbarkeitsklausel werden bestimmte organisatorische und materielle Grundsätze der deutschen Verfassungsordnung mit einer gewissermaßen ‚qualifizierten' Verfassungssuprematie ausgestattet. Diese Grundsätze besitzen damit nicht nur normativen Geltungsvorrang und verpflichtende Wirkung für den einfachen parlamentarischen Gesetzgeber und die übrigen Staatsorgane, sondern ihre Bestandskraft wird vervollkommnet und perfektioniert, indem sie auch der Verfügungsmacht des verfassungsändernden Gesetzgebers entzogen werden. Bestimmte Grundelemente der deutschen Staatsordnung werden damit gänzlich dem gestalterischen Zugriff der Verfassungsakteure und letztendlich der verfaßten Volkssouveränität vorenthalten.[61] Indem Art. 79 Abs. 3 GG solche Verfassungsänderungen, „durch welche die Gliederung des Bundes in Länder, die grundsätzliche Mitwirkung der Länder bei der Gesetzgebung oder die in den Art. 1 und 20 GG niedergelegten Grundsätze berührt werden", für „unzulässig" – also verfassungswidrig und daher nichtig[62] – erklärt, hebt er unter anderem wesentliche Grundlagen der bundesstaatlichen Ordnung in Deutsch-

---

58 Diesen spezifischen Schutz des Bestands der einzelnen Bundesländer beschreibt *Isensee*, Der Bundesstaat, S. 736, als „effektiv", den Bundesstaat daher auch als „relativ stabil".
59 *Sachs*, Art. 20 GG, in: Sachs, Rz. 67.
60 Zur Ewigkeitsgarantie des Art. 79 Abs. 3 GG siehe bereits supra Kapitel 2 § 1 C. I. 1. und Kapitel 2 § 2 B. I. 2.
61 Vgl. *Dreier, Horst*, Art. 79 III GG, in: Dreier, Rz. 14; *ders.*, Grenzen demokratischer Freiheit, S. 747 f.
62 *Lücke, Jörg*, Art. 79 GG, in: Sachs, Rz. 22; *Dreier*, Art. 79 III GG, in: Dreier, Rz. 11; *Bryde, Brun-Otto*, Art. 79 GG, in: von Münch/Kunig, Rz. 26; *Stern*, Staatsrecht I, S. 167.

land auf die höchste Stufe normativer Absicherung, die das Grundgesetz – und mit ihm die gesamte deutsche Staatsordnung – kennt.
Durch die Bezugnahme auf Art. 20 Abs. 1 GG, der die konstitutionelle Strukturentscheidung für den „Bundesstaat" enthält, sowie durch die explizite Garantie der „Gliederung des Bundes in Länder" und der „grundsätzlichen Mitwirkung der Länder bei der Gesetzgebung" erhält die Bundesstaatlichkeit im Unterschied zu den anderen unverbrüchlichen Grundsätzen eine doppelte Absicherung gegenüber dem verfassungsändernden Gesetzgeber.[63] Auf der Basis des vorzugswürdigen integralen Verständnisses der Leitentscheidung in Art. 20 Abs. 1 GG, nach dem als „Bundesstaat" hier die in sinnstiftender Kondensation zu ermittelnde Gesamtgestalt grundgesetzlicher Bundesstaatlichkeit festgeschrieben wird,[64] erhält der gesonderte Verweis auf den Grundsatz der Bundesstaat in Art. 20 Abs. 1 GG eine eigenständige Bedeutung neben den beiden konkreteren föderativen Schutzobjekten.[65] Diese zwiefache Absicherung der regionalen Dezentralisierung in Art. 79 Abs. 3 GG überrascht vor dem Hintergrund – erklärt sich aber möglicherweise auch zugleich durch den Umstand –, daß – anders als etwa die Menschenwürde, die Demokratie oder die Rechtsstaatlichkeit – die föderative Gliederung des Staatswesens grundsätzlich als verzichtbare Strukturentscheidung des Verfassungsstaates gilt, die in einer stark zentralisierten Staatsordnung eine ebenso legitime Alternative findet.[66]

Die wahre Bedeutung des Art. 79 Abs. 3 GG als normatives Stabilisierungsinstrument für das Gefüge regionaler Dezentralisation in Deutschland

---

63 *Maurer*, Staatsrecht I, § 10, Rz. 16; *Isensee*, Idee und Gestalt des Föderalismus, Rz. 263; *Kimminich, Otto*, Der Bundesstaat, in: Isensee, Josef/Kirchhof, Paul (Hrsg.), Handbuch des Staatsrechts der Bundesrepublik Deutschland, Band I, 2. Auflage, Heidelberg 1995, § 26, Rz. 39; *Kirchhof, Paul*, Die Identität der Verfassung in ihren unabänderlichen Inhalten, in: Isensee, Josef/Kirchhof, Paul (Hrsg.), Handbuch des Staatsrechts der Bundesrepublik Deutschland, Band I, 2. Auflage, Heidelberg 1995, § 19, Rz. 77; *Oeter, Stefan*, Integration und Subsidiarität im deutschen Bundesstaatsrecht – Untersuchungen zu Bundesstaatstheorie unter dem Grundgesetz, Tübingen 1998, S. 567 ff., 579 ff.; *Möllers, Christoph*, Staat als Argument, München 2000, S. 99. A. A. *Jestaedt*, Bundesstaat als Verfassungsprinzip, Rz. 48 ff., nach dessen Ansicht der Verweis in Art. 79 Abs. 3 GG auf die Grundsätze des Art. 20 GG einzig und allein die Bundesstaatlichkeit umfaßt.
64 Siehe supra Kapitel 6 § 2 B. I. 1.
65 So *Isensee*, Der Bundesstaat, S. 748; *ders.*, Idee und Gestalt des Föderalismus, Rz. 263 ff.; *Dreier*, Art. 79 III GG, in: Dreier, Rz. 16, 39; *Hesse*, Bundesstaatsreform und Grenzen der Verfassungsänderung, S. 8 f.; *Kirchhof*, Identität der Verfassung, Rz. 91; *Stern*, Staatsrecht I, S. 171. A. A. *Maunz, Theodor/Dürig, Günter*, Art. 79 GG, in: dies. (Hrsg.), Grundgesetz Kommentar, Band IV (Art. 53a – 88), Loseblattsammlung, München, Stand: Februar 2003, Rz. 40, und *Šarčević*, Bundesstaatsprinzip, S. 255 ff., die einen Rückgriff auf den „Bundesstaat" in Art. 20 Abs. 1 GG aufgrund der Spezialregelungen für entbehrlich halten; *Bryde*, Art. 79 GG, in: von Münch/Kunig, Rz. 38 ff., der den Grundsatz der Bundesstaatlichkeit aus Art. 20 Abs. 1 GG nicht als Schutzobjekt des Art. 79 Abs. 3 GG aufführt; *Jestaedt*, Bundesstaat als Verfassungsprinzip, Rz. 48 ff., nach dem der Verweis auf Art. 20 GG in Art. 79 Abs. 3 GG nicht die Bundesstaatlichkeit erfaßt.
66 Vgl. *Isensee, Josef*, Der Föderalismus und der Verfassungsstaat der Gegenwart, AöR 115 (1990), S. 248, 248 f.; *ders.*, Idee und Gestalt des Föderalismus, Rz. 264; *Maurer*, Staatsrecht I, § 10, Rz. 16; *Ipsen*, Staatsrecht I, Rz. 904.

wird indessen entscheidend durch seinen konkreten Schutzumfang bestimmt, der bis heute nicht als restlos geklärt gelten kann. So vertritt das Bundesverfassungsgericht eine restriktive Deutung der Ewigkeitsgarantie, indem es Art. 79 Abs. 3 GG im wesentlichen als Verbot der grundgesetzinternen Revolution versteht und daher ein ‚Berühren' der darin genannten Grundsätze in Analogie zur Wesensgehaltsgarantie des Art. 19 Abs. 2 GG erst im Falle ihrer ‚prinzipiellen Preisgabe', nicht aber schon bei ihrer ‚systemimmanenten Modifikation' aus sachgerechten Gründen annimmt.[67] Im verfassungsrechtlichen Schrifttum werden dagegen teilweise erheblich extensivere Auslegungen des Art. 79 Abs. 3 GG gefordert, nach denen etwa bereits jegliche Einwirkung auf die genannten grundgesetzlichen Wesenselemente verboten ist.[68] Das schwierige Spannungsverhältnis zwischen der notwendigen Stabilisierung der Verfassungsordnung auf der einen Seite und der Gefahr ihrer übermäßigen Versteinerung auf der anderen macht einen vermittelnden Ansatz erforderlich, der auch in der neueren Rechtsprechung des Bundesverfassungsgerichts Rückhalt findet.[69] Danach ist von einer allgemeingültigen Definition des ‚Berührens' abzusehen und eine sachgerechte Analyse des konkreten Schutzumfangs der Einzelgewährleistungen anzustellen.[70] Damit rückt die doppelte Verbürgung der regionalen Dezentralisierung als Grundsatz der Bundesstaatlichkeit in Art. 20 Abs. 1 GG sowie als „Gliederung des Bundes in Länder" und „grundsätzliche Mitwirkung der Länder bei der Gesetzgebung" in den Vordergrund.

Die unverbrüchliche Garantie der „Gliederung des Bundes in Länder" gewährleistet – wie aus der Zusammenschau mit Art. 29 GG deutlich wird – nicht den Bestand oder territorialen Zuschnitt der existierenden Länder. Auch eine Reduktion der Anzahl der Bundesländer wäre bis zu einer gewissen Grenze möglich, die nach wohl herrschender Ansicht bei mindestens drei Gliedstaaten anzusiedeln wäre.[71] Eine Gliederung in Länder verlangt jedoch über die bloße Existenz regionaler Einheiten hinaus auch ein Mindestmaß an

---

67 BVerfGE 30, 1, 24 f.; 84, 90, 121; 94, 12, 34; 94, 49, 103. Ähnlich auch *Stern*, Staatsrecht I, S. 173 f.; *Dreier*, Art. 79 III GG, in: Dreier, Rz. 13, 15; *ders.*, Grenzen demokratischer Freiheit, S. 749 f.; *Kirchhof*, Identität der Verfassung, Rz. 81; *Bryde*, Art. 79 GG, in: von Münch/Kunig, Rz. 28. Besonders kritisch gegenüber einer übermäßig restriktiven Auslegung des Art. 79 Abs. 3 GG *Dürig, Günter*, Zur Bedeutung und Tragweite des Art. 79 Abs. III des Grundgesetzes (ein Plädoyer), in: Spanner, Hans/Lerche, Peter/Zacher, Hans/Badura, Peter/Campenhausen, Axel Freiherr von (Hrsg.), Festgabe Theodor Maunz zum 70. Geburtstag, München 1971, S. 41, 42 ff.
68 *Pieroth*, Art. 79 GG, in: Jarass/Pieroth, Rz. 6 f.; *Lücke*, Art. 79 GG, in: Sachs, Rz. 24 f.
69 BVerfGE 84, 90, 121; 94, 49, 103.
70 *Dreier*, Art. 79 III GG, in: Dreier, Rz. 15; *Bryde*, Art. 79 GG, in: von Münch/Kunig, Rz. 28.
71 *Lücke*, Art. 79 GG, in: Sachs, Rz. 26; *Dreier*, Art. 79 III GG, in: Dreier, Rz. 16; *Bryde*, Art. 79 GG, in: von Münch/Kunig, Rz. 30; *Pieroth*, Art. 79 GG, in: Jarass/Pieroth, Rz. 8; *Harbich, Jürgen*, Der Bundesstaat und seine Unantastbarkeit, Berlin 1965, S. 145 ff. Dagegen lassen *Maunz/Dürig*, Art. 79 GG, in: Maunz/Dürig, Rz. 34, zwei Länder genügen, während *Isensee*, Idee und Gestalt des Föderalismus, Rz. 278, deutlich mehr als drei Gliedstaaten für erforderlich hält.

materieller Eigenständigkeit der Glieder,[72] die nach deutschem Verfassungsverständnis mit ihrer Staatlichkeit gleichgesetzt wird. Die Länder müssen demnach als Staaten erhalten bleiben,[73] wobei dem Begriff der Staatlichkeit hier nur ein der grundgesetzlichen Bundesstaatlichkeit immanenter Bedeutungsgehalt zugrunde gelegt werden kann.[74] Während der konkrete gliedstaatliche Kompetenzbestand grundsätzlich für modifizierbar gehalten wird und auch Kompensationen von Zuständigkeitsverlusten durch die Einräumung anderer Kompetenzen für zulässig erachtet werden, müssen die Bundesländer als Zentren demokratisch legitimierter politischer Entscheidungsgewalt mit einem Mindestmaß an legislativen, exekutiven und judikativen Zuständigkeiten sowie finanzieller Ausstattung erhalten bleiben.[75] Als unentziehbares „Hausgut" jedes Bundeslandes gilt daher ein „Kernbestand eigener Aufgaben und eigenständiger Aufgabenerfüllung", zu dem in jedem Fall „die freie Bestimmung über seine Organisation einschließlich der in der Landesverfassung enthaltenen organisatorischen Grundentscheidungen sowie die Garantie der verfassungskräftigen Zuweisung eines angemessenen Anteils am Gesamtsteueraufkommen im Bundesstaat" zu zählen sind.[76] Die konkrete Bestimmung des unveränderbaren Kernbestands von Landeszuständigkeiten bereitet jedoch erhebliche Schwierigkeiten.[77] Gelegentlich werden die Grenzen der zulässigen Verfassungsänderung hinsichtlich der vertikalen Kompetenzverteilung durch die zahlreichen Grundgesetzmodifikationen in diesem Bereich für erreicht oder sogar überschritten gehalten und den heutigen Ländern ein Status am Rande oder sogar jenseits der Staatlichkeit attestiert.[78] Das Bundesver-

---

72 *Pieroth*, Art. 79 GG, in: Jarass/Pieroth, Rz. 8; *Lücke*, Art. 79 GG, in: Sachs, Rz. 26; *Dreier*, Art. 79 III GG, in: Dreier, Rz. 17; *Bryde*, Art. 79 GG, in: von Münch/Kunig, Rz. 31.
73 BVerfGE 34, 9, 19 f.; *Stern*, Staatsrecht I, S. 169; *Maunz/Dürig*, Art. 79 GG, in: Maunz/Dürig, Rz. 33; *Lücke*, Art. 79 GG, in: Sachs, Rz. 26; *Isensee*, Idee und Gestalt des Föderalismus, Rz. 268.
74 Siehe dazu supra Kapitel 4 § 1 A. Vgl. auch *Hesse*, Bundesstaatsreform und Grenzen der Verfassungsänderung, S. 14 f., der daher die Qualifizierung der Länder als Staaten für bedeutungslos hält.
75 *Stern*, Staatsrecht I, S. 169 f.; *Dreier*, Art. 79 III GG, in: Dreier, Rz. 17; *Lücke*, Art. 79 GG, in: Sachs, Rz. 26 f.; *Isensee*, Idee und Gestalt des Föderalismus, Rz. 269 ff.; *Scheuner, Ulrich*, Struktur und Aufgabe des Bundesstaates in der Gegenwart – Zur Lehre vom Bundesstaat, DÖV 1962, S. 641, 646, 649; *Hesse*, Bundesstaatsreform und Grenzen der Verfassungsänderung, S. 14 ff.; *Harbich*, Der Bundesstaat, S. 119 f.; *Hempel, Wieland*, Der demokratische Bundesstaat – Artikel 20 Absatz 1 des Grundgesetzes und seine Bedeutung für Zuständigkeitsvereinbarungen zwischen Bund und Ländern, Berlin 1969, S. 208; *Bullinger, Martin*, Die Zuständigkeit der Länder zur Gesetzgebung I., DÖV 1970, S. 761, 761 f.
76 BVerfGE 34, 9, 19 f. Vgl. auch BVerfGE 87, 181, 196 f.; *Pieroth*, Art. 79 GG, in: Jarass/Pieroth, Rz. 8; *Lücke*, Art. 79 GG, in: Sachs, Rz. 27; *Dreier*, Art. 79 III GG, in: Dreier, Rz. 17; *Bryde*, Art. 79 GG, in: von Münch/Kunig, Rz. 31.
77 Sehr detailliert dazu jedoch *Isensee*, Idee und Gestalt des Föderalismus, Rz. 274 ff.; *ders.*, Der Bundesstaat, S. 748 f.
78 Vgl. *Hendler, Reinhard*, Unitarisierungstendenzen im Bereich der Gesetzgebung, ZG 2 (1987), S. 210, 212 f.; *Katz*, Staatsrecht, Rz. 251; *Erbguth, Wilfried*, Erosion der Ländereigenstaatlichkeit – Art. 30 GG und unitaristische Entwicklungen national- wie gemeinschaftsrechtlichen Ursprungs, in: Ipsen, Jörn/Rengeling, Hans-Werner/Mössner, Jörg

fassungsgericht hat sich jedoch bisher entsprechend seiner restriktiven Grundauffassung eine derartige Argumentation noch nicht zu eigen gemacht.[79] Die unverbrüchliche Gewährleistung der „grundsätzliche[n] Mitwirkung der Länder bei der Gesetzgebung" in Art. 79 Abs. 3 GG bezieht sich nach ganz herrschender Auffassung auf die Beteiligung der Länder bei der Bundesgesetzgebung.[80] Damit werden zwar nicht die konkrete Zusammensetzung und die derzeitigen Befugnisse des Bundesrates auf ewig festgeschrieben, jedoch müssen den Ländern insgesamt Mitsprachemöglichkeiten von substantiellem Gewicht in der legislativen Tätigkeit des Bundes verbleiben. Die Zulässigkeit einer Senatslösung für die regionale Mitwirkung bei der Bundesgesetzgebung ist dabei umstritten.[81] Mißt man schließlich dem Verweis in Art. 79 Abs. 3 GG auf den Grundsatz der Bundesstaatlichkeit in Art. 20 Abs. 1 GG eine eigenständige Bedeutung neben den beiden föderativen Einzelverbürgungen zu,[82] so wird damit die konkrete Grundkonzeption des Bundesstaates der Bundesrepublik Deutschland in den änderungsfesten Kernbestand der Verfassung einbezogen; der Verfügungsbefugnis des verfassungsändernden Gesetzgebers bleibt daher über die Gliederung des Bundes in Länder sowie die grundsätzliche Mitwirkung der Länder bei der Bundesgesetzgebung hinaus auch die Gesamtgestalt des grundgesetzlichen Bundesstaates in seinen

---

M./Weber, Albrecht (Hrsg.), Verfassungsrecht im Wandel – Wiedervereinigung Deutschlands, Deutschland in der Europäischen Union, Verfassungsstaat und Föderalismus, Köln (u. a.) 1995, S. 549, 568; *Eiselstein, Claus*, Verlust der Bundesstaatlichkeit? – Kompetenzverluste der Länder im kulturellen Sektor vor dem Hintergrund von Art. 79 III GG, NVwZ 1989, S. 323, 328, 330; *von Arnim, Hans H.*, Vom schönen Schein der Demokratie: Politik ohne Verantwortung – am Volk vorbei, München 2002, S. 118 ff.; *Böckenförde, Ernst-Wolfgang*, Regierungsfähigkeit zwischen Verfassung und politischer Verantwortung, in: Bertelsmann-Stiftung (Hrsg.), Demokratie neu denken – Verfassungspolitik und Regierungsfähigkeit in Deutschland, Gütersloh 1998, S. 83, 90; *Isensee*, Idee und Gestalt des Föderalismus, Rz. 203; *Oeter, Stefan*, Integration und Subsidiarität im deutschen Bundesstaatsrecht – Untersuchungen zu Bundesstaatstheorie unter dem Grundgesetz, Tübingen 1998, S. 579 ff., der insbesondere auch auf Unitarisierungstendenzen auf dem Gebiet der Verwaltung hinweist.

79 *Ossenbühl, Fritz*, Bundesverfassungsgericht und Gesetzgebung, in: Badura, Peter/Dreier, Horst (Hrsg.), Festschrift 50 Jahre Bundesverfassungsgericht, Band I (Verfassungsgerichtsbarkeit, Verfassungsprozeß), Tübingen 2001, S. 33, 49; *Badura, Peter*, Staatsrecht – Systematische Erläuterung des Grundgesetzes für die Bundesrepublik Deutschland, 3. Auflage, München 2003, Rz. F 66.

80 *Lücke*, Art. 79 GG, in: Sachs, Rz. 28; *Dreier*, Art. 79 III GG, in: Dreier, Rz. 18; *Bryde*, Art. 79 GG, in: von Münch/Kunig, Rz. 32; *Kirchhof*, Identität der Verfassung, Rz. 91; *Isensee*, Idee und Gestalt des Föderalismus, Rz. 280; *Harbich*, Der Bundesstaat, S. 130 f.; *Hesse*, Bundesstaatsreform und Grenzen der Verfassungsänderung, S. 18.

81 Dafür *Bryde*, Art. 79 GG, in: von Münch/Kunig, Rz. 32; *Lücke*, Art. 79 GG, in: Sachs, Rz. 28; *Dreier*, Art. 79 III GG, in: Dreier, Rz. 19; *Hain, Karl-E.*, Art. 79 GG, in: von Mangoldt, Hermann/Klein, Friedrich/Starck, Christian (Hrsg.), Das Bonner Grundgesetz: Kommentar, Band III (Art. 79 bis 146), 4. Auflage, München 2001, Rz. 133; *Hesse*, Bundesstaatsreform und Grenzen der Verfassungsänderung, S. 38; *Stern*, Staatsrecht I, S. 170. Dagegen *Maunz/Dürig*, Art. 79 GG, in: Maunz/Dürig, Rz. 36, Fn. 1; *Harbich*, Der Bundesstaat, S. 133 f.

82 Siehe dazu supra Fn. 63 und 65 mit Text.

Grundstrukturen entzogen,[83] wobei auch hier zumeist die Bewahrung der Eigenstaatlichkeit der Länder mit einem kompetenziellen Hausgut ins Zentrum der Verfassungsgarantie gerückt wird.[84]

Im Spannungsfeld zwischen der notwendigen Stabilität und Flexibilität der Verfassungsordnung einschließlich der regionalen Dezentralisation eröffnet Art. 79 Abs. 3 GG die Möglichkeit der absoluten normativen Absicherung bestimmter konstitutioneller Grundelemente. Die bestehenden Unsicherheiten in der Bestimmung des genauen Schutzumfangs der Ewigkeitsgarantie hinsichtlich der föderativen Ordnung bilden dabei jedoch eine schwere Hypothek für diese Stabilisierungsfunktion,[85] da sie zwangsläufig zu einer Marginalisierung des Art. 79 Abs. 3 GG im Angesicht verfassungsändernder parlamentarischer Mehrheiten als höchste grundgesetzimmanente Ausdrucksform der Volkssouveränität führen.

## II. Prozessuale, verfassungsgerichtliche Absicherung der Bundesstaatlichkeit

Die normative Verankerung wesentlicher Aspekte der deutschen Bundesstaatlichkeit im formellen Verfassungsrecht der Bundesrepublik Deutschland legt auch ohne Zugrundelegung eines streng positivistischen Verständnisses des Rechts unmittelbar die Frage nach der praktischen Durchsetzung dieser Verfassungsbindungen nahe.[86] Damit richtet sich der verfassungsvergleichende Blick auf die Verfahren und Akteure der konstitutionellen Stabilisierung. Aufgrund der starken Verrechtlichung der deutschen Staatsordnung auf der Ebene eines mit Verfassungssuprematie ausgestatteten Normengefüges und der machtvollen Stellung der Verfassungsgerichtsbarkeit in der deutschen Verfassungsordnung bilden die zahlreichen Zuständigkeiten des Bundesverfassungsgerichts einen natürlichen Fokus dieser Verfahrensdimension der konstitutionellen Stabilisierung. Daher ist es auch nicht überraschend, wenn der Begriff „Hüter der Verfassung" unter der Geltung des Grundgesetzes geradezu zum Synonym für das Bundesverfassungsgericht avanciert ist[87] und

---

83 *Isensee*, Der Bundesstaat, S. 748; *Hesse*, Bundesstaatsreform und Grenzen der Verfassungsänderung, S. 7 ff.; *Stern*, Staatsrecht I, S. 171; *Lerche, Peter*, Aktuelle föderalistische Verfassungsfragen, München 1968, S. 45 f.
84 Siehe etwa *Dreier*, Art. 79 III GG, in: Dreier, Rz. 39. Aufgrund der notwendigen Überschneidungen für einen einheitlichen Schutzgegenstand der Bundesstaatlichkeit daher *Hain*, Art. 79 GG, in: von Mangoldt/Klein/Starck, Rz. 119.
85 *Dreier*, Grenzen demokratischer Freiheit, S. 749.
86 Vgl. *Grey*, Constitutionalism, S. 196 ff.
87 *Weber, Helmut*, Wer hütet die Verfassung?, in: Glaeßner, Gert-Joachim/Reutter, Werner/Jeffery, Charlie (Hrsg.), Verfassungspolitik und Verfassungswandel: Deutschland und Großbritannien im Vergleich, Wiesbaden 2001, S. 89, 91. Siehe beispielsweise *Stern*,

Kapitel 6: Konstitutionelle Absicherung

sogar vom Gericht selbst in dieser Bedeutung verwendet wird.[88] Jedoch bedarf es des Hinweises, daß zum einen auch das Verfassungsgericht nicht außerhalb, sondern unter der Verfassung steht und daß es zum anderen die bedeutsame Aufgabe, die Verfassung zu hüten, mit allen anderen Organen der öffentlichen Gewalt teilt.[89] Das Grundgesetz verpflichtet in Art. 1 Abs. 3 und 20 Abs. 3 GG alle Staatsorgane zur Wahrung seiner Ordnung und damit zur Durchsetzung seiner normativen Bindungen.[90] Für die regionale Dezentralisierung der deutschen Staatsordnung bedeutet dies, daß neben den verschiedenen Staatsorganen des Bundes insbesondere auch die der Länder zur Wahrung der regionalisierten Verfassungsordnung aufgerufen sind.

Innerhalb dieses umfangreichen Akteurskreises der konstitutionellen Absicherung deutscher Bundesstaatlichkeit nimmt indessen das Bundesverfassungsgericht eine besondere Stellung dahingehend ein, daß ihm eine von zulässigen Anträgen abhängige Letztentscheidungsbefugnis über verfassungsrechtliche Streitfragen zukommt;[91] es hat die spezifische „Aufgabe der repressiven Verfassungsbewahrung und Verfassungsdurchsetzung",[92] weshalb seine Entscheidungen gemäß § 31 Abs. 1 BVerfGG alle „Staatsorgane des Bundes und der Länder sowie alle Gerichte und Behörden" binden.[93] Diese allgemeine Funktion des Bundesverfassungsgerichts ergibt sich jedoch nicht etwa aus einer verfassungsrechtlichen Generalklausel, die ihm in jedem Fall ‚das letzte Wort' in allen verfassungsrechtlichen Meinungsverschiedenheiten einräumt, sondern aus der abschließenden Aufzählung von Einzelkompetenzen in Art. 93 Abs. 1 GG und anderen Grundgesetzbestimmungen.[94] Daneben enthält Art. 93 Abs. 2 GG eine allgemeine Ermächtigung an den Bundesgesetzgeber, weitere Zuständigkeiten des Bundesverfassungsgerichts durch Gesetz zu begründen.[95] Erst eine Zusammenschau des gesamten Kompetenz-

---

Staatsrecht I, S. 112, 185, 851; *Sturm, Gerd*, Art. 93 GG, in: Sachs, Rz. 4, tituliert das Bundesverfassungsgericht immerhin als „Oberster Hüter der Verfassung".
88  Siehe BVerfGE 1, 184, 195 ff.; 1, 396, 408 f.; 2, 124, 131; 6, 300, 304; 40, 88, 93 f.
89  *Pieroth, Bodo*, Art. 93 GG, in: Jarass/Pieroth, Rz. 3; *Meyer*, Art. 93 GG, in: von Münch/Kunig, Rz. 3, 9; *Ossenbühl*, Bundesverfassungsgericht und Gesetzgebung, S. 35.
90  *Weber*, Wer hütet die Verfassung?, S. 90.
91  *Hillgruber, Christian/Goos, Christoph*, Verfassungsprozessrecht, Heidelberg 2004, Rz. 10 ff.; *Ossenbühl*, Bundesverfassungsgericht und Gesetzgebung, S. 35; *Meyer*, Art. 93 GG, in: von Münch/Kunig, Rz. 3.
92  *Meyer*, Art. 93 GG, in: von Münch/Kunig, Rz. 3.
93  Vgl. dazu und zu den Grenzen der Bindungswirkung *Böckenförde*, Verfassungsgerichtsbarkeit, S. 12; *Schlaich/Korioth*, Bundesverfassungsgericht, Rz. 482 ff.
94  *Benda, Ernst*, Die Verfassungsgerichtsbarkeit der Bundesrepublik Deutschland, in: Starck, Christian/Weber, Albrecht (Hrsg.), Verfassungsgerichtsbarkeit in Westeuropa, Band I, Baden-Baden 1986, S. 121, 129; *Löwer*, Zuständigkeiten und Verfahren des Bundesverfassungsgerichts, Rz. 3; *Meyer*, Art. 93 GG, in: von Münch/Kunig, Rz. 22; *Sturm*, Art. 93 GG, in: Sachs, Rz. 26; *Maurer*, Staatsrecht I, § 20, Rz. 20. Grundgesetzliche Zuständigkeitsregelungen für das Bundesverfassungsgericht finden sich außerhalb des Katalogs des Art. 93 Abs. 1 GG in den Art. 18 Satz 2, 21 Abs. 2 Satz 2, 41 Abs. 2, 61, 84 Abs. 4 Satz 2, 98 Abs. 2, 99, 100, 126 GG.
95  Von dieser Befugnis hat der Gesetzgeber beispielsweise in § 50 Abs. 3 Verwaltungsgerichtsordnung und § 39 Abs. 2 Sozialgerichtsgesetz Gebrauch gemacht.

katalogs, der praktisch keinerlei Lücken aufweist, ergibt das Gesamtbild einer umfassend zuständigen Verfassungsgerichtsbarkeit in Gestalt des Bundesverfassungsgerichts zur antragsabhängigen Letztentscheidung verfassungsrechtlicher Streitfragen.[96]

Dieser Funktion des Bundesverfassungsgerichts als Inhaber der Letztentscheidungsgewalt über verfassungsrechtliche Streitfragen kommt nach deutschem Verfassungsverständnis im Zusammenhang mit dem föderativen Aufbau des deutschen Staatswesens eine besonders große Bedeutung zu. Die bundesstaatliche Aufgliederung der Staatsgewalt und die Verschränkung zentralstaatlicher und regionaler Handlungssphären führen zwangsläufig zu konstitutionellen Reibungen und Konflikten, welche in einem auf Selbsterhalt angelegten Staatswesen der friedlichen Beilegung bedürfen.[97] Die Rolle der hierfür erforderlichen, allseits anerkannten, neutralen Instanz kann durch ein politisches Organ erfüllt werden, wie etwa den Bundesrat der Reichsverfassung von 1871.[98] Die verfassungsrechtliche Natur der föderativen Zuständigkeitsordnung legt jedoch die Klärung ihrer Streitfragen durch ein Gericht mit richterlicher Unabhängigkeit und verfassungsjuristischer Expertise nahe. Teilweise wird daher sogar vertreten, daß die Verfassungsgerichtsbarkeit im Bundesstaat ihre größte Bedeutung erlangt und diesen überhaupt erst zur staatsorganisatorischen Vollendung bringt.[99] Unter der Geltung des Grundgesetzes kommt diese wichtige Aufgabe in der bundesstaatlichen Ordnung dem Bundesverfassungsgericht zu. Obgleich somit nach deutschem Verfassungsverständnis die Lückenlosigkeit des Rechtsschutzes im Bund-Länder-Verhältnis eine besonders zentrale Voraussetzung für die Funktionsfähigkeit der bundesstaatlichen Ordnung darstellt,[100] steht auch für die bundesverfassungsgerichtliche Entscheidung föderativer Streitfragen kein einheitlicher grundgesetzlicher Kompetenztitel bereit, sondern eine Reihe von bundesstaatsrelevanten Verfahrensarten mit unterschiedlichen prozessualen Voraussetzungen.

Eine zentrale Stellung in der bundesverfassungsgerichtlichen Funktion als judikativer Hüter der bundesstaatlichen Ordnung in Deutschland nimmt zunächst das Bund-Länder-Streitverfahren gemäß Art. 93 Abs. 1 Nr. 3 GG ein, welches in den §§ 13 Nr. 7, 68 ff. BVerfGG seine einfachgesetzliche Ausgestaltung erfährt. Nach Art. 93 Abs. 1 Nr. 3 GG entscheidet das Bundesver-

---

96 *Wahl*, Elemente der Verfassungsstaatlichkeit, S. 1046.
97 Dazu und zum Folgenden vgl. *Isensee*, Der Bundesstaat, S. 721.
98 Noch heute zeugt die Kompetenz des Bundesrates gemäß Art. 84 Abs. 4 Satz 1 GG, aufgrund der Mängelrüge eines Landes oder der Bundesregierung zu entscheiden, ob das Land bei der Ausführung der Bundesgesetze das Recht verletzt hat, von dieser einstigen Zuständigkeit des föderativen Organs im Zentralstaat. Heute unterliegt gemäß Art. 84 Abs. 4 Satz 2 GG auch diese Kompetenz der Letztentscheidungsbefugnis des Bundesverfassungsgerichts.
99 *Kelsen, Hans*, Wesen und Entwicklung der Staatsgerichtsbarkeit, in: Vereinigung der deutschen Staatsrechtslehrer (Hrsg.), Veröffentlichung der Vereinigung der deutschen Staatsrechtslehrer: Wesen und Entwicklung der Staatsgerichtsbarkeit (Heft 5, 1928), Berlin/Leipzig 1929, S. 30, 81 f.
100 Vgl. BVerfGE 3, 267, 269; 4, 250, 267; 11, 6, 13 f.; *Löwer*, Zuständigkeiten und Verfahren des Bundesverfassungsgerichts, Rz. 28.

fassungsgericht bei „Meinungsverschiedenheiten über Rechte und Pflichten des Bundes und der Länder". Als spezielle Anwendungsfälle, die jedoch von dieser allgemeinen Formel bereits erfaßt werden, nennt die Vorschrift die „Ausführung von Bundesrecht durch die Länder" sowie die „Ausübung der Bundesaufsicht". Wie sich aus dem systematischen Zusammenhang mit Art. 93 Abs. 1 Nr. 4 GG erschließt, müssen sich die im Bund-Länder-Streit umstrittenen Rechte und Pflichten aus der Verfassung selbst – einschließlich ihrer ungeschriebenen Regeln – und nicht aus sonstigem Recht ergeben, so daß Art. 93 Abs. 1 Nr. 3 GG nur die Bund-Länder-Streitigkeit verfassungsrechtlicher Natur erfaßt.[101] Parteifähigkeit besitzen ausschließlich der Bund auf der einen Seite dieses kontradiktorischen Verfahrens und ein Land oder eine Ländermehrzahl auf der anderen; sie werden gemäß § 68 BVerfGG jeweils durch ihre Regierungen vertreten.[102] Als zulässige Antragsgegenstände im Bund-Länder-Streit kommen gemäß §§ 69, 64 Abs. 1 BVerfGG Maßnahmen oder Unterlassungen des Antragsgegners in Betracht, so daß auch Gesetzgebungsakte des Bundes und der Länder in diesem Verfahren auf ihre Verfassungskonformität überprüft werden können.[103] Der Antragsteller muß gemäß §§ 69, 64 Abs. 1 BVerfGG geltend machen, daß die beanstandete Maßnahme oder Unterlassung ihn in eigenen Rechten oder Pflichten verletzt oder unmittelbar gefährdet, welche sich aus einem konkreten Verfassungsrechtsverhältnis zwischen Bund und Ländern – also aus dem gegenseitigen bundesstaatlichen Verhältnis – ergeben.[104] Darüber hinaus unterliegt der Antrag im Bund-Länder-Streit den Formerfordernissen der §§ 69, 64 Abs. 2 und 23 Abs. 1 BVerfGG und kann das Verfahren gemäß §§ 69, 64 Abs. 3 BVerfGG nur innerhalb von sechs Monaten nach Bekanntwerden der umstrittenen Maßnahme oder Unterlassung angestrengt werden. Die Durchführung

---

101 BVerfGE 4, 115, 122; 13, 54, 72; 21, 312, 326; 41, 291, 303; *Schlaich/Korioth*, Bundesverfassungsgericht, Rz. 99; *Meyer*, Art. 93 GG, in: von Münch/Kunig, Rz. 48; *Sturm*, Art. 93 GG, in: Sachs, Rz. 55; *Selmer, Peter*, Bund-Länder-Streit, in: Badura, Peter/Dreier, Horst (Hrsg.), Festschrift 50 Jahre Bundesverfassungsgericht, Band I (Verfassungsgerichtsbarkeit – Verfassungsprozeß), Tübingen 2001, S. 563, 567 ff.; *Leisner, Walter*, Der Bund-Länder-Streit vor dem Bundesverfassungsgericht, in: Starck, Christian (Hrsg.), Bundesverfassungsgericht und Grundgesetz, Festgabe aus Anlaß des 25jährigen Bestehens des Bundesverfassungsgerichts, Band I (Verfassungsgerichtsbarkeit), Tübingen 1976, S. 260, 274 ff.

102 *Pieroth*, Art. 93 GG, in: Jarass/Pieroth, Rz. 29; *Meyer*, Art. 93 GG, in: von Münch/Kunig, Rz. 45 f.; *Wieland, Joachim*, Art. 93 GG, in: Dreier, Horst (Hrsg.), Grundgesetz Kommentar, Band III (Art. 83 bis 146), Tübingen 2000, Rz. 65; *Sturm*, Art. 93 GG, in: Sachs, Rz. 54; *Hillgruber/Goos*, Verfassungsprozessrecht, Rz. 422; *Löwer*, Zuständigkeiten und Verfahren des Bundesverfassungsgerichts, Rz. 36. A. A. *Degenhart*, Staatsrecht I, Rz. 606, der die Bundesregierung und die Landesregierungen für Parteien des Bund-Länder-Streits hält.

103 Eingehend dazu *Hillgruber/Goos*, Verfassungsprozessrecht, Rz. 431 ff.; *Schlaich/Korioth*, Bundesverfassungsgericht, Rz. 98 ff.; *Wieland*, Art. 93 GG, in: Dreier, Rz. 65.

104 Vgl. BVerfGE 81, 310, 329; 92, 203, 228; 95, 250, 262; *Meyer*, Art. 93 GG, in: von Münch/Kunig, Rz. 46, 49; *Hillgruber/Goos*, Verfassungsprozessrecht, Rz. 441 ff.; *Selmer*, Bund-Länder-Streit, S. 568 ff.; *Löwer*, Zuständigkeiten und Verfahren des Bundesverfassungsgerichts, Rz. 37.

eines Vorverfahrens ist schließlich nur ausnahmsweise im Anwendungsbereich des Art. 84 Abs. 4 Satz 1 GG erforderlich.[105] Erweist sich der Antrag im Bund-Länder-Streit als zulässig und begründet, so stellt das Bundesverfassungsgericht gemäß §§ 69, 67 BVerfGG die Verletzung des Verfassungsrechts durch die beanstandete Maßnahme oder Unterlassung fest.[106] Über Streitigkeiten nichtverfassungsrechtlicher Art zwischen dem Bund und den Ländern, über öffentlich-rechtliche Streitigkeiten zwischen den Ländern sowie über verfassungsrechtliche Streitigkeiten innerhalb eines Landes entscheidet das Bundesverfassungsgericht gemäß Art. 93 Abs. 1 Nr. 4 GG.[107] Insbesondere aufgrund der ausdrücklichen Subsidiarität dieser bundesverfassungsgerichtlichen Zuständigkeiten gegenüber anderen möglichen Rechtswegen bleiben diese Verfahrensarten jedoch in der judikativen Praxis vergleichsweise bedeutungslos.

Diese speziell für die Lösung von Konflikten im Verhältnis zwischen dem Zentralstaat und seinen Gliedern sowie zwischen den Ländern untereinander konzipierten Verfahrensarten schaffen aufgrund der Weite ihrer zulässigen Antragsgegenstände zwar eine sachlich umfassende Jurisdiktion des Bundesverfassungsgerichts über bundesstaatliche Verfassungsstreitfragen, stellen jedoch nicht die einzigen prozessualen Wege dar, auf denen föderative Verfassungskonflikte der verbindlichen Letztentscheidung durch das Verfassungsgericht zugeführt werden können. Die insgesamt wohl bedeutsamsten föderativen Verfassungsstreitfragen betreffen die kompetenzrechtliche Verfassungsmäßigkeit von Bundes- und Landesgesetzen. Für die verfassungsgerichtliche Klärung dieses föderativen Problemfeldes bieten sich neben dem Bund-Länder-Streit auch die konkrete Normenkontrolle gemäß Art. 100 Abs. 1 GG, die Verfassungsbeschwerde gemäß Art. 93 Abs. 1 Nr. 4a GG sowie vor allem die abstrakte Normenkontrolle gemäß Art. 93 Abs. 1 Nr. 2 GG an. Die bundesstaatliche Relevanz der konkreten Normenkontrolle ergibt dabei daraus, daß mit diesem besonderen Verfahren der Richtervorlage an das Bundesverfassungsgericht eine Möglichkeit zur kompetenzrechtlichen Überprü-

---

105 Vgl. *Schlaich/Korioth*, Bundesverfassungsgericht, Rz. 101; *Hillgruber/Goos*, Verfassungsprozessrecht, Rz. 459f.; *Wieland*, Art. 93 GG, in: Dreier, Rz. 66; *Löwer*, Zuständigkeiten und Verfahren des Bundesverfassungsgerichts, Rz. 39. Die Bundesaufsicht nach Art. 84 Abs. 3 und 4 GG ist indessen in der heutigen Verfassungspraxis weitgehend bedeutungslos; vgl. *Broß, Siegfried*, Art. 85 GG, in: von Münch/Kunig, Rz. 34; *Hesse, Konrad*, Wandlungen der Bedeutung der Verfassungsgerichtsbarkeit für die bundesstaatliche Ordnung, in: Haller, Walter/Kölz, Alfred/Müller, Georg/Thürer, Daniel (Hrsg.), Im Dienst an der Gemeinschaft, Festschrift für Dietrich Schindler zum 65. Geburtstag, Basel/Frankfurt a.M. 1989, S. 723, 729 mit Fn. 25; *Leisner, Walter*, Der Bund-Länder-Streit, S. 287f.; *Selmer*, Bund-Länder-Streit, S. 564.
106 *Hillgruber/Goos*, Verfassungsprozessrecht, Rz. 476ff.; *Schlaich/Korioth*, Bundesverfassungsgericht, Rz. 373; *Löwer*, Zuständigkeiten und Verfahren des Bundesverfassungsgerichts, Rz. 41.
107 Eingehend zu diesen weiteren föderativen Verfahrensarten vgl. *Meyer*, Art. 93 GG, in: von Münch/Kunig, Rz. 50ff.; *Wieland*, Art. 93 GG, in: Dreier, Rz. 68ff.; *Sturm*, Art. 93 GG, in: Sachs, Rz. 57ff.; *Schlaich/Korioth*, Bundesverfassungsgericht, Rz. 105ff.; *Löwer*, Zuständigkeiten und Verfahren des Bundesverfassungsgerichts, Rz. 25f., 42ff.

fung von Bundes- und Landesrecht sowie zur Wahrung des Vorrangs des Bundesrechts vor dem Landesrecht gemäß Art. 31 GG geschaffen ist.[108] Damit wird nicht nur das Verwerfungsmonopol des Bundesverfassungsgerichts hinsichtlich nachkonstitutionellen Bundesrechts gesichert, sondern die bundesstaatliche Kompetenzordnung des Grundgesetzes erstarkt zugleich für alle Gerichtsverfahren zu einem bedeutsamen Argumentationstopos. Auch im Rahmen von Verfassungsbeschwerden können föderative Kompetenzstreitfragen durch das Bundesverfassungsgericht entschieden werden.[109] Soweit sich der Kreis der zulässigen Antragsteller und Antragsgegenstände überschneidet, tritt die abstrakte Normenkontrolle gemäß Art. 93 Abs. 1 Nr. 2 GG – anders als die Verfahren der Richtervorlage oder der Verfassungsbeschwerde – in ein direktes Konkurrenzverhältnis zum Bund-Länder-Streit. In diesem Fall wird es für zulässig erachtet, zwischen diesen bundesverfassungsgerichtlichen Verfahrensarten zu wählen oder sie sogar zu verbinden.[110] Auf dem so zentralen Gebiet der verfassungsgerichtlichen Kontrolle der Vereinbarkeit von Bundes- und Landesgesetzen mit der grundgesetzlichen Kompetenzordnung hat diese Verfahrenskonkurrenz zu einer deutlichen Abwanderung föderativer Streitigkeiten vom Bund-Länder-Streit zur abstrakten Normenkontrolle geführt.[111] Die Ursachen hierfür liegen in der niedrigeren Zulässigkeitsschwelle und den weitergehenden Entscheidungswirkungen der abstrakten Normenkontrolle.[112] Insbesondere unterliegt ihre Einlegung keiner Frist, bedarf es hier keiner Geltendmachung eigener verfassungsmäßiger Rechte oder Pflichten des Antragstellers und ergeht hier – anders als im Bund-Länder-Streit – im Falle der Begründetheit ein Gestaltungsurteil, das den kompetenzwidrigen Prüfungsgegenstand in der Regel für nichtig er-

---

108 Eingehend zur konkreten Normenkontrolle gemäß Art. 100 Abs. 1 GG *Wieland, Joachim*, Art. 100 GG, in: Dreier, Rz. 5 ff.; *Meyer, Wolfgang*, Art. 100 GG, in: von Münch/Kunig, Rz. 1 ff.; *Schlaich/Korioth*, Bundesverfassungsgericht, Rz. 134 ff.; *Hillgruber/Goos*, Verfassungsprozessrecht, Rz. 567 ff.; *Degenhart*, Staatsrecht I, Rz. 620 ff.
109 *Hesse*, Wandlungen der Bedeutung der Verfassungsgerichtsbarkeit, S. 728. Eingehend zur Verfassungsbeschwerde gemäß Art. 93 Abs. 1 Nr. 4a GG *Wieland*, Art. 93 GG, in: Dreier, Rz. 72 ff.; *Meyer*, Art. 93 GG, in: von Münch/Kunig, Rz. 54 ff.; *Schlaich/Korioth*, Bundesverfassungsgericht, Rz. 194 ff.; *Hillgruber/Goos*, Verfassungsprozessrecht, Rz. 73 ff.; *Sturm*, Art. 93 GG, in: Sachs, Rz. 67 ff.
110 BVerfGE 1, 14, 30; 4, 115, 122 f.; 6, 309, 324; 7, 305, 310 f.; 12, 205, 222 f.; 37, 363, 378; *Löwer*, Zuständigkeiten und Verfahren des Bundesverfassungsgerichts, Rz. 29; *Leisner*, Der Bund-Länder-Streit, S. 266 f.; *Selmer*, Bund-Länder-Streit, S. 565; *Stern, Klaus*, Das Staatsrecht der Bundesrepublik Deutschland, Band II (Staatsorgane, Staatsfunktionen, Finanz- und Haushaltsverfassung, Notstandsverfassung), München 1980, S. 1000.
111 *Selmer*, Bund-Länder-Streit, S. 565; *Hesse*, Wandlungen der Bedeutung der Verfassungsgerichtsbarkeit, S. 727 f.; *Schlaich/Korioth*, Bundesverfassungsgericht, Rz. 104; *Sturm*, Art. 93 GG, in: Sachs, Rz. 53.
112 Eingehend zur abstrakten Normenkontrolle gemäß Art. 93 Abs. 1 Nr. 2 GG *Wieland*, Art. 93 GG, in: Dreier, Rz. 54 ff.; *Meyer*, Art. 93 GG, in: von Münch/Kunig, Rz. 32 ff.; *Schlaich/Korioth*, Bundesverfassungsgericht, Rz. 123 ff.; *Hillgruber/Goos*, Verfassungsprozessrecht, Rz. 492 ff.; *Sturm*, Art. 93 GG, in: Sachs, Rz. 42 ff.

klärt.¹¹³ Aufgrund dieser und anderer Vorzüge der abstrakten Normenkontrolle bleibt der Bund-Länder-Streit vor allem die für Kompetenzkonflikte im Bereich des exekutiven Staatshandelns maßgebliche Verfahrensart. Nicht nur hat der Bund-Länder-Streit in dieser Funktion in den letzten Jahren eine gewisse Renaissance erlebt,¹¹⁴ sondern er stellt auch weiterhin als prozessuale Entsprechung zur verfassungsrechtlichen Grundentscheidung für den Bundesstaat in Art. 20 Abs. 1 GG einen prägenden Grundpfeiler deutscher Verfassungsgerichtsbarkeit dar.¹¹⁵

Die beschränkten Reföderalisierungsbemühungen im Rahmen der Grundgesetzänderungen des Jahres 1994 haben schließlich auch der Rolle des Bundesverfassungsgerichts als dem letztentscheidungsbefugten Hüter der bundesstaatlichen Ordnung eine weitere prozessuale Facette hinzugefügt. Die neu eingeführte Erforderlichkeitsklausel in Art. 72 Abs. 2 GG als Voraussetzung der zentralstaatlichen Inanspruchnahme einer Kompetenz zur konkurrierenden Gesetzgebung oder Rahmengesetzgebung wird nun durch ein eigens zur Kontrolle dieser neuen Zuständigkeitsschranke geschaffenes verfassungsgerichtliches Verfahren in Art. 93 Abs. 1 Nr. 2a GG ‚prozessual flankiert'.¹¹⁶ Es handelt sich dabei um eine eigenständige Variation¹¹⁷ oder eine spezielle Ausgestaltung¹¹⁸ der abstrakten Normenkontrolle mit einem gegenüber dieser teilweise engeren, teilweise weiteren Kreis von Antragsberechtigten. Antragsberechtigung kommt im Verfahren nach Art. 93 Abs. 1 Nr. 2a GG nur dem Bundesrat sowie den Regierungen und Volksvertretungen der Länder zu. Während im Rahmen der abstrakten Normenkontrolle das gesamte Verfassungsrecht als Prüfungsmaßstab herangezogen wird, beschränkt sich die ‚Kompetenzkontrolle' nach Art. 93 Abs. 1 Nr. 2a GG auf die Überprüfung der Vereinbarkeit des beanstandeten Gesetzes mit Art. 72 Abs. 2 GG – auch insoweit die Art. 75 Abs. 1 Satz 1 und 105 Abs. 2 GG auf diesen verweisen – und Art. 75 Abs. 2 GG.¹¹⁹

---

113 *Löwer*, Zuständigkeiten und Verfahren des Bundesverfassungsgerichts, Rz. 29; *Selmer*, Bund-Länder-Streit, S. 565; *Schlaich/Korioth*, Bundesverfassungsgericht, Rz. 104; *Hesse*, Wandlungen der Bedeutung der Verfassungsgerichtsbarkeit, S. 727 f.
114 Siehe BVerfGE 81, 310; 84, 25; 92, 203; 104, 249. Von einer „praktisch nahezu bedeutungslose[n] Kompetenz des Bundesverfassungsgerichts" sprach nach 25 Jahren bundesverfassungsgerichtlicher Rechtsprechung *Leisner*, Der Bund-Länder-Streit, S. 287. Die Bewertung im heutigen Schrifttum fällt zum Teil deutlich positiver aus; vgl. *Hillgruber/Goos*, Verfassungsprozessrecht, Rz. 407; *Wieland*, Art. 93 GG, in: Dreier, Rz. 64; *Selmer*, Bund-Länder-Streit, S. 563 f., 566, 585.
115 *Selmer*, Bund-Länder-Streit, S. 566.
116 *Hillgruber/Goos*, Verfassungsprozessrecht, Rz. 554; *Selmer*, Bund-Länder-Streit, S. 580 f.
117 *Selmer*, Bund-Länder-Streit, S. 581; *Hillgruber/Goos*, Verfassungsprozessrecht, Rz. 553 ff.
118 *Schlaich/Korioth*, Bundesverfassungsgericht, Rz. 125; *Sturm*, Art. 93 GG, in: Sachs, Rz. 51; *Wieland*, Art. 93 GG, in: Dreier, Rz. 61.
119 Die in § 76 Abs. 2 Satz 2 Hs. 2 BVerfGG angeordnete Erweiterung des Prüfungsumfangs auf die Vereinbarkeit von Rahmengesetzen mit Art. 75 Abs. 2 GG bildet den Gegenstand heftiger verfassungsrechtlicher Diskussionen. Teilweise wird diese Erweiterung als eine verfassungsgemäße, auf Art. 93 Abs. 2 GG zu stützende Zuständigkeits-

Durch unzählige Entscheidungen in diesen verschiedenen Verfahrensarten mit föderativem Bezug hat das Bundesverfassungsgericht den grundgesetzlichen deutschen Bundesstaat seit seinen Anfängen nachhaltig geprägt.[120] Es hütet dabei das grundgesetzliche Bundesstaatsgefüge nicht nur gegenüber der einfachen Legislative und anderen Staatsorganen, sondern auch gegenüber dem verfassungsändernden Gesetzgeber, der an die formellen und materiellen Vorgaben des Art. 79 GG gebunden bleibt.[121] Mit seiner detailreichen Rechtsprechung zum ungeschriebenen Verfassungsgrundsatz der Bundestreue hat es der föderativen Ordnung in Deutschland eine stark kooperative Orientierung verliehen.[122] Einige Elemente seiner Judikatur, wie etwa die wiederholte Betonung der Eigenstaatlichkeit der Länder[123] und die extensive Auslegung der Mitwirkungsrechte des Bundesrates im zentralstaatlichen Gesetzgebungsverfahren[124], weisen deutliche Regionalisierungstendenzen auf. Dagegen haben andere Aspekte der bundesverfassungsgerichtlichen Rechtsprechung einen erheblichen Beitrag zur Unitarisierung des deutschen Bundesstaates geleistet. Dies gilt insbesondere für umfangreiche Grund-

---

zuweisung an das Bundesverfassungsgericht durch den einfachen Gesetzgeber qualifiziert: *Pieroth*, Art. 93 GG, in: Jarass/Pieroth, Rz. 24, 28; *Sturm*, Art. 93 GG, in: Sachs, Rz. 50; *Hillgruber/Goos*, Verfassungsprozessrecht, Rz. 553. Andere gehen von einer verfassungswidrigen Erweiterung des Prüfungsumfangs aus: *Selmer*, Bund-Länder-Streit, S. 582; *Meyer*, Art. 93 GG, in: von Münch/Kunig, Rz. 41.

120 Allgemein zur Rechtsprechung des Bundesverfassungsgerichts im föderativen Bereich vgl. *Rudolf, Walter*, Die Bundesstaatlichkeit in der Rechtsprechung des Bundesverfassungsgerichts, in: Starck, Christian (Hrsg.), Bundesverfassungsgericht und Grundgesetz, Festgabe aus Anlaß des 25jährigen Bestehens des Bundesverfassungsgerichts, Band II (Verfassungsauslegung), Tübingen 1976, S. 233, 233 ff.; *Benda, Ernst*, Föderalismus in der Rechtsprechung des Bundesverfassungsgerichts, in: von Münch, Ingo (Red.), Probleme des Föderalismus, Tübingen 1985, S. 71, 73 ff.; *Karpen, Ulrich/von Rönn, Matthias*, Bericht über die Rechtsprechung des Bundesverfassungsgerichtes und der Länderverfassungsgerichte zum Bundesstaatsprinzip (seit 1980), JZ 1990, S. 579, 580 ff.; *Karpen, Ulrich/Becker, Stefan*, Das Bundesstaatsprinzip in der Rechtsprechung des Bundesverfassungsgerichts und der Verfassungsgerichte der Länder, JZ 2001, S. 966, 966 ff.; *Blair, Philip M.*, Federalism, legalism and political reality: the record of the Federal Constitutional Court, in: Jeffery, Charlie/Savigear, Peter (Hrsg.), German Federalism Today, Leicester/London 1991, S. 63, 63 ff.; *Starck, Christian*, Das Bundesverfassungsgericht in der Verfassungsordnung und im politischen Prozeß, in: Badura, Peter/Dreier, Horst (Hrsg.), Festschrift 50 Jahre Bundesverfassungsgericht, Band I (Verfassungsgerichtsbarkeit, Verfassungsprozeß), Tübingen 2001, S. 1, 15 ff.
121 Vgl. *Ossenbühl*, Bundesverfassungsgericht und Gesetzgebung, S. 48 f.
122 Vgl. dazu *Benda*, Föderalismus in der Rechtsprechung des Bundesverfassungsgerichts, S. 79 ff.; *Kisker, Gunter*, Das Bundesverfassungsgericht als Hüter der bundesstaatlichen Ordnung, in: Gunlicks, Arthur B./Voigt, Rüdiger (Hrsg.), Föderalismus in der Bewährungsprobe: Die Bundesrepublik Deutschland in den 90er Jahren, 2. Auflage, Bochum 1994, S. 61, 80 f.; *Rudolf*, Die Bundesstaatlichkeit in der Rechtsprechung des Bundesverfassungsgerichts, S. 246 ff.; *Karpen/von Rönn*, Bericht über die Rechtsprechung zum Bundesstaatsprinzip, S. 583 ff.; *Karpen/Becker*, Das Bundesstaatsprinzip in der Rechtsprechung, S. 973.
123 Siehe etwa BVerfGE 3, 58, 158; 6, 309, 346; 22, 267, 270; 36, 342; 360. Vgl. *Starck*, Bundesverfassungsgericht, S. 15.
124 Siehe dazu supra Kapitel 5 § 2 A. II. 1.

rechtsjudikatur des Bundesverfassungsgerichts[125] sowie für die unter der Geltung der neuen Erforderlichkeitsklausel aufgegebene, zentralstaatsfreundliche Rechtsprechung zu den Schranken der konkurrierenden Gesetzgebungskompetenz aus Art. 72 Abs. 2 GG.[126]

## C. Konstitutionelle Absicherung der Bundesstaatlichkeit nach materiellem Verständnis: Verfassungssuprematie als Schaf im Wolfspelz

Die deutsche Bundesstaatlichkeit erfährt ihre konstitutionelle Absicherung innerhalb der deutschen Staatsordnung somit im wesentlichen durch die Verankerung sowohl ihrer wesentlichen Grundzüge als auch verschiedenster Teilaspekte im formellen Verfassungsrecht, das mit normativem Vorrang und erhöhter – teilweise sogar absoluter – Bestandskraft gegenüber der übrigen Rechtsordnung ausgestattet ist und das auf der Basis der Kontrollkompetenzen des Bundesverfassungsgerichts vor allem einem judikativen Schutzgefüge unterworfen wird. Die Stabilisierung der regionalen Dezentralisierung des deutschen Staatswesens fußt daher insbesondere auf dem Grundsatz der Verfassungssuprematie in seiner grundgesetzlichen Ausprägung. Damit nimmt die Bundesstaatlichkeit jedoch zugleich auch an der Flexibilität dieses konstitutionellen Ordnungsprinzips teil. Das gerade im verfassungsvergleichenden Kontext vorzugswürdige materielle Verständnis jenseits einer rein formalen Betonung von Vorrang und Bestandskraft erkennt die Verfassungssuprematie als elastisches Konzept auf einem kategorienfeindlichen Kontinuum der normativen Verfassungsbindungen.[127] Diese graduelle Betrachtungsweise speist sich im Zusammenhang der deutschen Verfassungsordnung vor allem aus drei verfassungsrechtlichen Kerngedanken, welche ein differenzierteres Bild der Verfassungsbindungen deutscher Staatsorgane und insbesondere des Gesetzgebers erkennen lassen und damit die scheinbare Unnachgiebigkeit des Grundsatzes der deutschen Verfassungssuprematie zu relativieren geeignet sind. So bildet das formelle Verfassungsrecht eine bewußt lückenhafte und offene Rahmenordnung für die Organisation des deutschen Staatswesens. Das Verfassungsnormengefüge ist zudem – zumindest innerhalb der durch Art. 79 Abs. 3 GG gesteckten Grenzen – dem gestalterischen Zugriff des verfassungsändernden Gesetzgebers ausgesetzt. Neben diesem Verfahren der for-

---

125 *Hesse*, Wandlungen der Bedeutung der Verfassungsgerichtsbarkeit, S. 730 f.; *Starck*, Bundesverfassungsgericht, S. 17 f.; *Benda*, Föderalismus in der Rechtsprechung des Bundesverfassungsgerichts, S. 77 ff.; *Oeter*, Integration und Subsidiarität, S. 426 ff.; *Bethge*, Verfassungsgerichtsbarkeit im Bundesstaat, S. 259 ff.
126 Siehe dazu supra Kapitel 5 § 1 B. II.
127 Siehe dazu supra Kapitel 2 § 2 B. II. 1.

mellen Verfassungsnovellierung unterliegt das Verfassungsrecht schließlich auch einem stillen Prozeß des informellen Bedeutungswandels. Diese allgemeinen Flexibilisierungsfaktoren geben zu einem relativierten Verständnis der Verfassungsbindungen der deutschen Staatsgewalt Anlaß und führen damit zu einer wahrhaftigeren Einschätzung der Bedeutung der Verfassungssuprematie als primärem Stabilisierungsinstrument des deutschen Bundesstaates.

## I. Das Grundgesetz als Rahmenordnung

Nach vorzugswürdigem Verständnis bildet das Grundgesetz der Bundesrepublik Deutschland – ergänzt um eine Reihe ungeschriebener Regeln des formellen Verfassungsrechts – lediglich eine Rahmenordnung für den politischen Prozeß.[128] Innerhalb der durch dieses vorrangige und bestandskräftige Verfassungsgefüge angelegten Grenzen besitzen die Staatsorgane auf Bundes- und Landesebene – und insbesondere die jeweiligen Gesetzgeber – weitreichende Gestaltungsfreiheiten nicht nur hinsichtlich der politischen Abwägung und Determinierung unterschiedlichster Interessenkollisionen des Gemeinwesens, sondern auch in bezug auf die weitere Ausformung der Staatsorganisation. Das formelle Verfassungsrecht offenbart seinen Rahmencharakter in seiner bewußten Lückenhaftigkeit und Offenheit, die sich darin äußern, daß in vielen grundgesetzlichen Bestimmungen ausdrücklich auf eine gesetzliche Ausgestaltung verwiesen wird, einige Bereiche des Staatsrechts im wesentlichen ungeregelt bleiben und schließlich vielerorts sprachlich offene Begriffe und Klauseln verwendet werden, welche der Interpretation als gemeinschaftlicher Aufgabe aller Staatsorgane bedürfen. Trotz der teilweise überaus detailreichen grundgesetzlichen Normierung der deutschen Staatsorganisation zeigt auch der organisatorische Teil des formellen Verfassungsrechts diese spezifischen Züge einer Rahmenordnung.[129] So besitzt auch und gerade das grundgesetzliche Regelungsgefüge zur deutschen Bundesstaatlichkeit als einem der wesentlichen Bestandteile des organisatorischen Verfassungsrechts den Charakter einer Rahmenordnung:[130]

---

128 Siehe dazu und zum Folgenden supra Kapitel 2 § 2 B. II. 1. (a).
129 Vgl. *Böckenförde, Ernst-Wolfgang*, Die Methoden der Verfassungsinterpretation – Bestandsaufnahme und Kritik, NJW 1976, S. 2089, 2099.
130 So auch *Jestaedt*, Bundesstaat als Verfassungsprinzip, Rz. 14; *Bauer, Hartmut*, Entwicklungstendenzen und Perspektiven des Föderalismus in der Bundesrepublik Deutschland – Zugleich ein Beitrag zum Wettbewerbsföderalismus, DÖV 2002, S. 837, 839; *Nettesheim, Martin*, Wettbewerbsföderalismus und Grundgesetz, in: Brenner, Michael/Huber, Peter M./Möstl, Markus (Hrsg.), Der Staat des Grundgesetzes – Kontinuität und Wandel, Festschrift für Peter Badura zum 70. Geburtstag, Tübingen 2004, S. 363, 366 f.

*„Die Beweglichkeit, die Bund und Länder von Verfassung wegen besitzen, um Richtung wie Stil ihrer Politik zu bestimmen, prägt den Bundesstaat in seiner realen Erscheinung. Er ist nur in den Grundlagen und in den äußersten Grenzen durch den Bau- und Funktionsplan der Verfassung festgelegt. Daher vermag er sich den wechselnden Gegebenheiten und Bedürfnissen anzupassen. Die Gewichte des Föderalismus und des Unitarismus sind ständig neu auszutarieren."*[131]

Eine Bewertung der Stabilisierungswirkung der formell verfassungsrechtlichen Verankerung regional gegliederter Staatlichkeit in Deutschland erfordert daher eine Bestimmung der spezifischen Verfassungsbindungen der deutschen Staatsgewalt auf dem Gebiet der föderativen Ordnung, welche die rahmenhafte Beschaffenheit des formellen Verfassungsrechts berücksichtigt.

Die für die konkreten Machtverhältnisse zwischen dem Zentralstaat und seinen regionalen Gliedern als Inhabern politischer Leitungsfunktionen so zentrale grundgesetzliche Kompetenzverteilung zwischen Bund und Ländern scheint sich dem Konzept einer Rahmenordnung auf den ersten Blick zu widersetzen.[132] Da sie nicht zur Disposition der beteiligten Staatsorgane stehen darf, müßte deren staatsorganisatorische Gestaltungsfreiheit auf das strenge Minimum reduziert sein. Daher besticht die vertikale Kompetenzverteilung des Grundgesetzes vor allem in den Art. 70 ff. und 83 ff. GG durch eine besonders hohe Regelungsdichte und das starke Bemühen um sprachliche Schärfe.[133] Zudem läßt das Kompetenzverteilungssystem des Grundgesetzes keinerlei Lücken, da die Residualregelungen der Art. 30, 70, 83 und 92 GG stets eine kompetenzrechtliche Zuordnung hoheitlicher Aufgaben gewährleisten. Bei genauerer Betrachtung treten jedoch entgegen dieser scheinbar nahezu perfektionierten Verfassungsbindung der Staatsorgane auf Bundes- und Landesebene ganz erhebliche staatsorganisatorische Gestaltungsspielräume zutage.

Auf dem Gebiet der Gesetzgebung weist das Grundgesetz nur vergleichsweise wenige Regelungsmaterien den ausschließlichen Kompetenzsphären des Bundes und der Länder zu. Die meisten wichtigen Politikfelder unterfallen dagegen der konkurrierenden Gesetzgebung, und bedeutsame Länderzuständigkeiten werden mit Befugnissen des Bundes zur Rahmengesetzgebung überzogen. Damit überantwortet das Grundgesetz die reale Ver-

---

131 *Isensee*, Der Bundesstaat, S. 724 f. Vgl. auch *ders.*, Idee und Gestalt des Föderalismus, Rz. 11 f.; *Nettesheim, Martin*, Grundgesetzlicher Föderalismus und Eigenverantwortlichkeit der Aufgabenerfüllung – Zu den Grenzen der Kooperation zwischen den Ländern, in: Europäisches Zentrum für Föderalismus-Forschung Tübingen (Hrsg.), Jahrbuch des Föderalismus 2002 (Band 3): Föderalismus, Subsidiarität und Regionen in Europa, Baden-Baden 2002, S. 252, 253.
132 In diesem Sinne wohl *Bauer, Angela/Jestaedt, Matthias*, Das Grundgesetz im Wortlaut – Änderungsgesetze, Synopse, Textstufen und Vokabular zum Grundgesetz, Heidelberg 1997, S. 35.
133 Vgl. *Isensee*, Idee und Gestalt des Föderalismus, Rz. 5; *Kenntner, Markus*, Grundgesetzwandel – Überlegungen zur Veränderung des Grundgesetzes und seines Bezugsrahmens, DÖV 1997, S. 450, 455.

teilung der Gesetzgebungszuständigkeiten in wesentlichen Regelungsbereichen dem einfachen Bundesgesetzgeber, der diese Gestaltungsmacht ohne die Zustimmung der Länder und im Regelfall[134] sogar ohne Beteiligung des Bundesrates auszuüben vermag und dabei lediglich an die Vorgaben der Art. 72 Abs. 2 und 75 Abs. 1 und 2 GG gebunden ist.[135] Vor ihrer Neufassung im Jahre 1994 waren diese Grenzen der kompetenzrechtlichen Gestaltungsmacht des Bundesgesetzgebers praktisch wirkungslos, da das Bundesverfassungsgericht in ständiger Rechtsprechung das Vorliegen eines Bedürfnisses nach bundeseinheitlicher Regelung im Sinne des Art. 72 Abs. 2 GG a. F. weitestgehend in das politische Ermessen des Gesetzgebers stellte[136] und auch die Beschränkung der Gesetzgebung des Bundes in Art. 75 GG a. F. auf den Erlaß von Rahmenvorschriften äußerst großzügig handhabte.[137] Die verfassungsändernde Verschärfung dieser Grenzen der kompetenzrechtlichen Gestaltungsfreiheit des Bundesgesetzgebers hat das Bundesverfassungsgericht im November 2002 hinsichtlich der Erforderlichkeit gesamtstaatlicher Normierungen gemäß Art. 72 Abs. 2 GG zur Aufgabe des von verfassungsgerichtlicher Kontrolle freien gesetzgeberischen Beurteilungsspielraums bewegt.[138] Dieser restriktivere, länderfreundliche Ansatz des Bundesverfassungsgerichts erfaßt nun auch die Rahmengesetzgebung des Bundes.[139] Die erfolgten Verfassungs- und Rechtsprechungsänderungen beseitigen jedoch nicht, sondern

---

134 Eine wichtige Ausnahme bildet insoweit die konkurrierende Gesetzgebungskompetenz des Bundes aus Art. 74a GG.
135 Vgl. *Abromeit, Heidrun*, Der verkappte Einheitsstaat, Opladen 1992, S. 40 f.
136 BVerfGE 2, 213, 224 f.; 13, 230, 233 f.; 26, 338, 382 f.; 65, 1, 63; 78, 249, 270. Vgl. *Rengeling*, Gesetzgebungszuständigkeit, Rz. 122 ff.; *Maurer*, Staatsrecht I, § 17, Rz. 34; *Degenhart, Christoph*, Art. 72 GG, in: Sachs, Rz. 9; *Calliess, Christian*, Die Justitiabilität des Art. 72 Abs. 2 GG vor dem Hintergrund von kooperativem und kompetitivem Föderalismus, DÖV 1997, S. 889, 893 ff.; *Jarass, Hans D.*, Allgemeine Probleme der Gesetzgebungskompetenz des Bundes, NVwZ 2000, S. 1089, 1092.
137 Siehe die ständige Rspr. des Bundesverfassungsgerichts seit BVerfGE 4, 115, 129 f. Vgl. *Hofmann, Hasso*, Die Entwicklung des Grundgesetzes von 1949 bis 1990, in: Isensee, Josef/Kirchhof, Paul (Hrsg.), Handbuch des Staatsrechts der Bundesrepublik Deutschland, Band I, 3. Auflage, Heidelberg 2003, § 9, Rz. 33, 84; *Herzog, Roman*, Wandel des Föderalismus in der Bundesrepublik, in: Merten, Detlef/Morsey, Rudolf (Hrsg.), 30 Jahre Grundgesetz, Berlin 1979, S. 41, 42; *Jarass, Hans D.*, Regelungsspielräume des Landesgesetzgebers im Bereich der konkurrierenden Gesetzgebung und in anderen Bereichen, NVwZ 1996, S. 1041, 1047; *Degenhart, Christoph*, Art. 75 GG, in: Sachs, Rz. 1 ff.; *ders.*, Staatsrecht I, Rz. 147; *Kunig, Philip*, Art. 75 GG, in: von Münch/Kunig, Rz. 3, 8 ff., 17 ff.
138 Siehe BVerfGE 106, 62, 135 ff. Vgl. dazu *Calliess, Christian*, Kontrolle zentraler Kompetenzausübung in Deutschland und Europa: Ein Lehrstück für die Europäische Verfassung – Zugleich eine Besprechung des Altenpflegegesetz-Urteils des BVerfG, EuGRZ 2003, S. 181, 189 ff.; *Faßbender, Kurt*, Eine Absichtserklärung aus Karlsruhe zur legislativen Kompetenzverteilung im Bundesstaat, JZ 2003, S. 332, 333 ff.; *Jochum, Heike*, Richtungsweisende Entscheidung des BVerfG zur legislativen Kompetenzordnung des Grundgesetzes, NJW 2003, S. 28, 29 f.; *Kenntner, Markus*, Der Föderalismus ist (doch) justiziabel! – Anmerkungen zum „Altenpflegegesetz-Urteil" des BVerfG, NVwZ 2003, S. 821, 822 ff.
139 Siehe BVerfG, 2 BvF 2/02 vom 27.7.2004, Rz. 78 ff.

schmälern lediglich die staatsorganisatorische Gestaltungsfreiheit des einfachen Bundesgesetzgebers auf dem Gebiet der Legislativkompetenzverteilung: Zunächst erkennt das Bundesverfassungsgericht im Rahmen des Art. 72 Abs. 2 GG weiterhin einen – allerdings nunmehr gerichtlich überprüfbaren – Prognosespielraum des Gesetzgebers an.[140] Des weiteren bleibt die tatsächliche zukünftige Kontrolldichte hinsichtlich der Voraussetzungen des Art. 72 Abs. 2 GG auch nach der vergleichsweise deutlichen „Absichtserklärung" des Bundesverfassungsgerichts und der ersten Anwendungen in dem Urteil zu § 143 Abs. 1 StGB[141] und der Entscheidung zur Juniorprofessur[142] auch weiterhin ungewiß.[143] Wichtiger noch, der Bund hat seine Kompetenzen zur konkurrierenden Gesetzgebung und zur Rahmengesetzgebung weitgehend ausgeschöpft, und das Wiederaufleben der Landesgesetzgebungszuständigkeiten in zentralstaatlich besetzten Sachmaterien, die den erhöhten Anforderungen der Art. 72 Abs. 2 und 75 Abs. 1 GG bereits ursprünglich oder erst nachträglich nicht gerecht werden, steht gemäß den Art. 72 Abs. 3, 75 Abs. 1 Satz 2 und 125a Abs. 2 GG grundsätzlich im freien Ermessen des einfachen Bundesgesetzgebers,[144] dem dadurch auf der Basis einer stark zentralisierten Verteilung von Legislativzuständigkeiten ein verfassungsrechtlich prinzipiell ungebundener Gestaltungsspielraum über zukünftige Reföderalisierungsbewegungen eingeräumt wird. Nur wenn punktuelle Modifikationen einer gemäß Art. 125a Abs. 2 Satz 1 GG fortgeltenden bundesrechtlichen Regelung nicht mehr ausreichen oder der Bundesgesetzgeber aus politischen Erwägungen eine grundlegende Neukonzeption der betreffenden Sachmaterie für erforderlich hält, ist nach neuerer bundesverfassungsgerichtlicher Rechtsprechung das Ermessen des Bundesgesetzgebers unter dem Einfluß des Grundsatzes bundes- und länderfreundlichen Verhaltens auf Null reduziert und dieser daher zu einer Freigabe durch Bundesgesetz verpflichtet.[145] Schließlich verleiht Art. 71 Hs. 2 GG dem Bund die Befugnis zur einfachgesetzlichen Delegation von Gesetzgebungszuständigkeiten an die Länder auf den Gebieten der ausschließlichen Bundesgesetzgebung,[146] so daß selbst hier die Kompetenzordnung des Grundgesetzes den zentralstaatlichen Staatsorganen kein gänzlich starres Regelungsgefüge vorgibt.

---

140   BVerfGE 106, 62, 150 ff.; BVerfG, 2 BvF 2/02 vom 27.7.2004, Rz. 102. Vgl. *Faßbender*, Absichtserklärung aus Karlsruhe, S. 335 f.; *Jochum*, Richtungsweisende Entscheidung des BVerfG, S. 29.
141   BVerfG EuGRZ 2004, 216, 225 f. Siehe dazu supra Kapitel 5 § 1 B. II.
142   BVerfG, 2 BvF 2/02 vom 27.7.2004, Rz. 127 ff.
143   *Faßbender*, Absichtserklärung aus Karlsruhe, S. 337 f.
144   Vgl. *Degenhart*, Art. 72 GG, in: Sachs, Rz. 33 ff.; *ders.*, Art. 125a GG, in: Sachs, Rz. 5 ff.; *Pieroth, Bodo*, Art. 72 GG, in: Jarass/Pieroth, Rz. 12 f.; *Jarass, Hans D.*, Art. 125a GG, in: Jarass/Pieroth, Rz. 2. Einschränkend *Kunig, Philip*, Art. 72 GG, in: von Münch/Kunig, Rz. 33.
145   BVerfG, 1 BvR 636/02 vom 9.6.2004, Rz. 111. Siehe dazu supra Kapitel 5 § 1 B. II.
146   Vgl. eingehend dazu *Degenhart, Christoph*, Art. 71 GG, in: Sachs, Rz. 4 ff.; *Stettner, Rupert*, Art. 71 GG, in: Dreier, Rz. 10 ff.

Ähnliche Gestaltungsfreiheiten der deutschen Staatsorgane finden sich auch hinsichtlich der grundgesetzlichen Verteilung von Verwaltungskompetenzen zwischen Bund und Ländern sowie im Rahmen der konkreten Ausformung der bundesstaatlichen Finanzverfassung. Zunächst ermöglichen die in den Art. 84 Abs. 1 und 2 sowie 85 Abs. 1 und 2 GG festgelegten Ermächtigungen an den Bundesgesetzgeber zur organisatorischen und verfahrensrechtlichen Regelung des Landesvollzugs sowie an die Bundesregierung zum diesbezüglichen Erlaß von Verwaltungsvorschriften bedeutsame Verlagerungen der gubernativen Machtverhältnisse zwischen dem Bund und den Ländern. Des weiteren befähigt Art. 87 Abs. 3 Satz 1 GG den Bund dazu, auf den Gebieten der Bundesgesetzgebung durch einfaches Gesetz selbständige Bundesoberbehörden und neue bundesunmittelbare Körperschaften und Anstalten des öffentlichen Rechts einzurichten; gemäß Art. 87 Abs. 3 Satz 2 GG können bei dringendem Bedarf für neue Aufgaben im Legislativkompetenzbereich des Bundes durch zustimmungspflichtiges Bundesgesetz sogar bundeseigene Mittel- und Unterbehörden geschaffen werden.[147] Damit wird dem Zentralstaat die Möglichkeit eröffnet, Verwaltungskompetenzen zu Lasten der Länder an sich zu ziehen und die Grenzen der Handlungssphären zwischen Bund und Ländern hinsichtlich des Gesetzesvollzugs und der gesetzesfreien Verwaltung nachhaltig zu verschieben.[148] Im Bereich der föderativen Finanzverfassung enthält das Grundgesetz weitreichende Ermächtigungen an den Bund, gemäß Art. 105 Abs. 2 und 2a GG Steuergesetzgebungskompetenzen an sich zu ziehen und gemäß den Art. 106 Abs. 3, 107 Abs. 1 und 2 GG durch Bundesgesetz die Einzelheiten der vertikalen und horizontalen Steuerertragsaufteilung sowie des horizontalen und vertikalen Finanzausgleichs zu regeln.[149] Damit stehen wesentliche Grundentscheidungen über die fiskalische Autonomie der zentralstaatlichen und der regionalen Ebene und über die finanziellen Beziehungen zwischen dem Bund und den Ländern sowie den Ländern untereinander zur Disposition der Bundesgesetzgebung, an der die Länder auf der Grundlage der finanzverfassungsrechtlichen Mitbestimmungsrechte des Bundesrates beteiligt werden.

Neben diesen Komponenten der deutschen Bundesstaatlichkeit, in denen das Grundgesetz dem Bundesgesetzgeber ausdrücklich weitreichende

---

147 Vgl. dazu *Sachs, Michael*, Art. 87 GG, in: Sachs, Rz. 60 ff.; *Broß, Siegfried*, Art. 87 GG, in: von Münch/Kunig, Rz. 9, 21 ff.; *Blümel, Willi*, Verwaltungszuständigkeit, in: Isensee, Josef/Kirchhof, Paul (Hrsg.), Handbuch des Staatsrechts der Bundesrepublik Deutschland, Band IV, 2. Auflage, Heidelberg 1999, § 101, Rz. 105 ff., 114; *Vogel, Hans-Jochen*, Die bundesstaatliche Ordnung des Grundgesetzes, in: Benda, Ernst/Maihofer, Werner/Vogel, Hans-Jochen (Hrsg.), Handbuch des Verfassungsrechts der Bundesrepublik Deutschland, 2. Auflage, Berlin/New York 1994, § 22, Rz. 97 f.
148 *Blümel*, Verwaltungszuständigkeit, Rz. 105; *Vogel*, Die bundesstaatliche Ordnung, Rz. 97; *Papier, Hans-Jürgen*, 50 Jahre Bundesstaatlichkeit nach dem Grundgesetz – Entwicklungslinien und Zukunftsperspektiven, in: Bundesrat (Hrsg.), 50 Jahre Herrenchiemseer Verfassungskonvent: „Zur Struktur des deutschen Föderalismus", Bonn 1999, S. 341, 344.
149 Siehe dazu supra Kapitel 5 § 1 F. I.

Gestaltungsbefugnisse in der Ausformung der föderativen Staatsordnung gewährt, finden sich andere Aspekte der regionalen Dezentralisierung, die durch das Grundgesetz weitgehend ungeregelt bleiben. Dazu zählt vor allem die für die politische Praxis der Bundesrepublik Deutschland so bedeutsame kooperative Koordination zwischen dem Bund und den Ländern sowie den Ländern untereinander, welche – abgesehen von vereinzelten verfassungsrechtlich vorgeschriebenen oder zumindest geförderten Formen des gegenseitigen Zusammenwirkens – im Grundgesetz keine umfassende Normierung erfahren hat. Dem dichten Geflecht aus informellen und institutionalisierten Kontakten und intraföderativen Vereinbarungen unterschiedlichster Verbindlichkeitsgrade setzt das formelle Verfassungsrecht nur äußerste Grenzen und eröffnet den Staatsorganen auf Bundes- und Landesebene damit einen ausgedehnten Raum für die Ausgestaltung ihrer kooperativen Beziehungen.[150] Insbesondere die intensive horizontale Koordination der Landespolitik, der umfangreiche Bestand an intraföderativem Vertragsrecht sowie die Existenz unterschiedlichster Kooperationsinstitutionen in den verschiedenen intraföderativen Beziehungen und einer ganzen Reihe gemeinsamer Verwaltungseinrichtungen der Länder belegen den nachhaltigen Einfluß dieser staatsorganisatorischen Gestaltungsfreiheit auf das reale Erscheinungsbild des deutschen Föderalismus. Das formelle Verfassungsrecht setzt vor allem mit der unabdingbaren grundgesetzlichen Kompetenzverteilung, dem Grundsatz der Bundestreue, den elementaren Verfassungsgrundsätzen, welche gemäß Art. 28 Abs. 1 Satz 1 GG auch für die Länder gelten, sowie den Verboten der Entstehung einer staatenbündischen dritten Ebene im zweigliedrigen deutschen Bundesstaat und der Selbstpreisgabe der Länderstaatlichkeit der kooperativen Koordination zwischen den Ländern und zwischen dem Bund und den Ländern nur sehr weite Schranken.[151] Es erweist sich somit gerade in seinem Verhältnis zum kooperativen Föderalismus als Rahmenordnung.

Staatsorganisatorische Gestaltungsspielräume der deutschen Staatsorgane und damit eine materiell relativierte Bewertung ihrer Verfassungsbindungen finden sich hinsichtlich der föderativen Ordnung als konstitutionellem Rahmengefüge nicht nur innerhalb der durch die Verfassung gesteckten Grenzen, sondern ergeben sich auch aus ihrer Mitwirkung bei der Interpretation des formellen Verfassungsrechts. Das mit Letztentscheidungsbefugnis über verfassungsrechtliche Streitfragen ausgestattete Bundesverfassungsgericht nimmt stets nur die Rolle eines nachrangigen Zweitinterpreten ein, während den politischen Akteuren der deutschen Staatsordnung als verfassungsrechtlichen Erstinterpreten eine bedeutsame Funktion in der Auslegung der grund-

---

150 Vgl. *Isensee*, Der Bundesstaat, S. 724.
151 Zu den verfassungsrechtlichen Grenzen der kooperativen Koordination vgl. *Nettesheim*, Grundgesetzlicher Föderalismus und Eigenverantwortlichkeit der Aufgabenerfüllung, S. 261 ff.

gesetzlichen Rahmenordnung zukommt.[152] In verfassungsrechtlichen Fragen der Bundesstaatlichkeit gilt dies sogar in zusätzlich gesteigertem Maße, da Bund und Länder in ihrem gegenseitigen Verhältnis häufig dazu neigen, Rechtsfragen politisch zu behandeln und zu lösen.[153] Die prägende Wirkung der Deutung und Konkretisierung des grundgesetzlichen Rahmens durch die Staatsorgane von Bund und Ländern entfaltet sich grundsätzlich in jedem Gebrauch von Kompetenzvorschriften und Ingerenzbefugnissen,[154] ihre staatsorganisatorische Bedeutung läßt sich jedoch auch anhand von konkreten Beispielen verdeutlichen: So setzte sich die vom Bundesrat vertretene ‚Einheitsthese' für die Bestimmung der Zustimmungsbedürftigkeit von Bundesgesetzen[155] durch,[156] wurde vom Bundesverfassungsgericht bestätigt[157] und bildet seitdem als einer der wesentlichen Grundsteine für die Machtfülle des Bundesrates einen besonders prägenden Faktor deutscher Bundesstaatlichkeit. Auch das Lindauer Abkommen zwischen dem Bund und den Ländern zur einvernehmlichen Klärung der Zuständigkeitsverteilung und Beteiligungspositionen bei völkerrechtlichen Vertragsschlüssen in den Bereichen ausschließlicher Ländergesetzgebungskompetenzen, die Entstehung von Formen der Mischverwaltung und -finanzierung zwischen Bund und Ländern am Rande der verfassungsrechtlichen Legalität vor der Novellierung der Finanzverfassung im Jahre 1969 sowie die Etablierung bedeutsamer gemeinsamer Verwaltungseinrichtungen der Länder bei ebenfalls unklarer Verfassungslage offenbaren die überragende Bedeutung der föderativen Staatspraxis für die Ausdeutung der grundgesetzlichen Rahmenordnung. Schließlich bietet die bundesstaatliche Finanzverfassung noch ein qualitativ über die reguläre verfassungsrechtliche Deutungskompetenz der Staatsorgane hinausgehendes Beispiel einer verfassungsgestaltenden Funktion des Bundesgesetzgebers. Das Bundesverfassungsgericht entnimmt dem finanzverfassungsrechtlichen Regelungsauftrag der Art. 106 Abs. 3, 107 Abs. 1 und 2 GG das an den Bundesgesetzgeber gerichtete Gebot, im Wege eines Maßstäbegesetzes das verfassungsrechtlich nur in unbestimmten Rechtsbegriffen festgeschriebene föderative Steuerertragsverteilungs- und Ausgleichssystem durch allgemeine, handhabbare Maßstäbe zu konkretisieren.[158] Diese einfachgesetzliche Deu-

---

152 Zur Möglichkeit der Bindung der Verfassungsgerichtsbarkeit an bestehende Staatspraxis vgl. *Rädler, Peter*, Verfassungsgestaltung durch Staatspraxis – Ein Vergleich des deutschen und britischen Rechts, ZaöRV 58 (1998), S. 611, 639 ff.
153 *Isensee*, Der Bundesstaat, S. 726; *Bryde*, Verfassungsentwicklung, S. 196 f.
154 Ähnlich *Isensee*, Idee und Gestalt des Föderalismus, Rz. 11.
155 Zur ‚Einheitsthese' siehe supra Kapitel 5 § 2 A. II. 1.
156 Vgl. *Böckenförde, Ernst-Wolfgang*, Sozialer Bundesstaat und parlamentarische Demokratie, in: Jekewitz, Jürgen/Melzer, Michael/Zeh, Wolfgang (Hrsg.), Politik als gelebte Verfassung – Aktuelle Probleme des modernen Verfassungsstaates, Festschrift für Friedrich Schäfer, Opladen 1980, S. 182, 185.
157 BVerfGE 8, 274, 294 f.; 37, 368, 379 ff.; 55, 274, 319.
158 BVerfGE 101, 158, 214 ff. Siehe dazu supra Kapitel 5 § 1 F. I. Vgl. dazu *Isensee*, Der Bundesstaat, S. 723; *Kirchhof, Ferdinand*, Neue Wege durch ein Maßstabsgesetz? Die Entscheidung des Bundesverfassungsgerichts zum Finanzausgleich zwischen Bund und Ländern, in: Europäisches Zentrum für Föderalismus-Forschung Tübingen (Hrsg.),

tung der Verfassungsvorgaben soll wiederum den Bundesgesetzgeber selbst beim Erlaß nachfolgender konkreter Finanzausgleichsgesetze langfristig binden, so daß dem Maßstäbegesetz ein verfassungsdogmatisch schwer konstruierbarer vermittelnder Rang zwischen dem Verfassungsrecht und dem einfachen Bundesrecht zukommen soll.[159] Zweifellos offenbart diese neuere Rechtsprechung des Bundesverfassungsgerichts zur föderativen Finanzverfassung ein deutliches judikatives Bekenntnis zum Vorrang der Verfassungsinterpretation durch den Gesetzgeber.[160] So sind auch die beteiligten Staatsorgane auf Bundes- und Landesebene stets nicht nur Verpflichtungsadressaten des formellen Verfassungsrechts, sondern zugleich auch staatsorganisatorische Gestalter innerhalb der konstitutionellen Rahmenordnung und zugleich prägende Erstinterpreten dieser verfassungsrechtlichen Grenzen.

## II. Die formelle Verfassungsänderung

Die deutsche Verfassungsordnung kombiniert vergleichsweise niedrige prozedurale Hürden der formellen Verfassungsänderung in Art. 79 Abs. 1 und 2 GG mit absoluten materiellen Grenzen der Verfassungsnovellierung in Art. 79 Abs. 3 GG. Die verfassungsändernde Gewalt liegt in den Händen der gesetzgebenden Staatsorgane Bundestag und Bundesrat, welche mit qualifizierten Majoritäten von zwei Dritteln ihrer Mitglieder beziehungsweise Stimmen die konstitutionelle Grundordnung innerhalb der weiten Schranken der Ewigkeitsklausel zu modifizieren befugt sind.[161]

Die Regelung der formellen Verfassungsänderung in Art. 79 GG verleiht der deutschen Verfassungsordnung eine hohe Flexibilität, welche sich als weitreichende konstitutionelle Gestaltungsmacht von Bundestag und Bundesrat niederschlägt. Die Anpassungsfähigkeit des Grundgesetzes zeigt sich dabei in besonderem Maße auf dem Gebiet der bundesstaatlichen Ordnung. Trotz der mehrschichtigen Verankerung der Bundesstaatlichkeit in Art. 79 Abs. 3 GG

---

Jahrbuch des Föderalismus 2001 (Band 2): Föderalismus, Subsidiarität und Regionen in Europa, Baden-Baden 2001, S. 143, 147ff.; *Ossenbühl, Fritz*, Das Maßstäbegesetz – dritter Weg oder Holzweg des Finanzausgleichs?, in: Kirchhof, Paul/Lehner, Moris/Raupach, Arndt/Rodi, Michael (Hrsg.), Staaten und Steuern, Festschrift für Klaus Vogel, Heidelberg 2000, S. 227, 227ff.; *Rupp, Hans H.*, Länderfinanzausgleich – Verfassungsrechtliche und verfassungsprozessuale Aspekte des Urteils des BVerfG vom 11.11.1999, JZ 2000, S. 269, 270f.; *Linck, Joachim*, Das „Maßstäbegesetz" zur Finanzverfassung – ein dogmatischer und politischer Irrweg – Anmerkungen zum FAG-Urteil des Bundesverfassungsgerichts, DÖV 2000, S. 325, 326ff.; *Henneke, Hans-Günter*, Länderfinanzausgleich und Maßstäbegesetz, Jura 2001, S. 767, 770ff.

159 Kritisch dazu *Rupp*, Länderfinanzausgleich, S. 271; *Ossenbühl*, Das Maßstäbegesetz, S. 230ff.; *Linck*, Das „Maßstäbegesetz" zur Finanzverfassung, S. 326ff.; *Henneke*, Länderfinanzausgleich und Maßstäbegesetz, S. 772f.
160 In diesem Sinne auch *Ossenbühl*, Bundesverfassungsgericht und Gesetzgebung, S. 36.
161 Siehe dazu supra Kapitel 2 § 2 B. II. 1. (b).

betrifft die weitaus größte Anzahl der bisher 51 Gesetze zur Änderung des Grundgesetzes den föderativen Aufbau der Bundesrepublik Deutschland,[162] so daß die „Geschichte der Verfassungsänderungen" bereits als „wesentlich die Geschichte der Veränderungen des Verhältnisses von Bund und Ländern" beschrieben worden ist.[163] Gegenüber den Verfassungsstrukturmerkmalen der Demokratie, der Republik oder der Rechtsstaatlichkeit erscheint die Bundesstaatlichkeit schon grundsätzlich als stärker modellierbare Verfassungsmaterie. Zudem verstärkt die dem besonders ausgeprägten Regelungsbedarf entsprechende hohe Normierungsdichte des Grundgesetzes im föderativen Bereich[164] die Notwendigkeit formeller Verfassungsänderungen im Wandel realer politischer, sozialer und wirtschaftlicher Verhältnisse.[165]

Während die bedeutsamen Grundgesetzerweiterungen um die Wehrverfassung und die Notstandsverfassung als Projekte der ‚nachgeholten Verfassungsgebung' einen nur begrenzten föderativen Bezug aufwiesen,[166] wurden in einer sehr großen Zahl von formellen Verfassungsänderungen die Finanzverfassung, das Gefüge der vertikalen Kompetenzverteilung, die Mechanismen der direktiven Koordination sowie Aspekte des kooperativen Verhältnisses zwischen Bund und Ländern im deutschen Bundesstaat modifiziert. Diese Verfassungsreformen haben das Erscheinungsbild des grundgesetzlichen Bundesstaates nachhaltig verändert. Die ursprünglich auf eine möglichst klare Trennung von Aufgaben, Ausgabenverantwortung und Steuereinnahmen zwischen Bund und Ländern ausgelegte föderative Finanzverfassung des Grundgesetzes wurde in einer ganzen Reihe von Verfassungsnovellierungen[167] zu einem System enger finanzieller Verflechtungen von Bund und Ländern mit starken konjunkturpolitischen Leitungsfunktionen des Bundes, verfassungsrechtlich institutionalisierten Formen der gemeinschaftlichen Finanzierung und zentralstaatlichen Finanzhilfen, einem Steuerverbund hinsichtlich der ertragreichsten Steuerarten, einem komplexen Gefüge des vertikalen und horizontalen Finanzausgleichs, einer weitgehend zentralisierten Steuergesetz-

---

162 *Bauer/Jesteadt*, Grundgesetz im Wortlaut, S. 34; *Badura*, Verfassungsänderung, Rz. 30; *Kenntner*, Grundgesetzwandel, S. 453 f.; *Bryde*, Verfassungsentwicklung, S. 117 f.; *Hesse, Konrad*, Die Verfassungsentwicklung seit 1945, in: Benda, Ernst/Maihofer, Werner/ Vogel, Hans-Jochen (Hrsg.), Handbuch des Verfassungsrechts der Bundesrepublik Deutschland, 2. Auflage, Berlin/New York 1994, § 3, Rz. 20.
163 *Robbers, Gerhard*, Die Änderung des Grundgesetzes, NJW 1989, S. 1325, 1330.
164 Vgl. *Isensee*, Föderalismus und Verfassungsstaat, S. 267 f.
165 *Bauer/Jesteadt*, Grundgesetz im Wortlaut, S. 34 f.; *Bryde*, Verfassungsentwicklung, S. 121, 138, 196; *Hofmann*, Entwicklung des Grundgesetzes, Rz. 63.
166 Eingehend zur Wehr- und zur Notstandsverfassung vgl. *Robbers*, Änderung des Grundgesetzes, S. 1326 ff.; *Hofmann*, Entwicklung des Grundgesetzes, Rz. 44 ff.; *Kenntner*, Grundgesetzwandel, S. 453 f.; *Bryde*, Verfassungsentwicklung, S. 119 f. Zur bundesstaatlichen Relevanz vgl. insbesondere *Thieme, Werner*, Vierzig Jahre Bundesstaat – Rückblick, Entwicklung und Ausblick, DÖV 1989, S. 499, 503 f.
167 Von besonderer Bedeutung sind dabei das 15. Änderungsgesetz vom 8.6.1967 sowie das 20., 21. und 22. Änderungsgesetz vom 12.5.1969.

gebung sowie einer regionalisierten Steuerverwaltung umgestaltet.[168] Mit der Einführung der Gemeinschaftsaufgaben gemäß den Art. 91a und 91b GG hat der verfassungsändernde Gesetzgeber dabei eine grundgesetzlich anerkannte Form der Mischverwaltung geschaffen, die dem Bund wichtige Einwirkungsbefugnisse auf Kernbereiche der Landespolitik einräumt. Neben diesen Lockerungen des allgemeinen föderativen Trennungsgedankens und der Tendenz zur verfassungsrechtlichen Verankerung des ‚kooperativen Föderalismus' erfolgte eine stetige Ausdehnung der Gesetzgebungszuständigkeiten des Bundes. In ihren ersten Jahrzehnten erlebte die Bundesrepublik eine fortschreitende Anreicherung der Kompetenzkataloge in den Art. 73, 74 und 75 GG sowie die Einführung des Art. 74a GG, welche – gepaart mit der generellen Neigung des Bundes, bestehende Legislativzuständigkeiten auch vollständig auszuschöpfen – zu einer weitgehend zentralisierten Gesetzgebung im deutschen Bundesstaat geführt haben.[169] Parallel zu dieser Zentralisierungsbewegung wurde umgekehrt der Einfluß der Bundesländer auf die Bundesgesetzgebung über den Bundesrat erheblich ausgebaut. Neue Legislativzuständigkeiten des Bundes konnten häufig nur zu dem Preis der Erweiterung des Katalogs zustimmungsbedürftiger Gesetze begründet werden, so daß insgesamt die Zahl der grundgesetzlichen Zustimmungstatbestände von ursprünglich 13 auf heute 49 angewachsen ist.[170]

Diesem allgemeinen Trend zur Zentralisierung und föderativen Verflechtung ist in nur sehr wenigen formellen Verfassungsänderungen mit regionalisierender Tendenz entgegenzuwirken begonnen worden. Erwähnenswert bleiben darunter aber die Verfassungsänderung vom Dezember 1992, welche mit Art. 23 GG n. F. die Mitwirkungsrechte der deutschen Bundesländer im europäischen Integrationsprozeß gestärkt hat, sowie die Verfassungsreform vom Oktober 1994, welche die Vorgaben für die zentralstaatliche Inanspruchnahme von Kompetenzen zur konkurrierenden Gesetzgebung und zur Rahmengesetzgebung verschärft, diesbezügliche Rückholklauseln eingeführt und die Zuständigkeitskataloge zumindest auch zugunsten der Länder modifiziert hat.[171]

---

168 Eingehend dazu vgl. *Hofmann*, Entwicklung des Grundgesetzes, Rz. 74 ff.; *Robbers*, Änderung des Grundgesetzes, S. 1329 f.; *Thieme*, Vierzig Jahre Bundesstaat, S. 504 f.; *Kenntner*, Grundgesetzwandel, S. 454.
169 Vgl. dazu *Hofmann*, Entwicklung des Grundgesetzes, Rz. 84; *Robbers*, Änderung des Grundgesetzes, S. 1330; *Kenntner*, Grundgesetzwandel, S. 454; *Hendler*, Unitarisierungstendenzen, S. 212; *Sachs, Michael*, Einführung, in: Sachs, Rz. 23; *Ossenbühl, Fritz*, Föderalismus nach 40 Jahren Grundgesetz, DVBl. 1989, S. 1230, 1233; *Vorländer, Hans*, Identität des Grundgesetzes nach 30 Jahren, JuS 1979, S. 313, 314; *Lerche, Peter*, Prinzipien des deutschen Föderalismus, in: Kirchhof, Paul/Kommers, Donald P. (Hrsg.), Deutschland und sein Grundgesetz – Themen einer deutsch-amerikanischen Konferenz, Baden-Baden 1993, S. 79, 84. Siehe auch BVerfGE 37, 363, 390.
170 Vgl. *Bryde, Brun-Otto*, Art. 77 GG, in: von Münch/Kunig, Rz. 21; *Hofmann*, Entwicklung des Grundgesetzes, Rz. 86; *Robbers*, Änderung des Grundgesetzes, S. 1330.
171 Vgl. eingehend dazu *Klein, Hans H.*, Kontinuität des Grundgesetzes und seine Änderung im Zuge der Wiedervereinigung, in: Isensee, Josef/Kirchhof, Paul (Hrsg.), Handbuch des Staatsrechts der Bundesrepublik Deutschland, Band VIII, Heidelberg 1995,

Die große Anzahl formeller Verfassungsänderungen mit föderativem Bezug und ihre verfassungsumgestaltende Wirkungstiefe belegen deutlich die durch Art. 79 GG vermittelte Flexibilität der deutschen Verfassungsordnung. Die niedrigen prozeduralen Hürden des Art. 79 Abs. 1 und 2 GG, welche die Distanz zwischen gesetzgebender und verfassungsändernder Gewalt auf ein vergleichsweise schwaches Quantitätskriterium reduzieren, und die Weite der Schranken des Art. 79 Abs. 3 GG in ihrer restriktiven bundesverfassungsgerichtlichen Auslegung[172] eröffnen den zur formellen Verfassungsänderung ermächtigten Staatsorganen Bundestag und Bundesrat außergewöhnliche konstitutionelle Gestaltungsfreiheiten und relativieren damit nachhaltig die realen Verfassungsbindungen dieser Staatsorgane. Die bundesstaatliche Ordnung des deutschen Staatswesens erweist sich dabei als primäres Aktionsfeld für die formell verfassungsändernde Gestaltungsmacht der qualifizierten Mehrheiten in Bundestag und Bundesrat. Die im Grundsatz der Verfassungssupremat verwurzelte konstitutionelle Absicherung der deutschen Bundesstaatlichkeit bedarf somit eines Verständnisses, das diese immanente Flexibilität der deutschen Verfassungsordnung einschließt.

## III. Der informelle Verfassungswandel

Als dritter verfassungsrechtlicher Flexibilisierungsfaktor zur differenzierteren, materiellen Erschließung deutscher Verfassungssupremat entfaltet schließlich der dynamische Prozeß des informellen – also bezüglich des Verfassungstextes ‚stillen' – Verfassungswandels im staatsorganisatorischen Bereich der Bundesstaatlichkeit eine flexibilisierende Wirkung auf die Verfassungsbindungen der Staatsorgane. Der informelle Verfassungswandel[173] als in Rechtsprechung und Literatur weitgehend anerkannte, zeitbedingte Weiterentwicklung des Bedeutungsgehalts von Verfassungsnormen ohne entsprechende Textänderung[174] erfaßt auch grundgesetzliche Vorschriften mit direktem oder zumindest indirektem föderativem Bezug. Dabei darf die bedeutsame Funktion des Bundesverfassungsgerichts in der verbindlichen Feststellung erfolgter Bedeutungswandlungen keinesfalls den Blick auf die aktive Rolle der übrigen Staatsorgane in diesem Entwicklungsprozeß verdecken. Als Erstinterpretation der Verfassungsordnung indiziert die konstitutionelle Praxis der Staatsorgane – und insbesondere die legislative Tätigkeit

---

§ 198, Rz. 73 ff.; *Oeter*, Integration und Subsidiarität, S. 361 ff.; *Bauer*, Entwicklungstendenzen und Perspektiven des Föderalismus, S. 841.
172 Siehe dazu supra Kapitel 6 § 2 B. I. 2.
173 Zum informellen Verfassungswandel siehe supra Kapitel 2 § 2 B. II. 1. (c).
174 Vgl. zum Begriff des Verfassungswandels *Bryde*, Verfassungsentwicklung, S. 21; *Stern*, Staatsrecht I, S. 160 f.; *Badura*, Verfassungsänderung, Rz. 13; *Lücke*, Art. 79 GG, in: Sachs, Rz. 7.

des einfachen Gesetzgebers – häufig derartige Veränderungen des Sinngehalts von Verfassungsnormen.[175]
Obgleich das Bundesverfassungsgericht bezüglich grundgesetzlicher Kompetenzvorschriften grundsätzlich eine strikte Auslegung verfolgt und dabei der historischen Interpretation besonderes Gewicht beimißt,[176] erfordern neue Entwicklungen und Normierungsbedürfnisse zugleich eine dynamische Deutung von Kompetenztiteln.[177] Zwar muß ihr ‚Begriffskern‘ erhalten bleiben, jedoch können auch diese Verfassungsnormen einem vor allem durch die entsprechende Funktionswahrnehmung von Seiten der ermächtigten Staatsorgane indizierten informellen Bedeutungswandel unterliegen,[178] welcher etwa in der bundesverfassungsgerichtlichen Rechtsprechung zu den Bundesgesetzgebungskompetenzen hinsichtlich des „Fernmeldewesens"[179] und der „Sozialversicherung"[180] anerkannt wird.

Auch in anderen Komponenten des föderativen Bau- und Funktionsplans sind normative Wandlungen ohne formelle Grundgesetzänderungen zu verzeichnen. Wesentliche Aspekte des Entwicklungsprozesses von der eher separativen Bundesstaatlichkeit der ganz jungen Bundesrepublik zum unitarischen und kooperativen Föderalismus, welcher trotz wachsender Kritik aus vielen Lagern und vereinzelten Reföderalisierungstendenzen bis heute das reale Erscheinungsbild des deutschen Bundesstaates entscheidend prägt, haben sich im Wege eines stillen, informellen Verfassungswandels jenseits formeller Verfassungsreformen nach Art. 79 GG vollzogen.[181] So kann etwa die verfassungsgerichtliche Anerkennung eines Zustimmungserfordernisses zugunsten des Bundesrates für Bundesgesetze gemäß Art. 80 Abs. 2 GG, welche anderweitige Regelungen hinsichtlich der Zustimmungsbedürftigkeit von Rechtsverordnungen des Bundes treffen, als derartige Weiterentwicklung des

---

175 Vgl. *Lerche, Peter*, Stiller Verfassungswandel als aktuelles Politikum, in: Spanner, Hans/Lerche, Peter/Zacher, Hans/Badura, Peter/Campenhausen, Axel Freiherr von (Hrsg.), Festgabe Theodor Maunz zum 70. Geburtstag, München 1971, S. 285, 286 f.; *Scherke*, Verfassung und Zeit, S. 586 f.; *Bryde*, Verfassungsentwicklung, S. 348 ff.; *Maunz, Theodor/Zippelius, Reinhold*, Deutsches Staatsrecht, 30. Auflage, München 1998, S. 50; *Badura*, Verfassungsänderung, Rz. 15.
176 *Stern*, Staatsrecht II, S. 607 ff.; *Rengeling*, Gesetzgebungszuständigkeit, Rz. 28 ff.; *Degenhart*, Art. 70 GG, in: Sachs, Rz. 46 ff.; *Scholz, Rupert*, Ausschließliche und konkurrierende Gesetzgebungskompetenz von Bund und Ländern in der Rechtsprechung des Bundesverfassungsgerichts, in: Starck, Christian (Hrsg.), Bundesverfassungsgericht und Grundgesetz, Festgabe aus Anlaß des 25jährigen Bestehens des Bundesverfassungsgerichts, Band II (Verfassungsauslegung) Tübingen 1976, S. 252, 264 f.; *Bryde*, Verfassungsentwicklung, S. 281; *Starck*, Verfassungsauslegung, Rz. 57 f.
177 *Rengeling*, Gesetzgebungszuständigkeit, Rz. 35; *Scholz*, Ausschließliche und konkurrierende Gesetzgebungskompetenz, S. 265 ff.
178 *Rengeling*, Gesetzgebungszuständigkeit, Rz. 36; *Maunz, Theodor*, Art. 73 GG, in: Maunz/Dürig, Rz. 14 ff.
179 Zu Art. 73 Nr. 7 GG siehe BVerfGE 12, 205, 225 ff.
180 Zu Art. 74 Nr. 12 GG siehe BVerfGE 11, 105, 111 ff.; 39, 302, 314.
181 Vgl. *Bleckmann, Albert*, Staatsrecht I – Staatsorganisationsrecht (Grundlagen, Staatszielbestimmungen und Staatsorganisationsrecht des Bundes), Köln (u. a.) 1993, Rz. 63 ff.

Verfassungsinhalts angesehen werden.[182] Zwar entspricht diese rechtsfortbildende Verfassungsauslegung dem Sinnzusammenhang der Bundesratsbeteiligung beim zentralstaatlichen Erlaß von Rechtsverordnungen, doch demonstriert sie zugleich die Überwindbarkeit der allseits betonten Wortlautgrenze für die Verfassungsinterpretation und den Wandel verfassungsrechtlicher Bedeutungsinhalte.[183] Auch die vor dem Hintergrund der Hochzonung landespolitisch relevanter Hoheitsbefugnisse auf die europäische Ebene erfolgte, schrittweise Verstärkung der Beteiligungsposition des Bundesrates in der europäischen Außenpolitik des Bundes vor der Einführung des neuen Art. 23 GG im Jahre 1992[184] läßt einen inhaltlichen Wandel des grundgesetzlichen Kompetenzgefüges im Bereich der auswärtigen Gewalt erkennen. Als ebenso prägend für die föderative Verfassungslandschaft der Bundesrepublik erwiesen sich die lange vor der großen Finanzreform von 1969 – und damit vor ihrer ausdrücklichen grundgesetzlichen Anerkennung und Förderung – etablierten Formen der Mischfinanzierung und Fondswirtschaft zwischen Bund und Ländern, welche aufgrund ihres damals verfassungsrechtlich umstrittenen Status nicht nur als Deutung der verfassungsrechtlichen Rahmenordnung durch die beteiligten Staatsorgane auf Bundes- und Landesebene, sondern auch als Wandlung des Verfassungsrahmens durch Staatspraxis qualifiziert werden können.[185] In gewisser Parallelität zu dieser Entwicklung veränderte sich auch die verfassungsrechtliche Bewertung der Mischverwaltung zwischen Bund und Ländern im allgemeinen, deren grundsätzliches Verbot jenseits der grundgesetzlich vorgesehenen Fälle das Bundesverfassungsgericht – vorgeprägt durch die vertikal verflochtene Verfassungspraxis – im Jahre 1983 aufgab.[186]

Informeller Verfassungswandel mit föderativem Bezug ereignet sich jedoch nicht nur im Rahmen von organisationsrechtlichen Verfassungsnormen, sondern vollzieht sich auch durch verfassungsgerichtlich sanktionierte Veränderungen im Bedeutungsgehalt anderer Grundgesetzbestimmungen. Derartige Entwicklungen lassen sich beispielsweise im Bereich des universitären Zugangsanspruchs von Studierwilligen und im Rundfunkrecht aufzeigen.[187] So leitete das Bundesverfassungsgericht in seinem Numerus-clausus-Urteil im Zusammenhang mit der Weiterentwicklung des Grundrechts, die

---

182 Siehe BVerfGE 28, 66, 76 ff.; vgl. dazu *Bryde, Brun-Otto*, Art. 80 GG, in: von Münch/Kunig, Rz. 28; *Bauer, Hartmut*, Art. 80 GG, in: Dreier, Rz. 44; *Pieroth, Bodo*, Art. 80 GG, in: Jarass/Pieroth, Rz. 18; a. A. BVerwGE 28, 36, 39 ff.
183 *Bryde*, Verfassungsentwicklung, S. 269 f.
184 Vgl. eingehend dazu *Rudolf*, Kooperation im Bundesstaat, Rz. 66 ff.
185 So etwa *Stern*, Staatsrecht I, 163; *Scupin, Hans U.*, Verfassungswandel im föderativen Bereich des Grundgesetzes durch Zusammenwirken von Bund und Ländern, in: Lerche, Peter/Zacher, Hans/Badura, Peter (Hrsg.), Festschrift für Theodor Maunz zum 80. Geburtstag, München 1981, S. 261, 265 ff.
186 BVerfGE 63, 1, 37 f.; vgl. dazu *Blümel*, Verwaltungszuständigkeit, Rz. 120 ff. m. w. N.; *Isensee*, Der Bundesstaat, S. 727; *ders.*, Idee und Gestalt des Föderalismus, Rz. 175 ff.; *Oeter*, Integration und Subsidiarität, S. 474 ff. Siehe auch supra Kapitel 5 § 1 C. II.
187 Vgl. *Isensee*, Idee und Gestalt des Föderalismus, Rz. 248.

„Ausbildungsstätte frei zu wählen", zu einem derivativen Teilhaberecht aus Art. 12 Abs. 1 Satz 1 GG in Verbindung mit dem allgemeinen Gleichheitssatz und dem Sozialstaatsgebot die Pflicht der Länder in ihrer Gesamtheit und des Bundes ab, gemeinsam Mitverantwortung für eine kooperative Verwirklichung des Grundrechtsschutzes zu übernehmen, indem freie Studienplätze durch eine überregionale Einrichtung unter Anwendung einheitlicher Auswahlkriterien verteilt werden.[188] Eine ebenso unitarisierende Wirkung für die Landespolitik entfaltet die dynamische Rechtsprechung des Bundesverfassungsgerichts zu Art. 5 Abs. 1 Satz 2 GG[189], mit der es beinahe im Sinne einer sich schrittweise verdichtenden und zugleich für technische Veränderungen anpassungsfähigen Rahmengesetzgebung die Organisation, Aufgaben und Finanzierung der öffentlich-rechtlichen Rundfunkanstalten, das duale Rundfunksystem sowie die öffentlich-rechtliche Überwachung privater Rundfunkveranstalter verfassungsrechtlich erschließt.[190] Die Grundrechte und ihre dynamische Auslegung durch die Staatspraxis und das Bundesverfassungsgericht bewirken somit zugleich Wandlungen der bundesstaatlichen Ordnung mit stark verflechtenden und unitarisierenden Tendenzen.

Die vielgestaltigen Veränderungen des grundgesetzlichen Föderalismus innerhalb der formell verfassungsrechtlichen Schranken sowie die unterschiedlichen Entwicklungen der bundesstaatlichen Rahmenordnung selbst durch formelle und informelle Modifikationen des Verfassungsrechts haben insgesamt auch einen Bedeutungswandel der Grundsatzentscheidung für den ‚Bundesstaat' in Art. 20 Abs. 1 GG herbeigeführt. Insbesondere bei Zugrundelegung eines integralen Verständnisses dieser Verfassungsbestimmung[191] hat sich in der Folge der bundesrepublikanischen Staatspraxis, der erfolgten formellen Verfassungsänderungen sowie der verfassungsgerichtlichen Judikatur der Sinngehalt des Begriffs ‚Bundesstaat' von einem eher separativen Föderalismuskonzept zu einer stark unitarischen und vielschichtig kooperativen Regionalisierungskonzeption gewandelt.[192] Diese Entwicklung nötigt dabei stets auch zu weiteren, schrittweisen konstitutionellen Veränderungen auf formellem wie informellem Wege, damit die Ziele der grundgesetzlichen Strukturentscheidung unter den gewandelten Bedingungen weiterhin erreicht werden können.[193]

---

188 BVerfGE 33, 303, 357 f.; vgl. *Starck*, Bundesverfassungsgericht, S. 17; *Bethge*, Verfassungsgerichtsbarkeit im Bundesstaat, S. 260 f.
189 Siehe BVerfGE 12, 205, 259 ff.; 57, 295, 319 ff.; 73, 118, 152 ff.; 74, 297, 325; 83, 238, 295; 87, 181, 196 ff.; 90, 60, 87 ff.
190 *Starck*, Bundesverfassungsgericht, S. 17 f.
191 Siehe dazu supra Kapitel 6 § 2 B. I. 1.
192 Vgl. *Schneider, Hans-Peter*, Die bundesstaatliche Ordnung im vereinigten Deutschland, NJW 1991, S. 2448, 2449 f.; *Bleckmann*, Staatsrecht I, Rz. 64 f.; *Karpen, Ulrich*, Grundgesetz, Konsens und Wertewandel, JuS 1987, S. 593, 595.
193 *Bleckmann*, Staatsrecht I, Rz. 64.

## IV. Zwischenbewertung

Die normative Stabilisierung deutscher Bundesstaatlichkeit durch ihre vielschichtige Verankerung im formellen Verfassungsrecht und ihre institutionelle Absicherung mit Hilfe einer mächtigen Verfassungsgerichtsbarkeit verleihen dem föderativen Staatsaufbau in Deutschland eine solide Bestandskraft gegenüber den Spannungen des regulären politischen Prozesses und dem stets unvermeidlichen Wandel politischer, sozialer und wirtschaftlicher Rahmenbedingungen deutscher Staatlichkeit. Damit wird die konstitutionelle Absicherung der bundesstaatlichen Ordnung jedoch notwendigerweise auch von solchen Flexibilisierungsfaktoren mitgeprägt, welche nach einem materiellen Verständnis als integrale Bestandteile der deutschen Verfassungssuprematie anzusehen sind. So entfalten der ausfüllungs- und interpretationsbedürftige Rahmencharakter des formellen Verfassungsrechts sowie die Prozesse der formellen Verfassungsänderung und des informellen Verfassungswandels eine bedeutende Dynamisierungswirkung für die konstitutionelle Ordnung, welche sich insbesondere im staatsorganisatorischen Bereich der Bundesstaatlichkeit in unzähligen schrittweisen Weiterentwicklungen niedergeschlagen hat und den deutschen Bundesstaat als außerordentlich anpassungsfähiges und flexibles staatsorganisatorisches Strukturmerkmal erscheinen läßt. Dabei tragen alle Staatsorgane auf Bundes- und Landesebene und vor allem die Gesetzgeber wichtige gestalterische Funktionen, denen ein rein formales Verständnis deutscher Verfassungssupremie nicht gerecht zu werden vermag. Auf dem Spektrum der konstitutionellen Absicherung der Regionalisierungsstrukturen, das als themenbezogene Konkretisierung des allgemeinen Kontinuums der Verfassungsbindungen angesehen werden kann, nimmt die deutsche Bundesstaatlichkeit somit keineswegs eine Extremposition konstitutioneller Versteinerung ein, sondern erweist sich in Anbetracht der in diesem Kontext gesteigerten Bedeutung der drei Flexibilisierungsfaktoren als in vielerlei Detail äußerst entwicklungsoffener staatsorganisatorischer Bau- und Funktionsplan.

## § 3 Konstitutionelle Absicherung der britischen Devolution

### A. Devolution und Parlamentssuprematie

Die Frage nach der konstitutionellen Absicherung der Devolutionsstrukturen im Vereinigten Königreich – und damit der Bestandsfähigkeit britischer Regionalisierung im Auf und Ab zentrifugaler und zentripetaler Spannungen – findet ihre unmittelbare verfassungsrechtliche Antwort in dem die gesamte britische Verfassungsordnung überragenden und durchdringenden Dogma der uneingeschränkten Suprematie der britischen Crown in Parliament. In ihrem orthodoxen Verständnis als ungebundene legislative Allmacht des jeweils amtierenden Parlaments[194] bildet sie zugleich Grundlage und Grenze der Stabilität der britischen Devolution. Die detailreiche gesetzliche Normierung der britischen Regionalisierung im Scotland Act 1998, dem Northern Ireland Act 1998 sowie dem Government of Wales Act 1998 bewirkt, daß – entsprechend dem negativen Aspekt der Parlamentssuprematie in ihrer einflußreichen Formulierung durch den Verfassungsrechtler *Dicey* – niemand – und insbesondere nicht die Gerichte – die rechtliche Wirksamkeit der Devolutionsstrukturen in Zweifel ziehen kann; als Rechtsakte mit dem höchsten normativen Rang, den die britische Staatsordnung kennt, binden die Devolutionsgesetze alle staatliche Gewalt des Vereinigten Königreichs. Ausgenommen von dieser normativen Bindung bleibt allerdings das britische Parlament selbst, welches nach dem positiven Aspekt der traditionellen Parlamentssuprematie jedes Gesetz gleich welchen Inhalts zu verabschieden und jedes bestehende Gesetz zu beseitigen oder abzuändern imstande ist. Von diesem Grundsatz werden nach orthodoxem Verfassungsverständnis auch staatsorganisatorisch so bedeutsame Legislativakte wie etwa die Devolutionsgesetze erfaßt, so daß das Dogma der Suprematie des britischen Parlaments stets auch die Grenzen der konstitutionellen Absicherung der Devolution markiert: Die gesetzlich festgeschriebenen Institutionen, Kompetenzen und Verfahren auf regionaler Ebene unterliegen rechtlich uneingeschränkt der Regelungsmacht einfacher Mehrheiten in der Crown in Parliament.[195] Diese können die Devolutionsgesetze ausdrücklich in Teilen oder sogar ganz aufheben oder modifizieren; daneben besteht nach traditioneller Diktion auch die Möglichkeit einer impliziten Derogation – eines ‚implied repeal' – ihrer Vorschriften durch spätere Parlamentsgesetze. Eine rechtliche Bindung der Crown in Parliament selbst zur Förderung der konstitutionellen Stabilisierung der Devolution schließt die orthodoxe britische Verfassungslehre bereits in ihrer theoretischen Denkbarkeit aus, so daß die Begründung gänzlich exklusiver Zuständigkeiten auf regionaler Ebene, wie sie typischerweise in föderativen Staatsordnungen mit vorrangigen und bestandskräftigeren Verfassungen festgeschrieben sind,[196] im Vereinigten Königreich verfassungsrechtlich grundsätzlich unmöglich bleiben

---

194 Eingehend zum Grundsatz der Parlamentssuprematie siehe supra Kapitel 2 § 2 B. I. 3.
195 *Bradley, Anthony W.*, The Sovereignty of Parliament – Form or Substance?, in: Jowell, Jeffrey/Oliver, Dawn (Hrsg.), The Changing Constitution, 5. Auflage, Oxford 2004, S. 26, 49; *Brazier, Rodney*, The Constitution of the United Kingdom, CLJ 58 (1999), 96, 100; *Leeke, Matthew/Sear, Chris/Gay, Oonagh*, An introduction to devolution in the UK, House of Commons Research Paper 03/84, London 2003, S. 12; *Olowofoyeku, Abimbola A.*, Devolution: Conceptual and Implementational Problems, Anglo-AmLR 29 (2000), S. 133, 161 f.; *Sturm, Roland*, Integration – Devolution – Unabhängigkeit? Schottland auf dem Weg zu einer Erneuerung seines politischen Gemeinwesens, JöR NF 48 (2000), S. 351, 362.
196 Vgl. *Walker, Neil*, Beyond the Unitary Conception of the United Kingdom Constitution, PL 2000, S. 384, 390; *Olowofoyeku, Abimbola A.*, Decentralising the UK: The Federal Argument, EdinLR 3 (1999), S. 57, 61; *Laffin, Martin/Thomas, Alyn*, The United Kingdom: Federalism in Denial?, Publius 29/3 (Sommer 1999), S. 89, 90 f.; *Hazell,*

muß. Dementsprechend verbietet die Parlamentssuprematie nach orthodoxer Lesart auch die judikative Normenkontrolle britischer Parlamentsgesetze am Maßstab eines Normengefüges vertikaler Kompetenzverteilung zwischen Zentralstaat und regionalen Gliedern. Die Gerichte bleiben grundsätzlich stets der aktuellsten gesetzlichen Willensäußerung Westminsters verpflichtet und können infolgedessen nach traditionellem Verfassungsverständnis zumindest keine Rolle in der konstitutionellen Absicherung regionaler Teilautonomie gegenüber der zentralstaatlichen Legislative wahrnehmen.

Obgleich sich im britischen Schrifttum mit dem ‚new view' eine alternative Interpretation der Parlamentssuprematie formiert hat, welche mit zum Teil tragfähigen Argumenten die Möglichkeit einer Selbstbindung der Crown in Parliament hinsichtlich der ‚manner and form' zukünftiger Gesetzgebung für zulässig und rechtswirksam erachtet,[197] bietet auch diese verfassungsdogmatische Konzeption zunächst keinen Ausweg aus der legislativen Allmacht des einfachen Gesetzgebers hinsichtlich der Devolutionsstrukturen: Zum einen erweist sich das orthodoxe Verständnis der ‚continuing' – also unveräußerlichen – Suprematie des britischen Parlaments als beständiger Grundpfeiler der Verfassungsauffassung der politischen Klasse im Vereinigten Königreich und zugleich expliziter verfassungsrechtlicher Ausgangspunkt der Devolutionsreformen. So erklärt die britische Regierung im White Paper ‚Scotland's Parliament' den Zusammenhang zwischen schottischer Devolution und Parlamentssuprematie in streng orthodoxer Diktion:

> „*The UK Parliament is and will remain sovereign in all matters: but as part of the Government's resolve to modernise the British constitution Westminster will be choosing to exercise that sovereignty by devolving legislative responsibilities to a Scottish Parliament without in any way diminishing its own powers. The Government recognise that no UK Parliament can bind its successors. The Government however believe that the popular support for the Scottish Parliament, once established, will make sure that its future in the UK constitution will be secure.*"[198]

Zum anderen geben die Devolutionsgesetze selbst ihrem Wortlaut nach keinen Anlaß dazu, dem Gedanken einer Selbstbindung des einfachen Gesetzgebers im Zusammenhang mit den Devolutionsreformen weiter nachzugehen. Auch sie erklären – wenn auch nach orthodoxem Verfassungsverständnis in nur deklaratorischer Art und Weise – die fortdauernde sachlich und territorial unbeschränkte Legislativmacht des britischen Parlaments. So betont sec. 28(7)

---

*Robert*, Reinventing the Constitution: Can the State Survive?, PL 1999, S. 84, 92; *Munro, Colin R.*, Studies in Constitutional Law, 2. Auflage, London (u. a.) 1999, S. 33.

197 Zum ‚new view' der Parlamentssuprematie siehe supra Kapitel 2 § 2 B. II. 2. (b) (i). Vgl. zum ‚new view' im Kontext der Devolutionsreformen *McFadden, Jean/Bain, William*, Strategies for the Future: A Lasting Parliament for Scotland?, in: Bates, T. St John N. (Hrsg.), Devolution to Scotland: The Legal Aspects, Edinburgh 1997, S. 1, 3 ff.; *Jenkins, David*, Both Ends against the Middle: European Integration, Devolution, and the Sites of Sovereignty in the United Kingdom, Temple Int'l & Comp L J 16 (2002), S. 1, 9 f.

198 White Paper: Scotland's Parliament, Cmnd. 3658, HMSO, London 1997, para. 4.2.

des Scotland Act 1998 „the power of the Parliament of the United Kingdom to make laws for Scotland", und bekräftigt sec. 5(6) des Northern Ireland Act 1998 „the power of the Parliament of the United Kingdom to make laws for Northern Ireland". Eine entsprechende Regelung im Government of Wales Act 1998 war aufgrund der Beschränkung des darin enthaltenen Kompetenztransfers auf Zuständigkeiten zur sekundären Gesetzgebung entbehrlich.[199] Die Devolutionsgesetze widersetzen sich damit ausdrücklich – möglicherweise in weiser Voraussicht auf derartige Interpretationsbemühungen in der modernen Verfassungslehre – einer Auslegung als Versuche der freiwilligen parlamentarischen Selbstbindung. Nebenbei erteilt der Scotland Act 1998 auch der in der schottischen Verfassungslehre bis heute vertretenen Auffassung, beim anglo-schottischen Unionsvertrag von 1707 handele es sich um ein den britischen Gesetzgeber bindendes Normengefüge,[200] eine unmittelbare Absage. Sec. 37 Scotland Act 1998 bestimmt, daß „The Union with Scotland Act 1706 and the Union with England Act 1707 have effect subject to this Act".[201] Die Dominanz des englischen Verfassungsverständnisses wurde hier in gesetzliche Form gegossen. Damit bleibt die Suprematie des britischen Crown in Parliament nach ihrer orthodox-englischen Lesart zunächst nicht nur Grundlage, sondern zugleich auch Grenze der konstitutionellen Absicherung britischer Devolution.

Die enge Verbindung der Devolution zum Verfassungsdogma der Parlamentssuprematie bildet nicht nur den notwendigen und folgenreichen Ausgangspunkt einer Untersuchung der konstitutionellen Absicherung der britischen Devolutionsstrukturen, sondern muß zugleich auch als entwicklungsgeschichtlicher Nexus erkannt werden. Devolution als britische Spielart der regionalen Dezentralisierung bedeutet gerade die Schaffung regionaler, teilautonomer Regierungsstrukturen unter – nach orthodoxem Verfassungsverständnis ohnehin unausweichlicher – Wahrung der uneingeschränkten Suprematie des britischen Parlaments; sie stellt bereits nach ihrem Wortsinn eine „aufkündbare Delegation" dar.[202] So enthielt bereits der Government of Ireland Act 1920, der die ‚Home Rule' Nordirlands zwischen 1920 und 1972 regelte und damit als Vorläufer der heutigen Devolutionsgesetze anzusehen ist, in sec. 75 die nach traditioneller Sichtweise rein deklaratorische Bestimmung, daß „the supreme authority of the Parliament of the United Kingdom

---

199 *Elliott, Mark*, Parliamentary sovereignty and the new constitutional order: legislative freedom, political reality and convention, LS 22 (2002), S. 340, 353.
200 Siehe dazu supra Kapitel 2 § 2 B. I. 3.
201 Vgl. *Brazier*, The Constitution of the UK, S. 103 ff. Der Northern Ireland Act 1998 enthält dagegen keinen ausdrücklichen Verweis auf den anglo-irischen Act of Union 1800, sondern erklärt in sec. 2 pauschal, daß „this Act shall have effect notwithstanding any previous enactment"; vgl. dazu *Hadfield, Brigid*, The Belfast Agreement, Sovereignty and the State of the Union, PL 1998, S. 599, 604 ff.
202 *Jeffery, Charlie*, Verfassungspolitik im Vergleich: Britische Devolution und deutscher Föderalismus, in: Glaeßner, Gert-Joachim/Reutter, Werner/Jeffery, Charlie (Hrsg.), Verfassungspolitik und Verfassungswandel: Deutschland und Großbritannien im Vergleich, Wiesbaden 2001, S. 125, 131.

shall remain unaffected und undiminished over all persons, matters and things in [Northern] Ireland and every part thereof".[203] Auch die Royal Commission on the Constitution unter dem Vorsitz von *Lord Kilbrandon*, welche im Oktober 1973 ihren Bericht vorlegte und damit die Grundlagen für die später in Volksabstimmungen gescheiterten Regionalisierungspläne der Jahre 1978/79 schaffte, betonte nach Ablehnung sezessionistischer und föderativer Überlegungen die direkte Verknüpfung zwischen Devolution und Parlamentssuprematie:

> *"The transfer of power with which we shall be concerned in this and subsequent Parts of our Report ... are those which would leave overriding control in the hands of Parliament. The extent of the powers transferred and the conditions under which they were to be exercised would be prescribed by statute and might at any time be changed by Parliament or by Ministers answerable to it. In other words we shall be concerned with devolution, which is the delegation of central government powers without the relinquishment of sovereignty."*[204]

Die britische Devolution bleibt somit bereits aufgrund ihrer ideengeschichtlichen Wurzeln[205] unmittelbar mit dem Verfassungsdogma der Suprematie der Crown in Parliament verbunden, das in seinem orthodoxen Verständnis zugleich Grundlage und Grenzen der konstitutionellen Stabilisierung dieser Regionalisierungsform bildet und sich damit als notwendiger analytischer Ausgangspunkt empfiehlt.

## B. Rechtliche Absicherung der Devolution

Auch unter Zugrundelegung eines orthodoxen Verfassungsverständnisses und der damit verbundenen Anerkennung der Unmöglichkeit rechtlicher Bindungen des britischen Parlaments bilden die drei Devolutionsgesetze einen einfachgesetzlich verbindlichen Bau- und Funktionsplan der regionalen Dezentralisierung im Vereinigten Königreich, dessen normativ stabilisierende Wirkung nicht in einer überzogenen Konzentration auf die konzeptionellen Probleme der Verfassungsbindung in der britischen Staatsordnung verschleiert werden darf. Für die Zentralregierung, die regionalen Legislativ- und Exekutivorgane sowie die judikative Gewalt des Vereinigten Königreichs entfal-

---

203 Vgl. *Hadfield*, The Belfast Agreement, S. 601 ff.
204 *Royal Commission on the Constitution*, Band I: Report (Kilbrandon Report), Cmnd. 5460, HMSO, London 1973, S. 165.
205 Vgl. zu diesen Wurzeln *Johnson, Nevil*, Föderalismus und Regionalismus in Europa – Landesbericht Vereinigtes Königreich, in: Ossenbühl, Fritz (Hrsg.), Föderalismus und Regionalismus in Europa, Baden-Baden 1990, S. 307, 319 ff.

ten der Scotland Act 1998, der Northern Ireland Act 1998 und der Government of Wales Act 1998 als formelle Gesetze des souveränen britischen Parlaments die höchste bekannte Form rechtlicher Regelungswirkung. Insbesondere installieren die Devolutionsgesetze auch ein komplexes Verfahrensgefüge zur gerichtlichen Durchsetzung dieser normativen Bindungen britischer Staatsgewalt.

## I. Materielle, gesetzliche Absicherung der Devolution

Die normative Absicherung der britischen Devolutionsstrukturen erfolgt somit primär durch ihre einfachgesetzliche Verankerung. Der Scotland Act 1998, der Northern Ireland Act 1998 und der Government of Wales Act 1998 konstituieren regionale Regierungsstrukturen mit demokratisch gewählten Volksvertretungen, denen vor allem Normsetzungskompetenzen übertragen werden, und demokratisch verantwortlichen Exekutivorganen, die insbesondere zum Vollzug regionaler Gesetzgebung berufen sind. Nur das walisische Devolutionsgesetz sieht keine unmittelbare institutionelle Trennung zwischen Legislativ- und Exekutivorganen vor, sondern ermöglicht lediglich eine entsprechende funktionsorientierte Ausdifferenzierung in der politischen Praxis.[206] Mit der für die Regionalinstitutionen weitestgehend verbindlichen Normierung regionaler Staatsorganisation[207] gehen die britischen Devolutionsgesetze deutlich über den Regelungsgehalt des deutschen Grundgesetzes hinaus, welches die Verfassungsautonomie der Bundesländer anerkennt und diese lediglich den Homogenitätsanforderungen des Art. 28 Abs. 1 GG unterwirft.

Über die regionale Staatsorganisation hinaus regeln die Devolutionsgesetze – wie das Grundgesetz – die vertikale Verteilung und Verzahnung von Zuständigkeiten zwischen dem Zentralstaat und seinen Gliedern. Auf den Gebieten der Gesetzgebung, des Gesetzesvollzugs, der Rechtsprechung sowie der auswärtigen und finanziellen Angelegenheiten entwerfen sie ein komplexes Normengefüge zur Abgrenzung zentralstaatlicher und regionaler Handlungssphären; zugleich werden die Zuständigkeitskreise der beiden Ebenen vor allem durch zentralstaatliche Ingerenzbefugnisse gegenüber den Regionen verflochten. Dabei bleiben die Devolutionsgesetze jedoch – in wesentlichen Bereichen sogar noch stärker als das grundgesetzliche Rege-

---

206 Siehe dazu supra Kapitel 5 § 1 B. III. 2.
207 Eine selbständige Modifikation der regionalen Regierungsorganisation bleibt – abgesehen von ausdrücklich benannten, vergleichsweise marginalen Ausnahmen – den britischen Devolutionsregionen verwehrt; siehe para. 4 Schedule 4 zum Scotland Act 1998, para. 22 Schedule 2 zum Northern Ireland Act 1998; vgl. *Hadfield, Brigid,* Seeing it Through? The Multifaceted Implementation of the Belfast Agreement, in: Wilford, Rick (Hrsg.), Aspects of the Belfast Agreement, Oxford 2001, S. 84, 91.

lungsgefüge – eine bewußt offene und lückenhafte Rahmenordnung, zu deren Ausformung den verschiedenen staatlichen Akteuren teilweise sehr erhebliche Gestaltungsspielräume ausdrücklich eingeräumt oder stillschweigend belassen werden. So wurde etwa beinahe die gesamte Kompetenzausstattung der walisischen Regionalorgane vor allem späterer zentralstaatlicher Sekundärgesetzgebung in der Form von Transfer of Functions Orders überlassen;[208] zentralisierende Rückübertragungen bleiben jedoch unter anderem an die Einwilligung des National Assembly for Wales geknüpft. Auch bleiben die Grenzen zwischen übertragenen und ‚reserved' Sachmaterien sowohl im Scotland Act 1998 als auch im Northern Ireland Act 1998 dem gestalterischen Zugriff der britischen Regierung anheimgegeben, welche diese bedeutsame Regelungsbefugnis jedoch nur mit Zustimmung der jeweiligen regionalen Volksvertretung in Holyrood oder Stormont und des Parlaments in Westminster wahrnehmen kann.[209] Unter den gleichen Voraussetzungen ermöglicht der Scotland Act 1998 auch die Erweiterung des Kompetenzbestands der schottischen Exekutive auf den Vollzug bestimmter zentralstaatlicher Gesetzgebungsakte.[210] Durch die regionalen Zustimmungserfordernisse erfahren diese zentralstaatlichen ministeriellen Gestaltungsbefugnisse insgesamt eine wirksame verfahrensmäßige Begrenzung. In den Bereichen der auswärtigen Gewalt, der regionalisierten Finanzordnung sowie praktischen der gesamten intergouvernementalen Kooperationsbeziehungen enthalten die Devolutionsgesetze nur wenige bis gar keine normative Vorgaben. Auf den beiden ersten Feldern ordnen sie die wesentlichen Zuständigkeiten dem britischen Zentralstaat zu; die Verfahren der vertikalen und horizontalen kooperativen Abstimmung zwischen den verschiedenen Regierungsstrukturen des Vereinigten Königreichs bleiben – abgesehen von den durch das Belfast Agreement und den Northern Ireland Act 1998 geschaffenen Koordinationsgremien – dagegen weitestgehend ungeregelt. Letzterer Umstand erweist sich insbesondere hinsichtlich des walisischen Einflusses auf zentralstaatliche Primärgesetzgebung als problematisches Regelungsdefizit. Der informellen, rechtlich unverbindlichen und primär exekutiven Kooperation, insbesondere durch den Abschluß bi- und multilateraler Konkordate, wird durch diese bewußten Aussparungen ein breites Aktionsfeld überlassen. Gerade die weitgehend ungeregelten, jedoch überaus bedeutsamen Bereiche der vertikalen Finanzbeziehungen und der Beteiligungsverfahren in Angelegenheiten der Europäischen Union belegen eindrucksvoll die Weite der durch die Devolutionsgesetze offengelassenen staatsorganisatorischen Gestaltungsspielräume der politischen Akteure auf zentralstaatlicher und regionaler Ebene.

Trotz der zum Teil erheblichen Unvollkommenheit und Flexibilität entwerfen die organisatorischen, kompetenz- und verfahrensrechtlichen Vorschriften der drei Devolutionsgesetze – soweit ihr konkreter Regelungsgehalt

---

208  Siehe sec. 21 und 22 Government of Wales Act 1998.
209  Siehe sec. 30(2) i.V.m. paras. 1 und 2 Schedule 7 Scotland Act 1998; sec. 4(2), (3) und (4) Northern Ireland Act 1998.
210  Sec. 63 Scotland Act 1998.

reicht – nicht nur für die zentralstaatliche britische Regierung, sondern vor allem auch für die regionalen Volksvertretungen und Exekutiven eine vollwertige, rechtsverbindliche konstitutionelle Ordnung regionaler Dezentralisierung. Die nach orthodoxer Verfassungssicht ohnehin unausweichliche und in sec. 28(7) Scotland Act 1998, sec. 5(6) Northern Ireland Act 1998 und der Grundkonzeption exekutiver Devolution im Government of Wales Act 1998 bekräftige verfassungsrechtliche Autorität des britischen Parlaments, die eingerichteten Devolutionsstrukturen unilateral durch einfache Gesetzgebung aufzulösen, zu modifizieren oder legislativ zu übergehen, bedeutet eben umgekehrt auch, daß eben nur dieser gesamtbritische Gesetzgeber zu solchen Maßnahmen berechtigt ist. Nach streng verfassungsrechtlicher und -orthodoxer Betrachtung erfolgt die konstitutionelle Absicherung der britischen Devolution somit entsprechend dem britischen Grundvertrauen in die Macht des Wahlvolkes und der öffentlichen Meinung vor allem durch das ordentliche repräsentativ-demokratische Verfahren. Aus Sicht der Devolutionsregionen bilden der Scotland Act 1998, der Northern Ireland Act 1998 und der Government of Wales Act 1998 aber sogar Normengefüge, die Verfassungen im formellen Sinne unmittelbar vergleichbar sind: Sie konstituieren die regionale Staatsgewalt, regeln die Kompetenzen der regionalen Regierungsstrukturen und sind gegenüber allen regionalen Rechtsakten normativ vorrangig; überdies entfalten sie für die regionalen Legislativorgane eine weitestgehend absolute Bestandskraft.[211] Dieses Verständnis der Devolutionsgesetze als formelle Verfassungsurkunden der regionalen Regierungsstrukturen besitzt vor allem für die Frage des regionalen Grundrechtsschutzes einen gesteigerten Erklärungswert: Die hoheitlichen Kompetenzen der schottischen, nordirischen und walisischen Legislativen und Exekutiven werden in den Devolutionsgesetzen einheitlich[212] durch die Grundfreiheiten der Europäischen Menschenrechtskonvention begrenzt,[213] so daß – anders als die lediglich durch den Human Rights Act 1998[214] gebundene britische Gesetzgebung – die regionale Legislativgewalt in Schottland, Nordirland und Wales einem vollverbindlichen Grundrechtskatalog unterliegt.

---

211 Vgl. *Page, Alan*, Constitutionalism, Judicial Review and „the Evident Utility of the Subjects Within Scotland", in: Farmer, Lindsay/Veitch, Scott (Hrsg.), The State of Scots Law: Law and Government after the Devolution Settlement, Edinburgh/London 2001, S. 11, 11; *Laffin/Thomas*, The United Kingdom, S. 96; *Lord Bingham* in *Robinson v. Secretary of State for Northern Ireland* [2002] UKHL 32, para. 11: „The [Northern Ireland Act 1998] does not set out all the constitutional provisions applicable to Northern Ireland, but it is in effect a constitution ..."; *Lord Hoffmann* in *Robinson v. Secretary of State for Northern Ireland* [2002] UKHL 32, para. 25: „The [Northern Ireland Act 1998] is a constitution for Northern Ireland ...".
212 Gemäß sec. 6(2)(e) und 24(1)(c), (d) Northern Ireland Act 1998 unterliegen die nordirische Versammlung und Exekutive zusätzlich besonderen Diskriminierungsverboten hinsichtlich der Religion oder politischen Gesinnung.
213 Siehe sec. 29(2)(d), 57(2) Scotland Act 1998; sec. 6(2)(c) und 24(1)(a) Northern Ireland Act 1998; sec. 107 Government of Wales Act 1998.
214 Zur Regelungswirkung des Human Rights Act 1998 siehe supra Kapitel 2 § 2 B. II. 2. (b) (iv) und Kapitel 2 § 2 C. II.

Aufgrund ihres Sondercharakters als staatsorganisatorischem Wandel zur Förderung eines spannungsreichen Friedensprozeß weist die nordirische Devolution im Hinblick auf ihre normative konstitutionelle Absicherung im Vergleich zu ihren schottischen und walisischen Pendants zwei wichtige Besonderheiten auf. Zum einen enthält der Northern Ireland Act 1998 in sec. 1 die Erklärung, daß Nordirland in seiner Gesamtheit Teil des Vereinigten Königreichs bleibt und dieser Status nicht enden soll, ohne daß sich eine Mehrheit der nordirischen Bevölkerung in einem Referendum dafür ausgesprochen hat; im Falle einer Abstimmungsmehrheit für eine derartige Ausgliederung aus dem Vereinigten Königreich soll der zuständige Secretary of State dem britischen Parlament einen zwischen der britischen und der irischen Regierung abgestimmten Vorschlag zur Verwirklichung dieses Mehrheitswunsches vorlegen.[215] Mit dieser Regelung wird gesetzlich die Maßgeblichkeit der regionalen Volkssouveränität für den langfristigen Status Nordirlands anerkannt. Auch wenn unter Zugrundelegung des ‚new view' der Parlamentssuprematie und einer leicht über den strengen Wortlaut dieser Klausel hinausgehenden Auslegung darin eine erfolgreiche Selbstbindung der Crown in Parliament an das Ergebnis eines regionalen Referendums über den zukünftigen Status Nordirlands erblickt werden könnte,[216] entnimmt die herrschende Meinung in der britischen Politik und Wissenschaft dem Northern Ireland Act 1998 nur eine rechtlich unverbindliche, politische Absichtserklärung Westminsters, den Mehrheitswillen der nordirischen Bevölkerung zu respektieren und umzusetzen.[217] Neben dem vorsichtigen Gesetzeswortlaut und der nach orthodoxer Verfassungssicht ohnehin unveräußerlichen legislativen Freiheit des britischen Parlaments läßt sich für diese Deutung vor allem auch die vergangene Verfassungspraxis hinsichtlich regionaler und gesamtstaatlicher Volksabstimmungen anführen: Im Einklang mit der traditionellen, streng verfassungsrechtlichen Ausklammerung der Volkssouveränität aus dem Prinzip der Parlamentssuprematie[218] wurde den in der Vergangenheit abgehaltenen Referenda stets lediglich ein konsultativer, niemals aber ein verpflichtender Charakter zuerkannt; eine inhaltliche, rechtswirksame Bindung der nachfolgenden Parlamentsentscheidung an einen unmittelbar-demokratisch geäußerten Volkswillen widerspräche nicht nur dem Dogma der Parlamentssuprematie, sondern auch der

---

215 Siehe auch Schedule 1 zum Northern Ireland Act 1998 und vgl. eingehend dazu *Hadfield*, The Belfast Agreement, S. 610 ff.
216 In diesem Sinne wohl *Campbell, Colm/Ní Aoláin, Fionnuala/Harvey, Colin*, The Frontiers of Legal Analysis: Reframing the Transition in Northern Ireland, MLR 66 (2003), S. 317, 320. So zur Vorgängervorschrift sec. 1(2) Ireland Act 1949 auch *Mitchell, J. D. B.*, Constitutional Law, 2. Auflage, Edinburgh 1968, S. 80. Eine entsprechende abstrakte Argumentation findet sich bei *Marshall, Geoffrey*, The Referendum: What? When? How?, ParlAff 50 (1997), S. 307, 311 f. Vgl. *Bradley, Anthony W./Ewing, Keith D.*, Constitutional and Administrative Law, 13. Auflage, Harlow 2002, S. 67 f.
217 *Barnett, Hilaire*, Britain Unwrapped – Government and Constitution Explained, London 2002, S. 27; *Hadfield*, The Belfast Agreement, S. 616; *Brazier*, The Constitution of the UK, S. 111 f., der die Verpflichtung zur Befolgung der nordirischen Mehrheitsentscheidung jedoch als Verfassungskonventionalregel deutet.
218 Siehe dazu supra Kapitel 2 § 2 A. II.

repräsentativ-demokratischen Grundstruktur der britischen Staatsordnung.[219] Sec. 1 Northern Ireland Act 1998 bildet somit nach vorherrschender Auffassung keinen Sonderfall der Selbstbindung des britischen Parlaments in der Frage des zukünftigen Status Nordirlands und damit auch der Zukunft der nordirischen Devolution.

Eine zweite Besonderheit der nordirischen Devolution stellen die im Wege der Verordnungsgebung wahrzunehmenden Befugnisse des Secretary of State for Northern Ireland dar, gemäß sec. 4 i.V.m. sec. 1 Northern Ireland Act 2000 die nordirische Devolution zu suspendieren – und damit die ‚direct rule' Londons herzustellen – und gemäß sec. 2 i.V.m. sec. 3 Northern Ireland Act 2000 die nordirische Teilautonomie zu restaurieren.[220] Diese Möglichkeit der Aus- und Wiedereinsetzung der nordirischen Regionalisierung durch die britische Regierung war im Northern Ireland Act 1998 selbst nicht vorgesehenen und wurde erst in Anbetracht eines drohenden Scheiterns des Friedensprozesses vom britischen Parlament verabschiedet. Damit hat sich das Vereinigte Königreich sogar möglicherweise in Widerspruch zur völkerrechtlich verbindlichen Devolutionsordnung des Belfast Agreement gesetzt.[221] Unzweifelhaft enthält die nordirische Regionalisierung aufgrund der ministeriellen Suspensionsbefugnisse nach dem Northern Ireland Act 2000 im Vergleich zur schottischen und zur walisischen Devolution eine beträchtliche Flexibilität; die einfachgesetzliche konstitutionelle Absicherung des Northern Ireland Act 1998 wird zur zentralstaatlichen exekutiven Disposition gestellt. Allerdings unterliegen die ministeriellen Suspensions- und Restaurationsrechte aus dem Northern Ireland Act 2000 gerichtlich überprüfbaren Verfahrensvoraussetzungen[222] sowie gemäß sec. 7(4) Northern Ireland Act 2000 zumindest grundsätzlich[223] dem Erfordernis der Zustimmung des Unter- und des Oberhauses. Auch in bezug auf die konstitutionelle Stabilität der regionalen Dezentralisierung erweist sich somit die nordirische Devolution gegenüber der schottischen und der walisischen Regionalisierung als komplexer Sonder-

---

219 Vgl. *Turpin, Colin*, British Government and the Constitution – Text, Cases and Materials, 5. Auflage, London/Edinburgh 2002, S. 548 ff.; *Barnett, Hilaire*, Constitutional & Administrative Law, 4. Auflage, London/Sydney 2002, S. 222; *Bogdanor, Vernon*, Power and the People – A Guide to Constitutional Reform, London 1997, S. 120 ff., 134 ff.; *ders.*, Politics and the Constitution – Essays on British Government, Aldershot (u. a.) 1996, S. 223; *Munro, Colin R.*, Power to the People, PL 1997, S. 579, 580; *King, Anthony*, Does the United Kingdom Still Have a Constitution? (The Hamlyn Lectures), London 2001, S. 55 ff.; *Bradley/Ewing*, Constitutional and Administrative Law, S. 75 f.
220 Vgl. dazu *Hadfield, Brigid*, The Suspension of Devolution in Northern Ireland: New Story or Old Story?, EPL 9 (2003), S. 49, 53 ff.
221 Vgl. *O'Leary, Brendan*, The Character of the 1998 Agreement: Results and Prospects, in: Wilford, Rick (Hrsg.), Aspects of the Belfast Agreement, Oxford 2001, S. 49, 65 f.
222 Eine diesbezügliche judikative Kontrolle führte zur Entscheidung des House of Lords im Fall *Robinson v. Secretary of State for Northern Ireland* [2002] UKHL 32.
223 Eine nicht unproblematische Ausnahme zu diesem Zustimmungserfordernis enthält sec. 7(5) Northern Ireland Act 2000 für Fälle, in denen „the order declares that the Secretary of State considers it expedient fort he order to be made without that approval".

fall, bei dessen Durchführung den spezifischen Schwierigkeiten des nordirischen Friedensprozesses in unterschiedlichsten Hinsichten Rechnung getragen werden muß.[224]

## II. Prozessuale, gerichtliche Absicherung der Devolution

Dem einfachgesetzlich normierten Bau- und Funktionsplan der britischen Regionalisierung werden in den drei Devolutionsgesetzen weitgehend übereinstimmende und zugleich hochkomplexe Regelungen über die judikative Absicherung der Devolutionsstrukturen zur Seite gestellt. Obgleich auch die Regionalisierung des britischen Staatswesens nicht die Einrichtung einer Verfassungsgerichtsbarkeit in einem formellen Sinne mit der Befugnis zur Nichtigkeitserklärung hinsichtlich britischer Primärgesetzgebung mit sich gebracht hat, wird die allgemeine Stärkung der judikativen Gewalt im konstitutionellen Gefüge des Vereinigten Königreichs – auf der Grundlage einer fortschreitenden Verrechtlichung und „Justitiabilisierung' der traditionell informellen, außer-rechtlichen britischen Verfassung – mitunter sogar als eines der wichtigsten Merkmale der jüngsten Verfassungsreformen herausgestellt; erhebliche Machtzuwächse für die britischen Gerichte ergeben sich dabei aus den Devolutionsreformen, durch welche ihnen zentrale Fragen der Abgrenzung und Kontrolle regionaler und zentralstaatlicher Zuständigkeiten zur Entscheidung überantwortet werden.[225] Da auch unter der Geltung der Devolutionsgesetze die gerichtliche Kontrolle zentralstaatlicher Primärgesetzgebung weiterhin durch das Verfassungsdogma der Parlamentssupremität ausgeschlossen wird und die Judikative daher auch hinsichtlich der Devolutionsordnung nur mit der Rechtmäßigkeitsprüfung regionaler Gesetzgebung und sowohl zentralstaatlichen als auch regionalen Exekutivhandelns betraut ist, fühlen sich die ordentlichen Gerichte durch ihre Tätigkeit im Rahmen der Judicial Review gut auf diese konstitutionelle Rolle vorbereitet.[226]

---

224 Seit Oktober 2002 bleibt die nordirische Regionalisierung trotz wiederholter Reanimierungsversuche – zuletzt vor allem im Oktober 2003 – auf der gesetzlichen Grundlage des Northern Ireland Act 2000 suspendiert.
225 *Rawlings, Richard*, The Shock of the New: Devolution in the United Kingdom – Country Report United Kingdom, in: Riedel, Eibe (Hrsg.), Aufgabenverteilung und Finanzregimes im Verhältnis zwischen Zentralstaat und seinen Untereinheiten, Baden-Baden 2001, S. 65, 81; *Tierney, Stephen*, Constitutionalising the Role of the Judge: Scotland and the New Order, in: Boyle, Alan/Himsworth, Chris/Loux, Andrea/MacQueen, Hector (Hrsg.), Human Rights and Scots Law, Oxford/Portland (OR) 2002, S. 57, 60 ff.; *Steyn, Lord of Swafield*, The Constitutionalisation of Public Law, London 1999, insbesondere S. 11 f.
226 Vgl. *Falconer, Lord of Thoroton*, The Role of the Courts in the Devolution and Human Rights Arrangements, LivLRev 21 (1999), S. 1, 14; *O'Connor, Sandra D.*, Altered States: Federalism and Devolution at the „Real" Turn of the Millennium, CLJ 60 (2001), S. 493, 498.

Die Devolutionsgesetze entwerfen ein komplexes System eigenständiger Verfahrensarten und prozeßabhängiger Revisions- und Vorlagemöglichkeiten zur judikativen Klärung von ‚devolution issues', welches Aspekte der präventiven und der repressiven, der abstrakten und der konkreten Kompetenzkontrolle zu einem möglichst umfassenden Rechtsschutzgefüge verbindet. An der Spitze dieses Sonderregimes für ‚devolution issues' steht das Judicial Committee of the Privy Council, das zwar kein Gericht im formellen Sinne darstellt, jedoch traditionellerweise judikative Funktionen, insbesondere als oberste Instanz einiger Commonwealth-Jurisdiktionen, wahrnimmt.[227] Die Möglichkeit, daß in regulären Prozessen vor den Gerichten aller drei Rechtsordnungen des Vereinigten Königreichs Rechtsfragen über den regionalen und zentralstaatlichen legislativen und exekutiven Vollzug der Devolutionsgesetze zutage treten können, wird in diesen unmittelbar anerkannt und als prozessuale Grundlage der repressiven Kompetenzkontrolle fruchtbar gemacht. Da das judikative Sonderregime für ‚devolution issues' keinen Ausschließlichkeitsanspruch erheben soll, fungiert insbesondere das ordentliche Verfahren der Judicial Review bei der repressiven Klärung von Rechtsproblemen der britischen Devolution sowohl als Ausgangspunkt für devolutionsspezifische Revisions- und Vorlagemöglichkeiten als auch als selbständige Verfahrensvariante.[228]

Den allgemeinen Anwendungsbereich des judikativen Sonderregimes der drei Devolutionsgesetze markiert vor allem der Begriff der ‚devolution issues', welcher im Scotland Act 1998, im Northern Ireland Act 1998 und im Government of Wales Act 1998 jeweils leicht voneinander abweichend definiert wird.[229] Schottische ‚devolution issues' umfassen demnach neben der Kompetenzgerechtigkeit regionaler Gesetzgebung, bereits vollzogener und lediglich geplanter Akte der schottischen Exekutive sowie der Vereinbarkeit von – auch nur geplantem – regionalem Exekutivhandeln oder von dessen Nichtvornahme mit der Europäischen Menschenrechtskonvention und dem Gemeinschaftsrecht auch jede andere Frage darüber, ob eine hoheitliche Funktion in den übertragenen Wirkungskreis fällt, sowie jede Frage, die aufgrund des Scotland Act 1998 hinsichtlich vorbehaltener Zuständigkeiten entsteht.[230] Im Northern Ireland Act 1998 erfassen ‚devolution issues' dagegen die

---

227 Vgl. *Zweigert, Konrad/Kötz, Hein*, Einführung in die Rechtsvergleichung auf dem Gebiete des Privatrechts, 3. Auflage, Tübingen 1996, S. 206; *Hopkins, John*, Devolution in Context: Regional, Federal and Devolved Government in the European Union, London 2001, S. 296 f.; *Grote, Rainer*, Regionalautonomie für Schottland und Wales – das Vereinigte Königreich auf dem Weg zu einem föderalen Staat, ZaöRV 58 (1998), S. 109, 136 f.
228 *Rawlings, Richard*, Delineating Wales – Constitutional, Legal and Administrative Aspects of National Devolution, Cardiff 2003, S. 472; *ders.*, The New Model Wales, JLS 25/4 (1998), S. 461, 495.
229 Siehe para. 1 Schedule 6 zum Scotland Act 1998; para. 1 Schedule 10 zum Northern Ireland Act 1998; para. 1(1) Schedule 8 zum Government of Wales Act 1998.
230 Para. 1 Schedule 6 zum Scotland Act 1998; vgl. dazu *Himsworth, Chris M. G./Munro, Colin R.*, The Scotland Act 1998 – Greens Annotated Acts, 2. Auflage, Edinburgh 2000, S. 216 ff.; *Page, Alan/Reid, Colin/Ross, Andrea*, A Guide to the Scotland Act 1998, Edin-

Fragen zur Kompetenzgerechtigkeit nordirischer Gesetzgebung sowie zur Vereinbarkeit vollzogener und geplanter regionaler Exekutivakte mit sec. 24 Northern Ireland Act 1998[231], der Europäischen Menschenrechtskonvention, dem Gemeinschaftsrecht oder einer auf der Basis der sec. 27 Northern Ireland Act 1998 ergangenen Regelung[232] und jede Frage, die unter dem Nordirlandgesetz hinsichtlich ‚excepted or reserved matters' entsteht.[233] Der Government of Wales Act 1998 definiert schließlich ‚devolution issues' als Fragen über die Kompetenzgerechtigkeit bereits ergangener oder nur geplanter Rechtsakte des National Assembly for Wales, dem allerdings auch alle hoheitlichen Handlungen der walisischen Exekutive juristisch zugerechnet werden,[234] und Fragen über die Vereinbarkeit von Unterlassungen der Nationalversammlung mit dem Gemeinschaftsrecht und der Europäischen Menschenrechtskonvention.[235] Damit erfaßt der Begriff der ‚devolution issues' in allen drei Devolutionsgesetzen vor allem die Fragen der Kompetenzgerechtigkeit regionalen Legislativ- und Exekutivhandelns.[236] Da auch die materielle Bindung der schottischen, nordirischen und walisischen Regionalorgane an die Europäische Menschenrechtskonvention und das europäische Gemeinschaftsrecht in den Devolutionsgesetzen einheitlich als Kompetenzschranke ausgestaltet wurde,[237] unterfallen auch die in der gerichtlichen Praxis überaus bedeutsamen Rechtsfragen der Konventions- und Europarechtskonformität regionalen Staatshandelns dem judikativen Sonderregime für ‚devolution issues'. Zudem erstreckt sich dieses im Scotland Act 1998 und im Northern Ireland Act 1998 insbesondere auch auf Fragen der Vereinbarkeit zentralstaatlichen Regierungshandelns mit den Devolutionsgesetzen.[238]

---

burgh 1999, S. 154 f.; *Schwab, Andreas*, Devolution – Die asymmetrische Staatsordnung des Vereinigten Königreichs, Baden-Baden 2002, S. 270; *Gamper, Anna*, Schottland – Präzedenzfall eines neuen „Quasiföderalismus" in Europa?, ZÖR 56 (2001), S. 405, 419 f.

231 Sec. 24 Northern Ireland Act 1998 erklärt die Europäische Menschenrechtskonvention, das Gemeinschaftsrecht und das Verbot der Diskriminierung aufgrund von Religion oder politischer Anschauung zu Kompetenzschranken der nordirischen Exekutive.

232 Sec. 27 Northern Ireland Act 1998 ermächtigt die britische Regierung, verschiedene Quotenregelungen zur Einhaltung europäischer und internationaler Verpflichtungen zu treffen.

233 Para. 1 Schedule 10 zum Northern Ireland Act 1998; vgl. dazu *Schwab*, Devolution, S. 270 f.

234 *Rawlings*, Delineating Wales, S. 470.

235 Para. 1(1) Schedule 8 zum Government of Wales Act 1998; vgl. dazu *Rawlings*, Delineating Wales, S. 469 f.; *Schwab*, Devolution, S. 269 f.

236 Vgl. *Burrows, Noreen*, Devolution, London 2000, S. 144; *Hadfield, Brigid*, The Foundations of Review, Devolved Power and Delegated Power, in: Forsyth, Christopher (Hrsg.), Judicial Review and the Constitution, Oxford/Portland (OR) 2000, S. 193, 205.

237 Siehe sec. 29(2)(d) und 57(2) Scotland Act 1998; sec. 6(2)(c), (d) und 24(1)(a), (b) Northern Ireland Act 1998; sec. 106(7) und 107(1) Government of Wales Act 1998; vgl. *Burrows*, Devolution, S. 147.

238 Vgl. *Himsworth/Munro*, The Scotland Act 1998, S. 216 ff.; *McFadden, Jean*, The Scottish Parliament: Provisions for Dispute Resolution, JurRev 1999, S. 221, 232.

An der Spitze des judikativen Sonderregimes zur Entscheidung von ‚devolution issues' steht nach allen drei Devolutionsgesetzen das Judicial Committee of the Privy Council, dessen diesbezügliche Urteile für alle anderen Gerichte des Vereinigten Königreichs einschließlich der Rechtsausschüsse des House of Lords Verbindlichkeit beanspruchen.[239] Mit einem pragmatischen Hinweis auf seine Erfahrungen mit der konstitutionellen Rechtsprechung für einige Commonwealth-Staaten[240] und seiner – allerdings nur in einem einzigen Verfahren tatsächlich ausgeübten – Jurisdiktion für Devolutionsfragen unter dem Government of Ireland Act 1920 wurde der Rechtsausschuß des Geheimen Hofrats dem House of Lords als oberste Gerichtsinstanz für ‚devolution issues' vorgezogen;[241] gegen den Rechtsausschuß des Oberhauses sprach dabei neben seiner institutionellen Verankerung in der zentralstaatlichen Legislative insbesondere der traditionelle Ausschluß dieses Gerichts vom Instanzenzug der schottischen Strafgerichtsbarkeit, welcher durch seine Wahl als letzte Instanz für Devolutionsfragen überwunden worden wäre.[242] Hinsichtlich der personellen Zusammensetzung des Judicial Committee of the Privy Council bei der Entscheidung von ‚devolution issues' bestimmen die Devolutionsgesetze lediglich, daß für diese Verfahren nur gegenwärtige und pensionierte ‚Law Lords' und Inhaber anderer hoher britischer Richterämter – einschließlich des amtierenden Lord Chancellors und seiner noch

---

239 Sec. 103(1) Scotland Act 1998; sec. 82(1) Northern Ireland Act 1998; para. 32 Schedule 8 zum Government of Wales Act 1998.
240 Gelegentlich wird dem Judicial Committee of the Privy Council aufgrund dieser traditionellen Zuständigkeiten sogar ein für die Devolutionsordnung ungeeignetes „colonial flair" nachgesagt; so etwa *Jones, Timothy H.*, Scottish Devolution and Demarcation Disputes, PL 1997, S. 283, 294.
241 Mitunter wurde auch für die Einrichtung eines neuen (Verfassungs-)Gerichts für Devolutionsfragen plädiert; vgl. die Parlamentsdebatte zum Scotland Act 1998 in Hansard, House of Lords Debates, Band 593, Sp. 1963 ff., 28. Oktober 1998; *Jackson, Gordon*, Devolution and the Scottish Legal Institutions, in: Bates, T. St John N. (Hrsg.), Devolution to Scotland: The Legal Aspects, Edinburgh 1997, S. 51, 60; *Jones*, Scottish Devolution, S. 294 f. Siehe auch die Äußerung von *Lord Wilberforce* in Hansard, House of Lords Debates, Band 390, Sp. 1087 ff., 18. April 1978, bei den parlamentarischen Beratungen zum Scotland Act 1978.
242 Vgl. *Woodhouse, Diana*, The Judicial Committee of the Privy Council – ist new constitutional role, in: Sutherland, Keith (Hrsg.), The Rape of the Constitution?, Thorverton 2000, S. 263, 263 f.; *Burrows*, Devolution, S. 178 f.; *Jones*, Scottish Devolution, S. 293 f.; *Bogdanor, Vernon*, Devolution in the United Kingdom, Oxford 1999 (updated and reissued 2001), S. 207; *Boyd, Colin*, Parliaments and Courts: Powers and Dispute Resolution, in: Bates, T. St John N. (Hrsg.), Devolution to Scotland: The Legal Aspects, Edinburgh 1997, S. 21, 31 f.; *Reed, Robert*, Devolution and the Judiciary, in: Beatson, Jack/Forsyth, Christopher/Hare, Ivan/The University of Cambridge Centre for Public Law (Hrsg.), Constitutional Reform in the United Kingdom: Practice and Principles, Oxford 1998, S. 21, 25; *Oliver, Dawn*, The Lord Chancellor, the Judicial Committee of the Privy Council and devolution, PL 1999, S. 1, 1; *Page*, Constitutionalism, S. 18; *Grote*, Regionalautonomie für Schottland und Wales, S. 137; *Schwab*, Devolution, S. 282 f.

lebenden Amtsvorgänger – zur Verfügung stehen.²⁴³ Die intransparente Informalität der Verfahren vor dem Judicial Committee und insbesondere seiner konkreten Besetzung für einzelne Urteile – welche formal dem Lord Chancellor selbst, tatsächlich jedoch dem ‚senior Law Lord' obliegt – bleibt durch die gesetzliche Regelung im wesentlichen unberührt.²⁴⁴ In der Praxis wird das Judicial Committee mit den gleichen Richtern wie das Appellate Committee des House of Lords besetzt.²⁴⁵ Schließlich besteht keine rechtliche Gewähr für eine ausgewogene territoriale Repräsentation im Judicial Committee, welche jedoch seiner materiellen Legitimation als oberste Gerichtsinstanz in Devolutionsfragen zuträglich wäre.²⁴⁶

Die Devolutionsgesetze enthalten judikative Verfahrensregelungen sowohl zur präventiven Kompetenzprüfung regionaler Rechtsetzung als auch zur repressiven Kontrolle regionaler Gesetzgebung sowie zentralstaatlichen und regionalen Exekutivhandelns. Die gerichtliche Präventivkontrolle soll dabei durch verschiedene interne, politisch-administrative Verfahrensvorkehrungen entlastet werden: So sind die regionalen Minister in Schottland und Nordirland verpflichtet, bei Einbringung einer Gesetzesvorlage in die regionalen Legislativorgane eine Erklärung darüber abzugeben, daß ihrer Auffassung nach das betreffende Gesetz im Rahmen regionaler Zuständigkeiten bleibt; zudem obliegen auch den schottischen und nordirischen Parlamentspräsidenten – im einzelnen unterschiedlich weitgehende – Prüfungspflichten hinsichtlich der Kompetenzkonformität regionaler Gesetzgebung.²⁴⁷ Externe judikative Präventivkontrolle regionaler Gesetzgebung erfolgt durch das Judicial Committee of the Privy Council, welchem bereits vor dem Royal Assent zu schottischer oder nordirischer Primärgesetzgebung beziehungsweise vor der Verabschiedung walisischer Sekundärgesetzgebung die Frage ihrer Kompetenzgerechtigkeit vorgelegt werden kann.²⁴⁸ Antragsberechtigt sind im Falle Schottlands die ‚Law Officers' der Zentralregierung, der Attorney General for England and Wales und der Advocate General for Scotland, sowie als regionaler ‚Law Officer' der Lord Advocate, hinsichtlich Nordirlands der Attorney General for Northern Ireland, dessen Funktionen jedoch derzeit in den Hän-

---

243 Sec. 103(2) Scotland Act 1998; sec. 82(2) Northern Ireland Act 1998; para. 33 Schedule 8 zum Government of Wales Act 1998; vgl. *Himsworth/Munro*, The Scotland Act 1998, S. 128 f.
244 Vgl. *Oliver*, The Lord Chancellor, S. 1 f.; *Woodhouse*, The Judicial Committee of the Privy Council, S. 265 ff.; *Bogdanor*, Devolution in the UK, S. 207 f.
245 *Woodhouse*, The Judicial Committee of the Privy Council, S. 264, 266; *Jones*, Scottish Devolution, S. 294; *Hopkins*, Devolution in Context, S. 297.
246 Vgl. *Burrows, Noreen*, Unfinished Business: The Scotland Act 1998, MLR 62 (1999), S. 241, 259; *Woodhouse*, The Judicial Committee of the Privy Council, S. 265 f.; *Bogdanor*, Devolution in the UK, S. 207; *Rawlings*, The Shock of the New, S. 90.
247 Siehe sec. 31 Scotland Act 1998; sec. 9 und 10 Northern Ireland Act 1998; vgl. dazu *Hadfield, Brigid*, The Foundations of Review, Devolved Power and Delegated Power, in: Forsyth, Christopher (Hrsg.), Judicial Review and the Constitution, Oxford/Portland (OR) 2000, S. 193, 204 f.; *Grote*, Regionalautonomie für Schottland und Wales, S. 126.
248 Sec. 33 und 34 Scotland Act 1998; sec. 11 und 12 Northern Ireland Act 1998; para. 31 Schedule 8 zum Government of Wales Act 1998.

den des anglo-walisischen Attorney General liegen, und schließlich für Wales der Attorney General for England and Wales sowie die Nationalversammlung selbst, die indessen das gesetzlich nicht vorgesehene Amt eines walisischen ‚Law Officers', des Counsel General to the National Assembly for Wales,[249] geschaffen hat.[250] Die externe Präventivkontrolle regionaler Gesetzgebung durch das Judicial Committee wurde im Scotland Act 1998 und im Northern Ireland Act 1998 als eigenständige Verfahrensart konzipiert, die innerhalb einer vierwöchigen Frist zwischen der Verabschiedung eines Gesetzesentwurfs und seiner Vorlage an die Monarchin zur Erteilung des Royal Assent angestrengt werden kann; hinsichtlich walisischer Sekundärgesetzgebung bildet diese Vorabkontrolle lediglich eine mögliche Erscheinungsform des allgemeinen Verfahrens der Direktvorlage von ‚devolution issues' an das Judicial Committee, welches nach der Definition in para. 1(1) Schedule 8 zum Government of Wales Act 1998 eben auch für nur geplante Rechtsakte der Nationalversammlung anwendbar ist.[251]

Des weiteren konzipieren die Devolutionsgesetze ein komplexes Netz judikativer Verfahrensarten zur repressiven abstrakten und konkreten Kontrolle des regionalen Legislativ- und Exekutivhandelns sowie – hinsichtlich Schottlands und Nordirlands – zentralstaatlicher Exekutivakte mit Devolutionsbezug. So steht zunächst den regionalen und zentralstaatlichen ‚Law Officers', der Nationalversammlung für Wales sowie dem First Minister der nordirischen Exekutive zusammen mit seinem Vertreter die Befugnis zu, von den Devolutionsgesetzen jeweils als ‚devolution issue' erfaßte Rechtsfragen, die nicht den Gegenstand laufender Gerichtsverfahren bilden, direkt dem Judicial Committee of the Privy Council zur Entscheidung vorzulegen.[252] Die in diesem Verfahren der abstrakten repressiven Kompetenzkontrolle Antragsberechtigten können auch eine konkrete Zuständigkeitsprüfung durch das Judicial Committee im Wege eines prozeßabhängigen Vorabentscheidungsverfahrens veranlassen: Sie sind berechtigt, die direkte gerichtliche Vorlage eines ‚devolution issue', das in einem laufenden Gerichtsverfahren zwischen Privatpersonen oder zwischen Bürgern und dem Staat aufgetreten ist, an das Judicial Committee zu verlangen.[253] Des weiteren sind der schottische Lord

---

249 Vgl. zu diesem Amt *Rawlings*, Delineating Wales, S. 463 ff.; *Burrows*, Devolution, S. 162 f.
250 Zum Verfahren der judikativen Präventivkontrolle vgl. *Craig, Paul P./Walters, Mark*, The Courts, Devolution and Judicial Review, PL 1999, S. 274, 278, 285 f.; *Hadfield*, Foundations of Review, S. 205; *Reed*, Devolution and the Judiciary, S. 24 f.; *Grote*, Regionalautonomie für Schottland und Wales, S. 126 f., 133 f.
251 Vgl. *Craig/Walters*, The Courts, Devolution and Judicial Review, S. 278; *Craig, Paul P.*, Administrative Law, 5. Auflage, London 2003, S. 196.
252 Paras. 34 und 35 Schedule 6 zum Scotland Act 1998; paras. 34 und 35 Schedule 10 zum Northern Ireland Act 1998; para. 31 Schedule 8 zum Government of Wales Act 1998; vgl. dazu *Craig/Walters*, The Courts, Devolution and Judicial Review, S. 278, 286; *Hadfield*, Foundations of Review, S. 206.
253 Paras. 33 Schedule 6 zum Scotland Act 1998; paras. 33 Schedule 10 zum Northern Ireland Act 1998; para. 30 Schedule 8 zum Government of Wales Act 1998. Dasselbe gilt für Verfahren vor ‚Tribunals'. Die zuständigen ‚Law Officers' und die anderen Antrags-

Advocate und die zentralstaatlichen ‚Law Officers' befugt, Verfahren zur Entscheidung von ‚devolution issues' vor den ordentlichen Gerichten zu initiieren.²⁵⁴

Da ‚devolution issues' auch in laufenden Gerichtsverfahren zwischen Privaten oder zwischen Bürgern und dem Staat zutage treten und für diese entscheidungserheblich sein können,²⁵⁵ schaffen die Devolutionsgesetze ein System von Revisions- und Vorlageverfahren, an dessen Spitze das Judicial Committee of the Privy Council steht.²⁵⁶ In allen drei Rechtsordnungen des Vereinigten Königreichs – der anglo-walisischen, der schottischen sowie der nordirischen – können niedrigere Gerichte und ‚Tribunals' derartige Verfahren aussetzen und die aufgetretenen ‚devolution issues' bestimmten höheren Gerichten im jeweils zuständigen Instanzenzug zur Vorabentscheidung vorlegen; ‚Tribunals' ohne Revisionsmöglichkeit trifft – im Unterschied zu Gerichten – sogar eine Vorlagepflicht.²⁵⁷ Gegen die Vorabentscheidungen von ‚devolution issues' durch höhere Gerichte sehen die drei Devolutionsgesetze unter gerichtlichem Erlaubnisvorbehalt stehende Revisionsmöglichkeiten zum Judicial Committee of the Privy Council vor.²⁵⁸ Außer in Vorlageverfahren von niedrigeren Gerichten und ‚Tribunals' sind bestimmte höhere Gerichte – der anglo-walisische Court of Appeal, der schottische High Court of Justiciary, das schottische Inner House of the Court of Session sowie der Court of Appeal in Northern Ireland – befugt, aber nicht verpflichtet, im Prozeß aufgetretene ‚devolution issues' dem Judicial Committee zur

---

berechtigten müssen von Gerichten und Tribunals über in laufenden Verfahren auftretende ‚devolution issues' unterrichtet werden und können diesen Verfahren sodann als Beteiligte beitreten: paras. 5 f., 16 f. und 26 f. Schedule 6 zum Scotland Act 1998; paras. 5 f., 13 f. und 23 f. Schedule 10 zum Northern Ireland Act 1998; paras. 5, 14 und 24 Schedule 8 zum Government of Wales Act 1998. Vgl. *Craig/Walters*, The Courts, Devolution and Judicial Review, S. 278, 286; *Craig*, Administrative Law, S. 196, 217; *Hadfield*, Foundations of Review, S. 206.

254 Paras. 4, 15 und 25 Schedule 6 zum Scotland Act 1998; paras. 4, 12 und 22 Schedule 10 zum Northern Ireland Act 1998; paras. 4, 13 und 23 Schedule 8 zum Government of Wales Act 1998. Vgl. *Craig/Walters*, The Courts, Devolution and Judicial Review, S. 278, 286; *Craig*, Administrative Law, S. 197, 217; *Burrows*, Devolution, S. 157, 159 ff.

255 Zu der vorzugswürdigen und herrschenden Auslegung der Devolutionsgesetze, daß ‚devolution issues' im Wege des ‚collateral challenge' von Prozeßparteien vorgebracht werden können, vgl. *Craig/Walters*, The Courts, Devolution and Judicial Review, S. 280; *Craig*, Administrative Law, S. 198 f.; *Mullen, Tom/Prosser, Tony*, Devolution and Administrative Law, EPL 4 (1998), S. 479, 482.

256 Vgl. allgemein dazu *Burrows*, Devolution, S. 164 ff.; *Himsworth/Munro*, The Scotland Act 1998, S. 216 ff.; *Page/Reid/Ross*, Guide to the Scotland Act 1998, S. 156 ff.; *Reed*, Devolution and the Judiciary, S. 25 ff.; *McFadden*, The Scottish Parliament, S. 232 ff.; *Mullen/Prosser*, Devolution and Administrative Law, S. 483

257 Paras. 7 ff., 18 ff. und 28 f. Schedule 6 zum Scotland Act 1998; paras. 7 f., 15 ff. und 25 ff. Schedule 10 zum Northern Ireland Act 1998; paras. 6 ff., 15 ff. und 25 f. Schedule 8 zum Government of Wales Act 1998. Vgl. *Craig/Walters*, The Courts, Devolution and Judicial Review, S. 2, 286 f.; *Hadfield*, Foundations of Review, S. 206.

258 Paras. 12 f., 23. und 31 Schedule 6 zum Scotland Act 1998; paras. 10, 20 und 30 f. Schedule 10 zum Northern Ireland Act 1998; paras. 11, 20 f. und 28 Schedule 8 zum Government of Wales Act 1998.

Vorabentscheidung vorzulegen.²⁵⁹ Für Verfahren vor einem höheren Gericht, in denen keine Revisionsmöglichkeit zum britischen House of Lords besteht, wie sie etwa in der schottischen Strafgerichtsbarkeit ausgeschlossen ist, schaffen die Devolutionsgesetze ein unter judikativem Erlaubnisvorbehalt stehendes Rechtsmittelverfahren für ‚devolution issues' vor dem Judicial Committee.²⁶⁰ ‚Devolution issues', die in Verfahren vor dem House of Lords auftreten, sollen zur Vorabentscheidung an das Judicial Committee verwiesen werden, soweit das Gericht es nicht für angemessen erachtet, selbst über die Angelegenheit zu entscheiden.²⁶¹ Damit bildet – außer in dem Ausnahmefall schottischer Strafsachen – das Appellate Committee des House of Lords neben dem Judicial Committee of the Privy Council eine zweite Spitze der besonderen Justizhierarchie zur Entscheidung von Devolutionsfragen; die gesetzlich verankerte Bindung des Oberhauses an die Urteile des Judicial Committee zu ‚devolution issues',²⁶² die praktisch beinahe zwangsläufige personelle Deckungsgleichheit der beiden Gremien sowie die hohe Wahrscheinlichkeit von Verweisungen an das Judicial Committee auch durch das House of Lords mildern jedoch die denkbaren Spannungen dieser Konstruktion.²⁶³ Schwierigkeiten in diesem Verhältnis könnten sich jedoch insbesondere in der Rechtsprechung zum Grundrechtsschutz und zum Europarecht ergeben, da diesbezügliche Rechtsfragen in den Devolutionsregionen dem judikativen Sonderregime für ‚devolution issues' unterfallen, während sie in England der alleinigen Letztentscheidungskompetenz des House of Lords unterliegen.

Da die Devolutionsgesetze keine Vorlagepflicht beim Auftreten von ‚devolution issues' in laufenden Gerichtsverfahren statuieren, kann theoretisch jedes Gericht des Vereinigten Königreichs selbständig und verbindlich über diese Rechtsfragen entscheiden.²⁶⁴ Im Falle der judikativen Feststellung einer Kompetenzwidrigkeit regionaler Primär- oder Sekundärgesetzgebung sind die Gerichte befugt, die Nichtigkeit dieser *ultra vires* Rechtsakte *ex tunc* festzustellen,²⁶⁵ die retrospektive Wirkung ihrer Entscheidung aufzuheben

---

259 Paras. 10f., 22 und 30 Schedule 6 zum Scotland Act 1998; paras. 9, 19 und 28f. Schedule 10 zum Northern Ireland Act 1998; paras. 10, 18f. und 27 Schedule 8 zum Government of Wales Act 1998.
260 Para. 13 Schedule 6 zum Scotland Act 1998; para. 31 Schedule 10 zum Northern Ireland Act 1998; paras. 21 Schedule 8 zum Government of Wales Act 1998; vgl. *McFadden*, The Scottish Parliament, S. 233; *Burrows*, Devolution, S. 167; *dies.*, Unfinished Business, S. 259.
261 Para. 32 Schedule 6 zum Scotland Act 1998; para. 32 Schedule 10 zum Northern Ireland Act 1998; paras. 29 Schedule 8 zum Government of Wales Act 1998
262 Sec. 103(1) Scotland Act 1998; sec. 82(1) Northern Ireland Act 1998; para. 32 Schedule 8 zum Government of Wales Act 1998.
263 Vgl. *Page/Reid/Ross*, Guide to the Scotland Act 1998, S. 159; *Reed*, Devolution and the Judiciary, S. 27.
264 *Craig/Walters*, The Courts, Devolution and Judicial Review, S. 279f., 287. Als Korrektiv wirkt jedoch der Vorlagezwang auf Initiative der verschiedenen ‚Law Officers', der Nationalversammlung für Wales sowie der Doppelspitze der nordirischen Exekutive.
265 Dies folgt aus sec. 29 Scotland Act 1998, sec. 6 Northern Ireland Act 1998 und dem Grundschema der exekutiven Devolution im Government of Wales Act 1998.

oder zu modifizieren oder diese Wirkung zeitweilig oder unter bestimmten Bedingungen zu suspendieren.[266] Damit schaffen die Devolutionsgesetze auf der Ebene der Devolutionsregionen ein ganzheitliches System verfassungsgerichtlicher Absicherung der mit materiellen Maßstäben des Grundrechtsschutzes und des Europarechts angereicherten regionalen Kompetenzschranken. Diese verfassungsgerichtliche Kontrolle wird – anders als in der Bundesrepublik Deutschland und anderen kontinentalen Verfassungsordnungen – primär durch die ordentlichen Gerichte des Vereinigten Königreichs ausgeübt;[267] an der Spitze des komplexen Verfahrensgefüges zur präventiven und repressiven, abstrakten und konkreten Zuständigkeitskontrolle steht jedoch ein spezielles Kompetenzgericht, das Judicial Committee of the Privy Council, welches aufgrund seiner besonderen Rolle auf der Grundlage der Devolutionsgesetze zumindest in seiner Funktion hinsichtlich der Devolution als ein Verfassungsgericht – zumindest in embryonaler Form[268] – angesehen werden muß.[269] Sowohl die Einführung von Gerichtsverfahren der abstrakten Zuständigkeitskontrolle als auch die Betrauung eines außerhalb des regulären Instanzenzuges stehenden judikativen Spruchkörpers mit der verbindlichen Entscheidung konstitutioneller Streitfragen bedeuten eine behutsame Abkehr von der britischen Verfassungstradition und eine schrittweise Hinwendung zu kontinentalen Konzeptionen der Verfassungsgerichtsbarkeit.[270] Alle bisherigen Urteile des Judicial Committee betrafen jedoch Fragen der Vereinbarkeit schottischer Rechtsakte mit der Europäischen Menschenrechtskonvention.[271] Die Devolutionsgesetze betrauen die britische Judikative und insbesondere das Judicial Committee somit mit vollwertigen verfassungsgerichtlichen Funktionen hinsichtlich der regionalen staatlichen Ebene: Konstitutionelle Rechtsfragen der zentralstaatlich-regionalen Kompetenzverteilung und des Grundrechtsschutzes werden in präventiven und repressiven, konkreten und abstrakten Verfahrensarten der judikativen Letztentscheidung zugeführt.[272]

Dieses judikative Sonderregime für ‚devolution issues' findet – entsprechend der die traditionelle Parlamentssuprematie wahrenden Gesamtkon-

---

266 Sec. 102 Scotland Act 1998; sec. 81 Northern Ireland Act 1998; sec. 110 Government of Wales Act 1998. Vgl. dazu *Craig/Walters*, The Courts, Devolution and Judicial Review, S. 280 f., 287 f.; *Page/Reid/Ross*, Guide to the Scotland Act 1998, S. 161 f.
267 *Craig, Paul P.*, Constitutional and Non-Constitutional Review, CLP 54 (2001), S. 147, 156 ff.; *Page*, Constitutionalism, S. 16.
268 *Rawlings*, The Shock of the New, S. 90.
269 Vgl. *Hazell, Robert*, The New Constitutional Settlement, in: ders. (Hrsg.), Constitutional Futures – A History of the Next Ten Years, Oxford 1999, S. 230, 231 f.; *ders.*, Reinventing the Constitution, S. 92; *Hood Phillips, Owen/Jackson, Paul/Leopold, Patricia*, Constitutional and Administrative Law, 8. Auflage, London 2001, Rz. 5–051.
270 *Page*, Constitutionalism, S. 15 ff.
271 Vgl. zur frühen Rechtsprechung *O'Neill, Aidan*, Judicial Politics and the Judicial Committee: The Devolution Jurisprudence of the Privy Council, MLR 64 (2001), S. 603, 604 ff.; *Winetrobe, Barry, K.*, Scottish devolved legislation and the courts, PL 2002, S. 31, 31 ff.; *Schwab*, Devolution, S. 280 f.
272 Vgl. *Steyn*, The Constitutionalisation of Public Law, S. 11 f.; *Page*, Constitutionalism, S. 15 ff.

struktion der Devolution – auf zentralstaatliche Primärgesetzgebung indes keine Anwendung; hinsichtlich zentralstaatlichen Exekutivhandelns stellt es sich im wesentlichen als spezifische Erscheinungsform der regulären verwaltungsrechtlichen Gerichtskontrolle dar. Jedoch erlangt es auch hier eine materiell konstitutionelle Dimension, wenn der schottischen und der nordirischen Exekutive der Weg zur abstrakten gerichtlichen Überprüfung der Vereinbarkeit zentralstaatlicher Exekutivakte mit der Funktionsverteilung der Devolutionsordnung eröffnet wird,[273] und der Scotland Act 1998 sogar ausdrücklich die Möglichkeit eines kontradiktorischen Verfahrens zwischen der regionalen und der zentralstaatlichen Regierung vorsieht.[274]

## C. Konstitutionelle Absicherung der Devolution nach materiellem Verständnis: Alte und neue Mechanismen der Verfassungsbindung

Zur konstitutionellen Absicherung der britischen Devolution wurde in den drei Devolutionsgesetzen somit ein dichtes Netz einfachgesetzlicher Bindungen der Staatsgewalt und ein komplexes prozessuales Instrumentarium zur judikativen Kontrolle dieser Bindungen entworfen. Dieses einfachgesetzliche rechtliche Stabilisierungssystem richtet sich indessen ausschließlich an die verschiedenen regionalen Hoheitsträger, die zentralstaatliche Exekutive und die Gerichte des Vereinigten Königreichs, denen die regionalisierte Staatsordnung als bestandsfester Handlungsrahmen vorgegeben ist. Ausgenommen aus dem Kreis der Verpflichtungsadressaten dieses Schutzgefüges bleibt das britische Parlament, welches nach dem vorherrschenden orthodoxen Verfassungsverständnis auch hinsichtlich der Devolution weiterhin keinerlei rechtlichen Bindungen unterliegt. Streng verfassungsrechtlich betrachtet kann die Crown in Parliament daher nach freiem Belieben sowohl im Einzelfall entgegen der vertikalen Funktionsverteilung der Devolutionsgesetze Legislativakte erlassen, als auch bestimmte Aspekte der Devolutionsordnung modifizieren oder diese sogar gänzlich abschaffen. Diese Handlungsmöglichkeiten bilden dabei nicht nur die notwendige Folge eines orthodoxen Verständnisses der Parlamentssuprematie, sondern treten nicht einmal in direkten Widerspruch zu den Devolutionsgesetzen selbst, die ausdrücklich oder konkludent die uneingeschränkte Rechtsetzungskompetenz des britischen Parlaments erklären.[275] Damit bleibt die Devolutionsordnung zunächst gegenüber einfachen Mehrheiten in Unter- und Oberhaus – im Verfahren nach den Parliament Acts

---

273 Para. 34 Schedule 6 zum Scotland Act 1998; para. 34 Schedule 10 zum Northern Ireland Act 1998.
274 Siehe para. 4 Schedule 6 zum Scotland Act 1998. Die für derartige Prozesse notwendige rechtliche Spaltung der Krone als vereinende Legalidentität aller Regierungen regelt sec. 99 Scotland Act 1998; vgl. *Himsworth/Munro*, The Scotland Act 1998, S. 122 f.
275 Siehe supra Kapitel 6 § 3 A.

1911 und 1949 sogar nur der einfachen Mehrheit im House of Commons – ungesichert. Die nach traditionellem Verfassungsverständnis unausweichliche Ausklammerung des zentralstaatlichen Parlaments aus dem gesetzlichen Stabilisierungsgefüge der Devolution wirft die Frage auf, inwiefern das britische Parlament dennoch konstitutionellen Bindungen im Rahmen der bestehenden Regionalisierungsordnung unterliegt.

Entsprechend der *Dicey*'schen Trennung zwischen der politischen Souveränität des Wahlvolkes und der nur faktischen Limitierungen unterliegenden, rechtlich jedoch gänzlich ungebundenen Suprematie des britischen Parlaments[276] verbannt die verfassungsorthodoxe Interpretation der Devolutionsordnung diese Dimension der konstitutionellen Absicherung in den Bereich des rein Politischen.[277] Den vom Wahlvolk in Schottland, Nordirland und Wales positiv beschiedenen Devolutionsreferenda kommt zwar keine rechtliche Bindungswirkung für den Gesetzgeber zu, sie werden aber als zentraler Beleg für die breite Unterstützung für die Regionalisierungsreformen in der Bevölkerung herangezogen und zugleich als Beweis für den vorsehbaren breiten Widerstand gegen jegliche zukünftige Bestrebungen zu einer devolutionsfeindlichen Modifikation der britischen Staatsordnung gewertet;[278] die öffentliche Meinung wirkt sodann als externe faktische Schranke der parlamentarischen Legislativmacht,[279] so daß allseits angenommen wird, daß sich die Crown in Parliament – zumindest hinsichtlich der funktionsfähigen Devolutionsstrukturen in Schottland und Wales – nur unter „pathologischen Umständen" für eine Abschaffung der gewährten Teilautonomien entscheiden würde und damit *de facto* an den derzeitigen Stand der Regionalisierung gebunden ist; ohne eine Veränderung wesentlicher Rahmenbedingungen gestaltet sich eine unilaterale Rückabwicklung dieser Devolutionsreformen durch das britische Parlament daher nach geradezu allgemeiner Meinung in Politik und Wissenschaft als politisch-faktisch undenkbar.[280] Die

---

276 Vgl. *Dicey, Albert V.*, Introduction to the Study of the Constitution (mit einer Einführung von E. S. C. Wade), Neudruck der 10. Auflage, London (u. a.) 1967, S. 76 ff.
277 Vgl. *Hazell*, The New Constitutional Settlement, S. 232 f.
278 Zur öffentlichen Meinung hinsichtlich der Devolutionsordnung vgl. *Curtice, John*, Restoring Confidence and Legitimacy? – Devolution and Public Opinion, in: Trench, Alan (Hrsg.), Has Devolution Made a Difference – The State of the Nations 2004 (The Constitution Unit), Exeter 2004, S. 217 – 236; *ders.*, Hopes Dashed And Fears Assuaged? – What the Public Makes of it So Far, in: Trench, Alan (Hrsg.), The State of the Nations 2001 – The Second Year of Devolution in the United Kingdom, Thorverton 2001, S. 225 – 254; *ders.*, The People's Verdict: Public Attitudes to Devolution and the Union, in: Hazell, Robert (Hrsg.), The State and the Nations: The First Year of Devolution in the United Kingdom, Thorverton 2000, S. 223 – 240.
279 Zur faktischen Beschränkung der Parlamentssuprematie durch solche „external limits" vgl. *Dicey*, Introduction, S. 76 ff.
280 *Barnett*, Constitutional & Administrative Law, S. 221 f.; *Munro*, Studies in Constitutional Law, S. 46; *Loveland, Ian*, Constitutional Law, Adminstrative Law and Human Rights – A Critical Introduction, 3. Auflage, London (u. a.) 2003, S. 673 f.; *Hazell*, Reinventing the Constitution, S. 86 f.; *Bogdanor, Vernon*, Devolution: The Constitutional Aspects, in: Beatson, Jack/Forsyth, Christopher/Hare, Ivan/The University of Cambridge Centre for Public Law (Hrsg.), Constitutional Reform in the United Kingdom: Practice and

Restauration der zentralstaatlichen Direktregierung Nordirlands im Jahre 1972 und möglicherweise auch die Suspendierungen der nordirischen Devolution seit ihrem Inkrafttreten im Jahre 1999 können dabei – entgegen dem ersten Anschein – sogar als positive Hinweise auf die Existenz derartiger politischer Handlungsschranken verstanden werden, da es sich jeweils um extreme Spannungsfälle – also „pathologische Umstände" – gehandelt hat,[281] welche zudem im Kontext der schottischen und der walisischen Devolution schwer denkbar sind. Die streng verfassungsrechtlich unberührte Parlamentssuprematie nimmt damit zumindest hinsichtlich der schottischen und walisischen Regionalisierung eine stark relativierte Bedeutung an: Die parlamentarische Freiheit, die Devolutionsgesetze aufzuheben oder zu Lasten der Regionen nachhaltig zu modifizieren, erscheint aufgrund der politisch-faktischen Zwänge heute im wesentlichen – und in der Zukunft voraussichtlich mehr und mehr – theoretischer Natur; das gleiche gilt auch für die zentralstaatliche Befugnis, in übertragenen Sachmaterien entgegen dem Willen des schottischen Parlaments Gesetze zu erlassen.[282] Damit entsteht im Zusammenhang mit der Devolution eine weite Schlucht zwischen dem Verfassungsrecht und der Verfassungspraxis.[283]

Die Stabilisierung der britischen Regionalisierung durch politisch-faktische Sicherungselemente der Volksabstimmungen und der allgemeinen öffentlichen Meinung führt unweigerlich zu einer bedeutenden Flexibilität, die im Zusammenhang mit dem im Vereinigten Königreich tief verwurzelten allgemeinen Vertrauen in den demokratischen Prozeß verstanden werden muß. Eine Abwertung der Bestandskraft der Devolutionsreformen ist damit

---

Principles, Oxford 1998, S. 9, 12 f.; *ders.*, Devolution: Decentralisation or Disintegration?, PolitQ 1999, S. 185, 185 ff.; *ders.*, Devolution in the UK, S. 291; *Rawlings*, The Shock of the New, S. 89; *McEldowney, John*, Legal aspects of the relations between the United Kingdom and the Scottish Parliament: the evolution of subordinate sovereignty?, in: Oliver, Dawn/Drewry, Gavin (Hrsg.), The Law and Parliament, London (u. a.) 1998, S. 192, 198; *Laffin, Martin*, Constitutional Design: A Framework for Analysis, ParlAff 53 (2000), S. 532, 536; *Himsworth/Munro*, The Scotland Act 1998, S. xviii; *Brazier, Rodney*, The Scotland Bill as Constitutional Legislation, SLR 19 (1998), S. 12, 27; *Craig*, Constitutionalism, Regulation and Review, S. 73; *Jenkins*, Both Ends against the Middle, S. 5; *Picker, Colin B.*, „A Light unto the Nations" – The New British Federalism, the Scottish Parliament, and Constitutional Lessons for Multiethnic States, TulLRev 77 (2002), S. 1, 59; *Olowofoyeku*, Devolution: Conceptual and Implementational Problems, S. 162. Siehe auch White Paper: Scotland's Parliament, para. 4.2: „The Government [...] believe that the popular support for the Scottish Parliament, once established, will make sure that its future in the UK constitution will be secure."

281 So hinsichtlich der Aufhebung der nordirischen Teilautonomie im Jahre 1972 *Bogdanor, Vernon*, Devolution and the British Constitution, in: Butler, David/Bogdanor, Vernon/Summers, Robert (Hrsg.), The Law, Politics, and the Constitution – Essays in Honour of Geoffrey Marshall, Oxford 1999, S. 54, 59; *ders.*, Our New Constitution, LQR 120 (2004), S. 242, 253.

282 *Bogdanor*, Devolution and the British Constitution, S. 64; *ders.*, Devolution: Decentralisation or Disintegration?, S. 187; *ders.*, Devolution: The Constitutional Aspects, S. 13.

283 Vgl. *Walker, Neil*, Beyond the Unitary Conception of the United Kingdom Constitution, PL 2000, S. 384, 397; *Elliott*, Parliamentary sovereignty and the new constitutional order, S. 352 ff.

in Politik und Wissenschaft jedenfalls nicht verbunden. Die verfassungsorthodoxe Betonung der absoluten rechtlichen Ungebundenheit der britischen Crown in Parliament und die entsprechende kategorische Verbannung jeglicher Schranken der parlamentarischen Rechtsetzungsfreiheit in den politisch-faktischen Bereich laufen jedoch auch auf dem Gebiet der regionalen Dezentralisierung des Vereinigten Königreichs Gefahr, sowohl anerkannte außer-rechtliche normative Bindungen des britischen Gesetzgebers als auch erste Ansätze und zukünftige Entwicklungsmöglichkeiten rechtlicher Beschränkungen der parlamentarischen Legislativmacht zu verschleiern. Das vorzugswürdige materielle Verständnis der Suprematie des britischen Parlaments bedient sich dagegen eines weiten konstitutionellen Normenbegriffs, der methodisch dem Vorhaben eines funktionellen Verfassungsvergleichs gerecht wird, und hält sich bewußt offen gegenüber aktuellen und zukünftigen Entwicklungen rechtlicher Bindungen des britischen Parlaments jenseits der auf absehbare Zeit unwahrscheinlichen Einführung einer dem Grundgesetz vergleichbaren, vorrangigen und bestandskräftigen britischen Verfassung im formellen Begriffssinne.[284] Die Crown in Parliament offenbart sich danach eingebettet in ein Netz normativer Verfassungsbindungen. Damit soll die zentrale Bedeutung politisch-demokratischer Stabilisierungsmechanismen – im Unterschied zu streng verfassungsrechtlichen Sicherungsinstrumenten – nicht etwa geleugnet, sondern vielmehr gerade dort hervorgehoben werden, wo allgemeiner politischer Druck sich in Gestalt normativer Regelungen konkretisiert.

## I. Alte Mechanismen der Verfassungsbindung: Die außer-rechtliche Absicherung der Devolution

Aufgrund der dualistischen Grundausrichtung der britischen Verfassungsordnung hinsichtlich ihres Verhältnisses zum Völkerrecht entfalten Verpflichtungen des Vereinigten Königreichs aus internationalen Verträgen grundsätzlich keine rechtliche Bindungswirkung für den britischen Gesetzgeber.[285] Sie können jedoch als außer-rechtliche normative Bindungen der britischen Staatsorgane einschließlich des Parlaments qualifiziert werden. Der Druck auf den Gesetzgeber zur Wahrung derartiger Bindungen entsteht dabei nicht nur im innerstaatlichen politischen Prozeß, sondern auch aus dem Völkerrecht und den internationalen Beziehungen des Vereinigten Königreichs. Anders als die

---

284 Siehe supra Kapitel 2 § 2 B. II. 2.
285 Siehe *Mortensen v. Peters* [1906] 14 SLT 227; *Cheney v. Conn* [1968] 1 WLR 242; *Inland Revenue Commissioners v. Collco Dealings Ltd.* [1962] AC 1; vgl. dazu *Hood Phillips/Jackson/Leopold*, Constitutional and Administrative Law, Rz. 3–026; *Bradley/Ewing*, Constitutional and Administrative Law, S. 56 f. Siehe auch supra Kapitel 2 § 2 B. II. 2. (a).

schottische und die walisische Regionalisierung weist die nordirische Devolution eine starke internationale Dimension auf. Der Northern Ireland Act 1998 enthält die innerstaatliche Umsetzung des am 10. April 1998 abgeschlossenen Belfast Agreement.[286] Die wesentlichen Grundstrukturen der nordirischen Devolution wurden dabei in der rechtlich unverbindlichen Friedensvereinbarung zwischen den verschiedenen Teilnehmern der nordirischen Allparteiengespräche festgelegt. Diese zentrale Übereinkunft des nordirischen Friedensprozesses wurde indessen als Annex 1 in das daneben abgeschlossene Abkommen zwischen der britischen und der irischen Regierung einbezogen, welches als völkerrechtlicher Vertrag anzusehen ist.[287] Darin bekräftigen die Regierungen „their solemn commitment to support, and where appropriate implement, the provisions of the Multi-Party Agreement".[288] Zwar wird sodann ausdrücklich nur auf die Schaffung der besonderen intergouvernementalen Kooperationsgremien des Belfast Agreements hingewiesen, jedoch umfaßt diese Verpflichtung auch den Bau- und Funktionsplan der nordirischen Regionalisierung in Strand One der Friedensvereinbarung. Damit erhält die Devolution in Nordirland eine völkerrechtliche Absicherung,[289] welche in der britischen Verfassungsordnung die Wirkung einer außer-rechtlichen normativen Bindung der Crown in Parliament entfaltet. Diese besteht zudem – anders als die Gebundenheit der britischen Staatsorgane an Verfassungsgewohnheitsregeln – unabhängig von der Entwicklung der britischen Verfassungspraxis und insbesondere den seit 1999 erfolgten Suspendierungen der nordirischen Teilautonomie. Schließlich kann der internationalen Verankerung der nordirischen Devolution im Belfast Agreement selbst dann eine starke außer-rechtliche Bindungswirkung für den britischen Gesetzgeber nicht abgesprochen werden, wenn man die in Article 2 des anglo-irischen Abkommens enthaltene Implementierungsverpflichtung hinsichtlich des Strand One der rechtlich unverbindlichen Friedensvereinbarung letztendlich als sprachlich zu nachgiebig für eine direkte völkerrechtliche Verpflichtung qualifiziert.

Normative Bindungen der Crown in Parliament ergeben sich in der britischen Verfassungsordnung des weiteren aus Verfassungskonventionalregeln, welche zwar grundsätzlich keine rechtliche Verpflichtungswirkung für ihre Normadressaten entfalten, jedoch von den politischen Akteuren als bindend angesehen werden und nach ganz vorherrschender Auffassung präskriptive

---

286 Good Friday Agreement, Cmnd. 3883, HMSO, London 1998.
287 *Grote, Rainer*, Die Friedensvereinbarung von Belfast – ein Wendepunkt in der Geschichte des Nordirland-Konflikts, ZaöRV 58 (1998), S. 646, 666. Zur doppelten Verknüpfung der Friedensvereinbarung und des anglo-irischen Abkommens vgl. *Hadfield*, Seeing it Through?, S. 84.
288 Good Friday Agreement, Agreement between the Government of the United Kingdom of Great Britain and Northern Ireland and the Government of Ireland, Article 2.
289 *O'Leary, Brendan*, The 1998 British-Irish Agreement: Power-Sharing Plus, Scottish Affairs 26 (Winter 1999), S. 14, 26; *ders.*, The Character of the 1998 Agreement, S. 65f.; *Meehan, Elizabeth*, The Belfast Agreement – Its Distinctiveness and Points of Cross-Fertilization in the UK's Devolution Programme, ParlAff 52 (1999), S. 19, 23; *Rawlings*, The Shock of the New, S. 89; *Hazell*, The New Constitutional Settlement, S. 233.

konstitutionelle Handlungsmaximen darstellen.[290] Zuwiderhandlungen gelten als ‚verfassungswidrig' in einem spezifischen britischen Sinne; sie werden indessen in der politischen Arena und nicht in Gerichten sanktioniert. Eine der zentralen Funktionen der Verfassungskonventionalregeln innerhalb der britischen Staatsordnung liegt in der normativen Überbrückung von wesentlichen Differenzen zwischen der streng rechtlichen Verfassungstheorie und der realen Verfassungspraxis.[291] So werden beispielsweise durch Verfassungskonventionalregeln die verbleibenden Exekutivbefugnisse des Monarchen praktisch auf die britische Regierung übertragen und das Kabinett von der Unterstützung einer Unterhausmehrheit abhängig gemacht, so daß die britische Staatsordnung nur in einer Zusammenschau von rechtlichen Normen und Konventionalregeln als parlamentarisches Regierungssystem mit einer konstitutionellen Monarchie Gestalt annimmt. In der ‚unitary, self-correcting democracy' der orthodoxen Verfassungslehre[292] gewährleisten im wesentlichen die Verfassungskonventionalregeln die inhaltliche Übereinstimmung des Willens des rechtlich souveränen Parlaments und des politisch souveränen Volkes.[293] Ebenso wird die Schlucht zwischen der nach orthodoxer Ansicht uneingeschränkten Parlamentssuprematie und der wahren Unabhängigkeit verschiedener Commonwealth-Staaten traditionell durch die Verfassungskonventionalregel geschlossen, daß das britische Parlament keine Gesetze in internen Angelegenheiten dieser Commonwealth-Staaten erlassen darf, ohne daß hierfür eine Zustimmung dieser Länder vorliegt.[294] Das zum Teil Jahrhunderte alte Grundgerüst des britischen Verfassungsrechts wird somit vor allem durch Verfassungskonventionalregeln zu einem praktisch funktionsfähigen Regelungsgefüge vervollständigt – „constitutional conventions ... provide the flesh which clothes the dry bones of the law"[295] – und damit zugleich materiell an die vorherrschenden politischen und konstitutionellen Grundwerte der Staatsordnung angepaßt:

---

290 Siehe zu Verfassungskonventionalregeln als Verfassungsnormen supra Kapitel 2 § 1 C. II. 3. und zu ihrer Funktion als Instrumente der Verfassungsbindung des britischen Gesetzgebers supra Kapitel 2 § 2 B. II. 2. (a).
291 Vgl. *Elliott*, Parliamentary sovereignty and the new constitutional order, S. 357; *Marshall, Geoffrey*, Constitutional Conventions, Oxford 1986, S. 8; *Grote*, Regionalautonomie für Schottland und Wales, S. 135. Siehe auch supra Kapitel 2 § 1 C. II. 3.
292 Vgl. dazu *Craig, Paul P.*, Dicey: Unitary, Self-Correcting Democracy and Public Law, LQR 106 (1990), S. 105, 105 ff.; *ders.*, Public Law and Democracy in the United Kingdom and the United States of America, Oxford 1990, S. 12 ff.
293 *Dicey*, Introduction, S. 429 ff.; *Hood Phillips/Jackson/Leopold*, Constitutional and Administrative Law, Rz. 7–009; *Bogdanor, Vernon*, Politics and the Constitution – Essays on British Government, Aldershot (u. a.) 1996, S. xiii f.
294 *de Smith, Stanley/Brazier, Rodney*, Constitutional and Administrative Law, 8. Auflage, London 1998, S. 98; *Hood Phillips/Jackson/Leopold*, Constitutional and Administrative Law, Rz. 7–019; *Elliott*, Parliamentary sovereignty and the new constitutional order, S. 358.
295 *Jennings, Ivor*, The Law and the Constitution, 5. Auflage, London 1959, S. 81.

> „[The] main purpose of constitutional conventions is to ensure that the legal framework of the constitution will be operated in accordance with the prevailing constitutional values or principles of the period".[296]

Auch im Bereich der regionalen Dezentralisierung der britischen Staatsordnung können Verfassungskonventionalregeln als Ausdruck des den Devolutionsgesetzen und den zustimmenden Volksabstimmungen zugrundeliegenden Verfassungswertes der regionalen Autonomie eine normative Brücke zwischen der verfassungsrechtlich unbeschränkten Suprematie des britischen Parlaments und den faktischen Beschränkungen dieser Regelungsmacht in der Verfassungspraxis schlagen.[297] Voraussetzungen für die Etablierung solcher Verfassungskonventionalregeln sind eine regelkonforme konstitutionelle Übung, welche indessen keiner Mindestdauer unterliegt, sowie ein Verpflichtungsbewußtsein der Verfassungsakteure.[298] Dabei können Konventionalregeln auch auf der Grundlage bewußter Akte der bilateralen Vereinbarung oder unilateralen Erklärung entstehen; ganz alleine stellen diese nach wohl herrschender Ansicht jedoch keine ausreichenden Bedingungen für die Existenz einer Verfassungskonventionalregel dar.[299] Die Kürze des Zeitablaufs seit Inkrafttreten der Devolutionsreformen, die Schwierigkeiten und Suspendierungen der nordirischen Regionalisierung, die Prozeßhaftigkeit und Entwicklungsoffenheit insbesondere der exekutiven Devolution für Wales sowie schließlich die negative Stoßrichtung möglicher Verfassungskonventionalregeln zur normativen Beschränkung der Parlamentssuprematie[300] erlauben indessen nur erste, vorsichtige Aussagen über die Rolle und Bedeutung dieser konstitutionellen Normengruppe bei der allgemeinen Stabilisierung der Devolutionsordnung.

Am deutlichsten zeichnet sich die Entwicklung einer Verfassungskonventionalregel zur normativen Absicherung der Devolutionsordnung im Falle Schottlands ab. Bereits vor Erlaß des Scotland Act 1998 kündigte der für die Regierung sprechende *Lord Sewel* im House of Lords die Entwicklung der heute allgemein nach ihm benannten Verhaltensmaxime zentralstaatlicher legislativer Zurückhaltung in übertragenen Sachmaterien an:

---

296 Supreme Court of Canada in *Reference Re Amendment of the Constitution of Canada* [1982] 125 DLR (3. Serie) 1, 84.
297 Vgl. *Elliott*, Parliamentary sovereignty and the new constitutional order, S. 358 ff.; *Jenkins*, Both Ends against the Middle, S. 8.
298 *Hood Phillips/Jackson/Leopold*, Constitutional and Administrative Law, Rz. 7–010; *Barnett*, Constitutional & Administrative Law, S. 31; *Barendt, Eric*, An Introduction to Constitutional Law, Oxford 1998, S. 43 f.; *Meyn, Karl-Ulrich*, Die „Constitutional Conventions" in der britischen Verfassungsordnung – Zugleich ein Beitrag zum Dreiparteiensystem und Europareferendum, JöR NF 25 (1976), S. 133,150 ff.
299 Vgl. *Jaconelli, Joseph*, The nature of constitutional conventions, LS 19 (1999), S. 24, 39 ff.; *Elliott*, Parliamentary sovereignty and the new constitutional order, S. 359; *Barendt*, Constitutional Law, S. 43 f.; *Meyn*, „Constitutional Conventions", S. 156 ff.
300 Zur Schwierigkeit der Identifikation von prohibitiven Verfassungskonventionalregeln vgl. *Bradley/Ewing*, Constitutional and Administrative Law, S. 23.

„... we would expect a convention to be established that Westminster would not normally legislate with regard to devolved matters in Scotland without the consent of the Scottish Parliament".[301]

Ohne eine Beschränkung auf Schottland wurde die Befolgung der Sewel Convention später vom Unterhausausschuß für Verfahrensfragen empfohlen,[302] von dessen Devolutionsbericht das House of Commons offiziell Notiz genommen hat,[303] im rechtlich unverbindlichen Grundsatzkonkordat, dem Memorandum of Understanding, zwischen den regionalen Exekutiven und der zentralstaatlichen Regierung verankert[304] sowie schließlich in regierungsinternen Devolution Guidance Notes bekräftigt.[305] Obgleich in unerwartet vielen Fällen die Zustimmung des schottischen Parlaments im Wege der sogenannten Sewel Motions für zentralstaatliche Gesetzgebung in übertragenen Politikfeldern angestrebt und erteilt wurde, geht die heute herrschende Auffassung auf der Grundlage einer bisher einheitlichen Übung und der allseits bezeugten normativen Verbindlichkeit der Sewel Convention zumindest hinsichtlich Schottlands von der erfolgreichen Etablierung einer derartigen Verfassungskonventionalregel aus.[306] Entsprechend dem Gedanken eines Erst-recht-Schlusses erfaßt die Sewel Convention nicht nur zentralstaatliche Gesetzgebung in übertragenen Sachmaterien, sondern auch legislative Modifikationen der Devolutionsordnung;[307] sie rückt damit in den Mittelpunkt des

---

301 *Lord Sewel*, in Hansard, House of Lords Debates, Band 592, Sp. 791, 21. Juli 1998. Zur Sewel Convention siehe auch supra Kapitel 5 § 1 B. III. 1.
302 *House of Commons Select Committee on Procedure*, The Procedural Consequences of Devolution, Fourth Report of 1998–99, House of Commons Paper 185, paras. 5, 26.
303 Vgl. *Burrows*, Devolution, S. 62, 120.
304 Memorandum of Understanding and Supplementary Agreements, Cmnd. 5240, HMSO, London 2001, paras. 13 f.; vgl. *Poirier, Johanne*, The Functions of Intergovernmental Agreements: Post-Devolution Concordats in a Comparative Perspective, London 2001, S. 26 f.
305 *Office of the Deputy Prime Minister*, Devolution Guidance Note 1, Common Working Arrangements, para. 30; *dass.*, Devolution Guidance Note 10, Post-Devolution Primary Legislation affecting Scotland, para. 1; *dass.*, Devolution Guidance Note 8, Post-Devolution Primary Legislation affecting Northern Ireland, para. 1. Vgl. *Winetrobe, Barry K.*, Counter-Devolution? The Sewel Convention on Devolved Legislation at Westminster, SLPQ 6 (2001), S. 286, 287; *Schwab*, Devolution, S. 196 f.
306 *Bradley/Ewing*, Constitutional and Administrative Law, S. 21, 45; *Himsworth/Munro*, The Scotland Act 1998, S. 37; *Burrows*, Devolution, S. 61 f.; *Lynch, Peter*, Scottish Government and Politics, Edinburgh 2001, S. 19; *Hazell, Robert*, Intergovernmental Relations: Whitehall Rules OK?, in: ders. (Hrsg.), The State and the Nations: The First Year of Devolution in the United Kingdom, Thorverton 2000, S. 149, 158 f.; *Winetrobe*, Counter-Devolution?, S. 286 ff. Zurückhaltender dagegen *Elliott*, Parliamentary sovereignty and the new constitutional order, S. 361; *Trench, Alan*, The More Things Change, The More They Stay the Same, in: ders. (Hrsg.), Has Devolution Made a Difference – The State of the Nations 2004, Exeter 2004, S. 165, 168. Am Verbindlichkeitsbewußtsein der politischen Akteure zweifelnd *Munro, Jane*, Thoughts on the „Sewel Convention", SLT 23 (2003), S. 194, 195.
307 *Page, Alan/Batey, Andrea*, Scotland's Other Parliament: Westminster Legislation about Devolved Matters in Scotland since Devolution, PL 2002, S. 501, 505 ff.; *Burrows, Noreen*, „This is Scotland's Parliament; Let Scotland's Parliament Legislate", JurRev

Problemkreises der normativen Absicherung der Regionalisierungsstrukturen. So erklärte *Lord Bassam* im House of Lords den Anwendungsbereich der Sewel Convention mit den Worten:

> „... the consent of the Scottish Parliament will be sought where a Bill contains provisions applying to Scotland and which are for devolved purposes, or which alter the legislative competence of the Scottish Parliament or the executive competence of Scottish Ministers".[308]

Auch die einschlägige Devolution Guidance Note 10 der britischen Regierung geht davon aus, daß nicht nur für einzelne Übergriffe in schottische Legislativkompetenzbereiche, sondern auch für gesetzgeberische Modifikationen der schottischen Zuständigkeitssphäre die Zustimmung des schottischen Parlaments einzuholen ist.[309] Grundsätzlich muß daher wohl auch eine Rückabwicklung der schottischen Devolutionsreformen durch die gänzliche Abschaffung oder weitgehende Entmachtung der schottischen Regionalinstitutionen vom Zustimmungserfordernis der Sewel Convention erfaßt sein. Es zeigen sich damit erste deutliche Ansätze zur Etablierung einer Verfassungskonventionalregel, welche die zentralstaatliche Veränderung oder Aufhebung der schottischen Devolution vom Einverständnis der regionalen Volksvertretung abhängig macht und die in sec. 28(7) Scotland Act 1998 deklaratorisch normierte unbeschränkte Regelungsmacht des britischen Parlaments den Realitäten des regionalisierten Unionsstaates anpaßt. Die Stärke dieser Verhaltensmaxime – insbesondere in zukünftigen Phasen parteipolitisch abweichender Regierungsmehrheiten in Westminster und Holyrood oder verstärkter sezessionistischer Tendenzen in Schottland – bleibt zum heutigen Zeitpunkt ungewiß.[310] Eine weitere kontinuierliche Verfestigung der schottischen Regionalisierung wird voraussichtlich zu einer schrittweisen Stärkung der Sewel Convention als Grundbaustein der britischen Verfassungsordnung führen. Günstige Voraussetzungen für eine solche Entwicklung bilden zum einen die starke Unterstützung der schottischen Devolution in der Bevölkerung und der politischen Klasse, welche zukünftige Zuwiderhandlungen als politisch besonders nachteilig erscheinen lassen, sowie zum anderen die materielle Fundierung der Verfassungskonventionalregel in dem Verfassungswert der regionalen Autonomie, welcher in einem nationalbewußten Schottland auf besonders fruchtbaren Boden fällt. Zugleich besitzen Verfassungskonventionalregeln aber auch eine inhärente dynamische Flexibilität: Die Veränderung wesentlicher konstitutioneller Umstände kann zu einer Modifikation

---

2002, S. 213, 218; *Elliott*, Parliamentary sovereignty and the new constitutional order, S. 360.
308 *Lord Bassam*, in Hansard, House of Lords Debates, Band 608, Sp. 1701, 27. Januar 2000.
309 *Office of the Deputy Prime Minister*, Devolution Guidance Note 10, Post-Devolution Primary Legislation affecting Scotland, para. 6 i.V.m. para. 4.
310 So auch eindringlich *Munro*, Thoughts on the „Sewel Convention", S. 195.

ihres Normgehalts oder sogar zu ihrem Ende führen.[311] Wie auch aus *Lord Sewel*s Einschränkung „normally" deutlich wird, bleibt das weitere Schicksal der Sewel Convention daher entscheidend von der Verfassungspraxis der nächsten Jahre abhängig.

Die schottische Devolution enthält somit eindeutige Ansätze eines normativen Stabilisierungsmechanismus in Gestalt einer Verfassungskonventionalregel, welche – wenn nicht rechtlich, so doch politisch – Modifikationen der Regionalisierungsordnung von der Zustimmung des schottischen Parlaments abhängig macht. Für Nordirland kann in Zeiten funktionsfähiger Devolution grundsätzlich von der Geltung einer der schottischen Sewel Convention vergleichbaren Verfassungskonventionalregel ausgegangen werden;[312] jedoch zeigen der ohne die Zustimmung der regionalen Volksvertretung erlassene Northern Ireland Act 2000 und die darauf folgende Serie von Devolutionssuspendierungen, daß die nordirische Devolution in den Phasen ihrer Operation noch keine ausreichende Verfestigung erfahren hat, um eine normative Beschränkung der Parlamentssuprematie durch eine derartige Verfassungskonventionalregel herauszubilden.[313] Auf das dynamische Grundschema der exekutiven Devolution für Wales kann die Sewel Convention schließlich keine direkte Anwendung finden, da sie gerade auf den zentralstaatlichen parlamentarischen Umgang mit der Devolution von primären Rechtsetzungsbefugnissen an eine regionale Volksvertretung zugeschnitten ist: Anders als die legislative Devolution in Schottland beruht die walisische Devolution gerade auf dem Gedanken, daß das britische Parlament in allen Regelungsbereichen weiterhin Gesetze für Wales erläßt und darin die Nationalversammlung zur sekundären Gesetzgebung ermächtigt. Der von der Sewel Convention vorausgesetzte Übergriff in übertragene Sachmaterien ist daher bereits konzeptionell nicht möglich. Folgerichtig und entsprechend sec. 31 Government of Wales Act 1998 sieht die einschlägige Devolution Guidance Note 9 der britischen Regierung hinsichtlich der legislativen Modifikation von Kompetenzen der walisischen Regionalinstitutionen auch nur die Konsultation zwischen der regionalen und der zentralstaatlichen Exekutive vor, nicht aber ein Erfordernis der Zustimmung des National Assembly for Wales.[314] Führen die aktuellen Reformbestrebungen zu einer Verstärkung der walisi-

---

311 Vgl. *Marshall*, Constitutional Conventions, S. 216 f.; *de Smith/Brazier*, Constitutional and Administrative Law, S. 43.
312 Siehe Memorandum of Understanding and Supplementary Agreements, para. 13 f.; *Office of the Deputy Prime Minister*, Devolution Guidance Note 8, Post-Devolution Primary Legislation affecting Northern Ireland, para. 1 und para. 5 i.V.m. para. 4; *Masterman, Roger/Hazell, Robert*, Devolution and Westminster, in: Trench, Alan (Hrsg.), The State of the Nations 2001 – The Second Year of Devolution in the United Kingdom, Thorverton 2001, S. 197, 206.
313 *Trench*, The More Things Change, The More They Stay the Same, S. 168; *Schwab*, Devolution, S. 197.
314 *Office of the Deputy Prime Minister*, Devolution Guidance Note 9, Post-Devolution Primary Legislation affecting Wales, para. 1.

schen Devolution nach schottischem Vorbild,³¹⁵ so ist indessen auch hier die Entwicklung einer Verfassungskonventionalregel entsprechend der schottischen Sewel Convention zu erwarten. Auch im Rahmen der exekutiven walisischen Devolution wäre jedoch schon heute zu überlegen, ob nicht für wesentliche zentralisierende Modifikationen der Devolutionsordnung in Wales bis hin zu ihrer Aufhebung die Zustimmung des National Assembly for Wales erforderlich wäre. Mögliche Stützen fände diese Ansicht im Memorandum of Understanding, in der Devolution Guidance Note 1 (Common Working Arrangements) und im Devolutionsbericht des Unterhausausschusses für Verfahrensfragen, die einheitlich nur die allgemeine Regel formulieren, daß Westminster normalerweise keine Gesetze in übertragenen Politikfeldern ohne die Zustimmung der regionalen Rechtsetzungsorgane erlassen sollte.³¹⁶ Die Entwicklung einer entsprechenden Verfassungspraxis und Verpflichtungsüberzeugung bleibt abzuwarten.

Nach allgemeiner Auffassung können Verfassungskonventionalregeln zwar grundsätzlich gerichtliche Anerkennung finden, jedoch entziehen sie sich der justizförmigen Durchsetzung.³¹⁷ Im Bereich der Devolution ergibt sich indessen die Möglichkeit einer dynamischen Wechselwirkung zwischen der Rechtsprechung zu ‚devolution issues' und der Sewel Convention. Zwar können die britischen Gerichte – mit dem Judicial Committee of the Privy Council an der Spitze des judikativen Sonderregimes zur Klärung von vertikalen Kompetenzstreitigkeiten – nicht über die Kompetenzgerechtigkeit zentralstaatlicher Gesetzgebung, sondern nur über die Zuständigkeitsschranken der regionalen Legislativen befinden; jedoch konkretisiert jedes Urteil über regionale Kompetenzgrenzen indirekt auch den Anwendungsbereich der Sewel Convention.³¹⁸ Die judikative Auslegung der vertikalen Zuständigkeitsverteilung trifft zugleich auch eine Aussage über das konstitutionell angemessene Verhalten der Crown in Parliament. Aus der bewußt konzipierten Einbahnstraße der judikativen Normenkontrollbefugnisse in den Devolutionsgesetzen³¹⁹ wird mit Hilfe der Sewel Convention zumindest mittelbar eine beidseitige Kompetenzkontrolle. Die Gerichte nehmen auf der Grundlage ihrer Zuständigkeiten hinsichtlich ‚devolution issues' folglich auch gegenüber Westminster eine indirekte verfassungsgerichtliche Funktion an.

---

315 Siehe dazu supra Kapitel 5 § 1 B. III. 2.
316 Memorandum of Understanding and Supplementary Agreements, para. 13; *Office of the Deputy Prime Minister*, Devolution Guidance Note 1, Common Working Arrangements, para. 30; *House of Lords Select Committee on the Constitution*, Devolution: Inter-Institutional Relations in the United Kingdom, para. 26.
317 *Hood Phillips/Jackson/Leopold*, Constitutional and Administrative Law, Rz. 7–005 f.; *Bradley/Ewing*, Constitutional and Administrative Law, S. 28 f.; *Barnett*, Constitutional & Administrative Law, S. 37 ff.; *Munro*, Studies in Constitutional Law, S. 66 ff. Siehe supra Kapitel 2 § 1 C. II. 3.
318 *Bogdanor*, Devolution: Decentralisation or Disintegration?, S. 188; *ders.*, Devolution in the UK, S. 293; *Jones*, Scottish Devolution, S. 293.
319 Vgl. *Hadfield*, Foundations of Review, S. 202 f.

Zumindest hinsichtlich der schottischen und der walisischen Devolution kann daher mit guten Argumenten vertreten werden, daß tiefgreifende legislative Modifikationen ihrer gesetzlichen Grundlagen, die zu einer Umgestaltung der regionalen Regierungsstrukturen, der Zentralisierung von Zuständigkeiten oder sogar der gänzlichen Rückabwicklung der Devolutionsreformen führen würden, durch eine im schottischen Fall sich verfestigende und im walisischen Fall sich im Ansatz entwickelnden Verfassungskonventionalregel an die Zustimmung der regionalen Volksvertretungen gebunden wären. Da die Devolutionsreformen jedoch auf der legitimatorischen Grundlage von positiv beschiedenen konsultativen Volksabstimmungen in den betreffenden Regionen durchgeführt wurden, ließe sich hinsichtlich der im derzeitigen Stand gefestigten Regionalisierungsordnungen in Schottland und Wales darüber hinaus erwägen, ob nicht wesentliche Modifikationen der Devolutionssysteme oder die gänzliche Aufhebung der Devolutionsgesetze und die Wiederherstellung umfassender zentralstaatlicher Regierungsgewalt auch der plebiszitären Zustimmung in einem regionalen Referendum bedürften. Regionale und landesweite Volksabstimmungen wurden in der zweiten Hälfte des 20. Jahrhunderts zu einem festen Bestandteil britischer Verfassungsrealität.[320] Mit dem Verweis auf die uneingeschränkte Suprematie der Crown in Parliament beharrt die ganz herrschende Auffassung in Politik und Wissenschaft jedoch sowohl auf dem Ausschluß jeglicher Verpflichtung zum Abhalten einer Volksabstimmung als auch auf der Unverbindlichkeit des darin festgestellten Volkswillens.[321] Hinsichtlich einer zukünftigen Rückabwicklung der Devolutionsreformen wird jedoch ein erneuter Appell an das Volk vielfach für politisch unausweichlich gehalten.[322] Der in der letzten Zeit verstärkte Gebrauch von Volksabstimmungen zur Legitimation konstitutioneller Grundentscheidungen und die spezifische legitimatorische Fundierung der Devolutionsgesetze könnten diesen politischen Druck in der Entwicklung einer Verfassungskonventionalregel aufgehen lassen, welche besagt, daß wesentliche Modifikationen oder

---

320 *King*, Does the United Kingdom Still Have a Constitution?, S. 55 ff.; *Forman, F. Nigel*, Constitutional Change in the United Kingdom, London 2002, S. 313 ff.; *Jung, Otmar*, Direkte Demokratie in Deutschland und Großbritannien, in: Glaeßner, Gert-Joachim/ Reutter, Werner/Jeffery, Charlie (Hrsg.), Verfassungspolitik und Verfassungswandel: Deutschland und Großbritannien im Vergleich, Wiesbaden 2001, S. 143, 157 ff. Zum Referendum von 1975 über den Verbleib des Vereinigten Königreichs in der Europäischen Wirtschaftsgemeinschaft vgl. *Bridge, John W.*, Constitutional Implications for the United Kingdom of participation in regional integration in Europe, in: International Congress of Comparative Law, Bristol 1998 (Hrsg.), UK law for the millennium, London 1998, S. 1, 9 ff.
321 Vgl. *Bradley/Ewing*, Constitutional and Administrative Law, S. 75 f.; *Turpin*, British Government, S. 548 ff.; *Barnett*, Constitutional & Administrative Law, S. 222; *Munro*, Studies in Constitutional Law, S. 91; *Denver, David/Mitchell, James/Pattie, Charles/ Bochel, Hugh*, Scotland Decides – The Devolution Issue and the 1997 Referendum, London/Portland (OR) 2000, S. 179. Siehe supra Kapitel 6 § 3 B. I.
322 So etwa *Bogdanor*, Devolution and the British Constitution, S. 64; *ders.*, Devolution: Decentralisation or Disintegration?, S. 187; *ders.*, Devolution: The Constitutional Aspects, S. 13; *Forman*, Constitutional Change, S. 372; *Laffin*, Constitutional Design, S. 536. Vgl. dazu auch *Hadfield*, Foundations of Review, S. 195.

die Aufhebung der Devolutionsordnungen nicht ohne plebiszitäre Zustimmung in einem regionalen Referendum erfolgen darf.[323] Zum Teil wird sogar vertreten, daß auf der Grundlage von langsam entstehenden Verfassungskonventionalregeln oder überzeugenden Präzedenzfällen jegliche bedeutende Verfassungsänderungen[324] oder zumindest diejenigen, durch welche parlamentarische Rechtsetzungsbefugnisse an andere Organe übertragen werden,[325] dem Volk zur Abstimmung vorzulegen sind; damit bedürften auch erhebliche Modifikationen der Devolutionsstrukturen oder ihre Abschaffung zustimmender Volksabstimmungen. Praktische Unterstützung erhält diese Auffassung auch durch die Regierungsankündigungen von Referenda über den Beitritt des Vereinigten Königreichs zur europäischen Währungsunion sowie über weitere Schritte der englischen Regionalisierung.[326] Auch die Reaktion des Secretary of State for Wales, *Peter Hain*, auf die Veröffentlichung des Berichts der Richard Commission zur walisischen Devolution, in der er die Übertragung primärer Gesetzgebungskompetenzen an die Nationalversammlung für Wales von der Zustimmung der walisischen Bevölkerung in einem regionalen Referendum abhängig macht,[327] deutet auf die Entwicklung einer derartigen Verfassungskonventionalregel zumindest für den Devolutionszusammenhang hin.

Der vermehrte themenbezogene Appell an das Wahlvolk, die mögliche Verankerung des Instituts der Volksabstimmung durch Verfassungskonventionalregeln und nicht zuletzt auch ganz allgemein die Schaffung regionaler Demokratien durch die Devolutionsgesetze deuten insgesamt eine schrittweise Stärkung des Grundsatzes der Volkssouveränität im Verhältnis zur Suprematie des britischen Parlaments und damit einen stillen Verfassungswandel im Vereinigten Königreich an.[328] Diese konstitutionelle Entwicklung

---

323 So im Ansatz *Jeffery*, Britische Devolution und deutscher Föderalismus, S. 132; *Brazier*, The Constitution of the UK, S. 105. Siehe aber auch *Brazier*, Scotland Bill, S. 27.
324 *Samuels, Alec*, Is the Parliament Act 1949 valid? Could it be Challenged?, SLR 24 (2003), S. 237, 238; *Forman*, Constitutional Change, S. 319.
325 *Bogdanor, Vernon*, Our New Constitution, S. 245; *ders.*, Politics and the Constitution, S. 224; *ders.*, Power and the People, S. 124 ff. Kritisch dazu *Munro*, Power to the People, S. 580.
326 Am 20. April 2004 kündigte Premierminister *Tony Blair* im House of Commons entgegen seinen früheren deutlichen Stellungnahmen zudem die Durchführung eines Referendums über den Vertrag über eine Europäische Verfassung an; siehe FAZ vom 21.04.2004, S. 1: Blair: Laßt das Volk das letzte Wort haben; vgl. dazu auch *Heimrich, Bernhard*, Gemurmelter Nebensatz und rauchende Spuren – Blair und das EU-Referendum, FAZ vom 21.04.2004, S. 3.
327 Siehe *Peter Hain*, Secretary of State for Wales, responding to the publication of the Richard Commission on the Powers and Electoral Arrangements for the National Assembly for Wales, 31. März 2004 (erhältlich unter www.walesoffice.gov.uk/pn_20040331a.html).
328 Vgl. *Maer, Lucinda/Hazell, Robert/King, Simon/Russell, Meg/Trench, Alan/Sandford, Mark*, The Constitution: Dragging the Constitution out of the Shadows, ParlAff 57 (2004), S. 253, 255; *Jeffery*, Britische Devolution und deutscher Föderalismus, S. 132; *Hadfield*, Foundations of Review, S. 196 f.; *Sturm, Roland*, Integration – Devolution –

findet nicht nur bei denjenigen Verfassungskommentatoren Anklang, die verfassungsdogmatisch den Grundsatz der Parlamentssuprematie Beschränkungen aus demokratischen Grundwerten unterwerfen,[329] sondern fällt auch im Kontext der schottischen Devolution auf besonders fruchtbaren Boden: So hat sich bis heute vor allem in der Interpretation des Act of Union 1706 ein eigenständiges schottisches Verfassungsverständnis erhalten, welches die uneingeschränkte Parlamentssuprematie Westminsters nicht zu akzeptieren bereit ist und die Souveränität des schottischen Volkes als verfassungsrechtlich höherrangig qualifiziert;[330] darauf aufbauend betonte die Scottish Constitutional Convention, auf deren Empfehlungen wesentliche Teile der schottischen Devolution basieren, das souveräne Selbstbestimmungsrecht des schottischen Volkes.[331] Die Entscheidung der Labour-Regierung für regionale Referenda zur plebiszitären Legitimierung ihrer Dezentralisierungsreformen könnte jenseits der verfassungsorthodoxen Rhetorik in den einschlägigen White Papers dabei sogar als indirekte Bestätigung für die Anerkennung einer regionalen Volkssouveränität gewertet werden. Für eine verstärkte verfassungsrechtliche Rolle der Volksabstimmungen kann schließlich sogar *Dicey* selbst angeführt werden, der in seinem Spätwerk die strikte Trennung zwischen der rechtlichen Suprematie des Parlaments und der politischen Souveränität des Volkes aufgab – ironischerweise für den vorliegenden Zusammenhang vor allem motiviert durch seinen politischen Widerstand gegen die irische Home-Rule-Bewegung.[332]

Die Berücksichtigung außer-rechtlicher normativer Sicherungsmechanismen der britischen Verfassungsordnung zeigt, daß die Regelungsmacht der

---

Unabhängigkeit? Schottland auf dem Weg zu einer Erneuerung seines politischen Gemeinwesens, JöR NF 48 (2000), S. 351, 362 f.

329 Vgl. etwa *Hadfield*, Foundations of Review, S. 196 f.; *Allan, Trevor R. S.*, Law, Liberty, and Justice – The Legal Foundations of British Constitutionalism, Oxford 1993, S. 282 f. – *Mason, Anthony*, One Vote, One Value v. The Parliamentary Tradition – The Federal Experience, in: Forsyth, Christopher/Hare, Ivan (Hrsg.), The Golden Metwand and the Crooked Cord, Essays on Public Law in Honour of Sir William Wade QC, Oxford 1998, S. 333, 334 f., 351.

330 Vgl. *Tierney*, Constitutionalising the Role of the Judge, S. 71 ff.; *Hadfield*, Foundations of Review, S. 196; *dies.*, The Belfast Agreement, S. 610 f.; Siehe auch supra Kapitel 2 § 2 B. I. 3.

331 Siehe *Scottish Constitutional Convention*, A Claim of Right for Scotland, Edinburgh 1989: „We, gathered as the Scottish Constitutional Convention, do hereby acknowledge the sovereign right of the Scottish people to determine the form of Government suited to their needs"; *Scottish Constitutional Convention*, Scotland's Parliament. Scotland's Right, Edinburgh 1995. Vgl. dazu *Jones*, Scottish Devolution, S. 293; *Bogdanor*, Devolution in the UK, S. 289 f.; *ders.*, Our New Constitution, S. 254 f.; *MacCormick, Neil*, Questioning Sovereignty, Oxford 1999, S. 59 ff.; *ders.*, Sovereignty or Subsidiarity? Some Comments on Scottish Devolution, in: Tomkins, Adam (Hrsg.), Devolution and the British Constitution, London 1998, S. 1, 9 f.; *Tierney*, Constitutionalising the Role of the Judge, S. 72 f.; *Mey, Marcus*, Regionalismus in Großbritannien – kulturwissenschaftlich betrachtet, Berlin 2003, S. 122 ff.

332 Vgl. dazu *Weill, Rivka*, Dicey Was Not Diceyan, CLJ 62 (2003), S. 474, 486 ff.; *Bingham, Lord of Cornhill*, Dicey Revisited, PL 2002, 39, 48 ff.

Crown in Parliament hinsichtlich der Devolutionsstrukturen trotz der allseitigen Betonung der verfassungsrechtlichen Suprematie des Parlaments und der expliziten Fundierung des Regionalisierungsprozesses in diesem Verfassungsdogma in ein Netz bereits etablierter, derzeit heranreifender und möglicherweise in der Zukunft entstehender normativer Verfassungsbindungen eingebettet ist. Besondere Bedeutung kommt in diesem Zusammenhang der völkerrechtlichen Einbindung der nordirischen Devolutionsreform und der für Schottland schon weithin erstarkten Sewel Convention als politisch verbindlicher Verfassungskonventionalregel zu. Hinsichtlich der funktionsfähigen Devolutionsordnungen in Schottland und Wales zeichnet sich in der Evolution von Verfassungskonventionalregeln deutlich eine konstitutionelle Entwicklung ab, an deren Ende wesentliche Modifikationen der regionalisierten Staatsordnung durch zentralstaatliche Gesetzgebung nur mit Zustimmung der regionalen Volksvertretungen oder sogar der regionalen Wählerschaft als – in einem spezifisch britischen Sinne – ‚verfassungskonform' anzusehen wären.[333] Damit käme den Devolutionsgesetzen auf der Grundlage von Verfassungskonventionalregeln eine gegenüber der normalen zentralstaatlichen Gesetzgebung gesteigerte Bestandskraft zu.

## II. Neue Mechanismen der Verfassungsbindung: Die rechtliche Absicherung der Devolution gegenüber dem britischen Gesetzgeber

Außer-rechtliche normative Bindungen der Crown in Parliament, die eine stabilisierende Wirkung für die Devolutionsordnung entfalten, sind mit der Suprematie des britischen Parlaments auch in ihrer traditionellen Deutung stets vereinbar. Das im Anschluß an *Dicey* zum absolut herrschenden Verfassungsverständnis erstarkte und in den Devolutionsgesetzen erneut bekräftigte orthodoxe Verständnis der Parlamentssuprematie beharrt lediglich auf der rechtlich uneingeschränkten Legislativmacht der jeweils amtierenden Crown in Parliament und die Unvermögen jeglicher anderer Akteure, die Verbindlichkeit von Parlamentsgesetzen in Frage zu stellen.[334] Sowohl die völkerrechtlichen Bindungen des Vereinigten Königreichs hinsichtlich der nordirischen Devolution als auch die bereits etablierten und die sich für die Zukunft abzeichnenden Verfassungskonventionalregeln über die Wahrung regionaler Kompetenzsphären und die zentralstaatliche Modifikation des regionalisierten Staatsaufbaus stellen somit – obgleich ihnen ein erheblicher Befolgungsdruck anhaften mag – keinen direkten Angriff auf das hergebrachte Verfassungsverständnis dar. Fraglich ist jedoch, ob nicht einzelne Aspekte der

---

333 Vgl. *Bogdanor*, Devolution in the UK, S. 292.
334 Siehe dazu supra Kapitel 2 § 2 B. I. 3. und Kapitel 2 § 2 B. II. 2. (a).

neuen Devolutionsordnung – möglicherweise unbemerkt – gewisse Modifikationen der Suprematie des britischen Parlaments mit sich gebracht haben, die in einem modernen Verfassungsverständnis Berücksichtigung finden müssen. Darüber hinaus stellt sich die Frage, welche zukünftigen Verfassungsentwicklungen sich auf dem Weg zu einer verstärkten konstitutionellen Absicherung der britischen Devolution gegenüber dem britischen Gesetzgeber andeuten.

## 1. Die devolutionsbezogene Modifikation der Parlamentssuprematie

Zunächst könnte sich im Zuge der Devolutionsreformen des britischen Staatswesens ein stillschweigender Verfassungswandel ereignen, durch den das Dogma der Parlamentssuprematie gegenüber seiner orthodoxen Deutung leichte, aber zugleich nicht unbedeutende Modifikationen erfährt. Diese konstitutionellen Veränderungen könnten als verfassungsrechtlich Bindung der britischen Crown in Parliament zur Stabilisierung der britischen Devolutionsordnung beitragen.

Die ganz herrschende Auffassung in Politik[335] und Wissenschaft[336] geht davon aus, daß durch die legislative Devolution für Schottland und Nordirland in übertragenen Politikbereichen eine ‚echte' Gesetzgebungskonkurrenz zwischen Westminster und den regionalen Volksvertretungen entsteht: Die regionalen Legislativorgane in Holyrood und Stormont sind danach befugt, hinsichtlich übertragener Sachmaterien nicht nur solche gesamtbritische Gesetze aufzuheben oder zu modifizieren, die vor dem Erlaß des Scotland Act 1998 und des Northern Ireland Act 1998 verabschiedet wurden, sondern auch solche zentralstaatliche Primärgesetzgebung, die – ob mit oder ohne Zustimmung der regionalen Volksvertretungen – zeitlich nach den Devolutionsgesetzen erlassen wurde oder noch wird.[337] Hinsichtlich Nordirlands ergibt sich dieser Umstand mittelbar aus der weiten Formulierung der sec. 5(6) Northern Ire-

---

335 *Lord Sewel*, in Hansard, House of Lords Debates, Band 592, Sp. 789, 21. Juli 1998 („The Scottish parliament ... should also be able to develop and adapt any future legislation which may, for good reason, be enacted by this Parliament"); *Dewar, Donald*, in Scottish Parliament, Official Report, Band 1, Nr. 8, Sp. 360, 9. Juni 1999 („the Scottish Parliament will be able to amend or repeal legislation made at Westminster in so far as its provisions fall within this Parliament's competence. That is the case for existing legislation ... and for future acts of the UK Parliament"); *Office of the Deputy Prime Minister*, Devolution Guidance Note 13, Handling of Parliamentary Business in the House of Lords, para. 15.
336 *Lynch*, Scottish Government and Politics, S. 20 f.; *Page/Batey*, Scotland's Other Parliament, S. 523; *Winetrobe*, Counter-Devolution?, S. 291; *Bradley*, Sovereignty of Parliament, S. 53; *Barber, N. W./Young, Alison*, The Rise of Prospective Henry VIII Clauses and Their Implications for Sovereignty, PL 2003, S. 112, 122 f. *Munro*, Thoughts on the „Sewel Convention", S. 195 f. Dagegen aber *Burrows*, This is Scotland's Parliament, S. 235 f.; *Hadfield*, Foundations of Review, S. 203.
337 Spätere zentralstaatliche Gesetzgebung in übertragenen Politikbereichen unterfällt dabei zumindest hinsichtlich Schottlands der Sewel Convention. Vgl. zum gesamten Themenkomplex bereits supra Kapitel 5 § 1 B. III. 1.

land Act 1998;[338] für Schottland muß auf den Sinnzusammenhang der Delegation von Rechtsetzungsbefugnissen in sec. 28 Scotland Act 1998 und die Gesetzgebungshistorie dieser Vorschrift zurückgegriffen werden: So wurde in der Oberhausdebatte zum Scotland Bill 1997 das Amendment No. 145, welches in die spätere sec. 28(7) Scotland Act 1998 den Ausschluß der regionalen Derogation zeitlich nachfolgender zentralstaatlicher Gesetzgebung einfügen sollte, nicht angenommen.[339] Die beiden Devolutionsgesetze ermächtigen folglich das schottische Parlament und die nordirische Versammlung, in übertragenen Sachmaterien zentralstaatliche Gesetzgebung jedweden Datums zu derogieren. Es handelt sich bei der legislativen Devolution für Schottland und Nordirland mit anderen Worten um eine sehr weitreichende Variante einer ‚Henry VIII‘-Ermächtigung[340] mit zwei wichtigen Besonderheiten: Zum einen wird hier – anders als bei gewöhnlichen ‚Henry VIII‘-Klauseln – nicht die britische Exekutive mit der Befugnis zur Modifikation oder Aufhebung von Parlamentsgesetzen ausgestattet, sondern vielmehr regionale Legislativorgane mit eigenständiger demokratischer Legitimation; zum anderen bezieht sich die Derogationsermächtigung in den beiden Devolutionsgesetzen nach ganz herrschender Ansicht nicht nur retrospektiv auf bereits ergangene Primärgesetzgebung, sondern auch prospektiv auf zentralstaatliche Legislativakte, die nach 1998 erlassen wurden oder noch ergehen werden. Mit diesen beiden Spezifika sind die Devolutionsgesetze jedoch zugleich nicht vollkommen einzigartig: Zum einen können beispielsweise die Delegation von Normsetzungsbefugnissen an die Europäischen Gemeinschaften gemäß sec. 2(1) European Communities Act 1972 und die Ermächtigung des House of Commons zur alleinigen Gesetzgebung in den Parliament Acts 1911 und 1949 als äußerst umfangreiche ‚Henry VIII‘-Vorschriften verstanden werden, die nicht die britische Regierung, sondern die Gemeinschaftsorgane beziehungsweise das bri-

---

338  *Hadfield*, Foundations of Review, S. 203; *Barber, N. W./Young, Alison*, The Rise of Prospective Henry VIII Clauses and Their Implications for Sovereignty, PL 2003, S. 112, 122.
339  Siehe Hansard, House of Lords Debates, Band 592, Sp. 786 ff., 21. Juli 1998. Die Befürworter des Amendment No. 145 betonten jedoch, daß mit diesem Formulierungsvorschlag lediglich deklaratorisch die nach orthodoxem Verfassungsverständnis ohnehin unausweichliche Kompetenz des britischen Parlaments hervorgehoben werden sollte, Gesetze auf allen Politikfeldern zu erlassen, die eine spätere Derogation durch das schottische Parlament ausschließen; vgl. die Äußerungen von *Lord Mackay*, in Hansard, House of Lords Debates, Band 592, Sp. 790, 21. Juli 1998. Vgl. auch *Tierney*, Constitutionalising the Role of the Judge, S. 74 f.
340  Als ‚Henry VIII‘-Klauseln werden im britischen Verfassungsrecht solche gesetzlichen Ermächtigungen zum Erlaß von Sekundärgesetzgebung bezeichnet, die es dem Delegaten erlauben, Primärgesetze des britischen Parlaments zum modifizieren oder aufzuheben. Eingehend zu dieser Form der Normsetzungsermächtigung vgl. *Hood Phillips/Jackson/Leopold*, Constitutional and Administrative Law, Rz. 29–013; *Turpin*, British Government, S. 415; *Loewenstein, Karl*, Staatsrecht und Staatspraxis von Großbritannien, Band I (Parlament – Regierung – Parteien), Berlin (u. a.) 1967, S. 359 f.; *Rippon, Lord of Hexham*, Henry VIII Clauses, SLR 10 (1989), S. 205 – 207; *Barber/Young*, Rise of Prospective Henry VIII Clauses, S. 112 ff.; *Marshall, Geoffrey*, Metric Measures and Martyrdom by Henry VIII Clause, LQR 118 (2002), S. 493, 496 ff.

tische Unterhaus als Delegaten ausweisen.[341] Zum anderen finden sich in der jüngeren Verfassungsgeschichte auch eine ganze Reihe anderer ‚Henry VIII'-Klauseln – und sec. 2 European Communities Act 1972 sowie die Parliament Acts 1911 und 1949 zählen dazu –, die es dem Delegaten erlauben sollen, nachfolgende Westminster-Gesetzgebung zu modifizieren oder aufzuheben, und damit auf prospektive Wirkung angelegt sind.[342]

Die beinahe einhellige Annahme einer Modifikationsbefugnis Holyroods und Stormonts hinsichtlich den Devolutionsgesetzen zeitlich nachfolgender Primärgesetzgebung Westminsters in übertragenen Politikbereichen wirft die Frage auf, ob die prospektiven ‚Henry VIII'-Klauseln der schottischen und der nordirischen Devolution mit dem orthodoxen Verständnis der britischen Parlamentssuprematie harmonieren. Die Antwort ist in der Doktrin des ‚implied repeal' – der impliziten Derogation – zu suchen, welche einen integralen Bestandteil des traditionellen britischen Verfassungsverständnisses bildet.[343] Als Ausdruck der fundamentalen Grundregel, daß kein Parlament seine Nachfolger rechtlich binden kann und jedem amtierenden Parlament die rechtlich uneingeschränkte Gesetzgebungsfreiheit zusteht, sind danach inhaltliche Widersprüche zwischen verschiedenen Parlamentsgesetzen stets zugunsten des zeitlich späteren Legislativaktes aufzulösen, auch wenn eine solche Derogationswirkung und die dahinterstehende Modifikationsintention im Wortlaut des zeitlich nachfolgenden Gesetzes nicht ausdrücklich hervortreten; der frühere Rechtsakt gilt in solchen Fällen als implizit – oder konkludent – derogiert.[344] Im vorliegenden Zusammenhang stellt sich die Frage, ob aufgrund der Doktrin des ‚implied repeal' spätere Parlamentsgesetze in ihrem Regelungsbereich frühere ‚Henry VIII'-Klauseln, die prospektiv zu ihrer nachträglichen Modifikation ermächtigen, implizit verdrängen. Damit bliebe eine echte prospektive Wirkung solcher Normsetzungsermächtigungen durch die unveräußerliche Parlamentssuprematie stets ausgeschlossen. Inwieweit prospektive ‚Henry VIII'-Klauseln mit der orthodoxen Verfassungslehre vereinbar sind, hängt daher entscheidend von der genauen Reichweite der Doktrin des ‚implied repeal' im Rahmen des traditionellen Verfassungsverständnisses ab.

Die Doktrin des ‚implied repeal' läßt innerhalb der herrschenden Verfassungsorthodoxie zwei unterschiedliche Deutungen zu, welche hinsichtlich der

---

341 So auch *Barber/Young*, Rise of Prospective Henry VIII Clauses, S. 117 ff., 121 f.
342 Siehe beispielsweise sec. 8 Counter-Inflation Act 1973; sec. 26 Local Government Act 1992; sec. 163 Finance Act 1998; sec. 10 Human Rights Act 1998; sec. 63 f. Health Act 1999; sec. 8 und 15 Electronic Communications Act 2000; sec. 1 Regulatory Reform Act 2001. Vgl. dazu *Barber/Young*, Rise of Prospective Henry VIII Clauses, S. 119 ff.; *Marshall*, Metric Measures and Martyrdom by Henry VIII Clause, S. 497 f.
343 Siehe dazu supra Kapitel 2 § 2 B. I. 3.
344 Ausführlich zur Doktrin des ‚implied repeal' als britische Version des Rechtsgedankens ‚lex posterior derogat legi priori' *Bradley/Ewing*, Constitutional and Administrative Law, S. 59 f.; *Hood Phillips/Jackson/Leopold*, Constitutional and Administrative Law, Rz. 4–002 ff.; *Barnett*, Constitutional & Administrative Law, S. 197 f.; *Loveland*, Constitutional Law, S. 31 f.

prospektiven Wirkung von ‚Henry VIII'-Klauseln zu abweichenden Ergebnissen führen. Diese können als ‚subject-matter model' und ‚conflict of norms model' bezeichnet werden.[345] Das ‚subject-matter model' bietet eine restriktive Interpretation des ‚implied repeal' und geht erst dann von einer impliziten Derogation früherer Rechtsvorschriften durch einen späteren Legislativakt aus, wenn beide Normen denselben Regelungsgegenstand betreffen und sich dabei ein Rechtsfolgenkonflikt ergibt.[346] Da sich die gesetzliche Ermächtigung zur Modifikation zukünftiger Primärgesetzgebung und der betroffene spätere Legislativakt in der Regel nicht auf denselben Regelungsgegenstand beziehen, steht die Doktrin des ‚implied repeal' nach dieser Auffassung der prospektiven Wirkung von ‚Henry VIII'-Klauseln grundsätzlich nicht entgegen.[347] Das ‚conflict of norms model' basiert auf einem extensiveren Verständnis der Doktrin des ‚implied repeal' und verlangt für die implizite Derogation einer früher erlassenen Rechtsnorm lediglich einen Rechtsfolgenkonflikt zwischen dieser und einem späteren Legislativakt.[348] Ein solcher ergibt sich bei der exekutiven Modifikation eines Parlamentsgesetzes aufgrund einer zeitlich vorangegangenen ‚Henry VIII'-Ermächtigung aus dem inhaltlichen Widerspruch zwischen dem Gesetz und seiner Novellierung, gepaart mit dem Umstand, daß der Modifikation lediglich die Rechtskraft seiner Ermächtigungsgrundlage – also eines zeitlich früheren Parlamentsgesetzes – zukommen kann.[349] Damit

---

345 So die Terminologie bei *Barber/Young*, Rise of Prospective Henry VIII Clauses, S. 115 ff.
346 Teilweise ohne nähere Erklärung wird dieser Ansatz vertreten von *Ellis, Evelyn*, Supremacy of Parliament and European Law, LQR 96 (1980), S. 511, 513 f.; *Barber/Young*, Rise of Prospective Henry VIII Clauses, S. 115 f., 126 f.; *Munro*, Thoughts on the „Sewel Convention", S. 195; *Laws L.J.* in *Thoburn v. Sunderland City Council* [2002] 3 WLR 247, Rz. 50 ff.
347 *Laws L.J.* in *Thoburn v. Sunderland City Council* [2002] 3 WLR 247, Rz. 50: „Generally, there is no *inconsistency* between a provision conferring a Henry VIII power to amend future legislation and the terms of any such future legislation." Vgl. dazu *Barber/Young*, Rise of Prospective Henry VIII Clauses, S. 115 f.
348 Dieser Ansatz wird – teilweise ebenfalls ohne eingehende Erörterung – vertreten von *Loveland*, Constitutional Law, S. 31 f.; *Marshall*, Metric Measures and Martyrdom by Henry VIII Clause, S. 498 f.; *Burrows*, This is Scotland's Parliament, S. 236; *Perreau-Saussine, Amanda*, A Tale of Two Supremacies, Four Greengrocers, a Fishmonger, and the Seeds of a Constitutional Court, CLJ 61 (2002), S. 527, 528 f.; *Campbell, David/ Young, James*, The metric martyrs and the entrenchment jurisprudence of Lord Justice Laws, PL 2002, S. 399, 402. Vgl. dazu auch *Barber/Young*, Rise of Prospective Henry VIII Clauses, S. 115.
349 Vgl. *Marshall*, Metric Measures and Martyrdom by Henry VIII Clause, S. 498 f.: „Throughout the debate on Henry VIII clauses it was always supposed that the rationale for explaining the ability of a subordinate instrument to trump an existing primary enactment was that it was for that limited purpose endowed with the authority of the parent Act and could prevail only because the parent Act had been enacted subsequently to the modified statutory provision and was for that reason of superior authority to it. But that rationale would not be available to explain the modification by subordinate legislation of a statute enacted subsequently to the parent Act conferring the Henry VIII power. The subordinate legislation, it was supposed, could do no more than the parent Act; and if … a statute could not control or nullify the content of future

schließt das ‚conflict of norms model' die prospektive Wirkung von ‚Henry VIII'-Klauseln als Verstoß gegen die Doktrin des ‚implied repeal' und den Verfassungsgrundsatz der jederzeit uneingeschränkten Parlamentssuprematie aus.

Die Vertreter des ‚subject-matter model' führen zu seiner Begründung – soweit sie ihre Auffassung überhaupt erklären – den Mangel an Präjudizierung des Problemkreises durch gerichtliche oder wissenschaftliche Autoritäten,[350] den zumindest in manchen konstitutionellen Zusammenhängen – wie etwa dem europäischen Integrationsprozeß oder dem Grundrechtsschutz – erheblichen verfassungsgestalterischen Nutzen prospektiver ‚Henry VIII'-Klauseln[351] sowie ihren tatsächlichen ausdrücklichen Gebrauch in der legislativen Praxis[352] an. Schließlich weisen sie darauf hin, daß für einen ‚implied repeal' ein Normenwiderspruch zwischen zwei Parlamentsgesetzen feststellbar sein müsse; dieser liege jedoch in den fraglichen Fallgestaltungen deshalb nicht vor, weil eine Ermächtigung zum Normerlaß und eine spätere materielle Regelung in keiner Weise kollidieren könnten.[353] Insbesondere auf der Grundlage dieser letzten Argumentation gelangt *Laws L.J.* im Fall *Thoburn* (2002) zu dem Ergebnis, daß sec. 1 Weights and Measures Act 1985 keine implizite Derogation der weitreichenden ‚Henry VIII'-Klausel in sec. 2(2) i.V.m. sec. 2(4) European Communities Act 1972 bewirkt und die auf der Basis dieser Ermächtigungsgrundlage durch die britische Regierung zur Umsetzung von Gemeinschaftsrichtlinien erlassenen Units of Measurements Regulations 1994 eine wirksame Modifikation des Weights and Measures Act 1985 darstellen.[354]

Während der tatsächliche Erlaß und der teilweise wohl beträchtliche verfassungsgestalterische Nutzen von ‚Henry VIII'-Klauseln, welche bewußt auf eine prospektive Wirkung angelegt sind, keinerlei Aussage über deren Vereinbarkeit mit dem Verfassungsdogma der Parlamentssuprematie treffen können, müssen der konstitutionellen Zweckdienlichkeit in einigen Zusammenhängen solcher Ermächtigungen vor allem auch ihre beträchtlichen Gefahren in demokratischer und rechtsstaatlicher Hinsicht gegenübergestellt

---

legislation it could not authorise a delegate to do so .... In the case of Henry VIII clauses the sovereignty of Parliament ..., as conventionally understood, ... probably ... precludes the possibility that a Henry VIII order could prevail against the implied repealing force of a plainly inconsistent future statute."
350 *Barber/Young*, Rise of Prospective Henry VIII Clauses, S. 115.
351 *Barber/Young*, Rise of Prospective Henry VIII Clauses, S. 123 ff., 127.
352 *Barber/Young*, Rise of Prospective Henry VIII Clauses, S. 126 f. Die Autoren deuten dabei jedoch auch an, daß es sich bei der Adoption des ‚subject-matter model' aufgrund des tatsächlichen Erlasses ausdrücklich prospektiver ‚Henry VIII'-Klauseln um eine Umdeutung der traditionellen Parlamentssuprematie handeln könnte.
353 *Ellis*, Supremacy of Parliament and European Law, S. 513; *Munro*, Thoughts on the „Sewel Convention", S. 195; *Barber/Young*, Rise of Prospective Henry VIII Clauses, S. 115 f.
354 *Laws L.J.* in *Thoburn v. Sunderland City Council* [2002] 3 WLR 247, Rz. 50 ff. Zum dieser Entscheidung zugrunde liegenden Sachverhalt vgl. *Perreau-Saussine*, A Tale of Two Supremacies, S. 527 f.; *Campbell/Young*, The metric martyrs, S. 399 ff.

werden. Eine pauschale Feststellung der Vereinbarkeit jeglicher prospektiver ‚Henry VIII'-Klauseln mit der Suprematie des britischen Parlaments vermögen diese Argumente daher nicht zu tragen.[355] Der weitere Hinweis, daß kein inhaltlicher Widerspruch zwischen einer Ermächtigung zum Normerlaß und einer späteren materiellen Regelung bestehe, bleibt allzu formal, da die aufgrund einer prospektiven ‚Henry VIII'-Klausel erlassene Modifikation eines späteren Parlamentsgesetzes ihre Rechtskraft nur aus ihrer gesetzlichen Ermächtigungsgrundlage erlangen kann, daher hinsichtlich der Zeitabfolge dieser zugerechnet werden muß und damit in die Ermittlung einer inhaltlichen Normenkollision zwischen zwei Parlamentsakten notwendigerweise einzubeziehen ist.[356] Das traditionelle Verfassungsverständnis im Vereinigten Königreich beruht vielmehr gerade auf dem Gedanken, daß zu jedem denkbaren Zeitpunkt der in Gesetzesform gegossene Wille des amtierenden Parlaments mit der höchsten denkbaren Rechtskraft ausgestattet ist und daher von den Gerichten befolgt werden muß.[357] Mit anderen Worten: „Whatever the Queen in Parliament enacts is law"[358]. Während der ‚new view' der Parlamentssuprematie ‚manner and form'-Bindungen zukünftiger Parlamente beziehungsweise Neudefinitionen des gesetzgebenden Organs – und als solche könnten auch prospektive ‚Henry VIII'-Klauseln qualifiziert werden – zulassen möchte, geht die herrschende orthodoxe Verfassungslehre von einer unveräußerlich fortlebenden Regelungsmacht des britischen Parlaments aus.[359] Das traditionelle Verfassungsverständnis verlangt somit die unbeschränkte Wirksamkeit des letzten legislativ geäußerten Willens der Crown in Parliament und muß daher davon ausgehen, daß eine materielle Regelung eines Parlamentsgesetzes eine frühere prospektive ‚Henry VIII'-Klausel sowie den späteren normsetzenden Gebrauch dieser Ermächtigungsgrundlage verdrängt und damit – im Anwendungsbereich des zeitlich nachfolgenden Gesetzes – implizit derogiert.[360] Daß das ‚subject-matter model' eine nach orthodoxer Verfassungslehre undenkbare Selbstbindung des britischen Parlaments ermöglichen wür-

---

[355] Dieses Argumentationsdefizit wird besonders deutlich bei *Barber/Young*, Rise of Prospective Henry VIII Clauses, S. 126f., die – wohl zurecht – den verfassungsgestaltenden Nutzen prospektiver ‚Henry VIII'-Klauseln in den Parliament Acts 1911 und 1949, dem European Communities Act 1972 sowie den Devolutionsgesetzen betonen, deren Befürwortung des ‚subject-matter model' jedoch eine generelle Vereinbarkeit aller prospektiver ‚Henry VIII'-Klauseln mit der Parlamentssuprematie mit sich bringt.
[356] Vgl. *Marshall*, Metric Measures and Martyrdom by Henry VIII Clause, S. 498f.
[357] *Dicey*, Introduction, S. 40 („Any Act of Parliament, or any part of an Act of Parliament, which makes new law, or repeals or modifies an existing law, will be obeyed by the courts."); *Wade, H. William R.*, The Basis of Legal Sovereignty, CLJ 14 (1955), S. 172, 176 („the will of an earlier Parliament must give way to the will of a later Parliament"); *Hood Phillips/Jackson/Leopold*, Constitutional and Administrative Law, Rz. 3–013 ff.; *Barber, N. W.*, Sovereignty Re-examined: The Courts, Parliament, and Statutes, OJLS 20 (2000), S. 131, 134; *Barber/Young*, Rise of Prospective Henry VIII Clauses, S. 114.
[358] *Hart, Herbert L. A.*, The Concept of Law, 2. Auflage, Oxford 1994, S. 148; siehe auch S. 100ff.
[359] Siehe supra Kapitel 2 § 2 B. II. 2. (b) (i).
[360] *Marshall*, Metric Measures and Martyrdom by Henry VIII Clause, S. 498f.

de, macht auch ein anderer Blickwinkel deutlich: Zur Derogation prospektiver ‚Henry VIII'-Klauseln wäre das Parlament nach dem ‚subject-matter model' genötigt, entweder explizit die frühere Ermächtigung aufzuheben oder einzuschränken oder sich zumindest eindeutig auf ihren Regelungsgegenstand – also die Autorisierung zum Normerlaß – zu beziehen; letztere Alternative kommt für die gesetzgeberische Praxis dem Erfordernis einer expliziten Derogation gleich, welches gerade von der Doktrin des ‚implied repeal' ausgeschlossen werden soll. Aufgrund dieses Zwangs für das Parlament, seinen neusten legislativen Willen in einer bestimmten Form zu erlassen, bewirkt daher eine prospektive ‚Henry VIII'-Klausel nach dem ‚subject-matter model' eine nach dem herrschenden Verfassungsverständnis wirkungslose ‚manner and form'-Beschränkung parlamentarischer Rechtsetzungsmacht.[361] Erkennt man demzufolge in prospektiven ‚Henry VIII'-Klauseln Versuche der Selbstbindung des britischen Parlaments hinsichtlich der Form zukünftiger Gesetzgebung, so erweist sich auch das Argument der Vertreter des ‚subject-matter model', die konstitutionelle Rechtsprechung, Praxis und Lehre ließen die Entscheidung für eine der beiden Deutungen des ‚implied repeal' völlig offen, als verfehlt: Die zur Begründung der Doktrin des ‚implied repeal' allseits angeführten Entscheidungen in den Fällen *Vauxhall Estates* (1932)[362] und *Ellen Street* (1934)[363] behandelten – nachdem die Kläger die Möglichkeit eines späteren ‚express repeal' für alle Fälle zugestanden hatten – gerade die Frage, ob durch eine Klausel in einem Gesetz dessen zukünftige implizite Derogation ausgeschlossen und damit späteren Parlamenten eine Bindung hinsichtlich der legislativen Form auferlegt werden kann.[364] Diese Frage wurde mit deutlichen Worten und unmittelbarer Relevanz für den Problemkreis prospektiver ‚Henry VIII'-Klauseln verneint:

> *„The legislature cannot, according to our constitution, bind itself as to the form of subsequent legislation, and it is impossible for Parliament to enact that in a subsequent statute dealing with the same subject-matter there can be no implied repeal. If in a subsequent Act Parliament chooses to make it plain that the earlier statute is to some extent repealed, effect must be given to that intention just because it is the will of the legislature."*[365]

---

361 *Perreau-Saussine*, A Tale of Two Supremacies, S. 528 f.; *Marshall*, Metric Measures and Martyrdom by Henry VIII Clause, S. 498 f. An der Wirkungslosigkeit von ‚manner and form'-Beschränkungen zukünftiger Parlamente zweifelt auch nicht Laws L.J. im Fall *Thoburn v. Sunderland City Council* [2002] 3 WLR 247, Rz. 59: „Parliament ... cannot stipulate as to the manner and form of any subsequent legislation. It cannot stipulate against implied repeal any more than it can stipulate against express repeal."
362 *Vauxhall Estates Ltd. v. Liverpool Corporation* [1932] 1 KB 733.
363 *Ellen Street Estates Ltd. v. Minister of Health* [1934] 1 KB 590.
364 So sehr deutlich *Wade, H. William R.*, The Basis of Legal Sovereignty, CLJ 14 (1955), S. 172, 176.
365 *Maugham L.J.* in *Ellen Street Estates Ltd. v. Minister of Health* [1934] 1 KB 590, 597.

Daß das ‚conflict of norms model' auf der Grundlage eines traditionellen Verfassungsverständnisses die einzig richtige Interpretation der Doktrin des ‚implied repeal' zu liefern imstande ist, macht schließlich auch die in Rechtsprechung und Wissenschaft überaus lang und intensiv geführte Debatte über die konstitutionelle Verwirklichung des Vorrangs des europäischen Gemeinschaftsrechts in der britischen Rechtsordnung deutlich: Entgegen vereinzelten Zweifeln[366] lag diesem Verfassungsdiskurs stets die zumeist unausgesprochene Prämisse zugrunde, daß sich ein europarechtswidriges Parlamentsgesetz, welches nach dem European Communities Act 1972 erlassen wurde, nach orthodoxer Verfassungslehre gegenüber einer entgegenstehenden Gemeinschaftsnorm und der Ermächtigungsvorschrift in sec. 2(1) i.V.m. sec. 2(4) European Communities Act 1972 durchsetzen müßte, diese also durch ein entgegenstehendes späteres Gesetz implizit derogiert werden. Die wohl bedeutsamste verfassungsrechtliche Auseinandersetzung des 20. Jahrhunderts im Vereinigten Königreich wäre auf der Grundlage des ‚subject-matter model' nicht nachvollziehbar: Da eine spätere materielle Bestimmung in einem britischen Parlamentsgesetz und die Ermächtigung zur Normsetzung an die Europäischen Gemeinschaften im European Communities Act 1972 nicht denselben Regelungsgegenstand aufweisen, käme es nach diesem Ansatz zu keiner Normenkollision, auf welche die Doktrin des ‚implied repeal' zur Anwendung gelangen könnte. Daß der Vorrang des Gemeinschaftsrechts jedoch nur entgegen dem tradierten Verständnis dieser Kollisionsregel verwirklicht werden kann, belegt das heute von praktisch allen Verfassungskommentatoren auf unterschiedlichsten dogmatischen Wegen[367] erlangte Ergebnis, daß der Integrationshebel der sec. 2(1) i.V.m. sec. 2(4) European Communities Act 1972 spätestens seit der Entscheidung des House of Lords im Falle *Factortame (No. 2)* (1991)[368] nicht mehr dem Grundsatz des ‚implied repeal' unterliegt.[369] Auch der in *Thoburn* (2002) das ‚subject-matter model' favorisierende Richter *Laws L.J.* bekennt sich in seinen außer-gerichtlichen Publikationen zu dieser Verfassungsdeutung im Rahmen des von ihm vertretenen ‚construction approach' zum Verhältnis zwischen der britischen Rechtsordnung und dem europäischen Gemeinschaftsrecht.[370]

---

366 Im Sinne eines ‚subject-matter model' in diesem Verfassungsdiskurs etwa *Ellis*, Supremacy of Parliament and European Law, S. 513.
367 Zu den verschiedenen konstitutionellen Konstruktionsversuchen siehe Kapitel 2 § 2 B. II. 2. (b) (iii).
368 *R. v. Secretary of State for Transport, ex parte Factortame Ltd.* [1991] 1 AC 603.
369 *Craig, Paul P.*, Britain in the European Union, in: Jowell, Jeffrey/Oliver, Dawn (Hrsg.), The Changing Constitution, 5. Auflage, Oxford 2004, S. 88, 102; *ders.*, Sovereignty of the United Kingdom Parliament after *Factortame*, YBEL 11 (1991), S. 221, 251; *Foster, Nigel*, Großbritannien und die Europäische Union: Verfassungsrechtliche Aspekte des Beitritts und der Mitgliedschaft, AJP 1998, S. 409, 416; *MacCormick*, Questioning Sovereignty, S. 73, 88 f.
370 *Laws, John*, Law and Democracy, PL 1995, S. 72, 89: „... the House of Lords" acknowledgement of the force of European law means that the rule of construction implanted by sec. 2(4) [European Communities Act 1972] cannot be abrogated by an implied repeal".

Harmoniert somit allein das ‚conflict of norms model' des ‚implied repeal' mit der orthodoxen britischen Verfassungslehre, so widerspricht zunächst auch eine Befugnis der schottischen und nordirischen Legislativorgane, zentralstaatliche Gesetzgebung in übertragenen Sachmaterien, die nach den Devolutionsgesetzen erlassen wird, nachträglich zu modifizieren, dem traditionellen Verfassungsdogma der Parlamentssuprematie. Diesem zufolge müßten britische Gesetze, welche nach Erlaß der Devolutionsgesetze übertragene Sachmaterien einer gesamtbritischen Regelung zuführen und hinsichtlich Schottlands in der Praxis entsprechend der Sewel Convention ergehen, als jüngste legislative Willensäußerung der Crown in Parliament absolute Rechtskraft entfalten, die vorangegangene Delegation von Normsetzungskompetenzen in den Devolutionsgesetzen implizit verdrängen und daher auch im Kollisionsfalle mit zeitlich nachfolgender regionaler Gesetzgebung Bestand haben.[371] Der mit Zustimmung Holyroods im Einklang mit der Sewel Convention erfolgende Erlaß zentralstaatlicher Gesetzgebung in übertragenen Politikbereichen müßte demnach zu einer schrittweisen Verkürzung der regionalen Kompetenzsphären führen; die scheinbar ‚echte' Legislativkompetenzkonkurrenz des Scotland Act 1998 und des Northern Ireland Act 1998 entpuppt sich dann aber als ein der deutschen konkurrierenden Gesetzgebung unmittelbar vergleichbares Vorrangverhältnis zwischen zentralstaatlicher und regionaler Legislativtätigkeit.

In der beinahe einhellig vertretenen ‚echten' Gesetzgebungskompetenz in übertragenen Sachmaterien zwischen Westminster auf der einen Seite und Holyrood und Stormont auf der anderen liegt somit gegenüber der britischen Parlamentssuprematie in ihrer orthodoxen Gestalt eine bedeutsame konstitutionelle Weiterentwicklung, die als solche – ähnlich dem Vorrang des Gemeinschaftsrechts in der britischen Rechtsordnung – einer neuen konstitutionellen Erklärung bedarf. Diese muß verständlich machen, warum durch spätere zentralstaatliche Gesetzgebung auf übertragenen Politikfeldern – entgegen dem traditionellen Verständnis dieses Grundsatzes – kein ‚implied repeal' der prospektiven Normsetzungsermächtigungen in den Devolutionsgesetzen bewirkt wird. Demselben Begründungszwang unterliegen auch alle anderen prospektiven ‚Henry VIII'-Klauseln, wie etwa die Ermächtigungen der britischen Regierung zur Modifikation von Primärgesetzgebung bei der Umsetzung von Gemeinschaftsrecht[372] und der Heilung von Grundrechtsverstößen[373], wenn sie nicht als Verstöße gegen die Parlamentssuprematie der Wirkungslosigkeit anheim fallen sollen. Im Zusammenhang mit den Verfassungsdiskursen über die Möglichkeiten parlamentarischer Selbstbindung, den Grundrechtsschutz gegenüber der Crown in Parliament sowie die Verwirklichung des gemeinschaftsrechtlichen Vorrangs hat die britische Verfassungslehre eine ganze

---

371 In diesem Sinne *Burrows*, This is Scotland's Parliament, S. 235f.; *Hopkins, John*, Devolution from a Comparative Perspective, EPL 4 (1998), S. 323, 325. So hinsichtlich der schottischen Devolution auch *Hadfield*, Foundations of Review, S. 203.
372 Sec. 2(2) i.V.m. sec. 2(4) European Communities Act 1972.
373 Sec. 10 Human Rights Act 1998.

Reihe rivalisierender Erklärungsversuche für derartige konstitutionelle Wandlungsprozesse hervorgebracht.[374] Diese können sinngemäß auf die Devolutionsordnung übertragen werden. Die auf *Sir William Wade* zurückgehende These von der Legalrevolution[375] könnte in zukünftigen Gerichtsentscheidungen, die regionalen Modifikationen von nach 1998 erlassener zentralstaatlicher Gesetzgebung in übertragenen Sachmaterien Rechtskraft zugestehen, eine außer-rechtliche, rein politische Veränderung der ‚Rule of Recognition' durch die britische Judikative – mithin eine stille Legalrevolution – erblicken. Nach dem ‚new view' der Parlamentssuprematie[376] läge in der legislativen Devolution für Schottland und Nordirland eine rechtlich wirksame Selbstbindung der Crown in Parliament hinsichtlich der Form zukünftiger Gesetzgebung, welche eine Beschneidung regionaler Gesetzgebungskompetenzen bewirken soll. Auch der mit Blick auf sec. 2(4) European Communities Act 1972 entwickelte ‚construction approach'[377] ließe sich auf die Devolutionsordnung anwenden, indem man aufgrund der Normsetzungsermächtigungen in den Devolutionsgesetzen zukünftiger Gesetzgebung in übertragenen Sachmaterien die gesetzgeberische Intention unterstellen könnte, die Rechtsetzungskompetenzen der regionalen Legislativorgane unangetastet zu lassen. Obgleich die These von der Legalrevolution die zentrale Rolle der Gerichte in der Weiterentwicklung der britischen Verfassungsordnung zu Recht betont, qualifiziert sie den konstitutionellen Wandel als rechtlich und prinzipiell ungebundene, rein politische Entscheidung der judikativen Gewalt und eignet sich daher nur sehr beschränkt zur Erklärung eines mittelbar und unmittelbar demokratisch legitimierten und von bedeutsamen konstitutionellen Werten gestützten Prozesses verfassungsrechtlicher Veränderung. Der ‚new view' und der ‚construction approach' können sich im Devolutionszusammenhang insbesondere aufgrund der sec. 28(7) Scotland Act 1998 und sec. 5(6) Northern Ireland Act 1998 lediglich auf sehr schwache sprachliche Indizien für eine ‚echte' Gesetzgebungskonkurrenz stützen, auch wenn letzterem Ansatz der hilfreiche Gedanke entnommen werden kann, daß zukünftige britische Parlamente durch legislative Tätigkeit in übertragenen Sachmaterien möglicherweise keine Intention zur Modifikation der Devolutionsordnung besitzen. Einen alternativen Erklärungsversuch für eine devolutionsbezogene Veränderung der Parlamentssuprematie könnten die Vertreter des im argumentativen

---

374 Siehe dazu supra Kapitel 2 § 2 B. II. 2. (b).
375 Vgl. *Wade, H. William R.*, Sovereignty – Revolution or Evolution?, LQR 112 (1996), S. 568, 568 ff.
376 Vgl. *Heuston, R. F. V.*, Essays in Constitutional Law, 2. Auflage, London 1964, S. 6 f.; *Jennings*, Law and Constitution, S. 140 ff.; *Marshall, Geoffrey*, Constitutional Theory, Oxford 1971, S. 41 ff.; ders., Parliamentary Sovereignty: The New Horizons, PL 1997, S. 1, 4 f.; *de Smith/Brazier*, Constitutional and Administrative Law, S. 93 ff.
377 Vgl. *Laws*, Law and Democracy, S. 89; *Factortame Ltd. v. Secretary of State for Transport* [1990] 2 AC 85, 96, 140 (*David Vaughan Q.C.* und *Lord Bridge*).

Detail äußerst heterogenen ‚Common Law Constitutionalism'[378] liefern. Dieser Ansatz versteht die Suprematie des britischen Parlaments als einen Grundsatz des Common Law, der – wie alle Normen dieses Regelungsgefüges – einem dynamischen Prozeß prinzipiengeleiteter Weiterentwicklung durch judikative Rechtsfortbildung unterliegt. Dieser konstitutionelle Wandel wahrt – anders als die stille Legalrevolution in *Wade*s Theorie – die Verfassungskontinuität des Vereinigten Königreichs. Die Fundierung der britischen Verfassungsordnung im adaptionsfähigen Common Law verbindet so problematische Verfassungsaspekte wie etwa die zum Schutz von Grundrechten richterrechtlich entwickelte Prioritätsregel des ‚principle of legality' und die Realisierung des Vorrangs des europäischen Gemeinschaftsrechts vor der nationalen Rechtsordnung zu einem ganzheitlichen Verfassungsverständnis. Dabei vermag der ‚Common Law Constitutionalism' im derzeitigen Evolutionsstadium der britischen Verfassung sowohl die allseits betonte Letztentscheidungsmacht des demokratisch legitimierten Parlaments in allen Angelegenheiten zu achten als auch einen dogmatischen Ansatzpunkt für neuere Verfassungsentwicklungen bereitzustellen. Für eine beschränkte Modifikation der Parlamentssuprematie im Kontext der legislativen Devolution für Schottland und Nordirland, durch welche zentralstaatliche Gesetzgebung in übertragenen Sachmaterien keine implizite Derogation der Kompetenzübertragungen an das schottische Parlament und die nordirische Versammlung bewirken, bietet der ‚Common Law Constitutionalism' eine überzeugende verfassungsdogmatische Konstruktion: Das Common Law könnte den Grundsatz entwickeln, daß die Crown in Parliament in die legislativen Kompetenzsphären Holyroods und Stormonts zukünftig nur noch durch ausdrückliche oder zumindest hinreichend spezifische Modifikation der Devolutionsgesetze einzugreifen imstande ist; letztere Konstellation läge jedoch wohl nur in solchen Fällen vor, in denen das Parlament eine Regelung hinsichtlich übertragener Angelegenheiten erläßt, die sich nach ihrem Wortlaut eindeutig gegenüber späteren regionalen Legislativakten durchsetzen soll. Dieser Verfassungswandel im Common Law könnte sich – wie die Veränderung der Parlamentssuprematie durch den britischen Beitritt zu den Europäischen Gemeinschaften – auf eine bewußte Entscheidung des britischen Parlaments zur Umgestaltung der britischen Verfassungslandschaft stützen, welche überdies auch in der betroffenen Bevölkerung unmittelbare Zustimmung gefunden hat. Darüber hinaus würden die Gerichte durch diese vorsichtige Umdeutung der Parlamentssuprematie nicht nur die verfassungsgestalterische Letztentscheidungsmacht der Crown in Parliament wahren, welche sich weiterhin in einer ausdrücklichen oder hinreichend spezifischen Modifikation der regionalen Zuständigkeiten manifestieren könnte, sondern sie würden auch das den Devolutions-

---

378 Zu dieser äußerst heterogenen Meinungsgruppe siehe supra Kapitel 2 § 2 B. II. 2. (b) (ii). Für Erklärungen des Vorrangs des europäischen Gemeinschaftsrechts im Sinne dieses Verfassungsverständnisses vgl. *Allan, Trevor R. S.*, Parliamentary Sovereignty: Law, Politics and Revolution, LQR 113 (1997), S. 443, 445; *Craig*, Britain in the EU, S. 105 f.

gesetzen und den Verfassungskonventionalregeln der Devolutionsordnung zugrundeliegende Prinzip der regionalen Autonomie wahren. In der Anerkennung einer solchen – sachlich beschränkten – Prioritätsregel des Common Law zugunsten der vertikalen Legislativkompetenzverteilung des schottischen und des nordirischen Devolutionsgesetzes läge gegenüber dem orthodoxen Verfassungsverständnis eine entscheidende konstitutionelle Neuerung, da letzteres die Gerichte nur mit der judikativen Ausführung des jüngsten gesetzgeberischen Willens der Crown in Parliament betraut.[379]

Ob die britischen Gerichte in der legislativen Devolution für Schottland und Nordirland eine ‚echte' Gesetzgebungskonkurrenz hinsichtlich übertragener Sachmaterien erkennen werden und – wenn ja – auf welchem dogmatischem Wege sie zu diesem Ergebnis gelangen, bleibt gegenwärtig noch ungewiß. Die Etablierung eines diesbezüglichen Verfassungswandels in der Rechtsprechung muß jedoch angesichts des deutlich herrschenden Verständnisses der Devolutionsordnung in Politik und Wissenschaft als überaus wahrscheinlich angesehen werden. Der bedeutsame Einfluß dieses Meinungsumfeldes und der konstitutionellen Werte, welche der Devolution im allgemeinen und einer derartigen devolutionsbezogenen Modifikation der Parlamentssuprematie im besonderen zugrunde liegen, wird verständlich, wenn das Dogma der Suprematie der Crown in Parliament als zentrale Konventionalregel der britischen Verfassungsordnung gedeutet wird. *Geoffrey Wilson* beschrieb diesen konstitutionellen Zusammenhang in seiner berühmt gewordenen Erklärung der britischen Parlamentssuprematie:

> „*There can in a strict sense be no legal authority for the doctrine [of the sovereignty of Parliament]. It is an example of what is traditionally called a constitutional convention. That it is regarded as a basic convention by the present generation of judges does not make it any more immune to change than any other part of the unwritten constitution. It is a convention which is the product of historical development and of a view of the constitution which has for some time now been handed down without serious questioning from textbook to textbook, but its real strength lies in the principles underlying it and the views and values which those principles express. Should they change the doctrine may well turn out to be less sacrosanct than the authorities would have us believe.*"[380]

Den vorzugswürdigen verfassungsdogmatischen Weg zur Erklärung einer devolutionsbezogenen Modifikation der Parlamentssuprematie durch die Anerkennung einer ‚echten' Gesetzgebungskonkurrenz liefert dabei der ‚Common Law Constitutionalism'. Ein solcher Ansatz könnte sich nicht nur

---

379 Zum Unterschied zwischen reinen Auslegungsmaximen und Prioritätsregeln in der Deutung der britischen Parlamentssuprematie vgl. *Koch, Michael H. W.*, Zur Einführung eines Grundrechtskatalogs im Vereinigten Königreich von Großbritannien und Nordirland, Berlin 1991, S. 203 f., und siehe supra Kapitel 2 § 2 B. II. 2. (b) (ii).
380 *Wilson, Geoffrey*, Cases and Materials on Constitutional and Administrative Law, 2. Auflage, Cambridge (u. a.) 1976, S. 226.

auf bedeutende Stimmen im allgemeinen verfassungsrechtlichen Schrifttum stützen, sondern stünde auch im verfassungstheoretischen Einklang mit der neueren Rechtsprechung zum Verhältnis zwischen dem Gemeinschaftsrecht und der britischen Rechtsordnung sowie zum Grundrechtsschutz im Common Law. Deutliche Unterstützung fände er zudem im Urteil des Richters *Laws L.J.* im Fall *Thoburn* (2002), der die prospektive Wirkung der ‚Henry VIII'-Ermächtigung in sec. 2(2) i.V.m. sec. 2(4) European Communities Act 1972 nicht nur mit seiner – verfassungsrechtlich fragwürdigen – Auslegung der Doktrin des ‚implied repeal' im Sinne des ‚subject-matter model',[381] sondern darüber hinaus mit Hilfe einer alternativen Argumentation im Sinne des ‚Common Law Constitutionalism' begründet. Seiner Ansicht nach bildet die Parlamentssuprematie einen richterrechtlich wandelbaren Grundsatz des Common Law. *Laws L.J.* führt aus, daß das Common Law neben der konkludenten Derogation seiner ‚constitutional rights' auch die implizite legislative Modifikation einer Reihe bedeutender Gesetzesvorschriften – wie etwa sec. 2(1) i.V.m. sec. 2(4) European Communities Act 1972 – nicht mehr anerkennt[382] und daher zu der Einsicht gelangen sollte, daß ein normenhierarchisches Verhältnis zwischen Verfassungsgesetzen, die in einer grundsätzlichen Art und Weise Fragen des Rechtsverhältnisses zwischen Staat und Bürger und der Grundfreiheiten regeln, und gewöhnlicher Gesetzgebung besteht.[383] Nur letztere unterliegen demnach der unveränderten Doktrin des ‚implied repeal'; Verfassungsgesetze können dagegen lediglich durch eine ausdrückliche oder zumindest hinreichend spezifische legislative Willensäußerung eines späteren Parlaments derogiert werden.[384] Indem *Laws L.J.* den gesamten European Communities Act

---

381 Siehe supra Fn. 354 mit Text.
382 *Laws L.J.* in *Thoburn v. Sunderland City Council* [2002] 3 WLR 247, Rz. 60: „The common law has in recent years allowed, or rather created, exceptions to the doctrine of implied repeal, a doctrine which was always the common law's own creature. There are now classes or types of legislative provisions which cannot be repealed by mere implication. These instances are given, and can only be given, by our own courts, to which the scope and nature of parliamentary sovereignty are ultimately confided. The courts may say – have said – that there are certain circumstances in which the legislature may only enact what it desires to enact if it does so by express, or at any rate specific, provision."
383 *Laws L.J.* in *Thoburn v. Sunderland City Council* [2002] 3 WLR 247, Rz. 62: „We should recognise a hierarchy of Acts of Parliament: as it were ‚ordinary' statutes and ‚constitutional' statutes. The two categories must be distinguished on a principled basis. In my opinion a constitutional statute is one which (a) conditions the legal relationship between citizen and state in some general, overarching manner, or (b) enlarges or diminishes the scope of what we now regard as fundamental constitutional rights." Siehe dazu auch supra Kapitel 2 § 2 B. II. 2. (b) (ii).
384 *Laws L.J.* in *Thoburn v. Sunderland City Council* [2002] 3 WLR 247, Rz. 63: „Ordinary statutes may be impliedly repealed. Constitutional statutes may not. For the repeal of a constitutional Act or the abrogation of a fundamental right to be effected by statute, the court would apply this test: is it shown that the legislature's *actual* – not imputed, constructive or presumed – intention was to effect the repeal or abrogation? I think the test could only be met by express words in the later statute, or by words so specific that the inference of an actual determination to effect the result contended for was irresistible. The ordinary rule of implied repeal does not satisfy this test. Accordingly, it has no application to constitutional statutes."

1972 als ‚constitutional statute' qualifiziert,[385] gelangt er für die Entscheidung im Fall *Thoburn* zu dem Ergebnis, daß die in sec. 2(1) i.V.m. sec. 2(4) European Communities Act 1972 verankerte prospektive ‚Henry VIII'-Ermächtigung an die britische Regierung zur nationalen Umsetzung europäischen Gemeinschaftsrechts keine implizite Derogation durch die spätere materielle Regelung des Weights and Measures Act 1985 erfährt. Da *Laws L.J.* – als *obiter dictum* – auch den Scotland Act 1998 den Verfassungsgesetzen zurechnet,[386] legt seine Verfassungsanalyse unmittelbar die Anerkennung einer prospektiv wirkenden – weil durch das Common Law vom Grundsatz des ‚implied repeal' ausgenommenen – Rechtsetzungsermächtigung an die regionale Volksvertretung in Holyrood nahe. In Zeiten seiner funktionsfähigen Operation müßte diese Argumentation auch den Northern Ireland Act 1998 und damit die Normsetzungsermächtigung an die nordirische Versammlung erfassen. Die durch die verfassungsrechtliche Ablehnung des ‚subject-matter model' des ‚implied repeal' erforderlich werdende Alternativbegründung des Urteils in *Thoburn* legt somit das im ‚Common Law Constitutionalism' ruhende Fundament für einen devolutionsbezogenen Wandel der Parlamentssuprematie, nach dem materielle zentralstaatliche Gesetzgebung in übertragenen Angelegenheiten – außer in Fällen expliziter oder zumindest hinreichend spezifischer Veränderung der regionalen Kompetenzsphären – keine implizite Derogation der Rechtsetzungsbefugnisse des schottischen Parlaments und der nordirischen Versammlung bewirkt.

### 2. Die Common Law-Verfassung und das Devolutionsprinzip

Die Anerkennung einer prospektiven Wirkung der im System legislativer Devolution für Schottland und Nordirland angelegten ‚Henry VIII'-Klauseln beinhaltet eine problemspezifische Modifikation der britischen Parlamentssuprematie gegenüber der orthodoxen Lesart dieses Dogmas und bewirkt eine rechtliche Bindung der Crown in Parliament hinsichtlich der Form zukünftiger Gesetzgebung, durch welche die Legislativzuständigkeiten Holyroods und Stormonts umgestaltet werden soll. Mehr noch als andere verfassungsdogmatische Deutungsversuche vermag die Verankerung der Parlamentssuprematie in einer zur prinzipiengeleiteten Veränderung fähigen Common Law-Verfassung jedoch nicht nur diesen konstitutionellen Wandlungsprozeß zu erklären, sondern zugleich auch ein tragfähiges Fundament für weitere, zukünftige Entwicklungsschritte der britischen Devolutionsordnung bereitzustellen.

---

385 Kritisch gegenüber der pauschalen Ausnahme des gesamten European Communities Act 1972 von der Operation der Doktrin des ‚implied repeal' *Campbell/Young,* The metric martyrs, S. 402 f.

386 *Laws L.J.* in *Thoburn v. Sunderland City Council* [2002] 3 WLR 247, Rz. 62. Neben dem Scotland Act 1998 erwähnt *Laws L.J.* an dieser Stelle auch den für die vorliegende Diskussion nicht einschlägigen Government of Wales Act 1998.

So könnten die Gerichte dazu übergehen, die Operation der Doktrin des ‚implied repeal' nicht nur hinsichtlich der Legislativkompetenzbestände der schottischen und nordirischen Volksvertretungen, sondern darüber hinaus in bezug auf alle drei Devolutionsgesetze in ihrer jeweiligen Regelungsgesamtheit auszusetzen.[387] Zentralstaatliche legislative Modifikationen des Scotland Act 1998, des Northern Ireland Act 1998 und des Government of Wales Act 1998 wären dann nur noch durch solche Parlamentsgesetze möglich, die aufgrund ihrer ausdrücklichen oder zumindest hinreichend spezifischen Formulierung einen tatsächlichen – im Unterschied zu einem konkludenten oder vermuteten – Willen des zentralstaatlichen Gesetzgebers zur Umgestaltung der Devolutionsordnung erkennen lassen. Eine solche Prioritätsregel des adaptionsfähigen Common Law enthält auch das auf halbem Wege zwischen einer verfassungsrechtlichen Bestandsaufnahme und einer konstitutionellen Vision anzusiedelnde Urteil im Fall *Thoburn*. Mit seinem Bekenntnis zu einer Hierarchie von Parlamentsgesetzen, in der ‚constitutional statutes' nicht mehr der Doktrin des ‚implied repeal' unterfallen, liefert *Laws L.J.* nicht nur die verfassungsrechtliche Rechtfertigung für die prospektive Wirkung der ‚Henry VIII'-Klausel in sec. 2(2) i.V.m. sec. 2(4) European Communities Act 1972, sondern darüber hinaus auch die Grundzüge eines progressiven Verfassungsverständnisses, nach dem das Common Law der von ihm selbst geschaffenen Parlamentssupremantie eine neue Gestalt gibt. Durch die Aufnahme des schottischen und des walisischen Devolutionsgesetzes[388] in die Gruppe der Verfassungsgesetze, welche neben diesen zumindest noch die Magna Carta 1215, den Bill of Rights 1689, den Act of Union mit Schottland 1706, die Representation of the People Acts 1832, 1867 und 1884, den Human Rights Act 1998 sowie den European Communities Act 1972 umfassen soll,[389] verleiht die neue Common Law-Verfassung des Richters *Laws L.J.* zumindest den operierenden Teilen der britischen Regionalisierungsordnung eine Immunität vor impliziter Derogation durch spätere zentralstaatliche Gesetzgebung. Die dogmatische Verankerung der Parlamentssupremantie im Common Law soll jedoch – im Unterschied zur These von der Legalrevolution – eine prinzipiengeleitete Weiterbildung der britischen Verfassungsordnung ermöglichen. Daher erscheint eine pauschale Ausnahme all solcher Legislativakte vom Grundsatz des ‚implied repeal', welche in einer grundsätzlichen Art und Weise Fragen des Rechtsverhältnisses zwischen Staat und Bürger und der Grundfreiheiten

---

387 In diesem Sinne auch *Loveland*, Constitutional Law, S. 671; *Elliott*, Parliamentary sovereignty and the new constitutional order, S. 364 ff.; *Rawlings*, The Shock of the New, S. 90; *Lester, Lord of Herne Hill*, Developing Constitutional Principles of Public Law, PL 2001, S. 684, S. 688 f.; *Bogdanor*, Devolution: Decentralisation or Disintegration?, S. 188; ders., Devolution and the British Constitution, S. 64. Dagegen wohl *Bradley*, Sovereignty of Parliament, S. 52 f.

388 Im Falle seiner funktionsfähigen Operation müßte die Liste der Verfassungsgesetze nach der Grundargumentation des Urteils in *Thoburn* um den Northern Ireland Act 1998 erweitert werden.

389 *Laws L.J.* in Thoburn v. Sunderland City Council [2002] 3 WLR 247, Rz. 62. Für einen ähnlichen Ansatz vgl. *Bogdanor*, Our New Constitution, S. 259.

regeln, allzu formalistisch und daher möglicherweise übereilt. Wie in den Bereichen des Grundrechtsschutzes und des Europarechts begonnen, muß sich das Common Law in seiner Fortentwicklung zu seiner eigenen Legitimation auf anerkannte konstitutionelle Grundwerte stützen – wie etwa das Demokratieprinzip, die Rechtsstaatlichkeit, die Grundrechte und die europäische Integration.[390] Daß gerade die prospektive ‚Henry VIII'-Ermächtigung an die britische Regierung aus sec. 2(2) i.V.m. sec. 2(4) European Communities Act 1972 durch solche Verfassungswerte nicht gefordert erscheint, bildet den wohl problematischsten Aspekt der Entscheidung in *Thoburn*.[391] Die Aufnahme der Devolutionsgesetze – oder zumindest ihrer wesentlichen Teile – in den Kreis der durch das Common Law vor impliziter Derogation geschützten Verfassungsnormen könnte sich auf einen konstitutionellen Grundwert der regionalen Autonomie gründen. Anders jedoch als demokratische, rechtsstaatliche und liberale Verfassungsgebote – allerdings ähnlich der Offenheit einer Verfassung gegenüber der supranationalen Integration – rechtfertigt sich die regionale Autonomie nicht aus sich selbst;[392] ihr steht in der starken Zentralisierung staatlicher Macht gerade im Vereinigten Königreich eine ebenso erprobte wie legitime staatsorganisatorische Alternative gegenüber.[393] Ein rein normativer Ansatz zur Herleitung dieses Verfassungsgebots – wie er von einigen Vertretern des ‚Common Law Constitutionalism' hinsichtlich der Beschränkung der Parlamentssuprematie durch demokratische, rechtsstaatliche und liberale Prinzipien verfolgt wird[394] – führt daher im Devolutionszusammenhang nicht weiter. Gangbar erscheint dagegen ein gemischt normativ-empirischer Ansatz, nach dem neben diesen nicht rechtfertigungsbedürftigen Verfassungswerten auch solche zur prinzipiengeleiteten Evolution des Common Law herangezogen werden, die in der politischen Praxis anerkannt sind und in der öffentlichen Meinung Rückhalt finden.[395] Damit rücken vor allem die bereits etablierten und die sich entfaltenden Verfassungskonventionalregeln der britischen Verfassungsordnung und die Legitimation konstitutioneller Veränderungen durch zustimmende Volksabstimmungen in den thematischen Mittelpunkt der Weiterentwicklung der Common Law-Verfassung. Hinsichtlich der Devolutionsordnung legen daher insbesondere die in der Sewel Convention zutage tretende Akzeptanz regionaler Selbstbestim-

---

390  Vgl. *Elliott*, Parliamentary sovereignty and the new constitutional order, S. 369 f.
391  Vgl. *Campbell/Young*, The metric martyrs, S. 402 f.
392  Ähnlich *Baer, Sebastian*, Umpiring the Ping-Pong Game: The Courts and Legislative Conflict between Edinburgh and Westminster, JurRev 2002, S. 49, 58.
393  Dieser Gedanke entspricht dem in der deutschen Verfassungslehre empfundenen gesteigerten Legitimationsdruck der deutschen Bundesstaatlichkeit; vgl. *Isensee*, Föderalismus und Verfassungsstaat, S. 248 f.; *ders.*, Idee und Gestalt des Föderalismus, Rz. 264; *Maurer*, Staatsrecht I, § 10, Rz. 16; *Ipsen*, Staatsrecht I, Rz. 904.
394  Siehe die verschiedenen Auffassungen der sogenannten ‚Judicial Supremacists' *Trevor Allan*, *Sir John Laws* und *Lord Woolf* supra Kapitel 2 § 2 B. II. 2. (b) (ii).
395  *Elliott*, Parliamentary sovereignty and the new constitutional order, S. 370 f. Vgl. auch *Allan*s Bezugnahme auf die vorherrschende ‚political morality' für eine devolutionsbezogenen Adaption der Parlamentssuprematie in *Allan, Trevor R. S.*, The Limits of Parliamentary Sovereignty, PL 1985, S. 614, 619.

mung durch die politischen Akteure und die positiv beschiedenen Devolutionsreferenda die Anerkennung eines Verfassungswertes der regionalen Autonomie im Common Law nahe.[396] Auf dieser dogmatischen Grundlage könnte die britische Judikative einen autonomiefreundlichen Verfassungsgrundsatz – das ‚Devolutionsprinzip' – entwickeln, welches nicht nur deskriptiv die regionalisierte Staatsordnung des Vereinigten Königreichs erklärt,[397] sondern auch normative Wirkungen entfaltet, indem es behutsame devolutionsbezogene Modifikationen der traditionellen Parlamentssuprematie vornimmt – etwa durch die Ausnahme der Devolutionsgesetze von der Doktrin des ‚implied repeal'.[398] Mit dem normativ-empirischen Ansatz gerieten die britischen Gerichte zwar in die Nähe einer verfassungsrechtlich unzulässigen judikativen Durchsetzung von Verfassungskonventionalregeln[399], überschritten jedoch nicht die Grenze zu einer solchen Sanktionierung, da die gerichtliche Anerkennung von Verfassungskonventionalregeln und deren legitimer Einfluß auf die Entwicklung richterrechtlicher Auslegungsgrundsätze weithin für zulässig erachtet werden.[400] Das Common Law würde sich – wie im Bereich des Grundrechtsschutzes – der hinter anerkannten politischen Verhaltensmaximen stehenden Verfassungswerte bedienen, ohne damit den Verfassungskonventionalregeln unmittelbar richterrechtliche Normqualität zu verleihen. Mit der Entscheidung für einen gemischt normativ-empirischen Ansatz zur prinzipiengeleiteten Weiterentwicklung der Common Law-Verfassung könnten die Gerichte schließlich auch der wohl am schwersten wiegenden Kritik am ‚Common Law Constitutionalism', dem Vorwurf des Mangels demokratischer Legitimation judikativer Verfassungsfortbildung,[401] entgegentreten.[402]

---

396  *Elliott*, Parliamentary sovereignty and the new constitutional order, S. 366, 371. Für die Entwicklung eines solchen Verfassungsprinzips in Analogie zum europäischen Subsidiaritätsgrundsatz vgl. *Burrows*, Devolution, S. 120 ff., die diesen Verfassungswert jedoch nicht primär empirisch, sondern betont normativ herleitet: „In this view, decentralisation is a moral imperative on legislators to allocate decision making to the level nearest the citizen.", S. 121.

397  Wohl eher in diesem Sinne spricht von einem ‚devolutionary principle' *Bingham*, Lord of Cornhill, The Evolving Constitution, EHRLR 2002, S. 1, 3 ff.

398  Eine parallele Argumentation könnte die im Common Law begründeten Beschränkungen der Parlamentssuprematie durch die Mitgliedschaft des Vereinigten Königreichs in der Europäischen Union begründen; vgl. *Elliott*, Parliamentary sovereignty and the new constitutional order, S. 371, Fn. 142. Diese hätte indessen Schwierigkeiten, die Notwendigkeit der prospektiven Wirkung von sec. 2(2) i.V.m. sec. 2(4) European Communities Act 1972 zu erklären.

399  Siehe dazu supra Kapitel 2 § 1 C. II. 3.

400  *Attorney-General v. Jonathan Cape Ltd.* [1976] QB 752; *de Smith/Brazier*, Constitutional and Administrative Law, S. 29 ff.; *Munro*, Studies in Constitutional Law, S. 66 ff.; *Baer*, Umpiring the Ping-Pong Game, S. 56.

401  Diese Kritik äußern vor allem *Griffith, John A. G.*, The Brave New World of Sir John Laws, MLR 63 (2000), S. 159, 172 ff.; *Irvine, Lord of Lairg*, Judges and Decision-Makers: The Theory and Practice of *Wednesbury* Review, PL 1996, S. 59, 75 ff.; *Ekins, Richard*, Judicial Supremacy and the Rule of Law, LQR 119 (2003), S. 127, 144 ff.

402  *Elliott*, Parliamentary sovereignty and the new constitutional order, S. 370 f.

Die Anerkennung eines regionalisierungsfreundlichen Devolutionsprinzips als Teil einer dynamischen Common Law-Verfassung könnte des weiteren sogar über die Lösung von Regelungskollisionen zwischen den Devolutionsgesetzen und späteren zentralstaatlichen Legislativakten hinausweisen. Eine der Aufgabe des ‚implied repeal'-Grundsatzes in diesem Kollisionsverhältnis ähnliche Prioritätsregel könnten die britischen Gerichte auch zur Handhabung des aufgrund der ‚echten' Gesetzgebungskonkurrenz zwischen Westminster und Holyrood beziehungsweise Stormont denkbaren ‚legislativen Ping-Pongs'[403] auf übertragenen Zuständigkeitsfeldern entwickeln. Danach würde zentralstaatliche Gesetzgebung kompetenzgerechte regionale Legislativakte im Falle einer Normenkollision nur noch dann verdrängen, wenn diese Regelungsintention dem britischen Gesetz aufgrund ausdrücklicher Anordnung oder notwendiger Implikation zu entnehmen wäre.[404] Damit wäre der Sewel Convention, die in der politischen Arena die Probleme einer Legislativkonkurrenz zwischen der zentralstaatlichen und der regionalen Ebene lösen soll, ein rechtlicher Mechanismus des Common Law zur Seite gestellt. Die Sewel Convention müßte indessen auch die Schranken einer solchen Prioritätsregel markieren: Britische Gesetzgebung in übertragenen Politikbereichen, der die regionalen Legislativorgane zugestimmt haben, dürfte sinngemäß nicht von ihr erfaßt werden. Auch darin läge indessen keine verfassungsrechtlich unzulässige gerichtliche Durchsetzung einer Verfassungskonventionalregel, sondern der Rückgriff auf den anerkannten Verfassungswert der regionalen Autonomie, der in der Sewel Convention normativen Niederschlag gefunden hat.

Das Devolutionsprinzip als richterrechtliches Gebot der größtmöglichen Achtung vor der Autonomie der Devolutionsregionen könnte einer aktivistischen Judikative bei der juristischen Bewältigung und Stabilisierung der britischen Regionalisierungsordnung auch in anderen Hinsichten Hilfe leisten. So enthalten die Devolutionsgesetze zwar die ausdrückliche Anordnung, daß regionale Legislativakte nach Möglichkeit in Konformität mit ihren Ermächtigungsgrundlagen auszulegen sind;[405] die Gerichte werden jedoch nicht angewiesen, zentralstaatlich vorbehaltene Zuständigkeiten möglichst restriktiv beziehungsweise regionale Kompetenzen möglichst extensiv auszulegen. Eine derartige Interpretationsmaxime des Common Law könnte indessen erheblich zur Verwirklichung regionaler Selbstbestimmung beitragen und wäre zudem im bedeutsamsten Bereich der Legislativfunktionen aufgrund der parallelen Zuständigkeiten Westminsters aus zentralstaatlicher Sicht gänz-

---

403  Zur Möglichkeit des ‚legislativen Ping-Pongs' im Rahmen der legislativen Devolution siehe supra Kapitel 5 § 1 B. III. 1.
404  In diesem Sinne auch *Mullen, Thomas J.*, The constitutionalisation of the legal order, in: International Congress of Comparative Law, Bristol 1998 (Hrsg.), UK law for the millennium, London 1998, S. 532, 556; *McEldowney*, Legal aspects of the relations between the UK and the Scottish Parliament, S. 198; *Baer*, Umpiring the Ping-Pong Game, S. 57.
405  Siehe sec. 101 Scotland Act 1998; sec. 6(2)(a) Northern Ireland Act 1998;

lich unbedenklich.[406] Obgleich die schottische Judikative mit dem Hinweis, daß es sich beim schottischen Parlament um „a body which, like any other statutory body, must work within the scope of [its] powers" handele,[407] eine gewisse Vorsicht in dieser Frage erkennen läßt, finden sich in der britischen Rechtsprechung auch erste eindeutige Anzeichen für eine derartige regionalisierungsfreundliche Auslegung der Devolutionsgesetze. In seinem Urteil zum nordirischen Fall *Robinson* (2002) deutete *Lord Bingham* für die Devolutionsgesetze eine Abkehr von der traditionell streng wortlautorientierten Gesetzesinterpretation und eine Hinwendung zu einer konstitutionell-teleologischen Auslegung an, die sich auf das Prinzip regionaler Autonomie stützen kann:

> „*The [Northern Ireland Act 1998] does not set out all the constitutional provisions applicable to Northern Ireland, but it is in effect a constitution ... the provisions should, consistently with the language used, be interpreted generously and purposively, bearing in mind the values which the constitutional provisions are intended to embody.*"[408]

Des weiteren könnte das Devolutionsprinzip die britischen Gerichte dazu bewegen, den zwischen den Exekutiven der verschiedenen staatlichen Ebenen abgeschlossenen Konkordaten entgegen ihrem Wortlaut eine mittelbare rechtliche Wirkung zu verleihen. Das Common Law Rechtsinstitut der ‚legitimate expectations'[409] böte eine tragfähige rechtliche Grundlage für die Judicial Review konkordatswidrigen Regierungshandelns.[410] Auf diesem Wege könnte das Common Law eine schrittweise Verrechtlichung der durch die Devolutionsgesetze bewußt ausgesparten vertikalen Kooperationsstrukturen im regionalisierten Staatswesen bewirken; derartig rechtlich sanktionierte Verhaltensmaßstäbe des intergouvernementalen Beziehungsgeflechts in der britischen Devolutionsordnung fänden im deutschen Verfassungsgrundsatz der Bundestreue eine direkte inhaltliche Parallele.[411]

---

406  *Craig/Walters*, The Courts, Devolution and Judicial Review, S. 296; *Rawlings*, The Shock of the New, S. 82.
407  *Lord Rodger* in *Whaley v. Lord Watson of Invergowrie* [2000] SLT 475, 481. Vgl. *Tierney*, Constitutionalising the Role of the Judge, S. 75 ff.
408  *Lord Bingham* in *Robinson v. Secretary of State for Northern Ireland* [2002] UKHL 32, Rz. 11.
409  Allgemein zum Grundsatz der ‚legitimate expectations' im britischen Verwaltungsrecht vgl. *Craig*, Administrative Law, S. 639 ff. m. w. N.
410  Vgl. *Rawlings, Richard*, Concordats of the Constitution, LQR 116 (2000), S. 257, 283 f.; *ders.*, The New Model Wales, JLS 25/4 (1998), S. 461, 503; *ders.*, The Shock of the New, S. 85; *Scottish Parliament Information Centre*, Concordats, S. 12 ff.; *Gay, Oonagh*, Devolution and Concordats, House of Commons Research Paper 99/84, London 1999, S. 32 ff.; *Patchett, Keith*, The New Welsh Constitution: The Government of Wales Act 1998, in: Jones, J. Barry/Balsom, Denis (Hrsg.), The Road to the National Assembly for Wales, Cardiff 2000, S. 229, 232; *Leyland, Peter*, Devolution, the British Constitution and the Distribution of Power, NILQ 53 (2002), S. 408, 423. Siehe auch supra Kapitel 5 § 2 B. II.
411  Allgemein zur Übertragung eines Grundsatzes der Bundestreue auf regionalisierte Staatswesen, die sich nicht als Bundesstaaten verstehen, vgl. *Woelk, Jens*, Die Verpflich-

Die Ausnahme der Devolutionsgesetze und der regionalen Gesetzgebung vom Grundsatz des ‚implied repeal', die autonomiefreundliche Auslegung der regionalen Zuständigkeiten sowie die mittelbare rechtliche Durchsetzung der Konkordate auf der Grundlage eines Common Law-Verfassungsprinzips der regionalen Autonomie bewirken leichte – wenn auch für die normative Stabilisierung der Devolutionsordnung nicht unbedeutende – Modifikationen der britischen Parlamentssuprematie. Mit diesem Verfassungswandel bewegen sich die Gerichte zwar in der Grauzone zwischen der Auslegung und der Nichtanwendung gesetzlicher Bestimmungen;[412] das Common Law achtet jedoch in diesem Entwicklungsstadium weiterhin die sachlich unbeschränkte Regelungsmacht des britischen Parlaments, indem es expliziten oder hinreichend spezifischen Willensäußerungen die Gefolgschaft verspricht, auch wenn diese dem Devolutionsprinzip zuwiderlaufen. Diese Anerkennung der Letztentscheidungsbefugnis der Crown in Parliament kann ebenfalls entsprechend dem gemischt normativ-empirischen Ansatz als Ausdruck der Berücksichtigung vorherrschender Verfassungswerte verstanden werden: Die Suprematie des britischen Parlaments bildet – wenn auch in vielfach modifizierter Gestalt – den fortdauernden konstitutionellen Grundkonsens – und damit gewissermaßen die zentrale Verfassungskonventionalregel[413] – des Vereinigten Königreichs, auch in seiner regionalisierten Form; sie verkörpert den konstitutionellen Fundamentalwert der repräsentativen Demokratie. Die Common Law-Verfassung besitzt jedoch eine dynamische Komponente,[414] deren Entwicklungstendenz die Rechtsprechung heute klar zu benennen bereit ist:

> „*In its present state of evolution, the British system may be said to stand at an intermediate stage between parliamentary supremacy and constitutional supremacy ...*".[415]

Die Verankerung der Parlamentssuprematie in diesem entwicklungsoffenen Normengefüge, welches neben dem repräsentativ-demokratischen Prinzip auch andere, gelegentlich sogar rivalisierende Verfassungswerte – wie etwa die Rechtsstaatlichkeit, die Grundrechte oder die europäische Integration – anzuerkennen bereit ist, läßt es zumindest denkbar erscheinen, daß auch mit der Modifikation des ‚implied repeal'-Grundsatzes das Verhältnis zwischen Parlamentssuprematie und Devolution noch nicht endgültig ausgelotet ist. In gewisser Analogie zur Judikatur des Europäischen Gerichtshofs hinsichtlich des Vorrangs unmittelbar anwendbaren Gemeinschaftsrechts könnte die

---

tung zu Treue bzw. Loyalität als inhärentes Prinzip dezentralisierter Systeme?, ZÖR 52 (1997), S. 527, 545 ff.
412  Siehe dazu supra Kapitel 2 § 2 B. II. 2. (b) (ii).
413  Siehe dazu supra Fn. 380 mit Text.
414  Vgl. *Elliott, Mark*, Embracing „Constitutional" Legislation: Towards Fundamental Law?, NILQ 54 (2003), S. 25, 34 f.; *ders.*, Parliamentary sovereignty and the new constitutional order, S. 369.
415  *Laws L.J.* in *International Transport Roth GmbH & Others v. Secretary of State for the Home Department* [2002] 3 WLR 344, Rz. 71.

Devolutionsordnung beim Zusammentreffen günstiger politischer Rahmenbedingungen und fortdauerndem verfassungsrechtlichen Aktivismus auf seiten der Judikative als „new legal order of constitutional law" im Vereinigten Königreich angesehen werden, die eine noch tiefergreifende Veränderung der Legislativmacht des britischen Parlaments auf der Grundlage des Devolutionsprinzips mit sich bringt.[416] Das Common Law könnte dazu übergehen, zentralstaatliche Gesetzgebung in übertragenen Sachmaterien, die ohne Zustimmung der regionalen Volksvertretungen ergeht, in den Devolutionsregionen grundsätzlich unangewendet zu lassen[417] oder wesentlichen Modifikationen der Devolutionsordnung ohne das Einverständnis der regionalen Legislativorgane oder sogar der in einem Referendum befragten regionalen Bevölkerung keine Rechtswirkungen zuzugestehen. Aus schottischer Sicht gründet sich dieser Gedankengang auf die Souveränität des schottischen Volkes, welche im Devolutionsprinzip seine richterrechtliche Anerkennung erfahren kann.[418] Auf diese Weise würde das Common Law eine Sphäre exklusiver Kompetenzen auf der Ebene der Devolutionsregionen schaffen[419] und die Devolutionsordnung zu einem gegenüber dem britischen Parlament höherrangigen Normengefüge erklären, das die Gerichtsbarkeit zu garantieren imstande ist. Das Verhältnis zwischen der britischen Rechtsordnung und dem Gemeinschaftsrecht bietet dabei eine aufschlußreiche Parallele für solche Fälle, in denen das britische Parlament das Regionalisierungsgefüge in einzelnen Punkten aus Gründen themenbezogener politischer Opportunität zu untergraben gedenkt: Zwar geht die herrschende Auffassung in der britischen Verfassungslehre weiterhin von der sachlich unbeschränkten Regelungsmacht des Parlaments auch gegenüber der europäischen Rechtsordnung aus, jedoch gilt es als unsicher, wie sich die Gerichte im Falle eines expliziten gesetzlichen Verstoßes gegen das Europarecht verhalten würden.[420] Möglicherweise würden sie einer solchen ‚à la carte'-Taktik des britischen Parlaments die Gefolgschaft verweigern und die Parlamentssuprematie im europarechtlichen Kontext auf das Recht zur Entscheidung über einen Austritt aus der Europäischen Union reduzieren. Trotz wichtiger Unterschiede zwischen der europäischen Rechtsordnung, die den Vorrang des Gemeinschaftsrechts streng vorschreibt, und dem Devolutionssystem, das bewußt keine Beschrän-

---

416 *Burrows*, Devolution, S. 64 f.
417 Vgl. *Craig*, Constitutionalism, Regulation and Review, S. 73; *Burrows*, Devolution, S. 65.
418 Vgl. *Tierney*, Constitutionalising the Role of the Judge, S. 72 ff.
419 In diesem Sinne auch *Jones*, Scottish Devolution, S. 293: „... it does not matter what view the UK Parliament takes of its own powers; as far as Scotland is concerned, the powers of Westminster would be limited to those agreed to by the Scottish Parliament .... The ultimate logic of this approach is that actions of the Westminster Parliament could be declared *ultra vires* the constitutional settlement."
420 Vgl. *Loveland*, Constitutional Law, S. 411; *Bradley/Ewing*, Constitutional and Administrative Law, S. 142; *Wade*, Revolution or Evolution?, S. 570 f.; *Craig*, Sovereignty of the UK Parliament after *Factortame*, S. 253; *ders.*, Constitutional and Non-Constitutional Review, S. 164; *ders.*, Constitutionalism, Regulation and Review, S. 73.

kungen der Parlamentssuprematie bewirken soll, wäre ein ähnlicher Ansatz auch hinsichtlich der regionalisierten Verfassungsordnung des Vereinigten Königreichs denkbar.

Bei diesen Entwicklungsmöglichkeiten des Common Law handelt es sich ohne Zweifel um Spekulationen. Im Kontext einer sich verfestigenden Regionalisierungsordnung des Vereinigten Königreichs und einer Judikative mit wachsendem Verfassungsbewußtsein bilden sie jedoch begründete Mutmaßungen über die konstitutionelle Zukunft des britischen Unionsstaates.[421] Die bereits vollzogenen verfassungsrechtlichen Entwicklungsschritte im Zusammenhang mit dem Grundrechtsschutz und der europäischen Integration stellen nicht nur in sich bedeutsame Modifikationen der britischen Rechtsordnung dar, sondern haben auch einen verfassungsdogmatischen Nährboden geschaffen, auf dem eine schrittweise rechtliche Absicherung der Regionalisierung mit Hilfe eines im Common Law verankerten Devolutionsprinzips gedeihen kann.

# § 4 Systematische Verortung Deutschlands und des Vereinigten Königreichs auf dem Kontinuum der konstitutionellen Absicherung der regionalen Dezentralisierung

Gegenüber dem stark zentralisierten Staatswesen erscheint die regionalisierte Verfassungsordnung in besonderem Maße stabilisierungsbedürftig. Mit der Einrichtung zweier demokratisch legitimierter Ebenen mit politischer Leitungsfunktion und der Verteilung sowie Verschränkung staatlicher Zuständigkeiten zwischen diesen Ebenen bekennt sie sich offen, bewußt und in institutionalisierter Form zum Antagonismus zwischen zentripetalen und zentrifugalen Kräften im politisch, ökonomisch, sozial und kulturell heterogenen Staat. Die staatsorganisatorische Bewältigung dieser natürlichen Spannungen im regional dezentralisierten Staatsgefüge setzt eine bestandskräftige normative und institutionelle Ordnung voraus, die dem politischen Prozeß einen stabilen Handlungsrahmen zu liefern imstande ist.[422] Zugleich erfordert diese Aufgabe jedoch eine ausreichende konstitutionelle Flexibilität, damit die Regionalisierung der Staatsorganisation nicht zum Hemmschuh notwendiger innerstaatlicher und internationaler Veränderungen wird. Die Bedeutung beider Aspekte – der Stabilität wie der Anpassungsfähigkeit – zeigt sich

---

421 Vgl. auch *Craig*, Constitutionalism, Regulation and Review, S. 73.
422 Vgl. *Nettesheim, Martin*, Demokratie durch Föderalismus, in: Europäisches Zentrum für Föderalismus-Forschung (Hrsg.), Europäischer Föderalismus im 21. Jahrhundert, Baden-Baden 2003, S. 27, 32 f.

besonders deutlich im Kontext der europäischen Integration, welche die regionalisierte Staatsordnung einem intensiven Zentralisierungsdruck aussetzt. Auch im Vergleich mit anderen grundlegenden Strukturelementen einer Verfassungsordnung – wie etwa der Demokratie oder der Rechtsstaatlichkeit – erweist sich die regionale Dezentralisierung als in gesteigertem Maße stabilisierungsbedürftig. Sie scheint wertneutral, so daß sowohl ihre versteckte, schrittweise als auch ihre offene, deutliche Untergrabung im Angesicht gegenläufiger konstitutioneller und politischer Zweckmäßigkeiten nur eine relativ niedrige Hemmschwelle zu überwinden hat.

In der konstitutionellen Absicherung der deutschen Bundesstaatlichkeit und der britischen Devolution treten zunächst die verfassungsdogmatischen Unterschiede zwischen den beiden Vergleichsstaaten besonders deutlich zutage. Das Grundgesetz verankert die regionale Dezentralisierung der Bundesrepublik Deutschland fest in seiner Version der Verfassungssuprematie: In einem mit vollkommener Justitiabilität, normenhierarchischem Vorrang und gesteigerter Bestandskraft ausgestatteten formellen Verfassungsrechtsgefüge wird die Bundesstaatlichkeit sowohl allgemein als verfassungsrechtliche Grundentscheidung als auch in der Form zahlreicher staatsorganisatorischer Einzelregelungen niedergelegt. Damit ist der Bundesstaat dem politischen Prozeß und insbesondere dem Zugriff der einfachen Gesetzgeber auf Bundes- und Landesebene entzogen. Darüber hinaus werden wesentliche Grundzüge der regionalen Dezentralisierung in Deutschland auch gegenüber dem verfassungsändernden Gesetzgeber für unantastbar erklärt. Über die Einhaltung des bundesstaatlichen Bau- und Funktionsplans durch die verschiedenen staatlichen Akteure in Bund und Ländern wacht schließlich eine kompetenziell starke, spezialisierte Verfassungsgerichtsbarkeit. Die britische Devolution erfährt aufgrund ihrer engen Verknüpfung mit dem Verfassungsdogma der Parlamentssuprematie in seinem orthodoxen Verständnis eine auf den ersten Blick in keiner Weise vergleichbare konstitutionelle Absicherung. Zwar bilden die Devolutionsgesetze für die regionalen Regierungsstrukturen im wesentlichen unberührbare Grundordnungen, und werden die Gerichte mit weitreichenden Befugnissen zur judikativen Kontrolle regionaler Regierungstätigkeit ausgestattet; jedoch ist das britische Regionalisierungssystem in grundsätzlich unverminderter Weise dem einfachen demokratischen Prozeß auf zentralstaatlicher Ebene ausgesetzt. Die Devolutionsgesetze und ihre Entstehungsgeschichte geben zunächst keinen direkten Anlaß, die – nach traditioneller Verfassungslehre unbeschränkte – Regelungsmacht der Crown in Parliament nun aufgrund der Regionalisierungsreformen in einem Geflecht neuer normativer Bindungen wiederzuerkennen. Die regionale Dezentralisierung des Vereinigten Königreichs von Großbritannien und Nordirland ging – ähnlich der britischen Inkorporation der Europäischen Menschenrechtskonvention durch den Human Rights Act 1998 – nicht mit einer bewußten Umgestaltung der verfassungsrechtlichen Grundstrukturen durch einen Wechsel von der Parlamentssuprematie zu einer Verfassungssuprematie einher; statt dessen bemühen sich ihre Rhetorik und ihre gesetzliche Verwirklichung um die Betonung und Wahrung britischer Verfassungsorthodoxie. Das zentralstaatliche Parlament bleibt Herr der britischen Staatsorganisation und in jeder sachlichen Hinsicht für alle Teile des Vereinigten Königreichs rechtsetzungsbefugt, so daß sich die Frage nach einer Rolle der Gerichte in der Wahrung der Devolutionsordnung zumindest gegenüber zentralstaatlicher Gesetzgebung konsequenterweise gar nicht erst stellt. Damit wird das Problem der Stabilität der Devolutionsordnung entsprechend der britischen Grundüberzeugung von der Angemessenheit dieses Entscheidungsfindungsmechanismus auch für alle Fragen mit konstitutioneller Relevanz dem politischen Meinungskampf der repräsentativen Demokratie auf zentralstaatlicher Ebene überantwortet. Die Thematik der konstitutionellen Absicherung von Bundesstaatlichkeit und Devolution erscheint somit zunächst als besonders eindrucksvoller Kristallisationspunkt des verfassungsdogmatischen Gegensatzes zwischen der deutschen Verfassungs- und der britischen Parlamentssuprematie.

Ein materielles Verständnis dieser konstitutionellen Ordnungsprinzipien begreift die Verfassungs- und die Parlamentssuprematie jedoch als flexible Konzepte auf einem bruchlosen Kontinuum der normativen Verfassungsbindungen und legt auch hinsichtlich der institutionellen Dimension der konstitutionellen Sicherung grundlegender Strukturelemente der Verfassungsordnung eine graduelle Betrachtungsweise des Verhältnisses zwischen der judikativen und der legislativen Staatsgewalt nahe. Gerade auf dem Gebiet der regionalen Dezentralisierung in Deutschland und dem Vereinigten Königreich bietet dieses materielle Verständnis von Verfassungs- und Parlamentssuprematie einen besonders tragfähigen analytischen Rahmen. So muß eine realistische Bewertung der konstitutionellen Absicherung deutscher Bundesstaatlichkeit die im Grundsatz der Verfassungssuprematie angelegte Distanz zwischen Staatsorganisation und politischem Prozeß zu relativieren bereit sein. Der grundgesetzliche Bau- und Funktionsplan des deutschen Bundesstaates erweist sich bei näherer Betrachtung als in hohem Maße ausfüllungsbedürftige Rahmenordnung, welche wichtige Aspekte sowohl der vertikalen Verteilung staatlicher Aufgaben als auch der vertikalen und horizontalen Verschränkung zentral- und gliedstaatlicher Handlungssphären der Ausgestaltung durch den politisch-demokratischen Prozeß insbesondere auf zentralstaatlicher Ebene überläßt. Des weiteren besitzt das Grundgesetz eine vergleichsweise große Adaptionsfähigkeit im Verfahren der formellen Verfassungsänderung, zu der Art. 79 GG die gesetzgebenden Organe des Bundes unter Vorgabe relativ niedriger prozeduraler Hürden und zudem restriktiv formulierter und interpretierter absoluter Schranken ermächtigt; eine Rückschau auf die Verfassungsentwicklung seit 1949 zeigt, daß direkt und mittelbar bundesstaatsrelevante Verfassungsnormen zu den primären Objekten bisheriger Grundgesetznovellierungen zählen. Schließlich unterliegt der grundgesetzliche Verfassungstext einem Prozeß stillschweigender Bedeutungsveränderungen, auf den auch die politischen Organe beträchtlichen Einfluß haben; dieser informelle Verfassungswandel erfaßt auch den Bau- und Funktionsplan des deutschen Bundesstaates. Ein materielles Verständnis deutscher Verfassungssuprematie erkennt somit in der konstitutionellen Absicherung der bundesstaatlichen Ordnung wichtige

Kapitel 6: Konstitutionelle Absicherung

Flexibilisierungsfaktoren und führt daher zu einer deutlich relativierten Bewertung der Stabilität der Bundesstaatlichkeit im deutschen Verfassungsgefüge. Am anderen Ende des Kontinuums der konstitutionellen Absicherung der regionalen Dezentralisierung erweist sich bei genauerer Betrachtung auch die scheinbar vollkommen bindungsfeindliche Parlamentssuprematie der britischen Staatsordnung als elastisches Verfassungskonzept. Die konstitutionelle Stabilität der Devolutionssysteme in Schottland, Wales und – vorbehaltlich der besonderen Schwierigkeiten des Friedensprozesses – Nordirland erschöpft sich nicht in dem verfassungsorthodoxen Hinweis auf die ungebundene Macht der Crown in Parliament, die regionale Dezentralisierung des Vereinigten Königreichs jederzeit mit einfachen Mehrheiten zu modifizieren oder sogar abzuschaffen. Das britische Parlament unterliegt außer-rechtlichen normativen Bindungen in Gestalt völkerrechtlicher Verpflichtungen hinsichtlich der nordirischen Regionalisierung und eines sich verdichtenden Netzes von Verfassungskonventionalregeln. Letztere könnten sogar so weit gehen, wesentliche Modifikationen der Devolutionsordnungen von der Zustimmung der regionalen Volksvertretungen oder Wählerschaften abhängig zu machen. Zudem erfährt das Dogma der Parlamentssuprematie bereits durch die Anerkennung einer ‚echten' Gesetzgebungskonkurrenz zwischen Westminster auf der einen Seite und Holyrood sowie Stormont auf der anderen eine zwar beschränkte, jedoch für die Verwirklichung regionaler Autonomie in Schottland und Nordirland äußerst bedeutsame Modifikation, an der auch Wales teilhaben kann, wenn sich die aktuellen Reformbestrebung zu einer legislativen Devolution für Wales realisieren sollten. Neuere Entwicklungen in der verfassungsrechtlichen Rechtsprechung und Literatur deuten des weiteren auf eine verstärkte verfassungsgestaltende Rolle des Common Law hin, welches die Regelungsmacht des britischen Parlaments weiter zu begrenzen imstande wäre. So könnte etwa die Ausnahme der Devolutionsgesetze als ganzheitliche Verfassungsdokumente von der Doktrin des ‚implied repeal' auf ein neues Devolutionsprinzip des Common Law gestützt werden und zu einer bedeutsamen Beschränkung der parlamentarischen Normsetzungsbefugnis führen. Weitere Entwicklungen der Common Law-Verfassung zur Stabilisierung der regionalen Dezentralisierung des Vereinigten Königreichs erscheinen ebenfalls denkbar. Die britische Devolution offenbart somit bei näherer Analyse auf der Grundlage eines materiellen Verständnisses des Dogmas der Parlamentssuprematie eine Reihe normativer Stabilisierungsmechanismen. Während andere staatliche Akteure der regionalisierten Staatsordnung durch die Devolutionsgesetze verpflichtet werden, befindet sich auch das britische Parlament daher in einem sich verdichtenden Gefüge konstitutioneller Bindungen zur Sicherung der Devolutionsordnung.

Auf einem bruchlosen Kontinuum konstitutioneller Absicherung der regionalen Dezentralisierung befinden sich die deutsche Bundesstaatlichkeit und die britische Devolution folglich in größerer Proximität zueinander als ihre jeweilige enge Verknüpfung mit den scheinbar so gegensätzlichen Grundkonzepten der Verfassungs- und Parlamentssuprematie vermuten läßt. Die Flexibilität dieser Verfassungsdogmen erfaßt die konstitutionelle Stabilisierung der regionalen Dezentralisierung in Deutschland und dem Vereinigten Königreich in besonders deutlicher Weise und zeigt, daß sich der deutsche Bundesstaat für die staatlichen Akteure der Bundesrepublik erheblich wandelbarer darstellt und sich die britische Devolution als deutlich stabiler erweist, als dies ihre verfassungsdogmatischen Ausgangspunkte erkennen lassen. Beide Staatsordnungen bedienen sich dabei sowohl rechtlicher als auch politischer Stabilisierungsmechanismen, auch wenn sich ihre relative Bedeutung nicht unwesentlich unterscheidet. Mit dieser relativierenden Bewertung darf indessen nicht darüber hinweggetäuscht werden, daß die konstitutionellen Sicherungsmechanismen der deutschen Bundesstaatlichkeit insgesamt weitaus stärker ausgestaltet sind, als dies das noch vorherrschende Dogma der Parlamentssuprematie im Vereinigten Königreich zuläßt. Die regionale Dezentralisierung der Bundesrepublik Deutschland steht aufgrund ihrer Fundierung in einem vorrangigen und mit gesteigerter Bestandskraft ausgestatteten Grundgesetz, mit dessen Wahrung eine machtvolle Verfassungsgerichtsbarkeit betraut ist, insgesamt auf fühlbar festerem Boden als die britische Devolutionsordnung. Die dynamische Komponente sowohl der Devolution als noch vergleichsweise jungem konstitutionellem Reformprozeß als auch der Common Law-Verfassung als zukunftsträchtigem Verfassungsverständnis nähren jedoch begründete Vermutungen über eine langsame Verstärkung der konstitutionellen Stabilisierung der regionalen Dezentralisierung im Vereinigten Königreich. In der Bewertung bereits vollzogener und zukünftiger Verfassungsentwicklungen muß vor allem die Bestandskraft der Verfassungskonventionalregeln und der im Common Law entwickelten Prioritätsregeln als systemtypischen konstitutionellen Sicherungsmechanismen hervorgehoben werden. So werden wesentliche Aspekte der britischen Verfassungsordnung seit Jahrhunderten nur durch Verfassungskonventionalregeln garantiert und erfüllen die Prioritätsregeln des Common Law in der Grauzone zwischen der judikativen Auslegung und Nichtanwendung von Parlamentsgesetzen eine bedeutsame stabilisierende Wirkung für grundlegende Strukturmerkmale der britischen Verfassungsordnung. Diese Wirkung ergibt sich – wie *Lord Hoffmann* in seinem Urteil zum Fall *Simms* (1999) hinsichtlich des Grundrechtsschutzes durch das Common Law erklärte – aus dem richterrechtlich geschaffenen, starken Druck auf den Gesetzgeber, seine von grundlegenden Verfassungswerten abweichenden Legislativintentionen unmißverständlich auszudrücken und damit in ihrer vollen Regelungsreichweite der Kontrolle durch den politisch-demokratischen Prozeß auszusetzen:

> „... *the principle of legality means that Parliament must squarely confront what it is doing and accept the political cost. Fundamental rights cannot be overridden by general or ambiguous words.... In the absence of express language or necessary implication to the contrary, the courts therefore presume that even the most general words were intended to be subject to the basic rights of the individual. In this way the courts of the United Kingdom, though acknowledging the sovereignty of Parliament, apply principles of constitutionality little different from those which exist*

> *in countries where the power of the legislature is expressly limited by a constitutional document.*"[423]

Die Nähe zwischen den flexiblen Verfassungsdogmen der Verfassungs- und der Parlamentssuprematie auf dem Kontinuum der konstitutionellen Absicherung, welche auch im Zusammenhang der regionalen Dezentralisierung in Deutschland und dem Vereinigten Königreich festzustellen ist, erhält hier ihre judikative Anerkennung.

---

423   Lord *Hoffmann* in *R. v. Secretary of State for the Home Department, ex parte Simms* [1999] 3 AllER 400, 412 f.

Teil 3:

## Ergebnisse und Bewertung

## Kapitel 7:
## Verfassungsdogmatische, -vergleichende und -politische Würdigung deutscher Bundesstaatlichkeit und britischer Devolution

Die verfassungsvergleichende Gegenüberstellung und die komparative Analyse deutscher Bundesstaatlichkeit und britischer Devolution legen zwei überaus komplexe Modelle regionaler Dezentralisierung in europäischen Nationalstaaten frei. Die Bundesrepublik Deutschland und das Vereinigte Königreich von Großbritannien und Nordirland weisen weitreichende Unterschiede in ihrer konstitutionellen und juristischen Tradition und Kultur auf und werden daher üblicherweise nicht nur in der Privatrechtsvergleichung, sondern auch in der Verfassungsvergleichung verschiedenen Rechtskreisen zugeordnet.[1] Diese Unterschiede manifestieren sich in teilweise divergenten Verfassungsverständnissen und bedeutsamen Abweichungen der beiden Staatsorganisationen. Sie prägen auch die deutsche Bundesstaatlichkeit und die britische Devolution als grundlegende Strukturelemente der beiden Verfassungsordnungen. Wichtige Differenzen zwischen den konkreten Ausgestaltungen regionaler Dezentralisierung in Deutschland und dem Vereinigten Königreich finden ihre Erklärung in diesen unterschiedlichen konstitutionellen Ausgangspunkten und den daraus folgenden Pfadabhängigkeiten. Dessenungeachtet offenbaren die deutsche Bundesstaatlichkeit und die britische Devolution in allen ihren staatsorganisatorischen Dimensionen auch bedeutsame Berührungspunkte, Ähnlichkeiten und Übereinstimmungen, welche die funktionell-verfassungsvergleichende Betrachtung jenseits nationaler konstitutioneller Vorprägungen und Regelungsmechanismen zutage fördert.

Ein graduell gestuftes und verfassungsdogmatisch bruchloses Kontinuum der Regionalisierungsformen bildet dabei den analytischen Rahmen der Verfassungsvergleichung.[2] Seine thematische Untergliederung in die Dimensionen der vertikalen Kompetenzverteilung, der Systemverflechtung und der konstitutionellen Absicherung liefert konkrete sachbezogene Problemfelder zur Gegenüberstellung, Analyse und komparativ-systematischen

---

[1] Vgl. dazu *Kropholler, Jan*, Comparative Law, Function and Methods, in: Bernhardt, Rudolf (Hrsg.), Encyclopedia of Public International Law, Band I, Amsterdam 1992, S. 702, 705 f.; *Grote, Rainer*, Rechtskreise im öffentlichen Recht, AöR 126 (2001), S. 10, 37 ff.
[2] Zum Kontinuum der Regionalisierungsformen und dessen Untergliederung siehe supra Kapitel 4 § 1.

Verortung des deutschen und des britischen Modells regionaler Dezentralisierung. Die Untersuchung und relationale Beurteilung deutscher Bundesstaatlichkeit und britischer Devolution in diesen untergeordneten Dimensionen bilden die Grundlage für eine Rückkehr zum übergreifenden Gesamtkontinuum der Regionalisierungsformen. Zunächst können dabei die gewonnenen Einsichten über zwei regionalisierte Staatsordnungen für den allgemeinen verfassungsvergleichenden Diskurs über regional gegliederte Staatsorganisationen fruchtbar gemacht werden, indem auf ihrer Basis die Tragfähigkeit eines verfassungsdogmatisch bruchlosen Kontinuums der Regionalisierungsformen für die internationale Verfassungsvergleichung erneut in den Blick genommen wird. Zudem liefern die in den untergeordneten Fragestellungen erzielten Erkenntnisse das argumentative Fundament für eine abstrahierende systematische Verortung der deutschen und der britischen Staatsordnung auf dem übergeordneten Gesamtkontinuum der Regionalisierungsformen. Des weiteren ermöglicht das vertiefte Verständnis der Organisation und Funktionsweise der deutschen Bundesstaatlichkeit und der britischen Devolutionsordnung eine meta-konstitutionelle Bewertung dieser europäischen Regionalisierungsmodelle am Maßstab möglicher verfassungspolitischer Zielgedanken. Schließlich kann die verfassungskomparative Untersuchung deutscher Bundesstaatlichkeit und britischer Devolution einen Beitrag zu den in beiden Verfassungsordnungen stattfindenden Diskussionen über weitere Reformen der regionalisierten Staatsorganisation leisten.

## § 1 Das Kontinuum der Regionalisierungsformen im Lichte des Verfassungsvergleichs

Die Wahl eines bruchlosen Kontinuums der Regionalisierungsformen als analytischen Rahmen für die komparative Untersuchung deutscher Bundesstaatlichkeit und britischer Devolution folgt nicht nur aus der Notwendigkeit der Anknüpfung an eine außer-rechtliche, sachliche Fragestellung im Sinne der funktionellen Methode der Rechtsvergleichung, sondern ergibt sich auch bereits aus dem Fehlen allgemein anerkannter universeller Theorien oder Definitionen des Bundesstaates und des Einheitsstaates.[3] Obgleich sowohl im deutsch- als auch im englischsprachigen Schrifttum immer noch der teilweise explizite Glaube an die Verfügbarkeit eines allgemeingültigen und zugleich erkenntnisfördernden Begriffs insbesondere des Bundesstaates vorzuherrschen scheint,[4] haben weder die allgemeine Staats- und Verfassungslehre

---

3 Siehe bereits supra Kapitel 4 § 1.
4 Aus der deutschsprachigen Literatur vgl. *Stern, Klaus*, Das Staatsrecht der Bundesrepublik Deutschland, Band I (Grundbegriffe und Grundlagen des Staatsrechts, Strukturprinzipien der Verfassung), 2. Auflage, München 1984, S. 644 f. m. w. N.; *Sommermann, Karl-Peter*, Art. 20 GG, in: von Mangoldt, Hermann/Klein, Friedrich/Starck, Christian (Hrsg.),

Kapitel 7: Verfassungsdogmatische, -vergleichende und politische Würdigung

noch die internationale Verfassungsvergleichung und Föderalismusforschung bisher einen solchen bereitstellen können.[5] Die komparative Analyse deutscher Bundesstaatlichkeit und britischer Devolution liefert zusätzliche Gesichtspunkte, die gegen die Sinnhaftigkeit und Zweckmäßigkeit einer universellen Theorie oder eines allgemeingültigen Begriffs des Bundes- oder des Einheitsstaates als Grundlagen der Verfassungsvergleichung ins Feld geführt werden können. Die Untersuchung stützt zudem auch die methodische Ablehnung des Versuchs, auf der Grundlage einer historisch-pragmatischen Betrachtungsweise[6] einen Katalog von bewußt unscharfen gemeinsamen Wesenselementen bundesstaatlicher Verfassungsordnungen zum Ausgangspunkt des Verfassungsvergleichs zu machen.[7]

Die weitverbreitete Annahme einer aussagekräftigen verfassungsdogmatischen Schlucht zwischen dem Staatstypus des Bundesstaates und dem des Einheitsstaates beruht zumeist entweder direkt oder mittelbar auf dem Gedanken, daß in einem Bundesstaat sowohl die zentralstaatliche als auch die regionale Ebene einen formell verfassungsrechtlich gesicherten Kernbereich exklusiver Kompetenzen besitzen, aus dem die jeweils andere Ebene rechtswirksam ausgeschlossen bleibt; im Einheitsstaat dagegen vereint der

---

Das Bonner Grundgesetz: Kommentar, Band II (Art. 20 bis 78), 4. Auflage, München 2000, Rz. 21 f.; *Isensee, Josef*, Idee und Gestalt des Föderalismus im Grundgesetz, in: Isensee, Josef/Kirchhof, Paul (Hrsg.), Handbuch des Staatsrechts der Bundesrepublik Deutschland, Band IV, 2. Auflage, Heidelberg 1999, § 98, Rz. 4; *Rudolf, Walter*, Bundesstaat und Völkerrecht, AVR 27 (1989), S. 1, 4; *Kimminich, Otto*, Der Bundesstaat, in: Isensee, Josef/Kirchhof, Paul (Hrsg.), Handbuch des Staatsrechts der Bundesrepublik Deutschland, Band I, 2. Auflage, Heidelberg 1995, § 26, Rz. 5; *Zippelius, Reinhold*, Allgemeine Staatslehre, 14. Auflage, München 2003, S. 405 f. Aus dem englischsprachigen Schrifttum vgl. *Blair, Philip M.*, Federalism and Judicial Review in West Germany, Oxford 1981, S. 3; *Olowofoyeku, Abimbola A.*, Decentralising the UK: The Federal Argument, EdinLR 3 (1999), S. 57, 61 ff.; *Brazier, Rodney*, The Constitution of the United Kingdom, CLJ 58 (1999), 96, 126; *Walker, Neil*, Beyond the Unitary Conception of the United Kingdom Constitution, PL 2000, S. 384, 390; *Saunders, Cheryl*, The Constitutional Arrangements of Federal Systems: A Sceptical View from the Outside, in: Hesse, Jens Joachim/Wright, Vincent (Hrsg.), Federalizing Europe? The Costs, Benefits, and Preconditions of Federal Political Systems, Oxford 1996, S. 47, 48; *Wheare, Kenneth C.*, Modern Constitutions, Neudruck der 2. Auflage, London (u. a.) 1971, S. 19.

5   *Hesse, Konrad*, Der unitarische Bundesstaat, Karlsruhe 1962, S. 1 ff.; *Bethge, Herbert*, Bundesstaat, in: Görres-Gesellschaft (Hrsg.), Staatslexikon, Band I, 7. Auflage, Freiburg (u. a.) 1985, Sp. 993, 993; *Scheuner, Ulrich*, Struktur und Aufgabe des Bundesstaates in der Gegenwart – Zur Lehre vom Bundesstaat, DÖV 1962, S. 641, 641; *Bothe, Michael*, Die Kompetenzstruktur des modernen Bundesstaates in rechtsvergleichender Sicht, Berlin (u. a.) 1977, S. 5; *Malanczuk, Peter*, Region und unitarische Struktur in Großbritannien, Berlin (u. a.) 1984, S. 19 f.

6   Dieser Ansatz wird vor allem vertreten von *Scheuner*, Struktur und Aufgabe des Bundesstaates, S. 641, und *Hesse, Konrad*, Grundzüge des Verfassungsrechts der Bundesrepublik Deutschland, Neudruck der 20. Auflage, Heidelberg 1999, Rz. 217.

7   Für diesen Ansatz vgl. insbesondere *Bothe*, Kompetenzstruktur, S. 9 ff.; *Malanczuk*, Region und unitarische Struktur, S. 20 f.; *Blanke, Hermann-Josef*, Föderalismus und Integrationsgewalt – Die Bundesrepublik Deutschland, Spanien, Italien und Belgien als dezentralisierte Staaten in der EG, Berlin 1993, S. 359 ff. Siehe dazu auch supra Kapitel 4 § 1 A.

Zentralstaat grundsätzlich alle hoheitlichen Zuständigkeiten in seiner Hand, und seine territoriale Dezentralisierung erfolgt stets nur durch – in der Regel widerrufbare – Delegation an ihm untergeordnete Einheiten.[8] Diese Vorstellung spiegelt sich nicht nur in der These von der zumindest teilweisen Gleichordnung von Zentralstaat und Gliedern im Bundesstaat,[9] im vorherrschenden Bekenntnis zur Staatlichkeit bundesstaatlicher Glieder mit einem Mindestmaß an staatlichen Zuständigkeiten[10] sowie in der Idee der Unabgeleitetheit regionaler Staatsgewalt im Bundesstaat[11] wider, sondern sie prägt auch die Versuche der Zusammenstellung von Wesenselementen bundesstaatlicher Ordnungen auf der Grundlage eines historisch-pragmatischen Verständnisses bundesstaatlicher Ordnungen. In solchen Katalogen föderativer Charakteristika tritt sie in der Verbindung der konstitutionellen Merkmale einer nicht unbedeutenden regionalen Autonomie mit deren Garantie in einer gegenüber dem einfachen Gesetz erschwert abänderbaren Verfassung zutage.[12] In der Verfassungslehre des Vereinigten Königreichs bildet diese Vorstellung das

---

8 *Herzog, Roman*, Art. 20 GG IV. (Die Verfassungsentscheidung für den Bundesstaat), in: Maunz, Theodor/Dürig, Günter (Hrsg.), Grundgesetz Kommentar, Band II (Art. 12 – 20), Loseblattsammlung, München, Stand: Februar 2003, Rz. 4 ff.; *Maunz, Theodor/Zippelius, Reinhold*, Deutsches Staatsrecht, 30. Auflage, München 1998, S. 106 f.; *Wheare, Kenneth C.*, Modern Constitutions, Neudruck der 2. Auflage, London (u.a.) 1971, S. 19; *Hood Phillips, Owen/Jackson, Paul/Leopold, Patricia*, Constitutional and Administrative Law, 8. Auflage, London 2001, Rz. 5–002; *Barnett, Hilaire*, Constitutional & Administrative Law, 4. Auflage, London/Sydney 2002, S. 12; *Munro, Colin R.*, Studies in Constitutional Law, 2. Auflage, London (u.a.) 1999, S. 16; *Turpin, Colin*, British Government and the Constitution – Text, Cases and Materials, 5. Auflage, London/Edinburgh 2002, S. 257; *Olowofoyeku, Abimbola A.*, Decentralising the UK: The Federal Argument, EdinLR 3 (1999), S. 57, 61 f.; *Laffin, Martin/Thomas, Alyn*, The United Kingdom: Federalism in Denial?, Publius 29/3 (Sommer 1999), S. 89, 90 f.; *Brazier*, The Constitution of the UK, S. 103, 126.
9 Vgl. *Schmidt, Walter*, Das Verhältnis von Bund und Ländern im demokratischen Bundesstaat des Grundgesetzes, AöR 87 (1962), S. 253, 254 ff.; *Herzog*, Art. 20 GG IV., in: Maunz/Dürig, Rz. 57 ff.; *Isensee*, Idee und Gestalt des Föderalismus, Rz. 81 ff.; *Vogel, Hans-Jochen*, Die bundesstaatliche Ordnung des Grundgesetzes, in: Benda, Ernst/Maihofer, Werner/Vogel, Hans-Jochen (Hrsg.), Handbuch des Verfassungsrechts der Bundesrepublik Deutschland, 2. Auflage, Berlin/New York 1994, § 22, Rz. 26.
10 Vgl. *Stern*, Staatsrecht I, S. 644 f.; *Sommermann*, Art. 20 GG, in: von Mangoldt/Klein/Starck, Rz. 21, 26, 33; *Maunz /Zippelius*, Deutsches Staatsrecht, S. 106 f.; *Katz, Alfred*, Staatsrecht – Grundkurs im öffentlichen Recht, 15. Auflage, Heidelberg 2002, Rz. 243; *Vogel*, Die bundesstaatliche Ordnung, Rz. 2.
11 Vgl. *Herzog*, Art. 20 GG IV., in: Maunz/Dürig, Rz. 9 ff.; *Barschel, Uwe*, Die Staatsqualität der deutschen Länder – Ein Beitrag zur Theorie und Praxis des Föderalismus in der Bundesrepublik Deutschland, Heidelberg/Hamburg 1982, S. 28, 256; *Stern*, Staatsrecht I, S. 667.
12 Vgl. *Bothe, Michael*, Art. 20 Abs. 1 – 3 GG II (Bundesstaat), in: Denninger, Erhard/Hoffmann-Riem, Wolfgang/Schneider, Hans-Peter/Stein, Ekkehart (Hrsg.), Kommentar zum Grundgesetz für die Bundesrepublik Deutschland (Reihe Alternativkommentare), Band II, 3. Auflage, Loseblattsammlung, Neuwied/Kriftel 2001, Stand: August 2002, Rz. 17; *ders.*, Kompetenzstruktur, S. 10. Ihm folgend *Malanczuk*, Region und unitarische Struktur, S. 21; *Blanke*, Föderalismus und Integrationsgewalt, S. 361. Ähnlich auch *Brazier*, The Constitution of the UK, S. 126.

argumentative Fundament der in der britischen Verfassungsorthodoxie verwurzelten dogmatischen Unterscheidung zwischen Bundesstaatlichkeit und Devolution,[13] in welcher die britische Verfassungslehre zumeist noch die Exklusivität eines Kompetenzbestandes mit dem in Deutschland im wesentlichen überwundenen Begriff der Souveränität belegt. Dieses Verständnis wird etwa in den Ausführungen der Kilbrandon Commission von 1973 deutlich:

> „*In a federal system sovereignty is divided between two levels of government. The federal government is sovereign in some matters and the provincial governments are sovereign in others. Each within its own sphere exercises its power without control from the other, and neither is subordinate to the other.*"[14]
>
> „*... devolution ... is the delegation of central government powers without the relinquishment of sovereignty.*"[15]

Aus der Charakterisierung des Bundesstaates als einem regional gegliederten Regierungssystem mit ausschließlichen Zuständigkeiten auf zwei staatlichen Ebenen folgt dann auch die allgemeine Überzeugung in der britischen Staatslehre von der prinzipiellen Unvereinbarkeit jeder Form der Bundesstaatlichkeit mit dem zentralen Verfassungsdogma der unveräußerlichen Parlamentssuprematie.[16]

Auch wenn ein formell verfassungsrechtlich gesicherter Kernbereich ausschließlicher hoheitlicher Kompetenzen auf regionaler Ebene ohne Zweifel als Ausweis einer spezifischen Form regionaler Autonomie innerhalb eines Gesamtstaates anzusehen ist, legt die komparative Analyse deutscher Bundesstaatlichkeit und britischer Devolution den Verzicht auf die zweifache Kategorisierung regional gegliederter Staatswesen anhand dieses Kriteriums sowohl für die internationale Verfassungsvergleichung, als auch für die allgemeine Staats- und Verfassungslehre nahe. Bereits die schlichte Gegenüberstellung der weitreichenden Legislativzuständigkeiten des schottischen Parlaments und der vergleichsweise bescheidenen Gesetzgebungskompetenzen

---

13 Vgl. *Bogdanor, Vernon*, Devolution: The Constitutional Aspects, in: Beatson, Jack/Forsyth, Christopher/Hare, Ivan/The University of Cambridge Centre for Public Law (Hrsg.), Constitutional Reform in the United Kingdom: Practice and Principles, Oxford 1998, S. 9, 12; *ders.*, Power and the People – A Guide to Constitutional Reform, London 1997, S. 22; *O'Connor, Sandra D.*, Altered States: Federalism and Devolution at the „Real" Turn of the Millennium, CLJ 60 (2001), S. 493, 502 f.; *Gamper, Anna*, Schottland – Präzedenzfall eines neuen „Quasiföderalismus" in Europa?, ZÖR 56 (2001), S. 405, 431 f.
14 *Royal Commission on the Constitution*, Band I: Report (Kilbrandon Report), Cmnd. 5460, HMSO, London 1973, S. 152.
15 Kilbrandon Report, S. 165.
16 Vgl. *Walker, Neil*, Beyond the Unitary Conception of the United Kingdom Constitution, PL 2000, S. 384, 394 ff.; Kilbrandon Report, S. 158; *Fazal, M. A.*, A Federal Constitution for the United Kingdom – An Alternative to Devolution, Aldershot 1997, S, 14 ff.; *Barnett*, Constitutional & Administrative Law, S. 12 f.; *Grote, Rainer*, Regionalautonomie für Schottland und Wales – das Vereinigte Königreich auf dem Weg zu einem föderalen Staat, ZaöRV 58 (1998), S. 109, 143; *Schwab, Andreas*, Devolution – Die asymmetrische Staatsordnung des Vereinigten Königreichs, Baden-Baden 2002, S. 37 ff.

der deutschen Bundesländer zeigt zunächst, daß mit der bloßen Feststellung verfassungsrechtlich verbürgter exklusiver Zuständigkeitsbereiche keinerlei Aussage über den wahren Umfang regionaler politischer Autonomie verknüpft sein muß. In verfassungsdogmatischer Hinsicht belegt insbesondere die devolutionsbezogene Flexibilität der britischen Parlamentssuprematie nach materiellem Verständnis, daß zwischen der Einräumung formell verfassungsrechtlich verankerter exklusiver Zuständigkeiten auf regionaler Ebene und der uneingeschränkten und allumfassenden Regelungskompetenz des Zentralstaates eine weitgespannte Grauzone auszumachen ist: Die Möglichkeit der Etablierung konstitutioneller Konventionalregeln zum Schutze regionaler Handlungssphären und die vielschichtige Adaptionsfähigkeit einer von judikativer Gesetzesauslegung und -anwendung abhängigen Verfassungsordnung durchkreuzen die scheinbar stimmige Unterscheidung von Bundesstaat und Einheitsstaat und sähen begründete Zweifel an ihrem komparativen Erklärungswert. Das wohl meistzitierte zentrale Strukturelement bundesstaatlicher Ordnungen – die Garantie regionaler Autonomie in einer gegenüber dem einfachen Gesetz erschwert abänderbaren Verfassung[17] – verschwimmt mit der notwendigen Hinwendung zu einem offeneren Normenverständnis in der unendlichen Vielgestaltigkeit konstitutioneller Sicherungsmechanismen; es verliert jedoch auch bereits bei näherer Analyse der bundesstaatsrelevanten Flexibilität deutscher Verfassungssuprematie nach materiellem Verständnis nicht unwesentlich an Aussagekraft. Eine graduell gestufte Betrachtungsweise des Verhältnisses zwischen dem traditionellen Bundesstaat und dem herkömmlichen Einheitsstaat, welche regional gegliederte Staatlichkeit auf einem bruchlosen Kontinuum der Regionalisierungsformen begreift, erscheint daher sowohl den real-politischen als auch den verfassungsrechtlichen Umständen und Fragestellungen angemessen. Dementsprechend kann auch die Theorie vom Bundesstaat als Staatenstaat nur in ihrem grundgesetzimmanenten Bedeutungsgehalt aufrechterhalten werden; sie eignet sich dagegen nicht als universelle und erkenntnisfördernde Kategorisierung von Regionalisierungsformen. Das mit einem separaten Nationalbewußtsein, einer eigenständigen Rechtsordnung, einer beträchtlichen politischen Autonomie und einer – zumindest aus schottischer Sicht – originären Volkssouveränität ausgestattete Schottland weist materiell betrachtet mindestens ebenso starke Elemente der Staatlichkeit auf wie die deutschen Bundesländer,[18] deren Eigenstaatlichkeit das deutsche Verfassungsrecht dadurch konstruiert, daß ihre originäre Hoheitsgewalt vom Grundgesetz nicht konstituiert, sondern lediglich anerkannt werde.[19] Zudem läßt der anglo-schottische Unionsvertrag von

---

17 Vgl. *Bothe*, Kompetenzstruktur, S. 10; *Malanczuk*, Region und unitarische Struktur, S. 21; *Blanke*, Föderalismus und Integrationsgewalt, S. 361. Zum Verhältnis zwischen Bundesstaatlichkeit und Verfassungssuprematie siehe supra Kapitel 6 § 2 A.
18 In diesem Sinne auch *King, Anthony*, Does the United Kingdom Still Have a Constitution?, The Hamlyn Lectures, London 2001, S. 64.
19 Vgl. BVerfGE 1, 14, 34; 60, 175, 207; *Vogel*, Die bundesstaatliche Ordnung, Rz. 37; *Stern*, Staatsrecht I, S. 667; *Barschel*, Staatsqualität, S. 256.

1707 sogar eine Deutung zu, nach der die schottische Staatlichkeit in der Vereinigung mit England nicht unterging.[20] Das bruchlose Kontinuum der Regionalisierungsformen bezieht überdies weitere Überzeugungskraft aus der Behandlung der Länderstaatlichkeit durch die deutsche Verfassungsrechtslehre. Zum Teil wird die Staatlichkeit der Bundesländer als „gewisses politisches Gewicht im Gesamtsystem" verstanden und die Bundesstaatlichkeit dann folgerichtig offen zur „question of degree" erklärt.[21] Auch wo dies nicht geschieht, liegt jedoch spätestens den Konkretisierungsversuchen der materiellen Schranken zulässiger Verfassungsänderungen nach Art. 79 Abs. 3 GG regelmäßig ein graduell gestuftes Verständnis grundgesetzlicher Gliedstaatlichkeit zugrunde.[22] So verlangt die herrschende Interpretation der Ewigkeitsklausel des Art. 79 Abs. 3 GG für das Fortbestehen der Länderstaatlichkeit ein „Mindestmaß" an legislativen, exekutiven und judikativen Zuständigkeiten sowie finanzieller Ausstattung als „Hausgut" der Länder, durch das diesen „in gewissem Umfang" die Wahrnehmung politischer Leitungsfunktionen möglich ist.[23] Gelegentlich wird sogar ausdrücklich „ein (quantitativer) Kern eigener Aufgaben als Hausgut" für erforderlich gehalten und konsequenterweise die zumindest theoretische Möglichkeit ins Auge gefaßt, daß sich beim fortschreitenden Verlust hoheitlicher Kompetenzen auf Länderseite „ein Sprung von der Quantität zur Qualität" vollziehen muß.[24] Mit der notwendigen Einsicht, daß eine dogmatisch klare oder gar zwingende Trennung zwischen Bundesstaat und Einheitsstaat ohne verfassungsrechtliche Grauzonen nicht möglich ist, läßt auch die deutsche Verfassungsrechtslehre deutliche

---

20 Vgl. *Murray, Ronald K.*, Devolution in the U.K. – A Scottish Perspective, LQR 96 (1980), S. 35, 40.
21 *Calliess, Christian*, Die Justitiabilität des Art. 72 Abs. 2 GG vor dem Hintergrund von kooperativem und kompetitivem Föderalismus, DÖV 1997, S. 889, 889.
22 Siehe dazu supra Kapitel 6 § 2 B. I. 2.
23 BVerfGE 34, 9, 19f.; *Stern*, Staatsrecht I, S. 169f.; *Dreier, Horst*, Art. 79 III GG, in: ders. (Hrsg.), Grundgesetz Kommentar, Band II (Art. 20 bis 82), Tübingen 1998, Rz. 17; *Lücke, Jörg*, Art. 79 GG, in: Sachs, Michael (Hrsg.), Grundgesetz Kommentar, 3. Auflage, München 2003, Rz. 26 f.; *Vogel*, Die bundesstaatliche Ordnung, Rz. 28; *Hain, Karl-E.*, Art. 79 GG, in: von Mangoldt, Hermann/Klein, Friedrich/Starck, Christian (Hrsg.), Das Bonner Grundgesetz: Kommentar, Band III (Art. 79 bis 146), 4. Auflage, München 2001, Rz. 128; *Isensee*, Idee und Gestalt des Föderalismus, Rz. 269 ff.; *Scheuner*, Struktur und Aufgabe des Bundesstaates, S. 646, 649; *Hesse, Konrad*, Bundesstaatsreform und Grenzen der Verfassungsänderung, AöR 98 (1973), S. 1, 14 ff.; *Harbich, Jürgen*, Der Bundesstaat und seine Unantastbarkeit, Berlin 1965, S. 119 ff.
24 *Eiselstein, Claus*, Verlust der Bundesstaatlichkeit? – Kompetenzverluste der Länder im kulturellen Sektor vor dem Hintergrund von Art. 79 III GG, NVwZ 1989, S. 323, 323. Ähnlich, aber nicht nur grundgesetzimmanent, sondern im Zusammenhang der Verfassungsvergleichung erkennt *Peter Häberle* auf einer „Skala" der Regionalisierung einen dogmatischen Bruch zwischen dem regionalisierten Einheitsstaat und dem unitarisch ausgerichteten Bundesstaat, an dem „Quantität" in „Qualität" umschlägt; *Häberle, Peter*, Der Regionalismus als werdendes Strukturprinzip des Verfassungsstaates und als europarechtspolitische Maxime, AöR 118 (1993), S. 1, 25; *ders.*, Grundfragen einer Verfassungstheorie des Regionalismus in vergleichender Sicht, in: Kramer, Jutta (Hrsg.), Die Entwicklung des Staates der Autonomie in Spanien und der bundesstaatlichen Ordnung in der Bundesrepublik Deutschland, Baden-Baden 1996, S. 75, 106.

Ansätze zu einem abgestuften Verständnis des Verhältnisses zwischen Bundesstaat und Einheitsstaat erkennen. Auf diese Weise stützt sie – trotz der verbreiteten rhetorischen Verhaftung im separativen Theorem des Bundesstaates als Staatenstaat – zumindest indirekt die Annahme eines kategorienfeindlichen Kontinuums der Regionalisierungsformen.

Auch die Versuche, durch die Zusammenstellung eines Katalogs von – teilweise bewußt unscharfen – Strukturmerkmalen bundesstaatlicher Ordnungen eine gewissermaßen annähernde, Schattierungen zulassende ‚Definition' des Bundesstaates zu entwickeln,[25] erhalten durch die vergleichende Untersuchung deutscher Bundesstaatlichkeit und britischer Devolution keine Unterstützung. Auf der Wegstrecke konstitutioneller Sicherungsmechanismen zwischen den Idealmodellen der Verfassungs- und der Parlamentssuprematie verliert das zentrale Wesenselement der Garantie regionaler Autonomie in einer gegenüber dem einfachen Gesetz erschwert abänderbaren Verfassung seine wesentliche Aussagekraft. Auch dem stets angeführten essentiellen Organisationsmerkmal der Mitwirkung regionaler Einheiten an der Willensbildung des Zentralstaates in einer zweiten Kammer der zentralstaatlichen Legislative[26] muß vor dem Hintergrund des vorgenommenen Verfassungsvergleichs ablehnend entgegengetreten werden. Zunächst ist der allseits anzutreffende Hinweis, es gebe zumindest faktisch keine bundesstaatliche Ordnung, die ihren Gliedern keine institutionalisierte Mitwirkungsposition an der zentralstaatlichen Gesetzgebung in einer zweiten Legislativkammer einräume,[27] nicht nur von geringstem theoretischem Erklärungswert oder sogar falsch[28], sondern er belegt auch die Gefährlichkeit des Zirkelschlusses vom Anschauungsobjekt über die Theorie zurück zum Objekt. Sieht man von der schottischen Sewel Convention hinsichtlich zentralstaatlicher Gesetzgebung auf übertragenen Kompetenzfeldern ab, bietet das Devolutionsgefüge des Vereinigten Königreichs derzeit keinen institutionalisierten Mechanismus regionaler Mitwirkung in der zentralstaatlichen Legislative. Die britische Staatsordnung zeigt damit, daß eine wirksame und nachhaltige Regionalisierung politischer Leitungsfunktionen unabhängig von der Institutionalisierung die-

---

25 So vor allem die supra in Fn. 7 Genannten. Ähnlich auch die definitorischen Ansätze bei *Olowofoyeku*, Decentralising the UK, S. 61 ff.; *Brazier*, The Constitution of the UK, S. 126; *Laffin/Thomas*, The United Kingdom, S. 90 f.; *Munro*, Studies in Constitutional Law, S. 16, 33.
26 Vgl. *Bothe*, Kompetenzstruktur, S. 10; *Malanczuk*, Region und unitarische Struktur, S. 21; *Blanke*, Föderalismus und Integrationsgewalt, S. 361; *Stern*, Staatsrecht I, S. 645; *Gamper*, Schottland – Präzedenzfall eines neuen „Quasiföderalismus"?, S. 430; *Weber, Karl*, Kriterien des Bundesstaates – Eine systematische, historische und rechtsvergleichende Untersuchung der Bundesstaatlichkeit der Schweiz, der Bundesrepublik Deutschland und Österreichs, Wien 1980, S. 126 ff.
27 So etwa *Herzog*, Art. 20 GG IV., in: Maunz/Dürig, Rz. 43; *Barschel*, Staatsqualität der deutschen Länder, S. 40.
28 Der kanadische Bundesstaat könnte beispielsweise als Ausnahme zu diesem Erfordernis angesehen werden; vgl. dazu *Bogdanor, Vernon*, Federalism and Devolution: Some Juridical and Political Problems, in: Morgan, Roger (Hrsg.), Regionalism in European Politics, London 1986, S. 43, 60 f.; *Bothe*, Kompetenzstruktur, S. 99 f.

ses Wesenselements erfolgen kann. Dieser Befund legt es zudem nahe, daß in der definitorischen Erfassung und Erklärung regional gegliederter Staatlichkeit dem Wesensmerkmal der Mitwirkung regionaler Einheiten an der Willensbildung des Zentralstaates in einer eigenständigen Kammer der zentralstaatlichen Legislative keine kategorisierende Rolle zukommen sollte.[29] Eine maßgebliche argumentative Anknüpfung an das für das Vereinigte Königreich festgestellte Fehlen einer derartig institutionalisierten Mitwirkungsposition der regionalen Einheiten zur Bewertung der britischen Devolutionsstrukturen innerhalb der Kategorien ‚föderal' oder ‚unitarisch' erscheint daher überaus fragwürdig.[30]

Die verfassungsvergleichende Untersuchung deutscher Bundesstaatlichkeit und britischer Devolution bestärkt somit die grundsätzliche Einsicht, daß selbst zwischen zwei konstitutionell scheinbar so gegensätzlichen Regionalisierungsordnungen – und damit allgemein zwischen Bundesstaat und Einheitsstaat – bei eingehender Betrachtung keine saubere, allein maßgebliche und erkenntnisfördernde verfassungsdogmatische Trennlinie ausgemacht werden kann. Damit untermauert die komparative Analyse der Bundesrepublik Deutschland und des Vereinigten Königreichs von Großbritannien und Nordirland die Annahme eines bruchlosen Kontinuums der Regionalisierungsformen als analytischen Rahmen für die verfassungsvergleichende Erforschung regional gegliederter Staatswesen.

## § 2 Deutschland und das Vereinigte Königreich auf dem Kontinuum der Regionalisierungsformen

Die Zusammenführung der nachgeordneten Kontinua der vertikalen Kompetenzverteilung, der Systemverflechtung sowie der konstitutionellen Absicherung in ein übergreifendes Gesamtkontinuum der Regionalisierungsformen soll die detaillierte komparative Gegenüberstellung, Analyse und Bewertung deutscher Bundesstaatlichkeit und britischer Devolution aufgrund der vielschichtigen Komplexität dieser beiden Regionalisierungsmodelle nicht

---

29 Gegen die Mitwirkung der regionalen Glieder in einer Föderalkammer der Zentralstaatslegislative als essentiellem Strukturelement der Bundesstaatlichkeit auch *Herzog*, Art. 20 GG IV., in: Maunz/Dürig, Rz. 43; *Esterbauer, Fried*, Kriterien föderativer und konföderativer Systeme, Wien 1976, S. 35 f.; *Barschel*, Staatsqualität der deutschen Länder, S. 40 f.; *Hanf, Dominik*, Bundesstaat ohne Bundesrat? – Die Mitwirkung der Glieder und die Rolle zweiter Kammern in evolutiven und devolutiven Bundesstaaten. Eine rechtsvergleichende Untersuchung, Baden-Baden 1999, S. 176 f.

30 So aber ausdrücklich *Gamper*, Schottland – Präzedenzfall eines neuen „Quasiföderalismus"?, S. 430 ff., die zudem irrig und ohne die notwendige Auseinandersetzung mit dem einschlägigen Schrifttum davon ausgeht, daß „die Möglichkeit der Mitwirkung eines Gliedstaates an der Gesetzgebung des Bundes in Form einer eigenen parlamentarischen Kammer" „einhellig als Wesensbestandteil des Bundesstaates" anerkannt sei.

ersetzen, sondern den darin gewonnenen Erkenntnissen nur eine bewußt abstrahierende Gesamtschau zur Seite stellen. Sie kann nur den grundlegenden Organisationsmerkmalen und Entwicklungsrichtungen, nicht aber den staatsorganisatorischen Einzelheiten verpflichtet sein.

Eine derartige vergleichende Gesamtbewertung deutscher Bundesstaatlichkeit und britischer Devolution begegnet der besonderen Schwierigkeit, die größtenteils asymmetrisch dezentralisierte Staatsorganisation des Vereinigten Königreichs in eine direkte Relation zu der im wesentlichen – zumindest *de jure* – symmetrischen bundesstaatlichen Ordnung Deutschlands setzen zu müssen. Während die britischen Regionalisierungsreformen bisher den überwiegenden Teil des britischen Staatsgebietes – England beziehungsweise seine Regionen – weitestgehend ausgespart und in Schottland, Nordirland und Wales drei teilweise sehr unterschiedliche Dezentralisierungsformen installiert haben, erweist sich der deutsche Bundesstaat – abgesehen etwa von der Stimmengewichtung im Bundesrat und gewissen Sonderregelungen im Finanzausgleich – als grundsätzlich gleichmäßig regionalisierte Staatsordnung.[31] Läßt man die nordirische Regionalisierung aufgrund ihrer komplexen Verquickung mit dem ethnisch-religiösen Friedensprozeß in diesem Randterritorium außer Betracht, so zeichnen sich gleichwohl mit den sich langsam konkretisierenden Plänen einer Devolution für die englischen Regionen und den Reformbestrebungen innerhalb der walisischen Devolutionsstrukturen mit dem Ziel der Annäherung an das schottische Regionalisierungsmodell klare Anzeichen für eine zukünftige, schrittweise Uniformisierung der Regionalstrukturen im Vereinigten Königreich ab. Eine gänzliche Angleichung der verschiedenen Dezentralisierungsmodelle erscheint vor dem Hintergrund einer betont pragmatischen britischen Tradition der Verfassungsentwicklung wohl ausgeschlossen. Eine solche muß aber in Anbetracht funktionsfähiger asymmetrischer Regionalisierungsformen in anderen Ländern – wie etwa in Spanien, Belgien oder Kanada – auch nicht als erforderlich angesehen werden.[32] Staatsorgani-

---

31 *Helms, Ludger*, Strukturelemente und Entwicklungsdynamik des deutschen Bundesstaates im internationalen Vergleich, ZfP 49 (2002), S. 125, 131. Zu den *de jure* und den *de facto* Asymmetrien des deutschen Bundesstaates vgl. *Benz, Arthur*, From Unitary to Asymmetric Federalism in Germany: Taking Stock after 50 Years, Publius 29/4 (Herbst 1999), S. 55 – 78; *Sturm, Roland*, The Constitution under Pressure: Emerging Asymmetrical Federalism in Germany?, in: Agranoff, Robert (Hrsg.), Accommodating Diversity: Asymmetry in Federal States, Baden-Baden 1999, S. 137 – 148.

32 *Keating, Michael*, What's Wrong with Asymmetrical Government?, in: Keating, Michael/Elcock, Howard (Hrsg.), Remaking the Union – Devolution and British Politics in the 1990s, London/Portland (OR) 1998, S. 195, 195 ff.; *Agranoff, Robert*, Power Shifts, Diversity and Asymmetry, in: ders. (Hrsg.), Accommodating Diversity: Asymmetry in Federal States, Baden-Baden 1999, S. 11, 11 ff. Zu Spanien vgl. *Wiedmann, Thomas*, Idee und Gestalt der Regionen in Europa: Rechtsvergleichende Untersuchung unter Unitarismus und Föderalismus, unter besonderer Berücksichtigung des Vereinigten Königreichs, Frankreichs, Spaniens und Deutschlands, Baden-Baden 1996, S. 153 ff.; *Voß, Dirk-Hermann*, Regionen und Regionalismus im Recht der Mitgliedstaaten der Europäischen Gemeinschaft – Strukturelemente einer Europäischen Verfassungsordnung, Frankfurt a.M. (u. a.) 1989, S. 271 ff. Zu Belgien vgl. *Mörsdorf, Roland*, Das belgische Bundes-

satorische Symmetrie ist kein Selbstzweck. Dennoch müssen die aus der Asymmetrie der Regionalisierung eines Staatswesens resultierenden Probleme erkannt und bewältigt werden. So dürfen die im Zusammenhang mit der ‚West Lothian Question' auftretenden Ungereimtheiten der britischen Regierungsstruktur[33] nicht etwa einfach mit dem Verweis auf andere staatsorganisatorische Anomalien beiseitegeschoben werden,[34] sondern sollten einer insgesamt verfassungsverträglichen Lösung zugeführt werden. Den wohl konsequentesten Weg böte dafür die schrittweise Regionalisierung des gesamten Vereinigten Königreichs und die langsame Heranführung der übrigen Regionen an das schottische Modell, auch wenn einige Besonderheiten des schottischen Status ohne Zweifel erhalten bleiben würden.[35] Die Entscheidung der britischen Regierung für eine Politik der ‚Devolution on Demand' für die englischen Regionen[36], an deren Ende möglicherweise weitere staatsorganisatorische Asymmetrien innerhalb Englands stehen, erscheint vor diesem Hintergrund zumindest bedenklich.[37]

Die gesamtstaatliche Asymmetrie der britischen Regionalisierungsordnung macht es daher notwendig, auch bei der komparativen Verortung der deutschen Bundesstaatlichkeit und der britischen Devolution auf einem übergreifenden Kontinuum der Regionalisierungsformen die Unterschiede zwischen den Modellen der schottischen, der walisischen und der nordirischen Devolutionsordnung zu berücksichtigen.

Wales bleibt trotz der auffallenden Ähnlichkeit seiner Devolution mit der deutschen Bundesstaatlichkeit im Hinblick auf die primär funktionsorientierte Kompetenzverteilung zwischen Zentralstaat und Region insgesamt erkennbar hinter der Autonomie der deutschen Bundesländer zurück. Insbesondere das Fehlen einer Befugnis zur primären Gesetzgebung auf der Grundlage einer kompetenzrechtlichen Residualklausel und die damit verbundene weitgehende Abhängigkeit vom zentralstaatlichen Legislativapparat lassen die exekutive Devolution für Wales gegenüber dem deutschen Bundesstaat als im ganzen zentralistischeres Regionalisierungsmodell erscheinen. Die starke Integration Wales' in die anglo-walisische Rechts- und Gerichtsord-

---

staatsmodell im Vergleich zum deutschen Bundesstaat des Grundgesetzes, Frankfurt a.M. (u. a.) 1996.
33  Siehe dazu supra Kapitel 5 § 1 B. III. 3.
34  So aber *Brown, Archie*, Asymmetrical Devolution: The Scottish Case, PolitQ 69 (1998), S. 215, 217, der „having the descendants of people who were given hereditary peerages for financial, military or sexual services to long-dead monarchs automatically accorded seats in one of the houses of parliament, no matter how stupid or blinkered they are", für weitaus paradoxer hält.
35  Ähnlich auch *Olowofoyeku, Abimbola A.*, Devolution: Conceptual and Implementational Problems, Anglo-AmLR 29 (2000), S. 133, 153 f., 163 ff.; *ders.*, Decentralising the UK, S. 63 ff.
36  Siehe dazu supra Kapitel 5 § 1 B. III. 3.
37  Vgl. auch *Barendt, Eric*, Is there a United Kingdom Constitution?, OJLS 17 (1997), S. 137, 146.

nung[38], das bisherige Ausbleiben der Etablierung eines kohärenten, autonomiefreundlichen Ermächtigungsmodus in britischer Gesetzgebung, die notwendige, dichte kooperative Vernetzung zwischen den walisischen Regierungsstrukturen und dem in jeder Hinsicht übermächtigen Whitehall sowie nicht zuletzt auch die im wesentlichen auf sich langsam verfestigenden Verfassungskonventionalregeln und auf Ansätzen zu Prioritätsregeln des Common Law beruhende konstitutionelle Absicherung der walisischen Devolution untermauern diesen verfassungsvergleichenden Befund über die relative Einordnung der walisischen Devolution und des deutschen Bundesstaates auf dem Kontinuum der Regionalisierungsformen.

Das nordirische Devolutionsmodell zeigt sich gegenüber seinem walisischen Pendant als wesentlich stärker dezentralisierte Regionalisierungsordnung. Die kompetenzielle Ausstattung der nordirischen Regionalorgane nach dem Grundschema der legislativen Devolution vermittelt diesen eine den deutschen Bundesländern prinzipiell vergleichbare regionale Autonomie. Die Legislativkompetenzen der nordirischen Versammlung gehen teilweise auch deutlich über diejenigen der deutschen Länder hinaus, bleiben in anderen Bereichen – wie etwa auf dem sensiblen Gebiet der inneren Sicherheit und Polizei – jedoch klar hinter den Gesetzgebungszuständigkeiten der deutschen Gliedstaaten zurück. Die weitreichenden Einwirkungsbefugnisse der britischen Zentralregierung und vor allem die besondere Instabilität der nordirischen Regionalisierung, wie sie in der Chronik ihrer Suspendierungen zutage tritt, erfordern indessen eine im Vergleich zur deutschen Bundesstaatlichkeit deutlich zentralistischere Gesamtbewertung der Devolution für Nordirland.

Die schottische Devolution bildet innerhalb des Vereinigten Königreichs das am stärksten dezentralisierte Regionalisierungsmodell. Sie verleiht Schottland eine beträchtliche Autonomie vom britischen Gesamtstaat, welche insgesamt wohl den Bestand politischer Leitungsfunktionen der deutschen Bundesländer übertrifft. Die weitreichenden Kompetenzen der schottischen Regionalorgane in den Bereichen der Gesetzgebung und des Gesetzesvollzugs sowie die Eigenständigkeit der schottischen Rechts- und Gerichtsordnung, welche in Strafsachen nicht einmal einen Instanzenweg zum House of Lords kennt, offenbaren den außerordentlichen Umfang der Dezentralisierung politischer Leitungsfunktionen durch die schottische Devolutionsreform. Zwar bleiben die schottischen Regierungsstrukturen hinsichtlich ihrer Finanzausstattung im wesentlichen vom britischen Zentralstaat abhängig, jedoch garantieren das ‚block and formula'-System der britischen Finanzordnung und das zusätzliche Steuererhebungsrecht des schottischen Parlaments derzeit eine im ganzen ausreichende finanzielle Selbständigkeit, deren zentralistische Regelungsgrundlagen indessen überdenkenswürdig scheinen. Dieser Befund wird nur zum Teil durch die relativ schwache Beteiligungsposition der schottischen Exekutive in internationalen und europapolitischen Angelegenheiten sowie dem Mangel an regionalen Einwirkungsbefugnissen auf die zentralstaatliche

---

38 Dagegen erkennen *Jones, Timothy H./Williams, Jane M.*, Wales as a Jurisdiction, PL 2004, S. 78, 101, in Wales bereits eine „emerging jurisdiction".

## Kapitel 7: Verfassungsdogmatische, -vergleichende und politische Würdigung

Willensbildung in vorbehaltenen Sachmaterien relativiert. Die in diesen Aspekten hervortretende, gegenüber dem deutschen Bundesstaat vergleichsweise separative Grundausrichtung des schottischen Devolutionsmodells trübt nicht, sondern bestärkt geradezu die Qualifizierung der schottischen Devolution als insgesamt stärker dezentralisierte Regionalisierungsform, solange die regionalen Zuständigkeitsbestände ausreichend ausgeprägt, die Ingerenzbefugnisse des Zentralstaates nicht übermäßig weitreichend und die Regionalisierungsstrukturen im ganzen stabil sind. Letztere beide Kriterien erfordern vor allem ein devolutionsbezogenes Neuverständnis der nach orthodoxer Verfassungslehre uneingeschränkten Suprematie des britischen Parlaments. Die konstitutionelle Legitimierung der schottischen Devolution in einem regionalen Referendum, die Etablierung der Sewel Convention und möglicherweise weiterer Verfassungskonventionalregeln in der Zukunft sowie die schrittweise Weiterentwicklung der Common Law-Grundlagen der parlamentarischen Omnipotenz bieten aus heutiger Sicht tragfähige und zukunftsträchtige konstitutionelle Mechanismen zum Schutze der regionalen Handlungssphäre.

Ohne dabei die derzeit vorzufindende gesamtstaatliche Asymmetrie der britischen Regionalstrukturen allzusehr ausklammern zu dürfen, ist es aufgrund des erheblichen Entwicklungspotentials und der absehbar werdenden Evolutionstendenz sowohl der walisischen als auch der englischen Devolution angemessen und legitim, in der komparativen Verortung der Bundesrepublik Deutschland und des Vereinigten Königreichs von Großbritannien und Nordirland auf einem Gesamtkontinuum der Regionalisierungsformen auf britischer Seite die schottische Devolution besonders zu betonen. Zwar nähren insbesondere die Schwächen der konstitutionellen Absicherung der britischen Devolution und die übergreifende Asymmetrie der britischen Regionalisierung das klassische Verständnis des Vereinigten Königreichs als dezentralisiertem Einheitsstaat, jedoch zeigt die Analyse der Kompetenzverteilung, Systemverflechtungen und konstitutionellen Stabilität gerade des schottischen Devolutionsmodells, daß das Vereinigte Königreich einen außerordentlichen Regionalisierungsprozeß und damit einen deutlich dezentralisierenden Schritt auf dem bruchlosen Kontinuum der Regionalisierungsformen vollzogen hat. Diese Entwicklung ist bis heute nicht abgeschlossen, und die fortschreitende Verfestigung der bereits geschaffenen Regionalstrukturen sowie die Realisierung darüber hinausgehender Regionalisierungspläne – insbesondere für Wales und die englischen Regionen – lassen weitere Schritte auf diesem Kontinuum erwarten. Die bundesstaatliche Ordnung in Deutschland wies dagegen bereits bei der Gründung der Bundesrepublik eine ausgeprägte zentralistische Grundausrichtung auf und hat sich im Laufe ihrer Entwicklung zu einem kooperativen Beteiligungsföderalismus mehr und mehr von ihren föderativen Wurzeln entfernt. Trotz seiner starken verfassungsrechtlichen Absicherung mit einer machtvollen Verfassungsgerichtsbarkeit erscheint der grundgesetzliche Bundesstaat erheblich zentralisierter und unitarischer, als dies die nachdrückliche Betonung des bundesstaatlichen Prinzips im Verfassungstext vermuten läßt. Die politische Autonomie und Eigenverantwortlichkeit der deutschen Bundesländer sind vor allem aufgrund der gesetzgeberischen Übermacht des Bundes, einer nivellierenden föderativen Finanzverfassung sowie anderweitig zentralisierender und unitarisierender Koordination und Kooperation erheblich reduziert. Die umfangreichen Mitwirkungspositionen der deutschen Gliedstaaten in der zentralstaatlichen Willensbildung bieten für den regionalen Verlust an Selbständigkeit keine adäquate Kompensation. Erste Ansätze zu einem Rückschwung des Pendels hin zu einer separativeren Aufgabenverteilung zwischen Bund und Ländern analog dem schottischen Modell sind zwar erkennbar, haben jedoch noch nicht zu einer nachhaltigen Neujustierung der föderativen Balance in Deutschland geführt. Trotz ihrer gänzlich unterschiedlichen Verfassungs- und Regionalisierungstraditionen haben sich somit die Bundesrepublik Deutschland und das Vereinigte Königreich von Großbritannien und Nordirland hinsichtlich ihrer regionalen Dezentralisierung aufeinander zu bewegt und befinden sich heute auf einem Kontinuum der Regionalisierungsformen in bemerkenswerter Nähe zueinander. Noch muß wohl aufgrund der gesamtstaatlichen Asymmetrie und der Schwächen in der konstitutionellen Absicherung der britischen Devolutionsordnung das Vereinigte Königreich insgesamt als im Vergleich zur Bundesrepublik schwächer regionalisiertes Regierungssystem qualifiziert werden; jedoch wird gerade in diesen Bereichen mit den sich entfaltenden Verfassungskonventionalregeln, den ersten Anzeichen einer selbstbewußten Common Law-Verfassung sowie den weiterführenden Regionalisierungsideen und -plänen für Wales und die englischen Regionen ein beträchtliches Entwicklungspotential sichtbar. Über den Befund einer spürbaren Nähe des deutschen Bundesstaates und der britischen Devolution auf dem Kontinuum der Regionalisierungsformen hinausgehende Qualifizierungen der Bundesrepublik Deutschland als ‚verkappter Einheitsstaat‘ oder ‚unechter Bundesstaat‘[39] und des Vereinigten Königreichs als *de facto* ‚föderales‘[40] oder ‚quasi-föderales‘ Regierungssystem[41] müssen vor dem Hintergrund eines kategorienfeindlichen, graduellen

---

39 So vor allem *Abromeit, Heidrun*, Der verkappte Einheitsstaat, Opladen 1992, insbesondere S. 33 ff.
40 Allgemein zur *de facto* – nicht aber *de jure* – Annäherung der Devolutionsordnung an ein ‚föderales‘ Regierungssystem vgl. *Bogdanor, Vernon*, Devolution in the United Kingdom, Oxford 1999 (updated and reissued 2001), S. 287 ff.; *ders.*, Devolution: The Constitutional Aspects, S. 12; *Munro*, Studies in Constitutional Law, S. 16, 33; *Walker*, Beyond the Unitary Conception, S. 394 ff.
41 So vor allem *Bogdanor, Vernon*, Devolution: Decentralisation or Disintegration?, Pol.Q 1999, S. 185, 189 f.; *ders.*, Devolution in the UK, S. 290 ff.; *ders.*, Devolution: The Constitutional Aspects, S. 13; *ders.*, Our New Constitution, LQR 120 (2004), S. 242, 258 („quasi-federal"); *Hazell, Robert*, Reinventing the Constitution: Can the State Survive?, PL 1999, S. 84, 92; *ders.*, The New Constitutional Settlement, in: ders. (Hrsg.), Constitutional Futures – A History of the Next Ten Years, Oxford 1999, S. 230, 231 („quasi-federalism"); *Rawlings, Richard*, The Shock of the New: Devolution in the United Kingdom – Country Report United Kingdom, in: Riedel, Eibe (Hrsg.), Aufgabenverteilung und Finanzregimes im Verhältnis zwischen Zentralstaat und seinen Untereinheiten, Baden-Baden 2001, S. 65, 91 („quasi-federalism"); *Brazier*, The Constitution of the UK, S. 126 („de facto federal constitution"); *Schwab*, Devolution, S. 298 („asymmetrisches Föderalsystem"); *Laffin/Thomas*, The United Kingdom, S. 106 („The UK is acquiring some fede-

Verständnisses unterschiedlich stark regionalisierter Staatswesen eher kritisch begleitet werden. Ihnen liegen zwar größtenteils zutreffende Beurteilungen der Regionalisierungsgrade und der Entwicklungsrichtungen der beiden Vergleichsordnungen zugrunde, jedoch enthalten sie nach der vorzugswürdigen Auffassung von der Unmöglichkeit einer verfassungsdogmatisch klaren oder sinnvollen Unterscheidung zwischen Einheitsstaat und Bundesstaat keinen zusätzlichen Erkenntniswert und bedienen sich eines zumindest für die internationale Verfassungsvergleichung ungeeigneten – weil irreführenden – Vokabulars.

## § 3 Bundesstaatlichkeit und Devolution im Spiegel verfassungspolitischer Ziele

Die zutage tretende Nähe der Bundesrepublik Deutschland und des Vereinigten Königreichs von Großbritannien und Nordirland auf einem graduell gestuften Kontinuum der Regionalisierungsformen darf nicht über den Umstand hinwegtäuschen, daß sich die deutsche Bundesstaatlichkeit und die britische Devolutionsordnung in wichtigen Aspekten ihrer Konstruktion und Funktionsweise unterscheiden. Diese Divergenzen haben zugleich zur Folge, daß der deutsche Bundesstaat und die britische Devolution die verfassungspolitische Zielvorstellungen, welche einer regionalen Dezentralisierung zugrunde liegen können,[42] in unterschiedlichem Maße und abweichender Weise zu verwirklichen imstande sind. Die Betrachtung der beiden Regionalisierungsformen im Spiegel derartiger verfassungspolitischer *teloi* ermöglicht ihre komparative Gesamtbewertung als Strukturelemente der deutschen und der britischen Verfassungsordnung.

Die deutsche Bundesstaatlichkeit steht im Zentrum einer traditionsreichen und intensiv geführten verfassungspolitischen Debatte, deren notwendigen Ausgangspunkt ihre Eigenschaft als verfassungsmoralisch austauschbares Staatsstrukturmerkmal[43] bildet. Vor allem ihre zumindest vermutete Verantwortlichkeit für die vielfach wahrgenommene Reformunfähigkeit des politi-

---

ralist characteristics"); *Hood Phillips/Jackson/Leopold*, Constitutional and Administrative Law, Rz. 5–051 („some of the characteristics of a federation ... The United Kingdom ... is moving in at least a quasi-federal direction").

42 Für eine abstrakte Zusammenstellung verfassungspolitischer Ziele der Regionalisierung siehe supra Kapitel 4 § 3.
43 Vgl. *Isensee, Josef*, Der Föderalismus und der Verfassungsstaat der Gegenwart, AöR 115 (1990), S. 248, 248 f.; *ders.*, Idee und Gestalt des Föderalismus, Rz. 264; *Maurer, Hartmut*, Staatsrecht I – Grundlagen Verfassungsorgane Staatsfunktionen, 3. Auflage, München 2003, § 10, Rz. 16; *Ipsen, Jörn*, Staatsrecht I – Staatsorganisationsrecht, 13. Auflage, Neuwied 2001, Rz. 904.

schen Systems in Deutschland[44] haben die deutsche Bundesstaatlichkeit gerade in den letzten Jahren unter erheblichen Rechtfertigungsdruck gesetzt[45] – teilweise wird sogar von einer „Sinnkrise" gesprochen[46] –, so daß die deutsche Staatsrechtslehre heute mit einer großen Vielfalt unterschiedlichster Legitimationsansätze für den Bundesstaat aufwarten kann.[47] In diesem verfassungspolitischen Diskurs tritt deutlich das durch die nordamerikanische Verfassungstradition geprägte kontinental-europäische ‚rational-voluntaristische Verfassungsverständnis' zutage, welches die bundesrepublikanische Verfassungsordnung deduktiv anhand von konstitutionellen Vernunftsüberlegungen und Strukturprinzipien konstruiert, deutet und reformiert.[48] Auf Seiten des Vereinigten Königreichs steht dieser Verfassungssicht traditionell ein

---

[44] Vgl. *Arndt, Hans-Wolfgang/Benda, Ernst/von Dohnanyi, Klaus/Schneider, Hans-Peter/Süssmuth, Rita/Weidenfeld, Werner*, Zehn Vorschläge zur Reform des deutschen Föderalismus, ZRP 2000, S. 201, 202; *Böckenförde, Ernst-Wolfgang*, Regierungsfähigkeit zwischen Verfassung und politischer Verantwortung, in: Bertelsmann-Stiftung (Hrsg.), Demokratie neu denken – Verfassungspolitik und Regierungsfähigkeit in Deutschland, Gütersloh 1998, S. 83, 83 ff.; *von Dohnanyi, Klaus*, Verfassungspolitik und Reformfähigkeit, in: Bertelsmann-Stiftung (Hrsg.), Demokratie neu denken – Verfassungspolitik und Regierungsfähigkeit in Deutschland, Gütersloh 1998, S. 19, 19 ff.; *Grimm, Dieter*, Fehler im System: zu den Ursachen von Politikblockaden, in: Bertelsmann-Stiftung (Hrsg.), Demokratie neu denken – Verfassungspolitik und Regierungsfähigkeit in Deutschland, Gütersloh 1998, S. 45, 45 ff.; *Scholz, Rupert*, Steuerungsprobleme heutiger Staatlichkeit, in: Hilterhaus, Friedhelm/Scholz, Rupert (Hrsg.), Rechtsstaat – Finanzverfassung – Globalisierung – Neue Balance zwischen Staat und Bürger, Köln 1998, S. 14, 19 ff.

[45] Vgl. *Calliess, Christian*, Die Justitiabilität des Art. 72 Abs. 2 GG vor dem Hintergrund von kooperativem und kompetitivem Föderalismus, DÖV 1997, S. 889, 890 f.; *Volkmann, Uwe*, Bundesstaat in der Krise?, DÖV 1998, S. 613, 613; *Bauer, Hartmut*, Entwicklungstendenzen und Perspektiven des Föderalismus in der Bundesrepublik Deutschland – Zugleich ein Beitrag zum Wettbewerbsföderalismus, DÖV 2002, S. 837, 837; *Münch, Ursula*, Konkurrenzföderalismus für die Bundesrepublik: Eine Reformdebatte zwischen Wunschdenken und politischer Machbarkeit, in: Europäisches Zentrum für Föderalismus-Forschung Tübingen (Hrsg.), Jahrbuch des Föderalismus 2001 (Band 2): Föderalismus, Subsidiarität und Regionen in Europa, Baden-Baden 2001, S. 115, 116 f.; *Janssen, Albert*, Wege aus der Krise des deutschen Bundesstaates. Anmerkungen zu einem notwendigen Vorschlag zur Reform des Grundgesetzes, ZG – Sonderheft 2000, S. 41, 42 f.

[46] *Arndt, Hans-Wolfgang*, Erneuerter Föderalismus – Thesen zu einer veränderten Balance zwischen Bund und Ländern, in: Männle, Ursula (Hrsg.), Föderalismus zwischen Konsens und Konkurrenz, Baden-Baden 1998, S. 31, 31, 36; *Calliess*, Justitiabilität des Art. 72 Abs. 2 GG, S. 890; *Bauer*, Entwicklungstendenzen und Perspektiven des Föderalismus, S. 837.

[47] Vgl. etwa die Übersichten bei *Lerche, Peter*, Aktuelle föderalistische Verfassungsfragen, München 1968, S. 9 ff.; *Hesse*, Grundzüge des Verfassungsrechts, Rz. 219 ff.; *Isensee*, Idee und Gestalt des Föderalismus, Rz. 299 ff.; *Kimminich*, Der Bundesstaat, Rz. 22 ff., 43 ff.; *Kisker, Gunter*, Ideologische und theoretische Grundlagen der bundesstaatlichen Ordnung in der Bundesrepublik Deutschland – Zur Rechtfertigung des Föderalismus, in: von Münch, Ingo (Red.), Probleme des Föderalismus, Tübingen 1985, S. 23, 23 ff.; *Würtenberger, Thomas*, Zur Legitimation des Föderalismus, Rechtstheorie, Beiheft 16 (1997), S. 355, 358 ff.

[48] Vgl. dazu *Vorländer, Hans*, Die Verfassung – Idee und Geschichte, München 1999, S. 15 f.; *Kastendiek, Hans*, Traditionelles und neues Verfassungsdenken in Großbritannien, in: Glaeßner, Gert-Joachim/Reutter, Werner/Jeffery, Charlie (Hrsg.), Verfassungs-

‚historisch-evolutives Verfassungsverständnis' gegenüber, das die britische konstitutionelle Ordnung als – jederzeit stets vorläufiges – Ergebnis eines organischen, entwicklungsoffenen Prozesses des pragmatischen Wandels begreift.[49] Allgemeine Strukturprinzipien werden danach – wenn überhaupt – induktiv aus der beschreibenden Analyse bestehender Ordnungs- und Funktionselemente gewonnen; der systematische verfassungspolitische Diskurs wird durch das offene britische Bekenntnis zur pragmatischen Verfassungsentwicklung in seiner Bedeutung zurückgedrängt. Die Devolutionsreformen der Labour-Regierung unter Premierminister *Tony Blair* können als Fortführung dieser britischen Verfassungstradition gewertet werden: Ihnen liegt danach weder ein kohärentes, ganzheitliches Regionalisierungskonzept noch eine prinzipiengeleitete Abstimmung mit anderen Bau- und Funktionselementen der britischen Staatsordnung zugrunde.[50] Statt dessen sind sie Ausdruck von

> „... *Labour's pragmatic and piecemeal approach to devolution. Different strands of the programme have been formed at different times under different circumstances and with regard to different external pressures. Devolution is not part of some grand constitutional design. It is the reaction of a party with a strong centralist tradition to the treats of nationalism, to the pressure of radical reformers inside and outside the party, and especially to the need of broadening its electoral appeal through the image of territorial modernisation. So Labour's devolution plans do not form part of a coherent constitutional model.*"[51]

Besonders deutlich wird diese Pragmatik der britischen Regionalisierung in der Asymmetrie der britischen Devolutionsordnung, der Regierungsentscheidung für eine umfassende Politik der ‚Devolution on Demand' – nun auch für die englischen Regionen – sowie der heute beinahe gänzlich zurückgedrängten thematischen Verknüpfung zwischen der Regionalisierung und der Reform

---

politik und Verfassungswandel: Deutschland und Großbritannien im Vergleich, Wiesbaden 2001, S. 29, 34.

49   Vgl. *Vorländer*, Verfassung, S. 16; *Kastendiek*, Traditionelles und neues Verfassungsdenken, S. 34; *Foley, Michael*, The Politics of the British Constitution, Manchester/New York 1999, S. 3.

50   *Johnson, Nevil*, Taking Stock of Constitutional Reform, Government and Opposition 36 (2001), S. 331, 339 ff., 352 ff.; *Hazell, Robert/O'Leary, Brendan*, A Rolling Programme of Devolution: Slippery Slope or Safeguard of the Union?, in: Hazell, Robert (Hrsg.), Constitutional Futures – A History of the Next Ten Years, Oxford 1999, S. 21, 41; *Ward, Alan J.*, Devolution: Labour's Strange Constitutional ‚Design', in: Jowell, Jeffrey/Oliver, Dawn (Hrsg.), The Changing Constitution, 4. Auflage, Oxford 2000, S. 111, 135 f.; *Rawlings*, The Shock of the New, S. 66; *Jeffery, Charlie*, Durch Devolution zur Föderalstruktur? Aktuelle Entwicklungen in Großbritannien, in: Europäisches Zentrum für Föderalismus-Forschung (Hrsg.), Europäischer Föderalismus im 21. Jahrhundert, Baden-Baden 2003, S. 109, 110; *Olowofoyeku*, Devolution: Conceptual and Implementational Problems, S. 162 f.

51   *Stolz, Klaus*, Labour and British Territorial Politics: (Lots of) Continuity and (Maybe Some) Change, in: Kastendiek, Hans/Stinshoff, Richard/Sturm, Roland (Hrsg.), The Return of Labour – A Turning Point in British Politics?, Berlin/Bodenheim 1999, S. 221, 228.

des House of Lords. Teilweise werden die Unterschiede zwischen der schwachen exekutiven Devolution für Wales und der umfänglicheren legislativen Devolution für Schottland sogar als schlicht pragmatische Reaktion auf die ungleich starken Sezessionsbestrebungen in diesen beiden Territorien gewertet.[52]

Auch wenn das britische Regionalisierungsprogramm deutliche Anzeichen des traditionellen ‚historisch-evolutiven Verfassungsverständnisses' trägt und wichtige Aspekte der Devolution ohne Zweifel als Resultat britischer Verfassungspragmatik erkannt und zugleich kritisch hinterfragt werden müssen, dürfen doch erste spürbare Ansätze eines verstärkt prinzipiengeleiteten, verfassungspolitisch fundierten Verständnisses der konstitutionellen Ordnung des Vereinigten Königreichs nicht übersehen werden. Diese sind nicht nur in der erstarkenden konstitutionellen Rolle des Common Law erkennbar, welches zu seiner Weiterentwicklung auf rechtsstaatliche, liberale und zukünftig möglicherweise auch devolutive Grundsätze rekurriert, sondern treten ebenso in den verschiedenen Verfassungsreformprojekten der seit 1997 amtierenden Labour-Regierung – einschließlich der Regionalisierung – zutage.[53] Nach Premierminister *Tony Blair* stehen im Zentrum dieser Reformen zur Modernisierung der britischen Verfassung[54] die verfassungspolitischen Ziele

> *„to strengthen the rights and obligations of citizens; to take decision-making closer to the people; and to improve the democratic credentials of Westminster"*[55].

Diese konstitutionellen Zielvorstellungen sollen auch durch die Devolutionsreformen verwirklicht werden. So greift etwa das White Paper der britischen Regierung zur schottischen Devolution die Gedanken der Bürgernähe politischer Entscheidungen und der Demokratiestärkung auf, indem es mit der Aussage schließt:

> *„responding to the wishes of the people of Scotland for a greater say in their affairs can only strengthen democracy in this country"*[56].

In der Folge dieser verfassungspolitischen Aktivität der Regierung haben sich die Verfassungslehre und die Politikwissenschaft im Vereinigten Königreich auch nicht mehr mit ihrer traditionellen Aufgabe der schlichten Beschreibung einer pragmatisch entwickelten Staatsorganisation begnügt, sondern darüber hinaus offen die Suche nach verfassungspolitischen Ordnungsgedanken der

---

52 So etwa *Olowofoyeku*, Devolution: Conceptual and Implementational Problems, S. 147 ff.; *Ward*, Devolution, S. 134.
53 Zu den Verfassungsreformprojekten der Labour-Regierung siehe supra Kapitel 3 § 1 B. III. 2.
54 Siehe dazu das White Paper: Modernising Government, Cmnd. 4310, HMSO, London 1999. Vgl. auch *Burrows, Noreen*, Devolution, London 2000, S. 19 ff.; *Oliver, Dawn*, Constitutional Reform in the UK, Oxford 2003, S. 3 ff.; *Morison, John*, The Case Against Constitutional Reform, JLS 25 (1998), S. 510, 511 ff.
55 *Blair, Tony*, Democracy's Second Age, in: Economist vom 14.09.1996, S. 33, 34.
56 White Paper: Scotland's Parliament, Cmnd. 3658, HMSO, London 1997, para. 12.3.

Kapitel 7: Verfassungsdogmatische, -vergleichende und politische Würdigung

britischen Regionalisierung angetreten.⁵⁷ Die weitreichende, vorgeplante Umgestaltung der britischen Verfassung durch die Labour-Regierung unter Premierminister *Tony Blair* – etwa in den Bereichen der Regionalisierung, des Grundrechtsschutzes sowie der Zusammensetzung des House of Lords – und insbesondere die verstärkte Indienststellung von Volksabstimmungen als Legitimationsinstrumenten des Verfassungswandels nähren eine voluntaristischere Sichtweise der konstitutionellen Ordnung des Vereinigten Königreichs. Zugleich zeigt sich eine gestiegene Bereitschaft in Politik, Wissenschaft und Judikative, die britische Verfassung anhand von Strukturprinzipien und verfassungspolitischen Leitgedanken zu interpretieren, zu wandeln und zu reformieren, so daß auch eine rationale Dimension des britischen Verfassungsverständnisses an Kraft gewinnt. Beide diese Aspekte werden wiederum besonders deutlich in dem vom verfassungspolitischen Grundgedanken der Gewaltentrennung geprägten Regierungsvorhaben der Abschaffung des Amtes des Lord Chancellors.⁵⁸ Trotz der unabweisbaren Verhaftung verschiedener konstitutionellen Reformprojekte – einschließlich der Devolution – in der Rhetorik und Dogmatik britischer Verfassungsorthodoxie⁵⁹ kann daher im Vereinigten Königreich in den letzten Jahren insgesamt eine langsame Annäherung an das in Kontinentaleuropa herrschende ‚rational-voluntaristische Verfassungsverständnis' festgestellt werden.⁶⁰ Mit anderen Worten:

---

57 Vgl. etwa *Laffin, Martin*, Constitutional Design: A Framework for Analysis, ParlAff 53 (2000), S. 532, 536 ff.; *Hazell, Robert*, The New Constitutional Settlement, in: ders. (Hrsg.), Constitutional Futures – A History of the Next Ten Years, Oxford 1999, S. 230, 231 ff.; *Jeffery*, Durch Devolution zur Föderalstruktur?, S. 110 ff.; *Tomkins, Adam*, Devolution: A Constitutional Imperative?, in: ders. (Hrsg.), Devolution and the British Constitution, London 1998, S. 89, 95 ff.; *Jeffery, Charlie/Palmer, Rosanne*, Das Vereinigte Königreich – Devolution und Verfassungsreform, in: Europäisches Zentrum für Föderalismus-Forschung Tübingen, Jahrbuch des Föderalismus 2000 (Band 1): Föderalismus, Subsidiarität und Regionen in Europa, Baden-Baden 2000, S. 321, 324 f.; *Walker*, Beyond the Unitary Conception, S. 398 ff.
58 Siehe dazu supra Kapitel 2 § 2 C. V.
59 Vgl. auch *Kaiser, André*, Europäisierung oder Modernisierung? Demokratietheoretische Grundlagen der britischen Verfassungsreformdebatte, in: Haberl, Othmar N./ Korenke, Tobias (Hrsg.), Politische Deutungskulturen, Festschrift für Karl Rohe, Baden-Baden 1999, S. 540, 551 ff.
60 Ähnlich auch *Döring, Herbert*, Die neuen Parlamente für Schottland und Wales: Ausdruck einer gewandelten politischen Kultur, in: Haberl, Othmar N./Korenke, Tobias (Hrsg.), Politische Deutungskulturen, Festschrift für Karl Rohe, Baden-Baden 1999, S. 512, 520 ff. Dagegen vermag *Kastendiek*, Traditionelles und neues Verfassungsdenken, S. 46, in den Verfassungsreformen der Labour-Regierung keine Anzeichen eines neuen Verfassungsdenkens zu erblicken, sondern lediglich ein Reformprogramm, das in „seinem Umfang und seinen materiellen Regelungsgehalt deutlich über die britische Tradition der inkrementalistischen Verfassungsentwicklung hinausgeht und in Ansätzen auf die Herausbildung eines neuen Verfassungsarrangements verweist". Nach der hier vertretenen Ansicht liegt in dieser Bewertung sowohl eine Überschätzung der Bedeutung der verfassungsorthodoxen Rhetorik der gesetzlichen Verfassungsreformen, als auch Unterschätzung der gewachsenen Stärke des verfassungspolitischen Diskurses in Politik und Wissenschaft sowie des sich im Common Law vollziehenden Verfassungswandels.

„... muddling along with the great unwritten constitution is already an inaccurate description of the British approach".[61]

Die intensive verfassungspolitische Auseinandersetzung über die deutsche Bundesstaatlichkeit und der sich verstärkende meta-konstitutionelle Diskurs über die neuere britische Verfassungsentwicklung einschließlich der Devolutionsreformen bilden eine tragfähige Grundlage für die komparative Gesamtbewertung der Bundesstaatlichkeit und der Devolution als Strukturelementen der deutschen und der britischen Verfassungsordnung.

## A. Wahrung regionaler Diversität

Die regionale Dezentralisierung der Staatsordnung kann dazu dienen, regionale Vielfalt und Heterogenität eines Staatsgefüges, die in regional unterschiedlichen sozialen, kulturellen und wirtschaftlichen Traditionen und Präferenzen zutage treten, zu bewahren und zu fördern.[62] Neben die Gewährleistung der für Fortbestand und Funktionsfähigkeit des Gesamtstaates notwendigen Einheit und Einheitlichkeit durch den Zentralstaat tritt mit der regionalen Aufgliederung hoheitlicher Gewalt die staatsorganisatorische Anerkennung und Begünstigung regionaler Besonderheiten. Die Regionalisierung schafft die konstitutionellen Grundlagen für eine verstärkte Verwirklichung regionaler Vielfältigkeit im staatlichen Raum und verbessert damit zugleich die Bedingungen persönlicher Identifikation des einzelnen mit dem Staat.

Der Wahrung regionaler Vielfalt als verfassungspolitischem Ziel der regionalen Dezentralisierung kann im deutschen Bundesstaat des Grundgesetzes nur eine stark relativierte Bedeutung zugemessen werden. Regionale Diversität kann sich prinzipiell nur in autonomen politischen Entscheidungsspielräumen der Länder ereignen.[63] Der weitgehende Verlust von Legislativ-

---

61 *Vibert, Frank*, British Constitutional Reform and the Relationship with Europe, in: Hazell, Robert (Hrsg.), Constitutional Futures – A History of the Next Ten Years, Oxford 1999, S. 47, 62. Einen insgesamt prinzipiengeleiteteren Ansatz erkennt auch *Forman, F. Nigel*, Constitutional Change in the United Kingdom, London 2002, S. 366.
62 Siehe supra Kapitel 4 § 3 A. Vgl. *Esterbauer, Fried*, Grundzüge der Formen und Funktionen regionaler Gliederung in politischen Systemen, in: ders. (Hrsg.), Regionalismus: Phänomen – Planungsmittel – Herausforderung für Europa. Eine Einführung, Wien 1979, S. 43, 52; *Würtenberger, Thomas*, Auf dem Weg zu lokaler und regionaler Autonomie in Europa, in: Geis, Max-Emanuel/Lorenz, Dieter (Hrsg.), Staat – Kirche – Verwaltung, Festschrift für Hartmut Maurer zum 70. Geburtstag, München 2001, S. 1053, 1057. Im Zusammenhang mit dem Bundesstaat vgl. *Isensee*, Idee und Gestalt des Föderalismus, Rz. 305 ff.; *Vogel*, Die bundesstaatliche Ordnung, Rz. 13; *Bothe, Michael*, Föderalismus – ein Konzept im geschichtlichen Wandel, in: Stuby, Gerhard (Hrsg.), Föderalismus und Demokratie – Ein deutsch-sowjetisches Symposium, Baden-Baden 1992, S. 21, 27.
63 Vgl. dazu und zum Folgenden *Kisker*, Grundlagen der bundesstaatlichen Ordnung, S. 31.

zuständigkeiten auf der Ebene der deutschen Gliedstaaten, die dichte kooperative Vernetzung zwischen den Bundesländern auf den verbleibenden Gebieten selbständiger Regelungskompetenzen sowie die insgesamt nivellierende Wirkung der föderativen Finanzverfassung haben die Bundesrepublik Deutschland zu einem unitarisch-kooperativen Bundesstaat geformt, in dem regionale Vielfalt nur noch in sehr wenigen Restbereichen zutage treten kann. Beim Gesetzesvollzug als primärer Aufgabe der Bundesländer können sich regionale Unterschiede nur in einem sehr eingeschränkten Sinne verwirklichen. Die Stärkung der Mitwirkungsbefugnisse bei der zentralstaatlichen Willensbildung als Ausweis des deutschen Beteiligungsföderalismus verfehlt gerade in dieser verfassungspolitischen Dimension ihre scheinbar kompensatorische Wirkung, da sie nur den gliedstaatlichen Einfluß auf gesamtstaatlich-unitarische Entscheidungsprozesse, nicht aber regionale Selbstbestimmung, Autonomie und Diversität zu gewährleisten vermag. Auf verfassungsrechtlicher Ebene begegnet der regionalen Vielfalt als Aspekt deutscher Bundesstaatlichkeit unmittelbare Konkurrenz vor allem in der Gestalt des egalisierenden Sozialstaatsgebots gemäß Art. 20 Abs. 1 GG[64] und des Gedankens der „Einheitlichkeit der Lebensverhältnisse" gemäß Art. 106 Abs. 3 Satz 4 Nr. 2 GG beziehungsweise der ‚Herstellung gleichwertiger Lebensverhältnisse' gemäß den Art. 72 Abs. 2 und 105 Abs. 2 GG[65], obgleich letzterer streng genommen als – bis vor kurzer Zeit weitestgehend wirkungslose[66] – Schranke der Zentralisierung konzipiert ist. Diese haben der zentralistischen, unitarisierenden Auslegung, Anwendung und Fortentwicklung des Grundgesetzes Vorschub geleistet und die Idee regionaler Diversität entsprechend in den Hintergrund treten lassen. Teile der Verfassungsrechtslehre haben diesen Befund damit zu erklären und zu rechtfertigen versucht, daß es sich bei den deutschen Bundesländern – abgesehen insbesondere von den Hansestädten Bremen und Hamburg sowie Bayern – lediglich um Kunstprodukte der Besatzungszeit handele, die mangels eigenständiger geschichtlicher Tradition und aufgrund der hohen Bevölkerungsmobilität im modernen Industriestaat ohnehin nicht mehr als Bezugspunkte ethnischer oder landsmannschaftlicher Verbundenheit

---

64 Vgl. *Zacher, Hans F.*, Das soziale Staatsziel, in: Isensee, Josef/Kirchhof, Paul (Hrsg.), Handbuch des Staatsrechts der Bundesrepublik Deutschland, Band II, 3. Auflage, Heidelberg 2004, § 28, Rz. 97ff.; *Isensee*, Idee und Gestalt des Föderalismus, Rz. 249ff.

65 Vgl. *Kirchhof, Paul*, Bundesstaatlichkeit als Element des Verfassungsstaates, in: Merten, Detlef (Hrsg.), Der Bundesrat in Deutschland und Österreich, Berlin 2001, S. 59, 62. Zur „Einheitlichkeit der Lebensverhältnisse" *Arndt, Hans-Wolfgang*, Zur verfassungsrechtlichen Problematik der Herstellung einheitlicher Lebensverhältnisse in der Bundesrepublik Deutschland, Juristische Schulung 1993, S. 360, 360ff.; *Hirche, Walter*, Das Prinzip der Gleichwertigkeit der Lebensbedingungen als Herausforderung an die demokratische Verfassungsstruktur der Bundesrepublik Deutschland unter besonderer Berücksichtigung der neuen Bundesländer, in: Traut, Johannes Ch. (Hrsg.), Verfassung und Föderalismus Rußlands im internationalen Vergleich, Baden-Baden 1995, S. 231, 231ff.

66 Zur jüngsten Kehrtwende des Bundesverfassungsgerichts in der Auslegung des Art. 72 Abs. 2 GG siehe jedoch supra Kapitel 5 § 1 B. II.

fungieren könnten.⁶⁷ Es gebe heute keine nennenswerte regionale Vielfalt in der Form unterschiedlicher sozialer, kultureller und wirtschaftlicher Traditionen und Präferenzen auf Länderebene mehr, die der Bundesstaat wahren könnte, sondern – ganz im Gegenteil – eine auf Einheitlichkeit der Lebensverhältnisse drängende Erwartungshaltung im Bewußtsein der deutschen Bevölkerung.⁶⁸ Dieser Bewertung der realen Grundlagen deutscher Bundesstaatlichkeit kann indessen nicht uneingeschränkt zugestimmt werden. So weisen neben Bremen, Hamburg und Bayern unzweifelhaft auch etwa Thüringen und Sachsen ein historisch verwurzeltes Landesbewußtsein auf und haben alle Bundesländer – möglicherweise auch unter dem Einfluß der Globalisierung und der europäischen Integration – über die letzten Jahrzehnte ihre Bedeutung als Kristallisationspunkte regionaler Besonderheiten gestärkt.⁶⁹ Die Wahrung regionaler Diversität als verfassungspolitischer *telos* des deutschen Bundesstaates erstarkt jedoch nicht nur im wachsenden Landesbewußtsein der deutschen Bevölkerung, sondern gewinnt zusätzliche Überzeugungskraft, wenn die notwendige regionale Vielfalt über die ethnische und landsmannschaftliche Heterogenität einer Gesamtbevölkerung hinaus auch in ihrer natürlichen, regional verwurzelten Diversität von Gruppeninteressen erkannt wird.⁷⁰ Die deutschen Bundesländer zeigen beträchtliche Unterschiede in ihrer relativen Größe, ihren sozialen und kulturellen Traditionen sowie ihrer Wirtschaftskraft und -struktur. Daher sollte die Wahrung regionaler Vielfalt nicht vorschnell zu einer ‚folkloristischen' Dimension der Bundesstaatlichkeit herabgestuft werden, sondern weiterhin eine zentrale Zielvorstellung deutscher Regionalisierung darstellen.⁷¹ Die erheblichen Schwächen,

---

67 *Weber, Werner*, Spannungen und Kräfte im westdeutschen Verfassungssystem, 3. Auflage, Berlin 1970, S. 288 ff.; *Hesse, Konrad*, Der unitarische Bundesstaat, Karlsruhe 1962, S. 12 ff.; ders., Grundzüge des Verfassungsrechts der Bundesrepublik Deutschland, Neudruck der 20. Auflage, Heidelberg 1999, Rz. 219 ff.; *Böckenförde, Ernst-Wolfgang*, Sozialer Bundesstaat und parlamentarische Demokratie, in: Jekewitz, Jürgen/Melzer, Michael/Zeh, Wolfgang (Hrsg.), Politik als gelebte Verfassung – Aktuelle Probleme des modernen Verfassungsstaates, Festschrift für Friedrich Schäfer, Opladen 1980, S. 182, 187; *Schenke, Wolf-Rüdiger*, Föderalismus als Form der Gewaltenteilung, JuS 1989, S. 698, 698.
68 So vor allem *Böckenförde*, Sozialer Bundesstaat, S. 194.
69 Vgl. *Herzog*, Art. 20 GG IV., in: Maunz/Dürig, Rz. 73; *Isensee, Josef*, Einheit in Ungleichheit: der Bundesstaat – Vielfalt der Länder als Legitimationsbasis des deutschen Föderalismus, in: Bohr, Kurt (Hrsg.), Föderalismus – Demokratische Struktur für Deutschland und Europa, München 1992, S. 139, 154 ff.; ders., Idee und Gestalt des Föderalismus, Rz. 305 ff.; *Bauer*, Entwicklungstendenzen und Perspektiven des Föderalismus, S. 838.
70 So *Kisker*, Grundlagen der bundesstaatlichen Ordnung, S. 35.
71 In diesem Sinne auch *Scheuner, Ulrich*, Wandlungen im Föderalismus der Bundesrepublik, DÖV 1966, S. 513, 517; ders., Struktur und Aufgabe des Bundesstaates, S. 648; *Isensee*, Föderalismus und Verfassungsstaat, S. 260 f.; ders., Idee und Gestalt des Föderalismus, Rz. 305 ff.; *Kisker*, Grundlagen der bundesstaatlichen Ordnung, S. 35 f.; *Herzog*, Art. 20 GG IV., in: Maunz/Dürig, Rz. 73; *Badura, Peter*, Zur Rechtfertigung des föderalistischen Prinzips und zum Subsidiaritätsprinzip, in: Gesellschaft für Rechtspolitik Trier (Hrsg.), Bitburger Gespräche, Jahrbuch 1999/II: 50 Jahre Grundgesetz – 50 Jahre Föderalismus – Stand und Entwicklung, München 2000, S. 53, 55 ff.; *Wüst, Herbert*, Der Föde-

## Kapitel 7: Verfassungsdogmatische, -vergleichende und politische Würdigung

welche der deutsche Bundesstaat in der Verwirklichung dieses verfassungspolitischen Ziels offenbart, dürfen daher nicht einfach beiseite geschoben werden, sondern müssen vielmehr erkannt und etwa durch die Herabzonung autonomer Gesetzgebungszuständigkeiten auf die Länderebene bewältigt werden.

Im Vereinigten Königreich, das die vier (Teil)Nationen England, Schottland, Wales und Nordirland zu einem Unionsstaat verbindet,[72] steht die Wahrung regionaler Vielfalt im verfassungspolitischen Mittelpunkt der seit 1997 erfolgten Devolutionsreformen. Schon die administrative Devolution für Schottland, Wales und Nordirland aus der Zeit vor diesem Dezentralisierungsschub hatte den Zweck, regionale Eigenheiten und Bedürfnisse der keltischen Peripherie im Rahmen einer weitgehend zentralisierten Staatsorganisation zu berücksichtigen. Ähnlich den Wirkungen des unitarisch-kooperativen Beteiligungsföderalismus in Deutschland konnten sich auf dieser konstitutionellen Grundlage die ethnischen, kulturellen, sozialen und wirtschaftlichen Unterschiede zwischen den verschiedenen Territorien jedoch nicht in echter regionaler Politikdiversifikation niederschlagen. Dagegen schaffen die Devolutionsgesetze für Schottland, Nordirland und Wales, die als einfachgesetzliche Neujustierung der britischen Unionsstaatlichkeit verstanden werden können, die staatsorganisatorischen Grundlagen für eine deutlich gestärkte Verwirklichung regionaler Vielfalt im britischen Staatswesen.[73] Die weitreichenden Legislativ- und Exekutivzuständigkeiten der schottischen und nordirischen Regierungsstrukturen eröffnen umfangreiche regionale Entscheidungs- und Gestaltungsspielräume, innerhalb derer die besonderen ethnischen, kulturellen, sozialen und wirtschaftlichen Traditionen und Präferenzen Schottlands und Nordirlands unmittelbaren Ausdruck finden können. Gefährdet wird die dadurch ermöglichte regionale Vielfalt im Vereinigten Königreich indessen vor allem durch die zentralistische und anglo-zentrierte Finanzordnung, in der englische Prioritätensetzungen den Umfang der jährlichen Blockzuweisungen an die Devolutionsregionen beeinflussen. Gerade unter dem Eindruck sezessionistischer Bestrebungen in Schottland und starker republikanischer Tendenzen in der nordirischen Bevölkerung erlangt die Wahrung und Förderung regionaler Diversität eine überragende verfassungspolitische Bedeutung für das Vereinigte Königreich. Während die staatsorganisatorische Anerkennung des schottischen ‚Andersseins' in den Devolutionsreformen insbesondere als Maßnahme zur Wahrung – und möglicherweise sogar zur Festigung – der anglo-schottischen Union betrachtet werden kann,[74] soll die nordirische Selbstregierung vor allem einen stabilen Rahmen für den dortigen

---

ralismus als zeitgemäßes Ordnungsprinzip, Teil II, BayVBl. 1971, S. 10, 12; *Katz*, Staatsrecht, Rz. 259.

72 Zur Deutung des Vereinigten Königreichs als Unionsstaat siehe supra Kapitel 3 § 1 B. 2.

73 Vgl. *Jeffery/Palmer*, Das Vereinigte Königreich, S. 324; *Bogdanor*, Power and the People, S. 45.

74 Zur Bundesstaatlichkeit als Mittel des Zusammenhalts multinationaler Staatswesen vgl. *Oeter, Stefan*, Selbstbestimmungsrecht und Bundesstaat, in: Heintze, Hans-Joachim (Hrsg.), Selbstbestimmungsrecht der Völker – Herausforderung der Staatenwelt, Bonn 1997, S. 73, 100 ff.

Friedensprozeß und eine zukünftige Selbstbestimmung der nordirischen Bevölkerung schaffen.[75] Obgleich die exekutive Devolution für Wales den Regionalorganen in Cardiff keine umfänglich vergleichbaren politischen Entscheidungs- und Gestaltungsspielräume einräumt und der walisische Nationalismus keine äquivalente motivatorische Rolle gespielt hat,[76] wird auch sie vom verfassungspolitischen Leitgedanken der Wahrung und Förderung walisischer Besonderheit im britischen Staatsgefüge getragen. Die im Rahmen der walisischen Devolution zentrale Stellung von regionalen Normsetzungskompetenzen auf den Gebieten der Bildungs- und Kulturpolitik, der regionalen Wirtschaftsentwicklung, des Agrar- und Fischereiwesens, der Sozial- und Gesundheitspolitik sowie der walisischen Sprache belegt die auch diesem exekutiven Regionalisierungsmodell zugrundeliegende Zielvorstellung der Anerkennung und Begünstigung walisischer kultureller, sozialer und wirtschaftlicher Eigenheiten. Bereits die deutliche Korrelation zwischen dem im Vergleich zu Schottland schwächer ausgeprägten walisischen Nationalbewußtsein und der bescheideneren Autonomie der walisischen Regierungsstrukturen, erst recht aber die äußerst zaghaften Ansätze und Pläne zu einer Devolution für die englischen Regionen bezeugen indessen auch für das Vereinigte Königreich eine verfehlte direkte Verknüpfung des verfassungspolitischen Leitgedanken der Wahrung regionaler Vielfalt mit der Existenz ethnischer und landsmannschaftlicher Heterogenität in der betreffenden Bevölkerung, wie sie schon in der deutschen Verfassungslehre zutage tritt. Die vorzugswürdige Einsicht, daß regionale Vielfalt sich auch jenseits derartiger Bevölkerungsstrukturen in der natürlichen, regional verwurzelten Diversität von Gruppeninteressen auf der Grundlage regional unterschiedlicher sozialer, kultureller und wirtschaftlicher Rahmenbedingungen, Traditionen und Präferenzen manifestiert und ihr in dieser Ausprägung – auch im Interesse des Gesamtstaates – eine zumindest ähnliche Schutzwürdigkeit zukommt, könnte eine nachhaltigere Regionalisierung für Wales und die englischen Regionen nahelegen. Insbesondere die ökonomischen Disparitäten innerhalb Englands mit einem wirtschaftlich starken Süden und einem ökonomisch schwachen Norden empfehlen eine derartig erweiterte Betrachtungsweise des verfassungspolitischen Ziels der Wahrung regionaler Vielfalt für die zukünftige Entwicklung der britischen Regionalisierung.

Während die Wahrung regionaler Diversität als verfassungspolitisches Ziel der regionalen Aufgliederung von Staatsgewalt im deutschen Bundesstaat somit nicht nur unzureichend verwirklicht ist, sondern auch in ihrer meta-konstitutionellen Relevanz für die Bundesrepublik umstritten bleibt, bildet sie einen der entscheidenden Kerngedanken der britischen Devolution und wird zumindest im schottischen und im nordirischen Regionalisierungsmodell spürbar umgesetzt. Ein erweitertes Verständnis dieses verfassungspolitischen Leitgedankens könnte nicht nur die verstärkte Devolution für Wales und eine

---

75 *Jeffery*, Durch Devolution zur Föderalstruktur?, S. 112; *Jeffery/Palmer*, Das Vereinigte Königreich, S. 325.
76 Vgl. *Bogdanor*, Power and the People, S. 29.

möglicherweise uniforme Regionalisierung Englands, sondern auch eine substantielle Anreicherung des Bestandes autonomer Gesetzgebungszuständigkeiten auf der Ebene der deutschen Bundesländer nahelegen.

## B. Förderung der Orts- und Sachnähe staatlicher Entscheidungen und der Integration des Bürgers

Die Regionalisierung der Staatsorganisation kann des weiteren das verfassungspolitische Ziel verfolgen, durch die Herabzonung staatlicher Entscheidungsstrukturen mehr Orts- und Sachnähe politischer und administrativer Prozesse zu gewährleisten und dadurch materiell bessere – weil bedürfnisgerechtere – Entscheidungen sowie eine optimale staatliche Ressourcenallokation zu erreichen.[77] In diesem funktionalen Pendant zur Wahrung regionaler Vielfalt spiegelt sich der gesellschafts- und verfassungspolitische Gedanke der Subsidiarität wider, nach dem kleineren Gemeinwesen diejenigen Aufgaben belassen werden sollen, welche sie leisten und zu einem sinnvollen Ende führen können.[78] Die Wahrung regionaler Diversität und die Förderung der Orts- und Sachnähe staatlicher Entscheidungsstrukturen verstärken dabei sowohl einzeln als auch gemeinsam die Integration des Bürgers im Staat.[79]

Die verfassungspolitischen Leitgedanken der Förderung von Orts- und Sachnähe staatlicher Entscheidungen sowie der Subsidiarität lassen sich im deutschen Bundesstaat zwar wiedererkennen, finden jedoch in seinem grundgesetzlichen Bau- und Funktionsplan und der heutigen Verfassungsrealität nur eine äußerst zurückhaltende Verwirklichung. Als Träger eigener hoheitlicher Kompetenzen der Gesetzgebung, Verwaltung und Rechtsprechung sowie als mitwirkungsberechtigte Akteure in der zentralstaatlichen Willensbildung des Bundes bilden die deutschen Bundesländer eine staatliche Entscheidungsebene, die durch gegenüber dem Zentralstaat größere Orts- und Sachnähe ein bedürfnisadäquates und daher insgesamt materiell verbessertes Regieren

---

77 Siehe supra Kapitel 4 § 3 B. Vgl. *Würtenberger*, Lokale und regionale Autonomie, S. 1056; *Voß, Dirk-Hermann*, Regionen und Regionalismus im Recht der Mitgliedstaaten der Europäischen Gemeinschaft – Strukturelemente einer Europäischen Verfassungsordnung, Frankfurt a.M. (u. a.) 1989, S. 80f. Im Zusammenhang mit dem Bundesstaat vgl. *Kisker*, Grundlagen der bundesstaatlichen Ordnung, S. 24ff.; *Kimminich*, Der Bundesstaat, Rz. 23; *Mayntz, Renate*, Föderalismus und die Gesellschaft der Gegenwart, AöR 115 (1990), S. 232, 239.
78 Vgl. *Deuerlein, Ernst*, Föderalismus: Die historischen und philosophischen Grundlagen des föderativen Prinzips, München 1972, S. 311ff.; *Stern*, Staatsrecht I, S. 660f.; *Kisker*, Grundlagen der bundesstaatlichen Ordnung, S. 25f.; *Bothe*, Föderalismus, S. 27; *Voß*, Regionen und Regionalismus, S. 81; *Würtenberger*, Zur Legitimation des Föderalismus, S. 356.
79 Vgl. *Esterbauer, Fried*, Der europäische Regionalismus – Föderalistische Konzeption des Aufbaus eines vereinigten Europas, BayVBl. 1979, S. 328, 329; *Würtenberger*, Lokale und regionale Autonomie, S. 1057; *Voß*, Regionen und Regionalismus, S. 81ff.

ermöglicht.[80] Dieser Gedanke des inhaltlich besseren Regierens durch verstärkte Nähe zum Bürger, zum örtlichen Bezugsrahmen sowie zum konkreten Sachproblem tritt insbesondere in der Betrauung der deutschen Bundesländer mit dem Großteil der gubernativen Staatsaufgaben zutage. Zudem können vor allem die Residualklauseln der Länderzuständigkeit in den Art. 30, 70, 83 und 92 GG, die grundgesetzlichen Beschränkungen der Bundesgesetzgebung in Art. 72 Abs. 2, 75 Abs. 1 und 105 Abs. 2 GG sowie die gliedstaatlichen Beteiligungspositionen aus Art. 23 Abs. 2 bis 6 GG als verfassungsrechtliche Ausformungen des Subsidiaritätsgedankens gewertet werden, da sie zumindest grundsätzlich geeignet sind, den Vorrang der regionalen Ebene vor dem Zentralstaat zu gewährleisten.[81] Der weitgehende Verlust selbständiger Legislativbefugnisse auf Länderebene, der nicht zuletzt auch auf die Schwäche der verfassungsrechtlichen Schranken der zentralstaatlichen Gesetzgebung zurückzuführen ist, die nicht unerhebliche zentralstaatliche Steuerung des gliedstaatlichen Gesetzesvollzugs, die Mediatisierung der Länderinteressen im parallel gestärkten Bundesrat sowie die intensive Praxis unitarisierender Länderkooperation lassen indessen daran zweifeln, daß der Gedanke größerer Orts- und Sachnähe der Bundesländer einen nachhaltig prägenden Einfluß auf die deutsche Bundesstaatlichkeit ausgeübt hat. Der deutsche Beteiligungsföderalismus behindert durch sein Streben nach Kompromiß, Konsens und Verantwortungsteilung die Suche nach – und die Realisierung von – maßgeschneiderten Lösungen auf der niedrigeren staatlichen Ebene. Die konkrete grundgesetzliche Verteilung der Legislativ-, Exekutiv- und Judikativkompetenzen läßt zudem insgesamt keine Orientierung am Subsidiaritätsprinzip erkennen.[82] So können die besonders prägenden Elemente deutscher Bundes-

---

80 So auch *Kirchhof*, Bundesstaatlichkeit als Element des Verfassungsstaates, S. 61.
81 Vgl. *Oppermann, Thomas*, Subsidiarität im Sinne des Deutschen Grundgesetzes – Einige grundsätzliche Bemerkungen, in: Nörr, Knut W./Oppermann, Thomas (Hrsg.), Subsidiarität: Idee und Wirklichkeit – Zur Reichweite eines Prinzips in Deutschland und Europa, Tübingen 1997, S. 215, 221 f.; *ders.*, Subsidiarität als Bestandteil des Grundgesetzes, JuS 1996, S. 569, 571; *Isensee, Josef*, Der Bundesstaat – Bestand und Entwicklung, in: Badura, Peter/Dreier, Horst (Hrsg.), Festschrift 50 Jahre Bundesverfassungsgericht, Band II (Klärung und Fortbildung des Verfassungsrechts), Tübingen 2001, S. 719, 746 f.; *ders.*, Idee und Gestalt des Föderalismus, Rz. 242; *Schneider, Hans-Peter*, Die Aufgabenverteilung zwischen Bund und Ländern nach dem Grundgesetz – Eine Ausprägung des Subsidiaritätsprinzips?, in: Kramer, Jutta (Hrsg.), Die Entwicklung des Staates der Autonomie in Spanien und der bundesstaatlichen Ordnung in der Bundesrepublik Deutschland, Baden-Baden 1996, S. 37, 38 ff.
82 So auch *Herzog, Roman*, Subsidiaritätsprinzip und Staatsverfassung, Der Staat 2 (1963), S. 399, 412 ff.; *ders.*, Zwischenbilanz im Streit um die bundesstaatliche Ordnung, JuS 1967, S. 193, 194; *Lerche, Peter*, Föderalismus als nationales Ordnungsprinzip, in: Vereinigung der deutschen Staatsrechtslehrer (Hrsg.), Veröffentlichungen der Vereinigung der deutschen Staatsrechtslehrer: Föderalismus als nationales und internationales Ordnungsprinzip (Heft 21, 1962), Berlin 1964, S. 66, 74 ff.; *Sommermann*, Art. 20 GG, in: von Mangoldt/Klein/Starck, Rz. 32. A. A. aber *Oppermann*, Subsidiarität als Bestandteil des Grundgesetzes, S. 571; *ders.*, Subsidiarität im Sinne des Deutschen Grundgesetzes, S. 221 f. Differenzierend *Isensee*, Der Bundesstaat, S. 746 f., nach dem sich das Subsidiaritätsprinzip „partiell als rechtliches Strukturelement des Bundesstaates" erweist. In

staatlichkeit – die beinahe gänzliche Reduktion des gliedstaatlichen Aufgabenbereichs auf den Gesetzesvollzug und die Mitbestimmung in der zentralstaatlichen Willensbildung – nicht auf der Grundlage dieses Leitprinzips erklärt oder gerechtfertigt werden. Die Verwirklichung des verfassungspolitischen Ziels der Förderung der Orts- und Sachnähe staatlicher Entscheidungen und des Subsidiaritätsgedankens weist im deutschen Bundesstaat somit erhebliche Schwächen auf, so daß auch der legitimatorischen Wirkung dieser Argumentationstopoi für die bundesstaatliche Ordnung Deutschlands schwerwiegende Bedenken entgegenzubringen sind.[83] Entsprechend dieser Schwäche muß auch die auf den einzelnen bezogene integrative Funktion des Bundesstaates im deutschen Gesamtstaat relativiert beurteilt werden. Inwieweit die Neujustierung der Schranken der Bundesgesetzgebungskompetenzen durch die Novellierung der Art. 72 und 75 GG im Jahre 1994 und die diesbezügliche Rechtsprechungsänderung des Bundesverfassungsgerichts in seinem Urteil zum Altenpflegegesetz vom 24. November 2002[84] und in seiner Entscheidung zur Juniorprofessur vom 27. Juli 2004[85] zu einer wirksamen und nachhaltigen Wiederbelebung des Subsidiaritätsgedankens im deutschen Bundesstaat führen werden, bleibt abzuwarten.

Die Zielvorstellung gesteigerter Orts- und Sachnähe staatlicher Entscheidungsprozesse spielt im verfassungspolitischen Diskurs über die Regionalisierung des Vereinigten Königreichs eine gewichtige Rolle. Devolution wird als staatsorganisatorisches Mittel angesehen, nicht nur bestehende regionale Vielfalt im Gesamtstaat zu berücksichtigen und zu wahren, sondern auch allgemeiner die Qualität politischer und administrativer Entscheidungen durch direkteren Orts- und Sachbezug zu verbessern und im Sinne des Subsidiaritätsgedankens regionalen Einheiten eine mit den Notwendigkeiten des modernen Nationalstaats noch vereinbare Selbstbestimmung zu verleihen.[86] Sie liefert eine konstitutionelle Antwort auf die insbesondere in den 80er und 90er Jahren des 20. Jahrhunderts deutlich gewachsene Unzufriedenheit in den britischen Randterritorien mit der ‚Bürgerferne' des als überzentralisiert empfundenen britischen Regierungssystems.[87] Die hervorgehobene Bedeutung

---

BVerfGE 58, 233, 253, hat das Bundesverfassungsgericht die Frage, „ob das Subsidiaritätsprinzip überhaupt Verfassungsrang hat", offengelassen. Zum Subsidiaritätsprinzip im deutschen Bundesstaat vgl. auch *Oeter, Stefan*, Integration und Subsidiarität im deutschen Bundesstaatsrecht – Untersuchungen zu Bundesstaatstheorie unter dem Grundgesetz, Tübingen 1998, S. 542 ff., 565 ff.; *Stern*, Staatsrecht I, S. 661.

83 Diese wird dagegen besonders betont bei *Wüst*, Der Föderalismus als zeitgemäßes Ordnungsprinzip II, S. 10.
84 BVerfGE 106, 62, 135 ff. Siehe dazu supra Kapitel 5 § 1 B. II.
85 BVerfG, 2 BvF 2/02 vom 27.7.2004, Rz. 78 ff. Siehe dazu supra Kapitel 5 § 1 B. II.
86 *Tomkins*, Devolution: A Constitutional Imperative?, S. 95; *Jeffery*, Durch Devolution zur Föderalstruktur?, S. 111 f.; *Burrows*, Devolution, S. 121.
87 Vgl. *Sturm, Roland*, Integration – Devolution – Unabhängigkeit? Schottland auf dem Weg zu einer Erneuerung seines politischen Gemeinwesens, JöR NF 48 (2000), S. 351, 357 ff.; *Jeffery/Palmer*, Das Vereinigte Königreich, S. 324; *Jeffery, Charlie*, Verfassungspolitik im Vergleich: Britische Devolution und deutscher Föderalismus, in: Glaeßner, Gert-Joachim/Reutter, Werner/Jeffery, Charlie (Hrsg.), Verfassungspolitik und Verfas-

der Förderung von Orts- und Sachnähe staatlicher Entscheidungsstrukturen tritt daher auch besonders deutlich zutage in einem von *Tony Blair*s Leitthemen der Verfassungsmodernisierung – „to take decision-making closer to the people"[88] – und in der Anerkennung der „wishes of the people of Scotland for a greater say in their affairs" im White Paper zur schottischen Devolution.[89] Vor dem komplexen Hintergrund sezessionistischer Tendenzen in Schottland und Wales sowie starker republikanischer Bestrebungen in Nordirland bildet die Steigerung der Identifikation des schottischen, walisischen und nordirischen Bürgers mit dem Vereinigten Königreich durch die Ermöglichung orts- und sachnäheren Regierens sogar eine für den Fortbestand des britischen Unionsstaates überragend wichtige verfassungspolitische Dimension des Devolutionsprozesses.[90] Die reale staatsorganisatorische Verwirklichung der verfassungspolitischen Ziele der Orts- und Sachnähe staatlicher Entscheidungsstrukturen und der Subsidiarität bedarf in der asymmetrisch regionalisierten Staatsordnung des Vereinigten Königreichs indessen einer differenzierenden Beurteilung. Die behutsamen Devolutionsansätze in London und den übrigen englischen Regionen können in ihrem derzeitigen Entwicklungsstadium noch nicht als Realisierung dieser Leitgedanken gewertet werden. Zwar sollen sowohl die Londoner Regierungsstrukturen als auch die Regional Development Agencies den organisatorischen Rahmen für eine bedürfnisgerechtere Regionalpolitik schaffen, jedoch widerstrebt der schmale Kompetenzbestand auf der Ebene der englischen Regionen ohne nennenswerte politische Leitungsfunktionen und mit starker zentralstaatlicher Lenkung einer Rationalisierung der bisherigen Regionalisierung Englands im Sinne einer wesentlich gesteigerten Orts- und Sachnähe staatlicher Entscheidungsstrukturen, geschweige denn des Subsidiaritätsgedankens. Die nicht unbedeutenden Kompetenzen der Nationalversammlung für Wales auf den Gebieten der Normsetzung und des Gesetzesvollzugs können dagegen als Ausdruck dieser verfassungspolitischen *teloi* verstanden werden: Die Herabzonung der vormaligen Zuständigkeiten des Secretary of State for Wales auf regionale Regierungsstrukturen in Cardiff bildet einen erheblichen Schritt zu mehr Orts- und Sachnähe der politischen und administrativen Entscheidungsprozesse und ermöglicht die Realisierung örtlich und sachlich maßgeschneiderten – und damit materiell verbesserten – Regierens auf den Gebieten übertragener Sachmaterien. Indessen zeigt das Grundschema der exekutiven Devolution für Wales auch die Schranken der Verwirklichung derartiger verfassungspolitischer Leitgedanken auf: Die fortdauernde Rolle Westminsters als Primärlegislative für Wales, die Abhängigkeit der walisischen Regionalorgane von

---

sungswandel: Deutschland und Großbritannien im Vergleich, Wiesbaden 2001, S. 125, 128; *Olowofoyeku*, Decentralising the UK, S. 58; *ders.*, Devolution: Conceptual and Implementational Problems, S. 135 f.; *Schwab*, Devolution, S. 78 ff.
88 *Blair*, Democracy's Second Age, S. 34.
89 White Paper: Scotland's Parliament, para. 12.3.
90 Vgl. *Bogdanor*, Power and the People, S. 39, 50 ff.; *Hopkins, John*, Devolution in Context: Regional, Federal and Devolved Government in the European Union, London 2001, S. 36.

Ermächtigungsgesetzgebung aus London sowie der schwache walisische Einfluß auf den zentralstaatlichen Legislativapparat führen dazu, daß Orts- und Sachnähe walisischen Regierens sich stets nur innerhalb des zentralstaatlich vorgegebenen Handlungsrahmens und unterhalb gesamtbritischer Prioritätensetzungen entfalten kann. Einen Vorrang der kleineren vor der größeren Ebene im Sinne des Subsidiaritätsprinzips kann daher die exekutive Devolution für Wales bereits in ihrer Fundamentalkonstruktion nicht verfolgen. Der innere Zusammenhang dieser meta-konstitutionellen Ziele mit der Förderung der Integration des Bürgers im britischen Gesamtstaat tritt im Kontext der walisischen Devolution in regionalisierungsfeindlicher Stoßrichtung hervor, wenn einige Kommentatoren die im Vergleich zu Schottland schwächere Form der Devolution für Wales auf die in diesem Territorium bescheideneren Forderungen nach regionaler Selbstbestimmung und Subsidiarität zurückführen.[91] Das schottische und das nordirische Devolutionsmodell sind dagegen deutlich durch den Glauben an qualitativ verbessertes Regierungshandeln durch mehr Orts- und Sachnähe staatlicher Entscheidungsstrukturen sowie grundsätzlich auch durch die Idee der Subsidiarität geprägt. Die vertikale Kompetenzverteilung des Scotland Act 1998 und des Northern Ireland Act 1998 begründet weitreichende regionale Zuständigkeitsbestände auf der Grundlage von kompetenzrechtlichen Residualklauseln und schränkt diese – anders als das deutsche Grundgesetz – zwar mit teils sehr detaillierten, doch insgesamt autonomieschonenden Kompetenzvorbehalten zugunsten des Zentralstaats ein. Zwar gefährden bedeutsame Ingerenzbefugnisse des Zentralstaats und nicht zuletzt die gesetzlich ungebrochene Suprematie des britischen Parlaments die Verwirklichung dieser verfassungspolitischen Ziele, jedoch wird die rechtlich fortwirkende Legislativallmacht des britischen Parlaments entsprechend dem Subsidiaritätsgedanken durch bereits etablierte und sich entwickelnde Verfassungskonventionalregeln zum Schutze regionaler Selbstbestimmung, wie etwa der Sewel Convention, beschränkt. Dabei stehen die verfassungspolitischen Ziele der gesteigerten Orts- und Sachnähe staatlicher Entscheidungsstrukturen und der Subsidiarität im konstitutionellen Design der nordirischen Devolution jedoch stets im Schatten der spezifischen verfassungsgestalterischen Schwierigkeiten der Bewältigung des nordirischen Friedensprozesses.

Während die deutsche Bundesstaatlichkeit die Vorzüge orts- und sachnäherer Entscheidungsstrukturen im wesentlichen lediglich auf dem Gebiet des Gesetzesvollzugs anerkennt und den Subsidiaritätsgedanken im bedeutsamen Bereich der Gesetzgebung nur als für die Staatspraxis wenig aussagekräftige Residualklausel zugunsten der Länder und ansonsten als bis vor kurzem praktisch wirkungslose Schranke der Bundeskompetenzen widerspiegelt, verwirklicht zumindest die schottische Devolution ein deutlich positiveres Verständnis dieser verfassungspolitischen Ziele regionalisierter Staatsorganisation.

---

91 So etwa *Olowofoyeku*, Devolution: Conceptual and Implementational Problems, S. 147 ff.; *Ward*, Devolution, S. 134.

## C. Stärkung der Demokratie

Durch die Einrichtung direkt gewählter Volksvertretungen oder Staatsämter auf regionaler Ebene kann die Regionalisierung einer Staatsordnung zur Stärkung der gesamtstaatlichen Demokratie beitragen.[92] Häufigere und gestreutere demokratische Legitimation auf verschiedenen Staatsebenen verdichtet die demokratische Verantwortlichkeit staatlicher Entscheidungsträger, fördert die politischen Mitwirkungsmöglichkeiten des einzelnen Bürgers und mehrt die Gelegenheiten zur Teilhabe an staatlicher Entscheidungsgewalt für politische Minderheiten des Gesamtstaats.[93] Schließlich ist die Dezentralisierung staatlicher Entscheidungsstrukturen grundsätzlich dazu geeignet, durch die Schaffung überschaubarer Regierungseinheiten auch die Transparenz des politischen Systems zu erhöhen und somit die materiellen Grundlagen des demokratischen Strukturelements zu stärken.[94]

Seit die deutsche Verfassungslehre mehrheitlich den Glauben an das Vorhandensein schützenswerter regionaler Diversität in der Bundesrepublik aufgegeben zu haben scheint und die unitarisch-kooperative Verfassungsrealität des deutschen Bundesstaates zu einer Anpassung seines hergebrachten verfassungspolitischen Fundaments zwingt, rückt die Funktion der Bundesstaatlichkeit als Medium der Verstärkung, Erweiterung und Verfeinerung anderer grundlegender Verfassungsstrukturelemente in den Mittelpunkt des meta-konstitutionellen Diskurses über die föderative Gliederung des deutschen Staatswesens. So soll die bundesstaatliche Ordnung in Deutschland nicht nur die Rechtsstaatlichkeit und den Freiheitsschutz des Bürgers, sondern auch die Verwirklichung der Demokratie im Gesamtstaat fördern.[95] Gegen-

---

92 Siehe supra Kapitel 4 § 3 C. Vgl. *Esterbauer*, Der europäische Regionalismus, S. 328 f.; *ders.*, Grundzüge der Formen und Funktionen regionaler Gliederung, S. 54; *Würtenberger*, Lokale und regionale Autonomie, S. 1055 f. Im Zusammenhang mit dem Bundesstaat vgl. *Hesse*, Grundzüge des Verfassungsrechts, Rz. 222 ff.; *Kisker*, Grundlagen der bundesstaatlichen Ordnung, S. 24; *Isensee*, Idee und Gestalt des Föderalismus, Rz. 252 f., 303; *Ossenbühl, Fritz*, Föderalismus und Regionalismus in Europa – Landesbericht Bundesrepublik Deutschland, in: ders. (Hrsg.), Föderalismus und Regionalismus in Europa, Baden-Baden 1990, S. 117, 161; *Vogel*, Die bundesstaatliche Ordnung, Rz. 15 f.; *Bothe, Michael*, Föderalismus und regionale Autonomie, in: Randelzhofer, Albrecht (Hrsg.), Deutsch-Spanisches Verfassungsrechts-Kolloquium 1980, Berlin 1982, S. 133, 145; *ders.*, Föderalismus, S. 28.
93 Vgl. *Kisker*, Grundlagen der bundesstaatlichen Ordnung, S. 24; *Häberle*, Regionalismus als werdendes Strukturprinzip, S. 30; *Nettesheim, Martin*, Demokratie durch Föderalismus, in: Europäisches Zentrum für Föderalismus-Forschung (Hrsg.), Europäischer Föderalismus im 21. Jahrhundert, Baden-Baden 2003, S. 27, 30 f.
94 Vgl. *Esterbauer*, Grundzüge der Formen und Funktionen regionaler Gliederung, S. 53 f.; *Lerche, Peter*, Prinzipien des deutschen Föderalismus, in: Kirchhof, Paul/Kommers, Donald P. (Hrsg.), Deutschland und sein Grundgesetz – Themen einer deutsch-amerikanischen Konferenz, Baden-Baden 1993, S. 79, 86.
95 *Hesse*, Der unitarische Bundesstaat, S. 26 ff.; *ders.*, Grundzüge des Verfassungsrechts, Rz. 223 ff.; *Stern*, Staatsrecht I, S. 658; *Ossenbühl*, Föderalismus und Regionalismus in Europa, S. 161; *Kimminich*, Der Bundesstaat, Rz. 43 ff.; *Vogel*, Die bundesstaatliche Ord-

über einer streng zentralisierten Staatsorganisation bewirkt der deutsche Bundesstaat eine Vervielfachung eigenständiger politischer Entscheidungszentren mit autonomer demokratischer Legitimation. Das Nebeneinander direkt gewählter Volksvertretungen mit parlamentarisch verantwortlichen Regierungen auf Bundes- und Landesebene erweitert die demokratische Repräsentation, verdichtet die demokratische Legitimation des Staatshandelns, vermehrt die politischen Teilhabemöglichkeiten des Bürgers, fördert die Überschaubarkeit und damit grundsätzlich auch die Transparenz staatlicher Entscheidungsstrukturen und eröffnet zusätzliche staatliche Räume zum Schutz, zur Mitwirkung und zur Bewährung aktueller politischer Minderheiten im Gesamtstaat.[96] Diese demokratiefördernde Dimension der deutschen Bundesstaatlichkeit wird jedoch erst dann sichtbar, wenn der deutschen Verfassungsordnung ein individualistisches Demokratieverständnis zugrundegelegt wird, welches das Volk als Gesamtheit von autonomen Bürgern auffaßt und einen gestuften Aufbau des Staates von unten nach oben verlangt, in dem staatliche Herrschaft der stetigen Legitimation durch den fortdauernd aktualisierten Konsens der Beherrschten bedarf; ein monistisch-unitarisches Demokratieverständnis, welches staatliches Handeln auf den einheitlichen Willen eines als überindividuelle Entität begriffenen Gesamtvolkes zurückführen will, kommt dagegen unweigerlich zu einer Antinomie von Demokratie und Bundesstaatlichkeit, da im föderativ gegliederten Staatswesen die Verwirklichung des Gesamtwillens des souveränen Volkes durch partikuläre Einheiten gehemmt wird.[97] Der monistische Ansatz prägte die deutsche Staatsrechtslehre des Kaiserreichs und teilweise auch noch die der Weimarer Republik;[98] unter der Geltung des Grundgesetzes hat sich jedoch das individualistische Demokratieverständnis deutlich durchgesetzt und das Fundament für die Vereinbarkeit – ja sogar die feste verfassungspolitische Verbindung – von Bundesstaatlichkeit und Demokratieprinzip gelegt,[99] auch wenn vereinzelt noch Spuren

---

nung, Rz. 14 ff.; *Isensee*, Idee und Gestalt des Föderalismus, Rz. 237 ff., 245 ff., 303; *ders.*, Der Bundesstaat, S. 747; *Wüst, Herbert*, Der Föderalismus als zeitgemäßes Ordnungsprinzip, Teil I, BayVBl. 1970, S. 417, 419 f.; *Katz*, Staatsrecht, Rz. 257 f.

96 Vgl. *Isensee*, Föderalismus und Verfassungsstaat, S. 270 f.; *ders.*, Idee und Gestalt des Föderalismus, Rz. 252 ff.; *Vogel*, Die bundesstaatliche Ordnung, Rz. 15; *Katz*, Staatsrecht, Rz. 258; *Wüst*, Der Föderalismus als zeitgemäßes Ordnungsprinzip I, S. 419 f.; *Kimminich*, Der Bundesstaat, Rz. 46.

97 Vgl. *Oeter*, Integration und Subsidiarität, S. 569 f.; *Nettesheim*, Demokratie durch Föderalismus, S. 33 ff.; *Maunz/Zippelius*, Deutsches Staatsrecht, S. 109; *Kimminich*, Der Bundesstaat, Rz. 47.

98 Vgl. *Möllers, Christoph*, Der parlamentarische Bundesstaat – Das vergessene Spannungsverhältnis von Parlament, Demokratie und Bundesstaat, in: Aulehner, Josef (Hrsg.), Föderalismus – Auflösung oder Zukunft der Staatlichkeit?, Stuttgart (u. a.) 1997, S. 81, 82 ff.; *Eckertz, Rainer*, Bundesstaat und Demokratie – Ein Problem politischer Einheit?, in: Grawert, Rolf/Schlinck, Bernhard/Wahl, Rainer/Wieland, Joachim (Hrsg.), Offene Staatlichkeit, Festschrift für Ernst-Wolfgang Böckenförde zum 65. Geburtstag, Berlin 1995, S. 13, 16 ff.; *Maunz/Zippelius*, Deutsches Staatsrecht, S. 109.

99 Vgl. *Hesse*, Der unitarische Bundesstaat, S. 32; *Stern*, Staatsrecht I, S. 658; *Herzog*, Art. 20 GG IV., in: Maunz/Dürig, Rz. 74; *Isensee*, Idee und Gestalt des Föderalismus,

monistischen Denkens in der deutschen Verfassungslehre erkennbar sind.[100] Indessen bleibt das Verhältnis zwischen diesen beiden grundlegenden Strukturelementen in der Bundesrepublik Deutschland überaus ambivalent. Die föderative Förderung des demokratischen Prinzips durch die Verdoppelung demokratischer Entscheidungsebenen mit allen Vorzügen der gesteigerten demokratischen Legitimation, der vermehrten politischen Teilhabe des einzelnen und politischer Minderheiten sowie der Überschaubarkeit regionalisierter Entscheidungsstrukturen wird in der deutschen Verfassungsrealität von einer Reihe demokratiegefährdender Aspekte des unitarisch-kooperativen Bundesstaates überschattet.[101] Auf der Ebene der Bundesländer haben der weitgehende Verlust von autonomen gliedstaatlichen Gesetzgebungsbefugnissen und die intensive horizontale und vertikale Kooperation zu einem deutlichen Machtverlust der aus Sicht des Demokratieprinzips maßgeblichen Landesparlamente geführt. Die Stärkung der Rolle der Landesregierungen als Hauptakteuren des intergouvernementalen Kooperationsgeflechts und als Mitentscheidungsberechtigten in der zentralstaatlichen Willensbildung durch den Bundesrat kommt den regionalen Volksvertretungen nicht zugute: In ihrer politischen Gestaltungsmacht deutlich reduziert, sind sie im wesentlichen zu Kreations- und Kontrollorganen der Landesexekutiven herabgestuft,[102] begegnen in ihrer Aufsicht über den Gesetzesvollzug auf Landesebene sowie über die Tätigkeiten ihrer Regierungen im Bundesrat und den unzähligen föderativen Kooperationsgremien allen Schwierigkeiten einer wirksamen parlamentarischen Kontrolle von Regierungshandeln und werden in den auf Landesebene verbleibenden Gesetzgebungskompetenzen häufig zu reinen Ratifikationsinstanzen für intergouvernemental ausgehandelte Politikkompromisse.[103] Auch auf Bundesebene bewirkt jedoch der unitarisch-kooperative Bundesstaat eine gewisse Schwächung des demokratischen Prinzips: Das intergouvernementale Kooperationsgeflecht führt hier ebenso zu einem Machtverlust des einzig unmittelbar demokratisch legitimierten Bundes-

---

Rz. 252 f.; *Kimminich*, Der Bundesstaat, Rz. 47; *Möllers*, Der parlamentarische Bundesstaat, S. 91 f.

100 Siehe etwa die Ausführungen zur Notwendigkeit effektiver demokratischer Legitimation bei *Böckenförde, Ernst-Wolfgang*, Demokratie als Verfassungsprinzip, in: Isensee, Josef/Kirchhof, Paul (Hrsg.), Handbuch des Staatsrechts der Bundesrepublik Deutschland, Band II, 3. Auflage, Heidelberg 2004, § 24, Rz. 11 ff.

101 Vgl. zum Folgenden *Kisker*, Grundlagen der bundesstaatlichen Ordnung, S. 31 ff.; *von Arnim, Hans H.*, Vom schönen Schein der Demokratie: Politik ohne Verantwortung – am Volk vorbei, München 2002, S. 136 ff.

102 Vgl. *Isensee*, Idee und Gestalt des Föderalismus, Rz. 208.

103 *Leisner, Walter*, Schwächung der Landesparlamente durch grundgesetzlichen Föderalismus, DÖV 1968, S. 389, 389 ff.; *Eicher, Hermann*, Der Machtverlust der Landesparlamente – Historischer Rückblick, Bestandsaufnahme, Reformansätze, Berlin 1988, S. 61 ff.; *Pietzcker, Jost*, Zusammenarbeit der Gliedstaaten im Bundesstaat – Landesbericht Bundesrepublik Deutschland, in: Starck, Christian (Hrsg.), Zusammenarbeit der Gliedstaaten im Bundesstaat, Baden-Baden 1988, S. 17, 75 f.; *Kisker, Gunter*, Kooperation im Bundesstaat – Eine Untersuchung zum kooperativen Föderalismus in der Bundesrepublik Deutschland, Tübingen 1971, S. 120 ff.; *ders.*, Grundlagen der bundesstaatlichen Ordnung, S. 32; *Schenke*, Föderalismus als Form der Gewaltenteilung, S. 700.

Kapitel 7: Verfassungsdogmatische, -vergleichende und politische Würdigung

organs, des Bundestages; die umfangreichen Mitwirkungsbefugnisse des Bundesrates vermindern deutlich die Durchsetzungsfähigkeit des politischen Mehrheitswillens des Bundesvolkes und können bei divergierenden parteipolitischen Mehrheiten in Bundestag und Bundesrat Politikblockaden und Reformstau verursachen.[104] Zwar kann die mit einem Verweis auf die unterschiedlichen Bezugssubjekte Bundesvolk und Landesbevölkerung teilweise vertretene gänzliche Negierung der demokratischen Legitimation des Bundesrates nicht vollkommen überzeugen,[105] da das deutsche Volk in Bundestags- und Landtagswahlen lediglich in unterschiedlichen Legitimationsmodi agiert und die Bundesstaatlichkeit als dem Demokratieprinzip gleichgeordneter Grundsatz einer ‚gemischten Verfassung'[106] ein föderativ gegliedertes Demokratieverständnis einfordert;[107] auch darf die Bedeutung des Bundestages als einziges direkt vom Volk gewähltes Bundesorgan nicht einer zumindest für den deutschen Bundesstaat verfehlten monistisch-unitarischen Demokratietheorie Vorschub leisten. Doch bleibt die Entwicklung des Bundesrates zu einem auf wesentlichen Gebieten der Gesetzgebung mit dem Bundestag beinahe gleichrangigen Bundesorgan in demokratietheoretischer Hinsicht bedenklich: Der deutsche Bundesrat besitzt eine zwiefach vermittelte demokratische Legitimation über die Landtage und Landesregierungen,[108] Landtagswahlen stehen zumindest nicht nur im Zeichen der Bundespolitik, und der Bundesrat entscheidet mit einer nur ansatzweise den Bevölkerungsverhältnissen der Länder entsprechenden Stimmengewichtung. Wie aus dem grundgesetzlichen Regel-Ausnahme-Verhältnis zwischen Einspruchs- und Zustimmungsgesetzen deutlich wird, sollen die Beteiligungsrechte des Bundesrates – eines primär föderativ und nur sekundär demokratisch fundierten Organs[109] – nach der Grundkonzeption der Verfassung nur dann die Verwirklichung des im Bundestag zutage tretenden Mehrheitswillens des Gesamtvolkes verhindern, wenn Länderinteressen in spezifischer Weise betroffen sind, obgleich in diesen Fällen die parteienstaatliche Orientierung des Grundgeset-

---

104 Vgl. *Volkmann*, Bundesstaat in der Krise?, S. 618 f.; *Grimm*, Fehler im System, S. 45 ff.; *Scholz*, Steuerungsprobleme heutiger Staatlichkeit, S. 22 ff.
105 So aber *Böckenförde*, Sozialer Bundesstaat, S. 190; *Eicher*, Der Machtverlust der Landesparlamente, S. 61 f.; *Möllers*, Der parlamentarische Bundesstaat, S. 102 f.; *von Arnim*, Vom schönen Schein der Demokratie, S. 136 f.
106 Vgl. dazu näher *Stern*, Staatsrecht I, S. 735 f.; *Schmitt, Carl*, Verfassungslehre, 5. Auflage, Berlin 1970, S. 202 ff.
107 *Isensee*, Idee und Gestalt des Föderalismus, Rz. 58 ff., 257; *Knies, Wolfgang*, Der Bundesrat: Zusammensetzung und Aufgaben – Zum Schlußbericht der Enquete-Kommission Verfassungsreform, DÖV 1977, S. 575, 578; *Klein, Hans H.*, Der Bundesrat im Regierungssystem der Bundesrepublik Deutschland, ZG 17 (2002), S. 297, 305 ff.; *Stern*, Staatsrecht I, S. 739 f.
108 *Herzog, Roman*, Stellung des Bundesrates im demokratischen Bundesstaat, in: Isensee, Josef/Kirchhof, Paul (Hrsg.), Handbuch des Staatsrechts der Bundesrepublik Deutschland, Band II, 2. Auflage, Heidelberg 1998, § 44, Rz. 25 f.; *Stern*, Staatsrecht I, S. 737; *Isensee*, Idee und Gestalt des Föderalismus, Rz. 257; *Klein*, Der Bundesrat im Regierungssystem, S. 306 f.; *Maurer*, Staatsrecht I, § 16, Rz. 12.
109 *Stern*, Staatsrecht I, S. 740; *Eicher*, Der Machtverlust der Landesparlamente, S. 62.

zes die Verfolgung parteipolitischer Interessen durch den Bundesrat zulässig macht.[110] Diesen grundsätzlichen Vorrang der zentralstaatlichen Demokratieebene spiegelt die heutige Verfassungsrealität mit ihrer Umkehrung des Regel-Ausnahme-Verhältnisses im Gesetzgebungsverfahren und der damit einhergehenden Entwicklung des Bundesrates zu einer zweiten Gesetzgebungskammer nicht mehr wider. Darüber hinaus führt das dichte intergouvernementale Geflecht horizontaler und vertikaler, direktiver und kooperativer Koordination im deutschen Bundesstaat zwar zunächst zu politischer Führung mit breitem demokratischem Rückhalt, jedoch aus der Sicht sowohl des Bürgers als auch der zu politischer Kontrolle berufenen Parlamente auch zu einer dem demokratischen Prinzip abträglichen Intransparenz staatlicher Entscheidungsfindung auf Bundes- und Landesebene.[111] Die freiwillige und die grundgesetzlich vorgeschriebene Verschränkung und Fusion von Handlungssphären zwischen Bund und Ländern bewirken schließlich eine Verschleierung, Aufweichung und Diffusion der politischen Verantwortlichkeit staatlicher Entscheidungsträger als Fundamentalvoraussetzung demokratischer Legitimation; im Konsenszwang des deutschen Beteiligungsföderalismus können weder Erfolge noch Mißerfolge einzelnen Amts- und Mandatsträger oder politischen Parteien zugerechnet werden.[112] Diese demokratiegefährdenden Aspekte eines deutlich entparlamentarisierten ‚Regierungen-Bundesstaates' mit diffusen Verantwortungsstrukturen können auch nicht mit dem Hinweis darauf entschärft werden, daß in der Bundesrepublik auf Bundes- und Landesebene im wesentlichen die gleichen Parteien agieren und es daher zu einer demokratisch legitimierten „materiellen Allparteienregierung" komme.[113] Dieser Gedanke könnte als politisches – nicht aber verfassungsrechtliches – Argument zwar ein von mancher Seite empfundenes demokratisches Defizit des Bundesrates oder der unzähligen kooperativen Gremien im deutschen Bundesstaat relativieren; doch eignet er sich nicht zur Rechtfertigung der wesentlichen demokratiegefährdenden Dimensionen des unitarisch-kooperativen Bundesstaates wie etwa der Entparlamentarisierung, der Intransparenz staatlicher Entscheidungsstrukturen und der Diffusion politischer Verantwortlichkeit; diese führt er sogar besonders deutlich vor

---

110 Zur Zulässigkeit der Verfolgung von Parteieninteressen durch den Bundesrat vgl. *Klein, Hans H.*, Der Bundesrat der Bundesrepublik Deutschland – die „Zweite Kammer", AöR 108 (1983), S. 329, 358 ff.; *Bauer, Hartmut*, Art. 50 GG, in: Dreier, Rz. 19; *Schenke, Wolf-Rüdiger*, Die Verfassungsorgantreue, Berlin 1977, S. 71 ff.; *Wyduckel, Dieter*, Der Bundesrat als Zweite Kammer, DÖV 1989, S. 181, 190 f.; *Hebeler, Timo*, Verfassungsrechtliche Stellung und Funktion des Bundesrates, JA 2003, S. 522, 527 f.
111 *Schenke*, Föderalismus als Form der Gewaltenteilung, S. 700 f.; *Volkmann*, Bundesstaat in der Krise?, S. 619.
112 *Kisker*, Grundlagen der bundesstaatlichen Ordnung, S. 32 f.; *Oeter*, Integration und Subsidiarität, S. 582; *Schmidt-Jortzig, Edzard*, Herausforderungen für den Föderalismus in Deutschland – Plädoyer für einen neuen Wettbewerbsföderalismus, DÖV 1998, S. 746, 748; *Würtenberger*, Zur Legitimation des Föderalismus, S. 363; *Schenke*, Föderalismus als Form der Gewaltenteilung, S. 700; *von Arnim*, Vom schönen Schein der Demokratie, S. 137 f.
113 So aber *Böckenförde*, Sozialer Bundesstaat, S. 190 f.

Augen.¹¹⁴ Die deutsche Bundesstaatlichkeit erweist sich somit nicht nur als demokratiefördernder Aspekt der deutschen Staatsorganisation, sondern in ihrer unitarisch-kooperativen Ausprägung zugleich auch als Gefahr für die Verwirklichung des demokratischen Prinzips von heute bedrohlichem Ausmaß. Eine Stärkung der Legislativkompetenzbestände der Länder, eine entsprechende Reduktion der Mitwirkungsbefugnisse der Länder auf Bundesebene sowie eine allgemeine Entflechtung der Handlungssphären von Bund und Ländern könnten sowohl der Bundesstaatlichkeit als auch dem Demokratieprinzip zu neuer Wirksamkeit verhelfen.

Der Nexus zwischen der Regionalisierung des Vereinigten Königreichs im Wege der Devolutionsreformen und der Förderung der demokratischen Grundlagen des britischen Staatswesens ist ebenso eng wie problematisch. Die schottischen und walisischen Regionalisierungsbestrebungen wurzelten nicht nur in dem wachsenden Unmut über die mangelnde staatsorganisatorische und politische Berücksichtigung eigenständiger nationaler Identitäten, sondern auch in einem allgemeinen Gefühl in der Bevölkerung dieser Landesteile, daß die etablierte London-zentrierte Staatsorganisation des Vereinigten Königreichs im Hinblick auf die Regierung Schottlands und Wales' ein erhebliches demokratisches Defizit aufweise.¹¹⁵ Für diese verbreitete Empfindung waren vor allem zwei Faktoren verantwortlich: Zum einen erlebte das Vereinigte Königreich in der zweiten Hälfte des 20. Jahrhunderts einen stetigen Prozeß der Zentralisierung staatlicher Macht in London, welcher in der Schwächung der Kommunalverwaltungen und dem beträchtlichen Ausbau der ‚Quango'-Strukturen¹¹⁶ unter den Premierministern *Thatcher* und *Major* seinen wohl deutlichsten Ausdruck fand.¹¹⁷ Diese wachsende ‚Bürgerferne' der britischen Regierungsstrukturen ging einher mit einem spürbaren Vertrauensverlust in ihre demokratische Verantwortlichkeit, da die zumeist zentralistisch organisierten ‚Quangos' als teilautonomisierte Agenturen zur Erbringung von Verwaltungsaufgaben bereits aufgrund ihrer Komplexität und Größe nur einer schwachen ministeriellen oder parlamentarischen Kontrolle unterliegen können.¹¹⁸ Insbesondere in der walisischen Bevölkerung führten diese Entwicklungen zu dem Eindruck, in einem ‚Quangoland' mit äußerst mangelhafter demokratischer Prägung zu leben.¹¹⁹ Zum anderen speiste sich

---

114 Vgl. auch *Kisker*, Grundlagen der bundesstaatlichen Ordnung, S. 32 f.; *Möllers*, Der parlamentarische Bundesstaat, S. 95 ff.
115 Vgl. Kilbrandon Report, S. 115 ff.
116 Vgl. eingehend zu ‚quasi-non-governmental organisations' *Craig, Paul P.*, Administrative Law, 5. Auflage, London 2003, S. 91 ff.; *Bradley, Anthony W./Ewing, Keith D.*, Constitutional and Administrative Law, 13. Auflage, Harlow 2002, S. 287 ff.; *Oliver*, Constitutional Reform in the UK, S. 315 ff.
117 Vgl. *Olowofoyeku*, Decentralising the UK, S. 58.
118 Vgl. *Turpin*, British Government, S. 242 ff.; *Craig*, Administrative Law, S. 99 ff.; *Schwab*, Devolution, S. 79 f.
119 *Rawlings, Richard*, The New Model Wales, JLS 25/4 (1998), S. 461, 466 ff.; *ders.*, Delineating Wales – Constitutional, Legal and Administrative Aspects of National Devolution, Cardiff 2003, S. 29 ff.

die Empfindung eines demokratischen Defizits in Schottland und Wales aus dem Gedanken der Fremdbestimmung durch eine zwar britische, jedoch englisch dominierte Staatsorganisation.[120] Die bestehende administrative Devolution in der institutionellen Gestalt der Secretaries for State for Scotland und Wales sowie die besonderen Verfahrensmodalitäten für Schottland- und Wales-spezifische Gesetzgebung in Westminster konnten nicht verhindern, daß sich nicht unerhebliche Teile der Bevölkerung in der keltischen Peripherie zumindest hinsichtlich der Angelegenheiten des regionalen Wirkungskreises von einer demokratisch nicht ausreichend legitimierten staatlichen Gewalt regiert sahen.[121] Mit dem schwindenden Rückhalt der konservativen Regierungen *Thatcher* und *Major* in der schottischen und walisischen Wählerschaft wurde dieser Gedanke der Fremdbestimmung sogar durch eine zusätzliche parteipolitische Dimension unterfüttert. In Schottland nahm die Idee der demokratisch defizitären Fremdbestimmung die markantesten Konturen an: *Neil MacCormick* bemängelte

> „*that Scottish society is at present a sick society because it lacks a democratic political centre, specifically responsible to the Scottish electorate for tackling Scottish problems and determining Scottish priorities.*"[122]

Und *Lord Kilbrandon* kritisierte:

> „*It would be hard throughout the familiar world to find a parallel for a country which had its own judicature and legal system, its own executive and administration, but no legislature, its laws being made within another and technically foreign jurisdiction, by an assembly in which it had only a small minority of members, but to which its executive was democratically responsible.*"[123]

Der Gedanke einer undemokratischen Fremdbestimmung Schottlands und Wales' setzt indessen ein Demokratieverständnis voraus, das aus der gesamtbritischen Bevölkerung zumindest die schottische und walisische Wählerschaft als eigenständige Legitimationssubjekte auf der Grundlage ihrer autonomen nationalen Identität herauszulösen bereit ist. Ein solches Verständnis tritt deutlich in der zunehmenden Berufung auf eine schottische Volkssouveränität zutage[124] und erstarkt auch in Wales zu dem Bewußtsein einer selbstän-

---

120 Vgl. allgemein zur Fremdbestimmung als Beeinträchtigung des demokratischen Prinzips *Kisker, Gunter*, Kooperation im Bundesstaat, S. 117 ff.
121 Vgl. *Himsworth, Chris M. G./Munro, Colin R.*, The Scotland Act 1998 – Greens Annotated Acts, 2. Auflage, Edinburgh 2000, S. xi; *Rawlings*, The Shock of the New, S. 74 f.
122 *MacCormick, Neil*, Independence and Constitutional Change, in: ders. (Hrsg.), The Scottish Debate, Oxford 1970, S. 52, 52.
123 *Lord Kilbrandon*, A Background to Constitutional Reform, Presidential Address to Holdsworth Club, University of Birmingham 1975, S. 19, zitiert bei *Bogdanor*, Devolution in the UK, S. 117.
124 Siehe insbesondere *Scottish Constitutional Convention*, A Claim of Right for Scotland, Edinburgh 1989: „We, gathered as the Scottish Constitutional Convention, do hereby acknowledge the sovereign right of the Scottish people to determine the form of Government suited to their needs"; *Scottish Constitutional Convention*, Scotland's Par-

digen demokratischen Identität auf regionaler Ebene.[125] Indessen steht diese Sichtweise in einem diametralen Gegensatz zur vorherrschenden britischen Verfassungsorthodoxie, deren Verständnis einer ‚unitary, self-correcting democracy' unter dem konstitutionellen Leitdogma der Suprematie der Crown in Parliament nur das Gesamtvolk des Vereinigten Königreichs als demokratisches Legitimationssubjekt kennt.[126] In diesem Spannungsfeld zwischen der unitarisch-monistischen Demokratietheorie der traditionellen Verfassungslehre und dem individualistischen oder zumindest regional gegliederten Demokratieverständnis der Regionalisierungsbestrebungen bewegen sich auch die Devolutionsreformen der Labour-Regierung unter Premierminister *Tony Blair*. Auf der einen Seite betonen die Regierungserklärungen, die einschlägigen White Paper sowie schließlich die Devolutionsgesetze die fortdauernde Geltung des ‚unitarischen' Verfassungsdogmas der Parlamentssuprematie; die regionalen Regierungsstrukturen bleiben nach streng rechtlicher Betrachtung Adressaten einer jederzeit widerrufbaren Delegation staatlicher Macht durch die Crown in Parliament und beziehen ihre institutionelle demokratische Legitimation somit zu jedem Zeitpunkt aus einer unitarisch-monistischen Demokratiestruktur. Auf der anderen Seite werden die Devolutionsreformen in Wissenschaft und Politik einhellig als bewußte Antwort auf die wahrgenommenen Demokratiedefizite in der bisherigen Regierung Schottlands und Wales' verstanden.[127] Diese verfassungspolitische Zielsetzung geht beispielsweise deutlich aus dem White Paper zur schottischen Devolution hervor, welches die Regionalisierung als integralen Bestandteil eines Verfassungsreformprogramms deutet, dessen allgemeines Ziel es sein soll, „to make government more accessible, open and accountable".[128] In dieser meta-konsti-

---

liament. Scotland's Right, Edinburgh 1995. Vgl. dazu *Bogdanor*, Devolution in the UK, S. 289 f.; *MacCormick, Neil*, Questioning Sovereignty, Oxford 1999, S. 59 ff.; *ders.*, Sovereignty or Subsidiarity? Some Comments on Scottish Devolution, in: Tomkins, Adam (Hrsg.), Devolution and the British Constitution, London 1998, S. 1, 9 f.; *Mey, Marcus*, Regionalismus in Großbritannien – kulturwissenschaftlich betrachtet, Berlin 2003, S. 122 ff.

125 Vgl. *Kay, Adrian*, Evaluating Devolution in Wales, PolStud 51 (2003), S. 51, 59 f.; *Rawlings*, New Model Wales, S. 497; *ders.*, The Shock of the New, S. 70; *Dummett, Ann*, Citizenship and National Identity, in: Hazell, Robert (Hrsg.), Constitutional Futures – A History of the Next Ten Years, Oxford 1999, S. 213, 215 ff.

126 Vgl. dazu *Craig, Paul P.*, Dicey: Unitary, Self-Correcting Democracy and Public Law, LQR 106 (1990), S. 105, 105 ff.; *ders.*, Public Law and Democracy in the United Kingdom and the United States of America, Oxford 1990, S. 12 ff.

127 Vgl. *Oliver*, Constitutional Reform in the UK, S. 244; *Bogdanor*, Devolution in the UK, S. 118; *Tomkins*, Devolution: A Constitutional Imperative?, S. 95; *Leyland, Peter*, Devolution, the British Constitution and the Distribution of Power, NILQ 53 (2002), S. 408, 409 f.; *Rawlings*, The Shock of the New, S. 74 f.; *Roddick, Winston*, Devolution – The United Kingdom and the New Wales, Suffolk Transnat'l L Rev 23 (1999/2000), S. 477, 480 f.; *Morgan, Kevin*, The English Question: Regional Perspectives on a Fractured Nation, RegStud 36 (2002), S. 797, 804.

128 White Paper: Scotland's Parliament, para. 1.6. Die Darlegung der Kompetenzen eines schottischen Parlaments in Kapitel 2 des White Paper beginnt ebenfalls mit einer demokratiebezogenen Erklärung: „The Government are committed to creating a Scot-

tutionellen Fundierung geht mit der Schaffung regionaler Volksvertretungen und dem Gebrauch regionaler Referenda als politischen Legitimationsinstrumenten notwendigerweise auch die zumindest ansatzweise Anerkennung eines regional gegliederten Demokratieverständnisses einher, obschon die fortlebende rechtlich unbeschränkte Letztentscheidungsbefugnis der britischen Crown in Parliament das Bild einer ‚unitary, self-correcting democracy' festzuschreiben versucht.[129] Wie im deutschen Bundesstaat muß eine rein monistisch-unitarische Demokratietheorie die Regionalisierung staatlicher Macht als Widerspruch zur Verwirklichung des demokratischen Prinzips werten;[130] erst ein individualistisches Demokratieverständnis, das auch eine regionale Aufgliederung von Legitimationssubjekten zuläßt und im Vereinigten Königreich ein verfassungstheoretisches Umdenken erfordert, öffnet den Blick für die demokratiefördernde Dimension der Regionalisierung.[131] Auf dieser gegenüber der britischen Verfassungsorthodoxie modifizierten demokratietheoretischen Grundlage können die Devolutionsreformen für Schottland, Nordirland und Wales als wirkungsvolle Maßnahmen zur Stärkung der demokratischen Legitimation der britischen Regierungsstrukturen beurteilt werden. Die demokratiefördernde Dimension der Regionalisierung erschließt sich bereits konzeptionell aus dem Übergang von administrativer zu exekutiver Devolution für Wales, durch den eine partielle Sonderverwaltung eines Landesteils innerhalb der zentralstaatlichen Exekutive in die Hände einer regional direkt gewählten Volksvertretung übertragen wird. Die legislative Devolution für Schottland und Nordirland geht in ihrer demokratiestärkenden Wirkung nochmals einen deutlichen Schritt weiter, da sie nicht nur Kompetenzen der territorialen Secretaries of State regionalen Regierungsstrukturen mit unmittelbarer demokratischer Legitimation überantwortet, sondern hinsichtlich einer Vielzahl von Politikfeldern auch die zum Teil als Fremdherrschaft empfundenen Gesetzgebungsbefugnisse Westminsters an regionale Legislativorgane mit eigenständiger demokratischer Rückbindung an die schottische und nordirische Wählerschaft delegiert. Die zentralstaatliche, unitarisch-demokratische Ebene bleibt für Wales die alleinige Primärlegislative, nimmt für Schottland und Nordirland diese Stellung in erster Linie hinsichtlich vorbehaltener Sachmaterien ein, fungiert in diesen Territorien aufgrund der rechtlich unbeschränkten Suprematie des britischen Parlaments aber auch als Reservelegislative in übertragenen Politikfeldern. Diese Reservefunktion Westminsters überschattet nicht die beabsichtigte Stärkung der

---

tish Parliament which will extend democratic control over the widespread responsibilities currently exercised by The Scottish Office and other Scottish Departments.... What is required is a more effective democratic framework." (para. 2.1).

129 Vgl. auch *Kaiser*, Europäisierung oder Modernisierung?, S. 554 ff.; *Armstrong, Kenneth A.*, United Kingdom – Divided on Sovereignty?, in: Walker, Neil (Hrsg.), Sovereignty in Transition, Oxford 2003, S. 327, 347 f.

130 In dieser Tradition stehend bewertet *King*, Does the United Kingdom Still Have a Constitution?, S. 96 f., die Regionalisierung des Vereinigten Königreichs als problematische Diffusion politischer Verantwortlichkeit.

131 Vgl. *Nettesheim*, Demokratie durch Föderalismus, S. 33 ff.

Demokratie in den britischen Regierungsstrukturen durch die Einrichtung regionaler Demokratiestrukturen in Schottland und – in Zeiten der Operation des Northern Ireland Assembly – Nordirland, soweit die Anerkennung einer ‚echten' Gesetzgebungskonkurrenz zwischen der zentralstaatlichen und regionalen Legislativebene und Verfassungskonventionalregeln – wie etwa die Sewel Convention – den Schutz der regionalen demokratischen Ebene gewährleisten. Die Sewel Convention verpflichtet die zentralstaatliche Legislative für die Rechtsetzung in übertragenen Angelegenheiten zur Einholung eines regionalen demokratischen Mandats. Über die Institutionalisierung einer regionalen demokratischen Rückbindung territorialer Sonderverwaltung und – im Falle Schottlands und Nordirlands – auch Sondergesetzgebung hinaus fördern die Devolutionsreformen die gesamtstaatliche Demokratie im Vereinigten Königreich auch durch die gesetzgeberische Entscheidung für eine reine Verhältniswahl zum Northern Ireland Assembly und für eine Variante der personalisierten Verhältniswahl zum Scottish Parliament und zum National Assembly for Wales.[132] Diese Wahlsysteme begünstigen im Vergleich zum Mehrheitswahlrecht des britischen House of Commons kleinere politische Parteien und legen zusammen mit weitreichenden Konsultationsverpflichtungen der regionalen Regierungsstrukturen das Fundament für ein pluralistischeres Demokratieverständnis im Vereinigten Königreich; sie gewährleisten eine verstärkte Korrelation zwischen dem Wählerentscheid und der konkreten Sitzverteilung in den Volksvertretungen und damit eine verbesserte inhaltliche Entsprechung staatlicher Entscheidungen mit dem politischen Willen des Wahlvolkes und setzen schließlich mit der gesteigerten Notwendigkeit von Koalitionsformierungen einen institutionellen Rahmen für einen insgesamt konsensorientierteren und integrativeren parlamentarischen Politikstil.[133] Inwiefern die Devolution politischen Minderheiten des Gesamtstaates Schutz und gesteigerte Entfaltungs- sowie Bewährungsmöglichkeiten bietet, bleibt insbesondere aufgrund der seit 1997 kontinuierlichen Dominanz Labours sowohl im House of Commons wie auch in der schottischen und der walisischen Volksvertretung abzuwarten.[134] Auch ohne regionale Regierungsbeteiligung hat sich aber der Einfluß der nationalistischen Parteien Schottlands und Wales' bereits dadurch verstärkt, daß sie auf regionaler Ebene – anders als im britischen Unterhaus – bedeutsame politische Kräfte darstellen. Jedoch enthalten die Devolutionsreformen auch demokratiegefährdende Dimensionen, deren Identifizierung die zukünftige Fortentwicklung der britischen Regionalisierung beeinflussen sollte. Zunächst schafft die Asymmetrie der britischen Devolution demokratietheoretische Schwierigkeiten auf zen-

---

132 Siehe zum regionalen Wahlrecht supra Kapitel 5 § 1 B. I.
133 Vgl. *Hazell*, The New Constitutional Settlement, S. 238f.; *Laffin*, Constitutional Design, S. 537f. Vgl. auch *Jeffery*, Britische Devolution und deutscher Föderalismus, S. 132f.
134 Zu den möglichen Auswirkungen der Devolutionsreformen auf die britische Parteienlandschaft vgl. *Mitchell, Jeremy/Seyd, Ben*, Fragmentation in the Party and Political Systems, in: Hazell, Robert (Hrsg.), Constitutional Futures – A History of the Next Ten Years, Oxford 1999, S. 86, 88ff.

tralstaatlicher Ebene, die üblicherweise unter dem Begriff der ‚West Lothian Question' geführt werden.[135] Die zumindest vorläufige Ausnahme Englands aus den Devolutionsreformen führt zu dem aus Sicht des demokratischen Prinzips bedenklichen Umstand, daß schottische Unterhausmitglieder in solchen Politikfeldern mitentscheiden und gelegentlich sogar das sprichwörtliche ‚Zünglein an der Waage' spielen können, für die in Schottland ein regionales Parlament Verantwortung trägt, in dem keine englischen Abgeordneten vertreten sind. Auf diese Weise erlebt der Gedanke einer undemokratischen Fremdherrschaft einen vollständigen Richtungswechsel und liegt nun einer englischen Systemkritik zugrunde, die jedoch ebenso wie ihre schottischen und walisischen Vorgänger ein regional gegliedertes Demokratieverständnis voraussetzt und damit in Widerspruch zur monistisch-unitarischen Verfassungsorthodoxie tritt. Auch die amtierende Labour-Regierung mußte sich trotz ihrer überragenden Mehrheit im britischen Unterhaus schon in rein englischen Angelegenheiten auf ihre schottischen Abgeordneten stützen und war darin der scharfen demokratiebezogenen Rüge von Seiten der konservativen Opposition ausgesetzt.[136] Aus demokratietheoretischer Sicht böte sowohl die schrittweise Uniformisierung der britischen Regionalstrukturen nach schottischem Vorbild als auch die sogenannte ‚in and out'-Lösung Auswege aus dieser staatsorganisatorischen Legitimationsschwäche. Letztere bereitet aber mit ihrer internen institutionellen Spaltung des britischen Unterhauses in eine Unions- und eine Regionallegislative neue gewichtige verfassungsstrukturelle Schwierigkeiten, während die nunmehr beschlossene Reduktion der Zahl schottischer Abgeordneter im House of Commons sich lediglich als pragmatische, graduelle Relativierung, nicht aber als Lösung der ‚West Lothian Question' darstellt. Die Devolutionsreformen im Vereinigten Königreich bergen zudem weitere Gefahren für die demokratischen Fundamente des britischen Regierungssystems, die auch im unitarisch-kooperativen Föderalismus der Bundesrepublik Deutschland zutage treten. Obwohl die in kompetenzieller Hinsicht vergleichsweise separative Ausgestaltung der schottischen und nordirischen Devolution bereits in ihrer Grundkonzeption keine dem deutschen Bundesstaat mit seinen starken Mitwirkungspositionen der Landesregierungen in der zentralstaatlichen Legislative vergleichbare Exekutivlastigkeit aufzuweisen geeignet ist,[137] kann doch das sich stetig verdichtende intergouvernementale Kooperationsgeflecht zwischen der zentralstaatlichen Regierung und den regionalen Exekutiven auch im Vereinigten Königreich eine schleichende Entparlamentarisierung politischer Entscheidungsprozesse bewirken. Die auf primär informellen und für Bürger und Abgeordnete zunehmend

---

135 Zur ‚West Lothian Question' siehe supra Kapitel 5 § 1 B. III. 3.
136 Vgl. *Lodge, Guy,* Nations and Regions: The Dynamics of Devolution – Monitoring Report Devolution and the Centre September 2003, S. 23 ff.; *ders.,* Nations and Regions: The Dynamics of Devolution – Monitoring Report Devolution and the Centre November 2003, S. 6 ff.; *ders.,* Nations and Regions: The Dynamics of Devolution – Monitoring Report Devolution and the Centre February 2004, para. 1.4.
137 *Jeffery, Charlie,* Multi-Layer Democracy in Germany: Insights for Scottish Devolution, London 1998, S. 5.

## Kapitel 7: Verfassungsdogmatische, -vergleichende und politische Würdigung

intransparenten Kontakten und Absprachen beruhende Koordination von Regierungshandeln, einschließlich der ohne parlamentarische Beteiligung abgeschlossenen Konkordate, verdrängt die unmittelbar demokratisch legitimierten Parlamente aus dem Zentrum politischer Gestaltung.[138] Dabei betonen die Konkordate den Grundsatz der Vertraulichkeit intergouvernementaler Verhandlungen. Die in einem parlamentarischen Regierungssystem ohnehin schwierige Kontrolle von Exekutivhandeln durch die Volksvertretungen wird zusätzlich geschwächt, und letztere drohen zu bloßen Ratifikationsinstanzen für intergouvernemental ausgehandelte Politikkompromisse zu verkümmern; diese Gefahr wiegt aus Sicht der regionalen Volksvertretungen nochmals schwerer, wenn das reale Kräfteverhältnis zwischen der britischen Regierung und den regionalen Exekutiven berücksichtigt wird.[139] Des weiteren enthalten die britischen Devolutionsstrukturen ein nicht unerhebliches Potential zur Verschleierung und Diffusion demokratischer Verantwortlichkeit: So teilen sich im Falle der mit Zustimmung des schottischen Parlaments verabschiedeten zentralstaatlichen Gesetzgebung für Schottland in übertragenen Sachmaterien zwei Demokratieebenen die politische Verantwortung für eine staatliche Maßnahme, und verschwimmt die demokratische Rückbindung der Rechtsetzung für Wales in der ungeregelten inhaltlichen Trennung von Primär- und Sekundärgesetzgebung sowie den undurchschaubaren, weil weitgehend informellen Strömen politischen Einflusses aus Whitehall und Cardiff Bay auf Wales-spezifische Gesetze und Gesetzesklauseln.[140] Auch die Gesamtkomplexität der Aufgabenverteilung in der regionalisierten Staatsordnung des Vereinigten Königreichs kann als materielle Schwächung ihrer demokratischen Legitimation gewertet werden.[141] Schließlich enthält auch die Finanzordnung der Devolution erhebliche Gefahren für die demokratische Grundorientierung des britischen Staatswesens. Durch die Barnett-Formel wird der konkrete Umfang der jährlichen Blockzuweisungen an die regionalen Regierungsstrukturen auch von englischen – und damit aus der Sicht der Devolutionsregionen fremden – Prioritätensetzungen abhängig gemacht. Wie im deutschen Bundesstaat bedroht zudem auch im britischen Regionalisierungsgefüge das Fehlen einer umfassenden Konnexität von Einnahmen-, Aufgaben- und Ausgabenverantwortung auf den verschiedenen Ebenen des Staates die wirksame demokratische Kontrolle staatlichen Handelns durch das Wahlvolk.[142]

---

138  Vgl. *Jeffery*, Durch Devolution zur Föderalstruktur?, S. 112; *Rawlings, Richard*, Concordats of the Constitution, LQR 116 (2000), S. 257, 281, 285.
139  Vgl. *Burrows*, Devolution, S. 139 ff.; *Jeffery, Charlie*, The Decentralisation Debate in the UK: Role-Modell Deutschland?, Scottish Affairs 19 (Frühling 1997), S. 42, 44 f.
140  Vgl. *Kay*, Evaluating Devolution in Wales, S. 62.
141  Vgl. *Jeffery*, Durch Devolution zur Föderalstruktur?, S. 112; *King*, Does the United Kingdom Still Have a Constitution?, S. 96 f.
142  Vgl. *Leyland*, Devolution, the British Constitution and the Distribution of Power, S. 432 f.; *McEldowney, John*, The Control of Public Expenditure, in: Jowell, Jeffrey/Oliver, Dawn (Hrsg.), The Changing Constitution, 5. Auflage, Oxford 2004, S. 375, 391 f.

Sowohl die deutsche Bundesstaatlichkeit als auch die britische Devolution zeitigen somit sowohl wichtige demokratiefördernde als auch beachtliche demokratiegefährdende Wirkungen. Die enge verfassungspolitische Verknüpfung von Regionalisierung und Demokratie in beiden Regierungssystemen mahnt zur Weiterentwicklung des deutschen Bundesstaates wie auch der britischen Devolutionsstrukturen mit betont demokratiestärkender Zielrichtung.

## D. Verstärkung der Gewaltenteilung

Des weiteren können die Aufteilung von Hoheitsgewalt zwischen einer zentralstaatlichen und einer regionalen Ebene der Staatsorganisation sowie die Begründung gegenseitiger Einwirkungspositionen als zusätzliche Dimension der Gewaltenteilung und -hemmung zur Vermeidung freiheitsgefährdender monistischer Machtkonzentration im Gesamtstaat beitragen.[143] Die regionale Dezentralisierung eines Staatswesens ist daher grundsätzlich geeignet, die rechtsstaatlichen Fundamente des Verfassungsstaates in grundlegender Weise zu stärken.

Seitdem die historische Legitimation des deutschen Bundesstaats aus regionaler ethnischer und landsmannschaftlicher Vielfalt unter dem Einfluß einer steigenden Bevölkerungsmobilität und der wachsenden Erwartung und Verwirklichung einheitlicher Lebensverhältnisse im gesamten Bundesgebiet zunehmend als überholt angesehen wird, drängt sich neben dem demokratischen Prinzip auch der rechtsstaatliche Gedanke einer verstärkten Gewaltenteilung und -hemmung in das Zentrum der verfassungspolitischen Diskurses über die deutsche Bundesstaatlichkeit. Ihre gewaltenteilende Wirkung wird daher heute vorherrschend als ein zentrales, gelegentlich sogar als das zentrale Argument für die föderative Gliederung der deutschen Staatsorganisation vorgetragen.[144] Die herausragende Bedeutung der Bundesstaatlichkeit als

---

143 Siehe supra Kapitel 4 § 3 D. Vgl. *Esterbauer*, Der europäische Regionalismus, S. 329; *ders.*, Grundzüge der Formen und Funktionen regionaler Gliederung, S. 53; *Häberle*, Regionalismus als werdendes Strukturprinzip, S. 30; *Zariski, Raphael/Rousseau, Mark O.*, National Power and Local Governance: Problems and Perspectives, in: Rousseau, Mark O./Zariski, Raphael, Regionalism and Regional Devolution in Comparative Perspective, New York 1987, S. 1, 19; *Voß*, Regionen und Regionalismus, S. 84. Im Zusammenhang mit dem Bundesstaat vgl. *Hesse*, Grundzüge des Verfassungsrechts, Rz. 231 f.; *ders.*, Der unitarische Bundesstaat, S. 27 ff.; *Schambeck, Herbert*, Föderalismus und Gewaltenteilung, in: Leibholz, Gerhard/Faller, Hans Joachim/Mikat, Paul/Reis, Hans (Hrsg.), Menschenwürde und freiheitliche Rechtsordnung, Festschrift für Willi Geiger zum 65. Geburtstag, Tübingen 1974, S. 644, 661 ff.; *Howard, A. E. Dick*, The Values of Federalism, NewEurLRev 1993, S. 143, 145 f.; *Bothe*, Föderalismus und regionale Autonomie, S. 146.
144 *Hesse*, Der unitarische Bundesstaat, S. 26 ff.; *ders.*, Grundzüge des Verfassungsrechts, Rz. 229 ff.; *Weber*, Spannungen und Kräfte, S. 294 f.; *Geiger, Willi*, Mißverständnisse um den Föderalismus, Berlin 1962, S. 31; *Kimminich*, Der Bundesstaat, Rz. 43 ff.;

## Kapitel 7: Verfassungsdogmatische, -vergleichende und politische Würdigung

gewaltenteilendes Strukturmerkmal der deutschen Verfassungsordnung erklärt sich vor allem daraus, daß sich insbesondere bezüglich des Verhältnisses zwischen der legislativen und der exekutiven Staatsgewalt die klassische horizontale Gewaltenteilungslehre im parteienstaatlich organisierten parlamentarischen Regierungssystem des Grundgesetzes als nur sehr begrenzt wirkungsvoll erwiesen hat:[145] Der Bundestag und seine gesetzgeberischen Tätigkeiten werden in einem erheblichen Maße von der Bundesregierung mit ihren überlegenen personellen und sachlichen Ressourcen und der sie stützenden Parlamentsmehrheit dominiert; eine Kontrolle der Exekutive im Sinne der Gewaltenhemmung erfolgt strenggenommen nur noch durch die oppositionelle Bundestagsminderheit.[146] Die dadurch entstehenden Kontrolldefizite sollen durch die föderative Gliederung der Staatsorganisation ausgeglichen werden. Die gewaltenteilende Wirkung der Bundesstaatlichkeit ereignet sich dabei in verschiedenen Dimensionen. Zunächst führt die Aufteilung von Legislativ-, Exekutiv- und Judikativkompetenzen zwischen der zentralstaatlichen und der regionalen Ebene zu einer vertikalen Gewaltentrennung, während die gegenseitigen Einwirkungsbefugnisse von Bund und Ländern sowie die Verschränkungen der regionalen und der zentralstaatlichen Handlungssphären ein System der Gewaltenhemmung installieren. Die dadurch entstehende vertikale Machtbalancierung wird jedoch im unitarischen Bundesstaat des Grundgesetzes durch das markante Übergewicht des Bundes auf dem Gebiet der Gesetzgebung und die kompetenzielle Zurückdrängung der Länder auf den Bereich des Gesetzesvollzugs gefährdet. Zwar zeigt sich die föderative Gewaltenteilung zwischen Bund und Ländern in dieser funktionsorientierten Ausdifferenzierung der vertikalen Aufgabenverteilung als Reinkarnation der klassischen Gewaltenteilungslehre, welche die Staatsgewalten der Gesetzgebung und der Verwaltung auf verschiedene Funktionsträger zu

---

*Bethge*, Bundesstaat, Sp. 994; *Stern*, Staatsrecht I, S. 658 f.; *Herzog*, Art. 20 GG IV., in: Maunz/Dürig, Rz. 74 ff.; *Maunz/Zippelius*, Deutsches Staatsrecht, S. 113 f.; *Schenke*, Föderalismus als Form der Gewaltenteilung, S. 698; *Vogel*, Die bundesstaatliche Ordnung, Rz. 17; *Ossenbühl*, Föderalismus und Regionalismus in Europa, S. 161; *Katz*, Staatsrecht, Rz. 257; *Bauer, Hartmut*, Art. 20 GG (Bundesstaat), in: Dreier, Rz. 17; *Isensee*, Idee und Gestalt des Föderalismus, Rz. 241, 303; *Kisker*, Grundlagen der bundesstaatlichen Ordnung, S. 24, 30 f.; BVerfGE 12, 205, 229. Kritisch zur Lehre von der föderativen Gewaltenteilung *Lerche*, Föderalismus als nationales Ordnungsprinzip, S. 80 ff.; *Scheuner*, Struktur und Aufgabe des Bundesstaates, S. 645 ff.

145 *Herzog*, Stellung des Bundesrates im demokratischen Bundesstaat, Rz. 42; ders., Art. 20 GG IV., in: Maunz/Dürig, Rz. 74; *Schenke*, Föderalismus als Form der Gewaltenteilung, S. 698; *Kimminich*, Der Bundesstaat, Rz. 45; *Hesse*, Der unitarische Bundesstaat, S. 27; *Weber*, Spannungen und Kräfte, S. 294; *Maurer*, Staatsrecht I, § 10, Rz. 75. Zur allgemeinen Gewaltenteilung in der deutschen Staatsorganisation siehe supra Kapitel 2 § 2 C. V.

146 Vgl. *Herzog, Roman*, Art. 20 GG V. (Die Verfassungsentscheidung für die Gewaltenteilung), in: Maunz/Dürig, Rz. 49 ff., 55; *Schmidt-Aßmann, Eberhard*, Der Rechtsstaat, in: Isensee, Josef/Kirchhof, Paul (Hrsg.), Handbuch des Staatsrechts der Bundesrepublik Deutschland, Band II, 3. Auflage, Heidelberg 2004, § 26, Rz. 67; *Ossenbühl, Fritz*, Aktuelle Probleme der Gewaltenteilung, DÖV 1980, S. 545, 546 f.; *Wank, Rolf*, Gewaltenteilung – Theorie und Praxis in der Bundesrepublik Deutschland, Jura 1991, S. 622, 626.

Teil 3: Ergebnisse und Bewertung

verteilen sucht;[147] jedoch erscheint zweifelhaft, ob die durch die stetige Verkürzung eigenständiger politischer Leitungsfunktionen auf Landesebene bewirkte Beeinträchtigung der Machtbalance zwischen Bund und Ländern in dieser Erkenntnis einen angemessenen Ausgleich erfährt.[148] Des weiteren konstituiert der deutsche Bundesstaat auf der Ebene der Länder eine Form der horizontalen Gewaltenteilung durch die Streuung staatlicher Macht auf voneinander unabhängige regionale Regierungsstrukturen.[149] Auch diese auf die Autonomie von – und die Konkurrenz zwischen – einzelnen Gliedstaaten abzielende Gewaltenteilungsidee verliert aber durch den fortschreitenden Kompetenzverlust der Länder auf dem besonders bedeutsamen Gebiet der Gesetzgebung erheblich an Bedeutung; zudem wird sie durch die intensive kooperative Koordination zwischen den Ländern mit ihren nivellierenden Auswirkungen zunehmend marginalisiert. Dabei schwächt der Einfluß des Bundes auf das Kooperationsgeflecht zwischen den Ländern zusätzlich die vertikale Dimension föderativer Gewaltenteilung, und gefährdet die Länderkooperation zudem die horizontale Gewaltenteilung innerhalb der Länder, da sie den politischen Kompromiß zwischen verschiedenen Parteien in paralleler Regierungsverantwortung zum Leitgedanken der Landespolitik erhebt und damit die Fähigkeiten der Landtagsoppositionen zur Kontrolle und Kritik deutlich reduziert.[150] Die spürbaren Schwächen der föderativen Gewaltenteilung in ihrer vertikalen Dimension zwischen Bund und Ländern und ihrer horizontalen Ausprägung zwischen den Gliedstaaten haben dazu geführt, daß die im deutschen Bundesstaat konstituierte horizontale Gewaltenteilung auf Bundesebene in Gestalt der Aufgabenverteilung und -verschränkung zwischen Bundestag und Bundesregierung einerseits und Bundesrat andererseits insgesamt als wohl wichtigste gewaltenteilende Dimension der deutschen Bundesstaatlichkeit wahrgenommen wird.[151] Diese horizontal gewaltenteilende Funktion äußert sich dabei vor allem auf dem Gebiet der zentralstaatlichen Gesetzgebung, auf welche der mit Vertretern der Landesexekutiven besetzte Bundesrat – insbesondere aufgrund der stetigen verfassungsändernden Erweiterung sowie der extensiven Auslegung von Zustimmungsvorbehalten zu seinen Gunsten – maßgeblichen Einfluß übt. Während die Zusammensetzung des Bundesrates aus Landesdelegierten die Bundesratsbeteiligung an

---

147 *Schenke*, Föderalismus als Form der Gewaltenteilung, S. 700.
148 In diesem Sinne auch *Schodder, Thomas F. W.*, Föderative Gewaltenteilung in der Bundesrepublik Deutschland, Frankfurt a.M. (u. a.) 1989, S. 27 ff., 118 ff. Für eine positivere Beurteilung der Machtbalancierung zwischen Bund und Ländern vgl. *Herzog*, Art. 20 GG IV., in: Maunz/Dürig, Rz. 77.
149 Vgl. zur horizontalen Gewaltenteilung auf Länderebene *Schenke*, Föderalismus als Form der Gewaltenteilung, S. 700 f.
150 Vgl. auch *Schodder*, Föderative Gewaltenteilung, S. 189 ff.
151 Vgl. *Hesse*, Der unitarische Bundesstaat, S. 27 ff.; *ders.*, Grundzüge des Verfassungsrechts, Rz. 232; *Herzog*, Art. 20 GG IV., in: Maunz/Dürig, Rz. 78 ff.; *ders.*, Stellung des Bundesrates im demokratischen Bundesstaat, Rz. 42; *Stern*, Staatsrecht I, S. 658; *Schenke*, Föderalismus als Form der Gewaltenteilung, S. 701 f.; *Schodder*, Föderative Gewaltenteilung, S. 120 ff.; *Maunz/Zippelius*, Deutsches Staatsrecht, S. 114.

## Kapitel 7: Verfassungsdogmatische, -vergleichende und politische Würdigung

der zentralstaatlichen Willensbildung als staatsorganisatorische Verschränkung von Bundes- und Länderinteressen kennzeichnet und die Entsendung der Bundesratsmitglieder durch die Landesexekutiven der Bundesgesetzgebung einen positiv zu bewertenden Dualismus zwischen gesetzgeberisch-politischen und gubernativ-bürokratischen Belangen implantiert,[152] eröffnet die Zulässigkeit von parteipolitisch motivierten Entscheidungen im Bundesrat[153] auch einen weiteren horizontal gewaltenteilenden Aspekt der Bundesstaatlichkeit in der Gestalt möglicher parteipolitischer Gegensätze.[154] Bei gleicher parteipolitischer Gesinnung der Bundestags- und der Bundesratsmehrheit bietet das föderative Gesetzgebungsorgan ein Forum sowohl der politischen Auseinandersetzung zwischen Regierungs- und Oppositionsparteien als auch der Bereicherung der Bundesgesetzgebung durch spezifische Länderinteressen und Verwaltungssachverstand; in Zeiten unterschiedlicher parteipolitischen Majoritäten in Bundestag und Bundesrat fungiert der Bundesrat darüber hinaus auch als gewaltenhemmende Institution zur Beteiligung der Bundestagsopposition an der politischen Leitung des Zentralstaats mit zusätzlichen nachteiligen Auswirkungen für den natürlichen gewaltenteilenden Antagonismus zwischen Regierung und Bundestagsminderheit.[155] Durch den realen Trend zum parteipolitischen Auseinanderdriften von Bundestags- und Bundesratsmehrheiten[156] ergibt sich insgesamt eine deutliche Tendenz zu einer materiellen Allparteienregierung,[157] die auch in der kooperativen Vernetzung von Bund und Ländern zutage tritt.[158] In der Zusammenschau der vertikalen und der zentralstaatlichen horizontalen Gewaltenteilungsdimension deutscher Bundesstaatlichkeit führen daher vor allem die Machtkonzentration beim

---

152 Vgl. *Herzog*, Art. 20 GG IV., in: Maunz/Dürig, Rz. 80 f.; *ders.*, Stellung des Bundesrates im demokratischen Bundesstaat, Rz. 44 f.; *Hesse*, Grundzüge des Verfassungsrechts, Rz. 232; *Schenke*, Föderalismus als Form der Gewaltenteilung, S. 702; *Schodder*, Föderative Gewaltenteilung, S. 132 ff.
153 Siehe supra Fn. 110 mit Text.
154 *Schenke*, Föderalismus als Form der Gewaltenteilung, S. 701; *Schodder*, Föderative Gewaltenteilung, S. 136 ff.; *Klein*, Der Bundesrat im Regierungssystem, S. 308 f.; *Herzog*, Stellung des Bundesrates im demokratischen Bundesstaat, Rz. 42.
155 Vgl. *Schenke*, Föderalismus als Form der Gewaltenteilung, S. 701; *Dolzer, Rudolf*, Das parlamentarische Regierungssystem und der Bundesrat – Entwicklungsstand und Reformbedarf, in: Vereinigung der deutschen Staatsrechtslehrer (Hrsg.), Veröffentlichungen der Vereinigung der deutschen Staatsrechtslehrer: Das parlamentarische Regierungssystem und der Bundesrat – Entwicklungsstand und Reformbedarf (Heft 58, 1998), Berlin/New York 1999, S. 7, 22.
156 Vgl. dazu *Klein*, Der Bundesrat im Regierungssystem, S. 298 ff.; *Detterbeck, Klaus/Renzsch, Wolfgang*, Politischer Wettbewerb im deutschen Föderalismus, in: Europäisches Zentrum für Föderalismus-Forschung Tübingen (Hrsg.), Jahrbuch des Föderalismus 2002 (Band 3): Föderalismus, Subsidiarität und Regionen in Europa, Baden-Baden 2002, S. 69, 71 ff.
157 *Böckenförde*, Sozialer Bundesstaat, S. 191; *Schenke*, Föderalismus als Form der Gewaltenteilung, S. 701; *Dolzer*, Das parlamentarische Regierungssystem und der Bundesrat, S. 24; *von Arnim*, Vom schönen Schein der Demokratie, S. 135.
158 Vgl. *Kisker, Gunter*, Kooperation zwischen Bund und Ländern in der Bundesrepublik, DÖV 1977, S. 689, 692; *ders.*, Grundlagen der bundesstaatlichen Ordnung, S. 32 f.

Bund gegenüber den Ländern und die Stärkung des exekutiv besetzten Bundesrates in der zentralstaatlichen Gesetzgebung

> „zu einer neuen Art der Gewaltenfusion sowohl von Bund und Ländern als auch von Exekutive und Legislative"[159].

Obgleich im Trend zu einer Allparteienregierung der in der klassischen Gewaltenteilungslehre wurzelnde Gedanke der Beteiligung der wesentlichen politisch-sozialen Gruppen des Staatswesens an der Ausübung von Hoheitsmacht liegen mag[160] und obwohl die parteipolitische Komponente der Bundesratsarbeit keine gefährlich dominanten Ausmaße angenommen hat[161], zeigt der unitarisch-kooperative Föderalismus der Bundesrepublik somit insgesamt eine zu schwache Ausprägung des gewaltenteilenden Trennungsgedankens und eine entsprechende Überbetonung der gegenseitigen Gewaltenhemmung und der breiten Beteiligung verschiedener Funktionsträger an staatlichen Entscheidungsprozessen. Damit entsteht die erhebliche Gefahr von – bestenfalls – Regierungshandeln auf der Basis des ‚kleinsten gemeinsamen Nenners' und – schlimmstenfalls – gänzlichen Politikblockaden.[162] Zweifellos entfaltet die Bundesstaatlichkeit als eines der tragenden Strukturprinzipien deutscher Staatsorganisation durch die Trennung und Verschränkung von Staatsmacht gewaltenteilende Wirkung und trägt damit maßgeblich zur Verhinderung von freiheitsgefährdender Machtkonzentration bei. Jedoch bedarf der rechtsstaatliche Grundgedanke der freiheitsschützenden Machtmäßigung in der konkreten Ausgestaltung des föderativen Gewaltenteilungsgrundsatzes der Abwägung mit den Erfordernissen der Steuerungsfähigkeit des politischen Systems. Daher kann auch die zutreffende Wiedererkennung des in der klassischen Gewaltenteilungslehre enthaltenen Gedankens der breiten Teilhabe verschiedener politisch-sozialer Kräfte an staatlicher Lenkung im unitarisch-kooperativen Allparteienbundesstaat Deutschland diesen nicht vor der Kritik bewahren, daß sein Streben nach gewaltenteilender Machtmäßigung die Steuerungsfähigkeit der deutschen Demokratie über Gebühr bedroht.[163] Eine Wiederbelebung des Trennungsgedankens in allen drei Dimensionen der föderativen Gewaltenteilung, insbesondere durch die Herabzonung von Gesetzgebungszuständigkeiten auf die Ebene der Bundesländer, die schrittweise Entflechtung der intergouvernementalen Kooperationsstrukturen sowie die Verkürzung der Beteiligungsrechte des Bundesrates in der zentralstaatlichen Gesetzgebung, könnte den gewaltenteilenden Wirkungen der deutschen Bundesstaatlichkeit zu einer neuen Bedeutung verhelfen.

---

159 *Dolzer*, Das parlamentarische Regierungssystem und der Bundesrat, S. 24.
160 So *Böckenförde*, Sozialer Bundesstaat, S. 188 ff.
161 *Klein*, Der Bundesrat im Regierungssystem, S. 308.
162 Vgl. *Volkmann*, Bundesstaat in der Krise?, S. 618 f.; *Grimm*, Fehler im System, S. 45 ff.; *Scholz*, Steuerungsprobleme heutiger Staatlichkeit, S. 22 ff.; *Kisker*, Grundlagen der bundesstaatlichen Ordnung, S. 33; *von Arnim*, Vom schönen Schein der Demokratie, S. 135 f.
163 Vgl. *Arndt*, Erneuerter Föderalismus, S. 31; *von Arnim*, Vom schönen Schein der Demokratie, S. 135 f.

## Kapitel 7: Verfassungsdogmatische, -vergleichende und politische Würdigung

Die Stellung des Gewaltenteilungsgedankens in der britischen Staatsorganisation[164] bildet den Gegenstand einer traditionsreichen Auseinandersetzung in der Verfassungslehre des Vereinigten Königreichs.[165] Einerseits unterscheidet auch die britische Verfassungsordnung im Grundsatz zwischen legislativen, exekutiven und judikativen Staatsfunktionen, ordnet diese Gewalten zumindest in ihrem Schwerpunkt institutionell unterscheidbaren Staatsorganen zu und trifft vor allem für die Unabhängigkeit der Judikative besondere Vorkehrungen. Andererseits begründen speziell die personellen Überschneidungen zwischen den obersten Staatsorganen, die für die Staatsform des parteienstaatlichen parlamentarischen Regierungssystems typische enge Verknüpfung von legislativer und exekutiver Staatsgewalt, die rechtlich uneingeschränkte Legislativmacht und umfassende konstitutionelle Gestaltungsbefugnis der Crown in Parliament sowie auch die entsprechende Unmöglichkeit einer gerichtlichen Kontrolle der primären Gesetzgebung gewichtige Zweifel am eigenständigen Erklärungswert der Gewaltenteilungsdoktrin für die britische Verfassungsordnung. Obgleich daher in zentralen Elementen der britischen Staatsorganisation die Leitidee einer Gewaltentrennung und -hemmung erkennbar wird und die verwaltungsrechtliche Entwicklung des Common Law – und insbesondere das der Wesentlichkeitstheorie des deutschen Verfassungsrechts ähnliche ‚principle of legality' – im Gewaltenteilungsgrundsatz eine überzeugende konstitutionelle Grundlage findet, wird das Ziel der Gewaltenteilungsdoktrin – die Verhinderung von übermäßiger Machtkonzentration in wenigen Händen zum Schutz vor Mißbrauch staatlicher Gewalt – im Vereinigten Königreich durch die legislative Omnipotenz eines im modernen Parteienstaat von der Exekutive dominierten Parlaments und durch die fortschreitende Zentralisierung staatlicher Macht insbesondere in den 80er und 90er Jahren des 20. Jahrhunderts in erheblichem Maße gefährdet. Seit den Parliament Acts von 1911 und 1949 bildet auch das House of Lords kein nachhaltig mäßigendes Gegengewicht zur Machtfülle des House of Commons, und das „parliamentary government" bedeutet aufgrund der parteipolitischen Übereinstimmung von Regierung und Unterhausmehrheit, der strengen Parteidisziplin im House of Commons sowie der überlegenen Ressourcen der Exekutive gegenüber der Volksvertretung zunehmend nicht mehr „government by parliament", sondern „government through Parlia-

---

164 Zur Gewaltenteilung in der britischen Verfassungsordnung siehe supra Kapitel 2 § 2 C. V.
165 Vgl. dazu *Hood Phillips, Owen*, A constitutional myth: separation of powers, LQR 93 (1977), S. 11 – 13; *Jennings, Ivor*, The Law and the Constitution, 5. Auflage, London 1959, S. 7 ff.; *de Smith, Stanley/Brazier, Rodney*, Constitutional and Administrative Law, 8. Auflage, London 1998, S. 18; *Hood Phillips/Jackson/Leopold*, Constitutional and Administrative Law, Rz. 2–020 ff.; *Munro, Colin R.*, The Separation of Powers: Not Such a Myth, PL 1981, S. 19 – 24; *ders.*, Constitutional Law, S. 295 ff.; *Barendt, Eric*, Separation of Powers and Constitutional Government, PL 1995, S. 599 – 619; *ders.*, Constitutional Law, S. 34 ff.

ment".[166] Wie in Deutschland zeigt somit die horizontale Gewaltenteilung zwischen Volksvertretung und Regierung im Vereinigten Königreich deutliche Schwächen. Gegenüber der deutschen Verfassungsordnung wiegen diese im Vereinigten Königreich aufgrund des grundsätzlichen Fehlens einer judikativen Kontrolle des primärlegislativen Staatshandelns nochmals schwerer. Wenn in Deutschland die föderative Gliederung der Staatsgewalt als Antwort auf die Mängel der horizontalen Gewaltenteilung im parteienstaatlichen parlamentarischen Regierungssystem gewertet wird,[167] so kann auch die britische Devolution als konstitutionelle Reaktion auf die – insbesondere aus der Sicht der Devolutionsregionen – exzessive Zentralisierung und Machtkonzentration in der materiell fusionierten Regierungseinheit aus Westminster und Whitehall verstanden werden. Die britische Devolution dient danach der Streuung staatlicher Macht mit dem Ziel der freiheitsschützenden Mäßigung der Staatsgewalt – in den Worten *Vernon Bogdanor*s:

> „*The prime purpose of devolution is to disperse power in an over-centralized state.*"[168]

Da das verfassungsrechtliche Fundament der britischen Gewaltenfusion in der verfassungsorthodoxen Parlamentssuprematie liegt, muß der Versuch einer wahrhaft gewaltenteilenden Regionalisierung auch einen Angriff auf dieses Dogma wagen:

> „*The purpose of devolution is to destroy the omnipotence of Parliament. If it succeeds in doing so, it will force us to develop a corpus of genuinely constitutional thought. Devolution will work best if it is implemented not in isolation but as part of a larger constitutional settlement, involving the judicial protection of rights and a juridically guaranteed division of powers between different layers of government. Thus devolution involves nothing less than a commitment to a new kind of constitutional relationship in Britain, a relationship based on power-sharing.*"[169]

Obgleich eine derart grundlegende und umfassende Verfassungsreform ausgeblieben ist, bildet die gewaltenteilende Wirkung der britischen Devolution einen ihrer maßgeblichen verfassungspolitischen Erklärungsfaktoren.[170] Zunächst erhält nach streng rechtlicher Betrachtung die Wahrung der Parlamentssuprematie in den Devolutionsreformen den gesamtstaatlichen Ge-

---

166 *Griffith, John A. G./Ryle, Michael*, Parliament: functions, practice and procedures, London 1989, S. 10. Vgl. auch *Winetrobe, Barry K.*, The autonomy of Parliament, in: Oliver, Dawn/Drewry, Gavin (Hrsg.), The Law and Parliament, London (u. a.) 1998, S. 14, 16 ff.
167 Siehe supra Fn. 145 mit Text.
168 *Bogdanor, Vernon*, Politics and the Constitution – Essays on British Government, Aldershot (u. a.) 1996, S. 207.
169 *Bogdanor*, Politics and the Constitution, S. 211.
170 *Jeffery*, Durch Devolution zur Föderalstruktur?, S. 110; *Jeffery/Palmer*, Das Vereinigte Königreich, S. 324; *Hazell*, The New Constitutional Settlement, S. 234 f.; *Rawlings*, The Shock of the New, S. 74; *Maer, Lucinda/Hazell, Robert/King, Simon/Russell, Meg/Trench, Alan/Sandford, Mark*, The Constitution: Dragging the Constitution out of the Shadows, ParlAff 57 (2004), S. 253, 254.

waltenmonismus der Crown in Parliament. Dieser wird jedoch bereits durch den Gebrauch von regionalen Referenda zur plebiszitären Legitimierung der Regionalisierung zumindest politisch angetastet, und die regionale Volkssouveränität könnte in der Gestalt von Verfassungskonventionalregeln gegen eine Abschaffung der Devolutionsstrukturen ohne Zustimmung der regionalen Bevölkerung zu einer normativen Beschränkung der Parlamentssuprematie erstarken. Die Übertragung staatlicher Hoheitsmacht an regionale Regierungsstrukturen in Schottland, Nordirland und Wales entfaltet darüber hinaus eine vertikal gewaltenteilende Wirkung: Legislative, exekutive und zum Teil auch judikative Kompetenzen werden fortan auf zwei staatlichen Ebenen ausgeübt, die in organisatorischer und personeller Hinsicht voneinander getrennt sind. Dabei trägt die legislative Devolution für Schottland und Nordirland eine grundsätzlich separative Prägung. Dieser Trennungsgedanke offenbart sich vor allem in der legislativen und exekutiven Kompetenzverteilung primär nach Sachmaterien und in dem mangelnden Einfluß der Devolutionsregionen auf die zentralstaatliche Willensbildung. Eine Verschränkung der regionalen und zentralstaatlichen Handlungssphären erfolgt insbesondere durch die Ingerenzbefugnisse der britischen Regierung und die fortwirkende Rechtsetzungsbefugnis des britischen Parlaments. Hinsichtlich letzterer sorgen jedoch Verfassungskonventionalregeln wie die schottische Sewel Convention für die Wahrung der separativen Grundausrichtung. Auch die vorsichtige Modifikation der Parlamentssuprematie zugunsten der Anerkennung einer ‚echten' Legislativkonkurrenz zwischen dem Zentralstaat und den Regionen läßt den Trennungsgedanken der legislativen Devolution deutlich hervortreten. Die exekutive Devolution für Wales bewirkt ebenfalls eine vertikale Gewaltenteilung, auch wenn diese im Vergleich zum schottischen Modell eine weitaus verschränktere Natur besitzt und das gewaltenmonistische Prinzip der Parlamentssuprematie hier im Vorbehalt primärer Gesetzgebungsbefugnisse für Westminster nachhaltigen Einfluß behält. Die walisische Devolution teilt nicht nur die exekutive Gewalt zwischen London und Cardiff, sondern beruht auch auf der Trennung legislativer Gewalt zwischen zentralstaatlicher Primärgesetzgebung und regionaler Sekundärgesetzgebung. Damit hängen ihre gewaltentrennenden Folgen wesentlich von der gesetzgeberischen Handhabung der Normsetzungsermächtigungen an die Nationalversammlung für Wales ab. Eine wirksame Gewaltenteilung im Rahmen der walisischen Devolution erfordert daher die Herausbildung devolutionsfreundlicher normativer Maßstäbe für die angemessene Regelungsdichte zentralstaatlicher Ermächtigungsgesetzgebung, beispielsweise entsprechend den von *Richard Rawlings* entwickelten Grundsätzen der quasi-legislativen Devolution.[171] Die exekutive Devolution für Wales läßt sich – wie der deutsche Bundesstaat – jedoch auch als vertikale Ausprägung der in der klassischen Gewaltenteilungslehre betonten Trennung von Gesetzgebung und Gesetzesvollzug qualifizieren: Wesentliche Exekutivaufgaben werden hinsichtlich Wales' nicht mehr durch den Zen-

---

171 Vgl. *Rawlings, Richard*, Quasi-Legislative Devolution: Powers and Principles, NILQ 52 (2001), S. 54, 75 f. Siehe dazu Kapitel 5 § 1 B. III. 2.

tralstaat wahrgenommen, sondern durch eine organisatorisch eigenständige Regierungsstruktur auf regionaler Ebene. In der Ausgliederung politischer Leitungsfunktionen an regionale Staatsorgane in Schottland, Nordirland und Wales liegt des weiteren eine horizontale Gewaltenteilung auf regionaler Ebene. Hinsichtlich übertragener Kompetenzbereiche entsteht ein Nebeneinander staatlicher Entscheidungszentren, in dem die britische Regierungsgewalt als englisches Pendant zu den regionalen Regierungsinstitutionen auftritt. Wie im deutschen Bundesstaat wird sowohl diese Form der horizontalen Gewaltenteilung auf regionaler Ebene als auch die vertikale Gewaltenteilung zwischen dem Zentralstaat und seinen regionalen Gliedern durch das sich auch im Vereinigten Königreich verdichtende Netz kooperativer Koordination gefährdet. Das faktische Übergewicht der englischen Interessenvertretung und deren personelle und organisatorische Realunion mit der zentralstaatlichen Ebene verschärfen diese Gefahren zusätzlich. Eine Förderung der horizontalen Gewaltenteilung innerhalb des zentralstaatlichen Regierungssystems – etwa durch die Beteiligung einer Regionalkammer am zentralstaatlichen Gesetzgebungsverfahren – wird durch die britischen Devolutionsreformen nicht bewirkt. Auch die übrigen Verfassungsreformen der Labour-Regierung unter *Tony Blair* haben diese Dimension der britischen Staatsorganisation bisher ausgespart;[172] die aktuellen Pläne für eine weitere Umbildung des Oberhauses lassen die Machtbalance zwischen den beiden Parlamentskammern unberührt und haben die regionale Komponente in der zukünftigen Zusammensetzung des House of Lords immer weiter zurückgedrängt.[173] Auf regionaler Ebene streben die Devolutionsreformen dagegen nach effektiverer Trennung und gegenseitiger Hemmung der legislativen, exekutiven und judikativen Staatsgewalten. Durch die Einführung des Verhältniswahlrechts, ausgedehnter Ausschußstrukturen innerhalb der regionalen Volksvertretungen sowie eines breiteren parlamentarischen Kontrollinstrumentariums gegenüber den regionalen Regierungsorganen schaffen die Devolutionsgesetze im Vergleich zum ‚Westminster-Modell' eine insgesamt leicht zugunsten der parlamentarischen Versammlungen verschobene Machtbalance zwischen Legislative und Exekutive.[174] In Wales ergibt sich dieser Umstand erst aus der einheitlichen gesetzlichen Ermächtigung der Nationalversammlung als ‚body corporate' und ihrer späteren praktischen Ausdifferenzierung in eine parlamentarische Versammlung und eine Kabinettregierung. In Nordirland konstituiert dagegen das auf dem Gedanken des ‚power-sharing' basierende Verfahren der Regierungsbildung eine institutionalisierte Allparteienregierung und damit wiederum eine gewisse materielle Fusion der legislativen und der exekutiven Staatsgewalt; die bewußte Inkaufnahme der einer derartigen Konsensstruktur innewohnenden Gefahren – von ihrer Innovationsfeindlichkeit bis hin zur Möglichkeit von Politikblockaden – erklärt sich dabei aus den Besonderheiten des nordirischen Friedensprozesses. Die in Nordirland gesetz-

---

172 Vgl. *Barendt*, Is there a United Kingdom Constitution?, S. 145.
173 Siehe supra Kapitel 5 § 2 A. II. 2.
174 Vgl. *Laffin*, Constitutional Design, S. 538 f.

## Kapitel 7: Verfassungsdogmatische, -vergleichende und politische Würdigung

lich verankerte und in Schottland und Wales durch das Verhältniswahlrecht begünstigte Notwendigkeit von Koalitionsbildungen in den regionalen Volksvertretungen könnte zudem einen stillen Wandel im politischen Stil des Vereinigten Königreichs von der konfrontativen Mentalität des ‚the winner takes it all' zu mehr am parteipolitischen Konsens orientiertem und insgesamt integrativerem Regierungshandeln;[175] damit wäre der in der klassischen Gewaltenteilungslehre wurzelnde Gedanke der breiten Beteiligung politisch-sozialer Kräfte an der Ausübung von Hoheitsgewalt zu neuem Leben erweckt, ohne daß die im deutschen Bundesstaat zutage tretenden Gefahren einer Allparteienregierung in gleichem Maße drohen. Schließlich erlebt die britische Judikative einen deutlichen Machtzuwachs durch die Regionalisierung des Vereinigten Königreichs. Zwar bleibt eine Kompetenzkontrolle zentralstaatlicher Gesetzgebung im engeren Sinne weiterhin ausgeschlossen, jedoch erstarkt die britische Judikative im Verhältnis zu den regionalen Legislativen und Exekutiven zu einer Verfassungsgerichtsbarkeit, welche die Kompetenzgerechtigkeit regionalen Staatshandelns – und damit auch seine Konformität mit der Europäischen Menschenrechtskonvention – zu kontrollieren befugt ist. So kommt der britischen Rechtsprechung auf regionaler Ebene – einem etwa in Schottland überaus weitreichenden Bereich der Staatstätigkeit – eine Stellung zu, die ihr in der zentralstaatlichen Staatsorganisation des Vereinigten Königreichs unter dem Einfluß des Verfassungsdogmas der Parlamentssuprematie verwehrt bleibt:[176] Sie ist hier neben der regionalen Legislative und Exekutive im Grundsatz gleichberechtigte Staatsgewalt. Auch die regionalisierte Staatsordnung des Vereinigten Königreichs bleibt insbesondere aufgrund der fortwirkenden Suprematie der britischen Crown in Parliament und der Dominanz der zentralstaatlichen Exekutive sowohl gegenüber dem Unterhaus als auch gegenüber den Regionalregierungen im intergouvernementalen Kooperationsgeflecht von einer starken Zentralisierung und Machtkonzentration in Westminster und Whitehall geprägt. Indessen entfalten die Devolutionsreformen deutlich gewaltenteilende Wirkungen in vertikaler wie regional horizontaler Hinsicht. Mit der Schaffung alternativer Zentren politischer Macht auf regionaler Ebene und dem Schutz dieser Gewaltengliederung durch eine gestärkte Judikative, durch politische Sicherungsmechanismen, durch Verfassungskonventionalregeln, durch die vorsichtige Umdeutung der parlamentarischen Omnipotenz sowie durch Ansätze einer devolutionsfreundlichen Weiterentwicklung des Common Law konstituiert die britische Regionalisierung „auf zaghafte, noch nicht perfekte, aber unabwendbare Weise eine rudimentäre Gewaltenteilung"[177] im Vereinigten Königreich.

---

175 Vgl. *Jeffery/Palmer*, Das Vereinigte Königreich, S. 132 ff.; *King*, Does the United Kingdom Still Have a Constitution?, S. 98 f.

176 Abgesehen wird hier von der verfassungsgestaltenden Funktion und dem wachsenden konstitutionellen Bewußtsein des Common Law. Siehe dazu supra Kapitel 2 § 2 B. II. 2. (b) (ii).

177 *Jeffery/Palmer*, Das Vereinigte Königreich, S. 133. Vgl. auch *King*, Does the United Kingdom Still Have a Constitution?, S. 96 ff.

Die im Grundsatz parallelen Mängel der horizontalen Gewaltenteilung zwischen der Legislative und der Exekutive in den parteienstaatlichen parlamentarischen Regierungssystemen der Bundesrepublik Deutschland und des Vereinigten Königreichs legen eine überragende verfassungspolitische Bedeutung der Gewaltenteilung durch Regionalisierung nahe. Der unitarisch-kooperative Bundesstaat in Deutschland bewirkt jedoch in vertikaler sowie regional horizontaler Hinsicht keine nachhaltige Machtbalancierung; seine horizontal gewaltenteilende Wirkung auf Bundesebene wird im wesentlichen parteinstaatlich überwölbt[178] und ereignet sich daher primär als Mechanismus zur integrativen Beteiligung der großen politischen Kräfte an der Staatsführung unter Vernachlässigung des gewaltenteilenden Trennungsgedankens. Die britische Devolution kennt dagegen keine Regionalisierung der zentralstaatlichen Ebene und fördert daher in diesem institutionellen Gefüge keine Aufgliederung und Mäßigung der Staatsgewalt. Indessen bewirkt insbesondere die vergleichsweise separativ ausgestaltete legislative Devolution für Schottland und Nordirland eine vertikale Ausdifferenzierung des vormals excessiv zentralisierten Regierungssystems und legt damit das Fundament einer verstärkten Gewaltenteilung im Vereinigten Königreich. Auch die Devolution bleibt jedoch noch nachhaltig vom Gewaltenmonismus der orthodoxen britischen Verfassungslehre und ihrem zentralen Verfassungsdogma der Parlamentssuprematie geprägt. Daher werden einfachgesetzliche Verfassungsnormen, politischer Druck, Verfassungskonventionalregeln sowie die behutsame richterrechtliche Umdeutung der Parlamentssuprematie als systemtypische konstitutionelle Sicherungsmechanismen der britischen Verfassungsordnung diese neue devolutive Gewaltenteilung zu wahren haben.

## E. Stärkung des Freiheitsschutzes des Bürgers

Eine weitere verfassungspolitische Zielsetzung der regionalen Aufgliederung staatlicher Gewalt liegt in einem gegenüber der starken Zentralisierung einer Staatsorganisation gesteigerten Schutz bürgerlicher Freiheit.[179] Eine solche freiheitsschützende Wirkung kann die Regionalisierung zum einen als Ausdruck des Subsidiaritätsgedankens direkt durch die Förderung individueller

---

178 Vgl. *Schodder*, Föderative Gewaltenteilung, S. 120 ff., 228 ff.
179 Siehe supra Kapitel 4 § 3 E. Vgl. *Häberle*, Regionalismus als werdendes Strukturprinzip, S. 28 f.; *ders.*, Grundfragen einer Verfassungstheorie des Regionalismus, S. 109 f.; *Würtenberger*, Lokale und regionale Autonomie, S. 1055, 1057. Im Zusammenhang mit dem Bundesstaat vgl. *Kimminich*, Der Bundesstaat, Rz. 22 m. w. N.; *Isensee*, Idee und Gestalt des Föderalismus, Rz. 237 ff.; *Kisker*, Grundlagen der bundesstaatlichen Ordnung, S. 25 f.; *Vogel*, Die bundesstaatliche Ordnung, Rz. 17. Kritisch *Bothe*, Föderalismus, S. 27 f.

und korporativer kultureller Autonomie im kleineren Gemeinwesen[180] sowie zum anderen mittelbar durch die Erweiterung und Vertiefung der demokratischen und rechtsstaatlichen Grundstrukturen der Staatsorganisation entfalten.[181]

Obgleich die freiheitssichernde und freiheitsfördernde Funktion der föderativen Gliederung der Bundesrepublik Deutschland in der Verfassungslehre einhellig betont wird,[182] gestaltet sich das konkrete Verhältnis zwischen Bundesstaatlichkeit und Freiheitsschutz unter dem Grundgesetz durchaus nicht immer spannungsfrei.[183] Zunächst schafft die bundesstaatliche Ordnung Deutschlands kleinere staatliche Räume, in denen entsprechend dem Subsidiaritätsgedanken die Freiheit des einzelnen, von Gruppen und der regionalen Bevölkerung, ihre spezifische Besonderheiten und Individualität zu wahren und zu fördern, einem wesentlich geringeren Nivellierungsdruck ausgesetzt wird als in der Regelungseinheit des zentralisierten Staatswesens.[184] Der Bundesstaat respektiert die freiheitliche Vielfalt und akzeptiert inhaltliche Rechtsverschiedenheit;[185] er institutionalisiert damit einen räumlich bezogenen „Minderheitenschutz eigener Art"[186] unter gleichzeitiger Wahrung der notwendigen Einheitlichkeit im Gesamtstaat. Besondere Bedeutung erlangt diese Wirkungskraft des Bundesstaates auf dem Gebiet der individuellen und korporativen Kulturautonomie,[187] so daß die verschiedenen kultur- und bildungspolitischen Kompetenzen der deutschen Bundesländer Grundpfeiler der freiheitsschützenden Funktion des Bundesstaates darstellen; Zentralisierungstendenzen auf diesen Gebieten bedürfen insofern der besonders kritischen Beobachtung.[188] Auch den demokratiefördernden und gewaltentei-

---

180 *Häberle*, Regionalismus als werdendes Strukturprinzip, S. 28 f.; *ders.*, Grundfragen einer Verfassungstheorie des Regionalismus, S. 109 f.
181 Vgl. *Würtenberger*, Lokale und regionale Autonomie, S. 1055, 1057. Im Zusammenhang mit dem Bundesstaat vgl. *Isensee*, Idee und Gestalt des Föderalismus, Rz. 237 ff., 246 ff., 303; *Stern*, Staatsrecht I, S. 658 f.; *Kisker*, Grundlagen der bundesstaatlichen Ordnung, S. 25 f.; *Vogel*, Die bundesstaatliche Ordnung, Rz. 17; *Bauer*, Entwicklungstendenzen und Perspektiven des Föderalismus, S. 838.
182 *Kisker*, Grundlagen der bundesstaatlichen Ordnung, S. 25. Vgl. statt vieler *Stern*, Staatsrecht I, S. 658 ff.; *Vogel*, Die bundesstaatliche Ordnung, Rz. 17; *Isensee*, Idee und Gestalt des Föderalismus, Rz. 237 ff.
183 *Bethge, Herbert*, Verfassungsgerichtsbarkeit im Bundesstaat, BayVBl. 1985, S. 257, 259.
184 Vgl. *Isensee*, Idee und Gestalt des Föderalismus, Rz. 240, 242; *Kisker*, Grundlagen der bundesstaatlichen Ordnung, S. 25 f.
185 *Bethge*, Verfassungsgerichtsbarkeit im Bundesstaat, S. 260.
186 *Isensee*, Idee und Gestalt des Föderalismus, Rz. 240.
187 Vgl. dazu *Häberle*, Regionalismus als werdendes Strukturprinzip, S. 28 f.; *ders.*, Grundfragen einer Verfassungstheorie des Regionalismus, S. 109 f.
188 Zu derartigen Tendenzen vgl. *Stettner, Rupert*, Der verkaufte Verfassungsstaat – Zur Kompetenzabgrenzung zwischen Bund und Ländern bei der Kulturförderung unter besonderer Berücksichtigung der Kulturstiftung des Bundes, ZG 17 (2002), S. 315, 321 ff.; *Mahrenholz, Ernst G.*, Die Kultur und der Bund – Kompetenzrechtliche Erwägungen anläßlich der Gründung der Bundeskulturstiftung im März 2002, DVBl. 2002, S. 857, 858 ff.; *Eiselstein, Claus*, Verlust der Bundesstaatlichkeit? – Kompetenzverluste der Länder im kulturellen Sektor vor dem Hintergrund von Art. 79 III GG, NVwZ 1989, S. 323, 324 ff.; *Richter, Ingo*, Nationale Bildungsstandards im föderalen Staat Bun-

lungsverstärkenden Wirkungen der föderativen Gliederung[189] liegt eine freiheitsschützende Zielrichtung zugrunde. Durch die im Bundesstaat gestärkte demokratische Legitimation der Staatsgewalt, die vermehrte demokratische Partizipation des Bürgers, die gewissermaßen institutionalisierte Pflege politischer Minderheiten sowie die erhöhte Überschaubarkeit staatlicher Einheiten wird die Verwirklichung bürgerlicher und politischer Rechte des einzelnen gefördert; die durch vertikale und horizontale Elemente föderativer Gewaltenteilung zusätzlich gemäßigte Staatsgewalt stellt eine verringerte Gefahr für die Freiheitssphäre des Bürgers dar.[190] Aufgrund der Vermittlung der freiheitsschützenden Funktion des Bundesstaates durch andere verfassungspolitische Ziele föderativer Gliederung leidet unweigerlich auch erstere zumindest an manchen der im deutschen unitarisch-kooperativen Bundesstaat vorzufindenden Mängeln letzterer. Der stetige Kompetenzverlust der Länder vor allem auf dem Gebiet der Gesetzgebung sowie die Gewaltenverschränkungen durch horizontale und vertikale direktive und kooperative Koordination zwischen Bund und Ländern mindern deutlich die subsidiaritäts-, demokratie- und rechtsstaatsbezogenen Zuwächse an individueller und korporativer Freiheit durch die bundesstaatliche Gliederung der Staatsorganisation. Die unitarisch-kooperative deutsche Bundesstaatlichkeit verdrängt mit ihrem erheblichen Nivellierungsdruck freiheitliche Diversität und gefährdet freiheitsfördernde Demokratie und Gewaltenteilung durch ihre Intransparenz, Exekutiv- und Zentralstaatslastigkeit. In der materiellen und prozessualen Verdoppelung des Grundrechtsschutzes entfaltet der deutsche Bundesstaat indessen fühlbar freiheitsschützende Wirkungen. Sowohl das gesamtstaatliche Grundgesetz als auch die einzelnen Landesverfassungen gewährleisten Grundrechte, und das institutionelle Nebeneinander von Bundesverfassungsgericht und Landesverfassungsgerichten verstärkt den Grundrechtsschutz des Bürgers.[191] Das Bundesrecht konstituiert diese freiheitsfördernde Dimension des Bundesstaates materiell in Art. 142 GG und prozessual in § 90 Abs. 3 BVerfGG.[192] Jedoch enthält das Verhältnis zweier verfassungsgestaltender Grundentscheidungen – der Bundesstaatlichkeit und des Grundrechtsschutzes – weitere Friktionsflächen, die sich insbesondere im Zusammenhang mit den Gleichheitsverbürgungen des Grundgesetzes ergeben. Mit der Entscheidung für föderative Rechtsvielfalt legitimiert das Grundgesetz die kompetenz-

---

desrepublik Deutschland?, in: Europäisches Zentrum für Föderalismus-Forschung Tübingen (Hrsg.), Jahrbuch des Föderalismus 2003 (Band 4): Föderalismus, Subsidiarität und Regionen in Europa, Baden-Baden 2003, S. 131, 132 ff.
189 Siehe supra Kapitel 7 § 3 C. und D.
190 Vgl. *Isensee*, Idee und Gestalt des Föderalismus, Rz. 240 f.; *Kisker*, Grundlagen der bundesstaatlichen Ordnung, S. 26; *Kimminich*, Der Bundesstaat, Rz. 43 ff.
191 Vgl. *Bethge*, Verfassungsgerichtsbarkeit im Bundesstaat, S. 259; *Isensee*, Idee und Gestalt des Föderalismus, Rz. 246.
192 Eingehend zu Art. 142 GG vgl. *Pietzcker, Jost*, Zuständigkeitsordnung und Kollisionsrecht im Bundesstaat, in: Isensee, Josef/Kirchhof, Paul (Hrsg.), Handbuch des Staatsrechts der Bundesrepublik Deutschland, Band IV, 2. Auflage, Heidelberg 1999, § 99, Rz. 41 ff.

gerechte, ungleiche Gesetzgebung und Verwaltung zwischen den Ländern, so daß der Gleichheitssatz die Gliedstaaten grundsätzlich nur innerhalb ihrer Zuständigkeitsbereiche verpflichtet.[193] Die Eigenständigkeit der Bundesländer und ihre Befugnisse zur selbständigen Ausführung ihrer Kompetenzen gehen somit prinzipiell dem gesamtstaatlichen Egalitätsprinzip vor.[194] In Verbindung mit speziellen Freiheitsrechten des Grundgesetzes kann der Gleichheitssatz jedoch auch in der Zuständigkeitssphäre der Länder die föderative Vielfalt verdrängen, wenn die betreffende Regelungsmaterie ihrer Natur nach über die Ländergrenzen hinausgreift.[195] So hat etwa das Bundesverfassungsgericht bei der Vergabe von Studienplätzen den Ländern eine Differenzierung nach der Landeszugehörigkeit verboten und Bund und Ländern eine aus Art. 12 Abs. 1 Satz 1 GG hergeleitete, gesamthänderische Pflicht zur kooperativen Verwirklichung des Grundrechtsschutzes aufgegeben.[196] Eine ebenfalls stark unitarisierende und nivellierende Wirkung entfaltet die auf der Grundlage des Art. 5 Abs. 1 Satz 2 GG entwickelte Judikatur des Bundesverfassungsgerichts zum Rundfunkwesen.[197] Die deutsche Bundesstaatlichkeit fördert somit nicht nur den Freiheitsschutz, sondern steht naturgemäß auch in einem gewissen Gegensatz zum Gleichheitsgedanken; diesen Antagonismus löst die deutsche Verfassungsordnung in wichtigen Bereichen gliedstaatlicher Zuständigkeit zugunsten des Egalitätsprinzips und zulasten der föderativen Vielfalt auf.

In einer nach verfassungsorthodoxer Lesart auf der rechtlich ungebundenen Suprematie des Parlaments aufbauenden Staatsordnung, wie sie das Vereinigte Königreich aufweist, sind Grundfreiheiten des Bürgers primär als residuale Rechtspositionen konzipiert und jederzeit der verfassungsrechtlich schrankenlosen Regelungsmacht der Crown in Parliament unterworfen.[198] Daher räumen die Reformen zur Modernisierung der britischen Verfassungsordnung durch die Labour-Regierung unter Premierminister *Tony Blair* der Verstärkung des bürgerlichen Freiheitsschutzes gegenüber der Staatsgewalt

---

193 Ständige Rspr. seit BVerfGE 10, 354, 371; *Isensee*, Idee und Gestalt des Föderalismus, Rz. 247 m. w. N.; *Stern*, Staatsrecht I, S. 661 f. m. w. N.; *Bethge*, Verfassungsgerichtsbarkeit im Bundesstaat, S. 259 f.; *ders.*, Bundesstaat, Sp. 998 f.
194 *Bethge*, Verfassungsgerichtsbarkeit im Bundesstaat, S. 260.
195 *Isensee*, Idee und Gestalt des Föderalismus, Rz. 248; *Stern*, Staatsrecht I, S. 662; *Bethge*, Verfassungsgerichtsbarkeit im Bundesstaat, S. 260 f.; *ders.*, Bundesstaat, Sp. 999. Siehe zum Folgenden auch supra Kapitel 6 § 2 C. III.
196 BVerfGE 33, 303, 352 f., 357 f.
197 Siehe BVerfGE 12, 205, 259 ff.; 57, 295, 319 ff.; 73, 118, 152 ff.; 74, 297, 325; 83, 238, 295; 87, 181, 196 ff.; 90, 60, 87 ff. Vgl. *Starck, Christian*, Das Bundesverfassungsgericht in der Verfassungsordnung und im politischen Prozeß, in: Badura, Peter/Dreier, Horst (Hrsg.), Festschrift 50 Jahre Bundesverfassungsgericht, Band I (Verfassungsgerichtsbarkeit, Verfassungsprozeß), Tübingen 2001, S. 1, 17 f.; *Isensee*, Idee und Gestalt des Föderalismus, Rz. 248.
198 Zum residualen Freiheitsverständnis des Common Law und seinen neueren Entwicklungen siehe supra Kapitel 2 § 2 B. II. 2. (b) (ii).

einen zentralen Stellenwert ein.[199] Diese verfassungspolitische Zielvorstellung wird jedoch in erster Linie nicht mit den Devolutionsreformen verbunden, sondern vor allem mit der durch den Erlaß des Human Rights Act 1998 bewirkten Inkorporation der Europäischen Menschenrechtskonvention in die britische Rechtsordnung.[200] Obgleich das Fehlen einer festen verfassungsrechtlichen Bindung des britischen Parlaments an einen justitiablen Grundrechtskatalog eine der Primärschwächen der britischen Verfassungsordnung darstellt, die auch durch das Inkrafttreten des Human Rights Act 1998 nicht beseitigt wird, scheint die Stärkung des Freiheitsschutzes im meta-konstitutionellen Diskurs über die Regionalisierung der britischen Staatsorganisation noch keine vollkommen eigenständige Bedeutung erlangt zu haben.[201] Dessenungeachtet entfalten die Devolutionsreformen für Schottland, Nordirland und Wales erhebliche freiheitssichernde und freiheitsfördernde Wirkungen, die im Rahmen der britischen Verfassungsordnung als geradezu revolutionär bewertet werden müssen. Zunächst errichtet die Devolution in den keltischen Randterritorien des Vereinigten Königreichs kleinere staatsorganisatorische Räume, in denen sich hinsichtlich übertragener Kompetenzbereiche regionale Besonderheiten und Präferenzen unmittelbar im Regierungshandeln niederschlagen können; die freiheitliche Diversität – insbesondere auf dem kulturellen Sektor – erlangt partiellen Vorrang vor dem Nivellierungsstreben des Gesamtstaats, und das individuelle und korporative Recht, anders zu sein und zu bleiben, erhält in der Devolution seine konstitutionelle Anerkennung. Auch die durch die Regionalisierung des Vereinigten Königreichs bewirkte Stärkung der Demokratie und Gewaltenteilung im britischen Staatswesen führt mittelbar zu einem Zuwachs an individueller Freiheit. Die gesteigerte demokratische Teilhabe des Wahlvolkes, die verbesserten Entfaltungsmöglichkeiten politischer Minderheiten des Gesamtstaates, die verstärkte demokratische Verantwortlichkeit von Regierungstätigkeit sowie auch die durch die gewaltenteilende Streuung von Staatsgewalt erreichte Mäßigung staatlicher Macht bilden maßgebliche Aspekte der freiheitsfördernden Dimension britischer Regionalisierung. Diese Wirkungskraft bleibt durch die Fortgeltung der Parlamentssuprematie über die Devolutionsreformen hinaus bedroht, so daß hier den systemtypischen konstitutionellen Sicherungsmechanismen regionaler Autonomie gegenüber der parlamentarischen Omnipotenz[202] eine bedeutende freiheitsschützende Funktion zukommen muß. Zudem bezieht diese freiheitsfördernde Dimension der britischen Regionalisierung ihre Intensität maßgeblich aus dem Umfang und der Bestandskraft regionaler Autonomie innerhalb des Vereinigten Königreichs, so daß etwa das schotti-

---

199 Siehe das Versprechen *Tony Blair*s „to strengthen the rights ... of citizens" in *Blair, Tony*, Democracy's Second Age, S. 34.
200 Vgl. etwa *Maer/Hazell/King/Russell/Trench/Sandford*, The Constitution, S. 255. Zum Human Rights Act 1998 siehe supra Kapitel 2 B. II. 2. (b) (iv) und Kapitel 2 § 2 C. II.
201 Vgl. etwa die Ausführungen bei *Tomkins*, Devolution: A Constitutional Imperative?, S. 95 ff.; *Jeffery*, Durch Devolution zur Föderalstruktur?, S. 110 ff.; *Jeffery/Palmer*, Das Vereinigte Königreich, S. 324 f.
202 Siehe dazu supra Kapitel 6 § 3 C.

sche Devolutionsmodell diesbezüglich deutlich freiheitlichere Züge trägt als ihr walisisches Pendant. Ihre bemerkenswerteste freiheitsschützende Dimension entfaltet die Devolution jedoch auf dem Gebiet des Grundrechtsschutzes. Wo die deutsche Bundesstaatlichkeit lediglich eine Verdoppelung grundrechtlicher Verbürgungen und eine Parallelität ihrer prozessualen Gewährleistung installiert, betritt die Devolution hinsichtlich des Grundrechtsschutzes im Vereinigten Königreich konstitutionelles Neuland. Die Kompetenzregelungen der Devolutionsgesetze verpflichten die regionalen Legislativorgane zur Einhaltung der Europäischen Menschenrechtskonvention[203] und unterwerfen das Northern Ireland Assembly zusätzlichen Diskriminierungsverboten.[204] Grundrechtswidrige Legislativakte sind *ultra vires*. Mit den Sonderverfahren zur judikativen Kontrolle von ‚devolution issues' stellen die Devolutionsgesetze den materiellen Freiheitsverbürgungen ein spezielles judikatives Sonderregime zur Seite.[205] An der Spitze dieser Verfahrenshierarchie steht das Judicial Committee of the Privy Council, welches damit nicht nur zum zentralen Kompetenzgericht, sondern auch zu einer maßgeblichen Institution des Grundrechtsschutzes erstarkt. Mit der unmittelbaren rechtlichen Bindung regionaler Legislativorgane an einen vollständig justitiablen Grundrechtskatalog geht die Devolution deutlich über die rechtlichen Wirkungen des Human Rights Act 1998 hinaus. Während zentralstaatliche Gesetzgebung aus Westminster im Falle eines Verstoßes gegen die Verbürgungen der Menschenrechtskonvention nur eine ‚Declaration of Incompatibility' nach sec. 4 des Human Rights Act 1998 erfahren kann, die ihrer Geltung nicht entgegensteht, werden die Bürger in den Devolutionsterritorien vor Grundrechtsverstößen von seiten der regionalen Legislativen durch einen vorrangigen, absolut bestandskräftigen und justitiablen Grundrechtskatalog geschützt.[206] Eine allzu formaljuristische Betrachtung der Devolution als Delegation staatlicher Regelungsbefugnisse, die insofern mit der Ermächtigung zur Sekundärgesetzgebung an britische Minister vergleichbar ist, welche ebenfalls durch den Human Rights Act 1998 verpflichtet werden, verschleiert diesen Zuwachs an grundrechtlicher Freiheit durch die Regionalisierung und kann daher nur zur Bestimmung der Grenzen der freiheitsverstärkenden Wirkungen der Devolution herangezogen werden. Wo Normsetzungsermächtigungen an die Natio-

---

203 Siehe sec. 29(2)(d) Scotland Act 1998; sec. 6(2)(c) Northern Ireland Act 1998; Sec. 107(1) Government of Wales Act 1998.
204 Siehe sec. 6(2)(e) Northern Ireland Act 1998.
205 Zur judikativen Kontrolle von ‚devolution issues' siehe supra Kapitel 6 § 3 B. II.
206 Vgl. *Mullen, Thomas J.*, The constitutionalisation of the legal order, in: International Congress of Comparative Law 15, Bristol 1998 (Hrsg.), UK law for the millennium, London 1998, S. 532, 556; *Hazell*, The New Constitutional Settlement, S. 237; *Walker*, Beyond a Unitary Conception of the United Kingdom Constitution, S. 402; *O'Neill, Aidan*, Fundamental Rights and the Constitutional Supremacy of Community Law in the United Kingdom after Devolution and the Human Rights Act, PL 2002, S. 724, 727; *Page, Alan*, Constitutionalism, Judicial Review and „the Evident Utility of the Subjects Within Scotland", in: Farmer, Lindsay/Veitch, Scott (Hrsg.), The State of Scots Law: Law and Government after the Devolution Settlement, Edinburgh/London 2001, S. 11, 14 f.

nalversammlung für Wales nicht über diejenigen an britische Minister hinausgehen, läßt sich eine Verstärkung des Grundrechtsschutzes durch die exekutive Devolution in der Tat nicht feststellen. Mit ihren umfangreichen, residualen Kompetenzbeständen ohne das Erfordernis fortlaufender zentralstaatlicher Ermächtigungen besitzen die schottischen und nordirischen Legislativorgane dagegen sowohl quantitativ als auch qualitativ weit über die ministeriellen Zuständigkeiten zur Sekundärgesetzgebung hinausreichende Regelungsbefugnisse. Daher bedeutet die thematische Breite der legislativen Devolution für Schottland und Nordirland eine erhebliche Verstärkung des Grundrechtsschutzes in diesen Regionen. Diese freiheitsverstärkende Dimension der Devolution sollte auch die zukünftige Praxis und Entwicklung der britischen Regionalisierung beeinflussen. Sie gebietet einen zurückhaltenden Gebrauch der Möglichkeit zentralstaatlicher Gesetzgebung mit regionaler Zustimmung in übertragenen Sachmaterien, da derartige Legislativakte nur dem Human Rights Act 1998, nicht aber den Devolutionsgesetzen unterfallen.[207] Darüber hinaus liefert die grundrechtsschützende Dimension der Devolution ein bedeutendes Argument für eine verstärkte Regionalisierung für Wales und die englischen Regionen. Ein Rückzug Westminsters auf notwendigerweise zentralstaatlich zu normierende Regelungsbereiche schmälert die Schwächen der britischen Grundrechtsbindung.

Sowohl in der deutschen als auch in der britischen Verfassungsordnung entfaltet die regionale Gliederung der Staatsorganisation somit freiheitsfördernde und freiheitssichernde Wirkungen. Während der unitarisch-kooperative deutsche Bundesstaat jedoch als solcher nur eine marginale Freiheitserweiterung erkennen läßt, bedeutet die britische Regionalisierung insbesondere für die von einer umfangreichen legislativen Devolution betroffenen Bevölkerungsteile einen wesentlichen Fortschritt im Schutz bürgerlicher Freiheiten.

## F. Ermöglichung eines innovationsfreudigen Politikwettbewerbs zur Förderung des Gesamtwohls

Die regionale Gliederung der Staatsorganisation kann schließlich das Gesamtwohl des Staatswesens durch die Institutionalisierung eines innovationsfreudigen Politikwettbewerbs zwischen den verschiedenen Regierungseinheiten för-

---

207 In der legislativen Praxis zwischen Stormont und Westminster lassen sich gelegentlich gefährliche Tendenzen erkennen, durch gesamtstaatliche Gesetzgebung in übertragenen Angelegenheiten die Grundrechtsbindungen der schottischen Legislative zu umgehen; vgl. *Burrows, Noreen*, „This is Scotland's Parliament; Let Scotland's Parliament Legislate", JurRev 2002, S. 213, 232; *Page, Alan/Batey, Andrea*, Scotland's Other Parliament: Westminster Legislation about Devolved Matters in Scotland since Devolution, PL 2002, S. 501, 517.

dern.²⁰⁸ Im Unterschied zur starken Zentralisierung einer Verfassungsordnung, durch die politische Leitungsfunktionen in einer einheitlichen Regierungsstruktur konzentriert werden, eröffnet die Regionalisierung eines Staatswesens die Möglichkeit des begrenzten politischen Experimentierens, so daß in einem regional dezentralisierten Staat verschiedene „laboratories of democracy" um die sachgerechtesten Lösungen anstehender politischer Probleme konkurrieren können.²⁰⁹ In parteienstaatlich-demokratischer Hinsicht ereignet sich diese institutionalisierte Konkurrenz der politischen Alternativen und Ideen auch als Wettbewerb der verschiedenen Parteien.²¹⁰ Durch die Streuung politischer Leitungsfunktionen zwischen unterschiedlichen staatlichen Einheiten und aufgrund der Ermöglichung eines Nebeneinanders von Entscheidungszentren und politischen Alternativen steigert das regionalisierte Staatsgefüge zudem seine Konfliktverarbeitungskapazität²¹¹ und verringert seine Krisenempfindlichkeit.²¹²

Das Argument der Ermöglichung eines innovationsfreudigen und leistungssteigernden Wettbewerbs zwischen verschiedenen staatsorganisatorischen Einheiten zur Förderung des Gesamtwohls gelangte unter den Begriffen des Wettbewerbs- und des Konkurrenzföderalismus erst vergleichsweise spät in die verfassungspolitische Debatte über den deutschen Bundesstaat,²¹³ wird jedoch aufgrund der Schwächen anderer Legitimationsstränge heute zum Teil sogar als einzig zukunftsträchtige Rechtfertigung der bundesstaatlichen Ordnung in Deutschland verstanden.²¹⁴ Die Schwierigkeiten der Übertragung komplexer ökonomischer Modelle auf den staatlichen Bereich,²¹⁵ die Bedeutung des föderativen Solidaritätsgedankens und des Sozialstaatsgebots im

---

208 Siehe supra Kapitel 4 § 3 F. Vgl. *Esterbauer*, Grundzüge der Formen und Funktionen regionaler Gliederung, S. 52 f.; *Würtenberger*, Lokale und regionale Autonomie, S. 1058. Im Zusammenhang mit dem Bundesstaat vgl. *Kimminich*, Der Bundesstaat, Rz. 24; *Hesse*, Grundzüge des Verfassungsrechts, Rz. 233; *Bauer*, Entwicklungstendenzen und Perspektiven des Föderalismus, S. 838, 842 ff.; *Kisker*, Grundlagen der bundesstaatlichen Ordnung, S. 25.
209 Vgl. *MacMahon, Arthur W.*, Administering Federalism in a Democracy, New York 1972, S. 5; *Howard*, Values of Federalism, S. 151 f.; *Nettesheim*, Demokratie durch Föderalismus, S. 32; *Calliess*, Justitiabilität des Art. 72 Abs. 2 GG, S. 891 f.
210 Vgl. *Würtenberger*, Zur Legitimation des Föderalismus, S. 364; *Nettesheim*, Demokratie durch Föderalismus, S. 32.
211 Vgl. *Bauer*, Entwicklungstendenzen und Perspektiven des Föderalismus, S. 838; *Stern*, Staatsrecht I, S. 665 f.; *Kisker*, Grundlagen der bundesstaatlichen Ordnung, S. 25; *Voß*, Regionen und Regionalismus, S. 85 f.; *Würtenberger*, Zur Legitimation des Föderalismus, S. 366; *Calliess*, Justitiabilität des Art. 72 Abs. 2 GG, S. 891 f.
212 Vgl. *Voß*, Regionen und Regionalismus, S. 87 f.
213 Vgl. *Münch*, Konkurrenzföderalismus für die Bundesrepublik, S. 120; *van Suntum, Ulrich*, Die Idee des wettbewerblichen Föderalismus, in: Morath, Konrad (Hrsg.), Reform des Föderalismus, Bad Homburg 1999, S. 13, 14 ff.
214 Vgl. etwa *Arndt*, Erneuerter Föderalismus, S. 31 f.
215 Vgl. dazu *Benz, Arthur*, Lehren aus entwicklungsgeschichtlicher und vergleichenden Analysen – Thesen zur aktuellen Föderalismusdiskussion, in: Benz, Arthur/Lehmbruch, Gerhard (Hrsg.), Föderalismus – Analysen in entwicklungsgeschichtlicher und vergleichender Perspektive, Wiesbaden 2002, S. 391, 394 ff.; *Münch*, Konkurrenzföderalismus für die Bundesrepublik, S. 125 ff.;

deutschen Bundesstaat sowie die kooperativen Notwendigkeiten in Zeiten der Europäisierung und Globalisierung legen es jedoch nahe, den Wettbewerbsgedanken als verfassungspolitische Zielsetzung eher gleichberechtigt neben andere meta-konstitutionelle *teloi* der föderativen Gliederung des deutschen Staatswesens treten zu lassen.[216] Der unitarisch-kooperative deutsche Bundesstaat bietet indessen nur äußerst beschränkte Möglichkeiten für einen innovationsfördernden Politikwettbewerb der Länder untereinander und gegenüber dem Bund.[217] Der weitreichende Verlust autonomer politischer Leitungsfunktionen insbesondere im Bereich der Gesetzgebung seitens der Länder verengt deutlich den kompetenziellen Raum für kompetitives Experimentieren mit politischen Alternativen. In den verbleibenden Länderzuständigkeiten wird legislatives und exekutives Regierungshandeln der Länder häufig kooperativ koordiniert und harmonisiert, verkürzen detailreiche Rahmengesetze des Bundes – etwa in den Bereichen des Beamten- und des Hochschulrechts – die Gestaltungsfreiheit der deutschen Gliedstaaten, und beschränken Mitbestimmungsrechte des Bundes – wie etwa hinsichtlich der Gemeinschaftsaufgaben – die politische Eigenständigkeit der deutschen Länder. Eine stark zentralisierte Finanzverfassung, auf deren Einnahmenseite die Länder im wesentlichen keinen selbständigen Einfluß ausüben, in der die Ausgabenseite vor allem durch Aufgabenzuteilungen des Bundes vorbestimmt wird und deren überaus nivellierender Finanzausgleich die finanziellen Früchte des regionalen Regierungshandelns nachhaltig umverteilt, unterminiert sowohl die Fähigkeit als auch den Willen der Länder, in einen gesamtwohlförderlichen Wettbewerb miteinander zu treten. Der deutsche Beteiligungsföderalismus strebt nach dem politischen Konsens der maßgeblichen politischen Kräfte, entzieht damit bereits in seiner Grundorientierung dem Konkurrenzgedanken den notwendigen Nährboden und erweist sich daher als eher innovationsfeindlich.[218] Auf der Basis dieses Befundes erfordert die Einführung eines Wettbewerbsföderalismus in Deutschland nach beinahe einhelliger Meinung eine „institutionelle Totalreform" des deutschen Bundesstaates im Wege formeller Verfassungsänderung.[219] In der Debatte um eine grundlegende Reform des deutschen Bundesstaates ist der Wettbewerbsföderalismus in der Folge zu einem zentralen verfassungspolitischen Leitbild erstarkt, welches verschiedenste Reföderal-

---

216 Ähnlich *Sommermann*, Art. 20 GG, in: von Mangoldt/Klein/Starck, Rz. 55; *Bauer*, Entwicklungstendenzen und Perspektiven des Föderalismus, S. 843 f.; *Schneider, Hans-Peter*, Die bundesstaatliche Ordnung im vereinigten Deutschland, NJW 1991, S. 2448, 2450; *Leonardy, Uwe*, Deutscher Föderalismus jenseits 2000: Reformiert oder deformiert?, ZParl 1999, S. 134, 150 ff.
217 Vgl. *Calliess*, Justitiabilität des Art. 72 Abs. 2 GG, S. 892 ff.; *Arndt*, Erneuerter Föderalismus, S. 31 ff.; *Kisker*, Grundlagen der bundesstaatlichen Ordnung, S. 31.
218 So auch *Kisker*, Grundlagen der bundesstaatlichen Ordnung, S. 31.
219 *Klatt, Hartmut*, Plädoyer für einen Wettbewerbsföderalismus, in: Meier-Walser, Reinhard C./Hirscher, Gerhard (Hrsg.), Krise und Reform des Föderalismus – Analysen zu Theorie und Praxis bundesstaatlicher Ordnungen, München 1999, S. 64, 76.

Kapitel 7: Verfassungsdogmatische, -vergleichende und politische Würdigung

lisierungsbestrebungen zu bündeln geeignet ist.[220] So haben sich Politiker unterschiedlicher parteipolitischer Couleur – unter ihnen auch viele Landtags- und Ministerpräsidenten – und Vertreter der Wirtschaft, verschiedene Studien und Kommissionen sowie nicht zuletzt gewichtige Stimmen in der deutschen politikwissenschaftlichen und staatsrechtlichen Literatur für eine Bundesstaatsreform mit deutlich wettbewerbsföderalistischer Prägung ausgesprochen.[221] Dabei wird eine umfassende Neugliederung des Bundesgebietes in lebens- und konkurrenzfähige Gliedstaaten zumeist als notwendige Voraussetzung eines kompetitiveren deutschen Bundesstaates genannt[222] und zur Förderung des Wettbewerbsgedankens vor allem die Rückverlagerung von Legislativzuständigkeiten an die Länder, die Reduktion von Mitwirkungsrechten des Bundesrates an der Bundesgesetzgebung, der Abbau von Mischfinanzierung, die Stärkung der steuergesetzlichen Gestaltungsmöglichkeiten der Länder sowie eine Modifikation des übermäßig nivellierenden Länderfinanzausgleichs ins Auge gefaßt.[223] Während sich die Erfolgschancen einer umfassenden Länderneugliederung und einer grundsätzlichen Umgestaltung der bundesstaatlichen Finanzverfassung wohl eher bescheiden ausnehmen, könnten andere Aspekte eines solchen Maßnahmenkatalogs in den aktuellen inten-

---

220 Vgl. *Münch*, Konkurrenzföderalismus für die Bundesrepublik, S. 120; *Bauer*, Entwicklungstendenzen und Perspektiven des Föderalismus, S. 842 f.; *Schuppert, Gunnar F.*, Verwaltungswissenschaft – Verwaltung, Verwaltungsrecht, Verwaltungslehre, Baden-Baden 2000, S. 946 ff.
221 Siehe die Überblicke über die politische und wissenschaftliche Debatten um den Wettbewerbsföderalismus bei *Margedant, Udo*, Die Föderalismusdiskussion in Deutschland, Aus Politik und Zeitgeschichte 2003, Heft 29 – 30, S. 6, 8 ff. m. w. N.; *Klatt*, Plädoyer für einen Wettbewerbsföderalismus, S. 64 ff. m. w. N.; *Bauer*, Entwicklungstendenzen und Perspektiven des Föderalismus, S. 842 ff. m. w. N. Für eine Stärkung des Wettbewerbsgedankens im deutschen Bundesstaat treten insbesondere ein *Ottnad, Adrian/Linnartz, Edith*, Föderaler Wettbewerb statt Verteilungsstreit – Vorschläge zur Neugliederung der Bundesländer und zur Reform des Finanzausgleichs, Frankfurt a.M./New York 1997; *Arndt*, Erneuerter Föderalismus, S. 31 ff.; *Klatt*, Plädoyer für einen Wettbewerbsföderalismus, S. 67 ff.; *Arndt/Benda/von Dohnanyi/Schneider/Süssmuth/Weidenfeld*, Zehn Vorschläge zur Reform des deutschen Föderalismus, S. 202 ff. (Kurzfassung von *Bertelsmann-Kommission „Verfassungspolitik & Regierungsfähigkeit"*, Zehn Vorschläge zur Optimierung der Regierungsfähigkeit im deutschen Föderalismus, Gütersloh 2000); *Schenke*, Föderalismus als Form der Gewaltenteilung, S. 700; *Calliess*, Justitiabilität des Art. 72 Abs. 2 GG, S. 890 ff.; *Schmidt-Jortzig*, Herausforderungen für den Föderalismus, S. 749 ff.; *Stamm, Barbara/Merkl, Gerhard*, Kompetitiver Föderalismus, ZRP 1998, S. 467, 467 ff.; *Stratthaus, Gerhard*, Grundsatzreferat, in: Gesellschaft für Rechtspolitik Trier (Hrsg.), Bitburger Gespräche Jahrbuch 1999/II: 50 Jahre Grundgesetz – 50 Jahre Föderalismus – Stand und Entwicklung, München 2000, S. 5, 12 ff.; *Fricke, Dieter*, Zum kooperativen Föderalismus, in: Gesellschaft für Rechtspolitik Trier (Hrsg.), Bitburger Gespräche Jahrbuch 1999/II: 50 Jahre Grundgesetz – 50 Jahre Föderalismus – Stand und Entwicklung, München 2000, S. 91, 103 ff. Zurückhaltender *Benz*, Thesen zur aktuellen Föderalismusdiskussion, S. 392 ff.; *Kirchhof*, Bundesstaatlichkeit als Element des Verfassungsstaates, S. 63.
222 Zur Neugliederung des Bundesgebietes vgl. *Leonardy, Uwe*, Die Neugliederung des Bundesgebietes: Auftrag des Grundgesetzes, in: Eckart, Karl/ Jenkis, Helmut (Hrsg.), Föderalismus in Deutschland, Berlin 2001, S. 9, 9 ff.
223 Vgl. *Bauer*, Entwicklungstendenzen und Perspektiven des Föderalismus, S. 844.

Teil 3: Ergebnisse und Bewertung

siven Bestrebungen zur Reform des deutschen Bundesstaates verwirklicht werden.[224] Unterhalb der Schwelle einer derartigen föderativen Totalrevision wäre eine Einführung des kompetitiven Gedankens durch die Rückbesinnung der Länder auf die ihnen verbleibenden autonomen Kompetenzen,[225] eine legislative Zurückhaltung des Bundes – nicht nur grundsätzlich bei der Wahrnehmung von zentralstaatlichen Kompetenzen der konkurrierenden Gesetzgebung und der Rahmengesetzgebung, sondern auch in Gestalt einer gesteigerten Verwendung von gesetzlichen Öffnungs- und Experimentierklauseln – sowie die schrittweise Entflechtung von unterverfassungsrechtlichen Kooperationsstrukturen denkbar.[226] Dabei haben sich in der politischen Praxis, dem formellen Verfassungsrecht sowie der bundesverfassungsgerichtlichen Judikatur über die letzten Jahre erste Anzeichen einer vorsichtigen Belebung des föderativen Wettbewerbsgedankens in Deutschland gezeigt. Insbesondere seit der Wiedervereinigung sind die Interessendifferenzen zwischen den Ländern – insbesondere im Bereich der Finanzverfassung – angewachsen, und haben sich die deutschen Gliedstaaten in verschiedenen Politikbereichen daher zunehmend entsolidarisiert.[227] Diese in gewisser Hinsicht konfrontativere Grundhaltung der Länder bestätigt sich in der aktuellen Auseinandersetzung über das Hochschulrahmengesetz sowie die Abschaffung der Zentral-

---

224 Zu aktuellen Reformbestrebungen vgl. *Haug, Volker*, Die Föderalismusreform – Zum Ringen von Bund und Ländern um die Macht im Staat, DÖV 2004, S. 190 – 197; *Kirchhof, Ferdinand*, Klarere Verantwortungsteilung von Bund, Ländern und Kommunen?, DVBl. 2004, S. 977 – 986; *Kloepfer, Michael*, Bemerkungen zur Föderalismusreform, DÖV 2004, S. 566 – 571; *Schwanengel, Wito*, Die Malaise des deutschen Bundesstaates – Zu Möglichkeiten und Grenzen der Föderalismusreform, DÖV 2004, S. 553 – 560; *Scholz, Rupert*, Zur Reform des Föderalismus, in: Brenner, Michael/Huber, Peter M./Möstl, Markus (Hrsg.), Der Staat des Grundgesetzes – Kontinuität und Wandel, Festschrift für Peter Badura zum 70. Geburtstag, Tübingen 2004, S. 491 – 511; *Robbers, Gerhard*, Entwicklungsperspektiven des Föderalismus – Eine Ländersicht, in: Brenner, Michael/Huber, Peter M./Möstl, Markus (Hrsg.), Der Staat des Grundgesetzes – Kontinuität und Wandel, Festschrift für Peter Badura zum 70. Geburtstag, Tübingen 2004, S. 431 – 442; *Thaysen, Uwe*, Der deutsche Föderalismus zwischen zwei Konventen – Zur Reform des deutschen Bundesstaates um die Jahrhundertwende, Aus Politik und Zeitgeschichte 2003, Heft 29 – 30, S. 14 – 23; *Henneke, Hans-Günter*, Föderalismusreform kommt in Fahrt, DVBl. 2003, S. 845 – 851.
225 Raum für politischen Wettbewerb im Rahmen der heutigen bundesstaatlichen Ordnung sehen vor allem *Benz*, Thesen zur aktuellen Föderalismusdiskussion, S. 394; *Bauer*, Entwicklungstendenzen und Perspektiven des Föderalismus, S. 842.
226 Vgl. *Schmidt-Jortzig*, Herausforderungen für den Föderalismus, S. 749 f.; *Bauer*, Entwicklungstendenzen und Perspektiven des Föderalismus, S. 844 f.
227 *Schneider, Hans-Peter*, Kooperation, Konkurrenz oder Konfrontation? – Entwicklungstendenzen des Föderalismus in der Bundesrepublik, in: Gesellschaft für Rechtspolitik Trier (Hrsg.), Bitburger Gespräche Jahrbuch 1999/II: 50 Jahre Grundgesetz – 50 Jahre Föderalismus – Stand und Entwicklung, München 2000, S. 23, 24 ff.; *ders.*, Bundesstaatliche Ordnung, S. 2450; *Jeffery, Charlie*, Vom kooperativen Föderalismus zu einer „Sinatra-Doktrin" der Länder?, in: Meier-Walser, Reinhard C./Hirscher, Gerhard (Hrsg.), Krise und Reform des Föderalismus – Analysen zu Theorie und Praxis bundesstaatlicher Ordnungen, München 1999, S. 50, 53 ff.; *Bauer*, Art. 20 GG (Bundesstaat), in: Dreier, Rz. 18.

Kapitel 7: Verfassungsdogmatische, -vergleichende und politische Würdigung

stelle für die Vergabe von Studienplätzen (ZVS) beziehungsweise die Ausgliederung einzelner Studienfächer aus diesem kooperativen Verteilungsverbund.[228] Durch die Novellierung des Art. 72 Abs. 2 GG und die Einführung der Art. 72 Abs. 3, 75 Abs. 2 und 93 Abs. 1 Nr. 2a GG in das Grundgesetz im Jahre 1994 hat auch der verfassungsändernde Gesetzgeber erste Versuche zu einer Verbesserung der konstitutionellen Rahmenbedingungen für einen gemäßigten föderativen Wettbewerb unternommen.[229] Das Bundesverfassungsgericht scheint diese verfassungspolitische Tendenz zu mehr innovationsfördernder Eigenständigkeit der Länder vorsichtig in seine Verfassungsauslegung einfließen zu lassen, ohne dabei jedoch Begriffe wie ‚Wettbewerb' zu verwenden.[230] So hat das Bundesverfassungsgericht etwa in seinem Urteil zum Altenpflegegesetz vom 24. November 2002 die Justitiabilität der neuen Erforderlichkeitsklausel in Art. 72 Abs. 2 GG erklärt,[231] in seiner Entscheidung zum Ladenschluß vom 9. Juni 2004 das Ermessen des Bundesgesetzgebers zur Freigabe von Sachmaterien der konkurrierenden Gesetzgebung für die Landesgesetzgebung aus Art. 125a Abs. 2 Satz 2 GG für durch den Grundsatz des bundes- und länderfreundlichen Verhaltens eingeschränkt gehalten[232] und in seinem Urteil zur Juniorprofessur vom 27. Juli 2004 die verfassungsrechtlichen Schranken der Bundesrahmengesetzgebung einer betont föderalen Auslegung unterworfen.[233] In seinem Urteil zum Länderfinanzausgleich vom 11. November 1999 hat es einen von einem Maßstäbegesetz vorgezeichneten Finanzausgleich gefordert, der die Finanzkraftunterschiede unter den Ländern verringert, nicht aber beseitigt, und der „die richtige Mitte ... zwischen der Selbständigkeit, Eigenverantwortlichkeit und Bewahrung der Individualität der Länder auf der einen und der solidargemeinschaftlichen Mitverantwortung für die Existenz und Eigenständigkeit der Bundesgenossen auf der anderen Seite" findet.[234] Trotz dieser vorsichtigen Ansätze zu einer Verstärkung des föderativen Wettbewerbsgedankens bleibt der unitarisch-kooperative

---

[228] Siehe FAZ vom 19.01.2004, S. 2: Milbradt will Hochschulrahmengesetz ersatzlos streichen – Ein Gespräch mit dem sächsischen Ministerpräsidenten; FAZ vom 28.11.2001, S. 7: Baden-Württemberg will die ZVS abschaffen; FAZ vom 25.11.2003, S. 4: Ausstieg aus der ZVS angedroht – Hamburg und Baden-Württemberg für mehr Autonomie; FAZ vom 20.01.2004, S. 4: Thesenpapier zur Hochschulpolitik – Teufel droht mit Kündigung des ZVS-Staatsvertrags; FAZ vom 27.01.2004, S. 4: Bayern will ZVS abschaffen; *Schmoll, Heike*, Schrittweise Demontage der ZVS – Ausgliederung der Betriebswirtschaftslehre, FAZ vom 06.10.2003, S. 4; FAZ vom 28.05.2004, S. 4: Betriebswirtschaftslehre ausgegliedert – Studienplätze für das Fach werden nicht mehr zentral vergeben.
[229] Zu diesen Verfassungsänderungen siehe supra Kapitel 5 § 1 B. II.
[230] Zum Wettbewerbsföderalismus als verfassungsrechtlicher Auslegungstopos vgl. *Sommermann*, Art. 20 GG, in: von Mangoldt/Klein/Starck, Rz. 55; *Calliess*, Justitiabilität des Art. 72 Abs. 2 GG, S. 890 ff.
[231] BVerfGE 106, 62, 135 ff. Siehe dazu auch supra Kapitel 5 § 1 B. II.
[232] BVerfG, 1 BvR 636/02 vom 9.6.2004, Rz. 112. Siehe dazu auch supra Kapitel 5 § 1 B. II.
[233] BVerfG, 2 BvF 2/02 vom 27.7.2004, Rz. 78 ff. Siehe dazu auch supra Kapitel 5 § 1 B. II.
[234] BVerfGE 101, 158, 222. Siehe dazu supra Kapitel 5 § 1 F. I. Vgl. auch *Nettesheim, Martin*, Wettbewerbsföderalismus und Grundgesetz, in: Brenner, Michael/Huber, Peter M./Möstl, Markus (Hrsg.), Der Staat des Grundgesetzes – Kontinuität und Wandel, Festschrift für Peter Badura zum 70. Geburtstag, Tübingen 2004, S. 363, 367 ff.

deutsche Bundesstaat in seiner heutigen Gestalt bei der Verwirklichung eines innovationsfördernden politischen Wettbewerbs zwischen verschiedenen staatlichen Entscheidungszentren als „laboratories of democracy" weitgehend defizitär.

Der verfassungspolitische Zielgedanke der Institutionalisierung eines innovations- und allgemeinwohlfördernden Politikwettbewerbs zwischen verschiedenen staatlichen Einheiten und Ebenen durch die Regionalisierung der britischen Staatsordnung erschien in der meta-konstitutionellen Debatte über die Devolutionsreformen zunächst vor allem als rein wirtschaftspolitisches Argument: Das stark zentralisierte Regierungssystem des Vereinigten Königreichs sei insbesondere mit der regionalen Wirtschaftspolitik überfordert und unfähig, die erheblichen ökonomischen Disparitäten zwischen den verschiedenen Landesteilen zu bewältigen; die Herabzonung von staatlichen Entscheidungskompetenzen in diesem Politiksektor auf die regionale Ebene wäre geeignet, regionale ‚growth poles' zu etablieren, innovative Kräfte zu wecken, regional maßgeschneidertes, flexibleres und experimentierfreudiges Regierungshandeln im kleineren Raum zu ermöglichen und somit das Gesamtwohl des Staates zu fördern.[235] Auf diese Weise wird die Devolution zur einem „economic imperative".[236] Gewissermaßen verzögert – und endgültig wohl erst bei der wissenschaftlichen Analyse von Politikdifferenzierungen zwischen den verschiedenen Regierungsstrukturen – gelangte auch eine erweiterte Lesart dieses verfassungspolitischen Arguments, die eine allgemeinwohlfördernde Wirkung eines Politikwettbewerbs zwischen verschiedenen staatlichen Entscheidungszentren ebenso auf anderen Gebieten als der Wirtschaftspolitik erkennt, in die meta-konstitutionelle Devolutionsdebatte, und bedient sich dieser verfassungspolitische Diskurs des in der Föderalismusforschung entwickelten Gedankens des politischen Wettbewerbs unter verschiedenen „laboratories of democracy".[237] Nachdem das zentralisierte Regierungssystem des Vereinigten Königreichs vor 1998 lediglich das beschränkte politische Experimentieren durch regionale Sondergesetzgebung kannte und dieses mit der vorgezogenen Einführung der ‚poll tax' in Schottland seinen eher unrühmlichen Höhepunkt erreichte, eröffnen die Devolutionsreformen für Schott-

---

235 *Murphy, Phil/Caborn, Richard*, Regional government – an economic imperative, in: Tindale, Stephen (Hrsg.), The State and the Nations – The Politics of Devolution, London 1996, S. 184, 184 ff.; *Tomkins*, Devolution: A Constitutional Imperative?, S. 97 f.; *Jeffery/Palmer*, Das Vereinigte Königreich, S. 324.
236 So *Murphy/Caborn*, Regional government – an economic imperative, S. 184.
237 Vgl. etwa *Laffin*, Constitutional Design, S. 539 f.; *Palmer, Rosanne/Jeffery, Charlie*, Das Vereinigte Königreich: Die „Devolution-Revolution" setzt sich fort, in: Europäisches Zentrum für Föderalismus-Forschung Tübingen (Hrsg.), Jahrbuch des Föderalismus 2002 (Band 3): Föderalismus, Subsidiarität und Regionen in Europa, Baden-Baden 2002, S. 343, 348; *Hazell, Robert*, Conclusion – The Devolution Scorecard as the Devolved Assemblies Head for the Polls, in: ders. (Hrsg.), The State of the Nations 2003 – The Third Year of Devolution in the United Kingdom, Exeter 2003, S. 285, 292; *Trench, Alan*, Introduction: Has Devolution Made a Difference?, in: ders. (Hrsg.), Has Devolution Made a Difference – The State of the Nations 2004, Exeter 2004, S. 1, 6.

land, Nordirland und Wales nunmehr mannigfaltige Möglichkeiten der Erprobung politischer Alternativen im kleineren staatlichen Raum und des interregionalen Wettbewerbs um die sachgerechtesten Lösungen politischer Fragestellungen. Ein besonders weites Wirkungsfeld für die Entwicklung und Realisierung politischer Alternativen bieten die legislative Devolutionsmodelle für Schottland und Nordirland, durch welche regionalen Regierungsstrukturen legislative und exekutive Zuständigkeiten von bedeutendem Ausmaß zugebilligt werden. Diese können in bewußt abweichender Art und Weise von den Politikentscheidungen in Westminster und Whitehall ausgeübt werden. Einen nur vergleichsweise bescheidenen Raum für Politikdifferenzierung auf regionaler Ebene bietet dagegen die walisische Devolution. Dies ergibt sich zum einen aus der Notwendigkeit für das National Assembly for Wales, in der Ausübung seiner sekundären Gesetzgebungskompetenzen den durch Primärgesetzgebung aus Westminster gesteckten Ermächtigungs- und Politikrahmen einzuhalten, zum anderen aber auch aus dem Zwang, politische Initiativen für Wales, die neuer Normsetzungsdelegationen durch das zentralstaatliche Parlament bedürfen, in Kooperation mit den britischen Ministerien und insbesondere dem Secretary of State for Wales zu betreiben. Vor allem der durch das von englischen Interessen dominierte Whitehall vermittelte Zugang zum zentralstaatlichen Legislativapparat verhindert eine betont kompetitive Ausrichtung der walisischen Regionalpolitik. Auch die regionalisierte britische Finanzordnung entfaltet – ähnlich dem deutlich nivellierenden Finanzausgleich im deutschen Bundesstaat – eine wettbewerbshemmende Wirkung. Abgesehen von der relativ marginalen Steuersatzvariationskompetenz des schottischen Parlaments besitzen die Devolutionsregionen keinen gesicherten Einfluß auf die Einnahmenseite der Finanzordnung. Aufgrund des ‚block and formula'-Systems können sie sogar durch englische Prioritätensetzungen in ihrer Finanzausstattung beeinträchtigt werden. Insbesondere aber erfolgen die Berechnungen und Zuweisungen der jährlichen Finanzblocks gänzlich unabhängig vom regionalen Steueraufkommen, so daß den Regionen – wiederum abgesehen vom Gebrauch der steuerrechtlichen Variationskompetenz der schottischen Legislative – die Früchte einer erfolgreichen Wirtschaftspolitik verwehrt bleiben. Damit wird der politische Wettbewerb in einem besonders entscheidenden Bereich mittelbar behindert. Auf anderen Sektoren bietet die britische Devolution indessen eine ausnehmend wettbewerbsfreundliche Atmosphäre. Die Bevölkerung in den Devolutionsregionen strebt nicht primär nach Einheitlichkeit oder Gleichwertigkeit der Lebensverhältnisse im Gesamtstaat, sondern verbindet mit der Regionalisierung des Vereinigten Königreichs die Erwartung einer auf regionale Präferenzen maßgeschneiderten politischen Differenzierung der regionalen Regierungstätigkeit von der englisch dominierten zentralstaatlichen Gesetzgebung und Verwaltung. Zudem unterliegen die Devolutionsreformen im allgemeinen und die regionalen Staatsorgane im besonderen auch nach den positiv beschiedenen Referenda von 1997 einem andauernden Rechtfertigungszwang, unter dem vor allem die Entwicklung und Umsetzung von Politikentscheidungen in substantieller Abweichung von anglo-britischem Regierungshandeln als Beleg für den Erfolg des Devolutionsprojekts gewertet werden.[238] Aus dieser Grundstimmung heraus, die auch bei der für die Devolutionsreformen verantwortlichen Labour-Regierung in London vorherrscht, erklärt sich möglicherweise auch der Umstand, daß die intergouvernementalen kooperativen Vernetzungen der regionalisierten britischen Staatsordnung – anders als im deutschen Bundesstaat – keinen merkbaren Unitarisierungs- und Harmonisierungsdruck für das regionale Regierungshandeln entfaltet haben, sondern sich im ganzen eher positiv auf den Prozeß des politischen Experimentierens und voneinander Lernens ausgewirkt haben.[239] Schließlich verstärkt auch die im Verhältniswahlrecht zu den regionalen Volksvertretungen begründete und im Northern Ireland Act 1998 sogar fest institutionalisierte Notwendigkeit der parteipolitischen Koalitionsbildung auf regionaler Ebene die Wahrscheinlichkeit von schottischen, nordirischen und walisischen Politikdifferenzierungen gegenüber der von einer Partei dominierten zentralstaatlichen Gesetzgebung. Diese gegenüber dem unitarisch-kooperativen deutschen Bundesstaat insgesamt wettbewerbsfreundlicheren staatsorganisatorischen und politischen Voraussetzungen der britischen Regionalisierung haben in den ersten Jahren der Devolution zu nicht unbedeutenden Abweichungen zwischen schottischer, nordirischer, walisischer und anglo-britischer Rechtsetzung geführt, die auch als Wettbewerb der politischen Alternativen verstanden werden.[240] So wurden in Schottland etwa die direkten Studiengebühren für schottische Studenten abgeschafft und die Gehälter von schottischen Lehrern deutlich erhöht; auf der Grundlage des Berichts der von der britischen Regierung eingesetzten Sutherland Royal Commission on Long Term Care führte das schottische Parlament zudem kostenfreie Altenpflege ein, während sich die britische Regierung gegen eine Umsetzung der Kommissionsempfehlungen entschied.[241] Das National Assembly for Wales setzte den ersten Children's Commissioner im Vereinigten Königreich ein, reformierte das walisische Gesundheitssystem und beschloß neben der Gewährung von ‚Learning Grants' für Studenten

---

238 Vgl. *Trench, Alan*, The More Things Change, The More They Stay the Same, in: ders. (Hrsg.), Has Devolution Made a Difference – The State of the Nations 2004, Exeter 2004, S. 165, 190.
239 *Trench*, The More Things Change, The More They Stay the Same, S. 189 f.
240 Vgl. dazu und zum Folgenden *Palmer/Jeffery*, Das Vereinigte Königreich, S. 346 ff.; *Jeffery*, Durch Devolution zur Föderalstruktur?, S. 114 f.; *Hazell*, Conclusion – The Devolution Scorecard, S. 290 ff.; *Keating, Michael*, How Distinctive is Holyrood? – An Analysis of Legislation in the first Scottish Parliament, 2004 (erhältlich unter www.devolution.ac.uk/keating_2004_policy_paper.pdf); *Loughlin, John/Sykes, Sophie*, Devolution and Policy-making in Wales: Restructuring the System and Reinforcing Identity, 2004 (erhältlich unter www.devolution.ac.uk/Loughlin_and%20_Sykes_poli cy_ paper.pdf); *ESRC Research Programme on Devolution and Constitutional Change*, Devolution: What Difference Has it Made? – Interim Findings, 2004 (erhältlich unter www.devolution.ac.uk/Interim_Findings_04.pdf); *Trench*, Introduction, S. 5 f.
241 Vgl. neben den supra in Fn. 240 Genannten auch *Simeon, Rachel*, Free Personal Care – Policy Divergence and Social Citizenship, in: Hazell, Robert, (Hrsg.), The State of the Nations 2003 – The Third Year of Devolution in the United Kingdom, Exeter 2003, S. 215, 215 ff.

## Kapitel 7: Verfassungsdogmatische, -vergleichende und politische Würdigung

und der Bereitstellung kostenloser Schulmilch in Grundschulen auch die Abschaffung von Rezeptgebühren für Patienten unter 25 und über 60 Jahren.[242] Selbst die nur für vergleichsweise kurze Zeit operierende nordirische Versammlung konnte in Nordirland einige von der britischen Regierungspolitik materiell abweichende Reformen umsetzen. So wurde in Nordirland etwa nach walisischem Vorbild ein Children's Commissioner eingesetzt, das System der Studentenfinanzierung reformiert und älteren Menschen die kostenfreie Nutzung des öffentlichen Verkehrsnetzes erlaubt. In diesem Prozeß der Politikdifferenzierung zwischen den Landesteilen des Vereinigten Königreichs werden auch die von der verfassungspolitischen Zielvorstellung eines Nebeneinanders von konkurrierenden ‚Demokratielaboren' prognostizierten gemeinwohlfördernden Lerneffekte deutlich; vor allem in den Themenbereichen der Studiengebühren und der Altenpflege wurde die gesamtbritische politische Debatte stark von den schottischen Reforminitiativen geprägt.[243] Die walisische Einsetzung eines Children's Commissioners hat anderorts Nachahmung gefunden.

Während sich die regionalisierten Finanzordnungen in Deutschland und dem Vereinigten Königreich ähnlich wettbewerbshemmend auswirken, gestattet die britische Regionalisierung insbesondere im Rahmen der schottischen Devolution ein spürbar höheres Maß an Politikdifferenzierung und politischem Wettbewerb zwischen verschiedenen staatlichen Einheiten als der unitarisch-kooperative deutsche Bundesstaat. Sowohl die separative Grundausrichtung der legislativen Devolution als auch die insgesamt innovationsfreudigere und differenzierungsfreundlichere Atmosphäre der britischen Regionalisierung lassen den verfassungspolitischen Zielgedanken der Ermöglichung eines Wettbewerbs der politischen Alternativen zur Förderung des staatlichen Gesamtwohls im Vereinigten Königreich deutlich stärker hervortreten als im deutschen Föderalismus. Während in Deutschland für diesen meta-konstitutionellen Zusammenhang die Wirkungen und Weiterentwicklungen der ersten Ansätze zu einer Reföderalisierung abzuwarten bleiben, wird sich die konstruktiv-kompetitive Grundausrichtung der britischen Devolution erst in einem rauheren Klima parteipolitisch gegensätzlicher Mehrheiten in Westminster auf der einen Seite und den regionalen Volksvertretungen auf der anderen beweisen müssen.

---

242 Vgl. *Hazell*, Conclusion – The Devolution Scorecard, S. 290 f.; *Osmond, John*, From Corporate Body to Virtual Parliament – The Metamorphosis of the National Assembly for Wales, in: Hazell, Robert (Hrsg.), The State of the Nations 2003 – The Third Year of Devolution in the United Kingdom, Exeter 2003, S. 13, 28 ff.; *ESRC Research Programme on Devolution and Constitutional Change*, Devolution: What Difference Has it Made?, S. 4;
243 *Palmer/Jeffery*, Das Vereinigte Königreich, S. 348.

## G. Verfassungspolitische Zusammenschau

Die mannigfaltigen Unterschiede in ihren historischen Voraussetzungen, ihren verfassungsnormativen Grundlagen und ihren real-politischen Funktionsweisen führen dazu, daß die deutsche Bundesstaatlichkeit und die britische Devolution in unterschiedlichem Maße und in verschiedener Art und Weise zur Verwirklichung der verfassungspolitischen Ziele einer regionalen Gliederung einer Staatsorganisation imstande sind. Angesichts seiner starken Zentralisierung, Unitarisierung und kooperativen Verflechtung ermöglicht der deutsche Bundesstaat vor allem einen sachgerechten Gesetzesvollzug vor Ort, installiert ein System gestreuter demokratischer Legitimation staatlichen Handelns und etabliert eine insbesondere auf die institutionelle Trennung von Legislativ- und Exekutivtätigkeit sowie die integrative Beteiligung der wesentlichen politischen Kräfte ausgerichtete Version der Gewaltenteilung. Zumindest in ihrer schottischen Ausprägung verwirklicht die britische Devolution auch eine Reihe weiterer meta-konstitutioneller Ziele: Sie schafft regionale Regierungsstrukturen mit weitreichenden politischen Leitungsfunktionen, durch die regionale, zum Teil ethnisch und landsmannschaftlich begründete Politikpräferenzen realisiert werden können, und legt damit zugleich die Grundlagen für einen innovations- und gemeinwohlfördernden Politikwettbewerb zwischen den verschiedenen staatlichen Entscheidungszentren; sie kräftigt die gesamtstaatliche Demokratie, etabliert eine rudimentäre Form der vertikalen und regional horizontalen Gewaltenteilung und bringt dabei einen deutlich verstärkten Freiheitsschutz in den Devolutionsregionen mit sich. Für alle diese konstitutionellen Fortschritte bleibt indessen die fortgeltende Suprematie der britischen Crown in Parliament eine stetige rechtliche Bedrohung, so daß die nachhaltige Wirksamkeit der neuen und alten Mechanismen der konstitutionellen Bindung des britischen Gesetzgebers in der Zukunft diese Erfolge der Regionalisierung zu gewährleisten imstande sein muß.

# § 4 Verfassungsvergleichende Impulse für die deutsche und die britische Reformdebatte

Sowohl in der Bundesrepublik Deutschland als auch im Vereinigten Königreich von Großbritannien und Nordirland bildet die regionale Dezentralisierung der Staatsordnung zur Zeit einen zentralen Gegenstand konstitutioneller Reformbestrebungen. In Deutschland hat die politische und wissenschaftliche Diskussion über eine grundlegende Reform des föderativen Staatsgefüges mit der Einsetzung der ‚Kommission von Bundestag und Bundesrat zur Modernisierung der bundesstaatlichen Ordnung' am 16./17. Oktober 2003 einen neuen

Höhepunkt erreicht.²⁴⁴ Im Vereinigten Königreich liefern die ersten Schritte und weiteren Planungen einer englischen Regionalisierung, die bis heute ungelöste Nordirlandfrage, die vielfach nur als Übergangsstadium empfundene exekutive Devolution für Wales sowie die unvollendete Umgestaltung des House of Lords das komplexe Umfeld für eine anhaltende, intensiv geführte Debatte über die Zukunft der britischen Devolutionsordnung. Zwar gebieten die staatsorganisatorischen und verfassungskulturellen Unterschiede zwischen Deutschland und dem Vereinigten Königreich sowie die jeweilige spezifisch-nationale Eigendynamik der betreffenden Reformprozesse eine gewisse wissenschaftliche Vorsicht in dieser Hinsicht, jedoch kann der britisch-deutsche Verfassungsvergleich die konstitutionellen Reformdebatten in beiden Staatsordnungen um die Erfahrungen eines anderen regionalisierten Verfassungssystems bereichern und sie dadurch mit punktuellen Reformimpulsen versehen.

## A. Verfassungsvergleichende Impulse für die Reform des deutschen Bundesstaates

In der verfassungsvergleichenden Untersuchung und Würdigung offenbart der deutsche Bundesstaat seine deutlich unitarische Ausrichtung und seine starke kooperative Prägung. Echte politische Leitungsfunktionen besitzen die deutschen Bundesländer nach der föderativen Kompetenzverteilung des Grundgesetzes in nur noch sehr beschränktem Umfang. Verbleibende Zuständigkeiten der deutschen Gliedstaaten sind in ein umfassendes Kooperationsgeflecht zwischen Bund und Ländern eingebunden und durch eine nivellierende bundesstaatliche Finanzverfassung zusätzlich materiell entwertet. Im Gegenzug räumt das Grundgesetz den Länderexekutiven über den Bundesrat beträchtliche Mitwirkungspositionen in der zentralstaatlichen Willensbildung ein und legt damit die Fundamente eines ausgeprägten Beteiligungsföderalismus, in dem die wesentlichen Bereiche politischer Führung der Bundesrepublik einer materiellen Allparteienregierung überantwortet sind. Dabei drohen – wie eine verfassungspolitische Würdigung des deutschen Bundesstaates zeigt²⁴⁵ – nicht nur die Ziele einer Regionalisierung der Staatsordnung aus den Augen verloren zu werden, sondern es entstehen auch zusätzliche Gefahren für die Handlungs- und Reformfähigkeit des bundesrepublikanischen Gemeinwe-

---

244 Vgl. *Haug*, Die Föderalismusreform, S. 190 ff.; *Kirchhof*, Klarere Verantwortungsteilung von Bund, Ländern und Kommunen?, S. 977 ff.; *Kloepfer*, Bemerkungen zur Föderalismusreform, S. 566 ff.; *Schwanengel*, Die Malaise des deutschen Bundesstaates, S. 553 ff.; *Scholz*, Zur Reform des Föderalismus, S. 491 ff.; *Robbers*, Entwicklungsperspektiven des Föderalismus, S. 431 ff.; *Thaysen, Uwe*, Der deutsche Föderalismus zwischen zwei Konventen, S. 14 ff.; *Hennecke*, Föderalismusreform kommt in Fahrt, S. 845 ff.
245 Siehe supra Kapitel 7 § 3.

Teil 3: Ergebnisse und Bewertung

sens. Der britisch-deutsche Verfassungsvergleich offenbart die dringende Notwendigkeit einer Reform des deutschen Föderalismus zu einem separativeren Zuständigkeits- und Verantwortungsgefüge, in dem die Bundesländer auf substantiellen Gebieten der politischen Leitung echte Gestaltungsautonomien innehaben und der Bund innerhalb seiner Kompetenzsphären unabhängiger vom politischen Konsens mit den Landesregierungen agieren kann. Der stark zentralisierten und kompetenziell verschränkten Regionalisierungsform des deutschen Bundesstaates stellt die britische Staatsordnung vor allem mit dem schottischen Modell der legislativen Devolution ein Dezentralisierungsgefüge gegenüber, welches trotz weitreichender legislativer und exekutiver Ingerenzbefugnisse des britischen Zentralstaats gegenüber den regionalen Regierungsstrukturen insgesamt eine größere regionale Autonomie sowie eine separativere Grundausrichtung aufweist. Jenseits konkreter konstitutioneller Bau- und Funktionselemente regionalisierter Staatlichkeit kann die deutsche Föderalismusdebatte aus der britischen Devolutionsordnung zunächst den verfassungsgestalterischen Mut zu mehr regionaler politischer Autonomie und zu mehr Asymmetrie der Gesamtrechtsordnung aufgreifen, der sich insbesondere in einer gestärkten demokratischen Legitimation staatlichen Handelns, in einem gesteigerten politischen Ideenwettbewerb und in mehr politischer Innovationsfreude auszahlen wird. Der schottische Fall belegt eindrucksvoll, daß ein gewisses Maß an gesamtstaatlicher Rechtszersplitterung zur Förderung regionaler Autonomie in Kauf genommen werden kann.

Der Verlust autonomer politischer Gestaltungsmacht der deutschen Bundesländer hat sich vor allem durch die schrittweise Zentralisierung von Gesetzgebungszuständigkeiten vollzogen, so daß die bundesstaatliche Verteilung von Legislativkompetenzen zwischen Bund und Ländern den unmittelbaren Fokus einer Reform zur separativen Reföderalisierung der Bundesrepublik Deutschland bilden muß. Zunächst sollten die Materien der konkurrierenden Gesetzgebung des Bundes und der Bundesrahmengesetzgebung mit Blick auf die Frage durchleuchtet werden, welche Politikfelder sinnvollerweise in die ausschließlichen Kompetenzbestände des Bundes und der Länder überführt werden können. Beispielsweise das Notariatswesen, das Versammlungsrecht, die außerschulische berufliche Bildung – welche bisher einen Teil des Rechts der Wirtschaft darstellt –, das Presse- sowie das Jagdwesen könnten der alleinigen Regelungskompetenz der Gliedstaaten unterstellt werden. Bestehendes Bundesrecht auf diesen Sachgebieten sollte nach einer entsprechenden Verfassungsreform als Landesrecht fortgelten. Für eine Übertragung in die ausschließliche Gesetzgebungszuständigkeit des Bundes bieten sich etwa das bürgerliche Recht – ohne das Notariatswesen –, das Personenstandswesen, das Ausländerrecht, das Kernenergierecht, das Wettbewerbsrecht, der Straßenverkehr, die Schienenbahnen, die Staatshaftung, die Besoldung und Versorgung der im Dienste des Bundes stehenden Personen, die Raumordnung des Bundes und der Wasserhaushalt, das Melde- und Ausweiswesen sowie der Schutz deutschen Kulturguts gegen Abwanderung ins Ausland an. Eine vollumfängliche Verschiebung aller Sachmaterien der konkurrierenden Gesetzgebung und der Rahmengesetzgebung in die exklusiven Gesetzgebungszuständigkeiten des Bundes oder der Länder[246] erscheint dagegen aufgrund der notwendigen Flexibilität der föderativen Kompetenzverteilung und der erheblichen Schwierigkeiten bei der dann notwendigen thematischen Untergliederung verschiedener Sachmaterien nicht ratsam.[247] Auch das grundsätzlich separativ orientierte schottische Devolutionsmodell vermeidet durch die Anerkennung einer ‚echten' Kompetenzkonkurrenz auf übertragenen Politikfeldern die problematische Rigidität eines vollkommenen Trennsystems hinsichtlich der Legislativzuständigkeiten.

Jedoch bedürfen die Zuständigkeitsregelungen zwischen den ausschließlichen Kompetenzsphären des Bundes und der Länder einer nachhaltigen strukturellen Neugestaltung. Die Kompetenztypen der konkurrierenden Gesetzgebung gemäß Art. 72 GG und der Rahmengesetzgebung gemäß Art. 75 GG haben sich in ihrer bisherigen Ausgestaltung nicht bewährt, da es sich bei der konkurrierenden Gesetzgebung materiell um eine Vorranggesetzgebung des Bundes mit zumindest problematischer Schrankenbestimmung handelt, während die Konzeption der Rahmengesetzgebung nicht die Durchdringung gliedstaatlicher Zuständigkeiten mit detaillierten bundeseinheitlichen Regelungen verhindert hat und zudem durch ihre Intransparenz und Komplexität auffällt. Zwar ist die neuere bundesverfassungsgerichtliche Rechtsprechung zu diesen beiden Kompetenztypen[248] grundsätzlich dazu geeignet, die legislative Autonomie innerhalb der bestehenden verfassungsrechtlichen Zuständigkeitsarchitektur zu stärken; jedoch wird diese begrüßenswerte Judikatur die konzeptionellen Schwierigkeiten der betroffenen Kompetenztypen nicht zu überwinden vermögen und daher den fortgeschrittenen Autonomieverlust der deutschen Bundesländer lediglich punktuell, nicht aber grundlegend und nachhaltig kompensieren können. Die Kompetenz des Bundes zur Rahmengesetzgebung nach Art. 75 GG sollte vielmehr vollständig entfallen.[249] Dieser Kompetenztypus erfordert nicht nur eine zeitaufwendige und intransparente Zweiaktigkeit des Legislativprozesses, sondern er verschränkt auf insbesondere in demokratischer Hinsicht bedenkliche Art und Weise die Verantwortungssphären von Bund und Ländern. Darüber hinaus bildet das zentrale Konstruktionselement der Rahmengesetzgebung – die Abgrenzung zwischen

---

246 Im Sinne eines möglichst vollkommenen Trennungssystems etwa *Meyer, Hans*, Stellungnahme zur Anhörung in der Bundesstaatskommission, Kommissions-Drs. 0012, S. 19 ff.
247 So auch *Kirchhof*, Klarere Verantwortungsteilung von Bund, Ländern und Kommunen?, S. 980; *ders.*, Stellungnahme zur Anhörung in der Bundesstaatskommission, Kommissions-Drs. 0011, S. 4.
248 Siehe BVerfGE 106, 62, 135 ff. (Altenpflegegesetz) und BVerfG, 1 BvR 636/02 vom 9.6.2004, Rz. 100 ff. (Ladenschluß) zur konkurrierenden Gesetzgebung sowie BVerfG, 2 BvF 2/02 vom 27.7.2004, Rz. 78 ff. (Juniorprofessur) zur Rahmengesetzgebung.
249 So auch *Huber, Peter M.*, Stellungnahme zur Anhörung in der Bundesstaatskommission, Kommissions-Drs. 0008, S. 10 f.; *Wieland, Joachim*, Stellungnahme zur Anhörung in der Bundesstaatskommission, Kommissions-Drs. 0009, S. 4; *Kirchhof*, Klarere Verantwortungsteilung von Bund, Ländern und Kommunen?, S. 981; *ders.*, Stellungnahme zur Anhörung in der Bundesstaatskommission, Kommissions-Drs. 0011, S. 4; *Kloepfer*, Bemerkungen zur Föderalismusreform, S. 570.

zulässigen zentralstaatlichen Rahmenregelungen und unzulässigen Detailbestimmungen – zugleich auch ihren schwersten strukturellen Mangel: Trotz der Novellierung des Art. 75 GG im Jahre 1994 kann die Frage nach der für den Bund statthaften Regelungsintensität im Bereich der Rahmengesetzgebung bis heute nicht mit hinreichender Präzision beantwortet werden. Dieser Befund wird durch das Urteil des Bundesverfassungsgerichts zur Juniorprofessur vom 27. Juli 2004 sogar bestätigt, durch welches doch gerade Licht auf diese elementare Problematik der Rahmengesetzgebung geworfen werden sollte. Die inhaltliche Diskrepanz zwischen dem Mehrheits- und dem Minderheitsvotum zur Verfassungsmäßigkeit des Fünften Gesetzes zur Änderung des Hochschulrahmengesetzes und anderer Vorschriften[250] läßt vermuten, daß die Auseinandersetzung über die korrekte Auslegung des Art. 75 Abs. 1 Satz 1 und Abs. 2 GG lediglich in eine neue Phase eingetreten, nicht aber zu einem befriedigenden Ende gekommen ist. Es bleibt daher überaus fraglich, ob jemals eine hinreichend klare Grenzziehung möglich sein wird. Auch die verfassungsändernde Weiterentwicklung der Bundesrahmengesetzgebung zu einer restriktiver ausgestalteten Grundsatzgesetzgebung,[251] wie sie im Mehrheitsvotum des Bundesverfassungsgerichts zur Juniorprofessur bereits judikativ angestoßen wird, erscheint im ganzen nicht empfehlenswert, da einer solchen Kompetenz des Bundes zur Richtliniengesetzgebung letztlich die gleiche konzeptionelle Schwäche anhaftet wie der alten Rahmengesetzgebung.[252] Der verfassungskomparative Blick auf die intransparente und verantwortungsverschränkende exekutive Devolution für Wales, welche in ihren Grundzügen mit der deutschen Rahmengesetzgebung vergleichbar ist, aber – anders als diese – bisher keine festgeschriebene Abgrenzung zwischen den sinnvollerweise zentralstaatliche geregelten Vorgaben und den notwendigen regionalen Gestaltungsspielräumen aufweist, offenbart auch keine überzeugenden Argumente zur Beibehaltung der deutschen Rahmengesetzgebung.

Nach Abschaffung der Bundesrahmengesetzgebung könnte eine reformierte Kategorie der konkurrierenden Gesetzgebung die für eine föderative Zuständigkeitsverteilung im Bereich der legislativen Gewalt erforderliche Flexibilität gewährleisten. Sie würde alle diejenigen Gesetzgebungsmaterien erfassen, welche nach einer diesbezüglichen Verfassungsreform nicht in die ausschließlichen Zuständigkeitsbereiche des Bundes oder der Länder fallen. Bis zum Kurswechsel des Bundesverfassungsgerichts in seiner Entscheidung zum Altenpflegegesetz[253] stand der Gebrauch einer konkurrierenden Gesetzgebungszuständigkeit im wesentlichen im unbeschränkten politischen Ermes-

---

250 Siehe BVerfG, 2 BvF 2/02 vom 27.7.2004, Rz. 78 ff. (Mehrheitsvotum) und 154 ff. (Minderheitsvotum).
251 So mit Abweichungen im Detail etwa *Arndt/Benda/von Dohnanyi/Schneider/Süssmuth/Weidenfeld*, Zehn Vorschläge zur Reform des deutschen Föderalismus, S. 202 f.; *Scholz*, Zur Reform des Föderalismus, S. 502.
252 So auch *Schwanengel*, Die Malaise des deutschen Bundesstaates, S. 557; *Huber*, Stellungnahme zur Anhörung in der Bundesstaatskommission, Kommissions-Drs. 0008, S. 10 f.
253 Siehe BVerfGE 106, 62, 135 ff.

Kapitel 7: Verfassungsdogmatische, -vergleichende und politische Würdigung

sen des Bundes und war dadurch der Großteil der Gegenstände dieses Kompetenztypus materiell betrachtet den ausschließlichen Bundesgesetzgebungszuständigkeiten zugewachsen. Trotz der verfassungsändernden Einführung der Rückholklausel des Art. 72 Abs. 3 GG im Jahre 1994, der Konkretisierung der Schranken des Art. 72 Abs. 2 GG durch das Bundesverfassungsgericht in seinem Urteil zum Altenpflegegesetz sowie der Herleitung einer situationsbezogenen Pflicht zum Erlaß einer zentralstaatlichen Ermächtigung zur Landesgesetzgebung gemäß Art. 125a Abs. 2 Satz 2 GG in der Entscheidung des Bundesverfassungsgerichts zum Ladenschluß[254] ist innerhalb des derzeitigen verfassungsrechtlichen Regelungsgefüges eine nachhaltige Herabzonung von Legislativkompetenzen auf den Gebieten der konkurrierenden Gesetzgebung nicht zu erwarten. Die konkurrierende Gesetzgebung bleibt auch heute in Wahrheit eine beinahe umfassend genutzte Vorranggesetzgebung des Bundes, welche durch die grundsätzlich fakultativen Öffnungsklauseln der Art. 72 Abs. 3 und 125a Abs. 2 Satz 2 GG keine in der Verfassungspraxis spürbare Modifikation im Sinne einer wirksamen Stärkung gliedstaatlicher Legislativautonomie erfährt. Eine grundlegende Umgestaltung dieses Kompetenztypus sollte das einseitige Regelungsübergewicht des Bundes zugunsten einer länderfreundlicheren legislativen Machtbalance zwischen Zentralstaat und Gliedstaaten korrigieren. Dafür bieten sich vor allem zwei grundsätzliche Regelungswege an.

Zum einen könnten die bestehenden grundgesetzlichen Öffnungsklauseln mit einer verfassungsrechtlichen Pflicht des Bundesgesetzgebers versehen werden, die Länder zur Ersetzung von Bundesrecht zu ermächtigen, wenn die – möglicherweise zu schärfenden – Voraussetzungen des Art. 72 Abs. 2 GG durch eine bundesgesetzliche Regelung nicht oder nicht mehr erfüllt werden.[255] Zur Vermeidung eines Regelungswiderspruchs müßte die Schranke des Art. 72 Abs. 2 GG als Zugriffsvoraussetzung für die Bundesgesetzgebung aufgehoben werden.[256] Die Reform der konkurrierenden Gesetzgebung mit Hilfe obligatorischer Öffnungsklauseln könnte zwar im Ergebnis zu der gewünschten ausgewogenen Gesetzgebungskonkurrenz zwischen Bund und Ländern führen, bleibt jedoch zugleich mit nicht unbedeutenden Schwierigkeiten behaftet. So bildet weiterhin der in seiner Anwendung äußerst problematische Art. 72 Abs. 2 GG – hier indessen unter umgekehrten Vorzeichen – das unmittelbare und allein entscheidende Scharnier zwischen den Zuständigkeitssphären von Bund und Ländern. Dies erscheint vor allem deshalb bedenklich, weil nach der Konzeption obligatorischer Öffnungsklauseln die rein verfassungsrechtliche Prüfung der Erforderlichkeitsklausel weiterhin

---

254 Siehe BVerfG, 1 BvR 636/02 vom 9.6.2004, Rz. 110 ff.
255 *Grimm, Dieter*, Stellungnahme zur Anhörung in der Bundesstaatskommission, Kommissions-Drs. 0018, S. 5; *Scholz*, Zur Reform des Föderalismus, S. 497; *Schwanengel*, Die Malaise des deutschen Bundesstaates, S. 557.
256 Vgl. *Kirchhof*, Stellungnahme zur Anhörung in der Bundesstaatskommission, Kommissions-Drs. 0011, S. 7.

dem gegenüber der Herabzonung von Legislativzuständigkeiten tendenziell eher abgeneigten Bundesgesetzgeber obläge.

Der zweite und aufgrund dieser Bedenken insgesamt vorzugswürdigere Weg zu einer Reföderalisierung der konkurrierenden Gesetzgebung bewirkt demgegenüber einen bewußten verfassungsrechtlichen „Systembruch".[257] Die konkurrierende Gesetzgebung des Bundes könnte danach zu einer „Auffanggesetzgebung" des Bundes mit originären „Zugriffsrechten" der Länder umgestaltet werden.[258] Diese Reformalternative steht in gewisser Parallelität zur ‚echten' Gesetzgebungskonkurrenz bezüglich übertragener Sachmaterien zwischen Westminster und Stormont im Rahmen der legislativen schottischen Devolution. Insbesondere greift sie die im schottischen Regionalisierungsmodell zutage tretende Überzeugung von den vielseitigen Vorteilen selbständiger politischer Gestaltung auf regionaler Ebene sowie von der gesamtstaatlichen Verträglichkeit einer gewissen Rechtszersplitterung und einer thematisch beschränkten Asymmetrie der staatlichen Rechtsordnung auf. Die Grundidee einer Bundesauffanggesetzgebung mit Länderzugriffsrecht besteht darin, daß auf den betreffenden Sachgebieten der Bund vollständig zur Gesetzgebung berechtigt bleibt, die Länder aber ohne vorherige zentralstaatliche Ermächtigung vom Bundesrecht abweichen dürfen. Das autonome Zugriffsrecht der Länder müßte dabei unabhängig von der Frage bestehen, ob der Bund hinsichtlich des fraglichen Regelungsgegenstandes bereits gesetzgeberisch tätig geworden ist, da der Zentralstaat ansonsten einzelne Politikfelder durch schlichte Nichtregelung vom Zugriff der Länder ausschließen könnte.[259] Bei der Auffanggesetzgebung mit Zugriffsrecht handelt es sich somit im Grundsatz um eine umgekehrt konkurrierende Gesetzgebung,[260] bei der – entgegen Art. 31 GG – dem Landesrecht prinzipiell Vorrang vor sowohl vorzeitigem als auch zeitlich nachfolgendem Bundesrecht eingeräumt wird. Da die Länder jedoch zu einem legislativen Zugriff nicht verpflichtet wären, gälte das bestehende Bundesrecht immer in denjenigen Ländern fort, die keine das Bundesgesetz derogierenden Legislativakte erlassen haben. Das schottische Devolutionsmodell, welches auf dem Grundgedanken basiert, daß das schottische Parlament in Stormont auf den umfänglichen Gebieten übertragener Sachmaterien von zentralstaatlicher Gesetzgebung abweichen kann, die dann in England und Wales anwendbar bleibt, kann als komparati-

---

257 *Huber*, Stellungnahme zur Anhörung in der Bundesstaatskommission, Kommissions-Drs. 0008, S. 9.
258 Diese Terminologie verwendet *Huber*, Stellungnahme zur Anhörung in der Bundesstaatskommission, Kommissions-Drs. 0008, S. 8 ff.
259 So auch *Kirchhof*, Klarere Verantwortungsteilung von Bund, Ländern und Kommunen?, S. 981.
260 Vgl. dazu auch *Arndt/Benda/von Dohnanyi/Schneider/Süssmuth/Weidenfeld*, Zehn Vorschläge zur Reform des deutschen Föderalismus, S. 203; *Huber*, Stellungnahme zur Anhörung in der Bundesstaatskommission, Kommissions-Drs. 0008, S. 8 ff.; *Scharpf, Fritz W.*, Stellungnahme zur Anhörung in der Bundesstaatskommission, Kommissions-Drs. 0007, S. 9 f.; *Kirchhof*, Klarere Verantwortungsteilung von Bund, Ländern und Kommunen?, S. 981; *Schwanengel*, Die Malaise des deutschen Bundesstaates, S. 557.

## Kapitel 7: Verfassungsdogmatische, -vergleichende und politische Würdigung

ver Beleg dafür angeführt werden, daß die häufig beschworene undurchschaubare und daher untragbare Rechtszersplitterung[261] von einer derartigen Auffanggesetzgebung mit Zugriffsrecht nicht zu erwarten ist. Vielmehr werden die Nachteile der entstehenden Asymmetrie in der deutschen Rechtsordnung durch den beträchtlichen Gewinn autonomer politischer Gestaltungsfreiheit auf regionaler Ebene und föderaler Vielfalt aufgewogen. Zudem mag sich das mit einer derartigen Verfassungsreform bewußt in Kauf genommene Gefüge aus allgemeingültigem Bundesrecht, partiellem Bundesrecht und Landesrecht im Bereich der Auffanggesetzgebung mit Zugriffsrecht zwar insgesamt juristisch komplexer darstellen als die heutige bundesrepublikanische Rechtsordnung; seine im Hinblick auf das demokratische Prinzip bedeutsamen Verantwortungszusammenhänge bleiben indessen hinreichend transparent. Die Grundkonzeption einer Bundesauffanggesetzgebung mit Länderzugriffsrecht bedarf dabei einer verfassungsgestalterischen Konkretisierung, welche nicht nur das Bedürfnis nach mehr bundesstaatlicher Vielfalt und politischer Innovationsfähigkeit befriedigt, sondern auch das legitime gesamtstaatliche Interesse an der notwendigen Rechts- und Wirtschaftseinheit berücksichtigt. Die erheblichen Schwierigkeiten in der bisherigen Anwendung der Erforderlichkeitsklausel gemäß Art. 72 Abs. 2 GG und die Notwendigkeit der Vermeidung von Regelungswidersprüchen lassen es dabei zunächst ratsam erscheinen, sowohl die Gesetzgebung des Bundes als auch den legislativen Zugriff der Länder grundsätzlich keinen materiellen Voraussetzungen jenseits der erforderlichen Verfassungs- und Europarechtskonformität zu unterwerfen.[262] Da jedoch einzelne Zugriffsinitiativen der Länder dem berechtigten Interesse des Zentralstaats oder der Ländermehrheit zuwiderlaufen können, muß das prinzipiell unbeschränkte Zugriffsrecht der Länder sodann gewissen Beschränkungen unterworfen werden. Hiefür bietet sich eine Kombination aus prozeduralen und materiellen Schranken an.[263] In Anlehnung an das Sondervotum von Senator *Heinsen* im Schlußbericht der Enquete-Kommission Verfassungsreform aus dem Jahre 1976 könnte dem Bundestag das Recht eingeräumt werden, innerhalb einer beispielsweise dreimonatigen Frist und mit Zustimmung des Bundesrates gegen landesrechtliche Zugriffe Einspruch einzulegen.[264] Diese prozedurale Lösung könnte für Fälle, in denen legislative

---

261 Kritik an der Konzeption einer Auffanggesetzgebung mit Zugriffsrecht aufgrund der unausweichlichen Rechtszersplitterung bei *Schwanengel*, Die Malaise des deutschen Bundesstaates, S. 557; *Kirchhof*, Klarere Verantwortungsteilung von Bund, Ländern und Kommunen?, S. 981; *Robbers*, Entwicklungsperspektiven des Föderalismus, S. 440 f.
262 Vgl. *Huber*, Stellungnahme zur Anhörung in der Bundesstaatskommission, Kommissions-Drs. 0008, S. 8 f.
263 Ähnlich *Scharpf*, Stellungnahme zur Anhörung in der Bundesstaatskommission, Kommissions-Drs. 0007, S. 10; *Benz, Arthur*, Stellungnahme zur Anhörung in der Bundesstaatskommission, Kommissions-Drs. 0017, S. 5 ff.
264 Vgl. *Scharpf*, Stellungnahme zur Anhörung in der Bundesstaatskommission, Kommissions-Drs. 0007, S. 10; *Arndt/Benda/von Dohnanyi/Schneider/Süssmuth/Weidenfeld*, Zehn Vorschläge zur Reform des deutschen Föderalismus, S. 203. Kritisch *Scholz*, Zur Reform des Föderalismus, S. 498.

Derogationen der Länder von vorneherein den berechtigten Interessen des Zentralstaates oder der Ländergesamtheit zuwiderlaufen oder sich die Unverträglichkeit landesrechtlicher Zugriffe erst später herausstellt, durch eine gemischt prozedural-materielle Lösung flankiert werden, nach der der Bundestag die Befugnis besitzt, mit Zustimmung des Bundesrates einzelne bundesrechtliche Vorschriften oder ganze Bundesgesetze – bei ihrem Erlaß oder auch nachträglich – vom Zugriffsrecht der Länder freizustellen, wenn und soweit die im Sinne des Altenpflegegesetz-Urteils des Bundesverfassungsgerichts geschärften Voraussetzungen des heutigen Art. 72 Abs. 2 GG erfüllt sind. Diese Ausschluß- und Rückholkompetenz des Bundes steht in vorsichtiger Parallelität zur Befugnis des britischen Parlaments, übertragene Sachmaterien mit Zustimmung der schottischen Volksvertretung entsprechend der Sewel Convention gesetzgeberisch zu besetzen oder die Kompetenzverteilung des Scotland Act 1998 zu korrigieren. Die neue deutsche Kompetenzkategorie einer Auffanggesetzgebung des Bundes mit Zugriffsrecht der Länder sollte zur Förderung der europapolitischen Handlungsfähigkeit des Bundes auch die Umsetzung europäischer Richtlinien erfassen. Damit wäre wie im Vereinigten Königreich die zentralstaatliche Handlungsfähigkeit gegenüber der Europäischen Gemeinschaft gewährleistet, ohne zugleich die wünschenswerte Umsetzungsvielfalt auf regionaler Ebene innerhalb der europarechtlichen Vorgaben auszuschließen. Zudem könnten die – wohlmöglich zusätzlich zu verkürzenden – Regelungsbefugnisse des Bundes aus Art. 84 Abs. 1 und 85 Abs. 1 GG diesem Kompetenztypus zugeordnet werden. Diese Konzeption einer Auffanggesetzgebung mit Zugriffsrecht ist geeignet, hinsichtlich derjenigen Gesetzgebungsmaterien, die sich aus unterschiedlichsten Gründen nicht für eine Überführung in die ausschließlichen Zuständigkeitsbereiche des Bundes und der Länder empfehlen, ein neues Machtgleichgewicht zwischen dem Zentralstaat und seinen Gliedern herzustellen, indem sie regionale Legislativautonomie und politische Innovationsfähigkeit stärkt, ohne zugleich die Notwendigkeit zentralstaatlicher Lenkung zu vernachlässigen. Insbesondere blieben die Vorzüge der bisherigen konkurrierenden Gesetzgebung und Rahmengesetzgebung insofern erhalten, als der Bund unter den Voraussetzungen eines geschärften Art. 72 Abs. 2 GG weiterhin ganze Gesetze, einzelne bundesrechtliche Teilregelungen oder sogar nur bestimmte bundesgesetzliche Rahmen- oder Grundsatzvorgaben vom derogierenden Zugriff der Länder ausschließen könnte. Denkbar erscheint es schließlich auch, die Auffanggesetzgebung mit Zugriffsrecht als eigenständigen Kompetenztypus neben die traditionelle konkurrierende Gesetzgebung zu stellen.[265] Eine wirkungsvolle Reföderalisierung des deutschen Bundesstaates verlangt für diesen Reformweg indessen die Überführung wichtiger Regelungsgegenstände in diese Zuständigkeitskategorie. So sollte sie neben der Umsetzung europäischer Richtlinien und den Gesetzgebungskompetenzen aus Art. 84 Abs. 1 und 85 Abs. 1 GG vor allem auch die öffentliche Fürsorge, die Ausbildungsbeihilfen, die Rechtsverhält-

---

265 Vgl. *Huber*, Stellungnahme zur Anhörung in der Bundesstaatskommission, Kommissions-Drs. 0008, S. 8 ff.

nisse der im öffentlichen Dienst der Länder, Gemeinden und anderen Körperschaften des öffentlichen Rechts stehenden Personen, das Hochschulwesen sowie das Recht der Wirtschaft umfassen. Der komparative Blick auf die thematische Breite der legislativen schottischen Devolution könnte hier zu einem entschlossenen Reföderalisierungsschub ermutigen.

Die Stärkung der autonomen politischen Gestaltungsrechte der Länder sollte mit einer entsprechenden Beschneidung der Mitwirkungsbefugnisse des Bundesrates einhergehen. Die vom Bundesverfassungsgericht bereits judikativ in Zweifel gezogene ‚Einheitsthese'[266] sollte durch formelle Verfassungsänderung aufgegeben werden, so daß in Zukunft nur noch die zustimmungsbedürftigen Teile eines Bundesgesetzes der Vetoposition des Bundesrates unterliegen.[267] Darüber hinaus erscheint es empfehlenswert, die Entscheidungsfähigkeit des Bundesrates zu stärken, indem das Erfordernis einer absoluten Mehrheit in Art. 52 Abs. 3 Satz 1 GG durch die Voraussetzung einer relativen Mehrheit abgelöst wird, damit sich in Zukunft Enthaltungen einzelner Bundesländer nicht mehr als Nein-Stimmen auswirken.[268]

Eine separativere Ausrichtung des deutschen Bundesstaates, welche die autonomen Gestaltungs- und Entscheidungskompetenzen von Bund und Ländern stärkt und transparente Verantwortungszusammenhänge im Interesse des demokratischen Prinzips konstruiert, könnte zudem durch die Abschaffung der Gemeinschaftsaufgaben gemäß den Art. 91a und 91b GG gefördert werden, die jedoch auch mit einer Neuverteilung der erforderlichen Steuereinnahmen einhergehen müßte.[269] Während die überregionale Forschung der alleinigen Kompetenz des Bundes zugeteilt werden sollte, könnten für alle anderen bisherigen Gemeinschaftsaufgaben in Zukunft ausschließlich die Länder zuständig sein. Der Vorschlag des Bundes, die Gemeinschaftsaufgabe Hochschulbau in eine leistungsabhängige Hochschulförderung umzuwandeln

---

266 Siehe BVerfGE 105, 313, 339.
267 Vgl. dazu auch *Arndt/Benda/von Dohnanyi/Schneider/Süssmuth/Weidenfeld*, Zehn Vorschläge zur Reform des deutschen Föderalismus, S. 204f.; *Scholz*, Zur Reform des Föderalismus, S. 504; *Schwanengel*, Die Malaise des deutschen Bundesstaates, S. 559; *Scharpf*, Stellungnahme zur Anhörung in der Bundesstaatskommission, Kommissions-Drs. 0007, S. 7; *Huber*, Stellungnahme zur Anhörung in der Bundesstaatskommission, Kommissions-Drs. 0008, S. 16; *Wieland*, Stellungnahme zur Anhörung in der Bundesstaatskommission, Kommissions-Drs. 0009, S. 4; *Kirchhof*, Stellungnahme zur Anhörung in der Bundesstaatskommission, Kommissions-Drs. 0011, S. 6.
268 So auch *Arndt/Benda/von Dohnanyi/Schneider/Süssmuth/Weidenfeld*, Zehn Vorschläge zur Reform des deutschen Föderalismus, S. 205; *Huber*, Stellungnahme zur Anhörung in der Bundesstaatskommission, Kommissions-Drs. 0008, S. 21; *Wieland*, Stellungnahme zur Anhörung in der Bundesstaatskommission, Kommissions-Drs. 0009, S. 4; *Schwanengel*, Die Malaise des deutschen Bundesstaates, S. 559.
269 Vgl. *Arndt/Benda/von Dohnanyi/Schneider/Süssmuth/Weidenfeld*, Zehn Vorschläge zur Reform des deutschen Föderalismus, S. 205; *Scholz*, Zur Reform des Föderalismus, S. 503f.; *Kirchhof*, Klarere Verantwortungsteilung von Bund, Ländern und Kommunen?, S. 983; *Haug*, Die Föderalismusreform, S. 195f.; *Schwanengel*, Die Malaise des deutschen Bundesstaates, S. 560.

steht dagegen im Widerspruch zur Grundintention der Entflechtung und Revitalisierung gliedstaatlicher Autonomie.[270]

Eine wirkungsvolle Wiederherstellung der politischen Autonomie der deutschen Bundesländer kann nicht gelingen, wenn nicht zugleich die gliedstaatlichen Gestaltungsfreiheiten innerhalb der notwendigerweise komplementären Finanzverfassung gestärkt werden. Neben einer vorsichtigen Absenkung des bisher übermäßigen Nivellierungseffekts des föderativen Finanzausgleichs muß daher der Einfluß der Bundesländer auf die Einnahmeseite der Länderhaushalte vermehrt werden.[271] Entsprechend der beschränkten Variationskompetenz des schottischen Parlaments hinsichtlich des schottischen Einkommensteuersatzes sollte den deutschen Bundesländern das Recht eingeräumt werden, für den bundesrechtlichen Einkommen- und Körperschaftsteuertarif selbständig Zu- oder Abschläge festzusetzen, die jedoch zur Vermeidung eines ruinösen Steuerwettbewerbs – wie im Rahmen der schottischen Devolution – umfänglich begrenzt bleiben müßten.[272] Die durch den gliedstaatlichen Gebrauch dieser Steuersatzvariationskompetenz bewirkten staatlichen Mehr- oder Mindereinnahmen blieben sodann im bundesstaatlichen Finanzausgleich unberücksichtigt.

---

270  Vgl. *Haug*, Die Föderalismusreform, S. 196.
271  Vgl. *Arndt/Benda/von Dohnanyi/Schneider/Süssmuth/Weidenfeld*, Zehn Vorschläge zur Reform des deutschen Föderalismus, S. 205 f.; *Kirchhof*, Klarere Verantwortungsteilung von Bund, Ländern und Kommunen?, S. 984 ff.; *Scharpf, Fritz W.*, Stellungnahme zur Anhörung in der Bundesstaatskommission, Kommissions-Drs. 0047, S. 1 ff.
272  Für regionale Zu- und Abschlagsrechte auch *Scharpf*, Stellungnahme zur Anhörung in der Bundesstaatskommission, Kommissions-Drs. 0047, S. 8; *Huber, Bernd*, Steuerwettbewerb im Föderalismus – Ideal und Wirklichkeit, in: Morath, Konrad (Hrsg.), Reform des Föderalismus, Bad Homburg 1999, S. 55, 55 ff.; *Klatt*, Plädoyer für einen Wettbewerbsföderalismus, S. 73; *Stratthaus*, Grundsatzreferat, S. 16 f.; *Oschatz, Georg-Berndt*, Kooperativer Zentralismus, in: Merten, Detlef (Hrsg.), Der Bundesrat in Deutschland und Österreich, Berlin 2001, S. 135, 148; *Kluth, Wilfried*, Lastenverteilung – Ansatzpunkte für eine Stärkung der Finanzautonomie von Ländern und Kommunen, in: Hennecke, Hans-Günter (Hrsg.), Verantwortungsteilung zwischen Kommunen, Ländern, Bund und Europäischer Union, Stuttgart (u. a.) 2001, S. 151, 171; *Hofmann, Hans*, Notwendigkeit und Perspektiven einer Föderalismusreform – Zu einer neuen Balance der Aufgaben-, Einnahmen- und Ausgabenverantwortung zwischen Bund, Ländern und Gemeinden, ZRP 1999, S. 465, 468; *Hendler, Reinhard*, Sicherung der Autonomie für Länder und Kommunen, in: Hennecke, Hans-Günter (Hrsg.), Verantwortungsteilung zwischen Kommunen, Bund und Europäischer Union, Stuttgart (u. a.) 2001, S. 235, 249 f. Eine eigenes Tarifgestaltungsrecht der Länder bei der Einkommen- und Körperschaftsteuer neben einem Bundes-Steuertarif auf der Grundlage zentralstaatlicher Bemessungsgrundlagen wird vorgeschlagen von *Arndt/Benda/von Dohnanyi/Schneider/Süssmuth/Weidenfeld*, Zehn Vorschläge zur Reform des deutschen Föderalismus, S. 206.

## B. Verfassungsvergleichende Impulse für die Reform der britischen Devolutionsordnung

Während der deutsche Bundesstaat auf dem schwierigen Weg zu gesteigerter regionaler politischer Autonomie und Innovationsfähigkeit seine Bereitschaft zu mehr Komplexität und Asymmetrie der bundesrepublikanischen Rechtsordnung steigern sollte, ergibt der britisch-deutsche Verfassungsvergleich für die britische Devolutionsordnung eher den entgegengesetzten Befund exzessiver Komplexität und Asymmetrie. Die Besonderheiten der Devolution in Nordirland werden zwar auch in Zukunft durch die eigenständige, diffizile Dynamik des nordirischen Friedensprozesses gerechtfertigt bleiben, die einen freieren verfassungsgestalterischen Zugriff ausschließt. Dagegen vermag die beträchtliche staatsorganisatorische Asymmetrie der derzeitigen Devolutionsordnung innerhalb Großbritanniens nicht zu überzeugen. Sie führt zu einer demokratiegefährdenden Intransparenz des politischen Systems, schafft zusätzliche konstitutionelle Anomalien, wie sie etwa in der ‚West Lothian Question' Ausdruck finden, und wirkt sich insgesamt nachteilig auf die Stabilität des staatsorganisatorischen Gefüges aus. In der Gegenüberstellung zum konstitutionell weitgehend symmetrischen Föderalismus der Bundesrepublik Deutschland treten diese britischen Defizite besonders deutlich und unmittelbar zutage. Nach der verständlichen und für das britische Regierungssystem typischen politischen Pragmatik der facettenreichen Devolutionsgesetzgebung für die keltischen Randterritorien und der praktischen Konsolidierung dieser Regionalisierungsschritte sollte nunmehr eine Phase der prinzipiengeleiteten Harmonisierung der regionalisierten britischen Verfassungsordnung einsetzen. Diese reformatorische Zielvorstellung wird jedoch nicht nur von Erwägungen der konstitutionellen Transparenz, Widerspruchsfreiheit und Stabilität getragen, sondern basiert vor allem auch auf der aus dem britisch-deutschen Verfassungsvergleich deutlich hervorgehenden Einsicht, daß die regionale Dezentralisierung einer Staatsordnung jenseits der – für Schottland und Wales zunächst im Vordergrund stehenden – Wahrung regionaler Diversität auch eine Vielzahl weiterer verfassungspolitischer Vorzüge mit sich zu bringen vermag. Insbesondere auf dieser meta-konstitutionellen Ebene kann der traditionsreiche deutsche Bundesstaatsdiskurs die jüngere britische Devolutionsdebatte mit Hinweisen auf die engen Zusammenhänge zwischen staatsorganisatorischer Regionalisierung auf der einen Seite und den konstitutionellen Idealen der Demokratie, der Gewaltenteilung und des Freiheitsschutzes auf der anderen bereichern. Gerade auf diesen Gebieten offenbart der britisch-deutsche Verfassungsvergleich vielschichtige konstitutionelle Defizite des Vereinigten Königreichs, welche die devolutive Regionalisierung zumindest zu verringern geeignet ist. Die reformatorische Zielrichtung einer schrittweisen Harmonisierung der britischen Devolutionsordnung basiert somit keineswegs auf dem Konzept staatsorganisatorischer Symmetrie als konstitutionellem Selbstzweck, sondern vielmehr auf den allgemeinen verfassungspolitischen Vorzügen regionalisierter Staatlichkeit, welche aufgrund der äußerst zaghaften Regionalisierung Englands und der vergleichsweise schwachen exekutiven Devolution für Wales großen Teilen des britischen Regierungssystems bisher versagt bleiben.

Innerhalb ihres derzeitigen legislativen Rahmens in Gestalt des Government of Wales Act 1998 sollte die exekutive Devolution für Wales zunächst mit dem Ziel fortentwickelt werden, eine klarere und zugleich autonomiefreundliche Trennung der Verantwortungssphären des Zentralstaats und der walisischen Regierungsstrukturen zu vollziehen. Dafür wäre vor allem eine allgemeingültige, abstrakte Demarkation zwischen dem Regelungsgehalt zentralstaatlicher Primärgesetzgebung und regionaler Sekundärgesetzgebung erforderlich. Das konstitutionelle Verständnis der walisischen Regionalisierung als quasi-legislative Devolution bildet dafür ein tragfähiges dogmatisches Fundament, während die Etablierung der von *Richard Rawlings* entwickelten Grundsätze für dieses Regionalisierungsmodell als bewußt gesetzte Verfassungskonventionalregeln der britischen Devolutionsordnung einen diesbezüglich überzeugenden Schritt konstitutioneller Weiterentwicklung darstellen würde.[273] Wie die deutschen Erfahrungen mit der strukturell vergleichbaren Rahmengesetzgebung zeigen, eignet sich dieses Modell der vertikalen Kompetenzverteilung langfristig jedoch nicht zur Förderung regionaler politischer Autonomie, und bleibt die sinnvolle Abgrenzung zwischen zentralstaatlich vorgegebenem Rahmen und regionaler Konkretisierung und Ausfüllung mit dauerhaften Schwierigkeiten behaftet. Auch aufgrund dieser inhärenten Konstruktionsschwäche der exekutiven Devolution, vor allem aber wegen der allgemeinen verfassungspolitischen Vorteile einer weitergehenden, separativeren Regionalisierung mit eigenständiger politischer Autonomie der regionalen Ebene sollte die walisische Devolution – wie auch von der *Richard Commission* vorgeschlagen[274] – mittelfristig zu einer echten legislativen Devolution entsprechend dem schottischen Modell ausgebaut werden.[275]

Obschon die Bedeutung von Volksabstimmungen für die konstitutionelle Legitimation und Stabilisierung der britischen Regionalisierung nicht unterschätzt werden darf, sollte die aktuelle Regierungspolitik der ‚Devolution on Demand' hinsichtlich der englischen Regionen kritisch hinterfragt werden. Sie führt aufgrund des mäßigen Interesses an weiterer Regionalisierung im konstitutionell konservativen englischen Süden unweigerlich zu einer zusätzlich verschärften Asymmetrie in der britischen Devolutionsordnung. Die verfassungspolitischen Vorzüge einer ganzheitlichen englischen Regionalisierung sollten die Einsicht nähren, daß nach einer erfolgreichen Erpro-

---

273 Siehe dazu supra Kapitel 5 § 1 B. III. 2.
274 Siehe *Commission on the Powers and Electoral Arrangements of the National Assembly for Wales*, Report of the Richard Commission, Cardiff 2004, Kapitel 13 (S. 241 ff.) und 14 (S. 253 ff.).
275 Vgl. auch *Hazell, Robert*, Conclusion: The Unfinished Business of Devolution, in: Trench, Alan (Hrsg.), Has Devolution Made a Difference – The State of the Nations 2004, Exeter 2004, S. 255, 256 ff., 272 f.; *Rawlings*, Delineating Wales, S. 510 ff.

## Kapitel 7: Verfassungsdogmatische, -vergleichende und politische Würdigung

bungsphase in zwei oder drei nordenglischen Regionen eine uniforme Devolutionsreform für die englischen Territorien auf der Basis eines englandweiten Referendums oder sogar ohne eine derartige plebiszitäre Absicherung durchzuführen ist. Darüber hinaus bleiben die aktuellen Regierungspläne über die Ausgestaltung der englischen Regionalisierung nochmals weit hinter dem Modell der walisischen exekutiven Devolution zurück und sind daher nicht geeignet, die verfassungspolitischen Ziele einer staatsorganisatorischen Regionalisierung zu verwirklichen. Auch für England sollte daher langfristig der reformatorische Weg über eine exekutive Regionalisierung hin zu einer legislativen Devolution angetreten werden. Insbesondere die konstitutionellen Strukturmerkmale der Demokratie, der Gewaltenteilung und des Freiheitsschutzes würden durch eine nachhaltige englische Devolution eine bedeutsame Stärkung innerhalb der britischen Verfassungsordnung erfahren. Zudem kann nur die englische Regionalisierung die durch die asymmetrischen Devolutionsreformen bewirkte konstitutionelle Anomalie der ‚West Lothian Question' beseitigen.

Die durch die Labour-Regierung unter Premierminister *Tony Blair* begonnene Reform der Zusammensetzung des House of Lords scheint auch deshalb politisch ins Stocken geraten zu sein, weil keine grundsätzliche Einigung über die zukünftige Legitimationsgrundlage der zweiten Kammer erreicht oder kraftvoll angestrebt wurde. Auch ohne das Endziel einer grundlegenden Umgestaltung des Oberhauses in ein vollständig mit regionalen Delegierten besetztes Legislativgremium, wie es der deutsche Bundesrat darstellt, bietet die regionale Interessenvertretung in der sich schrittweise regionalisierenden Verfassungsordnung des Vereinigten Königreichs – neben anderen Repräsentationsgesichtspunkten – ein tragfähiges Teilfundament zukünftiger konstitutioneller Legitimation. Die vollkommene Marginalisierung dieser regionalen Dimension eines zukünftigen House of Lords und die exzessive Konzentration auf die parteipolitische Komponente der Oberhauszusammensetzung in den jüngsten Reformplänen der Labour-Regierung[276] vermögen daher nicht zu überzeugen und sollten bei den kommenden Reformansätzen korrigiert werden. Insbesondere wenn die walisische und die englische Devolution vorangebracht werden sollte, böte die Bestellung eines Anteils der Mitglieder des House of Lords durch die regionalen Regierungen oder Volksvertretungen in diesem Zusammenhang eine empfehlenswerte staatsorganisatorische Alternative zu den derzeitigen Regierungsplänen.

Die Weiterentwicklung der britischen Devolutionsordnung obliegt jedoch nicht nur den politischen Instanzen des Vereinigten Königreichs, sondern auch seinen Gerichten, welche durch die judikative Handhabung der Devolution erheblichen Einfluß auf die Stabilität und Funktionsfähigkeit der regionalisierten Staatsorganisation besitzen. Das Verständnis der britischen Staatsordnung als Common Law-Verfassung bildet eine tragfähige verfassungsdogmatische Grundlage für die dynamische gerichtliche Fortbildung der

---

276 Siehe supra Kapitel 5 § 2 A. II. 2.

Devolutionsordnung. Die empfehlenswerte judikative Anerkennung eines Devolutionsprinzips als autonomiefreundliche richterrechtliche Entwicklungsmaxime dieser Common Law-Verfassung würde dazu beitragen, die Regionalisierung des Vereinigten Königreichs zu einem stabilen und funktionsfähigen Strukturmerkmal der modernen britischen Verfassungsordnung auszuformen, in welcher die Parlamentssuprematie der traditionellen Verfassungslehre eine wünschenswerte devolutionsbezogene Modifikation erfährt.[277]

---

277 Siehe dazu eingehend supra Kapitel 6 § 3 C. II.

**Kapitel 8:**
**Bundesstaatlichkeit und Devolution**
**als Verfassungsstrukturelemente**

Die Idee einer verfassungsvergleichenden Untersuchung deutscher Bundesstaatlichkeit und britischer Devolution begegnet bereits in ihrem Ansatz zwei grundsätzlichen Bedenken, die beide dazu verleiten könnten, den Komparationsobjekten die erforderliche Vergleichbarkeit abzusprechen.[1] Zum einen läßt selbst ein um den Problemkreis der Verfassungskodifikation bereinigter Überblick über die Grundstrukturen der deutschen und britischen Verfassungsordnungen in den Grundsätzen der deutschen Verfassungssuprematie und der britischen Parlamentssuprematie zwei nach traditioneller Lesart völlig gegensätzliche konstitutionelle Leitprinzipien erkennen, die einen Verfassungsvergleich in die Sphären des Sinnlosen oder sogar des Unmöglichen rücken könnten. Zum anderen widerstrebt die herkömmliche Zuordnung der Bundesrepublik Deutschland zur Kategorie der Bundesstaaten und des Vereinigten Königreichs von Großbritannien und Nordirland zur Gruppe der Einheitsstaaten dem Vorhaben einer erkenntnisfördernden komparativen Untersuchung der regionalen Dezentralisierung in der deutschen und der britischen Staatsorganisation.

Diese Bedenken werden jedoch durch einen britisch-deutschen Verfassungsvergleich mit einem funktionellen methodischen Ansatz widerlegt. Ausgangspunkte der komparativen Untersuchung bilden danach außer-rechtliche Problemstellungen der Organisation eines nationalen Regierungssystems; die komparative Untersuchung beleuchtet die verschiedenen konstitutionellen Lösungen dieser sachlichen Fragestellungen in den Vergleichsstaaten und wahrt dabei die für die Verfassungsvergleichung notwendige Offenheit für die gesamte konstitutionelle Normenvielfalt. Dieser weite normative Betrachtungswinkel erweist sich gerade für das Vereinigte Königreich, dessen Verfassungsordnung aus einem komplexen Gefüge gesetzlicher und richterrechtlicher Normen sowie außer-rechtlicher Verfassungskonventional- und Gewohnheitsregeln besteht, als einzig tragbarer Vergleichsansatz. Aus funktioneller Sicht erweisen sich die Dogmen der Verfassungs- und der Parlamentssuprematie als unterschiedliche nationale Antworten auf die Frage der konstitutionellen Bindung staatlicher Gewalt. Nach traditioneller Lesart bilden sie dabei zwar grundsätzliche Gegenpole, die von einer tiefen dogmati-

---

1 Zur Vergleichbarkeit als Voraussetzung der Rechtsvergleichung vgl. *Constantinesco, Léontin-Jean*, Rechtsvergleichung, Band II (Die rechtsvergleichende Methode), Köln (u. a.) 1972, S. 68 ff.; *Rheinstein, Max*, Einführung in die Rechtsvergleichung (bearbeitet von Reimer von Borries und Hans-Eckart Niethammer), 2. Auflage, München 1987, S. 26; *Strebel, Helmut*, Vergleichung und vergleichende Methode im öffentlichen Recht, ZaöRV 24 (1964), S. 405, 420 ff.

schen Schlucht getrennt werden. Eine nähere Betrachtung der Verfassungsbindungen des deutschen und britischen Gesetzgebers offenbart jedoch, daß es sich bei diesen Grundsätzen um elastische Konzepte auf einem bruchlosen Kontinuum der Verfassungsbindungen handelt. Das vorzugswürdige materielle Verständnis dieser beiden Verfassungsdogmen erkennt die Flexibilität der deutschen Verfassungssuprematie im Rahmencharakter des formellen Verfassungsrechts sowie den Prozessen der formellen Verfassungsänderung und des informellen Verfassungswandels. Besonders deutlich aber wird die Bruchlosigkeit des Kontinuums der Verfassungsbindungen bei einer eingehenden Analyse der britischen Parlamentssuprematie. Eine materielle Betrachtungsweise dieses konstitutionellen Leitprinzips enthüllt sowohl außer-rechtliche als auch rechtliche Verfassungsbindungen der Crown in Parliament, zeigt seine Anpassungsfähigkeit in einer entwicklungsoffenen Verfassungsordnung und erkennt auch die verfassungsgestaltende Funktion des britischen Common Law, welches zur nachhaltigen Modifikation der Parlamentssuprematie imstande ist und sich seiner konstitutionellen Rolle zunehmend bewußt wird. Die Feststellung bereits vollzogener Veränderungen dieses Verfassungsdogmas und die Erkenntnis seiner kontinuierlichen Wandelbarkeit in der Zukunft bleiben dabei grundsätzlich von der Auseinandersetzung über verschiedene verfassungstheoretische Erklärungsmodelle unberührt. Während sich das traditionelle britische Verfassungsverständnis etwa in der Frage des Vorrangs des europäischen Gemeinschaftsrechts zur Annahme einer stillen Legalrevolution genötigt sieht, liefert die Interpretation der konstitutionellen Ordnung des Vereinigten Königreichs als dynamische und zugleich prinzipiengeleitete Common Law-Verfassung eine tragfähige Deutung bereits abgeschlossener, gegenwärtiger und zukünftiger konstitutioneller Wandlungsprozesse. Auf der Grundlage eines solchen materiellen Verständnisses deutscher Verfassungs- und britischer Parlamentssuprematie mit einer geschärften Untersuchungsoffenheit für die unterschiedlichen normativen Instrumentarien der deutschen und britischen Verfassungen zeigen die Bundesrepublik Deutschland und das Vereinigte Königreich bedeutende Parallelen in ihren konstitutionellen Strukturmerkmalen. Obgleich stets wichtige Unterschiede sowohl auf der Ebene der Verfassungstheorie als auch in der konkreten verfassungsnormativen Ausgestaltung erkennbar bleiben, verwirklichen beide Verfassungsordnungen ihre demokratische Grundausrichtung als parlamentarische Regierungssysteme, und lassen sich insbesondere der Freiheitsschutz, die Rechtsgebundenheit staatlicher Gewalt, der gerichtliche Rechtsschutz des Bürgers sowie bestimmte Grundgedanken der Gewaltenteilung als gemeinsame konstitutionelle Strukturelemente Deutschlands und des Vereinigten Königreichs betrachten.

Die hergebrachte allgemeine Überzeugung von der grundlegenden verfassungsdogmatischen Gegensätzlichkeit der deutschen und der britischen Staatsordnung nimmt in der Verfassungsdimension der regionalen Dezentralisierung der Staatsgewalt die konkrete Gestalt der traditionsreichen kategorischen Unterscheidung zwischen Deutschland als klassischem Bundesstaat und dem Vereinigten Königreich als traditionellem Einheitsstaat an. Obgleich beide Staatswesen aus vormals voneinander unabhängigen Territorien hervorgegangen sind, macht eine verfassungshistorische Betrachtung diese verfassungsdogmatische Trennung zunächst verständlich: Die gesamtdeutsche Staatlichkeit geht im Zweiten Deutschen Reich auf den Zusammenschluß zahlreicher souveräner Territorialstaaten zurück, und das Grundgesetz der Bundesrepublik Deutschland rekurriert trotz eines einheitsstaatlichen Akts der Verfassungsgebung im Jahre 1949 auf die bundesstaatliche Tradition des Kaiserreichs und der Weimarer Republik, in denen zwei Ebenen originärer Staatlichkeit anerkannt waren. Das Vereinigte Königreich entstand dagegen aus der englischen Annexion Wales' und den ‚inkorporierenden Unionen' zwischen England und Schottland sowie zwischen Großbritannien und Irland, wobei die Dominanz Englands stets die Kontinuität des anglo-zentrierten Verfassungsdenkens gewährleistete. Dieses verfestigte sich spätestens im Werk des Verfassungsrechtlers *Dicey* zu einer einheitsstaatlichen Verfassungsrechtsorthodoxie, die das Vereinigte Königreich als ‚unitary, self-correcting democracy' unter der rechtlich ungebundenen Suprematie der Crown in Parliament deutet und das Verständnis des Königreichs als ‚union state' zumindest seiner verfassungsrechtlichen Relevanz berauben sollte. Während sich die föderative Gliederung der deutschen Staatsorganisation und die originäre Staatlichkeit der deutschen Bundesländer somit in einem vorrangigen und in diesen Aspekten sogar unveränderbaren Verfassungsgesetz garantiert finden, bleiben in der britischen Verfassungsordnung jegliche Formen regionaler Dezentralisierung – und damit die fortlebenden Zeichen britischer Unionsstaatlichkeit – nach orthodoxer Lesart einer unitarischen konstitutionellen Grundstruktur nachgeordnet. Diese Subordination der Regionalisierung unter das einheitsstaatliche Dogma der Parlamentssuprematie war nicht nur besonders greifbar in der traditionsreichen Institution administrativer Devolution für Schottland, Nordirland und Wales, sondern prägt auch die politische Rhetorik und die gesetzliche Gestaltung der neusten Devolutionsreformen seit 1997. In beiden Verfassungsordnungen bleiben nach hergebrachtem Verständnis somit Fragen der regionalen Dezentralisierung eng mit den jeweiligen konstitutionellen Leitdogmen verknüpft: In Deutschland ermöglicht eine vorrangige und bestandskräftige Verfassung den föderativen Aufbau der Bundesrepublik als Staatenstaat; im Vereinigten Königreich verhindert die unitarisch-monistische Parlamentssuprematie vor allem die allmächtige britische Legislative verbindliche Gliederung der Staatsorganisation in verschiedene Ebenen der Staatlichkeit, so daß regionale Regierungsstrukturen im Vereinigten Königreich ihre Existenz, Legitimation und Kompetenzen stets der widerrufbaren Willensentscheidung der Crown in Parliament verdanken müssen.

Die kategorische verfassungsdogmatische Unterscheidung zwischen dem Bundesstaat Deutschland und dem Einheitsstaat Vereinigtes Königreich vermag indessen nicht zu überzeugen und muß einer graduell abgestuften Betrachtungsweise weichen, welche die beiden Vergleichsstaaten auf einem verfassungsdogmatisch bruchlosen Kontinuum der regionalen Dezentralisierung einzuordnen und zu bewerten imstande ist. Nicht nur verlangt die vorzugswürdige funktionelle Methode der Verfassungsvergleichung eine Anknüpfung an die außer-rechtliche Sachproblematik der staatsorganisatorischen Berücksichtigung regionaler Heterogenität jeglicher Art und damit den Abschied von vorgeprägten konstitutionellen Mustern des Bundesstaates und des Einheitsstaates, sondern es gilt auch festzustellen und umzusetzen, daß weder die allgemeine Staatslehre noch die internationale Verfassungsvergleichung einen universell gültigen und allseits akzeptierten Begriff des Bundesstaates – und damit auch des Einheitsstaates – hervorgebracht hat. Weder das in der deutschen Staatslehre vorherrschende Verständnis des Bundesstaates als Staatenstaat noch die insbesondere in der Verfassungsvergleichung entwickelte unscharfe Definition des Bundesstaates anhand einer Reihe typischer föderativer Wesensmerkmale bildet eine wahrhaft tragfähige Grundlage für eine komparative Untersuchung, da sie stets durch die jeweiligen Anschauungsobjekte vorgeprägt bleiben – sei es eine Verfassungsordnung wie etwa die deutsche oder seien es mehrere Staatswesen, die sich selbst als Bundesstaaten verstehen. Auch die enge Verbindung deutscher Bundesstaatlichkeit und britischer Devolution mit den jeweiligen organisatorischen Leitdogmen ihrer Verfassungsordnungen gibt Anlaß dazu, die traditionellen dogmatischen Kategorien des Bundes- und des Einheitsstaates aufzugeben: So hat sich die Flexibilität der deutschen Verfassungssuprematie in einer schrittweisen Entwicklung des deutschen Bundesstaates zu einer vergleichsweise zentralisierten, unitarischen und kooperativ verflochtenen Verfassungsordnung manifestiert. Demgegenüber hat die Anpassungsfähigkeit der britischen Parlamentssuprematie im Vereinigten Königreich nicht nur etwa die rechtliche Integration in Europa und wesentliche Fortschritte des Grundrechtsschutzes ermöglicht, sondern auch weitreichende Regionalisierungsschritte der britischen Staatsorganisation zugelassen. Da die Definitionsversuche für den Bundesstaat stets zumindest auch um die Problematik der konstitutionellen Garantie regionaler Autonomien kreisen, empfiehlt die inhärente Flexibilität der deutschen Verfassungs- und der britischen Parlamentssuprematie auf einem Kontinuum der Verfassungsbindungen mit Nachdruck die ebenso graduell abgestufte Betrachtungsweise regionaler Dezentralisierung einer Staatsorganisation.

Die von traditionellen Kategorisierungen befreite, funktionelle Untersuchung und Analyse deutscher Bundesstaatlichkeit und britischer Devolution offenbart in den Bau- und Funktionsplänen dieser beiden europäischen Regionalisierungsmodelle eine große Anzahl von Gemeinsamkeiten und Parallelen, welche üblicherweise durch die verfassungsdogmatische Trennung von Bundesstaat und Einheitsstaat verdeckt bleiben. Diese finden sich in allen Grundfunktionen moderner Staatlichkeit von der Rechtsetzung, dem Gesetzesvollzug und der Rechtsprechung bis hin zur auswärtigen Gewalt und der Finanzordnung, wobei speziell in letzteren beiden Bereichen die zentralistische Tradition des Vereinigten Königreichs sehr spürbar bleibt. Auch auf dem Gebiet der intergouvernementalen Kooperation im regionalisierten Staat werden erste Entsprechungen erkennbar. Strukturelle Unterschiede zeigen sich vor allem in der übergreifenden Asymmetrie der britischen Devolutionsordnung gegenüber der verfassungsrechtlichen Symmetrie des deutschen Bun-

## Kapitel 8: Bundesstaatlichkeit und Devolution als Verfassungsstrukturelemente

desstaates sowie in der kompetenziell separativen Grundausrichtung vor allem der legislativen Devolution für Schottland gegenüber der dichten Verschränkung von Zuständigkeitssphären zwischen Bund und Ländern in Deutschland. Insbesondere der Teilhabe der deutschen Länder an der staatlichen Willensbildung auf Bundesebene fehlt ein britisches Äquivalent. Anders als die exekutive Devolution für Wales erweist sich jedoch das schottische Devolutionsmodell insgesamt als im Vergleich zur föderativen Ordnung der Bundesrepublik kompetenziell stärker dezentralisierte Regionalisierungsform.

Die fortwirkende Regelungsmacht des britischen Parlaments, das nicht nur weiterhin für alle Landesteile zur Rechtsetzung befugt bleibt, sondern nach orthodoxem Verfassungsverständnis auch zu jeder Zeit die Beschneidung regionaler Kompetenzbestände oder sogar die gänzliche Abschaffung der Devolutionsstrukturen beschließen kann, lenkt indessen den komparativen Blick auf die Stabilität der regionalen Dezentralisierung und damit ihrer konstitutionellen Absicherung in den beiden Vergleichsordnungen. Auf der Grundlage eines offenen Verfassungsnormenverständnisses und der materiellen Deutung der Verfassungs- und der Parlamentssuprematie als zwei elastischen Organisationsgrundsätzen auf einem bruchlosen Kontinuum der Verfassungsbindungen lassen die deutsche Bundesstaatlichkeit und die britische Devolution zwei konstitutionelle Sicherungssysteme erkennen, die in ihrer normativen Ausgestaltung und Wirkungsweise zwar erhebliche Unterschiede zeigen, jedoch keinesfalls auf einen schlichten Dualismus zwischen rigide und flexibel oder stabil und instabil reduziert werden können. Statt dessen treffen beide regionalisierte Verfassungsordnungen mit Hilfe ihres systemtypischen Sicherungsinstrumentariums jeweils eine spezifische Abwägung zwischen der notwendigen Stabilität und der erforderlichen Flexibilität konstitutioneller Strukturelemente. Vor dem Hintergrund einer materiell verstandenen deutschen Verfassungssuprematie erweist sich die föderative Ordnung der Bundesrepublik als rahmenartiges Verfassungsnormengefüge, das den Staatsorganen und insbesondere dem Bundesgesetzgeber weite konstitutionelle Gestaltungsspielräume beläßt, dem vergleichsweise leichten Verfahren der formellen Verfassungsänderung durch Bundestag und Bundesrat unterliegt und schließlich auch dem Prozeß des stillschweigenden Verfassungswandels in einem deutlich spürbaren Ausmaß unterworfen ist. Zeigt der deutsche Bundesstaat insofern beträchtliche Flexibilisierungsfaktoren, darf auch die britische Devolutionsordnung nicht als gänzlich dem einfachen Mehrheitswillen eines allmächtigen Zentralparlaments anheimgegeben verstanden werden. So bauen nicht nur die positiv beschiedenen regionalen Devolutionsreferenda als Legitimationsinstrumente der Regionalisierungsreformen politische Schranken für ihre zukünftige Rückabwicklung auf, die sich im Laufe der Zeit zu bestandskräftigen Verfassungskonventionalregeln verfestigen können, sondern stabilisieren auch die bereits etablierten und im Entstehen befindlichen Verfassungskonventionalregeln – allen voran die schottische Sewel Convention – die Regionalisierung des britischen Staatswesens. Darüber hinaus zeichnen sich devolutionsbezogene Veränderungen der Parlamentssuprematie ab, für die das

Verständnis der britischen Staatsordnung als Common Law-Verfassung den wohl überzeugendsten Erklärungsansatz bietet. Die Rechtsetzungermächtigung an das schottische Parlament mit der Folge der beinahe allseits vorausgesetzten ‚echten' Gesetzgebungskonkurrenz zwischen Westminster und Stormont wäre – wie andere prospektive ‚Henry VIII'-Klauseln – entgegen einer teilweise vertretenen Auffassung mit der Suprematie der Crown in Parliament nach rein orthodoxer Diktion nicht vereinbar. Sie verlangt daher eine modifizierte Interpretation dieses Verfassungsdogmas und eine Rationalisierung seiner Wandelbarkeit. Dafür liefert die Überzeugung von der verfassungsgestaltenden Rolle des dynamischen und prinzipiengeleiteten Common Law das tragfähigste rechtliche Fundament. Die Aufnahme eines regionalisierungsfreundlichen Devolutionsprinzips in den judikativen Argumentationskanon – ähnlich dem im Bereich des Grundrechtsschutzes entwickelten ‚principle of legality' – könnte weitere Modifikationen der Parlamentssuprematie nach sich ziehen und zugleich die wichtige Rolle des Common Law in der Stabilisierung der Devolutionsordnung deutlich machen. Dabei fungiert zunächst die Doktrin des ‚implied repeal' als konstitutionelle Stellschraube für die judikative Veränderung der Parlamentssuprematie; auf dieser verfassungsdogmatischen Grundlage bleiben jedoch auch weitere Wandlungsprozesse nicht ausgeschlossen. Im Urteil des Administrative Court zum Fall *Thoburn* (2002)[2], in dem das Gericht erstmals eine rechtliche Unterscheidung von Verfassungsgesetzen und einfachen Gesetzen vorzunehmen bereit ist, erhält dieser Ansatz eine unmittelbare richterliche Unterstützung. Diese Entscheidung belegt eindrucksvoll die Entwicklungsfähigkeit der britischen Staatsordnung auf einem bruchlosen Kontinuum der Verfassungsbindungen. Die normative Absicherung der britischen Regionalisierung in Verfassungskonventionalregeln und richterrechtlichen Auslegungsmaximen belegt dabei auch ohne eine gänzliche Auflösung der Parlamentssuprematie, daß Strukturelemente der britischen Verfassungsordnung nicht nur rein deskriptive Bedeutungsgehalte besitzen, sondern darüber hinaus konstitutionelle Regelungswirkungen entfalten.

Bundesstaatlichkeit und Devolution erweisen sich somit als zunehmend ähnliche konstitutionelle Strukturelemente der beiden europäischen Vergleichsstaaten, die ihre jeweiligen Verfassungssysteme in Deutschland und dem Vereinigten Königreich mit Hilfe des diesen eigenen normativen Instrumentariums nachhaltig prägen und dabei neben bleibenden Unterschieden auch deutliche Gemeinsamkeiten und Parallelen erkennen lassen. Im Spiegel ihrer meta-konstitutionellen Wirkungsweisen zeigen sie darüber hinaus ein komplexes und teilweise sehr ungleiches Zusammenspiel mit anderen Strukturmerkmalen der deutschen und britischen Staatsordnungen, welches zudem verschiedentlich Anlaß dazu gibt, einzelne Aspekte ihrer Bau- und Funktionspläne zu überdenken und gegebenenfalls zu reformieren. So offenbart der Verfassungsvergleich zwischen Deutschland und dem Vereinigten Königreich die Notwendigkeit, den unitarisch-kooperativen deutschen Bundesstaat von

---

2  *Thoburn v. Sunderland City Council* [2002] 3 WLR 247.

heute mit dem Ziel einer dezentralisierteren und zugleich separativeren Grundprägung zu modernisieren. Im Bereich der Gesetzgebung sollte dies durch eine Verstärkung der ausschließlichen Zuständigkeiten sowohl des Bundes als auch der Länder, durch eine Abschaffung der Rahmengesetzgebung sowie durch eine Umgestaltung der konkurrierenden Gesetzgebung zu einer Auffanggesetzgebung mit Länderzugriffsrecht erfolgen. Darüber hinaus erscheint es geboten, die legislativen Mitwirkungspositionen des Bundesrates zu verkürzen und die Gemeinschaftsaufgaben soweit wie möglich abzuschaffen. Auf dem Gebiet der föderativen Finanzverfassung sollte die übermäßig nivellierende Wirkung des bundesstaatlichen Finanzausgleichs vorsichtig reduziert und den deutschen Bundesländern eine beschränkte Steuerautonomie eingeräumt werden. Für die britische Devolutionsordnung legt der Verfassungsvergleich vor allem einen schrittweisen Abbau ihrer komplexen Asymmetrie durch eine prinzipiengeleitete Harmonisierung der verschiedenen Regionalisierungsprojekte nahe. Daher sollten die walisische Devolution und die englische Regionalisierung mit dem langfristigen Ziel einer dem schottischen Modell vergleichbaren legislativen Devolution vorangetrieben werden. Zudem ist eine thematische Verknüpfung der weiteren Oberhausreform mit dem Devolutionsprozeß mit Nachdruck zu empfehlen. Schließlich sollte die verfassungsgestaltende Rolle der britischen Gerichte und des Common Law verstärkte Anerkennung finden und die Devolutionsordnung des Vereinigten Königreichs durch die judikative Etablierung eines regionalisierungsfreundlichen Devolutionsprinzips als Bestandteil einer prinzipiengeleiteten Common Law-Verfassung konstitutionell stabilisiert werden.

Die Erkenntnisse der komparativen Untersuchung, Analyse und Bewertung deutscher Bundesstaatlichkeit und britischer Devolution weisen indessen weit über den konkreten deutsch-britischen Vergleich regionaler Dezentralisierung hinaus. Sie legen ein vorzugswürdiges analytisches Fundament nicht nur für britisch-deutsche Verfassungsvergleiche mit anderen thematischen Schwerpunkten, sondern auch für weitere komparative Untersuchungen anderer regional gegliederter Staatswesen.

# Summary

A constitutional comparison of German federalism and British devolution immediately meets with two fundamental objections, which both threaten to jeopardise the very foundations of the comparative approach by denying the comparability of its objects. First, even if the apparent difference between the Federal Republic of Germany and the United Kingdom of Great Britain and Northern Ireland regarding the codification of their constitutional arrangements is overcome as in itself a rather too formalistic point of divergence in the light of a substantive understanding of the concept of a constitution, the two systems of government are each founded on one of two cardinal principles of constitutional design, which according to their traditional interpretation stand in rigorous contrast to each other: the supremacy of the constitution in Germany and the sovereignty – or supremacy – of Parliament in the United Kingdom. Second, the conventional classification of Germany as a federal state and the United Kingdom as a unitary state directly conflicts with the idea of meaningfully comparing the models of regionalisation in these two European states.

These two challenges to the comparability of German federalism and British devolution have to be rejected on both methodological and substantive grounds. In accordance with a functional approach to comparative legal research, every constitutional comparison has to begin by choosing extra-legal problems and questions of constitutional organisation and regulation as its starting points and proceed to identify and analyse the diverse solutions and answers offered by different states. By doing so, comparative analysis remains deliberately open for the great variety of constitutional norms existing in modern states. This functional method is particularly appropriate for constitutional comparisons including the United Kingdom as the British system of government is based on an intricate structure of legal and conventional norms from various sources. Viewed from a functional perspective the fundamental constitutional doctrines of German constitutional supremacy and British parliamentary supremacy turn out to be two different national answers to the universal question concerning constitutional ties and limitations on state power, particularly the legislative arm of government. In this function they are traditionally perceived as two perfectly opposite constitutional doctrines separated by a deep dogmatic gulf. A closer comparative examination of the normative ties and limitations of the German and British legislatures, however, reveals that the German supremacy of the constitution and the British supremacy of Parliament both are elastic organisational principles on a wide and gapless continuum of normative constitutional limitations. The preferable substantive understanding of the two principles recognises the significant flexibility of the German doctrine of constitutional supremacy created by three constitutional features of the German system of government: First, the Grundgesetz (Basic Law) of the Federal Republic is merely a framework order leaving substantial space for constitutional construction and engineering by the ordinary political process. Second, the procedure of formal constitutional amendment according to Art. 79 Basic Law provides the German constitution with considerable adaptability by combining relatively low procedural hurdles for constitutional amendment by the legislative organs with extremely broad absolute restraints regarding its substance. Third, with regard to their meaning and interpretation constitutional norms and terms are subject to an ongoing silent process of informal change, which is heavily influenced by constitutional and political practice. Correspondingly, a substantive interpretation of the doctrine of parliamentary supremacy in the United Kingdom uncovers a whole range of extra-legal and legal constitutional ties and restraints of the Crown in Parliament. Furthermore, such an approach exposes the variability of British parliamentary supremacy in an evolutionary constitutional order and recognises the constitutional role of the common law, of which the British judiciary appears to be increasingly conscious. Moreover, the awareness of past modifications of the principle of parliamentary supremacy and the acknowledgement of its continuing changeability remain practically unaffected by the ongoing academic debate about its fundamental nature and content. However, while the orthodox view of parliamentary supremacy is forced by European legal integration to the recognition of the possibility of technical legal revolutions, an understanding of the British system of government as dynamic common law constitution with an inherent adaptability founded on legal principle provides the most convincing explanation of past, present and future constitutional changes in the United Kingdom. On the basis of such a substantive interpretation of German constitutional supremacy and British parliamentary supremacy with an enhanced awareness of the great variety of normative constitutional instruments in both states the two constitutional orders show considerable similarities with regard to their fundamental structural components. Notwithstanding noticeable deviations in constitutional theory and design, both states translate their strong dedication to the democratic ideal into a representative parliamentary democracy and share a commitment to liberal rights, government under law, access to justice and the separation of powers.

The traditional belief in the fundamental constitutional difference between Germany and the United Kingdom finds concrete expression in the conventional classification of the former as a federal state and the latter as a unitary state. Although both countries have emerged from unions of formerly independent states, this distinction may be explained by the constitutional history of the two countries: Overall German statehood has its roots in the unification of a large number of sovereign states in the 19th century. The Grundgesetz draws on this constitutional tradition by recognising two levels of original statehood. In comparison, the United Kingdom arose out of the English annexation of Wales and the incorporating unions between England and Scotland and between Great Britain and Ireland. In this historic process, the dominance of England ensured that the Kingdom was predominated by anglo-centric constitutional thought, which progressively hardened into the unitary constitutional orthodoxy expounded by *Dicey*. His portrayal of the British state as a unitary, self-correcting democracy deprives the alternative interpretation of the Kingdom as a union state at least of any legal constitutional rele-

Summary

vance. Thus, while the regional subdivision of the Federal Republic of Germany and the statehood of the Länder (states) are guaranteed in a supreme and partially immutable constitution, according to British constitutional orthodoxy any form of regional decentralisation of the United Kingdom and all signs of the British union state remain strictly subordinate to the unitary doctrine of parliamentary supremacy. This subordination is not only apparent in the long-established practice of administrative devolution for Scotland, Wales and Northern Ireland, but also remains a dominant idea in the rhetoric and design of the British devolution reforms since 1997. On a traditional constitutional understanding, both states associate their models of regional decentralisation closely with their respective cardinal doctrines of constitutional design: In Germany a federal division of governmental power is made possible by a superior and durable constitution. In the United Kingdom a unitary monistic principle of parliamentary prevents the regional subdivision of the system of government from being binding for the British Parliament. Regional structures in the United Kingdom, therefore, owe their existence, their legitimacy and their powers to a freely revocable decision of the Crown in Parliament.

However, the categorical dogmatic distinction between Germany as a federal state and the United Kingdom as a unitary state cannot be sustained and must give way to an analytical approach, which is able to understand and explain the two states as systems of government on a graduated continuum of regionalisation. Such a way of looking at states with differing levels of regionalisation becomes necessary for a number of reasons: First, the functional method of comparative legal research requires the organisational consideration of a country's internal heterogeneity to be taken as the extra-legal starting point of any comparative examination of the regionalisation of a system of government avoiding the problematic adherence to pre-established constitutional conceptualisations. Second, neither national constitutional theory nor international comparative research has been able to provide a universally accepted and wholly convincing definition of federal systems of government. Both the German understanding as states of states and their deliberately inexact description by way of reference to a number of typical characteristics of federations, found in comparative federalist literature, cannot supply a workable foundation for constitutional comparisons since they remain entirely predetermined by the selection of their objects of examination. Third, the close association of German federalism and British devolution with their respective cardinal doctrines of constitutional design and the preferable substantive understanding of constitutional and parliamentary supremacy on a graduated continuum of constitutional limitations immediately recommend the abandonment of the traditional categories of federal and unitary states and the adoption of an equally graduated, but overall gapless continuum of regionalisation between strong centralism and extreme decentralisation.

Freed from traditional constitutional classifications, German federalism and British devolution display a great number of significant similarities and resemblances in their structure and operation usually concealed by the dogmatic distinction between federal and unitary constitutions. Functional analogies and structural parallels may be found in all branches of government – whether legislative, executive or judicial – and extend into the areas of international affairs and finance, although in the latter two fields of constitutional regulation the centralist tradition of the United Kingdom remains distinctly perceptible. Even in the area of intergovernmental cooperation within the regionalised state there are first signs of resemblance. Structural differences between German federalism and British devolution relate primarily to the overall asymmetry of the devolution settlement in the United Kingdom as compared to the symmetry of German regionalisation and to the principal orientation of British devolution to create relatively separated spheres of governmental competencies on the regional and national level, at least in the context of Scottish devolution, which stands in clear contrast to the intertwined system of power allocation in German federalism. Especially the strong position of the German Länder in the federal decision-making process has no counterpart in the United Kingdom. With regards to the allocation of competencies, while executive devolution for Wales has to be described as a weaker form of regional decentralisation when compared to the German system of subdivided government, legislative devolution for Scotland may be characterised as an overall more decentralised model of regionalisation than German federalism with considerably greater political autonomy on the regional level.

The legislative omnipotence of the Crown in Parliament, which – according to the orthodox reading of the British constitution – remains constitutionally entitled not only to continue legislating for all parts of the United Kingdom but also to reduce freely regional spheres of competence or reverse the process of devolution altogether, calls attention to the comparative question of the stability of the systems of regionalisation in Germany and the United Kingdom. On the basis of an appreciation of the great diversity of constitutional norms and a substantive conception of constitutional and parliamentary supremacy as elastic doctrines on a graduated spectrum of constitutional ties and limitations, German federalism and British devolution can be seen to enjoy two systems of constitutional protection which – in spite of considerable differences regarding their structure and functioning – clearly do not follow the strict dualisms of rigid and flexible or stable and unstable. Instead, both systems of regionalised government make use of their characteristic national apparatus of normative constitutional stabilisation to strike a careful balance between the necessary rigidity and the indispensable adaptability of fundamental constitutional principles. On a substantive understanding of constitutional supremacy, the federal organisation of governmental power in Germany appears as a mere constitutional framework order leaving ample room for constitutional regulation and engineering by the various organs of the state – particularly the legislature – and subject to both the relatively unconstrained procedure of formal constitutional amendment and the continual process of informal change. At the same time, the British devolution settlement is not as flexible and yielding as the simple reference to the legislative omnipotence of Parliament might suggest. First, the positive referenda on devolution create political barriers for the future abolition of devolution, which may develop into constitutional conventions binding the Crown in Parliament. Furthermore, a range of other constitutional conventions, some of them already established, others in the process of emerging, have a stabilising effect on the devolution settlement. Among these the Scottish Sewel convention deserves particular mention. Moreover, in the course of devolution the doctrine of parliamentary supremacy is itself undergoing a silent process of change, for which the understanding of the British system of government as a constitution founded on the common law provides the most persuasive explanation. Similar to other prospective Henry VIII clauses, the devolution of legislative powers to the Scottish Parliament creating a system of concurrent competencies in Westminster and Stormont and the possibility of a legislative ‚ping-pong' between the two cannot be reconciled with the orthodox understanding of parliamentary supremacy. As a result, this new constitutional position calls for an alternative constitutional theory capable of rationalising the adaptability of the doctrine of supremacy of Parliament. Here, the explanation of parliamentary supremacy as a creature of the inherently dynamic common law, which is able to adjust to new circumstances in a reasoned fashion based on normative arguments of legal and constitutional principle, appears most convincing. The adoption of a new ‚devolutionary principle' into the canon of common law constitutional reasoning – similar to the ‚principle of legality' established in the context of human rights – could lay the foundations for future modifications of the doctrine of parliamentary supremacy and underline the constitutional importance of the common law. The doctrine of implied repeal may act as the primary constitutional ‚adjusting screw'. On this basis, future constitutional changes strengthening the stability of the devolution settlement seem immediately feasible. This approach receives direct support from the judgement of *Laws L.J.* in *Thoburn* (2002)[1], where he drew a distinction between ordinary and constitutional legislation, the latter not being subject to the doctrine of implied repeal. The reasoning in this case powerfully demonstrates the British constitution's capacity for development and movement on the graduated continuum of constitutional ties and limitations. The normative stabilisation of devolution through constitutional conventions and activist judicial construction of legislation at the same time proves that fundamental structural components of the British constitution such as regionalisation by devolution – far from amounting to no more than merely descriptive topoi – possess substantial normative contents.

German federalism and British devolution can therefore be regarded as increasingly similar constitutional concepts, which – next to a number of important differences – display a variety of significant analogies and resemblances in contributing to the overall shape of their respective systems of government. With regards to their meta-constitutional functions, they reveal complex and sometimes very diverging modes of interaction with other fun-

---

1   *Thoburn v. Sunderland City Council* [2002] 3 WLR 247.

damental features of their national constitutions, which suggests the necessity to question – and possibly reform – certain aspects of both models of regionalisation. The comparative analysis shows the need to modernise the unitary-cooperative federalism in Germany with the aim of enhancing regional autonomy and disentagling central and regional spheres of competence. For the United Kingdom, the comparative investigation suggests a progressive reduction of overall constitutional asymmetry and a principled harmonisation of the various schemes of devolution. To this end, Welsh devolution and English regionalisation ought to be gradually advanced with the long-term objective of legislative devolution. Furthermore, a direct conceptual connection between devolution and the reform of the House of Lords is strongly recommended. Finally, the constitutional role of the common law should be more widely accepted, and the devolution settlement ought to be further stabilised by the judicial adoption of a ‚devolutionary principle' as part of the constitutional ‚toolbox' of the common law.

# Literaturverzeichnis

*Abromeit, Heidrun*, Der verkappte Einheitsstaat, Opladen 1992
—, Volkssouveränität, Parlamentssouveränität, Verfassungssouveränität: Drei Realmodelle der Legitimität staatlichen Handelns, Politische Vierteljahresschrift 36 (1995), S. 49 – 66
*Adonis, Andrew*, Parliament Today, 2. Auflage, Manchester/New York 1993
*Agranoff, Robert*, Power Shifts, Diversity and Asymmetry, in: ders. (Hrsg.), Accommodating Diversity: Asymmetry in Federal States, Baden-Baden 1999, S. 11 – 23
*Alder, John*, General Principles of Constitutional and Administrative Law, 4. Auflage, Basingstoke 2002
*Alen, André*, Belgien: Ein zweigliedriger und zentrifugaler Föderalismus, Brüssel 1990
*Alexy, Robert*, Rechtssystem und praktische Vernunft, in: ders., Recht, Vernunft, Diskurs – Studien zur Rechtsphilosophie, Frankfurt a.M. 1995, S. 213 – 231
—, Theorie der Grundrechte, 3. Auflage, Frankfurt a.M. 1996
*Allan, Trevor R. S.*, Constitutional Justice – A Liberal Theory of the Rule of Law, Oxford 2001
—, Law, Liberty, and Justice – The Legal Foundations of British Constitutionalism, Oxford 1993
—, Legislative Supremacy and the Rule of Law: Democracy and Constitutionalism, Cambridge Law Journal 44 (1985), S. 111 – 143
—, Parliamentary Sovereignty: Law, Politics and Revolution, Law Quarterly Review 113 (1997), S. 443 – 452
—, The Limits of Parliamentary Sovereignty, Public Law 1985, S. 614 – 629
—, The Rule of Law as the Rule of Reason: Consent and Constitutionalism, Law Quarterly Review 115 (1999), S. 221 – 244
*Allott, Philip*, The Courts and Parliament: Who Whom?, Cambridge Law Journal 38 (1979), S. 79 – 117
*Anschütz, Gerhard*, Die Verfassung des Deutschen Reiches vom 11. August 1919 – Kommentar, 14. Auflage, Berlin 1933
*Apelt, Willibalt*, Zum Begriff des Föderalismus, in: Um Recht und Gerechtigkeit – Festgabe für Erich Kaufmann, Stuttgart/Köln 1950, S. 1 – 17
*Armstrong, Kenneth A.*, United Kingdom – Divided on Sovereignty?, in: Walker, Neil (Hrsg.), Sovereignty in Transition, Oxford/Portland (OR) 2003, S. 327 – 350
*Arndt, Hans-Wolfgang*, Aktuelle Probleme, Entwicklungstendenzen und Perspektiven des Föderalismus in der Bundesrepublik Deutschland, in: Meier-Walser, Reinhard C./Hirscher, Gerhard (Hrsg.), Krise und Reform des Föderalismus – Analysen zu Theorie und Praxis bundesstaatlicher Ordnungen, München 1999, S. 27 – 35

—, Erneuerter Föderalismus – Thesen zu einer veränderten Balance zwischen Bund und Ländern, in: Männle, Ursula (Hrsg.), Föderalismus zwischen Konsens und Konkurrenz, Baden-Baden 1998, S. 31 – 36

—, Mittelfristig gebotene Strukturänderungen: Erneuerter *Föderalismus* – Neue Balance zwischen Bund, Ländern und Gemeinden, in: Hilterhaus, Friedhelm/Scholz, Rupert (Hrsg.), Rechtsstaat – Finanzverfassung – Globalisierung – Neue Balance zwischen Staat und Bürger, Köln 1998, S. 121 – 128

—, Verfassungsrechtlicher Spielraum für eine Reform des Finanzausgleichs, in: Morath, Konrad (Hrsg.), Reform des Föderalismus, Bad Homburg 1999, S. 75 – 94

—, Zur verfassungsrechtlichen Problematik der Herstellung einheitlicher Lebensverhältnisse in der Bundesrepublik Deutschland, Juristische Schulung 1993, S. 360 – 364

*Arndt, Hans-Wolfgang/Benda, Ernst/von Dohnanyi, Klaus/Schneider, Hans-Peter/Süssmuth, Rita/Weidenfeld, Werner*, Zehn Vorschläge zur Reform des deutschen Föderalismus, Zeitschrift für Rechtspolitik 2000, S. 201 – 206

*von Arnim, Hans H.*, Finanzzuständigkeit, in: Isensee, Josef/Kirchhof, Paul (Hrsg.), Handbuch des Staatsrechts der Bundesrepublik Deutschland, Band IV, 2. Auflage, Heidelberg 1999, § 103 (S. 987 – 1019)

—, Vom schönen Schein der Demokratie: Politik ohne Verantwortung – am Volk vorbei, München 2002

*Ashton, Christina/Finch, Valerie*, Constitutional Law in Scotland, Edinburgh 2000

*Auburn, F. M.*, Trends in Comparative Constitutional Law, Modern Law Review 35 (1972), S. 129 – 139

*Aughey, Arthur*, Nationalism, Devolution and the Challenge to the United Kingdom State, London/Sterling (VA) 2001

*Bachof, Otto*, Verfassungswidrige Verfassungsnormen?, Tübingen 1951

*Badura, Peter*, Arten der Verfassungsrechtssätze, in: Isensee, Josef/Kirchhof, Paul (Hrsg.), Handbuch des Staatsrechts der Bundesrepublik Deutschland, Band VII, Heidelberg 1992, § 159 (S. 33 – 55)

—, Die parlamentarische Demokratie, in: Isensee, Josef/Kirchhof, Paul (Hrsg.), Handbuch des Staatsrechts der Bundesrepublik Deutschland, Band II, 3. Auflage, Heidelberg 2004, § 25 (S. 497 – 540)

—, Staatsrecht – Systematische Erläuterung des Grundgesetzes für die Bundesrepublik Deutschland, 3. Auflage, München 2003

—, Verfassung und Verfassungsgesetz, in: Ehmke, Horst/Kaiser, Joseph K./Kewenig, Wilhelm A./Meessen, Karl M./Rüfner, Wolfgang (Hrsg.), Festschrift für Ulrich Scheuner zum 70. Geburtstag, Berlin 1973, S. 19 – 39

—, Verfassungsänderung, Verfassungswandel, Verfassungsgewohnheitsrecht, in: Isensee, Josef/Kirchhof, Paul (Hrsg.), Handbuch des Staats-

rechts der Bundesrepublik Deutschland, Band VII, Heidelberg 1992, § 160 (S. 57 – 77)
—, Zur Rechtfertigung des föderalistischen Prinzips und zum Subsidiaritätsprinzip, in: Gesellschaft für Rechtspolitik Trier (Hrsg.), Bitburger Gespräche, Jahrbuch 1999/II: 50 Jahre Grundgesetz – 50 Jahre Föderalismus – Stand und Entwicklung, München 2000, S. 53 – 63
*Baer, Sebastian*, Umpiring the Ping-Pong Game: The Courts and Legislative Conflict between Edinburgh and Westminster, Juridical Review 2002, S. 49 – 59
*Bagehot, Walter*, The English Constitution (mit einer Einführung von R. H. S. Crossman), London 1963
*Bamforth, Nicholas*, Parliamentary sovereignty and the Human Rights Act 1998, Public Law 1998, S. 572 – 582
*Barber, N. W.*, Sovereignty Re-examined: The Courts, Parliament, and Statutes, Oxford Journal of Legal Studies 20 (2000), S. 131 – 154
*Barber, N. W./Young, Alison*, The Rise of Prospective Henry VIII Clauses and Their Implications for Sovereignty, Public Law 2003, S. 112 – 127
*Barendt, Eric*, An Introduction to Constitutional Law, Oxford 1998
—, Constitutional law and the Criminal Injuries Compensation Scheme, Public Law 1995, S. 357 – 366
—, Is there a United Kingdom Constitution?, Oxford Journal of Legal Studies 17 (1997), S. 137 – 146
—, Separation of Powers and Constitutional Government, Public Law 1995, S. 599 – 619
*Barnett, Hilaire*, Britain Unwrapped – Government and Constitution Explained, London 2002
—, Constitutional & Administrative Law, 4. Auflage, London/Sydney 2002
*Barschel, Uwe*, Die Staatsqualität der deutschen Länder – Ein Beitrag zur Theorie und Praxis des Föderalismus in der Bundesrepublik Deutschland, Heidelberg/Hamburg 1982
*Bartelsperger, Richard*, Das Verfassungsrecht der Länder in der gesamtstaatlichen Verfassungsordnung, in: Isensee, Josef/Kirchhof, Paul (Hrsg.), Handbuch des Staatsrechts der Bundesrepublik Deutschland, Band IV, 2. Auflage, Heidelberg 1999, § 96 (S. 457 – 478)
*Bauer, Angela/Jesteadt, Matthias*, Das Grundgesetz im Wortlaut – Änderungsgesetze, Synopse, Textstufen und Vokabular zum Grundgesetz, Heidelberg 1997
*Bauer, Hartmut*, Die Bundestreue – Zugleich ein Beitrag zur Dogmatik des Bundesstaatsrechts und zur Rechtsverhältnislehre, Tübingen 1992
—, Entwicklungstendenzen und Perspektiven des Föderalismus in der Bundesrepublik Deutschland – Zugleich ein Beitrag zum Wettbewerbsföderalismus, Die Öffentliche Verwaltung 2002, S. 837 – 845
*Baum, Marius*, Rights Brought Home – Zur Inkorporierung der Europäischen Konvention zum Schutze der Menschenrechte und Grundfreiheiten in das nationale Recht des Vereinigten Königreichs von Großbritan-

nien und Nordirland, Europäische Grundrechtezeitschrift 2000, S. 281 – 303
*Bayer, Hermann-Wilfried*, Die Bundestreue, Tübingen 1961
*Beasley, Sarah*, The National Assembly – ‚A Voice for Wales'?, Statute Law Review 24 (2003), S. 211 – 236
*Beaud, Olivier*, Föderalismus und Souveränität – Bausteine zu einer verfassungsrechtlichen Lehre der Föderation, Der Staat 35 (1996), S. 45 – 66
*Beck, Joachim*, Netzwerke in der transnationalen Regionalpolitik – Rahmenbedingungen, Funktionsweise, Folgen, Baden-Baden 1997
*Bell, David*, Finance, in: The Constitution Unit (Hrsg.), Nations and Regions: The Dynamics of Devolution – Monitoring Report Scotland November 2003, S. 41 – 43
*Bell, David/Christie, Alex*, Finance – The Barnett Formula: Nobody's Child?, in: Trench, Alan (Hrsg.), The State of the Nations 2001 – The Second Year of Devolution in the United Kingdom (The Constitution Unit), Thorverton 2001, S. 135 – 151
*Benda, Ernst*, Der soziale Rechtsstaat, in: Benda, Ernst/Maihofer, Werner/Vogel, Hans-Jochen (Hrsg.), Handbuch des Verfassungsrechts der Bundesrepublik Deutschland, 2. Auflage, Berlin/New York 1994, § 17 (S. 720 – 797)
–, Die Verfassungsgerichtsbarkeit der Bundesrepublik Deutschland, in: Starck, Christian/Weber, Albrecht (Hrsg.), Verfassungsgerichtsbarkeit in Westeuropa, Band I, Baden-Baden 1986, S. 121 – 148
–, Föderalismus in der Rechtsprechung des Bundesverfassungsgerichts, in: von Münch, Ingo (Red.), Probleme des Föderalismus, Tübingen 1985, S. 71 – 83
*Bennion, Francis A. R.*, What interpretation is „possible" under section 3(1) of the Human Rights Act 1998?, Public Law 2000, 77 – 91
*Benz, Arthur*, From Unitary to Asymmetric Federalism in Germany: Taking Stock after 50 Years, Publius: The Journal of Federalism 29/4 (Herbst 1999), S. 55 – 78
–, Lehren aus entwicklungsgeschichtlicher und vergleichenden Analysen – Thesen zur aktuellen Föderalismusdiskussion, in: Benz, Arthur/Lehmbruch, Gerhard (Hrsg.), Föderalismus – Analysen in entwicklungsgeschichtlicher und vergleichender Perspektive, Wiesbaden 2002, S. 391 – 403
–, Stellungnahme zur Anhörung in der Bundesstaatskommission, Kommissions-Drucksache 0017
*Bertelsmann-Kommission „Verfassungspolitik & Regierungsfähigkeit"*, Zehn Vorschläge zur Optimierung der Regierungsfähigkeit im deutschen Föderalismus, Gütersloh 2000
*Bethge, Herbert*, Bundesstaat, in: Görres-Gesellschaft (Hrsg.), Staatslexikon, Band I, 7. Auflage, Freiburg/Basel/Wien 1985, Sp. 993 – 999
–, Verfassungsgerichtsbarkeit im Bundesstaat, Bayrische Verwaltungsblätter 1985, S. 257 – 263

*Bingham, Lord of Cornhill*, A New Supreme Court for the United Kingdom (The Constitution Unit), London 2002
—, Dicey Revisited, Public Law 2002, 39 – 51
—, The Courts and the Constitution, King's College Law Journal 7 (1996–7), S. 12 – 26
—, The Evolving Constitution, European Human Rights Law Review 2002, S. 1 – 16
*Black-Branch, Jonathan L.*, Parliamentary Supremacy or Political Expediency?: The Constitutional Position of the Human Rights Act under British Law, Statute Law Review 23 (2002), S. 59 – 81
*Blackstone, William*, Commentaries on the Laws of England, Band I, Buch 2, 16. Auflage, London 1825
*Blair, Philip M.*, Federalism and Judicial Review in West Germany, Oxford 198
—, Federalism, legalism and political reality: the record of the Federal Constitutional Court, in: Jeffery, Charlie/Savigear, Peter (Hrsg.), German Federalism Today, Leicester/London 1991, S. 63 – 83
*Blair, Tony*, Democracy's Second Age, in: Economist vom 14.09.1996, S. 33 – 36
*Blanke, Hermann-Josef*, Föderalismus und Integrationsgewalt – Die Bundesrepublik Deutschland, Spanien, Italien und Belgien als dezentralisierte Staaten in der EG, Berlin 1993
*Bleckmann, Albert*, Staatsrecht I – Staatsorganisationsrecht (Grundlagen, Staatszielbestimmungen und Staatsorganisationsrecht des Bundes), Köln/ Berlin/Bonn/München 1993
*Blümel, Willi*, Rechtsprechungszuständigkeit, in: Isensee, Josef/Kirchhof, Paul (Hrsg.), Handbuch des Staatsrechts der Bundesrepublik Deutschland, Band IV, 2. Auflage, Heidelberg 1999, § 102 (S. 965 – 985)
—, Verwaltungszuständigkeit, in: Isensee, Josef/Kirchhof, Paul (Hrsg.), Handbuch des Staatsrechts der Bundesrepublik Deutschland, Band IV, 2. Auflage, Heidelberg 1999, § 101 (S. 857 – 963)
*Blumenwitz, Dieter*, Kompetenzen im Bereich der Außenpolitik, in: von Münch, Ingo (Red.), Probleme des Föderalismus, Tübingen 1985, S. 175 – 190
*Böckenförde, Ernst-Wolfgang*, Anmerkungen zum Begriff des Verfassungswandels, in: Badura, Peter/Scholz, Rupert (Hrsg.), Wege und Verfahren des Verfassungslebens, Festschrift für Peter Lerche zum 65. Geburtstag, München 1993, S. 3 – 14
—, Demokratie als Verfassungsprinzip, in: Isensee, Josef/Kirchhof, Paul (Hrsg.), Handbuch des Staatsrechts der Bundesrepublik Deutschland, Band II, 3. Auflage, Heidelberg 2004, § 24 (S. 429– 496)
—, Die Methoden der Verfassungsinterpretation – Bestandsaufnahme und Kritik, Neue Juristische Wochenschrift 1976, S. 2089 – 2099
—, Geschichtliche Entwicklung und Bedeutungswandel der Verfassung, Juristische Arbeitsblätter 1984, S. 325 – 332
—, Regierungsfähigkeit zwischen Verfassung und politischer Verantwortung, in: Bertelsmann-Stiftung (Hrsg.), Demokratie neu denken –

Verfassungspolitik und Regierungsfähigkeit in Deutschland, Gütersloh 1998, S. 83 – 94
—, Sozialer Bundesstaat und parlamentarische Demokratie, in: Jekewitz, Jürgen/Melzer, Michael/Zeh, Wolfgang (Hrsg.), Politik als gelebte Verfassung – Aktuelle Probleme des modernen Verfassungsstaates, Festschrift für Friedrich Schäfer, Opladen 1980, S. 182 – 199
—, Verfassungsgerichtsbarkeit: Strukturfragen, Organisation, Legitimation, Neue Juristische Wochenschrift 1999, S. 9 – 17
*Boehl, Henner J.*, Verfassungsgebung im Bundesstaat – Ein Beitrag zur Verfassungslehre des Bundesstaates und der konstitutionellen Demokratie, Berlin 1997
*Bogdanor, Vernon*, Devolution and the British Constitution, in: Butler, David/Bogdanor, Vernon/Summers, Robert (Hrsg.), The Law, Politics, and the Constitution – Essays in Honour of Geoffrey Marshall, Oxford 1999, S. 54 – 77
—, Devolution in the United Kingdom, Oxford 1999 (updated and reissued 2001)
—, Devolution: Decentralisation or Disintegration?, Political Quarterly 1999, S. 185 – 194
—, Devolution: The Constitutional Aspects, in: Beatson, Jack/Forsyth, Christopher/Hare, Ivan/The University of Cambridge Centre for Public Law (Hrsg.), Constitutional Reform in the United Kingdom: Practice and Principles, Oxford 1998, S. 9 – 19
—, Federalism and Devolution: Some Juridical and Political Problems, in: Morgan, Roger (Hrsg.), Regionalism in European Politics, London 1986, S. 43 – 64
—, Our New Constitution, Law Quarterly Review 120 (2004), S. 242 – 262
—, Politics and the Constitution – Essays on British Government, Aldershot/Brookfield (USA)/Singapore/Sydney 1996
—, Power and the People – A Guide to Constitutional Reform, London 1997
—, The British-Irish Council and Devolution, Government and Opposition 34 (1999), S. 287 – 298
*Bort, Eberhard*, The Numbers Game – 129 and the Scottish Parliament: Does Size Matter?, Scottish Affairs 39 (Frühling 2002), S. 1 – 14
*Bothe, Michael*, Die Kompetenzstruktur des modernen Bundesstaates in rechtsvergleichender Sicht, Berlin/Heidelberg/New York 1977
—, Final Report, in: Fleiner-Gerster, Thomas/Hutter, Silvan/International Association of Constitutional Law (Hrsg.), Federalism and Decentralization – Constitutional Problems of Territorial Decentralization in Federal and Centralized States, Fribourg (CH) 1987, S. 411 – 423
—, Föderalismus – ein Konzept im geschichtlichen Wandel, in: Stuby, Gerhard (Hrsg.), Föderalismus und Demokratie – Ein deutsch-sowjetisches Symposium, Baden-Baden 1992, S. 21 – 32 (auch erschienen unter dem gleichen Titel in: Evers, Tilman [Hrsg.], Chancen des

Föderalismus in Deutschland und Europa, Baden-Baden 1994, S. 19 – 31)
—, Föderalismus und regionale Autonomie, in: Randelzhofer, Albrecht (Hrsg.), Deutsch-Spanisches Verfassungsrechts-Kolloquium 1980, Berlin 1982, S. 133 – 149
*Boyd, Colin*, Parliaments and Courts: Powers and Dispute Resolution, in: Bates, T. St John N. (Hrsg.), Devolution to Scotland: The Legal Aspects, Edinburgh 1997, S. 21 – 35
*Boyle, Kevin/Hadden, Tom*, Northern Ireland, in: Blackburn, Robert/Plant, Raymond (Hrsg.), Constitutional Reform – The Labour Government's Constitutional Reform Agenda, London/New York 1999, S. 282 – 306
*Bradbury, Johnathan/McGarvey, Neil*, Devolution: Problems, Politics and Prospects, Parliamentary Affairs (A Journal of Comparative Politics) 56 (2003), S. 219 – 236
*Bradley, Anthony W.*, The Sovereignty of Parliament – Form or Substance?, in: Jowell, Jeffrey/Oliver, Dawn (Hrsg.), The Changing Constitution, 5. Auflage, Oxford 2004, S. 26 – 61
—, The Sovereignty of Parliament – in Perpetuity?, in: Jowell, Jeffrey/Oliver, Dawn (Hrsg.), The Changing Constitution, 3. Auflage, Oxford 1994, S. 79 – 107
*Bradley, Anthony W./Ewing, Keith D.*, Constitutional and Administrative Law, 13. Auflage, Harlow 2002
*Brand, Oliver*, Grundfragen der Rechtsvergleichung – Ein Leitfaden für die Wahlfachprüfung, Juristische Schulung 2003, S. 1082 – 1091
*Braun, Dietmar*, Hat die vergleichende Föderalismusforschung eine Zukunft?, in: Europäisches Zentrum für Föderalismus-Forschung Tübingen (Hrsg.), Jahrbuch des Föderalismus 2002: Föderalismus, Subsidiarität und Regionen in Europa, Baden-Baden 2002, S. 97 – 116
*Brazier, Rodney* How Near Is a Written Constitution?, Northern Ireland Legal Quarterly 52 (2001), S. 1 – 19
—, Constitutional Practice – The Foundations of British Government, 3. Auflage, Oxford 1999
—, Defending the hereditaries: the Salisbury convention, Public Law 1998, S. 371 – 377
—, New Labour, New Constitution?, Northern Ireland Legal Quarterly 49 (1998), S. 1 – 22
—, The Constitution of the United Kingdom, Cambridge Law Journal 58 (1999), 96 – 128
—, The Scotland Bill as Constitutional Legislation, Statute Law Review 19 (1998), S. 12 – 31
—, The Scottish government, Public Law 1998, S. 212 – 220
*Breuer, Rüdiger*, Die Sackgasse des neuen Europaartikels (Art. 23 GG), Neue Zeitschrift für Verwaltungsrecht 1994, S. 417 – 429
*Bridge, John W.*, Constitutional Implications for the United Kingdom of participation in regional integration in Europe, in: International Congress

of Comparative Law, Bristol 1998 (Hrsg.), UK law for the millennium, London 1998, S. 1 – 33
*Brown, Archie*, Asymmetrical Devolution: The Scottish Case, The Political Quarterly 69 (1998), S. 215 – 223
*Brunner, Georg*, Das Staatsrecht der Deutschen Demokratischen Republik, in: Isensee, Josef/Kirchhof, Paul (Hrsg.), Handbuch des Staatsrechts der Bundesrepublik Deutschland, Band I, 3. Auflage, Heidelberg 2003, § 11 (S. 531 – 596)
—, Vergleichende Regierungslehre, Band I, Paderborn/München/Wien/Zürich 1979
*Bryce, James*, Studies in History and Jurisprudence, Band I, New York 1901
*Bryde, Brun-Otto*, Verfassungsentwicklung – Stabilität und Dynamik im Verfassungsrecht der Bundesrepublik Deutschland, Baden-Baden 1982
—, Verfassungsgebende Gewalt des Volkes und Verfassungsänderung im deutschen Staatsrecht: Zwischen Überforderung und Unterforderung der Volkssouveränität, in: Bieber, Roland/Widmer, Pierre (Hrsg.), L'espace constitutionnel européen – Der europäische Verfassungsraum – The European constitutional area, Zürich 1995, S. 329 – 343
*Bullinger, Martin*, Die Zuständigkeit der Länder zur Gesetzgebung I., Die Öffentliche Verwaltung 1970, S. 761 – 777; Die Zuständigkeit der Länder zur Gesetzgebung II., Die Öffentliche Verwaltung 1970, S. 797 – 801
—, Fragen der Auslegung einer Verfassung, Juristen Zeitung 2004, S. 209 – 214
—, Ungeschriebene Kompetenzen im Bundesstaat, Archiv des öffentlichen Rechts 96 (1971), S. 237 – 285
*Bülow, Erich*, Gesetzgebung, in: Benda, Ernst/Maihofer, Werner/Vogel, Hans-Jochen (Hrsg.), Handbuch des Verfassungsrechts der Bundesrepublik Deutschland, 2. Auflage, Berlin/New York 1994, § 30 (S. 1459 – 1498)
*Burgess, Michael/Gress, Franz*, Symmetry and Asymmetry Revisited, in: Agranoff, Robert (Hrsg.), Accommodating Diversity: Asymmetry in Federal States, Baden-Baden 1999, S. 43 – 56
*Burrows, Noreen*, „This is Scotland's Parliament; Let Scotland's Parliament Legislate", Juridical Review 2002, S. 213 – 236
—, Devolution, London 2000
—, Unfinished Business: The Scotland Act 1998, Modern Law Review 62 (1999), S. 241 – 260

*Calliess, Christian*, Die Justitiabilität des Art. 72 Abs. 2 GG vor dem Hintergrund von kooperativem und kompetitivem Föderalismus, Die Öffentliche Verwaltung 1997, S. 889 – 899
—, Kontrolle zentraler Kompetenzausübung in Deutschland und Europa: Ein Lehrstück für die Europäische Verfassung – Zugleich eine Besprechung des Altenpflegegesetz-Urteils des BVerfG, Europäische Grundrechtezeitschrift 2003, S. 181 – 197

*Campbell, Colm/Ní Aoláin, Fionnuala/Harvey, Colin*, The Frontiers of Legal Analysis: Reframing the Transition in Northern Ireland, Modern Law Review 66 (2003), S. 317 – 345
*Campbell, David/Young, James*, The metric martyrs and the entrenchment jurisprudence of Lord Justice Laws, Public Law 2002, S. 399 – 406
*Clostermeyer, Claus-Peter/Lehr, Stefan*, Ländermitwirkung bei völkervertraglichem Handeln auf EU-Ebene – Brauchen wir ein „Lindau II", Die Öffentliche Verwaltung 1998, S. 148 – 154
*Commission on the Powers and Electoral Arrangements of the National Assembly for Wales*, Report of the Richard Commission, Cardiff 2004
*Constantinesco, Léontin-Jean*, Rechtsvergleichung, Band II (Die rechtsvergleichende Methode), Köln/Berlin/Bonn/München 1972
*Constantinescu, Vlad*, Föderalismus und Regionalismus in Europa – Landesbericht Frankreich, in: Ossenbühl, Fritz (Hrsg.), Föderalismus und Regionalismus in Europa, Baden-Baden 1990, S. 199 – 237
*Contiades, Ion*, Verfassungsgesetzliche Staatsstrukturbestimmungen, Stuttgart/Berlin/Köln/Mainz 1967
*Cornes, Richard*, Intergovernmental Relations in a Devolved United Kingdom: Making Devolution Work, in: Hazell, Robert (Hrsg.), Constitutional Futures – A History of the Next Ten Years (The Constitution Unit), Oxford 1999, S. 156 – 177
*Craig, Paul P.*, Administrative Law, 5. Auflage, London 2003
–, Britain in the European Union, in: Jowell, Jeffrey/Oliver, Dawn (Hrsg.), The Changing Constitution, 5. Auflage, Oxford 2004, S. 88–116
–, Competing Models of Judicial Review, Public Law 1999, S. 428 – 447
–, Constitutional and Non-Constitutional Review, Current Legal Problems 54 (2001), S. 147 – 178
–, Constitutional Foundations, the Rule of Law and Supremacy, Public Law 2003, S. 92 – 111
–, Constitutionalism, Regulation and Review, in: Hazell, Robert (Hrsg.), Constitutional Futures – A History of the Next Ten Years (The Constitution Unit), Oxford 1999, S. 67 – 85
–, Dicey: Unitary, Self-Correcting Democracy and Public Law, Law Quarterly Review 106 (1990), S. 105 – 143
–, Formal and Substantive Conceptions of the Rule of Law: An Analytical Framework, Public Law 1997, S. 467 – 487
–, Public Law and Democracy in the United Kingdom and the United States of America, Oxford 1990
–, Sovereignty of the United Kingdom Parliament after *Factortame*, Yearbook of European Law 11 (1991), S. 221 – 255
–, Ultra Vires and the Foundations of Judicial Review, Cambridge Law Journal 57 (1998), S. 63 – 90
*Craig, Paul P./Bamforth, Nicholas*, Constitutional Analysis, Constitutional Principle and Judicial Review, Public Law 2001, S. 763 – 780
*Craig, Paul P./de Búrca, Gráinne*, EU Law – Text, Cases, and Materials, 3. Auflage, Oxford 2003

*Craig, Paul P./Walters, Mark*, The Courts, Devolution and Judicial Review, Public Law 1999, S. 274 – 303
*Curtice, John*, Hopes Dashed And Fears Assuaged? – What the Public Makes of it So Far, in: Trench, Alan (Hrsg.), The State of the Nations 2001 – The Second Year of Devolution in the United Kingdom (The Constitution Unit), Thorverton 2001, S. 225 – 254
—, Restoring Confidence and Legitimacy? – Devolution and Public Opinion, in: Trench, Alan (Hrsg.), Has Devolution Made a Difference – The State of the Nations 2004 (The Constitution Unit), Exeter 2004, S. 217 – 236
—, The People's Verdict: Public Attitudes to Devolution and the Union, in: Hazell, Robert (Hrsg.), The State and the Nations: The First Year of Devolution in the United Kingdom (The Constitution Unit), Thorverton 2000, S. 223 – 240
*Cygan, Alan*, Scotland's Parliament and European affairs: some lessons from Germany, European Law Review 24 (1999), S. 483 – 489

*Dammeyer, Manfred*, Föderalismus und die Rolle der Regionen in Europa, in: Bundesrat (Hrsg.), 50 Jahre Herrenchiemseer Verfassungskonvent: „Zur Struktur des deutschen Föderalismus", Bonn 1999, S. 133 – 150
*Davies, Ron*, Devolution: A Process Not an Event, Cardiff 1999
*de Smith, Stanley/Brazier, Rodney*, Constitutional and Administrative Law, 8. Auflage, London 1998
*de Tocqueville, Alexis*, De la démocratie en Amérique, Band I, 8. Auflage, Paris 1981
*Degenhart, Christoph*, Hochschulrahmenrecht und Studiengebühren – Ist der Bundesgesetzgeber befugt, im Hochschulrahmengesetz ein Verbot von Studiengebühren vorzusehen?, Deutsches Verwaltungsblatt 1998, S. 1309 – 1315
—, Staatsrecht I – Staatsorganisationsrecht, 19. Auflage, Heidelberg 2003
*Denninger, Erhard*, Staatsrecht – Einführung in die Grundprobleme des Verfassungsrechts der Bundesrepublik Deutschland, Band II (Funktionen und Institutionen), Reinbek 1979
*Denninger, Erhard/Hoffmann-Riem, Wolfgang/Schneider, Hans-Peter/Stein, Ekkehart* (Hrsg.), Kommentar zum Grundgesetz für die Bundesrepublik Deutschland (Reihe Alternativkommentare), Band II, 3. Auflage, Loseblattsammlung, Neuwied/Kriftel 2001, Stand: August 2002 (zitiert als AK-GG)
*Denver, David/Mitchell, James/Pattie, Charles/Bochel, Hugh*, Scotland Decides – The Devolution Issue and the 1997 Referendum, London/Portland (OR) 2000
*Department for Constitutional Affairs*, Constitutional Reform: Next steps for the House of Lords, Consultation Paper 14/03, London 2003
—, Constitutional Reform: a new way of appointing judges, Consultation Paper, London 2003

—, Constitutional Reform: a Supreme Court for the United Kingdom, Consultation Paper, London 2003
—, Constitutional Reform: reforming the office of the Lord Chancellor, Consultation Paper, London 2003
*Detterbeck, Klaus/Renzsch, Wolfgang*, Politischer Wettbewerb im deutschen Föderalismus, in: Europäisches Zentrum für Föderalismus-Forschung Tübingen (Hrsg.), Jahrbuch des Föderalismus 2002 (Band 3): Föderalismus, Subsidiarität und Regionen in Europa, Baden-Baden 2002, S. 69 – 81
*Deuerlein, Ernst*, Föderalismus: Die historischen und philosophischen Grundlagen des föderativen Prinzips, München 1972
*Di Fabio, Udo*, Föderalismus und Regionalismus in Europa – Bericht über den Verfassungskongreß vom 14. bis 16. September 1989 in Bonn, Deutsches Verwaltungsblatt 1989, S. 1238 – 1240
*Dicey, Albert V.*, Introduction to the Study of the Constitution (mit einer Einführung von E. S. C. Wade), Neudruck der 10. Auflage, London/Melbourne/Toronto/New York 1967
*Dickson, Brice*, The Legal System of Northern Ireland, 4. Auflage, Belfast 2001
*Dixon, Owen*, The Common Law as an Ultimate Constitutional Foundation, Australian Law Journal 31 (1957), S. 240 – 245
*Doe, Norman*, Non-Legal Rules and the Courts: Enforceability, Liverpool Law Review 9 (1987), S. 173 – 188
—, The Judicial Doctrine of Mandate, Liverpool Law Review 11 (1989), S. 89 – 98
*Doehring, Karl*, Allgemeine Staatslehre, 2. Auflage, Heidelberg 2000
—, Das Staatsrecht der Bundesrepublik Deutschland, 3. Auflage, Frankfurt a.M. 1984
—, Diskussionsbeitrag, in: Vereinigung der deutschen Staatsrechtslehrer (Hrsg.), Veröffentlichungen der Vereinigung der deutschen Staatsrechtslehrer: Die Bedeutung gliedstaatlichen Verfassungsrechts in der Gegenwart (Heft 46, 1987), Berlin/New York 1988, S. 126 – 127
—, Staat und Verfassung in einem zusammenwachsenden Europa, Zeitschrift für Rechtspolitik 1993, S. 98 – 103
*Doerfert, Carsten*, Freiheitsschutz nach englischem Recht, Juristische Arbeitsblätter 1997, S. 255 – 259
*von Dohnanyi, Klaus*, Verfassungspolitik und Reformfähigkeit, in: Bertelsmann-Stiftung (Hrsg.), Demokratie neu denken – Verfassungspolitik und Regierungsfähigkeit in Deutschland, Gütersloh 1998, S. 19 – 30
*Dolzer, Rudolf*, Das parlamentarische Regierungssystem und der Bundesrat – Entwicklungsstand und Reformbedarf, in: Vereinigung der deutschen Staatsrechtslehrer (Hrsg.), Veröffentlichungen der Vereinigung der deutschen Staatsrechtslehrer: Das parlamentarische Regierungssystem und der Bundesrat – Entwicklungsstand und Reformbedarf (Heft 58, 1998), Berlin/New York 1999, S. 7 – 38
*Donson, Fiona*, Civil Liberties and Judicial Review: Can the Common Law Really Protect Rights?, in: Leyland, Peter/Woods, Terry (Hrsg.),

Administrative Law Facing the Future: Old Constraints and New Horizons, London 1997, S. 347 – 373
*Döring, Herbert*, Die neuen Parlamente für Schottland und Wales: Ausdruck einer gewandelten politischen Kultur, in: Haberl, Othmar N./Korenke, Tobias (Hrsg.), Politische Deutungskulturen, Festschrift für Karl Rohe, Baden-Baden 1999, S. 512 – 526
*Dreier, Horst* (Hrsg.), Grundgesetz-Kommentar, Band II (Art. 20 bis 82), Tübingen 1998; Band III (Art. 83 – 146), Tübingen 2000 (zitiert als Dreier)
—, Das Demokratieprinzip des Grundgesetzes, Juristische Ausbildung 1997, S. 249 – 257
—, Einheit und Vielfalt der Verfassungsordnungen im Bundesstaat, in: Schmidt, Karsten (Hrsg.), Vielfalt des Rechts – Einheit der Rechtsordnung?, S. 113 – 146
—, Grenzen demokratischer Freiheit im Verfassungsstaat, Juristen Zeitung 1994, S. 741 – 752
*Dreier, Ralf*, Konstitutionalismus und Legalismus – Zwei Arten juristischen Denkens im demokratischen Verfassungsstaat, in: Kaufmann, Arthur/Mestmäcker, Ernst-Joachim/Zacher, Hans F. (Hrsg.), Rechtsstaat und Menschenwürde, Festschrift für Werner Maihofer zum 70. Geburtstag, Frankfurt a.M. 1988, S. 87 – 107
*Dummett, Ann*, Citizenship and National Identity, in: Hazell, Robert (Hrsg.), Constitutional Futures – A History of the Next Ten Years (The Constitution Unit), Oxford 1999, S. 213 – 229
*Dürig, Günter*, Zur Bedeutung und Tragweite des Art. 79 Abs. III des Grundgesetzes (ein Plädoyer), in: Spanner, Hans/Lerche, Peter/Zacher, Hans/Badura, Peter/Campenhausen, Axel Freiherr von (Hrsg.), Festgabe Theodor Maunz zum 70. Geburtstag, München 1971, S. 41 – 53

*Ebert, Kurt H.*, Rechtsvergleichung – Einführung in die Grundlagen, Bern 1978
*Eckertz, Rainer*, Bundesstaat und Demokratie – Ein Problem politischer Einheit?, in: Grawert, Rolf/Schlinck, Bernhard/Wahl, Rainer/Wieland, Joachim (Hrsg.), Offene Staatlichkeit, Festschrift für Ernst-Wolfgang Böckenförde zum 65. Geburtstag, Berlin 1995, S. 13 – 28
*Edmonds, Timothy*, The Barnett Formula, House of Commons Research Paper 01/108, London 2001
*Eekelaar, John*, The Death of Parliamentary Sovereignty – A Comment, Law Quarterly Review 113 (1997), S. 185 – 187
*Ehlers, Dirk*, „Ungeschriebene Kompetenzen", Juristische Ausbildung 2000, S. 323 – 329
*Eichenberger, Kurt*, Vom Umgang mit Strukturprinzipien des Verfassungsstaates, in: Burmeister, Joachim (Hrsg.), Verfassungsstaatlichkeit – Festschrift für Klaus Stern zum 65. Geburtstag, München 1997, S. 457 – 473

*Eicher, Hermann*, Der Machtverlust der Landesparlamente – Historischer Rückblick, Bestandsaufnahme, Reformansätze, Berlin 1988
—, Verfassungswandel in England – Ein Beitrag zur europäischen Rechtsgeschichte des 17. und 18. Jahrhunderts, Berlin 1988
*Eiselstein, Claus*, Verlust der Bundesstaatlichkeit? – Kompetenzverluste der Länder im kulturellen Sektor vor dem Hintergrund von Art. 79 III GG, Neue Zeitschrift für Verwaltungsrecht 1989, S. 323 – 330
*Ekins, Richard*, Judicial Supremacy and the Rule of Law, Law Quarterly Review 119 (2003), S. 127 – 152
*Elliott, Mark*, Embracing „Constitutional" Legislation: Towards Fundamental Law?, Northern Ireland Legal Quarterly 54 (2003), S. 25 – 42
—, Parliamentary sovereignty and the new constitutional order: legislative freedom, political reality and convention, Legal Studies 22 (2002), S. 340 – 376
—, Reconciling Constitutional Rights and Constitutional Orthodoxy, Cambridge Law Journal 56 (1997), S. 474 – 477
—, The Demise of Parliamentary Sovereignty? The Implications for Justifying Judicial Review, Law Quarterly Review 115 (1999), S. 119 – 137
—, The Ultra Vires Doctrine in a Constitutional Setting: Still the Central Principle of Administrative Law, Cambridge Law Journal 58 (1999), S. 129 – 158
*Ellis, Evelyn*, Supremacy of Parliament and European Law, Law Quarterly Review 96 (1980), S. 511 – 514
*Engel, Christian*, Regionen in der EG – Rechtliche Vielfalt und integrationspolitische Rollensuche, Bonn 1993
*Erbguth, Wilfried*, Erosion der Ländereigenstaatlichkeit – Art. 30 GG und unitaristische Entwicklungen national- wie gemeinschaftsrechtlichen Ursprungs, in: Ipsen, Jörn/Rengeling, Hans-Werner/Mössner, Jörg M./Weber, Albrecht (Hrsg.), Verfassungsrecht im Wandel – Wiedervereinigung Deutschlands, Deutschland in der Europäischen Union, Verfassungsstaat und Föderalismus, Köln/Berlin/Bonn/München 1995, S. 549 – 569
*ESRC Research Programme on Devolution and Constitutional Change*, Devolution: What Difference Has it Made? – Interim Findings, 2004 (erhältlich unter www.devolution.ac.uk/Interim_Findings_04.pdf)
*Esser, Josef*, Grundsatz und Norm in richterlicher Fortbildung des Privatrechts, 4. Auflage, Tübingen 1990
*Esterbauer, Fried*, Der europäische Regionalismus – Föderalistische Konzeption des Aufbaus eines vereinigten Europas, Bayrische Verwaltungsblätter 1979, S. 328 – 333
—, Grundzüge der Formen und Funktionen regionaler Gliederung in politischen Systemen, in: ders. (Hrsg.), Regionalismus: Phänomen – Planungsmittel – Herausforderung für Europa. Eine Einführung, Wien 1979, S. 43 – 57
—, Kriterien föderativer und konföderativer Systeme, Wien 1976

*Evans, Andrew,* Regional Dimensions to European Governance, International and Comparative Law Quarterly 52 (2003), S. 21 – 51

*Falconer, Lord of Thoroton,* The Role of the Courts in the Devolution and Human Rights Arrangements, Liverpool Law Review 21 (1999), S. 1 – 16

*Faßbender, Kurt,* Eine Absichtserklärung aus Karlsruhe zur legislativen Kompetenzverteilung im Bundesstaat, Juristen Zeitung 2003, S. 332 – 339

*Fastenrath, Ulrich,* Gewaltenteilung – Ein Überblick, Juristische Schulung 1986, S. 194 – 201

—, Kompetenzverteilung im Bereich der auswärtigen Gewalt, München 1986

*Fazal, M. A.,* A Federal Constitution for the United Kingdom – An Alternative to Devolution, Aldershot 1997

*Fehling, Michael,* Mechanismen der Kompetenzabgrenzung in föderativen Systemen im Vergleich, in: Aulehner, Josef (Hrsg.), Föderalismus – Auflösung oder Zukunft der Staatlichkeit?, Stuttgart/München/Hannover/Berlin/Weimar/Dresden 1997, S. 31 – 55

*Feldman, David,* The Human Rights Act 1998 and constitutional principles, Legal Studies 19 (1999), S. 165 – 206

*Finer, S. E./Bogdanor, Vernon/Rudden, Bernard,* Comparing Constitutions, 3. Auflage, Oxford 1998

*Foley, Michael,* The Politics of the British Constitution, Manchester/New York 1999

*Forman, F. Nigel,* Constitutional Change in the United Kingdom, London 2002

*Forsyth, Christopher,* Heat and Light: A Plea for Reconciliation, in: ders. (Hrsg.), Judicial Review and the Constitution, Oxford/Portland (OR) 2000, S. 393 – 409

—, Of Fig Leaves and Fairy Tales: The Ultra Vires Doctrine, the Sovereignty of Parliament and Judicial Review, Cambridge Law Journal 55 (1996), S. 122 – 140

*Forsyth, Christopher/Elliott, Mark,* The Legitimacy of Judicial Review, Public Law 2003, S. 286 – 307

*Foster, Nigel,* Großbritannien und die Europäische Union: Verfassungsrechtliche Aspekte des Beitritts und der Mitgliedschaft, Aktuelle Juristische Praxis 1998, S. 409 – 416

*Fredman, Sandra,* Judging Democracy: The Role of the Judiciary under the HRA 1998, Current Legal Problems 54 (2000), S. 99 – 129

*Frenkel, Max,* The Distribution of Legal Powers in Pluricentral Systems, in: Morgan, Roger (Hrsg.), Regionalism in European Politics, London 1986, S. 65 – 86

*Frenz, Walter,* Das Prinzip widerspruchsfreier Normgebung und seine Folgen, Die Öffentliche Verwaltung 1999, S. 41 – 50

*Friauf, Karl H.,* Der bundesstaatliche Finanzausgleich, Juristische Arbeitsblätter 1984, S. 618 – 629

*Fricke, Dieter*, Zum kooperativen Föderalismus, in: Gesellschaft für Rechtspolitik Trier (Hrsg.), Bitburger Gespräche Jahrbuch 1999/II: 50 Jahre Grundgesetz – 50 Jahre Föderalismus – Stand und Entwicklung, München 2000, S. 91 – 109
*Friedmann, W.*, Trethowan's Case – Parliamentary Sovereignty and the Limits of Legal Change, Australian Law Journal 24 (1950), S. 103 – 108
*Friedrich, Thomas*, Chancen und Spielräume gliedstaatlicher Verfassungsautonomie – von den Runden Tischen zu den Länderverfassungen in den neuen Ländern, in: Aulehner, Josef (Hrsg.), Föderalismus – Auflösung oder Zukunft der Staatlichkeit?, Stuttgart/München/Hannover/Berlin/Weimar/Dresden 1997, S. 57 – 80
*Frowein, Jochen Abr.*, Die Konstruktion des Bundesstaates, in: von Münch, Ingo (Red.), Probleme des Föderalismus, Tübingen 1985, S. 47 – 58
–, Die Entwicklung des Bundesstaates unter dem Grundgesetz, in: Mußgnug, Reinhard (Hrsg.), Rechtsentwicklung unter dem Bonner Grundgesetz, Heidelberg 1990, S. 17 – 31

*Gamper, Anna*, Schottland – Präzedenzfall eines neuen „Quasiföderalismus" in Europa?, Zeitschrift für öffentliches Recht 56 (2001), S. 405 – 433
*Ganz, Gabriele*, The War Crimes Act 1991 – Why Constitutional Crisis, Modern Law Review 55 (1992), S. 87 – 95
*Gay, Oonagh*, Devolution and Concordats, House of Commons Research Paper 99/84, London 1999
–, Evolution from Devolution – The Experience at Westminster, in: Hazell, Robert (Hrsg.), The State of the Nations 2003 – The Third Year of Devolution in the United Kingdom (The Constitution Unit), Exeter 2003, S. 169 – 192
–, The Northern Ireland Bill: Implementing the Belfast Agreement, House of Commons Research Paper 98/76, London 1998
*Gay, Oonagh/Morgan, Bryan*, Northern Ireland: political developments since 1972, House of Commons Research Paper 988/57, London 1998
*Gay, Oonagh/Strickland, Pat*, The Justice (Northern Ireland) Bill, House of Commons Research Paper 02/07, London 2002
*Gearty, Conor A.*, Reconciling Parliamentary Democracy with Human Rights, Law Quarterly Review 118 (2002), S. 248 – 269
*Geiger, Willi*, Mißverständnisse um den Föderalismus, Berlin 1962
*Geisseler, Andrea*, Reformbestrebungen im Englischen Verfassungsrecht – Aussicht auf eine Grundrechtskodifizierung in Großbritannien in naher Zukunft?, Frankfurt a.M./Bern/New York 1985
*Goldsworthy, Jeffrey*, The Sovereignty of Parliament – History and Philosophy, Oxford 1999
*Gough, J. W.*, Fundamental Law in English Constitutional History, Oxford 1961
*Graf Vitzthum, Wolfgang*, Die Bedeutung gliedstaatlichen Verfassungsrechts in der Gegenwart, in: Vereinigung der deutschen Staatsrechtslehrer

(Hrsg.), Veröffentlichungen der Vereinigung der deutschen Staatsrechtslehrer: Die Bedeutung gliedstaatlichen Verfassungsrechts in der Gegenwart (Heft 46, 1987), Berlin/New York 1988, S. 7 – 56

*Gramm, Christof,* Gewaltenverschiebung im Bundesstaat – Zu den Möglichkeiten und Grenzen der Verfassungsdogmatik, Archiv des öffentlichen Rechts 124 (1999), S. 212 – 236

—, Zur Gesetzgebungskompetenz des Bundes für ein Umweltgesetzbuch – Zugleich ein Beitrag zur Auslegung von Art. 75 Abs. 2 GG, Die Öffentliche Verwaltung 1999, S. 540 – 549

*Grawert, Rolf,* Die Bedeutung gliedstaatlichen Verfassungsrechts in der Gegenwart, Neue Juristische Wochenschrift 1987, S. 2329 – 2338

—, Die nationalsozialistische Herrschaft, in: Isensee, Josef/Kirchhof, Paul (Hrsg.), Handbuch des Staatsrechts der Bundesrepublik Deutschland, Band I, 3. Auflage, Heidelberg 2003, § 6 (S. 235 – 265)

—, Staatsvolk und Staatsangehörigkeit, in: Isensee, Josef/Kirchhof, Paul (Hrsg.), Handbuch des Staatsrechts der Bundesrepublik Deutschland, Band II, 3. Auflage, Heidelberg 2004, § 16 (S. 107 – 141)

—, Verwaltungsabkommen zwischen Bund und Ländern in der Bundesrepublik Deutschland, Berlin 1967

*Grey, Thomas C.,* Constitutionalism: An Analytical Framework, in: Pennock, J. Roland/Chapman, John W. (Hrsg.), Constitutionalism, New York 1979, S. 189 – 209

*Griffith, John A. G.,* The Brave New World of Sir John Laws, Modern Law Review 63 (2000), S. 159 – 176

—, The Common Law and the Political Constitution, Law Quarterly Review 117 (2001), S. 42 – 67

—, The Political Constitution, Modern Law Review 42 (1979), S. 1 – 21

*Griffith, John A. G./Ryle, Michael,* Parliament: functions, practice and procedures, London 1989

*Grimm, Dieter,* Fehler im System: zu den Ursachen von Politikblockaden, in: Bertelsmann-Stiftung (Hrsg.), Demokratie neu denken – Verfassungspolitik und Regierungsfähigkeit in Deutschland, Gütersloh 1998, S. 45 – 53

—, Recht und Staat der bürgerlichen Gesellschaft, Frankfurt a.M. 1987

—, Stellungnahme zur Anhörung in der Bundesstaatskommission, Kommissions-Drucksache 0018

—, Ursprung und Wandel der Verfassung, in: Isensee, Josef/Kirchhof, Paul (Hrsg.), Handbuch des Staatsrechts der Bundesrepublik Deutschland, Band I, 3. Auflage, Heidelberg 2003, § 1 (S. 3 – 43)

*Grote, Rainer,* Die Friedensvereinbarung von Belfast – ein Wendepunkt in der Geschichte des Nordirland-Konflikts, Zeitschrift für ausländisches öffentliches Recht und Völkerrecht 58 (1998), S. 646 – 702

—, Rechtskreise im öffentlichen Recht, Archiv des öffentlichen Rechts 126 (2001), S. 10 – 59

—, Regionalautonomie für Schottland und Wales – das Vereinigte Königreich auf dem Weg zu einem föderalen Staat, Zeitschrift

für ausländisches öffentliches Recht und Völkerrecht 58 (1998), S. 109 – 145
—,  Rule of Law, Rechtsstaat and „Etat de droit", in: Christian Starck (Hrsg.), Constitutionalism, Universalism and Democracy – a comparative analysis, Baden-Baden 1999, S. 269 – 306
*Gusy, Christoph*, Das parlamentarische Regierungssystem und der Bundesrat – Entwicklungsstand und Reformbedarf, Deutsches Verwaltungsblatt 1998, S. 917 – 928
—,  Die Offenheit des Grundgesetzes, Jahrbuch des öffentlichen Rechts der Gegenwart, Neue Folge 33 (1984), S. 105 – 130
—,  Die Weimarer Reichsverfassung, Tübingen 1997

*Häberle, Peter*, Der Regionalismus als werdendes Strukturprinzip des Verfassungsstaates und als europarechtspolitische Maxime, Archiv des öffentlichen Rechts 118 (1993), S. 1 – 44
—,  Die Entwicklung des Föderalismus in Deutschland – insbesondere in der Phase der Vereinigung, in: Kramer, Jutta (Hrsg.), Föderalismus zwischen Integration und Sezession: Chancen und Risiken bundesstaatlicher Ordnung, Ein internationales Symposium, Baden-Baden 1993, S. 201 – 243
—,  Föderalismus, Regionalismus, Kleinstaaten – in Europa, Die Verwaltung 1992, S. 1 – 19
—,  Gemeineuropäisches Verfassungsrecht – Hauptbericht, in: Bieber, Roland/Widmer, Pierre (Hrsg.), L'espace constitutionnel européen – Der europäische Verfassungsraum – The European constitutional area, Zürich 1995, S. 361 – 398
—,  Gemeineuropäisches Verfassungsrecht, Europäische Grundrechtezeitschrift 1991, S. 261 – 274
—,  Grundfragen einer Verfassungstheorie des Regionalismus in vergleichender Sicht, in: Kramer, Jutta (Hrsg.), Die Entwicklung des Staates der Autonomie in Spanien und der bundesstaatlichen Ordnung in der Bundesrepublik Deutschland, Baden-Baden 1996, S. 75 – 127
—,  Verfassungstheorie ohne Naturrecht, Archiv des öffentlichen Rechts 99 (1974), 437 – 463
*Hackel, Volker M.*, Subnationale Strukturen in einem supranationalen Europa, in: Graf Vitzthum, Wolfgang (Hrsg.), Europäischer Föderalismus – Supranationaler, subnationaler und multiethnischer Föderalismus in Europa, Berlin 2000, S. 57 – 80
*Häde, Ulrich*, Die bundesstaatliche Finanzverfassung des Grundgesetzes – Teil I: Die Verteilung von Ausgaben und Einnahmen, Juristische Arbeitsblätter 1994, S. 1 – 12; Die bundesstaatliche Finanzverfassung des Grundgesetzes – Teil II: Länderfinanzausgleich und Bundesergänzungszuweisungen, Juristische Arbeitsblätter 1994, S. 33 – 43
*Hadfield, Brigid*, Devolution: Some Key Issues and a Northern Ireland Searchlight, in: Beatson, Jack/Forsyth, Christopher/Hare, Ivan/The University of Cambridge Centre for Public Law (Hrsg.), Constitutio-

nal Reform in the United Kingdom: Practice and Principles, Oxford 1998, S. 51 – 57
—, Seeing it Through? The Multifaceted Implementation of the Belfast Agreement, in: Wilford, Rick (Hrsg.), Aspects of the Belfast Agreement, Oxford 2001, S. 84 – 106
—, The Anglo-Irish Agreement 1985 – Blue Print or Green Print?, Northern Ireland Legal Quarterly 37 (1986), S. 1 – 28
—, The Belfast Agreement, Sovereignty and the State of the Union, Public Law 1998, S. 599 – 616
—, The Foundations of Review, Devolved Power and Delegated Power, in: Forsyth, Christopher (Hrsg.), Judicial Review and the Constitution, Oxford/Portland (OR) 2000, S. 193 – 212
—, The Nature of Devolution in Scotland and Northern Ireland: Key Issues of Responsibility and Control, Edinburgh Law Review 3 (1999), S. 3 – 31
—, The Suspension of Devolution in Northern Ireland: New Story or Old Story?, European Public Law 9 (2003), S. 49 – 57
—, Towards an English Constitution, Current Legal Problems 55 (2002), S. 151 – 189
*Hague, William*, A Conservative View of Constitutional Change, Rede im Magdalen College, Oxford, 13. November 2000
*Hailsham, Lord of St Marylebone*, Elective Dictatorship, The Richard Dimbleby Lecture, The Times vom 15.10.1976, S. 4
—, The Dilemma of Democracy, London 1987
*Hain, Peter*, Response to the publication of the Richard Commission on the Powers and Electoral Arrangements for the National Assembly for Wales, 31. März 2004 (erhältlich unter www.walesoffice.gov.uk/pn_20040331a.html)
—, The Future Relationship between Wales, Whitehall and Westminster, Rede vor dem Institute of Welsh Affairs, 7. Juli 2003 (erhältlich unter www.walesoffice.org.uk/PH_7July.html)
*Hamilton, Alexander/Madison, James/Jay, John*, The Federalist Papers (hrsgg. von Clinton Rossiter, mit einer Einführung von Charles R. Kesler), New York 1999
*Hanf, Dominik*, Bundesstaat ohne Bundesrat? – Die Mitwirkung der Glieder und die Rolle zweiter Kammern in evolutiven und devolutiven Bundesstaaten. Eine rechtsvergleichende Untersuchung, Baden-Baden 1999
*Harbich, Jürgen*, Der Bundesstaat und seine Unantastbarkeit, Berlin 1965
*Harden, Ian*, The Constitution of the European Union, Public Law 1994, S. 609 – 624
*Harlow, Carol*, Power from the People? Representation and Constitutional Theory, in: McAuslan, Patrick/McEldowney, John F. (Hrsg.), Law, Legitimacy and the Constitution, London 1985, S. 62 – 81
*Harris, B. V.*, The „Third Source" of Authority for Governmental Action, Law Quarterly Review 109 (1992), S. 626 – 651

*Hart, Herbert L. A.*, The Concept of Law, 2. Auflage, Oxford 1994
*Haug, Volker*, Die Föderalismusreform – Zum Ringen von Bund und Ländern um die Macht im Staat, Die Öffentliche Verwaltung 2004, S. 190 – 197
*Hazell, Robert*, An Unstable Union – Devolution and the English Question, London 2000
–, Conclusion – The Devolution Scorecard as the Devolved Assemblies Head for the Polls, in: ders. (Hrsg.), The State of the Nations 2003 – The Third Year of Devolution in the United Kingdom (The Constitution Unit), Exeter 2003, S. 285 – 302
–, Conclusion: The Unfinished Business of Devolution, in: Trench, Alan (Hrsg.), Has Devolution Made a Difference – The State of the Nations 2004 (The Constitution Unit), Exeter 2004, S. 255 – 275
–, Intergovernmental Relations: Whitehall Rules OK?, in: ders. (Hrsg.), The State and the Nations: The First Year of Devolution in the United Kingdom (The Constitution Unit), Thorverton 2000, S. 149 – 182
–, Merger, what merger? Scotland, Wales and the Department for Constitutional Affairs, Public Law 2003, S. 650 – 655
–, Regional government in England: Three policies in search of a strategy, in: Chen, Selina/Wright, Tony (Hrsg.), The English Question, London 2000, S. 29 – 44
–, Reinventing the Constitution: Can the State Survive?, Public Law 1999, S. 84 – 103
–, The English Question: can Westminster be a proxy for an English parliament?, Public Law 2001, S. 268 – 280
–, The New Constitutional Settlement, in: ders. (Hrsg.), Constitutional Futures – A History of the Next Ten Years (The Constitution Unit), Oxford 1999, S. 230 – 247
–, Westminster: Squeezed from Above and Below, in: ders. (Hrsg.), Constitutional Futures – A History of the Next Ten Years (The Constitution Unit), Oxford 1999, S. 111 – 135
*Hazell, Robert/Cornes, Richard*, Financing Devolution: the Centre Retains Control, in: Hazell, Robert (Hrsg.), Constitutional Futures – A History of the Next Ten Years (The Constitution Unit), Oxford 1999, S. 196 – 212
–, Introduction, in: Hazell, Robert (Hrsg.), Constitutional Futures – A History of the Next Ten Years (The Constitution Unit), Oxford 1999, S. 1 – 6
*Hazell, Robert/Masterman, Roger/Sandford, Mark/Seyd, Ben/Croft, Jeremy*, The Constitution: Coming in from the Cold, Parliamentary Affairs (A Journal of Comparative Politics) 55 (2002), S. 219 – 234
*Hazell, Robert/Morris, Bob*, Machinery of Government: Whitehall, in: Hazell, Robert (Hrsg.), Constitutional Futures – A History of the Next Ten Years (The Constitution Unit), Oxford 1999, S. 136 – 155
*Hazell, Robert/O'Leary, Brendan*, A Rolling Programme of Devolution: Slippery Slope or Safeguard of the Union?, in: Hazell, Robert (Hrsg.),

Constitutional Futures – A History of the Next Ten Years (The Constitution Unit), Oxford 1999, S. 21 – 46

*Hazell, Robert/Russell, Meg/Croft, Jeremy/Seyd, Ben/Masterman, Roger*, The Constitution: Rolling out the New Settlement, Parliamentary Affairs (A Journal of Comparative Politics) 54 (2001), S. 190 – 205

*Hazell, Robert/Russell, Meg/Seyd, Ben/Sinclair, David*, The British Constitution in 1998–99: The Continuing Revolution, Parliamentary Affairs (A Journal of Comparative Politics) 53 (2000), S. 242 – 261

*Hazell, Robert/Sinclair, David*, The British Constitution in 1997–98: Labour's Constitutional Revolution, Parliamentary Affairs (A Journal of Comparative Politics) 52 (1999), S. 161 – 178

*Heald, David/Geaughan, Neal/Robb, Colin*, Financial Arrangements for UK Devolution, in: Keating, Michael/Elcock, Howard (Hrsg.), Remaking the Union – Devolution and British Politics in the 1990s, London/Portland (OR) 1998, S. 23 – 52

*Hebeler, Timo*, Die Ausführung der Bundesgesetze (Art. 83 ff. GG), Juristische Ausbildung 2002, S. 164 – 172

—, Verfassungsrechtliche Stellung und Funktion des Bundesrates, Juristische Arbeitsblätter 2003, S. 522 – 528

*Heimrich, Bernhard*, Gemurmelter Nebensatz und rauchende Spuren – Blair und das EU-Referendum, FAZ vom 21.04.2004, S. 3

—, Wie Montesquieu es wollte, FAZ vom 14.06.2003, S. 7

*Heinemann, Tobias*, Der Regionalismus zwischen innerstaatlicher Entwicklung und europäischer Einigung – Eine rechtsvergleichende Untersuchung, Berlin 2001

*Heintzen, Markus*, Die Beidseitigkeit der Kompetenzverteilung im Bundesstaat, Deutsches Verwaltungsblatt 1997, S. 689 – 692

*Helms, Ludger*, Der parlamentarische Gesetzgebungsprozeß in Großbritannien, Der Staat 40 (2001), S. 405 – 419

—, Strukturelemente und Entwicklungsdynamik des deutschen Bundesstaates im internationalen Vergleich, Zeitschrift für Politik 49 (2002), S. 125 – 148

*Hempel, Wieland*, Der demokratische Bundesstaat – Artikel 20 Absatz 1 des Grundgesetzes und seine Bedeutung für Zuständigkeitsvereinbarungen zwischen Bund und Ländern, Berlin 1969

*Hendler, Reinhard*, Sicherung der Autonomie für Länder und Kommunen, in: Henneke, Hans-Günter (Hrsg.), Verantwortungsteilung zwischen Kommunen, Ländern, Bund und Europäischer Union, Stuttgart/München/Hannover/Berlin/Weimar/Dresden 2001, S. 235 – 254

—, Unitarisierungstendenzen im Bereich der Gesetzgebung, Zeitschrift für Gesetzgebung 2 (1987), S. 210 – 227

*Henneke, Hans-Günter*, Föderalismusreform kommt in Fahrt, Deutsches Verwaltungsblatt 2003, S. 845 – 851

—, Länderfinanzausgleich und Maßstäbegesetz, Juristische Ausbildung 2001, S. 767 – 775

*Hennessy, Peter*, Whitehall, London 1990

*Herdegen, Matthias,* Strukturen und Institute des Verfassungsrechts der Länder, in: Isensee, Josef/Kirchhof, Paul (Hrsg.), Handbuch des Staatsrechts der Bundesrepublik Deutschland, Band IV, 2. Auflage, Heidelberg 1999, § 97 (S. 479 – 516)
*Herzog, Roman,* Aufgaben des Bundesrates, in: Isensee, Josef/Kirchhof, Paul (Hrsg.), Handbuch des Staatsrechts der Bundesrepublik Deutschland, Band II, 2. Auflage, Heidelberg 1998, § 45 (S. 489 – 503)
–, Mängel des deutschen Föderalismus, Bayrische Verwaltungsblätter 1991, S. 513 – 517
–, Stellung des Bundesrates im demokratischen Bundesstaat, in: Isensee, Josef/Kirchhof, Paul (Hrsg.), Handbuch des Staatsrechts der Bundesrepublik Deutschland, Band II, 2. Auflage, Heidelberg 1998, § 44 (S. 467 – 488)
–, Subsidiaritätsprinzip und Staatsverfassung, Der Staat 2 (1963), S. 399 – 423
–, Wandel des Föderalismus in der Bundesrepublik, in: Merten, Detlef/Morsey, Rudolf (Hrsg.), 30 Jahre Grundgesetz, Berlin 1979, S. 41 – 54
–, Zusammensetzung und Verfahren des Bundesrates, in: Isensee, Josef/Kirchhof, Paul (Hrsg.), Handbuch des Staatsrechts der Bundesrepublik Deutschland, Band II, 2. Auflage, Heidelberg 1998, § 46 (S. 505 – 522)
–, Zwischenbilanz im Streit um die bundesstaatliche Ordnung, Juristische Schulung 1967, S. 193 – 200
*Hesse, Konrad,* Aspekte des kooperativen Föderalismus in der Bundesrepublik, in: Rittersprach, Theo/Geiger, Willi (Hrsg.), Festschrift für Gebhard Müller, Tübingen 1970, S. 141 – 160
–, Bundesstaatsreform und Grenzen der Verfassungsänderung, Archiv des öffentlichen Rechts 98 (1973), S. 1 – 52
–, Der unitarische Bundesstaat, Karlsruhe 1962
–, Die Verfassungsentwicklung seit 1945, in: Benda, Ernst/Maihofer, Werner/Vogel, Hans-Jochen (Hrsg.), Handbuch des Verfassungsrechts der Bundesrepublik Deutschland, 2. Auflage, Berlin/New York 1994, § 3 (S. 35 – 52)
–, Funktionelle Grenzen der Verfassungsgerichtsbarkeit, in: Eichenberger, Kurt/Badura, Peter/Müller, Jörg P. (u. a.), Recht als Prozeß und Gefüge – Festschrift für Hans Huber zum 80. Geburtstag, Bern 1981, S. 261 – 272
–, Grenzen der Verfassungswandlung, in: Ehmke, Horst/Kaiser, Joseph K./Kewenig, Wilhelm A./Meessen, Karl M./Rüfner, Wolfgang (Hrsg.), Festschrift für Ulrich Scheuner zum 70. Geburtstag, Berlin 1973, S. 123 – 141
–, Grundzüge des Verfassungsrechts der Bundesrepublik Deutschland, Neudruck der 20. Auflage, Heidelberg 1999
–, Verfassung und Verfassungsrecht, in: Benda, Ernst/Maihofer, Werner/Vogel, Hans-Jochen (Hrsg.), Handbuch des Verfassungsrechts der

Bundesrepublik Deutschland, 2. Auflage, Berlin/New York 1994, § 1 (S. 3 – 17)
—, Verfassungsrechtsprechung im geschichtlichen Wandel, Juristen Zeitung 1995, S. 265 – 273
—, Wandlungen der Bedeutung der Verfassungsgerichtsbarkeit für die bundesstaatliche Ordnung, in: Haller, Walter/Kölz, Alfred/Müller, Georg/Thürer, Daniel (Hrsg.), Im Dienst an der Gemeinschaft, Festschrift für Dietrich Schindler zum 65. Geburtstag, Basel/Frankfurt a.M. 1989, S. 723 – 731
*Heun, Werner*, Allocation of Tasks and Regimes of Public Finance Responsibilities Between the Federal and Other Levels of Government – General Report, in: Riedel, Eibe (Hrsg.), Aufgabenverteilung und Finanzregimes im Verhältnis zwischen Zentralstaat und seinen Untereinheiten, Baden-Baden 2001, S. 17 – 33
—, Die Zusammenführung der Aufgaben- und Ausgabenverantwortung von Bund, Ländern und Gemeinden als Aufgabe einer Reform der Finanzverfassung – Probleme und Risiken, Deutsches Verwaltungsblatt 1996, S. 1020 – 1027
*Heuston, R. F. V.*, Essays in Constitutional Law, 2. Auflage, London 1964
*Heyde, Wolfgang*, Rechtsprechung, in: Benda, Ernst/Maihofer, Werner/Vogel, Hans-Jochen (Hrsg.), Handbuch des Verfassungsrechts der Bundesrepublik Deutschland, 2. Auflage, Berlin/New York 1994, § 33 (S. 1579 – 1636)
*Hillgruber, Christian/Goos, Christoph*, Verfassungsprozessrecht, Heidelberg 2004
*Himsworth, Chris M. G.*, Devolution and the Mixed Legal System of Scotland, Juridical Review (2002), S. 115 – 130
*Himsworth, Chris M. G./Munro, Colin R.*, The Scotland Act 1998 – Greens Annotated Acts, 2. Auflage, Edinburgh 2000
*Hirche, Walter*, Das Prinzip der Gleichwertigkeit der Lebensbedingungen als Herausforderung an die demokratische Verfassungsstruktur der Bundesrepublik Deutschland unter besonderer Berücksichtigung der neuen Bundesländer, in: Traut, Johannes Ch. (Hrsg.), Verfassung und Föderalismus Rußlands im internationalen Vergleich, Baden-Baden 1995, S. 231 – 238
*HM Treasury*, Funding the Scottish Parliament, National Assembly for Wales and Northern Ireland Assembly – A Statement of Funding Policy, 3. Auflage, London 2002
HMSO, Good Friday Agreement, Cmnd. 3883, London 1998
—, Memorandum of Understanding, Cmnd. 5240, London 2001
—, The Government's Response to the Second Report of the Select Committee on the Constitution, Session 2002–03 (House of Lords Paper 28), Cmnd. 5780, London 2003
—, White Paper: A Voice for Wales, Cmnd. 3718, London 1997
—, White Paper: Modernising Government, Cmnd. 4310, London 1999
—, White Paper: Scotland's Parliament, Cmnd. 3658, London 1997

—, White Paper: The House of Lords – Completing the Reform, Cmnd. 5291, London 2000
—, White Paper: Your Region, Your Choice – Revitalising the English Regions, Cmnd. 5511, London 2002
*Hoffmann-Riem, Wolfgang*, Das Ringen um die verfassungsgerichtliche Normenkontrolle in den USA und Europa, JZ 2003, S. 269 – 275
*Hofmann, Hans*, Notwendigkeit und Perspektiven einer Föderalismusreform – Zu einer neuen Balance der Aufgaben-, Einnahmen- und Ausgabenverantwortung zwischen Bund, Ländern und Gemeinden, Zeitschrift für Rechtspolitik 1999, S. 465 – 471
*Hofmann, Hasso*, Die Entwicklung des Grundgesetzes von 1949 bis 1990, in: Isensee, Josef/Kirchhof, Paul (Hrsg.), Handbuch des Staatsrechts der Bundesrepublik Deutschland, Band I, 3. Auflage, Heidelberg 2003, § 9 (S. 355 – 421)
*Hogwood, Brian*, Relations with other Public Bodies, in: Hassan, Gerry (Hrsg.), A Guide to the Scottish Parliament, The Stationary Office Edinburgh 1999, S. 97 – 107
*Hollingsworth, Kathryn/Douglas, Gillian*, Creating a children's champion for Wales? The Care Standards Act 2000 (Part V) and the Children's Commissioner for Wales Act 2001, Modern Law Review 65 (2002), S. 58 – 78
*Hood Phillips, Owen*, A constitutional myth: separation of powers, Law Quarterly Review 93 (1977), S. 11 – 13
*Hood Phillips, Owen/Jackson, Paul/Leopold, Patricia*, Constitutional and Administrative Law, 8. Auflage, London 2001
*Hope, Lord of Craighead*, Taking the Case to London – Is it all over?, Juridical Review 1999, S. 135 – 149
*Hopkins, John*, Devolution from a Comparative Perspective, European Public Law 4 (1998), S. 323 – 333
—, Devolution in Context: Regional, Federal and Devolved Government in the European Union, London 2001
—, Regional government in the EU, in: Tindale, Stephen (Hrsg.), The State and the Nations – The Politics of Devolution, London 1996, S. 13 – 37
*Horn, Hans-Detlef*, Über den Grundsatz der Gewaltenteilung in Deutschland und Europa, Jahrbuch des öffentlichen Rechts der Gegenwart, Neue Folge 49 (2001), S. 287 – 298
*House of Commons Select Committee on Procedure*, The Procedural Consequences of Devolution, Fourth Report of 1998–99, House of Commons Paper 185
*House of Commons Select Committee on Welsh Affairs*, The Primary Legislative Process as it Affects Wales, Fourth Report of 2002–03, House of Commons Paper 79
*House of Lords Select Committee on the Constitution*, Devolution: Inter-Institutional Relations in the United Kingdom, Second Report of 2002–03, House of Lords Paper 28

*Howard, A. E. Dick*, The Values of Federalism, New Europe Law Review 1993, S. 143 – 162
*Huber, Bernd*, Steuerwettbewerb im Föderalismus – Ideal und Wirklichkeit, in: Morath, Konrad (Hrsg.), Reform des Föderalismus, Bad Homburg 1999, S. 55 – 65
*Huber, Peter M.*, Stellungnahme zur Anhörung in der Bundesstaatskommission, Kommissions-Drucksache 0008
*Hunt, Murray*, Using Human Rights in English Courts, Oxford 1997

*Ipsen, Jörn*, Staatsrecht I – Staatsorganisationsrecht, 13. Auflage, Neuwied 2001
*Irvine, Lord of Lairg*, Judges and Decision-Makers: The Theory and Practice of *Wednesbury* Review, Public Law 1996, S. 59 – 78
—, Response to Sir John Laws 1996, Public Law 1996, S. 636 – 638
—, Sovereignty in Comparative Perspective – Constitutionalism in Britain and America, New York University Law Review 76 (2001), S. 1 – 22
—, The Development of Human Rights in Britain under an Incorporated Convention on Human Rights, Public Law 1998, S. 221 – 236
—, The Impact of the Human Rights Act: Parliament, the Courts and the Executive, Public Law 2003, S. 308 – 325
*Isensee, Josef*, Der Bundesstaat – Bestand und Entwicklung, in: Badura, Peter/ Dreier, Horst (Hrsg.), Festschrift 50 Jahre Bundesverfassungsgericht, Band II (Klärung und Fortbildung des Verfassungsrechts), Tübingen 2001, S. 719 – 770
—, Der Föderalismus und der Verfassungsstaat der Gegenwart, Archiv des öffentlichen Rechts 115 (1990), S. 248 – 279
—, Einheit in Ungleichheit: der Bundesstaat – Vielfalt der Länder als Legitimationsbasis des deutschen Föderalismus, in: Bohr, Kurt (Hrsg.), Föderalismus – Demokratische Struktur für Deutschland und Europa, München 1992, S. 139 – 162
—, Idee und Gestalt des Föderalismus im Grundgesetz, in: Isensee, Josef/ Kirchhof, Paul (Hrsg.), Handbuch des Staatsrechts der Bundesrepublik Deutschland, Band IV, 2. Auflage, Heidelberg 1999, § 98 (S. 517 – 691)
—, Vorbehalt der Verfassung – Das Grundgesetz als abschließende und als offene Norm, in: Isensee, Josef/Lecheler, Helmut (Hrsg.), Freiheit und Eigentum, Festschrift für Walter Leisner, Berlin 1999, S. 359 – 399

*Jackson, Gordon*, Devolution and the Scottish Legal Institutions, in: Bates, T. St John N. (Hrsg.), Devolution to Scotland: The Legal Aspects, Edinburgh 1997, S. 51 – 62
*Jaconelli, Joseph*, The nature of constitutional conventions, Legal Studies 19 (1999), S. 24 – 46

*Janssen, Albert*, Wege aus der Krise des deutschen Bundesstaates. Anmerkungen zu einem notwendigen Vorschlag zur Reform des Grundgesetzes, Zeitschrift für Gesetzgebung – Sonderheft 2000, S. 41 – 63

*Jarass, Hans D.*, Allgemeine Probleme der Gesetzgebungskompetenz des Bundes, Neue Zeitschrift für Verwaltungsrecht 2000, S. 1089 – 1096

–, Regelungsspielräume des Landesgesetzgebers im Bereich der konkurrierenden Gesetzgebung und in anderen Bereichen, Neue Zeitschrift für Verwaltungsrecht 1996, S. 1041 – 1047

*Jarass, Hans D./Pieroth, Bodo* (Hrsg.), Grundgesetz für die Bundesrepublik Deutschland, 6. Auflage, München 2002 (zitiert als Jarass/Pieroth)

*Jeffery, Charlie*, Devolution und Europapolitik im Vereinigten Königreich, in: Hrbek, Rudolf (Hrsg.), Europapolitik und Bundesstaatsprinzip – Die „Europafähigkeit" Deutschlands und seiner Länder im Vergleich mit anderen Föderalstaaten, Baden-Baden 2000, S. 175 – 183

–, Durch Devolution zur Föderalstruktur? Aktuelle Entwicklungen in Großbritannien, in: Europäisches Zentrum für Föderalismus-Forschung (Hrsg.), Europäischer Föderalismus im 21. Jahrhundert, Baden-Baden 2003, S. 109 – 117

–, Electoral Reform: Learning from Germany, The Political Quarterly 69 (1998), S. 241 – 251

–, Multi-Layer Democracy in Germany: Insights for Scottish Devolution (The Constitution Unit), London 1998

–, The Decentralisation Debate in the UK: Role-Modell Deutschland?, Scottish Affairs 19 (Frühling 1997), S. 42 – 54

–, Verfassungspolitik im Vergleich: Britische Devolution und deutscher Föderalismus, in: Glaeßner, Gert-Joachim/Reutter, Werner/Jeffery, Charlie (Hrsg.), Verfassungspolitik und Verfassungswandel: Deutschland und Großbritannien im Vergleich, Wiesbaden 2001, S. 125 – 142

–, Vom kooperativen Föderalismus zu einer „Sinatra-Doktrin" der Länder?, in: Meier-Walser, Reinhard C./Hirscher, Gerhard (Hrsg.), Krise und Reform des Föderalismus – Analysen zu Theorie und Praxis bundesstaatlicher Ordnungen, München 1999, S. 50 – 63

*Jeffery, Charlie/Mawson, John*, Introduction: Beyond the White Paper on the English Regions, Regional Studies 36 (2002), S. 715 – 720

*Jeffery, Charlie/Palmer, Rosanne*, Das Vereinigte Königreich – Devolution und Verfassungsreform, in: Europäisches Zentrum für Föderalismus-Forschung Tübingen (Hrsg.), Jahrbuch des Föderalismus 2000 (Band 1): Föderalismus, Subsidiarität und Regionen in Europa, Baden-Baden 2000, S. 321 – 339

–, Devolution im Vereinigten Königreich: Erste Antworten auf die „englische Frage"?, in: Europäisches Zentrum für Föderalismus-Forschung Tübingen (Hrsg.), Jahrbuch des Föderalismus 2003 (Band 4): Föderalismus, Subsidiarität und Regionen in Europa, Baden-Baden 2003, S. 259 – 269

*Jellinek, Georg*, Allgemeine Staatslehre, 3. Auflage, Berlin 1914

*Jenkins, David*, Both Ends against the Middle: European Integration, Devolution, and the Sites of Sovereignty in the United Kingdom, Temple International and Comparative Law Journal 16 (2002), S. 1 – 25

*Jennings, Ivor*, Cabinet Government, 3. Auflage, Cambridge 1969

—, The Law and the Constitution, 5. Auflage, London 1959 (*Jennings*, Law and Constitution)

*Jestaedt, Matthias*, Bundesstaat als Verfassungsprinzip, in: Isensee, Josef/Kirchhof, Paul (Hrsg.), Handbuch des Staatsrechts der Bundesrepublik Deutschland, Band II, 3. Auflage, Heidelberg 2004, § 29 (S. 785 – 841)

*Jochum, Heike*, Die Bundesauftragsverwaltung im Umbruch: Wie weit reicht die Sachkompetenz des Bundes? – Eine kritische Würdigung der Entscheidung des BVerfG vom 19.02.2002 (Az. 2 BvG 2/00) aus staatsorganisatorischer und verwaltungswissenschaftlicher Perspektive, Die Öffentliche Verwaltung 2003, S. 16 – 23

—, Richtungsweisende Entscheidung des BVerfG zur legislativen Kompetenzordnung des Grundgesetzes, Neue Juristische Wochenschrift 2003, S. 28 – 30

*Johnson, Nevil*, Föderalismus und Regionalismus in Europa – Landesbericht Vereinigtes Königreich, in: Ossenbühl, Fritz (Hrsg.), Föderalismus und Regionalismus in Europa, Baden-Baden 1990, S. 307 – 335

—, In Search of the Constitution: Reflections on State and Society in Britain, Oxford/New York/Toronto/Sydney/Paris/Frankfurt 1977

—, Taking Stock of Constitutional Reform, Government and Opposition 36 (2001), S. 331 – 354

*Johnston, Ron/Pattie, Charles/Rossiter, David*, Devolution and Equality of Representation in the United Kingdom: A Constitutional Mess?, The Political Quarterly 73 (2002), S. 158 – 171

*Jones, Timothy H.*, Scottish Devolution and Demarcation Disputes, Public Law 1997, S. 283 – 297

*Jones, Timothy H./Williams, Jane M.*, Wales as a Jurisdiction, Public Law 2004, S. 78 – 101

*Joseph, Philip A.*, The Demise of *Ultra Vires* – Judicial Review in the New Zealand Courts, Public Law 2001, S. 354 – 376

*Jowell, Jeffrey*, Beyond the Rule of Law: Towards Constitutional Judicial Review, Public Law 2000, S. 671 – 683

—, The rule of law's long arm: uncommunicated decisions, Public Law 2004, S. 246 – 251

*Judge, David*, The Parliamentary State, London/Newbury Park/New Delhi 1993

*Jung, Otmar*, Direkte Demokratie in Deutschland und Großbritannien, in: Glaeßner, Gert-Joachim/Reutter, Werner/Jeffery, Charlie (Hrsg.), Verfassungspolitik und Verfassungswandel: Deutschland und Großbritannien im Vergleich, Wiesbaden 2001, S. 143 – 169

*Kaiser, André*, Europäisierung oder Modernisierung? Demokratietheoretische Grundlagen der britischen Verfassungsreformdebatte, in:

Haberl, Othmar N./Korenke, Tobias (Hrsg.), Politische Deutungskulturen, Festschrift für Karl Rohe, Baden-Baden 1999, S. 540 – 560
*Karpen, Ulrich*, Grundgesetz, Konsens und Wertewandel, Juristische Schulung 1987, S. 593 – 599
*Karpen, Ulrich/Becker, Stefan*, Das Bundesstaatsprinzip in der Rechtsprechung des Bundesverfassungsgerichts und der Verfassungsgerichte der Länder, Juristen Zeitung 2001, S. 966 – 973
*Karpen, Ulrich/von Rönn, Matthias*, Bericht über die Rechtsprechung des Bundesverfassungsgerichtes und der Länderverfassungsgerichte zum Bundesstaatsprinzip (seit 1980), Juristen Zeitung 1990, S. 579 – 585
*Kastari, Paavo*, Über die Normativität und den hierarchischen Vorrang der Verfassungen, in: Bracher, Karl-Dieter/Dawson, Christoph/Geiger, Willi/Smend, Rudolf (Hrsg.), Die moderne Demokratie und ihr Recht, Festschrift für Gerhard Leibholz, Band II (Staats- und Verfassungsrecht), Tübingen 1966, S. 49 – 68
*Kastendiek, Hans*, Traditionelles und neues Verfassungsdenken in Großbritannien, in: Glaeßner, Gert-Joachim/Reutter, Werner/Jeffery, Charlie (Hrsg.), Verfassungspolitik und Verfassungswandel: Deutschland und Großbritannien im Vergleich, Wiesbaden 2001, S. 29 – 51
*Katz, Alfred*, Staatsrecht – Grundkurs im öffentlichen Recht, 15. Auflage, Heidelberg 2002
*Kaufmann, Marcel*, Integrierte Staatlichkeit als Staatsstrukturprinzip, Juristen Zeitung 1999, S. 814 – 822
*Kay, Adrian*, Evaluating Devolution in Wales, Political Studies 51 (2003), S. 51 – 66
*Keating, Michael*, Asymmetrical Government: Multinational States in an Integrating Europe, Publius: The Journal of Federalism 29/1 (Winter 1999), S. 71 – 86
—, How Distinctive is Holyrood? – An Analysis of Legislation in the first Scottish Parliament, 2004 (erhältlich unter www.devolution.ac.uk/keating_2004_policy_paper.pdf)
—, Reforging the Union: Devolution and Constitutional Change in the United Kingdom, Publius: The Journal of Federalism 28/1 (Winter 1998), S. 217 – 234
—, Regionalism, Devolution and the State, 1969 – 1989, in: Garside, Patricia L./Hebbert, Michael (Hrsg.), British Regionalism 1900 – 2000, London 1989, S. 158 – 172
—, What's Wrong with Asymmetrical Government?, in: Keating, Michael/Elcock, Howard (Hrsg.), Remaking the Union – Devolution and British Politics in the 1990s, London/Portland (OR) 1998, S. 195 – 218
*Keating, Michael/Elcock, Howard*, Introduction: Devolution and the UK State, in: dies. (Hrsg.), Remaking the Union – Devolution and British Politics in the 1990s, London/Portland (OR) 1998, S. 1 – 9
*Keir, David L.*, The Constitutional History of Modern Britain since 1485, 6. Auflage, London 1961

*Kelsen, Hans*, Reine Rechtslehre, 2. Auflage, Wien 1960
—, Wesen und Entwicklung der Staatsgerichtsbarkeit, in: Vereinigung der deutschen Staatsrechtslehrer (Hrsg.), Veröffentlichungen der Vereinigung der deutschen Staatsrechtslehrer: Wesen und Entwicklung der Staatsgerichtsbarkeit (Heft 5, 1928), Berlin/Leipzig 1929, S. 30 – 88
*Kenntner, Markus*, Der Föderalismus ist (doch) justiziabel! – Anmerkungen zum „Altenpflegegesetz-Urteil" des BVerfG, Neue Zeitschrift für Verwaltungsrecht 2003, S. 821 – 824
—, Grundgesetzwandel – Überlegungen zur Veränderung des Grundgesetzes und seines Bezugsrahmens, Die Öffentliche Verwaltung 1997, S. 450 – 457
*Kersten, Jens*, Homogenitätsgebot und Landesverfassungsrecht, Die Öffentliche Verwaltung 1993, S. 896 – 902
*Kettler, Dietmar*, Die Staatsqualität der Bundesländer, Recht und Politik 1995, S. 165 – 169
*Kewenig, Wilhelm A.*, Kooperativer Föderalismus und bundesstaatliche Ordnung – Bemerkungen zur Theorie und Praxis des kooperativen Föderalismus in den USA unter besonderer Berücksichtigung der „grants-in-aid", der Bundeshilfsprogramme, Archiv des öffentlichen Rechts 93 (1968), S. 433 – 484
*Kimminich, Otto*, Der Bundesstaat, in: Isensee, Josef/Kirchhof, Paul (Hrsg.), Handbuch des Staatsrechts der Bundesrepublik Deutschland, Band I, 2. Auflage, Heidelberg 1995, § 26 (S. 1113 – 1150)
—, Historische Grundlagen und Entwicklung des Föderalismus in Deutschland, in: von Münch, Ingo (Red.), Probleme des Föderalismus, Tübingen 1985, S. 1 – 15
*King, Anthony*, Does the United Kingdom Still Have a Constitution?, The Hamlyn Lectures, London 2001
*Kirchhof, Ferdinand*, Die Finanzen des Föderalismus, in: Europäisches Zentrum für Föderalismus-Forschung (Hrsg.), Europäischer Föderalismus im 21. Jahrhundert, Baden-Baden 2003, S. 48 – 61
—, Klarere Verantwortungsteilung von Bund, Ländern und Kommunen?, Deutsches Verwaltungsblatt 2004, S. 977 – 986
—, Neue Wege durch ein Maßstabsgesetz? Die Entscheidung des Bundesverfassungsgerichts zum Finanzausgleich zwischen Bund und Ländern, in: Europäisches Zentrum für Föderalismus-Forschung Tübingen (Hrsg.), Jahrbuch des Föderalismus 2001 (Band 2): Föderalismus, Subsidiarität und Regionen in Europa, Baden-Baden 2001, S. 143 – 153
—, Stellungnahme zur Anhörung in der Bundesstaatskommission, Kommissions-Drucksache 0011
*Kirchhof, Paul*, Bundesstaatlichkeit als Element des Verfassungsstaates, in: Merten, Detlef (Hrsg.), Der Bundesrat in Deutschland und Österreich, Berlin 2001, S. 59 – 69

—, Die Aufgaben des Bundesverfassungsgerichts in Zeiten des Umbruchs, Neue Juristische Wochenschrift 1996, S. 1497 – 1505

—, Die Aufgaben des Bundesverfassungsgerichts in Zeiten des Umbruchs, Neue Juristische Wochenschrift 1996, S. 1497 – 1505

—, Die Identität der Verfassung in ihren unabänderlichen Inhalten, in: Isensee, Josef/Kirchhof, Paul (Hrsg.), Handbuch des Staatsrechts der Bundesrepublik Deutschland, Band II, 3. Auflage, Heidelberg 2004, § 21 (S. 261 – 316)

—, Verfassungsgerichtsbarkeit und Gesetzgebung, in: Badura, Peter/ Scholz, Rupert (Hrsg.), Verfassungsgerichtsbarkeit und Gesetzgebung, München 1998, S. 5 – 22

*Kirschenmann, Dietrich*, Zuständigkeiten und Kompetenzen im Bereich der Verwaltung nach dem 8. Abschnitt des Grundgesetzes, Juristische Schulung 1977, S. 565 – 572

*Kisker, Gunter*, Diskussionsbeitrag, in: Vereinigung der deutschen Staatsrechtslehrer (Hrsg.), Veröffentlichungen der Vereinigung der deutschen Staatsrechtslehrer: Die Bedeutung gliedstaatlichen Verfassungsrechts in der Gegenwart (Heft 46, 1987), Berlin/New York 1988, S. 136 – 138

—, Ideologische und theoretische Grundlagen der bundesstaatlichen Ordnung in der Bundesrepublik Deutschland – Zur Rechtfertigung des Föderalismus, in: von Münch, Ingo (Red.), Probleme des Föderalismus, Tübingen 1985, S. 23 – 37

—, Kooperation im Bundesstaat – Eine Untersuchung zum kooperativen Föderalismus in der Bundesrepublik Deutschland, Tübingen 1971

—, Kooperation zwischen Bund und Ländern in der Bundesrepublik, Die Öffentliche Verwaltung 1977, S. 689 – 696

—, Zur Reaktion von Parlament und Exekutive auf „unerwünschte" Urteile, Neue Juristische Wochenschrift 1981, S. 889 – 894

*Klatt, Hartmut*, Interföderale Beziehungen im kooperativen Bundesstaat – Kooperation und Koordination auf der politischen Leitungsebene, Verwaltungsarchiv 78 (1987), S. 186 – 206

—, Plädoyer für einen Wettbewerbsföderalismus, in: Meier-Walser, Reinhard C./Hirscher, Gerhard (Hrsg.), Krise und Reform des Föderalismus – Analysen zu Theorie und Praxis bundesstaatlicher Ordnungen, München 1999, S. 64 – 78

*Klein, Franz*, Bund und Länder nach der Finanzverfassung des Grundgesetzes, in: Benda, Ernst/Maihofer, Werner/Vogel, Hans-Jochen (Hrsg.), Handbuch des Verfassungsrechts der Bundesrepublik Deutschland, 2. Auflage, Berlin/New York 1994, § 23 (S. 1103 – 1143)

*Klein, Friedrich*, Das Verhältnis von Gesetzgebungszuständigkeit und Verwaltungszuständigkeit nach dem Grundgesetz, Archiv des öffentlichen Rechts 88 (1963), S. 377 – 410

*Klein, Hans H.*, Der Bundesrat der Bundesrepublik Deutschland – die „Zweite Kammer", Archiv des öffentlichen Rechts 108 (1983), S. 329 – 370

—, Der Bundesrat im Regierungssystem der Bundesrepublik Deutschland, Zeitschrift für Gesetzgebung 17 (2002), S. 297 – 315

—, Kontinuität des Grundgesetzes und seine Änderung im Zuge der Wiedervereinigung, in: Isensee, Josef/Kirchhof, Paul (Hrsg.), Handbuch des Staatsrechts der Bundesrepublik Deutschland, Band VIII, Heidelberg 1995, § 198 (S. 557 – 602)

*Kloepfer, Michael*, Bemerkungen zur Föderalismusreform, Die Öffentliche Verwaltung 2004, S. 566 – 571

*Klug, Francesca/O'Brien, Claire*, The first two years of the Human Rights Act, Public Law 2002, S. 649 – 662

*Kluth, Wilfried*, Lastenverteilung – Ansatzpunkte für eine Stärkung der Finanzautonomie von Ländern und Kommunen, in: Henneke, Hans-Günter (Hrsg.), Verantwortungsteilung zwischen Kommunen, Ländern, Bund und Europäischer Union, Stuttgart/München/Hannover/Berlin/Wiemar/Dresden 2001, S. 151 – 172

*Knies, Wolfgang*, Der Bundesrat: Zusammensetzung und Aufgaben – Zum Schlußbericht der Enquete-Kommission Verfassungsreform, Die Öffentliche Verwaltung 1977, S. 575 – 580

*Koch, Michael H. W.*, Zur Einführung eines Grundrechtskatalogs im Vereinigten Königreich von Großbritannien und Nordirland, Berlin 1991

*Koenig, Christian*, Bedürfen die Bundesländer einer institutionalisierten Hilfestellung beim Verwaltungsvollzug von Europäischem Gemeinschaftsrecht?, Deutsches Verwaltungsblatt 1997, S. 581 – 588

*Kommission für die Finanzreform*, Gutachten über die Finanzreform in der Bundesrepublik Deutschland, erstattet im Auftrage des Bundeskanzlers und der Ministerpräsidenten der Länder (sog. Troeger-Gutachten), Stuttgart/Köln/Berlin/Mainz 1966

*Kotzur, Markus*, Föderalisierung, Regionalisierung und Kommunalisierung als Strukturprinzipien des europäischen Verfassungsraums, Jahrbuch des öffentlichen Rechts der Gegenwart, Neue Folge 50 (2002), S. 257 – 279

*Kriele, Martin*, Einführung in die Staatslehre – Die geschichtlichen Legitimitätsgrundlagen des demokratischen Verfassungsstaates, 5. Auflage, Opladen 1994

*Kropholler, Jan*, Comparative Law, Function and Methods, in: Bernhardt, Rudolf (Hrsg.), Encyclopedia of Public International Law, Band I, Amsterdam 1992, S. 702 – 707

*Krüger, Herbert*, Subkonstitutionelle Verfassungen, Die Öffentliche Verwaltung 1976, S. 613 – 624

*Kruis, Konrad*, Finanzautonomie und Demokratie im Bundesstaat, Die öffentliche Verwaltung 2003, S. 10 – 16

*Kunig, Philip*, Gesetzgebungsbefugnis von Bund und Ländern – Allgemeine Fragen, Juristische Ausbildung 1996, S. 254 – 261

—, Mitwirkung der Länder bei der europäischen Integration: Art. 23 des Grundgesetzes im Zwielicht, in: Ipsen, Jörn/Rengeling, Hans-Werner/Mössner, Jörg M./Weber, Albrecht (Hrsg.), Verfassungsrecht im Wandel – Wiedervereinigung Deutschlands, Deutschland in der Europäischen Union, Verfassungsstaat und Föderalismus, Köln/Berlin/ Bonn/München 1995, S. 591 – 605

*Laband, Paul*, Das Staatsrecht des Deutschen Reiches, Band II, 5. Auflage, Tübingen 1911

*van Laer, Coen J. P.*, The Applicability of Comparative Concepts, Electronic Journal of Comparative Law 2.2 (1998) (erhältlich unter http// law.kub.nl/ejcl/22/art22–1.html)

*Laffin, Martin*, Constitutional Design: A Framework for Analysis, Parliamentary Affairs (A Journal of Comparative Politics) 53 (2000), S. 532 – 541

*Laffin, Martin/Thomas, Alyn*, The United Kingdom: Federalism in Denial?, Publius: The Journal of Federalism 29/3 (Sommer 1999), S. 89 – 107

—, Designing a National Assembly for Wales, Parliamentary Affairs (A Journal of Comparative Politics) 53 (2000), S. 557 – 576

*Laffin, Martin/Thomas, Alys/Thomas, Ian*, Future Options – An Assessment of the Powers of the National Assembly for Wales, Evidence submitted to the Richard Commission, Februar 2003 (erhältlich unter www.richardcommission.gov.uk/content/evidence/written/mlaf fin/index.htm)

*Laffin, Martin/Thomas, Alys/Webb, Adrian*, Intergovernmental Relations after Devolution: The National Assembly for Wales, The Political Quarterly 2000, S. 223 – 233

*Lambert, David*, The Government of Wales Act – An Act for Laws to Be Ministered in Wales in Like Form as It Is in this Realm?, Cambrian Law Review 30 (1999), S. 60 – 70

*Langheid, Theo*, Souveränität und Verfassungsstaat – ‚The Sovereignty of Parliament', Diss., Köln 1984

*Laws, John*, Is the High Court the Guardian of Fundamental Constitutional Rights?, Public Law 1993, S. 59 – 79

—, Judicial Remedies and the Constitution, Modern Law Review 57 (1994), S. 213 – 227

—, Law and Democracy, Public Law 1995, S. 72 – 93

—, The Constitution: Morals and Rights, Public Law 1996, S. 622 – 635

—, Wednesbury, in: Forsyth, Christopher/Hare, Ivan (Hrsg.), The Golden Metwand and the Crooked Cord, Essays on Public Law in Honour of Sir William Wade QC, Oxford 1998, S. 185 – 201

*Le Sueur, Andrew*, Judicial Power in the Changing Constitution, in: Jowell, Jeffrey/Oliver, Dawn (Hrsg.), The Changing Constitution, 5. Auflage, Oxford 2004, S. 323 – 345

—, New Labour's next (surprisingly quick) steps in constitutional reform, Public Law 2003, S. 368 – 377

*Le Sueur, Andrew/Cornes, Richard*, The Future of the United Kingdom's Highest Courts (The Constitution Unit), London 2001

*Lecheler, Helmut*, Vorrang der Verfassung?, in: Bickel, Dietrich/Hadding, Walter/Jahnke, Volker/Lüke, Gerhard (Hrsg.), Recht und Rechtserkennt-

nis, Festschrift für Ernst Wolf zum 70. Geburtstag, Köln/Berlin/Bonn/ München 1985, S. 361 – 371
*Lee, Simon*, Comment II on Trevor Allan, The Limits of Parliamentary Sovereignty, Public Law 1985, S. 632 – 636
*Leeke, Matthew/Sear, Chris/Gay, Oonagh*, An introduction to devolution in the UK, House of Commons Research Paper 03/84, London 2003
*Lehmbruch, Gerhard*, Der unitarische Bundesstaat in Deutschland: Pfadabhängigkeit und Wandel, in: Benz, Arthur/Lehmbruch, Gerhard (Hrsg.), Föderalismus – Analysen in entwicklungsgeschichtlicher und vergleichender Perspektive, Wiesbaden 2002, S. 53 – 110
*Leicester, Graham*, Scottish and Welsh Devolution, in: Blackburn, Robert/ Plant, Raymond (Hrsg.), Constitutional Reform – The Labour Government's Constitutional Reform Agenda, London/New York 1999, S. 251 – 263
*Leisner, Walter*, Der Bund-Länder-Streit vor dem Bundesverfassungsgericht, in: Starck, Christian (Hrsg.), Bundesverfassungsgericht und Grundgesetz, Festgabe aus Anlaß des 25jährigen Bestehens des Bundesverfassungsgerichts, Band I (Verfassungsgerichtsbarkeit), Tübingen 1976, S. 260 – 291
–, Schwächung der Landesparlamente durch grundgesetzlichen Föderalismus, Die Öffentliche Verwaltung 1968, S. 389 – 396
–, Von der Verfassungsmäßigkeit der Gesetze zur Gesetzmäßigkeit der Verfassung, Tübingen 1964
*Leonardy, Uwe*, Deutscher Föderalismus jenseits 2000: Reformiert oder deformiert?, Zeitschrift für Parlamentsfragen 1999, S. 134 – 162
–, Die Neugliederung des Bundesgebietes: Auftrag des Grundgesetzes, in: Eckart, Karl/ Jenkis, Helmut (Hrsg.), Föderalismus in Deutschland, Berlin 2001, S. 9 – 35
*Lerche, Peter*, Aktuelle föderalistische Verfassungsfragen, München 1968
–, Die Verfassung als Quelle von Optimierungsgeboten?, in: Burmeister, Joachim (Hrsg.), Verfassungsstaatlichkeit – Festschrift für Klaus Stern zum 65. Geburtstag, München 1997, S. 197 – 209
–, Föderalismus als nationales Ordnungsprinzip, in: Vereinigung der deutschen Staatsrechtslehrer (Hrsg.), Veröffentlichungen der Vereinigung der deutschen Staatsrechtslehrer: Föderalismus als nationales und internationales Ordnungsprinzip (Heft 21, 1962), Berlin 1964, S. 66 – 104
–, Prinzipien des deutschen Föderalismus, in: Kirchhof, Paul/Kommers, Donald P. (Hrsg.), Deutschland und sein Grundgesetz – Themen einer deutsch-amerikanischen Konferenz, Baden-Baden 1993, S. 79 – 98
–, Stiller Verfassungswandel als aktuelles Politikum, in: Spanner, Hans/ Lerche, Peter/Zacher, Hans/Badura, Peter/Campenhausen, Axel Freiherr von (Hrsg.), Festgabe Theodor Maunz zum 70. Geburtstag, München 1971, S. 285 – 300
*Lester, Anthony/Weait, Matthew*, The use of ministerial powers without parliamentary authority: the Ram doctrine, Public Law 2003, S. 415 – 428

*Lester, Lord of Herne Hill*, Developing Constitutional Principles of Public Law, Public Law 2001, S. 684 – 694
—, Interpreting Statutes under the Human Rights Act, Statute Law Review 20 (1999), S. 218 – 229
*Leyland, Peter*, Devolution, the British Constitution and the Distribution of Power, Northern Ireland Legal Quarterly 53 (2002), S. 408 – 434
*Leyland, Peter/Frosini, Justin O./Bologna, Chiara*, Regional government reform in Italy: assessing the prospects of devolution, Public Law 2002, S. 242 – 251
*Lhotta, Roland*, Imperiale Verfassungsgerichtsbarkeit und Föderalismus: das Judicial Committee of the Privy Council und der British North America Act, Baden-Baden 1995
*Liesegang, Helmuth C. F./Plöger, Rainer*, Schwächung der Parlamente durch den kooperativen Föderalismus?, Die Öffentliche Verwaltung 1971, S. 228 – 236
*Limbach, Jutta*, The Concept of Supremacy of the Constitution, Modern Law Review 64 (2000), S. 1 – 10
—, Vorrang der Verfassung oder Souveränität des Parlaments?, Theodor-Heuss-Gedächtnis-Vorlesung, Stuttgart 2001
*Linck, Joachim*, Das „Maßstäbegesetz" zur Finanzverfassung – ein dogmatischer und politischer Irrweg – Anmerkungen zum FAG-Urteil des Bundesverfassungsgerichts, Die Öffentliche Verwaltung 2000, S. 325 – 329
*Lodge, Guy*, Nations and Regions: The Dynamics of Devolution – Monitoring Report Devolution and the Centre September 2003 (The Constitution Unit)
—, Nations and Regions: The Dynamics of Devolution – Monitoring Report Devolution and the Centre November 2003 (The Constitution Unit)
—, Nations and Regions: The Dynamics of Devolution – Monitoring Report Devolution and the Centre February 2004 (The Constitution Unit)
*Lodge, Guy/Russell, Meg/Gay, Oonagh*, The Impact of Devolution on Westminster, in: Trench, Alan (Hrsg.), Has Devolution Made a Difference – The State of the Nations 2004 (The Constitution Unit), Exeter 2004, S. 193 – 216
*Loewenstein, Karl*, Staatsrecht und Staatspraxis von Großbritannien, Band I (Parlament – Regierung – Parteien), Band II (Justiz – Verwaltung – Bürgerrechte), Berlin/Heidelberg/New York 1967
—, Verfassungslehre, 3. Auflage, Tübingen 1975
*Lópes Guerra, Luis*, Politische Dezentralisierung in Spanien: Föderalismus oder asymmetrischer Regionalismus?, in: Traut, Johannes Ch. (Hrsg.), Verfassung und Föderalismus Rußlands im internationalen Vergleich, Baden-Baden 1995, S. 77 – 91
*Lorz, R. Alexander*, Der gemeineuropäische Bestand von Verfassungsprinzipien zur Begrenzung der Ausübung von Hoheitsgewalt – Gewalten-

teilung, Föderalismus, Rechtsbindung –, in: Müller-Graff, Peter-Christian/Riedel, Eibe (Hrsg.), Gemeinsames Verfassungsrecht in der Europäischen Union, Baden-Baden 1998, S. 99 – 121

*Loughlin, John/Sykes, Sophie*, Devolution and Policy-making in Wales: Restructuring the System and Reinforcing Identity, 2004 (erhältlich unter www.devolution.ac.uk/Loughlin_and%20_Sykes_policy_paper.pdf)

*Loughlin, Martin*, The development of public law in the United Kingdom, Diritto Pubblico 4 (1998) 3, S. 621 – 640

*Loveland, Ian*, Constitutional Law, Adminstrative Law and Human Rights – A Critical Introduction, 3. Auflage, London/Edinburgh/Dublin 2003

*Lovell, Colin R.*, English Constitutional and Legal History, New York 1962

*Löwer, Wolfgang*, Zuständigkeiten und Verfahren des Bundesverfassungsgerichts, in: Isensee, Josef/Kirchhof, Paul (Hrsg.), Handbuch des Staatsrechts der Bundesrepublik Deutschland, Band II, 2. Auflage, Heidelberg 1998, § 56 (S. 737 – 848)

*Lynch, Peter*, Scottish Government and Politics, Edinburgh 2001

*Lyon, Ann*, Constitutional History of the United Kingdom, London/Syndey/Portland (OR) 2003

*MacCormick, Neil*, Der Rechtsstaat und die rule of law, Juristen Zeitung 1984, S. 65 – 70

–, Does the United Kingdom Have a Constitution?, Northern Ireland Legal Quarterly 29 (1978), S. 1 – 20

–, Independence and Constitutional Change, in: ders. (Hrsg.), The Scottish Debate, Oxford 1970, S. 52 – 64

–, Questioning Sovereignty, Oxford 1999

–, Sovereignty or Subsidiarity? Some Comments on Scottish Devolution, in: Tomkins, Adam (Hrsg.), Devolution and the British Constitution, London 1998, S. 1 – 18

*Mackintosh, John P.*, The British Cabinet, 3. Auflage, London 1977

*MacMahon, Arthur W.*, Administering Federalism in a Democracy, New York 1972

*Maer, Lucinda/Hazell, Robert/King, Simon/Russell, Meg/Trench, Alan/Sandford, Mark*, The Constitution: Dragging the Constitution out of the Shadows, Parliamentary Affairs (A Journal of Comparative Politics) 57 (2004), S. 253 – 268

*Mahrenholz, Ernst G.*, Die Kultur und der Bund – Kompetenzrechtliche Erwägungen anläßlich der Gründung der Bundeskulturstiftung im März 2002, Deutsches Verwaltungsblatt 2002, S. 857 – 867

*Mair, Colin/McAteer, Mark*, Scotching the Myth: Analysing the Relations between a Scottish Parliament and Westminster, Scottish Affairs 19 (Frühling 1997), S. 1 – 13

*Mair, Colin/McCloud, Barry*, Financial Arrangements, in: Hassan, Gerry (Hrsg.), A Guide to the Scottish Parliament, The Stationary Office Edinburgh 1999, S. 73 – 80

*Malanczuk, Peter*, Devolution in Großbritannien, Zeitschrift für ausländisches öffentliches Recht und Völkerrecht 41 (1981), S. 103 – 148
—, Region und unitarische Struktur in Großbritannien, Berlin/Heidelberg/New York/Tokio 1984
*Malleson, Kate*, Creating a Judicial Appointments Commission: Which Model Works Best?, Public Law 2004, S. 102 – 121
*von Mangoldt, Hermann/Klein, Friedrich/Starck, Christian* (Hrsg.), Das Bonner Grundgesetz – Kommentar, Band II (Art. 20 bis 78), 4. Auflage, München 2000; Band III (Art. 79 bis 146), 4. Auflage, München 2001 (zitiert als von Mangoldt/Klein/Starck)
*Marshall, Geoffrey*, Constitutional Conventions, Oxford 1986
—, Constitutional Theory, Oxford 1971
—, Metric Measures and Martyrdom by Henry VIII Clause, Law Quarterly Review 118 (2002), S. 493 – 502
—, Parliamentary Sovereignty and the Commonwealth, Oxford 1957
—, Parliamentary Sovereignty: The New Horizons, Public Law 1997, S. 1 – 5
—, The lynchpin of parliamentary intention: lost, stolen, or strained?, Public Law 2003, S. 236 – 248
—, The Referendum: What? When? How?, Parliamentary Affairs (A Journal of Comparative Politics) 50 (1997), S. 307 – 313
—, Two kinds of compatibility: more about section 3 of the Human Rights Act 1998, Public Law 1999, S. 377 – 383
*Marshall, Geoffrey/Moodie, Graeme C.*, Some Problems of the Constitution, 5. Auflage, London 1971
*Mason, Anthony*, One Vote, One Value v. The Parliamentary Tradition – The Federal Experience, in: Forsyth, Christopher/Hare, Ivan (Hrsg.), The Golden Metwand and the Crooked Cord, Essays on Public Law in Honour of Sir William Wade QC, Oxford 1998, S. 333 – 352
*Masterman, Roger*, A Supreme Court for the United Kingdom: two steps, but one step back on judicial independence, Public Law 2004, S. 48 – 58
*Masterman, Roger/Hazell, Robert*, Devolution and Westminster, in: Trench, Alan (Hrsg.), The State of the Nations 2001 – The Second Year of Devolution in the United Kingdom (The Constitution Unit), Thorverton 2001, S. 197 – 224
*Masterman, Roger/Mitchell, James*, Devolution and the Centre, in: Trench, Alan (Hrsg.), The State of the Nations 2001 – The Second Year of Devolution in the United Kingdom (The Constitution Unit), Thorverton 2001, S. 175 – 196
*Maunz, Theodor*, Staatlichkeit und Verfassungshoheit der Länder, in: Isensee, Josef/Kirchhof, Paul (Hrsg.), Handbuch des Staatsrechts der Bundesrepublik Deutschland, Band IV, 2. Auflage, Heidelberg 1999, § 94 (S. 427 – 441)
—, Verfassungshomogenität von Bund und Ländern, in: Isensee, Josef/Kirchhof, Paul (Hrsg.), Handbuch des Staatsrechts der Bundes-

republik Deutschland, Band IV, 2. Auflage, Heidelberg 1999, § 95 (S. 443 – 456)
*Maunz, Theodor/Dürig, Günter* (Hrsg.), Grundgesetz Kommentar, Band II (Art. 12 – 20); Band III (Art. 20a – 53); Band IV (Art. 53a – 88); Band V (Art. 89 – 146); Loseblattsammlung, München, Stand: Februar 2003 (zitiert als Maunz/Dürig)
*Maunz, Theodor/Zippelius, Reinhold*, Deutsches Staatsrecht, 30. Auflage, München 1998
*Maurer, Hartmut*, Staatsrecht I – Grundlagen Verfassungsorgane Staatsfunktionen, 3. Auflage, München 2003
*Mayntz, Renate*, Föderalismus und die Gesellschaft der Gegenwart, Archiv des öffentlichen Rechts 115 (1990), S. 232 – 245
*McAllister, Laura*, The Road to Cardiff Bay: The Process of Establishing the National Assembly for Wales, Parliamentary Affairs (A Journal of Comparative Politics) 52 (1999), S. 634 – 648
*McAteer, Mark/Bennett, Michael*, The Role of Local Government, in: Hassan, Gerry (Hrsg.), A Guide to the Scottish Parliament, The Stationary Office Edinburgh 1999, S. 109 – 116
*McEldowney, John*, Legal aspects of the relations between the United Kingdom and the Scottish Parliament: the evolution of subordinate sovereignty?, in: Oliver, Dawn/Drewry, Gavin (Hrsg.), The Law and Parliament, London/Edinburgh/Dublin 1998, S. 192 – 200
—, The Control of Public Expenditure, in: Jowell, Jeffrey/Oliver, Dawn (Hrsg.), The Changing Constitution, 5. Auflage, Oxford 2004, S. 375 – 400
*McFadden, Jean*, The Scottish Parliament: Provisions for Dispute Resolution, Juridical Review 1999, S. 221 – 235
*McFadden, Jean/Bain, William*, Strategies for the Future: A Lasting Parliament for Scotland?, in: Bates, T. St John N. (Hrsg.), Devolution to Scotland: The Legal Aspects, Edinburgh 1997, S. 1 – 20
*McLean, Iain*, A fiscal constitution for the UK, in: Chen, Selina/Wright, Tony (Hrsg.), The English Question, London 2000, S. 80 – 95
*McMurtie, Sheena*, A Challenge to the Validity of the Parliament Act 1949: An Opportunity Lost?, Statute Law Review 18 (1997), S. 46 – 57
*Meehan, Elizabeth*, The Belfast Agreement – Its Distinctiveness and Points of Cross-Fertilization in the UK's Devolution Programme, Parliamentary Affairs (A Journal of Comparative Politics) 52 (1999), S. 19 – 31
*Menzel, Jörg*, Landesverfassungsrecht – Verfassungshoheit und Homogenität im grundgesetzlichen Bundesstaat, Stuttgart/München/Hannover/Berlin/Weimar/Dresden 2002
*Merten, Detlef*, Über Staatsziele, Die Öffentliche Verwaltung 1996, S. 368 – 377
*Mey, Marcus*, Regionalismus in Großbritannien – kulturwissenschaftlich betrachtet, Berlin 2003
*Meyer, Hans*, Stellungnahme zur Anhörung in der Bundesstaatskommission, Kommissions-Drucksache 0012

*Meyn, Karl-Ulrich*, Die „Constitutional Conventions" in der britischen Verfassungsordnung – Zugleich ein Beitrag zum Dreiparteiensystem und Europareferendum, Jahrbuch des öffentlichen Rechts der Gegenwart, Neue Folge 25 (1976), S. 133 – 192
—, Die Verfassungskonventionalregeln im Verfassungssystem Großbritanniens, Göttingen 1975
*Middleton, K. W. B.*, New Thoughts on the Union Between England and Scotland, Juridical Review 66 (1954), S. 37 – 60
*Midwinter, Arthur*, The Barnett Formula and Public Spending in Scotland: Policy and Practice, Scottish Affairs 28 (Sommer 1999), S. 83 – 92
—, The Limits to Fiscal Autonomy under the Devolution Settlement, Scottish Affairs 41 (Herbst 2002), S. 102 – 120
*Miers, David/Lambert, David*, Law making in Wales: Wales Legislation online, Public Law 2002, S. 663 – 669
*Mitchell, J. D. B.*, Constitutional Law, 2. Auflage, Edinburgh 1968
*Mitchell, James*, Territorial Politics and Change in Britain, in: Catterall, Peter/Kaiser, Wolfram/Walton-Jordan, Ulrike (Hrsg.), Reforming the Constitution – Debates in Twentieth-Century Britain, London 2000, S. 225 – 254
—, The Creation of the Scottish Parliament: Journey without End, Parliamentary Affairs (A Journal of Comparative Politics) 52 (1999), S. 649 – 665
*Mitchell, Jeremy/Seyd, Ben*, Fragmentation in the Party and Political Systems, in: Hazell, Robert (Hrsg.), Constitutional Futures – A History of the Next Ten Years (The Constitution Unit), Oxford 1999, S. 86 – 110
*Möllers, Christoph*, Der parlamentarische Bundesstaat – Das vergessene Spannungsverhältnis von Parlament, Demokratie und Bundesstaat, in: Aulehner, Josef (Hrsg.), Föderalismus – Auflösung oder Zukunft der Staatlichkeit?, Stuttgart/München/Hannover/Berlin/Weimar/Dresden 1997, S. 81 – 111
—, Staat als Argument, München 2000
*Montoro Chiner, Maria Jesús*, Föderalismus und Regionalismus in Europa – Landesbericht Spanien, in: Ossenbühl, Fritz (Hrsg.), Föderalismus und Regionalismus in Europa, Baden-Baden 1990, S. 167 – 198
*Morgan, Austen*, The Belfast Agreement – a practical legal analysis, London 2000
*Morgan, Kevin*, The English Question: Regional Perspectives on a Fractured Nation, Regional Studies 36 (2002), S. 797 – 810
*Morison, John*, The Case Against Constitutional Reform, Journal of Law and Society 25 (1998), S. 510 – 535
*Mörsdorf, Roland*, Das belgische Bundesstaatsmodell im Vergleich zum deutschen Bundesstaat des Grundgesetzes, Frankfurt a.M./Berlin/Bern/New York/Paris/Wien 1996
*Morsey, Rudolf*, Verfassungsschöpfung unter Besatzungsherrschaft – Die Entstehung des Grundgesetzes, Die Öffentliche Verwaltung 1989, S. 471 – 482

*Mount, Ferdinand*, The British Constitution Now, London/Melbourne/Aukland 1992
*Mullen, Thomas J.*, The constitutionalisation of the legal order, in: International Congress of Comparative Law, Bristol 1998 (Hrsg.), UK law for the millennium, London 1998, S. 532 – 561
*Mullen, Tom/Prosser, Tony*, Devolution and Administrative Law, European Public Law 4 (1998), S. 479 – 485
*Mullender, Richard*, Parliamentary Sovereignty, the Constitution and the Judiciary, Northern Ireland Legal Quarterly 49 (1998), S. 138 – 166
*Müller, Friedrich*, Die Einheit der Verfassung – Elemente einer Verfassungstheorie III, Berlin 1979
*Müller-Brandeck-Bocquet, Gisela*, Perspektiven des deutschen Föderalismus nach der Verfassungsreform, Die Verwaltung 29 (1996), S. 143 – 157
*Müller-Graff, Peter-Christian/Riedel, Eibe H.*, Gemeinsames Verfassungsrecht in der Europäischen Union – Einführung, in: dies. (Hrsg.), Gemeinsames Verfassungsrecht in der Europäischen Union, Baden-Baden 1998, S. 9 – 14
*Münch, Fritz*, Einführung in die Verfassungsvergleichung, Zeitschrift für ausländisches öffentliches Recht und Völkerrecht 33 (1973), S. 126 – 151
*von Münch, Ingo*, Minister und Abgeordneter in einer Person: die andauernde Verhöhnung der Gewaltenteilung, Neue Juristische Wochenschrift 1998, S. 34 – 35
*von Münch, Ingo*, Zuständigkeiten im Bereich der Gesetzgebung, in: von Münch, Ingo (Red.), Probleme des Föderalismus, Tübingen 1985, S. 143 – 156
*von Münch, Ingo/Kunig, Philip* (Hrsg.), Grundgesetz-Kommentar, Band 3 (Art. 70 bis Art. 146), 5. Auflage, München 2003 (zitiert als von Münch/Kunig)
*Münch, Ursula*, Konkurrenzföderalismus für die Bundesrepublik: Eine Reformdebatte zwischen Wunschdenken und politischer Machbarkeit, in: Europäisches Zentrum für Föderalismus-Forschung Tübingen (Hrsg.), Jahrbuch des Föderalismus 2001 (Band 2): Föderalismus, Subsidiarität und Regionen in Europa, Baden-Baden 2001, S. 115 – 127
*Munro, Colin R.*, Laws and Conventions Distinguished, Law Quarterly Review 91 (1975), S. 218 – 235
–, Power to the People, Public Law 1997, S. 579 – 586
–, Privilege at Holyrood, Public Law 2000, S. 347 – 350
–, Studies in Constitutional Law, 2. Auflage, London/Edinburgh/Dublin 1999
–, The Separation of Powers: Not Such a Myth, Public Law 1981, S. 19 – 24
–, The Union of 1707 and the British Constitution, in: Hodge, Patrick (Hrsg.), Scotland and the Union, Edinburgh 1994, S. 87 – 109
–, What is a Constitution?, Public Law 1983, S. 563 – 568
*Munro, Jane*, Thoughts on the „Sewel Convention", Scottish Law Times 23 (2003), S. 194 – 196

*Murphy, Paul*, The View from Whitehall and Torfaen, Rede vor dem Cardiff University Welsh Governance Centre, 11. März 2002 (erhältlich unter www.walesoffice.org.uk/2002/pn_ 20020311a.html)
*Murphy, Phil/Caborn, Richard*, Regional government – an economic imperative, in: Tindale, Stephen (Hrsg.), The State and the Nations – The Politics of Devolution, London 1996, S. 184 – 221
*Murray, Ronald K.*, Devolution in the U.K. – A Scottish Perspective, Law Quarterly Review 96 (1980), S. 35 – 50
–, The Anglo-Scottish Union, Scottish Law Times 1961, S. 161 – 164
*Mußgnug, Reinhard*, Zustandekommen des Grundgesetzes und Entstehen der Bundesrepublik Deutschland, in: Isensee, Josef/Kirchhof, Paul (Hrsg.), Handbuch des Staatsrechts der Bundesrepublik Deutschland, Band I, 3. Auflage, Heidelberg 2003, § 8 (S. 315 – 354)
*von Mutius, Albert*, „Ungeschriebene" Gesetzgebungskompetenzen des Bundes, Juristische Ausbildung 1986, S. 498 – 500

*National Assembly for Wales Review Group*, Final Report, Cardiff 2002
*Nettesheim, Martin*, Demokratie durch Föderalismus, in: Europäisches Zentrum für Föderalismus-Forschung (Hrsg.), Europäischer Föderalismus im 21. Jahrhundert, Baden-Baden 2003, S. 27 – 47
–, Grundgesetzlicher Föderalismus und Eigenverantwortlichkeit der Aufgabenerfüllung – Zu den Grenzen der Kooperation zwischen den Ländern, in: Europäisches Zentrum für Föderalismus-Forschung Tübingen (Hrsg.), Jahrbuch des Föderalismus 2002 (Band 3): Föderalismus, Subsidiarität und Regionen in Europa, Baden-Baden 2002, S. 252 – 271
–, Wettbewerbsföderalismus und Grundgesetz, in: Brenner, Michael/Huber, Peter M./Möstl, Markus (Hrsg.), Der Staat des Grundgesetzes – Kontinuität und Wandel, Festschrift für Peter Badura zum 70. Geburtstag, Tübingen 2004, S. 363 – 392
*Neumeyer, Christoph*, Geschichte eines Irrläufers – Anmerkungen zur Reform des Art. 72 Abs. 2 GG, in: Ziemske, Burkhardt/Langheid, Theo/Wilms, Heinrich/Haverkate, Görg (Hrsg.), Staatsphilosophie und Rechtspolitk, Festschrift für Martin Kriele zum 65. Geburtstag, München 1997, S. 543 – 571

*O'Connor, Sandra D.*, Altered States: Federalism and Devolution at the „Real" Turn of the Millennium, Cambridge Law Journal 60 (2001), S. 493 – 510
*O'Leary, Brendan*, The 1998 British-Irish Agreement: Power-Sharing Plus, Scottish Affairs 26 (Winter 1999), S. 14 – 35
–, The Character of the 1998 Agreement: Results and Prospects, in: Wilford, Rick (Hrsg.), Aspects of the Belfast Agreement, Oxford 2001, S. 49 – 83
*O'Neill, Aidan*, Fundamental Rights and the Constitutional Supremacy of Community Law in the United Kingdom after Devolution and the Human Rights Act, Public Law 2002, S. 724 – 742

—, Judicial Politics and the Judicial Committee: The Devolution Jurisprudence of the Privy Council, Modern Law Review 64 (2001), S. 603 – 618

*Oeter, Stefan*, Integration und Subsidiarität im deutschen Bundesstaatsrecht – Untersuchungen zu Bundesstaatstheorie unter dem Grundgesetz, Tübingen 1998

—, Selbstbestimmungsrecht und Bundesstaat, in: Heintze, Hans-Joachim (Hrsg.), Selbstbestimmungsrecht der Völker – Herausforderung der Staatenwelt, Bonn 1997, S. 73 – 104

*Oliver, Dawn*, Constitutional Reform in the UK, Oxford 2003

—, Is the *Ultra Vires* Rule the Basis of Judicial Review?, Public Law 1987, S. 543 – 569

—, The Lord Chancellor, the Judicial Committee of the Privy Council and devolution, Public Law 1999, S. 1 – 5

*Olowofoyeku, Abimbola A.*, Decentralising the UK: The Federal Argument, Edinburgh Law Review 3 (1999), S. 57 – 84

—, Devolution: Conceptual and Implementational Problems, Anglo-American Law Review 29 (2000), S. 133 – 166

*Onida, Valerio*, Föderalismus und Regionalismus in Europa – Landesbericht Italien, in: Ossenbühl, Fritz (Hrsg.), Föderalismus und Regionalismus in Europa, Baden-Baden 1990, S. 239 – 261

*Oppermann, Thomas*, Subsidiarität als Bestandteil des Grundgesetzes, Juristische Schulung 1996, S. 569 – 573

—, Subsidiarität im Sinne des Deutschen Grundgesetzes – Einige grundsätzliche Bemerkungen, in: Nörr, Knut W./Oppermann, Thomas (Hrsg.), Subsidiarität: Idee und Wirklichkeit – Zur Reichweite eines Prinzips in Deutschland und Europa, Tübingen 1997, S. 215 – 226

*Oschatz, Georg-Berndt*, Kooperativer Zentralismus, in: Merten, Detlef (Hrsg.), Der Bundesrat in Deutschland und Österreich, Berlin 2001, S. 135 – 149

*Osmond, John*, A Constitutional Convention by Other Means – The First Year of the National Assembly for Wales, in: Hazell, Robert (Hrsg.), The State and the Nations: The First Year of Devolution in the United Kingdom (The Constitution Unit), Thorverton 2000, S. 37 – 77

—, Devolution: ‚A Dynamic, settled Process'? – Monitoring Report Wales Dezember 1999 (The Constitution Unit)

—, From Corporate Body to Virtual Parliament – The Metamorphosis of the National Assembly for Wales, in: Hazell, Robert (Hrsg.), The State of the Nations 2003 – The Third Year of Devolution in the United Kingdom (The Constitution Unit), Exeter 2003, S. 13 – 47

—, In Search of Stability – Coalition Politics in the Second Year of the National Assembly for Wales, in: Trench, Alan (Hrsg.), The State of the Nations 2001 – The Second Year of Devolution in the United Kingdom (The Constitution Unit), Thorverton 2001, S. 13 – 44

—, Nation Building and the Assembly – The Emergence of a Welsh Civic Consciousness, in: Trench, Alan (Hrsg.), Has Devolution Made a Dif-

ference – The State of the Nations 2004 (The Constitution Unit), Exeter 2004, S. 43 – 77
—, Wales Unplugged – Monitoring Report Wales August 2003 (The Constitution Unit)
*Ossenbühl, Fritz*, Aktuelle Probleme der Gewaltenteilung, Die Öffentliche Verwaltung 1980, S. 545 – 553
—, Bundesverfassungsgericht und Gesetzgebung, in: Badura, Peter/ Dreier, Horst (Hrsg.), Festschrift 50 Jahre Bundesverfassungsgericht, Band I (Verfassungsgerichtsbarkeit, Verfassungsprozeß), Tübingen 2001, S. 33 – 53
—, Das Maßstäbegesetz – dritter Weg oder Holzweg des Finanzausgleichs?, in: Kirchhof, Paul/Lehner, Moris/Raupach, Arndt/Rodi, Michael (Hrsg.), Staaten und Steuern, Festschrift für Klaus Vogel, Heidelberg 2000, S. 227 – 240
—, Föderalismus nach 40 Jahren Grundgesetz, Deutsches Verwaltungsblatt 1989, S. 1230 – 1237
—, Föderalismus und Regionalismus in Europa – Landesbericht Bundesrepublik Deutschland, in: ders. (Hrsg.), Föderalismus und Regionalismus in Europa, Baden-Baden 1990, S. 117 – 165
—, Verfassungsrechtliche Grundfragen des Länderfinanzausgleichs gemäß Art. 107 II GG, Baden-Baden 1984
*Ottnad, Adrian/Linnartz, Edith*, Föderaler Wettbewerb statt Verteilungsstreit – Vorschläge zur Neugliederung der Bundesländer und zur Reform des Finanzausgleichs, Frankfurt a.M./New York 1997

*Pace, Alessandro*, Starre und flexible Verfassungen, Jahrbuch des öffentlichen Rechts der Gegenwart, Neue Folge 49 (2001), S. 89 – 101
*Page, Alan*, Constitutionalism, Judicial Review and „the Evident Utility of the Subjects Within Scotland", in: Farmer, Lindsay/Veitch, Scott (Hrsg.), The State of Scots Law: Law and Government after the Devolution Settlement, Edinburgh/London 2001, S. 11 – 25
*Page, Alan/Batey, Andrea*, Scotland's Other Parliament: Westminster Legislation about Devolved Matters in Scotland since Devolution, Public Law 2002, S. 501 – 523
*Page, Alan/Reid, Colin/Ross, Andrea*, A Guide to the Scotland Act 1998, Edinburgh 1999
*Pahl, Marc-Oliver*, Das Vereinigte Königreich – Der Fortgang des Devolutionsprozesses und die Mitwirkung der Regionalinstitutionen im Bereich der Europäischen Union, in: Europäisches Zentrum für Föderalismus-Forschung Tübingen (Hrsg.), Jahrbuch des Föderalismus 2001 (Band 2): Föderalismus, Subsidiarität und Regionen in Europa, Baden-Baden 2001, S. 281 – 295
*Palmer, Rosanne/Jeffery, Charlie*, Das Vereinigte Königreich: Die „Devolution-Revolution" setzt sich fort, in: Europäisches Zentrum für Föderalismus-Forschung Tübingen (Hrsg.), Jahrbuch des Föderalismus 2002

(Band 3): Föderalismus, Subsidiarität und Regionen in Europa, Baden-Baden 2002, S. 343 – 356

*Papier, Hans-Jürgen*, 50 Jahre Bundesstaatlichkeit nach dem Grundgesetz – Entwicklungslinien und Zukunftsperspektiven, in: Bundesrat (Hrsg.), 50 Jahre Herrenchiemseer Verfassungskonvent: „Zur Struktur des deutschen Föderalismus" (Tagungsband zum wissenschaftlichen Symposium des Bundesrates August 1998), Bonn 1999, S. 341 – 353

—, Abschluß völkerrechtlicher Verträge und Föderalismus – Lindauer Abkommen, Die Öffentliche Verwaltung, 2003, S. 265 – 270

*Parry, Richard*, The Scottish Civil Service, in: Hassan, Gerry (Hrsg.), A Guide to the Scottish Parliament, The Stationary Office Edinburgh 1999, S. 65 – 71

*Patchett, Keith*, Dealing with Primary Legislation, in: Osmond, John (Hrsg.), The National Assembly Agenda – A handbook of the first four years, Cardiff 1999, S. 82 – 93

—, The New Welsh Constitution: The Government of Wales Act 1998, in: Jones, J. Barry/Balsom, Denis (Hrsg.), The Road to the National Assembly for Wales, Cardiff 2000, S. 229 – 264

*Patterson, Henry*, From Insulation to Appeasement: The Major and Blair Governments Reconsidered, in: Wilford, Rick (Hrsg.), Aspects of the Belfast Agreement, Oxford 2001, S. 166 – 183

*Pera, Lars-Uwe*, Bundesweisung bei der Bundesauftragsverwaltung am Beispiel der Atomverwaltung, Neue Zeitschrift für Verwaltungsrecht 1989, S. 1120 – 1125

*Pernice, Ingolf*, Bestandssicherung der Verfassungen: Verfassungsrechtliche Mechanismen zur Wahrung der Verfassungsordnung, in: Bieber, Roland/Widmer, Pierre (Hrsg.), L'espace constitutionnel européen – Der europäische Verfassungsraum – The European constitutional area, Zürich 1995, S. 225 – 264

*Pernthaler, Peter*, Allgemeine Staatslehre und Verfassungslehre, Wien/New York 1986

*Perreau-Saussine, Amanda*, A Tale of Two Supremacies, Four Greengrocers, a Fishmonger, and the Seeds of a Constitutional Court, Cambridge Law Journal 61 (2002), S. 527 – 530

*Petersmann, Hans G.*, Die Souveränität des Britischen Parlaments in den Europäischen Gemeinschaften, Baden-Baden 1972

*Philipp, Wolfgang*, Ein dreistufiger Bundesstaat? – Deutsche Einheit zwischen Europa und den Ländern, Zeitschrift für Rechtspolitik 1992, S. 433 – 438

*Phillipson, Gavin*, „The greatest quango of them all", „a rival chamber" or „a hybrid nonsense"? Solving the Second Chamber Paradox, Public Law 2004, S. 352 – 379

*Picker, Colin B.*, „A Light unto the Nations" – The New British Federalism, the Scottish Parliament, and Constitutional Lessons for Multiethnic States, Tulane Law Review 77 (2002), S. 1 – 90

*Pietzcker, Jost*, Zusammenarbeit der Gliedstaaten im Bundesstaat – Landesbericht Bundesrepublik Deutschland, in: Starck, Christian (Hrsg.), Zusammenarbeit der Gliedstaaten im Bundesstaat, Baden-Baden 1988, S. 17 – 76

—, Zuständigkeitsordnung und Kollisionsrecht im Bundesstaat, in: Isensee, Josef/Kirchhof, Paul (Hrsg.), Handbuch des Staatsrechts der Bundesrepublik Deutschland, Band IV, 2. Auflage, Heidelberg 1999, § 99 (S. 693 – 721)

—, Schichten des Parlamentsrechts: Verfassung, Gesetz und Geschäftsordnung, in: Schneider, Hans-Peter/Zeh, Wolfgang (Hrsg.), Parlamentsrecht und Parlamentspraxis in der Bundesrepublik Deutschland, Berlin/New York 1989, § 10 (S. 333 – 357)

*Poiares Maduro, Miguel*, The Allocation of Tasks and Regimes of Public Finance Responsibilities Between the Federal and Other Levels of Government – The Portuguese Case – Country Report, Portugal, in: Riedel, Eibe (Hrsg.), Aufgabenverteilung und Finanzregimes im Verhältnis zwischen dem Zentralstaat und seinen Untereinheiten, Baden-Baden 2001, S. 51 – 64

*Poirier, Johanne*, The Functions of Intergovernmental Agreements: Post-Devolution Concordats in a Comparative Perspective (The Constitution Unit), London 2001

—, The Functions of Intergovernmental Agreements: Post-Devolution Concordats in a Comparative Perspective, Public Law 2001, S. 134 – 157

*Poole, Thomas*, Dogmatic Liberalism? T. R. S. Allan and the Common Law Constitution, Modern Law Review 65 (2002), S. 463 – 475

*Posser, Diether*, Der Bundesrat und seine Bedeutung, in: Benda, Ernst/Maihofer, Werner/Vogel, Hans-Jochen (Hrsg.), Handbuch des Verfassungsrechts der Bundesrepublik Deutschland, 2. Auflage, Berlin/New York 1994, § 24 (S. 1145 – 1198)

*Preuss, Hugo*, Deutschlands republikanische Reichsverfassung, 2. Auflage, Berlin 1923

*Quaritsch, Helmut*, Staat und Souveränität, Band I, Frankfurt a.M. 1970

*Rädler, Peter*, Verfassungsgestaltung durch Staatspraxis – Ein Vergleich des deutschen und britischen Rechts, Zeitschrift für ausländisches öffentliches Recht und Völkerrecht 58 (1998), S. 611 – 646

*Rajani, Sona*, Die Geltung und Anwendung des Gemeinschaftsrechts im Vereinigten Königreich von Großbritannien und Nordirland – Der Grundsatz der Parlamentssouveränität im Wandel, Frankfurt a.M./Berlin/Bern/Brüssel/New York/Oxford/Wien 2000

*Rawlings, Richard*, Concordats of the Constitution, Law Quarterly Review 116 (2000), S. 257 – 286

—, Delineating Wales – Constitutional, Legal and Administrative Aspects of National Devolution, Cardiff 2003

—, Evidence to the Richard Commission on the Powers and Electoral Arrangements of the National Assembly for Wales, London 2003
—, Quasi-Legislative Devolution: Powers and Principles, Northern Ireland Legal Quarterly 52 (2001), S. 54 – 81
—, Taking Wales Seriously, in: Campbell, Tom/Ewing, Keith D./Tomkins, Adam (Hrsg.), Sceptical Essays on Human Rights, Oxford/New York 2001, S. 177 – 196
—, The New Model Wales, Journal of Law and Society 25/4 (1998), S. 461 – 509
—, The Shock of the New: Devolution in the United Kingdom – Country Report United Kingdom, in: Riedel, Eibe (Hrsg.), Aufgabenverteilung und Finanzregimes im Verhältnis zwischen Zentralstaat und seinen Untereinheiten, Baden-Baden 2001, S. 65 – 92
*Reed, Robert*, Devolution and the Judiciary, in: Beatson, Jack/Forsyth, Christopher/Hare, Ivan/The University of Cambridge Centre for Public Law (Hrsg.), Constitutional Reform in the United Kingdom: Practice and Principles, Oxford 1998, S. 21 – 31
*Rees, William*, The Union of England and Wales, Cardiff 1948
*Reich, Dietmar O.*, Zum Einfluß des Europäischen Gemeinschaftsrechts auf die Kompetenzen der deutschen Bundesländer, Europäische Grundrechtezeitschrift 2001, S. 1 – 18
*Reid, Colin T.*, The Limits of Devolved Legislative Power: Subordinate Legislation in Scotland, Statute Law Review 24 (2003), S. 187 – 210
—, Who Makes Scotland's Law? Delegated Legislation under the Devolution Arrangements, Edinburgh Law Review 6 (2002), S. 380 – 384
*Reimer, Franz*, Verfassungsprinzipien – Ein Normtyp des Grundgesetzes, Berlin 2001
*Reinhardt, Michael*, Konsistente Jurisdiktion – Grundlegung einer verfassungsrechtlichen Theorie der rechtsgestaltenden Rechtsprechung, Tübingen 1997
*Rengeling, Hans-Werner*, Gesetzgebungszuständigkeit, in: Isensee, Josef/Kirchhof, Paul (Hrsg.), Handbuch des Staatsrechts der Bundesrepublik Deutschland, Band IV, 2. Auflage, Heidelberg 1999, § 100 (S. 723 – 856)
*Renzsch, Wolfgang*, Föderale Finanzverfassungen: Ein Vergleich Australiens, Deutschlands, Kanadas, der Schweiz und der USA aus institutioneller Perspektive, in: Europäisches Zentrum für Föderalismus-Forschung Tübingen (Hrsg.), Jahrbuch des Föderalismus 2000 (Band 1): Föderalismus, Subsidiarität und Regionen in Europa, Baden-Baden 2000, S. 42 – 54
—, Historische Grundlagen deutscher Bundesstaatlichkeit: Föderalismus als Ersatz eines einheitlichen Nationalstaates, in: Gunlicks, Arthur B./Voigt, Rüdiger (Hrsg.), Föderalismus in der Bewährungsprobe: Die Bundesrepublik Deutschland in den 90er Jahren, 2. Auflage, Bochum 1994, S. 31 – 60

*Rheinstein, Max*, Einführung in die Rechtsvergleichung (bearbeitet von Reimer von Borries und Hans-Eckart Niethammer), 2. Auflage, München 1987

*Richter, Ingo*, Nationale Bildungsstandards im föderalen Staat Bundesrepublik Deutschland?, in: Europäisches Zentrum für Föderalismus-Forschung Tübingen (Hrsg.), Jahrbuch des Föderalismus 2003 (Band 4): Föderalismus, Subsidiarität und Regionen in Europa, Baden-Baden 2003, S. 131 – 137

*Ridley, F. F.*, There Is No British Constitution: A Dangerous Case of the Emperor's Clothes, Parliamentary Affairs (A Journal of Comparative Politics) 41 (1988), S. 340 – 361

*Riedel, Eibe H.*, Access to Justice as a Fundamental Right in the German Legal Order, in: ders. (Hrsg.), German Reports on Public Law – Presented to the XV. International Congress on Comparative Law, Bristol 1998, Baden-Baden 1998, S. 77 – 102

–, Der gemeineuropäische Bestand von Verfassungsprinzipien zur Begründung von Hoheitsgewalt – Legitimation und Souveränität, in: Müller-Graff, Peter-Christian/Riedel, Eibe (Hrsg.), Gemeinsames Verfassungsrecht in der Europäischen Union, Baden-Baden 1998, S. 77 – 97

–, Die Habeas Corpus-Akte: Dreihundert Jahre Tradition und Praxis einer britischen Freiheitsgarantie, Europäische Grundrechtezeitschrift 1980, S. 191 – 200

–, Kontrolle der Verwaltung im englischen Rechtssystem, Berlin 1976

*Riley, Patrick W. J.*, The Union of England and Scotland – A study in Anglo-Scottish politics of the 18th century, Manchester 1978

*Rinck, Hans-Justus*, Zur Abgrenzung und Auslegung der Gesetzgebungskompetenzen von Bund und Ländern, in: Rittersprach, Theo/Geiger, Willi (Hrsg.), Festschrift für Gebhard Müller, Tübingen 1970, S. 289 – 300

*Rippon, Lord of Hexham*, Henry VIII Clauses, Statute Law Review 10 (1989), S. 205 – 207

*Robbers, Gerhard*, Die Änderung des Grundgesetzes, Neue Juristische Wochenschrift 1989, S. 1325 – 1332

–, Entwicklungsperspektiven des Föderalismus – Eine Ländersicht, in: Brenner, Michael/Huber, Peter M./Möstl, Markus (Hrsg.), Der Staat des Grundgesetzes – Kontinuität und Wandel, Festschrift für Peter Badura zum 70. Geburtstag, Tübingen 2004, S. 431 – 442

*Roddick, Winston*, Devolution – The United Kingdom and the New Wales, Suffolk Transnational Law Review 23 (1999/2000), S. 477 – 484

*Röper, Erich*, Einwohnerwertung und Finanzausgleich, Zeitschrift für Rechtspolitik 2001, S. 216 – 219

*Rösler, Hannes*, Rechtsvergleichung als Erkenntnisinstrument in Wissenschaft, Praxis und Ausbildung, Teil I, Juristische Schulung 1999, S. 1084 – 1089; Teil II, Juristische Schulung 1999, S. 1186 – 1191

*Roßnagel, Alexander*, Die Änderung des Grundgesetzes – Eine Untersuchung der politischen Funktion von Verfassungsänderungen, Frankfurt a.M. 1981

*Royal Commission on the Constitution*, Band I: Report (Kilbrandon Report), Cmnd. 5460, HMSO, London 1973; Band II: Memorandum of Dissent, Cmnd. 5460-I, HMSO, London 1973

*Royal Commission on the Reform of the House of Lords*, A House for the Future (Wakeham Report), Cmnd. 4534, HMSO, London 2000

*Rudolf, Walter*, Bund und Länder im aktuellen deutschen Verfassungsrecht, Bad Homburg/Berlin/ Zürich 1968

—, Bundesstaat und Völkerrecht, Archiv des Völkerrechts 27 (1989), S. 1 – 30

—, Die Bundesstaatlichkeit in der Rechtsprechung des Bundesverfassungsgerichts, in: Starck, Christian (Hrsg.), Bundesverfassungsgericht und Grundgesetz, Festgabe aus Anlaß des 25jährigen Bestehens des Bundesverfassungsgerichts, Band II (Verfassungsauslegung), Tübingen 1976, S. 233 – 251

—, Die Ermächtigung der Länder zur Gesetzgebung im Bereich der ausschließlichen Gesetzgebung des Bundes, Archiv des öffentlichen Rechts 88 (1963), S. 159 – 184

—, Kooperation im Bundesstaat, in: Isensee, Josef/Kirchhof, Paul (Hrsg.), Handbuch des Staatsrechts der Bundesrepublik Deutschland, Band IV, 2. Auflage, Heidelberg 1999, § 105 (S. 1091 – 1132)

*Rupp, Hans H.*, Länderfinanzausgleich – Verfassungsrechtliche und verfassungsprozessuale Aspekte des Urteils des BVerfG vom 11.11.1999, Juristen Zeitung 2000, S. 269 – 272

*Russell, Meg/Hazell, Robert*, Devolution and Westminster – Tentative Steps Towards a More Federal Parliament, in: Hazell, Robert (Hrsg.), The State and the Nations: The First Year of Devolution in the United Kingdom (The Constitution Unit), Thorverton 2000, S. 183 – 221

—, Next Steps in Lords Reform: Response to the September 2003 White Paper (The Constitution Unit), London 2003

*Rybak, Hubertus/Hofmann, Hans*, Verteilung der Gesetzgebungsrechte zwischen Bund und Ländern nach der Reform des Grundgesetzes, Neue Zeitschrift für Verwaltungsrecht 1995, S. 230 – 235

*Sachs, Michael* (Hrsg.), Grundgesetz Kommentar, 3. Auflage, München 2003 (zitiert als Sachs)

—, Das parlamentarische Regierungssystem und der Bundesrat – Entwicklungsstand und Reformbedarf, in: Vereinigung der deutschen Staatsrechtslehrer (Hrsg.), Veröffentlichungen der Vereinigung der deutschen Staatsrechtslehrer: Das parlamentarische Regierungssystem und der Bundesrat – Entwicklungsstand und Reformbedarf (Heft 58, 1998), Berlin/New York 1999, S. 39 – 80

*Samuels, Alec*, Is the Parliament Act 1949 valid? Could it be Challenged?, Statute Law Review 24 (2003), S. 237 – 242

*Sandford, Mark*, What a Place for England in an Asymmetrically Devolved UK?, Regional Studies 36 (2002), S. 789 – 796

*Sannwald, Rüdiger*, Die Reform des Grundgesetzes, Neue Juristische Wochenschrift 1994, S. 3313 – 3320

*Šarčević, Edin*, Das Bundesstaatsprinzip – Eine staatsrechtliche Untersuchung zur Dogmatik der Bundesstaatlichkeit des Grundgesetzes, Tübingen 2000

*Saunders, Cheryl*, The Constitutional Arrangements of Federal Systems: A Sceptical View from the Outside, in: Hesse, Jens Joachim/Wright, Vincent (Hrsg.), Federalizing Europe? The Costs, Benefits, and Preconditions of Federal Political Systems, Oxford 1996, S. 47 – 69

*Schambeck, Herbert*, Föderalismus und Gewaltenteilung, in: Leibholz, Gerhard/Faller, Hans Joachim/Mikat, Paul/Reis, Hans (Hrsg.), Menschenwürde und freiheitliche Rechtsordnung, Festschrift für Willi Geiger zum 65. Geburtstag, Tübingen 1974, S. 644 – 676

*Scharpf, Fritz W.*, Föderative Politikverflechtung: Was muß man ertragen? Was kann man ändern?, in: Morath, Konrad (Hrsg.), Reform des Föderalismus, Bad Homburg 1999, S. 23 – 36

—, Stellungnahme zur Anhörung in der Bundesstaatskommission, Kommissions-Drucksache 0007

—, Stellungnahme zur Anhörung in der Bundesstaatskommission, Kommissions-Drucksache 0047

*Schenke, Wolf-Rüdiger*, Die Verfassungsorgantreue, Berlin 1977

—, Föderalismus als Form der Gewaltenteilung, Juristische Schulung 1989, S. 698 – 703

—, Verfassung und Zeit – von der „entzeiteten" zur zeitgeprägten Verfassung, Archiv des öffentlichen Rechts 103 (1978), S. 566 – 602

*Scheuner, Ulrich*, Struktur und Aufgabe des Bundesstaates in der Gegenwart – Zur Lehre vom Bundesstaat, Die Öffentliche Verwaltung 1962, S. 641 – 648

—, Wandlungen im Föderalismus der Bundesrepublik, Die Öffentliche Verwaltung 1966, S. 513 – 520

*Schlaich, Klaus/Korioth, Stefan*, Das Bundesverfassungsgericht – Stellung, Verfahren, Entscheidungen, 6. Auflage, München 2004

*Schmehl, Arndt*, Die erneuerte Erforderlichkeitsklausel in Art. 72 Abs. 2 GG, Die Öffentliche Verwaltung 1996, S. 724 – 731

*Schmidt, Walter*, Das Verhältnis von Bund und Ländern im demokratischen Bundesstaat des Grundgesetzes, Archiv des öffentlichen Rechts 87 (1962), S. 253 – 296

*Schmidt-Aßmann, Eberhard*, Der Rechtsstaat, in: Isensee, Josef/Kirchhof, Paul (Hrsg.), Handbuch des Staatsrechts der Bundesrepublik Deutschland, Band II, 3. Auflage, Heidelberg 2004, § 26 (S. 541 – 612)

*Schmidt-Jortzig, Edzard*, Effektiver Rechtsschutz als Kernstück des Rechtsstaatsprinzips nach dem Grundgesetz, Neue Juristische Wochenschrift 1994, S. 2569 – 2573

—, Herausforderungen für den Föderalismus in Deutschland – Plädoyer für einen neuen Wettbewerbsföderalismus, Die Öffentliche Verwaltung 1998, S. 746 – 751
*Schmitt, Carl*, Verfassungslehre, 5. Auflage, Berlin 1970
*Schmoll, Heike*, Schrittweise Demontage der ZVS – Ausgliederung der Betriebswirtschaftslehre, FAZ vom 06.10.2003, S. 4
*Schnapp, Friedrich E.*, Bundesstaatlichkeit, Länderstaatlichkeit und Landesverfassungsgerichtsbarkeit, Nordrhein-Westfälische Verwaltungsblätter 1987, S. 41 – 46
*Schneider, Hans*, Die Reichsverfassung vom 11. August 1919, in: Isensee, Josef/ Kirchhof, Paul (Hrsg.), Handbuch des Staatsrechts der Bundesrepublik Deutschland, Band I, 3. Auflage, Heidelberg 2003, § 5 (S. 177 – 234)
*Schneider, Hans-Peter*, Die Aufgabenverteilung zwischen Bund und Ländern nach dem Grundgesetz – Eine Ausprägung des Subsidiaritätsprinzips?, in: Kramer, Jutta (Hrsg.), Die Entwicklung des Staates der Autonomie in Spanien und der bundesstaatlichen Ordnung in der Bundesrepublik Deutschland, Baden-Baden 1996, S. 37 – 47
—, Die bundesstaatliche Ordnung im vereinigten Deutschland, Neue Juristische Wochenschrift 1991, S. 2448 – 2455
—, Kooperation, Konkurrenz oder Konfrontation? – Entwicklungstendenzen des Föderalismus in der Bundesrepublik, in: Gesellschaft für Rechtspolitik Trier (Hrsg.), Bitburger Gespräche Jahrbuch 1999/II: 50 Jahre Grundgesetz – 50 Jahre Föderalismus – Stand und Entwicklung, München 2000, S. 23 – 30
*Schodder, Thomas F. W.*, Föderative Gewaltenteilung in der Bundesrepublik Deutschland, Frankfurt a.M./Bern/New York/Paris 1989
*Scholz, Rupert*, Ausschließliche und konkurrierende Gesetzgebungskompetenz von Bund und Ländern in der Rechtsprechung des Bundesverfassungsgerichts, in: Starck, Christian (Hrsg.), Bundesverfassungsgericht und Grundgesetz, Festgabe aus Anlaß des 25jährigen Bestehens des Bundesverfassungsgerichts, Band II (Verfassungsauslegung) Tübingen 1976, S. 252 – 276
—, Europäische Union und deutscher Bundesstaat, Neue Zeitschrift für Verwaltungsrecht 1993, S. 817 – 824
—, Steuerungsprobleme heutiger Staatlichkeit, in: Hilterhaus, Friedhelm/Scholz, Rupert (Hrsg.), Rechtsstaat – Finanzverfassung – Globalisierung – Neue Balance zwischen Staat und Bürger, Köln 1998, S. 14 – 28
—, Zur Reform des Föderalismus, in: Brenner, Michael/Huber, Peter M./ Möstl, Markus (Hrsg.), Der Staat des Grundgesetzes – Kontinuität und Wandel, Festschrift für Peter Badura zum 70. Geburtstag, Tübingen 2004, S. 491 – 511
*Schröder, Meinhard*, Bundesstaatliche Erosionen im Prozeß der europäischen Integration, Jahrbuch des öffentlichen Rechts der Gegenwart, Neue Folge 35 (1986), S. 83 – 102

*Schulte-Noelle, Henning*, Die Konventionen der britischen Verfassung unter besonderer Berücksichtigung ihrer Bedeutung für das System der parlamentarischen Kabinettsregierung, Diss., Köln 1970
*Schulze-Fielitz, Helmuth*, Parlamentsbrauch, Gewohnheitsrecht, Observanz, in: Schneider, Hans-Peter/Zeh, Wolfgang (Hrsg.), Parlamentsrecht und Parlamentspraxis in der Bundesrepublik Deutschland, Berlin/ New York 1989, § 11 (S. 359 – 393)
*Schuppert, Gunnar F.*, Funktionell-rechtliche Grenzen der Verfassungsinterpretation, Königstein/Ts. 1980
—, Verwaltungswissenschaft – Verwaltung, Verwaltungsrecht, Verwaltungslehre, Baden-Baden 2000
*Schwab, Andreas*, Devolution – Die asymmetrische Staatsordnung des Vereinigten Königreichs, Baden-Baden 2002
*Schwanengel, Wito*, Die Malaise des deutschen Bundesstaates – Zu Möglichkeiten und Grenzen der Föderalismusreform, Die Öffentliche Verwaltung 2004, S. 553 – 560
*Schwartz, Bernard*, Lions over the Throne – The Judicial Revolution in English Administrative Law, New York/London 1987
*Schwarze, Jürgen*, Die gerichtliche Kontrolle der Verwaltung in England, Die Öffentliche Verwaltung 1996, S. 771 – 776
*Schweitzer, Michael/Fixson, Oliver*, Subsidiarität und Regionalismus in der Europäischen Gemeinschaft, Juristische Ausbildung 1992, S. 579 – 586
*Scotland Office*, The Size of the Scottish Parliament – A Consultation, London 2001
*Scott, Andrew*, The Role of Concordats in the New Britain: Taking Subsidiarity Seriously?, Edinburgh Law Review 5 (2001), S. 21 – 48
*Scottish Constitutional Convention*, A Claim of Right for Scotland, Edinburgh 1989
—, Scotland's Parliament. Scotland's Right, Edinburgh 1995
—, Towards Scotland's Parliament, Edinburgh 1990
*Scottish Parliament Information Centre*, Concordats, Research Paper 99/12, Edinburgh 1999
*Scupin, Hans U.*, Verfassungswandel im föderativen Bereich des Grundgesetzes durch Zusammenwirken von Bund und Ländern, in: Lerche, Peter/Zacher, Hans/Badura, Peter (Hrsg.), Festschrift für Theodor Maunz zum 80. Geburtstag, München 1981, S. 261 – 279
*Sedley, Stephen*, Freedom, Law and Justice, The Hamlyn Lectures, London 1999
—, Government, Constitutions, and Judges, in: Richardson, Genevra/ Genn, Hazel (Hrsg.), Administrative Law and Government Action, Oxford 1994, S. 35 – 43
—, Human Rights: a Twenty-First Century Agenda, Public Law 1995, S. 386 – 400
—, The Common Law and the Political Constitution: A Reply, Law Quarterly Review 117 (2001), S. 68 – 70

—, The Moral Economy of Judicial Review, in: Wilson, Geoffrey P. (Hrsg.), Frontiers of Legal Scholarship – Twenty five years of Warwick Law School, Chichester/New York/Brisbane/Toronto/Singapore 1995, S. 156 – 162

—, The Sound of Silence: Constitutional Law without a Constitution, Law Quarterly Review 110 (1994), S. 270 – 291

*Selmer, Peter*, Bund-Länder-Streit, in: Badura, Peter/Dreier, Horst (Hrsg.), Festschrift 50 Jahre Bundesverfassungsgericht, Band I (Verfassungsgerichtsbarkeit – Verfassungsprozeß), Tübingen 2001, S. 563 – 585

*Shell, Donald*, Reforming the House of Lords: the Report and overseas comparisons, Public Law 2000, S. 193 – 200

*Sherlock, Ann*, A Wales of Bits and Pieces?, European Public Law 6 (2000), S. 193 – 200

—, Government in Wales and the Development of a New Legal System Within a System, European Public Law 8 (2002), S. 16 – 23

*Siekmann, Helmut*, Finanzzuweisung des Bundes an die Länder auf unklarer Kompetenzgrundlage, Die Öffentliche Verwaltung 2002, S. 629 – 639

*Silk, Paul*, The Assembly as a Legislature, in: Osmond, John (Hrsg.), The National Assembly Agenda – A handbook of the first four years, Cardiff 1999, S. 71 – 81

*Simeon, Rachel*, Free Personal Care – Policy Divergence and Social Citizenship, in: Hazell, Robert, (Hrsg.), The State of the Nations 2003 – The Third Year of Devolution in the United Kingdom (The Constitution Unit), Exeter 2003, S. 215 – 235

*Simon, Helmut*, Die rechts- und sozialstaatliche Demokratie, in: Güde, Max (u. a.), Zur Verfassung unserer Demokratie, Reinbek 1978, S. 61 – 80

—, Verfassungsgerichtsbarkeit, in: Benda, Ernst/Maihofer, Werner/Vogel, Hans-Jochen (Hrsg.), Handbuch des Verfassungsrechts der Bundesrepublik Deutschland, 2. Auflage, Berlin/New York 1994, § 34 (S. 1637 – 1677)

*Smend, Rudolf*, Verfassung und Verfassungsrecht (1928), in: ders., Staatsrechtliche Abhandlungen und andere Aufsätze, 3. Auflage, Berlin 1994, S. 119 – 276

*Smith, Thomas B.*, The Union of 1707 as Fundamental Law, Public Law 1957, S. 99 – 121

*Sobota, Katharina*, Das Prinzip Rechtsstaat – Verfassungs- und verwaltungsrechtliche Aspekte, Tübingen 1997

*Sommermann, Karl-Peter*, Die Stärkung der Gesetzgebungskompetenzen der Länder durch die Grundgesetzreform von 1994, Juristische Ausbildung 1995, S. 393 – 399

—, Grundfragen der Bundesauftragsverwaltung, Deutsches Verwaltungsblatt 2001, S. 1549 – 1556

—, Staatsziele und Staatszielbestimmungen, Tübingen 1997

*Stamm, Barbara/Merkl, Gerhard*, Kompetitiver Föderalismus, Zeitschrift für Rechtspolitik 1998, S. 467 – 475

*Starck, Christian*, Das Bundesverfassungsgericht in der Verfassungsordnung und im politischen Prozeß, in: Badura, Peter/Dreier, Horst (Hrsg.), Festschrift 50 Jahre Bundesverfassungsgericht, Band I (Verfassungsgerichtsbarkeit, Verfassungsprozeß), Tübingen 2001, S. 1 – 32
—, Die Verfassungsauslegung, in: Isensee, Josef/Kirchhof, Paul (Hrsg.), Handbuch des Staatsrechts der Bundesrepublik Deutschland, Band VII, Heidelberg 1992, § 164 (S. 189 – 229)
—, Rangordnung der Gesetze: Einführung, in: ders. (Hrsg.), Rangordnung der Gesetze, Göttingen 1995, S. 9 – 12
—, Verfassung und Gesetz, in: ders. (Hrsg.), Rangordnung der Gesetze, Göttingen 1995, S. 29 – 38
—, Vorrang der Verfassung und Verfassungsgerichtsbarkeit, in: Starck, Christian/Weber, Albrecht (Hrsg.), Verfassungsgerichtsbarkeit in Westeuropa, Band I, Baden-Baden 1986, S. 11 – 39
*Stein, Rokkan/Urwin, Derek W.*, Introduction: Centres and Peripheries in Western Europe, in: dies. (Hrsg.), The Politics of Territorial Identity – Studies in European Regionalism, London/Beverly Hills/New Delhi 1982, S. 1 – 17
*Stephens, Meic*, Linguistic Minorities in Western Europe, Llandysul Dyfed Wales 1976
*Stern, Klaus*, Das Grundgesetz im europäischen Verfassungsvergleich, Berlin/ New York 2000
—, Das Staatsrecht der Bundesrepublik Deutschland, Band I (Grundbegriffe und Grundlagen des Staatsrechts, Strukturprinzipien der Verfassung), 2. Auflage, München 1984; Das Staatsrecht der Bundesrepublik Deutschland, Band II (Staatsorgane, Staatsfunktionen, Finanz- und Haushaltsverfassung, Notstandsverfassung), München 1980
—, Föderative Besinnungen, in: Huber, Hans/Badura, Peter (Hrsg.), Recht als Prozeß und Gefüge, Festschrift für Hans Huber zum 80. Geburtstag, Bern 1981, S. 319 – 331
—, Verfassungsgerichtsbarkeit und Gesetzgeber, Opladen 1997
*Stettner, Rupert*, Der verkaufte Verfassungsstaat – Zur Kompetenzabgrenzung zwischen Bund und Ländern bei der Kulturförderung unter besonderer Berücksichtigung der Kulturstiftung des Bundes, Zeitschrift für Gesetzgebung 17 (2002), S. 315 – 334
—, Grundfragen einer Kompetenzlehre, Berlin 1983
*Steyn, Johan*, A Case for a Supreme Court, Law Quarterly Review 118 (2002), S. 382 – 396
*Steyn, Lord of Swafield*, The Constitutionalisation of Public Law (The Constitution Unit), London 1999
—, The Weakest and Least Dangerous Department of Government, Public Law 1997, S. 84 – 95
*Stolz, Klaus*, Labour and British Territorial Politics: (Lots of) Continuity and (Maybe Some) Change, in: Kastendiek, Hans/Stinshoff, Richard/ Sturm, Roland (Hrsg.), The Return of Labour – A Turning Point in British Politics?, Berlin/Bodenheim 1999, S. 221 – 236

*Stourzh, Gerald*, Naturrechtslehre, leges fundamentales und die Anfänge des Vorrangs der Verfassung, in: Starck, Christian (Hrsg.), Rangordnung der Gesetze, Göttingen 1995, S. 13 – 28

*Stratthaus, Gerhard*, Grundsatzreferat, in: Gesellschaft für Rechtspolitik Trier (Hrsg.), Bitburger Gespräche Jahrbuch 1999/II: 50 Jahre Grundgesetz – 50 Jahre Föderalismus – Stand und Entwicklung, München 2000, S. 5 – 21

*Strebel, Helmut*, Vergleichung und vergleichende Methode im öffentlichen Recht, Zeitschrift für ausländisches öffentliches Recht und Völkerrecht 24 (1964), S. 405 – 430

*Streinz, Rudolf*, Europarecht, 6. Auflage, Heidelberg 2003

*Strotmann, Katrin*, Die Souveränität des britischen Parlaments – unter der Einwirkung des Gemeinschaftsrechts und der Europäischen Menschenrechtskonvention, Osnabrück 1999

*Stumpf, Christoph A.*, Mitglieder von Regionalregierungen im EU-Ministerrat – Ein Vergleich zwischen den Rahmenbedingungen nach europäischem, deutschem und britischem Recht, Europarecht 2002, S. 275 – 290

*Sturm, Roland*, Das Vereinigte Königreich von Großbritannien und Nordirland – Historische Grundlagen und zeitgeschichtlicher Problemaufriß, in: Kastendiek, Hans/Rohe, Karl/Volle, Angelika (Hrsg.), Großbritannien. Geschichte – Politik – Wirtschaft – Gesellschaft, 2. Auflage, Frankfurt/New York 1999, S. 70 – 85

—, Integration – Devolution – Unabhängigkeit? Schottland auf dem Weg zu einer Erneuerung seines politischen Gemeinwesens, Jahrbuch des Öffentlichen Rechts der Gegenwart, Neue Folge 48 (2000), S. 351 – 365

—, Nationalismus in Schottland und Wales, Bochum 1981

—, The Constitution under Pressure: Emerging Asymmetrical Federalism in Germany?, in: Agranoff, Robert (Hrsg.), Accommodating Diversity: Asymmetry in Federal States, Baden-Baden 1999, S. 137 – 148

*Suetens, Louis Paul*, Föderalismus und Regionalismus in Europa – Landesbericht Belgien, in: Ossenbühl, Fritz (Hrsg.), Föderalismus und Regionalismus in Europa, Baden-Baden 1990, S. 263 – 306

*van Suntum, Ulrich*, Die Idee des wettbewerblichen Föderalismus, in: Morath, Konrad (Hrsg.), Reform des Föderalismus, Bad Homburg 1999, S. 13 – 22

*Tarlton, Charles D.*, Symmetry and Asymmetry as Elements of Federalism: A Theoretical Speculation, Journal of Politics 27 (1965), S. 861 – 874

*Thaysen, Uwe*, Der deutsche Föderalismus zwischen zwei Konventen – Zur Reform des deutschen Bundesstaates um die Jahrhundertwende, Aus Politik und Zeitgeschichte 2003, Heft 29 – 30, S. 14 – 23

*The Constitution Unit*, Nations and Regions: The Dynamics of Devolution – Monitoring Report Devolution and the Centre Februar 2003

—, Nations and Regions: The Dynamics of Devolution – Monitoring Report Devolution and the Centre Mai 2001

*Thelen, Klaus*, Die Vereinbarkeit des Vertrages zur Gründung der Europäischen Gemeinschaft mit der britischen Verfassung, Köln/Berlin/Bonn/München 1973

*Thieme, Werner*, Vierzig Jahre Bundesstaat – Rückblick, Entwicklung und Ausblick, Die Öffentliche Verwaltung 1989, S. 499 – 508

*Thoma, Richard*, Das Reich als Bundesstaat, in: Anschütz, Gerhard/Thoma, Richard (Hrsg.), Handbuch des Deutschen Staatsrechts, Band I, Tübingen 1930, S. 169 – 186

*Thomas, E. W.*, Parliamentary Supremacy and the Judicial Function, Law Quarterly Review 112 (1996), S. 177 – 182

*Thorne, S. E.*, Dr. Bonham's Case, Law Quarterly Review 54 (1938), S. 543 – 552

*Tiemann, Burkhard*, Die Grundsatzgesetzgebung des Bundes, Bayrische Verwaltungsblätter 1971, S. 285 – 290

*Tierney, Stephen*, Constitutionalising the Role of the Judge: Scotland and the New Order, in: Boyle, Alan/Himsworth, Chris/Loux, Andrea/MacQueen, Hector (Hrsg.), Human Rights and Scots Law, Oxford/Portland (OR) 2002, S. 57 – 81

*Tomaney, John*, The Evolution of Regionalism in England, Regional Studies 36 (2002), S. 721 – 731

—, The Governance of London, in: Hazell, Robert (Hrsg.), The State and the Nations: The First Year of Devolution in the United Kingdom (The Constitution Unit), Thorverton 2000, S. 241 – 267

—, The Regional Governance of England, in: Hazell, Robert (Hrsg.), The State and the Nations: The First Year of Devolution in the United Kingdom (The Constitution Unit), Thorverton 2000, S. 117 – 148

*Tomaney, John/Hetherington, Peter*, England Arisen?, in: Hazell, Robert (Hrsg.), England Arisen?, in: Hazell, Robert (Hrsg.), The State of the Nations 2003 – The Third Year of Devolution in the United Kingdom (The Constitution Unit), Exeter 2003, S. 49 – 77

*Tomaney, John/Hetherington, Peter/Pinkney, Emma*, Nations and Regions: The Dynamics of Devolution – Monitoring Report English Regions August 2003 (The Constitution Unit)

*Tomkins, Adam*, Devolution: A Constitutional Imperative?, in: ders. (Hrsg.), Devolution and the British Constitution, London 1998, S. 89 – 114

—, Of Constitutional Spectres. Review of Eric Barendt: *An Introduction to Constitutional Law*, Public Law 1999, S. 525 – 540

*Tomuschat, Christian*, Verfassungsgewohnheitsrecht? – Eine Untersuchung zum Staatsrecht der Bundesrepublik Deutschland, Heidelberg 1972

*Travers, Tony*, Decentralization London-style: The GLA and London Governance, Regional Studies 36 (2002), S. 779 – 788

*Trench, Alan*, Intergovernmental Relations – Officialdom Still in Control?, in: Hazell, Robert (Hrsg.), The State of the Nations 2003 – The Third

Year of Devolution in the United Kingdom (The Constitution Unit), Exeter 2003, S. 143 – 167
—, Intergovernmental Relations a Year On – Whitehall still Rules OK?, in: ders. (Hrsg.), The State of the Nations 2001 – The Second Year of Devolution in the United Kingdom (The Constitution Unit), Thorverton 2001, S. 153 – 174
—, Introduction: Has Devolution Made a Difference?, in: ders. (Hrsg.), Has Devolution Made a Difference – The State of the Nations 2004 (The Constitution Unit), Exeter 2004, S. 1 – 10
—, The More Things Change, The More They Stay the Same, in: ders. (Hrsg.), Has Devolution Made a Difference – The State of the Nations 2004 (The Constitution Unit), Exeter 2004, S. 165 – 192
*Turpin, Colin*, British Government and the Constitution – Text, Cases and Materials, 5. Auflage, London/Edinburgh 2002
*Twigger, Robert*, The Barnett Formula, House of Commons Research Paper 98/8, London 1998

*von Unruh, Georg-Christoph*, Grundlagen und Probleme der Verteilung der Staatsgewalt, Juristische Arbeitsblätter 1990, S. 290 – 295
*Unruh, Peter*, Der Verfassungsbegriff des Grundgesetzes – Eine verfassungstheoretische Rekonstruktion, Tübingen 2002
*Upton, Michael*, Marriage Vows of the Elephant, Law Quarterly Review 105 (1989), S. 79 – 103

*Vedder, Christoph*, Intraföderale Staatsverträge – Instrumente der Rechtsetzung im Bundesstaat, Baden-Baden 1996
*Vetter, Joachim*, Die Bundesstaatlichkeit in der Rechtsprechung des Staatsgerichtshofs der Weimarer Republik, Baden-Baden 1979
*Vibert, Frank*, British Constitutional Reform and the Relationship with Europe, in: Hazell, Robert (Hrsg.), Constitutional Futures – A History of the Next Ten Years (The Constitution Unit), Oxford 1999, S. 47 – 66
*Vile, Maurice J. C.*, Constitutionalism and the Separation of Powers, Oxford 1967
*Vogel, Hans-Jochen*, Die bundesstaatliche Ordnung des Grundgesetzes, in: Benda, Ernst/Maihofer, Werner/Vogel, Hans-Jochen (Hrsg.), Handbuch des Verfassungsrechts der Bundesrepublik Deutschland, 2. Auflage, Berlin/New York 1994, § 22 (S. 1041 – 1102)
—, Gewaltenvermischung statt Gewaltenteilung, Neue Juristische Wochenschrift 1996, S. 1505 – 1511
*Vogenauer, Stefan*, Die Auslegung von Gesetzen in England und auf dem Kontinent, Tübingen 2000
*Volkmann, Uwe*, Bundesstaat in der Krise?, Die Öffentliche Verwaltung 1998, S. 613 – 623
*Vorländer, Hans*, Die Verfassung – Idee und Geschichte, München 1999
—, Identität des Grundgesetzes nach 30 Jahren, Juristische Schulung 1979, S. 313 – 322

*Voß, Dirk-Hermann*, Regionen und Regionalismus im Recht der Mitgliedstaaten der Europäischen Gemeinschaft – Strukturelemente einer Europäischen Verfassungsordnung, Frankfurt a.M./Bern/New York/Paris 1989

*Wade, H. William R.*, Anisminic v. East Elloe, Law Quarterly Review 93 (1977), S. 8 – 11
—,  Constitutional Fundamentals, The Hamlyn Lectures, überarbeitete Auflage, London 1989
—,  Sovereignty – Revolution or Evolution?, Law Quarterly Review 112 (1996), S. 568 – 575
—,  The Basis of Legal Sovereignty, Cambridge Law Journal 14 (1955), S. 172 – 197

*Wagner, Christean/Rechenbach, Dagmar*, Konnexitätsprinzip ins Grundgesetz!, Zeitschrift für Rechtspolitik 2003, S. 308 – 314

*Wahl, Rainer*, Der Vorrang der Verfassung und die Selbstständigkeit des Gesetzesrechts, Neue Zeitschrift für Verwaltungsrecht 1984, S. 401 – 409
—,  Der Vorrang der Verfassung, Der Staat 20 (1981), S. 485 – 516
—,  Elemente der Verfassungsstaatlichkeit, Juristische Schulung 2001, S. 1041 – 1048

*Walker, David M.*, The Scottish Legal System – An Introduction to the Study of Scots Law, 7. Auflage, Edinburgh 1997

*Walker, Neil*, Beyond the Unitary Conception of the United Kingdom Constitution, Public Law 2000, S. 384 – 404
—,  Constitutional Reform in a Cold Climate: Reflections on the White Paper and Referendum on Scotland's Parliament, in: Tomkins, Adam (Hrsg.), Devolution and the British Constitution, London 1998, S. 61 – 87
—,  European Constitutionalism and European Integration, Public Law 1996, S. 266 – 290

*Walter, Christian*, Hüter oder Wandler der Verfassung? Zur Rolle des Bundesverfassungsgerichts im Prozeß des Verfassungswandels, Archiv des öffentlichen Rechts 125 (2000), S. 517 – 550

*Wank, Rolf*, Gewaltenteilung – Theorie und Praxis in der Bundesrepublik Deutschland, Juristische Ausbildung 1991, S. 622 – 628

*Ward, Alan J.*, Devolution: Labour's Strange Constitutional ‚Design', in: Jowell, Jeffrey/Oliver, Dawn (Hrsg.), The Changing Constitution, 4. Auflage, Oxford 2000, S. 111 – 136

*Watts, Ronald L.*, The Theoretical and Practical Implications of Asymmetrical Federalism, in: Agranoff, Robert (Hrsg.), Accommodating Diversity: Asymmetry in Federal States, Baden-Baden 1999, S. 24 – 42

*Weber, Albrecht*, Generalbericht: Verfassungsgerichtsbarkeit in Westeuropa, in: Starck, Christian/Weber, Albrecht (Hrsg.), Verfassungsgerichtsbarkeit in Westeuropa, Band I, Baden-Baden 1986, S. 41 – 120

*Weber, Helmut*, Recht und Gerichtsbarkeit, in: Kastendiek, Hans/Rohe, Karl/Volle, Angelika (Hrsg.), Großbritannien. Geschichte – Politik – Wirtschaft – Gesellschaft, 2. Auflage, Frankfurt/New York 1999, S. 178 – 193

—, Wer hütet die Verfassung?, in: Glaeßner, Gert-Joachim/Reutter, Werner/Jeffery, Charlie (Hrsg.), Verfassungspolitik und Verfassungswandel: Deutschland und Großbritannien im Vergleich, Wiesbaden 2001, S. 89 – 97

*Weber, Werner*, Spannungen und Kräfte im westdeutschen Verfassungssystem, 3. Auflage, Berlin 1970

*Weill, Rivka*, Dicey Was Not Diceyan, Cambridge Law Journal 62 (2003), S. 474 – 493

—, We the British People, Public Law 2004, S. 380 – 406

*Wendt, Rudolf*, Finanzhoheit und Finanzausgleich, in: Isensee, Josef/Kirchhof, Paul (Hrsg.), Handbuch des Staatsrechts der Bundesrepublik Deutschland, Band IV, 2. Auflage, Heidelberg 1999, § 104 (S. 1021 – 1089)

*Wheare, Kenneth C.*, Modern Constitutions, Neudruck der 2. Auflage, London/New York/Toronto 1971

*Wicks, Elizabeth*, A New Constitution for a New State? The 1707 Union of England and Scotland, Law Quarterly Review 117 (1999), S. 109 – 126

*Wiedmann, Thomas*, Idee und Gestalt der Regionen in Europa: Rechtsvergleichende Untersuchung zum Unitarismus und Föderalismus, unter besonderer Berücksichtigung des Vereinigten Königreichs, Frankreichs, Spaniens und Deutschlands, Baden-Baden 1996

*Wieland, Joachim*, Stellungnahme zur Anhörung in der Bundesstaatskommission, Kommissions-Drucksache 0009

*Wilford, Rick*, Die nordirische *Assembly* seit Beginn der Devolution, in: Europäisches Zentrum für Föderalismus-Forschung Tübingen (Hrsg.), Jahrbuch des Föderalismus 2002 (Band 3): Föderalismus, Subsidiarität und Regionen in Europa, Baden-Baden 2002, S. 357 – 373

—, The Assembly and the Executive, in: ders. (Hrsg.), Aspects of the Belfast Agreement, Oxford 2001, S. 107 – 128

*Wilford, Rick/Wilson, Robin*, A ‚Bare Nuckle Ride': Northern Ireland, in: Hazell, Robert (Hrsg.), The State and the Nations: The First Year of Devolution in the United Kingdom (The Constitution Unit), Thorverton 2000, S. 79 – 115

*Wilson, Geoffrey*, Cases and Materials on Constitutional and Administrative Law, 2. Auflage, Cambridge/London/New York/Melbourne 1976

*Wilson, Lord of Dinton*, The Robustness of Conventions in a Time of Modernisation and Change, Public Law 2004, S. 407 – 420

*Winetrobe, Barry K.*, Counter-Devolution? The Sewel Convention on Devolved Legislation at Westminster, Scottish Law and Practice Quarterly 6 (2001), S. 286 – 292

—, The autonomy of Parliament, in: Oliver, Dawn/Drewry, Gavin (Hrsg.), The Law and Parliament, London/Edinburgh/Dublin 1998, S. 14 – 32

—, The Northern Ireland Bill: Some Legislative and Operational Aspects of the Assembly, House of Commons Research Paper 98/77, London 1998
—, The Scotland Bill: Some Constitutional and Representational Aspects, House of Commons Research Paper 98/3, London 1998
—, Scottish devolved legislation and the courts, Public Law 2002, S. 31 – 38
*Winterton, George*, The British Grundnorm: Parliamentary Supremacy Re-examined, Law Quarterly Review 92 (1976), S. 591 – 617
*Woelk, Jens*, Die Verpflichtung zu Treue bzw. Loyalität als inhärentes Prinzip dezentralisierter Systeme?, Zeitschrift für öffentliches Recht 52 (1997), S. 527 – 549
*Woelk, Jens/Palermo, Francesco*, Italien auf dem Weg zum Bundesstaat? – Ein Überblick über den Reformprozeß, in: Vereinigung für den Gedankenaustausch zwischen Deutschen und Italienischen Juristen e. V. (Hrsg.), Gesellschaftsrecht, Klauselkontrolle, ZPO-Reform, Strafrecht – Jahrbuch für italienisches Recht, Heidelberg 1998, S. 185 – 204
*Wolff, Heinrich A.*, Ungeschriebenes Verfassungsrecht unter dem Grundgesetz, Tübingen 2000
*Wong, Garreth*, Towards the Nutcracker Principle: Reconsidering the Objections to Proportionality, Public Law 2000, S. 92 – 109
*Wood, Edward*, The Procedural Consequences of Devolution, House of Commons Research Paper 99/85, London 1999
—, The Scotland Bill: the Scottish Parliament and Local Government, House of Commons Research Paper 98/5, London 1998
*Woodhouse, Diana*, The Judicial Committee of the Privy Council – ist new constitutional role, in: Sutherland, Keith (Hrsg.), The Rape of the Constitution?, Thorverton 2000, S. 263 – 276
*Woolf, Lord of Barnes*, Droit Public – English Style, Public Law 1995, S. 57 – 71
—, Judicial Review – The Tensions between the Executive and the Judiciary, Law Quarterly Review 114 (1998), S. 579 – 593
*Würtenberger, Thomas*, Auf dem Weg zu lokaler und regionaler Autonomie in Europa, in: Geis, Max-Emanuel/Lorenz, Dieter (Hrsg.), Staat – Kirche – Verwaltung, Festschrift für Hartmut Maurer zum 70. Geburtstag, München 2001, S. 1053 – 1066
—, Zur Legitimation des Föderalismus, Rechtstheorie, Beiheft 16 (1997), S. 355 – 368
*Wüst, Herbert*, Der Föderalismus als zeitgemäßes Ordnungsprinzip, Teil I, Bayrische Verwaltungsblätter 1970, S. 417 – 420; Teil II, Bayrische Verwaltungsblätter 1971, S. 10 – 14
*Wyduckel, Dieter*, Der Bundesrat als Zweite Kammer, Die Öffentliche Verwaltung 1989, S. 181 – 192

*Young, Alison L.*, Judicial Sovereignty and the Human Rights Act 1998, Cambridge Law Journal 61 (2002), S. 53 – 65

*Zacher, Hans F.*, Das soziale Staatsziel, in: Isensee, Josef/Kirchhof, Paul (Hrsg.), Handbuch des Staatsrechts der Bundesrepublik Deutschland, Band II, 3. Auflage, Heidelberg 2004, § 28 (S. 659 – 784)
*Zariski, Raphael/Rousseau, Mark O.*, National Power and Local Governance: Problems and Perspectives, in: Rousseau, Mark O./Zariski, Raphael, Regionalism and Regional Devolution in Comparative Perspective, New York 1987, S. 1 – 42
*Zippelius, Reinhold*, Allgemeine Staatslehre, 14. Auflage, München 2003
*Zweigert, Konrad/Kötz, Hein*, Einführung in die Rechtsvergleichung auf dem Gebiete des Privatrechts, 3. Auflage, Tübingen 1996

Die Monitoring Reports der am University College London angesiedelten Constitution Unit sind erhältlich im Internet unter www.ucl.ac.uk/constitution-unit/nations/monitoring.php. Die Kommissions-Drucksachen der ‚Kommission von Bundestag und Bundesrat zur Modernisierung der bundesstaatlichen Ordnung' finden sich im Internet auf der Homepage des Bundesrates, www.bundesrat.de.

# AUS DERSELBEN REIHE.

Band 6:
## Europäische Zentralbank und Preisstabilität
Eine juristische und ökonomische Untersuchung der institutionellen Vorkehrungen des Vertrages von Maastricht zur Gewährleistung der Preisstabilität
von Dr. jur. Jan Endler
**1998, 576 Seiten, € 56,–;** ISBN 3-415-02453-9

Band 7:
## Europäisches Exportkontrollrecht für Dual-use-Güter
von Ulrich Karpenstein
**1998, 398 Seiten, € 48,–;** ISBN 3-415-02483-0

Band 8:
## Verwaltungsrechtliche Betreuungspflichten
von Ulrich Hattstein
**1999, 260 Seiten, € 36,50;** ISBN 3-415-02566-7

Band 9:
## Solar Power Satellites und Völkerrecht
Völkerrechtliche Aspekte von Großprojekten zur Energiegewinnung aus Weltraumressourcen (Solar Power Satellites, Lunar Power Systems, Helium-3-Projekt)
von Dr. Martin Will LL.M. (Cantab.)
**2000, 356 Seiten, € 59,–;** ISBN 3-415-02753-8

Band 10:
## Die progressive Verwirklichung wirtschaftlicher, sozialer und kultureller Menschenrechte
Eine Interpretation von Art. 2 Abs. 1 des Internationalen Pakts für wirtschaftliche, soziale und kulturelle Rechte
von Kristina Klee
**2000, 336 Seiten, € 49,–;** ISBN 3-415-02759-7

Band 11:
## Ernährungssicherung im Völkerrecht
Der Menschenrechtsansatz und seine Ergänzungsmöglichkeiten angesichts der Welthungerproblematik
von Carsten Reimann LL.M. (Edin)
**2000, 440 Seiten, € 49,–;** ISBN 3-415-02751-1

⊕|BOORBERG

Zu beziehen bei Ihrer Buchhandlung oder beim
RICHARD BOORBERG VERLAG GmbH & Co KG
70551 Stuttgart bzw. Postfach 80 03 40, 81603 München
oder Fax an: 07 11/73 85-100 bzw. 089/43 61 564
Internet: www.boorberg.de   E-Mail: bestellung@boorberg.de

# AUS DERSELBEN REIHE.

Band 12:
## Kollektiver Minderheitenschutz und Gruppenschutz im Grundgesetz
unter besonderer Berücksichtigung des Völkerrechts
von Gerrit Rüdiger
2002, 392 Seiten, € 58,–; ISBN 3-415-02990-5

Band 13:
## Verhandlungslösungen im Umweltvölkerrecht
Eine Untersuchung verhandlungsorientierter Institutionalisierungsformen anhand der Regime über weiträumige grenzüberschreitende Luftverschmutzung zum Schutz der Ozonschicht und des Klimas
von Dirk Hanschel
2003, 288 Seiten, € 46,–; ISBN 3-415-03151-9

Band 14:
## Die verstärkte Zusammenarbeit im Recht der Europäischen Union
Dogmatik, Interpretation und Praxis eines alternativen Integrationskonzeptes
von Ulrich Derpa
2003, 322 Seiten, € 62,–; ISBN 3-415-03245-0

Band 15:
## Die Stellung der Judikative im englischen Verfassungsgefüge nach dem Human Rights Act 1998
von Markus Verbeet
2004, 207 Seiten, € 42,–; ISBN 3-415-03381-3

Band 16:
## Die Verteidigungspolitik der Europäischen Union
Eine rechtliche Analyse
von Sebastian Graf von Kielmansegg
2005, 552 Seiten, € 52,–; ISBN 3-415-03565-4

Zu beziehen bei Ihrer Buchhandlung oder beim
RICHARD BOORBERG VERLAG GmbH & Co KG
70551 Stuttgart bzw. Postfach 80 03 40, 81603 München
oder Fax an: 07 11/73 85-100 bzw. 089/43 61 564
Internet: www.boorberg.de  E-Mail: bestellung@boorberg.de